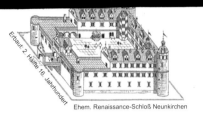

Erbaut: 2. Hälfte 16. Jahrhundert
Ehem. Renaissance-Schloß Neunkirchen

www.hvsn.de

Historischer Verein
Stadt Neunkirchen e.V.

Straßenlexikon Neunkirchen

Straßen, Plätze und Brücken in
Vergangenheit und Gegenwart

Armin Schlicker

Neunkirchen 2009

Für Hinweise und Mitarbeit bedanke ich mich bei:

Arnold, Gerd, Kirkel; Dufner, Klaus, Ottweiler; Ewert, Lieselotte, NK-Furpach; Fried, Werner, Neunkirchen; Glößner, Hans, NK-Münchwies; Hauck, Richard, NK-Hangard; Hell, Norbert, NK-Wiebelskirchen; Dr. Müller, Herbert, NK-Heinitz; Raber, Werner, Neunkirchen; Schinkel, Helmut, NK-Heinitz; Schmidt, Rainer, NK-Ludwigsthal; Schwenk, Horst, Neunkirchen; Trautmann, Marianne, NK-Wiebelskirchen; Dr. Weyand, Helmut, Schiffweiler

Mein ganz besonderer Dank gilt dem Präsidenten des HVSN, Herrn Oberbürgermeister Friedrich Decker, und dem 1. Vorsitzenden des HVSN, Wolfgang Melnyk, ohne deren Einsatz die Realisierung des Buchprojektes nicht möglich gewesen wäre. Wolfgang Melnyk zeichnet außerdem verantwortlich für das Layout.

Die Veröffentlichung wurde gefördert durch:
- Sparkasse Neunkirchen
- KEW Neunkirchen
- NVG Neunkirchen
- GSG Neunkirchen
- Saarland-Spielbank GmbH, Saarbrücken

ISBN: 978-3-00-027592-0

Herausgeber :   Historischer Verein Stadt Neunkirchen e.V.

Autor: Armin Schlicker, Neunkirchen

Buchgestaltung: Wolfgang Melnyk, Neunkirchen

Umschlag: SatzDesign Werner Möhn, Neunkirchen

Druck: WVD Druck + Neue Medien GmbH, St. Ingbert

Entwicklung des Straßennetzes und der Straßennamen

Das vorliegende Lexikon Neunkircher Straßennamen ist das Ergebnis eines mehrjährigen Forschungsprojektes im Historischen Verein Stadt Neunkirchen. Die Arbeiten wurden vor ca. vier Jahren federführend vom Autor übernommen, nachdem Werner Fried, Klaus Dufner und Wolfgang Melnyk bereits erste Vorarbeiten durchgeführt hatten.

Durch Auswertung von Unterlagen des Archivs der Stadt Neunkirchen, des Landesarchivs Saarbrücken, der Saarländischen Universitäts- und Landesbibliothek, heimatkundlicher Literatur über Neunkirchen und ca. 25 Karten und Plänen von Neunkirchen bzw. seiner Stadtteile sowie durch die Befragung älterer Mitbürger konnte ich ca. 1050 Namen von Straßen, Plätzen und Brücken sammeln, die in den letzten ca. 200 Jahren in Neunkirchen und seinen neuen Stadtteilen Verwendung finden bzw. fanden. 570 dieser Namen dienen gegenwärtig den Neunkirchern und ihren Gästen zur Orientierung in der Stadt. Der Rest sind frühere oder volkstümliche/inoffizielle Bezeichnungen. Ausgewertet habe ich auch die Beschlussbücher der Gemeinde-, Stadt- und Ortsräte und die Unterlagen des Hauptamtes der Stadt Neunkirchen hinsichtlich der Daten und der Gründe für Namensgebungen und Umbenennungen von Straßen.

Straßennamen dienen der Orientierung; sie sollen gewährleisten, dass innerhalb eines besiedelten Gebietes der gewünschte Bestimmungsort eindeutig bezeichnet oder aufgesucht werden kann.[1]

Wichtig ist das nicht nur für den privaten, sondern auch für den öffentlichen Bereich. Notärzte, Polizei, Einsatz- und Rettungsfahrzeuge, Besucher, Gewerbetreibende, die Postzustellung usw. brauchen exakte Hinweise auf einen Bestimmungsort.

Straßennamen sind oft Zeugnisse des Willens der politischen Repräsentanten der Kommune, unabhängig von ihrer jeweiligen Legitimation.[2] Im Kaiserreich bis 1918 wurden zum Beispiel die Gemeindeverordneten nach dem Dreiklassenwahlrecht bestimmt. Der auf diese Weise gewählte Gemeinderat bestand naturgemäß überwiegend aus konservativen Persönlichkeiten. Er benannte Straßen oft nach Repräsentanten des Kaiserhauses oder nach ranghohen Militärs.

Im 3. Reich wurden gleich zu Beginn die demokratisch gewählten Mandatsträger und die Verwaltungsspitze ausgeschlossen und neue Bürgermeister von der nun herrschenden NSDAP ohne Wahl eingesetzt. Kurz nach der Machtübernahme bestimmte das preußische Innenministerium 1933, dass die Benennung von Straßen Sache der Polizei sei.[3] Nach einem Runderlass war eine Umbenennung von Straßen dann gerechtfertigt und auch erforderlich, wenn die bisherige Bezeichnung einer Straße dem nationalsozialistischen Staatsgedanken entgegen stehe, ferner dann, wenn ein Name in weiten Kreisen der Bevölkerung Anstoß errege. So konnte der Bürgermeister als Leiter der Ortspolizeibehörde nach dem nun herrschenden Führerprinzip bestimmen, oder wenn er das wollte, nach Beratung mit den Gemeinderäten, ob und wann eine Straße umbenannt wird. So fasste z. B. der damalige Bürgermeister von Wiebelskirchen, J. Bromen, am 20. Februar 1936 nach Beratung mit den Gemeinderäten den Entschluss, die Wilhelmstraße in Wilhelmshagener Straße umzubenennen und gab dies „mit sofortiger Wirkung" bekannt.[4]

Auch deshalb lassen Straßenbezeichnungen ein wenig den Geist der Zeit erahnen, in der sie zustande kamen, und der Zeitpunkt der Benennung bzw. Umbenennung von Straßen, Plätzen und Brücken legt oft Zeugnis über kommunal- oder staatspolitische Absichten und Situationen ab.

Staatliche Vorgaben für die Benennung von Straßen gab

---

1   Deutscher Städtetag: Das Recht der öffentlich-rechtlichen Namen und Bezeichnungen – insbesondere der Gemeinden. Straßen und Schulen, Heft Nr. 51, S. 43

2   Lais Sylvia und Mende Hans-Jürgen: Lexikon Berliner Straßennamen, Berlin 2004

3   Runderlass des Preuß.. MdI vom 9. 5. 1933 bzgl. Straßenbenennungen: Ministerialblatt für die Preuß. Innere Verwaltung, Teil I, S. 561. Dieser Runderlass wurde durch einen weiteren Erlass vom 17. 6. 1933 mit Grundsätzen für die Straßenbenennung noch ergänzt: Ministerialblatt für die Preuß. Innere Verwaltung, Teil I, S. 745 – 747. Mit Verordnung vom 1. 4. 1939 bestimmte der Reichsminister des Innern, dass die Benennung von Straßen, Plätzen und Brücken Aufgabe der Gemeinden sei. Eine Benennung bedürfe jedoch der Zustimmung des Beauftragten der NSDAP: Reichsgesetzblatt 1939, S. 703

4   Saar- und Blieszeitung vom 19. 03. 1936

es in Preußen erst nach den Befreiungskriegen also seit Anfang des 19. Jh.. Die erste Regelung dieser Art dürfte eine preußische Allerhöchste Ordre von 1813 sein, wonach es für die Städte Berlin, Potsdam und Charlottenburg der Zustimmung des Königs bei der Benennung von Straßen, Plätzen und Brücken bedurfte.[5] Diese und auch spätere Vorschriften bis zum 2. Weltkrieg regelten aber lediglich, ob die Namensgebung für Straßen und Plätze eine gemeindliche oder eine polizeiliche Aufgabe ist. Hinsichtlich der Namensfindung gab es keine Vorgaben. Nach dem Krieg haben einige Bundesländer die Benennung von Straßen gesetzlich geregelt. Im Saarland gab es bis 1998 ein solches Gesetz nicht. Jedoch bietet das Grundgesetz den Bewohnern einer Straße schon seit 1949 Schutz vor unmittelbar diskriminierenden oder herabsetzenden Straßennamen (z.B. Irrenstrasse, Dirnenweg, Diebsgasse). Deshalb wäre es heute auch nicht mehr möglich, eine Straße Blödgasse zu nennen, wie die jetzige Straße Fischkasten in Neunkirchen bis 1935 offiziell hieß.

Das Saarland hat die Zuständigkeit für die Benennung von Straßen, Plätzen und Brücken 1998 nach § 73 Abs. 3 Nr. 9 KSVG auf die Ortsräte übertragen. Dabei macht in Neunkirchen die Verwaltung dem zuständigen Rat in der Regel einige Alternativvorschläge, an die der zuständige Ortsrat jedoch nicht gebunden ist.

Für Neunkirchen finden sich erste Straßenbezeichnungen, wenn auch nicht offizielle Straßennamen, in der Ordnung der Gemeinde Neunkirchen aus dem Jahre 1731 im Kapitel „Straßen", wo es heißt:
-   Eine Straße von Wiebelskirchen durch das Dorf, so auf Blieskastel, Zweybrücken und Saarbrücken gehet
-   Eine Straße aus dem Dorf auf Wellesweiler
-   Eine Straße aus dem Dorf über die Spieser Höhe auf das Bildstöckel
-   Eine Straße von der Eisenhütte auf Schiffweiler durch den Sinnerthal
-   Eine Straße von der Eisenhütte auf Bildstöckel
-   Eine Straße von der Eisenhütte durch den Kohlwald auf Ottweiler

Wenn es in dieser Ordnung „aus dem Dorf" heißt, so ist damit die Keimzelle der Stadt im Bereich der beiden Schlösser um den heutigen Oberen Markt gemeint.

In der Dorfordnung von 1731 gibt es auch noch ein Kapitel „Brücken", ein Kapitel „Fußsteige" und ein Kapitel „Erntwege". Aus vielen dieser damaligen Fußsteige und Erntwege sind zwischenzeitlich Straßen geworden.

Erste Straßennamen für Neunkirchen gibt es dann in einer Lagezeichnung von Nordheim aus dem Jahr 1797, die den Bereich um den Oberen Markt und die beiden Schlösser zeigt.[6]
Konkret bezeichnet sind hier
-   ein Weg nach Spiesen (das ist die heutige Talstraße),
-   eine Zweibrücker Straße (heutige Markt- und Hohlstraße),
-   der Schwebler Weg und
-   die Hüttenbergstraße (auch Chaussée nach Saarbrücken und Ottweiler genannt).

Die heutige Heizengasse, der Steinbrunnenweg, die Marktstraße, die Langenstrichstraße und die Rollerstraße sind zwar in dem Plan eingezeichnet, jedoch noch ohne Namen.

Es gibt dann weitere Pläne von Neunkirchen, die zwischen 1818 und 1867 entstanden sind und die Straßen von Neunkirchen zeigen, jedoch keine Straßennamen enthalten:
-   Bei der Tranchotkarte von 1818 handelt es sich um ein Blatt einer topografischen Aufnahme der rheinischen Gebiete, die durch französische Ingenieurgeografen unter Oberst Tranchot (1803 – 1813) begonnen und durch preußische Offiziere unter Generalmajor Frhr. von Müffling (1816 – 1820) fortgeführt wurde (Maßstab 1 : 25 000).[7]
-   Der Tractus I von 1822 zeigt die Grundstücke mit den Namen der Eigentümer im Bereich um den Oberen Markt.
-   Die Gemarkungskarte von 1848 im Maßstab von 1 : 10 000 zeigt zwar das gesamte damalige Stadtgebiet mit den Straßen, enthält jedoch keine

---

5   Deutscher Städtetag: Recht der öffentlich-rechtlichen Namen und Bezeichnungen, vgl. Anm. 1; S. 26

6   Geometrischer Grundriss Tractus I des Neunkircher Bannes, gefertigt 1797 durch J. Heinrich Nordheim auf Grundlage der Generalrenovatur von 1770 LA Saarbrücken, Bestand Katasterkarten

7   Kartenaufnahme der Rheinlande durch Tranchot und von Müffling 1803 – 1820, Reproduktion durch Landes vermessungsamt des Saarlandes, 1975. Die Originale befinden sich in der Staatsbibliothek – Stiftung Preußischer Kulturbesitz- Berlin.

Straßennamen, sondern nur Flur- und Gewannbezeichnungen.[8]
- Auch ein Ortsplan von 1867 enthält keine Straßenbezeichnungen.[9]

Am 20. 12. 1878 beschloss der Gemeinderat von Neunkirchen, emaillierte Straßenbezeichnungsschilder (blaues Feld mit weißer Schrift) anbringen zu lassen sowie die Häuser bzw. Grundstücke zu nummerieren und Nummernschilder aus dem gleichen Material anbringen zu lassen. Der Ortsbaumeister Riemann schlug nach Einholung von Angeboten dem Bürgermeister Jongnell am 15. 05. 1879 schriftlich vor, bei der Fa. Selle in Leipzig 78 Straßenschilder (für 49 Straßen und 8 Wohnplätze) und 1200 Hausnummern für 1114 vorhandene und 86 im Bau oder in der Planung befindliche Häuser zu beschaffen. In diesem Schreiben sind die 49 Straßennamen und Wohnplatzbezeichnungen aufgeführt.[10] Die Straßennamen müssen also irgendwann davor in der 2. Hälfte des 19. Jh. festgelegt worden sein. Diese Straßennamen sind dann auch erstmals in einem im Stadtarchiv Neunkirchen vorhandenen Ortsplan von 1883 eingezeichnet.[11]

Das Adressbuch von 1888 gibt für die Wohnungen der Einwohner ebenfalls Straßennamen und Hausnummern an. Die ersten Straßennamen hatten meist einen örtlichen Bezug (sie trugen die Namen der ersten Bewohner, hatten Flurbezeichnungen übernommen oder ergaben sich aus der Ortsgeschichte).

Im 19. Jh. stieg die Zahl der Einwohner Neunkirchens durch die Industrialisierung und Verstädterung explosionsartig von
- 3.007 im Jahre 1847 über
- 15.423 im Jahre 1880 auf
- 36.402 im Jahre 1910.

Wir haben also eine Verzwölffachung der Einwohnerzahl in 63 Jahren zu registrieren.

Alle diese neuen Bürger suchten Wohnraum. So entstanden ständig neue Straßen, die in der Zeit nationaler Begeisterung nach dem gewonnenen Deutsch-Französischen Krieg von 1870/71 oft nach Mitgliedern des neuen Kaiserhauses (Hohenzollern, Kaiser Wilhelm, Prinz Heinrich, Prinz Adalbert, Prinz Friedrich Karl), nach Politikern (Bismarck, Hardenberg, Stein), nach siegreichen Generälen (Moltke, Steinmetz, Manteuffel, Falkenstein, Bredow, Herwarth, Roon), auch nach solchen der Befreiungskriege (Blücher, York, Gneisenau), oder nach Schlachtenorten (Sedan, Spichern) benannt wurden. 1903 wurde außerdem in einer groß angelegten Aktion eine Reihe weiterer Straßen, die vorher andere, neutrale Namen hatten, nach patriotischen Gesichtspunkten umbenannt.[12]

Diese patriotischen Straßennamen wurden auffälligerweise auch nach dem verlorenen 1. Weltkrieg während der Verwaltung des Saargebietes durch den Völkerbund und der Besetzung durch französische Truppen beibehalten, obwohl die Franzosen sonst während dieser Besatzung durchaus nicht zimperlich waren.

In den übrigen heute zur Stadt gehörenden Orten gab es vor 1895 noch keine Straßennamen, aber die Häuser waren durchnummeriert. Dies war 1882 nach zwei diesbezüglichen Verordnungen des damaligen Präsidenten Jungen des Regierungsbezirks Trier geschehen.[13] Eine vergleichbare Maßnahme war in den rheinischen Städten bereits unter Napoleon erfolgt. Eine bekannte Kölner Parfümerie führt bekanntlich seither ihre damalige Hausnummer 4711 als Markennamen. Straßennamen wurden in den Gemeinden, wo es sie bis dahin nicht gab, 1910 ebenfalls auf Anordnung der Bezirksregierung einheitlich eingeführt.

In der damals selbständigen Gemeinde Wiebelskirchen, die man eigentlich als Muttergemeinde von Neunkirchen bezeichnen kann, gab es eine andere Entwicklung als in Neunkirchen.

Im ausgehenden 18. Jh. bestand das Dorf aus zwei Ortsteilen, die durch die Blies getrennt waren
- dem Ortsteil Dorf um die evang. Kirche und
- dem Ortsteil Seiters (auf der Neunkirchen zugewandten Bliesseite).

Im Ortsteil um die Kirche gab es um 1767 insgesamt 27 Wohnhäuser und im Ortsteil Seiters die gleiche Anzahl,

---

8 Katasteramt der Stadt Neunkirchen

9 Stadtarchiv Neunkirchen, Bestand Karten und Pläne, Nr. 205

10 Stadtarchiv Neunkirchen, Bestand Altakten A I, Nr. 438

11 Stadtarchiv Neunkirchen, Bestand Karten und Pläne, Nr. 82 (Karte von Debusmann von 1883 mit handschriftl. Datierung, in der Kartei beim StA aber „um 1890" vermerkt)

12 Saar- und Blieszeitung vom 25. 04. 1903

13 Landesarchiv Saarbrücken, Bestand Dep. Amt Illingen, Nr. 1057 und 1058, VO vom 28. 02. 1882 und vom 22.09. 1882

jeweils mit Nebengebäuden.[14] Bis Mitte des 19. Jh. sind wohl nur wenige Häuser dazu gekommen. Das änderte sich, als nach dem Bau der Eisenbahn der Bergbau und die Eisenindustrie eine stürmische Entwicklung nahmen. Die Industrie zog Arbeitskräfte an, die arbeitsplatznahe Wohnungen suchten. Die beiden Ortsteile wuchsen nun zusammen, und der Ortsteil Seiters entwickelte sich die Höhe des Kuchenbergs hinauf in Richtung Neunkirchen.

Bis zum Jahre 1895 war der Ort bei immerhin ca. 5700 Einwohnern ohne jede Straßenbezeichnung. Das Dorf war in 25 einzelne Bezirke eingeteilt (z.B. Im Oberdorf, Auf den Lissen, Seiters, Im Eck, Kuchenberg), so dass man problemlos jedes Anwesen finden konnte. Sämtliche Häuser waren fortlaufend durch den gesamten Ort nummeriert von der Nr. 1 im Bezirk Mühlwies (heute Ottweilerstraße) bis zum Haus Nr. 615 auf dem Baltersbacher Hof. Diese Nummerierung beruhte auf der o. a. Verordnung des Regierungspräsidenten Jungen von 1882. Mit der Einführung der Straßennamen 1895 in Wiebelskirchen wurde auch eine straßenweise Nummerierung der Wohnanwesen vorgenommen, wobei freie Baustellen berücksichtigt wurden.[15]
Die erwähnte Verordnung des Regierungspräsidenten galt, natürlich mit Ausnahme des damals pfälzischen Ludwigsthal, auch für die übrigen Gemeinden, die heute Stadtteile von Neunkirchen sind. Wann in Ludwigsthal (bzw. in Bexbach) Straßennamen und Hausnummern eingeführt wurden, konnte bisher nicht festgestellt werden.
In Heinitz gab es bis zum Ende des 1. Weltkrieges keine Straßennamen. Es gab hier bis dahin auch fast nur sogenannte Beamtenwohnungen und Schlafhäuser für Bergbaubeschäftigte, die im Eigentum des Bergfiskus standen, und Eisenbahnerwohnungen im Eigentum der Reichsbahn. Heinitz galt einfach nur als Wohnplatz (hatte 1878 aber schon 98 Hausnummern). Das Erfordernis von Straßenbezeichnungen gab es in Heinitz erst ab etwa 1925, als auch Privathäuser entstanden.
Nach einem jahrzehntelangen Kampf der Gemeinde Neunkirchen um die Stadtrechte, der trotz der Fürspra-

che des Freiherrn von Stumm-Halberg während der Zugehörigkeit unseres Raumes zu Preußen vergeblich geblieben war, wurde, nachdem der Völkerbund 1920 die Verwaltung des Saargebietes übernommen hatte, am 23. Dezember 1921 die Vereinigung der Gemeinden Neunkirchen, Niederneunkirchen, Kohlhof und Wellesweiler zur Stadt Neunkirchen bekannt gegeben.[16]
Die Straßenbezeichnungen in den einzelnen Stadtteilen blieben jedoch, anders als bei späteren Eingliederungen, erhalten.
Es gab deshalb nach der Stadtwerdung in Neunkirchen zum Beispiel
  - 2 Brückenstraßen (Neunkirchen und Heinitz)
  - 2 Steinwaldstraßen (Neunkirchen und Wellesweiler)
  - 2 Neunkircher Straßen (Wellesweiler und Kohlhof)
  - 2 Andreasstraßen (Neunkirchen und Wellesweiler)
Am 14. 09. 1954 machte das Hauptamt der Stadt Neunkirchen zwar konkrete Vorschläge, um diese Doppelbezeichnungen, die ständig zu Irrtümern und damit verbundenen Klagen führten, zu beseitigen, der Stadtrat ging darauf jedoch nicht ein. Erst nach und nach wurden die Doppelbezeichnungen abgeschafft, die letzten nach der Gebiets- und Verwaltungsreform von 1974.
In den 1920er Jahren wurden mehrere Neunkircher Straßen ermordeten Politikern bzw. dem verstorbenen ersten Reichspräsidenten gewidmet (Walter Rathenau, Matthias Erzberger, Karl Liebknecht, Friedrich Ebert).

Am 13. Januar 1935 fand im damaligen Saargebiet eine Volksabstimmung statt, in der die Bevölkerung zwischen einem Anschluss an Frankreich, der Beibehaltung des Status quo oder der Rückkehr zum Deutschen Reich entscheiden konnte. Eine überwältigende Mehrheit von 90,73 % der Abstimmungsteilnehmer entschied sich für eine Rückkehr nach Deutschland. Schon vier Tage später am 17. Januar 1935 beschloss daraufhin der Rat des Völkerbundes die Wiedereinsetzung Deutschlands in die Regierung des Saarbeckens zum 01. März 1935. Noch vor diesem Datum hat der Stadtrat von Neunkirchen schon Ende Januar die Änderung von Straßennamen zum 01. Februar 1935 beschlossen,[17] um

---

14 Hoppstädter Kurt: Die alten Bannbücher und die Entwicklung des Dorfbildes, in: Wiebelskirchen – Ein Heimatbuch, Wiebelskirchen, 1955, S. 130

15 Bürgerbuch der Bürgermeisterei Wiebelskirchen von 1911, S. 221

16 Amtsblatt der Regierungskommission des Saargebietes vom 03. 01. 1922

17 Saarbrücker Zeitung vom 31. 01. 1935

- nationalsozialistische Größen (z.B. Adolf Hitler, Hermann Göring),
- nationalsozialistische „Märtyrer" (z.B. Horst Wessel, Franz Hellinger, Ferdinand Wiesmann),
- verdiente Soldaten des 1. Weltkrieges (z.B. Manfred v. Richthofen, Paul v. Hindenburg) oder
- Opfer der französischen Besatzung im Saargebiet (z.B. Maria Schnur, Jakob Johannes)

zu ehren oder an

- Schlachtenorte des 1. Weltkrieges (z.B. Langemarck, Tannenberg) bzw.
- nach dem 1. Weltkrieg vom Deutschen Reich abgetrennte Gebiete (Danzig, Memel, Eupen, Oberschlesien, Westpreußen)

zu erinnern. Die Gauleitung in Neustadt hatte einen Katalog mit neuen Straßennamen vorbereitet, damit man sich in den Rathäusern mit den Straßenumbenennungen nicht zu schwer tat.[18] Am 25. Mai 1935 beschloss der Stadtrat weitere Änderungen von Straßennamen nach den gleichen Gesichtspunkten.

Straßennamen, die vorher an Gegner des Nationalsozialismus (Ebert, Liebknecht, Rathenau, Erzberger) erinnerten oder solche mit einem jüdischen Hintergrund (Synagogenstraße) wurden beseitigt. Ähnlich wurde in fast allen Gemeinden des vormaligen Saargebietes verfahren; eine Adolf-Hitler-Straße gab es fast in jedem Ort. Bei dieser Gelegenheit wurden jedoch Straßennamen auch ohne jede politische Motivation geändert (z. B. bis 1935 Süduferstraße, ab 1935 Am Südufer, ab 1945 wieder Süduferstraße)

Gauleiter Josef Bürckel wünschte dann 1936 zum ersten Jahrestag der Volksabstimmung, dass in allen saarländischen Gemeinden eine Straße künftig „Straße des 13. Januar" heißen solle und in allen größeren Gemeinden zusätzlich ein „Platz der Deutschen Front" zu benennen sei.[19] Da wurde in Neunkirchen aus der Hüttenbergstraße die Straße des 13. Januar und aus dem Oberen Markt der Platz der Deutschen Front. Straßen des 13. Januar gab es auch in Wiebelskirchen, Hangard und in Münchwies.

Nach nur 12 Jahren war 1945 die Herrlichkeit des „Tausendjährigen Reiches" schon vorbei. Nach dem verlorenen 2. Weltkrieg gab es bei den Straßennamen in Neunkirchen eine tiefe Zäsur. Fast alle Straßennamen mit einem nationalsozialistischen, preußisch/militärischen oder patriotischen Hintergrund wurden in vielen Gemeinden abgeschafft, so auch in Neunkirchen. Die Straßen erhielten, soweit unverdächtig, ihre alten Namen zurück oder erhielten neutrale neue Namen. Dabei verschwanden in Neunkirchen leider auch Straßenbezeichnungen nach Bismarck, York von Wartenburg, Gneisenau u. a., deren Namensgeber mit dem Nationalsozialismus nichts zu tun hatten. In anderen Kommunen hat man solche Straßennamen beibehalten. Insgesamt erhielten 1945 70 von 169 Straßen in der Kernstadt ihre alten Namen zurück oder neue Namen.

1954 ordnete die Gemeinde Wiebelskirchen das System ihrer Straßennamen neu. Auf Initiative des Kultur- und Heimatrings sollten 12 bisher nicht benannte und 5 neu angelegte Straßen Namen erhalten. Dies nahm man zum Anlass, die Straßen im Ort nach einheitlichen Gesichtspunkten zu benennen. So wurden z. B. Ausfallstraßen aus dem Dorf grundsätzlich nach dem Ort benannt, in dessen Richtung sie führten, und es wurden ein Musiker-, ein Maler-, und ein Dichterviertel geschaffen.[20] Außerdem wurden einige Straßenzüge nach sachlichen Gesichtspunkten zusammengefasst oder teilweise anderen Straßen zugeordnet. Einige Straßen wurden nach verdienten Wiebelskircher Bürgern (Friedrich Volz, Julius Schwarz, Jakob Wolf) benannt.

Auch in Neunkirchen hat man in den 1940er und 1950er Jahren einige Straßen verdienten Neunkirchern oder Saarländern gewidmet (Karl Schneider, Willi Graf, Max Braun, Wilhelm Jung, Bartholomäus Koßmann).

Im Gegensatz zur Landeshauptstadt gab es nach der Volksabstimmung 1955 und der politischen Rückgliederung des Saarlandes in die Bundesrepublik in Neunkirchen keine Straßenumbenennungen großen Stils. In Saarbrücken waren zwischen 1945 und 1955 einige

---

18 Arend Werner: Dudweiler Straßennamen im Wandel der Zeiten, in: Historische Beiträge aus der Arbeit der Dudweiler Geschichtswerkstatt, Band 3, 1994

19 Flender Armin: Öffentliche Erinnerungskultur im Saarland nach dem Zweiten Weltkrieg, Baden-Baden 1998, S. 80

20 Mathias K.: Die im Jahre 1954 eingeführten Straßennamen, in: Wiebelskirchen – Ein Heimatbuch, Wiebelskirchen , 1955, S. 143

Straßen nach frankophilen Gesichtspunkten umbenannt worden,[21] zur „Ehrung unserer Nachbarn"[22] oder um deutschnationale Bezeichnungen zu beseitigen. Auf Initiative der DPS wurden viele dieser Umbenennungen rückgängig gemacht,[23] Straßen erhielten wieder ihre Namen nach Offizieren der Befreiungskriege und des Deutsch-Französischen Krieges von 1870/71. Andere wurden Persönlichkeiten „die sich um die Erhaltung des Deutschtums im Saarkampf verdient" gemacht hatten, gewidmet.

In Neunkirchen hatte es Straßenbenennungen aus frankophilen Gründen nach 1945 nicht gegeben, und die DPS hatte hier im Stadtrat auch eine zu schwache Position, um Umbenennungen nach den o. a. Gesichtspunkten durchsetzen zu können.

Die nächste und bisher letzte größere Aktion zur Umbenennung von Straßen erfolgte nach der Gebiets- und Verwaltungsreform von 1974; es wurden die bisher selbständigen Orte Wiebelskirchen, Hangard, Münchwies, der vorherige Bexbacher Stadtteil Ludwigsthal, der bis dahin zu Limbach gehörende Ortsteil Bayr. Kohlhof und der vorher zu Kirkel gehörende Ortsteil Eschweilerhof in die Stadt Neunkirchen eingemeindet. Gleichzeitig wurde Neunkirchen Kreisstadt. Es gab nun in der Stadt viele Straßennamen, die zweifach (53), dreifach (9), vierfach oder sogar sechsfach (Schulstraße –gasse) vorkamen.

Dem allgemein anerkannten Grundsatz folgend, dass ein Straßenname nicht mehrfach im Stadtgebiet vorkommen soll,[24] wurden in der Stadtmitte und in allen Stadtteilen Straßen umbenannt. In der gleichen Sitzung beschloss der Stadtrat auch den Stadtteilnamen Haus Furpach in Furpach umzuändern, nachdem er dies in einer Sitzung am 19. 12. 1958 noch ausdrücklich abgelehnt hatte. Nach anfänglichem Unwillen betroffener Anwohner sind diese Umbenennungen inzwischen durchweg akzeptiert und zum Teil auf ausdrückliche Zustimmung gestoßen (z. B. die Wibilostraße in Wiebelskirchen). Dies hängt sicherlich auch damit zusammen, dass die Ortsräte grundsätzlich in Namensfindungen eingebunden werden.

Es gab also vier tiefe Zäsuren bei der Festlegung von Straßennamen in Neunkirchen: 1903, 1935, 1945 und 1974, dazu noch ein tiefer Einschnitt in Wiebelskirchen 1954.

In Saarbrücken hat man das Problem der Doppelbezeichnungen anders gelöst. Dort blieben alle bisherigen Straßennamen erhalten, mit dem Ergebnis, dass fast alle gängigen Straßennamen mehrfach im Stadtgebiet vorkommen. Es gibt z. B. in Saarbrücken 6 Hauptstraßen (Jäg., Bischm., Ensh., Eschringen, Gersw., Klarenth.,) 8 Blumenstraßen (Nauwieser, Altenk., Bischm., Fech., Büb., Dudw., Eschr., Gersw.) und 4 Brunnenstraßen (Burb., Gersw., Güd., Herrens.) usw. Da man dem o. a. Grundsatz nicht folgte, gibt es seither in Saarbrücken ständig Probleme mit Ortsfindungen und mit Zustellungen. Seit 1986 sind nun in Saarbrücken Bestrebungen im Gange, ca. 320 Straßen umzubenennen, um Doppelnamen und die damit verbundenen Verwechselungsmöglichkeiten zu vermeiden. Dies ist bisher jedoch an den allein für die Verwaltung anfallenden Kosten von über 100.000 € gescheitert. Darüber hinaus gibt es erhebliche Widerstände bei den von den Umbenennungen betroffenen Anwohnern.

In der alphabetischen Reihenfolge der Namen von Straßen, Plätzen (auch Wohnplätzen) und Brücken im vorliegenden Buch werden auch alle früheren oder späteren offiziellen Straßennamen sowie volkstümliche Bezeichnungen erwähnt. Einzelne Straßen in Neunkirchen hatten schon bis zu 6 verschiedene Namen.
Bei jedem einzelnen Objekt wird
   - die Lage und der Verlauf beschrieben,
   - Auskunft zur Herkunft des Namens (soweit historisch interessant) und zur Geschichte der Straße erteilt,
   - eine Information über in der Straße vorhandene oder vorhanden gewesene öffentliche oder sonst bedeutsame Gebäude oder Einrichtungen gegeben und
   - wenn eine Straße nach einer Persönlichkeit benannt ist oder war, deren Kurzbiografie und ihre eventuelle Beziehung zu Neunkirchen dargestellt.

21 Landesarchiv Saarbrücken: Bestand MdI, Nr. 897

22 Schneider Heinrich: Das Wunder an der Saar, Stuttgart 1974, S. 144

23 Flender Armin: Öffentliche Erinnerungskultur, vgl Anmerkung 19, S. 86

24 Deutscher Städtetag: Recht der öffentlich - rechtlichen Namen und Bezeichnungen, vgl Anmerkung 1, S. 164

Lage, Verlauf, Geschichte und Namensgebung der einzelnen Straßen, Plätze und Brücken werden in dem Buch immer nur bei dem derzeitigen offiziellen Namen beschrieben; es sei denn, es handelt sich um eine nicht mehr existente Straße (z.B. Hohenlohestraße, Dammstraße, Petergasse, Josefstraße), dann werden sie beschrieben, wenn sie im Text erwähnt werden. Bei ehemaligen Straßennamen erfolgt ein Verweis auf die jetzige Bezeichnung, wobei auch die Herkunft des früheren Namens beschrieben wird. Wenn es eine Person als Namensgeber gibt, dann werden Informationen zu dieser Person immer beim jeweiligen Straßennamen gegeben, egal ob es sich um die aktuelle oder um eine frühere Straßenbezeichnung handelt.

Sehr viele der in Neunkirchen benutzten Straßennamen richten sich nach Örtlichkeiten, also nach Nachbarorten, nach Flurbezeichnungen oder nach Landschaftspunkten in der näheren Umgebung. Etwa ein Viertel der Straßen hat oder hatte Namen nach Persönlichkeiten aus Politik, Militär, Kunst oder nach solchen Menschen, die wegen ihrer Verdienste um Neunkirchen oder die Menschheit geehrt wurden. Einige Namensgeber von überregionaler Bedeutung waren auch selbst schon in Neunkirchen wie Johann Wolfgang von Goethe, Kaiser Wilhelm II oder Blücher.

2002 beklagte die Frauenbeauftragte der Stadt Neunkirchen, es gäbe zu wenige Frauennamen auf Straßenschildern und holte deshalb die Wanderausstellung „Wegweisend, mehr Frauennamen aufs Straßenschild" ins Rathausfoyer.[25] Nach einer Überprüfung tragen oder trugen von den 253 bisher in ca. 150 Jahren nach Personen benannten oder benannt gewesenen Straßen tatsächlich nur 18 einen Frauennamen. Das hängt sicher auch damit zusammen, dass es nur wenige berühmte Künstlerinnen, Erfinderinnen, Politikerinnen oder gar Kriegsheldinnen gibt. Es ist aber ohne Zweifel richtig, dass hier Nachholbedarf besteht.

Es gibt durchaus Frauen, die es verdient hätten, dass eine Straße nach ihnen benannt wird, weil sie sich um Neunkirchen oder überregional um das Gemeinwohl verdient gemacht haben.

So könnte man sich gut vorstellen, dass eine Straße einmal benannt wird nach

- der Gräfin Sierstorpff, der Tochter des früheren Hüttenherrn Carl-Ferdinand von Stumm-Halberg, die sich, auch unter Einsatz ihres Vermögens, im sozialen Bereich Verdienste um ihre Heimatstadt erworben hat (Bau der Rote-Kreuz-Siedlung im Steinwald oder Bau des Berta-Heimes, der Vorgängerin der Kinderklinik Kohlhof) oder nach
- der Schriftstellerin Liesbeth Dill, die Neunkirchen in ihrem Roman „Virago" ein literarisches Denkmal gesetzt hat.

Bemerkenswert für eine Stadt, die sich heute noch Hüttenstadt nennt und so überregional auch immer noch bekannt ist, ist die Tatsache, dass die für die Entwicklung der Stadt so wichtige Eisenwerksgeschichte bei der Benennung von Straßen eindeutig zu kurz gekommen ist. An die Bergbautradition erinnern eine Knappen-, eine Steiger-, eine Gruben-, eine König- (nach der Königsgrube), eine Königsbahn-, eine Nahebahnschacht- und eine Moselschachtstraße, ein Stollenweg sowie die Straßen Am Blücherflöz, Am Gneisenauflöz und am Wrangelflöz. Aber es gibt keine Eisengießer-, keine Walzwerker-, keine Eisenwerks-, keine Hütten- und keine Hochofenstraße o. ä.. Es gibt lediglich Bezeichnungen nach den früheren Eigentümern des Eisenwerkes (Stummstraße, Stummplatz, Carl-Ferdinand-Straße), und die Hüttenbergstraße ist eher eine geografische Bezeichnung. Bei allem Respekt für den jetzigen Namensgeber hätte man daran bei der Findung eines Namens für die heutige Gustav-Regler-Straße oder für die heutige Westspange einmal denken sollen.

Kurz vor Redaktionsschluss wurde bekannt, dass jetzt eine Firmenzufahrt von der Lindenallee zu dem nördlich des Bahndamms gelegenen Hüttengelände den Straßennamen Zum Eisenwerk erhalten soll.

Straßennamen haben etwas mit Geschichte zu tun. Sie gehören wie Denkmäler oder Feste zum Fundus von Symbolträgern, die eine offizielle Erinnerungskultur repräsentieren sollen.[26] Straßennamen sollten deshalb nicht ohne zwingende Gründe bei jeder Gelegenheit geändert werden. Ein mit einer Straße verwachsener Name ist eine geschichtliche Urkunde, die es grundsätzlich zu bewahren gilt.[27] Jede alte und als solche ge-

25 Saarbrücker Zeitung vom 28. 11. 2002

26 Flender Armin: Öffentliche Erinnerungskultur, vgl Anmerkung 19, S. 71

27 Meier J. P.: Über Erhaltung alter Straßennamen, ein vergessenes Gebiet der Denkmalpflege, Karlsruhe 1905, S. 3

schichtlich bedeutungsvolle Bezeichnung von Straßen, Plätzen und Brücken ist auf alle Fälle zu schützen und zu erhalten und zwar um so mehr, je eigenartiger und sinnvoller sie ist. So ist z. B. kein plausibler Grund dafür erkennbar, dass der über Jahrhunderte gewachsene Name Schlawerie in Sinnerthaler Weg umgewandelt wurde. Das ist allerdings 1935 geschehen, als niemand solche Entscheidungen zu hinterfragen wagte.

Nur ganz besondere Umstände sollten dazu führen, einen Straßennamen zu ändern. Bestimmt sollte dies nicht geschehen, um noch lebende Persönlichkeiten des Zeitgeschehens zu ehren. Eine Änderung kann jedoch erforderlich sein, wenn der Straßenname für die Bewohner wenig schmeichelhaft oder gar beleidigend ist (siehe Blödgasse jetzt Fischkasten).

Vor Um- oder Neubenennungen wäre es jedenfalls sinnvoll, neben den Ortsräten gegebenenfalls auch Historische Vereine oder Heimatvereine in die Namensfindung einzubeziehen.

Straßen, Plätze und Brücken in Neunkirchen

von A bis Z

Normalschrift = Aktuelle und offizielle Straßennamen
Kursivschrift = *Vergangene, inoffizielle und volkstümliche Straßennamen*

NK = Innenstadt, Wi = Wiebelskrichen, Fu = Furpach, Ko = Kohlhof, Lu = Ludwigsthal, Ha = Hangard, Mü = Münchwies, Hei = Heinitz, Si = Sinnerthal, Esch = Eschweilerhof, We = Wellesweiler

----

Adlersbergstraße Wi *früher Adlerstraße*

Lage und Verlauf:
Die Adlersbergstraße ist eine Straße, die am Ortsausgang des Stadtteils Wiebelskirchen von der Ottweilerstraße in nordwestlicher Richtung zum Wochenendhausgebiet am Steinbacher Berg abbiegt.

Adlersbergstraße aus Richtung Ottweiler Straße

Informationen zum Namen und zur Geschichte der Straße:
Bis 1895 gab es in Wiebelskirchen keine Straßenbe-

zeichnungen. Im ganzen Ort gab es Bezirke, in denen man ohne weitere Nummerierung jedes Haus finden konnte. Der Bereich der heutigen Adlersbergstraße gehörte mit der Ottweilerstraße zum Bezirk In der Mühlwies[A1].

Mit der Einführung der Straßennamen wurde auch eine straßenweise Nummerierung der Wohnanwesen vorgenommen, wobei freie Baustellen berücksichtigt wurden. Die jetzige Adlersbergstraße wurde nun zunächst Adlerstraße genannt, nach dem Adlersberg, auf den sie führt. Nach dem Wiebelskircher Heimatforscher Kurt Hoppstädter heißt dieser Berg mundartlich jedoch „Arleserberg", so dass Adlersberg eine schriftdeutsche Verballhornung eines Bergnamens ist, der nach der dabei liegenden Flur Arlese benannt wurde[A2].

Als es nach der Gebiets- und Verwaltungsreform 1974 im Stadtgebiet noch weitere Adlerstraßen gab, wurde die in Wiebelskirchen liegende zur Vermeidung von Verwechselungen in Adlersbergstraße umbenannt.

Schon 1906 war mit dem Ausbau der Straße mit Rinnen, Randsteinen und Pflasterung begonnen worden

---

A1 StA Neunkirchen, Bürgermeisterei Wiebelskirchen: Bürgerbuch während der Jahre 1894 bis 1910, Neunkirchen 1911, S. 221 - 223
A2 Hoppstädter Kurt: Wiebelskirchen Ein Heimatbuch, Wiebelskirchen 1955, S. 141

Adlerstraße Mü *zeitweise (1935 – 1945) Richthofen-straße, heute Zum Adelsbrunnen*
Siehe Zum Adelsbrunnen

Adlerstraße NK

Lage und Verlauf:
Die Adlerstraße im Stadtzentrum ist eine Parallelstraße zur Schwebelstraße und verbindet König- und Jakobstraße.

Adlerstraße aus Richtung Königstraße

Informationen zum Namen und zur Geschichte der Straße:
Die Adlerstraße ist eine der vielen Straßen in Neunkirchen, die nach dem Familien- oder Vornamen von früheren, oft den ersten Bewohnern benannt sind. Die „beim Eingang (in die Straße) wohnende Familie" hieß Adler[A3].
Hier wohnten überwiegend Arbeiter des Eisenwerkes und Bergleute der nahen Grube König.
Auf einem Situationsplan von Neunkirchen aus dem Jahre 1883[A4] ist die Straße noch nicht eingezeichnet, 1905 hatte sie dann aber schon 32 Wohngebäude, wie heute noch.
Dies zeigt, in welch rasantem Tempo die Stadt damals um das Eisenwerk und die Gruben gewachsen ist.

Adlerstraße Wi *heute Adlersbergstraße*
Siehe Adlersbergstraße

A3 Chronik von Neunkirchen, 5. Jahrgang 1913, S. 3
A4 StA Neunkirchen, Best. Karten und Pläne Nr. 82, Situationsplan von Neunkirchen 1883 von Debusmann

Adolf-Hitler-Brücke Wi *vorher und heute erneut Enkerbrücke*
Siehe Enkerbrücke

Informationen zum damaligen Namensgeber:
Siehe Adolf-Hitler-Straße NK

Adolf-Hitler-Platz NK *vorher und heute erneut Unterer Markt*
Siehe Unterer Markt

Informationen zum damaligen Namensgeber:
Siehe Adolf-Hitler-Straße NK

Adolf-Hitler-Straße Ha
Nach dem Beschlussbuch der Gemeinde Hangard[A5] (Sitzung vom 25. 07. 1935) wurde 1935 in Hangard eine Straße nach Adolf Hitler benannt. Es ist jedoch nicht erkennbar, um welche Straße es sich dabei handelte. Auch die bisher diesbezüglich durchgeführten Ermittlungen brachten keine Klärung.

Adolf-Hitler-Straße Lu *vorher Hindenburgstraße, heute Hauptstraße*
Siehe Hauptstraße

Informationen zum damaligen Namensgeber:
Siehe Adolf-Hitler-Straße NK

Adolf-Hitler-Straße Mü *vorher und heute erneut Kirchstraße, volkstümlich Hintereck*
Siehe Kirchstraße

Informationen zum Namensgeber:
Siehe Adolf-Hitler-Straße NK

Adolf-Hitler-Straße NK *davor Binger Straße, Bahnhofstraße, heute erneut Bahnhofstraße*
Siehe Bahnhofstraße

Informationen zum damaligen Namensgeber:
Adolf Hitler (20. 04. 1889 – 30. 04. 1945), Vorsitzender, Neugründer und Führer der Nationalsozialistischen Deutschen Arbeiterpartei (NSDAP), deutscher Reichskanzler, ab 1934 als „Führer und Reichskanzler" Deutschlands Regie-

---

A5 StA Neunkirchen, Beschlussbuch der Gemeinde Hangard

rungschef und Staatsoberhaupt und oberster Befehlshaber der Wehrmacht.

Er wurde in Braunau am Inn/Österreich als Sohn eines Zollbeamten und einer Bauerntochter geboren. Ohne abgeschlossene Schulausbildung wollte er Maler werden, was aber misslang. 1912 ging Hitler nach München und entzog sich so den österreichischen Militärbehörden. Als aber 1914 der 1. Weltkrieg losbrach, meldete er sich zum bayerischen Militär. Nach Kriegsende 1918 trat er der Deutschen Arbeiterpartei bei, die bald ihren Namen in Nationalsozialistische Deutsche Arbeiterpartei änderte, 1921 war er schon der Führer der Partei. 1923 unternahm er mit General Ludendorff und anderen bayerischen Rechtsgruppen einen Putschversuch, der ihm 5 Jahre Festungshaft einbrachte. Nach 9 Monaten wurde er aber schon wieder entlassen. In dieser Zeit hatte er sein Buch „Mein Kampf" diktiert. Die NSDAP trat bei vielen Wahlen an und erhöhte kontinuierlich ihre Abgeordnetenzahl im Reichstag. Schließlich ging sie aus der Reichstagswahl am 31. 07. 1932 als stärkste Partei hervor. Eine Gruppe konservativer Politiker, allen voran Franz von Papen, brachte ihn an die Macht. Am 30. 01. 1933 wurde er zum Reichskanzler ernannt.

Kaum an der Macht, begann er sofort seine Rivalen auszumanövrieren. Juden wurden von öffentlichen Ämtern ausgeschlossen und politische Gegner in Konzentrationslagern inhaftiert. Nach dem Tod Hindenburgs am 02. 08. 1934 wurde er offiziell zum Führer und Reichskanzler ernannt.

Als Hitler die Wehrmacht am 01. 09. 1939 unter einem Vorwand Polen angreifen ließ und damit den 2. Weltkrieg begann, kam es zur Kriegserklärung durch England und Frankreich, die Polens Unabhängigkeit garantiert hatten. Durch Blitzkrieg-Unternehmungen unterwarf Hitler in den folgenden 3 Jahren halb Europa. Der Kriegseintritt der USA 1941 leitete jedoch eine allmähliche Umkehrung des Kriegsglücks ein, die durch die Niederlage in Stalingrad im Januar 1943 noch verstärkt wurde.

Als die Alliierten am 06. 06. 1944 in der Normandie landeten, war die Niederlage unvermeidbar. Schließlich eroberten Amerikaner und Briten von Westen und Russen von Osten her das Reichsgebiet.

Als die Russen schon in Berlin standen, nahm er sich am 30. 04. 1945 selbst das Leben

Adolf-Hitler-Straße Wi *vorher und nachher Ottweilerstraße*
Siehe Ottweilerstraße

Informationen zum damaligen Namensgeber:
Siehe Adolf-Hitler-Straße NK

Adolf-Kolping-Straße NK früher Gartenstraße, zeitweise (1936 – 1945) Franz-Hellinger-Straße

Lage und Verlauf:
Die Adolf-Kolping-Straße zweigt von der Langenstrichstraße (zwischen den Anwesen Nr. 15 und 17) nach Nordwesten ab und mündet auf dem Werner-Scherer-Platz, der sich vor dem Bürgerhaus befindet. Über den Werner-Scherer-Platz zwischen altem Amtsgericht und Marienkirche hindurch gelangt man zu Fuß in die Marienstraße.

Adolf-Kolping-Straße aus Richtung Langenstrichstraße, im Hintergrund die Marienkirche

Informationen zum Namen und zur Geschichte der Straße:
Der ursprüngliche Straßenname ist auf eine Flurbezeichnung zurückzuführen. In diesem Bereich findet sich die Flurbezeichnung „Langwieser Gärten". Diese Bezeichnung lässt auf lange Äcker oder Gärten schließen, wie die in unmittelbarer Nähe liegende Flur „Im Langenstrich".

Die Gartenstraße und zunächst auch die spätere Adolf-Kolping-Straße führten als enge Fahrstraßen von der Langenstrichstraße durch bis zur Marienstraße.

Nach der Volksabstimmung 1935 und der Machtübernahme durch die Nationalsozialisten im Saargebiet kam es in vielen Orten unseres Raumes zu einer größeren Welle von Straßenumbenennungen. Fast in jedem Ort gab es seither eine Adolf-Hitler-Straße. Gezielt wurden

Straßen auch nach „Märtyrern" und „Blutopfern der NS-Bewegung" benannt. Nach einer ersten Rate von Umbenennungen schon vor dem Rückgliederungstermin beschloss der Stadtrat am 25. 05. 1936 auch folgende Straßennamen zu ändern:

Gartenstraße	in Franz-Hellinger-Straße
Philippstraße	in Ferdinand-Wiesmann-Straße
Kaiserstraße	in Julius-Schreck-Straße
Wilhelmstraße	in Wilhelm-Gustloff-Straße
Brückenstraße	in Franz-von-Epp-Straße
Magdalenenstraße	in Theodor-Fliedner-Straße
Bachstraße	in Hans-Schemm-Straße-
Bachschulplatz	in Hans-Schemm-Platz[A6]

Aus der Gartenstraße wurde also die Franz-Hellinger-Straße, um den bei der „Befreiung der Pfalz" in Speyer am 9. 1. 1924 gefallenen SA-Mann zu ehren.

Unmittelbar nach Kriegsende erhielt die Straße ihren alten Namen zurück.

Als 1961/62 in der Straße das Kolpinghaus gebaut worden war, wurde die Straße nach einem Beschluss des Stadtrates vom 27. 09. 1962 zu Ehren des Gründers der Kolpingbewegung in Adolf-Kolping-Straße umbenannt und behielt diesen Namen auch nach Übernahme des dort stehenden Kolpinghauses durch die Stadt. Mitte der 1980er Jahre wurde das ehemalige Kolpinghaus zum Bürgerhaus umgebaut. Es wurde renoviert und erhielt ein modernes Glasfoyer.

Vor dem Bau des Durchbruchs von der Langenstrichstraße zur Marienstraße zwischen den Anwesen Nr. 25 und 33 (die dazwischen liegenden Häuser wurden abgerissen) in Höhe der Jägerstraße 1981/82 hatte die Gartenstraße bzw. Adolf-Kolping-Straße diese Verbindungsfunktion. Fast der gesamte Verkehr vom Oberen Markt zur Unterstadt floss durch diese Engstelle. Nach dem Bau des genannten Durchbruchs wurde die Adolf-Kolping-Straße zur Sackgasse, sie geht nur noch bis in Höhe des Bürgerhauses bzw. zu einem dort liegenden Parkplatz.

Eine vorher auf der westlichen Straßenseite dicht an der Marienkirche stehende Metzgerei mit Großräucherei (Vormbrock) wurde abgerissen und dort der erwähnte Parkplatz für Besucher des Bürgerhauses gebaut.

Informationen zum Namensgeber:
Adolf Kolping (08.12.1813 – 04.12.1865), Katholischer Sozialpolitiker wurde in Kerpen bei Köln geboren. Er

war erst Schuhmacher, dann Priester, 1849 Domvikar in Köln. Zeitweise gehörte er der Zentrumsfraktion des preußischen Landtags an. Er war der Gründer der Gesellenvereine (daher sein Beiname „Gesellenvater"), die die Grundlage des späteren Kolpingwerkes zur Förderung katholischer Gesellen in religiöser, sozialer und beruflicher Hinsicht waren. Kolping wurde 1991 selig gesprochen.

Öffentliche und sonst bedeutsame Gebäude in der Straße:
- Bürgerhaus I
  1892 war an der Stelle, an der heute das Bürgerhaus steht, ein Gesellenhaus der Kolpingfamilie eingeweiht worden. 1935 sollte es enteignet werden, wurde aber vorher verkauft und diente dann bis 1945 als Kino (Walhalla Lichtspiele). Beim letzten Bombenangriff auf Neunkirchen, am 15. 03. 1945, wurde das Gebäude völlig zerstört.
  Das Grundstück erwarb die Pfarrei St. Marien. 1961/62 wurde an der Stelle wieder ein Kolpinghaus errichtet.
  Die Stadt erwarb das Bauwerk 1982, um es zusammen mit dem an der Marienstraße liegenden ehemaligen Amtsgericht zu einem Kulturzentrum umzubauen. Es wurde ein moderner mit viel Glas verkleideter Anbau, der die beiden Gebäude miteinander verbindet, erstellt und so 1984/85 das Bürgerhaus, ein städtischer Saalbau mit Gastronomie geschaffen. Im alten Amtsgericht befinden sich die Neunkircher Kulturgesellschaft, die VHS und eine städtische Galerie. Im gleichen Gebäudekomplex befindet sich noch die Kath. Fachschule für Sozialpädagogik, Fachbereich Erzieher.

Affengäßchen NK *volkstümliche Bezeichnung, früher Wilhelmstraße (alt)*
Es handelte sich um einen schmalen Fußweg zwischen Viktoriastraße (heute Lutherstraße) und Millerstraße.

Informationen zum Namen und zur Geschichte der Gasse:
In einem Situationsplan von Neunkirchen aus dem Jahre 1883 ist das schmale Gässchen eingezeichnet[A7]. Es ging

---

A6 StA Neunkirchen, Beschlussbuch Stadtrat NK und Best. Varia Nr. 862 StA

A7 Situationsplan Neunkirchen 1883, vgl. Anm. A4

damals von der heutigen Lutherstraße an der Millerstraße vorbei, die nur von der heutigen Brückenstraße bis zur Biegung in der Mitte der Straße ging, und endete an der Canalstraße (heute Lindenallee). In diesem Plan ist die Gasse als Wilhelmstraße eingezeichnet. Die Straße ist wohl schon in der zweiten Hälfte des 19. Jh. entstanden, denn als der Ortsbaumeister Riemann dem Bürgermeister Jongnell von Neunkirchen am 15. 05. 1879 die Beschaffung von Namensschildern für 49 Straßen und 8 Wohnplätze vorschlug, tauchte der Name Wilhelmstraße in dieser Aufstellung zum ersten Mal auf. Für die Straße musste damals 1 Straßenschild jedoch kein Hausnummernschild beschafft werden[A8]. *Offenbar gab es keine Bebauung in der Straße, und die gab es auch später nie. Eine Verwechslung mit der heutigen Wilhelmstraße ist ausgeschlossen, weil es die zu diesem Zeitpunkt noch nicht gab.*
Heute führt die Gasse von der Millerstraße her nur noch bis zu Garagenplätzen hinter den Häusern der Lutherstraße. Der volkstümliche Name soll darauf zurückzuführen sein, dass in dem Hinterhofgelände zwischen Lutherstraße und Millerstraße oft ein Zirkus überwinterte, der auch Affen in seinem Tierbestand hatte.

Ahornweg Wi vorher Ulmenweg

Lage und Verlauf:
Der Ahornweg liegt im östlichen Bereich des Stadtteils Wiebelskirchen vor dem Ziehwald. Er zweigt dort vom Kastanienweg nach Nordosten ab und endet nach knapp 100 m als Sackgasse.

Informationen zum Namen und zur Geschichte der Straße:
Das Gelände zwischen Bexbacher Straße und Forsthausstraße, die Flur Auf Stählingswies, wurde von der Gemeinde Wiebelskirchen erworben und dann wurden nach Anlegung der Straßen einzelne Grundstücke an Bauwillige vergeben. 1971 waren bereits 40 von 73 Baustellen mit verschiedenen individuellen Hausformen bebaut, vorwiegend eingeschossig, die man als Bungalows bezeichnen kann.
Alle neuen Straßen südöstlich der Bexbacher Straße sind nach heimischen Baumarten benannt.
Bis zur Gebiets- und Verwaltungsreform 1974 hieß die

A8   StA Neunkirchen, Schriftverkehr über die Beschaffung von Straßen- und Hausnummernschildern, 1879 Best. Altakten A I, Nr. 438

Ahornweg aus Richtung Kastanienweg

Straße Ulmenweg, wurde dann aber zur Vermeidung von Verwechselungen umbenannt, da es nun eine weitere Straße mit diesem Namen im neuen Stadtgebiet gab.

Akazienweg Wi vorher Lindenweg

Lage und Verlauf:
Der Akazienweg liegt im östlichen Bereich des Stadtteils Wiebelskirchen vor dem Ziehwald. Er zweigt dort vom Kastanienweg nach Nordosten ab und endet nach knapp 100 m als Sackgasse.

Akazienweg aus Richtung Kastanienweg

Informationen zum Namen und zur Geschichte der Straße:
Das Gelände zwischen Bexbacher Straße und Forsthausstraße, die Flur Auf Stählingswies, wurde von der Gemeinde Wiebelskirchen erworben und dann wurden

nach Anlegung der Straßen einzelne Grundstücke an Bauwillige vergeben. 1971 waren bereits 40 von 73 Baustellen mit verschiedenen individuellen Hausformen bebaut, vorwiegend eingeschossig, die man als Bungalows bezeichnen kann.

Alle neuen Straßen südöstlich der Bexbacher Straße sind nach heimischen Baumarten benannt.

Bis zur Gebiets- und Verwaltungsreform 1974 hieß der Weg Lindenweg, wurde dann aber zur Vermeidung von Verwechselungen umbenannt, da es nun weitere Straßen mit ähnlichen Namen im neuen Stadtgebiet gab.

Albert-Schweitzer-Straße NK

Lage und Verlauf:

Die Albert-Schweitzer-Straße zweigt nach Nordosten von der Fernstraße in Richtung Storchenplatz ab und mündet ca. 400 m davor in den Meisenweg, dabei biegt sie auf den letzten 100 m ab der Straße Am Mädchenrealgymnasium nach Osten ab. Von diesem letzten Teilstück führt ein Fußweg entlang eines Spielplatzes nach Norden zum Drosselweg.

Albert-Schweitzer-Straße aus Richtung Fernstraße

Informationen zum Namen und zur Geschichte der Straße:

Die Straße ist Mitte der 1950er Jahre im Zuge der Erschließung des Geländes für die Erweiterung der Steinwaldsiedlung (Storchenplatzgebiet) als eine der Zufahrtsstraßen entstanden. Das Teilstück zwischen der Straße Am Mädchenrealgymnasium und dem Meisenweg bestand zu diesem Zeitpunkt bereits. Dieses Teilstück war als Zufahrt zu dem 1950 in Betrieb genommenen Knabengymnasium gebaut worden und war

damals ein Teil des alten Krebsbergweges. Hier und im Meisenweg baute der Ketteler-Verein in den späten 1940er und Anfang der 1950er Jahre Einfamilienhäuser. Erst 1955 wurde dann der restliche Teil der Albert-Schweitzer-Straße bis zur Fernstraße angelegt. In diesem zweiten Bauabschnitt wurden überwiegend zweigeschossige Doppelhäuser zum Teil in freier Bauweise zum Teil als Kaufanwartschaftshäuser von einer Siedlungsgesellschaft erstellt und im westlichen Teil vor der Einmündung in die Fernstraße ein mehrgeschossiger Wohnblock mit Eigentumswohnungen. Der Straßenname war nach einem Rundschreiben des Bürgermeisters vom 15. 07. 1955 vom Stadtrat im gleichen Jahr festgelegt worden und zwar unter Einbeziehung des o. a. Teilstücks des Krebsbergweges durchgehend von der Fernstraße bis zum Meisenweg[A9].

Informationen zum Namensgeber:

Albert Schweitzer (14.01.1875 – 04.09.1965), evangelischer Theologe, Philosoph, Musiker und Missionsarzt.

Schweitzer wurde im damals deutschen Kaysersberg bei Colmar/Elsaß geboren. Von 1905 bis 1913 studierte Schweitzer Medizin an der Universität Straßburg. 1913 ging er als Missionsarzt nach Lambaréné (heute in Gabun). Dort gründete er 1927 ein Tropenhospital, in dem im ersten Jahr fast 2 000 Patienten behandelt wurden. Unterbrochen von seinen Reisen war er hier bis zu seinem Tod tätig.

Seine Philosophie gipfelte in einer weltbejahenden Ethik tätiger Nächstenliebe. 1951 erhielt Schweitzer den Friedenspreis des Deutschen Buchhandels und 1952 den Friedensnobelpreis. 1965 starb er in Lambaréné.

Öffentliche oder sonst bedeutsame Gebäude in der Straße:

-   Krebsberggymnasium
    Das Gymnasium am Krebsberg ist Nachfolgeeinrichtung der am 12. 04. 1875 eröffneten ersten höheren Schule in Neunkirchen. Die ersten Schüler wurden damals in Sälen bzw. Nebenzimmern von Gaststätten unterrichtet. 1877 konnte dann das erste eigene Schulhaus in der Victoriastraße (heute Lutherstraße) bezogen werden. Schon 1896 platzte dieses Schulhaus wegen der ständig wachsenden Schülerzahlen aus allen

A9   Beschlussbuch des Stadtrates Neunkirchen, StA Neunkirchen

Nähten (das Dorf Neunkirchen nahm wegen der wachsenden Industrie eine stürmische bevölkerungsmäßige Entwicklung). Daher wurde 1898 mit dem Bau eines neuen Schulhauses in der Oststraße (Standort des heutigen Amtsgerichtes) begonnen, das am 01. 08. 1900 bezogen wurde. Dieses Haus wurde beim letzten schweren Bombenangriff auf Neunkirchen am 15. 3. 1945 total zerstört. Nach Kriegsende wurden daher die ersten Schüler in der Schloßschule, wegen der begrenzten Zahl von Unterrichtsräumen in Schichten, unterrichtet. Ab 02. 09. 1948 ging die Schule in die Trägerschaft des Landes über[A10]. Im Dezember 1949 wurde dann mit dem Bau eines neuen Schulhauses am Hang des Krebsberges begonnen, das am 19. 10. 1950 bezogen werden konnte. 1976 wurde der Gebäudekomplex um einen naturwissenschaftlichen Trakt erweitert. Die Schule wird seit 1977 nicht mehr als reines Knabengymnasium geführt, es werden jetzt Knaben und Mädchen gemeinsam unterrichtet.

1974 erhielt die Schule den Namen „Staatliches Gymnasium am Krebsberg". Im Jahre 2000 konnte sie ihr 125-jähriges Jubiläum feiern.

Albert-Schweitzer-Straße Wi *davor Sophienstraße, Josef-Bürckel-Straße, heute Bodelschwinghstraße Siehe Bodelschwinghstraße*

Informationen zum vorherigen Namensgeber:
Siehe Albert-Schweitzer-Straße NK

Alexander-Fleming-Straße Wi vorher Teil der Kirchhofstraße, Röntgenstraße

Lage und Verlauf:
Es handelt sich um eine von vier kurzen, parallel verlaufenden Verbindungsstraßen zwischen Römerstraße und Pflugstraße im Stadtteil Wiebelskirchen.

Informationen zum Namen und zur Geschichte der Straße:
Die Straße war ursprünglich eine unbenannte Seitenstraße der früheren Kirchhofstraße, wurde aber zu dieser gezählt.

Alexander-Fleming-Straße aus Richtung Römerstraße

Im Zuge einer allgemeinen Neu- und Umbenennung von Straßen in Wiebelskirchen 1954 auf Anregung des Kultur- und Heimatrings wurde die kleine Seitenstraße nach dem Physiker und Nobelpreisträger Wilhelm Röntgen benannt. Die frühere Kirchhofstraße selbst wurde mit anderen Straßen zur Römerstraße zusammengefasst[A11].

Als es nach der Gebiets- und Verwaltungsreform 1974 noch eine weitere Röntgenstraße in Neunkirchen gab, wurde die in Wiebelskirchen liegende umbenannt nach dem Nobelpreisträger Alexander Fleming.

Informationen zum Namensgeber:
Sir Alexander Fleming (1881-1955), britischer Bakteriologe und Nobelpreisträger, der als Entdecker des Penicillins berühmt wurde. Fleming wurde in der Nähe von Darvel (Schottland) geboren und studierte an der St. Mary's Hospital Medical School der University of London. Dort war er von 1929 bis zu seiner Emeritierung (1948) Professor für Bakteriologie.

Fleming wurde 1944 geadelt. 1945 wurde er zusammen mit den britischen Naturwissenschaftlern Howard Walter Florey und Ernst Boris Chain für ihre Beiträge zur Entwicklung des Penicillins mit dem Nobelpreis für Medizin ausgezeichnet.

Alleestraße NK zeitweise (Mitte des 19. Jh.) Teil des Schloßweges

Lage und Verlauf:
Die Alleestraße verläuft entlang der Rückseite des Rat-

A10 Festschrift zum 100-jährigen Bestehen des Krebsberg
      gymnasiums, Neunkirchen 1975, S. 51

A11 Heimatbuch Wiebelskirchen, vgl. Anm. A2, S. 147

hauses von Norden nach Süden und verbindet dabei die Irrgartenstraße mit der Schloßstraße.

Alleestraße aus Richtung Schlo?straße,
rechts die Rückfront des Rathauses

Informationen zum Namen und zur Geschichte der Straße:

Aus dem Nordheim'schen Lageplan der beiden Neunkircher Schlösser von 1797[A12] ist erkennbar, dass diese Straße entlang einer zum Schlosspark gehörenden Gartenbegrenzung verläuft. Diese Parkgrenze war außerdem mit Alleebäumen bepflanzt. Der Straßenname ist neben denen der Schloßstraße und der Irrgartenstraße ein weiterer Hinweis auf die ehemalige Herrschaft und auf das Barockschloss Jägersberg.

In einem Grundriss über projektierte Straßen im Bereich des Oberen Markte in Neunkirchen vom 05. 12. 1864 ist der heutige vordere Teil der Irrgartenstraße zusammen mit der Alleestraße und der Schloßstraße auch durchgehend als Schloßweg bezeichnet[A13].

Am 15. 05. 1879 schlug der Ortsbaumeister Riemann dem Bürgermeister Jongnell von Neunkirchen die Beschaffung von Namensschildern für 49 Straßen und 8 Wohnplätze vor[A14]. In dieser Aufstellung taucht der Name Alleestraße zum ersten Mal schriftlich auf. Der Name war vermutlich wegen der alleeartig entlang der Straße stehenden Bäume der ehemaligen Schlossparkbegrenzung gewählt worden. Im Ortsplan von Neunkirchen aus dem Jahre 1883 ist die Alleestraße in der

heutigen Lage und mit diesem Namen bereits verzeichnet[A15].

Heute ist die Straße nur noch auf ihrer Westseite mit Wohnhäusern bebaut, auf der anderen Straßenseite befindet sich die Rückfront des Rathauses. Die Straße ist auch wieder beidseitig mit Bäumen bepflanzt, so dass auch tatsächlich wieder von einer Allee gesprochen werden kann.

Allenfeldstraße Wi früher Grubenstraße

Lage und Verlauf:

Die Straße biegt nahe des östlichen Ortsausgangs von Wiebelskirchen von der Bexbacher Straße als Sackgasse nach Nordwesten ab und vollzieht nach ca. 200 m eine rechtwinklige Biegung nach Nordosten in Richtung des Allenfeldschachts wo sie endet.

Allenfeldstraße letztes Teilstück

Informationen zum Namen und zur Geschichte der Straße:

Der Straßenname geht auf eine Flurbezeichnung zurück, die in diesem Bereich seit ca. 1500 nachweisbar ist (1500 „Allenveldt", 1739 „Ahlenfeld", 1767 „Allenfeld")[A16].

1954 wurde in Verbindung mit dem Bau der Grube St. Barbara in Bexbach am östlichen Ortsrand von Wiebelskirchen ein Schacht abgeteuft, der als Wetterschacht diente. Die Schachtanlage lag zwischen oberer Bexbacher Straße und heutigem Rombachaufstieg und wurde entsprechend der dortigen Flurbezeichnung Allenfeldschacht genannt. Die zu der Anlage führende

A12 Krajewski Bernhard: Neunkirchen Stadt des Eisens und der Kohle, Neunkirchen 1955, S. 91

A13 StA Neunkirchen, Grundriss über projektierte Straßen westlich des Oberen Marktes, 05. 12. 1864, Best. Karten und Pläne Nr. 62

A14 Beschaffung von Straßenschildern 1879, vgl. Anm. A8

A15 Situationsplan Neunkirchen 1883, vgl. Anm. A4

A16 Heimatbuch Wiebelskirchen, vgl. Anm. A2, S. 134

Straße wurde Grubenstraße genannt.

Als es nach der Gebiets- und Verwaltungsreform 1974 im neuen Stadtgebiet eine weitere Grubenstraße gab, wurde die in Wiebelskirchen liegende zur Vermeidung von Verwechselungen in Allenfeldstraße umbenannt.

Alter Park NK *früher Alter kath. Friedhof, von 1935 – 1945 Horst-Wessel-Park, Schlosspark, heute als Park nicht mehr existent*
Siehe Schlossparkanlage

Alter Weg Wi *dann Katharinenstraße, heute Lessingstraße, früher volkstümlich Schönweibergasse*
Siehe Lessingstraße

Alte Ziegelei NK

Lage und Verlauf:
Das Gelände der früheren Ziegelei Koeppel liegt zwischen Spieser Straße, Westspange und Südring. Die straßenmäßige Erschließung erfolgt vom Südring her in Form einer Sackgasse. Zur Spieser Straße in Höhe des Rodenheimweges besteht eine fußläufige Verbindung.

Alte Ziegelei aus Richtung Südring

Informationen zum Namen und zur Geschichte der Straße:
Auf dem Gelände, das jetzt als Wohn- und Gewerbegebiet erschlossen wird, wurde 1931 das Saar-Ziegelwerk gegründet. Später wurde das Werk nach seinem Geschäftsführer Josef Koeppel benannt. 1979 erfolgte eine Umbenennung in Ziegelwerk Neunkirchen. Das Ziegelwerk hat über viele Jahrzehnte die Tonschichten im Gelände zwischen heutiger Westspange, Spieser Straße und dem Schlesierweg ausgebeutet. Dieses Areal sieht deshalb heute wie eine Mondlandschaft aus. Die Tongrube ist heute Station des Neunkircher Grubenweges 2. Zeitweise hat das Werk dort auch die anstehenden Kohlenflöze abgebaut und so die eigenen Energiekosten reduziert.

Die Ziegelei wurde von einem privaten Investor erworben und die Gebäude wurden 2005/06 abgerissen. Im Laufe des Jahres 2007 wurde eine Straße vom Südring her angelegt und das Gelände für eine Bebauung im vorderen Bereich zwischen Spieser Straße und Südring für Kleingewerbe und im hinteren Bereich für eine Wohnbebauung hergerichtet. Im Oktober 2007 hat die Stadt von dem Investor den öffentlichen Verkehrsraum wieder zurückerhalten und ist seither Träger der Straßenbaulast.

Altmühler Weg NK

Lage und Verlauf:
Es handelt sich um einen Fußweg, der den Park Wagwiesental in Höhe der Straße Unten am Steinwald in West-Ost-Richtung durchquert und so eine fußläufige Verbindung zwischen Parallelstraße und Fernstraße darstellt.

Altmühler Weg Blickrichtung Fernstraße

Informationen zur Geschichte und zum Namen der Straße:
Der Straßenname weist auf eine Mühle im Wagwiesental unterhalb eines aufgestauten Weihers hin, die Ende des 17. Jh. verfallen war und 1716 von Johann Nikolaus

Werner wieder aufgebaut wurde. Vermutlich wegen Wassermangels wurde diese Mühle im Jahre 1732 an die Blies verlegt und ist dann dort zur Bliesmühle geworden, während die verlassene Mühle im Wagwiesental die alte Mühle war[A17]. Den Weiher im Wagwiesental konnte man dann ablassen, und so entstanden ober- und unterhalb des Weiherdammes die Oberste und die Unterste Mühlwies, so auch zwei Flurbezeichnungen in diesem Bereich.

Der Altmühler Weg führt über den ehemaligen Weiherdamm der Mühle.

Früher begann der Weg an der Kronprinzenstraße (heute Parallelstraße) und mündete östlich in Höhe des heutigen Kaufmännischen Berufsbildungszentrums in die Straße Unten am Steinwald. Durch den Bau der Fernstraße 1936 wurde der Weg unterbrochen und endet seither an der Fernstraße.

Altseitersweg NK

Lage und Verlauf:
Der Altseitersweg zweigt im oberen (südwestlichen) Teil von der Spieser Straße nach Süden ab und mündet in die Straße Im Altseitertal, der Durchgangsstraße durch das Wohngebiet Altseitertal. In der Hälfte der Straße zweigt ein nach Nordosten in die ehemalige Orchideenwiese verlaufender Straßenteil ab.

Altseitersweg aus Richtung Spieser Straße

A17 Fried Werner: Die Mühlen im einstigen Dorfe Neunkirchen, in Hefte des Historischen Vereins Neunkirchen, Neunkirchen 2002

Informationen zum Namen und zur Geschichte der Straße:
Schon in der „Ordnung der Gemeinde Neunkirchen" aus dem Jahre 1731 wird ein „Erntweg aus der Spieserstraß in die obere Allseiters" erwähnt. Dabei handelte es sich vermutlich schon um den jetzigen Altseitersweg.

Auch in Karten aus dem Anfang des 20. Jh. (1902) ist der Weg schon verzeichnet. Damals führte er aber von der Spieser Straße durch das Altseiterstal bis zur Hermannstraße gegenüber dem Franzosenweg. Dabei handelte es sich aber zumindest in der zweiten Weghälfte nur um einen Fußweg. Die Bebauung des Weges erfolgte erst mit der allgemeinen Erschließung des Altseiterstals als Wohn- und Gewerbegebiet.

Der nach Nordosten abgehender Straßenzweig, der hinter den Anwesen auf der Südostseite der Spieser Straße in die ehemalige Orchideenwiese verläuft, wurde erst 2004/05 angelegt.

Altstraße Mü zeitweise (1935 – 1945) Horst-Wessel-Straße

Lage und Verlauf:
Die Altstraße im Stadtteil Münchwies zweigt von der Schulstraße nach Westen ab und endet nach ca. 300 m als Sackgasse.

Altstraße aus Richtung Schulstraße

Informationen zum Namen und zur Geschichte der Straße:
Die Straße ist eine der ältesten Straßen in Münchwies, daher wohl auch der Name.

Nach der Volksabstimmung vom 13. Januar 1935 wurden in Neunkirchen und anderen Orten Straßen nach Nazi-Größen oder –Märtyrern oder nach dem Abstimmungsdatum benannt. In Münchwies beschloss der Gemeinderat am 25. 01. 1935, also schon lange vor dem tatsächlichen Wiederanschluss des Saargebietes an das Deutsche Reich, der erst am 01. 03. 1935 vollzogen wurde, dem Polizeiverwalter einige Straßenumbenennungen vorzuschlagen[A18]. So wurde die bisherige Altstraße nach dem bei einer Schlägerei in Berlin mit politischen Gegnern umgekommenen SA-Mann Horst Wessel, der auch das Marschlied „Die Fahne hoch, die Reihen dicht geschlossen........" komponiert hatte, benannt.

Unmittelbar nach Kriegsende erhielt die Straße wieder ihren alten Namen.

Am Altwoog Fu

Lage und Verlauf:

Die Straße ist eine nach Norden von der Sebachstraße abbiegende Sackgasse.

Am Altwoog aus Richtung Sebachstraße

Informationen zum Namen und zur Geschichte der Straße:

Alle Seitenstraßen der Sebachstraße sind Anfang der 1960er Jahre gebaut und bebaut worden. Auf Vorschlag des Heimatforschers Bernhard Krajewski legte der Stadtrat in seiner Sitzung am 22. 01. 1960 den Stra-

ßennamen zusammen mit weiteren Straßennamen in diesem Stadtteil fest[A19].

Alle diese nach Norden gehenden Seitenstraßen sind mit einer Ausnahme (Kreuzbergring) Sackgassen. In den Straßen stehen links und rechts zweigeschossige Doppelhäuser in Privatbesitz und am Ende der Straßen jeweils viergeschossige Mehrfamilienhäuser der Gemeinnützigen Siedlungsgesellschaft der Stadt Neunkirchen (GSG). Diese Wohnblocks am Ende der von der Sebachstraße abgehenden Sackgassen, aber auch die erwähnten Doppelhäuser sind von der GSG gebaut worden. Während die Doppelhäuser an private Interessenten verkauft wurden, werden die Wohnblocks von der GSG bewirtschaftet.

Am Altzberg Ha

Lage und Verlauf:

Es handelt sich um eine Straße, die von der Hauptdurchgangsstraße durch den Ort, der Straße An der Ziegelhütte, nach Westen in Richtung Steinbacher Berg abbiegt.

Am Altzberg aus Richtung Wiebelskircher Straße

Informationen zum Namen und zur Geschichte der Staße:

Der Name geht auf die Flurbezeichnung „Altzberg" zurück. Die Flur hat die Gewanne „Am Altzberg" und „Auf'm Altzberg". In der Gemarkungskarte (Gemeindekarte) von Hangard von 1848/1849 ist die Flur VII als „Atzelberg" bezeichnet. Dabei handelt es sich vermutlich um einen Schreibfehler, da in der Flurkarte VII eindeutig die Bezeichnung „Altzberg" steht. Nach dem Hei-

A18 StA Neunkirchen, Beschlussbuch der Gemeinde Münchwies,

A19 Beschlussbuch Stadt Neunkirchen, vgl. Anm. A9

matbuch „Hangard – eine Perle im Tal der Oster" wurde die Örtlichkeit um 1500 schon „Alßberg" genannt.

Öffentliche oder sonst bedeutsame Gebäude und Einrichtungen an der Straße:

- Evang. Kirche
  Während die Katholiken von Hangard bereits 1903 eine eigene Kirche bauten, gelang dies den Protestanden erst 1965/66. Vorher mussten sie nach Wiebelskirchen in die Kirche gehen.

Am Bahnhof NK danach Bahnhofsplatz
Siehe Bahnhofsplatz

Am Bannstein Fu

Lage und Verlauf:
Die Straße zweigt vom Birkenweg in Furpach nach Osten ab, vollzieht dann eine Biegung nach Süden, verläuft parallel zum Birkenweg und endet als Sackgasse hinter der ehemaligen Gaststätte Grüner Baum .

Am Bannstein aus Richtung Birkenweg

Informationen zum Namen und zur Geschichte der Straße:
Die umliegenden Straßen gehören zu einer Heimstättensiedlung, die in den späten 1930er Jahren entstanden ist. Die damaligen Siedlerhäuser hatten alle einen sehr großen Garten, weil die Siedler zur Viehhaltung angehalten waren und diese Tiere auch ernähren mussten. Diese großen Grundstücke wurden nach dem 2. Weltkrieg oft geteilt, so dass weiteres Bauland bzw. weitere Straßen entstanden, so auch die Straße Am Bannstein durch Teilung der Grundstücke auf der West-

seite des Birkenwegs.

Die Straße und die Bebauung entstanden Anfang der 1970er Jahre. Der Straßenname wurde in einer Sitzung des Stadtrates am 03. 06. 1970 festgelegt. In der Begründung wurde festgehalten, dass in der Nähe der alten Schmelze im Landertal ein dreibänniger Grenzstein steht, der bereits in der Karte von Weimar von 1740 eingezeichnet ist und heute noch steht. Der „Dreibänner" von 1763 dokumentiert, dass hier drei Gemeindebanne zusammenstoßen (Neunkirchen, Kohlhof und Wellesweiler)[A20].

Alternativ war damals auch die Bezeichnung Zur alten Schmelze in Vorschlag gebracht worden. In unmittelbarer Nähe war 1952 ein frühmittelalterlicher Schmelzofen gefunden worden. Dieser Schmelzofen ist in einer Vitrine im Rathausfoyer ausgestellt.

Es handelt es sich um eine reine Wohnstraße, die nur einseitig bebaut ist. Auf der anderen Straßenseite steht Hochwald, der zum Kasbruchgebiet gehört.

Am Beerwald NK heute Beerwaldweg
Siehe Beerwaldweg

Am Berg We heute Bergstraße
Siehe Bergstraße

Am Biedersberg NK heute Biedersbergweg
Siehe Biedersbergweg

Am Blücherflöz NK

Lage und Verlauf:
Die Straße verläuft durch das Industriegebiet König, das nach der früheren Grube König benannt ist, von Südosten nach Nordwesten und verbindet die Straße Am Gneisenauflöz mit dem Boxbergweg.

Informationen zum Namen und zur Geschichte der Straße:
Nach der Stilllegung der Grube König 1968 wurde das gesamte Zechengelände zu einem Gewerbe- und Industriegebiet im Westen der Stadt ausgebaut. Drei der zur Erschließung des Geländes notwendigen Straßen erhielten in einer Sitzung des Stadtrates vom 18. 10. 1979 Namen von Flözen des früheren Bergwerkes:

A20 Beschlussbuch Stadt Neunkirchen, vgl. Anm. A6

Am Blücherflöz Bichtung Boxbergweg,
links ein Schachtbock der ehem. Grube König
und die Müllverbrennungsanlage

- Am Blücherflöz
- Am Gneisenauflöz
- Am Wrangelflöz[A21].

Als diese Flöze in der 2. Hälfte des 19. Jh. angehauen wurden, war gerade der Deutsch-Französische Krieg 1870/71 gewonnen worden. In der euphorischen Stimmung nach dem gewonnenen Krieg wurden die Flöze nach verdienten Heerführern der Befreiungskriege benannt.

Informationen zum Namensgeber:

Gebhard Leberecht Fürst Blücher von Wahlstatt (16. 12. 1742 – 12. 09. 1819), preußischer Generalfeldmarschall, der in der letzten Phase der napoleonischen Kriege eine entscheidende Rolle spielte. Blücher wurde in Rostock geboren und trat 1756 in die schwedische Armee ein. Nach seiner Gefangennahme im Siebenjährigen Krieg wechselte er 1760 in preußische Dienste. Ab 1792 zeichnete er sich in den Koalitionskriegen gegen das revolutionäre Frankreich und in den napoleonischen Kriegen als Kavalleriekommandant und ab 1801 als Generalleutnant aus. In der Folge schloss er sich dem Kreis der Heeresreformer um August von Gneisenau, Carl von Clausewitz und Gerhard von Scharnhorst an. Auf Druck Napoleons wurde Blücher 1811 entlassen; 1813 kehrte er in die preußische Armee zurück und übernahm den Oberbefehl über die Schlesische Armee. Seine Siege über die Franzosen an der Katzbach und bei Wartenburg ebneten den Weg für Napoleons Niederlage in

der Völkerschlacht bei Leipzig im Oktober 1813, in der Blücher entscheidenden Anteil am Sieg über Napoleon hatte. Noch 1813 wurde er zum Generalfeldmarschall ernannt. Seit seinen Erfolgen gegen Napoleon galt Blücher im Volksmund als „Marschall Vorwärts". In Anerkennung seiner Leistungen verlieh ihm Friedrich Wilhelm III. 1815 den Titel Fürst von Wahlstatt.

Nach der Rückkehr Napoleons von Elba 1815 übernahm Blücher zusammen mit August von Gneisenau den Oberbefehl über die preußische Armee. Im Juni 1815 wurde er zunächst bei Ligny geschlagen, besiegte dann aber zusammen mit den Engländern unter dem Herzog von Wellington Napoleon in der entscheidenden Schlacht bei Waterloo. Blücher hatte auch einen unmittelbaren Bezug zu unserer Heimat:

- Am 25. 09. 1793 kam Blücher im Zuge der Koalitionskriege als Oberst nach „Neukirch", um hier das Kommando über einen Truppenteil (die Belling-Husaren) im Kampf gegen die französischen Revolutionstruppen zu übernehmen. Diese Kämpfe zogen sich über mehrere Tage von Neunkirchen über Rohrbach und St. Ingbert hin, bis sich die Franzosen am 29. 09. 1793 nach Saarbrücken zurückzogen.
- Im Januar 1814 war Blücher erneut in unserem Raum (St. Wendel und Ottweiler), als er nach der Völkerschlacht bei Leipzig (16. - 19. 10. 1813) den Rhein überschritten hatte und die französischen Truppen unter Marschall Marmont nach Frankreich verfolgte. Dabei hielt er auf dem Schlossplatz in Ottweiler eine Ansprache an die Bewohner. Dieses Ereignis hat der Maler Franz Kiedrich in einem Gemälde dargestellt, das im großen Saal des Landratsamtes in Ottweiler hängt. Im Juli 1815 marschierte Blücher in Paris ein.

Öffentliche oder sonst bedeutsame Gebäude und Einrichtungen an der Straße:

- Müllverbrennungsanlage
  Die Müllverbrennungsanlage auf dem Gelände des früheren Bergwerks König wird von der Fa. Sotec, einer Tochterfirma der Fa. Saarberg, betrieben.
  Die Stadt hat 1989 den Schachtbock von Schacht Wilhelm I der Grube König von den Saarbergwerken erworben und als Industriedenkmal hergerichtet. Er erinnert seither an diesen Teil der Neunkircher Industriegeschichte. Der Schacht-

---

A21 Beschlussbuch Stadt Neunkirchen, vgl. Anm. A6

bock steht heute auf dem Gelände der Müllverbrennungsanlage.

Am Brückweiherhof Ko

Lage und Verlauf:
Die Straße zweigt von der Straße Haberdell nach Westen ab, verläuft fast parallel zur Limbacher Straße und endet nach ca. 200 m vor dem Gelände der Kinderklinik Kohlhof. Von dort führt ein Fußweg ins Klinikgelände.

Am Brückweiherhof aus Richtung Haberdell

Informationen zum Namen und zur Geschichte der Straße:
Die Straße liegt im Neubaugebiet Haberdell. An ihr stehen ausschließlich neue Ein- und Zweifamilienhäuser. Auf Beschluss des Stadtrates vom 03. 11. 1976 erhielt die Straße ihren Namen. Als Alternative war damals von der Verwaltung der Name Zum Schüsslerwald (Waldstück im Süden des Neubaugebietes) vorgeschlagen worden. Der Ortsrat Furpach-Kohlhof-Ludwigsthal und der Heimatforscher Bernhard Krajewski plädierten jedoch für den jetzigen Namen, dem dann auch der Stadtrat zustimmte[A22].
Dieser Straßenname weist auf den in unmittelbarer Nähe liegenden Ortsteil Brückweiherhof hin, der sich vom Kreuzungspunkt Limbacher Straße/ Niederbexbacher Straße aus entwickelt hat und zwar entlang der Limbacher Straße in Richtung Bayerischer Kohlhof und entlang der Niederbexbacher Straße bis zum Kriegerdenkmal an der Abzweigung Torhausweg. 1843 gab es

am Brückweiherhof 2 Wohngebäude[A23]. Ab dem Brückweiherhof beginnt von Furpach kommend der Ort (der heutige Stadtteil) Kohlhof.
Ursprünglich hieß der Brückweiherhof nach dem ersten Ansiedler Daniel Böhler Böhlershaus (ca. 1800). Dann entwickelte sich der Name Brückweiherhof nach einer kleinen Brücke, die es über den Ablauf eines Weihers gab, der Daniel Böhler gehörte.
Über diese Brücke verlief die Straße von Neunkirchen in Richtung Limbach. Böhlershaus hieß im Volksmund Biehlerschhaus und der Weiher dabei Biehlersch Weiher[A24].
Der Weiher wurde in den 1960er Jahren vom Angelsportverein Furpach wieder neu angelegt.

Am Brühlgraben Wi volkstümlich Brüchelgrawe

Lage und Verlauf:
Die Straße zweigt mit der Käthe-Kollwitz-Straße zusammen nach Nordosten von der Landsweilerstraße ab. Nach wenigen Metern teilt sich die Straße. Die Straße Am Brühlgraben verläuft dann nordöstlich parallel zur Käthe-Kollwitz-Straße. Sie mündet in die Kallenbergstraße.

Am Brühlgraben aus Richtung Landsweilerstraße

Informationen zum Namen und zur Geschichte der Straße:
Der Straßenname ist von der Flurbezeichnung „Unten

A22 Beschlussbuch Stadt Neunkirchen, vgl. Anm. A6

A23 Krajewski, Bernhard: Heimatkundliche Plaudereien 7, Neunkirchen 1984, S. 31
A24 Krajewski, Bernhard: Heimatkundliche Plaudereien 2, S. 25

am Brühlgraben" (1619 „Im Briell", 1715 „Brüelgraben", 1777 „Brüchelgraben") abgeleitet, die es in diesem Bereich gibt. Diese Bezeichnung deutet auf ursprünglich bruchiges Gelände hin, das durch Wiesenwirtschaft einträglicher gestaltet wurde.

Mundartlich wird die Örtlichkeit noch heute Brüchelgrawe genannt.

Unmittelbar bei der Straße lief ein kleiner Bach, der Brühlgraben, der im Bereich der Straße verrohrt und deshalb nicht sichtbar ist. Oberhalb (nordwestlich) der Käthe-Kollwitz-Straße und der Straße Am Brühlgraben wird das Bächlein von mehreren Quellen gespeist. Diese Quellarme kommen aus den Bereichen Rotenberg, Katzentümpel und aus dem Bereich der Grube Kohlwald. Der Bach unterquert dann die Landsweilerstraße und den Bahndamm, bevor er in die Blies mündet. Nachdem das Wasser jahrzehntelang mit Kohlenschlamm der Grube beladen war, ist es jetzt wieder einigermaßen sauber.

Die Straße selbst ist erst in den 1980er Jahren angelegt worden. Es stehen hier ausschließlich Einfamilienhäuser.

Am Ehrenfriedhof NK *heute Schlesierweg*
Siehe Schlesierweg

Am Enkerberg Wi

Lage und Verlauf:
Es handelt sich um eine Sackgasse, die von der Steinbacher Straße nach Südosten abzweigt. Von ihr zweigt eine weitere Sackgasse, der Hangweg, nach Süden ab.

Am Enkerberg Blickrichtung Steinbacher Straße

Informationen zum Namen und zur Geschichte der Straße:
Der Straßenname geht auf die Flurbezeichnung „Am Enkerberg" zurück, die es in der Nähe gibt und bereits 1767 nachweisbar ist. Auf die gleiche Flurbezeichnung geht der Name der Enkerbrücke zurück, die in der Nähe (an der Einmündung der Ostertalstraße) die Blies überspannt.

Am Felsenrech We *heute Felsenrech*
Siehe Felsenrech

Am Fischkasten NK *davor Blödgasse, heute Fischkasten*
Siehe Fischkasten

Am Forbacher Rech Fu

Lage und Verlauf:
Die Straße ist eine nach Norden von der Sebachstraße abbiegende Sackgasse.

Am Forbacher Rech aus Richtung Sebachstraße .

Informationen zum Namen und zur Geschichte der Straße:
Alle Seitenstraßen der Sebachstraße sind Anfang der 1960er Jahre gebaut und bebaut worden. Auf Vorschlag des Heimatforschers Bernhard Krajewski legte der Stadtrat in seiner Sitzung am 22. 01. 1960 den Straßennamen zusammen mit weiteren Straßennamen in diesem Stadtteil fest[A25].

A25 Beschlussbuch Stadt Neunkirchen, vgl. Anm. A6

Alle diese nach Norden gehenden Seitenstraßen sind mit einer Ausnahme (Kreuzbergring) Sackgassen. In den Straßen stehen links und rechts zweigeschossige Doppelhäuser in Privatbesitz. Die Häuser sind von der Gemeinnützigen Siedlungsgesellschaft der Stadt Neunkirchen (GSG) erstellt und dann an private Interessenten verkauft worden.

Am Friedhof Wi   vorher Teil der Kirchhofstraße, Friedhofstraße

Lage und Verlauf:
Die Straße zweigt nach Westen von der Römerstraße ab und endet vor dem Haupteingang des Friedhofs Wiebelskirchen.

Am Friedhof aus Richtung Römerstraße.

Informationen zum Namen und zur Geschichte der Straße:
Die Straße war ursprünglich ein Seitensträßchen der damaligen Kirchhofstraße (heute Teil der Römerstraße) ohne eigenen Namen und wurde deshalb zur Kirchhofstraße gerechnet.

Als 1954 auf Anregung des Kultur- und Heimatrings viele Straßen in Wiebelskirchen neu- bzw. umbenannt wurden, wurde die bisherige Kirchhofstraße Teil der Römerstraße. Die kleine Seitenstraße in Richtung Friedhofseingang erhielt nun den Namen Friedhofstraße[A26]. Nach der Gebiets- und Verwaltungsreform 1974 hat man sie zur Vermeidung von Verwechselungen in Am Friedhof umbenannt, da es im Stadtgebiet eine weitere Friedhofstraße gab.

A26 Heimatbuch Wiebelskirchen, vgl. Anm. A2, S. 147

Öffentliche oder sonst bedeutsame Einrichtungen in der Straße
- Friedhof Wiebelskirchen

  Der Friedhof Wiebelskirchen war 1830/31 von der Flur Pfarrkirchen im Bereich der heutigen Pflugstraße an seinen jetzigen Platz verlegt worden. Der neue Friedhof stand Toten der beiden christlichen Religionen offen.

  Als die Eisenbahnbaugesellschaft 1857 im Zuge der Eisenbahnlinie einen Tunnel unter dem neu angelegten Friedhof plante, kam es zu heftigen Protesten gegen die sowieso ungeliebte Gesellschaft.

  Nachdem auch die Gemeindeverwaltung protestierte, änderte die Gesellschaft nach Weisung durch die Regierung den Plan so, dass der Tunnel nun unter dem neuen noch nicht belegten Friedhofsteil durchzuführen war[A27].

  Mit zunehmender Bevölkerung wurde die Anlage mehrfach in südwestlicher Richtung erweitert. 1950/52 erhielt der 5,7 ha große Friedhof eine Leichenhalle. Der älteste Friedhofsteil entlang der Römerstraße wurde ca. 1950 zu einer Grünanlage umgewandelt[A28].

Am Geißenbrünnchen Fu heute Geißenbrünnchen
Siehe Geißenbrünnchen

Am Gneisenauflöz NK

Lage und Verlauf:
Die Straße beginnt an der Königsbahnstraße, verläuft von dort parallel zur Westspange nach Südwesten und endet als Sackgasse vor dem Gelände der Müllverbrennungsanlage.

Informationen zum Namen und zur Geschichte der Straße:
Nach der Stilllegung der Grube König 1968 wurde das gesamte Zechengelände zu einem Gewerbe- und Industriegebiet im Westen der Stadt ausgebaut.

Drei der zur Erschließung des Geländes notwendigen Straßen erhielten in einer Sitzung des Stadtrates vom 18. 10. 1979 Namen von Flözen des früheren Bergwerkes:

A27 Heimatbuch Wiebelskirchen, vgl. Anm. A2, S. 257
A28 Kreisstadt Neunkirchen, Ratgeber für den Trauerfall, 2004, S. 18

Am Gneisenauflöz aus Richtung Königsbahnstraße .

- Am Blücherflöz
- Am Gneisenauflöz
- Am Wrangelflöz[A29].

Als diese Flöze in der 2. Hälfte des 19. Jh. angehauen wurden, war gerade der Deutsch-Französische Krieg 1870/71 gewonnen worden. In der euphorischen Stimmung nach dem gewonnenen Krieg wurden die Flöze nach verdienten Heerführern der Befreiungskriege benannt.

Informationen zum Namensgeber:
August Wilhelm Anton Graf Neidhardt von Gneisenau (27. 10. 1760 – 23. 08. 1831), preußischer Offizier und Heeresreformer. 1785 trat Gneisenau als Offizier in preußische Dienste ein, nahm im Rahmen des 4. Koalitionskrieges an der Doppelschlacht von Jena und Auerstedt (1806) teil und erhielt 1807 das Kommando über die Festung Kolberg, die er bis zum Frieden von Tilsit mit Erfolg gegen Napoleon verteidigte.
In den Jahren 1807 bis 1809 leitete Gneisenau zusammen mit General Gerhard von Scharnhorst die preußische Heeresreform ein. Er initiierte die Errichtung einer Kriegsschule, forderte die staatsbürgerliche Gleichstellung von Offizieren und Soldaten sowie die Abschaffung veralteter Disziplinarordnungen, z. B. der Prügelstrafe, und trat für die allgemeine Wehrpflicht ein. Insgesamt trug er entscheidend zur Humanisierung des Militärdienstes in Preußen und zur Steigerung der Effizienz des preußischen Heeres bei. Ab 1811 warb er für einen Befreiungskrieg gegen Napoleon. Als Generalquartiermeister unter Generalfeldmarschall Geb-

hard Leberecht Blücher war er 1813 maßgeblich an den Planungen zur Völkerschlacht bei Leipzig beteiligt, und zwei Jahre später hatte er als Stratege maßgeblichen Anteil an dem endgültigen Sieg über Napoleon in der Schlacht von Waterloo. 1825 wurde Gneisenau zum Feldmarschall ernannt. 1831, während des polnischen Aufstandes, übernahm er den Oberbefehl über preußische Truppen im Osten; wenig später starb er in Posen an der Cholera.

Am Güterbahnhof Wi *davor Gasstraße und Luisenstraße, heute Teil der Schillerstraße*
Siehe Schillerstraße

Am Güterbahnhof NK *heute Güterbahnhof*
Siehe Güterbahnhof

Am Heusnersweiher NK *dann Heusners Weiher, heute Mantes-la-ville-Platz*
Siehe Mantes-la-ville-Platz

Am Hirschberg Ko *früher Teil der Bexbacher Straße*

Lage und Verlauf:
Die Straße beginnt am nordöstlichen Ende der Niederbexbacher Straße und führt von dort nach Südosten, wo sie in einen Feldweg mündet. Die Straße hat einige kleine nach Norden abzweigende Stichstraßen, die aber keine eigene Benennung haben. Die dortigen Häuser sind unter Hausnummern der Straße Am Hirschberg registriert.

Am Hirschberg Blickrichtung Niederbexbacher Straße

A29 Beschlussbuch Stadt Neunkirchen, vgl. Anm. A6

Informationen zum Namen und zur Geschichte der Straße:

Bis zur Gebiets- und Verwaltungsreform 1974 war die Straße Teil der Bexbacher Straße (heute Niederbexbacher Straße).

Im Zuge der damaligen Um- und Neubenennung von Straßen erhielt sie nun einen eigenen Namen nach dem in der Nähe liegenden Hirschberg.

Bei Grabungen wurden hier 1948 römerzeitliche Urnengräber und 1953 Münzen gefunden.

Am Holzgehege NK *heute Burrwiesenweg*
Siehe Burrwiesenweg

Am Hüttenberg NK *vorher und auch heute wieder Hüttenbergstraße, zeitweise (1935 – 1945) Straße des 13. Januar*
Siehe Hüttenbergstraße

Am Jedermannsbrunnen NK *heute Teil der Zoostraße*
Es handelte sich um einen Weg, der zu dem Waldstück führte in dem später der Zoo entstand.
Weiteres siehe Zoostraße

Am Kallenberg Wi

Lage und Verlauf:

Die Straße Am Kallenberg zweigt etwa in der Hälfte der Kallenbergstraße nach Nordosten ab und endet nach ca. 150 m als Sackgasse.

Am Kallenberg aus Richtung Kallenbergstraße

Informationen zum Namen und zur Geschichte der Straße:

Die Straße wurde 1998 angelegt. Der Ortsrat Wiebelskirchen-Hangard-Münchwies beabsichtigte die Straße Am Kallenberg zu nennen.

Diesbezüglich wurden von der Stadtverwaltung Bedenken wegen einer eventuellen Verwechselungsgefahr mit der Kallenbergstraße geltend und der Vorschlag gemacht, die Straße nach einer dort vorhandenen Flurbezeichnung Gutenbachstraße zu nennen. Letztlich setzte sich jedoch der zuständige Ortsrat durch[A30].

Am Kasköpfchen Fu

Lage und Verlauf:

Es handelt sich um eine kleine Stichstraße, die von der Karcherstraße nach Norden abzweigt und unmittelbar vor der Autobahn endet.

Am Kasköpfchen Blickrichtung Karcherstraße

Informationen zum Namen und zur Geschichte der Straße:

Die Straße ist nach dem vorhandenen Kartenmaterial zwischen 1962 und 1965 entstanden. Es handelt sich um eine reine Wohnstraße in der zwei Wohnbungalows und 5 Reihenhäuser stehen.

Der Straßenname wurde mit den Namen für zwei weitere Seitenstraßen im westlichen Teil der Karcherstraße (Pfuhlwaldweg, Hirtzbornweg) vom Stadtrat in einer Sitzung am 25. 03. 1965 festgelegt[A31].

A30 Stadt Neunkirchen Hauptamt, Akte Benennung von Straßen und Plätzen, Az. 62-32-10
A31 Beschlussbuch Stadt Neunkirchen, vgl. Anm. 9

Am Kirchberg Wi

Lage und Verlauf:
Die Straße verläuft zwischen Freibad und Blies als Verlängerung der Pflugstraße in Richtung Ottweiler bzw. Baltersbacherhof.

Am Kirchberg mit Blick auf den
Eingang des Freibades Wiebelskirchen

Informationen zum Namen und zur Geschichte der Straße:
Der Straßenname ist auf Flurbezeichnungen zurückzuführen, die es in diesem Bereich gibt („Am, auf, hintem Kirchberg").
Die Besiedlung Wiebelskirchens begann in diesem Bereich, und zwar um die „Kirche des Wibilo" als Wibilischircha.
Diese Bezeichnung tauchte erstmals in einer Schenkungsurkunde vom 11. Mai 765 auf, als ein Aggioldi dem Kloster Fulda zum Seelenheil eines Verwandten zwei Höfe in Asce und Wibilischircha schenkte. Obwohl es auch schon andere Auslegungen gab, sind sich Historiker heute einig, dass es sich bei Wibilischircha um unser heutiges Wiebelskirchen handelte. Da der Ortsname 765 schon feststand, muss unterstellt werden, dass die Kirche damals schon länger stand. Sie müsste auf dem Grund eines Herrenhofes gestanden haben. Zu ihr kamen auch die in der Nachbarschaft wohnenden Bauern. Um diese Kirche herum hat sich dann das alte Wiebelskirchen entwickelt[A32]. Ab 1977 fanden unter der Leitung von Norbert Hell Grabungen am Kirchberg statt, bei der Reste dieser Siedlung gefunden wurden.

A32 Heimatbuch Wiebelskirchen, vgl. Anm. A2, S. 294

Erst im 15. Jh. wurde dann eine neue Kirche an der Stelle erbaut, an der auch jetzt noch die evang. Kirche in der heutigen Ortsmitte steht, und nach Vermutungen des Heimatforschers Kurt Hoppstädter wanderte der Ort mit der Kirche nach Südosten.

Öffentliche Gebäude oder Einrichtungen in der Straße:
-   Freibad
    Das Freibad Wiebelskirchen wurde 1958 als Ersatz für die vielen Badeplätze an Blies und Oster, die wegen der Verschmutzung der Flüsse so nicht mehr nutzbar waren, gebaut. Damals war es eines der schönsten Freibäder im östlichen Saarland. Das Wasser des Bades kann seit den 1980er Jahren beheizt werden.

Am Kissel We *heute Zum Kissel*
Siehe Zum Kissel

Am Kohlwaldaufstieg Wi

Lage und Verlauf:
Die Straße stellt eine Verbindung dar zwischen der B 41 und dem Nordwerk der Fa. Saarstahl (ehemals Neunkircher Eisenwerk).

Am Kohlwaldaufstieg aus Richtung B 41

Informationen zum Namen und zur Geschichte der Straße:
Der Straßenname ergibt sich aus ihrer Lage. Die B 41, von der die kleine Straße nach Osten abzweigt, wird in diesem Abschnitt Kohlwaldaufstieg genannt. Die kleine Straße dient einzig dem Anschluss des verbliebenen

Eisenwerksgeländes und einer weiteren Firma an das öffentliche Straßennetz.

Am Kuchenberg Wi *heute Wilhelm-Heinrich-Straße*
Der Teil der heutigen Wilhelm-Heinrich-Straße, der nach Norden abbiegt, hieß vor 1974 Am Kuchenberg, während der in Ost-West-Richtung verlaufende Teil der heutigen Wilhelm-Heinrich-Straße, der Anschluss an die heutige Kuchenbergstraße (damals Neunkircher Straße) hat, damals Bergstraße hieß.
Weiteres siehe Wilhelm-Heinrich-Straße

Am Litzelholz Fu *heute Litzelholz*
Siehe Litzelholz

Am Mädchenrealgymnasium NK

Lage und Verlauf:
Die Straße zweigt nach Norden von der Albert-Schweitzer-Straße ab und endet abfallend nach ca. 300 m als Sackgasse vor dem Gymnasium am Steinwald.

Am Mädchenrealgymnasium Blickrichtung Gymnasium

Informationen zum Namen und zur Geschichte der Straße:
Das in den Jahren 1955 – 56 erbaute Mädchenrealgymnasium gab der Straße ihren Namen. Im Stadtplan von 1954 ist zwar das zu diesem Zeitpunkt erst geplante Mädchenrealgymnasium eingezeichnet, nicht jedoch die Straße. Der Zugang zur Schule erfolgte zunächst offensichtlich ausschließlich von der Fernstraße her. Der in den 1960er Jahren erschienene Neunkircher Monatsspiegel enthielt jeweils einen kleinen Stadtplan. In

der Ausgabe Mai 1964 war die Straße noch nicht eingezeichnet, sondern erst in der Juniausgabe. Der Straßenname war vom Stadtrat jedoch schon in einer Sitzung am 13. 05. 1960 festgelegt worden[A33].
In der Straße stehen insgesamt nur 6 Einfamilienhäuser und der Gebäudekomplex des Gymnasiums. Die Wohnhäuser sind Anfang der 1960er Jahre erbaut worden.

Öffentliche oder sonst bedeutsame Gebäude in der Straße:
- Mädchenrealgymnasium,
  Das Mädchenrealgymnasium wurde als Nachfolgerin des früheren Lyzeums bzw. Oberlyzeums (vorher lagen seine Gebäude in der damaligen Viktoriastraße, der heutigen Lutherstraße. Beim letzten großen Bombenangriff auf Neunkirchen am 15.3 1945 waren sie zerstört worden) in den Jahren 1954 – 55 in der Nähe des Knabengymnasiums zwischen der Fernstraße und der Albert-Schweitzer-Straße erbaut.
  Schon am 02. 09. 1948 war die Schule in die Trägerschaft des Landes übergegangen[A34]. Ab Februar 1955 wurde das neue Schulgebäude bezogen. Bis dahin waren die Schülerinnen in verschiedenen Gebäuden in Neunkirchen unterrichtet worden. Im Herbst 1966 erhielt die Schule den Namen Mädchenrealgymnasium. 1961 erfolgte der Abschluss des Neubaukomplexes mit der Einweihung der Aula.
  1974 wurde die Schule umbenannt in „Staatliches Gymnasium am Steinwald". 1977 war der Beginn der Koedukation, zum ersten Mal in der Schulgeschichte wurden Jungen aufgenommen. 2005 wurden ca. 930 Schüler in 26 Klassen von 57 Lehrern unterrichtet[A35].

Am Maykesselkopf We *heute Maikesselkopf*
Siehe Maikesselkopf

Am Meistershang Wi

Lage und Verlauf:
Die Straße ist eine Seitenstraße der Prälat-Schütz-Stra-

A33 Beschlussbuch Stadt Neunkirchen, vgl. Anm. A6
A34 Festschrift Krebsberggymnasium, vgl. Anm. A10
A35 Wochenspiegel Neunkirchen vom 05. 04. 2006

ße, die von dieser aus parallel zur Dunantstraße nach Südosten in Richtung Ziehwald verläuft und nach ca. 200 m als Sackgasse endet.

Am Meistershang aus Richtung Prälat-Schütz-Straße

Informationen zum Namen und zur Geschichte der Straße:

Der Straßenname ist wie der der benachbarten Straße An der Meisterswies auf gleichlautende Flurbezeichnungen („Bei Meisters Wies", „ Meisters Weiß", „Meisters Hang") zurückzuführen, die seit dem 18. Jh. nachweisbar sind.

1764 beantragten drei Wiebelskircher Bürger im Namen der Gemeinde, am Meistershang Steinkohlen zum Kalkbrennen graben zu dürfen.

Die fürstliche Regierung in Saarbrücken verfügte daraufhin am 16. 02. 1765, dass den Wiebelskirchern das Kohlengraben am Meistershang gestattet sei, jedoch nur zum Kalkbrennen[A36]. Auf dieser Seite des Ziehwaldes waren später weitere Stollen in Betrieb, in denen z. B. 1779 insgesamt ca. 40 000 Zentner Kohlen gegraben wurden.

Am Mühlacker We *heue Mühlackerweg*
Siehe Mühlackerweg

Am Mühlenwald Mü

Lage und Verlauf:
Die Straße zweigt von der Kirchstraße nach Westen ab und verläuft dann parallel zur Lautenbacher Straße. Am

---

A36 Heimatbuch Wiebelskirchen vgl. Anm. A2, S. 242

Ortsrand geht sie in einen Feldwirtschaftsweg über, der in Richtung Eicheltaler Mühle verläuft.

Am Mühlenwald aus Richtung Kirchstraße

Informationen zum Namen und zur Geschichte der Straße:
Der Straßenname bezieht sich auf den Wald zwischen dem Ort und der Eichelthaler Mühle. Dieser heißt zwar offiziell Bierfänker Wald, im Volksmund wird er jedoch allgemein nur als Mühlenwald (Mielewald) bezeichnet. Der Wald ist allerdings Staatseigentum und hat nie zur Mühle gehört.

Öffentliche oder sonst bedeutsame Einrichtungen in der Straße:

- Städtischer Kindergarten
  Der einzige Kindergarten in Münchwies bietet 43 Kindergartenplätze.

Am Nahebahnschacht Wi *heute Nahebahnschacht*
Siehe Nahebahnschacht

Am Nordufer NK *heute Norduferstraße*
Siehe Norduferstraße

Am Ochsenwald We

Lage und Verlauf:
Bei der Straße handelt es sich um eine Erschließungsstraße für ein Industriegebiet gleichen Namens im Osten des Stadtteils Wellesweiler.
Die Straße geht von der Industriestraße bis zur Kläranlage Wellesweiler.

Man gelangt in die Straße auch von der Ortsmitte her durch die Eisenbahnstraße, allerdings nur als Fußgänger, da die Durchfahrt für Kraftfahrzeuge gesperrt ist.

Gewerbetriebe in der Straße Am Ochsenwald

Informationen zum Namen und zur Geschichte der Straße:

Der Name leitet sich von einem Flurnamen her, der nach Meinung des Wellesweiler Heimatforschers Friedrich Bach auf das keltische ux = oben, hoch zurückgeht.
Er bezweifelt, dass der erste Teil des Namens von Ochse herkommt, denn noch 1950 sei das Gebiet von einem Kiefernwäldchen auf felsigem Boden bedeckt gewesen, das als Viehweide sicher auch früher nicht geeignet gewesen sei.
Der Straßenname wurde auf Beschluss des Stadtrates vom 24. 09. 1980 festgelegt[A37].
Die Straße ist eine reine Erschließungsstraße für ein Industrie- und Gewerbegebiet.

Öffentliche oder sonst bedeutsame Einrichtungen in der Straße:

- Kläranlage
  Die Kläranlage Wellesweiler, die mit einem Aufwand von 4 Millionen DM erbaut wurde, hat die Funktion einer Zentralkläranlage für das gesamte Stadtgebiet.
  Der Betrieb wurde im Oktober 1962 aufgenommen.
  Die Anlage ist für die Abwässer von 60 000 Menschen konzipiert.

Am Rech Lu

Lage und Verlauf:

Es handelt sich um eine kleine Stichstraße, die von der Straße Im Flur nach Süden abzweigt und dort nach ca. 200 m als Sackgasse vor der Autobahn endet. Etwa in der Mitte der Straße zweigt eine kleine Stichstraße nach Osten ab.
An deren Ende geht ein kleiner Fußweg zur Straße In der Dell.

Am Rech Blickrichtung In der Dell

Informationen zum Namen und zur Geschichte der Straße:

Der Straßenname geht auf die Flurbezeichnung „Unterm Rech", die es in diesem Bereich gibt, zurück. Er wurde in einer Stadtratssitzung am 03. 03. 1994 festgelegt[A38].
Die Straße ist erst Anfang der 1990er Jahre entstanden. Es handelt sich um eine reine Wohnstraße mit modernen Ein- bis Zweifamilienhäusern.

Am Sangenwald Fu vorher Kasbruchweg

Lage und Verlauf:

Die Straße ist eine von mehreren nach Norden von der Sebachstraße abbiegenden Sackgassen.

Informationen zum Namen und zur Geschichte der Straße:

Der Straßenname geht auf die Flurbezeichnung „In den Sangen", die es in diesem Bereich gibt, zurück.

A37 Beschlussbuch Stadt Neunkirchen, vgl. Anm. A6

A38 Beschlussbuch Stadt Neunkirchen, vgl. Anm. A6

Am Sangenwald aus Richtung Sebachstraße

Auf Vorschlag des Heimatforschers Bernhard Krajewski legte der Stadtrat in seiner Sitzung am 22. 01. 1960 die Straßennamen in diesem Baugebiet fest. Dabei war zunächst der zur Sebachstraße zu gelegene Straßenteil des jetzigen Kreuzbergrings mit den Doppelhäusern Am Sangenwald genannt worden, und die benachbarte Straße, die jetzt Am Sangenwald heißt, hieß Kasbruchweg. Wenige Wochen später stellte man fest, dass es in Wellesweiler schon eine Straße Zum Kasbruchtal gab und dies zu Verwechselungen Anlass geben könnte. Daraufhin beschloss der Stadtrat am 04. 10. 1961, den Namen Kasbruchweg wegfallen zu lassen und diese Straße Am Sangenwald zu nennen. Die bisherige Straße Am Sangenwald wurde mit gleichem Beschluss in den Kreuzbergring einbezogen. Dieser Wechsel bereitete keine Probleme, da die Straßen erst im Vorstufenausbau waren[A39].
Die Seitenstraßen der Sebachstraße sind Anfang der 1960er Jahre gebaut und bebaut worden. Alle diese nach Norden gehenden Seitenstraßen sind mit einer Ausnahme (Kreuzbergring) Sackgassen. In den Straßen stehen links und rechts zweigeschossige Doppelhäuser in Privatbesitz und am Ende der Straßen jeweils viergeschossige Mehrfamilienhäuser der Gemeinnützigen Siedlungsgesellschaft der Stadt Neunkirchen (GSG). Diese Wohnblocks am Ende der von der Sebachstraße abgehenden Sackgassen, aber auch die erwähnten Doppelhäuser, sind 1961 von der GSG gebaut worden. Während die Doppelhäuser an private Interessenten verkauft wurden, werden die Wohnblocks bis heute von der GSG bewirtschaftet.

A39 Beschlussbuch Stadt Neunkirchen, vgl. Anm. A6

Am Schützenhaus NK *vorher An der Altmühl, heute*
Schützenhausweg
Siehe Schützenhausweg

Amselplatz Wi

Lage:
Der Amselplatz liegt am Schnittpunkt des Elsternweges und des Zeisigweges in Wiebelskirchen.

Informationen zum Namen und zur Geschichte des Platzes:
Wie der Platz selbst, haben auch alle umliegenden Wohnstraßen Namen nach einheimischen Vögeln.
Der Platz und die umliegenden Straßen gehören zu der zwischen 1959 und 1966 in 3 Bauabschnitten durch die Staatliche Vermögensverwaltungsgesellschaft errichteten Wohnsiedlung Labenacker.

Amselweg NK

Lage und Verlauf:
Der Amselweg liegt nördlich des Storchenplatzes und verbindet den östlichen mit dem westlichen Flügel des als Ringstraße ausgebauten Nachtigallenweges.

Amselweg mit Blick nach Westen

Informationen zum Namen und zur Geschichte der Straße:
Der Amselweg gehört zum Straßensystem um den Storchenplatz, dessen Bebauung mit einem Bebauungsplan

1951 begann[A40].

Zu diesem Straßensystem gehören neben dem Amselweg, der Meisenweg, der Nachtigallenweg, der Lerchenweg, der Finkenweg und der von Westen nach Osten verlaufende Teil des heutigen Stieglitzweges (damals Starenweg). Die Straße ist eine reine Wohnstraße mit Ein- und Zweifamilienhäusern.

Am Steilen Berg NK vorher Schulstraße

Lage und Verlauf:

Es handelt sich um eine nur ca. 100 m lange sehr steil von der oberen Bahnhofstraße zur Wellesweilerstraße abfallende Straße.

Am Steilen Berg Blickrichtung Wellesweilerstraße

Informationen zum Namen und zur Geschichte der Straße:

Die Straße wurde Anfang der 1880er Jahre angelegt. In einem Stadtplan von 1883 ist sie zwar eingezeichnet, hat aber noch keinen Namen[A41].

Wegen der am unteren Ende der Straße an der Ecke zur Wellesweilerstraße 1887 erbauten Schule erhielt sie den Namen Schulstraße. Den Namen behielt sie zunächst auch, als die Schule bei Bombenangriffen im 2. Weltkrieg völlig zerstört und nach dem Krieg nicht wieder aufgebaut worden ist.

Als es nach der Gebiets- und Verwaltungsreform 1974 in der Stadt mehrere Straßen dieses Namens gab, wurde sie entsprechend ihrer Topografie in Am steilen Berg

umbenannt.

Nach dem Beschlussbuch der Gemeinde Neunkirchen fasste der Rat am 6. Mai 1886 den Beschluss, dass der Weg zwischen Bahnhof- und Wellesweilerstraße alsbald planiert werden soll.

Bis dahin handelte es sich offenbar um einen unbefestigten Weg.

Am Stockfeld Ko

Lage und Verlauf:

Die Straße geht vom Dorfplatz in Kohlhof in nordöstlicher Richtung bis zum Waldrand am Hirschberg. Die Straße hat mehrere kleine nach Nordwesten abzweigende Sackgassen, die aber keine eigene Straßenbezeichnung haben.

Am Stockfeld Blickrichtung Dorfplatz Kohlhof

Informationen zum Namen und zur Geschichte der Straße:

Die Straße ist Anfang der 1960er Jahre angelegt worden. Der Straßenname wurde vom Stadtrat in einer Sitzung am 04. 10. 1961 festgelegt[A42].

Es handelt sich um eine reine Wohnstraße mit Ein- und Zweifamilienhäusern in individueller Bauweise. Die Bebauung begann ab 1966.

Am Südufer NK *danach Süduferstraße, heute teilweise Karl-Schneider-Straße*
Siehe Süduferstraße und Karl-Schneider-Straße

A40 StA Neunkirchen, Best. Karten und Pläne Nr. 71, Bebauungsplan Steinwaldsiedlung 1951

A41 Situationsplan Neunkirchen 1883, vgl. Anm. A4

A42 Beschlussbuch Stadt Neunkirchen, vgl. oben Anm. A6

Am Taubengärtchen Wi

Lage und Verlauf:
Die Straße Am Taubengärtchen verläuft als Verbindungsstraße zwischen der Bruchwiesstraße und der Offermannstraße von Westen nach Osten und ist eine südliche Parallelstraße zur Römerstraße.

Am Wäldchen aus Richtung Bei der alten Furt

Am Taubengärtchen Blickrichtung Bruchwiesstraße

Informationen zum Namen und zur Geschichte der Straße:
Der Straßenname ist von der Flurbezeichnung „Taubengärten", die es in diesem Bereich gibt, abgeleitet.
Die Straße gehört zu der 1938 von der Saarpfälzischen Heimstätte errichteten Breitenfeldsiedlung, die besonders Bergleuten günstigen Hauserwerb anbot.
In dieser Siedlung stehen kleine Einfamilienhäuser, die heute oft durch An- oder Umbauten verändert und vergrößert worden sind.

Am Torhaus Ko heute Torhausweg
Siehe Torhausweg

Am Wäldchen Fu

Lage und Verlauf:
Die Straße zweigt von der Straße Bei der alten Furt im Stadtteil Furpach nach Osten ab und endet nach ca. 200 m als Sackgasse.
Von dort führt dann ein schmaler Fußweg nach Süden durch das Tal des Erlenbrunnenbachs zur Straße Im Fichtenwald.

Informationen zum Namen und zur Geschichte der Straße:
Die Straße entstand Anfang der 1960er Jahre. Am Anfang der kleinen Straße stehen Zweifamilienhäuser.
Im hinteren Bereich der Straße baute eine Siedlungsgesellschaft von 1962 – 1964 fünf achtgeschossige Wohnblocks, für die das Richtfest am 12. 10. 1963 gefeiert wurde.
Sie überragen weit die Häuser in den umliegenden Straßen.

Am Wrangelflöz NK

Lage und Verlauf:
Die Straße Am Wrangelflöz bildet den westlichen Abschluss des Industriegebietes König. Sie stellt eine Verbindung zwischen Westspange und Boxbergweg dar und verläuft von Nordwesten nach Südosten.

Am Wrangelflöz Blickrichtung Boxbergweg

Informationen zum Namen und zur Geschichte der Straße:

Nach der Stilllegung der Grube König 1968 wurde das gesamte Zechengelände zu einem Gewerbe- und Industriegebiet im Westen der Stadt ausgebaut.

Drei der zur Erschließung des Geländes notwendigen Straßen erhielten in einer Sitzung des Stadtrates vom 18. 10. 1979 Namen von Flözen des früheren Bergwerkes:

> Am Blücherflöz
> Am Gneisenauflöz
> Am Wrangelflöz[A43].

Als diese Flöze in der 2. Hälfte des 19. Jh. angehauen wurden, war gerade der Deutsch-Französische Krieg 1870/71 gewonnen worden. In der euphorischen Stimmung nach dem gewonnenen Krieg wurden die Flöze nach verdienten Heerführern der Befreiungskriege benannt.

Die Straße ist ohne jede Bebauung.

Informationen zum Namensgeber:

Friedrich Heinrich Ernst Graf von Wrangel (13.04.1784 – 01.11.1877), preußischer Generalfeldmarschall, wurde in Stettin geboren.

1796 trat er in die preußische Armee ein. Wrangel schlug die März-Revolution 1848 in Berlin ohne Blutvergießen nieder

Im Dänischen Krieg 1864 hatte er den Oberbefehl über die verbündeten preußischen und österreichischen Truppen bis nach der Erstürmung der Düppeler Schanzen und wurde danach zum Grafen ernannt. 1877 starb er in Berlin.

An den Sinnersbäumen NK heute Sinnersbäumerstraße
Siehe Sinnersbäumerstraße

An der alten Schmiede We vorher Grubenanlage

Lage und Verlauf:

Bei der Straße handelt es sich um eine Ringstraße als Seitenstraße der Rombachstraße. Sie zweigt von der Rombachstraße in Richtung der Blies ab und mündet auch wieder in sie ein.

An der alten Schmiede aus Richtung Rombachstraße

Informationen zur Geschichte und zum Namen der Straße:

Die Straße hieß früher Grubenanlage, weil sie auf dem Gelände der ehemaligen Grube Wellesweiler angelegt worden ist, nachdem diese stillgelegt worden war.

Das Gelände der ehemaligen Grube Wellesweiler wurde nach dem 2. Weltkrieg genutzt, um dort für die durch den Krieg obdachlos gewordenen und in Elendsquartieren wohnenden Familien angemessenen Wohnraum zu gewinnen. Baubeginn war am 26. 04. 1956. Mit der Schaffung dieser Siedlung hatte man jedoch keine glückliche Hand. Vom übrigen Ort isoliert, fühlten sich die Bewohner bald wie in einem Ghetto. Ihre eigenen Bemühungen, ihre trostlose Lage zu verbessern, wurde schließlich von vielen Seiten unterstützt. Als äußeres Zeichen der Veränderung wurde zunächst der Straßenname mit Beschluss des Stadtrates vom 14. 06. 1967 in An der alten Schmiede geändert[A44]. Dies war zwar nur eine Äußerlichkeit, aber doch ein deutliches Signal nicht nur für die Bewohner. Schließlich wurde Mitte der 1970er Jahre die Möglichkeit geschaffen, dass die bisherigen Mieter die Häuser günstig erwerben konnten. Die neuen Besitzer gingen nun sofort daran, ihre Häuser zu verschönern und das Umfeld freundlicher zu gestalten.

Öffentliche oder sonst bedeutsame Gebäude oder Anlagen an der Straße:

- Grube Wellesweiler
  Erste Kohlengräbereien gab es in Wellesweiler schon Mitte des 16. Jh. Der erste Beweis einer

---

A43 BeschlussbuchStadt Neunkirchen, vgl. Anm. A6

A44 Beschlussbuch Stadt Neunkirchen, vgl. Anm. A6

hier vorhandenen Grube ist in dem Vertrag vom 14. 04. 1575 enthalten, in dem der Graf von Ottweiler einen Teil des Dorfes Wellesweiler mit dem dazugehörenden „Kollgrubengeld" von dem Samuel von St. Ingbrecht erwarb. Es muss also damals schon eine Art Grube gegeben haben. Sie war die älteste Kohlengrube im Gebiet der heutigen Stadt Neunkirchen und im ausgehenden 18. Jh. auch eine der förderstärksten im Saarrevier[A45]. Das war natürlich keine Grube im heutigen Sinne. Man grub damals nach Kohle, wo man sie gerade fand. Man wühlte solange, bis eine Höhle einbrach oder Wasser eindrang. Von der Gefährlichkeit von Grubengasen wusste man nichts.

Das führte in Wellesweiler zu Todesfällen oder dazu, dass Flözbrände durch Leichtfertigkeit ausgelöst wurden. Während der Regierungszeit der Fürsten von Nassau-Saarbrücken gab es eine fast hundertjährige Zeit friedlicher Entwicklung im Land.

Neben der Landwirtschaft wurde auch die Industrie gefördert. Dass der Ort Wellesweiler daran Anteil hatte, war fast ausschließlich der Grube zu verdanken, die eine große Bedeutung erlangte. Sie lockte viele Bergarbeiter an, die sich in Wellesweiler niederließen.

Bei der Übernahme der Grube durch Preußen 1815 wurde die Kohle immer noch in Stollen gegraben. Im Jahre 1875 ging man zum Tiefbau über. Der Betrieb litt jedoch darunter, dass es keine Möglichkeit gab, die Kohlen mit der Eisenbahn abzutransportieren. Deshalb wurde 1917 eine Seilbahn zum Kohletransport zu einem Gleisanschluss bei der Ziegelei Müller auf der anderen Bliesseite gebaut.

Die Grube wurde schließlich am 15. 05. 1936 nach einigen schweren Unglücken und wegen Unrentabilität stillgelegt.

An der Altmühl NK , dann Am Schützenhaus, heute Schützenhausweg
Siehe Schützenhausweg

A45 Remy Gustav: Heimatbuch von Wellesweiler, Neunkirchen 1951, S. 71 ff; Slotta, Delf: Bergbau in Neunkirchen, in : Neunkircher Hefte 13 des Verkehrsvereins Neunkirchen: Neunkirchen 1998, S. 61 ff

An der Bliesmühle NK *danach Teil der Josef-Bürckel-Straße, heute Teil der Bliesstraße*
Siehe Bliesstraße (neu)

An der Meisterswies Wi vorher Karl-Marx-Straße

Lage und Verlauf:
Die Straße ist eine nach Osten abgehende Seitenstraße der Erzbergerstraße, die als Sackgasse vor der Straße „Am Meisterhang" endet.

An der Meisterswies aus Richtung Erzbergerstraße

Informationen zum Namen und zur Geschichte der Straße:
Der Straßenname ist wie der der benachbarten Straße Am Meistershang auf gleichlautende Flurbezeichnungen („Bei Meisters Wies", „ Meisters Weiß", „Meisters Hang") zurückzuführen, die seit dem 18. Jh. nachweisbar sind.

Ursprünglich hieß die Straße Karl-Marx-Straße.

Am 13. Januar 1935 fand im damaligen Saargebiet eine Volksabstimmung statt, in der die Bevölkerung zwischen einemAnschluss an Frankreich, der Beibehaltung des Status quo oder der Rückkehr nach Deutschland entscheiden konnte. Eine überwältigende Mehrheit von 90,73 % stimmte für die Rückkehr nach Deutschland. Bereits am 17. 01. 1935 beschloss daraufhin der Rat des Völkerbundes die Wiedereinsetzung Deutschlands in die Regierung des Saarbeckens zum 1. März 1935. Noch vor diesem Datum teilte der Bürgermeister dem Gemeinderat Wiebelskirchen in einer Sitzung am 28. 01. 1935 mit, dass er als Polizeiverwalter eine Reihe von Straßenumbenennungen vorgenommen habe. Damit sollten nationalsozialistische Größen geehrt bzw. an

Gebiete erinnert werden, die nach dem verlorenen 1. Weltkrieg vom Deutschen Reich abgetrennt worden waren. Gleichzeitig wurden Straßennamen, die an politische Gegner oder an Juden erinnerten, entfernt. Im einzelnen wurden

- zur Adolf-Hitler-Straße – die Ottweilerstraße
- zur Adolf-Hitler-Brücke – die neue Brücke (Enkerbrücke)
- zur Hermann-Göring-Straße – die Erzbergerstraße
- zur Josef-Bürckel-Straße – die Sophienstraße (heute Bodelschwinghstraße)
- zur Horst-Wessel-Straße – die August-Bebel-Straße
- zur Memelstraße – die Rathenaustraße
- zur Straße An der Meisterwies – die Karl-Marx-Straße.
- Außerdem wurde die neue Verbindungsstraße von der Straße Auf der Höh zur Hermann-Göring-Straße jetzt Schlageterstraße genannt (heute Teil der Rembrandtstraße)[A46].

Im Gegensatz zu den anderen Straßen behielt die Straße An der Meiswies nach Ende des 2. Weltkrieges ihren neuen Namen. 1954 wurde eine andere in der Nähe liegende Straße, die vorherige Augustastraße, nach Karl Marx benannt.

An der Oster Ha vorher Brückenstraße

Lage und Verlauf:
Die Straße An der Oster verbindet die beiden westlich und östlich der Oster gelegenen Ortsteile von Hangard. Sie beginnt an der Brücke über die Oster, verläuft dann nach Osten und geht dort in die Jean-Mathieu-Straße über.

Informationen zum Namen und zur Geschichte der Straße:
Die Straße hieß bis zur Gebiets- und Verwaltungsreform 1974 Brückenstraße, da in ihrem Verlauf eine Brücke die Oster überquert.
Da es nach der Reform im neuen Stadtgebiet mehrere Brückenstraßen gab, wurde auch die in Hangard liegende zur Vermeidung von Verwechselungen umbenannt.

A46 StA Neunkirchen, Beschlussbuch der Gemeinde Wiebelskirchen

An der Oster Blickrichtung Oster

An der Ziegelhütte Ha voher Ostertalstraße

Lage und Verlauf:
Es handelt sich um den nördlichen Teil der Hauptdurchgangsstraße durch Hangard. Sie beginnt am Ortsausgang in Richtung Ottweiler-Fürth, verläuft von dort nach Süden und geht an der Kreuzung Rohnstraße/Ludwigstraße in die Wiebelskircher Straße über.

An der Ziegelhütte Ortsausgang Richtung Fürth

Informationen zum Namen und zur Geschichte der Straße:
Ursprünglich hieß die Straße Ostertalstraße, da sie von Hangard aus weiter ins Ostertal führt. Nach der Gebiet- und Verwaltungsreform 1974 wurde die Straße zur Vermeidung von Verwechselungen umbenannt, da es im Gesamtstadtgebiet noch eine Ostertalstraße gab.
Der neue Name geht auf eine Flurbezeichnung zurück.

In der Flur VIII von Hangard gibt es unter Ziffer 13 eine Gewannbezeichnung „An der Ziegelhütt". Am Ortsausgang Richtung Fürth gab es früher eine Ziegelei, die ihren Rohstoff aus der unmittelbaren Umgebung bezog. Für diese Ziegelei war 1732 für einen Daniel Reeb aus Hangard ein Erbbestandsbrief ausgestellt worden. Diese Ziegelei war noch im Ausgang des 18. Jh. das einzige Gebäude westlich der Oster. Nach 1848 entstand bei der Ziegelei allmählich ein Ortsteil von Hangard rechts der Oster, der Neu-Hangard genannt wurde.

Andreas-Limbach-Straße Ko vorher Hauptstraße, zeitweise (1935 – 1945) Langemarckstraße

Lage und Verlauf:
Die Andreas-Limbach-Straße beginnt an der Niederbexbacher Straße in Kohlhof, verläuft von dort in nordwestlicher Richtung am Dorfplatz vorbei und mündet nach einer lang gezogenen Linkskurve im Torhausweg in der Nähe des Autobahnzubringers, der von Wellesweiler her kommt.

Andreas-Limbach-Straße Blickrichtung Niederbexbacher Straße, rechts kath. Kirche St. Georg Kohlhof

Informationen zum Namen und zur Geschichte der Straße:
Die ehemalige Hauptstraße ist die älteste Straße im Stadtteil Kohlhof. Schon in einer Beschreibung der Meierei Neunkirchen aus dem Jahr 1765 wird der „Herrschaftliche Kohlhof mit Schäferey" des Hofgutes Forbach der Fürsten von Nassau-Saarbrücken erwähnt.
Um diesen Hof herum entwickelte sich eine der Keimzellen des Ortes Kohlhof, und die so entstandene Straße wurde später Hauptstraße genannt.

Dort standen 1843 sieben Wohnhäuser mit 51 Bewohnern[A47].
Am 13. Januar 1935 fand im damaligen Saargebiet eine Volksabstimmung statt, in der die Bevölkerung zwischen einem Anschluss an Frankreich, der Beibehaltung des Status quo oder der Rückkehr nach Deutschland entscheiden konnte. Eine überwältigende Mehrheit von 90,73 % stimmte für die Rückkehr nach Deutschland. Bereits am 17. 01. 1935 beschloss daraufhin der Rat des Völkerbundes die Wiedereinsetzung Deutschlands in die Regierung des Saarbeckens zum 1. März 1935.
Noch vor diesem Datum beschloss der Stadtrat von Neunkirchen am 29. 01. 1935 die Änderung von Straßennamen zum 1. Februar 1935, um damit nationalsozialistische Größen oder verdiente Soldaten des 1. Weltkrieges zu ehren bzw. an Schlachtorte des 1. Weltkrieges oder an Opfer der französischen Besatzung zu erinnern.
Im Stadtteil Kohlhof wurde dabei die damalige Hauptstraße zur Langemarckstraße[A48]. Auch die Fortsetzung der Straße in den damaligen Bexbacher Stadtteil Ludwigsthal hieß Langemarckstraße.
Nach Kriegsende erhielt die Straße wieder ihren alten Namen zurück und wurde schließlich nach der Gebiets- und Verwaltungsreform 1974 zur Vermeidung von Verwechselungen, da es nun mehrere Hauptstraßen im neuen Stadtgebiet gab, nach dem Stammvater des Stadtteils in Andreas-Limbach-Straße umbenannt.

Informationen zum Namensgeber:
Andreas Limbach (1766 – 1849), ab 1812 Landwirt in Kohlhof, war von Niederbexbach gekommen und hatte von der französischen Behörde den früheren fürstlichen Kohlhof (auch Lützelholzer Hof), der 1760 vom Forbacherhof abgetrennt worden war, erworben und damit die Grundlage für die spätere Entwicklung des Ortes geschaffen[A49]. Als er das Gut für 10000 Franken erwarb (Vertrag vom 19. Februar 1812), hatte er 12 Kinder, von denen 6 im Kindesalter starben. Eine Tochter heiratete nach Niederbexbach und 4 Söhne und eine Tochter blieben in Kohlhof. Diese gründeten eigene Familien, die mit ihren Nachkommen den Hauptbestandteil der Bevölkerung des Dorfkerns bildeten.

A47 Krajewski: Heimatkundliche Plaudreien 7, vgl. Anm. A23, S. 31
A48 Saar- und Blieszeitung v. 30. 01. 1935
A49 Krajewski: Heimatkundliche Plaudereien 7, vgl. Anm. A23 S. 25 ff

Öffentliche oder sonst bedeutsame Gebäude in der Straße:

- Katholische St. Georgskirche

   Die Kirche wurde in den Jahren 1933/34 erbaut und erhielt am 01. 07. 1934 ihre kirchliche Weihe. Darum fällt auch die Kohlhofer Kirmes immer auf den ersten Sonntag im Juli. Vor dem Bau der Kirche stand seit 1899 in Kohlhof nur ein Glockenturm, in dem eine kleine Glocke hing[A50].

Andreasstraße NK

Lage und Verlauf:

Die Andreasstraße zweigt von der Friedrichstraße nach Osten ab, verläuft südlich entlang des Grünzugs Wagwiesentals und endet als Sackgasse. Vom Ende der Straße führt ein Fußweg zur höher liegenden Fernstraße und ein weiterer in die Parkanlage Wagwiesental.

Andreasstraße aus Richtung Friedrichstraße

Informationen zum Namen und zur Geschichte der Straße:

Fritz Wagner hat dem Heimatforscher Bernhard Krajewski 1975 schriftlich mitgeteilt, seine Mutter, Sophie Wagner, geb. Schmidt (1872 – 1940) habe ihm oft von ihrem Elternhaus erzählt, das damals als einziges am Anfang der heutigen Andreasstraße, etwa auf der jetzigen Grünfläche, gestanden habe und von ihren Eltern Andreas Schmidt und Margarethe geb. Neufang (1832 – 1905) bewohnt wurde. Seine Mutter habe ihm berichtet, dass nach ihrem Vater die später angelegte Straße

ihren Namen erhalten hat.

Im Situationsplan von Neunkirchen aus dem Jahre 1890 ist ein erstes Stück der Andreasstraße von der heutigen Friedrichstraße her eingezeichnet. Es stehen zwei Häuser auf der Nordseite im vorderen Teil der Straße, die aber zu diesem Zeitpunkt noch keinen Namen hatte. Erst in den späten 1920er Jahren wurde der Ausbau der Straße nach Osten fortgesetzt. Auf dem Übersichtsplan Neunkirchen von 1922 hat die Straße zwar zwischenzeitlich ihren Namen, es steht aber jetzt nur ein Haus dort. Im Verwaltungsbericht der Stadt Neunkirchen für 1927/28 wurde berichtet, dass der Kanal in der neu projektierten Andreasstraße hergestellt ist. Am 16. 03. 1928 beschloss der Stadtrat ein Anleiheprogramm zum Ausbau einer Reihe von Straßen, darunter auch für die Andreasstraße.

1927 hatte die Straße 32 Hausnummern/Wohnhäuser und 1939 wie heute 36.

Informationen zum Namensgeber:

Andreas Schmidt, gen. „Wallrath" (1825 – 1907)

Andreasstraße We zeitweise Im Winterfloß, heute Winterfloß

Siehe Winterfloß

Anemonenweg We

Lage und Verlauf:

Der Anemonenweg zweigt von der als Hauptdurchgangsstraße durch die Wohnsiedlung Winterfloß verlaufenden Rosenstraße als Sackgasse nach Westen ab und endet vor dem Waldgebiet Rübenkopf.

Anemonenweg aus Richtung Rosenstraße

A50 Krajewski: Heimatkundliche Plaudereien 1, Neunkirchen 1975, S. 57

Informationen zur Straßengeschichte und zum Straßennamen:

Ab etwa 1961 befasste sich die Gemeinnützige Siedlungsgesellschaft Neunkirchen (GSG) mit Plänen für eine Bebauung des Winfloßgebietes in Wellesweiler. Es sollte eine Wohnsiedlung mit über 700 Wohnungen für ca. 2300 Menschen in einer gemischten Bauweise werden. Am 23. 07. 1964 war der erste Spatenstich in der Winterfloß-Siedlung.

Es wurden ein- und zweigeschossige Ein- und Zweifamilienhäuser für Privateigentümer, achtgeschossige Häuser mit Eigentumswohnungen und acht- und vierzehngeschossige Häuser mit Mietwohnungen geplant und gebaut.

Alle Häuser wurden von der französischen Firma Camus mit Fertigbetonteilen erstellt. Die im Werk nach modernen und wirtschaftlichen Methoden vorfabrizierten raumgroßen Elemente wurden auf der Baustelle montiert. Diese Großplattenbauweise ließ ein zügiges Bautempo zu.

Wegen des verhältnismäßig milden Winters 1964/65 konnte man ohne Winterpause durcharbeiten, so dass die ersten Mieter schon 1965 einziehen konnten. Im September 1968 wurde die gesamte Siedlung mit 711 Wohneinheiten und einem eigenen Blockheizkraftwerk mit einem Tag der offenen Tür vorgestellt[A51].

Die Straßen in der Siedlung erhielten alle Blumennamen.

Die Durchgangsstraße ist die Rosenstraße, die Seitenstraßen haben die Namen Anemonenweg, Tulpenweg, Lilienweg, Iriesweg, Malvenweg, Narzissenweg.

Die Häuser im Anemonenweg sind von der Fa. Camus im Bungalowstil hergestellt worden.

Öffentliche oder sonst bedeutsame Gebäude in der Straße:

- Kindertagesstätte
  Im Anwesen Anemonenweg 12 befindet sich eine Kindertagesstätte in städtischer Regie. Das Gebäude wurde 1975 für 80 Kinder gebaut. Heute bietet die Einrichtung 50 Kindertagesstätten- und 40 Hortplätze.

Annastraße Wi heute teilweise Schiffweilerstraße teilweise Landsweilerstraße
Siehe Schiffweilerstraße und Landsweilerstraße

Arndtstraße NK heute Teil der Haydnstraße

Lage und Verlauf:
Ursprünglich sollte die Straße eine Verlängerung der früheren Schillerstraße (heute Kleiststraße) nach Osten sein. Tatsächlich wurde sie jedoch nur eine kleine nur ca. 30 m lange Seitenstraße der Haydnstraße.

Informationen zum Namen und zur Geschichte der Straße:
Nach den Stadtplänen von 1902 und 1905 sollten die Goethestraße und die heutige Kleiststraße nach Osten über die Mozartstraße hinaus als parallele Straßen zwischen Wellesweilerstraße und Norduferstraße fortgesetzt werden. Nach einem Grundsatzbeschluss des Gemeinderates Neunkirchen vom 24. 04. 1903 sollten die nördlich der Blies befindlichen Straßen, soweit sie auf die Blies zulaufen, Komponistennamen und, soweit sie in der gleichen Richtung wie die Blies verlaufen, Dichternamen erhalten. Deshalb sollte die Verlängerung der Goethestraße ab Haydnstraße Körnerstraße und die Verlängerung der Schillerstraße ab Haydnstraße Arndtstraße heißen[A52]. Nach der heute tatsächlich vorhandenen Händelstraße sollte es in östlicher Richtung weitere Querstraßen von der Wellesweilerstraße zur Norduferstraße geben und zwar Schubertstraße, Lortzingstraße, Schumannstraße, Meyerbeerstraße, Weberstraße und Flotowstraße. Außer der Flotowstraße wurde keine dieser östlich der Haydnstraße geplanten Straßen gebaut.

Im Adressbuch von 1930/31 ist die Arndtstraße mit 1 Wohnanwesen aufgeführt. Weitere Häuser standen dort auch nie. In den Stadtplänen gleich nach dem 2. Weltkrieg ist die kleine nach Nordosten gehende Seitenstraße der Haydnstraße noch vermerkt. Sie ist nur ca. 30 m lang und endet als Sackgasse vor der Händelstraße. Mit Beschluss des Stadtrates vom 15. 02. 1978 wurde die Arndtstraße in die Haydnstraße einbezogen. Ursprünglich hatte die Arndtstraße parallel zur Blies bis in Höhe des heutigen Eisweihers ausgebaut werden sollen.

Informationen zum Namensgeber:
Ernst Moritz Arndt (26. 12. 1769 – 29. 01. 1860). Historiker, Politiker und Schriftsteller wurde durch seine „Lieder für Teutsche" (Der Gott, der Eisen wachsen ließ) und Flugschriften zu einer Volksgestalt der Freiheitskriege gegen Napoleon. Er war Mitstreiter des großen Verwaltungsreformers Freiherr vom Stein und kämpfte für die deut-

---

A51 Neunkirrcher Stadtanzeiger v. 18. 09. 1968

A52 Saar- und Blieszeitung v. 25. 04. 1903

sche Einigung. 1806 wurde er Professor für Geschichte in Greifswald. Wegen von ihm verfasster politischer Schriften musste er nach Schweden flüchten und kehrte erst 1809 zurück. 1818 wurde er Professor in Bonn, wurde aber 1820 wegen demagogischer Umtriebe in den Ruhestand versetzt und erst 1840 wieder eingestellt. 1848 wurde er in die erste deutsche Nationalversammlung gewählt. Arndt starb 1860 in Bonn.

Asternweg Wi

Lage und Verlauf:

Der Asternweg gehört zum Siedlungsgebiet Steinbacher Berg in Wiebelskirchen. Dort stellt er einen kurzen Verbindungsweg zwischen Gladiolenweg und Hyazinthenweg dar, die beide parallel zueinander nach Südosten von der Steinbacher Straße abzweigen.

Informationen zum Namen und zur Geschichte der Straße:

Dieses Wohngebiet entstand oberhalb (nördlich) der Straße Am Enkerberg ab 1967 in mehreren Bauabschnitten. Zunächst wurde 1967/68 durch die Gemeinnützige Siedlungsgesellschaft Saarbrücken im Veilchenweg ein Block mit zweigeschossigen Einfamilienhäusern durch die Fa. Camus aus Fertigteilen erstellt. Danach erfolgte der Bau von Einfamilienhäusern ebenfalls aus Fertigteilen durch die Fa. Camus im Lilienweg (jetzt Nelkenweg) und im Fliederweg. Erst später bis Mitte der 1970er Jahre wurden Häuser in traditioneller Bauweise im Narzissenweg (jetzt Dahlienweg), im Tulpenweg (jetzt Gladiolenweg), im Rosenweg (jetzt Hyazinthenweg), im Asternweg und auf der rechten Seite des Veilchenwegs erstellt.

Atzeleck NK *vollständig Scheiber Atzeleck*
Siehe Scheiber Atzeleck

Auf Arlers Wi

Lage und Verlauf:

Die Straße Auf Arlers zweigt am nördlichen Ortsausgang von Wiebelskirchen von der Ottweilerstraße nach Norden ab und verläuft dann parallel zu dieser in einem weiten Bogen zunächst nach Westen und dann nach Norden, bevor sie in die verlängerte Adlersbergstraße mündet.

Auf Arlers aus Richtung Ottweilerstraße

Informationen zum Namen und zur Geschichte der Straße:

Der Straßenname ist von der Flurbezeichnung „Auf/hinter Arlers", die es in diesem Bereich gibt, abgeleitet. Die Straße wurde erst in den späten 1970er Jahren angelegt.
Dann entstand dort auch erst die Bebauung mit modernen Ein- und Mehrfamilienhäusern
Der Straßenname wurde in einer Sitzung des Stadtrates am 24. 09. 1980 festgelegt.

Auf dem Breitenfeld Wi

Lage und Verlauf:

Die Straße stellt eine Verbindung zwischen der Bruchwiesstraße und der Offermannstraße her und verläuft als Parallelstraße zur Römerstraße von Westen nach Osten.

Auf dem Breitenfeld Blickrichtung Bruchwiesstraße

Informationen zum Namen und zur Geschichte der Straße:

Der Straßenname ist von der Flurbezeichnung „Breitenfeld", die es in diesem Bereich gibt, abgeleitet. Diese Flurbezeichnung ist schon 1381 nachgewiesen.

Die Straße gehört zur Breitenfeldsiedlung, die 1938 von der Pfälzischen Heimstätte, die besonders Bergleuten günstigen Hauserwerb anbot, errichtet worden ist. In dieser Siedlung stehen kleine Einfamilienhäuser, die heute oft durch An- oder Umbauten verändert und vergrößert sind.

Auf den Hahnbuchen We

Lage und Verlauf:

Die Straße zweigt in westlicher Richtung als Sackgasse von der St.–Barbara-Straße ab und endet nach 100 m an einem Feldweg.

Auf den Hahnbuchen aus Richtung St.-Barbara-Straße

Informationen zum Namen und zur Geschichte der Straße:

Der Straßenname ist auf die Flurbezeichnung „Auf dem Hahnbuchen" (1766 noch Hainbuche) zurückzuführen, die es in diesem Bereich gibt. Der Stadtrat legte den Straßennamen in einer Sitzung am 09. 04. 1957 fest.

In der Straße steht ein einziges zweigeschossiges Wohnhaus.

Die Straße gehört zusammen mit den ebenfalls dort in gleicher Richtung abzweigenden Sackgassen Kreppstraße, Repperthalstraße und Seiterswaldstraße und mit der St.-Barbara-Straße selbst zu einer von der Grubenverwaltung erbauten Siedlung mit werksnahen Wohnungen für Bergleute. Die Straßen und die dort

stehenden Wohnhäuser wurden im zeitlichen Zusammenhang mit der Abtäufung der in unmittelbarer Nähe auf Bexbacher Bann liegenden Grube St. Barbara und dem Bau des daneben liegenden Kohlekraftwerkes Anfang der 1950er Jahre erbaut.

Die St.-Barbara-Straße ist nach der Schutzpatronin der Bergleute, der heiligen Barbara, benannt.

1953 war bei der Stadtverwaltung ein Bebauungsplan erstellt worden, nach dem das gesamte Gebiet zwischen Rettenstraße/ Glockenstraße – Bergstraße – St. Barbara-Straße als Wohnsiedlung ausgebaut werden sollte. In ca. 15 Straßen sollten insgesamt über 480 Bauplätze überwiegend für Einfamilienhäuser entstehen[A53]. Der Plan ist wegen des Baus des Kraftwerkes Bexbach und der damit verbundenen Belastung dieses Bereichs durch Abgase und sonstige Emissionen gescheitert und ist nach den heute vorhandenen Industrieansiedlungen auch nicht mehr umsetzbar.

Auf den Uhlen Wi

Lage und Verlauf:

Die Straße zweigt nach Süden vom Uhlenweg ab und mündet in die Straße Auf der Wilhelmshöhe

Auf den Uhlen Blickrichtung Uhlenweg

Informationen zum Namen und zur Geschichte der Straße:

Im Frühjahr 2003 begann der Vorstufenausbau für ein neues Wohngebiet zwischen Kuchenbergstraße und dem früheren Sportplatz Auf den Uhlen. Dort sind zwei

---

A53 StA Neunkirchen, Bestand Karten und Pläne Nr. 75
– Wohnsiedlung Rettenstraße

Wohnstraßen mit insgesamt 54 Grundstücken entstanden, die nach einem Beschluss des Ortsrates Wiebelskirchen vom 11. 06. 2003 „Auf der Wilhelmshöhe" und „Auf den Uhlen" heißen.

Die Straßen entstanden in einem früheren, zwischenzeitlich aber total verwilderten Kleingartengebiet.

Pro Grundstück durften maximal zwei Wohnungen entstehen.

Auf der Heide Lu

Lage und Verlauf:
Die Straße zweigt als Sackgasse von der Eduard-Didion-Straße in Ludwigsthal nach Westen ab und endet nach ca. 200 Metern.

Auf der Heide aus Richtung Eduard-Didion-Straße

Informationen zum Namen und zur Geschichte der Straße:
Der Name beruht auf einer Flurbezeichnung, die es an dieser Stelle gibt. Den Namen erhielt die Straße in einer Stadtratsitzung am 22. 10. 1980.

Öffentliche oder sonst bedeutsame Gebäude in der Straße:
-    Kindergarten
     Im Anwesen Nr. 2 gibt es seit 1957 einen von der Arbeiterwohlfahrt betriebenen Kindergarten. Neben Kindern aus Ludwigsthal werden auch Kinder aus Furpach und aus Kohlhof dort betreut.

Auf der Höh Wi *vorher Sedanstraße, zeitweise (1935 – 1945) Schlageterstraße, heute Teil der Rembrandtstraße*
Siehe Rembrandtstraße

Auf der Platt We *heute Platt*
Siehe Platt

Auf der Wilhelmshöhe alt Wi *heute Wilhelmshöhe*
Siehe Wilhelmshöhe

Auf der Wilhelmshöhe neu Wi

Lage und Verlauf:
Die Straße zweigt im Neubaugebiet zwischen Kuchenbergstraße und dem ehemaligen Sportplatz Auf den Uhlen von der Straße Auf den Uhlen nach Süden ab und endet vor den letzten Häusern der Feldstraße nach ca. 200 m als Sackgasse. Sie verläuft in Nord-Süd-Richtung parallel zur Kuchenbergstraße.

Auf der Wilhelmshöhe Blickrichtung Uhlenweg

Informationen zum Namen und zur Geschichte der Straße:
Im Frühjahr 2003 begann der Vorstufenausbau für ein neues Wohngebiet zwischen Kuchenbergstraße und dem früheren Sportplatz Auf den Uhlen.

Dort sind zwei Wohnstraßen mit insgesamt 54 Grundstücken entstanden, die nach einem Beschluss des Ortsrates Wiebelskirchen/Hangard/Münchwies vom 11. 06. 2003 „Auf der Wilhelmshöhe" und „Auf den Uhlen" heißen.

Die Straßen entstanden in einem früheren, zwischenzeitlich aber total verwilderten Kleingartengebiet.

Pro Grundstück durften maximal zwei Wohnungen entstehen.

Auf Maien NK

Lage und Verlauf:
Die Straße liegt im Wohngebiet Altseiterstal vor der Spieser Höhe. Sie verläuft parallel zur Straße Im Altseiterstal und hat drei Stichstraßen zu dieser.

Auf Maien Blickrichtung Im Sand

Informationen zum Namen und zur Geschichte der Straße:
Die Straße ist erst in den 1990er Jahren im Zuge der Erweiterung des Wohngebietes Altseiterstal entstanden. Sie ist in kürzester Zeit mit Ein- und Zweifamilienhäusern unterschiedlicher Baustile bebaut worden.
Der Straßenname geht auf Flurbezeichnungen zurück, die es in diesem Bereich gibt (Auf Maien, Auf Maien an der Altseiters). „Auf Meyen" ist die alte Flurbezeichnung für das Gelände, auf dem heute die Stadtrandsiedlung Schaumbergring steht[A54].
Der Straßenname wurde in einer Stadtratssitzung am 20. 04. 1994 festgelegt.

Auf'm Hahnen Mü vorher Gartenweg

Lage und Verlauf:
Bei der Straße handelt es sich um ein schmales Gässchen, das von der Schulstraße als Sackgasse nach Süden abzweigt und nach ca. 80 Metern endet.

Informationen zum Namen und zur Geschichte der Straße:

A54 Krajewski: Heimatkundliche Plaudereien 2 vgl. Anm. A24, S. 13

Auf'm Hahnen Blickrichtung Schulstraße

Bis zur Gebiets- und Verwaltungsreform 1974 hieß die Straße Gartenweg. Dann erhielt sie wegen mehrerer ähnlich klingender Straßennamen im Stadtgebiet zur Vermeidung von Verwechselungen ihren neuen Namen.
Der Straßenname geht auf eine Flurbezeichnung zurück, die es in diesem Bereich gibt. Nach dem Münchwieser Heimatforscher Kurt Schulz geht das Wort Hahnen auf das mhd. Hac = Dorngesträuch, Gebüsch oder Einfriedung zurück. Daraus wurde Hag und Hahnen im Sinne eines von Gebüsch eingefriedetes Geländestückes, hier also der umfriedete mittelalterliche Klosterhof des Klosters Werschweiler in Münchwies.
Dieser Klosterhof befand sich im Bereich zwischen Nordgrenze der heutigen Sportplatzanlage und den Gärten hinter den Häusern auf der Südseite der Schulstraße.

Auf'm Hof NK *auch alter Hof, Teil der Saarbrücker Straße, heute Teil der Bildstocker Straße*
Siehe Bildstocker Straße

Auf'm Mühlenberg We

Lage und Verlauf:
Die Straße liegt im Wohngebiet südlich der Bürgermeister-Regitz-Straße mit Zufahrt über die Straße Zur Römertreppe und zwar auf dem dortigen Hochplateau des Mühlenberges. Sie zweigt nach Südosten vom Mühlackerweg in Richtung des Kasbruchtals ab und führt dann seit 1961 ringförmig als Straße „Zum Kasbruchtal" wieder zum Mühlackerweg zurück.

Auf'm Mühlenberg aus Richtung Mühlackerweg

Informationen zum Namen und zur Geschichte der Straße:

Die Straße „Auf'm Mühlenberg" liegt mit dem Mühlackerweg und anderen Straßen in einer Siedlung auf einem Hochplateau über dem Bliestal und dem Kasbruchtal. Unterhalb im Tal an der Stelle des jetzigen Wellesweiler Wasserwerkes lag früher die Wellesweiler Mahl- und Ohligmühle (1438 Lautzwyller Möhl). Diese Mühle gab Anlass für die die Flurbezeichnungen „Der Mühlenberg", „Das Mühlfeld", „In der Mühlwies", „Im Mühlwinkel" in diesem Bereich, und davon ist auch der Straßenname abgeleitet.

Mit dem Bau der Siedlung wurde in den Jahren 1935/36 begonnen. Die Saarbrücker Zeitung vom 08. 03. 1935 berichtete, dass man mit dem Bau von 13 Doppelhäusern begonnen hat und am 04. 05. 1937, dass eine Treppe von der Eifelstraße zur Mühlenbergsiedlung gebaut wurde. Nach dem 2. Weltkrieg wurden nach und nach weitere Baustellen in der Siedlung erschlossen und Neubauten erstellt. Am 09. 06. 1961 berichtete die Saarbrücker Zeitung, dass 18 Neusiedler am Mühlenberg eingezogen sind. Eine Verzögerung der Bautätigkeit war durch den zuvor notwendigen Bau eines wasserdichten und druckfesten Hauptkanals durch das Wassereinzugsgebiet Kasbruchtal bis zur Blies bedingt.

Auf'm Ruhstock NK *vorher Mittlerer Ruhstock, heute Ruhstockstraße*
Siehe Ruhstockstraße

Augustastraße Wi *heute Karl-Marx-Straße, volkstümlich Pittchesgass*
Siehe Karl-Marx-Straße

Informationen zur damaligen Namensgeberin:

Augusta deutsche Kaiserin und Königin von Preußen (30.09.1811 - 1890) war die Tochter von Großherzog Karl Friedrich von Sachsen-Weimar. Sie war in Weimar geboren und vermählte sich am 11.06.1829 mit dem späteren Kaiser Wilhelm I.
Sie förderte die Wohlfahrt und die Krankenpflege, ihre besondere Aufmerksamkeit galt den Kleinkinderschulen. Eine solche Schule, die von der bergmännischen Knappschaft eingerichtet worden war, befand sich bei der Namensgebung in der Straße

August-Bebel-Straße Wi zeitweise (1935 – 1945) Horst-Wessel-Straße

Lage und Verlauf:
Die August-Bebel-Straße zweigt als Sackgasse von der Landsweilerstraße in Wiebelskirchen in südlicher Richtung ab.

August-Bebel-Straße aus Richtung Landsweilerstraße

Informationen zum Namen und zur Geschichte der Straße:

Die Straße wurde nach dem 1. Weltkrieg angelegt, als wegen der damaligen Wohnungsnot Mietwohnungen für die Bergleute der nahen Grube Kohlwald gebaut werden sollten. Die Gebäude mit den Werkswohnungen wurden 1922 von der Grubenverwaltung erstellt.

Zunächst wurde die Straße nach einem der großen Arbeiterführer Deutschlands, dem Mitbegründer der SPD, August Bebel, benannt.

Am 13. Januar 1935 fand im damaligen Saargebiet eine Volksabstimmung statt, in der die Bevölkerung zwischen einem Anschluss an Frankreich, der Beibehaltung des Status quo oder der Rückkehr nach Deutschland entscheiden konnte. Eine überwältigende Mehrheit von 90,73 % stimmte für die Rückkehr nach Deutschland. Bereits am 17. 01. 1935 beschloss daraufhin der Rat des Völkerbundes die Wiedereinsetzung Deutschlands in die Regierung des Saarbeckens zum 1. März 1935. Noch vor diesem Datum teilte der Bürgermeister dem Gemeinderat Wiebelskirchen in einer Sitzung am 28. 01. 1935 mit, dass er als Polizeiverwalter eine Reihe von Straßenumbenennungen vorgenommen habe. Damit sollten nationalsozialistische Größen geehrt bzw. an Gebiete erinnert werden, die nach dem verlorenen 1. Weltkrieg vom Deutschen Reich abgetrennt worden waren.

Gleichzeitig wurden Straßennamen, die an politische Gegner oder an Juden erinnerten, entfernt.

Die bisherige August-Bebel-Straße wurde dabei nach dem „Märtyrer" der nationalsozialistischen Bewegung Horst Wessel benannt[A55], der das Marschlied „Die Fahne hoch, die Reihen dicht geschlossen ...."., das als Horst-Wessel-Lied bekannt wurde, verfasst hatte und 1930 in einer Auseinandersetzung mit politischen Gegnern zu Tode gekommen war.

Nach Ende des 2. Weltkrieges erhielt die Straße wieder ihren alten Namen.

Informationen zum Namensgeber:

August Bebel (22. 02. 1840 – 13.08.1913), Politiker, war 1867 Mitbegründer der Sozialdemokratischen Arbeiterpartei. 1875 setzte er den Zusammenschluss der Sozialdem. Arbeiterpartei mit dem Allgemeinen Deutschen Arbeiterverein zur Sozialistischen Arbeiterpartei, der späteren SPD, durch. Seit der Gründung des Deutschen Reiches 1871 gehörte Bebel fast bis zu seinem Lebensende (mit kurzen Unterbrechungen) dem deutschen Reichstag an. Nach Aufhebung der Sozialistengesetze und dem Sturz Bismarcks war Bebel 1891 entscheidend an der Neuorganisation der deutschen Sozialisten in der SPD beteiligt und wurde erster Vorsitzender der Partei, was er bis zu seinem Tod 1913 auch blieb.

Auguststraße NK

Lage und Verlauf:

Es handelt sich um ein kleines Gässchen als Seitenstra-

Auguststraße aus Richtung Herderstraße

ße der Wellesweilerstraße in Höhe des Güterbahnhofs. Das Sträßchen verläuft zwischen Wellesweilerstraße und Bahndamm und hat eine Zufahrt nur von der Wellesweilerstraße aus. Nach links und rechts ist es jeweils Sackgasse.

Informationen zum Namen und zur Geschichte der Straße:

Wie so viele Straßen in Neunkirchen soll auch diese nach dem Vornamen des ersten Anwohners benannt worden sein. Weiteres ist zu diesem aber nicht bekannt.

Die Auguststraße war bis zum Eisenbahnbau ein Feldweg von der Wellesweilerstraße zur Gewann Geßbach. Weil ihr dann der Bahndamm diesen Weg versperrte, wurde die Geßbachunterführung gebaut.

Wegen der vielen Kohlenfuhren ab Ziehwaldstollen und weil die Auguststraße zu eng war, wurde eine neue Straße von der Unterführung zur Wellesweilerstraße (jetzt Herderstraße) angelegt und die Auguststraße damit zur Sackgasse gemacht.

Früher war die Straße dicht bebaut.

Es standen vor allem Wohnhäuser in der Straße. Zwischen 1905 und 1939 hatte sie insgesamt 18 Hausnummern.

Da sie unmittelbar an der Bahnlinie liegt, war sie im 2. Weltkrieg von den Bombardements der Alliierten bedonders betroffen.

In der Gasse befinden sich heute nur noch zwei Wohnhäuser, Garagen, ein Gartengrundstück und Firmengelände.

A55 Beschlussbuch Wiebelskirchen,vgl. Anm. A46

Autobahnzubringer We/Ko

Lage und Verlauf:
Der Autobahnzubringer führt von der Ortsmitte Wellesweiler Kreuzung Untere Bliesstraße/Homburger Straße/Bürgermeister-Regitz-Straße nach Süden, im ersten Teil parallel zur Blies verlaufend, zur Autobahnauffahrt in Höhe Kohlhof.

Autobahnzubringer aus Richtung Untere Bliesstraße

Informationen zum Namen und zur Geschichte der Straße:
Die Straße wurde in der zweiten Hälfte der 1970er Jahre als Neubau erstellt. Sie ist ein Teil der schnellen Verbindung aus den Stadtteilen Wellesweiler und Wiebelskirchen und dem Ostertal zur Autobahn.
Die neue Straße wurde am 17. 05. 1979 dem Verkehr übergeben.

Bachplatz NK zeitweise (1936 – 1945) Hans-Schemm-Platz

Lage:
Der Bachplatz liegt zwischen Kleiststraße, Uhlandstraße und Norduferstraße vor dem Bachschulhaus (Grundschule).

Bachplatz mit Bachschulhaus

Informationen zur Geschichte und zum Namen der Straße:
Die schon vor 1914 geplanten beiden Bliesuferstraßen (Nord- und Südufer) entlang der begradigten Blies wurden nach dem 1. Weltkrieg ausgebaut.
Die schon kurz nach 1900 begonnene und dann stückweise durchgeführte Bliesregulierung verminderte zwar die Überschwemmungsgefahr für den Unterort, veränderte andererseits aber die Tallandschaft in erheblichem Maße und verwandelte die ehemals in natürlichen Windungen dahinströmende Blies in einen gerade gestreckten Abzugsgraben für Schmutzwasser. Dieser Zustand hat sich erst nach Stilllegung des Eisenwerkes gebessert.
Durch die Flussbegradigung entstand nördlich der Blies und östlich der Brückenstraße ein Platz an dem eine Schule gebaut wurde.
Nach einem Grundsatzbeschluss des Gemeinderates Neunkirchen vom 24. 04. 1903 wurden den nördlich der Blies befindlichen Straßen, soweit sie auf die Blies zulaufen, Komponistennamen und , soweit sie parallel zur Blies verlaufen, Dichternamen gegeben.
Demzufolge wurde die an dem neuen Schulhaus vorbei auf die Blies zulaufende Straße und der vor der Schule befindliche Platz nach dem großen Komponisten des

18. Jh. Johann Sebastian Bach benannt.
Nach der Machtergreifung durch die Nationalsozialisten auch im Saargebiet nach der Volksabstimmung 1935 kam es in vielen Orten zu einer größeren Welle von Straßenumbenennungen.
Fast in jedem Ort gab es seither eine Adolf-Hitler-Straße. Gezielt wurden Straßen auch nach „Märtyrern" und „Blutopfern der NS-Bewegung"benannt.
Nach einer ersten Rate von Umbenennungen gleich nach dem Anschluss beschloss der Stadtrat (Beschlussbuch der Stadt) am 25. 05. 1936 weitere Straßennamen zu ändern, um Nazigrößen zu ehren, dabei auch
- die Bachstraße   in Hans-Schemm-Straße
- den Bachschulplatz   in Hans-Schemm-Platz[B1]
Nachdem nach dem 2. Weltkrieg alle nationalsozialistischen Namen abgeschafft worden waren, war der Platz zunächst namenlos, bis der Stadtrat am 02. 10. 1968 beschloss, den Platz in Anlehnung an den Namen der Schule offiziell Bachplatz zu nennen.
Heute ist ein Teil des Bachplatzes als Schulhof vor dem Bachschulhaus abgetrennt und eingezäunt.
Daneben befindet sich ein Ballspielplatz mit hohem Zaun für Kinder und Jugendliche. Der Rest des Platzes ist als Parkplatz ausgewiesen.

Informationen zum Namensgeber:
Johann Sebastian Bach (21. 03. 1685 – 28. 07. 1750) wurde in Eisenach geboren. Er war Komponist, Organist und Kapellmeister.
Bevor er 1723 Kantor der Thomaskirche Leipzig wurde, war er in Arnstadt, Mühlhausen, Weimar und Cöthen als Organist und Kapellmeister tätig. Er schuf evang. Kirchenmusik (Kantaten), Messen, Fugen, Oratorien Passionen (Matthäus-, Johannespassion), Klavierstücke (das wohltemperierte Klavier), Kammermusik. Bach starb 1750 in Leipzig.
Von seinen 11 Söhnen sind besonders zu nennen:
- Friedemann Wilhelm (1710 – 1784) berühmter Orgelspieler, unstetes Leben
- Philipp Emanuel (1714 – 1788) Kapellmeister Friedrichs des Großen, später in Hamburg, Klavierschule, Sonaten
- Christian Friedrich (1732 – 1795) in Bückeburg Komponist und Kapellmeister
- Johann Christian (1735 – 1782) lebte in Mailand und London, Klaviersonaten

B1   Entschließung Stadtrat NK 1936, vgl. Anm. A6

Öffentliche oder sonst bedeutsame Gebäude am Platz:

- Finanzamt
  Siehe Uhlandstraße

- Bachschule (Grundschule)
  Das Gebäude wurde 1905 als Schulhaus für die Unterstadt im Bereich nördlich der gerade erst begradigten Blies gebaut. Man baute in den Formen der deutschen Renaissance wie bei den Hüttenbeamtenhäusern der in der Nähe liegenden Goethestraße. Dabei wurde in die Planung auf höhere Anweisung eine Verwendungsmöglichkeit als Kaserne mit einbezogen[B2].
  Tatsächlich wurde das Gebäude sowohl im 1. wie auch im 2. Weltkrieg zeitweise als Kaserne benutzt. Nach dem 1. Weltkrieg wurde das Gebäude von französischen Besatzungstruppen als Kaserne beschlagnahmt und erst im Frühjahr 1923 wieder für Schulzwecke freigegeben. Im zweiten Weltkrieg war im Erdgeschoss ein Lazarett eingerichtet und der Keller als Luftschutzraum ausgebaut worden. Nach dem Krieg war in 2 Sälen bis 01. 09. 1951 das Telegrafenamt eingerichtet.
  Während der nationalsozialistischen Herrschaft hieß die Schule Hans-Schemm-Schule.

Bachstraße NK zeitweise (1936 – 1945) Hans-Schemm-Straße

Lage und Verlauf:
Die Bachstraße verbindet in Nord-Süd-Richtung auf die Blies zulaufend die Welleweilerstraße mit der Kleiststraße und kreuzt dabei die Goethestraße.

Informationen zum Namen und zur Geschichte der Straße:
Die schon vor 1914 geplanten beiden Bliesuferstraßen (Nord- und Südufer) entlang der begradigten Blies wurden nach dem 1. Weltkrieg ausgebaut. Am Nordufer entstand dadurch eine weite Fläche, auf der neue Straßen angelegt wurden.
Nach einem Grundsatzbeschluss des Gemeinderates Neunkirchen vom 24. 04. 1903 wurden den nördlich

Bachstraße Blickrichtung Goethestraße

der Blies befindlichen Straßen, soweit sie auf die Blies zulaufen, Komponistennamen und , soweit sie parallel zur Blies verlaufen, Dichternamen gegeben.
Demzufolge wurde die an dem neuen Schulhaus vorbei auf die Blies zulaufende Straße nach dem großen Komponisten des 18. Jh. Johann Sebastian Bach benannt[B3].
Nach der Machtergreifung durch die Nationalsozialisten auch im Saargebiet nach der Volksabstimmung 1935 kam es in vielen Orten zu einer größeren Welle von Straßenumbenennungen.
Benennungen nach unliebsamen Politikern oder Denkern wurden in der Regel getilgt. Fast in jedem Ort gab es seither eine Adolf-Hitler-Straße. Gezielt wurden Straßen auch nach „Märtyrern" und „Blutopfern der NS-Bewegung"benannt. Nach einer ersten Rate von Umbenennungen gleich nach dem Anschluss beschloss der Stadtrat (Beschlussbuch der Stadt) am 25. 05. 1936 weitere Straßennamen zu ändern, um Nazigrößen zu ehren, dabei auch

- die Bachstraße in Hans-Schemm-Straße
- den Bachschulplatz in Hans-Schemm-Platz[B4]

Umittelbar nach Kriegsende erhielt die Straße ihren alten Namen zurück.

Informationen zum Namensgeber:
Siehe Bachplatz

Bachstraße Wi davor Jakobstraße, heute Brucknerstraße, volkstümlich Branntweingasse
Siehe Brucknerstraße

B2 Krajewski, Bernhard: Neunkirchen damals, Neunkirchen 1983, S. 82

B3 Saar- und Blieszeitung v. 25. 04. 1903
B4 Entschließung Stadtrat NK 1936, vgl. Anm. A6

Informationen zum damaligen Namensgeber:
Siehe Bachplatz NK

Bärenweg NK

Lage und Verlauf:
Der Bärenweg liegt in einem Wohngebiet nordwestlich des Zoos. Er beginnt am Wolfsweg, verläuft von dort nach Westen und vollzieht dann nach ca. 100 m eine Schwenkung nach Norden, bevor er in den Hirschgartenweg mündet.

Bärenweg aus Richtung Wolfsweg

Informationen zum Namen und zur Geschichte der Straße:
Ende der 1950er Jahre wurde das Gelände zwischen Zoo und Burrwiesenweg (damals Holzgehege) als Wohngebiet erschlossen. In mehreren Straßen wurden städtische Häuser für wenig begüterte Familien gebaut. Die Straßen wurden alle nach Wildtieren benannt, die man im nahegelegenen Zoo findet (Biberweg, Wolfsweg, Bärenweg, Iltisweg, Hirschgartenweg). Nach einer Meldung der Saarbrücker Zeitung vom 29. 09. 1958 hatte der Stadtrat am 26. 09. 1958 über die Namensgebung abgestimmt.
Mitte der 1970er Jahre wurde die Möglichkeit geschaffen, dass die bisherigen Mieter die Häuser günstig erwerben konnten. Die neuen Besitzer gingen nun sofort daran, ihre Häuser zu verschönern und das Umfeld freundlicher zu gestalten.

Bahnhofsbrücke NK *heute Konrad-Adenauer-Brücke*
Siehe Konrad-Adenauer-Brücke

Bahnhofsplatz NK davor Am Bahnhof

Lage:
Der Bahnhofsplatz liegt unmittelbar vor dem Hauptbahnhof. Zu Fuß kann man über eine Rampe von der Konrad-Adenauer-Brücke hingelangen, mit dem Kfz. über eine Zufahrt von der Herderstraße her unter der Konrad-Adenauer-Brücke hindurch.

Bahnhofsplatz
von der Bahnhofsbrücke (Konrad-Adenauer-Brücke)

Informationen zum Namen und zur Geschichte des Platzes:
Der Platz entstand 1860 beim Bau des 2. Bahnhofs in Neunkirchen, der nach dem Bau der Nahebahnstrecke erforderlich geworden war.
Er wurde im Laufe der Zeit mehrfach umgestaltet, zuletzt 2002/2003 (Einweihung im März 2003) mit einem Kostenaufwand von ca. 300 000 €.
Auf neueren Stadtplänen ist der Platz nicht mehr verzeichnet, obwohl er vor wie nach existent ist.
Er gehört eben ohne besondere Erwähnung zum Bahnhof.

Bahnhofstraße NK vorher Binger Straße, zeitweise (1935 und 1945) Adolf-Hitler-Straße

Lage und Verlauf:
Die Bahnhofstraße beginnt an der Brücke über die Pfalzbahnstrecke (Konrad-Adenauer-Brücke) und endet nach Überquerung der Blies an der Lindenallee. Sie ist die Straße, die aus der Stadtmitte zum Hauptbahnhof führt.

Informationen zum Namen und zur Geschichte der Straße:

Die heutige Bahnhofstraße war schon Hauptdurchgangsstraße Richtung der damaligen Residenz- und späteren Kreisstadt Ottweiler, bevor es überhaupt einen Bahnhof in Neunkirchen gab. Sie war Provinzialstraße d. h.: die Gemeinde erhielt von der Provinzregierung eine Entschädigung für den Unterhalt der Straße. In einem Situationsplan aus dem Jahre 1869, der das Gebiet der oberen Bahnhofstraße und des Bahnhofsgeländes zeigt, wird die jetzige Bahnhofstraße als „Chaussée von Saarbrücken nach Kreuznach" bezeichnet. Tatsächlich hieß die Straße damals vor dem Bau des Bahnhofs nach Angaben des Neunkircher Heimatforschers Bernhard Krajewski Binger Straße, da sie über Kreuznach hinaus in Richtung Bingen führte.

Als die Pfalzbahn gebaut war, überquerte die Straße diese Eisenbahnlinie zunächst auf schienengleicher Höhe. Nach dem Bau der Rhein-Nahe-Bahn 1860 wurde Neunkirchen zum Eisenbahnknotenpunkt. Es wurde nun auch ein neuer Bahnhof gebaut. Der alte stand an der Pfalzbahn und hatte seine Zufahrt gegenüber der Schulstraße (heute Am steilen Berg), entlang des späteren Gasthauses 1-2-3.

Als wegen des wachsenden Verkehrs auf der Provinzialstraße die Überquerung der Schienen der Pfalzbahnstrecke trotz Schranken immer schwieriger wurde, plante man eine Straßenunterführung unter der Pfalzbahnstrecke. Dieser Plan scheiterte jedoch, weil die Kosten für den dazu notwendigen Erwerb und Abriss von Häusern in der späteren Dammstraße zu hoch waren. Deshalb kam es 1875 zum Bau einer Straßenbrücke (heute Konrad-Adenauer-Brücke) über diese Bahnlinie. Zur Auffahrt auf diese Brücke musste stadtseitig eine Rampe gebaut werden. Da das Gelände an dieser Stelle steil zur Wellesweilerstraße abfällt, erhielt dieser Damm (Auffahrt zur Brücke) eine Stützmauer. Die Häuser auf der Südseite der alten auf Schienenhöhe liegenden Provinzialstraße blieben stehen. Auf der anderen Seite dieser nun als Sackgasse endenden Straße befand sich die hohe Stützmauer. Dieser Straßenteil erhielt nun den Namen Dammstraße, während die über die Rampe zur Brücke führende Straße den Namen Bahnhofstraße erhielt.

Am anderen Ende reichte die Bahnhofstraße bis zur Einmündung der heutigen Pasteurstraße bzw. Saarbrücker Straße, während sie heute nur noch bis zur Lindenallee geht. Das gegenüber der Lindenallee liegende Teilstück ist nach entsprechendem Umbau heute der Stummplatz.

Mit der Eisenbahn kamen nicht nur die Beschäftigten des Eisenwerkes in die Stadt, sondern auch Kunden, der sich mehr und mehr auch zur Einkaufsstadt entwickelnden heimlichen Kreisstadt. Eines der Häuser in der Dammstraße war das zweigeschossige der Färberei Toscani, das nach dem Bau der Bahnhofsbrücke und

Obere Bahnhofstraße Blickrichtung Stadtmitte

der neuen Straßenführung nun nicht mehr wie früher an der Hauptstraße stand, sondern nun in der Abgeschiedenheit der Dammstraße. Dies war ein erheblicher wirtschaftlicher Nachteil. Um dem abzuhelfen, entschloss man sich, die Geschäftsräume in das obere Stockwerk zu verlagern, das sich in Höhe der neuen Bahnhofstraße befand. Von diesem oberen Stockwerk errichtete man über die Dammstraße hinweg eine schmale Fußgängerbrücke zur Bahnhofstraße. Auf diese Weise war das Geschäft dann wieder Anlieger an der Hauptverkehrsstraße.

Nach dem Beschlussbuch der Gemeinde Neunkirchen beschloss der Rat am 09. 07. 1907 die Bahnhofstraße und die Stummstraße mit einem Trottoir zu versehen und am 28. 09. 1911 dieses Trottoir mit Zementplatten zu decken.

Am 13. Januar 1935 fand im damaligen Saargebiet eine Volksabstimmung statt, in der die Bevölkerung zwischen einem Anschluss an Frankreich, der Beibehaltung des Status quo oder der Rückkehr nach Deutschland entscheiden konnte. Eine überwältigende Mehrheit von 90,73 % stimmte für die Rückkehr nach Deutschland. Bereits am 17. 01. 1935 beschloss daraufhin der Rat des Völkerbundes die Wiedereinsetzung Deutschlands in die Regierung des Saarbeckens zum 1. März 1935. Noch vor diesem Datum beschloss der Stadtrat von Neunkirchen Ende Januar 1935 die Änderung von Straßennamen zum 1. Februar 1935, um damit nationalsozialistische Größen oder verdiente Soldaten des 1. Weltkrieges zu ehren bzw. an Schlachtenorte des 1. Weltkrieges oder an Opfer der französischen Besatzung zu erinnern und gleichzeitig Straßennamen mit Erinnerungen an politische Gegner oder an Juden zu entfernen. Im einzelnen wurden

- zur Adolf-Hitler-Straße   - die Bahnhofstraße
- zur Hermann-Göring-Straße - die Friedrich-Ebert-Straße
- zur Joseph-Bürckel-Straße   - die Bebelstraße und die Straße „An der Altmühl" (heutige Bliesstraße)
- zum Horst-Wessel-Park   - der alte Schlossfriedhof
- zum Hindenburgpark   - die Grünanlage (heutiger Stadtpark am Polizeipräsidium)
- zur Mackensenstraße   - die Steinwaldstraße in Wellesweiler (heutige Bürgermeister-Regitz-Straße)
- zur Litzmannstraße   - die Straße am Berg in Wellesweiler (heutige Bergstraße)
- zur Richthofenstraße   - die Eisenbahnstraße in Wellesweiler
- zur Jakob-Johannes-Straße - die Johannesstraße
- zur Langemarckstraße   - die Hauptstraße in Kohlhof (heutige Andreas-Limbach-Straße)
- zur Maria-Schnur-Straße   - die Hauptstraße zusammen mit Schlafhausstraße und Spieser Straße durch Dechen und Heinitz (heutige Grubenstraße)[B5]

Sofort nach dem 2. Weltkrieg erhielt die Straße wieder ihren alten Namen.

Nach dem Ende der Bombardierungen und dem Ende der Kämpfe war die Innenstadt von Neunkirchen, wie auch die anderer Städte, zum überwiegenden Teil zerstört. Um einen ungeordneten Wiederaufbau zu vermeiden, wurde am 30. 07. 1948 das Gesetz über Planung und Städtebau im Saarland verabschiedet, das für Neunkirchen am 10. 03. 1950 in Kraft trat. Für einzelne Bereiche wurden Teilortspläne erstellt.

Vordringlich erschien der Ausbau der Lindenallee, die

Beseitigung der Hochwassergefahr durch Begradigung der Blies, der Neubau einer breiten Bliesbrücke zur Verbesserung der Verkehrsverhältnisse, die Schaffung einer breiten Straßenführung und der Bau eines innerstädtischen Busbahnhofs in der Lindenallee.

Nach der Begradigung der Blies wurde das tiefer gelegene Gelände südlich der Blies zwischen Bahnhofstraße und Brückenstraße mit dem massenhaft anfallenden Trümmerschutt aufgefüllt und darauf die neue Lindenallee mit dem Busbahnhof angelegt. Diese Arbeiten

Untere Bahnhofstraße Blickrichtung Stadtmitte, im Hintergrund ein Hochofen des Eisenwerkes

wurden 1956 abgeschlossen.

An der Ecke Lindenallee/Bahnhofstraße entstand das Corona-Hochhaus.

Bis in die 1980er Jahre war die Bahnhofstraße auch eine der Hauptgeschäftsstraßen der Stadt. Diese Bedeutung hat sie nach dem Bau der Bliespromenade und des Saarparkcenters und mit dem Rückgang des Bahnverkehrs nach und nach verloren. Letzteres wiederum hing auch mit dem Niedergang der Hütte und der Gruben zusammen. Je größer die Probleme der Geschäfte wurden, um so heller leuchtete das Rotlicht vor allem im oberen Teil dieser Straße.

Anfang der 1990er Jahre bemühte sich die Stadtverwaltung der oberen Bahnhofstraße durch Tiefbaumaßnahmen eine äußere Aufwertung zu geben. Sie wurde Einbahnstraße stadteinwärts. Die Bürgersteige verschwanden und rotes Pflaster markiert seither Fußgänger- und Parkbereich. Beide gehen fließend in die Straße über. Bäume bringen Grün in die Straße. Dies alles sollte der Straße ihr früheres Renommee als gute Geschäftsstraße wiedergeben.

B5   Saar- und Blieszeitung v. 30. 01. 1935

Öffentliche oder sonst bedeutsame Gebäude in der Straße:

- Hauptbahnhof [B6]

  1849 war in Bexbach der erste Bahnhof im Bereich des heutigen Saarlandes eröffnet worden. Bexbach war damals noch pfälzisch und gehörte damit zum Königreich Bayern, während Neunkirchen zu Preußen gehörte. Der Bahnhof Bexbach war der westliche Endpunkt der bayerischen Ludwigsbahn die von der Rheinschanze (heute Ludwigshafen) ins saar-westpfälzische Kohlenrevier (Grube Frankenholz) führte. Um den vorher mühsamen Kohlenabsatz ins Reichsgebiet zu vereinfachen, war Preußen an einer Verlängerung der Ludwigsbahn interessiert und schloss dazu einen Staatsvertrag mit Bayern.

  Danach wurde die Bahnstrecke zunächst von Bexbach über Neunkirchen nach Heinitz verlängert. Am 01. 08. 1850 fuhr der erste auf der Grube Heinitz beladene Kohlenzug über Neunkircher Gleise in Richtung Pfalz. Mit dem Bau des ersten Bahnhofsgebäudes in Neunkirchen wurde im Juli 1850 begonnen. Das erste Bahnhofsgebäude stand im Bereich der heutigen Gustav-Regler-Straße in Höhe der Gaststätte 1-2-3 [B7].

  Der regelmäßige Zugverkehr von Neunkirchen nach Ludwigshafen wurde am 10. 11. 1850 eröffnet. 1852 wurde die Strecke von Neunkirchen aus nach Saarbrücken verlängert. Als am 25.05. 1860 die Rhein-Nahe-Bahn von Neunkirchen in Richtung Bingen eröffnet wurde, war der alte Bahnhof nicht mehr ausreichend bzw. falsch platziert. Es wäre ein zusätzlicher Bahnhof für die Rhein-Nahe-Bahn erforderlich gewesen. Statt dessen entschied man sich zum Bau eines Bahnhofs für beide Bahnlinien, und zwar genau zwischen den beiden Linien am heutigen Platz (das war dann das 2. Bahnhofsgebäude in Neunkirchen). Ab 15. 10. 1879 war Neunkirchen Ausgangspunkt einer weiteren Bahnstrecke über Wemmetsweiler durch das Fischbachtal nach Saarbrücken. 1914 begannen die Umbauarbeiten für ein größeres und moderneres Empfangsgebäude. Der Ausbruch des 1. Weltkrieges verhinderte jedoch den vorgesehenen Ablauf der Bauarbeiten, so dass die Arbeiten erst nach dem Krieg und nach Überwindung wirtschaftlicher und politischer Schwierigkeiten fortgesetzt und 1923 zum Abschluss gebracht werden konnten (das 3. Bahnhofsgebäude). Neunkirchen hatte nun für viele Jahre eines der schönsten Bahnhofsgebäude im südwestdeutschen Raum. Im 2. Weltkrieg wurde das Bahnhofsgebäude stark beschädigt. Am Pfingstsamstag, dem 27. Mai 1944, zerstörten die Bomben der Alliierten den Bahnhof. Nach dem Krieg konnte der Güterverkehr am 15. August 1945 wieder aufgenommen werden. Aber erst im Dezember 1948 begann der eigentliche Wiederaufbau des Bahnhofes in den Mauern des alten Gebäudes, allerdings mit einer anderen Dachkonstruktion.

- Ehemalige Hauptpost

  Bis 1844 war die Gemeinde Neunkirchen ein Landzustellbezirk des Postamtes Ottweiler. In dem genannten Jahr erhielt Neunkirchen eine eigene Postexpedition, die 30 Jahre später, also 1874, zum Postamt erhoben wurde. Die ersten Diensträume befanden sich in der Dammstraße. 1880 siedelte die Post in die obere Bahnhofstraße über, dort wo sich später auch das Hotel zur Post befand. Die stürmische Entwicklung von Neunkirchen und wachsende Aufgaben machten es in den 1890er Jahren notwendig, ein eigenes Postgebäude zu errichten. So wurde 1897 – 1901 in der unteren Bahnhofstraße das Königl. Preußische Postamt gebaut, das am 19. 03. 1901 in Betrieb genommen wurde. Dieses Gebäude wurde im 2. Weltkrieg zerstört, nach 1945 aber wieder aufgebaut und 1951 eröffnet [B8]. Als auch dieses Gebäude zu klein wurde, erstellte die Post in den 1970er Jahren auf dem Gelände des ehemaligen Hüttenkrankenhauses an der Brückenstraße ein neues funktionales Gebäude, in dem sie sich auch heute noch befindet. In dem alten Postgebäude in der Bahnhofstraße befinden sich heute kleine Geschäfte und Büroräume.

B6 Omlor, Siegfried u. Brill, Günter: Die Geschichte des Neunkircher Bahnhofs, in Neunkircher Hefte Nr. 9 des Verkehrsvereins Neunkirchen, Neunkirchen o. J.

B7 Krajewski: Heimatkundliche Plaudereien 3, Neunkirchen 1978, S. 39 ff; Schwan, Jutta: Eisenbahn und Bahnhöfe in Neunkirchen, in: Neunkircher Stadtbuch, Hrsg R. Knauf, C. Trepesch, Neunkirchen 2005, S. 197

B8 Krajewski: Heimatkundliche Plaudereien 1, vgl. Anm. A50, S. 35

- Corona- Hochhaus

  An der Ecke Lindenallee/Bahnhofstraße steht das Mitte der 1950er Jahre erbaute 9-geschossige Corona-Hochhaus. Am 13. 11. 1955 wehte auf dem Neubau der Richtstrauß. An der Stelle des Gebäudes stand bis zum 2. Weltkrieg das Hotel Halberg, das erste Haus am Platz. Es war bei einem Bombenangriff auf die Innenstadt zerstört worden.

- Gaststätten

  Zwischen Eisenwerk und Hauptbahnhof gab es in der Bahnhofstraße die größte Ansammlung von Gaststätten in der wahrlich diesbezüglich nicht armen Stadt. Hier tranken die Hüttenleute nach der Schicht auf dem Weg zum Zug, der sie nach Hause brachte, schnell noch ein Bier und/oder einen Schnaps. Auch hier trat mit der Schließung des Eisenwerkes eine Änderung ein. Biergaststätten schlossen oder sie wandelten sich zu Etablissements des Rotlichtmilieus.

Bahnhofstraße Wi *davor Moltkestraße, heute Keplerstraße*
Siehe Keplerstraße

Bahnstraße Hei

Lage und Verlauf:
Die Bahnstraße biegt von der Moselschachtstraße als Sackgasse nach Norden in Richtung Binsenthal und zu den dortigen Weihern ab.

Bahnstraße aus Richtung Moselschachtstraße

Informationen zum Namen und zur Geschichte der Straße:
Die Bahnstraße ging früher bis zum grünen und blauen Weiher, wo drei um 1860 erbaute Wohnhäuser der Reichsbahn standen. An der Stelle, an der damals das Haus Nr. 65 stand, steht heute die Fischerhütte des Angelsportvereins Heinitz[B9].

Vor dem Bau der Brücke über die Eisenbahnlinie Heinitz – Neunkirchen (1886/87) war die heutige Bahnstraße die Verbindungsstraße von Heinitz nach Neunkirchen. Im unmittelbaren Zusammenhang mit der Planung und dem Bau der Bahnlinie Heinitz – Neunkirchen erhielt sie ihre endgültige Linienführung und ihren Ausbau. Am 7. 9. 1850 wurde hier der erste Kohlenzug in Richtung Pfalz abgelassen (der erste Zug aus dem preußischen Teil des heutigen Saarlandes überhaupt). Die offizielle Eröffnung der Bahnlinie erfolgte am 15. 09. 1850 mit bayerischem Personal[B10]. Hier befand sich auch viele Jahrzehnte lang ein Personenbahnhof für Bergwerksbeschäftigte, die mit dem Zug ankamen oder nach Hause fuhren. Nach Stilllegung der Gruben Heinitz (24. 11. 1962) und Dechen (31. 03. 1968) wurde auch die Bahnlinie aufgegeben.

Die Bahnstraße verläuft nördlich parallel zur ehemaligen Bahnlinie. Auf der nördlichen Seite dieser Straße erstellte der Bergfiskus zunächst ein Gebäude für die Berginspektion, das später zur Schichtmeisterei und dann zum Wohngebäude umfunktioniert wurde. In den Folgejahren entstanden bis 1876 verschiedene Wohnungseinheiten für Bergbeamte.

1931 gab es 10 Häuser in der Straße, die alle im Eigentum der Grubenverwaltung standen. Aus Bergschadensgründen wurden diese Häuser um 1970 abgerissen[B11]. Die heute dort stehenden Neubauten wurden erst nach 1975 gebaut.

Baltersbacherhof Wi

Lage und Verlauf:
Der Balterbacherhof liegt in der nordwestlichsten Ecke

B9   Schinkel, Helmut: Heinitz Von der Kohlengrube zum Neunkircher Stadtteil im Grünen, Neunkirchen 2004, S.153
B10 Schinkel, Helmut: 1850 war Neunkirchen-Grube Heinitz die erste Bahnlinie im preuß. Saarrevier, in: Heimatkalender Spiesen-Elversberg 2001
B11 Bild, Alois: Chronik Heinitz, unveröffentlicht

des Stadtgebietes westlich der Blies zwischen Wiebels-kirchen und Ottweiler.

Informationen zum Namen und zur Geschichte des Hofes:

Der Name des Hofes ist seit dem 15. Jh. nachweisbar. 1490 wurde er erstmals in einem „Verzeichnis der Vieh-zucht des Hofes Baltersbergh" genannt. 1537 wurde in einer Urkunde ein Müller vom Baltersberg genannt. Der Name wandelte sich im Laufe der Zeit in Balters-bacherhof.

Der Hof wurde schon immer als Viehhof betrieben, Ackerbau spielte immer nur eine untergeordnete Rolle[B12]. Im Dreißigjährigen Krieg wurde der Hof gro-ßenteils zerstört und geplündert, nur ein Bewohner überlebte. Danach kamen Schweizer Einwanderer als Pächter auf den Hof. Im Jahre 1660 gab es einen Päch-ter namens Christian Jutzeler aus dem Kanton Bern. Im 18. Jh. waren Männer aus mehreren Generationen der Familie Rixecker als Pächter auf dem Hof.

Vor der französischen Revolution wurde die Viehzucht von gräflichen Beauftragten geleitet. Die Untertanen der umliegenden Dörfer mussten Frondienste leisten. Wegen dieser Frondienste bzw. wegen des ersatzweise zu zahlenden Dienstgeldes gab es ständig Beschwer-den und Klagen. 1778 wurde der Hof an eine franzö-sische Gesellschaft verpachtet. Nach der Eingliederung des linksrheinischen Gebietes nach Frankreich 1793 wurde der Hof franz. Staatseigentum.

Der Baltersbacher Hof war kein Viehhof mehr, sondern es wurde nun schwerpunktmäßig Ackerbau betrieben. Er war auf nicht geklärte Weise in das Eigentum einer Familie Pflug gekommen, die ihn auch über 100 Jahre im Besitz behielt.

Mit Beschluss des Gemeinderates vom 07. 01. 1921 kaufte die Gemeinde Neunkirchen den Hof[B13] mit ei-ner Ziegelei von Heinrich Pflug für 400 000,- Mark. Die Ziegelei verkaufte sie mit Beschluss vom 11. 01. 1921 an einen Herrn Ferrand aus Saarbrücken für 160 000,- Mark weiter.

Schließlich verkaufte die Stadt das Hofgut am 01. 06. 1942 an die Eheleute Regierungsrat Dr. Eduard Wambs-gans, der ihn 1957 an die Waisenhausstiftung Frankfurt weiter veräußerte.

B12 Krajewski: Heimatkundliche Plaudereien 7, vgl. Anm. A7, S. 33

B13 Hoppstädter: Heimatbuch Wi, vgl. Anm. A2, S. 164

Baumschulenweg NK

Lage und Verlauf:

Die Straße zweigt im oberen (südwestlichen) Bereich der Hermannstraße nach Osten in Richtung Kirkeler Straße ab und endet nach ca. 250 m als Sackgasse.

Baumschulenweg aus Richtung Hermannstraße

Informationen zum Namen und zur Geschichte der Straße:

Der Straßenname ist auf eine früher in diesem Bereich befindliche Baumschule zurückzuführen. Er wurde in einer Sitzung des Stadtrates am 19. 02. 1963 festgelegt. Auf Vorschlag des Heimatforschers Bernhard Krajewski stand damals auch der Name Auf Maien zur Auswahl. In Neunkirchen gab es im 19. Jh. drei solcher Baumschu-len. Diese Bezeichnung war allerdings irreführend, da es sich nicht um Baumschulen im üblichen Sinne, son-dern um Obstgärten handelte. Die bekannteste dieser Anlagen war die große „Werner'sche Baumschule" an der oberen Hermannstraße. Initiator war der Lehrer Philipp Werner, der mit Gesinnungsgenossen eine „Obstgartengesellschaft m. beschr. Haftung" gegründet hatte. Dabei muss man verstehen, dass bei der damals mageren Besoldung der Lehrer die Erträge aus dem Obstgarten eine fühlbare Entlastung für die schmale Haushaltskasse des Lehrerhaushalts war. Ein Lehrer verdiente damals im Jahr 250 Thaler und konnte durch Alterszulagen bis auf 400 Thaler steigen. Die anderen Obstbaumanlagen waren gemeindeeigen, deren Obst wurde jeweils im Herbst „auf dem Baum" versteigert. Heute stehen im Baumschulenweg Einfamilien-Wohn-häuser im Bungalowstil, die nach dem 2. Weltkrieg ent-standen sind.

Baumstraße Wi *heute Jakob-Wolf-Straße*
Siehe Jakob-Wolf-Straße

Bebelstraße NK *danach Teil der Josef-Bürckel-Straße,*
heute Teil der Bliesstraße
Siehe Bliesstraße (neu)

Informationen zum damaligen Namensgeber:
Siehe August-Bebel-Straße

Beerwaldweg NK vorher Am Beerwald

Lage und Verlauf:

Der Beerwaldweg zweigt zwischen der Zweibrücker Straße und der Fernstraße bei der Scheibschule von der Steinwaldstraße (früher Friedrichstraße) als Sackgasse nach Osten ab und endet vor der evang. Friedenskirche.

Beerwaldweg aus Richtung Steinwaldstraße

Informationen zum Namen und zur Geschichte der Straße:

Der Straßenname ist von einer Flurbezeichnung in diesem Bereich abgeleitet.

Nach dem Beschlussbuch der Gemeinde Neunkirchen beschloss der Rat am 22. 05. 1911 einen Fluchtlinienplan für die Straße neben dem Schulhaus Friedrichstraße und am 03. 08. 1911, dass die Straße „Am Beerwald" genannt wird.

Dazu ist festzustellen, dass die Straße zwischen Scheiber Hof und Scheibkreuzung (heute Teil der Steinwaldstraße) bis 31. 01. 1935 Friedrichstraße hieß und dass die alte im 2. Weltkrieg zerstörte Scheibschule mit der Front zur Friedrichstraße stand.

Öffentliche oder sonst bedeutsame Gebäude in der Straße:

- Scheibschule
  Anfang des 20. Jh. waren die Schülerzahlen auf der Scheib innerhalb zweier Jahrzehnte von 192 auf 635 angewachsen. Deshalb war die Schule Ecke Zweibrücker Straße/Unterer Friedhofsweg trotz Anbauten zu klein geworden. Es wurde mit einem Neubau an der damaligen Friedrichstraße Ecke Beerwaldweg begonnen. Diese Schule, die Scheibschule, wurde am 01. 07. 1907 von 8 Klassen bezogen. Die Schule stand mit dem Haupteingang zur Friedrichstraße (heute Steinwaldstraße). Während des 3. Reiches wurde die Scheibschule in Adolf-Hitler-Schule umbenannt. Beim letzten Bombenangriff auf Neunkirchen am 15. März 1945, wenige Tage vor dem Einmarsch der Amerikaner, wurde sie völlig zerstört.
  Schon am 04. 02. 1949 wurde wegen des Schulraummangels auf der Scheib beschlossen, die Scheibschule wieder aufzubauen. Im November 1950 begannen die Bauarbeiten, und nach den Osterferien 1952 konnte ein erster Bauabschnitt bezogen werden. Am 15. 05. 1953 wurde die Schule feierlich eingeweiht. Das Schulhaus wurde gegenüber dem alten Gebäude um 90° gedreht und steht deshalb jetzt im Beerwaldweg. Es hat 12 Säle, 2 Werkräume und Verwaltungsräume und erhielt später auch eine eigene Turnhalle.
  In dem neuen Gebäude war zunächst eine Volksschule und in den letzten Jahren bis zum Ende des Schuljahres 2006/07 eine Grundschule untergebracht. Durch eine Änderung des Schulordnungsgesetzes v. 11. 05. 2005 wurde die Schule gegen den Widerstand von Eltern und Kommune mit der Steinwaldschule zusammengelegt.
- Evangelische Friedenskirche mit Wichernhaus
  Das Wichernhaus wurde am 29. 11. 1931 eingeweiht, das dabei stehende evang. Pfarrhaus bereits 1928. Im Wichernhaus wurden nach dem 2. Weltkrieg, als die Pauluskirche zerstört war, auch Gottesdienste gehalten.
  Heute sind im Wichernhaus verschiedene Einrichtungen der Kirchengemeinde untergebracht.
  1959 wurde für den Stadtteil Scheib eine evang. Kirche, die Friedenskirche, gebaut. Scheib-Furpach wurde nun auch eigene Kirchengemeinde.

- Evang. Kindergarten
  Im Wichernhaus befindet sich u. a. der Evang. Kindergarten mit 47 Kindergarten- und 20 Hortplätzen.
- Bouleplatz des Scheiber Bürgervereins
  Im Frühjahr 1983 wurde nach längerer Planung auf dem Gelände der evangelischen Kirchengemeinde am Beerwaldweg ein kostenaufwendiger Bouleplatz mit den Maßen 20 x 10 m angelegt. Die Einweihung erfolgte im Rahmen des 5. "Scheiber Frühlingsfestes" am 6. Mai 1983. Das Boulespiel war im Jahre 1983 noch nicht sehr verbreitet. Das erste Bouleturnier wurde am 11. Mai 1985 im Zusammenhang mit dem siebten "Scheiber Frühlingsfest" durchgeführt.
  Im Jahre 2007 fand bereits das 23. Scheiber Bouleturnier statt. Erfreulicherweise ist festzustellen, dass sich das Interesse am Boulesport sehr positiv entwickelt hat.
  Der Bouleplatz wird seit Jahren von vielen Bouleinteressierten zum Training oder zur Freizeitgestaltung regelmäßig genutzt.
  1999 wurde der Bouleplatz mit einem erheblichen Kostenaufwand erweitert. Ebenso wurde das Umfeld neu gestaltet. [B14]

Beethovenstraße NK *heute Lisztstraße*
Siehe Lisztstraße

Beethovenstraße Wi vorher Ludwigstraße, volkstümlich Mühlweg

Lage und Verlauf:
Im unteren (westlichen) Teil der Bexbacher Straße zweigen mehrere kleine Straßen (Sackgassen) nach Norden ab, die alle nach berühmten Komponisten benannt sind. Eine dieser Straßen ist die Beethovenstraße.

Informationen zum Namen und zur Geschichte der Straße:
Bis 1895 gab es in Wiebelskirchen keine Straßenbezeichnungen. Im ganzen Ort gab es Bezirke, die ohne weitere Nummerierung ein Finden von Anwesen ermöglichten. Der Bereich der heutigen unteren Bexbacher Straße mit ihren Seitensträßchen wurde damals Im

Beethovenstraße aus Richtung Bexbacher Straße

Eck genannt[B15].
Die heutige Beethovenstraße führte zu einer Mühle, die das Wasser der Oster nutzte, und wurde deshalb inoffiziell Mühlweg genannt. Diese Mühle (auch Neumühle weil sie nach der Mühle im Ortsteil Dorf gebaut worden war) war 1725 von einem Sohn des Wellesweiler Müllers Eisenbeiß erbaut worden. 1921 wurde der Mühlenbetrieb eingestellt. Heute ist die gesamte Mühlenanlage verschwunden.
Mit der Einführung der Straßennamen konnte die Straße nicht nach diesen Mühlen benannt werden, da es schon einen Mühlweg im Ortsteil Dorf gab, nämlich den, der zur alten Mühle (heute Mühle Blum) führte. Deshalb wurde die Straße Ludwigstraße genannt. Ludwig war der Vorname des Müllers Eisenbeis
Auf Initiative des Kultur- und Heimatrings wurden 1954 in Wiebelskirchen eine Reihe von Straßen neu- bzw umbenannt. Nördlich der Bexbacher Straße entstand dabei das sogenannte Musikerviertel. Die bisherige Ludwigstraße erhielt bei dieser Gelegenheit den Namen Beethovenstraße

Informationen zum Namensgeber:
Ludwig van Beethoven (16. 12. 1770 – 26. 03. 1827) wurde in Bonn geboren und starb in Wien. Er war neben Wolfgang Amadeus Mozart und Joseph Haydn einer der Vertreter der Wiener Klassik. Beethoven wuchs in bescheidenen Familienverhältnissen auf.
Ab 1792 wurde er in Wien Schüler des Komponisten Joseph Haydn. Zuwendungen durch adelige Förderer und die Veröffentlichung seiner Kompositionen er-

B14   Melnyk, Scheiber Nachrichten Heft 50 Mai 2005, S. 18

B15   Bürgerbuch Wiebelskirchen, vgl. Anm. A1, S. 221 - 223

möglichten Beethoven ein Leben als freischaffender Künstler. Als Tondichter schuf er eine neue, monumentale Ausdruckskunst; 9 Symphonien, 32 Klaviersonaten, Konzerte, Streichquartette, Messen und Kammermusik, eine Oper (Fidelio). 1796 traten erste Anzeichen eines Gehörleidens auf, das bei Beethoven das Gefühl einer gesellschaftlichen Isolation immer stärker werden ließ. Ab 1812 war er fast taub.

Öffentliche und sonst bedeutsame Gebäude in der Straße:

- Kelterhaus
  1930 erwarb der Obst- und Gartenbauverein die „Zimmersche Scheune" und richtete sie als Kelterhaus ein. Der Obstreichtum des Wiebelskircher Banns machte eine solche Einrichtung notwendig. 1950 wurden in Wiebelskirchen fast 50 000 Obstbäume gezählt. 1969 wurden 9000 l Schnaps gebrannt und 36 000 l Apfelsaft hergestellt.
- Mühle
  1725 wurde eine bis dahin in Hangard befindliche Mühle nach Wiebelskirchen verlegt. Die Mühle wurde vom Wasser eines Mühlengrabens getrieben, das an einer Flussbiegung aus der Oster abgeleitet wurde[B16]. Das Wehr an der Oster ist zwar noch vorhanden, aber so zugewachsen, dass es nur von Ortskundigen gefunden werden kann. Der Mühlgraben ist bis auf einige kleine Tümpel verschwunden.
  Die Mühle wurde im Gegensatz zu der an der Blies gelegenen Altmühle (spätere Mühle Blum im Mühlweg) Neumühle genannt, für die einem Johann Christian Eisenbeis am 20. 12. 1725 ein Erbbestandsbrief durch den Grafen Friedrich Ludwig von Nassau-Saarbrücken ausgestellt worden ist. Die Mühle existiert nicht mehr.

Bei Bauershaus Wi

Lage und Verlauf:

Es handelt sich um eine kleine Seitenstraße, die nach Westen vom Kohlwaldaufstieg (B 41) abzweigt und nach wenigen hundert Metern in einen Waldweg übergeht. Die Straße liegt außerhalb der bebauten Ortslage auf Wiebelskircher Bann.

Bei Bauershaus, links im Hintergrund
die Spitze des Schachtbocks des Gegenortschachtes

Informationen zum Namen und zur Geschichte des Wohnplatzes:

Bevor es an dieser Örtlichkeit bergmännische Aktivitäten gab, stand dort bereits ein Forsthaus, das als Gebäude auch heute noch existiert. Nach einem früheren Bewohner dieses Gebäudes, dem Förster Bauer, wurde der Wohnplatz benannt.

Der Wohnplatz entstand zusammen mit der Anlage des zur Grube Kohlwald gehörenden Gegenortschachtes. Dieser Schacht wurde 1883 angehauen.

Die Örtlichkeit lag damals abseits aller Hauptstraßen und war insbesondere bei schlechtem Wetter schwer zu erreichen.

Auch aus diesem Grund baute die preußische Bergverwaltung dort ein Vierfamilien-Bergarbeitermietshaus, das auch heute noch bewohnt ist. Insgesamt stehen jetzt, nachdem Neubauten dazu gekommen sind, 6 Häuser an dem Wohnplatz.

Öffentliche oder sonst bedeutsame Gebäude oder Einrichtungen an der Straße:

- Forsthaus[B17]
  1850 wurde von der Preußischen Forstverwaltung das Forstdiensthöft Kohlwald erbaut. Das Gebäude wurde 1910 zu einer Försterei mit Gaststättenbetrieb umgebaut.
  Durch den von 1910 bis 1918 dort residierenden Förster Bauer wurde das Objekt weithin bekannt. 1939 wurde der Gaststättenbetrieb wieder ge-

---

B16 Hoppstädter: Heimatbuch Wi, vgl. Anm. A2, S. 222

B17 Schmidt, Uwe Eduard: Forst und Jagdgeschichte im Raum NK, in: Stadtbuch 2005, vgl. Anm. B7, S. 86

schlossen. Das Forstrevier wurde 1959 geschlossen und auf benachbarte Reviere aufgeteilt. Das Gebäude war schon 1956 verkauft worden.

- Gegenortschacht
1883 begann die Geschichte der Schachtanlage, als der Kohlwaldschacht I angehauen wurde. Er wurde auch als Gegenortschacht der Grube Ziehwald bzw. als Freiaschacht bezeichnet[B18]. Der Schacht wurde in den folgenden Jahren durch eine Kettenförderstrecke an den Rhein-Nahebahn-Schacht angeschlossen.

1956 brachte die Grube König dort einen neuen Gegenortschacht als einziehenden Wetterschacht nieder, der 1968 nach der Schließung der Grube König von der Grube Reden übernommen wurde.

Von dort wurde er bis in die 1980er Jahre genutzt.

Dann geriet die Anlage in Vergessenheit.

Erst als in den 1990er Jahren die Neunkircher Grubenwege geschaffen wurden, wurde 1995 auch die Gegenortschachtanlage als ein Industriekulturobjekt wiederentdeckt und der Öffentlichkeit zugänglich gemacht.

Wichtigstes Element der Anlage ist das über dem verfüllten Schacht stehende Fördergerüst.

Es ist ein typisches Strebengerüst, wie sie im Saarraum um 1900 gebaut wurden. Dieses stand zunächst über Schacht III der Grube Frankenholz und wurde 1960 zum Gegenortschacht versetzt. Das 25 m hohe Seilscheibengerüst ist das drittälteste im Saarrevier.

Heute ist die Schachtanlage zu einer Veranstaltungsörtlichkeit umgebaut und Teil des Neunkircher Grubenweges I[B19].

Die Aktivitäten dort werden vom Heimat- und Kulturverein Wiebelskirchen koordiniert.

Bei der Alten Furt Fu

Lage und Verlauf:

Die Straße zweigt von der Ludwigsthaler Straße im Stadtteil Furpach nach Osten ab, biegt dann nach Nordosten ab und mündet in die Straße Zur Ewigkeit.

B18 Saarbrücker Zeitung vo. 14. 09. 2004
B19 Slotta, Delf: Bergbau in Neunkirchen, Vgl. Anm. A45 S. 61 ff

Bei der alten Furt aus Richtung Ludwigsthaler Straße

Informationen zum Namen und zur Geschichte der Straße:

Zwischen 1936 und 1938 wurde auf dem Gelände des früheren Hofgutes Furpach durch die Saarpfälzische Heimstätte GmbH eine Siedlung erstellt. Im 1. Bauabschnitt wurde das Gelände nördlich der Limbacher Straße und westlich der nach Ludwigsthal führenden Straße erschlossen. Im 2. Bauabschnitt wurden in dem Bereich südlich der Limbacher Straße und westlich des Hofgutes Straßen angelegt und wie im 1. Bauabschnitt Siedlerhäuser gebaut.

Ein geplanter 3. Bauabschnitt östlich der heutigen Ludwigsthaler Straße kam vor dem 2. Weltkrieg nicht mehr zustande. Die Erschließung dieses Geländes begann 1958 mit der Anlegung der Straße zur Ewigkeit und der Sebachstraße und wurde ab 1960 mit den Straßen Bei der alten Furt und Zum Pfaffental und ihren Seitenstraßen fortgesetzt. Mit Schreiben vom 05. 02. 1960 teilte die Stadtverwaltung der Polizeidienststelle 23 in Neunkirchen schriftlich mit, der Stadtrat habe in seiner Sitzung am 22. 01. 1960 einer Reihe von neuen Straßen Namen gegeben, u. a. der Straße Bei der alten Furt.

Der Straßenname war von dem Heimatforscher Bernhard Krajewski vorgeschlagen worden, der zur Begründung ausführte: „Im Mittelalter durchquerte die schon zur römischen Zeit bestehende Straße das Tal mit Bach in einer Furt. Als das mittelalterliche Dorf angelegt wurde, erhielt es den bezeichnenden Namen Furtbach – Furt im Bach".

Bei diesem Ort handelte es sich um ein beachtliches Waldrodungsdorf (1234 – 1554), dessen Name sich im Laufe der Zeit von Furtbach in Forbach wandelte. Bei dem Bach handelt es sich um den Erlenbrunnenbach vor der Weiherdammaufschüttung.

Die Gemeinnützige Siedlungsgesellschaft der Stadt Neunkirchen (GSG) erbaute von 1960 – 1963 Reihen- und Doppelhäuser in der Straße Bei der alten Furt und den kleinen Verbindungsstraßen in Richtung zur Straße Zum Pfaffental, und zwar in den Straßen Vor dem Schwarzenkopf, Vor dem Heidenkopf, Im Hanfgarten, Gutsweiherweg, Brückweiherweg und Kohlweiherweg. Die Häuser wurden anschließend an Interessenten verkauft.

Beim alten Hof NK

Lage und Verlauf:

Die Straße Beim alten Hof zweigt von der Bildstocker Straße nach Norden ab und schwenkt nach ca. 200 m, nachdem der Sinnerthaler Weg von rechts eingemündet ist, in nordwestliche Richtung ab, überquert die alte Bahnlinie zu den Bergwerken Heinitz und Dechen auf einer Brücke und endet nach weiteren ca. 250 m als Sackgasse hinter einer nur einspurig zu befahrenden Brücke über die B 41.

Beim alten Hof aus Richtung Bildstocker Straße, im Hintergrund Häuser des Stadtteils Sinnerthal

Informationen zum Namen und zur Geschichte der Straße:

Die Straße ist erst Anfang der 1980er Jahre gebaut worden. Ihren Namen erhielt sie in einer Stadtratsitzung am 25. 04. 1985. Dieser galt jedoch zunächst nur für das Teilstück zwischen Saarbrücker Straße und Sinnerthaler Weg. Ursprünglich war durch die Stadtverwaltung beabsichtigt, dieses neue Straßenstück in den Sinnerthaler Weg einzubeziehen.

Die Straße war neu angelegt worden, um das Wohnge-

biet Schlawerie (Sinnerthaler Weg) vom Schwerverkehr durch die Industrie- und Speditionsfirmen am nördlichen Ende der Straße zu entlasten. Auf Ersuchen der Anwohner wurde mit Beschluss des Ortsrates vom 01. 02. 2000 auch das Teilstück von der Einmündung des Sinnerthaler Weges bis zur Brücke über die B 41 in die Straße Beim alten Hof einbezogen.

Die Straße selbst hat keinerlei Bebauung.

Der Name soll an den alten Gutshof (siehe Neunkircher Hof) erinnern, der jahrhundertelang an der heutigen Bildstocker Straße weiter stadteinwärts gelegen war. Das letzte erhalten gebliebene Hofhaus war bei der Gasometerexplosion 1933 zerstört worden. Der obere (westliche) Teil der Saarbrücker Straße (heute Bildstocker Straße) hieß im Volksmund Auf'm Hof und die Anwohner waren die Hofer.

Beim Wallratsroth Fu

Lage und Verlauf:

Die Straße zweigt nach Südwesten von der durch Furpach verlaufenden Durchgangsstraße, der Limbacher Straße, ab und schwenkt im letzten Drittel nach Westen ab. Am Ende der Straße befindet sich eine nach Norden verlaufende Verbindung zur Straße Hirschdell.

Beim Wallratsroth aus Richtung Tannenschlag, rechts das Altenheim der AWO

Informationen zum Namen und zur Geschichte der Straße:

Der Straßenname geht auf die Flurbezeichnung „Wallraths Brach", die es in diesem Bereich gibt, zurück.

Die umliegenden Straßen gehören zu einer Heimstättensiedlung, die in den späten 1930er Jahren entstanden ist. Die damaligen Wohnhäuser hatten alle einen sehr großen Garten, weil die Siedler zur Kleinviehhaltung angehalten waren und diese Tiere auch ernähren mussten. Diese großen Grundstücke wurden nach dem 2. Weltkrieg oft geteilt, so dass weiteres Bauland bzw. weitere Straßen entstanden, so auch die Straße Beim Wallratsroth. Deren Baugrundstücke auf der nordwestlichen Seite entstanden durch Teilung der Grundstücke der Straße Hirschdell. Die Straße und die Bebauung entstanden Mitte der 1960er Jahre. In seiner Oktoberausgabe 1964 meldete der Neunkircher Monatsspiegel, dass das Wallratsroth kanalisiert sei und nächstes Jahr der Vorstufenausbau beginne.

Öffentliche oder sonst bedeutsame Gebäude und Einrichtungen an der Straße:

- Reithalle
  Die Reithalle wurde 1963 vom Reiterverein Neunkirchen e.V. erbaut. Dazu gehören Stallungen, ein Reitplatz und eine Vereinsgaststätte.
- Seniorenzentrum[B20]
  1961 war das zunächst als Heim für jugendliche Ostzonenflüchtlinge geplante Haus eröffnet und 1968 in ein Orthopädisches Kindersanatorium der Arbeiterwohlfahrt mit 110 Plätzen umgewandelt worden. Seit 1998 ist daraus nach einigen Umbauten ein Altenwohnheim der Arbeiterwohlfahrt geworden.

Bergflur We

Lage und Verlauf:
Die Straße Bergflur liegt im Wohngebiet Auf der Platt und verläuft südlich parallel zur Bürgermeister-Regitz-Straße. Sie verbindet die Straßen Felsenrech und Platt.

Informationen zum Namen und zur Geschichte der Straße:
Die Straße Bergflur liegt auf einem Plateau oberhalb der Mühlenbergsiedlung. Hier in der Flur Auf der Platt wurde 1937/38 eine weitere Siedlung begonnen, die über den oberen (westlichen) Mühlackerweg erschlossen wird.
Zu dieser Siedlung gehören die Straßen Felsenrech, Platt, Bergflur, Elsenweg und Schlägelswinkel. Die Stra-

Bergflur aus Richtung Felsenrech

ße Bergflur ist eine Querverbindung zwischen den Straßen Felsenrech und Platt.

Bergmannslazarettweg NK heute Mozartstraße
Siehe Mozartstraße

Bergstraße NK dann Gerichtsstraße, heute Marienstraße

Lage und Verlauf:
Es handelte sich um den Teil der heutigen Marienstraße, der zwischen Hospitalstraße und Röntgenstraße liegt. Der Teil der heutigen Marienstraße, der zwischen Röntgenstraße und Hüttenbergstraße liegt, hieß damals Gerichtsstraße.
Weiteres siehe Marienstraße

Bergstraße We vorher Oberbexbacher Weg, Straße Am Berg, zeitweise (1935 bis 1945) Litzmannstraße

Lage und Verlauf:
Die Straße führt vom Bahnhof Wellesweiler nach Nordosten den Berg hinauf in Richtung Oberbexbach.

Informationen zum Namen und zur Geschichte der Straße:
Ursprünglich verlief auf der Trasse der heutigen Bergstraße ein unbefestigter Weg bis in Höhe des heutigen Kraftwerks und dann in Richtung Oberbexbach. Dieser Weg war schon im 18. Jh. vorhanden. Er wurde Oberbexbacher Weg genannt. Etwa in Höhe der Einmündung der heutigen St.-Barbara-Straße gab es damals

B20 Liebermeister, Hermann: Wohlfahrts- und Gesundheitswesen, in: Stadtbuch 2005, vgl. Anm. B7, S. 270

Bergstraße Blickrichtung Oberbexbach

an der Straße einen Zollstock, an dem die in die Pfalz ausgeführten Waren (meistens Kohlen von der Welles-weiler Grube) verzollt werden mussten[B21].

1922 beschloss der Stadtrat zur Erschließung von Bau-land unbedingt die Straße Am Berg auszubauen. Die Firma Cronau als der billigste Anbieter (rund 711000 Franken) sollte den Zuschlag bekommen.

Die Straße wurde mit Schotter befestigt und endete etwa in Höhe der Einmündung Hirtenstraße. Im Volks-mund wurde sie „die nei Stroß" genannt, offiziell er-hielt sie den Namen Am Berg. Im August 1925 wurde mit Ausschachtungsarbeiten für 5 Doppelwohnhäuser und damit mit der Besiedlung begonnen.

Am 13. Januar 1935 fand im damaligen Saargebiet eine Volksabstimmung statt, in der die Bevölkerung zwischen einem Anschluss an Frankreich, der Beibehaltung des Status quo oder der Rückkehr nach Deutschland ent-scheiden konnte. Eine überwältigende Mehrheit von 90,73 % stimmte für die Rückkehr nach Deutschland. Bereits am 17. 01. 1935 beschloss daraufhin der Rat des Völkerbundes die Wiedereinsetzung Deutschlands in die Regierung des Saarbeckens zum 1. März 1935. Noch vor diesem Datum beschloss der Stadtrat von Neunkir-chen am 29. 01.1935 die Änderung von Straßennamen zum 1. Februar 1935, um damit nationalsozialistische Größen oder verdiente Soldaten des 1. Weltkrieges zu ehren bzw. an Schlachtenorte des 1. Weltkrieges oder an Opfer der französischen Besatzung zu erinnern. Dabei wurde aus der Straße Am Berg die Litzmann-

straße[B22]. Nach dem 2. Weltkrieg erhielt die Straße den Namen Bergstraße.

Im Zusammenhang mit dem Kraftwerksbau wurde die Straße 1953/54 richtig ausgebaut bis zur Banngrenze. 1956/57 wurde die Bebauung der Straße fortgesetzt. Am 20. 11. 57 meldete die Saarbrücker Zeitung, dass schon 6 neue Häuser bewohnt und weitere im Bau seien. Zwi-schen 1960 und 1962 wurden dann südlich der oberen Bergstraße Wohnblocks des Sozialwohnungsbaus mit insgesamt 40 Wohneinheiten gebaut, die heute der GSG gehören[B23].

Unmittelbar hinter den letzten Wohnhäusern auf der Nordwestseite der Straße errichtete die Fa. Hoechst 1969 ein Folienwerk.

2004 wurde die Kreuzung Bergstraße/Industriering/St. Barbara-Straße zu einem Kreisverkehr ausgebaut.

Bergstraße Wi *heute Teil der Wilhelm-Heinrich-Stra-ße*

Die Bergstraße zweigte von der Neunkircher Straße (heu-tige Kuchenbergstraße) nach Westen ab. Es handelte sich um den Teil der heutigen Wilhelm-Heinrich-Straße, der von der Kuchenbergstraße nach Westen führt. Der Teil der heutigen Wilhelm-Heinrich-Straße, der dann nach Norden abbiegt, hieß damals Am Kuchenberg.
Weiteres siehe Wilhelm-Heinrich-Straße

Bertha-Heim Ko
Siehe Kinderklinik Kohlhof bei Klinikweg

Berthold-Günther-Platz We vorher Zum Och-senwald

Lage:
Bei dem Platz handelt es sich um eine Freifläche vor der Sporthalle in Wellesweiler mit einer Zufahrt von der Homburger Straße her.

Informationen zum Namen und zur Geschichte des Platzes:
Ursprünglich hieß die kleine Zufahrtsstraße auf Be-schluss des Stadtrates vom 24. 05. 1972 Zum Ochsen-wald. Auf Beschluss des zuständigen Ausschusses des Stadtrates vom 24. 09. 1980 wurde sie in die Hombur-ger Straße einbezogen, um eine Verwechselung mit der

B21 Bach, Friedrich: Wellesweiler Das Dorf zwischen den Grenzen, in: Landschasft und Leute im Wandel der Zeit, Landkreis Neunkirchen (Hg.), Ottweiler 1984, S. 308, 318

B22 Saar- und Blieszeitung v. 30. 01. 1935
B23 Saarbrücker Zeitung v. 08. 08. 1962

Berthold-Günther-Platz,
links die Grundschule Wellesweiler,
rechts die Sporthalle Wellesweiler .

gleichzeitig neu benannten Straße Am Ochsenwald im Industriegebiet Wellesweiler zu vermeiden. Beide Straßennamen sind von einer Flurbezeichnung abgeleitet.
Im Juli 1996 wurde das Wirken der Landes- und Kommunalpolitiker Werner Scherer und Berthold Günther posthum mit der Benennung von Plätzen nach ihnen gewürdigt.
Die Freifläche vor der Sporthalle Wellesweiler mit der kleinen Zufahrtsstraße von der Homburger Straße her wurde nach Berthold Günther benannt.

Informationen zum Namensgeber:
Berthold Günther (1930 – 12. 1985), aus Wellesweiler stammender Kommunal- und Landespolitiker der SPD. Von Freunden und Bekannten wurde er „Boy" gerufen. Günther war von 1956 bis 1974 und von 1979 bis 1985 Stadtratsmitglied und dabei von 1960 bis 1964 Beigeordneter und von 1968 bis 1974 Fraktionsvorsitzender der SPD. Von 1974 bis 1979 war er Kreisratsmitglied und von 1970 bis 1985 Mitglied des Landtages.
Der gelernte kaufm. Angestellte war 16 Jahre lang Direktor des Neunkircher Zoos.
Am 19. 06. 1974 war er in einer OB-Wahl dem ebenfalls der SPD angehörenden Paul Kolb mit 24:27 Stimmen unterlegen.

Öffentliche oder sonst bedeutsame Einrichtung am Platz:
- Sporthalle und Sportpark
   1988/89 wurde im Stadtteil Wellesweiler eine neue städtische Sporthalle für 6 Mio. DM ge-

baut. Die Saarbrücker Zeitung meldete am 01. 12. 1988 den 1. Spatenstich zum Bau der Sporthalle. Die Halle hat die Ausmaße von 27 X 45 und zusätzlich eine Reihe von Funktionsräumen. Sie ist dreiteilbar und kann somit durch mehrere Nutzer gleichzeitig belegt werden. Eine Tribüne bietet ca. 275 Besuchern Sitzplatz.
- Feuerwehrgerätehaus[B24]
   Die 1902 gegründete FFW Wellesweiler hatte ihr erstes Gerätehaus in der heutigen Eisenbahnstraße neben dem Gasthaus Rohrbach
   1966 erhielt sie ein neues Haus in der damaligen Schulstraße (heute Ernst-Blum-Straße) und von 1978 bis 1979 wurde schließlich mit viel Eigenleistung das heutige Gerätehaus in der damaligen Straße Am Ochsenwald (heute Berthold-Günther-Platz) gebaut. Das Gebäude erhielt 1994 (Anbau Fahrzeughalle) und 2000 (Schulungsraum, Büro und Küche) bauliche Erweiterungen.

Betzelhöh NK volkstümlich für Betzenhölle
Siehe Betzenhölle

Betzenhölle NK volkstümlich Betzelhöh

Lage und Verlauf:
Die Straße zweigt nach Südwesten von der im Bereich des Grubengeländes König liegenden Straße Am Blücherflöz ab, kreuzt die Straße Am Wrangelflöz und endet nach knapp 300 m als Sackgasse.

Informationen zum Namen und zur Geschichte der Straße:
Der Straßenname ist von einer Flurbezeichnung abgeleitet, der auf ein Pflanzstück in einem nassen Loch hindeuten soll (Betzem = alte Bezeichnung für feuchte, sumpfige Wiese, von fränkisch büzze, mhd. Putze, buzze = Pfütze, Wasserlache).
Der älteste Teil der Straße ist der zwischen der Straße am Am Wrangelflöz und ihrem südlichen Ende. Dieser Straßenteil entstand Ende der 1920er Jahre als von der französischen Grubenverwaltung eine Siedlung aus 15 einfachen Einfamilienhäusern für Bergleute der nahe liegenden Bergwerke König und Heinitz erbaut wurde. Eigentümer war die Berginspektion VIII. Die Häuser

B24 Thissen, Stefan: Die Freiwillige Feuerwehr Wellesweiler, in: „es Heftche", Ausgabe 062, Juni 2003

Der ältere Teil der Betzenhölle
Blickrichtung Am Wrangelflöz

sind heute alle in Privatbesitz.

Die Straße lag damals weit abseits der bewohnten Gebiete der Stadt. Ein Zugang erfolgte aus der Stadtmitte durch das Gelände der Grube König. Dieser Weg wurde nach einer Meldung in der Saar- und Blieszeitung vom 29. 07. 1939 beseitigt, *„da er für den Betrieb nicht mehr tragbar ist"*. Die Zufahrt zur Betzenhölle sollte nun nur noch über den Boxberg und die 1938 errichtete neue Straße (Heinitzstraße – heute westlichster Teil der Grubenstraße) gehen.

Erst nach Stilllegung der Grube König 1968, der Nutzung dieses Geländes, als Industrie- und Gewerbegebiet und dem Bau einiger Straßen zur Erschließung des Geländes ist die Betzenhölle näher an das Stadtgebiet herangerückt. Nun wurde die Straße auch über die neue Straße Am Wrangelflöz hinaus in das Gelände der ehemaligen Grube König verlängert. Die Einbeziehung dieses neuen Teilstücks in die Straße Betzenhölle wurde vom Stadtrat am 18. 10. 1979 beschlossen. An dem neuen Straßenteil stehen nur Firmengebäude.

Öffentliche oder sonst bedeutsame Gebäude und Einrichtungen an der Straße:

- Reithalle
  Die Reithalle am südlichen Ende der Straße wurde vom Reiterverein Spieser Höhe erbaut. Dazu gehören Stallungen, ein Reitplatz und eine Vereinsgaststätte.

Bexbacher Straße Ha *jetzt Jean-Mathieu-Straße*
Siehe Jean-Mathieu-Straße

Bexbacher Straße Ko *heute Niederbexbacher Straße*
Siehe Niederbexbacher Straße

Bexbacher Straße Wi vorher zum Teil Homburger Straße, volkstümlich teilweise Lappetäsch und Im Eck

Lage und Verlauf:
Die Straße führt aus der Ortsmitte Wiebelskirchen, beginnend an der Kuchenbergstraße, in Richtung Bexbach/Homburg bis zum Rombachaufstieg.

Bexbacher Straße aus Richtung Kuchenbergstraße

Informationen zum Namen und zur Geschichte der Straße:

Bis 1895 gab es in Wiebelskirchen keine Straßenbezeichnungen. Im ganzen Ort gab es Bezirke, die ohne weitere Nummerierung ein Finden ermöglichten. So wurde der Bereich der heutigen Bexbacher Straße mit ihren Seitengässchen Im Eck genannt[B25]. Mit der Einführung der Straßennamen wurde auch eine straßenweise Nummerierung der Wohnanwesen vorgenommen, wobei freie Baustellen berücksichtigt wurden. Der Teil der jetzigen Bexbacher Straße zwischen heutiger Kuchenbergstraße und heutiger Beethovenstraße hieß nun zunächst Homburger Straße. Erst die Fortsetzung dieser Straße in Richtung Ortsausgang hieß Bexbacher Straße.

Bei einer umfänglichen Um- und Neubenennung von Straßen 1954 in der früheren Gemeinde Wiebelskirchen auf Anregung des Kultur- und Heimatrings wurde auch im Bereich der bisherigen Homburger Straße und

---

B25 Bürgerbuch Wi, vgl. Anm. A1, S. 221 - 223

Bexbacher Straße eine Änderung vorgenommen. Dem Prinzip folgend, dass Ausfallstraßen nach dem betreffenden Nachbarort zu benennen sind, wurden die Homburger Straße und ihre Verlängerung, die Bexbacher Straße, zur neuen Bexbacher Straße zusammen gefasst. Bei gleicher Gelegenheit erhielten einige kleine Seitenstraßen der heutigen Bexbacher Straße, die bisher ohne eigene Namen waren und unter Hausnummern der Durchgangsstraße liefen oder nicht mehr aktuelle Namen hatten, eigene bzw. andere Namen und zwar nach Musikern[B26].

Nördlich der Bexbacher Straße entstand so das sogen. Musikerviertel.

Der obere Teil der Bexbacher Straße wird volkstümlich noch heute Lappetäsch genannt. Für diesen Namen gibt es verschiedene Deutungen. Die wahrscheinlichste ist, dass der Name, wie der Name des Lappentascher Hofes bei Homburg, auf den französischen General der Reunionskriege Marquis de la Breteche zurückgeht.

Mitte des 19. Jh hatte die Bebauung der Homburger Straße sowie die der benachbarten Ziehwaldstraße (heute Dunantstraße) und der Forsthausstraße begonnen. Damit war die Erweiterung der zuvor begrenzten Bebauungslage des Ortsteils Seiters in Wiebelskirchen eingeleitet worden. Mit dem Ausbau der Homburger Straße mit Rinnen, Randsteinen und Pflasterung wurde 1899 begonnen.

Öffentliche oder sonst bedeutsame Gebäude in der Straße:

- Schule
  1886 wurde als 5. Schulhaus der Gemeinde das sogenannte „Ecker Schulhaus" in der Bexbacher Straße erbaut. Das Schulhaus stand gegenüber der Einmündung der heutigen Brahmsstraße[B27]. Es wurde bis in die 1960er Jahre benutzt, nach dem 2. Weltkrieg zeitweise auch als Berufsschule. In den 1970er Jahren wurde das Gebäude abgerissen.
- Postamt
  1904 wurde im Anwesen Bexbacher Straße 4 (damals Homburger Straße) das erste Postamt in Wiebelskirchen eröffnet. Dort blieb das Amt bis zu seiner Verlegung in die Eichendorffstraße.

B26 Mathias, K.: Die 1954 eingeführten Straßennamen, in: Heimatbuch Wi, vgl. Anm. A2, S. 144

B27 Jennewein, Andreas: Die Volksschulen, in: Heimatbuch Wi, vgl. Anm. A2, S. 318

Biberweg NK

Lage und Verlauf:
Der Biberweg liegt in einem Wohngebiet nordwestlich des Zoos. Er beginnt am Wolfsweg, verläuft nach Westen, biegt dann nach Norden ab und mündet in den Hirschgartenweg.

Biberweg aus Richtung Wolfsweg

Informationen zum Namen und zur Geschichte der Straße:
Ende der 1950er Jahre wurde das Gelände zwischen Zoo und Burrwiesenweg (damals Holzgehege) als Wohngebiet erschlossen. In mehreren Straßen wurden städtische Häuser für wenig begüterte Familien gebaut. Die Straßen wurden alle nach Wildtieren benannt, die man im nahegelegenen Zoo findet (Biberweg, Wolfsweg, Bärenweg, Iltisweg, Hirschgartenweg). Nach einer Meldung der Saarbrücker Zeitung vom 29. 09. 1958 hatte der Stadtrat am 26. 09. 1958 über die Namensgebung abgestimmt.

Mitte der 1970er Jahre wurde die Möglichkeit geschaffen, dass die bisherigen Mieter die Häuser günstig erwerben konnten. Die neuen Besitzer gingen nun sofort daran, ihre Häuser zu verschönern und das Umfeld freundlicher zu gestalten.

Biedersbergweg NK vorher Am Biedersberg

Lage und Verlauf:
Der Biedersbergweg beginnt an der Einmündung Geßbachstraße in die Pfalzbahnstraße. Von dort verläuft er in nordöstlicher Richtung. Nach einer Abbiegung nach Osten verläuft er entlang des Ziehwaldes bis er zum

Schluss rechtwinklig nach Süden abbiegt und schließlich in den östlichen Ausläufer der Pfalzbahnstraße mündet.

Biedersbergweg aus Richtung Forststraße

Informationen zum Namen und zur Geschichte der Straße:

In einer Stadtratssitzung am 29. 01. 1935 hatte man festgelegt, dass die Straße an der Einmündung Geßbachstraße beginnt und ihr den Namen Am Biedersberg verliehen[B28]. Der Name geht auf eine Flurbezeichnung in diesem Bereich zurück. Gleichzeitig wurde der Name des parallel verlaufenden Jägermeisterpfades offiziell festgelegt. Am 01. 04. 1937 beschloss der Stadtrat (Beschlussbuch der Stadt) die Aufnahme von Darlehen zum Ausbau mehrerer Straßen, darunter auch der Straße Am Biedersberg.

Unmittelbar nach Ende des 2. Weltkrieges erhielt die Straße den Namen Biedersbergweg.

Ende der 1970er Jahre entstand am östlichen Ende der Straße eine nach Süden verlaufende Verbindung zur Pfalzbahnstraße. Dieses Teilstück wurde mit Beschluss des Stadtrates vom 18. 10. 1979 in den Biedersbergweg einbezogen.

Bildstocker Straße NK vorher Teil der Saarbrücker Straße, volkstümlich Auf'm Hof

Lage und Verlauf:

Es handelt sich um den Teil der früheren Saarbrücker Straße, der von der Königsbahnstraße bis zur Stadtgrenze in Richtung Bildstock führt.

B28 Saar- und Blieszeitung v. 30. 01. 1935

Bildstocker Straße am Stadteingang von Bildstock her

Informationen zum Namen und zur Geschichte der Straße:

Die Straße erhielt diesen Namen, weil sie nach Bildstock führt.

Bei der Straße handelt es sich um einen Teil der alten Saarbrücker Straße, die ursprünglich vom Stummdenkmal bis zur Stadtgrenze in Richtung Bildstock ging. Diese Straße überquerte die Eisenbahnlinie zur Grube König auf einer Brücke. Auf der Trasse dieser Bahnlinie wurde 1990/91 die Königsbahnstraße als Teil der westlichen Stadtumgehung angelegt. Diesem Straßenbau fiel die Brücke zum Opfer.

Dadurch war die alte Saarbrücker Straße geteilt, und der stadtauswärts laufende Teil erhielt mit Beschluss des Stadtrates vom 10. 04. 1991 den Namen Bildstocker Straße.

Teile der früheren Saarbrücker Straße hatten im Volksmund andere Namen z.B. Auf'm Hof oder Spatzenhübel.

Alteingesessenen Neunkircher Bürgern ist noch bekannt, dass der obere (westliche) Teil der damaligen Saarbrücker Straße „der Hof" genannt wurde und die Anwohner „die Hofer" hießen.

Dieser Straßenteil gehört heute zur Bildstocker Straße. Der Name „der Hof" ist auf der Tatsache begründet, dass südlich der Straße im Bereich des heutigen Hüttenparks II jahrhundertelang ein ansehnliches Hofgut der Grafen von Nassau-Saarbrücken lag[B29].

Das letzte Hofhaus ist bei der Gasometerexplosion 1933

B29 Trepesch, Christof: Der Landschaftsgarten des Stumm'schen Herrenhauses, in: Stadtbuch 2005, vgl. Anm. B7 S. 527

zerstört worden[B30]. Das Gut hieß der „Neunkircher Hof" oder auch der „Schweitzerhof". Erstmals wurde der Hof um 1617 urkundlich erwähnt. Das erste Hofgebäude hat vor dem Dreißigjährigen Krieg an einer Brücke über den Sinnerbach (ungefähr am heutigen Plättchesdohle) gestanden und wurde dann von der gräflichen Herrschaft den Berg hinauf in den Bereich des heutigen Hüttenparks verlegt. Insgesamt umfasste das Hofgelände 204 Morgen Land. Die Grafen ließen den Hof von einem Hofmann verwalten. In einer Beschreibung des Regierungsbezirkes Trier berichtet Georg Bärsch 1849, der Neunkircher Hof habe 4 Wohnhäuser mit 82 Einwohnern.

Mit dem Anwachsen des Eisenwerkes ab Anfang des 19. Jahrhunderts wurde mehr und mehr Gelände des Hofes durch das Werk übernommen. Auf beiden Seiten dieses Teils der damaligen Saarbrücker Straße entstanden werkseigene Wohnhäuser für die Belegschaft. Diese Häuser und auch der ehemalige Neunkircher Hof wurden bei der Gasometerexplosion am 10. 02. 1933 größtenteils zerstört (siehe Saarbrücker Straße).

Unweit des Standortes des Hofgutes wurde später eine Kokerei betrieben, ebenfalls auf der Südseite der Straße.

Dieses Werk wurde in den 1980er Jahren geschleift. Dort, wo die Kokerei und weitere Nebenprodukte-Anlagen des Eisenwerkes standen, sollte im Rahmen des Kohleveredelungsprogramms der Bundesregierung in den 1980er Jahren eigentlich eine Großanlage zur Kohlevergasung und Kohleverflüssigung entstehen. Mit dieser Hydrieranlage sollten bis zu 2000 Arbeitsplätze unmittelbar geschaffen und die Beschäftigungslage bei den Bergwerken gesichert werden.

Dazu kam es jedoch nicht. So wurde auf dem Gelände ein Park angelegt. Eine Nutzung des Geländes für Wohnbauzwecke ist wegen der tiefgehenden Verseuchung des Erdreiches durch die frühere Industrie nicht möglich. Man hofft darauf, dass sich die Natur das Gelände im Hüttenpark allmählich zurück erobert.

Auf der anderen Straßenseite haben sich zwischenzeitlich einige Gewerbebetriebe angesiedelt. Nachdem die Straße 2002 von Grund auf erneuert wurde, hat die Stadt von dieser Seite her eine einladende Portalsituation.

Binger Straße NK *heute Bahnhofstraße*
Siehe Bahnhofstraße

Binkles Haus Hei *nicht mehr existent*

Lage des Wohnplatzes
Das Gebäude stand am Heinitzbach, dort wo der Weg nach Niederneunkirchen den Bach überquerte, also etwa in Höhe der heutigen Kläranlage.

Informationen zum Namen und zur Geschichte des Gebäudes:
1849 erstellte ein Georg Bärsch eine Statistik der Bürgermeisterei Neunkirchen. Darin erwähnt er einen zu Neunkirchen gehörenden Wohnplatz Binkles Haus mit 9 Einwohnern[B31].

Nach den Feststellungen des Heimatforschers Helmut Schinkel ist als erstes Wohngebäude in der Flur 30 von Neunkirchen, in der der Stadtteil Heinitz liegt, in einer Karte von 1834 Binkles Haus eingezeichnet. Auch in Karten von 1850 und von 1871 ist die Örtlichkeit verzeichnet[B32]. Am 15. 05. 1879 schlug der Ortsbaumeister Riemann dem Bürgermeister Jongnell von Neunkirchen die Beschaffung von Namensschildern für 49 Straßen und 8 Wohnplätze vor. In dieser Aufstellung ist auch der Name Binkles Haus aufgeführt[B33].

Wann das Haus abgerissen wurde, ist nicht bekannt.

Binsenthalstraße Hei

Lage und Verlauf:
Die Straße führt von der Einmündung Moselschachtstraße/Friedrichsthaler Straße zunächst ca. 60 m nach Nordwesten, wendet sich dann nach Nordosten und verläuft parallel zur Bahnstraße und zur Gartenstraße als Sackgasse in Richtung des Binsenthals.

Informationen zum Namen und zur Geschichte der Straße:
Die Straße führt zu dem im Binsenthal gelegenen alten Ventilatorschacht.

Nach der preußischen topografischen Uraufnahme

B30 Melnyk, Wolfgang: Vor 70 Jahren – Gasometerexplosion in Neunkirchen, in: Hefte des Historischer Verein Stadt Neunkirchen, Neunkirchen 2003

B31 Bärsch, Georg: Beschreibung des Regierungsbezirks Trier, Trier 1849
B32 Schinkel, Helmut: Heinitz, vgl. Anm. B9, S. 15
B33 Beschaffung von Straßenschildern 1879, vgl. Anm. A8

durch Leutnant von de Rège vom Leib-Husaren-Regiment nannte sich das Tal damals noch „Bilsenwiesthal". Auch die geologische Karte von Weiss gebrauchte den alten Namen.

Offensichtlich wurde in Unkenntnis des alten keltischen Namens „Bilsen" für ein Heilkraut im Laufe der Zeit aus „Bilsenwiesthal" „Binsenthal".

1931 standen in der Straße 4 Häuser, davon 3 im Eigentum der Grubenverwaltung. Das Doppelhaus Nr. 2/4 gehört zu den ältesten Häusern in Heinitz, die der Bergfiskus um 1880 errichtet hat[B34].

Biotopweg NK

Lage und Verlauf:

Der Biotopweg ist eine kleine Wohnstraße, die zwischen Rodenheimweg und Ellenfeldstadion von der Straße Im Altseiterstal als Sackgasse zunächst nach Norden und dann nach Westen abbiegt.

Biotopweg aus Richtung Im Altseiterstal

Informationen zum Namen und zur Geschichte der Straße:

Oberhalb des Biotopweges in Richtung Spieser Höhe liegt unmittelbar an der Straße Im Altseiterstal ein kleines verwildertes Feuchtbiotop. Offenbar davon ist der Straßenname abgeleitet.

Die Straße ist erst im neuen Jahrtausend (2000/2001) in einem vorher teils als ungeordnete Gartenkolonie genutzten, teils verwilderten Gelände entstanden.

Der Straßenname wurde in einer Sitzung des Ortsrates Neunkirchen am 08. 08. 2000 festgelegt.

B34 Schinkel, Helmut: Heinitz, vgl. Anm. b), S. 156

Birkenweg Fu vorher Vor Birkum

Lage und Verlauf:

Der Birkenweg zweigt gleich am Ortseingang Furpachs von Neunkirchen kommend nach links von der Limbacher Straße ab und endet vor der Autobahn als Sackgasse. Von ihm gehen nach rechts und links mehrere Wohnstraßen ab.

Birkenweg aus Richtung Limbacher Straße

Informationen zum Namen und zur Geschichte der Straße:

Der Straßenname geht auf die Flurbezeichnung „Auf Birkum" zurück, die es in diesem Bereich gibt. Auf dem Gelände standen wohl früher zahlreiche Birken. Die Umbenennung in Birkenweg erfolgte unmittelbar nach Ende des 2. Weltkrieges im Zusammenhang mit einer umfangreichen Neu- bzw. Umbenennungsaktion von Straßen. Die Straße ging zunächst von der heutigen Limbacher Straße bis zur Einmündung Buchenschlag. Nach 1954 wurde die Straße nach Norden bis vor die Autobahn fortgesetzt.

Zwischen 1936 und 1938 wurde auf dem Gelände des früheren Hofgutes Furpach durch die Saarpfälzische Heimstätte GmbH eine Siedlung erstellt. Im 1. Bauabschnitt wurden im Bereich nördlich der Limbacher Straße und westlich der nach Ludwigsthal führenden Straße folgende Straßen erschlossen und mit kleinen Siedlerhäusern und Eigenheimen bebaut: Nachtweide, Kleeweide, Buchenschlag, Lattenbüsch, Litzelholz, Geißenbrünnchen, Vor Birkum[B35]. Kaum eines dieser Sied-

---

B35 Mons, Bernhard: Die siedlungsgeschichtliche Entwicklung, in: Haus Furpach, Stadtteil im Grünen, Neunkirchen 1972, S. 17 ff

lungshäuschen ist noch im ursprünglichen Zustand. Fast alle sind umgebaut, aufgestockt oder angebaut. Da die Siedler zur Kleinviehhaltung angehalten waren, waren deren Grundstücke ziemlich groß, um diese Tiere aus dem Land ernähren zu können. Die Grundstücke waren so groß, dass nach Kriegsende vielfach auch eine Abtrennung eines weiteren Baugrundstücks möglich war. So entstanden nach dem 2. Weltkrieg durch Teilung der Grundstücke auf der Ostseite der Straße die neue Straße Kalkofenweg und durch Teilung der Grundstücke auf der Westseite die Straße Am Bannstein. Am Beginn des Birkenweges an der Ecke der heutigen Limbacher Straße entstand gleich zu Beginn der Besiedlung eine Gaststätte, die später zu einem Hotel erweitert wurde und nach 1945 einen Saalanbau erhielt. Dies war die erste Versammlungsörtlichkeit für die Neusiedler.

Birkum Lu

Lage und Verlauf:
Es handelt sich um eine kleine Stichstraße im Wohngebiet Im stillen Winkel in Ludwigsthal. Sie zweigt von der Straße Im Flur nach Süden ab und endet nach wenigen Metern.

Birkum aus Richtung Im Flur

Informationen zum Namen und zur Geschichte der Straße:
Die Straße ist zusammen mit einigen weiteren Straßen in der Nähe erst um die Jahrtausendwende entstanden. In dieser und in den anderen Straßen sind in freier Bauweise Ein- und Zweifamilienhäuser entstanden. Die Straße hat nur 5 Häuser (2 links, 2 rechts und 1 am Kopfende).

Birnbaumweg We

Lage und Verlauf:
Südöstlich der Bürgermeister-Regitz-Straße zwischen Eifelstraße und der Straße Zur Römertreppe befindet sich ein kleines Wohngebiet mit drei als Sackgassen ausgebauten Erschließungsstraßen

- Birnbaumweg
- Holtzenrech
- Kirschbaumweg.

Die Zufahrt zum Wohngebiet ist nur von der Bürgermeister-Regitz-Straße aus möglich.

Birnbaumweg Blickrichtung Bürgermeister-Regitz-Straße

Informationen zum Namen und zur Geschichte der Straßen:
In dem Wohngebiet wurden ab 1975 insgesamt 21 Bauplätze erschlossen. Die Straßennamen lassen darauf schließen, dass es in diesem Bereich früher Obstwiesen gab.
Sie wurden in der Sitzung des zuständigen Ausschusses des Stadtrats am 11. 12. 1979 festgelegt, wobei der Name Birnbaumweg auf den Flurnamen Birnbaumacker zurückzuführen ist. Bei den Häusern in der Straße handelt es sich ausschließlich um Neubauten im Bungalowstil mit Flachdächern.

Bismarckstraße NK *vorher Obere Ruhstockstraße, heute Röntgenstraße*
Siehe Röntgenstraße

Informationen zum damaligen Namensgeber:
Otto Eduard Leopold Graf von Bismarck (01.04.1815 – 30.07.1898), seit 1871 Fürst von Bismarck und seit 1890

Herzog von Lauenburg, preußisch-deutscher Staatsmann. Er war Gründer und erster Kanzler des Deutschen Reiches (1871-1890).

Bismarck wurde als Sohn eines ostelbischen Adligen geboren. Er studierte Rechtswissenschaften in Göttingen und Berlin. Ab 1851 war er preußischer Gesandter am Bundestag in Frankfurt. Am 23. September 1862 berief König Wilhelm I. Bismarck zum preußischen Ministerpräsidenten (am 8. Oktober 1862 außerdem zum Außenminister). Durch den siegreichen Krieg gegen Österreich 1866 in seinem Ansehen sehr gestärkt, wurde er 1867 Bundeskanzler des neugegründeten Norddeutschen Bundes. 1870 provozierte Bismarck mit der Emser Depesche die Kriegserklärung Frankreichs an Preußen und damit den Deutsch-Französischen Krieg von 1870/71. Der Sieg gipfelte in der Proklamation Wilhelms I. zum Deutschen Kaiser am 18. Januar 1871 in Versailles und führte zur Gründung des Deutschen Kaiserreiches. Bismarck erhielt den erblichen Fürstentitel und wurde Reichskanzler des wesentlich durch ihn geschaffenen neuen deutschen Kaiserreiches. Sein scharfes Vorgehen gegen die Sozialdemokratie (Sozialistengesetz 1878) brachte ihn in erbitterten Kampf gegen sie. Er ergriff Maßnahmen, um die Aufbesserung der Lage des Arbeiterstandes zu erreichen (Sozialgesetze zur Kranken- 1883, Unfall- 1884, Alters- und Invalidenversicherung – 1889). Meinungsverschiedenheiten mit Kaiser Wilhelm II. führten am 20. 03. 1890 zu seiner Entlassung unter gleichzeitiger Ernennung zum Herzog von Lauenburg. Er zog sich nach Friedrichsruh zurück, wo er 1898 auch starb.

Bismarckstraße Wi *danach In der Ohlenbach, dann Pestalozzistraße, heute erneut In der Ohlenbach*
Siehe In der Ohlenbach

Informationen zum damaligen Namensgeber:
Siehe Bismarckstraße NK

Blässenroth Fu

Lage und Verlauf:
Die Straße Blässenroth liegt im Stadtteil Furpach südlich der Limbacher Straße parallel zwischen den Straßen Kälberweide und Hirschdell. Sie beginnt an der Straße Hasenrech, läuft ca. 150 m nach Osten und endet als Sackgasse.
Vom Ende der Straße geht ein schmaler Fußweg in gleicher Richtung weiter bis zur Straße Hirschdell. An diesem Weg stehen allerdings weitere Wohnhäuser,

Blässenroth Blickrichtung Hasenrech

die mit einem Fahrzeug aber nur vom Blässenroth aus erreichbar sind.

Informationen zum Namen und zur Geschichte der Straße:
Die umliegenden Straßen gehören zu einer Heimstättensiedlung, die in den Jahren 1937 – 1938 entstanden ist. Die damaligen Wohnhäuser hatten alle einen sehr großen Garten, weil die Siedler zur Viehhaltung angehalten waren und diese Tiere auch aus dem eigenen Land ernähren mussten. Die großen Grundstücke wurden nach dem 2. Weltkrieg oft geteilt, so dass weiteres Bauland bzw. weitere Straßen entstanden, so auch die Straße Blässenroth.
Es handelt sich um eine reine Wohnstraße. Die Straße ist nach dem vorhandenen Kartenmaterial 1962/63 entstanden.
Der Straßenname wurde vom Stadtrat in seiner Sitzung am 19. 02. 1963 auf Vorschlag des Heimatforschers Bernhard Krajewski festgelegt.

Bleichwiesenweg Ko

Lage und Verlauf:
Der Bleichwiesenweg ist eine Verbindungsstraße zwischen Flurweg und der Straße Am Stockfeld in Kohlhof und zwar nordöstlich parallel zur Andreas-Limbach-Straße.

Informationen zum Namen und zur Geschichte der Straße:
Die Straße liegt in einem Neubaugebiet im nördlichen Bereich des Stadtteils Kohlhof neben dem Stockfeld,

Bleichwiesenweg aus Richtung Flurweg ,

das in den 1960er Jahren erschlossen worden ist. Die Straße ist ausschließlich mit Wohnhäusern im Bungalowstil bebaut. Der Straßenname wurde in einer Sitzung des Stadtrates am 14. 06. 1967 festgelegt.

Bliesmühle NK *heute Teil der Waldwiesenstraße*

Lage und Verlauf:
Die Straße war ursprünglich eine kleine Sackgasse von der Bliesstraße her zur Bliesmühle. Später ging sie von der Bliesstraße her durchgehend bis zur Waldwiesenstraße und heute handelt es sich nur noch um eine Sackgasse von der Waldwiesenstraße zum Bereich der früheren Bliesmühle, die zwischenzeitlich in die Waldwiesenstraße einbezogen ist.

Informationen zum Namen und zur Geschichte der Straße:
Die Bliesmühle war die Nachfolgerin einer Mühle, die im Wagwiesental stand. Diese Mühle wurde 1732 vermutlich wegen Wassermangels an die Blies verlegt und ist dann dort zur Bliesmühle geworden, während die verlassene Mühle im Wagwiesental die alte Mühle war und wieder verfiel.
Die neue Mühle lag damals nicht direkt an der noch nicht begradigten Blies, sondern das Blieswasser wurde durch ein Wehr aufgestaut und über einen Graben zur Mühle geleitet. Sie stand damals allein auf weiter Flur. Von der Mühle gelangte man über die Trasse der heutigen Straße Unten am Steinwald, den Altmühlerweg, durch das Wagwiesental und die Heizengasse zum Oberen Markt.
Die Bliesmühle war im Besitz verschiedener Erbbeständer u. a. der Familien Rußi und Kuhn. Deshalb wurde sie

zunächst auch Rußi's Mühle und später Kuhne Mühl genannt.
Schließlich wurde sie 1860 von Carl Böcking übernommen. Er hat zur besseren Erreichbarkeit der Mühle von der Wellesweilerstraße her eine steinerne Brücke über die Blies in Höhe der heutigen Hermann-Hallauer-Brücke bauen lassen, die allerdings bei der Bliesbegradigung in den 1930er Jahren wegfiel. 1912 hatte der abseits des Dorfes liegende Wohnplatz insgesamt 16 Bewohner.
Mit dem Aufkommen der Dampfmühlen ging der Anteil der Wassermühlen am Mahlgeschäft mehr und mehr zurück. Wann sich das Mühlrad der Bliesmühle zum letzten Mal drehte, ist nicht überliefert, sicher aber spätestens mit dem Tode von Carl Böcking 1895[B36].

Bliespromenade NK

Lage und Verlauf:
Am Nordufer der Blies verlaufende Stelzenstraße zwischen Bahnhofstraße und Brückenstraße als reine Fußgängerzone

Bliespromenade aus Richtung Bahnhofstraße

Informationen zum Namen und zur Geschichte der Straße:
Seit 1971 gab es bei der Stadt Überlegungen, das Gelände zwischen Wilhelmstraße und Blies städtebaulich zu nutzen. 1975/76 gab es Planungen, die Blies zu überbauen und diese Überbauung in eine neue Ost-West-Achse für den Straßenverkehr durch die Innenstadt einzubeziehen. Die Überbauung des gesamten Flusses

B36 Krajewski: Heimatkundliche Plaudereien 6, vgl. Anm. B36, S. 39

wurde jedoch durch die Wasserbehörde abgelehnt. Daraufhin wurde 1978 mit dem Bau eines Fußgängersteges, den man zunächst Blieszentrum nannte, parallel zur Blies von der Kurt-Schumacher-Brücke bis zur Brückenstraße begonnen. Vor dem Bau der Promenade lagen hier die Hinterhöfe der Wilhelmstraße und eine dunkle ungeordnete Fläche, die als wilder Parkplatz benutzt wurde. Anfang September 1979 konnte ein erster Bauabschnitt in Betrieb genommen werden. 1981 wurde der Bau fortgesetzt. Mit dem Bau der Bliespromenade begann die Erweiterung des Einkaufsbereichs und die Neuordnung der Innenstadt.

An der Nordseite der Promenade stehen in den Jahren 1978/79 erbaute moderne Geschäftshäuser. Sie erweiterten damals das Geschäftszentrum der Stadt. Im November 1979 eröffneten die ersten vier Unternehmen ihre Pforten an der Promenade. Ihren Namen erhielt die Bliespromenade in einer Sitzung des Stadtrates am 30. 05. 1979.

Über die Brüstung der Promenade auf der Südseite hatte man einen Blick auf die Blies.

2003 wurden die Bodenfliesen der Promenade erneuert und die Betonbrüstung aufgeschnitten, um diesen Teil des Einkaufsbereichs in der Innenstadt aufzuwerten und eine bessere Sicht auf die Blies zu ermöglichen.

Bliesstraße (alt) NK, heute Mehlpfuhlstraße
Siehe Mehlpfuhlstraße

Bliesstraße (alt) NK *früher der südöstlich der Blies gelegene Teil der heutigen Brückenstraße zwischen Lindenallee und Hospitalstraße.*
Siehe Brückenstraße

Bliesstraße (neu) NK vorher teilweise Bebelstraße und An der Bliesmühl, dann Josef-Bürckel-Straße

Lage und Verlauf:
Es handelt sich um eine parallel zum Südufer der Blies verlaufende Straße zwischen Willi-Graf-Straße und der Banngrenze zu Wellesweiler in Höhe der Firmen Bosch und Dechent. Dort geht sie in die Untere Bliesstraße über.

Informationen zum Namen und zur Geschichte der Straße:
Die am Südufer der Blies entlang laufende Straße endete bis Mitte der 1930er Jahre in Höhe der Bliesmühle.

Bliesstraße aus Richtung Willi-Graf-Straße

Dabei hieß sie von der Einmündung der heutigen Willi-Graf-Straße bis in Höhe der Flotowstraße Bebelstraße. Daran schloss sich nach Osten die Straße An der Bliesmühle an. 1931 hatte sie bei einseitiger Bebauung 25 Wohnhäuser (Hausnummern).

Am 13. Januar 1935 fand im damaligen Saargebiet eine Volksabstimmung statt, in der die Bevölkerung zwischen einem Anschluss an Frankreich, der Beibehaltung des Status quo oder der Rückkehr nach Deutschland entscheiden konnte. Eine überwältigende Mehrheit von 90,73 % stimmte für die Rückkehr nach Deutschland. Bereits am 17. 01. 1935 beschloss daraufhin der Rat des Völkerbundes die Wiedereinsetzung Deutschlands in die Regierung des Saarbeckens zum 1. März 1935.

Noch vor diesem Datum beschloss der Stadtrat von Neunkirchen Ende Januar 1935 die Änderung von Straßennamen zum 1. Februar 1935, um damit nationalsozialistische Größen oder verdiente Soldaten des 1. Weltkrieges zu ehren bzw. an Schlachtenorte des 1. Weltkrieges oder an Opfer der französischen Besatzung zu erinnern und gleichzeitig Straßennamen mit Erinnerungen an politische Gegner oder an Juden zu entfernen.

Dabei wurden die bisherige Bebelstraße und die Straße An der Altmühl zusammen gelegt und nach dem NSDAP-Gauleiter Josef Bürckel benannt[B37].

Ebenfalls in seiner Sitzung am 29. 01. 1935 beschloss der Stadtrat (Beschlussbuch der Stadt) die Offenlegung des Planes für die Verlängerung der Josef-Bürckel-Straße von der Kreuzung Flotowstraße durch den Ernstwald bis zur Bliesbrücke in Wellesweiler (Teilstrecke der

B37 Saar- und Blieszeitung v. 30. 01. 1935

heutigen Bliesstraße und die Untere Bliesstraße) und in der Sitzung am 02.04. 1935 die Aufnahme von Anleihen zum Ausbau mehrerer Straßen u. a. der neuen Verbindungsstraße nach Wellesweiler und der neuen Verbindungsstraße von der Scheib zum Schlachthof (heutige Fernstraße). In ihrer Ausgabe vom 06. 03. 1937 meldete die Saar- und Blieszeitung , dass die Straße nach Wellesweiler im Bau ist. Nach ihrer Fertigstellung erhielt die Straße durchgehend von der heutigen Willi-Graf-Straße (damals Prinz-Heinrich-Straße) bis zur Bliesbrücke in Wellesweiler den Namen Josef-Bürckel-Straße.

Vorher war der gesamte Verkehr von der Unterstadt nach Wellesweiler durch die Wellesweilerstraße und die heutige Rombachstraße (damals Neunkircher Straße) oder von der Oberstadt über die damals nur mangelhaft ausgebaute Steinwaldstraße gelaufen.

Nach dem 2. Weltkrieg wurde die Josef-Bürckel-Straße geteilt und umbenannt. Der stadtnahe Teil von der Willi-Graf-Straße bis zur Banngrenze Wellesweiler erhielt den Namen Bliesstraße und von dort bis zur Bliesbrücke in Wellesweiler wurde die Straße Untere Bliesstraße genannt.

Blindstraße Wi *heute Köhlerstraße*
Siehe Köhlerstraße

Blödgasse NK *dann Am Fischkasten, heute Fischkasten*
Siehe Fischkasten

Blumenstraße NK vorher Blumenthalstraße

Lage und Verlauf:
Die Blumenstraße verläuft von Nordwesten nach Südosten als Verbindung von der Kreuzung Knappschaftsstraße/ Thomas-Mann-Straße/Röntgenstraße bis zur Willi-Graf-Straße. Dabei kreuzt sie die Theodor-Fliedner-Straße und die Parkstraße

Informationen zum Namen und zur Geschichte der Straße:
In der zweiten Hälfte des 19. Jh. wuchs die Stadt und die Bevölkerung auf Grund der enorm ansteigenden Industrialisierung in einem ungeheuren Tempo. Jeweils in 15 – 20 Jahren verdoppelte sich die Bevölkerung immer wieder und suchte industrienahen Wohnraum. Neunkirchen 1850 = 3452 Einwohner, 1864 = 6770 Einwohner,

Blumenstraße Blickrichtung Knappschaftsstraße

1875 = 11892 Einwohner, 1890 = 19290 Einwohner, 1900 = 27722 Einwohner, 1910 = 34532 Einwohner. Es entstanden ständig neue Straßen, die in der euphorischen Stimmung nach dem gewonnenen Krieg 1870/71 oft nach Mitgliedern des Kaiserhauses, nach verdienten Heerführern oder nach Schlachtenorten benannt wurden. Nach einem Beschluss des Gemeinderates Neunkirchen vom 24. 04. 1903 wurde die Straße nach General Blumenthal dem Generalstabschef des Prinzen Friedrich Karl von Preußen, der 1870/71 die II. Armee befehligte, benannt[B38].

In seiner Sitzung am 02.04. 1935 beschloss der Stadtrat die Aufnahme von Anleihen zum Ausbau
- der Verbindungsstraße nach Wellesweiler (heute Bliesstraße und Untere Bliesstraße)
- der Blumenthalstraße (heute Blumenstraße)
- der Prinz-Adalbert-Straße (heute Parkstraße)
- der Verbindungsstraße Scheib – Schlachthof (heute Fernstraße)

Unmittelbar nach Ende des 2. Weltkrieges wurde die Straße in Blumenstraße umbenannt.

Blumenthalstraße NK *heute Blumenstraße*
Siehe Blumenstraße

Informationen zum damaligen Namensgeber:
Leonhard Graf von Blumenthal (30.07.1810 – 22.12.1900), preußischer General, wurde in Schwedt an der Oder geboren. 1864 im Krieg gegen Dänemark war er Chef des preußischen Generalstabes, 1866 Generalstabschef der II. Armee, 1870/71 der des Kronprinzen, danach Kommandie-

---

B38 Saar- und Blieszeitung v. 25. 04. 1903

render des 4. Armeekorps. 1883 wurde er in den erblichen Grafenstand erhoben. 1888 erhielt er die höchste militärische Würde, die Beförderung zum Generalfeldmarschall. 1900 starb er auf seinem Gut Quellendorf bei Köthen.

Bodelschwinghstraße Wi vorher Sophienstraße, Josef-Bürckel-Straße, Albert-Schweitzer-Straße

Lage und Verlauf:
Die Bodelschwinghstraße verläuft nordöstlich parallel zur Ottweilerstraße mit einer Anbindung südlich an die Steinbacher Straße und nördlich mit einer Anbindung an die Ottweilerstraße.

Bodelschwinghstraße aus Richtung Steinbacher Straße

Informationen zum Namen und zur Geschichte der Straße:
Bis 1895 gab es in Wiebelskirchen keine Straßenbezeichnungen. Im ganzen Ort gab es Bezirke, die ohne weitere Nummerierung ein Finden ermöglichten. So wurde der Bereich der heutigen Bodelschwinghstraße Im Stümbchen genannt[B39]. Nach welcher Sophie die Straße dann 1895 benannt wurde, ist nicht bekannt.
Am 13. Januar 1935 fand im damaligen Saargebiet eine Volksabstimmung statt, in der die Bevölkerung zwischen einem Anschluss an Frankreich, der Beibehaltung des Status quo oder der Rückkehr nach Deutschland entscheiden konnte. Eine überwältigende Mehrheit von 90,73 % stimmte für die Rückkehr nach Deutschland. Bereits am 17. 01. 1935 beschloss daraufhin der Rat des Völkerbundes die Wiedereinsetzung Deutschlands in die Regierung des Saarbeckens zum 1. März 1935.

Noch vor diesem Datum teilte der Bürgermeister dem Gemeinderat Wiebelskirchen in einer Sitzung am 28. 01. 1935 mit, dass er als Polizeiverwalter eine Reihe von Straßenumbenennungen vorgenommen habe. Damit sollten nationalsozialistische Größen geehrt bzw. an Gebiete erinnert werden, die nach dem verlorenen 1. Weltkrieg vom Deutschen Reich abgetrennt worden waren.
Gleichzeitig wurden Straßennamen, die an politische Gegner oder an Juden erinnerten, entfernt. In Wiebelskirchen wurde u. a. die bisherige Sophienstraße nach dem NSDAP-Gauleiter Josef Bürckel benannt[B40]. Nach Ende des 2. Weltkrieges erhielt die Straße zunächst wieder ihren alten Namen.
Als 1954 eine umfangreiche Neu- und Umbenennung von Straßen in Wiebelskirchen erfolgte, wurde die Straße nach dem berühmten Arzt Albert Schweitzer benannt.
Um eine Verwechselung zu vermeiden, war 1974 nach der Gebiets- und Verwaltungsreform eine erneute Umbenennung erforderlich, als es im neuen Stadtgebiet mehrere Straßen mit diesem Namen gab. Nun wurde sie nach dem evang. Theologen Friedrich von Bodelschwingh benannt.
Nach einem Kanalisationsplan der Gemeinde Wiebelskirchen von 1900 war die Straße von Südosten her gerade als Abzweigung von der Steinbacher Straße als Sackgasse im Entstehen. Zu diesem Zeitpunkt standen 2 Häuser in der Straße[B41]. Nach dem 1. Weltkrieg wurde die Straße parallel zur Ottweiler Straße nach Nordwesten weiter gebaut. Nach einer weiteren Karte von 1935 ist die Straße bis zur Einmündung in die Ottweilerstraße durchgeführt und links und rechts mit Wohnhäusern bebaut. Die heute von der Bodelschwinghstraße abzweigende Pustkuchenstraße ist noch nicht vorhanden.

Informationen zum Namensgeber:
Es gab zwei Theologen des Namens Friedrich von Bodelschwingh:
Friedrich von Bodelschwingh sen. (1831-1910), deutscher evangelischer Theologe. Er übernahm 1872 die 1867 gegründeten und später nach ihm benannten Anstalten in Bethel bei Bielefeld (ursprünglich für Epileptiker) und bemühte sich um die Resozialisierung der „Brüder von der Landstraße". Im Preußischen Landtag setzte er 1903

B39 Bürgerbuch Wi, vgl. Anm. A1, S. 221 - 223

B40 StA Neunkirchen, Beschlussbuch Wiebelskirchen
B41 StA Neunkirchen, Bestand Karten und Pläne Nr. C/7

ein Wanderarbeitsstättengesetz durch und gründete zahlreiche Arbeiterkolonien, u. a. in Berlin.

Friedrich von Bodelschwingh jun. (1877-1946), deutscher evangelischer Theologe. Er war Nachfolger seines Vaters in der Leitung der Bethel'schen Anstalten. Er wurde 1933 unter den Nationalsozialisten zum Reichsbischof gewählt, legte dieses Amt jedoch nieder, als ein Staatskommissar für die evangelische Kirche in Preußen eingesetzt wurde. In Fragen der Euthanasie - der "Tötung lebensunwerten Lebens", wie es die Nationalsozialisten nannten - wurde er entschiedener Gegner der Nationalsozialisten und rettete viele geistig und körperlich behinderte Bewohner Bethels vor der Euthanasie.

Böcking-Brücke NK, *danach Flotow-Brücke, heute Hermann-Hallauer-Brücke*
Siehe Hermann-Hallauer-Brücke

Bongartstraße NK *danach Werderstraße, heute Liebigstraße*
Siehe Liebigstraße

Boxbergstraße NK *heute Boxbergweg*
Siehe Boxbergweg

Boxbergweg NK vorher Boxbergstraße

Lage und Verlauf:
Der Boxbergweg ist eine Verbindungsstraße von der Königstraße zur Grubenstraße kurz vor Heinitz.

Informationen zum Namen und zur Geschichte der Straße:
Der Straßenname ist von der Flurbezeichnung „Bocksberg" abgeleitet, die es in diesem Bereich gibt. Schon in der „Ordnung der Gemeinde Neunkirchen" aus dem Jahre 1731 ist diese Örtlichkeit erwähnt[B42]. Diese Flurbezeichnung ist auch in der Flurkarte von 1846/48 enthalten. Am 15. 05. 1879 schlug der Ortsbaumeister Riemann dem Bürgermeister Jongnell von Neunkirchen die Beschaffung von Namensschildern für 49 Straßen und 8 Wohnplätze vor.

In dieser Aufstellung taucht der Name Boxbergweg in

Boxbergwerg aus Richtung Königstraße

dieser Schreibweise zum ersten Mal auf[B43].

In einem Situationsplan von Neunkirchen aus dem Jahre 1890 ist die Straße dann erstmals auch so eingezeichnet. Bis in die 1960er Jahre ist die Straße auf allen Karten allerdings als Boxbergstraße bezeichnet[B44]. Wann die Umbenennung erfolgte, ist nicht bekannt.

Am 20. 06. 1939 meldete die Saar- und Blieszeitung, die Straße sei in einem schlechten Zustand und müsse neu ausgebaut werden.

Zunächst müsse aber die Brücke über die Königsbahn erneuert werden, deshalb sei zum Teil auch eine neue Linenführung erforderlich.

Wann die Umbenennung erfolgte, ist nicht bekannt.

Öffentliche oder sonst bedeutsame Gebäude in der Straße:
- Zentrum am Boxberg (ZAB)
  Gleich am Anfang des Boxbergweges von der Königstraße her steht das Zentrum am Boxberg (ZAB).

  Die ersten beiden Gebäude sind in den 1980er Jahren gebaut, das dritte ist 2002 und das vierte 2003 fertiggestellt worden.

  Das Gesundheitszentrum besteht aus vier Gebäuden:
  * Zentrum für Gesundheitssport – Via nova
  * Ärztehaus
  * Privatärztliche Verrechnungsstelle
  * Ärztehaus

B42 Krajewski: Heimatkundliche Plaudereien 2, vgl. Anm. 24S. 10

B43 Beschaffung von Straßenschildern 1879, vgl. Anm. A8
B44 Situationsplan NK 1883, vgl. Anm. A4

Brahmsstraße Wi vorher Lenzlingstraße, Mendelssohnstraße

Lage und Verlauf:
Im unteren (westlichen) Teil der Bexbacher Straße zweigen mehrere kleine Straßen (Sackgassen) nach Norden ab, die alle nach berühmten Komponisten benannt sind. Eine davon, die Brahmsstraße, endet nach ca. 150 Metern.

Brahmsstraße aus Richtung Bexbacher Straße

Informationen zum Namen und zur Geschichte der Straße:
Die Straße hatte ursprünglich den Namen Lenzlingstraße nach der in der Nähe liegenden Flur Auf Lenzling.
Auf Initiative des Kultur- und Heimatrings Wiebelskirchen wurden 1954 mehrere Straßen neu- oder umbenannt. Zur leichteren Orientierung wurden ein Dichter-, ein Musiker- und ein Malerviertel geschaffen. Die Straßen nördlich der Bexbacher Straße wurden nach Musikern benannt, so die bisherige Lenzlingstraße nach dem Komponisten Felix Mendelssohn-Bartholdy.
Als es nach der Gebiets- und Verwaltungsreform 1974 in der Stadt mehrere nach Mendelssohn benannte Straßen gab, wurde die in Wiebelskirchen liegende in Brahmsstraße umbenannt.

Informationen zum Namensgeber:
Johannes Brahms (07. 05. 1833 – 03. 04. 1897) deutscher Komponist, Spätromantiker. Seine außergewöhnliche pianistische Begabung wurde früh erkannt. 1853 ging Brahms als Klavierbegleiter mit dem ungarischen Geiger Eduard Reményi auf Tournee. Auf diese Weise lernte er den ungarischen Violinisten Joseph Joachim und den

Komponisten Robert Schumann kennen. Schumann war von den damals noch unveröffentlichten Kompositionen Brahms' so beeindruckt, dass er in einer Zeitschrift einen enthusiastischen Artikel über ihn schrieb. Brahms schuf 4 Sinfonien, Deutsches Requiem, Kammermusik, Lieder, Ungarische Tänze.

Brandenburger Weg Wi

Lage und Verlauf:
Der Brandenburgerweg liegt im westlichen Bereich des Stadtteils Wiebelskirchen im Wohngebiet Rotenberg. Er beginnt am Ostpreußenweg, verläuft von dort nach Nordwesten und endet vor der rückwärtigen Grenze der Grundstücke des Mecklenburger Weges.

Brandenburger Weg aus Richtung Ostpreußenweg

Informationen zum Namen und zur Geschichte der Straße:
Nach D. Forst entstand als erste planmäßige Siedlung in Wiebelskirchen nach dem 2. Weltkrieg Mitte der 1950er Jahre im Rahmen des Bergmannswohnungsbaus die Rotenbergsiedlung, bestehend aus den Häusern in der Rotenbergstraße und denen auf der nordwestlichen Seite der hinteren Landsweilerstraße[B45]. Ab Mitte der 1960er Jahre wurde die Siedlung dann auf der südöstlichen Seite der Landsweilerstraße um den Schlesierweg, den Ostpreußenweg, den Pommernweg, den Brandenburger Weg und den Thüringer Weg

B45 Forst, D: Wiebelskirchen, die Entwicklung der Siedlung unter Einfluß von Bergbau und Industrie, Wiebelskirchen 1974, Examensarbeit in der Universitäts- und Landesbibliothek Saarbrücken erweitert.

Bei den Häusern im Brandenburger Weg handelt es sich um zweigeschossige Häuser, die durch die Firma Camus aus Fertigteilen erstellt worden sind.

Informationen zum namensgebenden Gebiet:

Brandenburg ist eines der neuen Bundesländer, hat aber eine alte Geschichte. 1415 belehnte Kaiser Sigismund Friedrich IV. von Zollern (Hohenzollern) mit der Mark Brandenburg. 1618 kam das Herzogtum Preußen dazu und die Mark Brandenburg wurde zum Kernland des entstehenden Staates Preußen. Durch Eroberungen im Laufe der Jahrhunderte immer größer geworden, konkurrierte Preußen schließlich mit Österreich um die Vorherrschaft im Heiligen Römischen Reich deutscher Nation. Nach den Kriegen mit Napoleon und dem Wiener Kongreß schied Österreich aus diesem Verband aus, und das 1. Deutsche Kaiserreich ging unter. Nach dem siegreichen Krieg 1870/71 gegen Frankreich wurde der Preußische König Kaiser des 2. Deutschen Reiches. Als Ergebnis des Wiener Kongresses Anfang des 19. Jh. war der größte Teil des heutigen Saarlandes (mit Ausnahme des heutigen Saarpfalz-Kreises) mit der Rheinprovinz zu Preußen gekommen. Nach dem 2. Weltkrieg wurde der Staat Preußen von den Alliierten zerschlagen. Damit endete der preußische Einfluss auf unser Gebiet.

Nach der Wiedervereinigung 1989 entstand das Land Brandenburg aus mehreren vorherigen Bezirken der ehemaligen DDR auf dem Boden des alten preußischen Kernlandes neu.

Das Bundesland hat fast 30 000 qkm und ca. 2,6 Millionen Einwohner. Die Hauptstadt ist Potsdam. Das Land ist überwiegend flach, mit vielen Seen und Wasserstraßen. Der Boden ist karg, sandig mit vielen Kiefernwäldern.

Brandseiters Wi

Lage und Verlauf:

Es handelt sich um einen geschotterten Weg, der als Verlängerung der Richard-Wagner-Straße nach Osten führt.

Informationen zum Namen und zur Geschichte der Straße:

Der Weg führt durch ein Gebiet mit der Flurbezeichnung In der Brandseiters, die bereits seit dem 18. Jh. nachweisbar ist (1739 Brandseyders).

Der Weg führt zu einem Gelände in dem sich zahlreiche Gärten und Wochenendhäuser befinden und unterquert dabei auch den Rombachaufstieg auf der Ostertalseite. Kurt Hoppstädter bezeichnete die Örtlichkeit als bei Wiebelskirchen liegenden Wohnplatz.

Branntweingasse Wi *volkstümlich für Georgstraße und Jakobstraße, dann Schubertstraße bzw. Bachstraße, letztere heute Brucknerstraße*
Siehe Brucknerstraße und Schubertstraße

Brauereistraße NK vorher Lindenstraße

Lage und Verlauf:

Die Straße ist eine Verbindungsstraße zwischen Schloßstraße und Talstraße. Sie verläuft entlang der südwestlichen Begrenzung des früheren Schlossparks.

Brauereistraße aus Richtung Talstraße

Informationen zum Namen und zur Geschichte der Straße:

Die Brauereistraße liegt im Kerngebiet der Stadt Neunkirchen unmittelbar angrenzend an das Gebiet des Barockschlosses Jägersberg. Im Nordheimplan von 1797 ist die Straße zwar noch nicht verzeichnet, jedoch gibt es den Schloßpark und die Schloßfreiheit aus deren Begrenzung die heutige Trasse der Straße erkennbar ist. Im Situationsplan von Neunkirchen aus dem Jahre 1890 ist die Straße dann eingezeichnet. Sie ist jedoch noch ohne Bebauung und ohne Namen.

Nach dem Beschlussbuch der Gemeinde Neunkirchen beschloss der Rat wenige Jahre später am 25. 05. 1900 die Lindenstraße zu pflastern. Sie hatte zu diesem Zeitpunkt schon 20 Wohnanwesen.

Der ursprüngliche Straßenname ist angeblich auf Wunsch der Anwohner zustande gekommen. Er lässt darauf schließen, dass an dieser Begrenzung des Schloß-parkes früher wohl Linden standen.

Als es nach der Gebiets- und Verwaltungsreform 1974 eine weitere Straße dieses Namens im neuen Stadtgebiet gab, wurde die in Neunkirchen liegende nach der Schloß-Brauerei Brauereistraße benannt, da die Straße von der Schloßstraße in Richtung Brauerei führt.

Bredowstraße NK dann Nansenstraße, heute Einsteinstraße
Siehe Einsteinstraße

Informationen zum damaligen Namensgeber:
Adalbert von Bredow (24.05.1814 – 03.03.1890), preu-ßischer General aus einem märkischen Adelsgeschlecht. Im Deutsch-Französischen Krieg 1870/71 ein bekannter Reiterführer. Er führte am 16.08.1870 bei Mars-la-Tour den „Todesritt" der 12. Kavallerie-Brigade an.

Breitwiesstraße NK heute Goethestraße
Siehe Goethestraße

Brennersch Gässje NK volkstümliche Bezeichnung, *kein anderer (offizieller) Name bekannt*

Lage und Verlauf:
Es handelt sich um eine schmale unbefestigte Gasse zwi-schen Zweibrücker Straße und Friedrichstraße. Sie beginnt an der Zweibrücker Straße zwischen den Anwesen 11 und 13 gegenüber der Einmündung Ellenfeldstraße und endet

Brennersch Gässje aus Richtung Zweibrücker Straße

an der Friedrichstraße zwischen den Anwesen 22 und 24.

Informationen zum Namen und zur Geschichte des Gässchens:
Im Haus Nr. 11 der Zweibrücker Straße befand sich das Café von Philipp Brenner. Oberhalb seines Hauses begann der schmale Fußweg zur Friedrichstraße, der dann auch den Namen des Hauses erhielt. Das Gebäude des Café Bren-ner wurde im 2. Weltkrieg durch Bomben total zerstört. Erst in den 1990er Jahren wurde auf dem Trümmergrund-stück ein modernes Wohngebäude errichtet[B46].

Bruchwiesstraße Wi vorher Kallenbergstraße

Lage und Verlauf:
Die Bruchwiesstraße führt im Wohngebiet Breiten-feld von der Römerstraße nach Süden in Richtung des Brühlgrabens.

Bruchwiesstraße aus Richtung Römerstraße

Informationen zum Namen und zur Geschichte der Straße:
Der ursprüngliche Straßenname ging auf die Flurbe-zeichnung Am Kallenberg zurück. Da der Kallenberg aber ein Stück weg liegt, wurde die Straße 1954, als eine Reihe von Straßen in Wiebelskirchen neue Namen be-kamen, treffender in Bruchwiesenstraße umbenannt. Die Straße läuft nämlich von der Römerstraße aus tal-wärts in Richtung der Flur In der Bruchwies, eine Flur in der Niederung des Brühlgrabens. Der Brühlgraben, ein kleines teilweise verrohrtes Bächlein, kommt aus Rich-

B46 Raber, Werner: Erinnerungen an das Cafe Brenner auf der Scheib, in: Scheiber Nachrichten Nr. 29, Dez. 1994

tung des Annaschachts. Im Unterlauf wird das Bächlein auch Guddebach (guter Bach) genannt.

Die Straße gehört zur Breitenfeldsiedlung, die 1938 von der Pfälzischen Heimstätte, die besonders Bergleuten günstigen Hauserwerb anbot, errichtet worden ist. In dieser Siedlung stehen kleine Einfamilienhäuser, die heute oft durch An- oder Umbauten verändert und vergrößert sind.

Brucknerstraße Wi vorher Jakobstraße, Bachstraße, volkstümlich Branntweingasse

Lage und Verlauf:

Im unteren (westlichen) Teil der Bexbacher Straße zweigen mehrere kleine Straßen (Sackgassen) nach Norden ab, die alle nach berühmten Komponisten benannt sind. Eine dieser Straßen ist die Brucknerstraße.

Brucknerstraße aus Richtung Bexbacher Straße

Informationen zum Namen und zur Geschichte der Straße:

Bis 1895 gab es in Wiebelskirchen keine Straßenbezeichnungen. Im ganzen Ort gab es Bezirke, die ohne weitere Nummerierung ein Finden von Häusern ermöglichten[B47]. So wurde der Bereich der heutigen Brucknerstraße zusammen mit der heutigen Schubertstraße Branntweingasse genannt. Diese volkstümliche Bezeichnung ist nach Meinung des Wiebelskircher Heimatforschers Kurt Hoppstädter auf frühere trinkfeste Bewohner dieser Straßen zurückzuführen. Der Konsum geistiger Getränke sei in diesen Straßen überdurchschnittlich gewesen.

Mit der Einführung der Straßennamen erhielten die beiden Sträßchen eigene Namen, nämlich Jakobstraße und Georgstraße nach den Vornamen zweier früherer Bewohner. Mit den neuen Straßennamen wurde auch eine straßenweise Nummerierung der Wohnanwesen vorgenommen, wobei freie Baustellen berücksichtigt wurden.

1954 wurden auf Initiative des Kultur- und Heimatrings Wiebelskirchen eine Reihe von Straße neu- bzw. umbenannt. Zur leichteren Orientierung wurden ein Dichter-, ein Musiker- und ein Malerviertel geschaffen. Die Straßen nördlich der Bexbacher Straße wurden nach Musikern benannt, so die bisherige Jakobstraße nach dem Komponisten Johann Sebastian Bach.

Als es nach der Gebiets- und Verwaltungsreform 1974 im neuen Stadtgebiet mehrere Straßen mit diesem Namen gab, wurde die in Wiebelskirchen liegende Bachstasse in Brucknerstraße umbenannt.

Informationen zum Namensgeber:

Anton Bruckner (04. 09. 1824 – 11. 10. 1896), österreichischer Orgelspieler und Komponist, war ab 1868 Lehrer am Konservatorium in Wien, wo er auch starb. Er komponierte 3 Messen, 9 Sinfonien, Tedeum, Psalmen und Männerchorwerke. In Neunkirchen gibt es einen nach Anton Bruckner benannten Männerchor.

Brücke in der Brückenstraße NK

Lage:

Über diese Brücke verläuft die von der Wellesweilerstraße bis zur Einmündung Lutherstraße reichende Brückenstraße. Nach der Brücke wurde auch die Brückenstraße benannt.

Informationen zur Geschichte der Brücke:

Über die Blies führte an dieser Stelle in der zweiten Hälfte des 19. Jh. eine schmale Holzbrücke, die eine Verbindung vom Viktoriahospital (Hüttenkrankenhaus) zur Wellesweilerstraße auf der Nordseite der Blies und zum Bahnhof herstellte.

Da die Brücke von Wilhelm Leidner, dem Namensgeber der Wilhelmstraße, erbaut worden war, gehörte sie, wie auch ein Großteil des Geländes auf der Nordseite der Blies, seinen Erben[B48].

B47 Bürgerbuch Wi, vgl. Anm. A1, S. 221 - 223

B48 Krajewski: Heimatkundliche Plaudereien 1, vgl. Anm. A50, S. 26, 33

Brücke in der Brückenstraße

Seit ihrer Übernahme durch die Gemeinde war sie deren stetes Sorgenkind, da sie recht baufällig war.
In der Nacht zum 26. 01. 1891 wurde sie dann auch das Opfer einer Naturkatastrophe. Die Blies war vorher auf ihrer gesamten Länge zugefroren. Als plötzlich Tauwetter auftrat, führte der Fluss mächtige, über einen halben Meter dicke Eisschollen, die sich vor der Holzbrücke stauten.
Diesem Druck war die Brücke nicht gewachsen und stürzte ein.
Im Verwaltungsbericht der Bürgermeisterei Neunkirchen für die Zeit von 1885/86 bis 1895/96 führte Bürgermeister Ludwig zur Entwicklung des Straßenwesens aus, im Berichtszeitraum sei u. a. der Bau einer dritten Bliesbrücke (neben der heutigen Kurt-Schumacher-Brücke und der damaligen Böcking-Brücke) in die Planung genommen worden und dafür seien bereits erhebliche Privatzuschüsse gesichert.
Erst 1901 wurde die vorherige Holzbrücke aber durch eine Bogenbrücke in Eisenkonstruktion ersetzt. Die ausführende Firma war das Kaiserslauterer Eisenwerk, das den Zuschlag durch Gemeinderatsbeschluss am 26. 07. 1901 erhielt. Die Herstellungskosten beliefen sich auf 28 000 Mark.
Als die eiserne Brücke in den 1970er Jahren für den Verkehr zu eng wurde, wurde sie 1977 abgerissen und durch eine Stahlbetonbrücke, die von 1977 – 1978 erbaut wurde, ersetzt[B49].
Die Brücke hatte nie einen und hat bis heute keinen Namen.

B49 Krajewski: Heimatkundliche Plaudereien 3, vgl. Anm. 62, S. 24

Brücke in Wellesweiler We

Lage:
Die Bliesbrücke überquert die Blies in der Ortsmitte von Wellesweiler und verbindet die beiden Ortsteile östlich und westlich des Flusses.

Bliesbrücke in Wellesweiler,
Blickrichtung Bürgermeister-Regitz-Straße

Informationen zur Geschichte der Brücke:
Die Brücke bzw. ihre Vorgängerinnen gibt es schon seit Jahrhunderten. Erstmals wurde sie in der Tielemann-Stella-Karte von 1564 eingezeichnet und in einer Aufstellung von 1762 wird u. a. „eine Wieß vorn an der Brücke" genannt. Eine Brücke muss es also auch damals gegeben haben. Über diese Brücke und über den „Sandhiwwel" führte auch ein Weg aus Wellesweiler zu dem Dorf Neunkirchen, das es damals nur um den Oberen Markt herum gab. Von diesem Weg wiederum zweigte der Mühlenweg (heute Eifelstraße) ab, der zur Lautzwiller Mühle, der späteren Wellesweiler Mühle (heute Wasserwerk), führte.
Um 1826 wird die Brücke als aus Holz gebaut bezeichnet.
Mit der Entwicklung der Grube Wellesweiler im 19. Jh. kamen viele Bergarbeiter an, die sich in Wellesweiler niederließen. Nach der Übernahme der Grube durch Preußen 1815 wurde die Kohle immer noch in Stollen gegraben, die Förderung aber ständig erhöht. Ein Großteil der Kohle wurde auch über die Bliesbrücke hinweg abtransportiert. In den 1870er Jahren ging man zum Schachtbau über. Die Holzbrücke war nun allmählich dem wachsenden Verkehr nicht mehr gewachsen, da die Kohle trotz der durch Wellesweiler laufenden

Bahnlinie ausschließlich mit Pferdefuhrwerken abtransportiert wurde. Die Brücke durfte von Lastfuhren, die mehr als 3000 kg geladen hatten, nicht mehr befahren werden[B50].

Nun begann der Gemeinderat Wellesweiler eine Steinbrücke zu planen, doch scheute man die hohen Ausgaben. Deshalb erhielt die alte Brücke 1900 zunächst einen neuen Buchen-Bohlenbelag, den der Zimmermeister Bach aus Wiebelskirchen ausführte. Erst als der Kreis eine Beihilfe zu den Baukosten für eine neue Brücke gewährte, konnte 1903 der Auftrag für deren Bau erteilt werden. Der Bau der Brücke wurde laut Gemeinderatsbeschluss vom 17. 03. 1903 der Fa. Messmer aus Saarbrücken-Malstatt zum Gebot von 16 000,- Mark übertragen. Die Brücke hatte eine Eisenkonstruktion, die auf zwei gemauerten Pfeilern ruhte. Sie war 56 m lang, hatte eine 4,50 m breite Fahrbahn und zwei je 2,00 m breite Bürgersteige und genügte jahrzehntelang den Verkehrsansprüchen.

Als jedoch nach dem 2. Weltkrieg der Verkehr weiter stark anwuchs, war das Schicksal der Brücke besiegelt. Von 1956 bis 1957 wurde eine neue größere Brücke gebaut, diesmal aus Spannbeton und in wesentlich größerer Breite von 12 m zuzüglich zwei Bürgersteige von je 3 m Breite. Die Stützweite der Brücke beträgt 23 m. Sie wurde am 27. 08. 1957 dem Verkehr übergeben. Die alte Brücke blieb bis zur Fertigstellung der neuen Brücke stehen und wurde dann abgerissen.

Die Brücke hatte nie einen Namen.

Brückenstraße Ha *heute An der Oster*
Siehe An der Oster

Brückenstraße Hei *heute Moselschachtstraße*
Siehe Moselschachtstraße

Brückenstraße NK zeitweise (1936 – 1945) Franz-von-Epp-Straße, ein Teilstück (südlich der Blies) hieß zeitweise (1903 – 1935) Bliesstraße

Lage und Verlauf:
Die Brückenstraße verläuft in Nord-Süd-Richtung von der Wellesweilerstraße bis zur Einmündung Lutherstraße/ Hospitalstraße und überquert dabei die Blies.

Brückenstraße Blickrichtung Wellesweilerstraße, rechts die Hauptpost

Informationen zur Geschichte und zum Namen der Straße:
Die Tochter des Erbauers der Wilhelmstraße, Wilhelm Leidener (1804 – 1877), Frau Toni Hegemann, schrieb über ihren Vater: "Mein Vater Wilhelm Leidner hat in Neunkirchen die Wilhelmstraße, die nach ihm benannt ist, die Brückenstraße, die Scheffelstraße und die Schillerstraße (heute Kleiststraße) angelegt und damals zur Entwicklung Unterneunkirchens viel beigetragen. Die Bliesbrücke im Verlauf der Brückenstraße wurde auf seine Anregung hin gebaut. An den Kosten beteiligte er sich mit 10 000 Mark"[B51].

In einem Situationsplan von Neunkirchen aus dem Jahre 1890 ist die Brückenstraße bis zur damaligen Ziegelhütte (etwa Einmündung der heutigen Bliespromenade) eingezeichnet, hat aber noch keinen Namen. Die Blies war damals noch nicht begradigt und vollzog an der Stelle der heutigen Brücke eine Biegung nach Süden.

Die ursprüngliche Holzbrücke war im Januar 1891 das Opfer von Treibeis auf der Blies geworden. Die neue Stahlbrücke, die Vorgängerin der jetzigen Brücke, war 1901 nach der Bliesbegradigung erbaut worden. Nach dieser Brücke erhielt die Straße später auch ihren Namen.

Durch Beschluss des Gemeinderates Neunkirchen vom 24. 04. 1903 wurde der südlich der Blies liegende Teil der Straße zwischen Blies und Hospitalstraße/Lutherstraße Bliesstraße genannt.

B50 Krajewski: Heimatkundliche Plaudereien 4, Neunkirchen 1979, S. 17

B51 Krajewski: Heimatkundliche Plaudereien 1, vgl. Anm. A50, S. 26

Nach der Volksabstimmung 1935 und der Machtübernahme durch die Nationalsozialisten kam es in vielen Orten des Saargebietes zu einer größeren Welle von Straßenumbenennungen. Viele Straßen wurden nach nationalsozialistischen Größen benannt. Fast in jedem Ort gab es seither eine Adolf-Hitler-Straße. Gezielt wurden Straßen auch nach „Märtyrern" und „Blutopfern der NS-Bewegung"benannt.

Nach einer ersten Rate von Umbenennungen gleich nach dem Anschluss beschloss der Stadtrat (Beschlussbuch der Stadt) am 25. 05. 1936 weitere Straßennamen zu ändern, um Nazigrößen zu ehren. Dabei wurde die bisherige Brückenstraße nach Franz Ritter von Epp (16.10.1868 – 31.12.1946), Reichsstatthalter in Bayern (1933-1945), benannt[B52].

Unmittelbar nach Ende des 2. Weltkrieges erhielt die Straße ihren alten angestammten Namen zurück.

Öffentliche oder sonst bedeutsame Gebäude in der Straße:

- Katholische Herz-Jesu Kirche (alt)
  Während für die evangelische Gemeinde im Unterort schon 1867/69 als Stiftung der Familie Stumm die „Untere Kirche" gebaut worden war (sie heißt erst seit 1931 Christuskirche), wurde für die Katholiken erst 1911 die Herz-Jesu-Pfarrei errichtet. Deren religiöser Mittelpunkt war die aus einem Theatersaal (Kaisersaal) in der Brückenstraße (Nr. 27) umgebaute Herz-Jesu-Kirche, die am 24. 09. 1911 eingeweiht wurde. Sie wurde am 15. 03. 1945 Opfer eines Bombenangriffs. Nach einer Zwischenlösung im Hüttenkasino wurde nach dem 2. Weltkrieg eine moderne neue Kirche in der Mozartstraße gebaut.

- Mundorfs „Schleßje" / Allmangs „Schleßje" / Peter-Friedhofen-Haus[B53]
  Der Architekt und Bauunternehmer Fritz Mundorf baute um die Jahrhundertwende für sich eine Villa zwischen Hüttenkrankenhaus und Bliesbrücke. 1914 hat er Neunkirchen verlassen, seine Villa ging in den Besitz von Frau Lina Allmang über, die 1903 in Neunkirchen das erste Kino, die „Corona-Lichtspiele", eröffnet hatte. Sie stammte aus Karlsruhe, war jedoch in der Stummfilmzeit in Neunkirchen so populär, dass

ihr Wohnhaus nunmehr im Volksmund „Allmangs Schleßje" hieß. 1928 haben es die Barmherzigen Brüder in Trier gekauft und darin ein Alters-, Jugendheim und Obdachlosenasyl unter dem Namen Peter-Friedhofen-Haus eingerichtet. Im März 1945 wurde das Gebäude bei einem Bombenangriff total zerstört. Das Gebäude stand im Bereich der heutigen Hauptpost.

- Hauptpost
  Bis 1844 war die Landgemeinde Neunkirchen ein Landzustellbezirk des Postamtes Ottweiler. In dem genannten Jahr erhielt Neunkirchen eine eigene Postexpedition, die 30 Jahre später 1874 zum Postamt erhoben wurde. Die ersten Diensträume befanden sich in der Dammstraße. 1880 siedelte die Post in die obere Bahnhofstraße über, dort wo sich später auch das Hotel zur Post befand.
  Die stürmische Entwicklung von Neunkirchen und wachsende Aufgaben machten es in den 1890er Jahren notwendig, ein eigenes Gebäude zu errichten. So wurde 1897 – 1901 in der unteren Bahnhofstraße das Königl. Preußische Postamt gebaut. Dieses wurde im 2. Weltkrieg zerstört, nach 1945 aber wieder aufgebaut.
  Als auch dieses Gebäude zu klein wurde, erstellte die Post ab 1978 auf dem Gelände des ehemaligen Hüttenkrankenhauses an der Brückenstraße ein neues funktionales Gebäude für die Hauptpost, wo sie sich auch heute noch befindet. Dieses Gebäude wurde 1982 in Betrieb genommen.

Brückenstraße WI *zeitweise (1935 – 1945) Hindenburgstraße, heute Wibilostraße*
Siehe Wibilostraße

Brückweiherweg Fu

Lage und Verlauf:

Zwischen den Straßen Zum Pfaffental und Bei der alten Furt gibt es insgesamt 6 kurze Verbindungswege, an denen jeweils mehrere zweigeschossige Reihenhäuser mit kleinem Grundstück stehen.

Informationen zum Namen und zur Geschichte der Straße:

Die Gemeinnützige Siedlungsgesellschaft der Stadt

B52 Entschließung Stadtrat NK v. 25. 05. 1936, vgl. Anm. A6
B53 Krajewski: Heimatkundliche Plaudereien 3, vgl. Anm. B7, S. 13

Brückweiherweg aus Richtung Bei der alten Furt

Neunkirchen (GSG) erbaute von 1960 – 1963 Reihen- und Doppelhäuser in der Straße Bei der alten Furt und den kleinen Verbindungsstraßen zu der Straße Zum Pfaffental. In diesen kleinen Verbindungsstraßen stehen zwischen 3 und 5 Zweifamilienreihenhäuser. Die Straßen sind nur einseitig bebaut. Die Häuser wurden anschließend an Interessenten verkauft. Auf Vorschlag des Heimatforschers Bernhard Krajewski legte der Stadtrat in seiner Sitzung am 22. 01. 1960 die Namen für die 6 kurzen Straßen fest.

Diese Wege haben Namen, die an Flurbezeichnungen oder an Örtlichkeiten im Bereich Furpach orientiert sind:

- Vor dem Schwarzenkopf
- Vor dem Heidenkopf
- Im Hanfgarten
- Gutsweiherweg
- Brückweiherweg
- Kohlweiherweg

Bei dem Brückweiher handelte es sich um einen kleinen Weiher an der Limbacher Straße zwischen Furpach und Kohlhof.

Den Weiher gibt es aber schon lange. In einer Flurkarte von 1764 ist eine Flur „Am Brückweyher" eingezeichnet. Letztlich geht der Straßenname auf diese Flurbezeichnung zurück. Beim Weiher gab es einen Hof, der nach dem ersten Ansiedler Daniel Böhler Böhlershaus genannt wurde. Der Name Brückweiherhof für das Anwesen ergab sich nach einer kleinen Brücke, die es über den Ablauf des Weiher gab, der Daniel Böhler gehörte. Böhlershaus hieß im Volksmund Biehlerschhaus, und der Weiher dabei wurde dann Biehlersch Weiher genannt. Um den Hof herum hatte sich entlang der heu-

tigen Limbacher Straße der Kohlhofer Ortsteil Brückweiherhof gebildet.

Der Weiher wurde in den 1960er Jahren vom Angelsportverein Furpach wieder neu angelegt und wird heute allgemein als Biehlersweiher bezeichnet. Am Weiher steht eine schöne Fischerhütte, die zur Einkehr einlädt.

Brunnenpfad NK *dann Schulers Gässchen, heute* *Treppe des Steinbrunnenweges* *Siehe Steinbrunnenweg*

Brunnenstraße NK vorher teilweise Eselsfurth, zeitweise und teilweise auch Karl-Liebknecht-Straße

Lage und Verlauf:
Die Brunnenstraße führt von der Kreuzung Marktstraße/Hohlstraße/Talstraße leicht abfallend nach Nordosten und mündet in die Ringstraße.

Städt. Klinikum in der Brunnenstraße

Informationen zum Namen und zur Geschichte der Straße:
Die Brunnenstraße liegt in der Flur Eselsfurth. Vor dem Bau der Brunnenstraße führte auf den ersten ca. 150 m ein Fußpfad von der Kreuzung Marktstraße/Hohlstraße/Talstraße in Richtung der Quellen im Bereich Steinbrunnenweg/Fischkasten. In einem Situationsplan von Neunkirchen aus dem Jahre 1883 ist von der Hohlstraße her auf der Trasse der heutigen Brunnenstraße eine schmale Sackgasse eingezeichnet[B54]. Diese Gasse hatte

---

B54 Situationsplan NK 1883, vgl. Anm. A4

noch keinen offiziellen Namen, wurde aber nach der dort liegenden Flur Eselsfurth genannt. Über diesen Weg holten sich die Anwohner der Tal- und der Marktstraße ihr Wasser. Im Gebiet zwischen Steinbrunnenweg/Heizengasse und Haspel lag eine Reihe von Brunnen. Hier ist nämlich ein natürlicher Quellhorizont vorhanden, da der wasserspeichernde Buntsandstein in dem Bereich auf dem Karbon aufliegt. Einige Straßennamen wie Brunnenstraße, Steinbrunnenweg, Fischkasten und Quellenstraße erinnern noch an den Wasserreichtum dieses Bezirks[B55]. Im Bereich der heutigen Brunnenstraße lagen drei Brunnen. Zwei, nämlich der Hakenbrunnen (am Ende des Hakenbrunnerpfades) und der Steinbrunnen (im Steinbrunnenweg), lagen nördlich und der am Ende der Blödgasse (Fischkasten) lag südlich der Trasse der Eselsfurth/Brunnenstraße.

Nach dem Beschlussbuch der Gemeinde Neunkirchen beschloss der Rat am 11. 08. 1919 einen Fluchtlinienplan für die projektierte Brunnenstraße, die zu einer Hauptverkehrsstraße bis zur Kaiser-Wilhelm-Straße (heute Ringstraße) werden sollte. Am 22. 7. 1921 beschloss der Rat den Kauf, den Tausch und die Enteignung von Land, das zur Anlegung der Brunnenstraße benötigt wurde, und am 01. 12. 1922, dass der Ausbau der Brunnenstraße als Notstandsarbeit in Angriff genommen werden soll. Das kurze Wegstück Eselsfurth nahe der Kreuzung Marktstraße/Talstraße/Hohlstraße wurde in diese Planung einbezogen. Den Namen Brunnenstraße hatte die geplante Straße schon in einer Sitzung des Gemeinderates Neunkirchen am 24. 04. 1903 erhalten[B56]. Nach dem Ausbau reichte die Brunnenstraße bis in Höhe der heutigen Einmündung Haspelstraße. Daran schloss sich dann die Karl-Liebknecht-Straße an, die wiederum in die heutige Ringstraße einmündete.

Am 13. Januar 1935 fand im damaligen Saargebiet eine Volksabstimmung statt, in der die Bevölkerung zwischen einem Anschluss an Frankreich, der Beibehaltung des status quo oder der Rückkehr nach Deutschland entscheiden konnte. Eine überwältigende Mehrheit von 90,73 % stimmte für die Rückkehr nach Deutschland. Bereits am 17. 01. 1935 beschloss daraufhin der Rat des Völkerbundes die Wiedereinsetzung Deutschlands in die Regierung des Saarbeckens zum 1. März 1935. Noch vor diesem Datum beschloss der Stadtrat

von Neunkirchen Ende Januar 1935 die Änderung von Straßennamen zum 1. Februar 1935, um damit nationalsozialistische Größen oder verdiente Soldaten des 1. Weltkrieges zu ehren bzw. an Schlachtenorte des 1. Weltkrieges oder an Opfer der französischen Besatzung zu erinnern. Weitere Straßennamen wurden geändert, weil sie vorher an ausgesprochene Gegner des Nationalsozialismus erinnerten. Deshalb wurde beschlossen, die bisherige Brunnenstraße mit der Karl-Liebknecht-Straße in ihrer gesamten Länge zur Brunnenstraße zusammen zu legen.

Am 01. 04. 1936 beschloss der Stadtrat (Beschlussbuch der Stadt) die Aufnahme von Darlehen u. a. zum endgültigen Ausbau der Brunnenstraße. Die Saar- und Blieszeitung meldete dann am 06. 03. 1937, dass die Brunnenstraße derzeit ihre letzte Teerdecke erhält und am 23. 03. 1937, dass die Straße fertiggestellt sei.

Öffentliche oder sonst bedeutsame Gebäude in der Straße:

- Städtisches Klinikum Neunkirchen

  Am 29. Januar 1965 übernahm die Stadt Neunkirchen das Hüttenkrankenhaus, das 1874 als Viktoriahospital an der heutigen Ecke Hospitalstraße/Brückenstraße entstanden war, als Städtisches Krankenhaus. Da in dem alten Gebäude ein Investitionsbedarf von ca. 14 Millionen DM festgestellt worden war, entschloss man sich, ein neues Gebäude an anderer Stelle zu bauen. Am 20. 06. 1968 fand der erste Spatenstich an der Brunnenstraße statt, und am 11. 09. 1973 konnte der Umzug in das neue Haus stattfinden. Der Neubau mit ca. 350 Betten kostete damals 20, 5 Millionen DM.

  Am 30. 06. 1993 wurde das bisherige Städtische Krankenhaus in eine gemeinnützige GmbH umgewandelt, und im Juli 2002 erfolgte die Namensänderung in „Städtisches Klinikum Neunkirchen gemeinnützige GmbH". Es handelt sich um ein akademisches Lehrkrankenhaus der Universität des Saarlandes und dient der Schwerpunktversorgung mit derzeit 311 Betten in 8 Fachabteilungen (Innere, Gynäkologie mit Geburtshilfe, Chirurgie, Urologie, Onkologie, Neurologie, HNO, Intensiv und Anästhesie). Zur Ergänzung der Akutversorgung wird eine häusliche Krankenpflege angeboten. Im Haus sind ca. 600 Mitarbeiter beschäftigt.

B55 Krajewski: Heimatkundliche Plaudereien 4, vgl. Anm. B50, S. 43

B56 Saar- und Blieszeitung v. 25. 04. 1903

Brunnenstraße Wi *heute Kurt-Hoppstädter-Straße*
Siehe Kurt-Hoppstädter-Straße

Buchenschlag Fu

Lage und Verlauf:
Der Buchenschlag ist eine Verbindungsstraße im Stadtteil Furpach zwischen Birkenweg und der Straße Lattenbüsch. Sie verläuft parallel zur Limbacher Straße in Ost-West-Richtung.

Buchenschlag aus Richtung Birkenweg

Informationen zum Namen und zur Geschichte der Straße:
Der Straßenname geht auf eine Flurbezeichnung zurück, die es in diesem Bereich gibt. Auf dem Gelände standen bis zur Rodung 1936 zahlreiche Buchen.

Zwischen 1936 und 1938 wurde auf dem Gelände des früheren Hofgutes Furpach durch die Saarpfälzische Heimstätte GmbH eine Siedlung erstellt. Im 1. Bauabschnitt wurden im Bereich nördlich der Limbacher Straße und westlich der nach Ludwigsthal führenden Straße folgende Straßen erschlossen und mit kleinen Siedlerhäusern, Volkswohnungen und Eigenheimen bebaut: Nachtweide, Kleeweide, Buchenschlag, Lattenbüsch, Litzelholz, Geißenbrünnchen, Vor Birkum (heute Birkenweg)[B57]. Kaum eines dieser Häuschen ist noch im ursprünglichen Zustand. Fast alle wurden umgebaut, aufgestockt oder haben Anbauten erhalten.

Da die Siedler zur Kleinviehhaltung angehalten waren, waren die Grundstücke der Häuser ziemlich groß, so dass vielfach auch eine Abtrennung eines weiteren Baugrundstücks möglich war. So entstand nach dem 2. Weltkrieg durch Teilung der Grundstücke auf der Nordseite der Straße die neue Karcherstraße.

Von 1937 bis zum Bau der katholischen Kirche 1953 standen am östlichen Ende des Buchenschlages 2 große Holzbaracken, in denen ein Teil der Volksschule Furpach bis zum Bau des Schulgebäudes 1949/50 und danach in einer Baracke die kath. Kirche untergebracht waren.

Buchenweg NK *vorher Siebenbürgenweg*

Lage und Verlauf:
Der Buchenweg ist eine Verbindung zwischen Waldstraße und Stieglitzweg und kreuzt dabei die Koßmannstraße.

Das Teilstück zwischen Koßmannstraße und Stieglitzweg kann nicht ganz durchfahren werden, da vom Buchenweg eine Treppe zum tiefer gelegenen Stieglitzweg führt.

Buchenweg aus Richtung Waldstraße

Informationen zum Namen und zur Geschichte der Straße:
Die Tochter von Karl Ferdinand Stumm, Frau Berta von Sierstorpff, setzte 1927 die Tradition, Werksangehörige beim Erwerb von Wohneigentum zu unterstützen, im Rahmen des Vaterländischen Frauenvereins vom Roten Kreuz fort.

Eine von ihr ins Leben gerufene Bau- und Siedlungsgenossenschaft begann in diesem Jahr mit dem Bau der Rote-Kreuz-Siedlung im Steinwald. Die ersten Häuser entstanden an der heutigen Waldstraße und auf der

B57   Mons, Bernhard: Siedlungsgeschichte Furpach, vgl.
      Anm. B35, S. 17

Südseite der heutigen Koßmannstraße. Damit begann die Besiedlung des Steinwaldgebietes. Noch vor Beginn des 2. Weltkrieges wurde die Erweiterung der Siedlung nach Osten und nach Norden fortgesetzt und dabei u. a. Wohnraum für die Opfer der Gasometerexplosion von 1933 geschaffen.

Durch Beschluss des Stadtrates Neunkirchen vom 29. 01. 1935 wurden die Straßen in der Steinwaldsiedlung, die bisher ohne eigene Namen waren, nach Städten oder Gebieten in den Grenzbereichen des Deutschen Reiches benannt, die nach dem 1. Weltkrieg von Deutschland oder Österreich abgetrennt wurden oder die mit den jeweiligen Nachbarn umstritten waren. So wurde der heutige Buchenweg nach dem von Rumänien beanspruchten Siebenbürgen benannt (siehe Siebenbürgenweg).

Unmittelbar nach dem 2. Weltkrieg wurden die revanchistisch klingenden Straßennamen abgeschafft und die Straßen im Steinwaldgebiet nach heimischen Baumarten benannt.

Der Siebenbürgenweg wurde Buchenweg genannt.

Buchenweg Wi heute Eibenweg
Siehe Eibenweg

Büchelstraße NK

Lage und Verlauf:
Die Büchelstraße ist eine Seitenstraße der Talstraße, die von ihr nach Südosten abzweigt und nach wenigen Metern als Sackgasse vor dem Gelände der Schlossbrauerei endet.

Büchelstraße mit Einfahrt zum Brauereigelände

Informationen zum Namen und zur Geschichte der Straße:
Der Straßenname ist von der Flurbezeichnung „Auf'm Büchel" abgeleitet. Büchel ist eine Schreibvariante von Bühel = Hügel/Anhöhe, was für die Örtlichkeit auch zutrifft.

In einem Situationsplan von Neunkirchen aus dem Jahre 1890 ist die Straße schon eingezeichnet, aber noch ohne Namen. Laut Adressbuch von 1888 waren damals die Gebäude in der Straße noch zur Talstraße gehörig. Erst in einer Sitzung des Gemeinderates Neunkirchen 1903 wurde der Straße, die im Wesentlichen eine Zufahrt zum Gelände der ehemaligen Schlossbrauerei ist, ein eigener Name verliehen[B58].

Öffentliche oder sonst bedeutsame Einrichtungen in der Straße:
- Alter Evangelischer Friedhof
  Der Friedhof ist 1831 angelegt worden und wurde bis 1873 belegt. Anlass für die Errichtung eines neuen Friedhofs war eine Anordnung des Kgl. Landrats von Ottweiler, der zur Vermeidung von Ansteckungsgefahr gegen Cholera bestimmte, dass Kirchhöfe grundsätzlich außerhalb der Ortschaften angelegt werden müssen[B59]. Das Gelände auf dem Büchel lag damals am Dorfrand. Als der Friedhof zu klein wurde, wurde er 1873 in das damals noch freie Gelände oberhalb (südlich) der Ellenfelder verlegt. 1904 erwarb die Schloßbrauerei einen Teil des ehemaligen Friedhofgeländes und nach dem 1. Weltkrieg den Rest.
- Schloßbrauerei
  Im alten Renaissanceschloss Neunkirchen wurde zwar auch schon Bier gebraut, der Name Schloßbrauerei wurde von dem Gründer Christian Schmidt (1813 – 1897) jedoch wegen der Nähe seines Stammhauses zum Barockschloss Jägersberg gewählt. Dieses Stammhaus (Gründung 1838) stand an der Ecke Marktstraße/Schlossstraße und wurde nach Verlegung des Brauereibetriebes 1872/73 auf den Büchel als Gaststätte Hopfenblüte bekannt.
  Gründer der Schloßbrauerei war Christian

B58 Saar- und Blieszeitung v. 25. 04. 1903
B59 Krajewski, Bernhard: Von den alten Friedhöfen in Neunkirchen, in: Neunkircher Hefte Nr. 4 des Verkehrsvereins Neunkirchen, Neunkirchen 1977

Schmidt (1813 – 1897)[B60]. Die Schloßbrauerei war bis zu ihrer Übernahme durch die Karlsbergbrauerei Homburg in den 1980er Jahren einer der größten Arbeitgeber in der Stadt. Auf dem Gelände der Brauerei befindet sich heute nur noch eine Distribution des Karlsberg-Konzerns.

Bürgermeister-Ludwig-Straße NK vorher Ludwigstraße

Lage und Verlauf:
Die Bürgermeister-Ludwig-Straße zweigt vom Oberen Markt nach Osten ab und verläuft teilweise entlang des Neuen Markplatzes bis zur Jägerstraße.

Bürgermeister-Ludwig-Straße aus Richtung Oberer Markt

Informationen zur Geschichte und zum Namen der Straße:
In einem Grundriss über projektierte Straßen in Neunkirchen vom 05. 12. 1864 wurde der Verlauf der Straße erstmals skizziert. Danach sollte die Straße eigentlich Wilhelmstraße heißen[B61]. In einem Ortsplan von 1890 wurde sie als Utschstraße bezeichnet und endete als Sackgasse in Höhe der heutigen Johannesstraße[B62].
Diese Bezeichnung dort ist aber nicht zutreffend, da es sich bei der tatsächlichen Utschstraße um den Teil der heutigen Johannesstraße zwischen Bürgermeister-Ludwig-Straße und Max-Braun-Straße handelte.

Die Straße wurde schließlich nach dem Vornamen des ersten Bewohners, Ludwig Ruffing, benannt. Sie ging damals bis zur heutigen Falkenstraße. Am 24. 04. 1903 bestimmte der Gemeinderat Neunkirchen, dass der zwischen Jägerstraße und Falkenstraße liegende Straßenteil zukünftig Luisenstraße heißt[B63].
Im Zusammenhang mit der Machtübernahme der Nationalsozialisten im Saargebiet nach der Volksabstimmung am 13. Januar 1935 wurden im Stadtgebiet zahlreiche Straßen umbenannt, überwiegend aus politischen Grünen, in einigen Fällen aber auch ohne jeden politischen Hintergrund.
So wurde zum 1. Februar 1935 aus der früheren Ludwigstraße in Erinnerung an den langjährigen und verdienstvollen Bürgermeister Hermann Ludwig die Bürgermeister-Ludwig-Straße[B64].
Der Torbogen zum Hof des an der Ecke Bürgermeister-Ludwig-Straße/Oberer Markt stehenden Cafe Sick ist ein Relikt aus der Fürstenzeit. Hier stand das Haus des fürstlichen Jägers Utsch.

Informationen zum Namensgeber:
Hermann Ludwig (19.07.1858 – 20.03.1931), Bürgermeister, wurde in Wadern geboren. Nach dem frühen Tod seiner Eltern trat er mit 14 Jahren als Verwaltungslehrling bei dem Bürgermeisteramt Wadern ein. Von dort kam er zur Regierung in Trier und dann zum Landratsamt Ottweiler als Kreisausschuss-Sekretär. Im Jahre 1883 wurde er zum Beigeordneten und 1885 zum Bürgermeister der Landbürgermeisterei Neunkirchen ernannt und in Personalunion Gemeindevorsteher der Gemeinde Neunkirchen. Zur Bürgermeisterei gehörten außer Neunkirchen noch Niederneunkirchen, Spiesen, Elversberg, Wellesweiler und Kohlhof. Die Ernennung des erst 27jährigen zum Bürgermeister der damals größten Landbürgermeisterei in der Rheinprovinz verdankte er vornehmlich dem Freiherrn von Stumm, der ihn als Kreisdeputierten in Ottweiler kennen und schätzen gelernt hatte.
In seiner 41-jährigen Dienstzeit als Bürgermeister hat er in rastloser Arbeit und kluger Umsicht die Voraussetzungen geschaffen, die zur Verleihung der Stadtrechte führten. Diese wurden der Gemeinde Neunkirchen nach Eingemeindung von Niederneunkirchen, Wellesweiler und Kohlhof am 01. 04. 1922 durch die Völkerbundregierung des Saargebietes verliehen, nachdem

B60 Krajewski: Neunkirchen damals, vgl. Anm. B2, S. 26; Josten, Karl: Sonstige Industrie in NK, in: Stadtbuch 1955, vgl. Anm. A12, S. 327
B61 Grundriss projektierte Straßen 1864, vgl. Anm. A13
B62 Situationsplan NK 1883, vgl. Anm. A4

B63 Saar- und Blieszeitung v. 25. 04. 1903
B64 Saar- und Blieszeitung v. 30. 01.1935

frühere Versuche hierzu am Widerstand der preußischen Regierung gescheitert waren. Ab dem gleichen Tag bildeten die Gemeinden Spiesen und Elversberg eine eigene Bürgermeisterei. Von den vielseitigen Tätigkeiten und Erfolgen des Bürgermeisters Ludwig seien nur einige genannt. Er hat u.a. das Wasserwerk (in Wellesweiler) nicht nur laufend erweitert, entsprechend dem Wachstum der Bevölkerung, sondern auch die Wasserversorgung durch Erwerb der zum Wassereinzugsgebiet gehörenden Grundstücke gesichert. So erwarb er für die Gemeinde u.a. das Hofgut Haus Furpach und die Haseler Mühle. Die Landkäufe für das Wasserwerk erreichten schließlich einen solchen Umfang, dass der Bürgermeister von Mittelbexbach öffentlich davor warnte, an die Gemeinde Neunkirchen Grundstücke zu verkaufen. Die Ankäufe wurden trotzdem auch für andere Zwecke fortgesetzt und bilden den Grundstock des späteren ungewöhnlich großen und wertvollen Grundbesitzes der Stadt. Unter Ludwig wurden ein Elektrizitätswerk und die Straßenbahn gebaut, die Volksschulen und die höheren Schulen mit erheblichen finanziellen Aufwendungen der Gemeinde gefördert. Seine besondere Fürsorge wandte er den Armen der Gemeinde zu. Das „Armenreferat" hat er stets persönlich geführt, obwohl es ihm manche Unannehmlichkeiten einbrachte. Bürgermeister Ludwig trat 1926 in den Ruhestand und starb am 20.3.1931. Er ist auf dem Friedhof Scheib begraben.

Bürgermeister-Regitz-Straße We vorher Neunkircher Chaussee, Sandhügelstraße, Steinwaldstraße, zeitweise (1935 – 1945) Mackensenstraße, volkstümlich im oberen (westlichen) Teil Sandhiwwel, im unteren (östlichen Teil) Gemeine Gass

Lage und Verlauf:
Die Straße führt von der Bliesbrücke in Wellesweiler nach Südwesten bergauf in Richtung des Steinwaldes bzw. Richtung Scheib.

Informationen zum Namen und zur Geschichte der Straße:
In alter Zeit wurde die Straße Gemeine Gass oder Neunkircher Chaussée genannt. Auch im Renovatur- und Schatzungsprotokoll von 1740 war die Straße als Neunkircher Chaussée bezeichnet worden. Damals war sie jedoch nur ein nicht ausgebauter Weg. In einer Übersichtskarte von Wellesweiler aus dem Jahre 1822

Bürgermeister-Regitz-Straße Blickrichtung Ortsmitte, im Hintergrund das Kraftwerk Bexbach

wurde die Straße als Weg nach Neunkirchen bezeichnet. Zu dieser Zeit gab es schon eine teilweise Bebauung bis über die Höhe der heutigen Eifelstraße (damals Mühlenweg) hinaus[B65].

Im Verwaltungsbericht der Bürgermeisterei Neunkirchen für die Zeit von 1885/86 bis 1895/96 führte Bürgermeister Ludwig zur Entwicklung des Straßenwesens aus, im Berichtszeitraum sei eine Reihe von Straße ausgebaut bzw. gründlich hergestellt worden, u. a. die Straße von Wellesweiler über den Sandhügel nach Neunkirchen und weiter nach Spiesen. Gründlich hergestellt bedeutete damals bestenfalls eine Schotterung der Straßendecke. Die Straße führte damals auch den Namen Sandhügelstraße. Im Volksmund wird der obere (westliche) Teil der Straße auch heute noch allgemein „Sandhiwwel" genannt.

Später erhielt sie den Namen Steinwaldstraße, da sie aus Richtung Wellesweiler durch den Steinwald zur Oberstadt von Neunkirchen führt.

Am 13. Januar 1935 fand im damaligen Saargebiet eine Volksabstimmung statt, in der die Bevölkerung zwischen einem Anschluss an Frankreich, der Beibehaltung des Status quo oder der Rückkehr nach Deutschland entscheiden konnte. Eine überwältigende Mehrheit von 90,73 % stimmte für die Rückkehr nach Deutschland. Bereits am 17. 01. 1935 beschloss daraufhin der Rat des Völkerbundes die Wiedereinsetzung Deutschlands in die Regierung des Saarbeckens zum 1. März 1935. Noch vor diesem Datum beschloss der Stadtrat von Neunkir-

---

B65 Remy, G.: Heimatbuch von Wellesweiler, vgl. Anm. A45, S. 44

chen am 29. 01. 1935 die Änderung von Straßennamen zum 1. Februar 1935, um damit nationalsozialistische Größen oder verdiente Soldaten des 1. Weltkrieges zu ehren bzw. an Schlachtenorte des 1. Weltkrieges oder an Opfer der französischen Besatzung in der Saargebietszeit (1920 – 1935) zu erinnern. Die bisherige Steinwaldstraße wurde nach August von Mackensen, einem preußischen General, der im 1. Weltkrieg im August 1914 am Sieg bei Tannenberg/Ostpreußen über die Russen maßgeblich beteiligt war, benannt[B66].

Unmittelbar nach dem 2. Weltkrieg wurde sie wieder zur Steinwaldstraße. Auf der Gegenseite gibt es aber ebenfalls eine Steinwaldstraße, die von der Scheib durch den Steinwald in Richtung des Stadtteils Wellesweiler führt. An beiden Straßen stehen zahlreiche Wohnhäuser, was vor allem bei Postzustellungen ständig zu Irrtümern und damit verbundenen Klagen führte. Daraufhin schlug der Bezirksvorsteher von Wellesweiler am 18. 09. 1963 vor, die Steinwaldstraße in Wellesweiler in Sandhügelstraße umzubenennen. Das lehnte der Hauptausschuss des Stadtrates jedoch ab. Daraufhin schlug die Stadtverwaltung vor,

- die Waldstraße in die beiden Steinwaldstraßen einzubeziehen und den gesamten Straßenzug durchgehend von der Scheib bis nach Wellesweiler Steinwaldstraße zu benennen oder
- die Steinwaldstraße in Neunkirchen in die Waldstraße einzubeziehen oder
- die Steinwaldstraße in Neunkirchen Obere Steinwaldstraße und die in Wellesweiler Untere Steinwaldstraße zu benennen.

Auch dieser Vorschlag wurde vom Hauptausschuss abgelehnt, so dass es zunächst bei der alten Regelung blieb[B67]. Im Mai 1975 wurde das Wirken des verstorbenen Oberbürgermeisters und langjährigen Landtagsabgeordneten Friedel Regitz posthum mit der Benennung der in seinem Heimatort liegenden Straße nach ihm gewürdigt.

Im Jahr 1936 wurde die Straße erstmals kanalisiert. Dabei wurden hauptsächlich das Regenwasser aus den Dachrinnen und die Abwässer aus Küche und Waschküche erfasst, die bis dahin durch Straßenrinnen abgelaufen waren. Wasserklosetts und Badezimmer gab es damals noch nicht in den Häusern. Richtige Hausanschlüsse

wurden erst nach dem 2. Weltkrieg gebaut. Am 01. 04. 1937 beschloss der Stadtrat (Beschlussbuch der Stadt) die Aufnahme von Darlehen zum Ausbau u.a. der Mackensenstraße in Wellesweiler, so dass nach der Kanalisierung auch gleich der Ausbau der Straße (allerdings ohne gleichzeitigen Ausbau der Bürgersteige) erfolgen konnte. Nach einer Meldung in der Saarbrücker Zeitung vom 26. 02. 1959 wurden in der Steinwaldstraße in Wellesweiler zwischen Schulstraße (heute Ernst-Blum-Straße) und Blies Häuser abgerissen. Es musste Platz gemacht werden zum Bau einer neuen Ausfallstraße aus dem Ort, dort verläuft heute der Autobahnzubringer.

Informationen zum Namensgeber:

Oberbürgermeister Friedrich Regitz (07. 06.1925 – 06. 08. 1971) ist eine der großen Persönlichkeiten in der Geschichte der Stadt Neunkirchen. Er wurde in Neunkirchen geboren. 1952 war er einer der Mitbegründer und dann 2. Vorsitzender der deutschorientierten DSP (Deutsche Sozialdemokratische Partei), die im Gegensatz zur SPS (Sozialistische Partei Saar) und deren Befürwortung einer endgültige Abtrennung des Saarlandes von Deutschland stand. Die DSP bildete mit der CDU und der DPS den Heimatbund, der in der Volksabstimmung 1955 gegen einen europäischen Status für das Saarland stimmte, da dies eine endgültige Abtrennung des Saarlandes von der Bundesrepublik bedeutet hätte. Nach der gewonnenen Abstimmung schloss sich die DSP der bundesdeutschen SPD an. Für diese gehörte Regitz ab 1955 dem Saarländischen Landtag an. Der Landtagsabgeordnete Regitz, gleichzeitig auch Chefredakteur der Saarbrücker Allgemeinen Zeitung, war von Mai 1960 bis April 1966 auch Stadtverordneter in Neunkirchen. Er war Fraktionschef und Vorsitzender der SPD in der Stadt und in allen wichtigen Ausschüssen und Gremien der Stadt vertreten. Von Herbst 1966 bis zu seinem Tode 1971 war Regitz erster Oberbürgermeister der Stadt. Er starb nach einer Operation am 6. August 1971 in Homburg. Für die Stadt, vor allem für die Sozialdemokraten, war dieser plötzliche Tod ein herber Verlust.

Öffentliche oder sonst bedeutsame Einrichtungen in der Straße:

- Kothenbrunnen
  In Wellesweiler gab es neben Hauspumpen und Ziehbrunnen früher zwei Laufbrunnen, die für alle Bewohner zugänglich waren. Sie waren bis zur Einführung der zentralen Wasserversorgung

---

B66 Saar- und Blieszeitung v. 30. 01. 1935

B67 Stadt Neunkirchen Hauptamt, Akte Benennung von Straßen, Az. 62-32-10

Treffpunkt der Wasserholer der Familien und damit auch Mittelpunkt des dörflichen Lebens. Einer dieser für die Wasserversorgung der Bevölkerung wichtigen Laufbrunnen befand sich gegenüber der Stengelkirche und der andere, der Kothenbrunnen, auf der westlichen Bliesseite an der heutigen Bürgermeister-Regitz-Straße. Er hat viele Jahrzehnte die Bevölkerung mit Wasser versorgt.

1873 wurde der Brunnen auf Beschluss des Gemeinderates gefasst. Er war damals der stärkste Brunnen im Ort. 1935 wurde der Brunnen und die Brunnenstube neu gestaltet.

Etwa 1965 wurde der Brunnen abgerissen, sein Quellwasser durch einen Kanal in die Blies geleitet.

1996 wurde der Kothenbrunnen wieder nachgebaut am 13. Dezember in einem kleinen Park mit Spielplatz am unteren Ende der Bürgermeister-Regitz- Straße eingeweiht. Der neue Brunnen wird allerdings nicht mehr von der alten Quelle gespeist.

Burggasse NK *heute Rödelsgasse*
Siehe Rödelsgasse

Burrwiesenweg NK vorher teilweise Holzgehege

Lage und Verlauf:
Der Burrwiesenweg liegt in einem Wohngebiet nordwestlich des Zoos. Er zweigt vom Hirschgartenweg nach Nordosten ab und verläuft dann parallel zur Bliesstraße. Nach ca. 300 m vollzieht er eine Schwenkung nach Süden und endet vor dem Gelände eines Kleingartenvereins.

Informationen zum Namen und zur Geschichte der Straße:
Schon in der „Ordnung der Gemeinde Neunkirchen" aus dem Jahre 1731 wird „ein Erntweg aus dem Dorf auf den Mühlhof und die Borrwies" erwähnt.
Ursprünglich hieß nur der in Nord-Süd-Richtung verlaufende Straßenteil Burrwiesenweg. Dieser Straßenteil war mit einigen anderen Straßen in dem Wohnviertel (Biberweg, Bärenweg, Wolfsweg, Hirschgartenweg) erst in den 1950er Jahren entstanden. Der Straßenname wurde in einer Sitzung des Stadtrates am 10.12.1954 festgelegt.

Burrwiesenweg aus Richtung Hirschgartenweg

Der von Südwest nach Nordost verlaufende Straßenteil ist deutlich älter, er entstand schon Ende der 1920er Jahre.
In seiner Sitzung am 29. 07. 1930 bestimmte der Stadtrat Neunkirchen, dass die Straße an der neuen Siedlung hinter der Bliesmühle „Holzgehege" heißen soll. Anfang der 1960er Jahre wurde die Straße ausgebaut. Der Monatsspiegel Neunkirchen meldete in seiner Oktoberausgabe 1964 den Abschluss dieser Ausbauarbeiten.
Durch Stadtratsbeschluss vom 03. 11. 1976 wurde die bisherige Straße Holzgehege in den Burrwiesenweg einbezogen.

Öffentliche oder sonst bedeutsame Einrichtungen in der Straße:
- Kleingartengelände
Am südlichen Ende der Straße befindet sich das Gelände des Kleingartenvereins Garten- und Blumenfreunde Nordpol.

Bussardweg Wi vorher Meisenweg

Lage und Verlauf:
Am nordwestlichen Ortsrand von Wiebelskirchen zwischen Römerstraße und Blies liegt das Wohngebiet Labenacker, dessen Straße nach Vögeln benannt sind. Der Bussardweg zweigt dort von der Erschließungsstraße Habichtweg nach Osten ab und endet nach ca. 150 m als Sackgasse:

Informationen zum Namen und zur Geschichte der Straße:
Die Straße gehört zu der zwischen 1959 und 1966 in 3

Bussardweg aus Richtung Habichtweg

Bauabschnitten durch die Staatliche Vermögensverwaltungsgesellschaft errichteten Wohnsiedlung Labenacker. Die Straße hieß zunächst Meisenweg.

Als es nach der Gebiets- und Verwaltungsreform 1974
im Stadtgebiet einen weitere Meisenweg gab, wurde
der in Wiebelskirchen liegende zur Vermeidung von
Verwechselungen umbenannt.

Canalstraße NK *heute Teil der Lindenallee*
Siehe Lindenallee

Carl-Ferdinand-Straße NK

Lage und Verlauf:
Die Carl-Ferdinand-Straße zweigt am südlichen Ortsausgang von Neunkirchen nach Osten von der Zweibrücker Straße ab und endet nach ca. 250 m als Sackgasse. Von der Carl-Ferdinand-Straße zweigt nach
rechts die Straße Hüttensiedlung ab.

Carl-Ferdinand-Straße aus
Richtung Zweibrücker Straße

Informationen zum Namen und zur Geschichte der Straße:
Nach dem 2. Weltkrieg wurden am Stadtausgang von
Neunkirchen Richtung Furpach mehrere Wohnblocks
mit Wohnungen für Beschäftigte des Eisenwerks gebaut.
Während des Krieges waren von über 200 Werkswohnungen des Eisenwerkes ca. 30 von Bomben zerstört
worden. Außerdem waren durch Bergschäden weitere
Werkswohnungen weggefallen. Um diese Wohnungsverluste auszugleichen, wurden 12 Wohnhäuser in der
Hüttensiedlung gebaut.
Während vor dem Krieg die geschlossene Blockbebauung favorisiert worden war, wurde nunmehr vom
Neunkircher Architekten Ruckert die Zeilenbauweise
angewandt.
Es entstanden vier Bauzeilen mit je drei Doppelhäusern, die entsprechend dem Gefälle des Geländes in

der Höhe versetzt sind[C1]. Die Zeilen verlaufen in Nord-
Süd-Richtung.
Die Straße, an der diese Wohnblocks stehen, wurde
Hüttensiedlung genannt. Die Nordseite der Zufahrtsstraße zu dieser Siedlung war zunächst nicht bebaut
und hatte zunächst auch keinen eigenen Namen. Als
die dort liegenden Grundstücke ab der 1960er Jahre
mit Einfamilienhäusern bebaut wurden, erhielt die Zufahrtsstraße durch Beschluss des Stadtrates vom 14. 06.
1967 den Namen Carl-Ferdinand-Straße nach dem bedeutendsten Mitglied der Familie von Stumm-Halberg.

Informationen zum Namensgeber:
Siehe Stummstraße

Carlstraße NK *dann Karlstraße, heute Max-Braun-
Straße*
Siehe Max-Braun-Straße

C1   Gillenberg, Heinz u. Birtel, Rudolf: Neunkirchen Hütten-
        häuser, in: Neunkircher Hefte Nr. 8 des Verkehrsvereins
        Neunkirchen, Neunkirchen, o.J., S. 57

Dahlerweg Wi *volkstümlich für Pflugstraße*
Siehe Pflugstraße

Dahlienweg Wi vorher Narzissenweg

Lage und Verlauf:
Der Dahlienweg (vorher Narzissenweg) gehört zum Siedlungsgebiet Steinbacher Berg in Wiebelskirchen. Dort beginnt er an der Steinbacher Straße, verläuft nach Südosten und endet als Sackgasse.

Dahlienweg mit Blick nach Westen)

Informationen zum Namen und zur Geschichte der Straße:
Dieses Wohngebiet entstand oberhalb (nördlich) der Straße Am Enkerberg und zwar ab 1967 in mehreren Bauabschnitten. Zunächst wurde 1967/68 durch die Gemeinnützige Siedlungsgesellschaft Saarbrücken im Veilchenweg ein Block mit zweigeschossigen Einfamilienhäusern durch die Fa. Camus aus Fertigteilen erstellt. Danach erfolgte der Bau von Einfamilienhäusern ebenfalls aus Fertigteilen durch die Fa. Camus im Lilienweg (jetzt Nelkenweg) und im Fliederweg. Erst später, bis Mitte der 1970er Jahre, wurden Häuser in traditioneller Bauweise im Narzissenweg (jetzt Dahlienweg), im Tulpenweg (jetzt Gladiolenweg), im Rosenweg (jetzt Hyazinthenweg), im Asternweg und auf der rechten Seite des Veilchenwegs erstellt.
Als es nach der Gebiets- und Verwaltungsreform 1974 im Stadtgebiet einen weiteren Narzissenweg gab, wurde der in Wiebelskirchen liegende zur Vermeidung von Verwechselungen umbenannt.

Dammstraße NK *nicht mehr existent, vorher Teil der Binger Straße*

Lage und Verlauf:
Sie verlief als Sackgasse parallel zur Auffahrt zur Bahnhofsbrücke auf der Stadtseite.

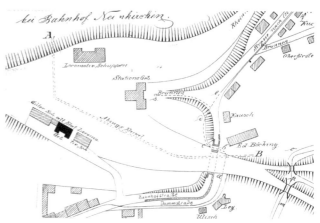

Dammstraße – Situationsskizze von 1876
Quelle: Stadtarchiv Neunkirchen

Informationen zum Namen und zur Geschichte der Straße:
Die heutige Bahnhofstraße war schon Hauptdurchgangsstraße in Richtung der damaligen Residenz- und späteren Kreisstadt Ottweiler, bevor es überhaupt einen Bahnhof in Neunkirchen gab. Sie hieß Binger Straße, da sie über Bingen die Verbindung in Richtung der Provinzhauptstadt war, und sie war Provinzialstraße d. h.: die Gemeinde erhielt von der Provinzregierung eine Entschädigung für den Unterhalt der Straße. Nachdem zunächst die Pfalzbahn gebaut war, überquerte die Straße die Eisenbahnlinie auf schienengleicher Höhe. Als dies wegen des wachsenden Verkehrs immer schwieriger wurde, wurde 1875/76 eine Straßenbrücke über die Pfalzbahnstrecke (Bahnhofsbrücke - heute Konrad-Adenauer-Brücke) gebaut, nachdem der Plan, die Bahnlinie zu untertunneln, fehlgeschlagen war[D1]. Zur Auffahrt auf diese Brücke musste stadtseitig eine Rampe gebaut werden. Da das Gelände an dieser Stelle steil zur Wellesweilerstraße abfällt, erhielt dieser Damm eine Stützmauer. Die Häuser auf der Südseite (zur Wellesweilerstraße gelegen), der alten auf Schienenhöhe liegenden Binger Straße, blieben stehen. Auf der anderen,

D1 Omlor u. Brill: Geschichte des Neunkircher Bahnhofs, S. 20; Krajewski: Plaudereien 3, vgl. Anm. B6, S. 43

zur Bahnlinie gelegenen Seite, dieser nun als Sackgasse endenden Straße, befand sich die hohe Stützmauer. Dieser verbliebene Straßenteil erhielt nun den Namen Dammstraße, während die über die Rampe zur Brücke hochführende Straße den Namen Bahnhofstraße erhielt. Die Straßensituation ist in einem Ortsplan von Neunkirchen von 1883 eingezeichnet[D2].

Als die Stützmauer 1939 einzustürzen drohte, mussten die restlichen Häuser der Dammstraße abgerissen werden, um Platz für eine breitere Dammaufschüttung zu bekommen[D3].

Im Zuge des Neubaus der Bahnhofsbrücke (heute Konrad-Adenauer-Brücke) in den Jahren 1961 – 1965 ist das ganze Gelände so verändert worden, dass von dem früheren Zustand nichts mehr zu erkennen ist.

Die Straße hatte 1905 6 Anwesen wie bei der letzten Zählung 1939 festgestellt wurde.

Danzigweg NK *dann Eichenweg, heute Koßmann-straße*

Siehe Koßmannstraße

Informationen zur ehemals namensgebenden Stadt:
Danzig (poln. Gdansk), 463 000 Einwohner, ist heute Hauptstadt einer polnischen Wojewodschaft und wichtige Hafen- und Handelsstadt im Ostseeraum. Die Stadt kam 1309 zum Deutschen Orden und wurde 1361 Mitglied der Hanse. Nachdem die Stadt später lange unter polnischer Oberhoheit war, kam sie 1793 zu Preußen und damit zum Deutschen Reich.

Nach dem verlorenen 1. Weltkrieg wurde Deutschland in den Friedensbedingungen des Vertrages von Versailles (28. 06.1919) u. a.

- zum Verzicht auf Teile seines Staatsgebietes (Elsaß-Lothringen an Frankreich, Westpreußen und Posen an Polen, das Hultschiner Ländchen an die Tschechoslowakei, das Memelgebiet unter Völkerbundverwaltung, Danzig unter Völkerbundverwaltung) und

- zur Zustimmung zu Abstimmungen in Teilen seines Staatsgebietes über den Verbleib bei Deutschland oder den Anschluss an einen anspruchstellenden Nachbarstaat (Eupen und Malmedy zu Belgien, Nordschleswig zu Dänemark, Oberschlesien zu Polen, die Regierungsbezirke Allenstein und Mari-

enwerder in Ostpreußen zu Polen, das Saargebiet zu Frankreich)

gezwungen.

Deutschland musste außerdem die dauerhafte Unabhängigkeit Österreichs anerkennen.

Danzig wurde entsprechend dem Versailler Vertrag vom Dt. Reich abgetrennt und als Freistaat dem Völkerbund unterstellt. Damals hatte die Stadt 353 000 deutsche und 12 000 polnische Einwohner[D4].

1939 forderte Hitler ultimativ die Rückkehr Danzigs zum Dt. Reich, die polnische Ablehnung nahm er zum Anlass, den 2. Weltkrieg zu entfesseln. Nach dem Ende des 2. Weltkrieges wurde Danzig endgültig polnisch.

1980 ging von Danzig die Bildung der unabhängigen Gewerkschaft Solidarnosc aus und damit der Untergang des kommunistischen Regimes.

Dechen Hei *als eigene Straßenbezeichnung nicht mehr existent, heute Teil der Grubenstraße*

Lage:
Der Wohnplatz Dechen liegt nördlich von Heinitz an der Grubenstraße, der Hauptdurchgangsstraße durch den Stadtteil.

Informationen zum Namen und zur Geschichte des Wohnplatzes:
Nachdem die Grube Heinitz in den Anfangsjahren ihres Bestehens hervorragende Ergebnisse gebracht hatte, beschloss die Bergverwaltung zwischen den Anlagen Heinitz und König einen weiteren Förderstandpunkt zu schaffen. 1854 und 1856 wurden im unteren Holzhauertal zwei Schächte abgeteuft. Die neue Anlage wurde 1855 nach dem Direktor des Oberbergamtes in Bonn, Dr. Heinrich von Dechen, benannt. Die Grube Dechen lief bis Ende 1963 als selbständige Anlage und wurde dann mit der Grube König zu einem Verbundbergwerk zusammengelegt. Am 31. 03. 1968 wurde die Grube stillgelegt.

Unmittelbar bei der Grube, die nordwestlich der Durchgangsstraße lag, entstanden auf der Südostseite der Straße einige Häuser für Bergarbeiterfamilien. Dieser Wohnplatz gehört heute zum Stadtteil Heinitz und liegt an der Grubenstraße. Die Häuser haben die Hausnummern 15 – 31. Im Grubengelände auf der anderen Straßenseite gab es auch einige Wohnhäuser der Gruben- und der Bahnver-

---

D2   Situat.-plan NK 1883, vgl. Anm. A4
D3   Saar- und Blieszeitung v. 20. 06. 1939

D4   Hilgemann Werner: Atlas zur dt. Zeitgeschichte 1918–1968, München 1984, S. 48

waltung, die teilweise schon 1860 erbaut worden waren. Einige davon wurden schon in den 1930er Jahren abgerissen. Ebenfalls im Grubengelände stand ein Schlafhaus, in dem während der Woche 170 bis 180 Bergleute untergebracht waren. Während des 2. Weltkrieges waren in dem Gebäude Kriegsgefangene, die im Bergwerk arbeiteten, untergebracht. Als der Platz nicht ausreichte, wurden 1942 neben dem Schlafhaus 2 Baracken zur Unterbringung weiterer Gefangener erstellt. Nach dem Krieg wurden die Baracken abgerissen und das Schlafhaus als Wohngebäude für Familien umgebaut.

Nachdem 1968 die Grube Dechen geschlossen worden war, wurden die Tagesanlagen abgebaut und 1970 auch das ehemalige Schlafhaus abgerissen. Heute gibt es im ehemaligen Grubengelände keinerlei Gebäude mehr, sondern nur noch die Wohnhäuser auf der Südostseite der Grubenstraße.

Informationen zum Namensgeber:

Heinrich von Dechen (1800 – 1889) begann mit 18 Jahren ein bergmännisches Studium und bereiste verschiedene deutsche aber auch englische, belgische und französische Bergbaugebiete. Ab 1828 war er als Assessor und Oberbergrat am Oberbergamt in Bonn tätig und von dort aus auch mit dem saarländischen Bergbau befasst. 1835 wurde er Geheimer Bergrat in der Ministerialverwaltung in Berlin und war nebenamtlich als außerordentlicher Professor an der Berliner Universität tätig. Von 1841 – 1864 war er Direktor des Oberbergamtes Bonn und aus dieser Tätigkeit heraus auch häufig im Saarland. In seine Zeit fiel die Umstellung vom Stollen- zum Schachtbau und der Bau der Eisenbahnen, die den Abtransport der Kohle wesentlich erleichterten.

Der Hof NK *(Neunkircher Hof) Wohnplatz an der Saarbrücker Straße*
Siehe Neunkircher Hof

Die Fels NK *dann Felsstraße, heute Teil der Hohlstraße*
Siehe Hohlstraße

Die Fels We

Lage und Verlauf:

Die Straße Die Fels in Wellesweiler ist eine einseitig bebaute, teilweise parallel zur Eifelstraße verlaufende Wohnstraße, die im Norden einen Anschluss an den Mühlackerweg, nach Westen eine Verbindung zur Straße Auf'm Mühlenberg und nach Osten eine Anbindung an die Eifelstraße hat.

Die Fels Blickrichtung Mühlackerweg

Informationen zum Straßennamen und zur Straßengeschichte:

Nach dem Wellesweiler Heimatforscher Friedrich Bach heißt der aus rotem Sandstein bestehende Felsenhang des Mühlenberges, dessen ebener Rücken 1740 „Auf Elß" genannt wurde, noch heute im Volksmund „Die Fels". Davon abgeleitet ist auch der Flurname „Forells" (Vor dem Fels). Die Flur „In der Forells" liegt am Fuße des Felsmassivs im Bliestal. Die o.a. für unsere Gegend einmalige Felsenwand wurde durch mehrere Generationen hindurch verunstaltet, zunächst durch die Anlage von Steinbrüchen, dann durch Sprengungen im Zuge der Bliesbegradigung 1936. Beim Bau des Autobahnzubringers 1975/76 wurde der Rest in eine riesige Böschung verwandelt.

Die Straße liegt mit der Straße Auf'm Mühlenberg, dem Mühlackerweg und anderen Straßen in einer Siedlung auf einem Hochplateau über dem Bliestal und dem Kasbruchtal. Unterhalb im Tal an der Stelle des jetzigen Wellesweiler Wasserwerkes lag früher die Wellesweiler Mahl- und Ohligmühle (1438 Lautzwyller Möhl). Offenbar im Bezug auf diese Mühle gibt es in dem Bereich die Flurbezeichnungen „Der Mühlenberg", „Das Mühlfeld", „Im Mühlwinkel".

Mit dem Bau der Siedlung wurde in den Jahren 1935/36 begonnen. Die Saarbrücker Zeitung vom 08. 03. 1935 berichtete, dass man mit dem Bau von 13 Doppelhäusern begonnen hat und am 04. 05. 1937, dass eine Treppe von der Eifelstraße zur Mühlenbergsiedlung gebaut wurde.

Die Straße Die Fels ist nur einseitig auf ihrer Westseite bebaut.

Nach dem 2. Weltkrieg wurden nach und nach weitere Straßen und Baustellen in der Siedlung erschlossen und Neubauten erstellt.

Distelfeld We

Lage und Verlauf:

Bei der Straße handelt es sich um eine Sackgasse, die im oberen (östlichen) Teil der Homburger Straße nach Süden abzweigt und nach einer Wendung nach Osten nach wenigen Metern endet.

Distelfeld aus Richtung Homburger Straße

Informationen zum Namen und zur Geschichte der Straße:

Der Straßenname ist von der Flurbezeichnung „Im Distelfeld", die es in diesem Bereich gibt, abgeleitet. Den Namen erhielt die Straße in einer Stadtratsitzung am 25. 04. 1985.

Die Straße ist eine reine Wohnstraße am Rande eines Industriegebietes zwischen der Homburger Straße und der Straße Im Langental, das in den 1980er Jahren entstanden ist.

Dorfplatz Ko

Lage:

Der Dorfplatz in Kohlhof liegt im Einmündungsbereich der Straße Im Stockfeld in die Andreas-Limbach-Straße.

Dorfplatz Kohlhof, rechts Andreas-Limbach-Straße

Informationen zum Namen und zur Geschichte des Platzes:

Der Dorfplatz liegt im alten Zentrum von Kohlhof. Es handelt sich um eine Wiese mit Bäumen, die von einem Straßenring umgeben ist.

Die Platzbenennung wurde durch den Stadtrat am 25. 04. 1985 auf Anregung der Kohlhöfer Arbeitsgemeinschaft, einem Zusammenschluss Kohlhöfer Bürger zur Förderung des Gemeinschaftslebens im preußischen Teil des Kohlhofs, beschlossen.

Dr.-Joseph-Goebbels-Straße Lu *davor und danach Jakobstraße, heute Jakob-Neu-Straße, volkstümlich Untergasse*
Siehe Jakob-Neu-Straße.

Informationen zum damaligen Namensgeber:

Dr. Joseph Goebbels (29.10.1897 –30. 04.1945), nationalsozialistischer Politiker. Ab 1926 war er Gauleiter der NSDAP in Berlin und ab1929 Reichspropagandaleiter der NSDAP. Nach der Machtübernahme 1933 wurde er Reichsminister für Volksaufklärung und Propaganda und Präsident der Reichskulturkammer. Er lenkte seither die öffentliche Meinung. Nach dem Attentat auf Hitler 1944 wurde er „Generalbevollmächtigter für den totalen Kriegseinsatz". Er war ein virtuoser und demagogischer Redner und auf Grund seiner Propaganda auch einer der Hauptverantwortlichen für die nationalsozialistischen Verbrechen. Er beging am 30.04.1945, unmittelbar vor Eroberung des Führerbunkers bei der Reichskanzlei in Berlin durch die Russen, zusammen mit seiner Frau Selbstmord, nachdem sie zuvor ihre 6 Kinder getötet hatten.

Drosselweg NK

Lage und Verlauf:

Der Drosselweg im Bereich der Steinwaldsiedlung zweigt vom Mövenweg nach Westen ab und endet nach ca. 200 m als Sackgasse. Etwa von der Mitte der Straße führt ein Fußweg nach Süden entlang eines Spielplatzes zur Albert-Schweitzer-Straße.

Drosselweg aus Richtung Mövenweg

Informationen zum Namen und zur Geschichte der Straße:

Die Straße gehört zwar im weiteren Sinne zur Bebauung des Storchenplatzbereiches, ist jedoch später als die Straßen unmittelbar um den Storchenplatz herum entstanden.

Die GSG erstellte in den Jahren 1955/56 im Drosselweg, im Mövenweg und im Zeisigweg (heute Kleiberweg) zweigeschossige Wohnhäuser als Kaufanwartschaftshäuser.

In der Stadtratssitzung vom 09. 04. 1957 erhielt die Straße wie die umliegenden einen Vogelnamen. Zuvor war im Hauptausschuss der Name Sperlingsweg favorisiert worden. Dagegen hatten jedoch Anwohner opponiert, da sie befürchteten, dass die Straße dann schnell „Spatzegass" genannt werde.

Dürerstraße Wi vorher linker Teil der Nikolausstraße, volkstümlich Judewies

Lage und Verlauf:

Die Dürerstraße zweigt im unteren (nördlichen) Teil der Kuchenbergstraße in Wiebelskirchen als Sackgasse nach Osten ab.

Dürerstraße aus Richtung Kuchenbergstraße

Informationen zum Namen und zur Geschichte der Straße:

Bis 1895 gab es in Wiebelskirchen keine Straßenbezeichnungen. Im ganzen Ort gab es Bezirke, die ohne weitere Nummerierung ein Finden von Häusern ermöglichten.

So wurde der Bereich der heutigen Dürerstraße zusammen mit der heutigen Grünewaldstraße Judewies genannt[D5]. Mit der Einführung der Straßennamen wurden die beiden heutigen Straßen zusammen Nikolausstraße genannt. 1954 erfolgte auf Anregung des Kultur- und Heimatrings eine umfangreiche Um- und Neubenennung von Straßen in Wiebelskirchen. Dabei erhielten einige kleine Seitenstraßen der Wilhelmstraße (heute

D5   Bürgerbuch Wi, vgl. Anm. AI, S. 221 - 223

Kuchenbergstraße), die bisher ohne eigene Namen waren und unter Hausnummern der Wilhelmstraße liefen oder nicht mehr aktuelle Namen hatten, eigene bzw. andere Namen.

Dabei erhielten die von der Wilhelmstraße nach Osten abzweigenden Straßen Namen nach berühmten Malern, so auch die bisherige Nikolausstraße. Der linke Zweig der Straße wurde nach dem bekannten deutschen Maler und Zeichner Albrecht Dürer benannt, der rechte Zweig nach dem Maler Matthias Grünewald.

Informationen zum Namensgeber:

Albrecht Dürer (21. 05. 1471 – 06. 04. 1528), in Nürnberg als Sohn eines Goldschmieds geborener deutscher Maler, Zeichner, Kupferstecher und Kunsttheoretiker, der zu den vielseitigsten Persönlichkeiten der Kunstgeschichte gehört.

Sein von den Gedanken der Renaissance, des Humanismus und der Reformation geprägtes Werk wirkte besonders auf die deutschen und niederländischen Künstler der Folgezeit. Mit seinen 350 Holzschnitten sowie etwa 100 Kupferstichen und Radierungen erhob er die Druckgraphik zu einem eigenständigen Ausdrucksmittel und prägte deren formale Entwicklung entscheidend.

Er starb 1528 in seiner Heimatstadt Nürnberg.

Dunantstraße Wi vorher Ziehwaldstraße, der obere (südöstliche) Teil volkstümlich Nassewald

Lage und Verlauf:

Die Straße liegt am östlichen Ortsrand des Stadtteils Wiebelskirchen und führt als Sackgasse von der Bexbacher Straße südostwärts in Richtung Ziehwald.

Informationen zum Namen und zur Geschichte der Straße:

Mitte des 19. Jh. hatte die Bebauung dieser Wohnstraße sowie der benachbarten Homburger Straße (heute Teil der Bexbacher Straße) und der Forsthausstraße begonnen.

Damit war die Erweiterung der zuvor begrenzten Bebauungslage des Ortsteils Seiters in Wiebelskirchen eingeleitet worden.

Bis 1895 gab es in Wiebelskirchen keine Straßenbezeichnungen. Im ganzen Ort gab es Bezirke, die ohne weitere Nummerierung ein Finden ermöglichten. So wurde der Bereich der heutigen Dunantstraße teilwei-

Dunantstraße aus Richtung Bexbacher Straße

se Nassewald genannt[D6]. Diese Bezeichnung hat ihren Ursprung darin, dass der oberhalb der Straße liegende Teil des Ziehwaldes sehr wasserreich ist. Es handelte sich um eine durch Erzgräbereien durchwühlte Klamm. Das Gebiet wird durch den Ohlenbach entwässert, der heute ab dem hinteren Ende der Elsa-Brandström-Straße bis zur Mündung in die Oster im Bereich der Ohlenbachhalle verrohrt ist.

Die aufwärts in Richtung des Ziehwaldes laufende heutige Dunantstraße wurde Ziehwaldstraße genannt. Mit der Einführung der Straßennamen wurde auch eine straßenweise Nummerierung der Wohnanwesen vorgenommen, wobei freie Baustellen berücksichtigt wurden. 1905 wurde mit dem Ausbau der Straße mit Rinnen, Randsteinen und Pflasterung begonnen.

Am Ende hatte die Ziehwaldstraße eine nach Osten abzweigende kleine Stichstraße, die zur Ziehwaldstraße zugerechnet wurde.

Im Zuge einer umfangreichen Neu- und Umbenennung von Straßen 1954 in Wiebelskirchen auf Anregung des Kultur- und Heimatrings erhielten viele kleine bisher unbenamte Straßen einen Namen. So wurde die kleine Stichstraße der damaligen Ziehwaldstraße Schinkelstraße genannt. Diesen Namen trägt sie auch heute noch.

Als es nach der Gebiets- und Verwaltungsreform 1974 eine weitere Ziehwaldstraße im Stadtgebiet gab, wurde die in Wiebelskirchen liegende zur Dunantstraße umbenannt.

Bemerkungen zum Namensgeber:

Jean Henri Dunant (08.05.1828 – 30.10.1910), Schwei-

D6   Bürgerbuch Wi, vgl. Anm. AI, S. 221 - 223

zer Philanthrop, Schriftsteller und Begründer des Roten Kreuzes. Als Dunant 1859 im Zuge einer Geschäftsreise nach Solferino/Oberitalien (südlich des Garda-Sees) kam, war er entsetzt über den Zustand der Verwundeten, die er auf einem Schlachtfeld sah. Schockiert vom Elend der Opfer und der Hilflosigkeit der Sanitätskräfte, reifte in ihm von nun an der Gedanke an eine internationale Hilfsorganisation. Im Jahre 1862 schrieb er das Buch „Un Souvenir de Solférino" (Eine Erinnerung an Solferino), in dem er vorschlug, eine neutrale Organisation zu bilden, die in Kriegszeiten verletzten Soldaten helfen sollte. 1863 wurde tatsächlich in Genf eine internationale Konferenz abgehalten und auf der Genfer Konvention von 1864 das Internationale Komitee vom Roten Kreuz gegründet. 1901 erhielt Dunant den Friedensnobelpreis.

Ebersteinstraße Wi

Lage und Verlauf:

Die Straße verläuft als Verlängerung der Ziehwaldstraße nach Nordosten durch den Ziehwald in Richtung des ehemaligen Forsthauses und Ausflugslokals Eberstein und der heutigen Sportanlage Eberstein. Es handelt sich um einen zwar befestigten und befahrbaren, jedoch für den Fahrzeugverkehr gesperrten Weg.

Informationen zum Namen und zur Geschichte der Straße:

Der Name leitet sich von dem Ziel des Weges, der kleinen Bergkuppe Eberstein, ab. Die Straße ist zwar eine Verlängerung der im Bereich des Hauptbahnhofs Neunkirchen beginnenden Ziehwaldstraße, liegt selbst aber in ihrer gesamten Länge auf Wiebelskircher Bann.

Öffentliche oder sonst bedeutsame Gebäude oder Einrichtungen an der Straße:

- Forsthaus[E1]
  1890 wurde das Forstdienstgehöft Eberstein erbaut. 1923 wurde dem dort residierenden Förster Hermann Kaufmann sen. erlaubt, ein Stück Land beim Forsthaus zu erwerben und dort eine Gaststätte zu errichten.
  Wer sich früher in den Ziehwald zum Spazieren oder Wandern aufmachte, konnte in der Waldschenke Eberstein unmittelbar beim früheren Forsthaus einkehren und sich stärken. Das Ausflugslokal ist leider geschlossen worden. Es wird als privates Wohnhaus genutzt. Auch das Forsthaus existiert nicht mehr. 1974 wurde die Revierförsterstelle nach Münchwies umbenannt.
- Sportanlage Eberstein
  Ca. 150 m nordöstlich des ehemaligen Forsthauses Eberstein befindet sich ein Hartplatz mit dazugehörendem Umkleidegebäude.

Ebersteinstraße NK heute Teil der Kettelerstraße
Siehe Kettelerstraße

Eck Wi volkstümliche Bezeichnung
Es handelt sich im eigentlichen Sinne nicht um eine Straßenbezeichnung sondern um einen Sammelbegriff für die Bexbacher Straße mit ihren kleinen Nebensträßchen, die bis 1954 zum Teil ohne eigene Namen waren. Es war die Ecke zwischen Oster und Wasserberg.

Eckstraße We heute Fabrikstraße
Siehe Fabrikstraße

Eduard-Didion-Straße Lu vorher Schulstraße, zeitweise Hans-Schemm-Straße

Lage und Verlauf:

Die Eduard-Didion-Straße zweigt von der Hauptstraße in Ludwigsthal nach Nordwesten ab und endet nach ca. 250 m als Sackgasse.

Eduard-Didion-Straße aus Richtung Hauptstraße

Informationen zum Namen und zur Geschichte der Straße:

Ursprünglich hieß die Straße Schulstraße. Dieser Straßenname ging darauf zurück, dass an der Einmündung der Ecke Zum Hirtzwald früher das Schulgebäude von Ludwigsthal stand.

Am 13. Januar 1935 fand im damaligen Saargebiet eine Volksabstimmung statt, in der die Bevölkerung zwischen einem Anschluss an Frankreich, der Beibehaltung des Status quo oder der Rückkehr nach Deutschland entscheiden konnte. Eine überwältigende Mehrheit von 90,73 % stimmte für die Rückkehr nach Deutschland. Bereits am 17. 01. 1935 beschloss daraufhin der Rat des Völkerbundes die Wiedereinsetzung Deutschlands in die Regierung des Saarbeckens zum 1. März 1935. Danach wurden in fast allen Orten Straßen umbenannt, um damit nationalsozialistische Größen zu ehren, so auch in Ludwigsthal. Die bisherige Schulstraße wurde

E1   Schmidt, Uwe Eduard: Forst- und Jagdgeschichte NK, in: Stadtbuch 2005, vgl. Anm. B7, S. 86

nach dem Gründer des Nationalsozialistischen Lehrerbundes, Hans Schemm, benannt.

Unmittelbar nach Ende des 2. Weltkrieges erhielt sie ihren alten Namen zurück, wurde jedoch nach der Gebiets- und Verwaltungsreform 1974, als es mehrere Schulstraßen in Neunkirchen gab, nach Eduard Didion, einem gebürtigen Ludwigsthaler und Wohltäter der Gemeinde, benannt[E2]

Informationen zum Namensgeber:

Eduard Didion (31.07.1884 – 25.02.1956) wurde in Ludwigsthal geboren. Er war Architekt, Artist und Lebenskünstler, der auch lange in den USA lebte. Er starb in San Domenico de Fiesole in Italien. Seiner Heimatgemeinde hinterließ er 50 000,- DM, die für wohltätige Zwecke verwendet werden müssen. Mit der Benennung einer Straße nach ihm soll sein Andenken geehrt werden.

Öffentliche oder sonst bedeutsame Gebäude in der Straße:

- Schule

    1845 begann in Ludwigsthal die Unterrichtung von Kindern in einer eigenen Schule. Nachdem zunächst Räume für die Unterrichtung angemietet waren, wurde in den 1870er Jahren ein erstes Schulhaus gebaut.

    Als die Zahl der Schüler größer geworden war und ein 2. Lehrer eingestellt war, wurde 1904 ein großes Schulgebäude erstellt, nach dem die Straße auch ihren Namen erhielt. Das Schulgebäude wurde 1977 abgerissen. Heute gehen die Grundschulkinder von Ludwigsthal zur Schule in Furpach.

- Prostestantisches Gemeindezentrum

    Nachdem schon vor dem 2. Weltkrieg begonnen worden war, Geld für den Bau einer evang. Kirche in Ludwigsthal zu sparen, konnte 1975 mit der Planung und dem Bau eines Gemeindezentrums begonnen werden. Das Gemeindezentrum wurde am 25. 09. 1977 eingeweiht. Das Haus wird für kirchliche und familiäre Veranstaltungen genutzt.

    Es wird auch den Katholiken des Ortes für die Durchführung von Gottesdiensten zur Verfügung gestellt.

E2   Kern, Manfred: Als Ludwigsthal noch „Plantage" hieß, Neunkirchen 1997

Eibenweg Wi vorher Buchenstraße

Lage und Verlauf:

Der Eibenweg zweigt im nordöstlichen Bereich des Stadtteils Wiebelskirchen als eine von drei Sackgassen nach Südosten vom Zedernweg ab und endet nach knapp 100 m vor dem Wald.

Eibenweg aus Richtung Zedernweg

Informationen zum Namen und zur Geschichte der Straße:

Das Gelände zwischen Bexbacher Straße und Forsthausstraße, die Flur Auf Stählingswies, wurde von der Gemeinde Wiebelskirchen erworben und dann wurden nach Anlegung der Straßen einzelne Grundstücke an Bauwillige vergeben. 1971 waren bereits 40 von 73 Baustellen mit verschiedenen individuellen Hausformen bebaut, vorwiegend eingeschossig, die man als Bungalows bezeichnen kann.

Alle neuen Straßen südöstlich der Bexbacher Straße sind nach heimischen Baumarten benannt. Der jetzige Eibenweg erhielt zunächst den Namen Buchenweg.

Als es nach der Gebiets und Verwaltungsreform 1974 weitere Buchenstraßen im Stadtgebiet gab, wurde die in Wiebelskirchen liegende in Eibenweg umbenannt.

Eichelthalermühle Mü auch Eichelmühle

Lage:

Der Wohnplatz liegt an der nördlichsten Stelle des Stadtgebietes von Neunkirchen, dort wo von der Verbindungsstraße von Münchwies über Hangard nach Neunkirchen (L 116) die Landstraße nach Lautenbach (L 290) abzweigt.

Eichelthaler Mühle aus Richtung Lautenbach

Informationen zum Namen und zur Geschichte der Örtlichkeit:

Die Mühle liegt nördlich des Schönbachs.

Die Geschichte der Mahlmühle lässt sich bis ins 17. Jh. zurückverfolgen. Sie nutzte das Wasser des Schönbachs, der oberhalb der Mühle Lautenbach heißt[E3]. 1756 wurde mit einer fürstlichen Erlaubnis noch eine Sägemühle angebaut. In den Gebäuden wohnte der Müller mit seinem Gesinde. 1736 erhielt der Müller Johann Georg Breit einen Erbbestandsbrief, wonach ihm das von seinen Vorfahren ererbte Erbleihrecht an der Eichelmühle für sich und seine Nachkommen weiter verliehen wird. Die Mühle wurde 1789 an Peter Dumant verkauft, der sie schon 1790 an Jakob Eisenbeis aus Wellesweiler weiterverkaufte. Bald darauf zeichnete eine Familie Vogel als Eigentümerin. Jacob Vogel erbaute 1902 gegenüber der Mühle eine Gaststätte.

Heute ist der Gebäudekomplex verlassen. Die Mühlengebäude sind noch vorhanden, die Mühle aber nicht mehr in Betrieb, jedoch wird die dazu gehörende Wohnung noch genutzt.

Die Straße von der Hanauer Mühle über die Eichelthaler Mühle nach Münchwies (die heutige L 116) wurde erst 1902 fertiggestellt. Vorher hatten Münchwies und die Eichelthaler Mühle keine straßenmäßige Verbindung zu den zuständigen Verwaltungsorten Wiebelskirchen und Ottweiler, allenfalls Feld- und Waldwege. Auf der anderen Straßenseite stehen zwei Wohnhäuser und ein privates Altenheim. Dieses Altenheim ist um 1970 im Gebäude einer ehemaligen Gaststätte entstanden.

E3   Schulz, Kurt: Münchwies – Werden und Wandel eines Dorfes, Neunkirchen 1992, S. 193

Eichendorffstraße Wi vorher Roonstraße, Goethestraße

Lage und Verlauf:

Die Eichendorffstraße zweigt von der Wibilostraße, der Hauptdurchgangsstraße in Wiebelskirchen, nach Westen ab und verläuft parallel zur Keplerstraße bis zu ihrer Einmündung in die Fröbelstraße.

Eichendorffstraße Blickrichtung Wibilostraße, rechts Schlauchturm des Feuerwehrgerätehauses

Informationen zum Namen und zur Geschichte der Straße:

Bis 1895 gab es in Wiebelskirchen keine Straßenbezeichnungen. Im ganzen Ort gab es Bezirke, die ohne weitere Nummerierung ein Finden von Häusern ermöglichten. Der Bereich der heutigen Eichendorffstraße gehörte mit anderen Straßen zum Bezirk Im Dorf. Mit der Einführung der Straßennamen wurde auch eine straßenweise Nummerierung der Wohnanwesen vorgenommen, wobei freie Baustellen berücksichtigt wurden.

Die Straße wurde nun zu Ehren des preußischen Generals und Kriegsministers Albrecht von Roon Roonstraße genannt

Nach dem 2. Weltkrieg, als alle patriotisch klingenden Straßennamen abgeschafft wurden, erhielt sie den Namen des größten deutschen Dichters Johann Wolfgang von Goethe.

Als es nach der Gebiets- und Verwaltungsreform 1974 in Neunkirchen mehrere nach Goethe benannte Straßen gab, wurde die in Wiebelskirchen liegende nach Joseph von Eichendorff, dem bekannten romantischen deutschen Dichter, benannt.

Informationen zum Namensgeber:

Joseph Freiherr von Eichendorff (10. 03. 1788 – 26. 11. 1857), deutscher Schriftsteller, neben Clemens Brentano der herausragende Vertreter der deutschen Spätromantik.

Er schuf eine sehnsüchtige volksliederhafte Lyrik, die gerne vertont wurde (Wem Gott will rechte Gunst erweisen, Wenn ich ein Vöglein wär etc.).

Nach seiner Teilnahme an den Befreiungskriegen wurde Eichendorff 1816 preußischer Beamter, nach 1831 im Berliner Kultusministerium (Pensionierung 1844). Eichendorffs berühmteste Novelle „Aus dem Leben eines Taugenichts" (1826) wurde u. a. von Thomas Mann hoch gelobt.

Öffentliche oder sonst bedeutsame Gebäude in der Straße:

- Feuerwehrgerätehaus

  Seit 1957 befindet sich ein Feuerwehrgerätehaus in der Eichendorffstraße. Das Haus umfasst neben Garagen für die Einsatzfahrzeuge und –mittel auch einen großen Gemeinschaftsraum für Schulungszwecke und zum geselligen Beisammensein.

  Davor gab es seit 1896 hinter dem Rathaus (in der heutigen Wibilostraße) ein Spritzenhaus, auf den 1909 ein Steigerturm aufgesetzt worden war.

Eichenschacht Hei heute nicht mehr zu Neunkirchen gehörig

Lage:
An der Stadtgrenze in der Nähe des Hoferkopfs stand am Eichenschacht ein Wohnhaus.

Informationen und zur Geschichte des Wohnplatzes
Das Bergwerk Heinitz hatte in der Nähe des Hoferkopfs einen Nebenschacht abgeteuft und dort auch ein Wohnhaus für Bergwerksangehörige errichtet.
Bei einer Volkszählung am 14. 11. 1951 wohnten dort 7 Personen[E4]. Das Gelände wurde mit einem Grenzänderungsvertrag vom 14. 01. 1977 an die Stadt Friedrichsthal abgetreten[E5].

E4 Schinkel: Heinitz, vgl. Anm. B9, S. 152
E5 StA Neunkirchen, Best. Varia Nr. 862

Eichenweg Fu

Lage und Verlauf:

Der Eichenweg liegt im Stadtteil Furpach südlich der Limbacher Straße und stellt eine Verbindung zwischen den Straßen Maltitzpfad und Hirschdell dar. Dabei verläuft er parallel zwischen den älteren Straßen Tannenschlag und Hasenrech.

Eichenweg aus Richtung Maltitzpfad

Informationen zum Namen und zur Geschichte der Straße:

Die umliegenden Straßen gehören zu einer Heimstättensiedlung, die in den Jahren 1936 – 1938 entstanden ist. Die damaligen Siedlerhäuser hatten alle einen sehr großen Garten, weil die Siedler zur Viehhaltung angehalten waren und diese Tiere auch ernähren mussten. Diese großen Grundstücke wurden nach dem 2. Weltkrieg oft geteilt, so dass weiteres Bauland bzw. weitere Straßen entstanden, so auch der Eichenweg. Diese Straße und die Bebauung entstand Mitte der 1960er Jahre. Die Oktoberausgabe 1964 des Neunkircher Monatsspiegels meldete, der Vorstufenausbau für den Eichenweg beginne noch im gleichen Jahr. Es handelt sich um eine reine Wohnstraße. Der Stadtrat legte den Straßennamen in einer Sitzung am 04. 10. 1961 fest.

Eichenweg NK vorher Danzigweg, heute Koßmannstraße
Siehe Koßmannstraße

Eichenweg Wi heute Kastanienweg
Siehe Kastanienweg

Eifelstraße We vorher Mühlenweg, Eifelstraße, Ludwigsthaler Straße, volkstümlich Hohl

Lage und Verlauf:

Die Straße führt, beginnend an der Bürgermeister-Regitz-Straße, aus der Ortsmitte nach Süden an der ehemaligen Wellesweiler Mahl- und Ohligmühle (heute Wasserwerk) vorbei in Richtung Ludwigsthal.

Eifelstraße Blickrichtung Ludwigsthal,
im Hintergrund das Wasserwerk

Informationen zum Namen und zur Geschichte der Straße:

Auf einer Übersichtskarte von 1822 wird sie als Mühlenweg (wegen der Mühle, in deren Richtung sie geht) oder Weg nach Limbach bezeichnet. Bis ins 20. Jh. hielt sich auch der Name „Hohl". Offiziell hieß die Straße aber, seit es amtliche Straßennamen gibt, Eifelstraße.
Dieser Name der Straße ist von der Flurbezeichnung In der Eifel abgeleitet, die es in diesem Bereich gibt. Der Flurname ist nach Überzeugung des Wellesweiler Heimatforschers Friedrich Bach von „en de Aafel (wahrscheinlich von mhd. Affalter = Apfelbaum) abgeleitet. Vermutlich gab es in diesem Bereich Obstgrundstücke mit Apfelbäumen.
Dafür spricht auch der Umstand, dass es westlich der Straße ein Neubauviertel mit weiteren Straßennamen nach Obstbäumen (Kirchbaumweg, Birnbaumweg) gibt. Am 29. 01. 1935 beschloss der Stadtrat Neunkirchen eine Reihe von Straßenumbenennungen überwiegend aus politischen Gründen. Es wurden jedoch auch einige Straßen ohne politischen Anlass umbenannt, so die heutige Eifelstraße, die nun Ludwigsthaler Straße hieß, da sie in Richtung dieses heutigen Neunkircher

Stadtteils verläuft[E6]. Nach dem 2. Weltkrieg erfolgte schließlich die Rückbenennung in Eifelstraße. 1950 erhielt die Eifelstraße eine Teerdecke mit gepflasterter Rinne, jedoch keine Bürgersteige. In der Saarbrücker Zeitung vom 13. 12. 1961 wurde zum wiederholten Mal der Ausbau der Bürgersteige gefordert. Am 06. 06. 1962 meldete die SZ, dass die Stadt das Haus Nr.3 in der Eifelstraße erwerben und dann abreißen wolle, um einen Bürgersteig anlegen zu können. Die fast abgeschlossene Fertigstellung wurde dann am 01. 06. 1963 gemeldet.

Öffentliche oder sonst bedeutsame Gebäude an der Straße:

- Wasserwerk Wellesweiler
  Außerhalb der Ortslage in Richtung Ludwigsthal steht das Gebäude des städtischen Wasserwerkes. Die Örtlichkeit bzw. das Gebäude haben eine lange Geschichte. Ursprünglich stand hier eine Mahl- und Ohligmühle, die erstmals anhand der Tilemann-Stella-Karte von 1564 als Lautzwyller Möhl nachgewiesen ist. Nachdem die Mühle über die Jahrhunderte vom Wasser des Kasbruchbaches angetrieben worden war, verkaufte der letzte Besitzer sie 1874 mit den Wasserrechten des Kasbruchtals und des Hirschgrabens an die Gemeinde Neunkirchen, die sie niederriss und an der gleichen Stelle in den Jahren 1874/76 das Wasserwerk errichtete. Ab dem 01.04.1877 konnte dann mit der Wasserförderung in das Neunkircher Ortsnetz begonnen werden. Das Wasserwerk bestand aus einem Sammelbassin, in dem das Quellwasser aus acht gemauerten Quellen zusammenlief, sowie einem Maschinenhaus mit zwei Dampfpumpen mit jeweils 24 PS. Von dort wurde das Wasser in einen 238 m hoch gelegenen Hochbehälter im Steinwald gepumpt[E7] und von dort über Rohrleitungen verteilt. Nach einer Erweiterung der Betriebsanlagen zwischen 1893 und 1895 konnte schließlich 1901 auch Wellesweiler an das Verteilungsnetz angeschlossen werden.
  Heute wird das Wasser aus 26 Brunnen gefördert und im 2004 renovierten Wasserwerk aufbereitet. Über insgesamt 430 km Rohrleitungen wer-

E6   Saar- und Blieszeitung v. 30. 01. 1935
E7   Krämer, Hans-Henning: Vom Dorfbrunnen zum Wasserwerk

den 83 000 Menschen und zahlreiche Gewerbebetriebe mit Wasser versorgt.

Einsteinstraße NK vorher Bredowstraße, Nansenstraße

Lage und Verlauf:
Verbindungsstraße zwischen Langenstrichstraße und Röntgenstraße (vormals Bismarckstraße)

Einsteinstraße Blickrichtung Langenstrichstraße,
im Hintergrund das St. Josefskrankenhaus

Informationen zum Namen und zur Geschichte der Straße:
In der zweiten Hälfte des 19. Jh. wuchs die Stadt und die Bevölkerung auf Grund der enorm ansteigenden Industrialisierung in einem ungeheuren Tempo. Jeweils in 15 – 20 Jahren verdoppelte sich die Bevölkerung immer wieder und suchte industrienahen Wohnraum.

Es entstanden ständig neue Straßen, die in der euphorischen Stimmung nach dem gewonnenen Deutsch-Französischen Krieg 1870/71 oft nach Mitgliedern des Kaiserhauses, nach verdienten Heerführern oder nach Schlachtenorten benannt wurden.

Nach dem Beschlussbuch der Gemeinde Neunkirchen wurde am 08. 09. 1897 im Rat bekanntgegeben, dass die Fa. Mundorf die Herstellung zweier Verbindungsstraßen zwischen Bismarck- und Langenstrichstraße beabsichtigt (Bredowstraße und Herwarthstraße).

Am 06. 04. 1898 wurde dem Unternehmen die Anlegung der zweiten Verbindungsstrasse zwischen Bismarck- und Langenstrichstraße genehmigt.

Offensichtlich war zu diesem Zeitpunkt die erste Straße schon fertiggestellt.

Schon 1910 hatte die Straße, wie heute, 8 Wohnanwesen.

Unmittelbar nach Ende des 2. Weltkrieges wurde die Straße in Nansenstraße umbenannt.

Als es nach der Gebiets- und Verwaltungsreform 1974 im Stadtgebiet eine weitere Nansenstraße gab, wurde die in Neunkirchen liegende zur Vermeidung von Verwechselungen in Einsteinstraße umbenannt.

Informationen zum Namensgeber:
Albert Einstein (14. 03. 1879 – 18. 04. 1955), deutsch-amerikanischer Physiker und Nobelpreisträger, weltweit bekannt als Schöpfer der speziellen und der allgemeinen Relativitätstheorie. Er ist der wohl berühmteste Naturwissenschaftler des 20. Jahrhunderts.

Er glänzte als Jugendlicher mit seinem Wissen über die Natur sowie mit seiner Fähigkeit, schwierige mathematische Auffassungen zu verstehen. Mit zwölf Jahren lernte er autodidaktisch die euklidische Geometrie. Nach dem Abitur schrieb er sich an der Schweizerischen Eidgenössischen Technischen Hochschule in Zürich ein. Einstein missfielen die dortigen Unterrichtsmethoden. Oft versäumte er den Unterricht und nutzte die Zeit, um eigenständig Physik zu studieren. Sein Studium schloss er 1900 ab. Seine Professoren schätzten seine Leistungen gering ein und empfahlen ihn nicht für eine Laufbahn an der Universität. Im Jahr 1902 erhielt er eine Stelle als Prüfer im Schweizer Patentamt in Bern.

1905 erhielt Einstein von der Universität Zürich seine Doktorwürde für eine theoretische Dissertation über Moleküle. Er veröffentlichte drei theoretische Artikel, die u. a. Ausführungen zur Elektrodynamik bewegter Körper machten. Sie enthielten das, was man später als spezielle Relativitätstheorie bezeichnete. Sein wichtigster früher Förderer war der deutsche Physiker Max Planck. 1913 wurde er zum Direktor des Kaiser-Wilhelm-Instituts für Physik in Berlin berufen. Nach 1919 erlangte Einstein internationale Berühmtheit. Er erhielt 1922 den Nobelpreis für Physik.

Als Adolf Hitler 1933 an die Macht kam, beschloss Einstein wegen seiner jüdischen Herkunft, von Lehrveranstaltungen in den USA nicht mehr nach Deutschland zurückzukehren.

Er übernahm eine Stelle am Institute for Advanced Study in Princeton (New Jersey). Nach dem Krieg setzte sich Einstein für internationale Abrüstung und eine Weltregierung ein.

Er unterstützte aktiv den Zionismus, lehnte aber das Angebot von führenden Politikern Israels ab, Präsident dieses Staates zu werden.

Eisenbahnstraße We vorher Flurweg, Richthofenstraße, volkstümlich Hauptgaß

Lage und Verlauf:
Die Straße führt aus der Ortsmitte von Wellesweiler, beginnend an der Homburger Straße, südlich parallel zur Eisenbahnlinie (Pfalzbahnstrecke) in Richtung des Industriegebietes Ochsenwald.
Informationen zum Namen und zur Geschichte der

Eisenbahnstraße aus Richtung Homburger Straße, im Hintergrund das Junkerhaus

Straße:
Die heutige Eisenbahnstraße war einst mit ihrer Fortsetzung jenseits der Kirchenstraße (heute jenseits der Homburger Straße) die „Hauptgass" von Wellesweiler. In einer Übersichtskarte von Wellesweiler aus dem Jahre 1822 ist sie auch schon als das bebaute Ortszentrum erkennbar. Dort ist ihre Verlängerung nach Südosten als Weg nach Niederbexbach bezeichnet.
Sie war eine alte zunächst unbefestigte später mit Schotter befestigte und mit einer Regenrinne versehene Straße, im Volksmund immer „Flurwää" genannt. Am damaligen Ortsausgang befand sich im ausgehenden 18. Jh. eine Zollstelle[E8]. Später wurde die Straße nach der 1850 gebauten Eisenbahnlinie, die großenteils parallel zu ihr verläuft, Eisenbahnstraße genannt.
Nach dem Bau der Bahnlinie, die unmittelbar hinter den Häusern auf der Nordostseite der Straße vorbei führte, gab es von der Ortsmitte kommend hinter dem Gasthaus Rohrbach zunächst eine Verbindung in die

Homburger Straße auf schienengleicher Höhe. Hier steht heute noch das alte Wellesweiler Spritzenhaus. 1906 wurde der Bahndamm erhöht und nun weiter nordwestlich in der Verlängerung der damaligen Kirchenstraße eine Bahnunterführung gebaut, so dass der Verkehr ohne Beeinträchtigung durch die Eisenbahn in Richtung Bexbach fließen konnte. In Richtung Ortsausgang nach Osten hat die Eisenbahnstraße einen Engpass am Junkerhaus.
Am 13. Januar 1935 fand im damaligen Saargebiet eine Volksabstimmung statt, in der die Bevölkerung zwischen einem Anschluss an Frankreich, der Beibehaltung des Status quo oder der Rückkehr nach Deutschland entscheiden konnte. Eine überwältigende Mehrheit von 90,73 % stimmte für die Rückkehr nach Deutschland. Bereits am 17. 01. 1935 beschloss daraufhin der Rat des Völkerbundes die Wiedereinsetzung Deutschlands in die Regierung des Saarbeckens zum 1. März 1935. Noch vor diesem Datum beschloss der Stadtrat von Neunkirchen schon am 29. 01.1935 die Änderung von Straßennamen zum 1. Februar 1935, um damit nationalsozialistische Größen oder verdiente Soldaten des 1. Weltkrieges zu ehren bzw. an Schlachtorte des 1. Weltkrieges oder an Opfer der französischen Besatzung zu erinnern. Die bisherige Eisenbahnstraße wurde nun nach dem berühmtesten Jagdflieger des 1. Weltkrieges Manfred Freiherr von Richthofen, dem „roten Kampfflieger", benannt[E9]. Dies hing sicherlich auch mit der Tatsache zusammen, dass die Flieger-HJ damals am südöstlichen Ende der Straße im Bereich Ochsenwald einen Segelflugplatz betrieb.
Unmittelbar nach Ende des 2. Weltkrieges erhielt die Straße wieder ihren alten Namen.
Ab 1956 führten die Anwohner ständig Klage darüber, dass die Straße nicht richtig ausgebaut und auch nicht kanalisiert sei und die Schmutzwasser in einem offenen Graben zur Blies fließen. Noch 1957 hatte die Straße nur eine Schotterdecke, die voller Schlaglöcher war. Nach einer Meldung in der Saarbrücker Zeitung vom 14. 12. 1964 wurde endlich mit der Kanalisierung der Eisenbahnstraße begonnen.

Öffentliche oder sonst bedeutsame Gebäude in der Straße:
-   Junkerhaus
    Das Jun(c)kerhaus (oft auch Hofhaus genannt),

E8   Bach: Wellesweiler Dorf zwischen den Grenzen, in: Landschaft und Leute, vgl. Anm. B21, S. 318

E9   Saar- und Blieszeitung v. 30. 01. 1935

das aus zwei aneinandergebauten Einzelhäusern besteht, ist der älteste Profanbau von Wellesweiler und einer der ältesten im Kreis. Das Anwesen stammt aus dem Mittelalter. Es lag am Rande der fruchtbaren Bliesauen und hatte einen hofeigenen Brunnen (Ziehbrunnen). Der erste Hinweis stammt aus einer Schafftliste von 1602, damals wurde es von einem Quadt von Landscron bewirtschaftet. 1634 war ein Johann Andreae Besitzer des Anwesens. Im Dreißigjährigen Krieg wurde der gesamte Ort entvölkert und das Junckerhaus herrenlos. Es wurde dann vom Landesherrn 1685 an einen Jakob Schmoltzy, einen Einwanderer aus Sahnen in der Schweiz, verpachtet. Ab 1713 gelangte es in den Besitz verschiedener adeliger Familien, bis es 1805 von den Franzosen versteigert wurde. Das Gebäude besteht aus zwei ineinander verschränkten Häusern. Das kleinere der Häuser hat eine Grundfläche von 100 qm, das andere eine von 150 qm. Beide Gebäude haben je ein Walmdach. Das Anwesen steht heute im Eigentum der Stadt Neunkirchen.

Eisenbahnstraße Wi *heute teilweise Im Stauch, teilweise Kopernikusstraße*

Die Eisenbahnstraße begann ursprünglich auf der Trasse der jetzigen Straße Im Stauch in Höhe der Margaretenstraße (heute Julius-Schwarz-Straße), verlief von dort nach Westen, vollzog vor der Bahnlinie eine Schwenkung nach Süden und endete vor dem Bahnhof als Sackgasse.
Weiteres siehe Kopernikusstraße und Im Stauch

Eisweiher NK

Lage und Verlauf:
Es handelt sich um einen Kirmes- und Festplatz an der Fernstraße zwischen Blies und Wellesweilerstraße

Informationen zum Namen und zur Geschichte des Platzes:
Der Anfang des 20. Jh. in Neunkirchen bestehende Verschönerungsverein suchte eine Örtlichkeit zur Anlage einer Eisbahn für den winterlichen Schlittschuhsport. Zunächst fand man dazu die mit dem Bliesufer damals auf gleicher Höhe liegenden Wiesen an der Lindenallee. Im Winter wurde dieses Gelände überschwemmt und bei Frost entstand eine Eisbahn. Erstmals konnte im Winter 1904/05 dort Schlittschuh gelaufen werden.

Da die Anlage aber nicht ausreichend war, fand man die sogenannten „Pfarrwiesen" im Bereich des heutigen Eisweihers. Der Verschönerungsverein ließ im Winter das durch Wellesweilerstraße, Schubertstraße (heute Einfahrt zur NVG) und Bliesdamm eingeschlossene Gelände Wasser pumpen und schuf so bei Frost eine herrliche Eisbahn. Die Benutzer der Eisbahn zahlten 10 Pfennige, mittwochs und samstags stand die Bahn der Schuljugend kostenlos zur Verfügung. Bei Eisfesten spielte eine Kapelle auf und am Rand gab es Glühwein und heiße Maronen[E10].

Außerdem wurde das Eis „geerntet", d.h. es wurde herausgeschnitten und in Eiskellern gelagert, wo es bis zum Sommer zur Kühlung vor allem im Gaststättenbereich entnommen werden konnte.

Während und nach dem 1. Weltkrieg wurde das Eisweihergelände in Kleingärten aufgeteilt und so zur Bevölkerungsernährung genutzt.

Mit der Aufschüttung des Geländes nach dem 2. Weltkrieg mit Bauschutt aus der durch Bomben schwer beschädigten Innenstadt wurde das Gelände auf das Niveau der Fernstraße gebracht. So entstand ein großer Platz. Seit 1954 hat der Eisweiher auch die Funktion als Kirmes- und Festplatz der Innenstadt übernommen, nachdem die Kirmes im 19. Jh. noch auf dem Oberen Markt, dann auf dem früheren Platz an der Lindenallee und zeitweise auf dem Heusners Weiher (heute Mantes-la-ville-Platz) stattgefunden hatte. Der neue Kirmesplatz Eisweiher ist eine geräumige und gut hergerichtete Fläche, die nicht nur der Neunkircher Kirmes dient, sondern auch anderen größeren Veranstaltungen. Auf dem Platz gastieren auch Zirkusse.

Elisabethstraße NK

Lage und Verlauf:
Die Elisabethstraße ist eine in West-Ost-Richtung verlaufende Verbindungsstraße zwischen Hochstraße und Georgstraße im Stadtteil Scheib.

Informationen zum Namen und zur Geschichte der Straße:
Es gibt in Neunkirchen eine Reihe von Straßen, die nach dem Vornamen ihres ersten männlichen Bewohners benannt sind.

E10 Saarbrücker Zeitung v. 11. 11. 1955; Krajewski: Plaudereien 1, vgl. Anm. A50, S. 33

Elisabethstraße Blickrichtung Georgstraße

Nur zwei Straßen in der Innenstadt sind nach weiblichen Vornamen benannt, die Luisenstraße und die Elisabethstraße.

Während die Herkunft des Namens Luisenstraße belegt ist, ist über die Namensgeberin der Elisabethstraße nichts bekannt.

Ursprünglich reichte die Elisabethstraße von der Hochstraße bis zur Zweibrücker Straße.

Die Straße wurde Anfang des 20. Jh. geplant und gebaut.

In der zweiten Hälfte des 19. Jh. und in der ersten Hälfte des 20. Jh. wuchs die Stadt und die Bevölkerung auf Grund der enorm ansteigenden Industrialisierung in einem ungeheuren Tempo.

Jeweils in 15 – 20 Jahren verdoppelte sich die Bevölkerung immer wieder und suchte industrienahen Wohnraum.

Es entstanden ständig neue Straßen, die in der euphorischen Stimmung nach dem gewonnenen Krieg 1870/71 oft nach Mitgliedern des Kaiserhauses, nach verdienten Heerführern oder nach Schlachtenorten benannt wurden.

Im Zuge einer umfangreichen Neu- und Umbenennung von Straßen erhielt der zwischen Georgstraße und Zweibrücker Straße liegende Teil der bisherigen Elisabethstraße nach einem Beschluss des Gemeinderates Neunkirchen vom 24. 04. 1903 den Namen Spichernstraße, nach der kriegsentscheidenden Schlacht des Deutsch-Französischen Krieges 1870/71, die in der Nähe unserer Heimat stattfand[E11].

Seither gibt es nur noch eine verkürzte Elisabethstraße.

E11   Saar- und Blieszeitung v. 25. 04. 1903

Ellenfeldstraße NK

Lage und Verlauf:

Die Ellenfeldstraße zweigt von der Zweibrücker Straße, einer Hauptdurchgangsstraße in der Oberstadt, nach Südwesten ab und endet nach ca. 200 m vor dem Nebenplatz des Ellenfeldstadions. Am Straßenende führt ein kurzer Fahrweg nach Nordwesten, der am Ellenfeldstadion in den Mantes-la-ville-Platz mündet, während nach Südosten eine fußläufige Verbindung bergauf zum Unteren Friedhofsweg führt.

Ellenfeldstraße aus Richtung Zweibrücker Straße

Informationen zum Namen und zur Geschichte der Straße:

Der Straßenname ist von der Flurbezeichnung „Am Ellenfeld" abgeleitet. Ellen kommt von Eller = Erle = Erlen, es handelt sich also wohl um einen früher mit Erlen bestandenen Bereich. Diese Örtlichkeit ist bereits in der Ordnung der Gemeinde Neunkirchen aus dem Jahre 1731 vermerkt, wo von einem Erntweg „aus der Zweybrückerstraß auf das Ellenfeld über Christoffel Schmeltzer und Jost Eisenbeisen Feld" die Rede ist[E12].

Die Straße wurde in der zweiten Hälfte des 19. Jh. angelegt. Am 15. 05. 1879 schlug der Ortsbaumeister Riemann dem Bürgermeister Jongnell von Neunkirchen die Beschaffung von Namensschildern für 49 Straßen und 8 Wohnplätze vor. In dieser Aufstellung taucht der Straßenname zum ersten Mal auf. Für die kurze Straße wurden damals ein Straßenschild und 12 Hausnummernschilder beschafft[E13]. Im Stadtplan von Neun-

E12   Krajewski: Plaudereien 2, vgl. Anm. A24, S. 10
E13   Beschaffung Straßenschilder, vgl. Anm. A8

kirchen aus dem Jahre 1883 ist sie als bewohnte Straße schon eingezeichnet, aber noch als Ellenfelder Straße bezeichnet[E14]. Im Stadtplan von 1902 hat sie dagegen schon ihren jetzigen Namen. Die Straße hatte 1905 schon 18 Wohnanwesen und war damit so dicht bebaut wie heute.

Elsa-Brandström-Straße Wi vorher Talstraße

Lage und Verlauf:
Die Elsa-Brandström-Straße zweigt im Ortsteil Seiters von Wiebelskirchen von der Bexbacher Straße nach Südosten ab in Richtung des Ziehwaldes und endet nach ca. 200 m als Sackgasse.

Elsa-Bandström-Straße aus Richtung Bexbacher Straße

Informationen zum Namen und zur Geschichte der Straße:
Mitte des 19. Jh hatte die Bebauung der Bexbacher Straße sowie der benachbarten Ziehwaldstraße (heute Dunantstraße), der Forsthausstraße und der Talstraße (heute Elsa-Brandström-Straße) begonnen. Damit war die Erweiterung der zuvor begrenzten Bebauungslage des Ortsteils Seiters in Wiebelskirchen eingeleitet worden.
Bis 1895 gab es in Wiebelskirchen keine Straßenbezeichnungen. Im ganzen Ort gab es Bezirke, die ohne weitere Nummerierung ein Finden ermöglichten. So wurde der Bereich der heutigen Elsa-Brandström-Straße wegen ihrer Lage in einer Senke zusammen mit der Homburger Straße Im Pfuhl genannt[E15]. Das Gebiet

wird durch den Ohlenbach entwässert, der heute ab dem hinteren Ende der Elsa-Brandström-Straße bis zur Mündung in die Oster im Bereich der Ohlenbachhalle verrohrt ist.
Mit der Einführung der Straßennamen 1895 wurde die Straße wegen ihrer Lage Talstraße genannt, gleichzeitig wurde auch eine straßenweise Nummerierung der Wohnanwesen vorgenommen, wobei freie Baustellen berücksichtigt wurden.
Als es nach der Gebiets- und Verwaltungsreform 1974 eine weitere Straße mit diesem Namen im Stadtgebiet gab, erhielt die in Wiebelskirchen liegende zur Vermeidung von Verwechselungen den Namen Elsa-Brandström-Straße.

Informationen zur Namensgeberin:
Elsa Brandström (26. 03. 1888 – 04. 03. 1948), schwedisches Mitglied des Roten Kreuzes. Sie wurde als Engel von Sibirien tatkräftige Helferin in der deutschen Kriegsgefangenenfürsorge des 1. Weltkrieges in Rußland.

Elsenweg We vorher Vor Els

Lage und Verlauf:
Der Elsenweg liegt im Wohngebiet Auf der Platt und verläuft südlich parallel zur Bürgermeister-Regitz-Straße. Er verbindet die Straßen Felsenrech und Platt.

Elsenweg aus Richtung Platt

Informationen zum Namen und zur Geschichte der Straße:
Der Elsenweg liegt auf einem Plateau oberhalb (westlich) der Mühlenbergsiedlung in der Flur Auf der Platt.

E14   Situat.-plan NK 1883, vgl. Anm. A4
E15   Bürgerbuch Wi, vgl. Anm. A1, S. 221 - 223

Hier war 1937/38 eine weitere Siedlung begonnen worden, die über den oberen Mühlackerweg erschlossen wird. Zu dieser Siedlung gehören die Straßen Felsenrech, Platt, Bergflur, Elsenweg und Schlägelswinkel. Der Elsenweg ist eine Querverbindung zwischen den Straßen Felsenrech und Platt.

Elsternweg Wi vorher Nachtigallenweg

Lage und Verlauf:
Am nordwestlichen Ortsrand von Wiebelskirchen zwischen Römerstraße und Blies liegt ein Wohngebiet, dessen Straßen nach Vögeln benannt sind. Der Elsternweg zweigt dabei von der Erschließungsstraße Habichtweg nach Süden ab und mündet in die Römerstraße.

Elsternweg aus Richtung Zeisigweg

Informationen zum Namen und zur Geschichte der Straße:
Die Bezeichnung Nachtigallenweg fiel weg, als es nach der Gebiets- und Verwaltungsreform 1974 im Stadtgebiet einen weitere Nachtigallenweg gab.

Nun wurde der in Wiebelskirchen liegende zur Vermeidung von Verwechselungen in Elsternweg umbenannt. Die Straße gehört zu der zwischen 1959 und 1966 in 3 Bauabschnitten durch die Staatliche Vermögensverwaltungsgesellschaft errichteten Wohnsiedlung Labenacker.

Elversberger Straße Hei

Lage und Verlauf:
Die Straße führt ab der Grubenstraße nach Südwesten in Richtung Elversberg.

Elversberger Straße aus Richtung Grubenstraße

Informationen zum Namen und zur Geschichte der Straße:
Auf einem alten Grubenriss ist die Straße um 1858 noch mit „Weg nach Heinitz" bezeichnet, weil er aus Richtung Elversberg zum Wegekreuz westlich von Schacht 2 der Grube Heinitz führte. Umgekehrt führt sie heute von der Ortsmitte Heinitz nach Elversberg.

Auf dem Weg nach Elversberg durchquert die Straße das Waldstück auf dem „Riedberg". Hier unmittelbar in der Nähe der heutigen Straße auf der Ostflanke des Riedberges stand wahrscheinlich der Ort Kohlgrabenhausen. Der Ort ist in der Schmitt'schen Karte von 1797 noch eingetragen, heute aber nicht mehr existent. Eine kleine Kohlengrube im Ausgehenden der Flöze Blücher, Tauentzien und Scharnhorst bildete vermutlich die wirtschaftliche Grundlage des Ortes. Als Betreiber könnte zeitweise ein Beständer der Friedrichsthaler Glashütte in Frage kommen. Die Eisenerzgrube Ferdinand auf'm Ried baute etwa in den Jahren 1810 bis 1840 im Liegenden dieser Kohlengrube den Toneisenstein ab[E16].

Nach der Gründung der Grube Heinitz 1847 plante der preußische Bergfiskus für seine Belegschaft in nächster Nähe Unterkünfte. So entstand ab 1852 auch die Kolonie Elversberg mit einem Schlafhaus.

Der größte Teil des Großenbruchs gehörte damals noch zum Gemeindegebiet von Neunkirchen. 1856 wurde der Wegeausbau von Heinitz nach Elversberg in Angriff genommen und nach 1869 „kunststraßenmäßig" fertiggestellt[E17].

E16 Frdl. Mitteilung Markscheider Dr. Herbert Müller, Neunkirchen-Heinitz

E17 Müller, Otto: Festschrift zum 50-jährigen Jubiläum der Kgl.-Preuß. Grube Heinitz, Saarbrücken 1897

113

Die Wohnhäuser auf der nordwestlichen Seite der Elversberger Straße wurden in den Jahren 1920 bis 1925 für französische Direktoren und Bergingenieure gebaut und mit hohen Mauern umgeben[E18].

Emsenbrunnen Si

Lage:

Der Wohnplatz Emsenbrunnen lag nördlich der L 125 (Saarbrücker Straße – heute Bildstocker Straße). Auf halber Strecke zwischen Neunkirchen und Bildstock zweigt ein kleiner Waldweg in nordöstlicher Richtung von der Bildstocker Straße ab und endet nach ca. 100 m. Er führte zu dem Wohnplatz.

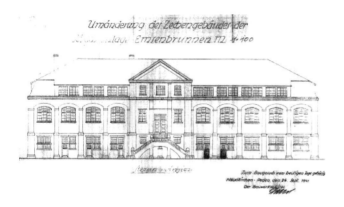

Skizze des Zechengebäudes Emsenbrunnen von 1941
Quelle: Stadtbauamt Neunkirchen

Informationen zum Namen und zur Geschichte des Wohnplatzes:

Das Waldgebiet, in dem der Wohnplatz lag, wird Emsenbrunnen genannt, in einzelnen Publikationen liest man auch Emserbrunnen.

An der erwähnten Stelle standen nach Kurt Hoppstädter 1912 schon Häuser mit 3 Bewohnern. In einem Verzeichnis der Straßen von Neunkirchen mit Angabe der zugehörigen Wahlkreise in der Neunkirchener Zeitung vom 18. 01. 1919 ist festgehalten, dass die Bewohner des Wohnplatzes Emsenbrunnen in Sinnerthal im Wahllokal Schulhaus zu wählen hatten.

1924 brachte die französische Grubenverwaltung am Emsenbrunnen einen Schacht nieder. Es handelte sich um einen Nebenschacht der Grube Reden. Dabei wurde auch ein dreigeschossiges repräsentatives Zechengebäude erstellt, das aber nie seiner Bestimmung nach Verwendung fand. In der deutschen Grundkarte von 1936 sind neben dieser Halle weitere Bergwerksgebäude und ein Wohnhaus eingezeichnet. 1931 wohnten dort insgesamt 3 Familien.

Im September 1941 richtete die Grubenverwaltung dieses Zechenhaus für die Unterbringung von 450 Kriegsgefangenen notdürftig her. Zunächst waren hier weibliche Zwangsarbeiterinnen untergebracht, die aber später nach Neunkirchen verlegt wurden. Ende 1942 wurde das Lager durch drei Baracken erweitert. Nun waren hier insgesamt bis zu 1500 Kriegsgefangene auf engstem Raum untergebracht[E19]. Das Fremdarbeiterlager wurde am 02. 03. 1945 sogar Ziel eines Bombenangriffs durch die amerikanische Luftwaffe. Ob dabei Menschen zu Schaden kamen, ist nicht bekannt.

Wegen der großen Wohnungsnot in der Stadt nach den Bombardierungen wohnten nach Kriegsende viele Familien im Barackenlager Emsenbrunnen. Bei der Volkszählung am 14. 11. 1951 waren es noch 87 Personen. Einige Familien wohnten in den primitiven Baracken noch bis Ende der 1960er Jahre[E20].

Obwohl das Zechenhaus schon vor 1964 abgerissen worden war, wurden bis Anfang der 1970er Jahre aus dem Schacht noch Kohlen gefördert, die mit Lkw abtransportiert wurden.

Heute sind alle Gebäude abgerissen, die Natur hat sich das Land zurückgenommen und nichts erinnert mehr daran, dass hier einmal Menschen wohnten.

Enchenberger Platz Ha

Lage:

Der Enchenberger Platz liegt auf der östlichen Seite an der Wiebelskircher Straße in Hangard zwischen den Einmündungen der Straßen Im Schachen und Untere Kirchenwies

Informationen zum Namen und zur Geschichte des Platzes:

E18   Slotta: Bergbau in Neunkirchen, vgl. Anm. A45, S. 85; Schinkel: Heinitz, vgl. Anm. B9, S. 163

E19   Schinkel: Heinitz, vgl. Anm. B9, S. 152, 210, 220
E20   Neis, Susanne: Neunkirchen im Zweiten Weltkrieg, in: Neunkircher Hefte Nr. 12 des Verkehrsvereins Neunkirchen, Neunkirchen 1996, S. 68

Enchenberger Platz

Enkerbrücke Blickrichtung flussaufwärts

Es handelt sich um eine kleine Grünfläche auf einem ehemaligen Schrottplatz.

Der Platz hat seinen Namen erhalten in Erinnerung an die Partnerschaft zwischen der damals noch selbständigen Gemeinde Hangard und Enchenberg, die offiziell am 30. 06. 1968 geschlossen worden ist.

Aus diesem Anlass wurde in der Grünanlage an der Wiebelskircher Straße auch ein Gedenkstein mit der Inschrift: „Partnerschaft Enchenberg – Hangard 30. Juni 1968" errichtet. In Enchenberg erinnert eine Gedenktafel am Schulhaus an die feierliche Besiegelung der Partnerschaft.

Der Name des Platzes wurde in einer Stadtratssitzung am 16. 03. 1993 aus Anlass des 25-jährigen Bestehens der Partnerschaft beschlossen.

Informationen zum namensgebenden Ort:
Enchenberg hat ca. 1200 Einwohner und liegt im Bezirk Rohrbach-les-Bitches, ca. 12 km südwestlich von Bitsch in Lothringen.

Enkerbrücke Wi zeitweise (1935 – 1945) Adolf-Hitler-Brücke

Lage:
Bliesbrücke im Stadtteil Wiebelskirchen vor dem Straßendreieck Wibilostraße/Ottweilerstraße/Ostertalstraße

Informationen zum Namen und zur Geschichte der Brücke:
Der Wiebelskircher Heimatforscher Kurt Hoppstädter schrieb 1955 in Wiebelskirchen – Ein Heimatbuch:

„Im Zuge der wichtigsten Durchgangsstraße führen im Ortsbild zwei Brücken über die Blies, und zwar die Enkerbrücke und die Seitersbrücke. Eine Enkerbrücke gibt es erst seit dem Bau dieser Straße. Vorher ging der Weg nach Ottweiler wohl über die Pflugstraße und den Baltersbacherhof. Wir hören von der Enkerbrücke erstmals im Jahre 1765, als der sechsjährige Valentin Gräser über das Brückengeländer hinweg in die hochgehenden Fluten stürzte und ertrank. Die Seitersbrücke im Zuge der alten Römerstraße ist natürlich viel älter". Beide Brücken waren 1809 so baufällig geworden, dass der Munizipalrat in Ottweiler am 11. März 1809 in einer Sitzung feststellte, dass „ die beiden Hauptbrücken in der Gemeinde gänzlich ruiniert sind und der Einsturz droht, so dass sie nicht mehr ohne Gefahr passiert werden können". Die Brücken wurden dann auch tatsächlich ausgebessert aber nicht neu gebaut. Nach dem Durchzug der französischen und der alliierten Truppen 1814 wurde deshalb erneut über den „allerschlechtesten Zustand" der Brücken berichtet und die Befürchtung geäußert, dass ein großes Unglück entstehen könne, da täglich preußische Artillerie, Wagen, Kanonen und Kavallerie darüber gingen.

Schließlich wurde aber erst 1872 auf Veranlassung der preußischen Militärverwaltung eine neue Brücke in Eisenkonstruktion errichtet. Diese Brücke wurde 1934/35 durch eine Betonbrücke ersetzt, die heute noch steht.

Am 13. Januar 1935 fand im damaligen Saargebiet eine Volksabstimmung statt, in der die Bevölkerung zwischen einem Anschluss an Frankreich, der Beibehaltung des Status quo oder der Rückkehr nach Deutschland entscheiden konnte. Eine überwältigende Mehrheit von 90,73 % stimmte für die Rückkehr nach Deutsch-

115

land. Bereits am 17. 01. 1935 beschloss daraufhin der Rat des Völkerbundes die Wiedereinsetzung Deutschlands in die Regierung des Saarbeckens zum 1. März 1935. Noch vor diesem Datum teilte der Bürgermeister dem Gemeinderat Wiebelskirchen in einer Sitzung am 28. 01. 1935 mit, dass er als Polizeiverwalter eine Reihe von Straßenumbenennungen vorgenommen habe. Damit sollten nationalsozialistische Größen geehrt bzw. an Gebiete erinnert werden, die nach dem verlorenen 1. Weltkrieg vom Deutschen Reich abgetrennt worden waren. Gleichzeitig wurden Straßennamen, die an politische Gegner oder an Juden erinnerten, entfernt. Bei dieser Gelegenheit wurde die damals neue Brücke über die Blies vor der Ottweilerstraße Adolf-Hitler-Brücke genannt[E21].

Unmittelbar nach Ende des 2. Weltkrieges erhielt die Brücke wieder den Namen Enkerbrücke.

Erlenbrunnenweg Fu

Lage und Verlauf:

Der Erlenbrunnenweg zweigt vom Kohlhofweg, der parallel zur Limbacher Straße nach Osten verläuft, nach Süden ab und endet als Sackgasse kurz vor der Limbacher Straße. Vom Ende der Wohnstraße führt ein Fußweg zur Limbacher Straße.

Erlenbrunnenweg aus Richtung Kohlhofweg

Informationen zum Namen und zur Geschichte der Straße:

Der Kohlhofweg und seine Seitenstraßen – Lautzwei-

lerweg, Moosbachweg, Erlenbrunnenweg, Remmengutweg, Tiefentalweg und Lantertalweg – entstanden in den Jahren 1962 - 64. Die Gemeinnützige Siedlungsgesellschaft der Stadt Neunkirchen (GSG) und die Arbeitskammer erstellten in den erwähnten Straßen insgesamt 24 eingeschossige Bungalows und 68 zweigeschossige Wohnhäuser.

Die Straßennamen wurden auf Vorschlag des Heimatforschers Bernhard Krajewski am 04. 10. 1961 vom Stadtrat beschlossen.

Der Erlenbrunnen selbst ist eine gefasste Quelle im Wald zwischen der Kirkeler Straße und dem Furpacher Gutsweiher, der wiederum vom Erlenbrunnenbach gespeist wird. Der Abfluss des Gutsweihers fließt als Erlenbrunnenbach durch ein Tälchen zwischen Kohlhofweg und der Straße Bei der alten Furt in Richtung des Stadtteils Kohlhof.

Südlich des Stadtteils Furpach gibt es auch die Flurbezeichnung Am Erlenbrunnen. Dort soll der „Wilde Maltitz" nach einer Sage auch auf die Jagd gegangen sein (siehe Maltitzpfad).

Erlenweg Wi

Lage und Verlauf:

Der Erlenweg ist im östlichen Bereich des Stadtteils Wiebelskirchen vor dem Ziehwald ein Verbindungsweg zwischen Forsthausstraße und Kastanienweg. Der Weg verläuft in Ost-West-Richtung.

Erlenweg aus Richtung Kastanienweg

Informationen zum Namen und zur Geschichte der Straße:

Das Gelände zwischen Bexbacher Straße und Forst-

E21 Beschlussbuch Wiebelskirchen, vgl. Anm. A46

hausstraße, die Flur Auf Stählingswies, wurde von der Gemeinde Wiebelskirchen erworben und dann wurden nach Anlegung der Straßen einzelne Grundstücke an Bauwillige vergeben. 1971 waren bereits 40 von 73 Baustellen mit verschiedenen individuellen Hausformen bebaut, vorwiegend eingeschossig, die man als Bungalows bezeichnen kann.

Alle neuen Straßen südöstlich der Bexbacher Straße sind nach heimischen Baumarten benannt.

Der Erlenweg stellt eine Verbindung zwischen diesem Neubaugebiet und der wesentlich älteren südlich davon liegenden Forsthausstraße dar.

Erlick Wi *volkstümlich für Luisenstraße, heute Schillerstraße*
Siehe Schillerstraße

Ernst-Blum-Straße We *vorher Schulstraße, In der Forrels*

Lage und Verlauf:
Die Straße beginnt an der Bürgermeister-Regitz-Straße und verläuft parallel zum Autobahnzubringer und zu der Blies in südlicher Richtung. Sie endet nach ca. 200 Metern an der Evangelischen Kirche und dem Gemeindezentrum.

Ernst-Blum-Straße,
mit evangelischer Kirche und Pfarrhaus

Informationen zum Namen und zur Geschichte der Straße:
Wegen der dort 1892/93 gebauten Schule hieß die Straße ursprünglich Schulstraße.
Im Zuge der Gebiets- und Verwaltungsreform 1974

wurden viele Straßen umbenannt, um bei Mehrfachverwendung Verwechselungen zu vermeiden. Ab Mai 1975 hieß sie deshalb In der Forrels nachdem das Schulgebäude schon lange nicht mehr als solches benutzt worden war und es mehrere Schulstraßen im neuen Stadtgebiet gegeben hatte. Alle Wellesweiler Flurnamen mit dem Bestandteil „Forell" gehen auf die Bezeichnung „Elß" zurück (Auf Elß, Vor Elß, Unter Elß). Diese Bezeichnung ist abgeleitet von der in Flussnähe vorkommenden Traubenkirsche, die in alter Zeit Else genannt wurde. Die Flur In der Forells liegt am Fuße des Mühlenbergs im Bliestal. In diese Richtung verläuft die Straße.

Nach einem Beschluss des Stadtrates wurde die Straße am 16. 05. 1989 erneut umbenannt, nun nach dem ehemaligen jüdischen Wellesweiler Bürger Ernst Blum. An der vorderen Ecke in der jetzigen Bürgermeister-Regitz-Straße hatte sein Elternhaus gestanden. Die Initiative zu der Umbenennung ging von dem einzig verbliebenen Anlieger der Straße, der evang. Kirchengemeinde Wellesweiler, aus, die damit das Andenken an diesen verdienten Wellesweiler Bürger ehren wollte.

1931 hatte die Straße noch 7 Häuser, die Nr. 7 gehörte der Evang. Kirchengemeinde (Pfarrer Heinrich Schmidt). 1960 wurde die Straße bis zur neuen ev. Kirche mit einer Teerdecke versehen. Das frühere Schulgebäude wurde 1981 abgerissen.

Informationen zum Namensgeber:
Ernst Blum, Dr. jur., (10.11.1901 - 28.4.1970), jüdischer Religion, wurde in Wellesweiler geboren und hier auch eingeschult. Bei einem Klassenausflug 1911 besuchte seine Klasse die Bach`sche Gartenwirtschaft in Wellesweiler, wo die Schüler in den Anlagen, die an einem Hang angelegt waren, umher liefen. Da fand ein Mitschüler in einer Gartenlaube eine Schrotflinte, mit der der Besitzer Spatzen vertreiben wollte. In Unkenntnis, dass sie geladen war, nahm der Schulkamerad die Flinte und drückte ab. Dabei traf er Blum so unglücklich, dass dieser auf beiden Augen erblindete.

Von 1911-1916 war Ernst Blum dann Schüler der Blindenanstalt in Berlin-Steglitz. 1917-1921 Konservatorium für Musik. 1921 Musiklehrer. 1922 Realgymnasium in Neunkirchen.

Aus der Neunkircher Volkszeitung vom 15.12.1922:
„Herr Ernst Blum aus Wellesweiler, der vor Jahren als Gymnasiast bei einem Ausflug durch einen Unglücksfall um sein Augenlicht kam, hat am hiesigen Realgymnasium sein Abiturexamen bestanden. Er musste nach diesem

Unfall andere Wege einschlagen. Nachdem er die Vorbildung an verschiedenen Blindeninstituten erhalten hatte, widmete er sich zunächst musikalischen Studien, die er am Konservatorium in Köln durch die Ablegung der Prüfung als Musiklehrer zum Abschluss brachte. Nun ist der Weg in akademische Berufe geöffnet".

Trotz seiner Behinderung studierte Blum in Köln Jura, legte 1925 sein Referendarexamen ab und promovierte 1929 zum Dr. jur. Anschließend wurde er Gerichtsassessor in Berlin und in Saarbrücken. Danach trat er in den Dienst der Finanzverwaltung.

Nach der Rückgliederung des Saargebietes an das Deutsche Reich im Jahre 1935 blieb ihm als Jude zusammen mit seiner Familie nur die Emigration nach Frankreich. Von dort, nach einer wahren Odyssee, immer auf der Flucht vor seinen Häschern, kehrte er im Dezember 1945 nach Saarbrücken zurück und stellte sich zum Wiederaufbau der Verwaltung zur Verfügung.

Zuletzt war er Ministerialrat im Ministerium für Arbeit und Sozialwesen. Er hat sich in vielerlei Hinsicht verdient gemacht, auch außerhalb seines Dienstbereiches.

Öffentliche oder sonst bedeutsame Gebäude in der Straße:

-   Schule
    1892 wurde neben dem zwei Jahre zuvor errichteten evangelischen Pfarrhaus eine zweite Schule für Wellesweiler erbaut.
    Deshalb hatte die Straße auch den Namen Schulstraße erhalten. Die 1892 erbaute Schule wurde nach der Inbetriebnahme der Pestalozzischule (1927) wieder außer Dienst gestellt. In dem Gebäude wurden nach dem Auszug der Schule eine evang. Schwesternstation und ein evang. Kindergarten untergebracht. Zeitweise war auch der erste kath. Kindergarten hier zu Hause. Als das neue evang. Gemeindezentrum 1981 in Betrieb genommen worden war, wurde das alte Schulgebäude abgerissen.
-   Evangelische Kirche mit Gemeindezentrum
    Für die nach dem 2. Weltkrieg stark angewachsene evangelische Gemeinde war die Barockkirche aus dem 18. Jh. bald zu klein. Mit der Planung einer neuen Kirche wurde Prof. Krüger beauftragt. Das vorgesehene Gelände in der Schulstraße (heute Ernst-Blum-Straße) war, da es ins Bliestal abfällt, für den Architekten ein schwieriges Gelände und nicht ohne Einfluss auf die Gestaltung der Kirche. Die Grundsteinle-

gung war am 25. 08. 1957, die Einweihung am 30. 10. 1960. Die nüchtern wirkende Saalkirche fällt infolge der Hanglage zur Kanzel hin ab, sie wirkt daher wie ein Hörsaal.

Neben der Kirche hat die Kirchengemeinde ein Zentrum für die Gemeindearbeit, Familienfeiern und gesellige Feste erstellt. Das Gemeindezentrum wurde am 06. 06. 1981 in Betrieb genommen.

Erzbergerstraße NK *von 1935 bis 1945 Teil des Tannenbergrings, heute Teil der Friedensstraße*
Siehe Friedensstraße

Informationen zum damaligen Namensgeber:
Siehe Erzbergerstraße Wi

Erzbergerstraße WI zeitweise (1935 – 1945) Hermann-Göring-Straße

Lage und Verlauf:
Die Erzbergerstraße liegt im südöstlichen Randbereich des Stadtteils Wiebelskirchen . Sie verläuft von Nordwesten nach Südosten und verbindet dort die Prälat-Schütz-Straße mit der Rembrandtstraße

Erzbergerstraße Blickrichtung Prälat-Schütz-Straße

Informationen zum Namen und zur Geschichte der Straße:
Die Straße wurde zunächst nach dem katholischen Politiker und Schriftsteller Matthias Erzberger benannt. 1931 hatte die Straße 8 Häuser. Ab Mitte der 30er Jahre des 20. Jh. wuchs sie nach D. Forst (Wiebelskirchen; die

Entwicklung der Siedlung unter dem Einfluss von Bergbau und Industrie) in Richtung Ziehwald. Heute hat sie 21 Häuser.

Am 13. Januar 1935 fand im damaligen Saargebiet eine Volksabstimmung statt, in der die Bevölkerung zwischen einem Anschluss an Frankreich, der Beibehaltung des Status quo oder der Rückkehr nach Deutschland entscheiden konnte.

Eine überwältigende Mehrheit von 90,73 % stimmte für die Rückkehr nach Deutschland. Bereits am 17. 01. 1935 beschloss daraufhin der Rat des Völkerbundes die Wiedereinsetzung Deutschlands in die Regierung des Saarbeckens zum 1. März 1935.

Noch vor diesem Datum teilte der Bürgermeister dem Gemeinderat Wiebelskirchen in einer Sitzung am 28. 01. 1935 mit, dass er als Polizeiverwalter eine Reihe von Straßenumbenennungen vorgenommen habe. Damit sollten nationalsozialistische Größen geehrt bzw. an Gebiete erinnert werden, die nach dem verlorenen 1. Weltkrieg vom Deutschen Reich abgetrennt worden waren.

Gleichzeitig wurden Straßennamen, die an politische Gegner oder an Juden erinnerten, entfernt. Die bisherige Erzbergerstraße wurde so zur Hermann-Göring-Straße[E22].

Nach Ende des 2. Weltkrieges erhielt die Straße wieder ihren alten Namen.

Informationen zum Namensgeber:

Matthias Erzberger (18.09.1875 – 26.08.1921) deutscher Politiker. Von 1903 bis 1918 war er Mitglied des Reichstags. Während des 1. Weltkrieges und in den Anfangsjahren der Weimarer Republik war er Vorsitzender der Zentrumspartei. Er hatte während des Krieges 1917 eine Friedensresolution im Reichstag gefordert.

Ab Oktober 1918 war er (erstmals in der Geschichte kein General) Leiter der Waffenstillstandsdelegation und 1919/20 Reichsfinanzminister. Im August 1921 wurde er von enttäuschten Rechtsextremisten (Schulz u. Tillessen), die sich auf die Dolchstoßlegende beriefen, ermordet.

Nach deren Meinung waren nicht die Militärs, sondern liberale und linke Politiker Schuld an der Niederlage.

Eselsfurth NK *heute Teil der Brunnenstraße*
Siehe Brunnenstraße

E22   Beschlussbuch Wiebelskirchen, vgl. Anm. A46

Espenweg Wi vorher Lindenweg

Lage und Verlauf:

Der Espenweg liegt im östlichen Bereich des Stadtteils Wiebelskirchen vor dem Ziehwald. Er zweigt dort vom Kastanienweg nach Nordosten ab und endet nach knapp 100 m als Sackgasse.

Espenweg aus Richtung Kastanienweg

Informationen zum Namen und zur Geschichte der Straße:

Das Gelände zwischen Bexbacher Straße und Forsthausstraße, die Flur Auf Stählingswies, wurde von der Gemeinde Wiebelskirchen erworben und dann wurden nach Anlegung der Straßen einzelne Grundstücke an Bauwillige vergeben. 1971 waren bereits 40 von 73 Baustellen mit verschiedenen individuellen Hausformen bebaut, vorwiegend eingeschossig, die man als Bungalows bezeichnen kann.

Alle neuen Straßen südöstlich der Bexbacher Straße sind nach heimischen Baumarten benannt. Bis zur Gebiets- und Verwaltungsreform 1974 hieß der Weg Lindenweg, wurde dann aber zur Vermeidung von Verwechselungen umbenannt, da es nun weitere Straßen mit ähnlichen Namen im Stadtgebiet gab.

Eulenweg NK *heute Sperberweg*
Siehe Sperberweg

Eulenweg Wi

Lage und Verlauf:

Der Eulenweg zweigt von der Erschließungsstraße Habichtweg, eines am nordwestlichen Ortsrand von Wiebelskirchen liegenden Wohngebietes, nach Westen ab und mündet in den Starenweg.

Eulenweg aus Richtung Starenweg

Informationen zum Namen und zur Geschichte der Straße:

Der Eulenweg ist Teil eines Neubaugebietes nördlich am Ende der Römerstraße im Verband mit weiteren kleinen Straßen mit Vogelnamen.

Die Straße gehört zu der zwischen 1959 und 1966 in 3 Bauabschnitten durch die Staatliche Vermögensverwaltungs-gesellschaft errichteten Wohnsiedlung Labenacker.

Eupenweg NK *heute Rübenköpfchen*
Siehe Rübenköpfchen

Informationen zur ehemals namensgebenden Stadt:

Eupen ist eine Industriestadt in der belgischen Provinz Lüttich südlich von Aachen. Sie hat 12 000 überwiegend deutschsprachige Einwohner. Sie ist das Zentrum des zwischen Deutschland und Belgien umstrittenen Gebietes von Eupen und Malmedy. Dieses Gebiet wurde 1915 nach Eroberung Belgiens im 1. Weltkrieg durch Preußen annektiert. Nach dem verlorenen 1. Weltkrieg wurde Deutschland in den Friedensbedingungen des Vertrages von Versailles (28. 06.1919) u. a.

- *zum Verzicht auf Teile seines Staatsgebietes (Elsaß-Lothringen an Frankreich, Westpreußen und Posen an Polen, das Hultschiner Ländchen an die Tschechoslowakei, das Memelgebiet unter Völkerbundverwaltung, Danzig unter Völkerbundverwaltung) und*

- *zur Zustimmung zu Abstimmungen in Teilen seines Staatsgebietes über den Verbleib bei Deutschland oder den Anschluss an einen anspruchstellenden Nachbarstaat (Eupen und Malmedy zu Belgien, Nordschleswig zu Dänemark, Oberschlesien zu Polen, die Regierungsbezirke Allenstein und Marienwerder in Ostpreußen zu Polen, das Saargebiet zu Frankreich)*

gezwungen.

Deutschland musste außerdem die dauerhafte Unabhängigkeit Österreichs anerkennen.

Bei der am 24. 07. 1920 durchgeführten Volksabstimmung in Eupen und Malmedy entschieden sich nur 170 von 33 700 Wählern für eine Zugehörigkeit zu Deutschland. Das umstrittene Gebiet kam deshalb wieder zu Belgien[E23].

1940 nach dem Einmarsch der deutschen Wehrmacht erneut annektiert, wurde das Gebiet nach Ende des 2. Weltkrieges endgültig Belgien zugeschlagen.

Evang. Friedhofstraße NK *heute Unterer Friedhofsweg*
Siehe Unterer Friedhofsweg

E23 Hilgemann: Atlas Zeitgeschichte, vgl. Anm. D4, S. 56

Fabrikstraße We vorher Eckstraße

Lage und Verlauf:

Die Fabrikstraße beginnt an der Hagstraße in der Nähe der Brücke über die Untere Bliesstraße und verläuft aufsteigend nach Westen in Richtung des Zoogeländes.

Fabrikstraße aus Richtung Hagstraße

Informationen zum Namen und zur Geschichte der Straße:

Die Fabrikstraße hat ihren Namen nach einer vor 1850 errichteten Ziegelei an der Ecke zur heutigen Hagstraße, einer Sackgasse, die von der Fabrikstraße abzweigt. In der Fabrik waren Ziegelsteine, Dachziegel und Zierelemente aus Ton hergestellt worden. Davor hieß die Fabrikstraße Eckstraße; sie liegt in der Flur In der Krumm Eck. Eine Bebauung in der Krumm Eck ist bereits in einer Übersichtskarte von Wellesweiler aus dem Jahre 1822 nachweisbar.

1931 hatte die Straße 48 Hausnummern (Wohnanwesen). Schon damals bis in die 1950er Jahre beschwerten sich die Anwohner über den schlechten Straßenzustand. Am 04. 03. 1959 wurde in der Saarbrücker Zeitung erneut die Kanalisierung und der Ausbau der Straße gefordert. Daraufhin wurde die Straße nach einer Meldung vom 20. 11. 1959 mit einer Teerdecke versehen, ohne dass ein ordentlicher Ausbau erfolgt wäre. Schließlich meldete die Saarbrücker Zeitung am 02. 03. 1962, dass die Fabrikstraße jetzt ausgebaut werde und Bürgersteige angelegt würden.

Falkensteinstraße NK *vorher Luisenstraße, heute*
Falkenstraße
Siehe Falkenstraße

Informationen zum damaligen Namensgeber:

Eduard Vogel von Falkenstein (05.01.1797 – 06.04.1885), preußischer General. Im Dänischen Krieg 1864 war er Chef des Generalstabes und Gouverneur von Jütland, im Deutschen Krieg 1866 Führer der Mainarmee, dann Gouverneur von Böhmen. Im Deutsch-Französischen Krieg 1870/71 war er schließlich Generalgouverneur der deutschen Küstenlande. 1885 starb er auf seinem Gut Dolzig.

Falkenstraße NK vorher Luisenstraße, Falkensteinstraße

Lage und Verlauf:

Die Straße verläuft in Nord-Süd-Richtung von der Grabenstraße bis zur Heizengasse und kreuzt dabei die Parkstraße und die Max-Braun-Straße. Zwischen Grabenstraße und Parkstraße verläuft die Straße entlang der Westseite des Stadtparks

Falkenstraße aus Richtung Heizengasse

Informationen zum Namen und zur Geschichte der Straße:

Die Straße ist zwischen 1890 und 1902 entstanden. Sie hieß zunächst Luisenstraße. In der zweiten Hälfte des 19. Jh. und Anfang des 20. Jh. wuchsen die Stadt und die Bevölkerung auf Grund der enorm ansteigenden Industrialisierung in einem ungeheuren Tempo. Jeweils in 15 – 20 Jahren verdoppelte sich die Bevölkerung immer wieder und suchte industrienahen Wohnraum. Es entstanden ständig neue Straßen, die in der euphorischen Stimmung nach dem gewonnenen Krieg 1870/71 oft nach Mitgliedern des Kaiserhauses, nach verdienten Heerführern oder nach Schlachtenorten benannt wurden. Nach diesen Gesichtspunkten wurden Straßen

auch umbenannt. So wurde auch die bisherige Luisenstraße nach einem Beschluss des Gemeinderates Neunkirchen vom 24. 04. 1903 nach dem General Eduard
Vogel von Falkenstein benannt[F1].

Im Bereich zwischen Grabenstraße und Friedensstraße
gab es bis in die 1930er Jahre eine Schutt- und Müllkippe (Äscheschutt)[F2]. Der Teil der Falkenstraße zwischen
Polizeipräsidium und Stadtpark verläuft über diese
frühere Müllkippe.

Unmittelbar nach Ende des 2. Weltkrieges wurde die
Straße in Falkenstraße umbenannt, da nun alles, was an
Deutschtum erinnerte, verpönt war.

Öffentliche Gebäude oder Einrichtungen in der Stra-
ße:

- Polizeipräsidium
  Nach dem überwältigenden Ergebnis der Volksabstimmung vom 13. Januar 1935 im Saargebiet
  wurde das Abstimmungsgebiet schon am 01.
  März 1935 in das Deutsche Reich zurückgegliedert. Sofort kam es in der gesamten Region zu
  einer durch die Reichsregierung geförderten regen Bautätigkeit im Bereich öffentlicher Bauten.
  In Neunkirchen, der zweitgrößten Stadt des
  Landes, wurden ein neues Finanzamt, ein neues
  Arbeitsamt und ein neues Polizeipräsidium gebaut.
  Das eigene Polizeidienstgebäude in der Falkenstraße am Stadtpark erhielt Neunkirchen in den
  Jahren 1937/38. Vorher war die Polizei im ehemaligen Bürgermeisteramt in der Wellesweilerstraße untergebracht.
  Die Stadt hatte ein 20,64 ha großes Gelände an
  das Deutsche Reich zur Erstellung des neuen
  Gebäudes unentgeltlich übereignet. 1938 wurde das Gebäude als Polizeipräsidium in Betrieb
  genommen. Obwohl nie ein Polizeipräsidium
  darin untergebracht war (sondern eine Polizei-
  inspektion, eine Polizeidirektion, eine Polizeibe-
  zirksinspektion, ein Kriminalkommissariat) wird
  es bis heute von der Bevölkerung als Polizeipräsidium bezeichnet.
  Zur Zeit sind in dem Gebäude eine für die
  Schutzpolizei im Kreis zuständige Polizeibezirks-
  inspektion und ein für das Ostsaarland zustän-

diges Kriminalkommissariat untergebracht.

Polizeipräsidium im Vordergrund der Stadtpark

- Arbeitsamt
  In einem an der Ecke Falkenstraße – Parkstraße
  stehenden großen Gebäude, das in den Jahren
  1937/38 gebaut wurde, war seit der Erbauung bis
  in die 1980er Jahre das Arbeitsamt Neunkirchen
  untergebracht. Nach dem Bau des neuen Arbeitsamtes an der Ecke Ringstraße/Süduferstra-
  ße stand das Gebäude längere Zeit leer. Heute
  ist darin die Familienkasse des Arbeitsamtes und
  die ARGE (Gemeinsame Arbeitsgruppe Arbeitsamt und Kreis für die Bearbeitung von ALG II –
  Fällen) untergebracht.
- Grundschule am Stadtpark
  Die Schule besteht aus 2 Schulgebäuden, einem
  in der Falkenstraße und einem in der parallel
  verlaufenden Jägerstraße mit dazwischen liegen-
  dem Schulhof. Das Gebäude Falkenstraße (Fal-
  kensteinschule – kath. System) wurde 1894 erbaut, das in der Jägerstraße (Jägerschule – evang.
  System) 1900[F3]. In den beiden Gebäuden waren
  im Laufe der Zeit die unterschiedlichsten Schulsysteme untergebracht. Zur Zeit befindet sich
  in den beiden Gebäuden die Grundschule am
  Stadtpark.

Falkenstraße Wi *heute Habichtweg*
Siehe Habichtweg

F1   Saar- und Blieszeitung v. 25. 04. 1903
F2   Krajewski: Heimatkundliche Plaudereien 5, Neunkir-
      chen 1981, S. 33

F3   StA Neunkirchen, Verwaltungsbericht der Bürgermei-
      sterei Neunkirchen, für 1895 – 1903,

Fasanenweg NK vorher Memelweg, Maiweg

Lage und Verlauf:

Der Fasanenweg liegt in der Steinwaldsiedlung. Er beginnt am Storchenplatz, verläuft von dort parallel zur Waldstraße nach Osten und endet an der Einmündung Ulmenweg/Finkenweg.

Fasanenweg aus Richtung Storchenplatz

Informationen zum Namen und zur Geschichte der Straße:

Die Tochter von Karl Ferdinand Stumm, Frau Berta von Sierstorpff, setzte 1927 die Tradition, Werksangehörige beim Erwerb von Wohneigentum zu unterstützen, im Rahmen des Vaterländischen Frauenvereins vom Roten Kreuz, fort.

Eine von ihr ins Leben gerufene Bau- und Siedlungsgenossenschaft begann in diesem Jahr mit dem Bau der Rote-Kreuz-Siedlung im Steinwald.

Diese erste Siedlung bestand aus den Häusern der heutigen Waldstraße und denen auf der Südseite der heutigen Koßmannstraße. Damit begann die Besiedlung des Steinwaldgebietes.

Noch vor Beginn des 2. Weltkrieges wurde der Bau der Siedlung Im Steinwald nach Osten fortgesetzt und dabei u. a. Wohnraum für die Opfer der Gasometerexplosion von 1933 geschaffen. Dabei entstand auch der heutige Fasanenweg, der jedoch zunächst nur auf der Südseite bebaut wurde.

Durch Beschluss des Stadtrates Neunkirchen vom 29. 01. 1935 wurden die Straßen in der Steinwaldsiedlung, die bisher ohne eigene Namen waren, nach Städten oder Gebieten in den Grenzbereichen des Deutschen Reiches benannt, die nach dem 1. Weltkrieg

von Deutschland abgetrennt wurden oder die mit den jeweiligen Nachbarn umstritten waren. So wurde der heutige Fasanenweg nach dem von Litauen beanspruchten Memelgebiet zum Memelweg.

Unmittelbar nach dem 2. Weltkrieg wurden alle Straßennamen mit nationalsozialistischem oder nationalistischem Hintergrund abgeschafft. Die Straße wurde nun Maiweg genannt.

Ab Ende der 1940er Jahre wurde das heutige Storchenplatzgebiet erschlossen.

Dabei wurden alle Straßen, die auf den Storchenplatz münden, nach Vögeln benannt.

Deshalb wurde die Straße erneut umbenannt in Fasanenweg.

Feldstraße Ha heute Obere Kirchwies

Siehe Obere Kirchwies

Feldstraße NK

Lage und Verlauf:

Die Feldstraße liegt an der nördlichen Banngrenze von Neunkirchen zum Stadtteil Wiebelskirchen im Ziehwaldbereich.

Dort verbindet sie, in Ost-West-Richtung verlaufend, die Ziehwaldstraße und die Straße Wilhelmshöhe, wobei sie in ihrem letzten Teilstück nach Norden abbiegt.

Feldstraße aus Richtung Ziehwaldstraße

Informationen zum Namen und zur Geschichte der Straße:

Die Straße ist in der 2. Hälfte des 19. Jh. angelegt worden. In einem Situationsplan von Neunkirchen aus dem Jahre 1883 ist sie bereits als Wohnstraße eingezeichnet[F4]. Als die Straße im 19. Jh. angelegt wurde, führte sie noch auf freies Feld, daher wohl auch der Name.

Bereits im Jahre 1905 hatte sie 18 Hausnummern (Wohngebäude), so wie heute. Sie hat also keinen Zuwachs mehr erhalten, und es ist auch kein Raum mehr für weitere Bauaktivitäten in der Straße vorhanden.

Felsenrech We vorher Am Felsenrech

Lage und Verlauf:

Die Straße Felsenrech liegt im Siedlungsgebiet Auf der Platt und verläuft vom Mühlackerweg aus nach Süden in Richtung des Kasbruchtals. Am Ende verzweigt sie sich in die Straße Schlägelswinkel und den Elsenweg.

Felsenrech aus Richtung Mühlackerweg

Informationen zum Namen und zur Geschichte der Straße:

Mit dem Bau der Siedlung Auf der Platt wurde in den Jahren 1937/38 begonnen. Es entstanden kleine Siedlerhäuser in insgesamt 5 Straßen. Die Straßen erhielten eine Decke aus Teersplitt.

In den 1950er Jahren wurden nach und nach weitere Baustellen in der Siedlung erschlossen und Neubauten erstellt.

Am 22. 08. 1950 wurde in der Saarbrücker Zeitung über die schlechten Straßenverhältnisse und am 18. 03. 1952 über das Fehlen einer Kanalisation in der Siedlung geklagt.

Das gleiche Blatt berichtete am 31. 05. 1958, dass die Neusiedlergemeinschaft im vergangenen Jahr 5 Doppelhäuser am Felsenrech bezogen hat.

Am 09. 06. 1961 meldete die Saarbrücker Zeitung, dass eine Verzögerung der Bautätigkeit am Mühlenberg durch den zuvor notwendigen Bau eines wasserdichten und druckfesten Hauptkanals durch das Wassereinzugsgebiet Kasbruchtal bis zur Blies eingetreten sei. Am 08. 09. 1965 schließlich meldete die Saarbrücker Zeitung, dass die ersten 5 Häuser der Neusiedlergesellschaft in der Kasbruchtalstraße bezogen worden seien, die restlichen würden noch im Herbst bezogen.

Diese Häuser würden zum 3. Bauabschnitt gehören. Davor seien schon der 1. und der 2. Bauabschnitt verwirklicht worden und zwar in den Jahren 1956/57 mit 5 Doppelhäusern im Felsenrech und 1959/61 mit 11 Doppelhäusern im Mühlackerweg und 9 Doppelhäusern in der Kasbruchtalstraße.

Felsstraße NK *vorher Die Fels, heute Teil der Hohlstraße*
Siehe Hohlstraße

Ferdinand-Wiesmann-Straße NK vorher und danach Philippstraße
Siehe Philippstraße

Informationen zum Namensgeber:

Nach den bei Kämpfen zur „Befreiung der Pfalz" zwischen pfälzischen Separatisten und der französischen Besatzungsmacht in Speyer in der Nacht zum 09. 01. 1924 gefallenen Nationalsozialisten Ferdinand Wiesmann und Franz Hellinger wurden 1936 Straßen in Neunkirchen benannt[F5].

Fernstraße NK vorher Ludendorffstraße, der nördliche Teil der Straße entlang des jetzigen Eisweihers hieß früher Weberstraße

Lage und Verlauf:

Die Fernstraße beginnt an der Wellesweilerstraße, verläuft von dort zunächst zur Blies und dann bergauf nach Süden zur Kreuzung Scheiber Hof, von dort wieder abwärts und mündet schließlich nach einem weiten Bogen nach Südwesten in Höhe der Autobahnauffahrt in die Zweibrücker Straße. Auf dieser Strecke überquert sie zunächst die Blies, und kreuzt dann die Bliesstraße und schließlich die Steinwaldstraße.

F4   Situat.-plan NK 1883, vgl. Anm. A4

F5   StA Neunkirchen, Best. Varia Nr. 862; Kirsch, Hans: Sicherheit und Ordnung betreffend, Kaiserslautern 2007, S. 231

Fernstraße mit Krebsberghalle
im Hintergrund Gymnasium am Steinwald

Informationen zum Namen und zur Geschichte der Straße:

Bis in die 1930er Jahre konnte man von der Scheib in die Unterstadt nur über die Achse Hohlstraße, Marktstraße, Hüttenbergstraße gelangen. Die Fernstraße gab es noch nicht und auch die Brunnenstraße war nicht durchgehend ausgebaut. In den 1920er Jahren hatte man seitens der Stadt den Plan, eine Straßenverbindung von der Kreuzung Brunnenstraße/Parallelstraße zur Scheib zu bauen und dazu das Wagwiesental mit einem Brückenbauwerk zu überspannen. Davon ist man vermutlich aber aus Kostengründen abgekommen. Nun sollte eine Straße von der Scheib entlang des Wagwiesentals zur Bliesstraße gebaut, die Blies mit einer Brücke überquert und an die Welleweilerstraße angeschlossen werden.

Nach dem Beschlussbuch der Gemeinde Neunkirchen beschloss der Rat am 13. 01. 1922, dass „das Stück vom Oberort zum Unterort, das zwischen Steinwaldstraße und Yorkstraße liegt" (oberster Teil der Fernstraße) mit Notstandsarbeiten ausgebaut werden soll. In seiner Sitzung am 02.04. 1935 beschloss der Stadtrat dann die Aufnahme von Anleihen zum Neubau

- einer Verbindungsstraße nach Welleweiler auf der Südseite der Blies (heute Bliesstraße und Untere Bliesstraße) und
- der Verbindungsstraße Scheib – Schlachthof (heute Fernstraße)[F6].

Mit dem Bau der Fernstraße wurde 1936 begonnen. Die Trasse durch das hügelige Gelände wurde in Handar-

beit unter Benutzung von Feldbahngleisen und Loren hergerichtet. Mit den anfallenden Erdmassen wurden seitliche Taleinschnitte zwischen Krebsberg und Wenzelsberg verfüllt, so z. B. der Bereich, an dem sich jetzt ein Sportplatz und die Krebsberghalle befinden. 1938 wurde die Straße dem Verkehr übergeben und Ludendorffstraße genannt. Im Volksmund hieß sie jedoch noch lange Jahre die „Nei Stroß"[F7]. Unmittelbar nach Ende des 2. Weltkrieges wurde sie in Fernstraße umbenannt.

Mitte der 1970er Jahre wurde die Straße von der Kreuzung Scheiber Hof in einem weiten zunächst nach Osten dann nach Südwesten verlaufenden Bogen bis zur Zweibrücker Straße in der Nähe der Autobahnauffahrt verlängert. Inoffiziell hieß dieser Straßenteil zunächst Beerwaldaufstieg, wurde dann aber mit Beschluss des Stadtrates vom 14. 05. 1969 in die Fernstraße einbezogen.

1975 tauchte die Idee einer Überbrückung des Wagwiesentals zur Entlastung der Zweibrücker Straße nochmal auf. Dabei sollte eine Brücke das Tal von der Fernstraße in Höhe der Albert-Schweitzer-Straße zur Kreuzung Brunnenstraße/ Parallelstraße überspannen[F8]. Letztlich setzte sich aber doch die Forderung nach Erhaltung des Wagwiesentals als großräumige Grünfläche in der Stadt durch. Die Talsohle wurde zum Park mit Sportanlagen ausgebaut. Zeitweise trug man sich sogar mit dem Gedanken, hier ein Freibad zu bauen.

2002 wurde die Kreuzung Steinwaldstraße/Fernstraße mit dem Bau eines Verkehrskreisels umgestaltet.

Öffentliche oder sonst bedeutsame Gebäude und Einrichtungen in der Straße:

- Scheiber Wasserturm
  Der Scheiber Wasserturm wurde als Wasserreservoir der Schlossbrauerei am 20. 09. 1897 in Betrieb genommen. Der Hochbehälter des ca. 15 m hohen Wasserturms hatte ein Fassungsvermögen von 60 cbm. Das Wasser wurde aus dem brauereieigenen Wasserwerk im Kasbruchtal hochgepumpt. Beim Bau der Fernstraße wurde das Fundament des Turms freigelegt, da das Straßenniveau wesentlich tiefer lag als das Geländeniveau vorher um den Turm. 1944 zerstörten

F6   Neunkircher Volkszeitung v. 11. 05. 1935

F7   Raber, Werner: Straßen von der Scheib zur Unterstadt, in Scheiber Nachrichten Nr. 41, Nov. 2000

F8   Krenz u. Borgards: Gutachten Stadtsanierung NK 1975, Band 2, S. 59, 66, 207

Bombenabwürfe die Leitungen, so dass die eigene Wasserversorgung der Brauerei ausfiel. Der Braubetrieb konnte jedoch weitergehen, da die Brauerei eine Verbundleitung zu dem Wassernetz des städtischen Wasserwerkes hatte.

Dadurch war letztlich nach Kriegsende eine eigene Wasserversorgung auch nicht mehr erforderlich. Das Bauwerk, dessen oberer Teil zeitweise einmal als Aussichtsrestaurant ausgebaut werden sollte, wurde am 22. 10. 1968 gesprengt[F9], als Platz für eine Verbreiterung der Fernstraße benötigt wurde.

Bis heute wird der Turm von den Bewohnern des Stadtteils Scheib als Wahrzeichen angesehen und sein Abriss bedauert.

- Sportplatz Fernstraße
  Der Sportplatz war laut einem Stadtplan 1954 schon existent. 2004/05 hat der Sportverein FVN 1962 mit Unterstützung der Stadt ein Sportheim dort erstellt.
- Krebsberghalle (Sporthalle)
  Die Halle wurde in den 1980er Jahren gebaut. Sie wird von den umliegenden Schulen und von Vereinen genutzt.
  Die Halle diente 1990 mehrere Monate lang der Unterbringung von Flüchtlingen aus der DDR.
- Festplatz Eisweiher
  Siehe Eisweiher

Fichtenstraße NK *vorher Fichtestraße, heute Peter-Wust-Straße*
Siehe Peter-Wust-Straße

Fichtenweg Wi

Lage und Verlauf:
Der Fichtenweg zweigt im nordöstlichen Bereich des Stadtteils Wiebelskirchen als eine von drei Sackgassen nach Südosten vom Zedernweg ab und endet nach knapp 100 m vor dem Wald.

Informationen zum Namen und zur Geschichte der Straße:
Das Gelände zwischen Bexbacher Straße und Forsthausstraße, die Flur Auf Stählingswies, wurde von der

Fichtenweg aus Richtung Zedernweg

Gemeinde Wiebelskirchen erworben und dann wurden nach Anlegung der Straßen einzelne Grundstücke an Bauwillige vergeben.

1971 waren bereits 40 von 73 Baustellen mit verschiedenen individuellen Hausformen bebaut, vorwiegend sind es eingeschossige Bungalows.

Alle neuen Straßen südöstlich der Bexbacher Straße sind nach heimischen Baumarten benannt. Der Fichtenweg ist bisher nur auf der Südseite mit Bungalows bebaut.

Fichtestraße NK *dann Fichtenstraße, heute Peter-Wust-Straße*
Siehe Peter-Wust-Straße

Informationen zum damaligen Namensgeber:
Johann Gottlieb Fichte (1762 – 1814), deutscher Philosoph. Er war Vertreter eines ethischen und subjektivistischen Idealismus in dessen Mittelpunkt die Wissenschaftslehre steht. Er war Begründer des deutschen Nationalbewusstseins, Republikaner und Gegner des damaligen Fürstenstaates.

Finkenweg NK

Lage und Verlauf:
Der Finkenweg führt von der nordöstlichen Ecke des Storchenplatzes aus in östliche Richtung parallel zum Fasanenweg, vollzieht am Ende eine Schwenkung nach Süden und mündet dann in den Fasanenweg.

F9   Ulrich, Alfred u. Meiser, Gerd: NK anno dazumal, Neunkirchen 1994, S. 150

Finkenweg aus Richtung Storchenplatz

Fischkasten aus Richtung Krankenhaus

Informationen zum Namen und zur Geschichte der Straße:

Der Finkenweg gehört zum Straßensystem um den Storchenplatz, dessen Bebauung mit einem Bebauungsplan 1951 begann. Zu diesem Straßensystem gehören neben dem Finkenweg der Meisenweg, der Nachtigallenweg, der Lerchenweg, der Amselweg und der von Westen nach Osten verlaufende Teil des heutigen Stieglitzweges (damals Starenweg). Die Straße ist eine reine Wohnstraße mit einigen mehrgeschossigen Wohnblocks der GSG.

Finkenweg Wi *heute Reiherweg*
Siehe Reiherweg

Fischkasten NK vorher Blödgasse, Am Fischkasten

Lage und Verlauf:
Die Straße führt als Sackgasse von der Hohlstraße in östlicher Richtung und endet vor dem Städtischen Krankenhaus Neunkirchen.

Informationen zum Straßennamen und zur Straßengeschichte:
Die Straße ist wohl in der 2. Hälfte des 19. Jh. angelegt worden. Die Örtlichkeit wurde aber schon wesentlich früher in der Ordnung der Gemeinde Neunkirchen aus dem Jahre 1731 offiziell erwähnt. Dort ist von einem Fußsteig „aus dem Dorf auf den Fischkasten" die Rede[F10].

Am 15. 05. 1879 schlug der Ortsbaumeister Riemann dem Bürgermeister Jongnell von Neunkirchen die Beschaffung von Namensschildern für 49 Straßen und 8 Wohnplätze vor. In dieser Aufstellung taucht der Name Blödgasse zum ersten Mal auf. Für die kleine Straße wurden damals ein Straßenschild und 9 Hausnummernschilder beschafft[F11]. In einem Situationsplan von Neunkirchen aus dem Jahre 1883 ist die Straße bereits als Wohnstraße eingezeichnet[F12]. Die kleine Seitengasse der Hohlstraße neben „der Fels" trug bis Anfang 1936 den Namen Blödgasse. Die Straßendecke war holprig, es war eine wassergebundene Schotterdecke. Von jedem Haus ging eine gepflasterte Rinne quer über die Fahrbahn. Es gab keine Kanalisation. Das Oberflächenwasser und die Abwässer aus den Häusern flossen durch die Querrinne in die etwas größere offene Rinne auf der rechten unbebauten Seite des Gässchens und von dort ins Wagwiesental[F13].

Nach der Volksabstimmung 1935 stellte die Fraktion der Deutschen Front am 29.01.1935 im Stadtrat den Antrag auf Namensänderung der Blödgasse. Der Antrag wurde jedoch zurückgestellt, weil „zunächst bei zuständigen Fachleuten über die Herkunft des Namens Auskunft eingeholt werden" sollte. Ein Ergebnis dieser geforderten Nachforschung ist leider nicht bekannt. Einige Zeit später, vermutlich Anfang 1936, erfolgte dann die Änderung des Straßennamens in „Am Fischkasten".

F11 Beschaff. Straßenschilder, vgl. Anm. A8
F12 Situat.-plan NK 1883, vgl. Anm. A4
F13 Raber, Werner: Blödgasse – Fischkasten, in Scheiber Nachrichten Nr. 16, 1988

F10 Krajewski: Plaudereien 2, vgl. Anm. A24, S. 9

127

Dieser Name hat sich allerdings nur ungefähr 10 Jahren gehalten; nach 1945 wurde der Namensbestandteil „Am" gestrichen. Seither heißt die kleine, inzwischen ausgebaute Straße, die heute auch eine Fußgängerverbindung zur Brunnenstraße und zum Städt. Krankenhaus ist, einfach Fischkasten.

Als Hinweis über Ursprung und Bedeutung der beiden Namen Blödgasse u. Fischkasten möge der nachstehend wiedergegebene Auszug aus der „Saar- u. Blieszeitung" vom 21. März 1936 beitragen:

„Wohl mancher biedere Bürger von Neunkirchen wird den Kopf geschüttelt haben, als er erfuhr, dass die Blödgasse umgetauft wurde in Straße Am Fischkasten. Wenn nun die Stadtverwaltung diesen Namen umänderte, so tat sie dies aus der Erkenntnis heraus, alte Neunkircher Flurbezeichnungen wieder aufleben zu lassen. Neu ist das Wort Fischkasten vielen Bewohner von Neunkirchen, die, wie auch der Fremde, dabei an einen richtigen Kasten mit Fischen an unbekannter Stelle denken. Diese Zeilen sollen darüber Aufklärung geben, dass tatsächlich vor ungefähr 200 Jahren am Ende der Blödgasse sich ein Fischkasten befand. Zwischen der Brunnenstraße und der Scheib liegt gleich einer Insel ein kleiner vorspringender Bergrücken, der sogenannte Haspel. An seinem nördlichen, der Brunnenstraße zugewandten Hang befand sich der Fischkasten.. (Anmerkung: Der Fischkasten ist heute bedeckt mit den beim Bau der Luftschutzstollenanlage im 2. Weltkrieg angefallenen Erdmassen u. liegt am Rande des Parkplatzes beim Krankenhaus.) Ehemals ein Anziehungspunkt unserer Vorfahren, ist er heute nur noch wenigen alten Neunkircher Bürgern in Erinnerung. Im Neunkircher Bannbuch von 1740 wird unter Parzelle Nr. 58 beschrieben, dass der Fisch Kasten oder gemeine Waschhauß Eigentum der Gemeinde war. Die Vorder- u. Hinterseite hatten eine Breite von 5,52 Metern, während die zwei Seitenfronten je 6,75 Meter lang waren (Die im Original angegebenen nassauischen Längenruthen wurden in Meter umgerechnet, eine Längenruthe 3,07 Meter). Über dem Fischkasten war ein spitz zulaufendes Dach zum Schutze angebracht. Im Innern befanden sich, durch einen Gang getrennt, rechts u. links je zwei Steintröge- zwei zum Waschen, zwei zum Auswaschen -, durch die das Wasser seinen Lauf nahm. Als Wasserspender war der Fischkasten für das Dorf Neunkirchen ein wichtiger Faktor."

Um den Fischkasten herum lagen noch drei weitere Brunnen. Zwei, der Hakenbrunnen mit hartem Wasser und der Steinbrunnen -im Steinbrunnenweg vor dem

Hause Schwingel-, lagen oberhalb dem Fischkasten. Vereinigt floss das Wasser dieser beiden Brunnen in Gußröhren von 5 cm Durchmesser in den Fischkasten und von hier in den unterhalb gelegenen Wolfsbrunnen. Sein Wasser ist weich, weshalb es gerne samstags geholt wurde, da in ihm die Erbsen viel weicher wurden. Wo die Talmulden diesseits u. jenseits des Haspels unterhalb sich in ein Tal vereinigten, lag der sogenannte Schleifweiher, der sehr viele Fische enthielt. Der Fürst von Nassau ließ aus diesem Weiher Fische entnehmen u. in den Fischkasten setzen. Von hier aus gelangten sie dann auf seine fürstliche Tafel. Seines wertvollen Inhaltes wegen ließ der Fürst den Fischkasten Tag u. Nacht bewachen. Daraus lässt sich schließen, dass der Fürst den Anlass zum Namen Fischkasten gab.[F14]"

1862 wurden die Brunnen im Oberort (Steinbrunnen, Wolfsbrunnen in der Brunnenstraße und Fischkasten) an eine Wasserleitung angeschlossen und in den Unterort zur dortigen Wasserversorgung abgeleitet. Sie speisten nun Laufbrunnen am Stummdenkmal, in der Bahnhofstraße und in der Kuchenbergstraße gegenüber dem Bahnhof[F15].

Flak NK *volkstümlich für Schaumbergring*
Siehe Schaumbergring

Flensburgweg NK *dann Tiergartenweg, heute Ulmenweg*
Siehe Ulmenweg

Informationen zur ehemals namensgebenden Stadt:
Flensburg, Hafenstadt in Schleswig-Holstein, an der Grenze zu Dänemark, ca. 86 000 Einwohner. Flensburg wurde im 12. Jahrhundert gegründet und erhielt 1284 Stadtrecht. Im Lauf ihrer Geschichte war die Stadt Ziel mehrerer dänischer und schwedischer Invasionen. Nachdem sie bis 1435 als erbliches Lehen zu Holstein gehört hatte, wurde sie 1460 der dänischen Krone untergeordnet. 1848 wurde sie Hauptstadt des unter dänischer Verwaltung stehenden Schleswig. 1867 ging die Stadt an Preußen.
Nach dem verlorenen 1. Weltkrieg wurde Deutschland in den Friedensbedingungen des Vertrages von Versailles (28. 06.1919) u. a.

- *zum Verzicht auf Teile seines Staatsgebietes (Elsaß-*

F14   Krajewski: Plaudereien 4, vgl. Anm. B50, S. 43
F15   Krämer, Hans-Henning: Vom Dorfbrunnen zum Wasser werk

Lothringen an Frankreich, Westpreußen und Posen an Polen, das Hultschiner Ländchen an die Tschechoslowakei, das Memelgebiet unter Völkerbundverwaltung, Danzig unter Völkerbundverwaltung) und

- zur Zustimmung zu Abstimmungen in Teilen seines Staatsgebietes über den Verbleib bei Deutschland oder den Anschluss an einen anspruchsstellenden Nachbarstaat (Eupen und Malmedy zu Belgien, Schleswig -mit Flensburg- zu Dänemark, Oberschlesien zu Polen, die Regierungsbezirke Allenstein und Marienwerder in Ostpreußen zu Polen, das Saargebiet zu Frankreich)
gezwungen.

Deutschland musste außerdem die dauerhafte Unabhängigkeit Österreichs anerkennen.

Bei der Volksabstimmung am 10. 02. 1920 wurde Nordschleswig in 2 Zonen eingeteilt. In der nördlichen Zone stimmte die Mehrheit für einen Anschluss an Dänemark, in der südlichen Zone (mit Flensburg) eine Mehrheit für das Verbleiben bei Deutschland[F16].

Im 2. Weltkrieg war Flensburg Marinestützpunkt und wurde durch Bombenangriffe der Alliierten stark beschädigt. Erhalten blieb u. a. die gotische Marienkirche (Ende 16. Jahrhundert) aus Backstein mit ihrem Altar aus der Spätrenaissance, eines der beeindruckendsten Bauwerke der Stadt. Flensburg ist Sitz des deutschen Kraftfahrt-Bundesamtes. Es gibt eine Fachhochschule für Technik sowie eine Seemaschinisten- und Marineschule.

Fliederweg Wi

Lage und Verlauf:

Der Fliederweg gehört zum Siedlungsgebiet Steinbacher Berg in Wiebelskirchen. Dort verläuft er von Nordosten nach Südwesten und verbindet den Nelkenweg mit dem Hyazinthenweg.

Informationen zum Namen und zur Geschichte der Straße:

Dieses Wohngebiet entstand oberhalb (nördlich) der Straße Am Enkerberg ab 1967 in mehreren Bauabschnitten. Zunächst wurde 1967/68 durch die Gemeinnützige Siedlungsgesellschaft Saarbrücken im Veilchenweg ein Block mit zweigeschossigen Einfamilienhäusern durch die Fa. Camus aus Fertigteilen erstellt. Danach erfolgte

Fliederweg aus Richtung Hyazinthenweg

der Bau von Einfamilienhäusern ebenfalls aus Fertigteilen durch die Fa. Camus im Lilienweg (jetzt Nelkenweg) und im Fliederweg. Erst später bis Mitte der 1970er Jahre wurden Häuser in traditioneller Bauweise im Narzissenweg (jetzt Dahlienweg), im Tulpenweg (jetzt Gladiolenweg), im Rosenweg (jetzt Hyazinthenweg), im Asternweg und auf der rechten Seite des Veilchenwegs erstellt.

Flotowbrücke NK vorher Böcking-Brücke, heute Hermann-Hallauer-Brücke,
Siehe Hermann-Hallauer-Brücke

Informationen zum vorherigen Namensgeber:
Siehe Flotowstraße

Flotowstraße NK vorher Kastanienallee

Lage und Verlauf:

Die Flotowstraße zweigt gegenüber der Auffahrt zum Schlachthofgelände als Sackgasse von der Wellesweilerstraße nach Süden ab und endet vor der Blies. An dieser Stelle führt dann eine Fußgängerbrücke (Hermann-Hallauer-Brücke) über den Fluss.

Informationen zum Namen und zur Geschichte der Straße:

Die Straße bildete zusammmen mit einer Brücke über die Blies eine Verbindung zwischen Wellesweilerstraße und der jenseits der noch unbegradigten Blies gelegenen Bliesmühle.
Der Weg von der Wellesweilerstraße zur ersten Brücke

F16   Hilgemann: Atlas z. dt. Zeitgeschichte, vgl. Anm. D4, S. 57

Flotowstraße Blickrichtung Wellesweilerstraße

über die Blies (Böcking'sche Brücke) in Höhe der heutigen Flotow-Straße war von großen Kastanienbäumen flankiert und deshalb auch Kastanienallee genannt worden.

Die erste Brücke über die Blies in Höhe der heutigen Flotow-Straße wurde 1873 vom damaligen Besitzer der Bliesmühle Carl Böcking erbaut. Er war auch der Eigentümer des Zuweges von der Wellesweilerstraße zur Bliesmühle. Die Brücke fiel 1937 der Bliesbegradigung zum Opfer und wurde dann durch eine hölzerne Notbrücke ersetzt. 1951 wurde noch ein Brüstungsmauerstück mit den Inschriften „C.B. 1873" für Carl Böcking 1873 und „G.N. 1895" für Gemeinde Neunkirchen 1895 gefunden. 1895 hatte die Gemeinde Neunkirchen die Eigentumsrechte an der Brücke und dem Weg von der Wellesweilerstraße her übernommen.

Nach einem Grundsatzbeschluss des Gemeinderates Neunkirchen vom 24. 04. 1903 sollen die nördlich der Blies befindlichen Straßen, soweit sie auf die Blies zulaufen, Komponistennamen und, soweit sie in der gleichen Richtung wie die Blies verlaufen, Dichternamen erhalten.

Demzufolge wurde die vorherige Kastanienallee nunmehr nach dem Komponisten Friedrich von Flotow benannt[F17].

Bis zur Gebiets- und Verwaltungsreform 1974 verlief die Flotowstraße auch auf der Südseite der Blies weiter bis zur Einmündung Unten am Steinwald/Zoostraße. Dann wurde das südlich der Blies liegende Straßenteil zur Zoostraße genommen, so dass die Zoostraße jetzt von der Bliesstraße bis zur Waldstraße reicht.

F17 Saar- und Blieszeitung v. 25. 04. 1903

Informationen zum Namensgeber:

Friedrich Freiherr von Flotow (27.04.1812 – 24.01.1883), deutscher Komponist, studierte am Pariser Konservatorium. 1830 verließ er Paris während der Julirevolution, kehrte jedoch 1835 wieder zurück. Zwischen 1839 und 1878 schrieb Flotow Opern, Operetten und Ballette. Von 1856 bis 1863 war er Leiter des Hoftheaters in Schwerin. Flotows erfolgreichste und bis heute gespielte Oper Martha wurde 1847 in Wien uraufgeführt.

Flurweg Ko

Lage und Verlauf:

Der Flurweg verbindet in Kohlhof die Andreas-Limbach-Straße und einen Feldweg ohne Namen an der nordöstlichen Bebauungsgrenze am Hirschberg. Dabei verläuft er teilweise parallel zur Niederbexbacher Straße.

Flurweg Blickrichtung Hirschberg

Informationen zum Namen und zur Geschichte der Straße:

Die Straße liegt in einem Neubaugebiet im nördlichen Bereich des Stadtteils Kohlhof neben dem Stockfeld, das in den 1960er Jahren erschlossen worden ist.

Die Straße ist ausschließlich mit Wohnhäusern im Bungalowstil bebaut. Der Straßenname wurde in einer Sitzung des Stadtrates am 14. 06. 1967 festgelegt.

Flurweg We *zeitweise Richthofenstraße, heute Eisenbahnstraße*
Siehe Eisenbahnstraße

Folleniusstraße Wi

Lage und Verlauf:
Die Straße biegt an der höchsten Stelle der Kuchenbergstraße nach Nordwesten in Richtung des Nahebahnschachts ab und endet nach ca. 200 m als Sackgasse.

Folleniusstraße aus Richtung Kuchenbergstraße

Informationen zum Namen und zur Geschichte der Straße:
Die Straße ist benannt nach dem Geheimen Bergrat Wilhelm Follenius aus Bonn. Nach ihm wurde auch der 1867 abgeteufte Follenius-Schacht benannt, der zusammen mit dem 1896 abgeteuften Minna-Schacht die Rhein-Nahebahn-Schachtanlage des Ziehwaldfeldes bildete.
Die Straße führt in Richtung dieses Schachtes.
Die Straße ist erst nach 1910 entstanden, da sie in einer Aufstellung der Orts- und Straßenbezeichnungen in Wiebelskirchen im Bürgerbuch der Bürgermeisterei Wiebelskirchen für die Jahre 1894 – 1910 noch nicht aufgeführt ist. Wann der Straßenname festgelegt wurde, ist nicht bekannt, jedenfalls vor 1954[F18]. In der kurzen Straße stehen auch nur 4 Wohnhäuser.

Informationen zum Namensgeber
Geheimer Bergrat W. Follenius (1830 – 1902) war von 1863 – 1874 Mitglied der Bergwerksdirektion Saarbrücken und zudem Leiter der Gruben Reden und König[F19].

F18   Heimatbuch Wi, vgl. Anm. A2, S. 141
F19   Slotta: Bergbau in Neunkirchen, vgl. Anm. A45, S. 33

Försterweg Wi

Lage und Verlauf:
Der Försterweg zweigt im nördlichen Teil der Ziehwaldstraße nach Westen ab, vollzieht nach ca. 200 m eine Schwenkung nach Norden und endet dann nach ca. weiteren 200 m als Sackgasse.

Försterweg , Bebauung im Bereich des ehemaligen Sportplatzes

Informationen zum Namen und zur Geschichte der Straße:
Zunächst wurde der nach Westen gehende Straßenteil in den 1960er Jahren angelegt. An der Nordseite der Straße stehen einige Bungalows.
Die Straße endete damals vor dem Sportplatz Auf den Uhlen. Nachdem dieser Sportplatz aufgegeben worden war, wurde die Straße Mitte der 1990er Jahre nach der Verschwenkung nach Norden über diesen Platz weiter geführt.
Hier entstanden nun in den folgenden Jahren ein- und zweigeschossige Wohnhäuser in freier Bauweise.

Forbacher Weg NK heute *Zweibrücker Straße*
Siehe Zweibrücker Straße

Forsthausstraße Wi volkstümlich Peternis

Lage und Verlauf:
Die Forsthausstraße führt von der Bexbacher Straße als Sackgasse bergauf nach Südosten in Richtung des ehemaligen Forsthauses Eberstein.
Im oberen Bereich verläuft sie durch den Steichlingswald als Waldweg.

Forsthausstraße aus Richtung Bexbacher Straße

Informationen zum Namen und zur Geschichte der Straße:

Mitte des 19. Jh. hatte die Bebauung der Bexbacher Straße sowie der benachbarten Ziehwaldstraße (heute Dunantstraße), der Forsthausstraße und der Talstraße (heute Elsa-Brandström-Straße), begonnen.

Damit war die Erweiterung der zuvor begrenzten Bebauungslage des Ortsteils Seiters in Wiebelskirchen eingeleitet worden. Bis 1895 gab es in Wiebelskirchen keine Straßenbezeichnungen. Im ganzen Ort gab es Bezirke, die ohne weitere Nummerierung ein Finden ermöglichten. So wurde der Bereich der heutigen Forsthausstraße Peternis genannt[F20]. Dieser Name war von der Flurbezeichnung Auf Pernüß (1550 = Petternus, 1739 = Auf Peterniß) abgeleitet. Mit der Einführung der Straßennamen wurde die Straße Forsthausstraße genannt, da sie in Richtung des Forsthauses Eberstein verläuft. Mit den Straßennamen wurde auch eine straßenweise Nummerierung der Wohnanwesen vorgenommen, wobei freie Baustellen berücksichtigt wurden. Zunächst war nur der untere ortsnahe Teil der Straße bebaut. Ab 1898 wurde mit dem Ausbau der Straße mit Rinnen, Randsteinen und Pflasterung begonnen[F21].

Nach dem 2. Weltkrieg wurde auch der obere Teil nach und nach mit modernen Bungalows bebaut.

Forststraße Wi

Lage und Verlauf:

Die Forststraße verläuft nördlich der Kreissonderschu-

le von Westen nach Osten und verbindet dabei die Ziehwaldstraße mit dem Biedersbergweg. Sie verläuft unmittelbar nördlich der Banngrenze zwischen Neunkirchen und Wiebelskirchen.

Forststraße Blickrichtung Ziehwaldstraße

Informationen zum Namen und zur Geschichte der Straße:

Die Straße ist wohl in der 2. Hälfte des 19. Jh. angelegt. In einem Situationsplan von Neunkirchen aus dem Jahre 1883 ist sie bereits als Wohnstraße eingezeichnet.

Die Straße trägt diesen Namen, da sie zum Zeitpunkt der Namensgebung an der Staatlichen Oberförsterei (jetzt Staatl. Forstamt) vorbeiführte. Nördlich davon breitet sich der Ziehwald aus.

Die Straße ist auch im Stadtplan von 1902 eingezeichnet. 1905 hatte sie 6 Wohnanwesen, 1939 deren 8. Alle diese Häuser stehen auf der Südseite der Straße. Auf der Nordseite steht eine Kleingartenanlage und in Forsthausnähe ein Hochwald.

Öffentliche oder sonst bedeutsame Gebäude an der Straße:

-   Staatliches Forstamt[F22].

    Ca. 30 m nördlich von der Straße entfernt steht im Wald das Gebäude des Staatlichen Forstamtes.

    1821 wurde der Sitz der Oberförsterei von Ottweiler nach Neunkirchen verlegt. 1848 wurde das Gebäude der Staatl. Oberförsterei der Preußischen Forstverwaltung Am Biedersberg erbaut. Die Oberförsterei Neunkirchen war der Forstin-

F20 Bürgerbuch Wi, vgl. Anm.A 1, S. 221 - 223
F21 Bürgerbuch Wi, vgl. Anm. A1, S. 219

F22 Schmidt, Uwe Eduard: Forst- und Jagdgeschichte NK, in: Stadtbuch 2005, vgl. Anm. B7, S. 83 ff

spektion Saarbrücken nachgeordnet. Bei der Dienststelle waren mehrere Förster und Hilfsaufseher beschäftigt.

Erster Amtsleiter der Oberförsterei Neunkirchen war Friedrich Wilhelm Utsch (siehe Utschstraße). Als erster residierte im neuen Dienstgebäude 1850 – 1875 der Oberförster Krootz. Bis 2005 hatte der Forstmeister Gernot Scheerer (vorher schon einmal 1984 – 1999) seinen Dienstsitz in dem alten Gebäude. Seither finden in dem Gebäude nur noch Sprechstunden der Förster zu bestimmten Zeiten statt[F23].

Franckeweg Wi

Lage und Verlauf:
Es handelt sich um einen Verbindungsweg von der Rembrandtstraße zur Ebersteinstraße. Der schlecht ausgebaute schmale Weg führt von der Rembrandtstraße zunächst ansteigend nach Südwesten und schwenkt dann nach Südosten in Richtung der durch den Ziehwald führenden Ebersteinstraße ab.

Franckeweg Blickrichtung Rembrandtstraße

Informationen zum Namen und zur Geschichte der Straße:
Die vorher unbenamte Straße erhielt den Namen 1974 im Rahmen einer umfangreichen Neu- bzw. Umbenennung von Straßen im Zuge der Gebiets- und Verwaltungsreform. An dem Weg liegen einige wochenendhausähnliche Anwesen und kurz vor dem Wald das

Vereinsheim eines Hundevereins.

Die Straße ist nach dem evang. Theologen und Pädagogen August Hermann Francke benannt. Dieser Name hängt vermutlich mit der Tatsache zusammen, dass am Ausgangspunkt des Weges an der Rembrandtstraße ein großen Gebäude des Diakonischen Werkes an der Saar steht, in dem bereits unterschiedliche Einrichtungen der evang. Kinder- und Jugendarbeit untergebracht waren bzw. sind.

Informationen zum Namensgeber:
August Hermann Francke (22.03.1663 – 08.06.1727), evangelischer Theologe und Pädagoge. Francke, der als Pietist aus Leipzig vertrieben wurde, ging nach Halle (Saale) und gründete dort die Franck'schen Stiftungen, die ein Waisenhaus, eine Bürgerschule, eine Lateinschule und ein Lehrerseminar vereinten. Er war entschiedener Gegner der Aufklärung und forderte eine Erziehung, die durch äußerste Strenge, Verbot von Spiel und Musik sowie durch Gebet und Bibelstudium gekennzeichnet war.

Frankenfeldstraße Si

Lage und Verlauf:
Die Frankenfeldstraße liegt von Sinnerthal aus gesehen jenseits (südlich) des Bahndamms der Sulzbachtalstrecke.

Die Straße zweigt von der Bildstocker Straße nach Norden ab und mündet in den Sinnerthaler Weg, der südlich parallel zum Bahndamm verläuft.

Ein Teil der vor 1914 erstellten Wohngebäude für Eisenbahner in der Frankenfeldstraße

---

F23   Wochenspiegel Neunkirchen v. 02. 11. 2005

Informationen zum Namen und zur Geschichte der Straße:

Als im Jahre 1914 der Bahnhof Neunkirchen erweitert und die Sulzbachtal- und die Fischbachtalstrecke westlich des Bahnhofs neu trassiert waren, schrieb die Neunkirchener Zeitung am 28. 05. 1914 u. a.:

„Zwei ganz neue Verbindungsstraßen hat die Bahnhofserweiterung gebracht, nämlich die Frankenfeldstraße, welche die Saarbrücker Straße (heute Bildstocker Straße) verbindet mit der Straße Schlawerie – Sinnertahl (heute Sinnerthaler Weg) und die Verlängerung der Hasselbachstraße über das Sinnerbachtal bis an die Zementfabrik (etwa am Standort der heutigen Kläranlage). Erstere soll die Erinnerung an den verstorbenen Regierungsbaumeister Frankenfeld wach halten. Sechs große und schöne Wohnhäuser für untere und mittlere Beamte hat die Eisenbahnverwaltung hier erbauen lassen, die 28 Familien Unterkunft bieten. Die Sache hat jedoch auch ihre Schattenseiten. Die Wohnungen liegen zu weit weg von dem Verkehrszentrum, von der Bahnhofs- und der Hüttenbergstraße entfernt. Der Weg zur Kirche und zur Schule ist zu weit und manche modernen Bequemlichkeiten, Gas und elektrisches Licht fehlen. Daher ist es auch leicht zu begreifen, dass die meisten Beamten sich sträuben, die Wohnungen zu beziehen".

Grund für den Bau der Eisenbahnerwohnungen so weit von der Stadt war sicher auch die Tatsache, dass am nördlichen Ende der Straße am Bahngelände ein großer Lokschuppen stand, so dass Lokomotivführer und Heizer nicht weit zu ihrer Arbeit hatten. Dieser Lokschuppen war im Mai 1914 seiner Bestimmung übergeben worden.

Informationen zum Namensgeber:

Frankenfeld, Regierungsbaumeister, war der Erbauer des Neunkircher Bahnhofs. Als Eisenbahnersiedlung wurde die Straße nach ihm benannt, ohne dass ein direkter Bezug des Namensgebers zu dieser Örtlichkeit besteht.

Öffentliche Einrichtung in der Straße:

- Friedhof Sinnerthal
  Der Friedhof wurde 1936 für die Stadtteile Heinitz, Sinnerthal und das Wohngebiet Schlawerie (heute Sinnerthaler Straße)/Saarbrücker Straße angelegt. In dem Eingemeindungsvertrag bei der Stadtgründung 1921 war als Bedingung ein eigener Friedhof für die vorher selbstständige Gemeinde Niederneunkirchen enthalten. Bis zur Umsetzung dieses Beschlusses hatte es 15 Jahre

gedauert. 1951 wurde eine Leichenhalle errichtet. Der Friedhof hat eine Fläche von 1,3 ha[F24]. Während des 2. Weltkrieges sind in den Gefangenen- bzw. Zwangsarbeiterlagern Emsenbrunnen, Binsenthal und Großenbruch insgesamt 98 Personen verstorben, die zunächst auf dem sogen. Russenfriedhof südwestlich des Lagers Emsenbrunnen beerdigt worden waren. 1973 wurden die Gebeine auf den Friedhof Frankenfeldstraße umgebettet. Ein Grabstein in deutscher und russischer Schrift erinnert an das Schicksal der Verstorbenen[F25].

Franz-Hellinger-Straße NK *vorher Gartenstraße, heute Adolf-Kolping-Straße*
Siehe Adolf-Kolping-Straße

Informationen zum damaligen Namensgeber:
Nach den bei Kämpfen zur „Befreiung der Pfalz" zwischen pfälzischen Separatisten und der französischen Besatzungsmacht in Speyer in der Nacht zum 09. 01. 1924 gefallenen Nationalsozialisten Ferdinand Wiesmann und Franz Hellinger wurden 1936 Straßen in Neunkirchen benannt[F26].

Franzosenweg NK

Lage und Verlauf:

Der Franzosenweg zweigt zwischen Schaumbergring und jüdischem Friedhof von der Hermannstraße nach links (nach Südosten) ab und verläuft entlang der Stadtgrenze zu Spiesen bis zur Kirkeler Straße in der Nähe von Menschenhaus.

Nachdem er die Kirkeler Straße gekreuzt hat, führt er als Kirschenallee in nordöstlicher Richtung weiter bis zum Stadtteil Furpach.

Die gesamte Straßenfläche liegt auf Neunkircher Bann, während die westliche Straßenseite bis zur Kirkeler Straße an den Spieser Bann angrenzt.

Informationen zum Namen und zur Geschichte der Straße:

F24 Ratgeber für den Trauerfall, vgl. Anm. A28, S. 19
F25 Schinkel: Heinitz, vgl. Anm. B9, S. 222
F26 StA Neunkirchen, Best. Varia Nr. 862; Kirsch, Hans: Sicherheit und Ordnung betreffend, vgl. Anm. F5 S. 231

Der Name Franzosenweg hat einen geschichtlich interessanten Hintergrund. Man muss dazu allerdings bis in die Reunionszeit (1689 – 1697) zurückgehen. Ludwig XIV. versuchte damals, das linksrheinische Gebiet an Frankreich zu bringen. Große Teile dieses Gebietes waren von französischen Truppen besetzt, so auch unsere Heimat.

Der Heimatforscher Friedrich Bach schreibt dazu: „Aus strategischen Gründen ließ damals die französische Militärverwaltung eine Reihe alter Straßen erneuern oder auch neue anlegen, die danach im Volk Franzosenstraßen genannt wurden."

Eine dieser Straßen kam von St. Johann durch das Sulzbachtal und über Bildstock zur Spieser Höhe. Von dort folgte sie der alten Römerstraße nach Kirkel, bog aber vor Menschenhaus ab (Franzosenweg – Kirschenallee), verlief durch das Landertal, über das heutige Ludwigsthal zum Hirschberg und um diesen herum zur Brücke bzw. zur Furt durch die Blies bei der heutigen Haselermühle, um dann an Bexbach vorbei in Richtung Oberbexbach weiter zu führen.

Auch der Heimatforscher Bernhard Krajewski vermutet, dass sie Teil einer von den Franzosen während der Réunionszeit gebauten Verbindungsstraße zwischen den Festungen Saarlouis und Landau war.

Auf einer Karte des Saarbrücker Landmessers Weimar aus dem Jahre 1740 ist erstmals „die alte oder Franzosenstraße" eingezeichnet[F27]. Die Zeichnung zeigt die Straße allerdings im Bereich des heutigen Stadtteils Furpach.

Der heutige Franzosenweg in Neunkirchen ist also nur ein kleines Teilstück einer längeren von der französischen Besatzungsmacht in der Reunionszeit benutzten Verbindungsstraße

Franz-von-Epp-Straße NK *vorher und auch heute*
wieder Brückenstraße
Siehe Brückenstraße

Informationen zum damaligen Namensgeber:
Franz Ritter von Epp (16.10.1868 – 31.12.1946), General und Politiker. Epp kommandierte während des 1. Weltkrieges das Bayerische Infanterie-Leibregiment. Nach Kriegsende schloss er sich nationalistischen Kreisen an und führte das nach ihm benannte Freikorps Epp, das im Mai 1919 maßgeblich an der Zerschlagung der Münchener Räterepublik

beteiligt war.
Am 9. März 1933 wurde Epp im Zuge der mit der Gleichschaltung einhergehenden nationalsozialistischen Machtergreifung in den Ländern Reichskommissar in Bayern und als solcher mit der Bildung einer neuen Regierung in Bayern beauftragt.
Am 10. April 1933 wurde er zum Reichsstatthalter in Bayern ernannt.
Nach dem Ende des 2. Weltkrieges wurde Epp 1945 von den Amerikanern interniert; während der Internierung starb er in einem Krankenhaus in München.

Freibach Volkspark Wi

Lage:
Der Park liegt in Wiebelskirchen zwischen Blies und Wibilostraße. Von der Wibilostraße her hat der Park mehrere Zugänge und einen über eine Fußgängerbrü-

Blick in den Volkspark Freibach von der Seitersbrücke, links das Kriegerdenkmal

cke vom Parkplatz an der Ohlenbachhalle her.

Informationen zum Namen und zur Geschichte des Park:
Der Name ist von der Flurbezeichnung „In der Freibach" abgeleitet.

Ganz in der Nähe des Parks mündet die Oster in die Blies.

In jüngster Zeit geäußerte Wünsche, den Park teilweise zum Parken freizugeben, stoßen bei großen Teilen der Bevölkerung auf wenig Verständnis.

Der Park hat eine Fläche vn ca. 7000 qm mit überwiegender Rasenfläche.

F27 Krajewski: Stadtbuch 1955, vgl. Anm. A12, S. 62

Freiherr-vom-Stein-Straße Wi vorher Teil der Kallenbergstraße

Lage und Verlauf:
Die Straße liegt im Wohnbereich Kallenberg und verbindet dort, in Ost-West-Richtung verlaufend, die jetzige Kallenbergstraße mit der Straße Auf dem Breitenfeld.

Freiherr-vom Stein-Straße
mit Eingang zum Schulgelände

Informationen zum Namen und zur Geschichte der Straße:
Ursprünglich hieß die gesamte nördlich der Freiherr-vom-Stein-Schule vorbeigehende Straße Kallenbergstraße. Dann wurde das Straßenstück unmittelbar an der Schule nach dem bekannten preußischen Verwaltungsreformer benannt. Der östliche Teil der alten Kallenbergstraße behielt seinen Namen. Als dann südlich davon im Tal die Straße Am Brühlgraben angelegt worden war, wurde das Verbindungsstück von dieser neuen Straße zur alten Kallenbergstraße in die Kallenbergstraße einbezogen.

Informationen zum Namensgeber:
Heinrich Friedrich Karl Reichsfreiherr vom und zum Stein (26.10.1757 – 29.06.1831), preußischer Politiker und Reformer, trat 1780 in den preußischen Staatsdienst ein. 1804 wurde er zum Preußischen Minister für Wirtschaft und Finanzen ernannt. Im September 1807 wurde Stein als leitender Minister berufen, und zwar auf Empfehlung Napoleons und des Freiherrn von Hardenberg. Mit ihm zusammen begann er sogleich mit der Durchführung grundlegender Reformen. Nach beiden sind die sogen. Stein-Hardenberg'schen Reformen

benannt (im liberalen Sinne ausgebaute Gesetzgebung – Aufhebung der Adelsprivilegien, Bauernbefreiung, Gewerbefreiheit, Religionsfreiheit und Toleranz).
Im Oktober 1807 wurde die bäuerliche Erbuntertänigkeit in ganz Preußen abgeschafft und ständische Beschränkungen wurden aufgehoben. Im November 1808 erhielten die Städte die Selbstverwaltung, und die Kabinettsregierung wurde durch eine Ministerialregierung ersetzt. Am 24. November 1808 wurde Stein auf eigenen Wunsch entlassen. Seine antifranzösische Einstellung hatte ihn in Konflikt mit Napoleon gebracht. 1812 holte ihn Zar Alexander I. als Berater nach Russland. Nach Napoleons Niederlage in Russland 1812 veranlasste er den Zaren zur Gegenoffensive. Anfang 1813 überredete er in russischem Auftrag die ostpreußischen Stände zur Erhebung gegen Napoleon, was letztlich zu dessen Niederlage in der Völkerschlacht bei Leipzig führte. Auf dem Wiener Kongress 1814 setzte er sich ohne Erfolg für einen starken deutschen Bundesstaat und gegen die Restauration der alten politischen Verhältnisse ein.

Öffentliche und sonst bedeutsame Gebäude in der Straße:
- Erweiterte Realschule Freiherr vom Stein
  1956 wurde mit dem Bau dieses Schulhauses begonnen, das schließlich 1959 fertiggestellt werden konnte.
  Das Gebäude wurde zunächst als Hauptschule und wird seit 2001 als Erweiterte Realschule benutzt.
- Kindertagesstätte
  Die Kindertagesstätte wurde am 29. Januar 1972 als bisher einzige Kindertagesstätte im Stadtteil Wiebelskirchen eingeweiht. Sie liegt neben der Freiher-vom-Stein-Schule und war notwendig geworden, weil immer mehr berufstätige Mütter eine Unterbringungsmöglichkeit für ihre Kinder suchten. Heute bietet die Einrichtung neben 30 Kindertages- auch 45 Kindergartenplätze an.

Friedensanlage Hei *heute nicht mehr zu Neunkirchen gehörig*

Lage:
An der Stadtgrenze zu Bildstock südlich der L 125 unmittelbar vor den ersten Häusern des Ortes standen Wohnhäuser, die zum Stadtteil Heinitz gehörten.

Informationen zum Namen und zur Geschichte des Wohnplatzes:

Das Bergwerk Heinitz hatte in der Nähe des Hoferkopfs den Eichenschacht abgeteuft. Dort in der Nähe befand sich die Friedensanlage mit mehreren Wohnhäusern, die von Bergleuten bewohnt wurden. Es handelt sich um ein Areal am Ortseingang von Bildstock südlich der L 125 Neunkirchen-Bildstock gegenüber der zum Madenfelderhof führenden Straße. Dort liegt die Stadtgrenze von Neunkirchen unmittelbar vor den ersten Wohnhäusern von Friedrichsthal-Bildstock. 1931 wohnten dort 3 Familien, bei einerVolkszählung am 14. 11. 1951 wohnten noch insgesamt 18 Personen dort[F28]. Das Gelände wurde mit Grenzänderungsvertrag vom 14. 01. 1977 an die Stadt Friedrichsthal abgegeben[F29].

Friedensstraße NK vorher Prinz-Friedrich-Karl-Straße, dann in Teilen Rathenau- Erzberger- und Friedensstraße, dann Tannenbergring

Lage und Verlauf:

Die Friedensstraße verläuft von der Falkenstraße ausgehend nach Nordosten parallel zwischen Parkstraße und Willi-Graf-Straße mit zwei Anbindungen an die Parkstraße. Darüber hinaus gibt es eine Anbindung an die Willi-Graf-Straße in Höhe der Quellenstraße und einen Fußweg zur Willi-Graf-Straße in Höhe der Weißlingstraße.

Friedensstraße aus Richtung Falkenstraße

F28 Schinkel: Heinitz, vgl. Anm. B9, S. 152
F29 StA Neunkirchen, Best. Varia Nr. 862

Informationen zum Namen und zur Geschichte der Straße:

In der zweiten Hälfte des 19. Jh. wuchs die Stadt und die Bevölkerung auf Grund der enorm ansteigenden Industrialisierung in einem ungeheuren Tempo. Jeweils in 15 – 20 Jahren verdoppelte sich die Bevölkerung immer wieder und suchte industrienahen Wohnraum. Es entstanden ständig neue Straßen, die in der euphorischen Stimmung nach dem gewonnenen Krieg 1870/71 oft nach Mitgliedern des Kaiserhauses, nach verdienten Heerführern oder nach Schlachtenorten benannt wurden. 1903 war geplant, parallel zwischen Prinz-Heinrich-Straße (heute Willi-Graf-Straße) und Prinz-Adalbert-Straße (heute Parkstraße) eine neue Straße anzulegen, die von der Falkensteinstraße (heute Falkenstraße) durchgehend bis zur Kaiser-Wilhelm-Straße (heute Ringstraße) gehen sollte. Sie wurde jedoch nie in dieser gesamten Länge gebaut, sondern nur in einer Länge von ca. 300 m und erhielt zwei Anbindungen zur parallel verlaufenden heutigen Parkstraße. Diese Straße wurde mit ihren beiden Anbindungen nach einem Beschluss des Gemeinderates Neunkirchen vom 24. 04. 1903 nach dem Prinzen Friedrich Karl von Preußen benannt. Inoffiziell nannte man den gesamten Komplex „Eigenheim".

Nach dem Beschlussbuch der Gemeinde Neunkirchen beschloss der Rat am 24. 08. 1923, dass die neuen Straßen der Siedlung „Eigenheim" die Bezeichnungen Rathenau- Erzberger- und Friedensstraße erhalten. Bei der Erzbergerstraße und der Friedensstraße handelte es sich um die beiden Verbindungen zur Parkstraße, während die nach Osten gehende Straße nach dem ermordeten Reichsaußenminister Walter Rathenau benannt wurde. Auch Matthias Erzberger war ein ermordeter Politiker der Weimarer Republik.

Am 13. Januar 1935 fand im damaligen Saargebiet eine Volksabstimmung statt, in der die Bevölkerung zwischen einem Anschluss an Frankreich, der Beibehaltung des Status quo oder der Rückkehr nach Deutschland entscheiden konnte. Eine überwältigende Mehrheit von 90,73 % stimmte für die Rückkehr nach Deutschland. Bereits am 17. 01. 1935 beschloss daraufhin der Rat des Völkerbundes die Wiedereinsetzung Deutschlands in die Regierung des Saarbeckens zum 1. März 1935. Noch vor diesem Datum beschloss der Stadtrat von Neunkirchen am 29. 01. 1935 die Änderung von Straßennamen zum 1. Februar 1935, um damit nationalsozialistische Größen oder verdiente Soldaten des 1. Weltkrieges zu ehren bzw. an Schlachtenorte des 1. Weltkrieges oder an Opfer der französischen Besatzung zu erinnern. Dabei wurden auch Straßennamen, mit denen Gegner des Nationalsozialismus oder unliebsame Politiker geehrt wurden, beseitigt. Es wurde daher u. a. beschlossen, die bisherigen Rathenaustraße, die Erzbergerstraße und die Friedensstraße in Erinnerung an die siegreiche Schlacht über die Russen bei Tannenberg/Ostpreußen im 1. Weltkrieg zusammen Tannenbergring zu nennen[30].

Unmittelbar nach Ende des 2. Weltkrieges wurde der gesamte Ring nur noch Friedensstraße genannt.

Öffentliche oder sonst bedeutsame Gebäude in der Straße:

- Feuerwache und Feuerwehrgerätehaus des Löschbezirks Innenstadt
  Bis zum Ende des 2. Weltkrieges befand sich im Maurersgässchen ein als ständige Feuerwache eingerichtetes Gerätehaus. Dieses Gebäude wurde beim letzten schweren Bombenangriff auf Neunkirchen am 15. 02. 1945, eine Woche vor dem Einmarsch der Amerikaner, zerstört. Ein Teil der Ausrüstung war vorher vorsorglich ins Hinterland gebracht worden und konnte so gerettet werden.
  Nach Ende der Kampfhandlungen wurde das Gerätehaus im Maurersgässchen behelfsmäßig wieder hergestellt. Nach der allmählichen Vergrößerung des Fahrzeugparks war das Gebäude aber völlig unzureichend.
  Seitens der Stadt wurde nun ein Neubau an zentraler Stelle in der Stadt in Erwägung gezogen. Eine solche Örtlichkeit wurde am Stadtpark gefunden. Das neue und nach damaligen Erkenntnissen moderne Gerätehaus konnte am 01. 01. 1952 seiner Bestimmung übergeben werden[31]. Hier konnte auch die während des Krieges eingerichtete ständige Feuerwache, die aus praktischen Erwägungen weiter unterhalten wird und die Unfall- und Krankentransporte übernimmt, eine allen Belangen gerecht werdende Unterkunft erhalten.
  In unmittelbarer Nähe des Feuerwehrgerätehauses hat die Stadt in der Friedensstraße und in der Falkenstraße Mehrfamilienhäuser zur bevorzugten Vermietung an Feuerwehrangehörige errichtet.
- Rettungswache
  Bis 2006 war die Rettungswache bei der Feuerwache angesiedelt. 2005/06 hat der Rettungszweckverband neben dem Feuerwehrgerätehaus ein 2-geschossiges Gebäude für die Rettungswache erstellt. Darin sind eine Fahrzeughalle, ein Desinfektionsraum, ein Medikamentenlager sowie Personalräume untergebracht[32]. Unter dem Dach des Rettungszweckverbandes arbeiten in der Rettungswache Neunkirchen der Arbeiter-Samariter-Bund und die Feuerwehr Neunkirchen zusammen.

Friedhofstraße Wi *vorher Teil der Kirchhofstraße, heute Am Friedhof*
Siehe Am Friedhof

Friedhofstraße Mü, zeitweise (1936 – 1945) Straße des 13. Januar, volkstümlich Godthal

Lage und Verlauf:

Die Friedhofstraße ist ein Teil der durch den Stadtteil Münchwies führenden Hauptverkehrsstraße, die aus Richtung Eichelthaler Mühle kommend durch den Ort in Richtung Bexbach-Frankenholz führt. Die Straße beginnt in der Ortsmitte an der Einmündung der Schulstraße und geht bis zur östlichen Stadtgrenze Richtung Frankenholz.

Friedhofstraße Blickrichtung Frankenholz

F30   Saar- und Blieszeitung v. 30. 01. 1935
F31   Treitz, Reinhold: Feuerlöschwesen in NK, in: Stadtbuch 1955, vgl. Anm. A12, S. 419

F32   Saarbrücker Zeitung v. 14. 09. 2005

Informationen zum Namen und zur Geschichte der Straße:

Die Straße hat den Namen, da sie aus der Ortsmitte zum Friedhof am östlichen Ortsrand führt.

In der Saarbrücker Zeitung vom 22. 09. 1955 schrieb der Münchwieser Heimatforscher Georg Moritz: *„An der Schwelle des 19. Jahrhunderts hatte Münchwies vier Hauptstraßen:*

- *Nach Norden führte die Straße „Hintereck" bis zum Matzenberg (das ist die heutige Kirchstraße),*
- *die nach Süden führende Straße hieß „Godthal" und führte zum Kirchhof (das ist die heutige Friedhofstraße),*
- *die Straße, die nach Osten führte, hieß „Obereck" (das ist die heutige Turmstraße) und*
- *jene nach Westen „Hahnen" (das ist die heutige Schulstraße)."*

Diese alten Bezeichnungen, die noch keine offiziellen Straßennamen waren, findet man auch im Münchwieser Flurnamenverzeichnis.

Nach der Volksabstimmung vom 13. Januar 1935 wurden in Neunkirchen und in den meisten anderen Orten des Saargebietes Straßen nach Nazi-Größen oder –Märtyrern oder nach Schlachtenorten des 1. Weltkrieges benannt.

In Münchwies beschloss der Gemeinderat am 25. 01. 1935, also schon lange vor dem für den 01. 03. 1935 bestimmten Wiederanschluss des Saargebietes an das Deutsche Reich, dem Polizeiverwalter einige Straßenumbenennungen vorzuschlagen. Es gab dann wie in fast allen Orten des Saargebietes auch in Münchwies eine Adolf-Hitler-Straße.

Der dann auch für das Saarland zuständige NS-Gauleiter Joseph Bürckel gab Anfang Januar 1936 die Anweisung, dass in allen saarländischen Gemeinden aus Anlass des ersten Jahrestages der Abstimmung eine Straße Straße des 13. Januar heißen solle und in größeren Gemeinden zusätzlich ein Platz der Deutschen Front oder ein Befreiungsplatz zu benennen sei. Auf Grund dieser Weisung wurde die Straße zur Straße des 13. Januar.

Unmittelbar nach Kriegsende erhielt die Straße wieder ihren alten Namen.

Öffentliche oder sonst bedeutsame Einrichtungen an der Straße:

- Friedhof Münchwies
  Der Friedhof liegt unmittelbar an der östlichen Orts- und Stadtgrenze. Diese Grenze, die gleichzeitig die äußere Begrenzung des Friedhofs dar-

stellt, war über hundert Jahre lang von 1816 bis 1918 gleichzeitig Staatsgrenze zwischen Preußen und der bayerischen Pfalz, was oft zu Spannungen führte[F33].

Der Friedhof ist 1824 für beide Konfessionen angelegt worden, weil das bayer. Landkommissariat in Homburg verboten hatte, dass Katholiken aus dem preußischen Münchwies weiter in dem zur Pfalz gehörenden Höchen beerdigt werden. Nach mehreren Erweiterungen hat er heute eine Fläche von 1,1 ha.

Eine moderne Leichenhalle wurde 1971 ihrer Bestimmung übergeben[F34].

Friedhofsweg Wi *heute Stengelstraße*
Siehe Stengelstraße

Friedrich-Ebert-Straße NK vorher Karolinenstraße, Hermann-Göring-Straße, Ruhwaldstraße

Lage und Verlauf:

Die Friedrich Ebert-Straße zweigt am südlichsten Punkt der Kuchenbergstraße an der Einmündung Herderstraße unmittelbar vor der Eisenbahnbrücke über die Pfalzbahnstrecke (Konrad-Adenanauer-Brücke) nach Nordosten ab und endet nach ca. 400 m als Sackgasse. Vom Ende der Straße führt ein Fußweg zum westlichen Zweig der oberen Geßbachstraße.

Friedrich-Ebert-Straße aus Richtung Kuchenbergstraße

F33 Klein, Hanns: Das Bliesrevier unter dem Preußenadler, Saarbrücken 2001, S. 21
F34 Ratgeber im Trauerfall, vgl. Anm. A28, S. 21

Informationen zum Namen und zur Geschichte der Straße:

Die Straße hatte schon unterschiedliche Namen. Nach dem Bau hieß sie auf Beschluss des Gemeinderates vom 24. 04. 1903 Karolinenstraße[F35]. Als am 13. 02. 1925 der Stadtrat tagte, stellte ein Stadtverordneter den Antrag, die neue Straße am Bahnhof statt Willkommstraße (offenbar hatte es einen entsprechenden Antrag gegeben) Inflationsstraße zu nennen.

Am 20. 03. 1925 gedachte der Stadtrat des ca. 3 Wochen zuvor verstorbenen 1. deutschen Reichspräsidenten Friedrich Ebert und beschloss, zur Erinnerung an ihn die neue Straße am Bahnhof (die bisherige Karolinenstraße) nach ihm zu benennen. Ein Antrag der KPD-Fraktion, die Straße Leninstraße zu nennen, wurde abgelehnt.

Am 13. Januar 1935 fand im damaligen Saargebiet eine Volksabstimmung statt, in der die Bevölkerung zwischen einem Anschluss an Frankreich, der Beibehaltung des status quo oder der Rückkehr nach Deutschland entscheiden konnte. Eine überwältigende Mehrheit von 90,73 % stimmte für die Rückkehr nach Deutschland. Bereits am 17. 01. 1935 beschloss daraufhin der Rat des Völkerbundes die Wiedereinsetzung Deutschlands in die Regierung des Saarbeckens zum 1. März 1935. Noch vor diesem Datum beschloss der Stadtrat von Neunkirchen am 29. 01. 1935 die Änderung von Straßennamen zum 1. Februar 1935, um damit nationalsozialistische Größen oder verdiente Soldaten des 1. Weltkrieges zu ehren bzw. an Schlachtenorte des 1. Weltkrieges oder an Opfer der französischen Besatzung zu erinnern. Benennungen nach unliebsamen Politikern oder Denkern wurden in der Regel getilgt.

Dabei wurde aus der Friedrich-Ebert-Straße die Hermann-Göring-Straße[F36].

Unmittelbar nach Kriegsende erhielt die Straße nicht wie andere ihren alten Namen zurück, sonden wurde zunächst in Ruhwaldstraße umbenannt. Erst seit dem 23. 01. 1953 heißt sie wieder Friedrich-Ebert-Straße[F37].

Informationen zum Namensgeber:

Friedrich Ebert (04. 02. 1871 – 28. 02. 1925), Politiker (SPD), Reichspräsident (1919-1925). Friedrich Ebert wurde als Sohn eines Schneiders in Heidelberg geboren.

Während seiner Gesellenjahre als Sattler schloss er sich 1889 der Sozialdemokratie an. 1900 wurde Ebert Mitglied der Bremer Bürgerschaft und Fraktionsvorsitzender der SPD.

Nach Bebels Tod 1913 wurde er dessen Nachfolger als Vorsitzender der SPD. Am 11. Februar 1919 wurde er von der Weimarer Nationalversammlung zum vorläufigen Reichspräsidenten gewählt; seine Amtszeit wurde im Oktober 1922 vom Reichstag bis Juni 1925 verlängert. In den Krisenjahren in der Anfangzeit der Weimarer Republik (Putschversuche, Inflation, Ruhrkampf) trug Ebert als um Überparteilichkeit und Ausgleich bemühter Reichspräsident entscheidend zur relativen Stabilisierung der von links- und rechtsextremistischen Tendenzen gefährdeten jungen Republik bei. Ebert starb wenige Monate vor Ablauf seiner Amtszeit an den Folgen einer Operation.

Öffentliche oder sonst bedeutsame Einrichtungen in der Straße:

- Handelsschule Baumann
  Die 1911 von Folkert Baumann gegründete private Handelsschule hat ihre Diensträume seit 1928 in der Friedrich-Ebert-Straße. Seit 1968 ist die Schule staatlich anerkannt. Zur Zeit werden dort 210 Schüler von insgesamt 8 Lehrkräften unterrichtet. In den Klassen 10 und 11 werden eine berufliche Grundausbildung, eine fachtheoretische Bildung und eine gehobene Allgemeinbildung vermittelt. So kann die Fachhochschulreife für bestimmte Studienzweige erlangt werden[F38].

Friedrich-Schwitzgebel-Straße Lu heute Wetzelstraße
Siehe Wetzelstraße

Informationen zum damaligen Namensgeber:

Friedrich Schwitzgebel(19. 09. 1888 – 19. 06.. 1957), Lehrer und Politiker. Schon im Januar 1926 war er in die NSDAP eingetreten und leitete vor der Rückgliederung des Saargebietes die SA in der Pfalz. Mit der Übernahme der Macht im Saargebiet durch die Nationalsozialisten wurde er im März 1935 Oberregierungsrat in der Schulabteilung des Reichskommissars für das Saarland. Schwitzgebel,

---

F35   Saar- und Blieszeitung v. 25. 04. 1903
F36   Saar- und Blieszeitung v. 30. 01. 1935
F37   ABl. des SL v. 16. 02. 1953

F38   Wochenspiegel Neunkirchen v. 26. 04. 2006

der zum Stab um Gauleiter Josef Bürckel gehörte, wurde von diesem am 02. 09. 1937 zum Oberbürgermeisters von Saarbrücken ernannt und bekleidete dieses Amt bis zu seiner Flucht vor den herannahenden amerikanischen Truppen am 19./20. 03. 1945. Während der Annexion des Moseldepartements durch Deutschland von 1940 bis 1944 war er zusätzlich zum Stadtkommissar von Forbach und einiger umliegender Dörfer bestellt. Schwitzgebel wurde am 13. 07. 1945 gefangen genommen und interniert. In einem Spruchkammerverfahren wurde er als Schuldiger eingestuft und zu vier Jahren Haft verurteilt. Am 14. 04. 1949 wurde er aus dem Lager Theley unter der Auflage entlassen, seinen Wohnsitz außerhalb des Saarlandes zu nehmen.

Friedrichspark NK vorher Heusners Weiher, heute
Mantes-la-Ville-Platz
Siehe Mantes-la-Ville-Platz

Friedrichsthaler Straße Hei auch Friedrichsthaler Weg

Lage und Verlauf:
Die Friedrichsthaler Straße verläuft als Verlängerung der Moselschachtstraße entlang des ehemaligen Gruben- und Kokereigeländes in Heinitz nach Südwesten in Richtung der Nachbarstadt Friedrichsthal.

Friedrichsthaler Straße Blickrichtung Moselschachtstraße

Bemerkungen zum Namen und zur Geschichte der Straße:
Auf den Zielort der Straße ist auch ihr Name zurückzuführen.

Das Bergwerk Heinitz veranlasste 1869 den „kunststraßenmäßigen" Ausbau der Friedrichsthaler Straße und übergab sie 1875 dem Verkehr. In alten Karten ist sie als Friedrichsthaler Weg bezeichnet. Der alte Bergwerksfestplatz lag bis etwa 1913 an der Südseite dieser Straße. 1885/86 wurde das erste Wohnhaus in der Straße, ein Doppelwohnhaus für Grubenbeamte, heute Friedrichsthaler Straße 1, gebaut. Daran anschließend wurde 1891/93 ein weiteres Wohnhaus gebaut, in dem später auch NS-Dienststellen und ein NSV-Kindergarten ihre Räume hatten[F39]. Die weiteren Wohnhäuser in der Straße stehen auf der Nordseite. Sie wurden ab 1901 als Wohnhäuser für Bergwerksbeschäftigte von der Grubenverwaltung erbaut. 1931 gab es insgesamt 26 Wohnhäuser in der Straße[F40].
An der Südseite der Straße dehnte sich das ehemalige Steinkohlenbergwerk Heinitz (1847 – 1962) mit der Kokerei und verschiedenen anderen Funktionsgebäuden aus. Die früheren Bergwerksgebäude auf der Südseite der Straße werden heute, zum Teil nach Umbauten, von unterschiedlichen Firmen genutzt.
Eine alte Werkstraße zweigt nach Süden von der Friedrichsthaler Straße ab und führt zur ehemaligen Gasmaschinenzentrale.

Öffentliche oder sonst bedeutsame Gebäude in der Straße:
- Grube Heinitz mit Kokerei
  Am 12. 07. 1847 wurde ein Stollen im Holzhauertal angehauen und damit begann der Bergbau in diesem heutigen Stadtteil von Neunkirchen[F41]. 1850 wurde die Anlage von der Grube König abgetrennt und selbständig. Die Anlage wurde nach dem früheren preußischen Staatsminister für das Bergwerks- und Hüttenwesen Friedrich Anton Freiherr von Heinitz benannt. Diesen Namen übernahm später der gesamte Stadtteil. Großen Aufschwung nahm die Grube Heinitz, als 1850 der erste Zug im damaligen preußischen Teil des Saarreviers von Bexbach nach Heinitz fuhr und damit die Kohle über Gleise auch entfernte Verbraucher erreichen konnte. 1851 wurde der erste Schacht abgeteuft. Anfang des 20. Jh. war Heinitz mit 5500 Beschäftigten die größte Grube im Saarrevier. Im Laufe von über 115 Jahren wurden viele Millionen Tonnen Kohle in

F39 Schinkel: Heinitz, vgl. Anm. B9, S. 156; Müller: Festschrift Grube Heinitz 1897, vgl. Anm. E17
F40 Slotta: Bergbau in NK, vgl. Anm. A45, S. 85
F41 Slotta: Bergbau in NK, vgl. Anm. A45, S. 15 ff

Heinitz gefördert. Am 24. 11. 1962 wurde die Grube Heinitz stillgelegt. Heute erinnern noch einige allerdings von anderen Firmen genutzte Gebäude an das einst größte Bergwerk im Stadtgebiet. Ebenfalls an die Bergbautradition des Stadtteils erinnert das Monument des Stollenmundes des Heinitzstollens in der Moselschachtstraße.

Die in Heinitz geförderte Kohle eignete sich in besonderer Weise für die Koksherstellung. Schon 1849 wurden erste Versuche zur Verkokung von Kohle unternommen. 1854 waren schon 135 Öfen in Betrieb mit denen 42000 t Koks hergestellt wurden. Die Koksbatterien wurden ständig ergänzt und modernisiert, so dass 1943 schließlich rund 383000 t Koks produziert wurden. Als 1962 die Kohleförderung in Heinitz eingestellt wurde, verlor auch die Kokerei ihre Existenzberechtigung und wurde 1963 nach 144 Jahren Betriebszeit stillgelegt.

- Kokereigasmaschinenzentrale

Die Kokereigasmaschinenzentrale, ein monumentales etwa 156 m langes Gebäude, war das erste Großkraftwerk des Saarbergbaus und ist 1904/05 bis 1920 in verschiedenen Bauabschnitten durch den preußischen Bergfiskus erbaut worden. Das vor 1904 in die Atmosphäre entweichende Kokereigas wurde hier in elektrischen Strom umgewandelt[F42].

Durch ihre richtungsweisende Stahlskelett-Architektur stellt die Halle nach Expertenmeinung ein technisches Denkmal von nationaler Bedeutung und das wohl wichtigste Industriedenkmal im Kreis Neunkirchen dar.

Sie sei ein Objekt von höchster Qualität und unbedingt schützens- und sanierungswürdig. Die Arbeitsgemeinschaft Heinitzer Vereine und der „Historischer Verein Stadt Neunkirchen" fordern daher seine Anerkennung als „Nationales Denkmal" und die Aufnahme in den Kulturnetzplan des Saarlandes.

Friedrichstraße NK vorher Teil der Steinwaldstraße

Lage und Verlauf:
Die Friedrichstraße beginnt an der Hohlstraße in Höhe Mantes-la-ville-Platz und führt in östlicher Richtung bis zur Kreuzung Scheiber Hof. Dabei sind die letzten ca.

100 m als Sackgasse ausgebildet. Zur Kreuzung Scheiber Hof ist die Straße mit Pollern versperrt.

Friedrichstraße Blickrichtung Andreasstraße/Hohlstraße

Informationen zum Namen und zur Geschichte der Straße:
Den Namen Friedrichstraße führte ursprünglich das jetzige Teilstück der Steinwaldstraße zwischen Scheiberhof und Scheibkreuzung, während die heutige Friedrichstraße vom Heusnersweiher (heute Mantes-la-Ville-Platz) bis zum Scheiberhof früher ein Teilstück der in Richtung Wellesweiler führenden Steinwaldstraße war.

Im Ortsplan von Neunkirchen aus dem Jahre 1883 sind die Friedrichstraße und die Steinwaldstraße in der damaligen Lage und mit diesen Namen bereits verzeichnet[F43].

Die Versorgung der Wohnhäuser in Neunkirchen mit fließendem Wasser begann nach der Inbetriebnahme des Wasserwerkes in Wellesweiler und des auch heute noch genutzten Hochbehälters im Steinwald im Jahre 1877.

Die Anwohner der heutigen Friedrichstraße mussten bis dahin ihr Wasser zunächst weiter am nächsten Laufbrunnen an der heutigen Ecke Hohlstraße/Friedrichstraße vor der Metzgerei Fried holen, der im Volksmund allgemein „Trips" genannt wurde, was auf einen mäßigen Wasserzulauf schließen lässt[F44].

Per Stadtratsbeschluss vom 01. 02. 1935 erfolgte für die beiden Straßenteile ein Namenstausch. Die Steinwaldstraße reicht seither vom Steinwald/Waldstraße bis zur Scheibkreuzung, und ihr vorheriges Teilstück zwischen

F42 Slotta: Bergbau in NK, vgl. Anm. A45, S. 25

F43 Sit.-plan NK 1883, vgl. Anm. A4
F44 Saarl. Tageszeitung v. 16. 10. 1940

Heusnersweiher (Mantes-la-ville-Platz) und Scheiberhof wurde zur Friedrichstraße[F45].

Der Straßenname kommt vom Vornamen der ersten Anwohner der alten Friedrichstraße. Die Besiedlung der Scheib hatte um 1875 begonnen. Am Anfang der jetzigen Steinwaldstraße von der Scheib her bauten Fritz Schmidt (Eckwirtschaft), Fritz Bund und Fritz Kellermann ihre Häuser. Deshalb erhielt die Straße damals bis zum heutigen Scheiber Hof den Namen Friedrichstraße. Am 15. 05. 1879 schlug der Ortsbaumeister Riemann dem Bürgermeister Jongnell von Neunkirchen die Beschaffung von Namensschildern für 49 Straßen und 8 Wohnplätze vor. In dieser Aufstellung tauchen die Namen Friedrichstraße und Steinwaldstraße zum ersten Mal schriftlich auf. In der gleichen Aufstellung sind für die heutige Friedrichstraße schon 14 Wohnanwesen aufgeführt, für die Hausnummernschilder beschafft werden mussten[F46]. In seiner Sitzung am 02. 08. 1929 beschloss der Stadtrat, dass eine Reihe von Straßen ausgebaut werden soll, u. a. die Steinwaldstraße (dabei auch der Teil, der heute Friedrichstraße heißt) vom Heusnersweiher bis Waldanfang und, daß in der Sitzung vom 30. 09. 1935 die Aufnahme einer Anleihe zur Finanzierung der Arbeiten befürwortet werden soll.

Bei einem schweren Bombenangriff auf Neunkirchen am 04. 11. 1944, der viele Opfer fast ausschließlich unter der Zivilbevölkerung forderte, wurden mehrere Häuser der Friedrichstraße total oder schwer beschädigt.

Informationen zum Namensgeber:
Bund Friedrich

Friedrichstraße We dann Weddigenstraße, Hirschbergstraße, heute Zur Römertreppe
Siehe Zur Römertreppe

Friedrichstraße Wi dann Teil der Neunkircher Straße, heute Teil der Kuchenbergstraße.
Die Friedrichstraße war der Teil der heutigen Kuchenbergstraße zwischen Rembrandtstraße (damals Sedanstraße) und Tirolstraße
Weiteres siehe Kuchenbergstraße

Informationen zum Namensgeber:
Friedrich III. (1831 – 1888), Deutscher Kaiser und König von

F45 Saar- und Blieszeitung v. 30. 01. 1935
F46 Beschaff. Straßenschilder, vgl. Anm. A8

Preußen, als Nachfolger von Wilhelm I. 1888 für 99 Tage. Er galt als unter dem Einfluss seiner englischen Gattin Viktoria (Tochter von Königin Viktoria von Großbritannien und Prinzgemahl Albert von Coburg) den Liberalen zugeneigt in Gegnerschaft zu Bismarck. Als er nach 3 Monaten starb, folgte ihm sein Sohn Wilhelm II. auf dem Thron.

Friedrich-Volz-Straße Wi

Lage und Verlauf:
Die Straße zweigt als Sackgasse von der Ostertalstraße nach Süden in Richtung der Oster ab. Die Straße ist nur ca. 60 m lang.

Informationen zum Namen und zur Geschichte der Straße:
Eine vorher nicht benannte Seitengasse der Ostertalstraße wurde 1954 im Zuge einer allgemeinen Neu- bzw. Umbenennung von Straßen auf Anregung des Kultur- und Heimatrings nach dem Wiebelskircher Bergmann, Gewerkschaftler und Heimatdichter Friedrich Volz benannt.

Friedrich-Volz-Straße aus Richtung Ostertalstraße

Informationen zum Namensgeber:
Friedrich Volz (17.01.1874 – 20.10.1937) musste seinen Beruf als Bergmann wegen eines Unfalls in der Grube früh aufgeben. Danach entdeckte er sein Talent als Schriftsteller und wurde über die Grenzen seines Heimatortes hinaus bekannt.
Schon davor hatte sich Volz als Funktionär der Christlichen Gewerkschaft einen Namen gemacht. Als sich Anfang des 20. Jh. konfessionelle Arbeitervereine bildeten, eröffnete die Christliche Gewerkschaft auch in

Wiebelskirchen eine Zahlstelle. Friedrich Volz trat an die Spitze der Bewegung und überzeugte seine Kollegen mit großer Kompetenz von der Notwendigkeit eines gemeinschaftlichen Vorgehens, um arbeitsrechtliche und wirtschaftliche Ziele zu erreichen.

Fröbelstraße Wi vorher Jahnstraße

Lage und Verlauf:
Die Fröbelstraße zweigt von der Keplerstraße nach Süden ab, verbindet diese mit der Eichendorffstraße und endet vor der Sportanlage Rösen in der Bliesniederung.

Informationen zur Geschichte und zum Namen der Straße:
Nach ihrem Bau wurde die Straße zunächst nach dem Turnvater Jahn benannt, da sie zum Sportgelände des Turnvereins führte.
Im Zuge der Gebiets- und Verwaltungsreform 1974 wurde die Straße umbenannt, weil es im Stadtgebiet nun eine weitere Straße mit dem gleichen Namen gab.

Fröbelstraße aus Richtung Kepplerstraße

Informationen zum Namensgeber:
Friedrich Wilhelm August Fröbel (21.04.1782 – 21.06.1852), deutscher Erzieher. Er arbeitete und studierte zwischen den Jahren 1806 und 1810 gemeinsam mit dem bekannten Schweizer Erziehungsreformer Johann Heinrich Pestalozzi (1746 – 1827) in Yverdon (Schweiz). Fröbel gründete 1837 in Blankenburg (Thüringen) die erste Einrichtung in Deutschland, die ausschließlich der Erziehung von Kindern gewidmet war.

Er gab dieser Schule den Namen Kindergarten.
Nach seinem Vorbild wurden um 1850 Kindergärten in ganz Westeuropa und den Vereinigten Staaten gegründet und nach der Aufhebung des Verbots 1860 auch wieder in Deutschland. Fröbel leistete einen der wesentlichen Beiträge zur Erziehungswissenschaft des 19. Jahrhunderts. Seine Kindergartenidee hat sich auf der ganzen Welt verbreitet.

Informationen zu öffentlichen oder sonst bedeutsamen Gebäuden oder Einrichtungen in der Straße:
- Kindergarten
  Im Anwesen Fröbelstraße 2 befindet sich ein städtischer Kindergarten mit insgesamt 75 Kindergartenplätzen.
- Sportanlage Rösen
  Die Sportanlage Auf den Rösen wurde vom Turnverein Wiebelskirchen angelegt. Auf dem Platz fanden viele Turnfeste statt, und es wurde dort viele Jahre lang auch der Turnerjahrmarkt abgehalten. Außerdem fand bis zur Fertigstellung des Festplatzes in der Ohlenbach auch die Kirmes auf diesem Platz statt.

Furpacher Straße Lu vorher Wellesweilerstraße, zeitweise Schlageterstraße

Lage und Verlauf:
Die Furpacher Straße ist die Hauptdurchgangsstraße durch den Stadtteil Ludwigsthal, die in Nord-Süd-Richtung vom Stadtteil Wellesweiler nach Furpach verläuft. An der Grenze zum Stadtteil Furpach, an der Autobahn A 8 geht sie in die Ludwigsthaler Straße über.

Informationen zum Namen und zur Geschichte der Straße:
Die Straße verbindet die Stadtteile Ludwigsthal und Furpach miteinander. Sie hat deshalb auf Ludwigsthaler Seite bis zu der sie überquerenden Autobahn A 8 den Namen Furpacher Straße und umgekehrt in Furpach den Namen Ludwigsthaler Straße. In der Gegenrichtung verläuft die Straße nach Norden in Richtung Wellesweiler, hieraus war der frühere Name abgeleitet. Als Wellesweilerstraße war die Straße schon in einer von Jakob Franz (1837 – 1884) gefertigten Skizze von Ludwigstahl bezeichnet.
Nach der Machtergreifung der Nationalsozialisten im Saargebiet 1935 kam es in vielen Orten zu einer größeren Welle von Straßenumbenennungen. Fast in jedem

Furpacher Straße aus Richtung Wellesweiler

Ort gab es seither eine Adolf-Hitler-Straße. Gezielt wurde auch nach „Märtyrern" und „Blutopfern der NS-Bewegung" benannt. So wurde die damalige Wellesweilerstraße nach dem Nazi-Märtyrer Albert Leo Schlageter benannt. Nach dem 2. Weltkrieg erhielt sie ihren alten Namen zurück.

Als es nach der Gebiets- und Verwaltungsreform 1974 eine weitere Wellesweilerstraße im Stadtgebiet gab, wurde die in Ludwigsthal liegende umbenannt.

Gabelsbergerstraße NK

Lage und Verlauf:

Die Straße beginnt am unteren (nördlichen) Teil der Parallelstraße, verläuft von dort nach Westen, kreuzt dabei die Willi-Graf-Straße und endet vor einem Bolzplatz und der Zufahrt zur Jugendverkehrsschule

Gabelsbergerstraße aus Richtung Parallelstraße

Informationen zum Namen und zur Geschichte der Straße:

Nach dem Beschlussbuch der Gemeinde Neunkirchen legte der Rat am 10. 04. 1907 den Namen der damals neuen Straße nach dem Erfinder einer Kurzschrift fest.

Informationen zum Namensgeber:

Franz Xaver Gabelsberger (09. 02. 1789 – 04. 01. 1849) war bayerischer Ministerialbeamter. Er schuf die erste aus der Schreibschrift abgeleitete deutsche Stenografie.

Öffentliche oder sonst bedeutsame Gebäude in der Straße:

- Jugendverkehrsschule
  Seit 1965 betreibt die Verkehrswacht am westlichen Ende der Straße eine Jugendverkehrsschule.

Gartenstraße Ha heute *In den Hanggärten, volkstümlich Kaffeegass*
Siehe In den Hanggärten

Gartenstraße Hei
Lage und Verlauf:

Die Gartenstraße zweigt parallel zur Bahnstraße nach Nordosten von der Moselschachtstraße als Sackgasse in Richtung der Weiher im Binsenthal ab.

Gartenstraße aus Richtung Moselschachtstraße

Informationen zum Namen und zur Geschichte der Straße:

Die Gartenstraße wurde durch die Gärten der südlich davon gelegenen Beamtenwohnungen geführt, um für den geplanten Bau der Schule in diesem Bereich einen entsprechenden Zugang zu schaffen. Die Schule, Gartenstraße 1, war 1876 im Einvernehmen mit dem Bürgermeister von Neunkirchen gebaut worden. Der Bergfiskus hat hierzu nach Genehmigung der Bezirksregierung in Trier die Erlaubnis erteilt. Nachdem 1956 die neue Waldschule in der Grubenstraße eingeweiht worden war[G1], diente der Schulsaal in der Gartenstraße noch einige Jahre als Gottesdienstraum für die evangelischen Christen von Heinitz.
Der Bau der anschließenden Häuser auf der rechten Straßenseite erfolgte 1876 bzw. 1879. Die gegenüber liegenden Häuser am Ende der nördlichen Straßenseite stammen aus der Saargebietszeit (1920 – 1935). Sie wurden von der französischen Grubenverwaltung für Bergleute gebaut. 1931 gehörten alle Häuser der Straße mit Ausnahme des Hauses Nr. 1, dies war das Privathaus des Lehrers Alois Stein, der Grubenverwaltung.
Während des 2. Weltkrieges nach dem Russlandfeldzug 1941 wurde im Binsenthal etwa 100 m unterhalb des letzten Wohnhauses der Gartenstraße ein Barackenlager für Kriegsgefangene erstellt, die in den Gruben Heinitz und Dechen eingesetzt wurden. Bei Kriegsende

---

G1   Schinkel: Heinitz, vgl. Anm. B9, S. 224 ff

befanden sich in dem Lager ca. 1200 Gefangene. Danach wurde das Barackenlager über ein Jahr lang Internierungslager der amerikanischen und dann der französischen Militärverwaltung,[G2] und danach war es wegen der Wohnungsknappheit in der Stadt von mehreren kinderreichen Familien bewohnt. Die Baracken wurden 1965 abgerissen.

Über einen Waldweg am Ende der Straße gelangt man zum Grünen und zum Blauen Weiher und zu den dort liegenden Fischerhütten des Angelsportvereins Heinitz und des ASV 1929 Neunkirchen.

Gartenstraße NK *zeitweise Franz-Hellinger-Straße, heute Adolf-Kolping-Straße*
Siehe Adolf-Kolping-Straße

Gartenstraße Wi *heute Kantstraße*
Siehe Kantstraße

Gartenweg Mü *heute Auf'm Hahnen*
Siehe Auf'm Hahnen

Gasstraße NK

Lage und Verlauf:

Die Gasstraße befindet sich im Innenstadtbereich. Sie zweigt von der Gustav-Regler-Straße nach Süden ab und verläuft im Bereich des kugelförmigen Gasbehälters westlich hinter der Bahnhofstraße parallel zu deren rückwärtigen Häuserfronten.

Gasstraße aus Richtung Gustav-Regler-Straße

Informationen zum Namen und zur Geschichte der Straße:

Die Straße hat ihren Namen von der früher hinter der westlichen Häuserreihe der Bahnhofstraße an der Blies gelegenen Gasanstalt. Diesen Namen trägt sie auch heute noch zu Recht, da sich in einem eingefriedeten Gelände an der Straße auch heute ein kugelförmiger Gasbehälter befindet.

Die Straße ist wohl in der 2. Hälfte des 19. Jh. angelegt worden. Als der Ortsbaumeister Riemann dem Bürgermeister Jongnell von Neunkirchen am 15. 05. 1879 die Beschaffung von Namensschildern für 49 Straßen und 8 Wohnplätze vorschlug, tauchte in dieser Aufstellung der Straßenname zum ersten Mal auf. Für die Gasstraße wurden ein Straßenschild und 12 Hausnummernschilder bestellt[G3]. Im Stadtplan von Neunkirchen aus dem Jahre 1883 ist sie als Straße schon eingezeichnet, hat aber in dem Plan noch keinen Namen, obwohl schon einige Gebäude eingezeichnet sind[G4]. Bis zu dem Stadtplan von 1902 sind dann etliche Gebäude hinzugekommen, und die Straße hatte in dem Plan dann auch ihren jetzigen Namen. Die Straße ist in den Adressbüchern von Neunkirchen seit 1905 bis 1930 mit 18 Gebäuden (Hausnummern) vermerkt.

Vor dem Bau der Gustav-Regler-Straße Ende der 1980er Jahre hatte die Gasstraße einen anderen Verlauf. Sie zweigte damals gegenüber der Einmündung Wellesweilerstraße von der Bahnhofstraße zunächst zum Bahndamm hin in westliche Richtung ab, vollzog dann eine Biegung nach Süden und verlief hinter der westlichen Häuserreihe der Bahnhofstraße bis zum Viadukt, das zum Nordwerk des Eisenwerkes führt.

Die Gasstraße ist seit 1988 nur noch eine Stichstraße von der Gustav-Regler-Straße her zur Versorgung der Geschäftshäuser der Bahnhofstraße und als Zugang zu Parkplätzen. Dieser jetzige Verlauf der Straße wurde in einer Stadtratssitzung am 14. 12. 1988 beschlossen, als auch die Zuordnung des bisherigen Teilstücks der Gasstraße zwischen Bahnhofstraße und Bahndamm (Gustav-Regler-Straße) zur Wellesweilerstraße beschlossen wurde.

Öffentliche oder sonst bedeutsame Objekte in der Straße:

- Gasanstalt

G2 Schinkel: Heinitz, vgl. Anm. B9, S. 219

G3 Beschaff. Straßenschilder, vgl. Anm. A8
G4 Sit.-plan Neunkirchen 1883, vgl. Anm. A4

Im Jahre 1864 baute der Gasfachmann und Bauunternehmer Anton Krechel (1852 nach Neunkirchen zugewandert) das erste Gaswerk in Neunkirchen. Das Werk lieferte neue Energie für Haushalte und für die Straßenbeleuchtung[G5].
Nach ihm betrieb jahrelang die Thüringer Gasgesellschaft das Werk, bis es 1905 von der Gemeinde Neunkirchen übernommen wurde. Während zu Stumms Zeiten das Eisenwerk zu den Hauptkunden des Gaswerks zählte, war es später umgekehrt. Das Eisenwerk lieferte von den großen Mengen anfallenden Kokereigases dem Gaswerk Neunkirchen das notwendige Rohgas, das hier gereinigt und weitergeleitet wurde[G6].
Heute bezieht die KEW von der Saar-Ferngas für ihren Versorgungsbereich nur noch Erdgas. Sie hat auf dem Gelände einen kugelförmigen oberirdischen Gasbehälter mit 30 000 Kubikmeter Inhalt zur Abfederung von Verbrauchsspitzen errichtet.

Gasstraße Wi *dann Am Güterbahnhof, heute Teil der*
Schillerstraße
Siehe Schillerstraße

Gehsbachstraße NK *vorher In der Gehsbach, heute*
Geßbachstraße
Siehe Geßbachstraße

Geißenbrünnchen Fu

Lage und Verlauf:
Die Straße verläuft im Stadtteil Furpach nördlich parallel zur Limbacher Straße und verbindet dabei die Ludwigsthaler Straße und die Straße Nachtweide.

Informationen zum Namen und zur Geschichte der Straße:
Der Straßenname geht auf eine gleichlautende Flurbezeichnung zurück, die es in diesem Bereich gibt. Dort gab es bis 1948 eine Quelle, die als Viehtränke benutzt wurde. Zwischen 1936 und 1938 wurde auf dem Gelände des früheren Hofgutes Furpach durch die Saarpfälzische Heimstätte GmbH eine Siedlung erstellt. Im

Geißenbrünnchen Blickrichtung Nachtweide

1. Bauabschnitt wurden im Bereich nördlich der Limbacher Straße und westlich der nach Ludwigsthal führenden Straße folgende Straßen erschlossen. So entstanden 80 Volkswohnungen, 88 Siedlerstellen und 60 Eigenheime[G7] in den Straßen: Nachtweide, Kleeweide, Buchenschlag, Lattenbüsch, Litzelholz, Geißenbrünnchen. Kaum eines dieser Siedlungshäuschen ist noch im ursprünglichen Zustand. Fast alle sind umgebaut, aufgestockt oder erhielten Anbauten.
Da die Siedler zur Kleinviehhaltung angehalten waren, waren die Grundstücke der Häuser ziemlich groß, so dass nach dem 2. Weltkrieg vielfach auch eine Abtrennung eines weiteren Baugrundstücks möglich war. In dieser schmalen Straße trifft dies aber nur auf die Grundstücke auf der Nordseite zu. Diese Grundstücke wurden in der Länge geteilt und so konnte mit den ebenfalls geteilten Grundstücken der Straße Litzelholz die Straße Volkerstal zwischen den beiden Straßen angelegt werden.

Geisheck Hei *heute als Wohnplatz nicht mehr existent*

Lage:
Am westlichen Ende der Bebauung der Friedrichsthaler Straße zweigt ein Weg nach Norden ab. Von dort aus nach ca. 1 km lagen früher die Geisheck-Schächte.

Informationen zum Namen und zur Geschichte des Wohnplatzes:
Der Name der Örtlichkeit ist von der Flurbezeichnung In der Geisheck abgeleitet. Nach der Konzessionskarte vom

G5   Krajewski: Plaudereien 4, vgl. Anm. B50, S. 39
G6   Krajewski: Plaudereien 1, vgl. Anm. A50, S. 34

G7   Mons: Siedlungsgeschichte Furpach, vgl. Anm. B35, S. 17

28. 02. 1821 floss hier früher ein Bach, der Geisbach.
Zwischen 1881 und 1897 wurden an dieser Stelle von der preußischen Grubenverwaltung zwei Schächte abgeteuft, die zum Bergwerk Heinitz gehörten[G8]. Nach dem Abteufen der beiden Schächte verschwand der Bach[G9]. Zur Spitzenzeit 1912 waren dort 1200 Mann in 6 Steigerabteilungen beschäftigt.
Bei den Geisheckschächten wurden auch drei Grubendoppelhäuser als Miethäuser für Bergleute erstellt. 1931 wohnten dort insgesamt 11 Familien in zwei Wohngebäuden. Bei der Volkszählung am 14. 11. 1954 wohnten dort noch 15 Personen[G10].
Nachdem die Grube Heinitz 1962 stillgelegt worden war, waren auch die Geisheckschächte überflüssig geworden. Die Anlage wurde geschleift, 1968 wurden auch die Wohnhäuser abgerissen.
Bis 1987 wurde im Geisheck-Gelände dann von der Stadt Neunkirchen eine Bauschuttdeponie betrieben. Seither holt sich die Natur die Fläche wieder zurück.

Gemeine Gaß We *volkstümliche Bezeichnung für den unteren (nordöstlichen) Teil der Bürgermeister-Regitz-Straße*
Siehe Bürgermeister-Regitz-Straße

Georgstraße NK

Lage und Verlauf:
Die Georgstraße beginnt auf der Scheib an der Steinwaldstraße und führt bergab in nordwestlicher Richtung bis zur Einmündung in die Friedrichstraße.

Informationen zum Namen und zur Geschichte der Straße:
Die Straße erhielt ihren Namen von Georg Eisenbeis, einem der ersten Anwohner, wie das oft in Neunkirchen geschah.
In einem Situationsplan von Neunkirchen aus dem Jahre 1883 ist die Straße zwar schon eingezeichnet, hat aber noch keinen Namen und auch noch keine Bebauung[G11]. Die Bebauung muss dann Anfang der 1890er Jahre begonnen haben, denn 1893 wollten die Bewohner einen

Georgstraße aus Richtung Steinwaldstraße

Wasseranschluss in ihre Häuser. Als mit der Inbetriebnahme des Wasserwerkes in Wellesweiler und des auch heute noch genutzten Hochbehälters im Steinwald im Jahre 1877 die Wasserversorgung von Neunkirchen begann, mussten die Bewohner der Georgstraße darauf zunächst verzichten. Ihnen wurde durch einen Beschluss des Gemeinderates von 1893 ein Anschluss verweigert, obwohl die Wasserleitung auf ihrem Weg zur Stadt durch die heutige Steinwaldstraße unmittelbar an der Georgstraße vorbei führte. Die Georgstraßer mussten deshalb ihr Wasser zunächst weiter am nächsten Laufbrunnen an der heutigen Ecke Hohlstraße/Friedrichstraße vor der Metzgerei Fried holen. Dieser Brunnen wurde im Volksmund allgemein „Trips" genannt, was auf einen mäßigen Wasserzulauf schließen lässt[G12]. Das Wasser am Brunnen zu holen war in der Regel für die Schuljugend tägliche Pflicht.
Der in Neunkirchen sehr aktiv gewesene Architekt und Bauunternehmer Fritz Mundorf (geb. 18. 01. 1872 in Neunkirchen), entfaltete in Neunkirchen eine rege Bautätigkeit. So baute er auch die Häuser auf der östlichen Seite der Georgstraße, die in ihrem einheitlichen Stil kennzeichnend für seine Arbeit sind[G13]. Die Häuser auf der anderen Straßenseite wurden von dem anderen großen Bauunternehmer Neunkirchens der damaligen Zeit, Franz Emmrich, erbaut mit dem typischen Prämienhaustyp dieser Jahre. Die Häuser sind auch heute noch großenteils im Besitz der Familien der ersten Eigentümer.
Bei einem schweren Bombenangriff auf Neunkirchen

G8   Slotta: Bergbau in Neunkirchen, vgl. Anm. A45, S. 23
G9   Frdl. Auskunft Markscheider Dr. Herbert Müller, Neunkirchen-Heinitz
G10 Schinkel: Heinitz, vgl. Anm. B9, S. 152
G11 Situat.-plan NK 1883, vgl. Anm. A4

G12 Saarländische Tageszeitung v. 16. 10. 1940
G13 Krajewski: Plaudereien 3, vgl. Anm. B7, S. 13

am 04. 11. 1944, der viele Opfer fast ausschließlich unter der Zivilbevölkerung forderte, wurden mehrere Häuser der Georgstraße total zerstört oder schwer beschädigt, nach dem Krieg aber wieder aufgebaut.

Seit dem 29. 11. 1983 stehen die Gebäude unter Denkmalschutz, was den Bewohnern viel Verantwortungsbewusstsein abverlangt und sie einschränkt[G14]. Viele der Häuser wurden aber vorher schon in ihrem äußeren Erscheinungsbild verändert. So sind im Laufe der Zeit die alten Dachgauben aus der Kaiserzeit, die die Form von Pickelhauben hatten, verändert oder in anderer Form erneuert worden. Keine der Gauben trägt mehr den ursprünglichen Eisenball mit der Spitze obendrauf.

Informationen zum Namensgeber:
Johann Georg Eisenbeis, 10. 02. 1758 – 05. 04. 1824

Georgstraße Wi *heute Schubertstraße, volkstümlich Branntweingasse*
Siehe Schubertstraße

Gerichtstraße NK *heute Marienstraße*
Die Gerichtstraße verlief ursprünglich von der Einmündung Bismarckstraße (heute Röntgenstraße) bis zur Hüttenbergstraße und dabei entlang des damaligen Amtsgerichtes. Die Straße wurde später bergab verlängert bis zum Viktoriahospital (Hüttenkrankenhaus) bzw. bis zur Hospitalstraße/Lutherstraße.
Weiteres siehe Marienstraße

Geßbachstraße NK vorher Gehsbachstraße, In der Gehsbach

Lage und Verlauf:
Die Straße zweigt nördlich der Pfalzbahnlinie von der Herderstraße nach Nordosten ab und verzweigt sich nach ca. 250 m in einen Arm, der nach Norden geht und in die Forststraße einmündet und in einen Zweig, der nach Südosten verläuft und dort an der Einmündung der Pfalzbahnstraße in den Biedersbergweg endet. Gegenüber des Jägermeisterpfades zweigt außerdem noch eine zur Geßbachstraße gehörende schmale Sackgasse nach Süden ab, an der vier Wohnhäuser stehen.

Geßbachstraße aus Richtung Herderstraße

Informationen zum Namen und zur Geschichte der Straße:
Der Straßenname ist von der Flurbezeichnung „In der Gehsbach" abgeleitet. So war auch die erste Schreibweise des Straßennamens. In einem Situationsplan von Neunkirchen aus dem Jahr 1883 ist die Straße als „Gehspach" bezeichnet[G15]. Dies war aber wohl nie eine offizielle Bezeichnung. Nach dem Beschlussbuch der Gemeinde Neunkirchen erfolgte am 19. 01. 1910 die Umbenennung in die neue Schreibweise, wobei nicht zu erkennen ist, warum diese Abweichung von der Schreibweise des Flurnamens vorgenommen wurde. Nach einem Beschluss des Stadtrates Neunkirchen vom 29. 01. 1935 wurde sie umbenannt in In der Gehsbach. Nach dem 2. Weltkrieg erhielt sie ihren alten Namen zurück.

Nach den Feststellungen der Heimatforscher Werner Fried und Günter Haab ergibt sich aus einer Karte zur Bannbeschreibung von Neunkirchen aus dem Jahre 1763, dass es an der Banngrenze zwischen Neunkirchen und Wiebelskirchen in Höhe der heutigen Forststraße einen Bach mit dem Namen Gerschbach gab. Aus diesem Gerschbach wurde offensichtlich im Laufe der Zeit Geßbach. Der Bach selbst hatte wiederum seinen Namen von einer Pflanze Gersch oder Giersch, heute Geißfuß genannt, einer Pflanze, die bis zu einem Meter hoch wird und gerne auf feuchten Böden oder an Bachläufen wuchert. Eine Besonderheit des Gerschbachs war, dass er keine Quelle besaß. Im Grunde war er nur eine eingegrabene Ablaufrinne für oberflächliches Regenwasser. Das ist wohl auch der Grund dafür, dass

G14 Türk-Schneider Anita: 100 Jahre Georgstraße, in Scheiber Nachrichten Nr. 44, Mai 2002

G15 Situat.-plan NK 1883, vgl. Anm. A4

dieser Bach in keiner Karte eingezeichnet ist. Ein Teil seines sich durch den Wald hinschlängelnden Bettes ist auch heute noch in der Nähe des Forsthauses Ziehwald zu sehen[G16].

Einer anderslautenden Definition, dass sich Geßbach aus Groisbach entwickelt habe, was in einem Weiderechtsvergleich zwischen Neunkirchen und Wiebelskirchen aus dem Jahre 1441 erwähnt wurde[G17], kann hier nicht gefolgt werden. Die in der o. a. Urkunde von 1441 erwähnte Groisbach (in unser heutiges Deutsch übertragen:"….dass die Gemeinde Neunkirchen mit allem ihrem Vieh, groß und klein, nichts ausgenommen über die Groisbach zwischen Neunkirchen und Alsweiler … nicht komme") ist nicht anderes als der „große Bach", wie man damals die Blies nannte.

Sie trennte Neunkirchen von dem später untergegangenen Ort Alsweiler.

Nach dem Beschlussbuch der Gemeinde Neunkirchen beschloss der Rat am 22. 07. 1921 einen Landtausch mit der Eisenbahn-Verwaltung zu einer geplanten Wegeanlage zwischen Geßbach und Personenbahnhof und am 01. 12. 1922, dass die neue Straße vom Bahnhof durch das Kausch'sche Grundstück nach der Geßbach als Notstandsarbeit in Angriff genommen wird. Als dieses Straßenstück fertiggestellt war, wurde es Kantstraße genannt.

Bis 1978 begann die Gehsbachstraße an der Kreuzung Wellesweilerstraße – Mozartstraße, führte unter der Bahnunterführung durch und bog dann nach Nordosten in Richtung Forststraße ab. Am 15. 02. 1978 beschloss der Stadtrat, das bisherige Teilstück der Geßbachstraße von der Wellesweilerstraße bis zur Einmündung Geßbachstraße/ Herderstraße in die Herderstraße einzubeziehen, so dass diese jetzt von der Wellesweilerstraße bis zur Einmündung in die Kuchenbergstraße verläuft. Die Geßbachstraße beginnt seither erst an der Einmündung in die Herderstraße.

Öffentliche oder sonst bedeutsame Gebäude an der Straße:

- Stollenmund des Ziehwaldstollens
  Aus Richtung Bahnhof kommend, liegt an der Abzweigung des Biedersbergweges von der Geßbachstraße nach Südosten rechts auf einem

Firmengelände der zugemauerte Stollenmund des 1857 aufgefahrenen Ziewaldstollens[G18]. Von dort wurden 23 Jahre lang die Flöze unter dem Ziehwald abgebaut und dabei insgesamt 1,6 Mio. t Steinkohle gefördert. 1880 wurde der Stollen stillgelegt und verschlossen, nachdem man im Bergbau zum Schachtabbau übergegangen war. Im 2.Weltkrieg diente er als Luftschutzstollen[G19]. Oberhalb (nordöstlich) des Stollens, an dem heutigen Jägermeisterpfad standen, bis weit ins 20 Jh. hinein zwei Schlafhäuser der Grubenverwaltung.

- Bergmannsheim
  Gleich nach Ende des 2. Weltkrieges hat die französische Verwaltung der Saargruben „Régie des Mines de la Sarre" an der damaligen Ecke Biedersbergweg/Jägermeisterpfad ein Bergmannsheim erbauen lassen. Das Gebäude wurde im Juli 1983 wieder abgerissen[G20]. Heute befindet sich an dieser Stelle an der Ecke Geßbachstraße/Jägermeisterpfad ein Parkplatz für die in der Nähe liegenden Schulen.

Ginsterweg Wi vorher Im Bremmenfeld

Lage und Verlauf:
Der Ginsterweg zweigt vom Försterweg nach Süden ab und verläuft dann als Sackgasse parallel zur Ziehwaldstraße in südwestlicher Richtung.

Ginsterweg Blickrichtung Försterweg

G16 Fried: Rund um die Geßbach in NK, in Hefte des Historischer Verein Stadt Neunkirchen, Neunkirchen 2004
G17 Krajewski: Stadtbuch 1955, vgl. Anm. A12, S. 61
G18 Slotta: Bergbau in NK, vgl. Anm. A45,S. 31
G19 Krajewski: Plaudereien 1, vgl. Anm. A50, S. 39
G20 Ulrich u. Meiser: NK anno dazumal, vgl. Anm. F9, S. 127

Informationen zum Namen und zur Geschichte der Straße:

Die Straße liegt auf Wiebelskircher Bann. Bei ihrer Entstehung nach dem 2. Weltkrieg erhielt sie den Namen Im Bremmenfeld. Dieser Straßenname ist von der Flurbezeichnung Im Bremmenfeld (um 1550 braunnen veldt, 1739/1767 Bremmenfeld), die es in diesem Bereich gibt, abgeleitet.

Als es nach der Gebiets- und Verwaltungsreform 1974 eine weitere Straße mit ähnlichem Namen im Stadtgebiet gab, wurde die am Ziehwald gelegene in Ginsterweg umbenannt.

Gladiolenweg Wi vorher Tulpenweg

Lage und Verlauf:

Der Gladiolenweg (vorher Tulpenweg) gehört zum Siedlungsgebiet Steinbacher Berg in Wiebelskirchen. Dort beginnt er an der Steinbacher Straße, verläuft nach Südosten und endet als Sackgasse.

Gladiolenweg Blickrichtung Steinbacher Straße

Informationen zum Namen und zur Geschichte der Straße:

Das Wohngebiet Steinbacher Berg entstand oberhalb (nördlich) der Straße Am Enkerberg ab 1967 in mehreren Bauabschnitten.

Zunächst wurde 1967/68 durch die Gemeinnützige Siedlungsgesellschaft Saarbrücken im Veilchenweg ein Block mit zweigeschossigen Einfamilienhäuser durch die Fa. Camus aus Fertigteilen erstellt. Danach erfolgte der Bau von Einfamilienhäusern ebenfalls aus Fertigteilen durch die Fa. Camus im Lilienweg (jetzt Nelkenweg)

und im Fliederweg. Erst später bis Mitte der 1970er Jahre wurden Häuser in traditioneller Bauweise im Narzissenweg (jetzt Dahlienweg), im Tulpenweg (jetzt Gladiolenweg), im Rosenweg (jetzt Hyazinthenweg), im Asternweg und auf der rechten Seite des Veilchenwegs erstellt.

Als es nach der Gebiets- und Verwaltungsreform 1974 im Stadtgebiet einen weiteren Tulpenweg gab, wurde der in Wiebelskirchen liegende zur Vermeidung von Verwechselungen umbenannt.

Glashütter Weg Esch

Lage und Verlauf:

Der Weg biegt im Stadtteil Eschweiler Hof von der Hauptdurchgangsstraße zunächst nach Nordwesten, dann nach Südwesten ab.

Er ist asphaltiert und mündet am Ortsausgang in einen Feld- und Waldweg.

Glashütter Weg aus Richtung Eschweilerhof

Informationen zum Namen und zur Geschichte der Straße:

Die Straße ist eine von zweien im kleinsten Stadtteil von Neunkirchen. Auf Beschluss des Stadtrates erhielt die Straße diesen Namen am 30. 05.1979. Als Alternative war damals der Name Karl-Leibrock-Weg vorgeschlagen worden.

Der Straßenname orientiert sich an der Richtung, in die die Straße führt.

Der sich an die Straße anschließende Feld- und Waldweg führt in Richtung des Glashütter Weihers und des Glashütter Hofs in St. Ingbert-Rohrbach.

Glockenstraße We

Lage und Verlauf:
Die Glockenstraße zweigt von der Rettenstrasse ab und verläuft fast parallel zur Rettenstrasse bergauf nach Nordosten in Richtung des Kraftwerks Bexbach. Nach ca. 300 m geht sie in einen Feldweg über.

Glockenstraße aus Richtung Rettenstraße

Informationen zum Namen und zur Geschichte der Straße:
Der Straßenname kommt von dem früher an ihrem unteren (südlichen) Ende stehenden Glockenturm der katholischen Gemeinde. Die Katholiken des Ortes hatten in der 2. Hälfte des 19. Jh. vergeblich versucht, ausreichend Geld zum Bau einer eigenen Kirche zu sammeln. Gottesdienste wurden in einem Saal der kath. Schule in der Neunkircher Straße (heute Rombachstraße) abgehalten. Ganz in der Nähe dieser Schule wurde 1878 am Fuße der heutigen Glockenstraße eine Glocke in einem Holzgerüst aufgehängt, um die Gläubigen zum Gottesdienst zu rufen[G21]. Nach dieser Glocke und dem Glockenturm erhielt die Straße ihren Namen. Die erste kath. Kirche wurde schließlich erst 1923 in Wellesweiler gebaut.
1931 hatte die Straße 11 Wohnanwesen. 1932 erhielt sie eine geschotterte Straßendecke und 1964 wurde sie kanalisiert.
1953 war bei der Stadtverwaltung ein Bebauungsplan erstellt worden, nach dem das gesamte Gebiet zwischen Rettenstraße/ Glockenstraße – Bergstraße – St. Barbara-Straße als Wohnsiedlung ausgebaut werden

sollte. In ca. 15 Straßen sollten insgesamt über 480 Bauplätze überwiegend für Einfamilienhäuser entstehen. Der Plan ist wegen des Baus des Kraftwerkes Bexbach und der damit verbundenen Belastung dieses Bereichs durch Abgase und sonstige Emissionen gescheitert und ist nach den heute vorhandenen Industrieansiedlungen auch nicht mehr umsetzbar[G22].

Gneisenaustraße NK *heute Taubenaustraße*
Siehe Taubenaustraße

Informationen zum damaligen Namensgeber:
Siehe Am Gneisenauflöz

Godthal Mü *volkstümlich für Friedhofstraße*
Siehe Friedhofstraße

Göbenstraße NK *heute Quellenstraße*
Siehe Quellenstraße

Informationen zum damaligen Namensgeber:
August von Goeben (10.12.1816 – 13.11.1880), preußischer General. Er trat 1833 ins preußische Heer ein, machte 1836 – 1840 fünf Feldzüge im Spanischen Karlistenkrieg mit, kehrte 1842 nach Preußen zurück. Im Deutsch-Französischen Krieg 1870/71 befehligte er das 8. Armeekorps bei Spichern und Metz. Am 19.01.1871 schlug er als Oberbefehlshaber der 1. Armee die französische Nordarmee bei Saint-Quentin und war damit wesentlich am Gesamtsieg über Frankreich beteiligt.

Goethestraße NK vorher Breitwiesstraße

Lage und Verlauf:
Die Goethestraße beginnt an der Brückenstraße im Stadtzentrum und verläuft in östlicher Richtung parallel zur Blies und zur Wellesweilerstraße bis zur Mozartstraße.

Informationen zum Namen und zur Geschichte der Straße:
In einem Situationsplan von Neunkirchen aus dem Jahr 1890 ist die Straße noch nicht eingezeichnet. Nachdem sie danach gebaut worden war, hieß sie ursprünglich

---

G21 Remy: Heimatbuch We, vgl. Anm. A45, S. 90

G22 StA Neunkirchen, Best. Karten und Pläne, Nr. 75

Goethestraße aus Richtung Mozartstraße

Breitwiesstraße nach der Flurbezeichnung „Breitwiesen", die es in diesem Bereich gibt.

Dem Bau der Straße vorausgegangen war eine Begradigung der Blies im Rahmen einer Flussregulierung, die kurz nach 1900 begonnen und dann in Teilabschnitten durchgeführt worden war. Nach einem Grundsatzbeschluss des Gemeinderates Neunkirchen wurden den in dem durch die Flussregulierung neu gewonnenen Gelände nördlich der Blies befindlichen Straßen, soweit sie auf die Blies zulaufen, Komponistennamen und, soweit sie in der gleichen Richtung wie die Blies verlaufen, Dichternamen gegeben. Nach der Saar- und Blieszeitung vom 25. 04. 1903 wurde sie dann in Goethestraße umbenannt.

Ursprünglich sollte die Goethestraße über die Mozartstraße hinaus nach Osten verlängert werden. Diese Verlängerung sollte dann ab der Haydnstraße Körnerstraße heißen[G23]. Dazu ist es jedoch nicht gekommen.

In den Jahren 1903 – 1905 wurden auf dem aufgeschütteten Ufer der begradigten Blies vom Neunkircher Eisenwerk nach einem einheitlichen Konzept 15 Einzel- bzw. Doppelvillen im Stil „deutsche Renaissance" für Hüttenbeamte gebaut[G24]. Die Planung lag bei dem Saarbrücker Architekten Karl Brugger. Er variierte 3 Grundtypen und setzte sie unterschiedlich zusammen, um den Eindruck des Stereotypen zu vermeiden. Wegen der hohen Aufschüttungen in der Flussniederung nach der Begradigung der Blies erhielten die Häuser sehr tief gehende Fundamente. Die Häusergruppe hinter dem damals noch unbegrünten Steilufer der Blies wurde

vom Volksmund gleich als „Neu-Helgoland" bezeichnet (sie standen hoch über der Blies wie das Oberland in Helgoland).

Seit September 2003 ist die Häusergruppe als Gruppendenkmal nach Maßgabe des Saarländischen Denkmalschutzgesetzes geschützt. Die Häuser wurden auch in die Denkmalliste der Stadt Neunkirchen aufgenommen[G25]. Es wurde der Verein „Pro Goethestraße" gegründet, der die Goethestraße in privater Initiative wieder zu einem Schmuckstück in der Innenstadt machen will.

Informationen zum Namensgeber:
Johann Wolfgang von Goethe (28. 08. 1749 – 22. 03. 1832), Dichter, Kritiker und Naturforscher. Goethe ist die bis heute bedeutendste Gestalt der deutschen Literatur, die nicht nur innerhalb ihrer Epoche von großem Einfluss war und ihr den Namen gab (Goethezeit), sondern darüber hinaus für folgende Generationen zum Inbegriff deutscher Geistestätigkeit wurde.

Goethe wurde als Sohn eines Juristen und kaiserlichen Rates in Frankfurt am Main geboren. Er schlug auf Wunsch des Vaters die juristische Laufbahn ein und studierte von 1765 bis 1768 in Leipzig Rechtswissenschaften. 1770 übersiedelte er nach Straßburg, wo er seine juristischen Studien fortsetzte und 1771 zum Lizenziaten der Rechte promovierte.

Im August 1771 eröffnete Goethe eine Kanzlei in Frankfurt, beschränkte jedoch bewusst seine juristischen Geschäfte, um Zeit für die Vollendung der in Straßburg begonnenen dichterischen Versuche zu gewinnen, darunter die Urfassung des Götz-Dramas (Geschichte Gottfrieds von Berlichingen mit der eisernen Hand, gedruckt 1832). 1772 begann seine eigentliche schriftstellerische Laufbahn als Rezensent der Frankfurter Gelehrten Anzeigen, des bedeutendsten publizistischen Organs des Sturm und Drang. Im Sommer desselben Jahres ging er zum Abschluss der juristischen Ausbildung als Referendar an das Reichskammergericht in Wetzlar, wo die unerfüllte Liebe zu Charlotte Buff, der Braut eines Juristenkollegen, ihn zu seinem ersten Roman „Die Leiden des jungen Werther" anregte.

1775 übersiedelte Goethe auf Einladung des jungen Herzogs Karl August nach Weimar.

Die sächsische Residenzstadt genoss damals bereits einen Ruf als Musenhof, an dem die Herzogin Anna Ama-

---

G23 Situat.-plan NK 1902
G24 Gillenberg u. Birtel: Hüttenhäuser, vgl. Anm. C1, S. 51 ff

G25 Saarbrücker Zeitung v. 11. 09. 2003

lia bedeutende Persönlichkeiten des deutschen Geisteslebens vereint hatte. Goethe stieg rasch zum hohen Staatsbeamten auf.

1788 kam es in Rudolstadt zur ersten Begegnung mit Friedrich von Schiller, dem Goethe eine Professur in Jena vermittelte, ansonsten aber reserviert gegenübertrat.

Mit der Tragödie „Faust" schuf Goethe das zentrale Werk der nationalen Dichtung und ein Menschheitsdrama von zeitloser Gültigkeit und weltliterarischem Rang. Goethe starb 1832 in seinem Haus am Frauenplan in Weimar und wurde an der Seite Schillers in der Weimarer Fürstengruft beigesetzt.

Im Gegensatz zu vielen anderen Namensgebern von Straßen, Plätzen und Brücken Neunkirchens war Goethe selbst einmal Gast in Neunkirchen und zwar als junger Mann im Sommer 1770 für eine Nacht. Von Straßburg aus hatte er eine Reise unternommen, die ihn auch nach Neunkirchen führte. Diesen Besuch hat er im 10. Buch von Dichtung und Wahrheit auch literarisch verarbeitet:

„Wir betraten bey Nacht die im Thalgrund liegenden Schmelzhütten, und vergnügten uns an dem seltsamen Halbdunkel dieser Bretter-Höhlen, die nur durch das glühenden Ofens gringe Öffnung kümmerlich erleuchtet werden. Das Geräusch des Wassers und der von ihm getriebenen Blasbälge, das fürchterliche Sausen und Pfeifen des Windstroms, der, in das geschmolzene Erz wüthend, die Ohren betäubt und die Sinne verwirrt, trieb uns endlich hinweg, um in Neukirch einzukehren, das am Berg hinauf gebaut ist.

Aber ungeachtet aller Mannigfaltigkeit und Unruhe des Tages konnte ich hier noch keine Rast finden. Ich überließ meinen Freund einem glücklichen Schlafe und suchte das höher gelegene Jagdschloss.

Es blickt weit über Berg und Wälder hin, deren Umrisse nur an dem heiteren Nachthimmel zu erkennen, deren Seiten und Tiefen aber meinem Blick undurchdringlich waren. So leer als einsam stand das wohlerhaltene Gebäude; kein Kastellan, kein Jäger war zu finden. Ich saß vor den großen Glastüren auf den Stufen, die um die ganze Terrasse hergehn.

Hier, mitten im Gebirg, über einer waldbewachsenen finsteren Erde, die gegen den heitern Horizont einer Sommernacht nur noch finsterer erschien, das brennende Sterngewölbe über mir, saß ich an der verlassenen Stätte lange mit mir selbst und glaubte niemals eine solche Einsamkeit empfunden zu haben".

Öffentliche oder sonst bedeutsame Gebäude in der Straße:

-   Kindergarten
    In den Anwesen 24/26, einem renovierten Doppelhaus der ehemaligen Siedlung für Hüttenbeamte, befindet sich ein Evang. Kindergarten mit 105 Kindergarten- und 20 Kindertagesplätzen. Der Kindergarten wird zu 3/5 von der Stadt finanziert.

Goethestraße Wi *vorher Roonstraße, heute Eichendorffstraße*
Siehe Eichendorffstraße

Informationen zum vormaligen Namensgeber:
Siehe Goethestraße Neunkirchen

Goldene Bremm Ko *dann Teil des Torhausweges,*
heute Teil der Limbacher Straße
Siehe Limbacher Straße

Grabenstraße NK

Lage und Verlauf:
Die Grabenstraße ist eine Verbindungsstraße von der Jägerstraße bis in Höhe Liebigstraße, wobei sie im unteren (östlichen) Teil parallel zum Stadtpark verläuft. In Höhe der Einmündung Liebigstraße geht sie in die Theodor-Fliedner-Straße über.

Grabenstraße aus Richtung Jägerstraße

Informationen zum Namen und zur Geschichte der Straße:

Die Straße erhielt den Namen, weil sie in der Nähe des in derselben Richtung laufenden Grabens des sogenannten Wetzbachs (Wetz = Watz = Eber) liegt[G26]. Der Graben bzw. der Bach ist heute verrohrt und nicht mehr sichtbar.

Die Straße war laut eines Situationsplans von Neunkirchen aus dem Jahre 1890 schon existent und auch links und rechts bebaut. Nordöstlich endete sie an der Einmündung der heutigen Liebigstraße, die damals aber noch keinen Namen hatte. 1905 hatte die Straße schon 36 Wohnanwesen (Hausnummern), 1931 dann 38.

Großenbruch Hei *nicht mehr zu Neunkirchen gehörig*

Lage:

Der Wohnplatz liegt heute auf dem Gebiet von Spiesen-Elversberg, man gelangt von Heinitz aus über die Elversberger Straße dorthin oder über die Spieser Straße bzw. die Hermannstraße und die Spieser Höhe. Es handelt sich um ein ehemals größtenteils versumpftes Gelände.

Informationen zum Namen und zur Geschichte der Örtlichkeit:

Ein großer Teil des heutigen Spiesen-Elversberger Ortsteils Großenbruch lag ursprünglich auf Neunkircher Bann und gehörte zum Stadtteil Heinitz. Als Elversberg durch Kabinets-Ordre vom 13. 04. 1872 selbständig geworden war, hatte Neunkirchen an die neue Gemeinde schon Land abgeben müssen. Weitere Gebietsabtretungen im Bereich Großenbruch erfolgten in Etappen 1952, 1955 und 1964. Im Zuge der Gebiets- und Verwaltungsreform 1974 erhielt Spiesen-Elversberg weiteres Gelände an der oberen Grubenstraße (zwischen Autobahnbrücke und Butterberg) und 1981 das Gebiet Im Kirchendick mit dem Sportplatzgelände an der Kaiserlinde[G27]. Seither ist die Autobahn Stadtgrenze. Diese letzteren Gebietsabtretungen geschahen in der Regel einvernehmlich zum Teil auch auf Gegenseitigkeit. So kam auf diese Weise z. B. das Hofgut Menschenhaus zu Neunkirchen.

Schon im 19. Jh. gab es im Großenbruch einige Wohngebäude, die im Eigentum der Grubenverwaltung standen und in denen ausschließlich Bergbaubeschäftigte wohnten. 1908 war die Elversberger Ziegelhütte aus der Dorfmitte in den Großenbruch verlegt worden. 1931 wohnten insgesamt

10 Familien in 4 Wohngebäuden im Großenbruch.

In einer Tageszeitung war am 22. 06. 1936 gemeldet worden, dass die Vorarbeiten zu einer geplanten Siedlung im Großenbruch schon fortgeschritten seien und dass im Randbereich des Gebietes an der heutigen Neunkircher Straße von Elversberger mit der Erstellung von Siedlungsbauten begonnen werde. Die weitere Erschließung des Wohngebietes wurde mit Beginn des 2. Weltkrieges eingestellt.

Im Großenbruchgelände gab es während des 2. Weltkrieges ein Barackenlager für Fremdarbeiter. Dieses Lager wurde Anfang 1943 für Zwangsarbeiter und Kriegsgefangene in der Lehmgrube der 1939 stillgelegten Ziegelei erstellt. Die Arbeiter waren in den Bergwerken Heinitz und Dechen eingesetzt. Wegen der allgemeinen Wohnungsnot in der Stadt zogen nach dem Krieg viele Familien in die leer stehenden Baracken ein. Bei der Volkszählung am 14. 11. 1951 waren im Lager Großenbruch 192 Personen wohnhaft[G28].

Nach der Abtretung des Geländes an die Gemeinde Spiesen-Elversberg 1964 wurde das Lager, wo vorher schon erste Neubauten entstanden waren, abgerissen und das Gelände für eine neue Wohnsiedlung hergerichtet.

Grubenanlage We *heute An der alten Schmiede*
Siehe An der alten Schmiede

Grubenstraße Hei vorher in Teilstrecken Chaussee, Heinitzer Weg, Riether Weg, Neunkircher Straße, Spieser Straße, Hauptstraße, Schlafhausstraße, Maria-Schnur-Straße

Lage und Verlauf:

Die Grubenstraße ist die Hauptdurchgangsstraße durch den Stadtteil Heinitz. Aus Richtung Stadtmitte kommend führt sie nach Spiesen. Sie erstreckt sich von der Abzweigung Bildstocker Straße (früher Saarbrücker Straße) bis zur Stadtgrenze zu Spiesen-Elversberg an der Autobahnbrücke.

Informationen zum Namen und zur Geschichte der Straße:

Auf den Grubenrissen von 1866 wurde die heutige Grubenstraße in Höhe Heinitz und Dechen einfach als „Chaussee" bezeichnet.

G26 StA Neunkirchen, Best. Varia Nr. 862
G27 Schinkel: Heinitz, vgl. Anm. B9, S. 149

G28 Schinkel: Heinitz, vgl. Anm. B9, S. 210 und 220 ff

In späteren Stadtplänen hatte die heutige Grubenstraße auf Teilstrecken unterschiedliche Bezeichnungen:

- Der Abschnitt von der Bildstocker Straße (damals Saarbrücker Straße) bis zur Einmündung Boxbergweg hieß bis 1962 immer Heinitzweg oder Heinitzer Weg.
- Der Straßenteil vom Boxbergweg bis zur Einmündung der Moselschachtstraße (früher Brückenstraße) also durch Dechen hieß in einer Grubenkarte von 1873 Riether Weg. Als Zielrichtung ist damit wohl der Flurbezirk „Auf'm Ried" angesprochen. Die höchste Erhebung dieses Flurstücks ist auf anderen Karten auch mit Riedberg bezeichnet. In den Situationsplänen von 1891/92 wurde die Straße in Dechen Neunkircher Straße genannt[G29].

  Nach dem 1. Weltkrieg erhielt sie dort den Namen Hauptstraße. Im Bereich des Übergangs vom Heinitzweg in die Neunkircher Straße bzw. Hauptstraße gab es einen heute nicht mehr existenten Wohnplatz namens Binkleshaus, der 1843 aus einem Haus mit 9 Bewohnern bestand.
- Das nächste Teilstück ab der Moselschachtstraße im unteren Ortsteil von Heinitz bis zur Einmündung Holzhauertalstraße hieß zunächst ebenfalls Riether Weg, wurde später aber Schlafhausstraße genannt.
- Der Abschnitt im oberen Ortsteil von Heinitz ab der Einmündung Holzhauertalstraße bis zum Butterberg in Spiesen (Café Klemann) hieß entsprechend seiner Zielrichtung Spieser Straße.

Am 13. Januar 1935 fand im damaligen Saargebiet eine Volksabstimmung statt, in der die Bevölkerung zwischen einem Anschluss an Frankreich, der Beibehaltung des Status quo oder der Rückkehr nach Deutschland entscheiden konnte. Nachdem eine überwältigende Mehrheit von 90,73 % der Abstimmungsteilnehmer für die Rückkehr nach Deutschland votiert hatte, bestimmte der Rat des Völkerbundes bereits am 17. 01. 1935 die Wiedereinsetzung Deutschlands in die Regierung des Saarbeckens zum 1. März 1935. Noch vor diesem Datum beschloss der Stadtrat von Neunkirchen am 29. 01. 1935 die Änderung von Straßennamen zum 1. Februar 1935, um damit nationalsozialistische Größen oder verdiente Soldaten des 1. Weltkrieges zu eh-

Grubenstraße Blickrichtung Spiesen,
rechts Abzweigung Elversberger Straße

ren bzw. an Schlachtenorte des 1. Weltkrieges oder an Opfer der französischen Besatzung zu erinnern. Dabei wurden die Hauptstraße, die Schlafhausstraße und die Spieser Straße durch Dechen und Heinitz zusammengefasst und nach der 1918 von französischen Besatzungssoldaten ermordeten Maria Schnur benannt[G30]. Ebenfalls in seiner Sitzung am 29. 01. 1935 (Sitzungsbuch der Stadt) beschloss der Stadtrat an der Maria-Schnur-Straße und an der Jakob-Johannes-Straße Erklärungsschilder anzubringen.

Wohl auch, um die Besatzungsmacht nicht zu provozieren, wurde die Straße 1945 unmittelbar nach Ende des 2. Weltkrieges in ihrer gesamten Länge umbenannt. Sie hieß jetzt ab dem Boxbergweg durch Dechen und Heinitz hindurch Grubenstraße. 1962 wurde der Heinitzweg ebenfalls in die Grubenstraße einbezogen, so dass diese nun von der Saarbrücker Straße (heute Bildstocker Straße) durchgehend durch Dechen und Heinitz bis zum Butterberg in Spiesen (Café Klemann) ging.

Seit der Gebiets- und Verwaltungsreform von 1974 liegt die Stadtgrenze zu Spiesen-Elversberg an der Autobahn. Im Zuge dieser Reform wurde der Teil der Grubenstraße von der Autobahnbrücke bis zum Butterberg nach Spiesen-Elversberg umgemeindet. Nach der Umgemeindung behielt die Straße ihren bisherigen Namen auch im neuen Gemeindeverband.

Der straßenmäßige Ausbau des Weges von Heinitz nach Spiesen und Elversberg war im Jahre 1869 durchgeführt worden. Dabei handelte es sich jedoch allen-

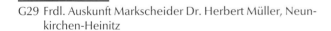

G29 Frdl. Auskunft Markscheider Dr. Herbert Müller, Neunkirchen-Heinitz

G30 Schinkel: Heinitz, vgl. Anm. B9, S. 159 ff

falls um eine geschotterte Strecke. 1939 wurde der Heinitzweg ausgebaut und mit einer Teerdecke versehen. Gleiches sollte mit der Maria-Schnur-Straße geschehen, wurde jedoch vermutlich wegen des Beginns des 2. Weltkrieges zurückgestellt. Geteert wurde die Straße dann erst nach Kriegsende. An der heutigen Grubenstraße liegt auch das Gelände der ehemaligen Grube Dechen mit den Dechenschächten I und II, deren erster Schacht 1854 abgeteuft wurde.

Auf dem Grubengelände standen mehrere Wohngebäude der Grube und der Eisenbahn.

Dort stand auch ein Schlafhaus, das während des 2. Weltkrieges zeitweise als Unterkunft für Kriegsgefangene diente. Dieses Gefangenenlager wurde später noch um 2 Baracken erweitert. Die Gebäude auf dem Grubengelände wurden bis 1970 alle abgerissen. Heute stehen Wohngebäude nur noch auf der dem Grubengelände gegenüber liegenden südöstlichen Straßenseite.

Die vom preußischen Bergfiskus 1872/74 in Heinitz gebauten Schlafhäuser 3 und 4 standen zu beiden Seiten der Grubenstraße in Höhe des heutigen Hans-Krämer-Platzes in der Ortsmitte von Heinitz. Sie wurden in den 1930er Jahren zu Bergarbeiterwohnungen umgebaut. Der nach dem Abbruch der Schlafhäuser (1967)[G31] entstandene heutige Hans-Krämer-Platz wurde zunächst wegen der roten Erde, mit der der Platz bedeckt war, als roter Platz bezeichnet (siehe Hans-Krämer-Platz).

1887/88 wurden als erste Wohnhäuser zwei doppelte Beamtenwohnhäuser an der Spieser Straße bei Schlafhaus 4 errichtet. Während bis zum 1. Weltkrieg ausschließlich die Grubenverwaltung Wohngebäude erstellte, wurden nach dem 1. Weltkrieg und verstärkt nach dem 2. Weltkrieg dann auch Häuser auf privater Basis in der Grubenstraße erstellt. Das erste privat gebaute Haus im Stadtteil Heinitz ist das 1925 erbaute Waldhaus Dechen.

Lange Jahre verlief größtenteils unmittelbar neben der Straße ein Gleis der Straßenbahnlinie Neunkirchen-Stummdenkmal nach Spiesen-Butterberg. Diese Linie war am 09. 04. 1927 in Betrieb genommen worden und wurde wegen eines Schadens am Gleiskörper nach einem Brand im Januar 1964 eingestellt[G32]. Seither gibt es regelmäßigen Busverkehr nach Heinitz und von dort weiter nach Spiesen und Elversberg.

Öffentliche oder sonst bedeutsame Gebäude in der Straße:

- Grube Dechen
  1854/56 wurden östlich des bereits 1847 angehauenen Heinitzstollens mit dem Abteufen der Dechen-Schächte begonnen. Sie wurden nach dem Direktor des Oberbergamtes in Bonn Heinrich von Dechen benannt. Die neue Anlage war zunächst an die Grube Heinitz angebunden[G33]. Nachdem sie ihre Selbständigkeit erreicht hatte, behielt sie diese bis 1963. Mit Wirkung vom 01. 01. 1964 wurde sie mit der Grube König zu einem Verbundbergwerk zusammengelegt. Dieses Verbundbergwerk wurde am 31. 03. 1968 stillgelegt und die Anlagen abgerissen. Von dem Bergwerk, das von der Innenstadt her am Ortseingang rechts der heutigen Grubenstraße lag, sind kaum noch Relikte vorhanden.

- Kath. Kirche St. Barbara[G34]
  Die Kirche wurde 1957/58 gebaut, und 1966/ 67 wurde nebenan ein Pfarrhaus erstellt. Die Kirche und ein im Kellergeschoss befindlicher Pfarrsaal, der 1968 eingeweiht worden war, werden seit 1992 von beiden christlichen Konfessionen gemeinsam genutzt.

- Waldschule
  Es handelte sich bis zum Sommer 2005 um die Grundschule von Heinitz, die 1955/56 erbaut und am 12. 07. 1956 eingeweiht worden war. Der Schulbetrieb in dem Gebäude lief jedoch schon seit dem 09. 01. 1956. In das zweiflügelige Schulgebäude war das kath. System mit 5 Klassen in den vorderen Teil und das evang. System mit 4 Klassen in den hinteren Gebäudeflügel eingezogen. Von 1970 bis 2005 war in dem Gebäude nur noch eine Grundschule für Kinder aus den Stadtteilen Heinitz und Sinnerthal untergebracht. Durch eine Änderung des Schulordnungsgesetzes v. 11. 05. 2005 wurde gegen den Widerstand von Eltern und Kommune mit Ablauf des Schuljahres 2004/05 die Grundschule in Heinitz geschlossen. Seither gehen die Grundschüler aus Heinitz nach Elversberg und die Schüler aus Sinnerthal nach Landsweiler also dem jeweiligen Nachbarort in die Schule.

G31 Schinkel: Heinitz, vgl. Anm. B9, S. 99 ff
G32 Schinkel: Heinitz, vgl. Anm. B9, S. 175

G33 Slotta: Bergbau in NK, vgl. Anm. A45, S. 17 ff
G34 Schinkel: Heinitz, vgl. Anm. B9. S. 234 ff

In einem der Gebäude befindet sich jetzt nur noch das Staatliche Studienseminar für das Lehramt an Real- und Gesamtschulen. Das andere Gebäude soll verkauft werden.

Grubenstraße Wi heute Allenfeldstraße
Siehe Allenfeldstraße

Grünewaldstraße Wi vorher rechter Teil der Nikolausstraße, volkstümlich Judewies

Lage und Verlauf:
Die Grünewaldstraße zweigt im unteren (nördlichen) Teil der Kuchenbergstraße in Wiebelskirchen als Sackgasse nach Osten ab.

Grünewaldstraße aus Richtung Kuchenbergstraße

Informationen zum Namen und zur Geschichte der Straße:
Bis 1895 gab es in Wiebelskirchen keine Straßenbezeichnungen. Im ganzen Ort gab es Bezirke, die ohne weitere Nummerierung ein Finden von Häusern ermöglichten. So wurde der Bereich der heutigen Dürerstraße zusammen mit der heutigen Grünewaldstraße Judewies genannt[G35].
Mit der Einführung der Straßennamen wurden die beiden heutigen Straßen zusammen Nikolausstraße genannt. Sie hatte einen nach Osten und einen nach Nordosten gehenden Zweig, beide als Sackgassen.
1954 erfolgte auf Anregung des Kultur- und Heimatrings eine umfängliche Um- und Neubenennung von Stra-

ßen in Wiebelskirchen. Dabei erhielten einige kleine Seitenstraßen der Wilhelmstraße (heute Kuchenbergstraße), die bisher ohne eigene Namen waren und unter Hausnummern der Wilhelmstraße liefen oder nicht mehr aktuelle Namen hatten, eigene bzw. andere Namen. Dabei erhielten die von der Wilhelmstraße nach Osten abzweigenden Straßen Namen nach berühmten Malern, so auch die bisherige Nikolausstraße. Der linke nach Nordosten gehende Zweig der Straße wurde nach dem bekannten deutschen Maler, Zeichner, Kupferstecher und Kunsthistoriker Albrecht Dürer benannt, der rechte Zweig nach dem Maler Matthias Grünewald.

Informationen zum Namensgeber:
Matthias Grünewald (geb. um 1470/80 – gest. 1528), eigentlich Mathis Gothart Nithart, auch Neidhardt, deutscher Maler. Neben Dürer war er der bedeutendste Maler seiner Zeit. Er führte die spätgotische Malerei in Deutschland zu ihrem Höhepunkt. Werke: Isenheimer Altar (Museum Unterlinden in Colmar/Elsaß) ein Meister-Werk der Spätgotik . Grünewald zeigt dabei den leidenden Christus nicht mehr wie im Hochmittelalter als Gottmenschen und König, sondern als leidende Kreatur, die in bitterster Not auf ihre Erlösung wartet; Maria mit dem Kind (Pfarrkirche Stuppach); Erasmus und Mauritius (Alte Pinakotek München).

Güterbahnhof NK vorher Am Güterbahnhof

Lage und Verlauf:
Es handelt sich um eine Straße entlang der Nordseite der Pfalzbahnstrecke. Die Zufahrt erfolgt von der Geßbachstraße her.

Informationen zum Namen und zur Geschichte der Straße:
Hier waren und sind einige Firmen angesiedelt, die einen unmittelbaren Bahnanschluss benötigen. Wohnhäuser stehen nicht in der kurzen Straße.

Gustav-Regler-Straße NK

Lage und Verlauf:
Die Gustav-Regler-Straße beginnt an der oberen Bahnhofstraße gegenüber der Einmündung der Straße Am steilen Berg und führt zunächst entlang des Bahndamms nach Westen bis zur Blies. Dort biegt sie nach

---

G35 Bürgerbuch Wi., vgl. Anm. A1, S. 221 - 223

Süden ab, kreuzt die Lindenallee, verläuft hinter dem Saarpark-Center und mündet schließlich in die König-straße.

Gustav-Regler-Straße Blickrichtung Lindenalle,
im Hintergrund Relikte des Neunkircher Eisenwerkes

Informationen zum Namen und zur Geschichte der Straße:

Die Straße ist nach dem bekannten saarländischen zeitgenössischen Schriftsteller Gustav Regler benannt. Ihren Namen erhielt sie in einer Stadtratssitzung am 14. 12. 1988. Am 19. 12. 1988 wurde die neue Straße für den Verkehr freigegeben.

Die Gustav-Regler-Straße ist eine relativ neue Straße im Bereich der Stadtmitte. 1975 waren erstmals Über-legungen für eine westliche Umgehungsstraße um den Stadtkern unter Nutzung von Flächen des Eisenwerks angestellt worden[G36]. Die neue Straße wurde dann ab 1986 im Zusammenhang mit dem Abriss des Südwerks des Neunkircher Eisenwerkes , der Erschließung dieses Geländes zu einem Industrie- und Gewerbegebiet und einer völligen Neuordnung der Straßenführung in diesem Bereich gebaut[G37]. Der östliche Teil der Stra-ße verläuft entlang des Bahndamms auf der Trasse der ehemaligen Anschlussbahn vom Güterbahnhof zum Südwerk des Neunkircher Eisenwerks[G38]. Die massive Bruchsteinstützmauer zwischen dem höher gelegenen Bahndamm und der Ebene der Stummschen Zweig-

bahn erfüllt auch heute noch ihren Zweck. Der west-liche Teil verläuft in Nord-Süd-Richtung nach einer Kreuzung mit der Lindenallee zwischen Rückfront des Saarparkcenters und Hochofen bzw. Wasserturm des früheren Eisenwerkes.

Informationen zum Namensgeber:

Gustav Regler (25.05.1898 – 14.01.1963), in Merzig ge-borener Schriftsteller, Sohn eines Buchhändlers starb während einer Weltreise in Neu Delhi. Er arbeitete in den 1920er Jahren für verschiedene Zeitungen, u.a. das Berliner Tageblatt und die Frankfurter Zeitung. 1933 emigrierte er aus Berlin nach Frankreich, da er sich dem Kommunismus zugewandt hatte. Ein Jahr später im Ab-stimmungskampf zur Volksabstimmung im Saargebiet versuchte er vergeblich, die Saarländer zu einem Vo-tum gegen Hitler zu bewegen. Genau so erfolglos war seine Teilnahme am bewaffneten Kampf in den Inter-nationalen Brigaden in Spanien gegen putschende Ge-neräle mit Franco an der Spitze. Nach einer schweren Verwundung kehrte er nach Frankreich zurück. 1940 konnte er mit Unterstützung von Ernest Hemingway und Eleanor Roosevelt über die USA nach Mexiko fliehen, wo er eine zweite Heimat fand. Obwohl KPD-Mitglied seit Ende der 1920er Jahre, entwickelte er sich zum unnachsichtigen und kompromisslosen Gegner der sowjetischen Politik Stalins. Regler hat die großen Epochenkonflikte unseres Jahrhundert erfahren und in seinen Büchern verarbeitet. Literarisch am überzeu-gendsten sind seine autobiografische Schrift „Das Ohr des Malchus" und „Das große Beispiel", ein Roman aus dem spanischen Bürgerkrieg.

Öffentliche oder sonst bedeutsame Objekte an der Straße:

- Industriedenkmal Altes Hütten-Areal (AHA) mit Hüttenpark
  Nachdem in Neunkirchen fast 550 Jahre lang Ei-sen geschmolzen worden war, wurden am 29. 07. 1982 die beiden letzten Hochöfen Nr. II und Nr. VI abgeschaltet. Hier hatten 1960 noch ca. 9500 Menschen ihren Arbeitsplatz. Vom ganzen Neunkircher Eisenwerk ist nur ein hochmo-dernes Walzwerk nördlich der Bahnlinie übrig geblieben.
  Nach der Stilllegung des letzten Hochofens in der Nacht zum 29. 07. 1982 und dem Abriss eines Großteils der Gebäude und Einrichtungen

G36 Gutachten zur Stadtsanierung Neunkirchen 1975, Band 2, vgl. Anm. F8, S. 60

G37 Bierbrauer, Peter: NK in der Nachkriegszeit, in: Stadt-buch 2005, vgl. Anm. B7, S. 355

G38 Omlor u. Brill: Geschichte des Neunkircher Bahnhofs, vgl. Anm. B6, S. 21; Klein: Bliesrevier, vgl. Anm. F33, S. 78

des Eisenwerkes Mitte der 1980er Jahre wurde zwischen den neu angelegten Straßen Gustav-Regler-Straße und Königsbahnstraße der Hüttenpark I (siehe Hüttenpark I und II) geschaffen. An und in der Nähe der Gustav-Regler-Straße wurden aus der Hüttenzeit einige Relikte als Andenken an das für das aufstrebende Neunkirchen maßgebliche Eisenwerk erhalten (Hochöfen II und VI, Wasserturm, Winderhitzer, Gebläsehalle, Stummsche Reithalle, Stummsche Kapelle, Hammergraben und Parkweiher)[G39]. Einige dieser Objekte werden seit September 2000 allabendlich mit einer Effektbeleuchtung ins rechte Licht gesetzt. Zum Industriedenkmal gehören auch die Meisterhäuser in der Königstraße und die Erbbegräbnisstätte der Familie Stumm am Sinnerthaler Weg. All diese Relikte aus der Eisenzeit können auf dem Neunkircher Hüttenweg erwandert und besichtigt werden.
- Stummsche Reithalle
  1991 konnte die Stadt aus dem Nachlass des Eisenwerkes die ehemalige Reithalle für die Kinder der Familie Stumm übernehmen und nach Renovierung der Kulturszene als Spielstätte für Kleinkunst, Jazz u. ä. zur Verfügung stellen.

Gutsweiherweg Fu

Lage und Verlauf:
Zwischen den Straßen Zum Pfaffental und Bei der alten Furt gibt es insgesamt 6 kurze Verbindungswege, einer davon ist der Gutsweiherweg.

Informationen zum Namen und zur Geschichte der Straße:
Die Gemeinnützige Siedlungsgesellschaft der Stadt Neunkirchen (GSG) erbaute von 1960 – 1963 Reihen- und Doppelhäuser in der Straße Bei der alten Furt und den kleinen Verbindungsstraßen zur Straße Zum Pfaffental. In diesen kleinen Verbindungsstraßen stehen zwischen 3 und 5 Zweifamilienreihenhäuser. Die Straßen sind nur einseitig bebaut. Die Häuser wurden anschließend an Interessenten verkauft. Auf Vorschlag des Heimatforschers Bernhard Krajewski legte der Stadtrat in seiner Sitzung am 22. 01. 1960 die Namen für die 6

Gutsweiherweg aus Richtung Bei der alten Furt

kurzen Straßen fest.
Diese Wege haben Namen, die an Flurbezeichnungen oder an Örtlichkeiten im Bereich Furpach orientiert sind:
- Vor dem Schwarzenkopf
- Vor dem Heidenkopf
- Im Hanfgarten
- Gutsweiherweg
- Brückweiherweg
- Kohlweiherweg.

Der Gutsweiher ist ein Weiher in einer Parkanlage beim ehemaligen Hofgut Haus Furpach (siehe Limbacher Straße), der zwischen 1665 und 1963 bewirtschaftet worden war. Der Weiher wird durch den Erlenbrunnenbach gespeist.

Gymnasiumstraße NK *zeitweise Kirchbachstraße, heute Teil der Ruhstockstraße*
Die Gymnasiumstraße war ein kurzes Verbindungsstück zwischen dem östlichen Ende der Ruhstockstraße und der Einmündung Oststraße/Hospitalstraße.

Informationen zum Namen und zur Geschichte der Straße:
Die Straße ist im Situationsplan von Neunkirchen aus dem Jahre 1883 noch nicht eingezeichnet, aber die Oststraße ist als Sackgasse von der heutigen Knappschaftsstraße her schon vermerkt. Der Straßenname ist auf das in unmittelbarer Nähe an der Oststraße gelegene, zwischen 1898 und 1900 erbaute, Knabengymnasium zurückzuführen.
Nach einer in der Saar- und Blieszeitung vom 25. 04. 1903 unter der Überschrift „Situationsplan betreff neue Straßen

G39 Decker Friedrich u. Meiser Gerd: NK = NE Auflösung einer Gleichung, Neunkirchen o.J. (1992), S. 92 ff

und Straßenumbenennungen" erschienenen Artikel soll die bisherige Gymnasiumstraße in Kirchbachstraße umbenannt worden sein. Dieser Name taucht allerdings weder im Stadtplan von 1905 noch in späteren Stadtplänen auf, so dass bezweifelt werden muss, dass diese Umbenennung wirksam geworden ist.

In einer Stadtratssitzung am 29. 01. 1935 wurde beschlossen, das kurze Straßenstück in die Ruhstockstraße (damals Auf'm Ruhstock) einzubeziehen[G40]. Der Name Gymnasiumstraße fiel damit ersatzlos weg. Das Gymnasium wurde beim letzten schweren Bombenangriff auf Neunkirchen am 15. 03. 1945 völlig zerstört und nach dem Krieg an anderer Stelle wieder aufgebaut.

G40 Saar- und Blieszeitung v. 30. 01. 1935

Haberdell Ko

Lage und Verlauf:
Die Straße zweigt im Stadtteil Kohlhof von der Limbacher Straße nach Südwesten ab und mündet in die Straße Zu den Grenzsteinen.

Haberdell aus Richtung Limbacher Straße

Informationen zum Namen und zur Geschichte der Straße:
Die Straße Haberdell gehört zu einem Neubauviertel, das ab 1977 südlich der Limbacher Straße entstanden ist.
Auf Beschluss des Stadtrates erhielt die Straße zusammen mit den ebenfalls in dem Wohngebiet liegenden Straßen Am Brückweiherhof, Zu den Grenzsteinen und Kohlrodweg am 03. 11. 1976 ihren Namen.
Der Straßenname entspricht einer Flurbezeichnung, die es in diesem Bereich gibt. Die Flurbezeichnung wird von dem Heimatforscher Kurt Wildberger folgendermaßen definiert: haber = Hafer, delle = Bodenvertiefung, unebenes Gelände.

Habichtweg Wi vorher Falkenstraße

Lage und Verlauf:
Am nordwestlichen Ortsrand von Wiebelskirchen zwischen Römerstraße und Blies liegt ein Wohngebiet, dessen Straße nach Vögeln benannt sind.
Der Habichtweg zweigt dabei von der Römerstraße nach Norden ab und endet vor dem dort liegenden früheren Steinbruch.

Informationen zum Namen und zur Geschichte der Straße:
Nach dem Bau der Straße erhielt sie zunächst den Na-

Habichtweg aus Richtung Römerstraße

men Falkenstraße. Die Straße gehört zu der zwischen 1959 und 1966 in 3 Bauabschnitten durch die Staatliche Vermögensverwaltungsgesellschaft errichteten Wohnsiedlung Labenacker.
Als es nach der Gebiets- und Verwaltungsreform 1974 im Stadtgebiet eine weitere Falkenstraße gab, wurde die in Wiebelskirchen liegende zur Vermeidung von Verwechselungen umbenannt.

Händelstraße NK

Lage und Verlauf:
Die Händelstraße ist eine Verbindungsstraße zwischen Wellesweilerstraße und Norduferstraße östlich der Mozartstraße.

Informationen zum Namen und zur Geschichte der Straße:
Nach einem Grundsatzbeschluss des Gemeinderates Neunkirchen vom 24. 04. 1903 sollen die nördlich der Blies befindlichen Straßen, soweit sie auf die Blies zulaufen, Komponistennamen und, soweit sie in gleicher Richtung wie die Blies verlaufen, Dichternamen erhalten. Demzufolge wurde die Straße nach dem deutschen Komponisten des Spätbarocks Georg Friedrich Händel benannt[H1].
Die Straße ist im Stadtplan von 1905 zwar schon ein-

H1   Saar- und Blieszeitung v. 25. 04. 1903

163

Händelstraße Blickrichtung Wellesweilerstraße

gezeichnet, jedoch war sie zu diesem Zeitpunkt erst in Planung und es stand auch nur ein Gebäude dort, die El. Zentrale. Heute handelt es sich um eine Straße mit Gewerbeansiedlung.

Informationen zum Namensgeber:

Georg Friedrich Händel (23. 02. 1685 – 13. 04. 1759), deutscher Komponist. Als 17-Jähriger nahm er 1702 seine erste Organistenstelle in seiner Heimatstadt Halle an, ein Jahr später wurde er Konzertmeister am Hamburger Opernhaus. 1710 nahm Händel in Hannover die Stelle eines kurfürstlichen Kapellmeisters an. Am Ende des Jahres 1710 reiste er bereits weiter nach London, wo ihm mit Rinaldo (1711) ein zweiter Operntriumph gelang.

Ein Jahr später ließ er sich endgültig in England nieder, und ab 1713 erhielt er dort eine jährliche Pension. Er schuf Meisterwerke in allen damals üblichen Formen: Opern, Oratorien, Orchester-, Kammer-, Orgel- und Klaviermusik.

Händel war zusammen mit Johann Sebastian Bach verantwortlich für den Höhepunkt des Musikschaffens in der Barockzeit.

Öffentliche oder sonst bedeutsame Gebäude in der Straße:

-   KEW – Kommunale Energie- und Wasserversorgung
    Auf dem Gelände, auf dem früher schon die El.-Zentrale stand, befinden sich heute das Verwaltungsgebäude, ein Umspannwerk und eine Werkhalle des städtischen Betriebes für Strom-, Gas-, Fernwärme- und Wasserversorgung

Händelstraße Wi *heute Lortzingstraße*
Siehe Lortzingstraße

Informationen zum vorherigen Namensgeber:
Siehe Händelstraße NK

Hagstraße We

Lage und Verlauf:

Die Hagstraße ist eine als Sackgasse ausgelegte kleine Seitenstraße der Fabrikstraße, die von dieser am unteren (östlichen) Ende nach Nordwesten abbiegt.

Hagstraße aus Richtung Fabrikstraße

Informationen zum Namen und zur Geschichte der Straße:

Der Straßenname ist von der Flurbezeichnung „Auf'm Hag", die es in diesem Bereich gibt, abgeleitet. Der Hag ist eine kleine Erhebung am westlichen Bliesufer parallel zur Unteren Bliesstraße. Ein mit einer Hecke, vor allem aus der Hagebuche oder Hainbuche, eingefriedetes Geländestück hieß früher Hag oder Hagen. Der Stadtrat legte den Straßennamen in einer Sitzung am 09. 04. 1957 fest.

1901 wurde am Hag ein eigenes Wasserwerk für Wellesweiler gebaut. Am 24. 12. 1901 floss zum ersten Mal Wasser aus der Wasserleitung. Wegen zu hoher Kosten wurde der Betrieb jedoch 1906 schon wieder aufgegeben,[H2] und Wellesweiler schloss sich an die Wasserversorgung von Neunkirchen an, die ja über das auf Wellesweiler Bann gelegene Wasserwerk in der verlängerten Eifelstraße erfolgte.

H2   Remy: Heimatbuch We, vgl. Anm. A45, S. 105

Hahnen Mü *volkstümlich für Schulstraße*
Siehe Schulstraße

Hakenbrunnenpfad NK *nicht mehr existent*

Lage und Verlauf:
Der Pfad ging von der Marktstraße zu der Brennerei Hübchen und von dort weiter in Richtung Steinbrunnenweg. Dabei verlief er parallel zur heutigen Brunnenstraße.

Informationen zur Geschichte und zum Namen der Straße:
Es handelte sich um eine inoffizielle Wegebezeichnung. Der schmale Pfad war schon im 18. Jh. entstanden, denn er ist im Nordheimplan von 1797 bereits eingezeichnet, damals jedoch noch ohne Namen[H3]. Bei der Brennerei Hübchen auf der Nordseite der Brunnenstraße befand sich der zugedeckte frühere Hakenbrunnen. In einem Situationsplan von Neunkirchen aus dem Jahre 1883 ist der schmale Weg dorthin eingezeichnet, aber ohne Namen[H4]. Nach dem Abriss der Brennerei und weiterer Gebäude im Bereich Marktstraße/Brunnenstraße nach dem 2. Weltkrieg und dem Bau neuer Wohnanwesen wurde der Weg aufgegeben.

Hammergraben NK

Lage und Verlauf:
Es handelt sich dabei heute um eine kurze platzartig erweiterte Verbindungsstraße zwischen Pasteurstraße und Lindenallee.

Hammergraben aus Richtung Pasteurstraße

Informationen zum Namen und zur Geschichte der Straße:
Der frühere Hammergraben war ein Abfluss aus dem Hüttenweiher. Das Wasser im Graben trieb verschiedene Wasserräder an, die u. a. die großen Blasebälge bewegten, die für den Betrieb der Schmelzöfen notwendig waren.

Dann floss das Wasser im Hammergraben weiter entlang der Südseite der heutigen Lindenallee in Richtung Brückenstraße[H5].

Der am Hammergraben vorbeiführende Weg führte damals die Bezeichnung Canalstraße, weil der Hammergraben ein Kanal und kein natürlicher Wasserlauf war. Am Ende der Canalstraße konnte man über einen Verbindungsweg an der Millerstraße vorbei in die Viktoriastraße (heute Lutherstraße) gelangen. Dieser Weg war die erste Wilhelmstraße in Neunkirchen und ein Relikt davon wird heute volkstümlich Affengässchen genannt.

Am 16. 03. 1928 beschloss der Stadtrat ein Anleiheprogramm u.a. zur Beseitigung des Hammergrabens. Nach der Volksabstimmung 1935 wurde der Hammergraben in eine unterirdische Kanalisation verlegt.

Nach dem 2. Weltkrieg und der Begradigung der Blies wurde das tiefer gelegene Gelände südlich der Blies zwischen Bahnhofstraße und Brückenstraße mit dem massenhaft anfallenden Trümmerschutt aufgefüllt und darauf die neue Lindenallee mit dem Busbahnhof angelegt. Der verrohrte Hammergraben fließt dort heute unterirdisch. Er lebt nur noch als Straßenbezeichnung für die kurze Verbindung zwischen Lindenallee und Pasteurstraße, in Erinnerung an die eisenindustrielle Vergangenheit von Neunkirchen, weiter.

Das kurze Straßenstück zwischen Lindenallee und Pasteurstraße war zunächst ohne eigenen Namen. In einer Sitzung am 21. 01. 1955 beschloss der Stadtrat das Straßenstück Hammergraben zu nennen.

Als man Ende der 1970er Jahre damit begann, die Innenstadt wieder mehr für die Fußgänger zu erschließen, wurde Ende der 1970er Jahre ein Teil der engen Pasteurstraße mit benachbarten Straßen (Hammergraben, Teil der Hebbelstraße) zu einer Fußgängerzone umgestaltet und im Juni 1979 eingeweiht[H6]. Im Einmündungsbereich Hammergraben/Pasteurstraße steht seit einigen Jahren ein Denkmal für den in Hadamar von

H3 Krajewski: Stadtbuch 1955, vgl. Anm. A12, S. 91
H4 Situationsplan NK 1883, vgl. Anm. A4

H5 Gillenberg Heinz: Neunkirchen – vom Meyerhof zur Stadtkern-Erweiterung, Neunkirchen 1989, S. 3
H6 Decker u. Meiser: NK = NE, vgl. Anm. G39, S. 36

den Nationalsozialisten umgebrachten Eduard Senz, gen. „Sense Eduard" oder „Dinstmann Nr. 2"[H7].

2006 wurde der Platz insgesamt neu gestaltet und erhielt ein attraktiveres Aussehen.

Hangarder Weg heute Ostertalstraße
Siehe Ostertalstraße

Hangweg Wi

Lage und Verlauf:
Bei der Straße handelt es sich um eine Sackgasse im Bereich des Steinbacher Berges. Die Straße zweigt zunächst nach Süden von der Straße Am Enkerberg ab und biegt dann nach Osten ab, um nach wenigen Metern zu enden.

Hangweg aus Richtung Am Enkerberg

Informationen zum Namen und zur Geschichte der Straße:
Es handelt sich um eine vor der Bebauung des Steinbacher Berges in den 1960er Jahren schon vorhanden gewesene kleine Wohnstraße, die aber nur von oben (vom Hang herunter) über die Steinbacher Straße und die Straße Am Enkerberg anzufahren ist.

Hans-Krämer-Platz Hei

Lage:
Der Platz liegt westlich der als Hauptdurchgangsstraße durch Heinitz verlaufenden Grubenstraße, und zwar zwischen Stollenweg und Holzhauertalstraße.

Informationen zum Namen und zur Geschichte des Platzes:
Der Platz in der Ortsmitte von Heinitz wurde nach einem Beschluss des Stadtrates am 17. 05. 1989 nach einem Heinitzer SPD-Kommunalpolitiker benannt. Als Alternative war damals von der CDU eine Benennung des Platzes nach dem Freiherrn von Heinitz vorgeschlagen worden.

Es handelt sich um einen unbefestigten Platz, der als Parkplatz benutzt wird.

Der Platz entstand, als dort 1967 das in den Jahren 1872/74 vom preußischen Bergfiskus erbaute Schlafhaus 3 abgerissen wurde. Er wurde mit roter Erde belegt und deshalb zunächst im Volksmund als „Roter Platz" bezeichnet.

Informationen zum Namensgeber:
Hans Krämer (30. 11. 1925 – 27. 10. 1985) war Heinitzer Kommunalpolitiker. Er war lange Jahre Bezirksvorsteher in Heinitz und Mitglied des Stadtrates Neunkirchen.

Hans-Schemm-Platz NK vor 1936 und auch heute *wieder Bachplatz bzw. Bachschulplatz*
Siehe Bachplatz

Informationen zum damaligen Namensgeber:
Hans Schemm (1891 – 05. 03. 1935) war von Beruf Lehrer. Er gründete auf dem Reichsparteitag der NSDAP (01. – 04. 08. 1929) in Nürnberg den NSLB (Nationalsozialistischen Lehrerbund) und wurde auch dessen Leiter. Außerdem war er Kultursachbearbeiter der NSDAP. 1933 wurde er zum bayerischen Kultusminister ernannt. Am 05. 03. 1935 verunglückte er tödlich.

Hans-Schemm-Straße Lu vorher und nachher *Schulstraße, heute Eduard-Didion-Straße*
Siehe Eduard-Didion-Straße

Informationen zum damaligen Namensgeber:
Siehe Hans-Schemm-Platz

Hans-Schemm-Straße NK vorher und auch heute *wieder Bachstraße*
Siehe Bachstraße

Informationen zum damaligen Namensgeber:
Siehe Hans-Schemm-Platz

H7 Spengler, Lothar: Neunkircher Originale, in: Hefte des Historischer Verein Stadt Neunkirchen, Neunkirchen 2005

Hardenbergstraße NK

Lage und Verlauf:
Die Hardenbergstraße ist eine Verbindungstrasse zwischen Steinwaldstraße und Vogelschlagstraße in der Oberstadt.

Hardenbergstraße aus Richtung Steinwaldstraße

Informationen zum Namen und zur Geschichte der Straße:
Am 13. 11. 1913 fasste der Gemeinderat Neunkirchen (Beschlussbuch der Gemeinde Neunkirchen) den Beschluss, Straßen in der Oberstadt nach verdienten Politikern und Militärs aus der Zeit der Befreiungskriege zu benennen:

„Die neuen Straßen nördlich der Steinwaldstraße werden wie folgt benannt:

Die erste Straße beim Haus Kliver – Steinstraße

Die zweite Querstraße – Hardenbergstraße

Die dritte Querstraße – Scharnhorststraße

Die zweite Parallelstraße zur Steinwaldstraße – Yorkstraße (heute Vogelschlagstraße)

Während die erste Parallelstraße zwecks Erhaltung der alten Flurbezeichnung den Namen An den Sinnersbäumen erhält."

Die Scharnhorststraße wurde allerdings nie gebaut. Sie hätte etwa in Höhe der heutigen Piuskirche die Steinwaldstraße mit der Yorkstraße verbunden.

Nach einem Beschluss vom 25. 01. 1915 wurden für die gebauten Straßen Fluchtlinienpläne festgelegt.

Informationen zum Namensgeber:
Karl August Fürst von Hardenberg (27. 10. 1750 – 26. 11. 1822), preußischer Politiker. 1795 schloss er als preußischer Minister mit Frankreich den Frieden von Basel.

Auf Napoleons Verlangen zum Schein entlassen und erst im April 1807 wieder leitender Minister, nun entgegen seiner früheren Hinneigung zu Frankreich, entschiedener Gegner Napoleons; seit Steins Rücktritt 1810 Staatskanzler.

Als York von Wartenburg 1812 mit der Konvention von Tauroggen in Ostpreußen einen Aufstand gegen Napoleon ausgelöst hatte, drängte Hardenberg zusammen mit Scharnhorst König Friedrich Wilhelm III. zu einer Kriegserklärung an Frankreich und eröffnete damit die Befreiungskriege. Nach der Entlassung des Freiherrn vom Stein setzte er als Staatskanzler dessen Reformwerk fort. Nach beiden sind die sogen. Stein-Hardenberg'schen Reformen benannt (im liberalen Sinne ausgebaute Gesetzgebung – Aufhebung der Adelsprivilegien, Bauernbefreiung, Gewerbefreiheit, Religionsfreiheit und Toleranz).

Öffentliche oder sonst bedeutsame Gebäude in der Straße:
- Palotti-Haus
  In einem Gebäudekomplex auf der Ostseite der Straße befindet sich die private, staatlich anerkannte Schule für Erziehungshilfe Palotti-Haus. Die Schule hat einen Grund- und einen Hauptschulzweig. Der Schulbetrieb läuft seit 1975, ihre staatliche Anerkennung erhielt die Schule 1998. In der Einrichtung werden gefährdete bzw. benachteiligte Kinder aus problematischen Familien bzw. Kinder mit Erziehungsschwierigkeiten untergebracht und unterrichtet. Die Einrichtung hat über das Stadtgebiet verstreut einige Außenwohngruppen. Träger ist der katholische Pallottiner-Orden.

Haseler Mühle We

Lage:
Die Haseler Mühle ist ein einzelnes Gehöft an der Landstraße L 226 zwischen Ludwigsthal und Bexbach unmittelbar diesseits an der Blies gelegen.

Informationen zum Namen und zur Geschichte der Mühle:
Die Mühle wurde um 1748 erbaut und gehörte damals zum Amt Homburg, das nach den Reunionskriegen im Frieden von Rijswijk (1697) dem Fürsten von Nassau-Saarbrücken und Nassau-Weilburg zugesprochen wor-

Haseler Mühle vor dem Großen Hirschberg

den war. Im Jahre 1748 erlaubten die genannten Herrscher dem Bexbacher Meyer namens Hassler in einem Erbbestandsbrief „...eine Mehl- und Ohligmühle auf seine Kosten zu erbauen ....."Als im Jahre 1755 der Fürst von Nassau-Saarbrücken seinen Anteil am Amt Homburg gegen die Orte Frankenholz und Bliesransbach eintauschte, wurde die Haselermühle zusammen mit der Rothmühle Bexbach angegliedert.

Der Erbbestand der Familie Hassler blieb nicht lange erhalten. Streit, Zank und Verkäufe und die spätere französische Verwaltung brachten bald andere Eigentümer in die Mühle.

1806 wurde sie von Christian Eisenbeis erworben. Sohn und Enkel traten die jeweilige Erbfolge an, bis die Mühle 1862 in andere Hände überging.

Nach dem 1. Weltkrieg wurde sie 1920 von der Gemeinde Neunkirchen gekauft und der Mühlenbetrieb stillgelegt.

Seit dieser Zeit wird das Anwesen von verschiedenen Pächtern als Bauernhof bewirtschaftet.

Bis zur Gebiets- und Verwaltungsreform 1974 lag die Mühle auf Bexbacher Bann.

Danach wurde sie mit dem früheren Bexbacher Stadtteil Ludwigsthal und dem gesamten Gelände südwestlich der Blies in die Stadt Neunkirchen eingemeindet.

Eine Brücke über die Blies gab es an dieser Stelle nach der Tilemann-Stella-Karte bereits 1564, den „Bliser Steg"[H8]. 1896 wurde dann erstmals eine Steinbrücke hier erstellt, die 1983 durch eine neue Brücke ersetzt wurde.

Hasenrech Fu

Lage und Verlauf:

Bei der Straße handelt es sich um eine in Nord-Süd-Richtung verlaufende Verbindung zwischen dem Maltitzpfad und der Straße Hirschdell.

Hasenrech aus Richtung Maltitzpfad

Informationen zum Namen und zur Geschichte der Straße:

Zwischen 1936 und 1938 wurde auf dem Gelände des früheren Hofgutes Furpach durch die Saarpfälzische Heimstätte GmbH eine Siedlung erstellt. Im 1. Bauabschnitt wurden der Bereich nördlich der Limbacher Straße und westlich der nach Ludwigsthal führenden Straße und im 2. Bauabschnitt der Bereich südlich der Limbacher Straße und westlich des Hofgutes mit folgenden Straßen erschlossen: Tannenschlag, Maltitzpfad, Hirschdell, Kälberweide, Hasenrech und Kestenbaum. Dort entstanden 42 Volkswohnungen, 66 Siedlerstellen und 20 Eigenheime[H9]. Kaum eines dieser Siedlungshäuschen ist noch im ursprünglichen Zustand. Fast alle sind umgebaut, aufgestockt oder angebaut. Da die Siedler zur Kleinviehhaltung angehalten waren, waren deren Grundstücke ziemlich groß, um diese Tiere aus dem Land ernähren zu können.

Die Grundstücke waren so groß, dass nach Kriegsende vielfach auch eine Abtrennung eines weiteren Baugrundstücks möglich war. So entstand nach dem 2. Weltkrieg durch Teilung der Grundstücke auf der Westseite des Hasenrechs der Eichenweg.

H8   Bach: Wellesweiler, Dorf zwischen den Grenzen, vgl. Anm. B21, S. 310

H9   Mons: Siedlungsgeschichte Furpach, vgl. Anm. B35 , S. 17 ff

Hasenthalstraße NK

Lage und Verlauf:
Die Hasenthalstraße zweigt nach Westen von der Kirkeler Straße ab und endet als Sackgasse nach ca. 200 m. Vom Ende der Straße führt ein asphaltierter Fußweg nach Norden zur Hermannstraße, der dort gegenüber dem Vincenzhaus einmündet.

Hasenthalstraße aus Richtung Kirkeler Straße

Informationen zum Namen und zur Geschichte der Straße:
Schon in der Ordnung der Gemeinde Neunkirchen aus dem Jahre 1731 wird ein Erntweg über Jost Eisenbeisen Stück in das sogenannte Haßenfeldt (Hasental) erwähnt. Von dieser Flurbezeichnung leitet sich der Straßenname ab[H10].

Die Straße ist schon in der zweiten Hälfte des 19. Jh. entstanden.

Am 15. 05. 1879 schlug der Ortsbaumeister Riemann dem Bürgermeister Jongnell von Neunkirchen die Beschaffung von Namensschildern für 49 Straßen und 8 Wohnplätze vor. In dieser Aufstellung ist auch der Name Hasenthalstraße erstmals aufgeführt. Für die Straße mussten damals 1 Straßenschild und 5 Hausnummernschilder beschafft werden[H11]. In einem Situationsplan von Neunkirchen aus dem Jahre 1883 ist die Straße dann ebenfalls eingezeichnet, hat aber dort noch keinen Namen. Auf der Südseite der Straße stehen aber schon 5 Häuser[H12]. 1905 hatte die Straße dann bereits 18 Wohnanwesen/Hausnummern.

Nach einer Meldung in der Saar- und Bliszeitung vom 20. 06. 1939 war beabsichtigt, die Straße nach Westen weiter zu führen und dann in die Hermannstraße einmünden zu lassen. Dabei sollte sie auch kanalisiert und ausgebaut werden. Dazu ist es jedoch wegen des kurz danach ausgebrochenen 2. Weltkrieges nicht mehr gekommen. Die Straße wurde 2006 neu ausgebaut. Auf Drängen der Anwohner ist vor Jahren der Verbindungsweg zur Hermannstraße mit einem beweglichen abschließbaren Poller gesperrt worden. Dieser Weg soll zeitweise den Namen Zum Hasenthal getragen haben.

Haspelstraße NK

Lage und Verlauf:
Die Haspelstraße ist eine Verbindung zwischen der Hohlstraße und der Brunnenstraße südöstlich der Anhöhe mit der Flurbezeichnung „Auf'm Haspel".

Haspelstraße aus Richtung Krebsberg, im Vordergrund links die Gesamtschule rechts die TUS-Halle, im Hintergrund links das städt. Klinikum rechts das Rathaus

Informationen zum Namen und zur Geschichte der Straße:
Auf die angeführte Flurbezeichnung ist auch der Straßenname zurückzuführen. Diese Flurbezeichnung ist schon in der Ordnung der Gemeinde Neunkirchen aus dem Jahre 1731[H13] und in einer Flurkarte von 1846/48 enthalten.

In einem Situationsplan von Neunkirchen aus dem Jahr 1883 ist von der Hohlstraße her ein kurzes Stück der Straße eingezeichnet[H14]. Dort standen zu diesem Zeitpunkt auf der südlichen Straßenseite auch schon

---

H10 Krajewski: Plaudereien 2, vgl. Anm. A24, S. 10
H11 Beschaffung von Straßenschildern, vgl. Anm. A8
H12 Situationsplan NK 1883, vgl. Anm. A4

H13 Krajewski: Plaudereien 2, vgl. Anm.A 24, S. 10
H14 Situationsplan NK 1883, vgl. Anm. A8

zwei Häuser. Die Straße ist in der Karte aber noch ohne Namen. Der Straßenname wurde in einer Sitzung des Gemeinderates Neunkirchen am 24. 04. 1903 festgelegt[H15].

Anfang des 20. Jh. begann der Straßenausbau, zunächst nur von der Hohlstraße her mit einer wassergebundenen Schotterdecke. Nach dem Beschlussbuch der Stadt Neunkirchen wurden am 24. 07. 1925 drei Baustellen im neuen Teil der Haspelstraße vergeben. In Höhe der heutigen TUS-Halle endete die Straße zunächst als Sackgasse. In der Verlängerung der Straße befanden sich Ackerflächen, eine Gärtnerei und eine Obstbaumanlage in einem kleinen Taleinschnitt.

Dieser Taleinschnitt zwischen dem vorläufigen Endpunkt der Straße und der Brunnenstraße wurde ab Ende der 1950er Jahre mit dem Aushub der Baugrube für das neue Rathaus zugeschüttet[H16].

Erst 1969 erfolgte der weitere Ausbau der Straße bis zur Brunnenstraße.

1905 hatte die Straße 2 Wohngebäude, 1931 hatte sie 4 Hausnummern und weitere 12 Neubauten, die noch keine Hausnummer hatten, 1939 gab es 39 Hausnummern.

Öffentliche oder sonst bedeutsame Gebäude und Einrichtungen in der Straße:

-   Halle des TUS 1860 Neunkirchen mit dazugehörigem Sportgelände
    Am 01. 02. 1954 meldete die Saarbrücker Zeitung, dass in der Haspelstraße vom TUS Neunkirchen eine Halle gebaut werde. Die Grundsteinlegung fand am 17. 07. 1954 statt, und noch im gleichen Jahr wurde Richtfest gefeiert. Zu dem Komplex gehört ein Sportplatz mit einer Laufbahn.
    1967 wurde eine weitere Halle im gleichen Areal gebaut, die am 07. 01. 1968 eingeweiht worden ist. Es handelt sich dabei um eine reine Handballhalle.
-   Gesamtschule Neunkirchen
    Im Sommer 1958 wurde mit dem Bau der Mittelschule auf dem von der Stadt Neunkirchen zur Verfügung gestellten Gelände auf der Südseite der Haspelstraße begonnen. Im Gebäude der heutigen Gesamtschule wurde am 16. 04. 1961 die damalige Mittelschule des Landkreises Ott-

weiler eingeweiht.

In dem Gebäudekomplex waren bis 1989 zwei Realschulsysteme untergebracht. Zu Beginn des Schuljahres 1989/90 erfolgte ein Tausch, die sogenannte Neunkircher Rochade. Die bis dahin in Wellesweiler untergebrachte Gesamtschule wurde in den Schulgebäudekomplex Haspelstraße verlegt, während eines der Realschulsysteme nach Wellesweiler und das andere System in die Lutherschule verlegt wurde[H17].

Hasselbachstraße Si

Lage und Verlauf:

Die Hasselbachstraße verläuft in West-Ost-Richtung parallel zur Redener Straße durch den Stadtteil Sinnerthal und verbindet die Mühlenstraße (westlich) mit der Wilhelm-Jung-Straße (östlich).

Hasselbachstraße aus Richtung Mühlenstraße

Informationen zum Namen und zur Geschichte der Straße:

Der Straßenname ist von der Flurbezeichnung „Am Hasselbacher Weiher", die es in diesem Bereich gibt, abgeleitet.

Dieser Flurname bezieht sich auf einen heute nur noch teilweise vorhandenen Weiher, der am östlichen Ortsausgang von Sinnerthal lag. Bei dem Weiherrest handelt es sich um den heutigen Saukaulweiher. Schon in der Ordnung der Gemeinde Neunkirchen aus dem Jahre 1731 sind als Grommetswiesen „die Haßelbach und

H15 Saar- und Blieszeitung v. 25. 04. 1903
H16 Freundl. Mitteilung des Anwohners Werner Raber

H17 Festschrift 40 Jahre Kreisrealschulen in Neunkirchen, 1957 - 1997

die Saukaulen" erwähnt[H18].

Das Wasser dieses Weihers floss in den Sinnerbach. Westlich unterhalb des Weihers hat die Fa. Stockum & Söhne 1749 eine Eisenschmelze errichtet. Gleichzeitig hatte sie die Nutzungsrechte für das Wasser des Hasselbachweihers und des Sinnerbachs erworben[H19]. Da die neue Schmelze nach der Hütte erbaut worden war, die später von der Familie Stumm erworben wurde, wurde sie Neue Schmelze genannt. Diese neue Schmelze am Sinnerbach lag oberhalb des alten Hüttenwerks, und hieß deshalb auch Obere Schmelze oder Oberschmelz. Das neue Werk stand etwa in dem Bereich, an dem sich heute die Kläranlage nördlich des Bahndamms befindet.

Das östliche Ende der Hasselbachstraße zeigt in Richtung dieses ehemaligen Weihers.

1911 war die Hasselbachstraße noch die Hauptdurchgangsstraße durch Sinnerthal. Bei der Schlawerie überquerte diese Verbindungsstraße nach Neunkirchen die Eisenbahnlinie auf schienengleicher Höhe. Von 1911 bis 1914 wurde das gesamte Bahngelände westlich des Bahnhofs Neunkirchen erweitert und umgebaut. Der Bahndamm wurde erhöht und verbreitert. Eine Überquerung der Bahnlinie im Bereich Schlawerie war nun nicht mehr möglich. Der Verkehr Richtung Neunkirchen sollte nun über den Kohlwaldweg und durch die neue Bahnunterführung („Plättchesdohle") geführt werden. Der Kohlwaldweg war aber unbefestigt und unbeleuchtet. Deshalb waren die Bürger von Sinnerthal darüber keineswegs begeistert.

Ein Sinnerthaler Hausbesitzer beschwerte sich schriftlich aus einem anderen Grund: *„Die Hasselbachstraße in Sinnerthal, an der mein neu erbautes Wohnhaus steht, würde also durch die neue Verbindung mit dem Kohlwaldweg ihre Eigenschaft als Hauptverkehrsstraße verlieren, und mein Haus müsste bedeutend an Wert verlieren. Durch diesen Bauplan der Bauverwaltung würden plötzlich meine, durch die größte Einschränkung sauer erworbenen Groschen wieder verloren gehen"[H20].* Wie sich die Zeiten ändern. Heute würde ein Haus an Wert verlieren, wenn es vorher an einer ruhigen Seitenstraße lag und diese Straße nun plötzlich Hauptverkehrsstraße würde. Die Beschwerden hatten aber offensichtlich Erfolg. Denn als das Bahngelände in Neunkirchen bis 1914 er-

weitert und die Sulzbachtal- und die Fischbachtalstrecke westlich des Bahnhofs neu trassiert waren, schrieb die Neunkirchener Zeitung am 28. 05. 1914 u. a.: *„Zwei ganz neue Verbindungsstraßen hat die Bahnhofserweiterung gebracht, nämlich die Frankenfeldstraße, welche die Saarbrücker Straße (heute Bildstocker Straße) verbindet mit der Straße Schlawerie – Sinnertahl (heute Sinnerthaler Weg) und die Verlängerung der Hasselbachstraße über das Sinnerbachtal bis an die Zementfabrik (etwa am Standort der heutigen Kläranlage)".* Der Verkehr von Sinnerthal nach Neunkirchen wurde also nicht über den Kohlwaldweg geführt, sondern die Hasselbachstraße wurde nördlich entlang des Bahndamms bis zum „Plättchesdohle" verlängert.

Nach dem 1. Weltkrieg suchte man in Sinnerthal eine andere Lösung für die Straßenführung. Am 16. 03. 1928 beschloss der Stadtrat Neunkirchen ein Anleiheprogramm zum Ausbau verschiedener Straßen. Dabei wurde auch beschlossen, eine nördliche Umgehung um den Stadtteil Sinnerthal entlang des Sinnerbachs zu bauen (die heutige Redener Straße zwischen Sinnerthal und dem Baumarkt). Nach deren Fertigstellung 1934 verlor die Hasselbachstraße ihre Eigenschaft als Hauptdurchgangsstraße.

Hauptgaß We *volkstümliche Bezeichnung für den Flurweg, heute Eisenbahnstaße*
Siehe Eisenbahnstraße

Hauptstraße Hei (De) *dann Teil der Maria-Schnur-Straße, heute Teil der Grubenstraße*
Siehe Grubenstraße

Hauptstraße Ko *(Preuß.) zeitweise Langemarckstraße, heute Andreas-Limbach-Straße*
Siehe Andreas-Limbach-Straße

Hauptstraße Ko (Bayr.) *dann Teil der Limbacher Straße (1974 – 1985)*
Siehe Limbacher Straße

Informationen zum Namen und zur Geschichte der Straße:
Nachdem der Bayerische Kohlhof nach der Gebiets- und Verwaltungsreform 1974 zunächst von Limbach in die Stadt Neunkirchen eingegliedert worden war, ist er im April 1985 auf Betreiben der Einwohner wieder nach Kir-

H18 Krajewski: Plaudereien 2, vgl. Anm. A24, S. 10
H19 Gillenberg: NK Vom Meyerhof ..., vgl. Anm.H5, S. 6
H20 Omlor u. Brill: Geschichte des Neunkircher Bahnhofs, vgl. Anm. B6, S. 35

kel-Limbach zurückgegliedert worden und gehört deshalb heute zur Gemeinde Kirkel.

Während der Zugehörigkeit zu Neunkirchen war die Durchgangsstraße durch den Bayerischen Kohlhof, die vorherige Hauptstraße, Teil der Limbacher Straße von Neunkirchen.

Weiteres siehe Limbacher Straße.

Hauptstraße Lu vorher teilweise Neunkircher Straße und Mazehübelstraße, Hindenburgstraße, zeitweise (1935 –1945) Adolf-Hitler-Straße

Lage und Verlauf:

Die Hauptstraße durchzieht den Stadtteil Ludwigsthal in West-Ost-Richtung. Sie beginnt am Friedhof vor dem Pfuhlwald, überquert dann die Furpacher Straße, vollzieht am Ortsende eine Schwenkung nach Süden und endet in Höhe der Hirschberghalle.

Hauptstraße aus Richtung Furpacher Straße

Informationen zum Namen und zur Geschichte der Straße:

Die Hauptstraße war immer schon die Straße durch die Ortsmitte um die herum sich der Ort entwickelt hat. In einem von Jakob Franz (1837 – 1884) gezeichneten Lageplan von Ludwigsthal heißt allerdings der von der heutigen Furpacher Straße nach Westen Richtung Kasbruch gehende Teil der heutigen Hauptstraße Neunkircher Straße und der nach Südosten Richtung Kohlhof gehende Straßenteil Mazehübelstraße.

Danach wurde die Straße Hindenburgstraße genannt. Der Zeitpunkt dieser Namensgebung ist nicht bekannt, vermutlich jedoch nach 1925 (Wahl Hindenburgs zum Reichspräsidenten).

Am 13. Januar 1935 fand im damaligen Saargebiet eine Volksabstimmung statt, in der die Bevölkerung zwischen einem Anschluss an Frankreich, der Beibehaltung des Status quo oder der Rückkehr nach Deutschland entscheiden konnte. Eine überwältigende Mehrheit von 90,73 % stimmte für die Rückkehr nach Deutschland. Bereits am 17. 01. 1935 beschloss daraufhin der Rat des Völkerbundes die Wiedereinsetzung Deutschlands in die Regierung des Saarbeckens zum 1. März 1935. Danach wurden in fast allen Orten Straßen umbenannt, um damit nationalsozialistische Größen oder verdiente Soldaten des 1. Weltkrieges zu ehren bzw. an Schlachtenorte des 1. Weltkrieges oder an Opfer der französischen Besatzung zu erinnern. Fast überall wurde die wichtigste Straße in der Gemeinde, oft die Hauptstraße, nach Adolf Hitler benannt, so auch in Ludwigsthal. 1936 wurde die Straße dann auch ausgebaut und asphaltiert.

Unmittelbar nach Ende des 2. Weltkrieges erhielt sie ihren alten Namen zurück. und behielt diesen Namen auch nach der Eingliederung nach Neunkirchen im Zuge der Gebiets- und Verwaltungsreform 1974.

Öffentliche Einrichtungen in der Straße:

- Friedhof Ludwigsthal

  Der Friedhof am südwestlichen Ende der Hauptstraße wurde 1876 als gemeinschaftliche Begräbnisstätte eingerichtet. Vorher waren die Protestanten in Limbach und die Katholiken in Niederbexbach beerdigt worden. Nach einer Erweiterung 1980 hat der Friedhof heute eine Fläche von 0,8 ha. 1969 war eine Leichenhalle erstellt worden[H21]. Bis dahin waren die Toten in ihren Wohnhäusern aufgebahrt worden.

Haydnstraße NK mit ehem. Arndtstraße

Lage und Verlauf:

Die Haydnstraße ist eine Verbindungsstraße zwischen Wellesweilerstraße und Norduferstraße östlich der Mozartstraße.

Informationen zum Namen und zur Geschichte der Straße:

Nach einem Grundsatzbeschluss des Gemeinderates Neunkirchen vom 24. 04. 1903 sollen die nördlich der

---

H21 Ratgeber f. d. Trauerfall, vgl. Anm. A28, S. 22

Haydnraße Blickrichtung Wellesweilerstraße

Blies befindlichen Straßen, soweit sie auf die Blies zulaufen, Komponistennamen und, soweit sie in der gleichen Richtung wie die Blies verlaufen, Dichternamen erhalten.

Demzufolge wurde die Straße nach dem österreichischen Komponisten Joseph Haydn benannt[H22]. Die Straße ist zwar auf den Stadtplänen von 1902 und 1905 schon verzeichnet, war damals jedoch noch im Planungsstadium, gebaut wurde sie erst nach 1910.

Mit Beschluss des Stadtrates vom 15. 02. 1978 wurde die Arndtstraße, eine unbedeutende nur ca. 30 m lange Seitenstraße, in die Haydnstraße einbezogen. Ursprünglich hatte die Arndtstraße parallel zur Blies bis in Höhe des heutigen Eisweihers ausgebaut werden sollen.

Informationen zum Namensgeber:
(Franz) Joseph Haydn (31. 03. 1732 – 31. 05. 1809), österreichischer Komponist. Er wurde in einfachen Verhältnissen in einem Dorf nahe Wien geboren. Als achtjähriger Junge wurde Haydn in die Chorschule des Wiener Stephansdomes aufgenommen. Der große Wendepunkt in Haydns Leben bildete das Jahr 1761, als er zum Vizekapellmeister des Fürsten Paul Anton Esterházy in Eisenstadt ernannt wurde; 1762 wurde er Kapellmeister. Haydn verbrachte 30 Jahre im Dienst der Familie Esterházy.

Zum Ende seiner Laufbahn war Haydn in Wien Lehrer von Ludwig van Beethoven.

Haydn war in nahezu allen musikalischen Gattungen außerordentlich produktiv, sei es vokal oder instrumental, geistlich oder weltlich.

H22 Saar- und Blieszeitung v. 25. 04. 1903

Hebbelstraße NK vorher Kurfürstenstraße, Maximilianstraße

Lage und Verlauf:
Die Hebbelstraße verläuft als Parallelstraße zur Stummstraße östlich hinter deren Geschäftsanwesen und stellt eine Verbindung vom Unteren Markt zur Pasteurstraße her.

Hebbelstraße aus Richtung Unterer Markt

Informationen zum Namen und zur Geschichte der Straße:
Die Hebbelstraße ist eine der älteren Straßen in der Unterstadt. Ursprünglich hieß sie Maximilianstraße, wobei nicht überliefert ist, nach welchem Maximilian sie benannt wurde.

In der zweiten Hälfte des 19. Jh. wuchs die Stadt und die Bevölkerung auf Grund der enorm ansteigenden Industrialisierung in einem ungeheuren Tempo. Jeweils in 15 – 20 Jahren verdoppelte sich die Bevölkerung immer wieder und suchte industrienahen Wohnraum. Es entstanden ständig neue Straßen, die in der euphorischen Stimmung nach dem gewonnenen Deutsch-Französischen Krieg 1870/71 oft nach Mitgliedern des Kaiserhauses, nach verdienten Heerführern oder nach Schlachtenorten benannt wurden. Auch Straßen, die schon einen Namen hatten, wurden nach solchen Kriterien umbenannt.

Nach einer Meldung der Saar- und Blieszeitung vom 25. 04. 1903 wurde die bisherige Maximilianstraße im Zuge einer großangelegten Aktion zur Umbenennung von Straßen zu Ehren des preußischen Königs- und deutschen Kaiserhauses in Kurfürstenstraße umbenannt. Unmittelbar nach dem 2. Weltkrieg wurden in Neunkirchen alle Straßennamen mit einem nationalistischen oder nationalen Hintergrund abgeschafft. Bei dieser Gelegenheit wurde die Straße nach dem deutschen Dichter Christian Friedrich Hebbel benannt.

Als man Ende der 1970er Jahre damit begann, die Innenstadt wieder mehr für die Fußgänger zu erschließen, wurde 1978 ein Teil der engen Pasteurstraße mit benachbarten Straßen (Hammergraben, Teil der Hebbelstraße) zu einer Fußgängerzone umgestaltet.

Informationen zum Namensgeber:

Christian Friedrich Hebbel (18. 03. 1813 – 13. 12. 1863), deutscher Dramatiker. Hebbel wurde als Sohn eines Tagelöhners geboren. 1827 wurde er Botenjunge und Schreiber des Kirchenspielvogts seines Heimatortes Wesselburen, in dessen umfangreicher Bibliothek er sich erste Literaturkenntnisse aneignen konnte. Zwischen 1836 und 1839 studierte Hebbel Jura, Geschichte, Literatur und Philosophie in Heidelberg und München. 1845 siedelte er nach Wien über, wo er 1849 die österreichische Schauspielerin Christina Enghaus heiratete, die in zahlreichen seiner Stücke auftrat. Hebbels Ruhm gründet sich vor allem auf Werke, die nach 1845 entstanden: die Prosatragödie Agnes Bernauer (1855), Erzählungen und Novellen (1855) sowie die Tragödientrilogie Die Nibelungen (1862), die auf der Volkssage des Nibelungenliedes beruht.

Heidenhübel We

Lage und Verlauf:

Sie beginnt an der Homburger Straße in Höhe der kath. Kirche und verläuft nördlich parallel zur Bahntrasse bis zum Fabrikgelände Bauknecht, dort biegt sie in einem rechten Winkel nach Norden ab und mündet schließlich wieder in die Homburger Straße ein.

Informationen zum Straßennamen und zur Geschichte der Straße:

Bei der Straße Heidenhübel handelt es sich um eine Anfang der 1970er Jahre erbaute neue Straße im Industriegebiet gleichen Namens. Der Straßenname und der Name des Industriegebietes wurden von der Flurbezeichnung Heidenhübel, die es in diesem Bereich gibt, übernommen und vom Stadtrat in einer Sitzung am 04. 03. 1970 festgelegt.

Nach dem Wellesweiler Heimatforscher Friedrich Bach wurden 1948 mehrere römische Brandgräber auf dem

Heidenhübel vor der Abzweigung nach Norden

Heidenhübel zwischen Wellesweiler und Bexbach gefunden, denen das Gelände seinen Namen zu verdanken hat; denn Fundstellen von vorgeschichtlichen Relikten wurden in christlicher Zeit mit dem Beiwort „Heiden" versehen[H23]. G.Remy vertritt dagegen die Meinung, die Flurbezeichnung werde von Heide abgeleitet, da es sich bei der Örtlichkeit um einen mit Heidekraut bewachsenen Hübel = Hügel handele[H24].

Seit 1970 steht an der Straße ein Fabrikationsgebäude der Fa. Bauknecht Hausgeräte in dem Geschirrspüler hergestellt werden. An dem Straßenteil, der parallel zur Bahnlinie verläuft, stehen einige private Wohnhäuser auf der der Bahntrasse abgewandten Seite.

Heinestraße NK *vorher Hohenlohestraße und Mundorfsche Straße, heute nicht mehr existent*
Siehe Hohenlohestraße

Heinestraße Wi

Lage und Verlauf:

Die Heinestraße ist als Sackgasse eine kleine Seitenstraße der Lessingstraße.

Informationen zum Namen und zur Geschichte der Straße:

Die Straße ist nach dem deutschen Dichter Heinrich Heine benannt.

H23 Bach Friedrich: Wellesweiler Auf seinen frühen Spuren, in: Landschaft und Leute im Wandel der Zeit, herausgegeben vom Landkreis Neunkirchen, Ottweiler 1984, S. 286
H24 Remy: Heimatbuch We, vgl. Anm. A45, S. 113

Häuser in der Heinestraße

Sie war bis Mitte des 20. Jh. als kleine Seitengasse in die Katharinenstraße (heute Lessingstraße) einbezogen und erhielt ihren eigenen Namen, als 1954 auf Anregung des Kultur- und Heimatrings viele Straßen in Wiebelskirchen neu- oder umbenannt wurden[H25]. Die Straße ist nur einseitig auf der Nordseite bebaut.

Informationen zum Namensgeber:
Heinrich Heine (13. 12. 1797 – 17. 02. 1856), Schriftsteller, war einer der größten Dichter der deutschen Literatur. Seine jüdische Herkunft sollte zu einem prägenden Element seines Lebens und Denkens werden, auch die Konfrontation mit dem benachbarten Frankreich unter der napoleonischen Besatzung. 1825 promovierte Heine nach Studien in Bonn, Göttingen und Berlin zum Dr. jur. Da es Juden damals in Deutschland verboten war, einen juristischen Beruf auszuüben, ließ er sich 1825 protestantisch taufen, ohne jemals später als Jurist tätig zu werden. Heine war ein Wegbereiter eines zeitkämpferischen Journalismus und Schriftsteller von beachtlicher auch internationaler Resonanz. In seinen Prosawerken und mehr noch in seinen journalistischen Arbeiten wurde zunehmend Heines Sympathie für die demokratischen Ideen der Französischen Revolution greifbar. Heine blieb sein Leben lang ein prominentes Opfer der Zensoren, und sein Verleger Julius Campe in Hamburg musste immer wieder alle Raffinesse aufbieten, damit neue Bücher seines Hausautors in Druck gelangten. Aus Unbehagen über das (auch antisemitische) politische Klima ging Heine 1831 als Korrespon-

dent der Augsburger Allgemeinen Zeitung nach Paris. In Paris schrieb Heine für mehrere deutsche Zeitungen und zählte bis zu seinem Tod 1856 zu den prominenten Mitgliedern der ortsansässigen deutschen Kolonie. 1844 erschien Deutschland - Ein Wintermärchen, seine wohl bekannteste politische Satire. Heine starb 1856 in Paris. Die Universität seiner Geburtsstadt Düsseldorf ist nach Heinrich Heine benannt.

Heinitzweg NK *heute Teil der Grubenstraße*
Siehe Grubenstraße

Informationen zum damaligen Namensgeber:
Freiherr Friedrich Anton von Heinitz (1725 – 1802) leistete als Industrieminister unter drei preußischen Königen vor allem unter Friedrich II. Bedeutsames für Bergbau- und Hüttenwesen, besonders beim Aufbau der Industrie in Schlesien. Zwischen ihm und dem Saarland bestanden keine Kontakte, da das saarländische Industrierevier damals noch nassau-saarbrückisch war. Heinitz starb 1802 in Berlin[H26]. Sein Ansehen war Mitte des 19. Jh. noch so groß, dass die preußische Bergbauverwaltung dem 1847 im Holzhauerthal angehauenen Grubenstollen den Namen Heinitz gab, der dann auf die Grube und die entstehende Siedlung (heute Stadtteil) überging. Die Grube Heinitz wurde 1962 stillgelegt.

Heinrichstraße *NK* *vorher Prinz-Heinrich-Straße, heute Willi-Graf-Straße*
Siehe Willi-Graf-Straße

Heizengasse NK vorher Pfarrgasse

Lage und Verlauf:
Die Heizengasse beginnt am Oberen Markt, führt nach Osten bergab und geht in Höhe der Weislingstraße in die Parallelstraße über.

Informationen zur Geschichte und zum Namen der Straße:
Die Heizengasse ist eine der ältesten Straßen Neunkirchens. Der älteste bekannte Name für die Straße lautete Pfarrgasse, da dort die älteste Kirche und das dazugehörige Pfarrhaus standen[H27]. Diesen Namen hatte sie bis weit ins 19. Jh.

H25 Mathias, K.: Die 1954 eingeführten Straßennamen, in: Heimatbuch Wi, vgl. Anm. A2, S. 143 ff

H26 Schinkel: Heinitz, vgl. Anm. B9, S. 69 ff
H27 Saarländische Tageszeitung v. 26. 04. 1941

Heizengasse Blickrichtung Parallelstraße

Im Nordheimplan von 1797 ist die Straße schon mit einer dichten Bebauung im oberen (westlichen) Teil verzeichnet, jedoch ohne Namen[H28]. In der Tranchot-Karte von 1818 reicht die Bebauung schon etwa bis in Höhe der heutigen Weißlingstraße[H29]. In einem Grundriss über projektierte Straßen im Bereich östlich des Oberen Marktes vom 05. 12. 1864 wurde die Straße dann als Heizengasser Weg bezeichnet[H30].

Am 15. 05. 1879 schlug der Ortsbaumeister Riemann dem Bürgermeister Jongnell von Neunkirchen die Beschaffung von Namensschildern für 49 Straßen und 8 Wohnplätze vor. In dieser Aufstellung ist auch der Name Heizengasse aufgeführt. Für die Straße mussten damals 1 Straßenschild und 48 Hausnummernschilder beschafft werden[H31].

Auch im ersten Ortsplan von Neunkirchen aus dem Jahr 1883 ist die Heizengasse in ihrem heutigen Verlauf bereits eingezeichnet[H32].

Der Straßenname stammt von einem der ersten Anwohner, Heitzen Nickel.

In der Straße stehen einige sehr alte Häuser; sie hat sich bis heute einen etwas dörflichen Charakter bewahrt.

Nach dem Beschlussbuch der Gemeinde Neunkirchen hat der Rat am 12. 06. 1895 beschlossen, die Heizengasse „soweit bestimmt eine Kanalisation nicht notwendig ist", zu pflastern. Am 08. 09. 1897 beschloss der Rat, zur Wegverbreiterung der Heizengasse von Friedrich

---

H28 Krajewski: Stadtbuch 1955, vgl. Anm. A12, S. 91
H29 Krajewski: Stadtbuch 1955, vgl. Anm. A12, S. 113
H30 Projektierte Straßen 1864, vgl. Anm. A13
H31 Beschaffung von Straßenschildern, vgl. Anm. A8
H32 Situationsplan NK 1883, vgl. Anm. A4

Werner Land im Haferfeld zu erwerben. 1905 hatte die Straße schon 68 Anwesen (Hausnummern).

Informationen zum Namensgeber:

Heitzen Nickel ist nach dem Dreißigjährigen Krieg in das damals fast völlig entvölkerte Neunkirchen eingewandert und 1665 in einer Steuerliste erstmals genannt worden, er hatte 1 Gulden an Steuern zu zahlen. Der Heimatforscher Bernhard Krajewski vermutete, dass er ein Nachfahre und Rückwanderer der vor dem Dreißigjährigen Krieg in Neunkirchen ansässigen Familie Heintzen Nickel (1572), Heintzen Jakob (1625) und Haintzen Jakob Wittib (1634) war. 1635 war das Dorfes Neunkirchen durch marodierende Landsknechte zerstört worden, und die meisten Bewohner flohen, von denen jedoch später einige wieder zurückkehrten.

Herderstraße NK vorher teilweise Kantstraße und teilweise Geßbachstraße (Gehsbachstraße)

Lage und Verlauf:

Die Herderstraße beginnt an der Kreuzung Wellesweilerstraße/Mozartstraße, geht durch eine Unterführung unter der Pfalzbahnstrecke hindurch und endet am Übergang der Kuchenbergstraße auf die Konrad-Adenauer-Brücke (Bahnhofsbrücke).

Bahnunterführung im Zuge der Herderstraße
aus Richtung Wellesweilerstraße

Informationen zum Namen und zur Geschichte der Straße:

Der untere, von der Wellesweilerstraße kommende Teil der Herderstraße war früher Teil der Geßbachstraße. Diese Geßbachstraße bog nach der Unterquerung der Eisenbahnlinie nach rechts bzw. nach Nordosten in Richtung Forstraße ab. Eine Verbindung von diesem Abbiegepunkt zur Bahnhofsbrücke gab es zunächst nicht.

Am 22. 7. 1921 beschloss der Gemeinderat Neunkirchen (Beschlussbuch der Gemeinde Neunkirchen) einen Landtausch mit der Eisenbahnverwaltung zu der geplanten Wegeanlage zwischen Geßbach und Personenbahnhof (heute oberer Teil der Herderstraße). Die Arbeiten zur Herstellung der Straße wurden 1923/24 ausgeführt[H33]. Als diese Straße gebaut war, wurde sie Kantstraße genannt. Die Kantstraße verlief dann nördlich der Pfalzbahnlinie von der Einmündung Kuchenbergstraße/Bahnhofsbrücke bis zur Geßbachstraße.

Im Zuge der Gebiets- und Verwaltungsreform 1974 wurde die bisherige Kantstraße zur Vermeidung von Verwechselungen in Herderstraße umbenannt, da es nun im neuen Stadtgebiet noch eine weitere Kantstraße gab.

Mit Beschluss des Stadtrates vom 15. 02. 1978 wurde der bisherige Teil der Geßbachstraße von der Wellesweilerstraße bis zur Einmündung Geßbachstraße/Herderstraße in die Herderstraße einbezogen, so dass diese nun von der Wellesweilerstraße nach Unterquerung der Palzbahnstrecke bis zur Einmündung Kuchenbergstraße/Konrad-Adenauer-Brücke geht. Die Geßbachstraße beginnt seither erst an der Einmündung in die Herderstraße und geht von dort nach Nordosten.

Zur Hauptverkehrsstraße wurde die gesamte heutige Herderstraße ab dem 01. 05. 1942, als die Bahnhofsbrücke auf Grund von Beschädigungen durch Bombardements gesperrt worden war. Für die Straßenbahn wurde ein Umgehungsgleis von der Wellesweilerstraße zur Kuchenbergstraße gebaut. Der gesamte Verkehr aus der Stadtmitte in Richtung Wiebelskirchen floss durch die Wellesweilerstraße bis zur Kreuzung Mozartstraße/Geßbachstraße, dann durch die Geßbachstraße/Kantstraße (heute Herderstraße) unter der Bahnunterführung hindurch zur Kuchenbergstraße, auch der Straßenbahnverkehr[H34]. Erneut wurde die gleiche Umleitung zwischen 1961 und 1965 gebaut, als die baufällig gewordene Bahnhofsbrücke abgerissen und eine neue Brücke (heutige Konrad-Adenauer-Brücke) gebaut wurde.

H33 Verwaltungsbericht Stadt Neunkirchen für 1923/24, StA Neunkirchen

H34 Krajewski: Stadtbuch 1955, vgl. Anm. A12, S. 362

Informationen zum Namensgeber:

Johann Gottfried von Herder (25.08.1744 – 18.12.1803), deutscher Philosoph, Theologe und Dichter, dessen Schriften wesentlich die deutsche Klassik und Romantik beeinflusst und die deutsche Sprach- und Geschichtswissenschaft mit begründet haben.

Herder studierte an der Universität Königsberg Philosophie, u. a. bei Immanuel Kant. 1769 brach er zu einer längeren Reise durch Europa auf, in deren Verlauf er 1770 in Straßburg auch Johann Wolfgang von Goethe kennen lernte. Diese Begegnung zeitigte weit reichende Folgen für das Denken beider Dichter. 1776 kam Herder durch Vermittlung Goethes nach Weimar. Schon bald zählte Herder neben Goethe, Friedrich Schiller und Christoph Martin Wieland, mit dem er ebenfalls befreundet war, zu den bedeutendsten Persönlichkeiten des Weimarer Geisteslebens.

Sein wichtigstes Frühwerk waren die „Fragmente über die neuere deutsche Literatur (1766/67)", in denen er für eine eigenständige Nationalliteratur eintrat, die frei von den damals vorherrschenden französischen und englischen Vorbildern war. 1773 stellte Herder eine Sammlung programmatischer Schriften unter dem Titel „Von deutscher Art und Kunst" zusammen. Sie stand ganz im Zeichen der Abkehr vom Sturm und Drang und forderte die Hinwendung zum deutschen Mittelalter und seiner Volksdichtung.

Hermann-Göring-Straße NK *früher Karolinenstraße, Friedrich-Ebert-Straße, dann Ruhwaldstraße und heute erneut Friedrich-Ebert-Straße*
Siehe Friedrich-Ebert-Straße

Informationen zum damaligen Namensgeber:
Hermann Göring (12. 01. 1893 – 15. 10. 1946) wurde nach seiner Schulausbildung Berufssoldat. Seine militärische Laufbahn begann er als Infanterieleutnant, bevor er zur neu entstandenen Fliegertruppe abkommandiert wurde. Im 1. Weltkrieg erzielte er 22 Abschüsse und war letzter Chef des Jagdgeschwaders Richthofen. Er erhielt das Eiserne Kreuz Erster Klasse und den Pour le Mérite, so dass ihn nach Kriegsende die Aura eines hochdekorierten Kriegshelden umgab.
Ab 1922 kam er mit der noch jungen nationalsozialistischen Bewegung in Kontakt. Hitler ernannte ihn zum Kommandeur der SA. Am 09. 11. 1923 nahm er am Münchener Hitlerputsch teil, floh danach aber für vier Jahre ins Ausland. 1928 wurde er einer der ersten Abgeordneten

der NSDAP im Reichstag. Nach der Machtergreifung der Nationalsozialisten 1933 wurde Göring als preußischer Innenminister auch Chef der Polizei. Er schuf die Geheime Staatspolizei, das Reichssicherheitshauptamt und zusammen mit Himmler die ersten Konzentrationslager, um politische Gegner mundtot machen zu können. Am 01. 05. 1935 wurde er Oberbefehlshaber der Luftwaffe und baute sie in rasantem Tempo aus. Er nutzte seine Position, um ein Luxusleben zuführen und Kunstschätze aus ganz Europa zusammen zutragen. Er war maßlos eitel und hatte einen Ordens- und Uniformtick, mit dem er sich geradezu zum Gespött machte. 1945 wurde er von den Amerikanern gefangen genommen und, zu seiner Überraschung, 1946 in Nürnberg vor Gericht gestellt. Er wurde zum Tode durch den Strang verurteilt. Am 15. 10. 1946, zwei Stunden bevor die Hinrichtung stattfinden sollte, beging er Selbstmord.

Hermann-Göring-Straße Wi *vorher und auch* heute wieder Erzbergerstraße
Siehe Erzbergerstraße Wi

Informationen zum damaligen Namensgeber:
Siehe Hermann-Göring-Straße NK

Hermann-Hallauer-Brücke NK vorher Böcking-Brücke, Flotowbrücke

Lage:
Bei der Hermann-Hallauer-Brücke handelt es sich um eine Fußgängerbrücke über die Blies, die die Flotowstraße mit der Bliesstraße verbindet. Sie ist die 4. Brücke an dieser Stelle.

Informationen zum Namen und zur Geschichte der Brücke:
Die erste Brücke über die Blies in Höhe der heutigen Flotow-Straße wurde 1873 vom damaligen Besitzer der Bliesmühle Carl Böcking erbaut. Er war auch der Eigentümer des Zuweges von der Wellesweilerstraße zur Bliesmühle, die damals Kastanienallee genannt wurde. 1951 wurde noch ein Brüstungsmauerstück dieser Brücke mit den Inschriften „C.B. 1873" für Carl Böcking 1873 und „G.N. 1895" für Gemeinde Neunkirchen 1895 gefunden[H35]. 1895 hatte die Gemeinde Neunkirchen die Eigentumsrechte an der Brücke und dem Weg von der Wellesweilerstraße her übernommen, nachdem

Hermann-Hallauer-Brücke aus Richtung Bliesstraße

der Gemeinderat dies bereits am 31. 05. 1892 genehmigt hatte (Beschlussbuch der Gemeinde NK). Schon am 07. 07. 1892 war die Brücke durch die Kgl. Regierung in Trier für den öffentlichen Verkehr freigegeben worden[H36]. Diese erste Brücke wurde 1937 abgerissen, als die Blies begradigt wurde, und es wurde durch die Technische Nothilfe eine hölzerne Notbrücke im Zuge der Flotowstraße erstellt. Auch sie hatte keinen offiziellen Namen, wurde jedoch wegen ihrer Lage Flotow-Brücke genannt.

Als diese Notbrücke baufällig geworden war, wurde sie 1951 durch eine weitere Holzbrücke ersetzt. Als auch diese Brücke baufällig wurde, wurde sie 1984 gesperrt und danach abgerissen.

Zunächst sollte keine neue Brücke an dieser Stelle errichtet werden. Der im Bereich Zoo wohnende Hermann Hallauer setzte sich aber vehement für den Bau einer Fußgängerbrücke ein, um für die dort wohnende Bevölkerung den Weg zur Wellesweilerstraße und umgekehrt zu verkürzen.

Beim Abriss der Eisenwerksanlagen war die in Stahlkonstruktion erstellte alte Bandbrücke zwischen Erzbrech- und Sinteranlage zu diesem Zeitpunkt noch unbeschädigt. Man stellte fest, dass sie als Fußgängerbrücke über die Blies geeignet war. Sie wurde daraufhin renoviert und an der Stelle der alten Brücke montiert. Die Freigabe der Brücke erfolge am 06. 06. 1986. Die Saarbrücker Zeitung berichtete am 18. 03. 2001, dass die Brücke nach ihrem Initiator Hermann-Hallauer-Brücke genannt und entsprechende Schilder an der Brücke befestigt worden seien.

H35 Krajewski: Stadtbuch 1955, vgl. Anm. A12, S. 102

H36 StA Neunkirchen, Best. A 1, Nr. 400

Informationen zum Namensgeber:

Hermann Hallauer (31.10.1940 – 01.10.1999), stellte als Konstruktionstechniker im früheren Eisenwerk eine zur Verschrottung anstehende aber intakte Bandbrücke fest und initiierte deren Installation zur jetzigen Fußgängerbrücke.

Hermannstraße NK

Lage und Verlauf:

Die Hermannstraße ist eine wichtige Ausfallstraße im Bereich Oberstadt in Richtung Spiesen bzw. Richtung Autobahn. Sie beginnt an der Kreuzung Zweibrücker Straße/Steinwaldstraße und führt in südwestlicher Richtung bis zur Kreuzung mit der Spieser Straße auf der Spieser Höhe.

Hermannstraße mit St. Vincenz-Altenheim

Informationen zum Namen und zur Geschichte der Straße:

Ab 1875 entstanden die ersten Häuser im Bereich der Scheibkreuzung und in der Hermannstraße. Diese Häuser wurden meistens von Bergleuten gebaut, die von der Bergverwaltung beim Eigenheimbau finanziell unterstützt wurden. Die ersten 8 Häuser entstanden in der Flur „Auf Mayen" oberhalb des jetzigen Seniorenheims St. Vincenz. Die Straße wurde nach dem Besitzer des ersten dort stehenden Wohnanwesens dem Gießermeister Philipp Hermann benannt.

Am 15. 05. 1879 schlug der Ortsbaumeister Riemann dem Bürgermeister Jongnell von Neunkirchen die Beschaffung von Namensschildern für 49 Straßen und 8 Wohnplätze vor. In dieser Aufstellung ist auch der Name Hermannstraße erstmals aufgeführt. Für die Stra-

ße mussten damals 1 Straßenschild und 14 Hausnummernschilder beschafft werden[H37]. In einem Situationsplan von Neunkirchen aus dem Jahre 1883 ist die Straße dann ebenfalls verzeichnet[H38].

Im Verwaltungsbericht von 1896 führte Bürgermeister Ludwig zur Entwicklung des Straßenwesens aus, im Berichtszeitraum sei eine Reihe von Straße ausgebaut bzw. gründlich hergestellt worden, u. a. die Straße von Wellesweiler über den Sandhügel nach Neunkirchen und weiter nach Spiesen und damit auch die Hermannstraße[H39]. Gründlich hergestellt bedeutete damals bestenfalls eine Schotterung der Straßendecke.

Die Versorgung der Wohnhäuser in Neunkirchen mit fließendem Wasser begann nach der Inbetriebnahme des Wasserwerkes in Wellesweiler und des auch heute noch genutzten Hochbehälters im Steinwald im Jahre 1877. Die Anwohner der Hermannstraße mussten bis dahin ihr Wasser zunächst weiter am nächsten Laufbrunnen an der heutigen Ecke Hohlstraße/Friedrichstraße vor der Metzgerei Fried holen, der im Volksmund allgemein „Trips" genannt wurde, was auf einen mäßigen Wasserzulauf schließen lässt[H40]. Das Wasser am Brunnen zu holen, war in der Regel für die Schuljugend tägliche Pflicht.

Die Wasserversorgung ins Haus erfolgte ab 1877 nur Zug um Zug. Als erste profitierten davon natürlich die Bürger auf der Scheib, da die Wasserleitung in die Stadt auch über die Scheib verlegt werden musste. Aber erst im Frühjahr 1892 wurden auch die letzten Häuser der Zweibrücker Straße an die Wasserleitung angeschlossen. Den Anwohnern der Hermannstraße stand zunächst nur ein Hydrant am tiefst gelegenen Straßenteil nahe der Scheibkreuzung vor der Wirtschaft Bach zur Wasserentnahme zur Verfügung. Dieser Hydrant, der unter dem Höhenniveau des Wasserhochbehälters im Steinwald gelegen haben muss, war mit einer Wasseruhr versehen, um eine Bezahlung des Wassers zu ermöglichen. 1910 wurde dann in der damaligen Scheibschule eine Pumpstation installiert, um auch die Häuser in der höher gelegenen Hermannstraße über einen dort gebauten kleinen Hochbehälter, zu dem das Wasser hochgepumpt werden musste, versorgen zu können. Nach dem Beschlussbuch der Gemeinde Neunkirchen

---

H37 Beschaffung von Straßenschildern, vgl. Anm. A8
H38 Situationsplan NK 1883, vgl. Anm. A4
H39 Verwaltungsbericht der Bürgermeisterei Neunkirchen
         1885/86 – 1895/96, vgl. Anm. F3
H40 Saarländische Tageszeitung v. 16. 10. 1940

fasste der Rat am 15. 01. 1901 den Beschluss, in der Hermannstraße „einen Kanal bis zum Wirt Bach" herzustellen. Mit einem weiteren Beschluss am 30. 09. 1926 wurde der Ausbau der Hermannstraße ab Hausnummer 136 unter der Voraussetzung beschlossen, dass der Kreis und die Regierungskommission je ein Drittel der Kosten übernehmen. Zu diesem Zweck beschloss der Stadtrat am 16. 03. 1928, ein Anleiheprogramm zum Ausbau mehrerer Straßen, u. a. der Hermannstraße. Tatsächlich ausgebaut wurde die Straße dann aber erst in den Jahren 1932/33[H41].

1905 hatte die Hermannstraße 91 Anwesen (Hausnummern), 1910 deren 109, 1931 schon 140 und 1939 schließlich 142.

Informationen zum Namensgeber:

Philipp Hermann (23. 06. 1803 – 23. 05. 1830), Gießermeister, wurde in Abentheuer/Hunsrück geboren. Es kann vermutet werden, dass er den Stumms, die ebenfalls aus dem Hunsrück stammen, Anfang des 19. Jh. nach Neunkirchen gefolgt ist. In Neunkirchen heiratete er Maria Katharina Anschütz.

Öffentliche oder sonst bedeutsame Gebäude und Einrichtungen in der Straße:

- St. Vincenz-Seniorenheim (früher Waisenhaus/ Kinderheim)
  Im Jahre 1900 gründeten die Armen Dienstmägde Christi in der Ritzwiesstraße ein erstes Waisenhaus für Neunkirchen. Dieses Waisenhaus wurde 1910 in einen Neubau auf der Scheib verlegt. Bauherr dieses Neubaus war die katholische Kirchengemeinde. Die Grundsteinlegung für das St. Vincenz-Waisenhaus war am 18. 07. 1909. Das Gebäude wurde von den Architekten Marx aus Trier und Ostermeier aus Kaiserslautern entworfen. Sie wählten einen Baustil mit barocken Einschlägen. Die Bauarbeiten übernahm die Baufirma Franz Emmrich, Neunkirchen. Auch an den übrigen Arbeiten am Neubau waren viele Neunkircher Firmen beteiligt. Schon am 09. 10. 1910 konnte die Einweihung des Gebäudes stattfinden[H42].
  Ursprünglich sollte das Gebäude vom Mittel-

pavillon aus, in dem sich die Kirche mit Empore befindet, zwei Flügelbauten rechts und links entlang der Hermannstraße mit Eckpavillons am jeweiligen Ende der Flügel erhalten. Gebaut wurde aber nur ein Flügel vom Mittelbau aus in Richtung Spieser Höhe.
Der Gebäudekomplex wurde als Waisenhaus und Kirche genutzt. Im Bereich der Scheib gab es damals noch keine Kirche und der Weg für die Katholiken in die Stadt zur Marienkirche war insbesondere auch für ältere Gläubige zu weit. Viele Jahre haben die „Armen Dienstmägde Jesu Christi" das Haus als Waisenhaus betrieben. 1948/49 wurde ein zweites Gebäude als St. Vincenz-Altersheim mit 90 Betten erbaut. Etwa 1980 verließen die letzten Kinder und Jugendlichen das Haus. Heute wird der gesamte Komplex als Altenheim genutzt. 2003 übernahm die Marienhaus GmbH die Einrichtung. 2004 - 2007 wurde das Haus unter Erhaltung des historischen Mittelrisalits mit der Hauskapelle zu einem modernen Alten und Pflegeheim umgebaut[H43]. Die offizielle Einweihung nach umfangreichen Neu- und Umbaumaßnahmen erfolgte Ende August 2007. Das Haus bietet jetzt 93 Einzel und 22 Zweibettzimmer für 137 Bewohner an.

- Jüdischer Friedhof
  Die Neunkircher verstorbenen Juden wurden ursprünglich auf dem Judenfriedhof in Illingen bestattet. Nachdem schon 1777 die Anlage eines jüdischen Friedhofs genehmigt worden war, erwarben die Israeliten von Neunkirchen und Spiesen erst am 28. 11. 1831 zu diesem Zwecke für 16 Reichsthaler und 20 Silbergroschen ein Stück Ackerland von den Eheleuten Georg Bach und Katharina Düd aus Neunkirchen. Dieses Ackerland lag auf dem Bann „auf Maien an der Altseiters", Flur 20, Parzelle 20 und 21. Am 28. 12. 1831 wurde dann vom Kgl. Landrat in Ottweiler die Genehmigung für die Anlegung eines Judenfriedhofs erteilt. Nach Erteilung der Genehmigung wurde der Judenfriedhof aber von den Mitgliedern der Judengemeinde keineswegs sofort genutzt; imGegenteil, sie nahmen lieber weiterhin die hohen Beträge, die sie für die Beisetzung in Illingen zahlen mussten, in Kauf, als dass sie

---

H41 Saar- und Blieszeitung v. 06. 09. 1932
H42 Chronik von Neunkirchen, vgl. Anm. A3, Nr. 7 v. 05. 11. 1910; Wildberger, Kurt: Waisenhäuser, in: Stadtbuch 1955, vgl. Anm. A12, S. 410

H43 Saarbrücker Zeitung v. 03. 09. 2004

eine Benutzung des hiesigen Friedhofs vorzogen. So wurden sie letztlich durch polizeiliches Eingreifen dazu gezwungen, ihre Verstorbenen nicht mehr in Illingen zu bestatten[H44].

Hierzu ein Auszug aus den Friedhofsakten des Stadtarchivs Neunkirchen:

„Am 10. 12. 1832 ist in Neunkirchen dem Leonhard Bernheim ein Kind gestorben und er wollte es nicht auf dem neu angelegten Friedhof in Neunkirchen beerdigen, sondern wie bisher in Illingen. Bürgermeister Aich schrieb dazu: Ungeachtet, dass hier ein jüdischer Friedhof errichtet ist, so will dennoch keine jüdische Familie ihre angehörige Leiche dorthin beerdigen lassen, weil sie dem Aberglauben anhängen, dass sobald eine Leiche auf dem neuen Friedhof liege, der Kirchhof noch zehn Opfer aus der Familie fordere".

Im gleichen Jahr wurde daher vom Königlichen Landrat, Herrn von Rohr, verfügt, dass keine jüdische Leiche ohne ausdrückliche polizeiliche Erlaubnis und Erteilung eines Leichenpasses in Illingen beerdigt werden dürfe mit der Begründung *„da die israelitischen Bürger hiesiger Gemeinde zu jeder Gemeindelast herangezogen werden, für die Bedürfnisse der katholischen wie der evangelischen Einwohner Sorge getragen wird, insbesondere beide Confessionen ihre getrennten Friedhöfe besitzen".*

Da der kleine jüdische Friedhof zunächst nicht eingefriedet war, beantragten die jüdischen Gemeinden zu Neunkirchen durch ihren Vorstand Lazarus Rothschild im Mai 1873 und zu Spiesen durch ihren Vorstand M. Lion im Juni 1873, es mögen die Civilgemeinden der hiesigen israelitischen Gemeinde ebenfalls ihren Friedhof mit einer Mauer einfrieden. Beide Anträge wurden jedoch abgelehnt. Diesbezüglich gab es zwischen den beiden Judengemeinden und der hiesigen Gemeindeverwaltung ein jahrelanges Gerangel. Erst in den 1880er Jahren wurde der Judenfriedhof mit einer Mauer umfriedet. Die Gemeinde unterstützte diese Arbeiten finanziell. Nach der Reichsprogromnacht 1938 wurde der Friedhof verwüstet.

Am 27. 05. 1942 wurde das Areal an die Stadt Neunkirchen verkauft und am 05. 09. 1949 von der jetzigen Synagogengemeinde Saar wieder zurückgekauft. In den Nachkriegsjahren wurde der Friedhof wieder hergerichtet. Er dient auch als letzte Ruhestätte ehemaliger russischer Kriegsgefangener und Zwangsarbeiter[H45].

In der Nachkriegszeit fanden nur noch wenige Beisetzungen statt.

- Kindergarten

    Im Anwesen 146, einem in den 1980er Jahren für Aussiedler aus der ehemaligen UdSSR gebauten Gebäude, befindet sich ein Städtischer Kindergarten, der 30 Kindergarten- und 20 Kindertagesplätze bietet.

Herwarthstraße NK heute Humboldtstraße
Siehe Humboldtstraße

Informationen zum damaligen Namensgeber:
Karl Herwarth von Bittenfeld (04.09.1796 – 02.09.1884), preußischer Generalfeldmarschall. Im Deutsch-Österreichischen Krieg 1866 war er Führer der Elbarmee und im deutsch-französischen Krieg 1870/71 Generalgouverneur im Bereich des 7., 8. und 11. Armeekorpsbezirkes.

Heusners Weiher NK zeitweise Friedrichspark, heute
Mantes-la-ville-Platz
Siehe Mantes-la-ville-Platz

Hienhöll Wi

Lage und Verlauf:
Der Weg zweigt am oberen (nordwestlichen) Ende der Adlersbergstraße von dieser nach Nordosten ab in das Wochenendhausgebiet des Steinbacher Berges.

Informationen zum Namen und zur Geschichte der Straße:
Der Straßenname ist von einer Flurbezeichnung, die es in diesem Gebiet gibt (Auf Hiehnhell, 1767 = Hiehn-Höll), abgeleitet.

Es handelt sich um einen schmalen, am Anfang noch asphaltierten Weg, der zu einer Reihe von Wochenendhausgrundstücken führt. Diese Häuschen sind offenbar teilweise dauernd bewohnt.

H44 Knauf, Rainer: Friedhöfe in Neunkirchen, in: Stadtbuch 2005, vgl. Anm. B7, S. 611

H45 Ratgeber für den Trauerfall, vgl. Anm. A28, S. 24

Hindenburgbrücke Wi *(1933 – 1945) vorher und heute wieder Seitersbrücke*
Siehe Seitersbrücke

Informationen zum damaligen Namensgeber:
Siehe Hindenburgpark

Hindenburgpark NK *heute Stadtpark*
Siehe Stadtpark

Informationen zum damaligen Namensgeber:
Paul von Beneckendorf und von Hindenburg (02. 10. 1847 – 02. 08. 1934), Generalfeldmarschall und zweiter Reichspräsident während der Weimarer Republik. Hindenburg trat 1866 in die preußische Armee ein und nahm am Deutschen Krieg 1866 und am Deutsch-Französischen Krieg 1870/71 teil. Bis 1903 war er in den Rang eines Kommandierenden Generals aufgestiegen.
1914 bei Ausbruch des 1. Weltkrieges schlug er die russischen Truppen bei Tannenberg und bei den Masurischen Seen. Nach diesen Siegen wurde er am 1. November 1914 zum „Oberbefehlshaber Ost" und am 27. November zum Generalfeldmarschall ernannt. 1916 übernahm er als Chef des Generalstabes zusammen mit Ludendorff als Generalquartiermeister die Oberste Heeresleitung (OHL). Als Chef der OHL bestimmte er in der Folge weitgehend Kriegsführung und Kriegsziele. Nach der deutschen Niederlage im Westen riet er im November 1918 Kaiser Wilhelm II. zur Abdankung und zur Übersiedelung in die Niederlande. Vor einem Untersuchungsausschuss der Weimarer Nationalversammlung formulierte er im November 1919 erstmals öffentlich die so genannte Dolchstoßlegende, wonach das angeblich bis dahin unbesiegte deutsche Heer bei Kriegsende durch die Novemberrevolution in Deutschland „von hinten erdolcht" wurde. Nach dem Tod des ersten Reichspräsidenten Friedrich Ebert wurde Hindenburg zum Reichspräsidenten gewählt. Als Monarchist aus Überzeugung lehnte Hindenburg den republikanisch-demokratischen Staat ab; dennoch hielt er sich zunächst an die Verfassung. Im Mai 1932 berief Hindenburg mit Rückendeckung und auf Druck von Reichswehr, Nationalisten und großagrarischem Junkertum zunächst Franz von Papen und im November 1932 Kurt von Schleicher als Reichskanzler. Am 30. Januar 1933 ernannte Hindenburg Hitler zum Reichskanzler. Mit der Unterzeichnung des Ermächtigungsgesetzes vom 24. März 1933 setzte er die Weimarer Verfassung faktisch außer Kraft und schuf damit die rechtliche Grundlage für die Errichtung der NS-Diktatur.

Hindenburgstraße Lu *vorher teilweise Neunkircher Straße und Matzenhügelstraße, zeitweise (1935 –1945) Adolf-Hitler-Straße, heute Hauptstraße*
Siehe Hauptstraße

Informationen zum damaligen Namensgeber:
Siehe Hindenburgpark NK

Hindenburgstraße Mü *vorher und heute wieder Schulstraße*
Siehe Schulstraße Mü

Informationen zum damaligen Namensgeber:
Siehe Hindenburgpark NK

Hindenburgstraße Wi *davor und danach Brückenstraße, heute Wibilostraße*
Siehe Wibilostraße

Informationen zum damaligen Namensgeber:
Siehe Hindenburgpark NK

Hinterecke Mü *volkstümlich für Kirchstraße*
Siehe Kirchstraße

Hirschbergsiedlung We

Lage und Verlauf:
Die Straße Hirschbergsiedlung liegt auf einem kleinen Plateau über der Bliesniederung nordöstlich der Eifelstraße, von der sie abzweigt und auf die sie auch wieder mündet.

Hirschbergsiedlung aus Richtung Eifelstraße

Informationen zum Namen und zur Geschichte der Straße:

Der Straßenname ist von dem in Sichtnähe jenseits des Autobahnzubringers liegenden Großen Hirschberg abgeleitet. Der Straßenname war nach einem Rundschreiben des Bürgermeisters vom 15. 07. 1955 im gleichen Jahr festgelegt worden.

Obdachlosigkeit und Wohnungsnot waren mit die bedrückendsten Folgen des 2. Weltkrieges. Die Stadtverwaltung musste daher alle Anstrengungen unternehmen, neues Bauland zu erschließen und soziale Wohnungen zu bauen. Nur aus dieser Notlage heraus ist zu verstehen, dass man 1954 ausgerechnet auf dem Mühlenberg, der schönsten Aussichtshöhe von Wellesweiler, eine ganze Mietskaserne erstellte. Am Standort der Siedlung befand sich bis dahin der 1911 vom TV Wellesweiler angelegte Sportplatz[H46], dieser wurde ins Bliestal verlegt. Die Siedlung, die aus mehrgeschossigen Wohnblocks besteht, ist in zwei Bauabschnitten von 1954 bis 1957 erstanden.

Gleich nach der Fertigstellung 1957 gab es erste Klagen über fehlende Straßenbeleuchtung und fehlende Bürgersteige. Am 04. 05. 1961 meldete dann die Saarbrücker Zeitung, dass die Bürgersteige in der Hirschbergsiedlung nunmehr ausgebaut werden.

Hirschbergstraße We *vorher Friedrichsstraße, Weddigenstraße, heute Zur Römertreppe*
Siehe Zur Römertreppe

Hirschbergstraße Lu *heute Zum Mutterbachtal*
Siehe Zum Mutterbachtal

Hirschdell Fu

Lage und Verlauf:

Die Straße zweigt im Stadtteil Furpach am südlichen Ortsrand von der Straße Tannenschlag nach Westen ab, vollzieht dann eine Biegung nach Norden und mündet in die Straße Kälberweide.

Informationen zum Namen und zur Geschichte der Straße:

Zwischen 1936 und 1938 wurde auf dem Gelände des früheren Hofgutes Furpach durch die Saarpfälzische

Hirschdell Blickrichtung Kälberweide

Heimstätte GmbH eine Siedlung erstellt. Im 1. Bauabschnitt wurden der Bereich nördlich der Limbacher Straße und westlich der nach Ludwigsthal führenden Straße und im 2. Bauabschnitt der Bereich südlich der Limbacher Straße und westlich des Hofgutes mit folgende Straßen erschlossen: Tannenschlag, Maltitzpfad, Hirschdell, Kälberweide, Hasenrech und Kestenbaum. Dort entstanden 42 Volkswohnungen, 66 Siedlerstellen und 20 Eigenheime[H47]. Kaum eines dieser Siedlungshäuschen ist noch im ursprünglichen Zustand. Fast alle sind umgebaut, aufgestockt oder angebaut. Da die Siedler zur Kleinviehhaltung angehalten waren, waren deren Grundstücke ziemlich groß, um diese Tiere aus dem Land ernähren zu können.

Nach dem 2. Weltkrieg konnten diese Grundstücke geteilt und so neues Bauland gewonnen werden. Die hinteren Bereiche der Grundstücke auf der Südseite der Straße Hirschdell grenzten nun an die neu angelegte Straße Beim Wallratsroth und konnten dort bebaut werden.

Öffentliche oder sonst bedeutsame Gebäude in der Straße:

- Sängerheim
Nach dem Bau der Siedlung waren 1937 in den Straßen Hirschdell und Buchenschlag je zwei Holzbaracken mit insgesamt 8 Schulsälen für eine Volksschule erstellt worden. Diese Baracken wurden bis zum Bau der Schule Furpach 1949/50 benutzt. Eine der Baracken im Buchenschlag nahm dann vorübergehend die kath. Kir-

---

H46 Festschrift 1200 Jahrfeier Wellesweiler 797 - 1997

H47 Mons: Siedlungsgeschichte Furpach, vgl. Anm. B35, S. 17 ff

che auf. An der Ecke Hirschdell/Tannenschlag blieb ebenfalls eine der Baracken stehen. Sie wird heute als Sängerheim genutzt.

Hirschgartenweg NK

Lage und Verlauf:
Der Hirschgartenweg liegt in einem Wohngebiet nordwestlich des Zoos. Er verläuft in West-Ost-Richtung südlich parallel zur Bliesstraße. Er ist eine Verlängerung der Waldwiesenstraße nach Osten und mündet in den Burrwiesenweg.

Hirschgartenweg Blickrichtung Wolfsweg

Informationen zum Namen und zur Geschichte der Straße:
Ende der 1950er Jahre wurde das Gelände zwischen Zoo und Burrwiesenweg (damals Holzgehege) als Wohngebiet erschlossen.

Die Straßen wurden alle nach Wildtieren benannt, die man im nahegelegenen Zoo findet (Biberweg, Wolfsweg, Bärenweg, Iltisweg).

Eine der Straßen wurde Hirschgartenweg genannt, ebenfalls in Bezug auf den nahe gelegenen Zoo. Der Straßenname wurde in einer Sitzung des Stadtrates am 10. 12. 1954 festgelegt.

In mehreren Straßen wurden durch die GSG Häuser für wenig begüterte Familien gebaut.

Diese Häuser sind zwischenzeitlich in Privateigentum übergegangen.

Im westlichen Teil des Hirschgartenweges befinden sich auf der Südseite der Straße mehrgeschossige Wohnblocks, die vor wie nach der GSG gehören. Diese Wohnblocks wurden in den Jahren 1959/60 erstellt.

Hirtenstraße We

Lage und Verlauf:
Die Hirtenstraße ist eine Verbindungstrasse zwischen Homburger Straße und Bergstraße.

Hirtenstraße Blickrichtung Homburger Straße, im Hintergrund Turm der kath. Kirche

Informationen zum Namen und zur Geschichte der Straße:
Zwischen der Homburger Straße und der jetzigen Hirtenstraße stand einst das Hirtenhaus der „Herrschaftlichen Schäferey" und zwar oberhalb des alten evang. Friedhofes, der sich an der Ecke Homburger Straße/ Hirtenstraße befand. Hier wurden z. B. im Januar 1814 auch einige russische Soldaten beerdigt, die unter Generalfeldmarschall Blücher gegen die Franzosen gekämpft hatten. Der Friedhof wurde Mitte des 19. Jh. aufgegeben[H48]. Von dem Hirtenhaus ist der Straßenname abgeleitet[H49].

1932 wurde gemeldet, die städtische Dreschmaschine sei wie jedes Jahr in der Hirtenstraße aufgestellt[H50]. Es handelte sich dabei um eine dampfgetriebene Dreschmaschine, die später auch im „Allmend" zwischen Blies und Wehrgraben von der Gemeinde für die Bergmannsbauern aufgestellt wurde. Die Vollerwerbsbauern hatten meist schon vor dem 1. Weltkrieg eigene zunächst handgetriebene, später elektrisch angetriebene Dreschmaschinen.

Die Straße war lange Zeit nur ein Feldweg und wurde

H48 Knauf: Friedhöfe in Neunkirchen, in: Stadtbuch 2005, vgl. Anm. B7, S. 607
H49 Remy: Heimatbuch We, vgl. Anm. A45, S. 62
H50 Saar- und Blieszeitung v. 18. 08. 1932

auch überwiegend landwirtschaftlich genutzt. 1958 wurde beklagt, dass die Straße noch immer nicht ausgebaut und nicht kanalisiert sei.

Hirtzbornweg Fu

Lage und Verlauf:
Es handelt sich um eine kleine Seitenstraße der Karcherstraße, die von ihr nach Norden abzweigt und nach wenig mehr als 100 m vor der Autobahn A 8 als Sackgasse endet.

Hirtzbornweg aus Richtung Karcherstraße,

Informationen zum Namen und zur Geschichte der Straße:
Die Straße ist nach dem vorhandenen Kartenmaterial zwischen 1962 und 1965 als reine Wohnstraße entstanden. Vom Ende der Straße gibt es einen nach Osten gehenden Fußweg zum Pfuhlwaldweg, der parallel zur Autobahn verläuft.
In der kurzen Straße stehen nur einige zweigeschossige Doppelhäuser. Der Straßenname wurde mit den Namen für zwei weitere Seitenstraßen im westlichen Teil der Karcherstraße (Am Kasköpfchen, Puhlwaldweg) vom Stadtrat in einer Sitzung am 25. 03. 1965 festgelegt. Der Hirtzborn lag am Fuße des Hirschbergs. Er war bereits in der Tilemann-Stella-Karte von 1564 eingezeichnet. Der Brunnen verschwand beim Bau des Wasserwerks in Wellesweiler im 19. Jh.

Hochstraße NK

Lage und Verlauf:
Die Hochstraße verbindet in Nord-Süd-Richtung ver-

Hochstraße aus Richtung Steinwaldstraße,

laufend die Friedrichstraße mit der höher gelegenen Steinwaldstraße. Auf halber Strecke in einer Biegung mündet von Westen kommend die Elisabethstraße ein.

Informationen zum Namen und zur Geschichte der Straße:
Von dem erwähnten Anstieg ist wohl auch der Straßenname abgeleitet. Dieser Name war in einer Sitzung des Gemeinderates am 24. 04. 1903 festgelegt worden[H51]. Die Straße wurde zusammen mit der Elisabethstraße Anfang des 20. Jh. geplant und angelegt. Sie ist nur etwa 200 m lang.

Hochstraße Wi *heute Prälat-Schütz-Straße*
Siehe Prälat-Schütz-Straße

Höcherbergstraße Ha

Lage und Verlauf:
Die Höcherbergstraße zweigt in der Ortsmitte von der Straße An der Oster nach Nordosten ab, kreuzt die Kreuzstraße und geht dann in Richtung Frankenholz und Höchen.

Informationen zum Namen und zur Geschichte der Straße:
Bis zum Sportplatz am Ortsausgang ist die Straße als schmale Straße ausgebaut. Dann verläuft sie als zwar geteerter aber in schlechtem Zustand befindlicher Forstwirtschaftsweg weiter in Richtung Frankenholz

---

H51 Saar- und Blieszeitung v. 25. 04. 1903

Höcherbergstraße aus Richtung An der Oster

Öffentliche oder sonst bedeutsame Gebäude in der Straße:

- Ostertalhalle

  Die Ostertalhalle, wurde 1970 als Mehrzweck-halle für die örtlichen Verein erbaut und in Be-trieb genommen. Die Halle hat eine Größe von 24 X 12 Metern. Im Untergeschoss befinden sich eine Gaststätte und Räume des Obst- und Gar-tenbauvereins. 1979 wurde der Vorplatz der Hal-le neugestaltet.

  Eine weitere grundsätzliche Sanierung mit Anla-ge eines behindertengerechten Zugangs wurde 2005 durchgeführt[H52].

- Feuerwehrgerätehaus

  Unmittelbar an der Höcherbergstraße oberhalb der Einfahrt zur Höcherberghalle liegt das Feuer-wehrgerätehaus des Löschbezirks Hangard der Freiwilligen Feuerwehr Neunkirchen.

- Schachtanlage

  Wenige 100 m außerhalb der bebauten Ortsla-ge befindet sich rechts am Weg der 1936/37 ab-geteufte Hangardschacht[H53]. Er war ein Wetter-schacht für ausziehende Wetter der Grube Fran-kenholz. Aus der gasreichen Grube Frankenholz wurde großenteils Methangas abgesaugt. Der Schacht selbst ist seit 1984 verfüllt. Die Überwa-chung der Gasabsaugung obliegt den wechseln-den Nachfolgeunternehmen von Saarberg.

  Im August 2005 wurde eine Sanierung vorge-nommen[H54].

H52 Saarbrücker Zeitung v. 02. 11. 2005
H53 Slotta: Bergbau in Neunkirchen, vgl. Anm. A45, S. 47, 86
H54 Saarbrücker Zeitung v. 03. 08. 2005

Höcherbergstraße Mü *zeitweise Josef-Bürckel-Stra-ße, heute Oben am Godtal*
Siehe Oben am Godtal

Hofplatzweg Ha

Lage und Verlauf:

Es handelt sich um eine Erschließungsstraße für ein neues Wohngebiet, die von der Straße An der Ziegel-hütte in nordwestlicher Richtung abzweigt und bis zum Süßbachweg verläuft.

Hofplatzweg Blickrichtung An der Ziegelhütte

Informationen zum Namen und zur Geschichte der Straße:

Der Straßenname entspricht einer Flurbezeichnung, die es in diesem Bereich gibt. Im Einmündungsbereich ist die neue Straße identisch mit einem Feldwirtschafts-weg, der bis zum Bau der Straße schon Hofplatzweg genannt worden war. Anfang der 1980er Jahre wurde in Hangard rechts der Oster ein Neubaugebiet unter der Bezeichnung „In der Süßbach " erschlossen, zu dem die Straßen Süßbachweg und Hofplatzweg gehören. Die Straßennamen wurden in einer Stadtratsitzung am 24. 09. 1980 festgelegt.

Hohenlohestraße NK *vorher Mundorfsche Straße, dann Heinestraße, heute nicht mehr existent*

Lage und Verlauf:

Es handelte sich um eine Verbindungsstraße zwischen dem südlichen Teil der Brückenstraße und der Straße Am Südu-fer (heute Karl-Schneider-Straße), mit einer Anbindung an die Moltkestraße (heute Mendelssohnstraße). Die Straße verlief etwa über das Gelände der heutigen Hauptpost und der Fa. Ruffing.

Informationen zum Namen und zur Geschichte der Straße:

Die Straße hieß ursprünglich Mundorfsche Straße, weil sich dort die Villa des Architekten und Inhabers der Baufirma Fritz Mundorf befand.

In der zweiten Hälfte des 19. Jh. wuchsen die Stadt und die Bevölkerung auf Grund der enorm ansteigenden Industrialisierung in einem ungeheuren Tempo. Es entstanden ständig neue Straßen, die in der euphorischen Stimmung nach dem gewonnenen Deutsch-Französischen Krieg 1870/71 oft nach Mitgliedern des Kaiserhauses, nach verdienten Heerführern oder nach Schlachtenorten benannt wurden. Nach einem Beschluss des Gemeinderates Neunkirchen vom 24. 04. 1903 wurde die bisherige Mundorfsche Straße in Hohenlohestraße umbenannt.

1905 hatte die Straße 10 Anwesen/Grundstücke, davon einige unbebaut.

Nach dem Ende des 2. Weltkrieges wurde die Straße zunächst in Heinestraße umbenannt, dann fiel sie aber einer Neuordnung in diesem Bereich, insbesondere dem Neubau der Hauptpost zum Opfer.

Informationen zum damaligen Namensgeber:

Chlodwig Fürst zu Hohenlohe – Schillingsfürst (31. 02. 1819 – 06. 07. 1901) war von 1866 – 1870 bayerischer Ministerpräsident, 1874 – 1885 Botschafter in Paris, 1885 – 1894 Statthalter des Deutschen Reiches in Elsaß-Lothringen, 1894 – 1900 Reichskanzler. Karl Ferdinand Stumm, der unter Reichskanzler Bismarck Einfluss auf die Reichspolitik hatte, unterstützte auch dessen Nachfolger General von Caprivi und Fürst Chlodwig zu Hohenlohe-Schillingsfürst. Dieser Umstand gab sicher Anlass zur Vergabe des Straßennamens[H55].

Hohenzollernstraße NK zeitweise Rathausstraße
(1945 – 1962), heute unterer (östlicher) Teil der Philippstraße
Siehe Philippstraße

Informationen zum damaligen Namensgeber:

Die Hohenzollern sind ein preußisch-deutsches Herrschergeschlecht, das aus einer schwäbischen Grafenfamilie hervorging, die sich bis ins 11. Jahrhundert zurückverfol-

gen lässt. Die Herrscher Brandenburgs und Preußens stammten aus der Familie der Hohenzollern, ebenso die deutschen Kaiser seit 1871.

Der Name des Geschlechts leitet sich von seiner Stammburg Zollern (später Hohenzollern) in der Nähe des schwäbischen Hechingen ab. Als Stammvater der Hohenzollern gilt Friedrich von Zollern, der 1111 von seinem Verwandten, dem Schwabenherzog Friedrich I. von Staufen, in den Grafenstand erhoben wurde. 1417 erhielt Burggraf Friedrich VI. (als Kurfürst Friedrich I.) von Kaiser Sigismund das Kurfürstentum Brandenburg. Friedrichs Nachkommen behaupteten in direkter Linie die Kurfürsten- und später die Königswürde in Brandenburg und Preußen. 1701 wurde Kurfürst Friedrich III. als Friedrich I. König in Preußen. In den folgenden eineinhalb Jahrhunderten lösten sich einander auf dem preußischen Thron ab: Friedrich Wilhelm I., Friedrich II. (der Große), Friedrich Wilhelm II., Friedrich Wilhelm III. und Friedrich Wilhelm IV. König Wilhelm I. wurde 1871 deutscher Kaiser. Seine Nachfolger auf dem Kaiserthron waren Friedrich III. und Wilhelm II. Die Herrschaft der Hohenzollern in Preußen und im Reich endete 1918 mit der Abdankung Wilhelms II. nach dem verlorenen 1. Weltkrieg.

Hohl We volkstümlich für Eifelstraße vorher Mühlenweg, Ludwigsthaler Straße
Siehe Eifelstraße

Hohlstraße NK unter Einbeziehung der früheren Felsstraße bzw. Die Fels

Lage und Verlauf:

Die Hohlstraße führt von der Kreuzung Markstraße/Brunnenstraße/Talstraße nach Süden bis zum Mantes-la-ville-Platz und mündet dort in die zur Scheib führende Zweibrücker Straße ein. Sie ist ein Teil der Hauptverkehrsachse vom Hauptbahnhof über den Stummplatz, den Oberen Markt und die Scheib nach Furpach.

Informationen zum Namen und zur Geschichte der Straße:

Die Chronik von Neunkirchen Nr. 1/1913 schreibt zur Hohlstraße: „Eine sehr alte Straße, die ihren Namen jedenfalls daher hat, dass sie zwischen zwei Felsen durchführt (Hohlweg)“. Bei diesen beiden Felsen handelt es sich auf der einen (westlichen) Seite um den Büchel, auf dem die Gebäude der Schloß-Brauerei stehen (siehe Büchelstraße) und auf der anderen Seite um den

---

H55 Bierbrauer, Peter: Karl Ferdinand von Stumm-Halberg in seiner Epoche, in: Stadtbuch 2005,, vgl. Anm. B7, S. 125

Hohlstraße mit der ehemaligen Straße Die Fels

Haspel mit einem zur Hohlstraße vorspringenden Fels, auf dem Wohnhäuser stehen.

Die zu diesen Häusern führende kleine Stichstraße zweigt in Höhe des Fischkastens nach Osten von der Hohlstraße ab und führt steil auf einen Felsen dicht bei der Hohlstraße. Die kleine Straße führte als Feldweg weiter auf den früher landwirtschaftlich genutzten Haspel. Die Neunkirchener Zeitung schrieb am 12. 11. 1938: *„Die Fels, man würde sie besser und schöner „Auf dem Fels" nennen, denn sie steigt über Felsen hinauf zum Flur über Vogels Wirtschaft. Nur drei Häuser hatten glückliche Erbauer hier einst errichtet. Es waren der Buchhalter Ernst Bruchhaus, der Polizeidiener Karl Schmeer und der Anschläger Jakob Spengler. Später kam noch der Gastwirt Bonner dazu".* Im Stadtplan von 1902 ist die Straße mit dem Namen Die Fels noch eingetragen, in dem von 1905 heißt sie schon Felsstraße. Dieser Name war ihr in einer Gemeinderatssitzung am 24. 04. 1903 verliehen worden[H56]. Im Stadtplan von 1928 ist sie nicht mehr eingetragen, also schon Teil der Hohlstraße.

Die Hohlstraße ist schon im Nordheimplan von 1797 eingezeichnet, wird dort allerdings Zweibrücker Straße genannt[H57]. Heute ist nur noch ihre Fortsetzung ab dem Mantes-la-ville-Platz in Richtung Scheib/Furpach die Zweibrücker Straße. Die Tranchot-Karte von 1818 zeigt, dass die Hohlstraße zu diesem Zeitpunkt schon eine relativ dichte Bebauung hat, ein Straßenname ist dort allerdings nicht eingetragen[H58].

Am 15. 05. 1879 schlug der Ortsbaumeister Riemann dem Bürgermeister Jongnell von Neunkirchen die Beschaffung von Namensschildern für 49 Straßen und 8 Wohnplätze vor. In dieser Aufstellung ist auch der Name Hohlstraße aufgeführt. Für die Straße mussten damals 2 Straßenschilder und 35 Hausnummernschilder beschafft werden[H59].

In einem Situationsplan von Neunkirchen aus dem Jahre 1883 ist die Straße dann ebenfalls mit ihrem jetzigen Namen verzeichnet[H60].

Schon seit 1907 verliefen durch die damals enge Hohlstraße die Straßenbahnschienen der Linie Wiebelskirchen - Hauptbahnhof – Scheib. Die westliche Straßenseite entlang des Büchel war damals durchgehend vom Heusners Weiher bis zur Talstraße mit Wohn- und Geschäftshäusern bebaut. Die Häuser standen weit vor bis in die heutige Straßenfläche, die dadurch sehr beengt war[H61]. Die Schienen verschwanden nach Stilllegung der Straßenbahn 1978 aus dem Straßenbild.

1913 plante man eine Eisenbahnlinie von Neunkirchen nach Rohrbach. Diese Eisenbahnlinie sollte in Höhe des Schlachthofes von der Pfalzbahnstrecke abzweigen und nach Überquerung der Blies am Hang des Krebsbergs entlang in Richtung Heusnersweiher und von dort nach einer Rechtsschwenkung unter der Spieser Straße hindurch in Richtung der Heinitzer Weiher und zum Butterberg in Spiesen verlaufen. An dieser Strecke sollte an der Hohlstraße am Eingang zum Wagwiesental ein Bahnhof für die Oberstadt entstehen[H62]. Zum Bau dieser Eisenbahnlinie ist es aber vermutlich wegen des 1914 ausbrechenden 1. Weltkrieges nicht gekommen.

Am 18. 02. 1921 lehnte der Gemeinderat Neunkirchen (Beschlussbuch der Gemeinde Neunkirchen) eine elektrische Beleuchtung für die Hohl- und die Zweibrücker Straße ab, weil diese Neueinrichtung zu teuer sei. Stattdessen würden die vorhandenen Gaslampen mit hochkerzigen Lampen versehen. Seit wann es diese Beleuchtung mit Gaslampen gab, ist nicht überliefert.

Nach dem Abriss der Häuser auf der westlichen (Büchel-) Seite der Straße und dem Herausreißen der Straßenbahnschienen in den 1960er und 1970er Jahren konnte die Straße ihrer Widmung entsprechend als Teil der Hauptverkehrsachse in Nord-Süd-Richtung durch die Stadt verbreitert werden.

H56 Saar- und Blieszeitung v. 25. 04. 1903

H57 Krajewski: Stadtbuch 1955, vgl. Anm. A12, S. 91

H58 Krajewski: Stadtbuch 1955, vgl. Anm. A12, S. 113

H59 Beschaffung von Straßenschildern, vgl. Anm. A8

H60 Situationsplan NK 1883, vgl. Anm. A4

H61 Raber, Werner: Blick in die Hohlstraße 1962, in: Scheiber Nachrichten Nr. 31, Dez. 1995

H62 Klein, Hanns: Bliesrevier ...., vgl. Anm. F39, S. 46, 59

Auf diesem relativ kurzen Straßenstück gab es ehemals insgesamt 5 Gaststätten, darunter im Anwesen Nr. 30 die Wirtschaft der C. Schmidt, gen. „Wallrath's Katsche", eine der ältesten Gaststätten Neunkirchens[H63]. Dieses Haus, das eigentlich hätte unter Denkmalschutz gestellt werden müssen, wurde 1983 abgerissen.

Holtzenrech We

Lage und Verlauf:

Südöstlich der Bürgermeister-Regitz-Straße zwischen Eifelstraße und der Straße Zur Römertreppe befindet sich ein kleines Wohngebiet mit drei als Sackgassen ausgebauten Erschließungsstraßen

- Birnbaumweg
- Holtzenrech
- Kirschbaumweg.

Die Zufahrt zum Wohngebiet ist nur von der Bürgermeister-Regitz-Straße aus über den Birnbaumweg möglich.

Holtzenrech Blickrichtung Bürgermeister-Regitz-Straße, im Hintergrund der Kühlturm des Kraftwerkes Bexbach

Informationen zum Namen und zur Geschichte der Straßen:

In dem Wohngebiet wurden Anfang der 1970er Jahre insgesamt 21 Bauplätze erschlossen. Zunächst gab es den Birnbaumweg und den Holtzenrech. Deren Namen wurden vom Stadtrat in einer Sitzung am 22. 08. 1973 festgelegt. Die Bezeichnung Holtzenrech ist an

---

H63 Raber, Werner: Scheiber Gaststätten, in: Scheiber Nachrichten Nr. 21, Dez. 1990; Krajewski: Plaudereien 4, vgl. Anm. B50, S. 19; Saarländische Tageszeitung v. 01. 02. 1941

einer dort vorhandenen Flurbezeichnung orientiert. Alternativ war damals auch die Bezeichnung Hollerwinkel vorgeschlagen worden.

Bei den Häusern in der Straße handelt es sich ausschließlich um Neubauten im Bungalowstil mit Flachdächern.

Holzgehege NK *heute Teil des Burrwiesenwegs*
Siehe Burrwiesenweg

Holzhauerthalstraße Hei

Lage und Verlauf:

Die Holzhauerthalstraße ist eine Straße, die von der Grubenstraße in Höhe des Hans-Krämer-Platzes nach Westen abzweigt, nach ca. 200 m eine Schwenkung nach Nordosten vollzieht und nach weiteren ca. 300 m in die Moselschachtstraße einmündet. In Höhe der erwähnten Schwenkung der Straße zweigt ein Straßenteil ab, der südlich des früheren Bergwerksgeländes verläuft und westlich als Sackgasse endet. Dieser Straßenabschnitt ist jedoch für den öffentlichen Straßenverkehr gesperrt.

Holzhauerthalstraße aus Richtung Grubenstraße

Informationen zum Namen und zur Geschichte der Straße:

Der Straßenname leitet sich von einer Flurbezeichnung her. Die Flur XXX, zu der ganz Heinitz gehört, heißt „Holzhauerthal". Schon im Nassauer Kartenwerk (1750) ist die Flurbezeichnung „Holzhauerthal" enthalten. Bei der preußischen Uraufnahme 1850 wurde die Bezeichnung übernommen. Offensichtlich handelte es sich bei der Straße schon immer um einen Zufahrtsweg zum

Tal der Holzhauer. Wahrscheinlich standen hier auch Kohlenmeiler für das Neunkircher Eisenwerk. Später standen unmittelbar an der Holzhauerthalstraße die landwirtschaftlichen Gebäude des Bergwerks Heinitz und ein Teil der Pferdeställe.

An der Südseite der Straße am Hang standen mehrere Wohngebäude für Bergleute, die jedoch in den 1970er Jahren abgerissen wurden.

Seit 2001 steht das ehemalige Casino-Gebäude nicht mehr in der Moselschachtstraße, sondern gehört nach geänderter Straßenführung zur Holzhauerthalstraße und hat dort die Haus-Nr. 27[H64]. Das Gebäude, das ca. 1860 als Kantine entstanden ist, wird z. Zt. zu einem Wohngebäude umgebaut.

Öffentliche oder sonst bedeutsame Gebäude oder Einrichtungen in der Straße:

- Bergwerk und Kokerei Heinitz
  Siehe Friedrichthaler Straße

Homburger Straße We vorher Mittelbexbacher Weg, teilweise Kirchenstraße, volkstümlich „die Gaß"

Lage und Verlauf:

Heute beginnt die Homburger Straße an der Bliesbrücke in Wellesweiler und führt in Generalrichtung nach Osten bis zur Stadtgrenze zu Bexbach. Dabei vollzieht die Straße unmittelbar nach der Bahnunterführung zunächst eine scharfe Kurve nach rechts und dann eine Linkskurve.

Homburger Straße aus Richtung Bexbach

Informationen zum Namen und zur Geschichte der Straße:

Der Name verweist auf die Richtung, in der die Straße führt (über Bexbach nach Homburg).

Die heutige Homburger Straße besteht aus zwei Teilstrecken, einem Teil von der Bliesbrücke bis zur Eisenbahnunterführung (die ehemalige Kirchenstraße) und einem zweiten Teil von der Eisenbahnunterführung bis zur Stadtgrenze Richtung Bexbach, der immer schon Homburger Straße hieß.

Der zweite Straßenteil begann früher an der evang. Kirche und führte von dort in Richtung Bexbach/Homburg. Laut Trösken wurde diese Straße von Wellesweiler bis zur Pfälzer Grenze im Jahre 1771 wegen der Kohlenfuhrwerke ausgebaut. Bereits zur Fürstenzeit befand sich an der Straße unmittelbar an der Grenze zu Bexbach ein Zollstock, an dem die über die Grenze gebrachten Waren verzollt werden mussten[H65]. Nachdem diese Zollstelle während der napoleonischen Zeit weggefallen war, wurde sie von den Preußen 1829 wieder errichtet.

Als 1850 die Bahnlinie Bexbach – Neunkirchen gebaut worden war, gab es in Wellesweiler zunächst keinen Bahnhof, und die Grube Wellesweiler erhielt auch keinen Bahnanschluss zum Abtransport der Kohle. Die Homburger Straße überquerte die Bahnlinie zunächst auf einem schienengleichen Bahnübergang, der südöstlich der Gaststätte Leibenguth lag, dort wo heute noch das alte Wellesweiler Spritzenhaus steht. Von dort konnten Fahrzeuge geradeaus in Richtung Bexbach fahren.

Am 14. 05. 1906 meldete die Saar- und Blieszeitung den Beginn der Arbeiten zu einer Bahnunterführung. Diese wurde nun westlich des Gasthauses Leibenguth in der Verlängerung der Kirchenstraße gebaut. Seit Beendigung dieser Arbeiten vollzieht die Homburger Straße aus Richtung Bexbach kommend unmittelbar vor der Bahnlinie eine scharfe Rechtskurve und fällt stark ab, um auf das Niveau der Bahnunterführung zu kommen. Im Bereich der Brücke wurde dann auch, mehr als 50 Jahre nach dem Bau der Eisenbahnlinie, ein Personenbahnhof gebaut. Ein Haltepunkt war schon 1880 eingerichtet worden.

Das Straßenstück zwischen Bliesbrücke und Bahnunterführung hieß ursprünglich Kirchenstraße nach der an

---

H64 Schinkel: Heinitz, vgl. Anm. B9, S. 163

H65 Bach: Wellesweiler, Dorf zwischen den Grenzen, vgl. Anm. B21, S. 318

ihr liegenden unter Denkmalschutz stehenden Stengelkirche. Im Volksmund wurde dieses Straßenstück früher allerdings immer nur „Die Gass" genannt. Zwischen
der Kirche und der Blies überquerte die Straße noch einen sogenannten Wehrgraben. Dabei handelte es sich
um einen Wässerungsgraben für die Grundstücke zwischen Blies und der heutigen Eisenbahnlinie. Das Wasser wurde an einem 1765 errichteten Wehr der Blies
(damals „Schließ" genannt) gestaut und in den Graben
abgeleitet[H66]. Auf der nördlichen Straßenseite schloss
sich an die Barockkirche ein Kirchhof (ältester Friedhof) an, der sich ursprünglich bis zum Wehrgraben er-
streckte und zur Straße hin mit einer Mauer abgetrennt
war. Die evang. Kirchengemeinde verkaufte das an die
Kirche angrenzende Grundstück 1924, worauf ein Geschäftshaus an den Kirchengiebel angebaut wurde.
Die Saar- und Blieszeitung klagte am 30. 04. 1931 darüber, dass die Kirchenstraße nur 6 m breit und nicht
kanalisiert sei. Das gleiche Blatt meldete am 15. 06.
1932, das Rohrbach'sche Haus sei zwecks Umbau im
Abbruch und der Sattlermeister Gabel plane den Neubau eines Wohn- und Geschäftshauses, was von der
Bevölkerung begrüßt werde, weil dann hier die frühere
Friedhofsmauer niedergelegt werden könne. Nach
dem 2. Weltkrieg stand die Mauer aber immer noch.
Am 12. 10. 1949 meldete die Saarbrücker Zeitung, die
alte lange Mauer in der Kirchenstraße, die den Verkehr
sehr einenge, werde jetzt abgerissen. Am 28. 11. 1949
stimmte der Stadtrat dem Ankauf des dem Bäckermeister Eisenbeis gehörenden Geländes zu, um einen
öffentlichen Platz anlegen zu können. Am 21. 06. 1950
fragte die Saarbrücker Zeitung: *„Was geschieht mit dem
freien Platz in der Kirchenstraße nach dem Abriß der berühmten Mauer (Bauplatz Kino oder Festplatz)? Der Platz
ist völlig überwuchert. Manche Gemeinde wäre froh, einen
solchen an der Hauptstraße gelegenen Platz zu besitzen".*
1950 wurde dort schließlich ein Kino gebaut und daran anschließend 1957 ein Sparkassengebäude. Beide
wurden aber in den 1990er Jahren wieder abgerissen,
um einem Wohnblock der GSG Platz zu machen. Der
Grundstein zu diesem Wohnblock war 1995 gelegt und
die Häuser 1997 fertiggestellt worden[H67].
Schon vor dem 2. Weltkrieg erhielt die Homburger
Straße Richtung stadtauswärts ohne speziellen Ausbau

eine Teerdecke. Die Saarbrücker Zeitung meldete am
26. 08. 1938, die Neunkircher und die Homburger
Straße seien jetzt asphaltiert. Zu diesem Zeitpunkt war
die Grube Wellesweiler schon stillgelegt. Mit den Koh-
lentransporten hat dieser Ausbau deshalb nichts zu tun.
Erst ab 1959 begann die Kanalisierung und der weitere
Ausbau der Straße.
Weil es nach der Gebiets- und Verwaltungsreform 1974
in der Stadt mehrere Kirchenstraßen gab, wurde die in
Wellesweiler liegende zur Homburger Straße hinzugenommen, so dass die Straße nunmehr an der Bliesbrücke beginnt und an der Stadtgrenze endet.
In den Jahren 2001/2002 wurde die Kreuzung Homburger Straße/Industriering an der Stadtgrenze zu Bexbach zu einem Kreisverkehr ausgebaut.

**Öffentliche oder sonst bedeutsame Gebäude in der
Straße:**
- Stengelkirche – Siehe Stengelplatz
- Bahnhof (Haltepunkt)
  1850 wurde die Bahnstrecke von Bexbach über
  Neunkirchen nach Heinitz als Verlängerung der
  Ludwigsbahn (von Ludwigshafen nach Bexbach)
  in den preußischen Teil des heutigen Saarlandes
  gebaut. Wegen der ablehnenden Haltung der
  Wellesweiler Bevölkerung dem Eisenbahnbau
  gegenüber blieb der preußische Grenzort Wel-
  lesweiler trotz der mitten durch den Ort lau-
  fenden Bahnlinie von 1850 an 30 Jahre lang vom
  Bahnverkehr ausgesperrt. Erst 1878/79 wurde ein
  Personenhaltepunkt eingerichtet und 1908 ein
  Bahnhof gebaut. Nach über 50 Jahen im Dienst,
  wurde das Gebäude 1965 als unrentabel aufgegeben und am 05. 08. 1976 abgerissen. Heute
  befindet sich hier nur noch ein Haltepunkt.
- Eisenbahnbrücke
  Als 1850 die Eisenbahnstrecke durch Wellesweiler gebaut wurde, wurde der Straßenverkehr in
  Richtung Bexbach zunächst über einen schienengleichen Übergang geleitet. Nur ca. 250 m
  weiter westlich gab es am unteren Ende der heutigen Rettenstrasse in der Neunkircher Straße
  (heutige Rombachstraße) einen zweiten schienengleichen Übergang für den Verkehr in Richtung Grubenanlage und Neunkirchen. Der Abtransport der Kohle von der Grube Wellesweiler
  erfolgte überwiegend mit Pferdefuhrwerken in
  Richtung Pfalz. Da die beiden Übergänge den

H66 Festschrift zur 1200 Jahrfeier von Wellesweiler 797
     - 1997
H67 Saarbrücker Zeitung v. 03. 09. 1997

Verkehr erheblich beeinträchtigten, wurde 1908 der Bahndamm erhöht und es wurden zwei Eisenbahnbrücken gebaut, über die heute noch der zwischenzeitlich recht spärliche Zugverkehr läuft.

- Die Schäferei

Neben dem Junkergut (großer und kleiner Hof) in der heutigen Eisenbahnstraße hatten die Grafen von Nassau-Saarbrücken ein drittes größeres Anwesen in Wellesweiler, die Schäferei. Das Objekt lag an der Straße nach Bexbach, der heutigen Homburger Straße, weshalb die dortige Gemarkung noch heute „Die Schäferei" heißt. Auf ihrer Rückseite stieß die Schäferei an die heutige Hirtenstraße, die ihren Namen nach dem zur Schäferei gehörigen Hirtenhaus erhalten hat. Zur Schäferei selbst gehörten ein Wohnhaus mit Stallung, Scheune, Wiesen, Gärten und Ackerland.

Die älteste Erwähnung der Schäferei stammt aus dem Jahr 1699[H68]. Die Schäferei wurde jeweils für ca. 12 Jahre verpachtet.

Homburger Straße Wi *heute Teil der Bexbacher Straße*

Es handelte sich um den Teil der heutigen Bexbacher Straße zwischen der Kuchenbergstraße und der Einmündung Beethovenstraße.
Weiteres siehe Bexbacher Straße

Horst-Wessel-Park NK *vorher Alter katholischer Friedhof, dann Alter Park, Schlosspark, heute nicht mehr existent*
Siehe Alter Park

Informationen über den damaligen Namensgeber:
Horst Wessel (09. 10. 1907 – 23. 02. 1930) war ein im 3. Reich gefeierter Märtyrer der Bewegung. Er wurde als Pfarrerssohn in Bielefeld geboren und trat 1926 in die NSDAP und in die SA ein. Er verfasste das Marschlied „Die Fahne hoch, die Reihen dicht geschlossen ......", das als Horst-Wessel-Lied bekannt wurde. Wessel kam bei einer Schlägerei in Berlin mit politischen Gegnern ums Leben. Die Aufregung über seinen Tod verstand der spätere Propagandaminister Goebbels geschickt auszunutzen, um gegen linke Gegner Stimmung zu machen. Er wurde zum asketischen

Helden hochstilisiert an dessen Kampfbereitschaft für die Bewegung man stets erinnerte.

Horst-Wessel-Straße Mü *vorher und auch heute wieder Altstraße*
Siehe Altstraße

Informationen zum damaligen Namensgeber:
Siehe Horst-Wessel-Park NK

Horst-Wessel-Straße Wi *vorher und auch heute wieder August-Bebel-Straße*
Siehe August-Bebel-Straße

Informationen zum damaligen Namensgeber:
Siehe Horst-Wessel-Park NK

Hospitalstraße NK vorher Untere Ruhstockstraße, teilweise Schmidt'scher Weg

Lage und Verlauf:
Die Hospitalstraße ist eine Verbindungsstraße zwischen Marienstraße und Knappschaftsstraße unterhalb (nördlich) der parallel verlaufenden Ruhstockstraße.

Hospitalstraße aus Richtung Marienstraße

Informationen zum Namen und zur Geschichte der Straße:
Der Straßenname kommt von dem früher an der Einmündung zur Marienstraße-Brückenstraße gelegenen Viktoria-Hospital (später Hüttenkrankenhaus).
Zuvor war die Straße nach einer in diesem Bereich liegenden Flur bezeichnet. Ende der 1880er Jahre gab es

---

H68 Remy: Heimatbuch We, vgl. Anm. A45, S. 62

drei Straßen, die nach dieser Flurbezeichnung benannt waren:

- Unterer Ruhstock – heute Hospitalstraße
- Mittlerer Ruhstock – heute Ruhstockstraße
- Oberer Ruhstock – heute Röntgenstraße

Der Flurname ist darauf zurückzuführen, dass in diesem Bereich wahrscheinlich in früheren Jahrhunderten ein steinerner Ruhstock stand für bergauf gehende Menschen mit Rückenlasten. Auf solchen Stöcken konnten sie ihre Lasten für eine Ruhepause absetzen[H69].

Die Straße ist wohl in der 2. Hälfte des 19. Jh. angelegt worden, denn als der Ortsbaumeister Riemann dem Bürgermeister Jongnell von Neunkirchen am 15. 05. 1879 die Beschaffung von Namensschildern für 49 Straßen und 8 Wohnplätze vorschlug, tauchte der Name Untere Ruhstockstraße in dieser Aufstellung ebenfalls auf. Für die Straße mussten damals schon 1 Straßenschild und 24 Hausnummernschilder beschafft werden. Es gab also schon einige Bebauung[H70].

In einem Situationsplan von Neunkirchen aus dem Jahre 1883 ist die Straße als dicht bebaute Wohnstraße eingezeichnet und heißt nun Hospitalstraße nach dem 1874 erbauten Viktoria-Hospital[H71]. Der Teil der heutigen Hospitalstraße unmittelbar an der Einmündung in die Knappschaftsstraße wurde in einem Bauplan über die Neuanlage der Knappschaftsstraße vom September 1886 Schmidt'scher Weg genannt.

Öffentliche oder sonst bedeutsame Gebäude in der Straße:

- Viktoria-Hospital (später Hüttenkrankenhaus)[H72]
  Am damaligen östlichen Ende der Viktoriastraße (heute Lutherstraße) wurde 1874 das Hüttenkrankenhaus, auch Viktoria-Hospital genannt, durch das Neunkircher Eisenwerk erbaut. Victoria hieß die Gattin des damaligen preußischen Kronprinzen Friedrich Wilhelm (des späteren dt. Kaisers Friedrich III. - 1888 für 99 Tage). Vorher waren unfallverletzte Hüttenarbeiter in einem Raum im Verwaltungsgebäude des Eisenwerks durch einen externen Arzt behandelt worden. Im neuen Krankenhaus wurden die Kranken unter der Leitung eines angestellten Arztes von

Schwestern aus der Diakonissenanstalt Kaiserswerth betreut[H73].

1938 ging die Klinik auf die Saarhüttenknappschaft über. Am 15. 03. 1945 wurde das Haus bei einem Bombenangriff schwer beschädigt. Am 01. 07. 1957 erfolgte der nächste Besitzerwechsel; die Landesversicherungsanstalt übernahm das Hospital. 1965 wurde das Krankenhaus von der Stadt übernommen. Es war dann bis zu seinem Abriss 1974 Städtisches Krankenhaus.

Heute steht auf einem Teil des damaligen Krankenhausgeländes das Hauptpostamt.

Hügelstraße Wi

Lage und Verlauf:

Die Hügelstraße ist eine kleine unscheinbare Seitenstraße, die von der Bexbacher Straße aus parallel zum unteren (nördlichen) Teil der Kuchenbergstraße hinter deren östlicher Häuserreihe verläuft und nach ca. 200 m in die Kuchenbergstraße einmündet.

Hügelstraße Blickrichtung Ortsmitte/Blies

Informationen zum Namen und zur Geschichte der Straße:

Bis 1895 gab es in Wiebelskirchen keine Straßenbezeichnungen. Im ganzen Ort gab es Bezirke, die ohne weitere Nummerierung ein Finden von Häusern ermöglichten. Der Bereich der heutigen Hügelstraße gehörte mit anderen Straßen zum Bezirk Seiters. Mit

H69 Krajewski: Stadtbuch 1955, vgl. Anm. A12, S. 461
H70 Beschaff. Straßenschilder 1879, vgl. Anm. A8
H71 Situationsplan NK 1883, vgl. Anm. A4
H72 Krajewski: Plaudereien 7, vgl. Anm. A23, S. 17

H73 Wildberger, Kurt: Soziale Einrichtungen, in: Stadtbuch 1955, vgl. Anm. A12, S. 398

der Einführung der Straßennamen wurde die Straße Hügelstraße genannt[H74].

Der Straßenname ist offenbar auf den Umstand zurückzuführen, dass dieses Sträßchen etwas höher liegt als die parallel dazu verlaufende Hauptstraße, die Kuchenbergstraße.

Vor dem Bau dieses Teils der Kuchenbergstraße war sie sogar die Hauptdurchgangsstraße in Richtung des Flusses.

Die Straße liegt im Kernbereich des Ortsteils Seiters und hatte nie einen anderen Namen. Am Anwesen 3 a der Hügelstraße beginnt der Plattenpfad, ein Fußweg, der nach Osten verlaufend am Vorplatz der Ohlenbachhalle vorbeiführt und an der Beethovenstraße endet.

Hüttenbergstraße NK zeitweise Am Hüttenberg, Straße des 13. Januar

Lage und Verlauf:

Die Hüttenbergstraße führt ab der unteren Kirche (Christuskirche) den Berg hinauf in südöstlicher Richtung bis zum Oberen Markt.

Sie ist ein Teil der Hauptverkehrsachse vom Hauptbahnhof über den Oberen Markt zur Scheib und Richtung Furpach.

Hüttenbergstraße Blickrichtung Stummstraße

Informationen zur Geschichte und zum Namen der Straße:

Bei der Hüttenbergstraße handelt es sich um eine der ältesten Straßen von Neunkirchen. Schon im Nordheimplan von 1797 ist sie als Hüttenberg-Straße und

Chaussee nach Saarbrücken und Ottweiler eingezeichnet[H75]. Die Tranchot-Karte von 1818 zeigt, dass die Straße zu dieser Zeit schon eine relativ dichte Bebauung hat[H76]. Ab der 2. Hälfte des 19. Jh. entwickelte sich die Hüttenbergstraße neben der Bahnhofstraße zur wichtigsten Geschäftsstraße in Neunkirchen. Diese Rolle hat sie nach dem 2. Weltkrieg mehr und mehr verloren.

Am 15. 05. 1879 schlug der Ortsbaumeister Riemann dem Bürgermeister Jongnell von Neunkirchen die Beschaffung von Namensschildern für 49 Straßen und 8 Wohnplätze vor. In dieser Aufstellung ist auch der Name Hüttenbergstraße aufgeführt. Für die Straße mussten damals 4 Straßenschilder und 88 Hausnummernschilder beschafft werden[H77].

Auch im ersten Ortsplan von Neunkirchen aus dem Jahr 1883 ist die Hüttenbergstraße mit durchgehender Bebauung eingezeichnet[H78].

Die Straße begann früher in der Stadtmitte an der Kreuzung Stummdenkmal. Am 25. 04. 1903 wurde der untere Teil der Straße zwischen Stummdenkmal und Christuskirche abgetrennt und zu Ehren von Karl Ferdinand von Stumm-Halberg in Stummstraße umbenannt[H79].

Nach dem Beschlussbuch der Gemeinde Neunkirchen entschied der Gemeinderat am 24. 10. 1899 die Hüttenbergstraße nach Verlegung von Gleisen für die geplante Straßenbahn zu pflastern. Da die Straßenbahn erst 1907 eröffnet wurde, mussten die Benutzer der Hüttenbergstraße noch einige Jahre auf die Befestigung warten. Seit der Eröffnung der Straßenbahn führten zwei parallele Gleise durch die gesamte Länge der Straße. Die Strecke am unteren Hüttenberg war zu diesem Zeitpunkt die steilste Straße Europas, auf der eine Straßenbahn ohne Zahnradantrieb fuhr.

Am 28. 09. 1911 beschloss der Rat, in der Hüttenbergstraße zwischen Königstraße und Ritzwiesstraße (heute Jakobstraße) ein Zementplattentrottoir herzustellen und am 18. 03. 1914 einen gleichartigen Ausbau auf der linken Seite am oberen Hüttenberg.

Am 13. Januar 1935 fand im damaligen Saargebiet eine Volksabstimmung statt, in der die Bevölkerung zwischen einem Anschluss an Frankreich, der Beibehaltung des Status quo oder der Rückkehr nach Deutschland ent-

H74 Bürgerbuch Wi, vgl. Anm. A1, S. 221 - 223

H75 Krajewski: Stadtbuch 1955, vgl. Anm. A12, S. 91
H76 Krajewski: Stadtbuch 1955, vgl. Anm. A12, S. 113
H77 Beschaffung von Straßenschildern, vgl. Anm. A8
H78 Situationsplan NK 1883, vgl. Anm. A4
H79 Saar- und Blieszeitung v. 25. 04. 1903

scheiden konnte. Eine überwältigende Mehrheit von 90,73 % stimmte für die Rückkehr nach Deutschland. Bereits am 17. 01. 1935 beschloss daraufhin der Rat des Völkerbundes die Wiedereinsetzung Deutschlands in die Regierung des Saarbeckens zum 1. März 1935. Noch vor diesem Datum beschloss der Stadtrat von Neunkirchen Ende Januar 1935 die Änderung von Straßennamen zum 1. Februar 1935, um damit nationalsozialistische Größen oder verdiente Soldaten des 1. Weltkrieges zu ehren bzw. an Schlachtenorte des 1. Weltkrieges oder an Opfer der französischen Besatzung zu erinnern.

Der nach der Abstimmung für das Saargebiet zuständige NS-Gauleiter Joseph Bürckel gab Anfang Januar 1936 die Losung aus, in allen saarländischen Gemeinden aus Anlass des ersten Jahrestages der Abstimmung eine Straße nach dem Abstimmungstag und in größeren Gemeinden zusätzlich einen Platz der Deutschen Front oder ein Befreiungsplatz zu benennen[H80]. Daraufhin wurde aus der Hüttenbergstraße die Straße des 13. Januar.

Unmittelbar nach Ende des 2. Weltkrieges erhielt sie ihren alten Namen wieder zurück.

Öffentliche oder sonst bedeutsame Gebäude in der Straße:

- Evang. Christuskirche

  Die am Oberen Markt stehende Kirche, die 1727 an Stelle eines alten baufälligen Gotteshauses erbaut worden war, war Mitte des 19. Jh. für 3869 evangelische Christen in Neunkirchen zu klein geworden, so dass ein Neubau erfoderlich wurde. Es entstand ein Streit über den Standort der neuen Kirche. Während eine Partei den alten Standort am Oberen Markt/Ecke Heizengasse bevorzugte, wollten andere die Kirche in die Unterstadt bauen. In diesen Streit schaltete sich Karl Ferdinand Stumm vermittelnd ein. Eine Kirche sollte nach seinem Vorschlag an der Stelle der alten am Oberen Markt erstehen. Er und seine Familie wollten dann im Unterort eine weitere Kirche auf eigene Kosten bauen[H81]. So kam es, dass die evangelische Gemeinde Neunkirchen zwei neue Kirchen zur gleichen Zeit erhielt. Die Grundsteinlegung beider Kirchen erfolgte am gleichen Tag, am 10. Mai 1867.

Nach einem ursprünglichen Beschluss sollte die obere evangelische Kirche, eingeweiht am 16. 12. 1869, „Friedenskirche" und die untere Kirche, eingeweiht am 14. 09. 1869, „Hoffnungskirche" heißen[H82]. Der Volksmund sagte jedoch schlicht und einfach „Obere Kirche" und „Untere Kirche". Da beschloss das Presbyterium am 17. 04. 1931 den beiden Kirchen würdige Namen zu geben. So wurde die untere Kirche „Christuskirche" und die obere Kirche „Pauluskirche" benannt, Namen, die allgemein angenommen wurden[H83].

Die Christuskirche ist heute das älteste erhaltene Gotteshaus in der Innenstadt von Neunkirchen. 1936 wurde eine Renovierung des Turms der Kirche erforderlich, da die ungereinigten Abgase des Eisenwerkes vielen Steinen in der Brüstung des Turms arg zugesetzt hatten. Bei den Arbeiten wurde auch die Architektur und die Statik des Turms verändert.

Im 2. Weltkrieg wurde die Christuskirche schwer beschädigt und nach einer provisorischen Instandsetzung am 06. 02. 1949 neu geweiht.

Anfang der 1980er Jahre wurde durch eine Verkleinerung des Sakralraums ein Gemeindezentrum ermöglicht.

- Kath. Kirche St. Marien[H84]

  1741 war die Zahl der Katholiken in Neunkirchen auf 25 % der Bevölkerung angewachsen. Sie baten den Fürsten Wilhelm Heinrich um die Erlaubnis, eine Kapelle bauen zu dürfen. Diese Erlaubnis wurde ihnen durch Vermittlung der Fürstin Sophie, der katholischen Gemahlin des Fürsten Wilhelm Heinrich, 1750 erteilt. Die 1751/52 erbaute Kapelle an der Hüttenbergstraße für ca. 300 Katholiken in Neunkirchen war dem hl. Bartholomäus geweiht. Deshalb wird die Neunkircher Kirmes bis heute am Sonntag nach Bartholomäus (24. August) gefeiert. Die Kapelle hatte auf dem Vorplatz der heutigen Marienkirche gestanden. Geistlich wurde die Kapelle zunächst von einem Franziskaner aus Homburg betreut. Der Altar der Kapelle befand sich dort, wo jetzt der Turm der Kirche steht. Hinter der Kirche lag der erste katholische Friedhof von Neunkirchen.

H80 Linsmayer, Ludwig: Der 13. Januar – Die Saar im Brennpunkt der Geschichte, Saarbrücken 2005, S. 16

H81 Saarbrücker Zeitung v. 30. 04. 2005

H82 Saarbrücker Zeitung v. 07. 05. 2003

H83 Fried, Werner: Pauluskirche, Neunkirchen 1998, S. 13

H84 Krajewski: Plaudereien 6, vgl. Anm. B36, S. 42 ff; Krajewski: Plaudereien 5, vgl. Anm. F2, S. 10

Neunkirchen wurde aber erst 1808 zur selbstständigen Gemeinde erhoben.

Die Kapelle reichte Mitte des 19. Jh. für die auf ca. 1300 angewachsene Zahl von Gläubigen nicht mehr aus. Man versuchte nun, die drängende Raumfrage 1856 durch eine Erweiterung der Kapelle zu lösen. Als aber 30 Jahre später die Zahl der Katholiken auf 9000 angewachsen war, erwies sich der Umbau als völlig unzureichend. Zu dem angesparten Grundstock für einen Neubau stiftete auch Karl Ferdinand Stumm 30 000 Mark[H85]. Die neue Marienkirche wurde von 1884 bis 1885 mit einem Kostenaufwand von 250 000 Mark im neoromanischen Stil erbaut und am 24. 12. 1885 eingeweiht. Bis 1910 war sie die einzige katholische Kirche für Neunkirchen, Wellesweiler, Kohlhof und Heinitz.

Im 2. Weltkrieg wurden das Dach und der Turm der Kirche stark beschädigt. Nach Renovierung war die Kirche ab 1947 wieder hergestellt.

Frau Toni Hegemann, die Tochter des für die Entwicklung des Unterortes so wichtigen Wilhelm Leidner schilderte 1937 in einem Brief, Ihre Tante Katharina Leidner habe den Platz, auf dem heute die Marienkirche steht, der Kirchengemeinde zur Hälfte geschenkt und nach ihrem Tod auch noch ein Stück ihres Gartens. Sie selbst habe in ihrem Großelternhaus neben der Marienkirche gewohnt, dort wo heute das Kath. Pfarrhaus steht.

Den anderen Grundstücksteil zum Bau der Kirche und auch das Haus habe ihr Vater als Erbe seiner Schwester an die kath. Pfarrei verkauft.

Der erste Begräbnisplatz für die kath. Einwohner von Neunkirchen lag hinter der 1751/52 erbauten Kirche[H86].

- Denkmal des Eisengießers
  Nachdem 1902 in der Stadtmitte ein Denkmal für den Freiherrn Karl Ferdinand von Stumm-Halberg aufgestellt worden war, wurde der Stadt 1936 vom Eisenwerk das Denkmal eines Eisengießers stellvertretend für die Belegschaft des Eisenwerkes, die ebenso wie der Freiherr Großes für die Entwicklung des Werkes und der Stadt geleistet hat, geschenkt.

Das Denkmal ist ein Werk des Bildhauers Fritz Claus. Es wurde in einer kleinen Anlage an der Ecke Hüttenbergstraße/Unterer Markt aufgestellt[H87].

Hüttenpark I + II

Lage:

Der Hüttenpark I liegt zwischen Gustav-Regler-Straße, Saarbrücker Straße und Königsbahnstraße und wird im Süden vom Heinitzbach begrenzt.

Der Hüttenpark II liegt im Westen jenseits der Königsbahnstraße und wird nördlich von der Bildstocker Straße, im Westen von der Grubenstraße und südlich ebenfalls vom Heinitzbach begrenzt.

Hüttenpark 1, Blick von der Königsbahnstraße
Richtung Stadtmitte

Informationen zum Namen und zur Geschichte der Parks:

Auf dem gesamten Gelände der beiden Hüttenparks befanden sich früher einzelne Werksteile des Neunkircher Eisenwerkes, z. B. die Kokerei, Teile der Sinteranlage, der Kohlenbunker, die Gasgebläsehalle usw. Als die Hütte Anfang der 1980er Jahre geschleift wurde, sah das Gelände nach dem Abzug der Schrottbrenner fürchterlich aus.

Das Erdreich war teilweise metertief verseucht, so dass es nicht bebaut werden konnte.

So beschlossen die damaligen Stadtplaner Ende der 80er Jahre zunächst den stadtnahen Teil des Geländes

---

H85 Saarbrücker Zeitung v. 11. 09. 2004
H86 Krajewski: Stadtbuch 1955, vgl. Anm. A12, S. 184

H87 Krajewski: Stadtbuch 1955, vgl. Anm. A12, S. 3; Krajewski: Plaudereien 2, vgl. Anm. A24, S. 34

zu einem Park zu gestalten und einzelne Objekte (z.B. Hochofen, Maschinengroßteile) als Industriedenkmäler in den Park zu integrieren. So entstand der Hüttenpark I auf einer Fläche von ca. 50000 qm.

Der Hüttenpark II wurde dann Anfang der 1990er Jahre im Wesentlichen auf dem Gelände der früheren Kokerei angelegt.

Er hat eine Fläche von ca. 190 000 qm und besteht überwiegend aus großen Wiesenflächen mit Bäumen und Gehölzstreifen.

Die Natur wird sich allmählich das Gelände zurückholen und bald wird nichts mehr an die hier einmal stehende Schwerindustrie erinnern.

Hüttensiedlung NK

Lage und Verlauf:

Die Straße Hüttensiedlung zweigt von der Carl-Ferdinand-Straße am südlichen Ortsausgang von Neunkirchen nach Süden ab und vollzieht dann eine Schwenkung nach Osten, wo sie als Sackgasse endet.

Hüttensiedlung aus Richtung Zweibrücker Straße

Informationen zum Namen und zur Geschichte der Straße:

Im 2. Weltkrieg wurden von über 200 Werkswohnungen des Eisenwerkes 30 durch Bomben zerstört. Außerdem waren durch die Gasometerexplosion 1933 und durch Bergschäden weitere Werkswohnungen weggefallen.

Um diese Wohnungsverluste auszugleichen, wurden vom Neunkircher Eisenwerk in den Jahren 1952 – 1954 Wohnhäuser in einer Siedlung am südlichen Ortsaus-

gang von Neunkirchen in Richtung Furpach gebaut[H88]. Deshalb wurde die Straße, an der diese Wohnblocks standen, auf Vorschlag der Eisenwerksverwaltung in einer Stadtratssitzung am 21. 01. 1955 Hüttensiedlung genannt. Zuvor waren vom Hauptamt alternativ auch die Namen Am Birkenkopf und Am Kaskopf, die sich auf Flurbezeichnungen beziehen, genannt worden.

Während vor dem Krieg die geschlossene Blockbebauung favorisiert worden war, wurde nunmehr vom Neunkircher Architekten Ruckert die Zeilenbauweise angewandt. Es entstanden vier Bauzeilen mit je drei Doppelhäusern, die entsprechend dem Gefälle des Geländes in der Höhe versetzt sind. Die Zeilen verlaufen in Nord-Süd-Richtung. Die Siedlung umfasst insgesamt 72 Wohnungen. 1965 wurden zusätzlich noch 39 Garagen gebaut.

Die Nordseite der Zufahrtsstraße zur Siedlung war zunächst nicht bebaut. Als die dort liegenden Grundstücke ab der 1960er Jahre mit Einfamilienhäusern bebaut wurden, erhielt die Zufahrtsstraße den Namen Carl-Ferdinand-Straße.

Im Dezember 2001 wurde die komplette Hüttensiedlung einschließlich der Garagen, der Straßen, der Gehwegen und dem Spielplatz von der GSG erworben. Zu diesem Zeitpunkt bestand erheblicher Sanierungsbedarf. Im Sommer 2003 wurden mit einer Gesamtinvestition von 720 000 € das Entwässerungssystem neu verlegt, die Außenbeleuchtung modernisiert, sowie Straßen und Gehwege verbreitert und asphaltiert, so dass sich die gesamte Siedlung heute in einem guten Zustand präsentiert. Zur Vervollständigung wurde noch ein Kinderspielplatz angelegt[H89].

Humboldtstraße NK vorher Herwarthstraße

Lage und Verlauf:

Verbindungsstraße zwischen Langenstrichstraße und Röntgenstraße parallel zur Einsteinstraße

Informationen zum Namen und zur Geschichte der Straße:

In der zweiten Hälfte des 19. Jh. wuchsen die Stadt und die Bevölkerung auf Grund der enorm ansteigenden Industrialisierung in einem ungeheuren Tempo. Jeweils

H88 Gillenberg u. Birtel: Hüttenhäuser, vgl. Anm. C1, S. 13 und 57
H89 Wochenspiegel Neunkirchen v. 26. 11. 2003

Humboldtstraße aus Richtung Röntgenstraße

in 15 – 20 Jahren verdoppelte sich die Bevölkerung immer wieder und suchte industrienahen Wohnraum. Es entstanden ständig neue Straßen, die in der euphorischen Stimmung nach dem gewonnenen Deutsch-Französischen Krieg von 1870/71 oft nach Mitgliedern des Kaiserhauses, nach verdienten Heerführern oder nach Schlachtenorten benannt wurden. So wurde eine neue Straße zwischen Langenstrichstraße und Bismarckstraße (heute Röntgenstraße) nach einem Beschluss des Gemeinderates vom 24. 04. 1903 nach dem preußischen Generalfeldmarschall Karl Herwarth von Bittenfeld benannt[H90].

Unmittelbar nach dem 2. Weltkrieg, als alle nationalistisch klingenden Straßennamen abgeschafft wurden, wurde die Straße in Humboldtstraße umbenannt.

1905 hatte die Straße 3 Wohnanwesen (Hausnummern), 1910 schon 9 wie heute.

Informationen zum Namensgeber:

Alexander Freiherr von Humboldt (14.09.1769 – 06.05.1859), deutscher Naturforscher, Diplomat, Geograph und Forschungsreisender. Alexander von Humboldt lieferte auch viele wissenschaftliche Beiträge zur Geophysik, zur Meteorologie und zur Ozeanographie. Er besuchte verschiedene Universitäten sowie die Bergakademie in Freiberg. Er beschäftigte sich u. a. auch mit Astronomie, Mineralogie und Anatomie.

Humboldt wurde durch seine Erkundung Lateinamerikas berühmt. 1799 – 1804 bereiste er Süd- und Mittelamerika. 1804 kehrte Humboldt nach Europa zurück und brach 1829 zu einer wissenschaftlichen Erkundungs-

---

H90 Saar- und Blieszeitung v. 25. 04. 1903

reise durch den Ural und den Altai (Russland) auf. In den letzten Jahren seines langen Lebens schrieb Humboldt ein fünfbändiges Werk mit dem Titel „Kosmos" (1845-1862), in dem er nicht nur seine umfangreichen wissenschaftlichen Kenntnisse, sondern auch einen Großteil der in der damaligen Zeit angesammelten wissenschaftlichen Kenntnisse über Geographie und Geologie zusammenfassend darstellte. Kosmos gilt als das erste Lehrbuch der Geophysik.

Humesweg Wi

Lage und Verlauf:

Der Humesweg zweigt am nördlichen Ortsausgang von Wiebelskirchen Richtung Ottweiler hinter dem Wohngebiet Auf Arlers nach rechts von der Ottweiler Straße ab, verläuft ein Stück parallel zu dieser Straße und biegt dann nach Nordosten in Richtung Humesklamm ab.

Humesweg Ausflugsgaststätte

Informationen zum Namen und zur Geschichte der Straße:

Der Straßenname bezieht sich eindeutig auf die Humesklamm in deren Richtung der Weg führt. Die Humesklamm ist eine tiefeingeschnittene Schlucht mit einem Wasserfall in der Nähe der nördlichen Stadtgrenze Richtung Ottweiler. Unmittelbar an der Schlucht steht eine Blockhütte des Saarwaldvereins.

Im Ortsplan von Wiebelskirchen von 1968 hat der Weg noch keinen Namen. Erstmals taucht der Name im Stadtplan Neunkirchen von 1981 auf. Der schmale Weg führt zu einer Ausflugsgaststätte und zu einer Reihe von Wochenendhausgrundstücken im Bereich des Steinbacher Berges.

Hundshof NK *dann Jägerhof, heute Teil des*
Kriershofes
Siehe Kriershof

Hyazinthenweg Wi vorher Rosenweg

Lage und Verlauf:
Der Hyazinthenweg gehört zum Siedlungsgebiet Steinbacher Berg in Wiebelskirchen. Dort beginnt er an der
Steinbacher Straße, verläuft nach Südosten und endet
als Sackgasse.

Hyazinthenweg Blickrichtung Steinbacher Straße

Informationen zum Namen und zur Geschichte der Straße:
Das Wohngebiet Steinbacher Berg entstand oberhalb
(nördlich) der Straße Am Enkerberg ab 1967 in mehreren Bauabschnitten. Zunächst wurde 1967/68 durch
die Gemeinnützige Siedlungsgesellschaft Saarbrücken
im Veilchenweg ein Block mit zweigeschossigen Einfamilienhäusern durch die Fa. Camus aus Fertigteilen erstellt. Danach erfolgte der Bau von Einfamilienhäusern
ebenfalls aus Fertigteilen durch die Fa. Camus im Lilienweg (jetzt Nelkenweg) und im Fliederweg. Erst später
bis Mitte der 1970er Jahre wurden Häuser in traditioneller Bauweise im Narzissenweg (jetzt Dahlienweg),
im Tulpenweg (jetzt Gladiolenweg), im Rosenweg (jetzt
Hyazinthenweg), im Asternweg und auf der rechten
Seite des Veilchenwegs erstellt.
Als es nach der Gebiets- und Verwaltungsreform 1974
im Stadtgebiet eine weitere Rosenstraße gab, wurde
der in Wiebelskirchen liegende Rosenweg zur Vermeidung von Verwechselungen in Hyazinthenweg umbenannt.

Iltisweg NK

Lage und Verlauf:

Der Iltisweg liegt in einem Wohngebiet nordwestlich des Zoos. Er beginnt am Wolfweg, verläuft nach Westen parallel zur Zoostraße, biegt dann nach Süden ab und mündet in die Zoostraße.

Iltisweg aus Richtung Wolfsweg

Informationen zum Namen und zur Geschichte der Straße:

Ende der 1950er Jahre wurde das Gelände zwischen Zoo und Burrwiesenweg (damals Holzgehege) als Wohngebiet erschlossen. In mehreren Straßen wurden städtische Häuser für wenig begüterte Familien gebaut. Die Straßen wurden alle nach Wildtieren benannt, die man im nahegelegenen Zoo findet (Biberweg, Wolfsweg, Bärenweg, Iltisweg, Hirschgartenweg). Nach einer Meldung der Saarbrücker Zeitung vom 29. 09. 1958 hatte der Stadtrat am 26. 09. 1958 über die Namensgebung abgestimmt.

Mitte der 1970er Jahre wurde die Möglichkeit geschaffen, dass die bisherigen Mieter die Häuser günstig erwerben konnten.

Die neuen Besitzer gingen nun sofort daran, ihre Häuser zu verschönern und das Umfeld freundlicher zu gestalten.

Im Altseitertal NK

Lage und Verlauf:

Die Straße Im Altseiterstal verläuft zwischen Spieser Straße und Hermannstraße ausgehend vom Ellenfeldstadion bergauf in südwestlicher Richtung und mündet kurz vor der Spieser Höhe gegenüber dem Schlesierweg in die Spieser Straße.

Im nordöstlichen Teil endet sie als Sackgasse vor dem Ellenfeldstadion

Im Altseiterstal,
Hochhäuser an der Einmündung Spieser Straße

Informationen zum Namen und zur Geschichte der Straße:

Der Straßenname ist auf die Flurbezeichnung In der Altseiters, die es in diesem Bereich gibt, zurückzuführen. Er wurde in einer Sitzung des Stadtrates am 18. 03. 1964 festgelegt.

Die Straße ist die Haupterschließungsstraße für das gesamte Wohn- und Gewerbegebiet Altseiterstal. Die Straße ist nach dem vorhandenen Kartenmaterial zwischen 1962 und 1965 entstanden und danach Zug um Zug das ganze Wohngebiet.

Im südwestlichen Teil direkt unterhalb der Spieser Höhe entstanden in ein paar kleinen Seitenstraßen zunächst Reihenbungalows mit Flachdächern und zwei Hochhäuser mit Eigentumswohnungen.

Ein Wiesengelände zwischen Spieser Straße, Altseitersweg, Im Altseiterstal und Rodenheimweg stand als Orchideenwiese zunächst unter Naturschutz und sollte deshalb nicht bebaut werden. Auf dem Gerichtsweg ist jedoch zwischenzeitlich eine teilweise Bebauung erstritten worden.

Das Gelände südöstlich der Straße ist in den 1990er Jahren für Wohnzwecke erschlossen worden.

Dort sind die Straßen Weierswies, Im Sand und Auf Maien entstanden und nordöstlich der Biotopweg. Eine Zufahrt zu all diesen Straßen ist nur über die Straße Im Altseiterstal möglich.

Im Bremmenfeld Wi *heute Ginsterweg*
Siehe Ginsterweg

Im Buchenschlag Fu *heute Buchenschlag*
Siehe Buchenschlag

Im Dietzloch Ha

Lage und Verlauf:
Die Straße befindet sich am südöstlichen Ortsrand von Hangard. Sie zweigt von der Straße Zum Zimmermannsfels nach Osten in Richtung eines Wochenendhausgebietes ab.

Im Dietzloch aus Richtung Zum Zimmermannsfels

Informationen zum Namen und zur Geschichte der Straße:
Der Straßenname geht auf eine Flurbezeichnung zurück. Die Flur II in Hangard hat die Bezeichnung „Dietzloch", und in dieser Flur befinden sich die Gewanne „Im Dietzloch links" und „Am Dietzlocherweg rechts". Darüber hinaus befindet sich in der Flur I, angrenzend an den vorbezeichneten Bereich, die Gewann „Rechts am Dietzlocher Weg". Bis 1993 gehörten die ersten wenigen Häuser in der Straße zur Straße Zum Zimmermannsfels. Als dann weitere Baustellen ausgewiesen wurden, sollte sie eigenständige Straße werden. Der Straßenname wurde in einer Stadtratssitzung am 30. 06. 1993 festgelegt.
Am Beginn, von der Straße Zum Zimmermannsfels her, geht die Straße steil bergauf. Dort stehen einige überwiegend neue Wohnhäuser, die erst seit der Mitte der 1990er Jahre entstanden sind.

Im Eschweilerhof Esch

Lage und Verlauf:
Die Straße ist die Durchgangsstraße durch den kleinsten Neunkircher Stadtteil, es gibt nur noch eine weitere kleine Nebenstraße. Die Straße ist eine Verlängerung der Kirkeler Straße im Südosten der Stadt. Sie verläuft zwar in einer S-Kurve, aber generell in Nordwest-Südost-Richtung durch den Stadtteil.

Im Eschweilerhof

Informationen zum Namen und zur Geschichte der Straße:
Bis zur Gebiets- und Verwaltungsreform von 1974 gehörte der heutige Stadtteil Eschweilerhof zur Gemeinde Kirkel. Die beiden kleinen Straßen im Ortsteil hatten keine eigenen Namen. Im Zuge dieser Reform wurde die Grenze zwischen Neunkirchen und Kirkel an die Autobahn verlegt.
Als 1979 das Fehlen von Straßennamen und das unübersichtliche Nummerierungssystem bemängelt wurden, beschloss man die neuen Straßennamen. Auf Beschluss des Stadtrates vom 30. 05. 1979 erhielt die Straße zusammen mit der zweiten Straße im Stadtteil ihren Namen. Die Durchgangsstraße durch den Ort hat ihren Namen vom kleinsten Stadtteil von Neunkirchen.

Informationen zum namensgebenden Stadtteil:
Der jetzige Eschweilerhof ist zwar eine mittelalterliche Gründung, er dürfte im 8./9. Jh. angelegt worden sein, doch der Raum des Hofgebietes war bereits zur Römerzeit besiedelt. Auf dem Eschweiler Hofbann lag eine bedeutende Terra-Sigillata-Töpferei, die ihre Produkte in großem Stil herstellte und überregional vertrieb. Ke-

ramik auch aus der Töpferei im Eschweilerhof und anderen Töpfereien in unserem Raum wurden am Limes, in Ungarn und in Großbritannien gefunden. Als 1879 die Straße von Neunkirchen nach Kirkel ausgebaut wurde, fand man die Reste einer Siedlung und einer Terra-Sigillata-Töpferei.

Die erste urkundliche Nennung des Hofes Eschweiler erfolgte 1212, als Papst Innocenz III. dem Kloster Wörschweiler seinen Besitz bestätigte. Der Herzog von Pfalz-Zweibrücken hat das Kloster Wörschweiler 1558 von den letzten drei Mönchen erworben. Schweizer Einwanderer erhielten 1696 von Zweibrücken die Erlaubnis, sich auf dem Eschweiler Hof niederzulassen und die erforderlichen Gebäude zu errichten[11].

Im Zuge der Gebiets- und Verwaltungsreform 1974 kam der Eschweilerhof, der vorher zu Kirkel gehört hatte, zu Neunkirchen. Zunächst wollten auch die Einwohner von Kirkel nach Neunkirchen eingemeindet werden, dies wurde jedoch seitens der Landesregierung abgelehnt. Die südliche Stadtgrenze verläuft seither beim Eschweilerhof entlang der Nordseite der Autobahntrasse.

Im Fichtenwald Ko

Lage und Verlauf:

Die Straße beginnt an der Niederbexbacher Straße kurz hinter der Abzweigung von der Limbacher Straße, verläuft von dort zunächst nach Norden, macht dann

Im Fichtenwald, Stichstraße mit Neubauten

---

11 Krajewski: Plaudereien 1, vgl. Anm. A50, S. 60; Glaser, Michael: Überreste der Römerzeit in NK, in: Stadtbuch 2005, vgl. Anm. B7 S. 29

einen weiten Bogen nach links und verläuft schließlich nach Süden bis zur Limbacher Straße

Informationen zum Namen und zur Geschichte der Straße:

Der Straßenname kommt ohne Zweifel von dem Wäldchen, durch das der Weg größtenteils führt. Er wurde in einer Sitzung des Stadtrates am 26. 09. 1958 festgelegt[12]. Damals stand auch der Name Zum Pfaffental zur Auswahl, da die Straße teilweise an dem von Furpach bis Kohlhof sich erstreckenden Pfaffental liegt. Es wurde jedoch beschlossen, diesen Namen für eine Straße in Haus Furpach zu reservieren.

Ca. 50 Meter nach Beginn zweigt von der Straße eine kurze Stichstraße parallel zur Niederbexbacher Straße mit einigen neuen eingeschossigen Wohnhäusern ab. Diese Stichstraße zählt zu der Straße Im Fichtenwald.

Im Übrigen ist die Straße auf ihrer gesamten Strecke unbefestigt in der Art eines Waldweges und verläuft auch größtenteils durch Wald. Am Weg stehen in der Innenseite des Straßenbogens einige schöne Wohngebäude unter großen Bäumen.

Im Fischkasten NK vorher Blödgasse, Am Fischkasten, heute Fischkasten
Siehe Fischkasten

Im Flur Lu

Lage und Verlauf:

Die Straße ist eine Verbindungsstraße von der Furpacher Straße zur Straße Matzenhügel, dabei verläuft sie in West-Ost-Richtung.

Informationen zum Namen und zur Geschichte der Straße:

Ab 1958 wurde begonnen, das Bebauungsgebiet Stiller Winkel zu erschließen. Nach der Gebiets- und Verwaltungsreform 1974 und dem Anschluss Ludwigsthals an Neunkirchen wurde die Erschließung dieses Wohngebietes nördlich der Autobahn A 8 von der Furpacher Straße aus nach Osten fortgesetzt. Man gab dem Viertel den Namen eines Gasthauses, das damals 50 m abseits der Durchgangsstraße gebaut wurde und dessen Eigentümer es wegen der etwas abgeschiedenen Lage „Stiller Winkel" genannt hatten. Der ganze Bereich dort

---

12 Neunkircher Allgemeine Zeitung v. 15. 10. 1958

Im Flur aus Richtung Furpacher Straße

war aber immer schon „Die Flur", weshalb die Haupterschließungsstraße auch Im Flur genannt wurde.

Zunächst ging die Straße nur bis zur Einmündung der Straße Am Rech. 2000/01 wurde die Straße dann bis zur Straße Matzenhügel zur Erschließung weiterer 23 Baustellen fortgesetzt.

Im Hanfgarten Fu

Lage und Verlauf:

Zwischen den Straßen Zum Pfaffental und Bei der alten Furt gibt es insgesamt 6 kurze Verbindungswege, an denen jeweils mehrere zweigeschossige Reihenhäuser mit kleinem Grundstück stehen.

Im Hanfgarten aus Richtung Bei der alten Furt

Informationen zum Namen und zur Geschichte der Straße:

Die Gemeinnützige Siedlungsgesellschaft der Stadt

Neunkirchen (GSG) erbaute von 1960 – 1963 Reihen- und Doppelhäuser in der Straße Bei der alten Furt und den kleinen Verbindungsstraßen zur Straße Zum Pfaffental. In diesen kleinen Verbindungsstraßen stehen zwischen 3 und 5 Zweifamilienreihenhäuser. Die Straßen sind nur einseitig bebaut. Die Häuser wurden anschließend an Interessenten verkauft. Auf Vorschlag des Heimatforschers Bernhard Krajewski legte der Stadtrat in seiner Sitzung am 22. 01. 1960 die Namen für die 6 kurzen Straßen fest.

Die Wege haben Namen, die an Flurbezeichnungen oder an Örtlichkeiten im Bereich Furpach orientiert sind:

- Vor dem Schwarzenkopf
- Vor dem Heidenkopf
- Im Hanfgarten
- Gutsweiherweg
- Brückweiherweg
- Kohlweiherweg.

Hanfgarten ist eine Flurbezeichnung, die sich auf ein größeres Grundstück gegenüber dem Furpacher Hofs bezieht, auf dem Hanf angepflanzt wurde.

Im Heiligengarten Hei

Lage und Verlauf:

Die Straße „Im Heiligengarten" zweigt von der Grubenstraße nach Osten bergab in Richtung der Heinitzer Weiher ab und endet davor als Sackgasse.

Im Heiligengarten Blickrichtung Grubenstraße

Informationen zum Straßennamen und zur Straßengeschichte:

Die Parzelle „Im Heiligengarten" ist 1848 bei der Urmessung schon vorhanden gewesen und wurde so in das Kartenwerk übernommen. 1949 wurde aus großer Wohnungsnot heraus der Siedlerverein Heinitz gegründet mit dem Ziel, in der Flur Auf'm Ried Wohnhäuser zu errichten[13]. In den Jahren 1950 bis 1954 hat der Verein durch Eigenleistung 22 Wohnhäuser erbaut. Eine Erweiterung der Siedlung erfolgte nach 1960. Der Hauptverbindungsweg von der Grubenstraße in die Siedlung führt bergab in Richtung des Flurstücks im Heiligengarten. Nach dieser Zielangabe wurde auch die Straße benannt. Der Straßenname war nach einem Rundschreiben des Bürgermeisters vom 15. 07. 1955 im gleichen Jahr festgelegt worden.

Die Straße endet am Waldrand und geht von dort als Waldweg weiter in Richtung der Heinitzer Weiher.

Alle Straßen der Siedlung münden in die Straße Im Heiligengarten bzw. sind über sie zu erreichen.

Im Katzentümpel Wi

Lage und Verlauf:

Die Straße Im Katzentümpel zweigt von der Landsweilerstraße westlich der Schiffweilerstraße nach Nordwesten ab, verläuft südwestlich parallel zur Schiffweilerstraße, vollzieht wie diese eine Schwenkung nach Südwesten und endet in einer Geländevertiefung hinter den ersten Wohnhäusern der Schiffweilerstraße.

Im Katzentümpel Annaheim

Informationen zum Namen und zur Geschichte der Straße:

Der Straßenname ist von einer Flurbezeichnung abgeleitet, die es in diesem Bereich gibt (1739 „Katzentümpel", 1767 im/am „Katzentümpel/Katzentempel"). Im Ortsplan von 1955 ist die Straße noch nicht verzeichnet, wohl aber in dem von 1968.

Es handelt sich um ein schmales geteertes Sträßchen in der Art eines Feldwirtschaftsweges. Am Ende des Sträßchens stehen 3 oder 4 kleinere Wohnhäuser älteren Datums. Im vorderen Bereich ist in den Jahren 2004/05 ein Alten- und Pflegeheim errichtet worden.

Öffentliche oder sonst bedeutsame Einrichtungen an der Straße:

- Pflegeheim-Annaheim
  In den Jahren 2004/05 wurde in der Straße das Annaheim, ein privates Alten- und Pflegeheim, erbaut. Zu diesem Zweck wurde die Straße, die im vorigen Zustand den Erfordernissen einer solchen Einrichtung nicht entsprach, ausgebaut. Das zweigeschossige Gebäude verfügt über 72 Betten, davon 48 in Einzelzimmern, und richtet sich vor allem an Demenzkranke, die dort gepflegt werden sollen. Das Heim verfügt über eine geschützte Außenanlage mit Sicherheitslauf in einem Rundgang, die speziell für Demenzkranke konzipiert wurde. Mit dem Heim soll ein höherer Versorgungsgrad im Alten- und Pflegebereich in Neunkirchen erreicht werden. Das Haus wurde am 08. 10. 2005 offiziell in Betrieb genommen[14].

Im Kohlbruch Ko

Lage und Verlauf:

Die Straße Im Kohlbruch zweigt östlich des Friedhofs Kohlhof von der Straße Täufergarten nach Osten ab und endet nach ca. 300 m als Sackgasse vor der freien Feldflur. Am Anfang hat sie eine kurze Abzweigung nach Süden entlang des Friedhofs, die nach nur ca. 50 m endet.

Informationen zum Namen und zur Geschichte der Straße:

Der Straßenname ist von der früheren Flurbezeichnung „Im Kohlbruch", heute „Im Täufergarten" abgeleitet. Diese Bezeichnungen sind schon in einem Pachtvertrag

13   Bild Alois: Chronik von Heinitz, vgl. Anm. A3

14   Saarbrücker Zeitung v. 10. 10. 2005

Im Kohlbruch aus Richtung Friedhof

von 1763 enthalten[15].

Bis 1764, als der Feldmesser Schwarz im Auftrag der fürstlichen Regierung in Saarbrücken einen genauen Plan des neu gegründeten Gutes Kohlhof (Lützelholzer Hof) erstellte, der heute noch in den nassau-saarbrückischen Akten vorhanden ist, hieß die Flur Im Kohlbruch.

Erst danach kam der Name Täufergarten auf. Die Flurbezeichnung Im Täufergarten (in einer Flurkarte von 1764 auch Däfergarten) bezieht sich auf die Religionsgemeinschaft der Wiedertäufer, die in Furpach/ Kohlhof Pächter waren (siehe Täufergarten).

Der Straßenname wurde in einer Stadtratssitzung am 30. 05. 1979 festgelegt, die Straße selbst und ihre Bebauung ist aber erst nach 1990 entstanden. In ihr stehen moderne Ein- und Zweifamilienhäuser, die in freier Bauweise erstellt worden sind.

Öffentliche oder sonst bedeutsame Einrichtungen in der Straße:

- Friedhof Kohlhof
  1918 hatte der damalige Gemeinderat von Kohlhof die Anlage eines Friedhofs für beide Konfessionen in der Flur Täufergarten beschlossen und dann auch anlegen lassen.
  Nach einer Erweiterung 1957 hat der Friedhof eine Fläche von 0,5 ha.
  Ebenfalls 1957 wurde eine Leichenhalle errichtet, die 2004/2005 erweitert und modernisiert wurde, so dass jetzt 30 Personen Sitzplätze und ins-

gesamt 50 Personen Platz in der Halle finden[16]. Bis 2004 wurden auf dem Friedhof nur Einwohner des Stadtteils beerdigt, die auch in Kohlhof geboren worden waren[17].

Im Langental We

Lage und Verlauf:
Die Straße Im Langental ist eine Erschließungsstraße im Industriegebiet Heidenhübel. Sie beginnt im Westen an der Straße Heidenhübel, führt nach Osten und mündet an der Stadtgrenze in den Industriering.

Im Langental aus Richtung Heidenhübel

Informationen zum Namen und zur Geschichte der Straße:
Der Straßenname beruht auf einer gleichlautenden Flurbezeichnung.

Die Straße wurde erst im Zuge der Erschließung des Industriegebietes Heidenhübel angelegt. Auf Beschluss des Stadtrates erhielt die Straße den Namen Im Langental am 06. 12. 1978.

In der Straße stehen nur Industrie- und Gewerbebetriebe.

Im Lattenbüsch Fu heute Lattenbüsch
Siehe Lattenbüsch

Im Litzelholz Fu heute Litzelholz
Siehe Litzelholz

---

15   Krajewski: Plaudereien 2, vgl. Anm. A24, S. 24

16   Saarbrücker Zeitung v. 19. 02. 2005
17   Ratgeber im Trauerfall, vgl. Anm. A28, S. 22

Im Ostergarten We

Lage und Verlauf:
Es handelt sich um eine Zufahrtstraße zum Friedhof Wellesweiler. Die Straße beginnt an der Homburger Straße, verläuft nach Norden bis zum Parkplatz vor dem Friedhof, dort biegt sie in einem rechten Winkel nach Westen ab und mündet dann in die Hirtenstraße ein. Dabei ist der letzte Teil als Fußweg mit einer Treppe zur Hirtenstraße ausgestaltet.

Im Ostergarten aus Richtung Homburger Straße

Informationen zum Namen und zur Geschichte der Straße:
Der Straßenname ist von der Flurbezeichnung Der Ostergarten, mit der Bedeutung als Garten im Osten des Ortes, hergeleitet, die es in diesem Bereich gibt. Er wurde in einer Sitzung des Stadtrates am 14. 06. 1967 festgelegt. Alternativ war damals auch der Name Kirchhofsweg vorgeschlagen, dann jedoch wegen einer Verwechselungsgefahr abgelehnt worden.

Unmittelbar vor der Hirtenstraße ist die Straße für den Fahrzeugverkehr gesperrt, da es hier mehrere Treppenstufen zur tiefer liegenden Straße gibt.

Öffentliche Einrichtungen in der Straße:
- Friedhof Wellesweiler
    Der jetzige Friedhof in Wellesweiler entstand 1890 zunächst als evang. Begräbnisstätte. Später wurde er um einen kath. Friedhofsteil erweitert. Vorgängerfriedhöfe befanden sich bei der evang. Kirche in der heutigen Homburger Straße, an der Ecke Hirtenstraße/Homburger Straße und im Di-

stelfeld. Die Katholiken wurden jedoch bis 1887 immer in Neunkirchen beerdigt[18].

Ab 1877 sollten auf Beschluss des Gemeinderates Wellesweiler auf dem Friedhof Katholiken und Prostestanten beerdigt werden. Dies wurde aber erst 1887 auch durchgesetzt. Es gab aber dann auf dem Friedhof eine interne Trennung zwischen evang. und kath. Teil, die erst nach dem 2. Weltkrieg beseitigt wurde.

1956/57 wurde eine Leichenhalle errichtet.

Der Friedhof hat eine Fläche von 4,0 ha[19].

Im Sand Nk

Lage und Verlauf:
Die Straße zweigt von der Straße Im Altseiterstal nach Südosten ab und endet als Sackgasse in einer früheren Sandgrube

Im Sand aus Richtung Im Altseiterstal

Informationen zum Namen und zur Geschichte der Straße:
Die Straße ist mit den Straßen Auf Maien und Weierswies in den 1990er Jahren im Wohngebiet Altseiterstal entstanden.

Im Straßenteil nahe der Erschließungsstraße Im Altseiterstal stehen Ein- und Zweifamilienhäuser, die in freier Bauweise erstellt worden sind. Im hinteren südöstlichen Straßenteil stehen mehrgeschossige Wohnblocks mit Eigentumswohnungen.

18   Knauf, Rainer: Friedhöfe in Neunkirchen, in: Stadtbuch 2005, vgl. Anm. B7, S. 607
19   Ratgeber im Trauerfall, vgl. Anm. 28, S. 19

Der Straßenname wurde in einer Stadtratssitzung am 20. 04. 1994 festgelegt.
Er bezieht sich auf die ehemalige Sandgrube im hinteren Teil der Straße.

Im Schachen Ha

Lage und Verlauf:
Die Straße Im Schachen zweigt von der Hauptdurchgangsstraße durch Hangard, der Wiebelskircher Straße, nach Nordosten ab und geht an der Brücke über die Oster in die Straße An der Oster über.

Im Schachen aus Richtung Wiebelskircher Straße

Informationen zum Namen und zur Geschichte der Straße:
Die Straße ist ein Teil der Verbindung von der Hauptdurchgangsstraße, der Wiebelskircher Straße zum östlich der Oster gelegenen Ortsteil.
Der Straßenname hängt mit der Flurbezeichnung Am Schachen Weg rechts, die es in der Nähe gibt, zusammen.

Im Schwebel NK   *vorher Schwebler Weg,   heute Schwebelstraße*
Siehe Schwebelstraße

Im Stauch Wi vorher Teil der Eisenbahnstraße

Lage und Verlauf:
Die Straße verläuft parallel zur Keplerstraße in Ost-West-Richtung von der Römerstraße an der evangel. Kirche bis zur Einmündung der Tunnelstraße an der Eisenbahnlinie.

Im Stauch Blickrichtung Römerstraße,
im Hintergrund die evang. Kirche

Informationen zum Namen und zur Geschichte der Straße:
Bis 1895 gab es in Wiebelskirchen keine Straßenbezeichnungen. Im ganzen Ort gab es Bezirke, die ohne weitere Nummerierung ein Finden von Häusern ermöglichten. Der Bereich der heutigen Straße Im Stauch gehörte zum Bezirk Im Stauch[110].
Mit der Einführung der Straßennamen wurde die Straße Eisenbahnstraße genannt, da sie aus der Dorfmitte in Richtung der Eisenbahnlinie führte, lange bevor es in Wiebelskirchen einen Bahnhof gab.
Diese Eisenbahnstraße begann an der Margarethenstraße (heute Julius-Schwarz-Straße) und ging bis zur Bahnlinie. Später wurde ein Teilstück, das nach Süden entlang der Bahnlinie ausgebaut wurde, zur Eisenbahnstraße hinzugenommen.
Die spätere Bahnhofstraße (jetzige Keplerstraße) gab es damals noch nicht, weil es ja auch noch keinen Bahnhof in Wiebelskirchen gab.
Bei einer allgemeinen Neu- und Umbenennung von Straßen in Wiebelskirchen 1954 wurde der von Ost nach West verlaufende Teil der bisherigen Eisenbahnstraße zur Straße Im Stauch. Der Teil der Viktoriastraße zwischen Julius-Schwarz-Straße und heutiger Römerstraße wurde zu der Straße Im Stauch dazugenommen.
Der Straßenname ist von Flurbezeichnungen, die es in diesem Bereich gibt (1739 „In den Stauchgärten", „Stauchgasse", 1767 „Beym Stauchgarten", „Im/Am Stauch", „Beym Stauchbrunnen"), abgeleitet.
Der Straßenteil entlang der Bahnlinie bzw. vor dem

---

110   Bürgerbuch Wi, vgl. Anm. A1, S. 221 - 223

1926 erbauten Bahnhof behielt den Namen Eisenbahnstraße.

Nach der Gebiets- und Verwaltungsreform 1974 wurde die Eisenbahnstraße zur Vermeidung von Verwechselungen in Kopernikusstraße umbenannt, da es eine weitere Eisenbahnstraße im neuen größeren Stadtgebiet gab.

Im Steinbruch Wi

Lage und Verlauf:

Bei der Straße handelt es sich um eine Verlängerung des Habichtweges nach Nordwesten.

Informationen zum Namen und zur Geschichte der Straße:

Die Straße ist nicht ausgebaut. Es handelt sich um einen Feldweg, der zu einzelnen im Nordwesten des Stadtteils Wiebelskirchen verstreut liegenden Anwesen führt. Der Name weist wohl auf einen früheren Steinbruch hin.

Im Steinwald NK *heute Waldstraße*
Siehe Waldstraße

Im Stillen Winkel Lu

Lage und Verlauf:

Die kurze Wohnstraße zweigt von der Straße Im Flur nach Süden ab, biegt dann unmittelbar vor der Autobahn in einem rechten Winkel nach Osten ab und mündet dort in die Straße Am Rech.

Im Stillen Winkel aus Richtung Im Flur

Informationen zum Namen und zur Geschichte der Straße:

Ab 1958 wurde begonnen, das Bebauungsgebiet Stiller Winkel zu erschließen. Man gab ihm den Namen eines Gasthauses, das damals 50 m abseits der Durchgangsstraße gebaut worden war und dessen Eigentümer es wegen der etwas abgeschiedenen Lage Stiller Winkel genannt hatte.

Der ganze Bereich dort war aber immer schon „Die Flur", weshalb die allerdings erst später angelegte Haupterschließungsstraße auch Im Flur heißt.

Nach der Gebiets- und Verwaltungsreform 1974 mit der Eingemeindung Ludwigsthals nach Neunkirchen wurde die Erschließung des Wohngebietes nördlich der Autobahn A 8 von der Furpacher Straße aus nach Osten fortgesetzt.

Von der Straße Im Flur zweigen nun einige weitere kleine Sackgassen nach Süden in Richtung der Autobahn ab. Die Straße Im Stillen Winkel ist eines dieser Seitensträßchen, dessen Name in einer Stadtratssitzung am 03. 03. 1994 festgelegt wurde.

Öffentliche oder sonst bedeutsame Gebäude in der Straße:

- Feuerwehrgerätehaus
  In Ludwigsthal gibt es einen Löschzug der Freiwilligen Feuerwehr, der vor 1974 zur Wehr in Bexbach gehörte und nach der Gebiets- und Verwaltungsreform zur Feuerwehr Neunkirchen kam.
  Dort, wo die Straße Im Stillen Winkel nach Osten abbiegt, steht in einer kleinen Stichstraße unmittelbar an der Autobahn das Feuerwehrgerätehaus des Löschbezirks Ludwigsthal. 1984 war der 1. Spatenstich zum Bau des Gebäudes. Der Löschzug Ludwigsthal erstellte den Bau in Eigenleistung[III]. Die Stadt lieferte lediglich die Planung und das benötigte Material. Im Oktober 1984 war bereits Richtfest, und am 14. 09. 1985 wurde das Haus eingeweiht.
  Vorher waren die Geräte der Wehr im Keller der Schule und später in einem kleinen Gerätehaus neben der Schule untergebracht.

Im Tannenschlag Fu *heute Tannenschlag*
Siehe Tannenschlag

III   Wochenspiegel Neunkirchen v. 27. 12. 2005

Im Vogelsang We

Lage und Verlauf:

Bei der Straße Im Vogelsang handelt es sich um eine 1975 erbaute neue Straße beim Industriegebiet Heidenhübel. Die Straße zweigt von der Straße Heidenhübel nach Süden ab und endet als Sackgasse.

Im Vogelsang Blickrichtung Heidenhübel

Informationen zum Namen und zur Geschichte der Straße:

Der Straßenname ist von der Flurbezeichnung Im Vogelsang abgeleitet, die es in diesem Bereich gibt. Der Heimatforscher Friedrich Bach kommt im Wellesweiler Heimatbuch von 1951 zu der Schlussfolgerung, die Silbe „Sang" sei von sengen/brennen abgeleitet. Demnach sei hier ein Waldstück durch Abbrennen gerodet worden. In diesen abgebrannten und üppig nachwachsenden Buschhölzern sei das zahlreiche Vorhandensein von Vögeln ganz natürlich.

Es handelt sich um eine reine Wohnstraße am Rande eines Industriegebietes.

Im Winterfloß We vorher Andreasstraße, heute Winterfloß
Siehe Winterfloß

In den Hanggärten Ha vorher Gartenstraße, volkstümlich Kaffeegass

Lage und Verlauf:

Die Straße biegt in der Ortsmitte von Hangard von der Straße An der Oster nach Süden ab. Sie verläuft dabei parallel zur Straße Zum Zimmermannsfels.

In den Hanggärten Blickrichtung Jean-Mathieu-Straße

Informationen zum Namen und zur Geschichte der Straße:

Die frühere Gartenstraße wurde nach der Gebiets- und Verwaltungsreform 1974 zur Vermeidung von Verwechselungen umbenannt, da es im Stadtgebiet mehrere Straßen mit diesem Namen gab.

Der jetzige Straßenname geht auf Flurnamen zurück. In der Flur I von Hangard gibt es die Gewannbezeichnungen „In den obersten Hanggärten" und „In den mittelsten Hanggärten". Darüber hinaus befindet sich in der Flur II die Gewann „In den untersten Hanggärten". Während sich diese Gewanne jedoch westlich der Oster befinden, liegt die Straße In den Hanggärten östlich der Oster. Dass die Bezeichnung Hanggärten in Hangard Tradition hat, geht aus der Tatsache hervor, dass es schon 1544 den Flurnamen „in den Hangarten" und 1739 den Flurnamen „Hänggärtten" gab.

Durch die Diskussionen um die Herkunft des Ortsnamens geistert auch immer noch die Vorstellung vom Garten am Hang. Bewiesen ist diesbezüglich aber nichts.

In den Hilswiesen NK

Lage und Verlauf:

Die kleine Straße beginnt an der Wellesweilerstraße in Höhe der früheren Blechwarenfabrik Menesa (heute Fa. Eberspächer). Von dort verläuft sie ca. 50 m nach Norden und unterquert dann den Bahndamm der Pfalzbahnstrecke in einer engen Bahnunterführung. Nach weiteren ca. 100 m geht sie dann in einen unbefestigten

Weg über, der zur Zollhausstraße führt.

In den Hilswiesen, Einfahrt zur Bahnunterführung
von der Wellesweilerstraße her

Informationen zum Namen und zur Geschichte der Straße:

Der Straßenname wurde vom Stadtrat in einer Sitzung am 14. 06. 1967 festgelegt. Südlich des Bahndamms steht an der Straße ein einzelnes Haus, das jedoch von der Hausnummer her zur Wellesweilerstraße zählt.

Bis Anfang der 1980er Jahre standen nördlich des Bahndamms ein paar städtische Häuser in Einfachbauweise mit Sozialwohnungen, die sich zum Schluss in einem jämmerlichen Zustand befanden. Nachdem die Bewohner umgesiedelt worden waren, wurden die Häuser abgerissen.

Heute befinden sich auf diesem Gelände die Gebäude und der Lagerplatz einer Tiefbaufirma.

In den Waldwiesen NK heute Waldwiesenstraße
Siehe Waldwiesenstraße

In der Awand Si

Lage und Verlauf:

Es handelt sich um eine kurze Sackgasse, die an der Mühlenstraße beginnend zwischen Redener Straße und Hasselbachstraße nach Osten verläuft.

Informationen zum Namen und zur Geschichte der Straße:

Den Namen erhielt die geplante Straße in einer Stadtratsitzung am 03. 02. 1982.

Zwischen den Anwesen 20 und 22 der Mühlenstraße

beginnt eine ca. 25 m lange schmale nach Osten verlaufende Gasse ohne jede Wohnbebauung. 1982 war geplant, diese Gasse am Anfang zu verbreitern und dann auf ca. 150 Meter zu verlängern. Auf diese Weise sollten nördlich und südlich der Straße insgesamt 10 Baugrundstücke entstehen[112]. Der Plan konnte bisher nicht umgesetzt werden, da Anrainer nicht bereit waren, die dafür notwendigen Grundstücksteile abzugeben. Obwohl nicht existent, ist die Straße aber im Stadtplan von 1991 eingezeichnet.

In der Dell Lu

Lage und Verlauf:

Die Straße zweigt im neuen Wohngebiet Im Stillen Winkel von der Straße Matzenhügel als Sackgasse nach Westen ab und macht nach ca. 200 m einen Bogen nach Süden, wo sie vor der Autobahn endet. An der Stelle der Abbiegung gibt es Richtung Westen einen Fußweg zur Straße Am Rech.

In der Dell Blickrichtung Matzenhügel

Informationen zum Namen und zur Geschichte der Straße:

Der Straßenname geht auf die Flurbezeichnung „In der Delle", die es in diesem Bereich gibt, zurück.

Die Straße ist zusammen mit einigen weiteren Straßen in unmittelbarer Nähe erst 2000 entstanden. In dieser und den anderen Straßen in der Nähe sind in freier Bauweise Ein- und Zweifamilienhäuser entstanden. Der Straßenname wurde in einer Sitzung des Ortsrates

---

112 Stadtverwaltung NK, Hauptamt, Akte Benennung von Straßen, Az.: 62-32-10

für Furpach-Kohlhof-Ludwigsthal am 12. 06. 2001 festgelegt.

In der Forrels We *vorher Schulstraße, heute Ernst-Blum-Straße*
Siehe Ernst-Blum-Straße

In der Gehsbach NK *dann Gehsbachstraße, heute Geßbachstraße*
Siehe Geßbachstraße

In der Kohlwies Mü vorher teilweise Talstraße

Lage und Verlauf:
Es handelt sich um eine Ringstraße, die von der Schulstraße im Stadtteil Münchwies nach Süden abzweigt, dann einen Bogen nach Westen vollzieht und nach einem weiteren Rechtsschwenk wieder in die Schulstraße mündet.

In der Kohlwies aus Richtung Sportplatz

Informationen zum Namen und zur Geschichte der Straße:
Der Straßenname ist von Flurbezeichnungen abgeleitet („Kohlwiese", „Hinter der Kohlwiese", „Vorn an der Kohlwiese"), die es in diesem Bereich gibt.
Bis 1968 hieß der erste Abschnitt der Straße bis in Höhe des Sportplatzes Talstraße.
Danach wurde die Straße nach Westen weiter geführt und umbenannt.
In dem nach Westen gehenden Straßenteil stehen ausschließlich neue Wohngebäude überwiegend im Bungalowstil.

Öffentliche oder sonst bedeutsame Gebäude oder Einrichtungen an der Straße:
- Sportplatz mit Sportheim
  Eigentümer der Sportplatzanlage ist die Stadt Neunkirchen. Die Anlage wird vom Sportverein, der 1929 gegründeten DJK Münchwies, genutzt. Das 1998/99 gebaute Sportheim gehört der DJK.

In der Lach Wi

Lage und Verlauf:
Es handelt sich bei der Straße um eine kurze Sackgasse, die von der Kuchenbergstraße nach Nordwesten, Richtung Blies, abzweigt.

In der Lach

Informationen zum Namen und zur Geschichte der Straße:
Der Straßenname ist von der Flurbezeichnung „In der Lach", die schon 1739 erwähnt wurde, abgeleitet. Diese Flurbezeichnung deutet auf eine Erdvertiefung bzw. eine mit Wasser gefüllte Pfütze/Lache hin. Dies ist nachvollziehbar, da die Örtlichkeit in unmittelbarer Nähe der Bliesniederung liegt. Die Straße führt zu einer zwischen Kuchenbergstraße und Bliestal liegenden Grundschule.

Öffentliche oder sonst bedeutsame Gebäude in der Straße:
- Grundschule
  Die Grundschule Friedrich von Schiller ist die Staatliche Grundschule für die Stadtteile Wiebelskirchen und Hangard.
  Seit dem Frühjahr 2007 wird die Schule mit einer

erheblichen Baumaßnahme zu einer freiwilligen Ganztagsschule umgebaut. Der Neubau umfasst einen Speisesaal mit Spülküche, drei Gruppenräume, einen Förderraum, einen Beratungsraum und eine Bibliothek mit Leseecke und Bastelbereich.

In der Meisterswies Wi *heute An der Meisterswies*
Siehe An der Meisterswies

In der Nachtweide Fu *heute Nachtweide*
Siehe Nachtweide

In der Ohlenbach Wi vorher Bismarckstraße, Pestalozzistraße

Lage und Verlauf:
Die Straße beginnt an der Bexbacher Straße, läuft nach Norden und endet als Sackgasse vor dem Festplatz.

Ohlenbachhalle in der Straße
In der Ohlenbach

Informationen zum Namen und zur Geschichte der Straße:
Vor der Trockenlegung und Besiedlung lag in diesem Bereich ein sumpfiges Gelände, das durch die Blies, die Oster und einige kleine Bäche gebildet wurde. Es war ein Paradies für Aale und Vögel.
Bis 1895 gab es in Wiebelskirchen keine Straßenbezeichnungen. Im ganzen Ort gab es Bezirke, die ohne weitere Nummerierung ein Finden von Häusern ermöglichten. Der Bereich der heutigen Straße In der Ohlenbach gehörte mit anderen Straßen zum Bezirk

Im Eck[113]. Mit der Einführung der Straßennamen wurde auch eine straßenweise Nummerierung der Wohnanwesen vorgenommen, wobei freie Baustellen berücksichtigt wurden. Die Straße wurde nun zunächst zu Ehren des früheren Reichskanzlers Bismarckstraße genannt. Danach wechselte sie im Laufe der Zeit mehrfach den Namen.
Nach dem verlorenen 1. Weltkrieg wurde sie nach der dort liegenden Flur In der Ohlenbach genannt. 1954 wurde auf Anregung des Kultur- und Heimatrings in Wiebelskirchen eine umfangreiche Neu- und Umbenennung von Straßen vorgenommen.
Dabei erhielt die Straße den Namen des bekannten Pädagogen und Bildungsreformers Johann Heinrich Pestalozzi. Als es nach der Gebiets- und Verwaltungsreform 1974 diesen Straßennamen mehrfach in der Stadt gab, erhielt die Straße wieder den früheren Namen In der Ohlenbach.

Öffentliche oder sonst bedeutsame Gebäude in der Straße:
- Ohlenbachhalle
1975 wurde am Festplatz eine neue Sporthalle eingeweiht. Damit verfügte der Stadtteil erstmals über eine moderne Halle, in der verschiedene Sportvereine optimale Trainings und Wettkampfmöglichkeiten hatten.
Die Halle musste nach wenigen Jahren wegen Baufälligkeit wieder abgerissen werden, da die Pfahlgründung in dem früheren Sumpfgelände offensichtlich nicht ausreichend war.
Ab 1991 wurde für 7 Mio. DM eine neue Halle an gleicher Stelle gebaut und am 26. 02. 93 eingeweiht.
Sie hat eine Nutzfläche von 2400 qm, ist dreiteilbar und kann somit durch mehrere Gruppen gleichzeitig genutzt werden. Die Halle ist für 560 Besucher ausgelegt, davon 400 Sitzplätze auf einer ausfahrbaren Teleskoptribüne.

In der Theilung Lu

Lage und Verlauf:
Die Straße zweigt im neuen Wohngebiet Im Stillen Winkel von der Straße Im Flur als Sackgasse nach Süden ab und endet nach ca. 50 m.

---

113   Bürgerbuch Wi, vgl. Anm. Al, S. 221 - 223

In der Theilung aus Richtung Im Flur

Informationen zum Namen und zur Geschichte der Straße:

Der Straßenname geht auf eine Flurbezeichnung gleichen Namens, die es in diesem Bereich gibt, zurück.

Die Straße ist zusammen mit einigen weiteren Straßen in unmittelbarer Nähe erst in den 1990er Jahren entstanden. In dieser und den anderen Straßen in der Nähe sind in freier Bauweise im Wesentlichen Einfamilienhäuser entstanden. Die Straße hat nur 5 Häuser (2 links, 2 rechts und 1 am Kopfende).

In der Vogelsbach Wi

Lage und Verlauf:

Die Straße zweigt auf der Ostertalseite des Rombachaufstiegs nach Osten als Sackgasse zu einem Industriegebiet ab.

In der Vogelsbach aus Richtung Rombachaufstieg

Informationen zum Namen und zur Geschichte der Straße:

Der Straßenname ist von einer Flurbezeichnung abgeleitet, die es in diesem Bereich gibt (1739 „Auf der Felschbach", 1767 „In der Vogelsbach") .

Die Straße wurde als Zufahrtstraße zu einem Gewerbegebiet in den Jahren 2001/02 gebaut, zunächst nur für eine auf dem internationalen Markt tätige Arzneimittelvertriebsfirma.

Den Namen für die neue Straße legte der Ortsrat Wiebelskirchen-Hangard-Münchwies in einer Sitzung am 15. 11. 2000 fest. Im Industriegebiet sind zwei Seitenstraßen der Straße In der Vogelsbach vorgesehen, aber noch nicht gebaut, die ebenfalls nach Flurbezeichnungen „Odenhöll" und „In der Pfühlwies" heißen sollen.

Industriering We

Lage und Verlauf:

Der Industriering verläuft östlich der Industriezone von Wellesweiler und zwar von der Hasseler Mühle bis zur Bergstraße in Höhe des Kraftwerks Bexbach. Dabei kreuzt er die Homburger Straße in einem Kreisverkehr.

Industriering Blickrichtung Homburger Straße, im Hintergrund Kraftwerk Bexbach

Informationen zum Namen und zur Geschichte der Straße:

Der Straßenname ist darauf zurückzuführen, dass die Straße östlich der Industriegebiete Ochsenwald, Heidenhübel und Leimkaul entlang verläuft und diese Bereiche auch miteinander verbindet.

Die Straße bildet praktisch die Grenze zwischen Neunkirchen und Bexbach.

Fast die gesamte Straße liegt auf Neunkircher Bann, während die östliche Straßenseite an den Bexbacher Bann grenzt.

Der Neunkircher Stadtanzeiger meldete am 19. 05. 1976 den Baubeginn an der Industrie-Ringstraße in Wellesweiler.

In einem 1. Bauabschnitt wurde die Straße von der Abzweigung ab der Straße Rothmühle in Bexbach bis zur Homburger Straße in Wellesweiler gebaut. In den Jahren 2001/2002 wurde die Kreuzung Homburger Straße/Industriering an der Stadtgrenze zu Bexbach zu einem Kreisverkehr ausgebaut.

Ein 2. Bauabschnitt führte die Straße dann weiter bis zur Bergstraße.

Der endgültige Straßenname wurde in einer Sitzung des Stadtrates am 24. 09. 1980 festgelegt.

Z. Zt. wird eine Weiterführung der Straße über die Bergstraße hinaus in westlicher Richtung zur Entlastung der Ortsmitte von Wellesweiler gefordert[114].

Irisweg We

Lage und Verlauf:

Der Irisweg zweigt von der als Hauptdurchgangsstraße durch die Wohnsiedlung Winterfloß verlaufenden Rosenstraße als Sackgasse nach Westen ab, führt am Malvenweg vorbei und mündet in den Narzissenweg. Eine andere Straße der Siedlung, der als Sackgasse ausgebildete Malvenweg, mündet aus westlicher Richtung in den Irisweg ein.

Irisweg aus Richtung Rosenstraße

Informationen zum Namen und zur Geschichte der Straße:

Ab etwa 1960 befasste sich die Gemeinnützige Siedlungsgesellschaft Neunkirchen (GSG) mit Plänen für eine Bebauung des Winterfloßgebietes in Wellesweiler. Es sollte eine Wohnsiedlung mit über 700 Wohnungen für ca. 2300 Menschen in einer gemischten Bauweise werden. Es wurden ein- und zweigeschossige Ein- und Zweifamilienhäuser für Privateigentümer, achtgeschossige Häuser mit Eigentumswohnungen und acht- und vierzehngeschossige Häuser mit Mietwohnungen geplant und gebaut. Alle Häuser wurden von der französischen Firma Camus mit Fertigbetonteilen erstellt. Die im Werk nach modernen und wirtschaftlichen Methoden vorfabrizierten raumgroßen Elemente wurden auf der Baustelle montiert. Diese Großplattenbauweise lässt ein zügiges Bautempo zu.

Nach einer Meldung der Saarbrücker Zeitung vom 23. 07. 1964 war der erste Spatenstich für die neue Wohnsiedlung erfolgt. Der verhältnismäßig milde Winter 1964/65 ließ ein Arbeiten ohne Winterpause zu, so dass die ersten Mieter schon 1965 einziehen konnten. Im September 1968 wurde die gesamte Siedlung mit 711 Wohneinheiten und einem eigenen Blockheizkraftwerk mit einem Tag der offenen Tür vorgestellt[115].

Die Straßen in der Siedlung erhielten alle Blumennamen. Die Durchgangsstraße ist die Rosenstraße, die Seitenstraßen haben die Namen Tulpenweg, Lilienweg, Irisweg, Malvenweg, Narzissenweg, Anemonenweg.

Irrgartenstraße NK vorher teilweise Synagogenstraße, zeitweise (Mitte des 19. Jh.) Teil des Schloßweges

Lage und Verlauf:

Die Straße beginnt am Oberen Markt am Standort des früheren Renaissanceschlosses. Sie verläuft von dort nach Südwesten, vollzieht dann einen Bogen nach Norden und mündet in die Westspange.

Informationen zum Namen und zur Geschichte der Straße:

In einem Grundriss über projektierte Straßen im Bereich des Oberen Marktes in Neunkirchen vom 05. 12. 1864 sind der heutige vordere Teil der Irrgartenstraße, die Alleestraße, und die Schloßstraße durchgehend als

---

114   Saarbrücker Zeitung v. 01. 04. 2003

115   Neunkircher Stadtanzeiger v. 18. 09. 1968

Irrgartenstraße aus Richtung Oberer Markt,
links Turmrest des Renaissanceschlosses

Schloßweg bezeichnet[116].

Als der Ortsbaumeister Riemann dem Bürgermeister Jongnell von Neunkirchen am 15. 05. 1879 die Beschaffung von Namensschildern für 49 Straßen und 8 Wohnplätze vorschlug, tauchte der Name Synagogenstraße in dieser Aufstellung zum ersten Mal auf. Für die Straße mussten damals schon 2 Straßenschilder und 40 Hausnummernschilder beschafft werden[117].

Die nächste verfügbare Karte ist ein Situationsplan von Neunkirchen aus dem Jahre 1883. In diesem ist der vordere Teil der jetzigen Irrgartenstraße als Sinagogenstraße (mit dieser Schreibweise) verzeichnet[118].

Die Irrgartenstraße erhielt ihren jetzigen Namen in Anlehnung an den ehemaligen Schlossgarten (Barockschloss), der in drei Terrassen angelegt von der heutigen Schloßstraße bis zum Schwebeler Weg hinunter reichte und durch viele, zum Teil verschlungene Wege aufgeteilt war, so dass der Volksmund ihn als Irrgarten bezeichnctc.

Dieser Straßenname war allerdings erst in einer Sitzung des Gemeinderates Neunkirchen am 24. 04. 1903 offiziell festgelegt worden[119]. Dabei war zunächst nur der Teil der Straße von der Einmündung Alleestraße bis zum westlichen Ende vor dem früheren Parkgelände als Irrgartenstraße bezeichnet worden. Der vordere Teil der Straße zwischen Alleestraße und Oberer Markt hieß bis zum 31. Januar 1935 Synagogenstraße nach der an der Ecke zum Oberen Markt stehenden Synagoge.

Am 13. Januar 1935 fand im damaligen Saargebiet eine Volksabstimmung statt, in der die Bevölkerung zwischen einem Anschluss an Frankreich, der Beibehaltung des Status quo oder der Rückkehr nach Deutschland entscheiden konnte. Eine überwältigende Mehrheit von 90,73 % stimmte für die Rückkehr nach Deutschland. Bereits am 17. 01. 1935 beschloss daraufhin der Rat des Völkerbundes die Wiedereinsetzung Deutschlands in die Regierung des Saarbeckens zum 1. März 1935. Noch vor diesem Datum beschloss der Stadtrat von Neunkirchen Ende Januar 1935 die Änderung von Straßennamen zum 1. Februar 1935, um damit nationalsozialistische Größen oder verdiente Soldaten des 1. Weltkrieges zu ehren bzw. an Schlachtenorte des 1. Weltkrieges oder an Opfer der französischen Besatzung zu erinnern oder wie im vorliegenden Fall, um ein jüdisches Symbol zu entfernen. Bei dieser Gelegenheit wurde nun die Straße in ihrer gesamten Länge zur Irrgartenstraße[120]. Bis in die 1980er Jahre endete die Straße nach Südwesten ca. 200 m hinter der Einmündung Alleestraße als Sackgasse. Die Weiterführung und Anbindung an die Westspange erfolgte erst nach Fertigstellung dieser Ausfallstraße aus der Stadt.

Öffentliche oder sonst bedeutsame Gebäude und Einrichtungen in der Straße:

- Turmrest des Renaissanceschlosses mit hölzerner Wasserleitung
Weiteres Siehe Oberer Markt
- Synagoge
Weiteres Siehe Synagogenplatz
- Goethehaus[121]
Johann Wolfgang von Goethe war im Sommer 1770 für eine Nacht mit einem Gefährten in Neunkirchen. Mit diesem hatte er ein Quartier im heutigen Anwesen Irrgartenstraße 16 gefunden. Da er nicht schlafen konnte, hatte er seinen Freund im Zimmer allein gelassen und war zu dem höher liegenden Barockschloss Jägersberg gegangen und saß dort längere Zeit im Dunkeln auf der Terrasse. Seine Empfindungen dabei verarbeitete er später literarisch im 10. Buch von Dichtung und Wahrheit (siehe Goethestraße).
Das Gebäude, in dem sein Quartier lag, wird seither inoffiziell als Goethehaus bezeichnet, und auf diesen Besuch wird mit einem Schild an

116   Projekt. Straßen 1864, vgl. Anm. A13
117   Beschaff. Straßenschilder, vgl. Anm. A8
118   Situat.-plan NK 1883, vgl. Anm. A4
119   Saar- und Blieszeitung v. 25. 04. 1903

120   Saar- und Blieszeitung v. 30. 01. 1935
121   Krajewski: Plaudereien 6, vgl. Anm. B36, S. 20 ff

der Hausfront aufmerksam gemacht.

- Neuapostolische Kirche
1960/61 wurde in der Irrgartenstraße eine Kirche für die neuapostolischen Christen von Neunkirchen, Schiffweiler, Illingen und Merchweiler gebaut.
Die Kirche wurde am 02. 07. 1961 bezogen.
Vorher hatten die z. Zt. 116 Mitglieder der Gemeinde seit 1925 Gotteshäuser in der Wellesweilerstraße (ehemaliges Polizeigewahrsam hinter dem Bürgermeisteramt), in der Auguststraße und gegenüber der jetzigen Kirche in der Irrgartenstraße. Im Gegensatz zu anderen christlichen Gotteshäusern gibt es bei neuapostolischen Kirchen grundsätzlich keinen Kirchturm[122].

---

122 Frdl. Auskunft von Herrn Eisel von der Neuapostolischen Kirche

Jägerhof NK *vorher Hundshof, heute Teil des Kriershofes*
Siehe Kriershof

Jägermeisterpfad NK

Lage und Verlauf:
Der Jägermeisterpfad biegt von einem Zweig der Geß-bachstraße nach Nordosten ab und mündet in die Forststraße.

Jägermeisterpfad aus Richtung Geßbachstraße

Informationen zum Namen und zur Geschichte der Straße:
Die Straße verläuft in Richtung des Staatlichen Forst-amtes.

In diesem Gebäude war schon zu Beginn des 20. Jh. die Preußische Oberförsterei untergebracht. Diese Tat-sache war wohl ausschlaggebend für die Namensge-bung.

Auf einem Stadtplan von 1929 ist die Straße erstmals, allerdings noch ohne Namen, eingezeichnet. Damals standen im unteren Bereich einige Schlafhäuser der Grubenverwaltung.

In einer Stadtratssitzung am 29. 01. 1935 hatte man den Beginn der Straße Am Biedersberg an die Einmündung in die Geßbachstraße festgelegt.

Gleichzeitig erhielt der Jägermeisterpfad seinen Na-men[J1]. Auf einer Karte von 1935 ist dann erstmals der Straßenname Jägermeisterpfad auch vermerkt. Heute gibt es an der in Bahnhofsnähe liegenden Straße zwei große Schulsysteme.

Öffentliche oder sonst bedeutsame Einrichtungen an der Straße:
- Berufsschule
  Es handelt sich um das technisch-gewerbliche Berufsbildungszentrum, eine von drei Berufs-schulen in Neunkirchen. Die Schule war nach Fertigstellung des 2. Bauabschnittes nach einer Bauzeit von insgesamt fünf Jahren am 21. Mai 1979 eingeweiht worden.
  In der Schule werden zur Zeit in den Abteilungen Elektro- und Sanitärtechnik, Fertigungs- und Konstruktionstechnik und Bau- und Baunebenge-werbe insgesamt über 1500 Schüler unterrich-tet.
- Sonderschule – Schule am Ziehwald und Schule am Biedersberg
  In diesem Komplex sind eine Schule für Lernbe-hinderte und eine Schule für Geistigbehinderte untergebracht.
  Der Unterricht an der Schule am Ziehwald für Lernbehinderte ist am Stoff der Grundschule und des Hauptschulzweiges der Erweiterten Re-alschule orientiert. Eine Ganztagsbetreuung bis 16.00 Uhr ist eingerichtet. Zur Zeit werden 210 Schüler hier unterrichtet, und 149 Schüler wer-den an ihren Regelschulen von Lehrkräften der Schule am Ziehwald als Integrationsschüler un-terrichtet[J2].
  In der Biedersbergschule werden Kinder und Ju-gendliche mit geistiger Behinderung in kleinen Klassen nach einen individuellen Förderplan unterrichtet. Sie ist eine Ganztagsschule in deren Mittelpunkt der lebens- und praxisorientierte Unterricht steht. Zur Zeit werden 31 Schüler in 5 Klassen unterrichtet[J3].

Jägerstraße NK

Lage und Verlauf:
Die Jägerstraße verbindet heute die Marienstraße mit der Heizengasse und kreuzt dabei die Langenstrichstra-ße, die Philippstraße und die Max-Braun-Straße.

Informationen zum Namen und zur Geschichte der Straße:

J1   Saar- und Blieszeitung v. 30. 01. 1935

J2   Wochenspiegel Neunkirchen v. 19. 04. 2006
J3   Wochenspiegel Neunkirchen v. 03. 05. 2006

Jägerstraße Blickrichtung Max-Braun-Straße,
im Hintergrund links die Grundschule am Stadtpark

Der Straßenname ist von Flurbezeichnungen, die es in diesem Bereich gibt („Die Jägerwies", „Ober der Jägerwies"), abgeleitet. Die Jägerwiesen standen den herrschaftlichen Jägern als teilweises Entgelt für ihre Dienste zur Verfügung.

Nach dem Bau des neuen Schlosses Jägersberg wohnte der fürstliche Oberforstmeister Georg Wilhelm von Maltitz im Jägermeisterhaus. Im Ort selbst wohnten mehrere Jäger, der örtliche Förster und sonstiges Personal[J4].

Nach dem Beschlussbuch der Gemeinde Neunkirchen, beschloss der Rat am 22. 02. 1893 den Erwerb von Grundstücken, damit die Jägerstraße gebaut werden konnte.

In einem Situationsplan von Neunkirchen aus dem Jahre 1883 ist ein erstes Teilstück der Straße zwischen Langenstrichstraße und Grabenstraße schon eingezeichnet, aber noch ohne Namen[J5]. 1905 hatte die Straße dann 28 und 1931 schon 36 Hausnummern/Wohnanwesen.

Bis zum Ende der 1970er Jahre lief der Fahrzeugverkehr vom Oberen Markt in die Unterstadt durch die Langenstrichstraße, die Adolf-Kolping-Straße (vorher Gartenstraße) und die Marienstraße.

Insbesondere die sich zwischen Marienkirche und Kolpinghaus (Bürgerhaus) hindurch zwängende Adolf-Kolping-Straße erwies sich dabei immer stärker als Nadelöhr. 1975 befasste man sich erstmals mit dem

Gedanken, diese Engstelle zu beseitigen[J6]. Zu diesem Zweck wurden 1980/81 vor dem Bau des Durchbruchs von der Langenstrichstraße zur Marienstraße die zwischen den Anwesen Nr. 25 und 33 der Langenstrichstraße liegenden Häuser abgerissen. Durch diese Lücke und über das Gelände der früheren Marienschule wurde das neue Straßenstück gebaut. Auf diesem Weg fließt heute der Verkehr zur Unterstadt. Der „Langenstrichdurchbruch" von der Langenstrichstraße zur Marienstraße wurde mit Beschluss des Stadtrates vom 03. 02. 1982 Teil der Jägerstraße.

Öffentliche oder sonst bedeutsame Gebäude in der Straße:

- Jägerschule
  Siehe Grundschule am Stadtpark bei Falkenstraße
- Gemeinderaum der Methodisten
  Beim Anwesen Nr. 32 hat die Region Neunkirchen der evangelisch-methodistischen Kirche einen Gemeinderaum eingerichtet. Hier finden die sonntäglichen Gottesdienste, Bibelabende, Kindergottesdienste, Frauentreffs und Gebetskreise statt.

Jahnstraße NK zeitweise Turnerstraße

Lage und Verlauf:
Die Jahnstraße ist eine Parallelstraße zur Bliesstraße und verbindet die Mühlwiesenstraße mit der Zoostraße.

Jahnstraße Blickrichtung Waldwiesenstraße

J4 Gillenberg, Heinz: Neunkirchen - Berufe im Wandel der Zeit, Neunkirchen o.J.
J5 Situat.-plan NK 1883, vgl. Anm. A4

J6 Kreuz und Bongards: Gutachten zur Stadtsanierung vgl. Anm.F8, S. 62

Informationen zum Namen und zur Geschichte der Straße:

Die Saar- und Blieszeitung hatte am 23. 08. 1905 gemeldet: *"Der hiesige Bauverein EG hat im Distrikt Waldwiese von den Firmen Neunkircher Tonwerke und Mundorfwerke größere Ländereien käuflich erworben, um darauf eine Villenkolonie für die hiesigen Eisenbahnbeamten zu errichten. Die freie Lage des Terrains sowie die unmittelbar dahinter aufsteigenden herrlichen Bestände des Steinwaldes lassen die Wahl als eine sehr glückliche erscheinen".* Nach dem Beschlussbuch der Gemeinde Neunkirchen legte der Rat am 10. 04. 1907 den Namen der Straße fest, die damals als erste Straße im späteren Siedlungsgebiet Unten am Steinwald im Entstehen war. Die Eisenbahnersiedlung mit 24 Wohnhäusern auf der grünen Wiese wurde in den Jahren 1908 bis 1910 erbaut.

Der Weg von der Flotowbrücke in den Steinwald (die Fernstraße gab es damals noch nicht) war ein forstfiskalischer Weg. Neben diesem Weg lief von der Jahnstraße her ein Wassergraben, der für die Fußgänger mit einem Steg überbrückt war. Der Graben, der sonst nur bei Regen Wasser führte, fasste die Abwässer der Jahnstraße. Der Bauverein hatte sich gemäß einem Schreiben vom 27. 03. 1911 verpflichtet, einen provisorischen Kanal zu bauen, um die stinkenden Abwässer darin abfließen zu lassen. Dieser Verpflichtung war er aber bis zum 21. 10. 1911 noch nicht nachgekommen[17]. Wie der Streit ausging, ist nicht überliefert. Erst am 23. 07. 1926 wurde sie, die nun die Kernzelle des neuen Wohngebietes Unten am Steinwald war, als öffentliche Straße freigegeben. Nach dem Verwaltungsbericht der Stadt Neunkirchen für 1927/28 wurde die Straße schließlich im Berichtszeitraum kanalisiert. Nach dem 2. Weltkrieg, als alles was mit Deutschtum zu tun hatte, verpönt war, wurde die Straße Turnerstraße genannt. Laut ABl. des Saarlandes vom 16. 02. 1953 hat der Stadtrat am 23. 01. 1953 beschlossen, dass die Straße mit sofortiger Wirkung ihren alten Namen zurück erhält.

Informationen zum Namensgeber:

Friedrich Ludwig Jahn (11.08.1778 – 15.10.1852), deutscher Pädagoge und Begründer der nationalen Turnbewegung im 19. Jahrhundert. Jahn wurde 1810 Lehrer in Berlin und eröffnete 1911 einen Turnplatz in der Hasenheide. Absicht des „Turnvaters" war es, durch das Turnen einen Beitrag zur inneren Erneuerung Preußens und zur Schaffung eines deutschen Nationalbewusstseins zu leisten. Sein Wahlspruch lautete: „Frisch, Fromm, Fröhlich, Frei". 1813 trat Jahn für kurze Zeit Lützows Freikorps bei und war maßgeblich beteiligt an der Gründung der Deutschen Burschenschaft. 1848 wurde er als Abgeordneter in die Frankfurter Nationalversammlung der Paulskirche gewählt, wo er die deutschnationale Sache vertrat.

Jahnstraße Wi *heute Fröbelstraße*
Siehe Föbelstraße

Informationen zum Namensgeber:
Siehe Jahnstraße NK

Jakob-Johannes-Straße NK *vorher und heute wieder Johannesstraße*
Siehe Johannesstraße

Informationen zum damaligen Namensgeber:
Zur Person des Namensgebers berichtete der „Saar-Freund", eine von 1920 bis 1935 erschienene Halbmonatschrift, am Abend des 7. Oktober 1919 habe der 52-jährige Eisenbahner Jakob Johannes in einer Saarbrücker Gaststätte gesessen. Ein anwesender Gast habe seinen Freunden die Konstruktion seines Revolvers gezeigt. Dabei habe sich ein Schuss gelöst, der eine französische Militärstreife („Marokkanerpatrouille") herbeigelockt habe. Die anderen Gäste waren geflohen und Johannes sei mit der Waffe in der Hand, die er vom Boden aufgehoben habe, angetroffen worden. Schon am folgenden Tag habe er vor einem französischen Militärgericht gestanden, das ihn ohne Anhörung deutscher Zeugen wegen Mordversuchs an französischen Soldaten zum Tode verurteilt habe. Der kommandierende französische General Andlauer habe nach Vorlage eines Berichtes selbst Zweifel am wahren Verlauf gehabt und zugesagt, sich für eine Nichtvollstreckung des Urteils zu verwenden, die Entscheidung läge allerdings in Paris. Am 20. 10. 1919 sei von Paris der Befehl gekommen, das Urteil sofort zu vollstrecken. Johannes sei auf einem Lastwagen zu einem Schießstand gefahren und dort sofort erschossen worden. Von der Saarbevölkerung wurde dieses Todesurteil als Willkür der französischen Militärjustiz gewertet. Insgesamt sind zwischen 1918 und 1924 im Saargebiet 17 Menschen durch Ausschreitungen des französischen Militärs zu Tode gekommen, darunter auch die Neunkircherin Maria Schnur, nach der ebenfalls eine Straße benannt wurde.

J7   StA Neunkirchen, Best. A 1, Nr. 352

Jakob-Neu-Straße Lu vorher Jakobstraße, zeitweise Dr.-Joseph-Goebbels-Straße, volkstümlich Untergasse

Lage und Verlauf:

Die Jakob-Neu-Straße ist im Ortszentrum von Ludwigsthal eine in Ost-West-Richtung verlaufende Verbindung zwischen Furpacher Straße und Hauptstraße.

Jakob-Neu-Straße aus Richtung Hauptstraße

Informationen zum Namen und zur Geschichte der Straße:

Nach einem Grundbucheintrag hat ein aus Steinbach bei Ottweiler stammender Jakob Neu, der auf dem Forbacher Hof (Hofgut Furpach) bedienstet war, 1760 Land hinter dem Hirschweiher erworben. Er gilt als der Gründer des Ortes Ludwigsthal. Sein Sohn kaufte 1804 und 1817 von einem Freifräulein Esenbeck weiteres Land für sich und für seine Familie.

Es wohnten dann im Bereich des heutigen Ludwigsthal vier Familien in armseligen Hütten. Das erste Haus baute Jakob Neu an der Ecke der heutigen Furpacher Straße/Jakob-Neu-Straße. Zwischen 1810 und 1820 kauften Jakob und Andreas Neu sowie Elias Wetzel weiteres Land und haben dann auch weitere Häuser gebaut. Johann Elias Wetzel baute sein Haus im Bereich der heutigen Furpacher Straße an der damaligen Ortsgrenze zu Welleweiler. Dieses Wetzelhaus ging nach seinem Tod an Andreas Leibenguth, dessen Erben es an die Witwe Johann Nikolaus Neufang verkauften. Auf einer Karte von 1910 ist das Wetzelhaus noch eingetragen, wurde aber um diese Zeit abgerissen.

Der sich nach und nach bildende Ort hatte noch keinen Namen und wurde zunächst Plantage (Blandaasch) ge-

nannt. Mit diesem Namen waren die Bewohner in den 1880er Jahren nicht mehr zufrieden. Sie beantragten, den damals noch zur bayerischen Pfalz gehörenden Ort nach dem regierenden bayerischen König Ludwig II. in Ludwigsthal umbenennen zu dürfen. Nachdem diese Umbenennung vom König genehmigt worden war, erfolgte die feierliche Umtaufe am 14. 12. 1884.

Die Straße im Ortszentrum erhielt nach dem Vornamen des ersten Hausbesitzers den Namen Jakobstraße. Während des 3. Reiches hieß die Straße zeitweise Dr.-Joseph-Goebbels-Straße, erhielt aber nach 1945 ihren alten Namen zurück. Als es nach der Gebiets- und Verwaltungsreform 1974 mehrere Jakobstraßen in der Stadt gab, wurde dem Straßennamen in Ludwigsthal der Familienname des Namensgebers zugefügt.

Volkstümlich wird die kleine Straße Untergasse (Unnergass) genannt.

Informationen zum Namensgeber:

Jakob Neu stammte aus Steinbach bei Ottweiler. Er war um 1817 einer der ersten Bürger des späteren Ludwigsthal.

Jakobs-Gäßchen NK *nicht mehr existent*
Es handelte sich bei dieser Gasse um einen Fußweg von der Jakobstraße zum Hüttenberg.

Informationen zum Namen und zur Geschichte des Weges:

Die Jakobstraße wurde von der Schwebelstraße her ausgebaut und ging zunächst nur bis in Höhe der späteren Adlerstraße, die es aber damals noch nicht gab. Die Ritzwiesstraße machte damals im oberen (südöstlichen) Bereich eine Schwenkung nach Westen und mündete in die Hüttenbergstraße.

Zwischen der Jakobstraße und dem Hüttenberg gab es zu dieser Zeit einen Fußweg, das Jakobs-Gäßchen[18], der wegfiel, als die Jakobstraße bis zum Hüttenberg durchgebaut wurde.

Förmlich wurde das Gässchen durch Beschluss des Gemeinderates vom 03. 01. 1912 geschlossen.

Jakobstraße Lu *zeitweise Dr.-Josef-Goebbels-Straße, heute Jakob-Neu-Straße, volkstümlich Untergasse*
Siehe Jakob-Neu-Straße

J8 Situat.-plan NK 1883, vgl. Anm. A4

Jakobstraße NK

Lage und Verlauf:

Die Jakobstraße ist eine Verbindungsstraße von der Hüttenbergstraße zur Schwebelstraße in Höhe der Marienkirche. Von ihr zweigen nach Westen (Richtung Eisenwerk) die bergab gehenden Rollerstraße, Ritzwiesstraße und Adlerstraße ab.

Jakobstraße aus Richtung Schwebelstraße

Informationen zum Namen und zur Geschichte der Straße:

Die Jakobstraße ist eine der vielen Straßen in Neunkirchen, die nach dem Familien- oder Vornamen von früheren, oft den ersten Bewohnern benannt sind, hier war es ein Jakob Jacob[J9].

Von der Straße aus hatte man einen Blick auf einen Teil des Neunkircher Eisenwerkes. Hier wohnten auch überwiegend Arbeiter des Eisenwerkes und Bergleute der nahen Grube König.

Aus einem Situationsplan von Neunkirchen aus dem Jahre 1883 ist erkennbar, dass die Straße von der Schwebelstraße her ausgebaut wurde, zunächst nur bis in Höhe der heutigen Adlerstraße, die damals allerdings noch nicht existent war[J10].

Der Durchbruch zur Ritzwiesstraße und damit die Verbindung zum Hüttenberg ist erst später erfolgt. Auf dem Stadtplan von 1902 ist die Verbindung zur Hüttenbergstraße schon eingezeichnet.

J9 StA Neunkirchen, Best. Varia Nr. 862
J10 Situat.-plan NK 1883, vgl. Anm. 4

Jakobstraße Wi dann Bachstraße, heute Brucknerstraße, volkstümlich Branntweingasse
Siehe Brucknerstraße

Jakob-Wolf-Straße Wi vorher Baumstraße

Lage und Verlauf:

Die Straße ist eine kleine Parallelstraße östlich zur Kuchenbergstraße. Sie zweigt als Sackgasse nach Südwesten von der Rembrandtstraße ab.

Jakob-Wolf-Straße aus Richtung Rembrandtstraße

Informationen zum Namen und zur Geschichte der Straße:

Bis 1895 gab es in Wiebelskirchen keine Straßenbezeichnungen. Im ganzen Ort gab es Bezirke, die ohne weitere Nummerierung ein Finden von Häusern ermöglichten. Der Bereich der heutigen Jakob-Wolf-Straße gehörte mit anderen Straßen zum Bezirk Kuchenberg[J11]. Mit der Einführung der Straßennamen wurde auch eine straßenweise Nummerierung der Wohnanwesen vorgenommen, wobei freie Baustellen berücksichtigt wurden. Die Straße wurde nach 1895 zunächst Baumstraße genannt, da sie in die Gemeinde-Obstanlage führte.

1954 wurden auf Initiative des Kultur- und Heimatrings in Wiebelskirchen viele Straßen neu- oder umbenannt. Dabei erhielt die bisherige Baumstraße den Namen Jakob-Wolf-Straße in Erinnerung an den unermüdlichen Förderer der Obstkulturen in Wiebelskirchen, den Lehrer Jakob Wolf[J12].

J11 Bürgerbuch Wi, vgl. Anm. A1, S. 221 - 223
J12 Mathias, K.: Die 1954 eingeführten Straßennamen, in: Heimatbuch Wi, vgl. Anm. A2, S. 145

Informationen zum Namensgeber:

Jakob Wolf (11. 09. 1853 – 10. 10. 1910) wurde in Lang-weiler bei Lauterecken geboren. Wolf war vom 01. 10. 1873 bis 30. 04. 1909 als evangelischer Lehrer in Wie-belskirchen tätig. In dieser Zeit gab es in Wiebelskir-chen drei Schulsysteme

- die evangelische Schule Seiters mit 9 – 14 Klas-sen
- die evangelische Schule Dorf mit 6 – 9 Klassen
- die katholische Schule mit 3 – 6 Klassen.

Wolf legte Ende des 19. Jh. die Gemeindeobstanlage „auf der Höh" unter den skeptischen Augen der Wie-belskircher Obstbauern an. Die Anlage liegt an einem Nordhang und nach damaliger Meinung pflanzt man an einem Nordhang keine Bäume. Aber Wolf wusste, was er tat.

Der Boden auf der Höh war jungfräulicher Boden für die Bäume, und sie gediehen prächtig[J13]. Dies wurde auch durch einen damals im Ort gehenden Spruch be-stätigt: "Am Leh stehen die Bäume und auf der Höh gibt es das Obst".

Jean-Mathieu-Straße Ha vorher Bexbacher Straße

Lage und Verlauf:

Die Jean-Mathieu-Straße führt von der Ortsmitte des Stadtteils Hangard ab der Einmündung Höcherberg-straße/An der Oster nach Südosten bergauf aus dem Ort hinaus.

Jean-Mathieu-Straße aus Richtung An der Oster,
im Vordergrund der Dorfplatz

Informationen zum Namen und zur Geschichte der Straße:

Die Straße hatte vorher den Namen Bexbacher Straße, da sie in Richtung Bexbach führt.

Nach der Gebiets- und Verwaltungsreform 1974 wurde sie zur Vermeidung von Verwechslungen umbenannt, da es nun im neuen Stadtgebiet mehrere Bexbacher Straßen gab. Man nannte die Straße jetzt in Erinnerung nach einem der ersten Siedler im Ortsgebiet.

1992 wurde der Einmündungsbereich Jean-Mathieu-Straße/Höcherbergstraße/An der Oster zu einem neu-en Dorfplatz ausgebaut[J14].

Informationen zum Namensgeber:

Die Gründung Hangards fällt in die Reunionszeit, als Ludwig XIV. im 17. Jh. versuchte, die Ostgrenze Frank-reichs an den Rhein zu verlegen. Unsere Heimat war damals von französischen Truppen besetzt, und man versuchte, hier Menschen aus dem Innern von Frank-reich anzusiedeln. Unter den ersten Siedlern um 1690 war Jean Mathieu, der Gründer des Dorfes Hangard. Im Bereich der heutigen Jean-Mathieu-Straße und der Höcherbergstraße wurde ihm und den nachfolgenden Siedlern Ödland zugewiesen. Das neue Dorf (Neudorf) sollte sich schnell entwickeln. Ihm wurde gegen erbit-terten Widerstand der Wiebelskircher Einwohner 542 ha Land aus deren Banngebiet zugeteilt. An Stelle der ursprünglichen Bezeichnung Neudorf setzte sich im Laufe der Zeit der Ortsname Hangard durch.

Öffentliche oder sonst bedeutsame Einrichtungen an der Straße:

- Friedhof
  Am Ende der Jean-Mathieu-Straße liegt auf der Nordostseite der Friedhof Hangard. Der ur-sprüngliche Friedhof in Hangard am Platz der heutigen Leichenhalle war ausschließlich Katho-liken vorbehalten. Er war 1888 angelegt worden nachdem der vorherige Dorffriedhof aus dem frühen 18. Jh. geschlossen worden war. Prote-stanten wurden in Wiebelkirchen beerdigt.
  Auch der danach neu angelegte Friedhof gehörte der kath. Kirchengemeinde und war Katholiken vorbehalten. Auch nach dessen Erweiterung ge-lang es nicht, einen interkonfessionellen Friedhof zu schaffen, so dass die Gemeinde 1915/16 einen Friedhof in der Nähe des katholischen schuf, auf

---

J13   Lander, Rudolf: Unser Obstanbau früher, in: Heimat-buch Wiebelskirchen, vgl. Anm. A2, S. 236

J14   Neunkircher Stadtanzeiger v. 11. 03. 1992

dem dann auch die evang. Toten beerdigt werden können.

Seit 1971 wird die Einrichtung von beiden Konfessionen benutzt, nachdem der vorher kath. Friedhof 1969 durch Schenkung an die Gemeinde gekommen war. 1962 ist auf dem Friedhof eine Leichenhalle errichtet worden. Der Friedhof hat eine Fläche von 1,3 ha[J15].

Johannesstraße NK vorher teilweise Utschstraße, zeitweise (1935 – 1945) Jakob-Johannes-Straße

Lage und Verlauf:
Die Johannesstraße ist eine Verbindungsstraße von der Langenstrichstraße über die Max-Braun-Straße (früher Karlstraße) hinaus bis zur Bürgermeister-Ludwig-Straße (früher Ludwigstraße). Auf dem letzten Teilstück verläuft sie entlang des Neuen Marktes.

Johannesstraße aus Richtung Max-Braun-Straße

Informationen zum Namen und zur Geschichte der Straße:
Der Name Johannesstraße ist vom Vornamen des ersten Anwohners Johann Fried abgeleitet. Nach dem Beschlussbuch der Gemeinde Neunkirchen erhielt Major Utsch (ein Nachfahre des bekannten Försters Utsch) am 19.12.1887 die Erlaubnis, eine Verbindungsstraße zwischen Karl- und Ludwigstraße auszubauen, soweit sein Eigentum berührt ist, wenn er sie 4 Jahre in gutem Zustand hält und dann der Gemeinde übergibt. Dieser Teil der Straße, der am heutigen Neuen Markt entlang verläuft, hieß dann zunächst auch Utschstraße.

In einem Situationsplan von Neunkirchen aus dem Jahre 1883 ist ein weiteres Teilstück der Straße zwischen Langenstrichstraße und heutiger Philippstraße schon eingezeichnet, aber noch ohne Namen[J16]. Diese beiden Straßenteile sind aber noch vor 1902 durch ein Straßenstück miteinander verbunden worden. Nun hieß die ganze Straße von der Langenstrichstraße bis zur Ludwigstraße durchgehend Johannesstraße. Am 13. Januar 1935 fand im damaligen Saargebiet eine Volksabstimmung statt, in der die Bevölkerung zwischen einem Anschluss an Frankreich, der Beibehaltung des Status quo oder der Rückkehr nach Deutschland entscheiden konnte. Eine überwältigende Mehrheit von 90,73 % stimmte für die Rückkehr nach Deutschland. Bereits am 17. 01. 1935 beschloss daraufhin der Rat des Völkerbundes die Wiedereinsetzung Deutschlands in die Regierung des Saarbeckens zum 1. März 1935. Noch vor diesem Datum beschloss der Stadtrat von Neunkirchen am 29. 01. 1935 die Änderung von Straßennamen zum 1. Februar 1935, um damit nationalsozialistische Größen oder verdiente Soldaten des 1. Weltkrieges zu ehren bzw. an Schlachtenorte des 1. Weltkrieges oder an Opfer der französischen Besatzung zu erinnern. So wurde aus der Johannesstraße die Jakob-Johannes-Straße[J17] nach einem von einem französischen Militärgericht wohl zu Unrecht verurteilten und hingerichteten Eisenbahner. Ebenfalls in seiner Sitzung am 29. 01. 1935 beschloss der Stadtrat (Sitzungsbuch der Stadt) an den Straßenschildern der Jakob-Johannes-Straße und der Maria-Schnur-Straße Erklärungstafeln anzubringen. Nach dem Zusammenbruch 1945 erhielten viele Straßen wieder ihre alten Namen, so auch die Johannesstraße.

Informationen zum Namensgeber:
Johann Henrich Fried (10.03.1709 – 16.12.1767)

Josef-Bürckel-Straße Lu *heute Zum Mutterbachtal*
Siehe Zum Mutterbachtal

Informationen zum damaligen Namensgeber:
Siehe Josef-Bürckel-Straße NK

Josef-Bürckel-Straße Mü *davor und danach Höcherbergstraße, heute Oben am Godtal*

J15 Ratgeber im Trauerfall, vgl. Anm. A28, S. 21

J16 Situat.-plan NK 1883, vgl. Anm. A4
J17 Saar- und Blieszeitung v. 30. 01. 1935

Siehe Oben am Godtal

Informationen zum damaligen Namensgeber:
Siehe Josef-Bürckel-Straße NK

Josef-Bürckel-Straße NK *vorher Bebelstraße und An der Bliesmühle, heute Süduferstraße und Bliesstraße (neu)*
Siehe Bliesstraße (neu) und Untere Bliesstraße

Informationen zum damaligen Namensgeber:
Josef Bürckel (30. 03. 1894 – 28. 09. 1944) war Gauleiter der Rheinpfalz, Saarbevollmächtigter der Reichsregierung, Reichskommissar für das Saarland, Reichsstatthalter für die Westmark und Chef der Zivilverwaltung in Lothringen. Bürckel war geborener Pfälzer (Lingenfeld), der nach vierjährigem Kriegsdienst im 1. Weltkrieg zunächst Lehrer wurde, diesen Beruf aber aufgab, als er 1926 Gauleiter der NSDAP in der Rheinpfalz geworden war. Nach der Saarabstimmung 1935 wurde er Reichskommissar für das Saargebiet und nach dem Anschluss Österreichs 1938 Gauleiter von Wien. Als oberster NS-Führer in Österreich war er für die systematische und rücksichtslose Unterdrückung der Juden verantwortlich, die 1939/40 in der Deportation der Wiener Juden gipfelte. Als er Ende 1940 wieder in den Westen kam, organisierte er auch die unerwartete Deportation von 6500 Juden aus Baden und der Saarpfalz ins besetzte Frankreich. Am 28. 09. 1944 soll Bürckel Selbstmord begangen haben.

Josef-Bürckel-Straße Wi *vorher Sophienstraße, dann Albert-Schweitzer-Straße, heute Bodelschwinghstraße*
Siehe Bodelschwinghstraße

Informationen zum damaligen Namensgeber:
Siehe Josef-Bürckel-Straße NK

Josefstraße NK *vorher Josephstraße, heute nicht mehr existent*

Lage und Verlauf:
Die Josefstraße war eine Verbindungsstraße zwischen Schwebelstraße und Königstraße südwestlich parallel zur Adlerstraße. Sie mündete gegenüber dem Boxbergweg in die Königstraße. Die Schwebelstraße mündete damals viel weiter südwestlich (Richtung Spieser Höhe) als heute in die Königstraße. Zeitweise hieß dieses letztgenannte Stück der heutigen Schwebelstraße Kohlenweg (Situationsplan von 1893)

Informationen zum Namen und zur Geschichte der Straße:
Wie viele Straßen in Neunkirchen erhielt auch die Josefstraße ihren Namen vom Vornamen des ersten Anwohners Josef Weyand. Sein Haus stand auf der Ecke Josefstraße/Königstraße.
Am 15. 05. 1879 schlug der Ortsbaumeister Riemann dem Bürgermeister Jongnell von Neunkirchen die Beschaffung von Namensschildern für 49 Straßen und 8 Wohnplätze vor. In dieser Aufstellung ist auch der Name Josefstraße erstmals aufgeführt. Für die Straße mussten damals 1 Straßenschild und 6 Hausnummernschilder beschafft werden[J18]. In einem Situationsplan von Neunkirchen aus dem Jahre 1883 ist die Straße dann ebenfalls eingezeichnet, aber ohne Namen[J19]. 1910 hatte die Straße 11 Wohnanwesen.
Im Zuge von Straßenumbenennungen bei der Gebiets- und Verwaltungsreform 1974 wurde die Josefstraße in die Schwebelstraße einbezogen

Informationen zum damaligen Namensgeber:
Josef Weyand, Gastwirt, war ein sehr begüterter Mann in Neunkirchen. Der pensionierte Lehrer Heinrich Becker, der in der Königstraße in Neunkirchen aufgewachsen war, schrieb 1949 in Erinnerung an seine Kindheit in der Königstraße an den Neunkircher Heimatforscher Bernhard Krajewski: „..... ich sehe den Ökonomen Weyand in seiner „Staatskutsche" mit zwei feurigen Füchsen vor seinem Haus, dem Gasthaus Weyand Ecke Josef- und Königstraße; ich sehe aber auch durch die vordere Königstraße einen stolzen Aristokraten schreiten, Karl Ferdinand Freiherr von Stumm ...."

Judewies Wi *volkstümliche Bezeichnung für Dürerstraße und Grünewaldstraße zusammen, vorher Nikolausstraße*
Siehe Dürerstraße und Grünewaldstraße

Julius-Schreck-Straße NK *vorher Kaiserstraße, heute Pasteurstraße*
Siehe Pasteuerstraße

J18   Beschaff. Straßenschilder, vgl. Anm. A8
J19   Situat.-plan NK 1883, vgl. Anm. A4

Informationen zum damaligen Namensgeber:
Julius Schreck (1898 – 16.05.1936) war Schauspieler und später Mitglied des Stoßtrupps Hitler in der SA und einer der beiden Fahrer von Hitler. 1936 starb Schreck in München an einer Infektion.

Julius-Schreck-Straße Wi *(1935 – 1945) davor und danach Thomase-Betzum-Straße, heute Offermannstraße Siehe Offermannstraße*

Informationen zum damaligen Namensgeber:
Siehe Julius-Schreck-Straße NK

Julius-Schwarz-Straße Wi vorher Margarethenstraße, volkstümlich Kehlstorzestroß

Lage und Verlauf:
Die Julius-Schwarz-Straße ist eine Verbindungsstraße von der Römerstraße zur Keplerstraße und quert dabei die Straße „Im Stauch".

Julius-Schwarz-Straße aus Richtung Im Stauch

Informationen zum Namen und zur Geschichte der Straße:
Bis 1895 gab es in Wiebelskirchen keine Straßenbezeichnungen. Im ganzen Ort gab es Bezirke, die ohne weitere Nummerierung ein Finden von Häusern ermöglichten. Der Bereich der heutigen Julius-Schwarz-Straße gehörte mit anderen Straßen zum Bezirk Im Dorf[20]. Mit der Einführung der Straßennamen wurde auch eine straßenweise Nummerierung der Wohnanwesen vorgenommen, wobei freie Baustellen berück-

sichtigt wurden. Die jetzige Julius-Schwarz-Straße wurde nun zunächst Margarethenstraße genannt, weil an beiden Enden der Straße Frauen mit dem Vornamen Margarethe wohnten.

Die Umbenennung der Straße erfolgte 1954 im Zuge einer größeren Aktion zur Um- bzw. Neubenennung von Straßen in Wiebelskirchen. Die ehemalige Gemeinde Wiebelskirchen wollte durch die Benennung einer Straße nach Julius Schwarz das Andenken an einen Mitbegründer der Gewerkschaften im Saarrevier wachhalten[21].

Volkstümlich wurde die Straße Kehlstorzestroß genannt. Dieser Name soll daher kommen, dass vor Bebauung der Grundstücke an der Straße das Gelände im Winter von der Jugend zum Schlittenfahren benutzt wurde. In dem als Gärten genutzten Gelände waren vom Herbst her oft noch die Strünke des Rosenkohls (die Kehlstorze) stehen geblieben über die die Schlitten nun holperten.

Informationen zum Namensgeber:
Julius Schwarz war Bezirksleiter des freigewerkschaftlichen Bergarbeiterverbandes und schon vor 1914 Mitglied des Wiebelskircher Gemeinderates. Am Ende des 1. Weltkrieges wurde er Mitglied des am 12. 11. 1918 gewählten Wiebelskircher Arbeiterrates. Als Gewerkschaftsfunktionär war er 1923 wesentlich an Streiks gegen die restriktive Lohnpolitik der französischen Verwaltung der Saargruben beteiligt. Mit anderen Gewerkschaftsführern rief er 1935 dazu auf, bei der Volksabstimmung am 13. Januar für den Status quo und gegen den nationalsozialistischen Parteistaat zu stimmen. Im Gegensatz zu vielen anderen Gewerkschaftsführern ging er nicht in die Emigration. Er wurde entlassen und war bis 1945 arbeitslos und sah sich dauernden Benachteiligungen, Schikanen und Maßregelungen ausgesetzt. Nicht einmal eine vom Arbeitsamt vorgeschlagene Botentätigkeit wurde ihm genehmigt. Nach dem Attentat auf Hitler am 20. Juli 1944 wurde Schwarz mit über weiteren 60 Personen an der Saar, die man zum Kreis politischer Gegner rechnete, festgenommen und in ein Konzentrationslager eingeliefert[22].

Das gewerkschaftliche Leben hatte in unserem Raum mit der Gründung des Rechtschutzvereins 1889 begonnen.

J20 Bürgerbuch Wi, vgl. Anm. A1, S. 221 - 223

J21 Mathias, K.: Die 1954 eingeführten Straßennamen, in: Heimatbuch Wi, vgl. Anm. A2, S. 145
J22 Ebenau, Michael: Freiheit für das Volk, Ottweiler 1990, S. 125

Diese Bewegung umfasste um die Jahrhundertwende ca. 25 000 Mitglieder und damit fast die gesamte Belegschaft der Saargruben. Als sichtbareres Zeugnis dieser Zeit ist heute noch der Rechtschutzsaal in Bildstock zu sehen, zu dessen Bau die Bergleute einzelne Backsteine zusammengetragen hatten. Dieser Verein kämpfte damals für heute selbstverständliche Rechte der Arbeitnehmer, traf jedoch auf den erbitterten Widerstand der Bergwerksverwaltung. Zur Durchsetzung dieser Rechte kam es im Dezember 1892 erstmals zu einem Streik. Daraufhin entließ die Bergwerksverwaltung, die aus ihrer Sicht gesehenen Hauptagitatoren des Streiks und Funktionäre des Rechtschutzvereins, insgesamt ca. 500 Mann. Diese Entlassung traf nicht nur die Männer selbst, sondern auch ihre Familien sehr hart. Auf Grund der von den Arbeitgebern erstellten „schwarzen Listen" war es fast unmöglich, noch mal eine Arbeit zu finden, so dass viele in das damals deutsche Lothringen oder an die Ruhr auswandern mussten. Auf den Trümmern des Rechtschutzvereins bauten die späteren Gewerkschaften auf, wobei der Bergarbeiterfunktionär Julius Schwarz eine führende Rolle spielte.

Kälberweide Fu

Lage und Verlauf:
Die Kälberweide ist eine Wohnstraße, die südlich parallel zur Limbacher Straße, der Hauptdurchgangsstraße durch Furpach, verläuft und zwar vom Hasenrech bis zur Hirschdell.

Kälberweide Blickrichtung Maltitzpfad/Hasenrech

Informationen zum Namen und zur Geschichte der Straße:
Der Straßenname ist von der Flurbezeichnung „In der Kälberweyd", die es nach einer Flurkarte von 1764 in diesem Bereich gibt, abgeleitet.
Es handelte sich um eine Weide unmittelbar beim Hofgut Furpach.
Zwischen 1936 und 1938 wurde auf dem Gelände des früheren Hofgutes Furpach durch die Saarpfälzische Heimstätte GmbH eine Siedlung erstellt. Im 1. Bauabschnitt wurden der Bereich nördlich der Limbacher Straße und westlich der nach Ludwigsthal führenden Straße und im 2. Bauabschnitt der Bereich südlich der Limbacher Straße und westlich des Hofgutes mit folgende Straßen erschlossen: Tannenschlag, Maltitzpfad, Hirschdell, Kälberweide, Hasenrech und Kestenbaum. Dort entstanden 42 Volkswohnungen, 66 Siedlerstellen und 20 Eigenheime[K1].
Kaum eines dieser Siedlungshäuschen ist noch im ursprünglichen Zustand. Fast alle sind umgebaut, aufgestockt oder haben Anbauten erhalten.
Da die Siedler zur Kleinviehhaltung angehalten waren, waren deren Grundstücke ziemlich groß, um diese Tiere aus dem Land ernähren zu können. Die Grundstücke waren so groß, dass nach Kriegsende vielfach auch eine Abtrennung eines weiteren Baugrundstücks möglich war.
So entstand nach dem 2. Weltkrieg durch Teilung der Grundstücke auf der Südseite die Straße Blässenroth.

Kärntenweg NK *heute Kiefernweg*
Siehe Kiefernweg

Informationen zur damals namensgebenden Landschaft:
Kärnten ist ein österreichisches Bundesland, das im Südosten eine lange Außengrenze zu Slowenien hat, das bis 1991 eine Teilrepublik von Jugoslawien war.
Slowenien war seit dem 13. Jh. habsburgisch. Im Grenzbereich wohnen auch auf österreichischer Seite viele Slowenen.
Im Rahmen des Minderheitenschutzes sind heute in diesen Orten Verkehrsschilder und sonstige öffentlichen Einrichtungen zweisprachig.
Nach dem verlorenen 1. Weltkrieg wurde Deutschland in den Friedensbedingungen des Vertrages von Versailles (28. 06.1919) u. a.
- *zum Verzicht auf Teile seines Staatsgebietes und*
- *zur Zustimmung zu Abstimmungen in Teilen seines Staatsgebietes über den Verbleib bei Deutschland oder den Anschluss an einen anspruchsstellenden Nachbarstaat (z. B. das Saargebiet zu Frankreich)*

gezwungen. Außerdem musste Deutschland die dauerhafte Unabhängigkeit Österreichs anerkennen. Versuche der neugebildeten Republik Österreich, sich Deutschland anzuschließen, wurden im November 1918 und im Februar 1919 durch die Alliierten abgewiesen[K2].
Österreich wurde im Vertrag von St. Germain (10.09.1919) zum Verzicht auf
- *Südtirol, Triest und Istrien an Italien,*
- *Dalmatien, Teile von Kärnten und der Krain (slowen. = Kranjska) und Teile der Steiermark an Jugoslawien,*
- *die Bukowina, Siebenbürgen, ein Teil des Banats, das Kreischgebiet an Rumänien und*
- *die sich durch die Anerkennung der neuen Staaten Polen, Tscheschoslowakei, Ungarn und Jugoslawien ergebenden Abtretungen*

gezwungen.

K1   Mons: Siedlungsgeschichte Furpach, vgl. Anm. B35, S. 17 ff

K2   Hilgemann: Atlas dt. Zeitgeschichte, vgl. Anm. D4, S. 56

Käthe-Kollwitz-Straße Wi

Lage und Verlauf:
Die Straße liegt im südwestlichen Bereich des Stadtteils Wiebelskirchen und zweigt zusammen mit der Straße Am Brühlgraben nach Nordwesten von der Landsweilerstraße ab. Nach wenigen Metern teilt sich die Straße und die Käthe-Kollwitz-Straße läuft als Sackgasse weiter. Sie endet nach ca. 250 m.

Käthe-Kollwitz-Straße aus Richtung Landsweilerstraße

Informationen zum Namen und zur Geschichte der Straße:
Die Straße ist 1953 am Rande der damaligen Bebauungsgrenze entstanden. Die Wohnbebauung erfolgte in drei Bauabschnitten zwischen 1953 und 1955 in Form von Mietskasernen für die sozial Schwächsten der Gemeinde. Die Massierung der Wohnblocks führte dazu, dass dieses Gebiet vor allem Anfang der 1960er Jahre als Problemviertel verrufen war, eine Einschätzung, die sich in den letzten Jahren doch verändert hat.

Informationen zur Namensgeberin:
Käthe Kollwitz , geb. Schmidt (08.07.1867 –22.04.1945), deutsche Graphikerin und Bildhauerin. Sie schuf naturalistische Grafiken mit Themen aus der Geschichte des Proletariats sowie sozialkritische Elendsschilderungen aus großstädtischen Industrie- und Arbeitervierteln. Dabei ist der Verzicht auf sentimentale Effekte kennzeichnend. Kollwitz avancierte zu einer der bedeutendsten deutschen Künstlerinnen ihrer Zeit, war ab 1919 Mitglied der Preußischen Akademie der Künste und die erste Frau, die dort mit einem Lehramt betraut wurde. 1933 wurde sie von den Nationalsozialisten aus der Akademie ausgeschlossen und lebte bis zu ihrem Tod in weitgehender Isolation.

Die Skulptur in der Gedenkstätte Neue Wache in Berlin ist eine vergrößerte Nachbildung einer Arbeit von Käthe Kollwitz.

Kaffeegass Ha *volkstümlich für Gartenstraße, heute*
In den Hanggärten
Siehe In den Hanggärten

Kaiserstraße NK *zeitweise Julius-Schreck-Straße, heute Pasteurstraße*
Siehe Pasteuerstraße

Kaiserstraße Wi *dann Reichsstraße, Straße des 13. Januar, dann Teil der Neunkircher Straße, heute Teil der Kuchenbergstraße*
Es handelte sich bei der Kaiserstraße um den Teil der heutigen Kuchenbergstraße zwischen der Seitersbrücke und der Einmündung der heutigen Bexbacher Straße.

Informationen zum Namen und zur Geschichte der Straße:
Siehe Kuchenbergstraße

Kaiser-Wilhelm-Brücke NK *heute Mozartbrücke*
Siehe Mozartbrücke

Kaiser-Wilhelm-Platz NK *heute Mozartplatz*
Siehe Mozartplatz

Kaiser-Wilhelm-Straße NK *heute Ringstraße*
Siehe Ringstraße

Informationen zum damaligen Namensgeber:
Es gab zwei deutsche Kaiser mit dem Namen Wilhelm:
- *Wilhelm II. (1859 – 1941) war zum Zeitpunkt der Planung und der Namensgebung der Straße Deutscher Kaiser und König von Preußen. Er hatte hatte 1890, zwei Jahre nach seiner Inthronisierung Bismarck, der seinem Vorgänger Wilhelm I. Jahrzehnte lang als Berater und Ministerpräsident gedient hatte, zum Rücktritt gezwungen. Er selbst war allerdings nicht in der Lage das Reich konsequent zu führen. Im 1. Weltkrieg ließ er sich von der Obersten Heeresleitung fast ganz ausschalten. Nach dem militä-*

rischen Zusammenbruch begab er sich am 10. 11. 1918 auf Rat Hindenburgs in die Niederlande und verzichtete am 28. 11. 1918 formell auf den Thron und lebte fortan in Doorn in den Niederlanden.

Wilhelm II. war mit Karl Ferdinand Stumm, den er 1888 adelte (von Stumm-Halberg), persönlich befreundet. Er war am 25. 04. 1892 auch einmal in Neunkirchen. Dabei besuchte er auch das Stumm-sche Herrenhaus, übernachtete jedoch am neuen Familiensitz in dem neu erbauten Schloss Halberg in Saarbrücken,[K3].

- *Auch Kaiser Wilhelm I. (22. 03. 1797 – 09. 03. 1888), erster Kaiser des 1871 gegründeten Deutschen Reiches und König von Preußen, war als Kronprinz zweimal in Neunkirchen.*

Am 29. 09. 1857 war er mit der Postkutsche aus Koblenz nach Neunkirchen gekommen und hatte auf dem Bahnhof den mit der Pfalzbahn von einer Kur in Bad Schwalbach zurück fahrenden französischen Kaiser Napoleon III. begrüßt. Napoleon entstieg dem Abteil und Wilhelm begrüßte ihn herzlich. Nach längerer Unterhaltung bestiegen beide den Zug, und Wilhelm gab Napoleon das Geleit bis Forbach.

Die Einweihungsfeiern zur Eröffnung der Rhein-Nahe-Bahn am 25. 05. 1860 führten den inzwischen zum Prinzregenten aufgestiegenen Prinzen abermals nach Neunkirchen. Aus diesem Anlass fuhr er zu einer Besichtigung auch in die Königsgrube ein[K4].

Kalkofenweg Fu

Lage und Verlauf:

Der Kalkofenweg zweigt vom Birkenweg nach Osten ab, vollzieht dann einen Bogen nach Süden und endet als Sackgasse hinter den Häusern Nr. 1 und 2 der Straße Kleeweide.

Informationen zum Namen und zur Geschichte der Straße:

Der Straßenname wurde in einer Stadtratssitzung am

Kalkofenweg Blickrichtung nach Süden Richtung Kleeweide

14. 03. 1973 festgelegt. Dabei orientierte man sich an einer dort vorhandenen Flurbezeichnung. Die ist darauf zurückzuführen, dass sich dort im 18. Jh. einfache Öfen zum Brennen von Düngekalk befanden. Alternativ waren damals auch die Bezeichnungen Schäfereiweg nach der in der Nähe liegenden Lakaienschäferei und Kohlbruchweg nach einer ebenfalls nachzuweisenden Flurbezeichnung vorgeschlagen worden.

Die Flurbezeichnung Kalkofen lässt auf das Vorhandensein von Kalziumkarbonat schließen und auf das Vorhandensein eines Kalkofens, in dem der Kalk gebrannt worden ist.

Fürst Wilhelm Heinrich von Nassau-Saarbrücken, der sich sehr um eine Hebung der Erträge des in seinen Landen betriebenen Ackerbaus bemühte, ließ überall Kalköfen anlegen, um die Kalkdüngung zu ermöglichen. Die zum Kalkbrennen notwendigen Steinkohlen erhielten die Bauern auf den herrschaftlichen Gruben zu ermäßigten Preisen.

Die umliegenden Straßen gehören zu einer Heimstättensiedlung, die in den späten 1930er Jahren entstanden ist.

Die damaligen Siedlerhäuser hatten alle einen sehr großen Garten, weil die Siedler zur Viehhaltung angehalten waren und diese Tiere auch ernähren mussten. Diese großen Grundstücke wurden nach dem 2. Weltkrieg oft geteilt, so dass weiteres Bauland bzw. weitere Straßen entstanden, so auch der Kalkofenweg durch Teilung der Grundstücke auf der Ostseite des Birkenwegs und auf der Westseite der Straße Nachtweide.

Die Straße und die Bebauung entstanden in den 1970er Jahren.

Es handelt sich um eine reine Wohnstraße.

K3   Gillenberg: NK vom Meyerhof ..., vgl. Anm. H5, S. 14; Klein: Bliesrevier u. d. Preußenadler, vgl. Anm. F33, S. 81

K4   Omlor u. Brill: Geschichte des Neunkircher Bahnhofs, vgl. Anm. B6, S. 4; Krajewski: Heimatkundliche Plaudereien 3, vgl. Anm. B7, S. 41

Kallenbergstraße Wi (alt) *heute Bruchwiesstraße*
Siehe Bruchwiesenstraße

Kallenbergstraße Wi (neu)

Lage und Verlauf:
Die Kallenbergstraße liegt südlich des Friedhofs Wiebelskirchen an einem Abhang. Sie verläuft als Verlängerung der Freiherr-vom–Stein-Straße in nordöstlicher Richtung. Darüber hinaus hat sie eine in einem weiten Bogen verlaufende Verbindung zu der unterhalb des Hangs liegenden Straße Am Brühlgraben.

Kallenbergstraße aus Richtung Am Brühlgraben

Informationen zum Namen und zur Geschichte der Straße:
Der Straßenname ist von einer in diesem Bereich nachzuweisenden Flurbezeichnung (1739 „Am Kahlenberg", 1767 „Am Kallenberg") abgeleitet.
Entsprechend der Ortspläne von Wiebelskirchen aus den Jahren 1955 und 1968 wurde die Straße in dem dazwischen liegenden Zeitraum angelegt.
Ursprünglich hieß die gesamte nördlich der Freiherr-vom-Stein-Schule vorbeigehende Straße Kallenbergstraße.
Dann wurde das Straßenstück unmittelbar an der Schule, wie die Schule selbst, nach dem bekannten preußischen Verwaltungsreformer benannt.
Der östliche Teil der alten Kallenbergstraße behielt seinen Namen.
Als dann südlich davon im Tal die Straße Am Brühlgraben angelegt worden war, wurde das Verbindungsstück von dieser neuen Straße zur alten Kallenbergstraße in die Kallenbergstraße einbezogen.

Kantstraße NK *heute oberer Teil der Herderstraße*
Siehe Herderstraße

Informationen zum Namensgeber:
Siehe Kantstraße Wi

Kantstraße Wi *vorher Gartenstraße*

Lage und Verlauf:
Die Kantstraße ist eine westlich zur Kuchenbergstraße in Wiebelskirchen fast parallel als Sackgasse verlaufende Seitenstraße.

Kantstraße aus Richtung Kuchenbergstraße

Informationen zum Namen und zur Geschichte der Straße:
Bis 1895 gab es in Wiebelskirchen keine Straßenbezeichnungen. Im ganzen Ort gab es Bezirke, die ohne weitere Nummerierung ein Finden von Häusern ermöglichten. Der Bereich der heutigen Kantstraße lag im Bezirk In den Robbengärten[K5]. Mit der Einführung der Straßennamen wurde auch eine straßenweise Nummerierung der Wohnanwesen vorgenommen, wobei freie Baustellen berücksichtigt wurden. Die Straße wurde nun zunächst Gartenstraße genannt, da sie zu neu angelegten Gärten führte.
Als 1954 im Rahmen einer groß angelegten Aktion zur Neu- und Umbenennung von Straßen auf Betreiben des Heimat und Kulturrings Wiebelskirchen viele Straßen neue Namen erhielten, wurde die bisherige Gartenstraße nach einem der größten deutschen Philosophen benannt. Bei dieser Gelegenheit waren alle

K5   Bürgerbuch Wi, vgl. Anm. A1, S. 221 - 223

Straßen westlich der Kuchenbergstraße nach Dichtern benannt worden.

Informationen zum Namensgeber:
Immanuel Kant, eigentlich Immanuel Cant, (22. 04. 1724 – 12. 02. 1804), deutscher Philosoph, wurde in Königsberg/ Ostpreußen geboren. Mit seiner Begründung des so genannten kritischen Idealismus avancierte er zu einem der einflussreichsten Denker der Neuzeit. Er lehrte die Unabhängigkeit des Willens, dessen Vorrang vor dem Verstand und den kategorischen Imperativ.
Durch seine Vorlesungen und Publikationen erwarb sich Kant bereits frühzeitig den Ruf eines herausragenden Philosophen. Mehrere Lehrstuhlangebote renommierter Universitäten - u. a. Erlangen (1769) und Jena (1770) - schlug er aus, bevor er 1770 den Ruf der Universität Königsberg auf eine Professur für die Fächer Logik und Metaphysik annahm. Während der nächsten 27 Jahre war er an der Hochschule seiner Heimatstadt tätig, wurde 1786 bzw. 1788 zum Rektor der Einrichtung ernannt und zog eine große Zahl von Studenten dorthin. Er starb 1804 in Königsberg.

Kappesgass NK *volkstümliche Bezeichnung für Scheibstraße, früher Scheiber Weg*
Siehe Scheibstraße

Karcherstraße Fu

Lage und Verlauf:
Die Straße verläuft am Nordrand des Stadtteils Furpach, parallel zur Autobahn in Ost-West-Richtung von der Ludwigsthaler Straße (der Hauptstraße in Furpach) bis zum Birkenweg.

Informationen zum Namen und zur Geschichte der Straße:
Der Straßenname wurde in einer Sitzung des Stadtrates am 17. 04. 1953 festgelegt. Am 31. 03. 1953 hatte sich der Beirat von Haus Furpach zusammen mit dem Siedlerbund und dem Gartenbauverein für den Namen Kirchenstraße ausgesprochen, da am Anfang und am (damaligen) Ende der Straße eine Kirche stehe. Dies lehnte der Stadtrat aber wegen einer Verwechselungsgefahr ab, da es im Stadtgebiet schon eine Kirchenstraße gab. Die Straße wurde deshalb nach der Familie Karcher benannt, die von 1806 bis 1904 fast 100 Jahre das Hofgut Furpach, die Kernzelle des Stadtteils, besaß und

Karcherstraße Blickrichtung Birkenweg, links die kath. Kirche Furpach

bewirtschaftete[K6].
Die Karcherstraße war ab 1950 mit dem Bau von Häusern, die vom Jungsiedlerbund erstellt wurden, entstanden und setzte damit die vor dem 2. Weltkrieg begonnene Besiedlung des Stadtteils Furpach fort. Zunächst wurden 22 Einfamilien- und 8 Doppelhäuser erstellt. Die Straße ging zunächst nur von der Ludwigsthaler Straße bis in Höhe der kath. Kirche. Ihre Fortsetzung in Richtung Birkenweg kam erst nach 1957/60 als weitere 17 Doppelhäuser dazukamen.

Informationen zu der namensgebenden Familie:
Am 03. 04. 1806 erwarb der Saarbrücker Kaufmann Johann Caspar Karcher (21.05.1738 – 13.01.1826) den Forbacher Hof nachdem dieser 1804 von der französischen Administration, wie andere ehemals fürstlichen Hofgüter in unserem Raum, versteigert worden war. Die Familie besaß das Hofgut über 4 Generationen. Der letzte Besitzer, Rittmeister a.D. Paul Karcher (11.01.1846 – 27.12.1912), änderte 1899 den Namen in „Haus Furpach", um Verwechselungen mit dem lothringischen Forbach bei Saarbrücken (damals noch deutsch) zu vermeiden. 1904 verkaufte er das Hofgut an die aufstrebende Industriegemeinde Neunkirchen für 250 000 Goldmark, die es durch Pächter weiter bewirtschaften ließ.
In den Jahren 1936/38 entstand auf dem Gelände des Hofgutes eine Großsiedlung, die nach einer Unterbrechung durch den 2. Weltkrieges weiter ausgebaut wur-

---

K6   Stadt Neunkirchen Hauptamt, Akte Benennung von Straßen, Az. 62-32-10

de. Dieser gesamte Stadtteil hieß zunächst auch Haus Furpach. Mit Beschluss des Stadtrates vom 21. Mai 1975 wurden nach der Gebiets- und Verwaltungsreform in allen Stadtteilen Straßen umbenannt. In der gleichen Sitzung beschloss der Stadtrat auch den Stadtteilnamen Haus Furpach in Furpach umzuändern.

Öffentliche oder sonst bedeutsame Gebäude in der Straße:

- Katholische Kirche St. Josef
  Die Katholische Kirche für Furpach wurde in den Jahren 1952/53 nach Plänen des Architekten Karl Peter Böhr aus Mayen nach der Grundsteinlegung am 21. 09. 1952 erbaut und am 04. 10. 1953 feierlich eingeweiht. Vorher hatten auf diesem Gelände Holzbaracken gestanden, die seit 1937 als Schulbaracken dienten. Als die Schule nach dem Neubau des Schulgebäudes an der Ludwigsthaler Straße ausgezogen war (Einweihung am 21. 10. 1950), wurde eine Baracke als Notkirche hergerichtet. Bis zum Bau der Kirche feierte die kath. Kirchengemeinde ihre Messe in dieser Notkirche, die auch von der ev. Kirchengemeinde mitbenutzt wurde. Die Kirche konnte gebaut werden, nachdem die Baracken abgerissen worden waren[K7].
- Kindergarten
  1961 erstellte die kath. Kirchengemeinde bei der Kirche St. Josef einen Kindergarten, der seither unter kirchlicher Leitung betrieben wird. Die Einrichtung bietet 40 Kindergarten- und 10 Kindertagesplätze.

Karl-Liebknecht-Straße NK heute unterer Teil der *Brunnenstraße*
Siehe Brunnenstraße

Informationen zum damaligen Namensgeber:
Karl Liebknecht (1871 – 1919), radikaler Sozialdemokrat, später Kommunist. Er war seit 1912 Mitglied des Reichstages und gehörte zu den Begründern des Spartacusbundes, aus dem nach dem Ende des 1. Weltkrieges die KPD hervorging. Nach einer öffentlichen Antikriegskundgebung wurde er 1916 zu einer Zuchthausstrafe verurteilt, 1918 nach Kriegsende aber begnadigt. Nach dem Berliner Spartakusaufstand wurde er im Januar 1919 zusammen mit Rosa Luxemburg verhaftet und von Freikorpsoffizieren ermordet.

Karl-Marx-Straße Wi (alt) heute An der Meisterswies
Siehe An der Meisterswies

Karl-Marx-Straße Wi (neu) vorher Augustastraße, volkstümlich Pittchesgass

Lage und Verlauf:
Die Straße zweigt in der Mitte des Wiebelskircher Ortsteils Seiters von der Kuchenbergstraße nach Südosten ab und mündet in die Prälat-Schütz-Straße.

Karl-Marx-Straße Blickrichtung Kuchenbergstraße

Informationen zum Namen und zur Geschichte der Straße:
Bis 1895 gab es in Wiebelskirchen keine Straßenbezeichnungen. Im ganzen Ort gab es Bezirke, die ohne weitere Nummerierung ein Finden ermöglichten[K8]. So wurde der Bereich der heutigen Karl-Marx-Straße Pittchesgass genannt. Als es die Straße noch nicht gab, lag am jetzigen Anfang der „Pittcheshügel". 1895 erhielt die Straße dann den offiziellen Namen Augustastraße. Damit sollte die Gemahlin von Kaiser Wilhelm I., Kaiserin Augusta, geehrt werden. Mit der Einführung der Straßennamen wurde auch eine straßenweise Nummerierung der Wohnanwesen vorgenommen, wobei freie Baustellen berücksichtigt wurden.
Schon 1902 wurde mit dem Ausbau der Straße mit Pfla-

K7 StA Neunkirchen, Krajewski, Bernhard: Chronik Schule Kohlhof 1937 - 1970

K8 Bürgerbuch Wi, vgl. Anm. A1, S. 221 - 223

sterung, Rinnen und Randsteinen begonnen[K9].

Als 1954 auf Betreiben des Kultur- und Heimatrings in Wiebelskirchen eine umfangreiche Umbenennung von Straßen erfolgte, gab es im Gemeinderat den Vorschlag, ein Teilstück der nach Neunkirchen führenden Hauptdurchgangsstraße nach Karl Marx zu benennen. Dies wurde abgelehnt, da man dieser Hauptstraße durchgehend den Namen Neunkircher Straße (heute Kuchenbergstraße) geben wollte.

Es wurde vielmehr beschlossen, die bisherige Augustastraße nach Karl Marx zu benennen. Man wollte mit dieser Namensgebung den Philosophen und Sozialisten Karl Marx (1818 – 1883), den Begründer des wissenschaftlichen Sozialismus, ehren. Als es 1990 eine Anregung gab, die Straße umzubenennen, hat der Ortsrat von Wiebelskirchen dies mit dem Hinweis abgelehnt, dass Karl Marx nicht für das unter Berufung auf seine Lehre in der DDR geschehene Unrecht verantwortlich gemacht werden könne.

Informationen zum Namensgeber:

Karl Marx (05.05.1818 – 14.03.1883), Nationalökonom und Sozialpolitiker, war der Sohn eines jüdischen Rechtsanwalts in Trier. 1842 war er Schriftleiter der radikalen Rhein-Zeitung. 1845 (und 1849 erneut) wurde er aus Preußen ausgewiesen. Er gründete 1847 zusammen mit Friedrich Engels in London den Bund der Kommunisten und am 1. Juni 1848 ebenfalls mit Engels in Köln die radikal-republikanische „Neue Rheinische Zeitung", die allerdings nur bis 1849 erschien. 1849 gründete er die Internationale und wurde durch seine Kritik an der kapitalistischen Wirtschaft neben Engels Schöpfer des wissenschaftlichen Sozialismus.

Sein Hauptwerk ist Das Kapital. 1848 veröffentlichte er zusammen mit Friedrich Engels Das Kommunistische Manifest. 1864 gründete er die Internationale Arbeiterassoziation. Er starb 1883 in London. Auf Marx beriefen sich u. a. die Sowjets und alle Ostblockregime.

Karl-Schneider-Straße NK vorher Süduferstraße, Am Südufer

Lage und Verlauf:

Die Straße verläuft entlang des Südufers der Blies zwischen Brückenstraße und Mozartplatz.

Karl-Schneider-Straße Blickrichtung Mozartplatz

Informationen zum Namen und zur Geschichte der Straße:

Die heutige Karl-Schneider-Straße war ehemals Teil der Süduferstraße bzw. zwischen 1935 und 1945 Teil der Straße Am Südufer.

Die kurz nach 1900 begonnene und dann in Etappen weiter durchgeführte Bliesregulierung in der Innenstadt verminderte die Überschwemmungsgefahr für den Unterort und ließ nach dem 1. Weltkrieg u. a. den Bau der schon vor 1914 geplanten beiden Bliesuferstraßen (Nord- und Südufer) entlang der begradigten Blies zu.

Der stadtnahe Teil der früheren Süduferstraße zwischen Brückenstraße und Mozartstraße wurde am 30. 04. 1948 in einem feierlichen Akt in Erinnerung an den Augenarzt Karl Schneider, der in der Nähe gewohnt hatte und als Nazigegner im KZ Dachau umgebracht worden war, benannt. Die Umbenennung erfolgte zusammen mit der Umbenennung von zwei weiteren Straßen nach Willi Graf und nach Max Braun[K10].

Die Straße ist nur einseitig an der flussabgewandten Seite bebaut. Unmittelbar an den Bürgersteig an der anderen Straßenseite schließt sich die steile Böschung zum kanalisierten Fluss an.

Informationen zum Namensgeber:

Karl Schneider (1868 - 05.11.1940) Augenarzt, Pazifist und Kriegsgegner. Der im Badischen geborene Schneider kam vor dem 1. Weltkrieg als junger Arzt über die damals noch zum Deutschen Reich gehörenden lothringischen Orte Wolmünster und Saargemünd nach Neunkirchen und eröffnete hier die erste Augenklinik.

K9 Bürgerbuch Wi, vgl. Anm. A1, S. 219

K10 Volksstimme Nr. 46 v. 04. 05. 1948

Seine Praxis und seine Wohnung befanden sich in der Hohenlohestraße, einer heute nicht mehr existenten Verbindungsstraße zwischen Südufer-(heute Karl-Schneider-Straße) und Moltkestraße (heute Mendelssohnstraße).

Als 25-Jähriger war Schneider durch einen Vortrag von August Bebel auf den Sozialismus aufmerksam geworden und entwickelte sich in der Folge zu einem überzeugten Sozialdemokraten, Idealisten und Pazifisten[K11]. Nach dem 1. Weltkrieg war er Mitglied des Arbeiter- und Soldatenrates in Neunkirchen und später Mitglied des Stadtrates.

Er schrieb gegen den Militarismus gerichtete Artikel, die u. a. in der saarländischen „Volksstimme" und in der „Neunkircher Volkszeitung" erschienen. Nach der Machtübernahme durch die Nationalsozialisten setzte er sich als aktives Mitglied der Deutschen Friedensgesellschaft für Menschenrechte, Frieden und Demokratie ein.

Nach einer kritischen Anfrage an die Gestapo wurde er im April 1940 verhaftet und ins KZ Sachsenhausen und später ins KZ Dachau gebracht. Dort wurde er am 05.11.1940 ermordet[K12].

Am 30. 04. 1948 wurde ein Teil der Süduferstraße in einem feierlichen Akt nach ihm benannt und gleichzeitig zwei weitere Straßen nach den Widerstandskämpfern Max Braun und Willi Graf.

Auf dem ehemaligen Hauptfriedhof auf der Scheib, der nach und nach zu einem Park umgestaltet werden soll, wurde der Grabstein auf dem Grab von Karl Schneider erhalten.

Öffentliche oder sonst bedeutsame Gebäude in der Straße:

- Jugendzentrum
  Seit Juni 2004 befindet sich im Anwesen Nr. 18, in dem früher eine Filiale der Landeszentralbank untergebracht war, ein Jugendzentrum.
  Es handelt sich um das 3. städtisch geförderte Jugendzentrum, nachdem Vorgängereinrichtungen in der Wilhelmstraße und in der Saarbrücker Straße aus unterschiedlichen Gründen gescheitert waren.
  Trägerverein ist JUZ United (Dachverband aller saarländischen Jugendzentren in Selbstverwaltung). Im Haus befindet sich das Büro eines hauptamtlichen Mitarbeiters, der von JUZ United zur Verfügung gestellt wird. Hinsichtlich des Programms und der Organisation ist das JUZ selbstverwaltet[K13].

Karlstraße Ha volkstümlich Saubach

Lage und Verlauf:
Die Karlstraße ist eine kleine Wohnstraße am nordöstlichen Ortsrand von Hangard unmittelbar am Wald. Es handelt sich um eine Sackgasse, die nach Osten von der Kreuzstraße abzweigt und dann nach Süden abbiegt.

Informationen zum Namen und zur Geschichte der Straße:
Wie in Neunkirchen und Wiebelskirchen gibt es auch in Hangard einige Straßen, die nach dem Vornamen des ersten Bewohners benannt sind, so auch die Karlstraße. Über den Namensgeber ist allerdings nichts bekannt.

Karlstraße NK *heute Max-Braun-Straße*
Siehe Max-Braun-Straße

Informationen zum damaligen Namensgeber:
Karl Peter Drunzer (06.09.1824 - 25.01.1895) wurde in Neunkirchen geboren, 1851 war als Beruf Zechenschmied vermerkt.
Er war der erste Anwohner in der heutigen Max-Braun-Straße. Karl Drunzer gründete am 28. 02. 1874 zusammen mit 47 anderen Bürgern die freiwillige Feuerwehr und wurde zum Oberbrandmeister gewählt[K14].
Im Herbst des gleichen Jahres musste er dieses Amt jedoch aus gesundheitlichen Gründen schon wieder niederlegen.

Karlstraße Wi *heute Silcherstraße, volkstümlich Lattengasse*
Siehe Silcherstraße

Karolinenstraße NK *dann Friedrich-Ebert-Straße, Hermann-Göring-Straße, Ruhwaldstraße, heute wieder Friedrich-Ebert-Straße*
Siehe Friedrich-Ebert-Straße

K11 Saarbrücker Zeitung v. 05. 06. 1982
K12 Ebenau: Freiheit für das Volk, vgl. Anm. J22, S. 124
K13 Saarbrücker Zeitung v. 11. 06. 2004; Wochenspiegel Neunkirchen v. 15. 06. 2005
K14 Treitz, Reinhold: Feuerlöschwesen in NK, in: Stadtbuch 1955, vgl. Anm. A12, S. 420

Kasbruchstraße NK *heute namenloser Weg*

Lage und Verlauf:
Die frühere Kasbruchstraße führt von der Kreuzung Scheiber Hof als asphaltierter Weg in den Kasbruch.

Informationen zum Namen und zur Geschichte der Straße:
Auf den Stadtplänen von 1902 und 1905 ist der Weg mit diesem Namen vermerkt, auf späteren Stadtplänen nicht mehr, obwohl der Weg nach wie vor vorhanden und sogar asphaltiert, für den Straßenverkehr allerdings nicht freigegeben ist.

Kasbruchstraße Lu

Lage und Verlauf:
Die Kasbruchstraße zweigt von der Hauptstraße in Ludwigsthal nach Nordwesten ab und führt dann parallel zur Hauptstraße in das zwischen den Stadtteilen Wellesweiler, Furpach, Scheib und Ludwigsthal gelegene Waldgebiet Kasbruchtal.

Kasbruchstraße aus Richtung Hauptstraße

Informationen zum Namen und zur Geschichte der Straße:
Der Straßenname bezieht sich auf das Waldgebiet in dessen Richtung die Straße führt.
Schon vor der Römerzeit siedelten Kelten im Kasbruch. Von ihnen stammt der Name des Tales, abgeleitet von dem keltischen Wort „casne" für Eiche. Dieses Wort taucht wie viele andere alt- und mittelhochdeutsche Worte in Flur- und Ortsbezeichnungen auf. Nach den Kelten siedelten auch die Römer im Kasbruch, dies wird durch viele Funde belegt.

In einem Ortsplan von 1884 ist die Straße nur als unbebauter Weg ohne Namen eingezeichnet[K15].

Kasbruchweg Fu *heute Am Sangenwald*
Siehe Am Sangenwald

Kastanienallee NK *heute Flotowstraße*
Siehe Flotowstraße

Kastanienweg Wi

Lage und Verlauf:
Der Kastanienweg zweigt im östlichen Teil des Stadtteils Wiebelskirchen von der Bexbacher Straße bergauf nach Südosten ab und endet als Sackgasse nach ca. 400 m vor dem Ziehwald.

Kastanienweg Blickrichtung Bexbacher Straße

Informationen zum Namen und zur Geschichte der Straße:
Das Gelände zwischen Bexbacher Straße und Forsthausstraße, die Flur Auf Stählingswies, wurde von der Gemeinde Wiebelskirchen erworben und dann wurden nach Anlegung der Straßen einzelne Grundstücke an Bauwillige vergeben. 1971 waren bereits 40 von 73 Baustellen mit verschiedenen individuellen Hausformen bebaut, vorwiegend eingeschossig, die man als Bungalows bezeichnen kann.
Der Kastanienweg ist die Hauptzufahrt zum beschriebenen Neubaugebiet südlich der Bexbacher Straße.

K15 Jakob Franz: Lageskizze, in: Als Ludwigsthal noch „Plan tage" hieß, vgl. Anm. E2

Alle neuen Straßen in dem Wohngebiet sind nach heimischen Baumarten benannt.

Katharinenstraße Wi *heute Lessingstraße, volkstümlich Alter Weg oder Schönweibergasse*
Siehe Lessingstraße

Kath. Friedhofstraße NK *vorher Kirchhofsweg, heute Oberer Friedhofsweg*
Siehe Oberer Friedhofsweg

Kehlstorzestroß Wi *volkstümlich für Julius-Schwarz-Straße, vorher Margarethenstraße*
Siehe Julius-Schwarz-Straße

Keplerstraße WI vorher Moltkestraße, Bahnhofstraße

Lage und Verlauf:
Die Keplerstraße führt von der Wibilostraße in der Ortsmitte zum Bahnhof Wiebelskirchen.

Keplerstraße Blickrichtung Bahnhof

Bemerkungen zum Namen und zur Geschichte der Straße:
Bis in die 1920er Jahre befand sich auf der Trasse der jetzigen Keplerstraße ein Bergmannspfad aus der Dorfmitte in Richtung der Grube Kohlwald. Als der Pfad dann zu einer Straße ausgebaut worden war, wurde sie zunächst zu Ehren des Preußischen Generalstabschefs im Deutsch-Französischen Krieg 1870-71, Graf Hellmuth von Moltke, benannt.
1928 wurde ein Haltepunkt an der Eisenbahnlinie für das Dorf Wiebelskirchen errichtet, daraufhin bekam sie den Namen Bahnhofstraße.

Nach der Gebiets- und Verwaltungsreform 1974 gab es eine weitere Bahnhofstraße im neuen Stadtgebiet, deshalb erhielt die in Wiebelskirchen liegende zur Vermeidung von Verwechselungen den Namen Keplerstraße. Die Bahnlinie Neunkirchen – Bingerbrück war bereits am 26. Mai 1860 eingeweiht worden. Bei ihrer Inbetriebnahme waren aber nur wenige Bahnhöfe eingerichtet worden, so z. B. in Ottweiler. Nach und nach wurden weitere Bahnhöfe errichtet, jedoch zunächst nicht in Wiebelskirchen, trotz seit 1879 wiederholt eingebrachter Anträge. Diese Anträge wurden immer abgelehnt, obwohl sich u. a. auch der Freiherr von Stumm-Halberg, der in Berlin sicher einigen Einfluss hatte, um das Wiebelskircher Anliegen bemühte. Es hielt sich die Meinung, die Wiebelskircher hätten für ihre im Bliestal gelegenen Wiesen derartig hohe Forderungen gestellt, dass die Aktiengesellschaft, die den Bau der Bahnlinie betrieb, sozusagen als Retourkutsche keinen Bahnhof in Wiebelskirchen gebaut habe. So konnte es in Wiebelskirchen zunächst auch keine Bahnhofstraße geben. Nach dem Wiebelskircher Heimatforscher Kurt Hoppstädter wurden von der Bahnbaugesellschaft Preise für die Grundstücke geboten, die im Vergleich zu den Preisen in den 50er Jahren des 20. Jh. fünfzehnmal so hoch waren. Trotzdem verlangten die Eigentümer von 93 Grundstücken, insgesamt mussten 198 Grundstücke in Wiebelskirchen angekauft werden, noch höhere Preise. Deshalb wurde nach einem weiteren vergeblichen Vermittlungsversuch am 21. Mai 1858 die Enteignung dieser 93 Grundstücke gegen 69 Grundbesitzer in die Wege geleitet und der Einspruch gegen diese Enteignung schließlich vom Landgericht Saarbrücken zurückgewiesen. Dadurch wurden natürlich die Arbeiten an der gesamten Strecke verzögert. Bereits 1857 hatte es eine Verzögerung gegeben, als bekannt geworden war, die Eisenbahnbaugesellschaft plane den Bau des notwendigen Tunnels unter dem erst 1830/31 angelegten neuen Friedhof. Nach heftigem Protest der Gemeinde, änderte die Gesellschaft nach Weisung durch die Regierung den Plan so, dass der Tunnel nun unter dem neuen noch nicht belegten Friedhofsteil durchzuführen war.
Die Arbeiten an dem Tunnel gestalteten sich schwierig, weil der Berg hier aus einem brüchigen Schiefergestein besteht. In einem komplizierten Verfahren war erst nach achtmonatiger Bauzeit ein Richtstollen durch

den Berg getrieben. Dann erst konnte der Tunnel aufgebrochen und Zug um Zug auch ausgemauert werden. Der Tunnel war schließlich am 1. Oktober 1859 fertiggestellt[K16]. Auch in Wiebelskirchen gab es viele, die der Meinung waren, dass bei einem einigermaßen willigen Entgegenkommen der Wiebelskircher Grundbesitzer die Bahnlinie und damit der Bahnhof näher beim Ort hätte liegen können, zum Vorteil des ganzen Ortes. Dann hätte es auch schon länger eine Bahnhofstraße in Wiebelskirchen geben können.

Informationen zum Namensgeber:

Johannes Kepler (27. 12. 1571 – 15. 11. 1630), deutscher Astronom und Naturphilosoph, formulierte und bestätigte die drei Gesetze der Planetenbewegung, heute bekannt als Keplersche Gesetze.

Kepler akzeptierte die Theorie der Planetenbewegung, die Nikolaus Kopernikus entwickelt hatte, und wurde ebenfalls ihr Vertreter. Kepler war von 1594 bis 1600 Professor für Mathematik und Astronomie an der Universität Graz. Dann siedelte er nach Prag über und wurde Mitarbeiter des dänischen Astronomen Tycho Brahe. Nach dem Tod von Brahe im Jahr 1601 übernahm Kepler die Anstellung als kaiserlicher Mathematiker und Hofastronom Rudolfs II. Kepler leistete auch Beiträge zur Optik und zur Mathematik. Er starb am 15. November 1630 in Regensburg.

Öffentliche Gebäude oder Einrichtungen in der Straße:

- Kulturhaus
  Das Haus wurde 1926 vom Turnverein Wiebelskirchen als Turnhalle gebaut. 1973/74 wurde die Turnhalle in das Kulturhaus umgewandelt. Die Stadt Neunkirchen (als Rechtsnachfolger der Gemeinde Wiebelskirchen) und der TuS Wiebelskirchen sind heute gemeinsam Gesellschafter der Kulturhaus GmbH. Nach einer gründlichen Renovierung konnte das Gebäude 2001 seiner neuen Bestimmung übergeben werden.

Kestenbaum Fu

Lage und Verlauf:

Die Straße stellt im Stadtteil Furpach südlich der Limbacher Straße eine Verbindung zwischen den Straßen Kälberweide und Beim Wallratsroth her. Vor dem Bau der Straße Beim Wallratsroth Anfang der 1960er Jahre mündete die Straße Kestenbaum an ihrem östlichen Ende unmittelbar in die Limbacher Straße.

Informationen zum Namen und zur Geschichte der Straße:

An der früheren Einmündung in die Limbacher Straße steht auch heute noch ein großer alter Kastanien- (Kesten) baum, daher auch der Name der Straße.

Zwischen 1936 und 1938 wurde auf dem Gelände des früheren Hofgutes Furpach durch die Saarpfälzische Heimstätte GmbH eine Siedlung erstellt. Im 1. Bauabschnitt wurden der Bereich nördlich der Limbacher Straße und westlich der nach Ludwigsthal führenden Straße und im 2. Bauabschnitt der Bereich südlich der Limbacher Straße und westlich des Hofgutes mit folgende Straßen erschlossen: Tannenschlag, Maltitzpfad, Hirschdell, Kälberweide, Hasenrech und Kestenbaum. Dort entstanden 42 Volkswohnungen, 66 Siedlerstellen und 20 Eigenheime[K17]. Kaum eines dieser Siedlungshäuschen ist noch im ursprünglichen Zustand. Fast alle sind umgebaut, aufgestockt oder angebaut. Da die Siedler zur Kleinviehhaltung angehalten waren, waren deren Grundstücke ziemlich groß, um diese Tiere aus dem Land ernähren zu können.

Kettelerstraße NK vorher teilweise Ebersteinstraße

Lage und Verlauf:

Die Straße liegt nördlich der Pfalzbahnlinie im Bereich Biedersberg. Sie zweigt dort nach Westen von der Straße Zum Ruhwald ab und führt in einem weiten Bogen auf diese Straße auch noch mal zurück.

Informationen zum Namen und zur Geschichte der Straße:

Der Name Kettelerstraße ist darauf zurückzuführen, dass ein Großteil der in der Straße stehenden Häuser durch einen Kettelerverein erstellt wurde. Zunächst wurde nur der südliche Teil des Straßenbogens so genannt. Der nördliche Teil der heutigen Kettelerstraße hieß zunächst Ebersteinstraße. Dieser Straßenname bezog sich auf die in der Nähe liegenden Bergkuppe Eberstein. Beide Straßennamen waren in einer Sitzung des Stadtrates am 17. 04. 1953 festgelegt worden.

K16 Hoppstädter: Heimatbuch Wi, vgl. Anm. A2, S. 257

K17 Mons: Siedlungsgeschichte Furpach, vgl. Anm. B35, S. 17 ff

Kettelerstraße aus Richtung Zum Ruhwald

Kiefernweg aus Richtung Pappelweg

Der nördliche Teil der in einer Schleife verlaufenden Straße behielt bis zur Gebiets- und Verwaltungsreform 1974 den Namen Ebersteinstraße. Da es nach dieser Reform im Stadtgebiet eine weitere Straße dieses Namens gab, wurde die im Biedersberggebiet liegende in die Kettelerstraße einbezogen.

Informationen zum Namensgeber:
Wilhelm Emanuel Freiherr von Ketteler (25.12.1811 – 13.07.1877), Bischof von Mainz, katholischer Sozialreformer. Er war einer der einflussreichsten Sozialpolitiker seiner Zeit, von 1871 – 1873 als Abgeordneter im Reichstag und strebte dort eine Sozialreform an.
Auf ihn gehen die Ketteler-Vereine (katholische Gesellenvereine) zurück und die nach dem 2. Weltkrieg vielerorts gebauten Ketteler-Siedlungen.

Kiefernweg Wi heute Zedernweg
Siehe Zedernweg

Kiefernweg NK vorher Kärntenweg

Lage und Verlauf:
Der Kiefernweg verbindet im Steinwaldgebiet von Osten nach Westen parallel zur Steinwaldstraße verlaufend den Weidenweg mit dem Pappelweg.

Informationen zum Namen und zur Geschichte der Straße:
Die Tochter von Karl Ferdinand Stumm, Frau Berta von Sierstorpff, setzte 1927 die Tradition, Werksangehörige beim Erwerb von Wohneigentum zu unterstützen, im Rahmen des Vaterländischen Frauervereins vom Roten Kreuz, fort. Eine von ihr ins Leben gerufene Bau- und Siedlungsgenossenschaft begann in diesem Jahr mit dem Bau der Rote-Kreuz-Siedlung im Steinwald[K18].
Der erste Teil dieser Siedlung bestand aus den Häusern zwischen der heutigen Koßmannstraße und der heutigen Waldstraße. Damit begann die Besiedlung des Steinwaldgebietes. Noch vor Beginn des 2. Weltkrieges wurde der Bau der Siedlung Im Steinwald nach Osten fortgesetzt und dabei u. a. Wohnraum für die Opfer der Gasometerexplosion von 1933 geschaffen. Im Volksmund hieß sie Rot-Kreuz-Siedlung. Durch Beschluss des Stadtrates Neunkirchen vom 29. 01. 1935 wurden die Straßen in der Steinwaldsiedlung, die bis dahin ohne eigene Namen waren, nach Städten oder Gebieten in den Grenzbereichen des Deutschen Reiches benannt, die nach dem 1. Weltkrieg von Deutschland oder Österreich abgetrennt worden waren oder die mit den jeweiligen Nachbarn umstritten waren. So wurde der heutige Kiefernweg nach dem von Jugoslawien beanspruchten Kärnten benannt[K19]. Unmittelbar nach dem 2. Weltkrieg wurden die revanchistisch klingenden Straßennamen abgeschafft und die Straßen im Steinwaldgebiet nach heimischen Baumarten benannt. Die Straße wurde Kiefernweg genannt.

Kirchbachstraße NK vorher Gymnasiumstraße
Siehe Ruhstockstraße

K18   Gillenberg u. Birtel: Hüttenhäuser, vgl. Anm. C1, S. 11
K19   Saar- und Blieszeitung v. 30. 01. 1935

Kirchenstraße Ha *heute Pastor-Seibert-Straße*
Siehe Pastor-Seibert-Straße

Kirchenstraße We *heute das zwischen Bliesbrücke und Eisenbahnlinie liegende Teilstück der Homburger Straße.*
Siehe Homburger Straße

Kirchhofstraße Wi *heute teilweise Römerstraße teilweise Am Friedhof*
Siehe Römerstraße

Kirchhofsweg NK *dann Kath. Friedhofweg, heute Oberer Friedhofsweg*
Siehe Oberer Friedhofsweg

Kirchhofswiesen Ha

Lage und Verlauf:
Die Straße beginnt an der kath. Kirche in Hangard. Sie führt von dort als Verlängerung der Pastor-Seibert-Straße parallel zur Straße Zum Zimmermannsfels nach Süden. Am Ende biegt sie nach Osten ab und endet dann nach ca. 100 m als Sackgasse.

Kirchhofswiesen aus Richtung kath. Kirche.
links Grundschule Hangard

Informationen zum Namen und zur Geschichte der Straße:
Das Flurstück neben der Kirche in Hangard heißt In den Kirchhofswiesen. Auf diese Flurbezeichnung ist der Straßenname zurückzuführen. In früherer Zeit lagen Friedhöfe (Kirchhöfe) oft unmittelbar an der Kirche. Die kath. Kirche in Hangard ist jedoch erst 1903 erbaut worden.

Die Flurbezeichnung kann also eigentlich nicht daher rühren. Aber offenbar gab es schon vor dem Bau der Kirche dort einen Friedhof. Belegt ist, dass die evang. Toten aus Hangard, die vorher in Wiebelskirchen beerdigt wurden, ab 1916 auf dem Gemeindefriedhof „In den Hanfgärten" beerdigt werden konnten. Die Gründung Hangards fällt in die Reunionszeit, als Ludwig XIV. im 17. Jh. versuchte, die Ostgrenze Frankreichs an den Rhein zu verlegen. Man siedelte hier Menschen aus dem Inneren Frankreichs an. Da die neuen Bürger aus Frankreich kamen, waren sie überwiegend kath. Glaubens. Für sie gab es sicher in der Gemeinde auch einen Begräbnisplatz schon bevor der Gemeindefriedhof an der heutigen Jean-Mathieu-Straße angelegt wurde.
Die Straße ist erst nach der Jahrtausendwende entstanden. Am 17. 12. 2002 hatte die Saarbrücker Zeitung den Abschluss des Vorstufenausbaus im Bebauungsgebiet Kirchhofswiesen gemeldet. Es stehen dort ausschließlich Wohnhausneubauten, die in freier Bauweise erstellt worden sind. Der Straßenname war vom Ortsrat Wiebelskirchen-Hangard-Münchwies bereits in seiner Sitzung am 13. 05. 2002 festgelegt worden.

Kirchstraße Ha *jetzt Pastor-Seibert-Straße*
Siehe Pastor-Seibert-Straße

Kirchstraße Mü zeitweise Adolf-Hitler-Straße, volkstümlich Hintereck

Lage und Verlauf:
Die Kirchstraße beginnt in der Ortsmitte an der Kreuzung Friedhofstraße/Schulstraße/Turmstraße und verläuft von dort in nördlicher Richtung bis zum Ortsrand. Dabei ist sie auf den ersten ca. 100 m (bis zur Einmündung der Lautenbacher Straße) ein Teil der durch den Ort verlaufenden Hauptverkehrsstraße.

Informationen zum Namen und zur Geschichte der Straße:
Den Namen trägt die Straße, weil sie unmittelbar an der katholischen Kirche des Ortes vorbei führt.
In der Saarbrücker Zeitung vom 22. 09. 1955 schrieb der Münchwieser Heimatforscher Georg Moritz: *„An der Schwelle des 19. Jahrhunderts hatte Münchwies vier Hauptstraßen:*
- *Nach Norden führte die Straße „Hintereck" bis zum Matzenberg (das ist die heutige Kirchstraße),*
- *die nach Süden führende Straße hieß „Godthal"*

Kirchstraße aus Richtung Lautenbacher Straße

und führte zum Kirchhof (das ist die heutige Fried-hofstraße),
- *die Straße, die nach Osten führte, hieß „Obereck"* (das ist die heutige Turmstraße) *und*
- *jene nach Westen „Hahnen"* (das ist die heutige Schulstraße)."

Diese alten Bezeichnungen, die noch keine offiziellen Straßennamen waren, findet man auch im Münchwieser Flurnamenverzeichnis. Nach der Volksabstimmung vom 13. Januar 1935 und der Rückgliederung des Saargebietes zu Deutschland wurden in Neunkirchen und anderen Orten Straßen nach Nazi-Größen oder –Märtyrern oder nach dem Abstimmungsdatum benannt. In Münchwies beschloss der Gemeinderat am 25. 01. 1935, also schon lange vor dem tatsächlichen Wiederanschluss, der erst am 01. 03. 1935 vollzogen wurde, dem Polizeiverwalter einige Straßenumbenennungen vorzuschlagen. So wurde die bisherige Kirchstraße nach dem Führer und Reichskanzler Adolf Hitler benannt[K20]. Unmittelbar nach Kriegsende erhielt die Straße wieder ihren alten Namen.

Die Straße von der Hanauer Mühle über die Eichelthaler Mühle nach Münchwies (die heutige L 116) wurde erst 1902 fertiggestellt. Vorher hatte Münchwies keine straßenmäßige ausgebaute Verbindung zu den zuständigen Verwaltungsorten Wiebelskirchen und Ottweiler.

Öffentliche oder sonst bedeutsame Gebäude in der Straße:
- Katholische Kirche
  Ein 1870 in Münchwies begonnener Kirchen-

bau konnte nicht zu Ende gebracht werden, da die Beiträge der Gemeindemitglieder nicht ausreichten. Die katholische Kirche wurde dann 1907 in der Flur Auf'm Bierfänk im neugotischen Stil gebaut, im Juni 1911 erfolgte die feierliche Konsekration als Herz-Jesu-Kirche.1954 wurde die Kirche baufällig, das Läuten der Glocke musste sofort eingestellt werden. Es musste ein neuer Glockenturm gebaut werden und gleichzeitig wurde die Kirche im Bereich des Hauptportals erweitert, 1987 erfolgte eine Renovierung der ganzen Kirche. Heute bildet die Kirchengemeinde zusammen mit denen von Wiebelskirchen und Hangard eine Pfarrgemeinschaft.

Kirchstraße Wi *heute teilweise Martin-Luther-Straße, teilweise Römerstraße*
Der ursprüngliche Straßenname war entstanden, da die Straße an der evangel. Kirche vorbeiführte.
Die Straße begann an der Brückenstraße (heute Wibilostraße) und endete an der Einmündung der Margaretenstraße (heute Julius-Schwarz-Straße), wo sie in die Kirchhofstraße überging. Weiteres siehe Martin-Luther-Straße und Römerstraße

Kirkeler Straße NK

Lage und Verlauf:
Die Kirkeler Straße führt beginnend an der Zweibrücker Straße über Menschenhaus und Eschweilerhof nach Kirkel.

Informationen zum Namen und zur Geschichte der Straße:
Der Straßenname bezeichnet die Richtung in der die Straße führt, zur Nachbargemeinde Kirkel. Nach dem Beschlussbuch der Gemeinde Neunkirchen fasste der Rat am 25. 10. 1886 den Beschluss zum Ausbau der Kirkeler Straße nach dem Plan des Ortsbauingenieurs Eichenauer. Im Verwaltungsbericht von 1896 führte Bürgermeister Ludwig zur Entwicklung des Straßenwesens aus, im Berichtszeitraum sei eine Reihe von Straßen ausgebaut bzw. gründlich hergestellt worden, u. a. die Kirkeler Straße[K21]. Gründlich hergestellt bedeutete damals bestenfalls eine Schotterung der Straßendecke.

K20 StA Neunkirchen, Beschlussbuch Gemeinde
     Münchwies, vgl. Anm. A18

K21 StA Neunkirchen, Verwalt.-bericht NK 1885 - 1896

Kirkeler Straße Blickrichtung Zweibrücker Str.

Kirschbaumweg aus Richtung Bürgermeister-Regitz-Straße.

Im Situationsplan von Neunkirchen aus dem Jahre 1883 ist die Straße schon mit spärlicher Bebauung vermerkt[K22]. Die Straße ist auch heute nur in ihrem stadtnahen Bereich bebaut. 1905 hatte sie hier 17 Wohnanwesen/Hausnummern, 1939 deren 29, wie heute.

Nachdem das alte Hallenbad am Mantes-la-ville-Platz im Frühjahr 2006 wegen Einsturzgefahr des Daches geschlossen werden musste, entschieden die zuständigen Gremien der Stadt auf der Westseite der Kirkeler Straße ca. 250 m hinter der Einmündung Hasenthalstraße auf einem ca. 12 000 qm großen Gelände ein neues Hallenbad mit Außenbecken und Liegewiese zu erbauen. Dieses Projekt scheiterte jedoch am Widerstand der Anwohner. Nun wird das Bad einen Kilometer weiter östlich an der Laquaienschäferei gebaut.

Öffentliche oder sonst bedeutsame Gebäude an der Straße:

- Hofgut Menschenhaus
  Siehe Menschenhaus
- Einkaufsmarkt
  Der Einkaufsmarkt wurde in den 1960er Jahren durch die Fa. Schmidt & Breug als erster großer Selbstbedienungsmarkt in Neunkirchen erbaut. Zwischenzeitlich ging er durch verschiedene Hände. Zur Zeit wird er von der Fa. Kaufland betrieben.

Kirschbaumweg We

Lage und Verlauf:
Südöstlich der Bürgermeister-Regitz-Straße zwischen

Eifelstraße und der Straße Zur Römertreppe befindet sich ein kleines Wohngebiet mit drei als Sackgassen ausgebauten Straßen
- Birnbaumweg
- Holtzenrech
- Kirschbaumweg.

Die Zufahrt zum Wohngebiet ist nur von der Bürgermeister-Regitz-Straße her über den Birnbaumweg möglich. Der Kirschbaumweg zweigt unmittelbar nach der Einfahrt von der Bürgermeister-Regitz-Straße nach Nordosten ab und endet nach ca. 100 m als Sackgasse.

Informationen zum Namen und zur Geschichte der Straßen:
In dem Wohngebiet wurden Anfang der 1970er Jahre insgesamt 21 Bauplätze erschlossen. Zunächst gab es den Birnbaumweg und den Holtzenrech. Deren Namen wurden vom Stadtrat in einer Sitzung am 22. 08. 1973 festgelegt. Der Kirschbaumweg kam erst später dazu. Dessen Name beschloss der Stadtrat am 11. 12. 1979. Die Straßennamen lassen darauf schließen, dass es in diesem Bereich früher Obstwiesen gab.

In den drei Straßen stehen nur Flachdachbungalows.

Kirschenallee Fu

Lage und Verlauf:
Die Kirschenallee beginnt außerhalb der bebauten Ortslage an der Kirkeler Straße gegenüber dem Franzosenweg, verläuft von dort in nordöstlicher Richtung und mündet in Furpach in Höhe des Hotels Grüner Baum in die Limbacher Straße.

K22 Situationsplan NK 1883, vgl. Anm. 4

Kirschenallee aus Richtung Kirkeler Straße .

Informationen zum Namen und zur Geschichte der Straße:

Über die Herkunft des Straßennamens ist nichts Exaktes bekannt. Es handelt sich um einen mit Schotter und roter Erde befestigten Weg, der in erster Linie von Spaziergängern benutzt wird. Der Weg ist eine Fortsetzung des Franzosenweges in östlicher Richtung, ein Teil des alten Franzosenweges mit vermutlich früherer Kirschbaumbepflanzung. Der Franzosenweg und seine Fortsetzung haben einen geschichtlich interessanten Hintergrund. Man muss dazu allerdings bis in die Reunionszeit (1689 – 1697) zurückgehen. Ludwig XIV. versuchte damals das linksrheinische Gebiet an Frankreich zu bringen. Große Teile dieses Gebietes waren von französischen Truppen besetzt, so auch unsere Heimat. Der Heimatforscher Friedrich Bach schreibt dazu: „Aus strategischen Gründen ließ damals die französische Militärverwaltung eine Reihe alter Straßen erneuern oder auch neue anlegen, die danach im Volk Franzosenstraßen genannt wurden". Eine dieser Straßen kam von St. Johann durch das Sulzbachtal und über Bildstock zur Spieser Höhe. Von dort folgte sie der alten Römerstraße nach Kirkel, bog aber vor Menschenhaus ab (Franzosenweg – Kirschenallee), verlief durch das Landertal, dann die Blies an einer Furt überquerend in Richtung Bexbach[K23]. Auch der Heimatforscher Bernhard Krajewski vermutet, dass sie Teil einer von den Franzosen während der Réunionszeit gebauten Verbindungsstraße zwischen den Festungen Saarlouis und Landau in der Pfalz war, als unsere Heimat unter Ludwig XIV. unter der staatlichen Hoheit Frankreichs stand[K24].

K23 Bach: We Dorf zwischen den Grenzen, vgl. Anm. B21, S. 315
K24 Krajewski: Stadtbuch 1955, vgl. Anm. A12, S. 109

Kleeweide Fu

Lage und Verlauf:

Die Straße ist auf der Nordseite einseitig mit Einfamilienhäusern bebaut und verläuft unmittelbar, nur durch eine Hecke getrennt, neben der Limbacher Straße, der Hauptdurchgangsstraße durch Furpach, und zwar vom Birkenweg bis zur Nachtweide.

Kleeweide aus Richtung Nachtweide

Informationen zum Namen und zur Geschichte der Straße:

Der Straßenname geht auf eine Flurbezeichnung zurück, die es in diesem Bereich gibt. Bei der Kleeweide handelte es sich um eine große Kleewiese beim Hofgut Haus Furpach.

Nachdem in der ersten Hälfte des 18. Jh. die Kartoffel Eingang in die Feld- und Gartenbewirtschaftung gefunden hatte, befahl 1758 Fürst Wilhelm Heinrich, dem neben der Förderung der Industrie auch sehr an einer Steigerung der landwirtschaftlichen Erzeugung gelegen war[K25], den Bauern in seinen Landen, ihrem Vieh mehr Grünfutter zu geben und aus diesem Grund Klee anzubauen. Nach anfänglichem Sträuben kamen sie dieser Anweisung nach, nachdem der Vikar von Urexweiler mit gutem Beispiel vorangegangen war. Sie legten nun Kleefelder an. Der Flur- und Straßenname Kleeweide in Furpach hat hier seinen Ursprung.

Zwischen 1936 und 1938 wurde auf dem Gelände des früheren Hofgutes Furpach durch die Saarpfälzische Heimstätte GmbH eine Siedlung erstellt. Im 1. Bauab-

---

K25 Dotzauer, Winfried: Fürst Wilhelm Heinrich von Nassau -Saarbrücken, in: Dülmen, Richard van u. Klimmt, Reinhard: Saarländische Geschichte, Saarbrücken 1995, S. 92

schnitt wurden im Bereich nördlich der Limbacher Straße und westlich der nach Ludwigsthal führenden Straße folgende Straßen erschlossen. So entstanden 80 Volkswohnungen, 88 Siedlerstellen und 60 Eigenheime[K26] in den Straßen: Nachtweide, Kleeweide, Buchenschlag, Lattenbüsch, Litzelholz, Vor Birkum und Geißenbrünnchen. Kaum eines der Häuschen ist noch in seinem ursprünglichen Zustand. Fast alle wurden um- oder angebaut.

Die Straßenfläche der heutigen Straße Kleeweide war 1938 enteignet worden, da die Straßenbahnlinie von Neunkirchen über die Scheib hier entlang bis zum Stadtteil Kohlhof verlängert werden sollte.

Kleiberweg NK vorher Zeisigweg

Lage und Verlauf:

Der Kleiberweg zweigt im nördlichen Teil des Möwenweges als Sackgasse nach Südwesten ab und endet nach ca. 200 Metern.

Kleiberweg Blickrichtung Möwenweg

Informationen zum Namen und zur Geschichte der Straße:

Die Straße gehört zwar im weiteren Sinne zur Bebauung des Storchenplatzbereiches, ist jedoch erst später angelegt worden, als die Straßen unmittelbar um den Storchenplatz.

Die GSG erstellte in den Jahren 1955/56 im Drosselweg, im Möwenweg und im Zeisigweg (heute Kleiberweg) zweigeschossige Wohnhäuser als Kaufanwartschaftshäuser.

___
K26 Mons: Siedlungsgeschichte Furpch, vgl. Anm. B35, S. 17 ff

Nach einer Meldung der Saarbrücker Zeitung vom 29. 09. 1958 wurde der Straßenname Zeisigweg vom Stadtrat in einer Sitzung am 26. 09. 1958 festgelegt.

Als es nach der Gebiets- und Verwaltungsreform 1974 eine weitere Straße dieses Namens im Stadtgebiet gab, wurde die in Neunkirchen liegende in Kleiberweg umbenannt.

Kleiner Hirschberg Ko

Lage und Verlauf:

Die Straße zweigt am südöstlichen Ende der Straße Am Hirschberg nach links (nach Nordosten) als Sackgasse ab und endet nach ca. 200 m vor dem Kleinen Hirschberg.

Kleiner Hirschberg

Informationen zum Namen und zur Geschichte der Straße:

Bei der kleinen Sackgasse handelt es sich um eine Zufahrt ausschließlich zu 16 Reihenhäusern, die in den 1990er Jahren nach streng ökologischen Grundsätzen erbaut worden sind.

Der Straßenname wurde vom Stadtrat in seiner Sitzung vom 03. 03. 1994 auf Ersuchen des Bauherrn der Reihenhäuser festgelegt.

Kleiststraße NK vorher Schillerstraße

Lage und Verlauf:

Die Kleiststraße in der Innenstadt von Neunkirchen beginnt an der Brückenstraße und verläuft parallel zur Goethestraße in östlicher Richtung bis zur Mozartstraße.

Kleiststraße aus Richtung Brückenstraße

Informationen zum Namen und zur Geschichte der Straße:

Die Straße entstand kurze Zeit nach der benachbarten Goethestraße Ende des 19. Jh. Dabei war die damalige Schillerstraße zunächst eine Verlängerung der Wilhelmstraße und lief auch unter diesem Namen. Die Tochter des Erbauers der Wilhelmstraße, Wilhelm Leidener (1804 – 1877), Frau Toni Hegemann, schrieb über ihren Vater: *"Mein Vater Wilhelm Leidner hat in Neunkirchen die Wilhelmstraße, die nach ihm benannt ist, die Brückenstraße, die Scheffelstraße und die Schillerstraße (heute Kleiststraße) angelegt und damals zur Entwicklung Unterneunkirchens viel beigetragen"*[K27]. Erst später erhielt die Straße einen eigenen Namen.

Gemäß einem Grundsatzbeschluss des Gemeinderates Neunkirchen vom 24. 04. 1903 wurde sie Schillerstraße genannt, denn nach diesem Beschluss sollten die in dem durch die Bliesregulierung neu gewonnenen Gelände nördlich der Blies befindlichen Straßen, soweit sie auf die Blies zulaufen, Komponistennamen und, soweit sie in der gleichen Richtung wie die Blies verlaufen, Dichternamen gegeben werden[K28]. Diese Straßen sind alle erst nach der 1900 begonnenen und dann abschnittsweise durchgeführten Bliesregulierung entstanden. Diese Flussregulierung verminderte zwar die Überschwemmungsgefahr für den Unterort, veränderte andererseits aber die Tallandschaft in erheblichem Maße und verwandelte die ehemals in natürlichen Windungen dahinströmende Blies in einen geradegestreckten Abzugsgraben für Schmutzwasser.

Ursprünglich war geplant, die Schillerstraße wie auch die Goethestraße über die Mozartstraße hinaus nach Osten zu verlängern[K29]. Die Verlängerung der Schillerstraße sollte dann ab der Haydnstraße Arndtstraße genannt werden. Dazu kam es jedoch nicht.

Als es nach der Gebiets- und Verwaltungsreform 1974 eine weitere Schillerstraße im neuen Stadtgebiet gab, wurde die in Neunkirchen liegende umbenannt.

Informationen zum Namensgeber:

Heinrich von Kleist (18. 10. 1777 – 21. 11. 1811) Schriftsteller und Dichter. Kleist wurde als Spross eines preußischen Offiziersgeschlechts geboren und diente gemäß der Familientradition im Potsdamer Garderegiment (1792-1799), nahm aber dort bald seinen Abschied. Auf einer seiner häufigen Reisen hatte er im Winter 1802/03 einen längeren Aufenthalt bei Christoph Martin Wieland, dem Kleist literarische Anregungen verdankte. Er verfasste Dramen wie „Der zerbrochene Krug" (1807), „Das Käthchen von Heilbronn", „Die Marquise von O ...", „Prinz Friedrich von Homburg" und Novellen wie „Michael Kohlhaas". Er erschoss sich am Morgen des 21. November 1811 am Ufer des Kleinen Wannsees, zusammen mit seiner Freundin.

Erst drei Generationen später ist Kleists wegweisendes Schaffen gewürdigt worden, und einer der angesehensten deutschen Literaturpreise ist nach ihm benannt. Träger des 1911 eingerichteten Kleist-Preises war u. a. Bertolt Brecht (1922).

Öffentliche oder sonst bedeutsame Einrichtungen in der Straße:

- Kinderhort
  Im Anwesen Kleiststraße 11 ist ein Kinderhort mit 60 Plätzen eingerichtet.
- Kommunikationszentrum
  Im Jahre 2004 wurde neben der Bachschule im Rahmen des Projektes Soziale Stadt ein Kommunikationszentrum neu erbaut. Da das Gebäude auf der aufgefüllten Bliesaue steht, war eine 13 m tiefe Pfahlgründung erforderlich.
  In dem Gebäude mit 450 qm Nutzfläche im sozialen Brennpunkt Unterstadt sollen Bürger jeden Alters und jeder Nationalität Gelegenheit zum zwanglosen Kontakt bekommen. Für die Kinder der nebenan liegenden Bachschule wurde

---

K27 Krajewski: Plaudereien 1, vgl. Anm. A50, S. 26
K28 Saar- und Blieszeitung v. 25. 04. 1903

K29 Situationsplan NK 1902

hier auch Platz für Hausaufgabenbetreuung und Gruppenarbeit geschaffen.

Ebenso wurde das Stadtteilbüro Unterstadt in dem Gebäude untergebracht, und es wurde die Möglichkeit für preiswertes Frühstück und Mittagessen geschaffen. Die offizielle Einweihung wurde am 22. 02. 2005 gefeiert.

Klinikweg Ko

Lage und Verlauf:
Der Klinikweg zweigt von der Limbacher Straße von Furpach kommend am Ortseingang von Kohlhof nach Süden ab und endet als Sackgasse vor der dortigen Kinderklinik.

Klinikweg mit Kinderklinik

Informationen zum Namen und zur Geschichte der Straße:
Der kurze Weg, der früher keinen eigenen Namen hatte, sondern zu der durch Kohlhof führenden Neunkircher Straße (heute Limbacher Straße) gezählt wurde, erhielt diese Bezeichnung bei einer allgemeinen Neu- bzw. Umbenennung von Straßen nach der Gebiets- und Verwaltungsreform 1974. Der Weg dient ausschließlich als Zufahrt zum Klinikgelände.

Öffentliche oder sonst bedeutsame Gebäude in der Straße:
- Kinderklinik Kohlhof (Bertaheim)
  Der Vaterländische Frauenverein vom Roten Kreuz unter Leitung der jüngsten Tochter des Freiherrn Karl Ferdinand von Stumm-Halberg, Hedwig Berta, spätere Freifrau von Luzius, dann

Gräfin Sierstorpff (22.02.1876 – 30.01.1949) gründete auf dem Brückweiherhof das Berta-Heim als Kinder- und Müttererholungsstätte. Das Haus wurde am 19. 10. 1930 eingeweiht. Während des 2. Weltkrieges wurde das Haus zeitweise als Lazarett und zeitweise als Ausweichkrankenhaus für die Infektionsabteilung des Bürgerhospitals Saarbrücken benutzt. 1944 wurde es zur Kinderklinik. Nach dem 2. Weltkrieg entwickelte sich daraus die Städt. Kinderklinik Kohlhof. Ein Klinikanbau bzw. –neubau wurde am 14. 02. 1953 eingeweiht[K30]. Ab 01. 10. 1956 gelang es, die Klinik an das Land zu veräußern. Die Stadt konnte den Betrieb nicht mehr tragen, da 85 % der Patienten von außerhalb kamen. Mit dem Verkaufserlös von 290 Mio. Franken (ca.3 Millionen DM) wurden der Rathausneubau und der Bau des Hallenbades teilweise finanziert[K31].

Zwischen 1956 und 1985 wurde die Klinik um ein Schwesternhochhaus und einen neuen Bettentrakt erweitert. Inzwischen ist daraus die Kinderklinik Kohlhof in der Trägerschaft des Landes geworden.

Z. Zt. gibt es konkrete Pläne, das St. Josefskrankenhaus Neunkirchen unmittelbar bei der Kinderklinik mit den Schwerpunktabteilungen Frauenheilkunde und Geburtshilfe neu zu erstellen und eine Kooperation mit der Kinderklinik als Verbundklinik einzugehen.
- Kinderhaus
  Bei der Kinderklinik befindet sich ein Kinderhaus der Arbeiterwohlfahrt, das 5 Krippen-, 20 Hort- und 10 Kindertagesplätze anbietet.

Knappenstraße NK

Lage und Verlauf:
Die Knappenstraße ist eine Verbindungsstraße zwischen Schloßstraße und Talstraße.

Informationen zur Geschichte und zum Namen der Straße:
Die Straße wurde vom Bergfiskus angelegt, ebenso

K30 StA Neunkirchen, Krajewski, Bernhard: Chronik Schule Kohlhof 1937 - 1970; Müller-Löweck, Edmund: Die Landeskinderklinik Neunkirchen-Kohlhof, S. 43
K31 Neueste Nachrichten v. 29. 02. 1956

wurden die dort stehenden insgesamt 6 Mehrfamilienhäuser vom Bergfiskus für Bergleute der nahen Grube König gebaut[K32].

Knappschaftsstraße NK vorher Mehlpfuhlstraße (alt), Roonstraße

Lage und Verlauf:
Die Straße verläuft vom Mozartplatz am Bliesufer nach Süden bergauf bis zur Kreuzung Langenstrichstraße/ Röntgenstraße/Thomas-Mann-Straße.

Knappschaftsstraße aus Richtung Mozartplatz

Informationen zum Namen und zur Geschichte der Straße:
Nach einem beim Bauamt der Stadt Neunkirchen vorliegenden Plan vom September 1886 wurde die Straße in einer Breite von 12 – 13 m auf der Trasse eines vorherigen Fußweges angelegt.

Nach der Chronik von Neunkirchen Nr. 1/1913 hieß die Straße nach ihrem Bau zunächst Mehlpfuhlstraße, denn sie führte an dem Gelände vorbei, auf dem sich der bis ca. 1880 betriebene Mehlpfuhlschacht[K33] und später das Knappschaftskrankenhaus befanden. Die Bezeichnung für den Schacht und die Straße ging auf die Flurbezeichnung „Am Mehlpfuhl" zurück, die es in diesem Bereich gibt.

In der zweiten Hälfte des 19. Jh. wuchsen die Stadt und die Bevölkerung auf Grund der enorm ansteigenden Industrialisierung in einem ungeheuren Tempo. Jeweils in 15 – 20 Jahren verdoppelte sich die Bevölkerung immer

wieder und suchte industrienahen Wohnraum. Es entstanden ständig neue Straßen, die in der euphorischen Stimmung nach dem gewonnenen Krieg 1870/71 oft nach Mitgliedern des Kaiserhauses, nach verdienten Heerführern oder nach Schlachtenorten benannt wurden. Es wurden auch Straßen in dieser Weise umbenannt, die schon andere Namen hatten. So wurde die Mehlpfuhlstraße nach einem Beschluss des Gemeinderates Neunkirchen vom 24. 04. 1903 nach dem damaligen General und preußischen Kriegsminister von Roon umbenannt[K34].

Unmittelbar nach Ende des 2. Weltkrieges, als alle nationalistisch oder militaristisch klingende Straßennamen verpönt waren, wurde die Straße nach dem zu dieser Zeit noch auf einem größeren Areal an der Straße gelegenen Knappschaftskrankenhaus benannt. Das Krankenhaus existiert heute nicht mehr. Auf dem Gelände befindet sich heute ein Alten- und Pflegeheim der Kreuznacher Diakonie, das eine Zufahrt von der Thomas-Mann-Straße her hat, und ein Verwaltungsgebäude der AOK.

Auf der gegenüberliegenden Straßenseite wurde nach dem 2. Weltkrieg auf dem Gelände des im 2. Weltkrieg zerstörten Gebäudes des Realgymnasiums ein neues Amtsgerichtsgebäude mit angeschlossener Justizvollzugsanstalt erstellt.

Informationen zur namensgebenden Einrichtung:
Zu den Anfängen der Knappschaft: Noch Mitte des 18. Jh. bestand die Kohlengewinnung in unserem Raum in planlosen Grabereien am Ausgehenden der Flöze. Am 15. 02. 1751 ließ der Fürst von Nassau-Saarbrücken den Kohlengräbern mitteilen, dass er beabsichtige, die Steinkohlengruben einzuziehen und zukünftig unter fürstlicher Kontrolle betreiben zu lassen. Die bisherigen Kohlengräber wurden teilweise für ihren Verlust entschädigt. Nach einer Verordnung vom 27. 11. 1754 war jede Kohlengewinnung durch Private verboten[K35]. Durch fürstliche Verordnung vom 17. 5. 1769 wurde für die Bergleute sämtlicher landesherrschaftlichen Gruben eine „Bruderbüchse" ins Leben gerufen. An Beiträgen wurden von jedem in Arbeit stehenden Bergmann 1 Kreuzer auf je 1 ½ Gulden vom Lohnverdienst erhoben. Diese Bruderbüchse bildete den Grundstock, aus

K32 Slotta: Bergbau in NK, vgl. Anm. A45, S. 73, 84

K33 Slotta: Bergbau in NK, vgl. Anm. A45, S. 55

K34 Saar- und Bliesszeitung v. 25. 04. 1903

K35 Groß, Otto: Die Kohlengruben, in: Stadtbuch 1955, vgl. Anm. A12, S. 306

dem sich nach und nach die Saarbrücker Knappschaftskasse entwickelt hat.

Im Oktober 1797 wurde das „Reglement der Knappschaftskasse bei den Nassau-Saarbrückischen und anderen Steinkohlebergwerken" erlassen, in dem die Vereinigung der Bergleute in der Knappschaft vorgeschrieben wurde. Damit erschien zum ersten Mal der Name Knappschaft. Aus eigener Initiative verpflichteten sich im selben Jahr die Bergleute aller Saargruben in einem gegenseitigen Vertrag zur Gründung der Knappschaftskasse. Über die Verwendung der Mittel zur Kranken-, Invaliden- und Hinterbliebenenversorgung entschied eine aus ihrer Mitte gewählte „Commission"[K36].

Bei der heutigen Knappschaft handelt sich um eine gesetzliche Krankenkasse, die nicht nur Mitglieder aufnimmt, die in einem Bergbaubetrieb arbeiten oder gearbeitet haben.

Öffentliche oder sonst bedeutsame Gebäude in der Straße:

- Knappschaftskrankenhaus/(Bergmannslazarett)[K37].

  In ihrem Bemühen um erkrankte und unfallverletzte Bergleute hat die Knappschaftskasse bereits 1850 in Neunkirchen ein erstes Krankenhaus für ihre Mitglieder eingerichtet und zwar in einem ehemaligen Schlafhaus in der Wellesweilerstraße. Das 1850 gegründete bergmännische Lazarett war das erste im Saarland überhaupt. Dies hatte seinen Grund darin, dass Neunkirchen damals auch ein Zentrum des Bergbaus war. Zu den schon bestehenden Gruben Wellesweiler (schon im 16. Jh.) und König (seit 1821) waren noch Heinitz, Reden, Dechen (1856) und der Ziehwaldstollen (1857) gekommen. Dieses Haus in der Wellesweilerstraße erwarb 1886 die Gemeinde Neunkirchen, um es zu einem Bürgermeisteramt umzubauen.

  Vor der Aufgabe des Krankenhauses in der Wellesweilerstraße war ein neues großzügiges Krankenhaus am damaligen östlichen Ortsrand auf dem Gelände des früheren Mehpfuhlschachtes, einer Nebenanlage der Grube König, gebaut worden. Dies geschah 1885/86 im damals mo-

dernen Pavillonstil. Das Knappschaftskrankenhaus wurde am 30. 06. 1975 geschlossen und verschwand aus dem Stadtbild von Neunkirchen. Auf dem Krankenhausgelände befand sich ein großer Park mit einem Brunnen. Das gesamte Areal war mit einer Mauer umgeben.

Heute stehen auf dem Gelände ein Verwaltungsgebäude der AOK, ein Seniorenheim (siehe Thomas-Mann-Straße) und eine Wohnanlage.

- Amtsgericht

  Am 01. 10. 1879 erhielt Neunkirchen ein erstes Amtsgericht, das bis zur Erstellung eines Gerichtsgebäudes in den Räumen einer Gaststätte in der Viktoriastraße (heute Lutherstraße) untergebracht wurde. Im Jahre 1883 wurde dann auf der evangelischen Pfarrwiese in den Langwieser Gärten (heute Marienstraße) ein gemeindeeigenes Gerichtsgebäude erstellt.

  Das Gebäude finanzierte die Gemeinde mit dem Geld, das sie vom preußischen Staat für die Ablösung der Waldrechte nach jahrelangen Verhandlungen erhalten hatte. 1896 und 1931 erhielt das Bauwerk Erweiterungsbauten.

  Die am Gerichtsgebäude vorbei laufende Straße erhielt den Namen Gerichtsstraße. Im 2. Weltkrieg wurde das Gerichtsgebäude erheblich beschädigt, nach Ende des Krieges aber wieder in Stand gesetzt. Trotzdem war das Gebäude, auch wegen erweiterter Zuständigkeit des Amtsgerichtes, bald erneut zu klein. Zur Erstellung eines neuen Gerichtsgebäudes stellte die Stadt das Gelände Ecke Oststraße/Knappschaftsstraße, an dem das im 2. Weltkrieg zerstörte Knaben-Realgymnasium gestanden hatte, zur Verfügung. Die Bauarbeiten begannen im Sommer 1950, am 31. 01. 1951 fand das Richtfest statt und Ende November 1951 konnte das Gebäude bezogen werden[K38].

  An das neue Amtsgericht war zunächst eine Justizvollzugsanstalt mit 55 Haftplätzen angeschlossen. Diese ist zwischenzeitlich eine selbständige Einrichtung und wird als offene Anstalt geführt.

- AOK Neunkirchen

  Gegenüber dem neuen Amtsgericht wurde auf dem Gelände des früheren Knappschaftskran-

K36 Gillenberg: NK – Berufe im Wandel, vgl. Anm. J4, S. 22

K37 Krajewski: Plaudereien 7, vgl. Anm. A23, S. 13 ff; Wildberger, Kurt: Soziale Einrichtungen, in: Stadtuch 1955, vgl. Anm. A12, S. 400

K38 Wildberger, Kurt: NK als Sitz öff. Behörden, in: Stadtbuch 1955, vgl. Anm. A12, S. 387

kenhauses Ende der 1970er Jahre ein modernes Verwaltungsgebäude für die AOK erbaut. Bis zu diesem Zeitpunkt war die AOK in einem Gebäude in der Lutherstraße 10 untergebracht[K39], in dem sich jetzt die Stadtbücherei befindet.

Kochgasse NK

Lage und Verlauf:
Die Kochgasse zweigt von der Schloßstraße nach Nordwesten ab und endet nach ca. 50 m als Sackgasse.

Kochgasse aus Richtung Schloßstraße

Informationen zum Namen und zur Geschichte der Straße:
Die Straße hat ihren Namen von ihrem ersten Anwohner, dem Jakob Friedrich Koch, der 1885 das Haus Nr. 3 erbaute[K40]. Die kleine Straße war aber offenbar vorher schon geplant, denn als am 15. 05. 1879 der Ortsbaumeister Riemann dem Bürgermeister Jongnell von Neunkirchen die Beschaffung von Namensschildern für 49 Straßen und 8 Wohnplätze vorschlug, war in dieser Aufstellung auch der Name Kochstraße erstmals aufgeführt. Es wurde ein Straßenschild beschafft, aber noch kein Hausnummernschild[K41]. Im Situationsplan von Neunkirchen aus dem Jahre 1883 ist die Gasse noch nicht eingezeichnet[K42]. Möglicherweise stand zu diesem Zeitpunkt dort nur das Haus Kochs als Einzel-

gebäude. Die kleine Straße hat nur 4 Wohnanwesen. Bemerkungswert ist die Tatsache, dass bei der Anlage der Kochgasse im 19. Jh. wie bei der benachbarten Seilergasse der Grundriss des verschwundenen Barockschlosses nachwirkt. Das Schloss lag mit seinen halbkreisförmig gebogenen Flügelbauten genau zwischen der Seilergasse und der Kochgasse, während sich der zweigeschossige Mittelteil über den Grundmauern der heutigen Häuser Schloßstraße 20 und 22 erhoben haben soll.

Informationen zum Namensgeber:
Jakob Friedrich Koch (10.04.1814 – 15. 07.1886), Schmied.

Köhlerstraße Wi vorher Blindstraße

Lage und Verlauf:
Die Straße zweigt von der Hauptdurchgangsstraße durch den südlichen Bereich des Stadtteils Wiebelskirchen, der Kuchenbergstraße, nach Westen in Richtung des Nahebahnschachtes ab.

Köhlerstraße aus Richtung Kuchenbergstraße

Informationen zum Namen und zur Geschichte der Straße:
Bis zum Jahre 1895 war das Dorf Wiebelskirchen ohne jede Straßenbezeichnung. Der Ort war in Bezirke eingeteilt, die ein Finden von Wohnanwesen ermöglichten. Die kleinen nach Westen abzweigenden Nebenstraßen der Neunkircher Straße (heute Teil der Kuchenbergstraße) lagen im Bezirk „Tyrol"[K43]. 1895 erhielt die

K39 Wildberger: NK als Sitz öff. Behörden, in: Stadtbuch 1955, vgl. Anm. A12, S. 395
K40 StA Neunkirchen, Best. Varia Nr. 867
K41 Beschaffung von Straßenschildern 1879, vgl. Anm. A8
K42 Situationsplan NK 1883, vgl. Anm. A4

K43 Bürgerbuch Wi, vgl. Anm. A1, S. 221 - 223

Straße dann ihren ersten Namen.

Die Blindstraße war eine Straße, die von der Neunkircher Straße (heute Kuchenbergstraße) nach Westen als Sackgasse abzweigte, also einen Eingang hatte, aber keinen Ausgang und deshalb wohl den seltsamen Namen erhielt.

Die Umbenennung in Köhlerstraße erfolgte 1954, als auf Anregung des Kultur- und Heimatrings in Wiebelskirchen eine Reihe von Straßen neu- oder umbenannt wurden.

Sie wurde nun nach dem ersten dem Namen nach bekannten Grubensteiger aus Wiebelskirchen benannt. Noch Mitte des 18. Jh. bestand die Kohlengewinnung in unserem Raum in planlosen Grabungen am Ausgehenden der Flöze.

1751 ließ der Fürst von Nassau-Saarbrücken den Kohlengräbern mitteilen, dass er beabsichtige, die Steinkohlengruben einzuziehen und zukünftig unter fürstlicher Kontrolle betreiben zu lassen. Die bisherigen Kohlengräber wurden teilweise für ihren Verlust entschädigt. Die Gruben wurden verpachtet.

Aus den Unternehmern (Beständern), die anfänglich noch als Kohlengräber mitarbeiteten, bildeten sich ab 1760 mehr und mehr Aufsichtsbeamte heraus, die der Fürst als Steiger in Eid und Pflicht nahm.

Informationen zum Namensgeber:

Georg Nikolaus Köhler aus Griesborn wurde am 12. Oktober 1764 als Steiger für die Gruben im Kohlwald vereidigt[K44].

Er war der erste Steiger im Kohlwald und stammte ursprünglich aus Niederbrombach bei Birkenfeld. Ihm wurde aufgegeben, in der Grube nach dem Rechten zu sehen, darauf zu halten, dass kein Raubbau betrieben wird und die Hohlräume ordentlich versetzt werden. Er hatte Zoll- und Steinkohlengelder zu erheben und erhielt für seine Aufsicht von jedem Fuder Steinkohlen 1 Gulden 5 Albus, jährlich 4 Klafter Brennholz und den Abfall am Grubenholz sowie freien Steinkohlenbrand. Außerdem wurde ihm freie Wohnung, Garten und Feld, die Personalfreiheit und Bier- und Weinausschank zugestanden. Der Preis für ein Fuder Kohle ab Grubenhalde betrug damals 3 Gulden. Der Schichtlohn für einen Bergmann unter Tage betrug 24 – 26 Kreuzer und über Tage 16 – 20 Kreuzer

---

K44 Slotta: Bergbau in NK, vgl. Anm. A45, S. 29; Hoppstädter: Heimatbuch Wi, vgl. Anm. A2, S. 242

Königsbahnstraße NK vorher teilweise Redener Straße, nach der neuen Schmelze

Lage und Verlauf:

Die Königsbahnstraße beginnt an der Straßeneinmündung auf der Stadtseite des „Plättchesdohle" und verläuft von dort nach Südosten bis zur Westspange. Dabei benutzt sie überwiegend die Trasse der früheren Anschlussbahn zur Königsgrube.

Königsbahnstraße aus Richtung Westspange , im Hintergrund der Gasometer

Informationen zum Namen und zur Geschichte der Straße:

Der Straßenname ergab sich, da die Straße überwiegend über die Trasse der früheren Grubenanschlussbahn zur Grube König (damals Königsbahn genannt) verläuft. Der Name wurde durch einen Beschluss des zuständigen Stadtratsausschusses am 10. 04. 1991 festgelegt. Zu diesem Zeitpunkt begann die Straße erst an der Saarbrücker Straße. Als die bisherige Saarbrücker Straße geteilt wurde, der stadtauswärts verlaufende Teil der bisherigen Saarbrücker Straße wurde zur Bildstocker Straße, wurde am 16. 10. 1991 von Stadtrat beschlossen, das bisherige Teilstück der Redener Straße von der Einmündung Saarbrücker Straße bis zur Einmündung der neuen Lindenallee vor dem Plättchesdohle in die Königsbahnstraße einzubeziehen. Am 01.08. 1821 wurde der Friedrich-Wilhelm-Stollen angehauen, benannt nach dem Preußischen König Friedrich Wilhelm III. Der Stollen erhielt bei der Taufe den Namen Königsgrube. Zwischen 1840 und 1850 wurde im Saarland allgemein vom Stollenbetrieb zum Schachtbetrieb umgestellt. In König wurden zwei Tiefbauschächte niedergebracht,

1844 Wilhelm-Schacht I und 1854 Wilhelm-Schacht II. Die positive Entwicklung wurde noch durch den Bau der Eisenbahnen verstärkt, davon konnten zunächst aber nur Heinitz und Reden profitieren.

Die Königsgrube blieb auf die Belieferung des Eisenswerkes und den Landabsatz angewiesen. Nach der Inbetriebnahme eines 1,24 km langen Bahnanschlusses am 01. 07. 1872 wurde die Grube König schnell zu einer der führenden Gruben im Saarrevier[K45].

Nachdem sie 1968 stillgelegt worden war, verlor auch der Bahnanschluss seine Funktion. Die Schienen wurden demontiert.

Als das Gelände der ehemaligen Grube für Industrieansiedlungen hergerichtet wurde, wurde auf der Trasse der ehemaligen Grubenanschlussbahn eine Straßenverbindung von der Saarbrücker Straße her in das neue Gewerbegebiet hergestellt.

Die Straße erhielt folgerichtig den Namen Königsbahnstraße.

Diese Verbindung zwischen Redener Straße und Westspange soll ein teilweises Freihalten der Innenstadt vom Durchgangsverkehr bewirken.

Öffentliche oder sonst bedeutsame Gebäude an der Straße:

- Gasometer
  Westlich der Straße steht in Höhe des Hüttenparks I ein der Fa. Saarstahl gehörender Gasometer, der 1970 erbaut wurde. Es handelt sich um einen Scheibengasbehälter mit einer Höhe von 68 m, einem Durchmesser von 41 m und einem Fassungsvermögen von 80 000 cbm. Er war wegen der damals häufigen Werksstillstände notwendig geworden, um eine Speichermöglichkeit für das beim Hochofenbetrieb ständig produzierte Gichtgas zu schaffen. Der Gasometer versorgt die noch verbliebenen Walzenstraßen des Neunkircher Eisenwerkes mit Gas[K46].

- Hüttenpark I und III
  Nach dem Abriss eines Großteils der Gebäude und Einrichtungen des Neunkircher Eisenwerkes Mitte der 1980er Jahre wurde zwischen den neu angelegten Straßen Gustav-Regler-Straße und Königsbahnstraße der Hüttenpark I geschaffen. Nachdem auch die ehemalige Kokerei südlich

der Saarbrücker Straße (heute Bildstocker Straße) demontiert war, wurde zwischen Königsbahnstraße, Bildstocker Straße, Heinitzbach und Grubenstraße der Park als Hüttenpark II fortgesetzt[K47]. Dort wo die Kokerei und weitere Nebenprodukten-Anlagen des Eisenwerkes standen, sollte im Rahmen des Kohleveredelungsprogramms der Bundesregierung in den 1980er Jahren eigentlich eine Großanlage zur Kohlevergasung und Kohleverflüssigung entstehen.

Mit dieser Hydrieranlage sollten bis zu 2000 Arbeitsplätze unmittelbar geschaffen und die Beschäftigungslage bei den Bergwerken gesichert werden[K48].

Dazu kam es jedoch nicht. So wurde auf dem Gelände ein Park angelegt. Eine Nutzung des Geländes für Wohnbauzwecke ist wegen der tiefgehenden Verseuchung des Erdreiches durch die frühere Industrie nicht möglich. Man hofft darauf, dass sich die Natur das Gelände im Hüttenpark allmählich zurück erobert.

Königsgruberweg NK heute Königstraße
Siehe Königstraße

Königstraße NK vorher Königsgruberweg, teilweise Schlackenplatz

Lage und Verlauf:

Die Königstraße beginnt am unteren Hüttenberg gegenüber der Christuskirche, verläuft von dort ca. 150 m nach Südwesten und wendet sich dann in südliche Richtung. Sie endet am Übergang in die Westspange in Höhe der Einmündung Schwebelstraße.

Informationen zum Namen und zur Geschichte der Straße:

Der Name ist von der Zielrichtung der Straße abgeleitet, sie führte ursprünglich zur Königsgrube. Als Zufahrtstraße zur Grube König wurde sie 1841/42 gebaut.

Vor dem Bau des Bahnanschlusses für das Bergwerk wurde über diese Straße auch die gesamte geförderte Kohle abgefahren. Außerdem wurde sie 150 Jahre lang von Bergleuten auf dem Weg zu und von ihrer Arbeit benutzt.

K45 Hoppstädter: Heimatbuch Wi, vgl. Anm.A2, S. 50
K46 Gillenberg: NK vom Meyerhof..., vgl. Anm. H5, S. 58

K47 Decker u. Meiser: NK = NE, vgl. Anm. G39, S. 94
K48 Decker u. Meiser: NK = NE, vgl. Anm. G39, S. 39 ff

Meisterhäuser in der Königstraße

Zur Entlastung der Straße wurde 1857 für die Versorgung der Hütte mit Kohlen und Koks ein direkter Bahnanschluss zwischen Eisenwerk und Grube gelegt. Die Gleise dieser bis zum 2. Weltkrieg betriebenen werkseigenen Kohlenbahn verliefen westlich unmittelbar neben der Königstraße[K49].

Die Straße erhielt ihren Namen wohl schon in der zweiten Hälfte des 19. Jh.. Denn als der Ortsbaumeister Riemann dem Bürgermeister Jongnell von Neunkirchen am 15. 05. 1879 die Beschaffung von Namensschildern für 49 Straßen und 8 Wohnplätze vorschlug, tauchte der Straßenname in dieser Aufstellung zum ersten Mal auf. Für die Straße mussten damals 2 Straßenschilder und 56 Hausnummernschilder beschafft werden, sie war also schon dicht bebaut[K50].

Im Stadtplan von Neunkirchen aus dem Jahre 1883 ist sie dann auch als bewohnte Straße mit ihrem jetzigen Namen eingezeichnet[K51].

Zum Ende des 19. Jh. beschleunigte sich die Entwicklung der Werksanlagen des Eisenwerkes, aber auch der neuen Wohngebiete.

Dies wird deutlich, wenn man z. B. die Ortspläne von 1867 und 1883 miteinander vergleicht. 1883 ist z. B. der große Hüttenweiher bis auf kümmerliche Reste verschwunden, an seiner Stelle sieht man jetzt westlich der Königstraße den Schlackenplatz[K52].

Am Rande dieses Platzes wurden Ende des 19. Jh. einige Wohnhäuser für Beschäftigte des Eisenwerkes, die sogenannten Meisterhäuser, gebaut.

In den 1930er Jahren war die Königstraße infolge von Grubensenkungen immer mehr abgesackt und schadhaft geworden. Einzelne Grubenhäuser waren mehr und mehr in den Boden abgesunken und stellten so schon eine Sehenswürdigkeit dar.

Dazu kam das zutage tretende Grundwasser, das in Verbindung mit starken Regenfällen Überschwemmungen hervorrief[K53].

Die Straße erhielt nun eine neue Trasse. 1939 wurde deshalb damit begonnen, eine neue Straße anzulegen, die auch für den schwersten Verkehr ausgebaut wurde. Gleichzeitig wurde der Zugang zur Siedlung Betzenhölle, der durch die Grubenanlage führte, gesperrt[K54]. Die STZ vom 18. 09. 1941 meldete, dass die neue Straße fertiggestellt sei.

Bis zum Bau der Westspange 1979/80 endete die Königstraße vor dem Bergwerksgelände als Sackgasse. Nun wurde sie in die Ausfallstraße Richtung Spieser Höhe einbezogen.

Nach einem Beschluss des Stadtrates vom 02. 06. 1981 wurde der Schlackenplatz offiziell der parallel verlaufenden Königstraße zugeschlagen.

Öffentliche oder sonst bedeutsame Gebäude oder Einrichtungen an der Straße:

-   Königsgrube
    1818 hatten die Gebrüder Stumm den Antrag gestellt, ihnen die Anlage eines Steinkohlenbergwerks zum Betrieb eigener Koksöfen zu gestatten. Dieser Antrag wurde mit der Begründung abgelehnt, der Staat wolle die Verkokung der Steinkohle selbst übernehmen.
    Noch im gleichen Jahr begannen Schürfarbeiten westlich von Neunkirchen und am 01. 08. 1821 wurde der Friedrich-Wilhelm-Stollen angehauen, benannt nach dem Preußischen König Friedrich Wilhelm III. Der Stollen erhielt bei der Taufe den Namen Königsgrube[K55]. Zwischen 1840 und 1850 wurde im Saarland allgemein vom Stollenbetrieb zum Schachtbetrieb umgestellt. In König wurden zwei Tiefbauschächte niedergebracht 1844 der Wilhelm-Schacht I und 1854 der Wilhelm-Schacht II.

K49 Gillenberg: NK vom Meyerhof..., vgl. Anm. H5 S. 27
K50 Beschaffung von Straßenschildern 1879, vgl.Anm. A8
K51 Situationsplan NK 1883, vgl. Anm. A4
K52 Krajewski: Plaudereien 1, vgl. Anm. A50, S. 31

K53 Saarländische Tageszeitung v. 18. 09. 1941
K54 Saar- und Blieszeitung v. 29. 07. 1939
K55 Slotta: Bergbau in NK, vgl. Anm. A45, S. 49 ff

Die positive Entwicklung im Bergbau wurde noch durch den Bau der Eisenbahnen verstärkt, davon konnten zunächst aber nur die Bergwerke Heinitz und Reden profitieren. Die Königgrube blieb auf Belieferung des Eisenwerkes und den Landabsatz angewiesen. Sie erhielt erst 1872 durch eine Grubenanschlussbahn die ersehnte Anbindung an das Eisenbahnnetz[K56]. Danach stiegen die Förderzahlen sprunghaft an. Wegen des guten Bahnanschlusses wurde nun Wilhelm-Schacht III und 20 Jahre später Wilhelm-Schacht IV abgeteuft.

1921 konnte die Grube ihr 100jähriges Bestehen feiern. 1953 hatte die Grube bei einer Belegschaft von 3863 Mann eine Jahresförderung von 1 211 300 t.

Mit Wirkung vom 01. 01. 1964 wurde sie mit der Grube Dechen zu einem Verbundbergwerk zusammengelegt.

Aber all das half nichts, die Grube wurde am 31. 03. 1968 im Zuge von Strukturänderungen bei den Saarbergwerken stillgelegt.

Die Stadt hat 1989 den Schachtbock Wilhelm I von den Saarbergwerken erworben und als Industriedenkmal hergerichtet. Er erinnert seither an diesen Teil der Neunkircher Industriegeschichte.

Auf dem Grubengelände gibt es heute eine Reihe von Industrie- und Handelsbetrieben und eine Müllverbrennungsanlage z. T. in den alten Grubengebäuden. Der oben erwähnte Schachtbock steht heute auf dem Gelände der Müllverbrennungsanlage, die der Straße Am Blücherflöz zugeordnet ist.

- Meisterhäuser[K57]

Um 1892 wurden die sogenannten Meisterhäuser am Schlackenplatz Nr. 8 – 30 gebaut, die durch den Ausbau der Westspange Anfang der 1980er Jahre jetzt an der Königstraße liegen. Es handelt sich um eineinhalbgeschossige Doppelhäuser, in denen zu Stumms Zeiten sogenannte Hüttenbeamte wohnten. Die Häuser hatten große Hausgärten, die jedoch bei der Erweiterung des Schlackenplatzes und der Erzaufbereitung verkleinert wurden.

Die Häuser, die früher im Schatten der Kühltürme des Dampfkraftwerks standen, sind als Ensemble in die Denkmalliste der Stadt Neunkirchen aufgenommen worden. Sie sollen aus wirtschaftlichen, soziologischen und städtebaulichen Gründen erhalten bleiben.

Kohlenweg NK *heute nicht mehr existent*

Lage und Verlauf:

Im Situationsplan von Neunkirchen aus dem Jahre 1883 teilt sich die Schwebelstraße am unteren (westlichen) Ende in die Josephstraße und den Kohlenweg[K58]. Die Josephstraße mündete gegenüber des Boxbergweges in die Königstraße, während der Kohlenweg in Richtung Grube König abbog und weiter südwestlich in die Königstraße mündete.

Informationen zum Namen und zur Geschichte der Straße:

Der Straßenname hängt offensichtlich mit der nahen Grube König zusammen.

Auf diesem Weg fuhren die mit Kohlen beladenen Fuhrwerke zur Schwebelstraße und über diese hoch zum Oberen Markt.

In keinem weiteren Plan oder Straßenverzeichnis ist die Kohlenstraße aufgeführt. Diese ehemalige Straße ist heute Teil der Schwebelstraße.

Kohlhofweg Fu

Lage und Verlauf:

Der Kohlhofweg zweigt von der Ludwigsthaler Straße im Stadtteil Furpach nach Osten ab und verläuft dort zwischen Limbacher Straße und dem Tal des Erlenbrunnenbachs. Vom Kohlhofweg wiederum zweigen sechs kleinere Sackgassen nach Süden ab, die jeweils vor der Limbacher Straße enden.

Informationen zum Namen und zur Geschichte der Straße:

Der Kohlhofweg und seine Seitenstraßen – Lautzweilerweg, Moosbachweg, Erlenbrunnenweg, Remmengutweg, Tiefentalweg und Lantertalweg – entstanden Anfang der 1960er Jahre.

Die Straßennamen wurden auf Vorschlag des Hei-

K56 Slotta: Bergbau in NK, vgl. Anm. A45, S. 50
K57 Gillenberg u. Birtel: Hüttenhäuser, vgl. Anm. C1, S. 49

K58 Situationsplan NK 1883, vgl. Anm. A4

Kohlhofweg, Blickrichtung Ludwigsthaler Straße

matforschers Bernhard Krajewski am 04. 10. 1961 vom Stadtrat beschlossen.

Die Gemeinnützige Siedlungsgesellschaft der Stadt Neunkirchen (GSG) und die Arbeitskammer hatten dort zwischen 1961 und 1965 insgesamt 24 eingeschossige Bungalows und 68 zweigeschossige Wohnhäuser als Kaufanwartschaftshäuser erstellt.

Kohlrodweg Ko

Lage und Verlauf:

Die kurze Straße beginnt an der Straße Zu den Grenzsteinen, verläuft von dort nach Westen und endet nach ca. 150 m als Sackgasse. Am westlichen Ende der Straße läuft ein Fußweg entlang, der nach Norden zur Limbacher Straße und im Süden zur Straße Zu den Grenzsteinen führt.

Kohlrodweg aus Richtung Zu den Grenzsteinen

Informationen zum Namen und zur Geschichte der Straße:

Die Straße entstand Mitte der 1970er Jahre im Zuge der Erschließung des Neubaugebietes Haberdell.

Der Straßenname wurde in einer Stadtratssitzung am 03. 11. 1976 zusammen mit der Bezeichnung der Nachbarstraßen festgelegt. Er orientiert sich an der Bezeichnung eines südöstlich gelegenen Waldstückes. Dieser Waldname geht auf eine frühere Rodung durch Köhler zurück.

In der Straße stehen ausschließlich Ein- und Zweifamilienhäuser der gehobenen Wohnklasse.

Kohlwaldaufstieg Wi

Lage und Verlauf:

Die Straße beginnt am Kreisverkehr auf der Oberschmelz nördlich des „Plättchesdohle" und verläuft von dort in der Generalrichtung Norden/Ottweiler bis in Höhe der Brücke über die B 41 im Zuge der Schiffweilerstraße.

Kohlwaldaufstieg aus Richtung Kreisverkehr am „Plättchesdohle"

Informationen zum Namen und zur Geschichte der Straße:

Die Straße ist ein Teilstück der B 41. Von ihr zweigt nach ca. 400 m nach Osten eine Zufahrt zum Nordwerk des Neunkircher Eisenwerkes und nach ca. 1,5 km nach Westen eine Zufahrt zum Wohnplatz Bei Bauershaus ab.

Auf dieser Trasse gibt es einen Weg schon mindestens 150 Jahre lang. 1850 wurde von der Preußischen Forstverwaltung das Forstdiensthöft Kohlwald erbaut. Durch den von 1910 bis 1918 dort residierenden Förster

Bauer wurde das Objekt weithin bekannt und seither Bauershaus genannt. Zu dieser Örtlichkeit führte ein Weg von Wiebelskirchen und ein Weg von der Oberschmelz etwa auf der Trasse des jetzigen Kohlwaldaufstiegs.

1883 wurde in der Nähe des Forsthauses der Gegenortschacht der Grube Kohlwald angehauen.

Die Örtlichkeit lag damals abseits aller Hauptstraßen und war insbesondere bei schlechtem Wetter schwer zu erreichen. Auch aus diesem Grund baute die preußische Bergverwaltung dort ein Vierfamilien-Bergarbeitermietshaus, das auch heute noch bewohnt ist. Neben dem ehemaligen Forsthaus und dem Grubenhaus gibt es dort zwischenzeitlich einige weitere private Wohngebäude.

Der Ausbau des Kohlwaldaufstiegs als Teil der B 41 erfolgte Ende der 1950er Anfang der 1960er Jahre.

Er dient der schnelleren Verbindung aus dem Raum Ottweiler und dem Kreis St. Wendel in Richtung Saarbrücken unter Umgehung der Innenstadt von Neunkirchen.

Kohlwaldweg Si

Lage und Verlauf:

Der Kohlwaldweg ist heute ein unbefestigter Weg, der in Sinnerthal nördlich parallel zur Redener Straße entlang des Waldrandes des Kohlwaldes führt.

Informationen zum Namen und zur Geschichte der Straße:

Der Straßenname ist von dem Waldgelände abgeleitet, an dem entlang der Weg verläuft.

Vor dem Bau der Eisenbahn und auch noch bis zur Erweiterung der Bahnanlagen verlief die Verbindung von Neunkirchen nach Sinnerthal und nach Landsweiler von der Saarbrücker Straße über die Schlawerie und die Hasselbachstraße.

Dabei wurden die Gleise bei der Schlawerie auf schienengleicher Höhe überquert. Von 1911 bis 1914 wurde das gesamte Bahngelände westlich des Bahnhofs Neunkirchen erweitert und umgebaut. Eine Überquerung der Bahnlinie an der Schlawerie war nun nicht mehr möglich.

Der Verkehr von Sinnerthal in Richtung Neunkirchen sollte nun über den Kohlwaldweg und durch die neue Bahnunterführung („Plättchesdohle") geführt werden. Der Kohlwaldweg war aber unbefestigt und unbe-

leuchtet.

Bei schlechter Witterung und im Winter war er kaum zu passieren.

Deshalb waren die Bürger von Sinnerthal und Landsweiler darüber keineswegs begeistert.

Ein Sinnerthaler Hausbesitzer berschwerte sich schriftlich aus einem anderen Grund: *„Die Hasselbachstraße in Sinnerthal, an der mein neu erbautes Wohnhaus steht, würde durch die neue Verbindung mit dem Kohlwaldweg ihre Eigenschaft als Hauptverkehrsstraße verlieren, und mein Haus müsste bedeutend an Wert verlieren.*

Durch diesen Bauplan der Bauverwaltung würden plötzlich meine, durch die größten Einschränkungen sauer erworbenen Groschen wieder verloren gehen"[K59].

Wie sich die Zeiten ändern. Heute würde ein Haus an Wert verlieren, wenn es vorher an einer ruhigen Seitenstraße lag und diese Straße nun plötzlich Hauptverkehrsstraße würde.

Die Beschwerden hatten aber offensichtlich Erfolg. Denn als das Bahngelände in Neunkirchen bis 1914 erweitert und die Sulzbachtal- und die Fischbachtalstrecke westlich des Bahnhofs neu trassiert waren, schrieb die Neunkirchener Zeitung am 28. 05. 1914 u. a.: *„Zwei ganz neue Verbindungsstraßen hat die Bahnhofserweiterung gebracht, nämlich die Frankenfeldstraße, welche die Saarbrücker Straße (heute Bildstocker Straße) verbindet mit der Straße Schlawerie – Sinnertahl (heute Sinnerthaler Weg) und die Verlängerung der Hasselbachstraße über das Sinnerbachtal bis an die Zementfabrik (etwa am Standort der heutigen Kläranlage nördlich des Plättchesdohle)".*

Damit war klar:

Der Kohlwaldweg bleibt was er war, ein unbefestigter Weg entlang des Kohlwaldes.

Kohlwaldstraße Wi heute Teil der Landsweilerstraße

Siehe Landsweilerstraße

Kohlweiherweg Fu

Lage und Verlauf:

Zwischen den Straßen Zum Pfaffental und Bei der alten Furt gibt es insgesamt 6 kurze Verbindungswege, an denen jeweils mehrere zweigeschossige Reihenhäuser mit kleinem Grundstück stehen.

K59 Omlor u. Brill: Geschichte des Neunkircher Bahnhofs, vgl. Anm. B6, S. 35

Kohlweiherweg aus Richtung Bei der alten Furt

Konrad-Adenauer-Brücke Blickrichtung Kuchenbergstraße

Informationen zum Namen und zur Geschichte der Straße:

Die Gemeinnützige Siedlungsgesellschaft der Stadt Neunkirchen GSG erbaute von 1960 – 1963 Reihen- und Doppelhäuser in der Straße Bei der alten Furt und den kleinen Verbindungsstraße zur Straße Zum Pfaffental. In diesen kleinen Verbindungsstraßen stehen zwischen 3 und 5 Zweifamilienreihenhäuser. Die Straßen sind nur einseitig bebaut.

Die Häuser wurden anschließend an Interessenten verkauft.

Auf Vorschlag des Heimatforschers Bernhard Krajewski legte der Stadtrat in seiner Sitzung am 22. 01. 1960 den Straßennamen zusammen mit weiteren Straßennamen in diesem Stadtteil fest.

Diese Wege haben Namen, die an Flurbezeichnungen oder an Örtlichkeiten im Bereich Furpach orientiert sind:

- Vor dem Schwarzenkopf
- Vor dem Heidenkopf
- Im Hanfgarten
- Gutsweiherweg
- Brückweiherweg
- Kohlweiherweg.

Konrad-Adenauer-Brücke NK volkstümlich
Bahnhofsbrücke

Lage:
Straßenbrücke über die Pfalzbahnlinie in Höhe des Hauptbahnhofs Neunkirchen zwischen Bahnhofstraße und Kuchenbergstraße.

Informationen zum Namen und zur Geschichte der Brücke:

Die heutige Bahnhofstraße war schon Hauptdurchgangsstraße in Richtung der damaligen Residenz- und späteren Kreisstadt Ottweiler, bevor es überhaupt einen Bahnhof in Neunkirchen gab. Sie war seit 1816 Provinzialstraße d. h., die Gemeinde erhielt von der Provinzregierung eine Entschädigung für den Unterhalt der Straße[K60].

Nachdem 1850 zunächst die Pfalzbahn gebaut war, überquerte die Straße nach Ottweiler diese Eisenbahnlinie auf schienengleicher Höhe. Als dies wegen des wachsenden Verkehrs immer schwieriger wurde, wurde 1875/76 über die Pfalzbahnstrecke eine Straßenbrücke gebaut.

Kurz vorher soll eine Frau auf dem Übergang von einer Lok erfasst und getötet worden sein. Zunächst war eine Unterführung an dieser Stelle geplant.

Zur notwendigen Straßenverbreiterung hätten zwei Häuser abgerissen werden müssen. Alle Bemühungen zum Ankauf der Häuser scheiterten an der Hartnäckigkeit der Besitzer[K61].

Da man keine Einigung über den Kaufpreis erzielen konnte, entschloss man sich zum Bau einer Brücke. Für die Auffahrt auf diese Brücke musste stadtseitig eine Rampe gebaut werden. Da das Gelände an dieser Stelle seitlich steil zur Wellesweilerstraße abfällt, erhielt diese Rampe (dieser Damm) eine Stützmauer.

K60 Verwalt.-ber. NK 1885 – 1896, vgl. Anm. F3

K61 Krajewski: Plaudereien 3, vgl. Anm. B7, S. 43; Omlor u. Brill: Geschichte des Neunkircher Bahnhofs, vgl. Anm. B6 S. 20

Die Häuser auf der Südseite der alten auf Schienenhöhe liegenden Provinzialstraße blieben stehen.

Auf der anderen Seite dieser nun als Sackgasse endenden Straße befand sich die hohe Stützmauer der Brückenauffahrt. Dieser Straßenteil erhielt nun den Namen Dammstraße, während die über die Rampe zur Brücke führende Straße den Namen Bahnhofstraße erhielt.

Zwischenzeitlich war nicht nur der Bahnverkehr, sondern auch der Straßenverkehr gewaltig angewachsen. Die Bahnhofsbrücke war deshalb bald den Anforderungen nicht mehr gewachsen.

Dazu schrieb die Neunkirchener Zeitung am 28. 05. 1914: *„Wie man hört, lehnt die Eisenbahnbehörde es auch ab, die Brücke am Hauptpersonenbahnhof über die Geleise des Pfalzflügels zu verbreitern und will die Straßenbahngeleise vor dem Bahnhofsgebäude teilweise entfernt haben.*

Bei dem großen Verkehr von Neunkirchen nach Wiebelskirchen und dem Straßenbahnbetrieb daselbst, ist eine Verbreiterung der Brücke aber eine Notwendigkeit; es könnte einmal leicht zu größeren Unfällen kommen".

Schließlich war die Brücke 1939 dem Verkehr nicht mehr gewachsen, und es wurden konkrete Schritte für einen Neubau in die Wege geleitet. Das Stahlbauwerk für die Brücke war schon bestellt, mit der Lieferung wurde für April 1940 gerechnet. Ca. ¼ Jahr vor der Lieferung sollte mit dem Bau der Widerlager begonnen werden. Da auch die stadtseitige Auffahrt zur Brücke verändert werden sollte und die Stützmauer des Damms einzustürzen drohte, wurden die Häuser in der Dammstraße abgerissen[K62].

Zum Bau der Brücke kam es jedoch wegen des ausgebrochenen 2. Weltkrieges nicht mehr.

Die Brücke stand schließlich bis zum 2. Weltkrieg und wurde während des Krieges durch Bomben stark beschädigt und gesperrt. Während der Sperrung lief der gesamte Verkehr Richtung Wiebelskirchen, einschließlich des Straßenbahnverkehrs, durch die Herderstraße/Wellesweilerstraße[K63].

Anfang 1946 wurde mit den Arbeiten für die Wiederherstellung der Brücke (es war immer noch die Brücke von 1875/76) begonnen. Nachdem sie mehrere Jahre für den Fahrzeugverkehr gesperrt war, wurde die Brücke nach Wiederinstandsetzung am 27. 09. 1946 für den Gesamtverkehr, auch für den Straßenbahnbetrieb, wieder freigegeben.

Zur Teilnahme an der Einweihungsfeier kam der französ. Gouverneur Oberst Gilbert Grandval eigens nach Neunkirchen.

1958 mußte die Bahnhofsbrücke wegen größerer Schäden erneut für den Fahrzeugverkehr gesperrt werden. Es wurde nunmehr ein Brückenneubau beschlossen. Anfang 1961 wurde zunächst eine Fußgängerbehelfsbrücke gebaut, die am 22. 02. 1961 freigegeben wurde. Im Juni des gleichen Jahres wurde die alte aus dem Jahr 1876 stammende Brücke abgerissen[K64].

Während dieser Bauarbeiten floss der gesamte Verkehr wie schon vom 01. 05. 1942 - 27. 09. 1946 aus der Stadtmitte in Richtung Wiebelskirchen und umgekehrt erneut durch die Wellesweilerstraße bis zur Kreuzung Mozartstraße, dann durch die heutige Herderstraße unter der Bahnunterführung hindurch zur Kuchenbergstraße, auch der Straßenbahnverkehr.

Zu diesem Zweck waren Straßenbahnschienen von der Wellesweilerstraße, wo ja Schienen wegen des Straßenbahndepots in der hinteren Wellesweilerstraße lagen, über die Herderstraße zur Kuchenbergstraße verlegt worden.

Nach dem Neubau der Brücke, konnte diese am 05. 06. 1963 in Betrieb genommen werden. Die neue Brücke ist 60 m lang und hat auf der Stadtseite eine Breite von 21 m und auf der Wiebelskircher Seite eine Breite von 47 Metern. Der gesamte Neubau kostete 4,2 Millionen DM[K65].

Von der Brücke führt ein Fußgängersteig aus Beton zum Bahnhofsvorplatz.

Am 19. 07. 1967 wurde die Brücke mit Beschluss des Stadtrates offiziell zur Konrad-Adenauer-Brücke, blieb aber im Volksmund immer die Bahnhofsbrücke. Zusammen mit dieser Namensgebung wurden auch zwei Bliesbrücken nach Kurt Schumacher und nach Theodor Heuss, zwei weiteren wichtigen Nachkriegspolitikern, benannt.

Informationen zum Namensgeber:

Konrad Adenauer (05.01.1876 – 19.04.1967), deutscher Politiker und erster Kanzler der Bundesrepublik Deutschland.

Adenauer, der von 1918 bis 1933 Oberbürgermeister

K62 Saar- und Blieszeitung v. 20. 06. 1939
K63 Krajewski: Stadtbuch 1955, vgl. Annm. A12, S. 362
K64 Omlor u. Brill: Geschichte des Neunkircher Bahnhofs, vgl. Anm. B6, S. 60 ff
K65 Saarbrücker Zeitung v. 06. 06. 1963

von Köln war und von 1920 bis 1933 Präsident des preußischen Staatsrates, wurde von den Nationalsozialisten seines Bürgermeisteramtes enthoben. 1934 und 1944 war er kurzfristig inhaftiert. 1945 wurde er erneut Oberbürgermeister von Köln.

Er war Gründungs- und Vorstandsmitglied der CDU, von 1950 bis 1966 deren Vorsitzender. 1948/49 war er Präsident des Parlamentarischen Rates, von 1949 bis 1967 Bundestagsabgeordneter und von 1949 bis 1963 Bundeskanzler.

Unter dem Eindruck der Bedrohung durch die Sowjetunion betrieb er die Westintegration der BRD.

Das Kernstück dieser Politik war die Aussöhnung mit Frankreich.

Mit der Sowjetunion vereinbarte er 1955 die Aufnahme diplomatischer Beziehungen und erreichte dabei die Freilassung der letzten 10 000 deutschen Kriegsgefangenen.

Innenpolitisch war seine Regierungszeit gekennzeichnet vom Wiederaufbau und vom deutschen Wirtschaftswunder (Wirtschaftsminister Ludwig Erhard).

Am 23. Oktober 1955 erteilten zwei Drittel der Saarländer seinem mit den Franzosen ausgehandelten Saarstatut eine Absage.

Kopernikusstraße Wi vorher Eisenbahnstraße

Lage und Verlauf:

Es handelt sich um eine Verbindungsstraße von der Straße Im Stauch nach Süden entlang der Bahnlinie zur Keplerstraße und dann weiter am Bahnhof vorbei nach Süden, wo die Straße als Sackgasse endet.

Kopernikusstraße aus Richtung Bahnhof Wiebelskirchen

Informationen zum Namen und zur Geschichte der Straße:

Nach dem Bau der durch Wiebelskirchen führenden Eisenbahnlinie der Nahebahn gab es hier zunächst keinen Bahnhof und deshalb zunächst auch keine Bahnhofstraße.

Aus der Dorfmitte in Richtung der Eisenbahnlinie führte damals eine Straße auf der Trasse der jetzigen Straße Im Stauch, die damals ab der Margarethenstraße (heute Julius-Schwarz-Straße) Eisenbahnstraße hieß[K66] und nach dem Bau des Bahnhofs vom Tunneleingang nach Süden bis zum Bahnhof weitergeführt wurde.

Bei einer allgemeinen Neu- und Umbenennung von Straßen in Wiebelskirchen 1954 auf Anregung des Kultur- und Heimatrings wurde der von Ost nach West laufende Teil der bisherigen Eisenbahnstraße mit einem Teil der vorherigen Viktoriastraße zur Straße Im Stauch zusammengelegt. Eisenbahnstraße war jetzt nur noch das Straßenstück von der Straße Im Stauch bis zum Bahnhof.

Die Straße wurde nach der Gebiets- und Verwaltungsreform 1974 zu Vermeidung von Verwechselungen in Kopernikusstraße umbenannt, da es den Namen Eisenbahnstraße noch einmal im Stadtgebiet von Neunkirchen gab.

In der Verlängerung der Kopernikusstraße nach Süden gibt es ein Flurstück das „Am Käsbrunnen" heißt. Dort wurden 1954 die Reste einer römischen Villa gefunden[K67].

Informationen zum Namensgeber:

Nikolaus Kopernikus (19. 02.1473 - 1543), deutscher Astronom.

Kopernikus stellte bei seinen Forschungen fest, dass sich die Erde und die Planeten in Kreisen um die Sonne bewegen und nicht umgekehrt, wie man bis dahin glaubte, damit begründete er das heliozentrische (kopernikanische) Weltsystem. Dies leitete eine neue geistige Epoche der Menschheit ein.

Die berühmtesten Anhänger seiner Theorie waren Galilei und der deutsche Astronom Johannes Kepler. Nach der Unterdrückung der kopernikanischen Theorie im Zuge des Kirchenprozesses gegen Galilei (1633) blieben nur einige jesuitische Philosophen heimliche Anhänger von Kopernikus. Erst gegen Ende des 17. Jahrhunderts

K66 Hoppstädter: Heimatbuch Wi, vgl. Anm. A2, S. 141
K67 Glaser, Michael: Überreste der Römerzeit in NK, in: Stadtbuch 2005, vgl. Anm. B7, S. 24

übernahmen, mit Sir Isaac Newton an der Spitze, die meisten Denker das kopernikanische System.

Öffentliche oder sonst bedeutsame Gebäude und Einrichtungen in der Straße:

- Bahnhof Wiebelskirchen

  Die Bahnlinie Neunkirchen – Bingerbrück, die durch den Stadtteil Wiebelskirchen läuft, wurde bereits am 26. Mai 1860 eingeweiht. Bei ihrer Inbetriebnahme waren aber nur wenige Bahnhöfe eingerichtet worden, so z. B. in Ottweiler.

  Nach und nach wurden weitere Bahnhöfe errichtet, jedoch zunächst nicht in Wiebelskirchen, trotz seit 1879 wiederholt eingebrachter Anträge[K68]. Diese Anträge wurden immer abgelehnt, obwohl sich u. a. auch der Freiherr von Stumm-Halberg, der in Berlin sicher einigen Einfluss hatte, um das Wiebelskircher Anliegen bemühte.

  Es hielt sich die Meinung, die Wiebelskircher hätten für ihre im Bliestal gelegenen Wiesen derartig hohe Forderungen gestellt, dass die Aktiengesellschaft, die den Bau der Bahnlinie betrieb, sozusagen als Retourkutsche keinen Bahnhof in Wiebelskirchen gebaut habe.

  Da es keinen Bahnhof gab, konnte es in Wiebelskirchen zunächst auch keine Bahnhofstraße geben.

  Nach Kurt Hoppstädter, dem Wiebelskircher Heimatforscher, wurden von der Bahnbaugesellschaft Preise für die Grundstücke geboten, die im Vergleich zu den Preisen in den 50er Jahren des 20. Jh. fünfzehnmal so hoch waren. Trotzdem verlangten die Eigentümer von 93 Grundstücken noch höhere Preise.

  Insgesamt mussten 198 Grundstücke in Wiebelskirchen angekauft werden. Deshalb wurde nach einem weiteren vergeblichen Vermittlungsversuch am 21. Mai 1858 die Enteignung dieser 93 Grundstücke gegen 69 Grundbesitzer in die Wege geleitet und der Einspruch gegen diese Enteignung schließlich vom Landgericht Saarbrücken zurückgewiesen[K69].

  Dadurch wurden natürlich die Arbeiten an der gesamten Strecke erheblich verzögert.

  Bereits 1857 hatte es eine Verzögerung gegeben, als bekannt geworden war, die Eisenbahnbaugesellschaft plane den Bau des notwendigen Tunnels unter dem erst 1830 angelegten neuen Friedhof.

  Nach heftigem Protest der Gemeinde, änderte die Gesellschaft nach Weisung durch die Regierung den Plan derart, dass der Tunnel nun unter dem noch nicht belegten Friedhofsteil durchzuführen war[K70].

  Erst einem erneuten Antrag auf Einrichtung eines Eisenbahnhaltepunktes nach dem 1. Weltkrieg war schließlich Erfolg beschieden, so dass am 07. 10. 1928, 68 Jahre nach Inbetriebnahme der Bahnstrecke, der Bahnhof Wiebelskirchen als letzter Haltepunkt an der Nahebahnstrecke eingerichtet werden konnte.

  Auch in Wiebelskirchen gab es viele, die der Meinung waren, dass bei einem einigermaßen willigen Entgegenkommen der Wiebelskircher Grundbesitzer die Bahnlinie und damit der Bahnhof näher beim Ort hätte liegen können, zum Vorteil des ganzen Ortes.

- Kläranlage

  Schon 1955 befasste man sich in Wiebelskirchen mit dem Gedanken, eine Kläranlage zu bauen[K71]. Sie sollte zwischen Bahndamm und Blies südlich des Personenbahnhofs entstehen[K72]. Die Bauarbeiten zu dieser Anlage und zu den erforderlichen Sammlern begannen 1960.

Koßmannstraße NK vorher Teil der Rote-Kreuz-Siedlung, Im Steinwald, Danzigweg, Eichenweg

Lage und Verlauf:

Die Koßmannstraße verläuft in der Oberstadt nördlich parallel zur Waldstraße vom Stieglitzweg bis zum Weidenweg.

Informationen zum Namen und zur Geschichte der Straße:

Die Tochter von Karl Ferdinand von Stumm-Halberg, Frau Berta von Sierstorpff, setzte 1928 die Tradition, Werksangehörige beim Erwerb von Wohneigentum zu unterstützen, als Vorsitzende des Vaterländischen

---

K68 Omlor u. Brill: Geschichte des Neunkircher Bahnhofs, vgl. Anm. B6, S. 43
K69 Hoppstädter: Heimatbuch Wi, vgl. Anm. A2, S. 257

K70 Hoppstädter: Heimatbuch Wi, vgl. Anm. A2, S. 258
K71 Hoppstädter: Heimatbuch Wi, vgl. Anm. A2, S. 264
K72 Saarbrücker Zeitung v. 06. 11. 1959

Koßmannstraße aus Richtung Stieglitzweg

Frauervereins vom Roten Kreuz fort.

Eine von ihr ins Leben gerufene Bau- und Siedlungsgenossenschaft begann in diesem Jahr mit dem Bau der Rote-Kreuz-Siedlung im Steinwald[K73]. Diese erste Siedlung bestand aus den Häusern auf der Südseite der heutigen Koßmannstraße und aus denen auf der Nordseite der heutigen Waldstraße.

Damit begann die Besiedlung des Steinwaldgebietes. Die Planungen dazu hatten schon kurz nach Ende des 1. Weltkrieges begonnen.

In einen Situationsplan von Neunkirchen aus dem Jahr 1922 ist das Planungsvorhaben in den beiden Straßen nachträglich eingezeichnet.

Die Bautätigkeit wurde noch vor dem 2. Weltkrieg in nördlicher und östlicher Richtung fortgesetzt. Der gesamte Neubaubereich wurde nun Steinwaldsiedlung genannt.

Am 13. Januar 1935 fand im damaligen Saargebiet eine Volksabstimmung statt, in der die Bevölkerung zwischen einem Anschluss an Frankreich, der Beibehaltung des status quo oder der Rückkehr nach Deutschland entscheiden konnte. Eine überwältigende Mehrheit von 90,73 % stimmte für die Rückkehr nach Deutschland. Bereits am 17. 01. 1935 beschloss daraufhin der Rat des Völkerbundes die Wiedereinsetzung Deutschlands in die Regierung des Saarbeckens zum 1. März 1935.

Noch vor diesem Datum beschloss der Stadtrat von Neunkirchen am 29. 01. 1935 die Änderung von Straßennamen zum 1. Februar 1935, um damit nationalsozialistische Größen oder verdiente Soldaten des 1. Weltkrieges zu ehren bzw. an Schlachtenorte des 1. Weltkrieges oder an Opfer der französischen Besatzung zu erinnern.

Ebenfalls am 29. 01. 1935 beschloss der Stadtrat, die Straßen in der Steinwaldsiedlung, die bisher ohne eigene Namen waren, nach Städten oder Gebieten in den Grenzbereichen des Deutschen Reiches zu benennen, die nach dem 1. Weltkrieg von Deutschland abgetrennt wurden oder die zwischen den jeweiligen Nachbarn umstritten waren.

So wurde die heutige Koßmannstraße nach dem von Polen beanspruchten Danzig benannt[K74].

Unmittelbar nach dem 2. Weltkrieg wurden die revanchistisch klingenden Straßennamen abgeschafft und die Straßen im Steinwaldgebiet nach heimischen Baumarten benannt. So wurde aus der Danziger Straße der Eichenweg.

Nach dem Tod des populären Landespolitikers Bartholomäus Koßmann, dessen Frau aus Neunkirchen stammt und der einige Jahre auch in Neunkirchen tätig war, wurde die Straße durch Beschluss des Stadtrates am 23. 01. 1953 nach ihm umbenannt[K75].

Informationen über den Namensgeber:

Bartholomäus Koßmann (02.10.1883 – 09.08.1952) christlicher Gewerkschafter und Politiker. Koßmann wurde in Eppelborn geboren und besuchte dort die Volksschule. Danach begann er eine Ausbildung bei der Gemeindeverwaltung, die er jedoch nach 2 Jahren abbrach, um eine Lehre als Bergmann zu beginnen. In diesem Beruf arbeitete er sechs Jahre und bildete sich parallel fort.

Ab 1906 war er Arbeitersekretär des Katholischen Arbeitervereins Saarbrücken, ein Jahr später Leiter des Arbeitersekretariats des Katholischen Arbeitervereins in Neunkirchen bis 1912.

In dieser Zeit lernte er seine Frau, die Konditorentocher Helene Kiesgen kennen, die er 1911 heiratete.

Von 1912 bis 1918 war er Mitglied des Reichstages und 1920 Mitglied der verfassungsgebenden Versammlung in Berlin.

Danach kehrte er ins Saargebiet zurück und war bei der Völkerbundverwaltung des Saargebietes tätig, ab 1924 als Minister in der Regierungskommission der Völkerbundverwaltung.

Trotz Hitler setzte er sich 1935 für eine Rückkehr des

K73 Gillenberg u. Birtel: Hüttenhäuser, vgl. Anm. S1, S. 11

K74 Saar- und Blieszeitung v. 30. 01. 1935
K75 ABl. des Saarlandes v. 16. 02. 1953

Saargebietes zum Deutschen Reich ein, geriet jedoch nach 1935 in Opposition zur Reichsregierung und zu den Nationalsozialisten.

So kam er 1943 in den Widerstandskreis um Carl Goerdeler.

Nach dem Attentat auf Hitler am 20.07.1944 wurde er verhaftet, gefoltert und vor Gericht gestellt[K76]. Vor dem Volksgerichtshof unter Freisler wurde er jedoch mangels Beweises freigesprochen.

Nach dem 2. Weltkrieg war er Mitbegründer der Christlichen Volkspartei (CVP) im Saarland und ab 1947 bis zu seinem Tode Vizepräsident des Saarländischen Landtages[K77]. 1952 starb er nach längerer Krankheit.

Kottenhahntreppe Wi *volkstümliche Bezeichnung*
Die Treppe führt von der unteren Römerstraße zum Kirchenvorplatz an der Martin-Luther-Straße.

Kottenhahntreppe aus Richtung Römerstraße

Informationen zum Namen und zur Geschichte der Treppe:
Die Treppe wurde zum Gedenken an den bis zu seinem Tod 1934 in Wiebelskirchen tätigen evangelischen Pfarrer Kottenhahn benannt.

Informationen zum Namensgeber:
Walter Kottenhahn (26.03.1865 – 24.06.1934), evang. Pfarrer in Wiebelskirchen von 1914 - 1934, machte sich u. a. einen Namen damit, dass er in den Monatsheften für rheinische Kirchengeschichte die Geschichte der Pfarrer von Wiebelskirchen veröffentlichte.

K76 Ebenau: Freiheit für das Volk, vgl. Anm. J22, S. 125
K77 Saarbrücker Zeitung v. 09. 08. 2002

Krebsbergweg NK

Lage und Verlauf:
Der Krebsbergweg durchschneidet in Höhe des Krebsberggymnasiums als Fußgängerweg den Grünzug Wagwiesental in West-Ost-Richtung. Danach überquert er die Fernstraße; er führt weiter bergauf am Gymnasium (GaK) vorbei und mündet immer noch als Fußweg in die Albert Schweitzer Straße. Nördlich parallel dazu verläuft auf den letzten 200 m eine ebenfalls Krebsbergweg genannte Wohnstraße, die in die Straße Am Mädchenrealgymnasium mündet.

Krebsbergweg aus Richtung Am Mädchenrealgymnasium

Informationen zum Namen und zur Geschichte der Straße:
In einer Sitzung am 18. 03. 1964 legte der Stadtrat für diese letztgenannte ca. 200 m lange Wohnstraße den Namen Krebsbergweg fest.

In dem Testament der Ella Hornick aus dem Jahr 1551 sind die Gewässernamen „Kriebsbach" und „Heusers Deich" urkundlich genannt. Der „Kriebsbach" = Krebsbach war der Abfluss des „Heusers Deich" = Heusners Weiher durch das Wagwiesental zur Blies. Seinen Namen erhielt er wegen des häufigen Vorkommens von Krebsen.

Der nach Osten anstehende Steilhang wurde einfach Kriebsbachberg = Krebsbachberg genannt. Nach der Ausklammerung von „bach", blieb Krebsberg übrig[K78].

In der „Ordnung der Gemeinde Neunkirchen" von 1731 wird schon „ein Erntweg aus dem Dorf in die Dörrwies und auf den Krebsberg und ein Erntweg aus dem Wel-

K78 Krajewski: Plaudereien 1, vgl. Anm. A50, S. 21

lesweiler Fahrweg .... auf den Krebsberg" erwähnt. Erntwege waren nur zur Erntezeit als Fuhrwege erlaubt. In
der Gemeindeordnung von 1731 ist aber auch ein Fußsteig aus dem Dorf (das war die Kernzelle der Stadt um
den Oberen Markt) über das Kuhnfeld (zwischen Heizengasse und Brunnenstraße) und die Dörrwies (am
Krebsberg) auf Wellesweiler erwähnt.

Dabei handelte es sich wohl um den alten Krebsbergweg, der vom Oberen Markt über die Heizengasse
bis Höhe Weißlingstraße ging, dort nach Südosten
abzweigte, das Wagwiesental durchquerte und den
Krebsberg hinauf führte.

Dieser Teil des alten Weges ist in der Tranchotkarte von
1818 schon eingezeichnet[K79].

Vor dem Bau der Steinwaldsiedlung führte der Weg
dann ab dem Krebsberg etwa über die Trasse des heutigen Buchenweges zur Waldstraße und von dort weiter nach Wellesweiler.

Ende der 1940er/Anfang der 1950er Jahre entstand
im Meisenweg und in dem Teil der heutigen Albert-
Schweitzer-Straße, der zwischen Meisenweg und der
Straße Am Mädchenrealgymnasium liegt, eine Kette-
lersiedlung.

Dieses letztgenannte Teilstück der heutigen Albert-
Schweitzer-Straße hieß damals offiziell Krebsbergweg
und wurde erst Mitte der 1950er Jahre zu der dann entstehenden Albert-Schweitzer-Straße genommen.

Der Teil des heute bebauten Krebsbergweges entstand
erst danach.

Hier stehen einige Wohngebäude der gehobenen Klasse im Bungalowstil.

Kreppstraße We

Lage und Verlauf:
Die Kreppstraße zweigt in westlicher Richtung als Sackgasse von der St. -Barbara-Straße ab.

**Informationen zum Namen und zur Geschichte der
Straße:**
Der Name Kreppstraße ist von der Flurbezeichnung
„Auf dem Krepp" abgeleitet, die es in diesem Bereich
gibt.

Der Straßenname war nach einem Rundschreiben des
Bürgermeisters vom 15. 07. 1955 im gleichen Jahr festgelegt worden.

Kreppstraße aus Richtung St.-Barbara-Straße

Die Straße gehört zusammen mit den ebenfalls dort in
gleicher Richtung abzweigenden Sackgassen Seiterswaldstraße, Repperthalstraße und Auf den Hahnbuchen und mit der St.-Barbara-Straße selbst zu einer von
der Grubenverwaltung erbauten Siedlung mit werksnahen Wohnungen für Bergleute.

Die Straßen und die dort stehenden Wohnhäuser wurden im zeitlichen Zusammenhang mit der Abteufung
der in unmittelbarer Nähe auf Bexbacher Bann liegenden Grube St. Barbara und dem Bau des daneben
liegenden Kohlekraftwerkes Anfang der 1950er Jahre
erbaut.

Die St.-Barbara-Straße ist nach der Schutzpatronin der
Bergleute, der heiligen Barbara, benannt.

1953 war bei der Stadtverwaltung ein Bebauungsplan
erstellt worden, nach dem das gesamte Gebiet zwischen Rettenstraße/ Glockenstraße – Bergstraße – St.
Barbara-Straße als Wohnsiedlung ausgebaut werden
sollte. In ca. 15 Straßen sollten insgesamt über 480 Bauplätze überwiegend für Einfamilienhäuser entstehen[K80].
Der Plan ist wegen des Baus des Kraftwerkes Bexbach
und der damit verbundenen Belastung dieses Bereichs
durch Abgase und sonstige Emissionen gescheitert und
ist nach den heute vorhandenen Industrieansiedlungen
auch nicht mehr umsetzbar.

Kreuzbergring Fu vorher teilweise Am Sangenwald

Lage und Verlauf:
Die Straße biegt nach Norden von der Sebachstraße
ab, vollzieht dann im nördlichen an der Autobahn A 8

K79 Krajewski: Stadtbuch 1955, vgl. Anm. A12, S. 113

K80 StA Neunkirchen, Best. Karten und Pläne, Nr. 75

gelegenen Teil einen Ring und hat dort auch eine Anbindung an die Ludwigsthaler Straße.

Kreuzbergring aus Richtung Sebachstraße

Informationen zum Namen und zur Geschichte der Straße:

Alle Seitenstraßen der Sebachstraße sind Anfang der 1960er Jahre gebaut und bebaut worden. Am 20. 08. 1960 meldete die Neunkircher Zeitung, dass die Siedlungsgesellschaft neben einer Reihe von Eigenheimen auch 120 Mietwohnungen rechts der Straße nach Ludwigsthal erstellen werde. Die Häuser seien im Rohbau fast fertiggestellt.

Diese Wohnungen befinden sich in viergeschossigen Wohnblocks, die an einer ringförmig verlaufenden Straße stehen.

Am 26. 07. 1961 beriet der Stadtrat über einen Namen für die Siedlung. Zur Auswahl standen: Hirtzbergweg, Kreutzbergweg und Lautzweilerweg. Alle diese Namen orientieren sich an Örtlichkeiten, die in der Tilemann-Stella-Karte von 1564 bereits vermerkt sind.

Da die Straße im Bereich dieser Wohnblocks ringförmig verläuft, wurde schließlich der Name Kreuzbergring festgelegt.

An der kurzen Verbindungstrasse zwischen dieser Ringstraße und Sebachstraße stehen links und rechts zweigeschossige Doppelhäuser in Privatbesitz.

Parallel zu diesem Straßenstück gehen von der Sebachstraße nach Norden weitere kurze Wohnstraßen ab, die jedoch alle als Sackgassen enden.

Zunächst war dieser zur Sebachstraße zu gelegene Straßenteil mit den Doppelhäusern Am Sangenwald genannt worden, und die benachbarte Straße, die jetzt Am Sangenwald heißt, hieß Kasbruchweg.

Wenige Wochen später stellte man fest, dass es in Wellesweiler schon eine Straße Zum Kasbruchtal gab und dies zu Verwechselungen Anlass geben könnte.

Daraufhin beschloss der Stadtrat am 04. 10. 1961 den Namen Kasbruchweg wegfallen zu lassen und diese Straße nun Am Sangenwald zu nennen.

Die bisherige Straße Am Sangenwald wurde mit gleichem Beschluss in den Kreuzbergring einbezogen. Dieser Namenswechsel bereitete keine Probleme, da die Straßen erst im Vorstufenausbau waren.

Die viergeschossigen Mehrfamilienhäuser im hinteren ringförmigen Bereich des Kreuzbergrings sind 1961 von der Gemeinnützigen Siedlungsgesellschaft der Stadt Neunkirchen (GSG) gebaut worden und werden von dieser auch bewirtschaftet.

Kreuzstraße Ha

Lage und Verlauf:

Die Kreuzstraße ist eine in Nord-Süd-Richtung verlaufende Verbindungsstraße zwischen Karlstraße und Jean-Mathieu-Straße.

Kreuzstraße aus Richtung Jean-Mathieu-Straße

Informationen zum Namen und zur Geschichte der Straße:

Zur Herkunft des Namens ist nichts Konkretes bekannt. Es handelt sich jedenfalls um eine Straße im alten Ortskern von Hangard, die von zwei anderen Straßen gekreuzt wird.

Auch nach Ansicht von Anwohnern geht der Straßenname auf diesen Umstand zurück.

Dass dort einmal ein Kreuz gestanden hätte, ist jedenfalls nicht bekannt.

Kriershof NK vorher teilweise Jägerhof/Hundshof

Lage und Verlauf:
Die Straße Kriershof zweigt vom Oberen Markt unterhalb des Rathauses nach Westen ab, macht dann eine Schwenkung nach Norden und mündet nach wenigen Metern in die Irrgartenstraße.

Kriershof aus Richtung Oberer Markt

Informationen zum Namen und zur Geschichte der Straße:
In einem Grundriss über projektierte Straßen im Bereich des Oberen Marktes in Neunkirchen vom 05. 12. 1864 ist die Trasse des Kriershofes noch nicht eingezeichnet. Die kleine Straße ist wohl erst nach Parzellierung des früheren Schlossgartens angelegt worden[K81].

Am 15. 05. 1879 schlug der Ortsbaumeister Riemann dem Bürgermeister Jongnell von Neunkirchen die Beschaffung von Namensschildern für 49 Straßen und 8 Wohnplätze vor.

In dieser Aufstellung ist auch der Name Kriershof erstmals aufgeführt[K82].

Auch im Situationsplan von Neunkirchen aus dem Jahre 1883 findet sich die Straße, ebenso der Hundshof, der heute Teil des Kriershofes ist[K83].

Der Straßenname ist vom Namen des früheren Eigentümers des Geländes, Johann Krier, abgeleitet. Er war der Schwiegersohn des Maire (bis 1816) und späteren Bürgermeisters (1816 – 1825) Franz Couturier.

Bis 1855 befand sich auch das Bürgermeisteramt im Kriershof im alten Rentamt aus der Fürstenzeit. Schon 1870 gab es Bestrebungen, im Bereich des Kriershofes ein neues Rathaus zu bauen. Dies scheiterte daran, dass der Rat dem Antrag, zu diesem Zweck einen der Familie Krier gehörenden Garten zu kaufen, bei 9:9 Stimmen und Stimmenthaltung des Bürgermeisters nicht zustimmte[K84].

Stattdessen wurde in den 1880er Jahren das alte Knappschaftskrankenhaus in der Welleweilerstraße erworben und zu einem Bürgermeisteramt umgebaut.

Nach dem Beschlussbuch der Gemeinde Neunkirchen hat der Rat am 19. 12. 1889 den Antrag der Erben Gugenheimer in Zweibrücken, auf Übernahme des Weges im Kriershof und des Schloßgartenweges, als öffentliche Wege genehmigt, da diese hypotheken- und kostenfrei waren.

Bis in die 1960er Jahre bestand die Straße nur aus dem vorderen beim Oberen Markt gelegenen Teil. Der nach Norden gehende in die Irrgartenstraße mündende Teil hieß davor Jägerhof und war nur von der Irrgartenstraße her zugänglich.

Die zuerst Hundshof, später Jägerhof genannte Örtlichkeit lag an der Synagogenstraße (heute Irrgartenstraße) kurz vor der Einmündung Alleestraße etwa an der Stelle des jetzigen Parkplatzes neben dem Rathaus.

Die beiden Schlösser in Neunkirchen waren Jagdschlösser der Grafen von Nassau-Saarbrücken. Zu einem Jagdschloss gehörte zwangsläufig das Halten einer Hundemeute.

Diese Hundemeute war wohl wegen des damit verbundenen Lärms außerhalb des jeweiligen Schlosses aber doch in erreichbarer Nähe untergebracht.

Dort waren auch die Wohnungen des mit der Pflege und Aufzucht der fürstlichen Meute beschäftigten Hofgesindes.

Die 6 Häuser des Wohnplatzes standen um ein Karree, das nach der Irrgartenstraße mit einer Mauer mit einem schmalen Durchgang abgetrennt war. Der Hundshof wurde später auf Wunsch der Bewohner in Jägerhof umbenannt[K85]. Das mit den Hunden befasste Gesinde gehörte zum Jagdpersonal, so dass die spätere Bezeichnung Jägerhof nicht falsch war[K86].

1962 wurde das neue Rathaus von Neunkirchen am Oberen Markt gebaut. Im Zuge einer Neugestaltung

---

K81 StA Neunkirchen, Projektierte Straßen 1864, vgl. Anm. A13
K82 Beschaffung von Straßenschildern 1879, vgl. Anm. A8
K83 Situationsplan NK 1883, vgl. Anm. A4

K84 StA Neunkirchen, Best. Varia Nr. 868
K85 Neunkirchener Zeitung v. 12. 11. 1938
K86 Saarländische Tageszeitung v. 14. 06. 1941

des Rathausumfeldes ab 1995 baute die GSG an der Ecke Oberer Markt/Kriershof ihr neues Verwaltungsgebäude und zur Irrgartenstraße hin eine Tiefgarage.
Bei dieser Gelegenheit wurde auch der Kriershof neu ausgebaut, nun durchgehend bis zur Irrgartenstraße.

Informationen zum Namensgeber:

Johann Krier (12.07.1802 - 25.07.1839) war in Saarlouis geboren und starb in Neunkirchen. Er war der Schwiegersohn des Franz Couturier (1774 in Porcelette/St. Avold - 13. 11. 1846 in Neunkirchen), der von den französischen Behörden 1806 als Maire eingesetzt und nach der Übernahme der staatlichen Macht durch die Preußen 1816 von diesen als Bürgermeister bestätigt worden war.

Im Juli 1803 hatte Couturier das gesamte Schloss Jägersberg mit Nebengebäuden, den Schlossgarten und Ländereien von der französischen Administration für 11 000 Franken erworben. Dazu gehörte auch das Gelände des späteren Kriershofes. Johann Krier gelangte durch Erbschaft über seine Frau Elisabetha Krier, geb. Couturier (07.11.1802 – 03.02.1838), in den Besitz des Geländes.

Krier betätigte sich als Fabrikant, indem er zunächst eine Barchentfabrik (Baumwollgewebe) und dann die von seinem Schwiegervater 1846 gegründete Glashütte am Ende der Königstraße in der Nähe der Wilhelmschächte (Königsgrube) führte. Dabei entwickelte er jedoch wenig unternehmerisches Geschick. Die Glashütte, die mit 34 Arbeitern jährlich 300 000 Flaschen herstellte, bestand nur wenige Jahre und wurde wegen Absatzmangels aufgegeben[K87].

Vorher hatte er schon die von seinem Schwiegervater übernommene Barchentfabrik (Barchent = Baumwollgewebe) fast in den Ruin geführt.

Kronprinzenstraße NK *heute Parallelstraße*
Siehe Parallelstraße

Informationen zum damaligen Namensgeber:
Wilhelm (06. 05. 1882 – 20. 07. 1951) Kronprinz des Deutschen Reiches und von Preußen. Wilhelm wurde 1882 als ältester Sohn von Kaiser Wilhelm II. in Potsdam geboren. Er durchlief eine militärische Ausbildung und befehligte im 1. Weltkrieg die 5. Armee, ab 1916 dann die Heeres-

---

K87 Krajewski: Plaudereien 1, vgl. Anm. A50, S. 34; Krajewski: Plaudereien 5, vgl. Anm. F2, S. 49

gruppe "Deutscher Kronprinz". 1917 war er am Sturz von Reichskanzler Bethmann-Hollweg beteiligt. Während der Novemberrevolution 1918 legte Wilhelm sein Kommando nieder, ging am 13. November in die Niederlande ins Exil und verzichtete auf die Thronfolge im Deutschen Reich sowie in Preußen. 1923 ermöglichte ihm der Reichskanzler und Außenminister Gustav Stresemann die Rückkehr nach Deutschland. Anfang der dreißiger Jahre beteiligte sich Wilhelm aktiv an der Harzburger Front. Von den Nationalsozialisten erhoffte er sich gegen Ende der Weimarer Republik die Wiederherstellung der Monarchie, weshalb er Adolf Hitler unterstützte. Wilhelm starb am 20. Juli 1951 in Hechingen.

Krummeg We

Lage und Verlauf:
Die Straße beginnt an der Kreuzung Untere Bliesstraße / Homburger Straße/Bürgermeister-Regitz-Straße und führt in einem Bogen unmittelbar südlich entlang des Wellesweiler Bliesbogens zunächst nach Norden, dann nach Westen bis zur Kreuzung Rombachstraße/Wellesweilerstraße/Rombachaufstieg.

Krummeg Blickrichtung Rombachsraße

Informationen zum Namen und zur Geschichte der Straße:
Der Straßenname geht auf eine gleichlautende Flurbezeichnung zurück. Diese ist wohl darauf zurück zuführen, dass die Flur auf einer Landzunge entlang des Bliesbogens liegt, sozusagen ums Eck („Egge"). Das Ganze wird dann noch durch das Attribut krumm unterstrichen. Der Straßenname wurde vom Stadtrat in einer Sitzung am 14. 05. 1969 festgelegt.

Wo heute die Straße verläuft, war früher ein Feldweg, der bis zum Bliesübergang an der Grube führte. Bei diesem Übergang handelte es sich um eine kleine Holzbrücke mit Hochwassersteg, der den Bergleuten, die vom „Hag" her kamen, als Abkürzung zur Arbeit diente. Diese Holzbrücke wurde 1935/36 nach Stilllegung der Grube abgerissen.

Die Straße ist zur Erschließung des gleichnamigen Industriegebietes gebaut worden.

Darüber hinaus stellt sie einen Teil der schnellen Verbindung aus dem Ostertal bzw. dem Stadtteil Wiebelskirchen über den Rombachaufstieg in Richtung Autobahn dar.

Kuchenbergstraße NK + Wi davor auf Teilstrecken Binger Straße, Kaiserstraße, Reichsstraße, Straße des 13. Januar, Wilhelmstraße, Wilhelmshagener Straße, Friedrichstraße, Neunkircher Straße

Lage und Verlauf:
Es handelt sich um eine der längsten Straßen im Stadtgebiet. Sie beginnt am Hauptbahnhof in Neunkirchen und verläuft von dort nach Norden über den Kuchenberg bis zur Seitersbrücke über die Blies in der Ortsmitte von Wiebelskirchen. Dabei liegt die erste Teilstrecke vom Bahnhof bis in Höhe Feldstraße auf Neunkircher, der Rest auf Wiebelskircher Bann.

Kuchenbergstraße Blickrichtung Stadtmitte/Bahnhof

Informationen zum Namen und zur Geschichte der Straße:
Der Name Kuchenbergstraße ist von einer Flurbezeichnung (um 1500 „Gurenberg", ab 1550 „Kuchenberg"), die es in diesem Bereich gibt, abgeleitet.

Bevor Ende des 19. Jh. in Neunkirchen und Wiebelskirchen offizielle Straßennamen eingeführt wurden, war die Straße auf Wiebelskircher Seite immer schon als Neunkircher Weg (1739) oder Neunkircher Chaussée (1767) bezeichnet worden.

Auf dem Neunkircher Bann dagegen hieß die Straße Binger Straße, da sie über Ottweiler in Richtung Bingen verläuft.

Auf ihrer gesamten Länge war die Straße seit Beginn der Preußenzeit (1816) Provinzialstraße, sie war ein Teil der Verbindung von Saarbrücken nach Bingen. Das bedeutete, dass für ihren Unterhalt die Provinzregierung zuständig war.

Vor 1896 schon hatte die Gemeinde Neunkirchen die Unterhaltung der einzigen ihr Gebiet berührenden Provinzialstraße (heute Bahnhofstraße und Kuchenbergstraße) gegen eine jährliche Entschädigung von 2000 Mark übernommen[K88]. Diese Instandhaltungspflicht übernahm ab 1906 auch die Gemeinde Wiebelskirchen für ihren Teil der Straße gegen einen jährlichen Zuschuss von 3180 Mark[K89].

Die Straße erhielt ihren jetzigen Namen auf Neunkircher Bann wohl schon in der zweiten Hälfte des 19. Jh. Denn als der Ortsbaumeister Riemann dem Bürgermeister Jongnell von Neunkirchen am 15. 05. 1879 die Beschaffung von Namensschildern für 49 Straßen und 8 Wohnplätze vorschlug, tauchte der Name Kuchenbergstraße in dieser Aufstellung zum ersten Mal auf. Für die Straße mussten 2 Straßenschilder und 58 Hausnummernschilder beschafft werden[K90].

Im Stadtplan von Neunkirchen aus dem Jahre 1883 ist sie als bewohnte Straße mit dem Namen Kuchenbergstraße schon eingezeichnet. Aus der vorherigen Binger Straße vom Bahnhof in Richtung Stadtmitte bis zur Bliesbrücke war zu diesem Zeitpunkt auch schon die Bahnhofstraße geworden[K91].

Auf der Wiebelskircher Seite ist die Sache komplizierter. Straßennamen wurden dort erst 1895 eingeführt. Im ganzen Ort gab es bis dahin Bezirke, die ohne weitere Nummerierung ein Finden von Anwesen ermöglichten. So wurde der in der Ortsmitte gelegene Straßenteil der heutigen Kuchenbergstraße mit Seitenstraßen Seiters genannt und der in Richtung Neunkirchen liegende mit

K88 Verwalt.-ber. NK 1885 – 1896, vgl. Anm. K21
K89 Bürgerbuch Wi, vgl. Anm. A1, S. 220
K90 Beschaffung von Straßenschildern 1879, vgl. Anm. A8
K91 Situationsplan NK 1883, vgl. Anm. A4

Seitenstraßen Kuchenberg[K92].

Ab 1895 war die heutige Kuchenbergstraße auf Wiebelskircher Bann in 4 Teilstrecken aufgeteilt.

- Der Abschnitt von der Seitersbrücke bis zur Homburger Straße (heute Bexbacher Straße) wurde zunächst zu Ehren des Kaiserhauses Kaiserstraße genannt. Nach der Abdankung von Kaiser Wilhelm II. nach dem 1. Weltkrieg erhielt sie den Namen Reichsstraße. 1936 nach der Volksabstimmung und dem Wiederanschluss des Saargebietes an das Deutsche Reich wurden in fast allen Gemeinden des Saargebietes Straßen nach NS-Größen benannt. Der dann auch für das Saarland zuständige NS-Gauleiter Joseph Bürckel gab Anfang Januar 1936 die Anweisung, dass in allen saarländischen Gemeinden aus Anlass des ersten Jahrestages der Abstimmung eine Straße Straße des 13. Januar heißen solle. So wurde aus der Reichsstraße die Straße des 13. Januar[K93]. Nach Ende des 2. Weltkrieges erhielt sie wieder den alten Namen Reichsstraße.
- Die Teilstrecke von der Homburger Straße (heute Bexbacher Straße) bis zur Sedanstraße (heute Rembrandtstraße) hieß zu Ehren des Deutschen Kaisers zunächst Wilhelmstraße. 1935 wurde sie im Rahmen einer Partnerschaft mit einem Berliner Stadtteil Wilhelmshagener Straße genannt (Näheres bei Wilhelmshagener Straße). Auch sie erhielt 1945 zunächst ihren alten Namen zurück.
- Die Teilstrecke von der Sedanstraße bis zur Tirolstraße erhielt zum Gedenken an Kaiser Friedrich III. den Namen Friedrichstraße und behielt diesen bis 1954.
- Der letzte Abschnitt von der Tirolstraße bis zur damaligen Ortsgrenze zu Neunkirchen hieß Neunkircher Straße.

1954 wurden auf Vorschlag des Kultur- und Heimatrings Wiebelskirchen viele Straßen neu- oder umbenannt. Dabei wurde die bisherige Reichsstraße mit der Wilhelmstraße, der Friedrichstraße und der Neunkircher Straße zu einer Straße zusammengefasst und dem Prinzip folgend, Ausfallstraßen nach dem Ort zu benennen, in dessen Richtung sie führen, durchgehend Neunkircher Straße genannt.

Gleichzeitig erhielten einige kleine, bisher unbenamte

Seitensträßchen eigene Namen nach berühmten Malern und Dichtern[K94].

Die nächste Umbenennung erfolgte 1974 nach der Gebiets- und Verwaltungsreform, als sowieso viele Straßen wegen eines mehrfach vorhandenen Straßennamens in der Stadt neue Bezeichnungen erhielten. Bei dieser Gelegenheit wurde die bisherige Neunkircher Straße in Wiebelskirchen mit der Kuchenbergstraße in Neunkirchen zusammengelegt und durchgehend Kuchenbergstraße genannt.

1907 war mit dem Ausbau der Straße auf Wiebelskircher Bann mit Rinnen, Randsteinen und Pflasterung begonnen worden[K95].

Dies fiel zusammen mit dem Bau einer Straßenbahnlinie von der Scheib in Neunkirchen bis zur Ortsmitte in Wiebelskirchen. Die durch die gesamte Länge der Straße führenden Straßenbahngleise behinderten von da an Jahrzehnte lang den Verkehr

1910 war mit dem Bau einer Hüttenkolonie am Hang seitlich der Kuchenbergstraße gegenüber dem Nahebahnschacht begonnen worden. Die Firma Stumm hatte von ihrem längs der Straße gelegenen Grundbesitz einige Baustellen an baulustige Angestellte zu mäßigen Preisen überlassen.

Zunächst wurden ein Doppelhaus und zwei Einzelhäuser gebaut, später folgten weitere. Die übrige Bebauung der Straße war in der 2. Hälfte des 19. Jh. in privater Initiative erfolgt.

Öffentliche oder sonst bedeutsame Gebäude in der Straße:

- Ehemaliges Inspektionsgebäude der Bergbauverwaltung

  In den Anwesen 211 und 213 der heutigen Kuchenbergstraße befanden sich die Gebäude der ehemaligen Berginspektion VIII mit den dazugehörigen Nebengebäuden[K96]. Heute befindet sich das Gebäude in privater Hand. U. a. hat sich dort eine Firma für Heizungsbau niedergelassen. In einem Gebäude auf der anderen Straßenseite war die Schichtmeisterei untergebracht.

- Wohnhaus der Familie Honecker

K92 Bürgerbuch Wi, vgl. Anm. A1, S. 221 - 223
K93 Linsmayer: Der 13. Januar, vgl. Anm. H80, S. 16

K94 Mathias, K.: Die 1954 eingeführten Straßennamen, in: Heimatbuch Wi, vgl. Anm. A2, S. 146
K95 Hoppstädter: Bürgerbuch Wi, vgl. Anm. A1, S. 219
K96 Slotta: Bergbau in Neunkirchen, vgl. Anm. A45, S. 86; Slotta: Zeugnisse des Steinkohlebergbaus in NK, in: Stadtbuch 2005, vgl. Anm. B7, S. 176

Das Anwesen Nr. 88 ist das Haus, in dem Erich Honecker (25.08.1912 – 28.05.1994), deutscher Kommunist und Antifaschist, Generalsekretär der SED, Staatsratsvorsitzender der DDR, aufwuchs. Als Honecker ein Jahr alt war, zog seine Familie von der Karlstraße (heute Max-Braun-Straße) in Neunkirchen in den heutigen Stadtteil Wiebelskirchen um, wo sie im Anwesen Wilhelmstraße 64 (heute Kuchenbegstraße 88) wohnte. Er besuchte 8 Jahre die Volksschule in Wiebelskirchen. Weitere Informationen zu Honecker siehe unter Max-Braun-Straße.

Kuhstallerloch We *jetzt Maikesselkopf*
Siehe Maikesselkopf

Kurfürstenstraße NK *davor Maximilianstraße, heute Hebbelstraße*
Siehe Hebbelstraße

Informationen zu der namensgebenden Institution:
Die Kurfürsten waren diejenigen weltlichen und geistlichen Reichsfürsten, die seit dem hohen Mittelalter im 13. Jh. die Wahl des deutschen Kaisers im Heiligen Römischen Reich vornahmen. Es gab 3 geistliche (Erzbischöfe von Mainz, Köln und Trier) und 4 weltliche (Pfalz, Böhmen, Sachsen und Brandenburg) Kurfürsten.
Bei der Wahl Rudolfs von Habsburg 1273 konstituierten sich die Kurfürsten erstmals als geschlossenes Kurfürstenkollegium. Ludwig der Bayer stellte dann den Grundsatz auf, dass für eine gültige Königswahl die Mehrheit der sieben Kurfürstenstimmen genüge; dieser Grundsatz wurde 1338 vom Kurverein (Kurfürstentag) von Rhense bestätigt und 1356 durch die Goldene Bulle Kaiser Karls IV. zum Reichsgesetz erhoben. Die Goldene Bulle bestätigte die sieben Kurfürsten, schrieb außerdem die Reihenfolge der Stimmabgabe vor, legte die Unteilbarkeit der Kurlande fest und gestand den Kurfürsten das Recht zu, sich zur Beratung von Reichsangelegenheiten zu versammeln.
1623 ging die pfälzische Kurwürde auf Bayern über; im Ausgleich wurde 1648 eine achte Kurwürde für die Pfalz geschaffen. 1692 erhielt der Herzog von Braunschweig-Lüneburg die neunte Kurwürde, die mit der Vereinigung Bayerns mit der Kurpfalz 1777 zur achten wurde.
Der Reichsdeputationshauptschluss von 1803 hob die Kuren von Trier und Köln auf und übertrug die Mainzer Kurwürde an Regensburg; außerdem entstanden vier neue Kurfürstentümer: Salzburg (dessen Kur 1805 an Würzburg überging), Hessen-Kassel, Baden und Württemberg. Nach dem Ende des alten Reiches 1806 behielt von den zuletzt noch zehn Kurfürsten nur der Kurfürst von Hessen-Kassel noch bis 1866 diesen Titel.

Kurt-Hoppstädter-Straße Wi *früher Brunnenstraße*

Lage und Verlauf:
Die Kurt-Hoppstädter-Straße beginnt an der Römerstraße in Höhe des Mühlwegs, verläuft von dort nach Südwesten und mündet in die Julius-Schwarz-Straße.

Kurt-Hoppstädter-Straße aus Richtung Römerstraße[f]

Informationen zum Namen und zur Geschichte der Straße:
Bis 1895 gab es in Wiebelskirchen keine Straßenbezeichnungen. Im ganzen Ort gab es Bezirke, die ohne weitere Nummerierung ein Finden von Häusern ermöglichten.
Der Bereich der heutigen Kurt-Hoppstädter-Straße gehörte mit anderen Straßen zum Bezirk Im Dorf[K97].
Die Straße wurde nun zunächst Brunnenstraße genannt.
Dieser Straßenname war auf die Tatsache zurückzuführen, dass sich in der relativ kurzen Straße insgesamt drei Brunnen befanden, und zwar zwei Ziehbrunnen vor den früheren Anwesen Fleck und Kurz und ein öffentlicher Laufbrunnen am früheren Anwesen Bohley. An diesen Brunnen holten die Familien ihr Wasser zum Kochen und Waschen, während das Vieh zur Tränke an die Blies geführt wurde. Die Brunnen hatten Tiefen bis

---

K97 Bürgerbuch Wi, vgl. Anm. A1, S. 221 - 223

zu 21 m[K98].

Mit der Einführung der Trinkwasserleitung wurden die gemeindeeigenen Brunnen zugeschüttet.

Als es nach der Gebiets- und Verwaltungsreform 1974 mehrere Brunnenstraßen im Stadtgebiet gab, wurde die in Wiebelskirchen liegende zur Vermeidung von Verwechselungen nach dem Heimatforscher Kurt Hoppstädter umbenannt.

Sein Geburtsort Wiebelskirchen dankte ihm damit für seine Lebensleistung.

Informationen zum Namensgeber:

Kurt Hoppstädter (06. 12. 1905 – 14. 05. 1970) wurde in Wiebelskirchen geboren und liegt auf dem Friedhof in Fürth begraben.

Er war ein im Saarland und weit darüber hinaus sehr bekannter Heimat- und Geschichtsforscher. Nach Abschluss seiner schulischen Ausbildung trat Hoppstädter in den Dienst der Eisenbahn. Seit 1960 wohnte er mit seiner Familie in Fürth; trat am 1. Februar 1969 in den Ruhestand und starb plötzlich und unerwartet am 14. Mai 1970.

Zielstrebig und intensiv war Kurt Hoppstädter sein ganzes Leben im Beruf und in seiner Tätigkeit als Forscher. Das bestätigt sein umfangreiches hinterlassenes Lebenswerk. Über 400 schriftliche Arbeiten, die zum großen Teil in Zeitungen und Zeitschriften erschienen sind und größere Arbeiten, die in Buchform herausgekommen sind:

1953 „Die Wappen des Saarlandes", 1955 „Heimatbuch Wiebelskirchen", 1957 „Burg und Schloß Waldeck", 1957 „Siedlungskunde des Saarlandes" (zusammen mit Dr. Karl Mathias) 1957 „Unter dem nassauischen Löwen, das Militärwesen in der Grafschaft Nassau Saarbrücken", 1960 sein Hauptwerk „Geschichtliche Landeskunde des Saarlandes, I. Band: Vom Faustkeil zum Förderturm", 1961 „Die Entstehung der saarländischen Eisenbahn", 1963 „Heimatbuch Fürth", 1964 „Die Entstehung der Eisenbahnen im Hunsrück" und kurz vor seinem Tode das „Heimatbuch Bexbach".

Neben seinen Veröffentlichungen hat er Vorträge über landeskundliche Themen gehalten und die landeskundliche Führung bei Exkursionen mit den Volkshochschulen Saarbrücken, Neunkirchen, St. Wendel und mit Oberschülern und Studenten übernommen.

Hoppstädters wissenschaftliche Arbeit fand auch au-

K98 Blatter I. u. Drumm R.: Die Trinkwasserversorgung, in: Heimatbuch Wi, vgl. Anm. A2, S. 54

ßerhalb des Saarlandes Beachtung und Anerkennung. So wurde er 1953 korrespondierendes Mitglied der Section d'histoire de Luxembourg und in derselben Eigenschaft Mitglied des Internationalen Institutes für Burgenforschung. In dem von der UNESCO herausgegebenen Werk „Who's who in Europe?" erschien eine Kurzbiographie von Kurt Hoppstädter.

Kurt-Schumacher-Brücke NK

Lage:
Straßenbrücke über die Blies in der Innenstadt von Neunkirchen im Zuge der Bahnhofstraße

Kurt-Schumacher-Brücke

Informationen zum Namen und zur Geschichte der Brücke:

Ende des 19. Jh. gab es in Neunkirchen nur eine Steinbrücke über die Blies, und zwar die im Zuge der heutigen Bahnhofstraße.

Vorher muss es schon im 17. Jh. eine Brücke an dieser Stelle gegeben haben.

In der Ordnung der Gemeinde Neunkirchen von 1731 ist zu dieser Brücke zu lesen *„Eine Brück in die Breitwieß in der Landstraß, die auf Ottweiler gehet. Diese Brück muss die Gemeinde unterhalten, jedoch giebt die gnädigste Herrschaft das Holz zu solcher Brücke gratis",* und deren Vorgängerin war in einer Urkunde schon 1441 als „stynerne Brück" erwähnt worden.

Die Holzbrücke wurde 1768/69 von dem nassauischen Generalbaumeister Friedrich Joachim Stengel durch eine dreibogige Buntsandsteinbrücke mit auf Sockeln stehenden Pfeilern ersetzt, die 1895 noch stand. Stengel berichtete am 10. 09. 1768 selbst über diese Brücke: "*Der mir gnädigst comitirt gewesene Brücken Bau zu Neunkirchen über die Bliess, ist nunmehro soweit geendigt, dass solche mit grund dermahlen überführet wird und sodann die Chaussee zu beyden Seiten mit noch zwey abzuchs dohlen, welche ich nach schicklicher arth abgestecket habe, angelegt werden könne. ...... hierbey kann ohngemerket nicht lassen, dass die Chaussee nicht höher aufgeführt werden dörfe, als wie ich solche nach der 1740 gewesenen Wasserüberschwemmung abgestecket und diese Brücke danach regulieret habe[K99]."*

Danach war der Grund für die Erneuerung der Brücke ein im Jahre 1740 eingetretenes Hochwasser, das die alte Brücke wohl beschädigt oder zerstört hatte. Der Kostenaufwand für den Bau der neuen Brücke betrug 4563 Taler. Im Zusammenhang mit dem Brückenneubau musste die Chausee (die heutige Bahnhofstraße/Stummstraße mit Stummplatz) auf beiden Seiten der Brücke erhöht werden, da das Niveau der alten Holzbrücke tiefer lag. Die Straßenerhöhung erhielt zwei Wasserdurchlässe (Chauseedohlen), um einen Wasserrückstau bei Hochwasser zu verhindern[K100].

Die Stengelbrücke wurde 1907 beim Bau der Straßenbahn verbreitert und entsprechend modernisiert, im 2. Weltkrieg aber bei einem Bombenangriff am 15. 03. 1945 völlig zerstört.

Nach dem Krieg bei dem allgemeinen Materialmangel suchte und fand man noch einige Träger im Eisenwerksgelände, die die Firma Krummenauer zu einer Behelfskonstruktion zusammen schweißte. Dicke Holzbohlen bildeten den Fahrbahnbelag, sie wurden 1952 durch eine Stahlbetonplatte ersetzt.

Da die Brücke zu schmal war, wurde 1954 eine eigene Fußgängerbrücke zwischen Corona-Hochhaus und dem Anwesen Braunberger gebaut. Dies waren jedoch alles nur Notlösungen.

1965/66 wurde schließlich die heutige Brücke gebaut. Dazu mussten mehrere Grundstücke aufgekauft werden, um Brückenbau, Bliesbegradigung auf ca. 150 m, Straßenbau und Gleisbau für die Straßenbahn durchzuführen.

Wegen der neuen Straßenführung musste das Stummdenkmal 10 m nach der Seite verschoben werden.

Die neue Brücke konnte nach 20-monatiger Bauzeit am 25. 11. 1966 für den Verkehr freigegeben werden.

Sie ist 35 m breit, hat eine Spannweite von 16 m und eine Tragfähigkeit von 60 t. Die Baukosten betrugen 2,3 Millionen DM, zusätzlich mussten 1,1 Millionen DM für Grunderwerbskosten aufgebracht werden[K101].

Zusammen mit der Bahnhofsbrücke und der Brücke im Zuge der Fernstraße erhielt die Brücke durch Beschluss des Stadtrates vom 19. 07. 1967 erstmals einen Namen und wurde nach dem SPD-Politiker Kurt Schumacher benannt.

Informationen zum Namensgeber:

Kurt Schumacher (13. 10. 1895 – 20. 08. 1952), sozialdemokratischer deutscher Politiker. Er war von 1930 bis 1933 Mitglied des Reichstages, von 1933 bis 1944 als Widerstandkämpfer gegen das NS-Regime mit kurzen Unterbrechungen im KZ.

Nach dem 2. Weltkrieg war er maßgeblich an der Reorganisation der SPD und an der Abwehr der von den Kommunisten erstrebten Verschmelzung beteiligt. Ab 1946 war er Parteivorsitzender und ab 1949 auch Vorsitzender der Bundestagsfraktion.

Kurze Straße Si vorher teilweise Schiffweilerstraße

Lage und Verlauf:

Die Kurze Straße verläuft von Westen nach Osten, teilt sich am östlichen Ende in zwei Arme und mündet mit beiden Armen in die Mühlenstraße.

Am westlichen Ende hat sie eine Verbindung zur südlich davon verlaufenden Wilhelm-Jung-Straße.

Kurze Straße Blickrichtung Mühlenstraße[f]

K99 Widlberger Kurt: Die Blies und ihre Brücken in Neunkirchen in, Die Heimat1/1951, S. 16

K100 Krajewski: Plaudereien 4, vgl. Anm. B50 S. 49 ff; Krajewski: Stadtbuch 1955, vgl. Anm. A12, S. 101

K101 Saarbrücker Zeitung v. 26. 11. 1966

Informationen zum Namen und zur Geschichte der Straße:

Ursprünglich hieß die Straße Schiffweilerstraße und nur der nördliche Mündungsarm hieß Kurze Straße, da es sich auch tatsächlich nur um ein kurzes und schmales Straßenstück handelt. Als es nach der Gebiets- und Verwaltungsreform 1974 eine weitere Schiffweilerstraße im Stadtgebiet gab, wurde die in Sinnerthal liegende umbenannt. Nun heißt die gesamte Straße mit beiden Einmündungsarmen Kurze Straße.

Lakaienschäferei NK

Lage und Verlauf:

Bei der Lakaienschäferei handelt es sich um einen ehemaligen Wohnplatz, heute im Wesentlichen um ein Gelände mit mehreren Freizeiteinrichtungen.

Informationen zum Namen und zur Geschichte des Wohnplatzes:

In der Gemarkungskarte Neunkirchen von 1848 gibt es in der Flur XXVII – „Laqueien Weier" die Gewanne „Ober der Laqueien Schäferei" und „Unter der Laqueien Schäferei". Die Örtlichkeit ist aber auch schon früher in der Ordnung der Gemeinde Neunkirchen von 1731 erwähnt[L1]. Von diesen Flurbezeichnungen ist der Name des Wohnplatzes abgeleitet. Die Örtlichkeit muss auch früher schon besiedelt gewesen sein. 1935 wurde dort ein 56 cm langer nachenförmiger Mahlstein aus der Jungsteinzeit gefunden.

Erstmals war die Örtlichkeit in einer Karte des Kasbruchgebietes des Landmessers Weimar aus dem Jahre 1740 erwähnt worden[L2]. Damals gab es an dieser Stelle den Laquayenweyer, der durch den Bau eines Dammes für den Forbacher Weg (Weg von Neunkirchen zum Forbacher Hof – heute Furpach) entstanden war. Der Weiher diente den gräflichen Beamten und den Schlossbediensteten (den Lakaien) zur Versorgung mit Fischen. Die gräfliche Hofhaltung selbst bezog ihre Fische aus dem Heusners Weiher. Nach 1740 wurde in der Nähe des Weihers eine Schäferei erbaut, die zur jetzigen Bezeichnung der Örtlichkeit beitrug.

1849 hatte ein Georg Bärsch eine Statistik der Bürgermeisterei Neunkirchen erstellt. Darin erwähnt er einen zu Neunkirchen gehörenden Wohnplatz Lakaienschäferei mit 1 Wohnhaus und 3 katholischen Bewohnern[L3]. Heute gibt es in diesem Bereich keine ständigen Bewohner mehr.

Öffentliche oder sonst bedeutsame Einrichtungen an der Örtlichkeit:

Freizeitgelände Lakaienschäferei mit verschiedenen Einrichtungen

- Stadion
  Im Verwaltungsbericht der Stadt Neunkirchen für 1927/28 wurde der Beginn der Arbeiten zur Anlage eines Sportplatzes bei der Lakaienschäferei gemeldet.
  Das städtische Stadion hat heute einen Rasenplatz (100 x 65 m) und einen Hartplatz (102 x 68 m) mit 400-m-Laufbahn. Dort soll das Freibad des neuen Kombibades entstehen
- Freibad Volkssonnengarten mit Campingplatz
  Die Anlage gehört dem Verein für naturgemäße Lebens- und Heilweise (Prießnitz-Verein) Neunkirchen. Das Bad wurde Anfang der 1930 Jahre in einem 3,15 ha großen Gelände mit Spenden und mit uneigennütziger Arbeitsleistung der Vereinsmitglieder erbaut. Es hat eine große Liegewiese und zwei kleine Schwimmbecken.
  Der Campingplatz wird überwiegend von Dauercampern genutzt. Bei der Anlage befindet sich ein vereinseigener Gastronomiebetrieb.
- Hockeyanlage mit Tennisplätzen
  Die Hockeyanlage wurde 1980 renoviert. Es wurden ein neuer Rasenplatz angelegt und mehrere Tennisplätze geschaffen. Zu dem Hockeyplatz gehört ein Sportheim.
  Bis 2003 war der heutige Hockey- und Tennisclub eine Abteilung des Sportvereins VfB Borussia Neunkirchen. Dann hat sich die Abteilung als Verein selbständig gemacht.
- Übungsgelände des Hundesportvereins
  Der Hundesportverein SV OG NK-Furpach unterhält in dem Gelände ein Übungsgelände mit Vereinsheim.
- IPA-Heim
  Westlich des Stadions steht ein eineinhalbge-

IPA-Heim, Lakaienschäferei

L1   Krajewski: Plaudereien 2, vgl. Anm. A24, S. 10
L2   Krajewski: Stadtbuch 1955, vgl. Anm. A12, S. 62; Ders.: Plaudereien 1, vgl. Anm. A50, S. 22
L3   Bärsch, Georg: Beschreibung Reg.-bez. Trier, vgl. Anm. B31

schossiges Gebäude, aus der Fürstenzeit und diente Schlossbediensteten wohl als Unterkunft. Es ist das 1849 von Bärsch erwähnte älteste erhaltene Bauwerk der Fürsten von Nassau-Saarbrücken in Neunkirchen.

In einem Lageplan aus dem Jahr 1832 ist es als der Zivilgemeinde gehörig eingezeichnet. Das Gebäude wurde vor dem 2. Weltkrieg im Februar 1938 zu einem Kommandanturgebäude, auch HJ-Burg genannt, für die Hitlerjugend (HJ-Bann 174) umgebaut. Der örtliche HJ-Führer hatte hier seinen Dienstsitz. Außerdem befand sich eine Bannführerschule hier. Zu dem Komplex gehörte damals noch ein Küchengebäude und ein Sanitätsgebäude, diese existieren jedoch nicht mehr. Nach dem 2. Weltkrieg stand das Gebäude lange leer. Gelegentlich wurde es für die Unterbringung von Jugendlichen im Rahmen von sportlichen Städtevergleichkämpfen oder für die Unterbringung von Asylbewerbern genutzt. Seit 2004 ist das Gebäude von der Internationalen Polizei Assosation (IPA) für längere Zeit angepachtet und in Eigeninitiative als IPA-Heim hergerichtet worden. Die offizielle Eröffnung erfolgte im Juni 2007.

- Kombibad

Nachdem im Februar 2006 das Hallenbad am Mantes-la-ville-Platz geschlossen werden musste, bestehen nun konkrete Pläne, ein neues kombinierte Hallen- und Freibad an der Zweibrücker Straße in Höhe der Lakaienschäferei entstehen zu lassen und dafür den o. a. Hartplatz zu opfern. Baubeginn war das Frühjahr 2008. Durch Beschluss des Stadtrates erhielt das Bad den Namen „Die Lakai".

Landsweilerstraße NK/Si heute Redener Straße
Siehe Redener Straße

Landsweilerstraße Wi früher teilweise Annastraße, teilweise Kohlwaldstraße

Lage und Verlauf:
Die Landsweilerstraße beginnt an der Kreuzung Tunnelstraße/Kopernikusstraße/Im Stauch. Von dort verläuft sie zunächst in einem Bogen über eine Brücke über die Eisenbahnlinie und dann nach Südwesten in Richtung Kohlwald/Bauershaus.

Informationen zum Namen und zur Geschichte der Straße:
Bis 1895 gab es in Wiebelskirchen keine Straßenbezeichnungen. Im ganzen Ort gab es Bezirke, die ohne

Landsweilerstraße aus Richtung Schiffweilerstraße

weitere Nummerierung ein Finden von Häusern ermöglichten. Der Bereich der heutigen Landsweilerstraße gehörte mit anderen Straßen zum Bezirk Im Stauch[L4]. Mit der Einführung der Straßennamen wurde auch eine straßenweise Nummerierung der Wohnanwesen vorgenommen, wobei freie Baustellen berücksichtigt wurden. Die jetzige Landsweilerstraße wurde nun zunächst Annastraße genannt, weil sie in Richtung des Annaschachtes führte. Die Straße, wie der 1891 angehauene Schacht, waren nach dem Vornamen der Frau des damaligen Vorsitzenden der Bergwerksdirektion, von Velsen, benannt[L5]. Der Teil der heutigen Landsweilerstraße zwischen Einmündung Schiffweilerstraße und dem Kohlwald hieß Kohlwaldstraße.

Als 1954 auf Anregung des Kultur- und Heimatrings Wiebelskirchen eine Reihe von Straßen neue Namen erhielten, wurde der Teil der bisherigen Annastraße zwischen Tunnel und Einmündung der heutigen Schiffweilerstraße mit der Kohlwaldstraße zusammen zur Landsweilerstraße. Der Rest der alten Annastraße bis zur Ortsgrenze von Schiffweiler wurde entsprechend ihrer Zielrichtung zur Schiffweilerstraße[L6].

1905 war mit dem Ausbau der Annastraße mit Rinnen, Randsteinen und Pflasterung begonnen worden. Die Kohlwaldstraße dagegen wurde 1908 lediglich durch

L4   Bürgerbuch Wi, vgl. Anm. A1, S. 221 - 223
L5   Slotta: Bergbau in Neunkirchen, vgl. Anm. A45 S. 37
L6   Heimatbuch Wi, vgl. Anm. A2, S. 146 - 148

eine Schotterung befestigt[L7].

Auf der nördlichen Straßenseite, unmittelbar hinter der Einmündung der Schiffweilerstraße, stehen zwei ehemals repräsentative Direktorenhäuser, die von der franz. Grubenverwaltung zwischen 1920 und 1935 gebaut worden sind[L8].

Westlich dieser beiden Häuser stehen auf der Nordseite der Straße zweigeschossige Doppelhäuser, die zum ersten Bauabschnitt der Rotenbergsiedlung gehören, die Mitte der 1950er Jahre als erste planmäßige Siedlung nach dem 2. Weltkrieg in Wiebelskirchen im Rahmen des Bergmannswohnungsbaus entstanden ist[L9].

Langemarckstraße Ko *davor Hauptstraße, heute*
Andreas-Limbach-Straße
Siehe Andreas-Limbach-Straße

Informationen zum damals namensgebenden Ort:
Langemarck ist ein belgisches Städtchen in Westflandern 7 - 8 km nordöstlich von Ypern, das im 1. Weltkrieg wegen einer dort geschlagenen Schlacht zu Berühmtheit gelangte. Im deutschen Heeresbericht vom 11. 11. 1914 hieß es:"Westlich Langemarck brachen junge Regimenter unter dem Gesang ‚Deutschland, Deutschland über alles' gegen die erste Linie der feindlichen Stellungen vor und nahmen sie". Langemarck wurde dadurch zum Symbol der Opferbereitschaft der kriegsfreiwilligen Jugend.
Am 17. 08. 1917 wurden bei Langemarck erneut verlustreiche Schlachten gegen die Briten geschlagen.

Langemarckstraße Lu
Es handelte sich um die Straße zwischen Ludwigsthal und Kohlhof. Sie war eine Verlängerung der damaligen Langemarckstraße in Kohlhof.

Informationen zum damals namensgebenden Ort:
Siehe Langemarckstraße Ko

Langenstrichstraße NK *früher* Langenstricher Weg, Obere Langenstrichstraße

Lage und Verlauf:
Die Langenstrichstraße führt vom Oberen Markt leicht abfallend nach Nordosten bis zur Kreuzung Röntgenstraße/ Knappschaftsstraße/ Thomas-Mann-Straße.

Langenstrichstraße aus Richtung Oberer Markt

Informationen zur Geschichte und zum Namen der Straße:
Der Straßenname ist von der Flurbezeichnung „Im Langenstrich" abgeleitet. Dieser Flurname gibt einen Hinweis auf die Geländebeschaffenheit und –nutzung, nämlich lange Äcker oder lange Gärten, ähnlich wie in Kohlhof „Die Langgewann".

Die Langenstrichstraße ist eine der ältesten Straßen in Neunkirchen. Schon in der „Ordnung der Gemeinde Neunkirchen" aus dem Jahre 1731 ist „ein Erntweg aus der Grauwies in den Langenstrich über das Pfarrland ..." erwähnt. Im Nordheimplan von 1797 ist die Straße, damals allerdings noch ohne Namen, eingezeichnet[L10].

Mit der Bebauung der Straße wurde mit Beginn der Industrialisierung Anfang des 19. Jh. begonnen. In einem Grundriss über projektierte Straßen im Bereich des Oberen Marktes in Neunkirchen vom 05. 12. 1864 wird die Straße als Langenstricher Weg bezeichnet[L11].

Die Straße erhielt den Namen Oberer Langenstrich, im Unterschied zum Unteren Langenstrich (heutige Röntgenstraße). Dann in der zweiten Hälfte des 19. Jh., als der Ortsbaumeister Riemann dem Bürgermeister Jongnell von Neunkirchen am 15. 05. 1879 die Beschaffung von Namensschildern für 49 Straßen und 8 Wohnplätze vorschlug, tauchte der Straßenname in dieser Aufstellung zum ersten Mal auf. Für die Straße mussten 2 Straßenschilder und 32 Hausnummernschilder be-

L7   Bürgerbuch Wi, vgl. Anm. A1, S. 219
L8   Slotta: Bergbau in Neunkirchen, vgl. Anm. A45, S. 83
L9   Forst: Entwicklung von Wi, vgl. Anm. B45

L10 Krajewski: Plaudereien 2, vgl. Anm. A24, S. 13; Ders.: Stadtbuch 1955, vgl. Anm. A12, S. 91
L11 StA Neunkirchen, Projekt. Straßen östlich des Oberen Marktes 1864, Best. Karten und Pläne Nr. 61

schafft werden[L12]. Im Stadtplan von Neunkirchen aus dem Jahre 1883 ist sie als bewohnte Straße mit dem damaligen Namen eingezeichnet[L13]. Die Straße hat zu diesem Zeitpunkt vom oberen Markt her schon einige Bebauung.

Im Stadtplan von 1902 ist die Straße dann nur noch als Langenstrichstraße vermerkt. Nach dem Beschlussbuch der Gemeinde Neunkirchen beschloss der Rat am 12. 06. 1895 die Pflasterung der Straße. 1905 hatte sie schon 61 Wohnanwesen (Hausnummern).

Vor dem Bau des Durchbruchs von der Langenstrichstraße zur Marienstraße zwischen den Anwesen Nr. 25 und 33 (die dazwischen liegenden Häuser wurden abgerissen) in Höhe der Jägerstraße durch das Gelände der früheren Marienschule 1980/81 hatte die Gartenstraße (Adolf-Kolping-Straße) diese Verbindungsfunktion. Fast der gesamte Verkehr vom Oberen Markt zur Unterstadt floss vorher durch diese Engstelle.

Ab der Einmündung Jägerstraße abwärts (nordostwärts) wurde die Langenstrichstraße Anfang der 1990er Jahre für den Durchgangsverkehr gesperrt. Dies bewirkte eine erhebliche Verkehrsberuhigung insbesondere auch vor dem dort stehenden Krankenhaus.

Öffentliche oder sonst bedeutsame Gebäude in der Straße:

- St. Josefskrankenhaus[L14]
  Der älteste Teil des St. Josefskrankenhauses stammt aus dem Jahr 1896. Schon 1902/03 wurde ein Erweiterungsbau in Richtung Oberer Markt angehängt. Im 2. Weltkrieg wurde das Haus, das auch als Reservelazarett diente, stark beschädigt. Nach dem Wiederaufbau gab es auch nach dem 2. Weltkrieg noch Erweiterungsbauten und ein Schwesternheim an der rückwärts vorbei laufenden Grabenstraße. Die Kranken wurden ursprünglich durch Schwestern des Ordens Arme Dienstmägde Jesu Christi versorgt. Die ärztliche Leitung erfolgte anfänglich durch die Chefärzte des Knappschaftskrankenhauses. Zwischenzeitlich ist fast ausschließlich weltliches Pflegepersonal in dem Haus tätig. Das Krankenhaus hat heute 152 Betten. Trägerin ist die Marienhaus GmbH

Waldbreitbach. Zur Zeit sind Planungen im Gange, das Krankenhaus in den Stadtteil Kohlhof an die dortige Kinderklinik (siehe Klinikweg) zu verlegen und das jetzige Gebäude als Alten- und Pflegeheim zu nutzen.

- Schulhaus Langenstrich
  Die Langenstrichschule wurde 1890/91 erbaut. Das Schulhaus wurde im 2. Weltkrieg durch Bomben zerstört und nicht wieder aufgebaut. Es stand gegenüber der Einmündung der Liebigstraße.

Lantertalweg Fu

Lage und Verlauf:

Der Lantertalweg zweigt vom Kohlhofweg, der parallel zur Limbacher Straße nach Osten verläuft, nach Süden ab und endet als Sackgasse kurz vor der Limbacher Straße.

Lantertalweg aus Richtung Kohlhofweg

Informationen zum Namen und zur Geschichte der Straße:

Der Kohlhofweg und seine Seitenstraßen – Lautzweilerweg, Moosbachweg, Erlenbrunnenweg, Remmengutweg, Tiefentalweg und Lantertalweg – entstanden in den Jahren Jahren 1962 - 64. Die Straßennamen wurden auf Vorschlag des Heimatforschers Bernhard Krajewski am 04. 10. 1961 vom Stadtrat beschlossen.

Das Landerthal, nach dem der Weg benannt ist, ist ein Seitental des Kasbruchs und liegt unmittelbar hinter dem westlichen Ausgang des Stadtteils Furpach. Dort steht auch das nicht mehr genutzte

---

L12   Beschaffung von Straßenschildern, vgl. Anm. A8
L13   Situationsplan NK 1883, vgl. Anm. A4
L14   Krajewski: Plaudereien 7, vgl. Anm. A23, S. 19; Wildberger, Kurt: Soziale Einrichtungen, in: Stadtbuch 1955, vgl. Anm. A12, S. 403

Forsthaus Landerthal. Krajewski hat bei seinem Namensvorschlag vermutlich die Schreibweise aus der Tilemann-Stella-Karte 1564 übernommen[L15].
Die Gemeinnützige Siedlungsgesellschaft der Stadt Neunkirchen GSG und die Arbeitskammer erstellten in dem Wohngebiet vis à vis des Furpacher Weihers insgesamt 24 eingeschossige Bungalows und 68 zweigeschossige Kaufanwartschaftshäuser.

Lappetäsch Wi
volkstümliche Bezeichnung für den oberen Teil der Bexbacher Straße
Siehe Bexbacher Straße

Lattenbüsch Fu voher Im Lattenbüsch

Lage und Verlauf:
Die Straße zweigt von der Ludwigsthaler Straße im Stadtteil Furpach nach Westen ab und mündet in die Straße Buchenschlag

Lattenbüsch aus Richtung Furpacher Straße

Informationen zum Namen und zur Geschichte der Straße:
Der Straßenname geht auf die Flurbezeichnung „Lattenbösch" zurück, die es in diesem Bereich gibt. Der Heimatforscher Kurt Wildberger definierte die Flurbezeichnung so: bösch = büsch = Gebüsch, es handelte sich demnach um ein mit Latten und Büschen eingezäuntes Gehege.
Zwischen 1936 und 1938 wurde auf dem Gelände des früheren Hofgutes Furpach durch die Saarpfälzische Heimstätte GmbH eine Siedlung erstellt. Im 1. Bauabschnitt wurden im Bereich nördlich der Limbacher Straße und westlich der nach Ludwigsthal führenden Straße folgende Straßen erschlossen.
So entstanden 80 Volkswohnungen, 88 Siedlerstellen und 60 Eigenheime[L16] in den Straßen:
Nachtweide, Kleeweide, Buchenschlag, Lattenbüsch, Litzelholz, Vor Birkum Geißenbrünnchen.
Auf der Nordseite der Straße Lattenbüsch entstanden Volkswohnungen. Die Südseite blieb zunächst unbebaut. Die Siedlerhäuser in den anderen Straßen erhielten große Grundstücke, da die Besitzer zur Viehhaltung angehalten waren.
Kaum eines dieser Häuschen ist noch im ursprünglichen Zustand. Fast alle sind umgebaut, aufgestockt oder haben Anbauten erhalten.
Die großen Grundstücke konnten nach Kriegsende oft zur Gewinnung neuer Baustellen geteilt werden. So konnten durch Teilung der Grundstücke an der Nordseite der Straße Litzelholz neue Baugrundstücke auf der Südseite der Straße Lattenbüsch geschaffen werden.
In den ersten Jahren hieß die Straße Im Lattenbüsch. Als unmittelbar nach Kriegsende viele Straßennamen umgeändert wurden, erhielt sie ihren jetzigen Namen nur noch Lattenbüsch

Lattengasse Wi volkstümlich für Karlstraße, heute Silcherstraße
Siehe Silcherstraße

Lautenbacher Straße Mü

Lage und Verlauf:
Die Lautenbacher Straße beginnt an der Einmündung Kirchstraße in der Ortsmitte von Münchwies und verläuft von dort in nördlicher Richtung bis zur Einmündung der L 116 in die L 290 (Eichelthaler Mühle).

Informationen zum Namen und zur Geschichte der Straße:
Die Straße trägt den Namen, weil sie aus Richtung Ortsmitte nach Norden über die Stadtgrenze hinaus zu dem Ottweiler Stadtteil Lautenbach führt.
Die Straße von der Hanauer Mühle über die Eichelthaler Mühle nach Münchwies (die heutige L 116) wurde erst 1902 fertiggestellt.

L15   Krajewski: Plaudereien 1, vgl. Anm. A50, S. 23

L16   Mons: Siedlungsgeschichte Furpach, vgl. Anm. B35, S. 17 ff

Lautenbacher Straße Blickrichtung Dorfmitte

Vorher hatte Münchwies keine straßenmäßige ausgebaute Verbindung zu den zuständigen Verwaltungsorten Wiebelskirchen und Ottweiler.

Lautzweilerweg Fu

Lage und Verlauf:
Der Lautzweilerweg zweigt vom Kohlhofweg, der parallel zur Limbacher Straße nach Osten verläuft, nach Süden ab und endet als Sackgasse kurz vor der Limbacher Straße.

Informationen zum Namen und zur Geschichte der

Lautzweilerweg aus Richtung Kohlhofweg

Straße:
Der Kohlhofweg und seine Seitenstraßen – Lautzweilerweg, Moosbachweg, Erlenbrunnenweg, Remmengutweg, Tiefentalweg und Lantertalweg – entstanden in den Jahren Jahren 1962 - 64. Die Straßen-

namen wurden auf Vorschlag des Heimatforschers Bernhard Krajewski am 04. 10. 1961 vom Stadtrat beschlossen.

Zwischen Wellesweiler und Ludwigsthal lag das im Mittelalter niedergegangene Dorf Lautzweiler.
Zwischen diesem Lautzweiler und dem heutigen Stadtteil Wellesweiler lag am Abfluss des Kasbruchbaches, dort wo heute das Wasserwerk steht, eine Mühle, die „Lautzwyller Möhl"[L17].
Nach diesem Dorf und der Mühle wurde die Straße benannt.
Die Gemeinnützige Siedlungsgesellschaft der Stadt Neunkirchen GSG und die Arbeitskammer erstellten in dem Wohngebiet insgesamt 24 eingeschossige Bungalows und 68 zweigeschossige Kaufanwartschaftshäuser.

Lazarettweg NK *(auch Lazarettpfad) heute Mozartstraße,*
Siehe Mozartstraße

Lehmkaulweg Ha

Lage und Verlauf:
Der Lehmkaulweg zweigt von der Ludwigstraße nach Süden ab, kreuzt dann die Straße Am Altzberg und endet als Sackgasse hinter den Anwesen der Wiebelskircher Straße.

Lehmkaulweg aus Richtung Am Altzberg

L17   Remy: Heimbuch We, vgl. Anm. A45, S. 68

Informationen zum Namen und zur Geschichte der Straße:

Am Ortsausgang Richtung Fürth hatte es früher (um 1700) eine Ziegelei gegeben, die ihren Rohstoff aus der unmittelbaren Umgebung bezog.

Wo genau die von der Ziegelei ausgebeutete Lehmgrube lag, ist nicht mehr festzustellen, vermutlich jedoch im Bereich des jetzigen Lehmkaulweges.

Lehweg Wi

Lage und Verlauf:

Der Lehweg ist eine kleine Wohnstraße, die als Sackgasse von der Adlersbergstraße nach Norden in Richtung Steinbacher Berg abzweigt.

Informationen zum Namen und zur Geschichte der Straße:

Der Name ist von Flurnamen abgeleitet, die es in dem Bereich gibt – „Am Leh", „In der Lehwies", „Lehkopf" (schon 1739 „Am Leh", 1767 „Leh-Wieß").

Leidnerstraße NK *heute Wilhelmstraße, zeitweise (1935 – 1945) Wilhelm-Gustloff-Straße*
Siehe Wilhelmstraße

Lenzlingstraße Wi *danach Mendelssohnstraße, heute Brahmsstraße*
Siehe Brahmsstraße

Lerchenweg NK

Lage und Verlauf:

Der Lerchenweg liegt nördlich des Storchenplatzes und verbindet den östlichen mit dem westlichen Flügel des als Ringstraße ausgebauten Nachtigallenweges.

Informationen zum Namen und zur Geschichte der Straße:

Der Lerchenweg gehört zum Straßensystem um den Storchenplatz, dessen Bebauung mit einem Bebauungsplan 1951 begann[L18].

Zu diesem Straßensystem gehören neben dem Lerchenweg, der Meisenweg, der Nachtigallenweg, der

---

L18   StA Neunkirchen: Bebauungsplan Steinwaldsiedlung
       1951, vgl. Anm. A40

Lerchenweg aus Richtung Nachtigallenweg
mit Paul-Gerhard-Haus

Amselweg, der Finkenweg und der von Westen nach Osten verlaufende Teil des heutigen Stieglitzweges (damals Starenweg).

Die Straße ist eine reine Wohnstraße mit Ein- und Zweifamilienhäusern.

Am 29. 09. 1958 meldete die Saarbrücker Zeitung, dass der Stadtrat die Namen der Straßen am Storchenplatz beschlossen hat.

Öffentliche oder sonst bedeutsame Einrichtungen in der Straße:

-   Evang. Kirche
    Am 22. 08. 1953 schrieb die Saarbrücker Zeitung: *„Für das Gelände im Steinwald haben sich Bauinteressenten von jeher interessiert. Schon in den Jahren 1920 – 1930 entstand längs der Waldstraße die heutige Steinwaldsiedlung, die nunmehr nach der neuen städtebaulichen Planung eine erhebliche Erweiterung erfahren soll. Ein neues Viertel wird nördlich der alten Siedlung entstehen, das zunächst 410 Wohnungen für ca. 1600 Menschen umfassen wird. Der Anfang zur Verwirklichung dieses Siedlungsvorhabens ist bereits getan, schon wird fleißig gebaut. Auf der Kuppe des Steinwaldes wurde eine Baustelle für eine Volksschule und eine für eine evang. Kirche vorgehalten".*
    Das Paul-Gerhardt-Haus wurde Anfang der 60er Jahre gebaut (Grundsteinlegung am 21.04.1963) Der daneben liegende Kindergarten bestand zu diesem Zeitpunkt schon (Einweihung am 01. 04. 1962). Anfang 1970 wurde auch noch ein Pfarr-

haus errichtet. Der Bau des Gemeindezentrums war im Hinblick auf eine geplante Veränderung der Pfarrgemeindegrenze erfolgt. Dazu kam es aber nicht, so dass die Unterhaltung der Immobilien für die Kirchengemeinde zu teuer wurde. Der Kirchenbau wird heute nicht mehr genutzt, er wurde inzwischen verkauft.

- Kindergarten

 Bei der evang. Kirche wurde ein Kindergarten eingerichtet, der von der Stadt übernommen wurde, als die Kirche den Bau aufgab. Im Anwesen Lerchenweg 7 befindet sich heute ein städt. Kindergarten mit 50 Kindergartenplätzen.

Lessingstraße Wi früher Katharinenstraße, volkstümlich Schönweibergasse oder Alter Weg

Lage und Verlauf:

Die Straße biegt von der Kuchenbergstraße nach Südwesten ab, verläuft in ihrem hinteren Teil als Sackgasse und geht dann in einen Feldweg in Richtung Nahebahnschacht über. In die Straße münden von Norden her, die Heinestraße (eine Sackgasse) und die Schillerstraße ein.

Lessingstraße aus Richtung Einmündung Schillerstraße

Informationen zum Namen und zur Geschichte der Straße:

Bis 1895 gab es in Wiebelskirchen keine Straßenbezeichnungen. Im ganzen Ort gab es Bezirke, die ohne weitere Nummerierung ein Finden von Häusern ermöglichten. So wurde der Bereich der heutigen Lessingstraße Alter Weg oder Schönweibergasse genannt. Als 1895 Straßennamen eingeführt wurden, wurde

die Straße Katharinenstraße genannt. Mit der Einführung der Straßennamen wurde auch eine straßenweise Nummerierung der Wohnanwesen vorgenommen, wobei freie Baustellen berücksichtigt wurden[L19].

In dieser Straße sollen nach dem Wiebelskircher Heimatforscher Kurt Hoppstädter früher die beiden schönsten Frauen des Dorfes gewohnt haben, die beide den Vornamen Katharina trugen[L20].

1901 wurde mit dem Ausbau des vorderen Teils der Straße mit Pflasterung, Rinnen und Randsteinen begonnen, der hintere (südwestliche) Teil dagegen wurde 1908 lediglich durch Schotterung befestigt[L21].

Der Kultur- und Heimatring Wiebelskirchen machte 1954 den Vorschlag, eine Reihe von Straßen neu- bzw. umzubenennen.

Bis dahin gab es einige Straßen, die keinen Namen hatten.

Zur leichteren Orientierung wurden nun wie in vielen anderen Gemeinden ein Dichter-, ein Musiker- und ein Malerviertel geschaffen.

Die Straßen westlich der Neunkircher Straße (heutige Kuchenbergstraße) wurden nach Dichtern und so die bisherige Katharinenstraße nach Gotthold Ephraim Lessing benannt[L22].

Bemerkungen zum Namensgeber:

Gotthold Ephraim Lessing (22. 01.1729 – 15. 02.1781), Schriftsteller.

Als Dramatiker und Kritiker war er einer der führenden Vertreter der Aufklärung innerhalb der deutschen Literatur.

Lessing wurde als Sohn eines Pfarrers geboren und studierte Theologie, Philosophie und Medizin in Leipzig und Wittenberg. Nachdem er in Wittenberg die Magisterwürde erhalten hatte, betätigte er sich in Berlin als erfolgreicher und angesehener Theater- und Literaturkritiker.

Während dieser Zeit schrieb er auch selbst mehrere Dramen. Von 1760 bis 1765 stand Lessing als Kriegssekretär in den Diensten des Kommandanten von Breslau.

Sein Bühnenstück „Miß Sara Sampson" (1755) ist das erste bürgerliche Trauerspiel der deutschen Dramenlite-

L19   Bürgerbuch Wi, vgl. Anm. A1, S. 221 - 223
L20   Hoppstädter: Heimatbuch Wi, vgl. Anm. A2, S. 142
L21   Bürgerbuch Wi, vgl. Anm. A1, S. 219
L22   Mathias, K.: Die 1954 eingeführten Straßennamen, in: Heimatbuch Wi, vgl. Anm. A2, S. 143

ratur. Das Lustspiel „Minna von Barnhelm" (1767) und das dramatische Gedicht „Nathan der Weise" (1779) zählen noch heute zum Standardrepertoire deutscher Bühnen. Mit „Nathan der Weise" schuf er ein Plädoyer für Toleranz und Humanismus.

Lichtenkopfer Weg We

Lage und Verlauf:
Der Lichtenkopfer Weg zweigt als Zufahrt zum Kraftwerk Bexbach von der St. Barbara-Straße nach Norden ab.

Informationen zum Namen und zur Geschichte der Straße:
Der Name der Straße bezieht sich auf die im Norden der Örtlichkeit liegende Bergkuppe Lichtenkopf (409 m) an der Grenze zwischen Bexbach und Hangard.
Die Straße beginnt zwar auf Neunkircher Bann an der St.-Barbara-Straße, sie verlässt jedoch nach wenigen Metern das Stadtgebiet von Neunkirchen und endet als Sackgasse auf Bexbacher Bann vor dem Kraftwerk bzw. dem Gelände von Industriebetrieben. Die Stadtgrenze verläuft hier unmittelbar an der Nordostseite der St.-Barbara-Straße.
Es hat früher in Neunkirchen schon einmal eine Lichtenkopfstraße gegeben, die jedoch mit dem jetzigen Lichtenkopfer Weg nicht identisch ist.
Der Anfang des 20. Jahrhunderts in Neunkirchen bestehende Verschönerungsverein hatte sich in Verbindung mit dem Westrich-Verein Kusel für den Ausbau der Lichtenkopfstraße eingesetzt[L23].
Diese damalige Straße (ein befestigter Waldweg) führt auch heute noch durch den Ziehwald in Richtung Höcherberg und berührte dabei den östlich des Wasserberges gelegenen Lichtenkopf. Der Forst- und Wanderweg verläuft großenteils entlang der Stadtgrenze zwischen Neunkirchen und Bexbach und ist heute ohne Namen.

Liebigstraße NK vorher Werderstraße, davor Bongartstraße

Lage und Verlauf:
Die Liebigstraße ist eine kurze Verbindungsstraße von der unteren Langenstrichstraße zur Grabenstraße.

Liebigstraße aus Richtung Langenstrichstraße

Informationen zum Namen und zur Geschichte der Straße:
Ursprünglich hieß das kurze Straßenstück Bongartstraße. Dieser Straßenname war von der Flurbezeichnung „Im Bongart" abgeleitet. Die Bongartstraße ist in einem Situationsplan von Neunkirchen aus dem Jahre 1883 schon eingezeichnet, hat aber weder Bebauung, noch einen Namen[L24]. Der Name Bongartstraße muss also später verliehen worden sein.
In der zweiten Hälfte des 19. Jh. wuchsen die Stadt und die Bevölkerung auf Grund der enorm ansteigenden Industrialisierung in einem ungeheuren Tempo. Jeweils in 15 – 20 Jahren verdoppelte sich die Bevölkerung immer wieder und suchte industrienahen Wohnraum. Es entstanden ständig neue Straßen, die in der euphorischen Stimmung nach dem gewonnenen Deutsch-Französischen Krieg 1870/71 oft nach Mitgliedern des Kaiserhauses, nach verdienten Heerführern oder nach Schlachtenorten benannt wurden. Auch schon länger bestehende Straßen erhielten neue Namen. In einer Sitzung des Gemeinderates Neunkirchen vom 24. 04. 1903 wurde so die bisherige Bongartstraße nach dem preußischen General August Graf von Werder in Werderstraße umbenannt[L25].
Anfang des 20. Jh. war beabsichtigt (Stadtplan von 1905), die Werderstraße (heute Liebigstraße) südwestlich parallel zur Blumenthalstraße (heute Blumenstraße) von der Langenstrichstraße bis zur Kronprinzenstraße (heute Parallelstraße) durchzuführen. Dies wäre quer durch das Gelände des heutigen

---

L23   Krajewski: Plaudereien 6, vgl. Anm. B36, S. 19

L24   Situations plan NK 1883, vgl. Anm. A4
L25   Saar- und Blieszeitung v. 25. 04. 1903

Stadtparks (erst 1933 - 37 angelegt) geschehen. Diese Planung ist nie ganz umgesetzt worden.

Es bestanden jedoch dann Mitte der 1930er Jahre zwei Teilstücke der geplanten Werderstraße, und zwar das Teilstück zwischen Langenstrichstraße und Grabenstraße und ein Teilstück von der Prinz-Heinrich-Straße (heute Willi-Graf-Straße) bis hinter die Häuser der Kronprinzenstraße (heute Parallelstraße).

Um diesem Missstand der beiden weit auseinander liegenden Straßenteile abzuhelfen, beschloss der Stadtrat am 29. 01. 1935 im Zusammenhang mit der Umbenennung weiterer Straßen nur noch das erstgenannte Teilstück als Werderstraße fortbestehen zu lassen[L26].

Das zweitgenannte Teilstück wurde als Verlängerung der Blumenthalstraße (heute Blumenstraße) in Richtung Kronprinzenstraße ausgewiesen.

Nach dem Beschlussbuch der Gemeinde Neunkirchen beschloss der Gemeinderat Neunkirchen am 19. 05. 1914 den Ausbau des Teils der Werderstraße zwischen Langenstrichstraße und Grabenstraße. Dieses kurze Straßenstück hatte 1905 wie heute nur 6 Wohngebäude.

Unmittelbar nach Ende des 2. Weltkrieges, als alle patriotischen Straßennamen entfernt wurden, wurde die Straße von Werderstraße in Liebigstraße umbenannt.

Informationen zum Namensgeber:

Justus Freiherr von Liebig (12.05.1803 – 18.04.1873), deutscher Chemiker. Als Professor für Chemie an der Universität Gießen bildete Liebig zwischen 1826 und 1852 Studenten aus, die bald zu den bedeutendsten Chemikern dieser Zeit gehören sollten.

In Gießen errichtete Liebig das erste chemische Forschungslaboratorium für Studenten und revolutionierte die Forschung in der physiologischen Chemie. Er wurde 1845 zum Freiherrn ernannt und 1852 als Professor für Chemie an die Universität München berufen.

Liebig führte die künstliche Düngung ein, verbesserte die Elementaranalyse und erfand den nach ihm benannten Fleischextrakt. Seinen Anregungen verdanken u.a. die Kunstdüngerindustrie und die Fleischextraktfabrikation ihre Entstehung. Zu seinen Werken gehört „Die organische Chemie in ihrer Anwendung auf Agrikultur und Physiologie" (1840).

L26 Saar- und Blieszeitung v. 30. 01. 1935

Lilienweg We

Lage und Verlauf:

Der Lilienweg zweigt von der als Hauptdurchgangsstraße durch die Wohnsiedlung Winterfloß verlaufenden Rosenstraße als Sackgasse nach Osten ab. Er ist eine reine Wohnstraße.

Lilienweg aus Richtung Rosenstraße

Informationen zur Straßengeschichte und zum Straßennamen:

Ab etwa 1960 befasste sich die Gemeinnützige Siedlungsgesellschaft Neunkirchen (GSG) mit Plänen für eine Bebauung des Winterfloßgebietes in Wellesweiler. Es sollte eine Wohnsiedlung mit über 700 Wohnungen für ca. 2300 Menschen in einer gemischten Bauweise werden.

Es wurden ein- und zweigeschossige Ein- und Zweifamilienhäuser für Privateigentümer, achtgeschossige Häuser mit Eigentumswohnungen und acht- und vierzehngeschossige Häuser mit Mietwohnungen geplant und gebaut.

Alle Häuser wurden von der französischen Firma Camus mit Fertigbetonteilen erstellt. Die im Werk nach modernen und wirtschaftlichen Methoden vorfabrizierten raumgroßen Elemente wurden auf der Baustelle montiert. Der erste Spatenstich erfolgte am 23. 07. 1964. Diese Großplattenbauweise lässt ein zügiges Bautempo zu. Der verhältnismäßig milde Winter 1964/65 erlaubte ein Arbeiten ohne Winterpause, so dass die ersten Mieter schon 1965 einziehen konnten.

Im September 1968 wurde die gesamte Siedlung mit 711 Wohneinheiten und einem eigenen Blockheizkraft-

werk mit einem Tag der offenen Tür vorgestellt[L27].
Die Straßen in der Siedlung erhielten alle Blumenna-
men. Die Durchgangsstraße ist die Rosenstraße, die
Seitenstraßen haben die Namen Tulpenweg, Lilienweg,
Irisweg, Malvenweg, Narzissenweg.

Lilienweg Wi *jetzt Nelkenweg*
siehe Nelkenweg

Limbacher Straße Fu + Ko früher Kohlenstraße, Neunkirchener Straße bzw. Hauptstraße, teilweise Torhausweg bzw. Goldene Bremm

Lage und Verlauf:
Die Limbacher Straße beginnt im Stadtteil Furpach am
Ortseingang von Neunkirchen kommend. Sie verläuft
durch die Stadtteile Furpach und Kohlhof bis zur Stadtgrenze nach Kirkel-Bayer. Kohlhof.

Limbacher Straße Blick von Kohlhof Richtung Furpach

Informationen zum Namen und zur Geschichte der Straße:
Bei der Limbacher Straße handelt es sich um den Teil
einer alten Verbindungsstraße von Neunkirchen in die
Pfalz. Da auf dieser Straße auch viele Kohlenfuhrwerke
von den Bergwerken um Neunkirchen in die Pfalz fuhren, wurde sie ursprünglich Kohlenstraße genannt. So
wurde im Gemeinderat z. B. 1864 eine Instandsetzung
der Kohlenstraße nach Kohlhof beschlossen (Beschlussbuch der Gemeinde Kohlhof).

In der Schulchronik von Kohlhof heißt es dazu: *„Der
größte Teil des Geldes, das die Gemeinderechnung auf-
weist, wurde für die Hauptsorge des Gemeinderates bzw.
der Gemeinde verwendet, für Wegebauten, die Feldhut
und für die Schule. Die Kohlenstraße, auf der die Kohlen
per Achse nach Zweibrücken gefahren werden, bedarf
dringend der Ausbesserung."*
Im Verwaltungsbericht von 1895 - 1908 führte Bürgermeister Ludwig zur Entwicklung des Straßenwesens
aus, im Berichtszeitraum sei eine Reihe von Straßen
ausgebaut bzw. gründlich hergestellt worden, u. a. die
Kohlenstraße nach Brückweiherhof und Limbach.[L28]
Gründlich hergestellt bedeutete damals in der Regel
eine Schotterung der Straßendecke.
Die Straße hatte vor der Gebiets- und Verwaltungsreform von 1974 durch die Stadtteile Furpach und Preuß.
Kohlhof hindurch den Namen Neunkirchener Straße,
da sie aus diesen Stadtteilen in Richtung Stadtmitte
führt. Nach der Reform erhielt sie den Namen Limbacher Straße, da sie in der anderen Richtung zur Nachbargemeinde Limbach führt.
Als bei dieser Reform zunächst auch der frühere Limbacher Ortsteil Bayer. Kohlhof zum Stadtgebiet Neunkirchen kam, wurde auch die Fortsetzung der Durchgangsstraße durch diesen Stadtteil (die bisherige dortige Hauptstraße) in die Straßenbezeichnung Limbacher Straße einbezogen. Der Stadtteil Bayer. Kohlhof
wurde auf Wunsch und Drängen der Bevölkerung im
April 1985 wieder ausgegliedert und gehört heute wieder zum Ortsteil Limbach der Gemeinde Kirkel.
Der heutige Straßenteil von der Einmündung des Torhausweges bis zur Banngrenze nach Bayer. Kohlhof
war bis 1974 Teil des Torhausweges. Das Straßenstück,
das früher auch Goldene Bremm genannt wurde und
damals am Torhausweg lag, gehört jetzt zur Limbacher
Straße.
Hier stand 1843 ein Wohngebäude mit 8 Bewohnern[L29].
Die Goldene Bremm war aber schon früher urkundlich erwähnt worden. Am 27. 03. 1790 hatte ein Daniel
Böhler die Rathshütte (siehe Torhausweg) von der fürstlichen Herrschaft erworben. Als er Witwer geworden
war, verkaufte er das Anwesen und baute sich an der
Straße nach Neunkirchen ein neues Haus. Daraus entwickelte sich das Böhlershaus, das dann mundartlich in
Bielerschhaus umgenannt wurde und schließlich zum

L27   Neunkircher Stadtanzeiger v. 18. 09. 1968

L28   Krajewski: Plaudereien 3, vgl. Anm. B7, S. 45
L29   Krajewski: Plaudereien 7, vgl. Anm. A23, S. 31

Brückweiherhof wurde[L30]. Der Brückweiherhof wiederum war einer der Siedlungskerne, aus dem heraus sich der Ort Kohlhof entwickelte.

Öffentliche oder sonst bedeutsame Gebäude und Einrichtungen an der Straße:

- Hofgut Furpach

Das Hofgut Furpach ging aus dem früheren nassauischen Forbacher Hof hervor. Nachdem Johann Caspar Karcher (21.05.1738 – 13.01. 1826) das Hofgut Forbacherhof am 03. 04. 1806 von der französischen Administration erworben hatte, errichtete er 1821 ein neues Herrenhaus, das Haupthaus des Gutshofes, das im Laufe des 19. Jh. durch Um- und Ausbauten zu seinem heutigen Aussehen verändert wurde. Nach einer Statistik der Bürgermeisterei Neunkirchen von 1843 hatte der zu Kohlhof gehörende Wohnplatz Forbacherhof 2 Wohngebäude mit 15 Bewohnern Es waren aber immer viele Tagelöhner aus der Umgebung auf dem Hof [L31].

Am 05. 03. 1899 erfolgte die Umbenennung des Forbacher Hofes in Haus Furpach. Karcher wollte damit eine Verwechselung mit dem bei Saarbrücken liegenden Forbach vermeiden, das damals mit Lothringen zum Deutschen Reich gehörte. Das Hofgut wurde 1904 von der Gemeinde Neunkirchen für 250 000 Goldmark erworben[L32]. Sie ließ es zunächst durch Pächter weiter bewirtschaften.

Zwischen 1936 und 1938 wurde auf dem Gelände des früheren Hofgutes Furpach eine Siedlung erstellt. Im 1. Bauabschnitt wurden nördlich der heutigen Limbacher Straße und westlich der heutigen Ludwigsthaler Straße und im 2. Bauabschnitt wurden in dem Bereich südlich der Limbacher Straße und westlich des Hofgutes neue Straßen erschlossen und mit kleinen Siedlungshäusern, Eigenheimen und Volkswohnungen bebaut. Nach dem 2. Weltkrieg ging die Erschließung des Stadtteils durch die Anlegung von Straßen östlich der Ludwigsthaler Straße

weiter[L33].

Anfang der 1970er Jahre waren die Hofgutgebäude ziemlich verfallen. In den Jahren 1975-76 wurden die alten Gutsgebäude stilgerecht renoviert und teilweise wieder aufgebaut. So konnten am 14. und 15. 08. 1976 die Arbeiterwohlfahrt, der Polizeiposten Furpach, die Stadtkapelle und der Heimatverein Furpach ihre darin befindlichen Räume der Öffentlichkeit vorstellen. Darüber hinaus befinden sich in dem Komplex 2 Gaststätten, ein Hotel, Eigentumswohnungen und der Karchersaal. In letzterem können Versammlungen und kulturelle Veranstaltungen sowie private Feiern stattfinden. Er fasst bei Reihenbestuhlung maximal 140 Personen.

- Gutspark

Zum Hofgut gehört eine große öffentliche Parkanlage mit einem Weiher, die seit 1956 für die Öffentlichkeit freigegeben ist. Durch Aufschüttung eines Dammes über die alte Furt des Erlenbrunnenbachs entstand 1564 eine Wasserfläche, die zunächst als Fischteich genutzt wurde. Die Besitzer des Gutes pflanzten Laub- und Nadelbäume, die heute als stattliche Bäume z. T. unter Naturschutz stehen[L34].

1974 wurde im Weiher eine Wasserfontaine installiert, die bei Bedarf ihr Wasser ca. 15 m hoch schleudert.

Im Gutspark errichtete man ein Denkmal für die Toten des 2. Weltkrieges des Stadtteils, das am 07. 09. 1958 eingeweiht wurde.

- Zentralfriedhof[L35]

Nach einem 1959 gefassten Beschluss des Stadtrates wurde 1960 damit begonnen, im Stadtteil Furpach östlich des Hofgutes und südlich der Limbacher Straße einen neuen Zentralfriedhof für die Innenstadt und den Stadtteil Furpach anzulegen, da der alte Hauptfriedhof Scheib (siehe Unterer Friedhofsweg) keine Aufnahmekapazität mehr hatte. Andere mögliche Plätze für den neuen Friedhof an der Kirschenallee, an der Kir-

---

L30 Krajewski: Plaudereien 2, vgl. Anm. A24, S. 25

L31 Krajewski: Plaudereien 7, vgl. Anm. A23, S. 31; Ders.: Plaudereien 5, vgl. Anm. F2, S. 25

L32 Krajewski: Haus Furpach und seine Geschichte, in: Haus Furpach, vgl. Anm. B35, S. 14

L33 Mons: Siedlungsgeschichte Fu, in: Haus Furpach, vgl. Anm. B35, S. 19

L34 Rein, Friedrich: Grünanlagen in Haus Furpach, in: Haus Furpach, vgl. Anm. B35, S. 35

L35 Knauf, Rainer: Friedhöfe in Neunkirchen, in: Stadtbuch 2005, vgl. Anm. B7, S. 610

keler Straße und auf dem Rübenköpfchen waren vorher ausgeschlossen worden. 1961 wurde mit der Belegung des neuen Zentralfriedhofs begonnen und die Belegung auf dem Hauptfriedhof Scheib eingestellt. 1980 wurde eine moderne Leichenhalle mit dazugehörenden Wirtschaftsräumen errichtet. Der größte Friedhof der Stadt hat eine Fläche von 22,4 ha[L36].

- Angelweiher mit Fischerhütte
  Zwischen dem Hauptfriedhof und dem Stadtteil Kohlhof unmittelbar südlich an der Straße liegt der Biehlersweiher. Es handelt sich um einen kleinen Angelweiher, an dessen von der Straße entferntem Ende eine schöne Fischerhütte zur Einkehr einlädt. Den Weiher gibt es schon lange. In einer Flurkarte von 1764 ist eine Flur „Am Brückweyher" eingezeichnet, in der auch der Weiher eingezeichnet ist. Beim Weiher gab es einen Hof, der nach dem ersten Ansiedler Daniel Böhler Böhlershaus genannt wurde. Der Name Brückweiherhof für das Anwesen und den sich von dort aus entwickelnden Ortsteil gleichen Namens ergab sich nach einer kleinen Brücke, die es über den Ablauf des Weiher gab, der Daniel Böhler gehörte. Böhlershaus hieß im Volksmund Biehlerschhaus und der Weiher dabei Biehlersch Weiher. Der Weiher wurde in den 1960er Jahren vom Angelsportverein Furpach wieder neu angelegt und wird heute allgemein als Biehlersweiher bezeichnet.

Lindenallee NK früher Canalstraße, volkstümlich lange Seufzerallee genannt

Lage und Verlauf:
Die Lindenallee ist ein Teil der Hauptverkehrsachse der Innenstadt in Ost-West-Richtung. Sie beginnt östlich an der Brückenstraße, kreuzt entlang des Stummplatzes die Bahnhofstraße, dann die Gastav-Regler-Straße und endet an der Einmündung Königsbahnstraße/Redener Straße unmittelbar vor dem „Plättchesdohle".

Informationen zum Namen und zur Geschichte der Straße:
Bevor das Eisenwerk sich vom früheren Hüttenweiher in Richtung der Blies ausgedehnt hatte, gab es im Bliestal saftige Wiesen, die auch intensiv landwirtschaftlich genutzt wurden. Die Wiesen südlich der Blies waren auf der einen Seite von der Blies und auf der anderen Seite vom Hammergraben begrenzt. Bei dem Graben handelte es sich lediglich um den Abfluss des eigentlichen Hammergrabens im Eisenwerksgelände, der Wasser aus der Blies ins Werk leitete und das gebrauchte Wasser dann wieder in die Blies zurückfließen ließ[L37].

Diese Idylle hielt sich verhältnismäßig lange und wich erst in den letzten Jahrzehnten vor 1900 langsam den sich ausdehnenden Wohngebieten infolge der Industrialisierung. Etwa 1860 wurde von der Bahnhofstraße aus nach Osten entlang des Hammergrabens ein Weg angelegt, der eher ein Feldweg war. Dieser Weg wurde Canalstraße (gelegentlich auch Kanalstraße geschrieben) genannt, weil der Hammergraben ein Kanal und kein natürlicher Wasserlauf war. Der endete etwa in Höhe des heutigen Gesundheitsamtes. Der

Lindenallee aus Richtung Brückenstraße, rechts das Gesundheitsamt und Arbeitsgericht

Ablauf des Hammergrabens mündete im Bereich der Brückenstraße in die Blies.

Vom Ende der Canalstraße aus konnte man über einen Verbindungsweg an der Millerstraße vorbei in die Viktoriastraße (heute Lutherstraße) gelangen. Erst nach Erbauung der Bliesbrücke im Zuge der Brückenstraße (1901) an Stelle der vorherigen wackeligen Holzbrücke wurde die Canalstraße bis zur Brückenstraße durchgeführt, wo sie mit einem steilen Anstieg endete. Am 24. 04. 1903 wurde die Straße in Lindenallee umbenannt, da nun dort auch tatsächlich Linden angepflanzt wor-

---

L36 Ratgeber für den Trauerfall, vgl. Anm. A28, S. 13

L37 Gillenberg: NK vom Meyerhof, vgl. Anm. H5, S. 6

den waren[L38]. Der Name Lindenallee übertrug sich bald auf den gesamten Platz, der von Blies, Bahnhofstraße, Hammergraben und Brückenstraße umschlossen wurde und der sich als große Freifläche zum Festplatz für das aufstrebende Neunkirchen entwickelte.

Im Schatten der Lindenbäume standen einige Bänke, die an Sommerabenden gerne von Liebespaaren aufgesucht wurden. In der Dunkelheit konnte man angeblich oft Seufzer aus diesem Bereich hören, weshalb sich im Volksmund der Name Seufzerallee herausbildete[L39]. Der Anfang des 20. Jh. in Neunkirchen bestehende Verschönerungsverein suchte lange eine Örtlichkeit zur Anlage einer Eisbahn für den winterlichen Schlittschuhsport. Zunächst fand man dazu die mit dem Bliesufer damals auf gleicher Höhe liegende Lindenallee. Im Winter wurde das Gelände geflutet und bei Frost entstand eine Eisbahn. Erstmals konnte im Winter 1904/05 dort Schlittschuh gelaufen werden. Die Benutzer der Eisbahn zahlten 10 Pfennige, mittwochs und samstags stand die Bahn der Schuljugend kostenlos zur Verfügung. Bei Eisfesten spielte eine Kapelle auf und am Rand gab es Glühwein und heiße Maronen. Im Sommer fand hier die Kirmes statt und es gastierten auch Zirkusunternehmen auf dem Platz. Hier fanden große Vereinsfeste und Platzkonzerte statt, wozu ein besonderer Musikpavillon errichtet worden war[L40]. Aber auch in der sportlichen Geschichte hatte der Platz seine Bedeutung. Der TUS 1860 hat lange Jahre hindurch dort seine Übungen betrieben und ihm übertragene Gauturnfeste durchgeführt. Auch die Gründer des Neunkircher Fußballs wählten in den Anfangsjahren öfter den Platz an der Allee als Austragungsort von Spielen. Nach 1935 wurde der Hammergraben in eine unterirdischen Kanalisation verlegt[L41].

Im 2. Weltkrieg war die Innenstadt von Neunkirchen, wie auch die anderer Städte, zum überwiegenden Teil zerstört worden. Um einen ungeordneten Wiederaufbau zu vermeiden, wurde am 30. 07. 1948 im Saarland das Gesetz über Planung und Städtebau verabschiedet, das für Neunkirchen am 10. 03. 1950 in Kraft trat. Für einzelne Bereiche wurden Teilortspläne erstellt. Vordringlich erschien der Ausbau der Lindenallee, die Beseitigung der Hochwassergefahr durch Begradigung

der Blies, der Neubau einer breiten Bliesbrücke zur Verbesserung der Verkehrsverhältnisse, die Schaffung einer breiten Straßenführung und der Bau eines innerstädtischen Busbahnhofs in der Lindenallee.

Nach der Begradigung der Blies wurde das tiefer gelegene Gelände südlich der Blies zwischen Bahnhofstraße und Brückenstraße (die bisherige Lindenallee) mit dem massenhaft anfallenden Trümmerschutt des Krieges aufgefüllt und darauf die neue Lindenallee mit dem Busbahnhof angelegt. Diese Arbeiten wurden 1956 abgeschlossen. An der neuen Straße wurde 5-geschossige und 9-geschossige Bauweise erlaubt. An der Ecke Lindenallee/Bahnhofstraße entstand das 9-geschossige Corona-Hochhaus. Die ab 1953 entstandenen markanten Hochbauten schufen zwar ein Verkehrs- und Geschäftszentrum, der Name Lindenalle war jetzt allerdings nicht mehr zutreffend. Er blieb jedoch als gewachsener, eingewurzelter Name bestehen.

Nach Abriss des Eisenwerks Anfang der 80er Jahre wurde die Lindenallee im Zuge der Neubebauung der Industriebrache über das bisherige Werksgelände nach Westen bis zur Einmündung Königsbahnstraße vor dem „Plättchesdohle" verlängert. Die Einbeziehung dieses neuen Straßenstücks in die Lindenallee wurde vom Stadtrat am 16. 12. 1987 beschlossen und die Einweihung am 18. 12. 1987 gefeiert. Und jetzt zieren auch wieder Lindenbäume die Straße.

Öffentliche oder sonst bedeutsame Gebäude in der Straße:

- Gesundheitsamt mit Arbeitsgericht
  Von 1952 bis 1954 entstand in der Lindenallee ein Neubau zur Unterbringung des staatlichen Gesundheitsamtes, in dem damals auch das Versorgungsamt untergebracht war. Bis zum 2. Weltkrieg war das Gesundheitsamt im Hause Kaiser-Behr untergebracht, das jedoch bei einem Bombenangriff völlig zerstört worden war. Nach einer notdürftigen Unterbringung nach Kriegsende zunächst in einer Wohnung und dann im Anwesen Bahnhofstraße 50 konnte schließlich 1954 der Umzug in den Neubau in der Lindenallee stattfinden[L42].
  In dem Gebäude Lindenallee 13 befindet sich heute neben dem Gesundheitsamt auch das Arbeitsgericht Neunkirchen.

L38   Saar- und Blieszeitung v. 25. 04. 1903; Krajewski: Plaudereien 5, vgl. Anm. F2, S. 5

L39   StA Neunkirchen, Best. Varia Nr. 156

L40   Krajewski: Plaudereien 3, vgl. Anm. B7, S. 31, 53

L41   Saarl. Tageszeitung v. 03. 09. 1941

L42   Stumm, Dieter: Wohlfahrts- und Gesundheitswesen – Teil 2, in: Stadtbuch 2005, vgl. Anm. B7, S. 280

- Spitzbunker

  Der 23 Meter hohe Spitzbunker lag ursprünglich auf dem Werksgelände des Neunkircher Eisenwerkes. Er war vor schon 1937 in Erwartung eines Krieges zum Schutz von Werksangehörigen vor Fliegerangriffen gebaut worden. Auf neun Etagen fanden insgesamt bis zu 400 Menschen Schutz in dem Betonbauwerk[L43]. Bomben sollten an den schrägen Außenwänden zur Seite hin abprallen, Schüsse aus Maschinenwaffen konnten den Beton nicht durchdringen.

  Im August 2003 wurde das Industriedenkmal nach gründlicher Renovierung für Besichtigungen im Rahmen von Hüttenwegsführungen freigegeben. Seit Mai 2005 gibt es im Bunker eine Dauerausstellung mit historischen Dokumenten, die sich mit dem Krieg und seinen Folgen in Neunkirchen beschäftigt.

- Stummsche Kapelle[L44].

  Die Kapelle, die heute am Bahndamm nördlich des neuen Teils der Lindenallee steht, wurde 1852/54 von der Familie Stumm im neugotischen Stil zu ihrer ausschließlichen Nutzung gebaut. Hier wurden Kindtaufen, Eheschließungen und Trauergottesdienste zelebriert. Die Kapelle lag damals im Stummschen Park, der sich hinter dem Herrenhaus, dem Wohnhaus der Familie Stumm, ausbreitete. Im 2. Weltkrieg wurde die Kapelle im Kriegsgeschehen stark beschädigt und drohte nach dem Krieg zu zerfallen. Das Gemäuer ohne Dach wurde in den 1980er Jahren von der Stadt soweit renoviert, dass ein weiterer Verfall verhindert wurde.

Lindenstraße NK *heute Brauereistraße*
Siehe Brauereistraße

Lindenstraße Ha zeitweise (1936 – 1945) Straße des 13. Januar

Lage und Verlauf:
Die Lindenstraße ist in der Ortsmitte von Hangard eine Verbindungsstraße zwischen der Straße An der Ziegelhütte und der Straße Im Schachen.

Lindenstraße aus Richtung Im Schachen

Informationen zum Namen und zur Geschichte der Straße:
Die Straße war früher schon und ist auch heute noch mit Linden bestanden, daher der Straßenname.

Nach der Volksabstimmung vom 13. Januar 1935 und dem Wiederanschluss des Saargebietes an das Deutsche Reich wurden in Neunkirchen und in den meisten anderen Orten des Saargebietes Straßen nach Nazi-Größen oder –Märtyrern benannt.

In fast allen Orten gab es eine Adolf-Hitler-Straße, auch in Hangard. Der nach der Abstimmung für das Saargebiet zuständige NS-Gauleiter Joseph Bürckel gab Anfang Januar 1936 die Anweisung, dass in allen saarländischen Gemeinden aus Anlass des ersten Jahrestages der Abstimmung eine Straße Straße des 13. Januar heißen solle und in größeren Gemeinden zusätzlich ein Platz der Deutschen Front oder ein Befreiungsplatz zu benennen sei[L45].

In Hangard wurde die bisherige Lindenstraße nach dem Abstimmungsdatum benannt. Unmittelbar nach Kriegsende erhielt die Straße wieder ihren alten Namen.

Lindenweg Wi *jetzt Espenweg*
Siehe Espenweg

Lissen Wi *volkstümlich für Kirchhofstraße, heute Teil der Römerstraße*
Siehe Römerstraße

L43 Saarbrücker Zeitungv. 09. 05. 2005
L44 Krajewski: Plaudereien 7, vgl. Anm. A23, S. 26; Gillenberg: NK vom Meyerhof…. , vgl. Anm. H5, S. 16

L45 Linsmayer: Der 13. Januar, vgl. Anm. H80, S. 16

Lisztstraße NK früher Beethovenstraße

Lage und Verlauf:
Die Lisztstraße ist eine kurze Verbindungsstraße zwischen Wellesweilerstraße und Goethestraße.

Lisztstraße aus Richtung Goethestraße

Informationen zum Namen und zur Geschichte der Straße:
Die schon vor 1914 geplanten beiden Bliesuferstraßen (Nord- und Südufer) entlang der begradigten Blies wurden nach dem 1. Weltkrieg ausgebaut. Die schon kurz nach 1900 begonnene und dann stückweise durchgeführte Bliesregulierung verminderte zwar die Überschwemmungsgefahr für den Unterort, veränderte andererseits aber die Tallandschaft in erheblichem Maße. Nach einem Grundsatzbeschluss des Gemeinderates Neunkirchen vom 24. 04. 1903 wurden den in dem durch die Bliesregulierung neu gewonnenen Gelände nördlich der Blies befindlichen Straßen, soweit sie auf die Blies zulaufen, Komponistennamen und, soweit sie in der gleichen Richtung wie die Blies verlaufen, Dichternamen gegeben. Diesem Beschluss zufolge wurde die Straße zwischen Wellesweiler- und Goethestraße nach dem Komponisten Ludwig van Beethoven be-

nannt[L46].
Als es nach der Gebiets- und Verwaltungsreform 1974 eine weitere Beethovenstraße in der Stadt gab, wurde die in Neunkirchen liegende nach dem Klaviervirtuosen und Komponisten Franz von Liszt umbenannt.
Die Straße hat, wie schon 1927, nur insgesamt 8 Wohnanwesen.

Informationen zum Namensgeber:
Franz von Liszt (22. 10. 1811 – 31. 07. 1886), Klaviervirtuose und Komponist öster.-ung. Abstammung. Er war der gefeiertste Klaviervirtuose seiner Zeit und setzte sich vor allem für das Werk seines Freundes und Schwiegersohns Richard Wagner ein. Er war selbst aber auch der Schöpfer von Oratorien, Liedern, Klavierkompositionen und sinfonischen Dichtungen. 1859 wurde er geadelt, 1886 starb er in Bayreuth.

Öffentliche oder sonst bedeutsame Gebäude in der Straße:
- Moschee
  Im Anwesen Lisztstraße 4 befindet sich seit 1995 die DITIB-Yunus-Emre-Moschee der islamischen Gemeinde Neunkirchen. Bei dem Gebäude handelt sich um eine ehemalige Werkstätte mit Lagerraum, die der Türkisch-Islamische Kulturverein Neunkirchen erworben und als erste nichtchristliche Gebets- Versammlungs- und Kommunikationsstätte nach dem Krieg im Kreis Neunkirchen eingeweiht hat[L47].

Litzelholz Fu vorher Im Litzelholz

Lage und Verlauf:
Die Straße zweigt von der Ludwigsthaler Straße im Stadtteil Furpach nach Westen ab und geht in ihrer Verlängerung in die Nachtweide über.

Informationen zum Namen und zur Geschichte der Straße:
Der Straßenname geht auf die Flurbezeichnung „Hinter dem Lützelholz" zurück, die es in diesem Bereich gibt. Der Heimatforscher Kurt Wildberger definierte die Flurbezeichnung so: lützel, litzel = klein, holz = Gehölz, es stand dort also früher ein kleines Gehölz oder ein kleiner Wald.

L46 Saar- und Blieszeitung v. 25. 04. 1903
L47 Saarbrücker Zeitung v. 04. 10. 2002

Litzelholz aus Richtung Ludwigsthaler Straße

Lohnertstraße Blickrichtung nach Osten

Zwischen 1936 und 1938 wurde auf dem Gelände des früheren Hofgutes Furpach durch die Saarpfälzische Heimstätte GmbH eine Siedlung erstellt. Im 1. Bauabschnitt wurden im Bereich nördlich der Limbacher Straße und westlich der nach Ludwigsthal führenden Straße folgende Straßen erschlossen. So entstanden 80 Volkswohnungen, 88 Siedlerstellen und 60 Eigenheime[L48] in den Straßen: Nachtweide, Kleeweide, Buchenschlag, Lattenbüsch, Litzelholz, Vor Birkum Geißenbrünnchen. Kaum eines der Häuschen ist noch in seinem ursprünglichen Zustand. Fast alle wurden um- oder angebaut.

In den ersten Jahren hieß die Straße Im Litzelholz. Als unmittelbar nach Kriegsende viele Straßennamen umgeändert wurden, erhielt die Straße ihren jetzigen Namen, nur noch Litzelholz.

Litzmannstraße We *(1935 – 1945) davor Straße am Berg, heute Bergstraße*
Siehe Bergstraße
Informationen zum damaligen Namensgeber:
Karl Litzmann (22.01.1850 – 28. 05. 1936) General im 1. Weltkrieg (Durchbruch bei Brzeziny), eroberte am 18. 08. 1915 Kowno, 1932 Alterspräsident des Reichstages (NSDAP), preußischer Staatsrat.

Lohnertstraße NK
Lage und Verlauf:
Die Lohnertstraße ist eine Sackgasse, die parallel zur Straße Im Altseiterstal unmittelbar vor der Spieser Höhe

bzw. zwischen der Straße Im Altseiterstal und dem Judenfriedhof in Ost-West-Richtung verläuft.

Informationen zum Namen und zur Geschichte der Straße:
Der Straßenname, der vom Stadtrat in einer Sitzung am 22. 08. 1973 festgelegt worden ist, geht auf die Flurbezeichnung „Auf Lohnert" zurück, die es in der Nähe gibt. Alternativ war damals von dem Heimatforscher Bernhard Krajewski auch der Name Maienweg, ebenfalls nach einer in der Nähe vorhandenen Flurbezeichnung, vorgeschlagen worden.

Die Straße gehört zum Wohngebiet Altseiterstal. Dieses Wohngebiet ist ab den späten 1960er Jahren entstanden. Sowohl die Straße im Altseiterstal, wie auch die Lohnertstraße haben ein paar kleine Seitenstraßen, in denen Reihenbungalows mit Flachdächern stehen.

Lortzingstraße Wi vorher Händelstraße

Lage und Verlauf:
Es handelt sich um eine kleine Sackgasse, die von der Bexbacher Straße gegenüber der Brucknerstraße nach Süden abzweigt, nach ca. 20 m eine Biegung nach Westen vollzieht und dann unmittelbar hinter den Häusern auf der Südseite der Bexbacher Straße verläuft. Nach weiteren ca. 40 m endet sie.

Informationen zum Namen und zur Geschichte der Straße:
1954 machte der Kultur- und Heimatring Wiebelskirchen den Vorschlag einige Straße neu- bzw. umzube-

---

L48 Mons: Siedlungsgeschichte Furpach, vgl. Anm. B35, S. 17 ff

Lortzingstraße aus Richtung Bexbacher Straße

nennen. Bis dahin gab es einige kleine Seitenstraßen, die keine Namen hatten. Die heutige Lortzingstraße lief unter Hausnummern der Bexbacher Straße. Zur leichteren Orientierung wurden wie in vielen anderen Gemeinden ein Dichter-, ein Musiker- und ein Malerviertel geschaffen. Die Seitenstraßen der Bexbacher Straße wurden nach Musikern und so diese bisher unbenannte kleine Gasse nach dem Komponisten Georg Friedrich Händel benannt. Als es nach der Gebiets- und Verwaltungsreform 1974 eine weitere Händelstraße im neuen Stadtgebiet gab, wurde die in Wiebelskirchen liegende nach dem Komponisten Albert Lortzing umbenannt. Die kleine Gasse ist nur auf ihrer Südseite bebaut.

Informationen zum Namensgeber:
Albert Lortzing (23.10.1801 – 21.01.1851), Opernkomponist, wurde in Berlin geboren. Er war Schauspieler und Sänger in Detmold und Leipzig und Kapellmeister in Berlin. Seine bekanntesten Opern sind: „Zar und Zimmermann" (1837) und „Der Wildschütz" (1842).

Ludendorffstraße NK *heute Fernstraße*
Siehe Fernstraße

Informationen zum damaligen Namensgeber:
Erich Ludendorff (09.04.1865 – 20. 12. 1937) General der Infanterie. Er war u. a. während des 1. Weltkrieges als Chef des Generalstabes unter Hindenburg an dem Sieg bei Tannenberg/Ostpreußen über die Russen beteiligt. Nach dem Krieg schloss sich Ludendorff vorübergehend Hitler an, gründete dann aber eine eigene nationalistische Organisation. Er gehörte zu den Begründern der Dolchstoßlegende, nach der Deutschland den Krieg nicht militärisch, sondern durch Sabotage aus der Heimat (Dolchstoß von hinten) verloren habe.

Ludwigsthaler Straße Fu

Lage und Verlauf:
Die Ludwigsthaler Straße zweigt von der Limbacher Straße nach Norden ab und führt als Geschäftsstraße des Stadtteils Furpach in Richtung des Stadtteils Ludwigsthal, wo sie in Höhe der Autobahnbrücke in die Furpacher Straße übergeht.

Ludwigsthaler Straße aus Richtung Limbacher Straße

Informationen zum Namen und zur Geschichte der Straße:
Die Straße trägt diesen Namen, da sie in Richtung des Stadtteils Ludwigsthal führt.

Zwischen 1936 und 1938 wurde auf dem Gelände des früheren Hofgutes Furpach eine Siedlung erstellt. Im 1. Bauabschnitt wurden in dem Bereich nördlich der Limbacher Straße und westlich der Ludwigsthaler Straße einige kleine Straßen erschlossen und mit kleinen Siedlungshäusern bebaut. Bis zum Ende des 2. Weltkrieges war die Ludwigsthaler Straße die östliche Begrenzung dieses Erschließungsgebietes.

In den Jahren 1955/56 wurden dann auf beiden Seiten der Straße in Privatinitiative Wohn- und Geschäftshäuser gebaut. So kann man die Straße auch heute noch als Hauptstraße des Stadtteils bezeichnen.

Öffentliche oder sonst bedeutsame Gebäude und Einrichtungen in der Straße:
- Marktplatz
  Siehe Marktplatz Furpach

Ludwigsthaler Straße We heute Eifelstraße
Siehe Eifelstraße

Ludwigstraße Ha

Lage und Verlauf:
Die Ludwigstraße zweigt von der Rohnstraße nach Westen ab, vollzieht am westlichen Ende eine Schwenkung nach Süden und mündet dann in die Straße Am Altzberg.

Ludwigstraße vor der Schwenkung nach Süden

Informationen zum Namen und zur Geschichte der Straße:
Wie in Neunkirchen und Wiebelskirchen gibt es auch in Hangard einige Straßen, die nach dem Vornamen des ersten Bewohners benannt sind, so wie auch die Ludwigstraße. Über den Namensgeber ist allerdings nichts bekannt. Es handelt sich um eine reine Wohnstraße.

Ludwigstraße NK heute Bürgermeister-Ludwig-Straße
Siehe Bürgermeister-Ludwig-Straße

Informationen zum Namensgeber:
Ruffing Ludwig

Ludwigstraße Wi volkstümlich Mühlenstraße, heute Beethovenstraße
Siehe Beethovenstraße

Informationen zum damaligen Namensgeber:
Ludwig Eisenbeis, Mühlenbesitzer. Die Straße war laut

Bürgerbuch der Bürgermeisterei Wiebelskirchen von 1911 nach dem Vornamen des ältesten Besitzers der an der Straße gelegenen Mühle benannt worden

Lübbener Platz NK

Lage und Verlauf:
Der Lübbener Platz liegt zwischen Corona-Hochhaus und Parkhaus des Saarparkcenters und wird auf den beiden anderen Seiten von der Lindenallee und der Blies begrenzt.

Lübbener Platz

Informationen zum Namen und zur Geschichte der Straße:
Aus Anlass des 10-jährigen Jubiläums der Städtepartnerschaft zwischen Neunkirchen und Lübben im Spreewald wurde der Platz am Ende der Bahnhofstraße zwischen Lindenallee und Kurt-Schumacher-Brücke 1996 Lübbener Platz benannt[L49]. Zur Lindenallee ist der Platz mit einem runden, zweigeschossigen Gebäude (volkstümlich Keksdose), in dem sich ein Café befindet, abgegrenzt.

Informationen zur namensgebenden Stadt:
Lübben, sorbisch Lubin, im Spreewald ist seit dem 12. 12. 1986 Partnerstadt von Neunkirchen. Damals, noch zur DDR-Zeit, lag Lübben im Bezirk Cottbus, heute im Land Brandenburg. Die Stadt hat ca. 14 000 Einwohner, eine Kreisverwaltung, ein Renaissanceschloss aus dem Jahre 1682, in dem die Oberamtsregierung der sächsischen Niederlausitz bis 1815 amtierte. Die Spree

---

L49 Saarbrücker Zeitung v. 30. 04. 1996

durchzieht mit vielen Kanälen die Stadt und die Umgebubung. Lübben ist daher idealer Ausgangspunkt für Bootsfahrten im Spreewald.

Die Bevölkerung hat slawische Wurzeln. Im 7. und 8. Jh. wanderten slawische Wenden in die bevölkerungsleere Region ein. Ihre Nachkommen, die Sorben, deren Zahl auf ca. 60 000 geschätzt wird, genießen kulturelle Autonomie. Deshalb sind auch Straßenschilder und sonstige offizielle Namen grundsätzlich zweisprachig.

Luisenstraße NK (alt) *danach Falkensteinstraße,*
heute Falkenstraße
Siehe Falkenstraße

Luisenstraße NK (neu) vorher Teil der Ludwigstraße

Lage und Verlauf:
Die Luisenstraße ist eine Verbindungsstraße zwischen Falkenstraße und Jägerstraße, die südlich parallel zur Max-Braun-Straße verläuft.

Informationen zum Namen und zur Geschichte der Straße:
Ursprünglich war die heutige Luisenstraße eine Verlängerung der Ludwigstraße (heutige Bürgermeister-Ludwig-Straße) nach Osten. Luisenstraße hieß damals die heutige Falkenstraße. Mit Beschluss des Gemeinderates Neunkirchen vom 24. 04. 1903 wurde die vorherige Luisenstraße in Falkensteinstraße (heute Falkenstraße) umbenannt und der Teil der Ludwigstraße zwischen Falkensteinstraße und Jägerstraße als Luisenstraße bezeichnet[L50]. Der restliche Teil der Ludwigstraße behielt diesen Namen bis zur Umbenennung in Bürgermeister-Ludwig-Straße. Während eine Reihe von Straßen in Neunkirchen nach den ersten männlichen Bewohnern benannt sind, gibt es heute im Stadtzentrum nur zwei Straßen, die nach weiblichen Vornamen benannt sind, die Elisabethstraße und die Luisenstraße. Im Situationsplan von Neunkirchen aus dem Jahre 1883 ist die Luisenstraße noch nicht eingezeichnet[L51]. 1905 hatte sie dann aber schon, wie auch heute, 14 Hausnummern/Wohnanwesen. Dabei handelt es sich durchweg um viergeschossige reine Wohngebäude.

Informationen zur Namensgeberin:
Luise Schley. Zur Namensgeberin der Elisabethstraße

Luisenstraße aus Richtung Jägerstraße

ist nichts bekannt. Die Herkunft des Namens Luisenstraße konnte der Heimatforscher Bernhard Krajewski dank einer freundlichen Mitteilung von Frau Dr. Spehr klären.

Nach ihrer Angabe ist die Straße nach Luise Schley benannt. Diese stammte aus der begüterten Familie Schley in der Heizengasse, war unverheiratet und verkaufte die ihr aus ihrem Erbteil zugefallenen Ländereien im Bereich der heutigen Falkenstraße – Luisenstraße an die aufstrebende Gemeinde Neunkirchen zur Erschließung von Wohngebieten. Als eine anerkennende Geste soll dann dort eine Straße nach ihrem Vornamen benannt worden sein.

Luisenstraße Wi *vorher Erlick, danach Teil der Schillerstraße und der Straße Am Güterbahnhof, heute durchgehend Schillerstraße*
Siehe Schillerstraße

Informationen zur Namensgeberin:
Luise (1776 – 1810), Königin von Preußen, seit 1793 mit dem späteren König Friedrich Wilhelm III. von Preußen verheiratet. Sie versuchte 1807 in Tilsit vergeblich von Napoleon bessere Friedensbedingungen für Preußen zu erreichen.
Wegen ihrer menschlichen Schlichtheit war sie im Volk sehr beliebt. Es gab sogar einen „Bund Königin Luise", der nach vorübergehender Auflösung 1933 durch den Reichsjustizminister Frick in seine alten Rechte zurückversetzt wurde[L52].

L50   Saar- und Blieszeitung v. 25. 04. 1903
L51   Situat.-plan NK 1883, vgl. Anm. A4

L52 Saar- und Blieszeitung v. 04. 10. 1933

Lutherstraße NK früher Viktoriastraße

Lage und Verlauf:
Die Straße beginnt am Unteren Markt und verläuft in nordöstlicher Richtung bis zur Marienstraße.

Lutherstraße aus Richtung Marienstraße,
links Stadtbücherei und Lutherschule,
hinten die Christuskirche am Unteren Markt

Informationen zum Namen und zur Geschichte der Straße:
Die Straße ist wohl schon in der zweiten Hälfte des 19. Jh. entstanden, denn als der Ortsbaumeister Riemann dem Bürgermeister Jongnell von Neunkirchen am 15. 05. 1879 die Beschaffung von Namensschildern für 49 Straßen und 8 Wohnplätze vorschlug, tauchte der Name Viktoriastraße in dieser Aufstellung zum ersten Mal auf. Für die Straße mussten damals 2 Straßenschilder jedoch keine Hausnummernschilder beschafft werden[L53]. Offenbar gab es zu diesem Zeitpunkt noch keine Bebauung in der Straße. Die Straße hatte ihren ersten Namen von dem Viktoriahospital, das damals am (östlichen) Ende der Straße entstanden war. Mit diesem Namen ist sie auch im Stadtplan von 1883 eingezeichnet[L54].
In der zweiten Hälfte des 19. Jh. wuchsen die Bevölkerung und die Stadt auf Grund der enorm ansteigenden Industrialisierung in einem ungeheuren Tempo. Jeweils in 15 – 20 Jahren verdoppelte sich die Bevölkerung immer wieder und suchte industrienahen Wohnraum. Es entstanden ständig neue Straßen, die in der euphorischen Stimmung nach dem gewonnenen Krieg 1870/71

L53 Beschaffung von Straßenschildern, vgl. Anm. A8
L54 Situationsplan NK 1883, vgl. Anm. A4

oft nach Mitgliedern des Kaiserhauses benannt wurden, ebenso öffentliche Gebäude. Zur damaligen Namensgeberin – siehe Viktoriastraße.
Unmittelbar nach dem 2. Weltkrieg erhielt die Straße den Namen Lutherstraße.

Informationen zum Namensgeber:
Martin Luther (10.11.1483 – 18.02.1546), Kirchenreformator und Begründer des Protestantismus. Nach dem Gymnasium studierte er von 1501 bis 1505 Philosophie in Erfurt und schrieb sich dann an der juristischen Fakultät der Universität ein, verblieb aber nur zwei Monate, da er nach einem schweren Gewitter mit Blitzeinschlag das Gelübde ablegte, Mönch zu werden. 1505 nahm er das Studium der Theologie auf und empfing 1507 die Priesterweihe. 1512 legte er seine Doktorarbeit in Theologie vor und übernahm 1513 die Professur für Bibelauslegung am Konvent in Wittenberg. Am 31. Oktober 1517 publizierte Luther seine berühmten 95 Thesen gegen die Bußpraxis und den Ablasshandel der Kirche an der Schlosskirche zu Wittenberg. Diese Veröffentlichung war nach den akademischen Gepflogenheiten seiner Zeit lediglich als Aufforderung zu einem wissenschaftlichen Disput gedacht. Seine Glaubenssätze stießen aber, für Luther völlig überraschend, in ganz Deutschland auf enormen Zuspruch. 1520 verurteilte die Kurie Luthers Disputationen und exkommunizierte ihn ein Jahr später. Als er auch vor dem Reichstag zu Worms 1521 den Widerruf seiner Kritik an der verweltlichten Kirche ablehnte, wurde durch das Wormser Edikt die Reichsacht über Luther verhängt. Zu seinem Schutz ließ ihn der Kurfürst von Sachsen, Friedrich der Weise, entführen und brachte ihn auf die Wartburg. Hier begann Martin Luther, das Neue Testament vom Griechischen ins Deutsche zu übersetzen.
1525 ehelichte Luther die ehemalige Nonne Katharina von Bora, mit der er sechs Kinder hatte. 1534 beendete Luther seine Übersetzung des Alten Testaments; die erste deutschsprachige Gesamtausgabe der Bibel wurde veröffentlicht. Die Drucklegung seiner Werke in deutscher Sprache führte zu einer Aufwertung und Vereinheitlichung der deutschen Schriftsprache. Luther starb 1546 in Eisleben.

Öffentliche oder sonst bedeutsame Gebäude in der Straße:
- Spritzenhaus
  Am 28. 02. 1874 gründeten 48 Bürger, die sich

291

unter Leitung des Bürgermeisters Jongnell getroffen hatten, die Freiwillige Feuerwehr Neunkirchen. Der Aufbewahrung und Pflege der Geräte und Ausrüstungsgegenstände dienten zwei sogenannte Spritzenhäuser. Davon stand eines an der Ecke Synagogenstraße (heute Irrgartenstraße/Alleestraße) und das andere in der früheren Viktoriastraße (heute Lutherstraße)[L55]. Das Spritzenhaus in der Viktoriastraße stand auf der Südseite mit einer Zufahrt zwischen der heutigen Stadtbücherei und dem Schulgebäude. Nach dem Verwaltungsbericht für die Bürgermeisterei Neunkirchen für die Jahre 1895 – 1903 wurde dieses Spritzenhaus 1898 errichtet. Wie lange es in Betrieb war, ist nicht belegt.

Als die beiden Gerätehäuser zu klein geworden waren, wurde ein größeres im Maurersgäßchen gebaut.

- Viktoriahospital/Hüttenkrankenhaus
In den 1830er Jahren richtete das Neunkircher Eisenwerk in einem Verwaltungsgebäude für seine erkrankten Arbeiter ein provisorisches Hüttenlazarett ein. Ab 1858 fanden verletzte Hüttenarbeiter im Bergmannslazarett in der Wellesweilerstraße Aufnahme. Das Viktoriahospital wurde 1874 als neues Hüttenlazarett erbaut[L56]. Es stand damals am Ende der Viktoriastraße, die Hospitalstraße gab es noch nicht. Später war es das Hüttenkrankenhaus und ab 1965 dann Städtisches Krankenhaus. 1974 wurde das Gebäude abgerissen, nachdem das Städtische Krankenhaus in ein neues Haus in der Brunnenstraße verlegt worden war. Auf dem Gelände steht heute zum Teil die Hauptpost, teilweise befinden sich auf dem Gelände Parkplätze.

- Lutherschule (früher Viktoriaschule)
Das ursprüngliche Schulhaus in der damaligen Viktoriastraße war 1866 erbaut und 1877/78 erweitert worden. In ihm waren im Laufe der Zeit verschiedene Schulsysteme untergebracht. Das Gebäude wurde im 2. Weltkrieg bei Bombenangriffen zerstört.

Am 22. 09. 1955 wurde der Schulhausneubau der Lutherschule im Rahmen eines feierlichen Festaktes seiner Bestimmung übergeben[L57]. An der Stelle, an der früher die Viktoriaschule stand, in der einmal auch das Lyzeum untergebracht war, war mit einem Kostenaufwand von 125 Millionen Franken ein neuer gut durchgeplanter Schulhausbau entstanden. In der Schule war zunächst ein Volksschulsystem untergebracht. Im Sommer 1989 wurde im Rahmen der sogenannten Schulrochade Neunkirchen die Realschule 2, die vorher im Schulgebäude in der Haspelstraße untergebracht war, in die Lutherschule verlegt.

Nach einer Verfassungsänderung wurden 1996 im Saarland Realschulen und Hauptschulen zu einer neuen Schulform, der Erweiterten Realschule, zusammengefasst. Seither ist die Erweiterte Realschule Innenstadt in der Lutherschule untergebracht.

L55   Treitz, Reinhold: Feuerlöschwesen in NK, in: Stadtbuch 1955, vgl. Anm. A12, S. 418; Krajewski: Plaudereien 4, vgl. Anm. B50, S. 31 ff

L56   Wildberger, Kurt: Soziale Einrichtungen, in: Stadtbuch 1955, vgl. Anm. A12, S. 398

L57   Saarbrücker Zeitung v. 22. 09. 1955

Mackensenstraße We *(1935 – 1945) früher Sand-hügelstraße, dann Steinwaldstraße, heute Bürgermeister-Regitz-Straße*
Siehe Bürgermeister-Regitz-Straße

Informationen zum damaligen Namensgeber:
Ludwig August von Mackensen (06.12.1849 – 08. 11. 1945), preußischer General. Im August 1914 war er an den Kämpfen bei Tannenberg/Ostpreußen gegen die Russen beteiligt. Ab April 1915 war er als Generalfeldmarschall Führer der deutschen Truppen in Galizien und eroberte dabei Brest-Litowsk. Später leitete er Feldzüge in Serbien und in Rumänien. Nachdem er bei Kriegsende in Ungarn und in Saloniki interniert worden war, kehrte er 1919 nach Deutschland zurück.

Magdalenenstraße NK *heute Theodor-Fliedner-Straße*
Siehe Theodor-Fliedner-Straße

Informationen zur damaligen Namensgeberin:
Magdalena Schmidt Ehefrau von Friedrich Philipp Schmidt (01.08.1844 - 28.06.1903), Brauereibesitzer, 8 Kinder. Der Ehemann war Besitzer der Gaststätte "Zur Hopfenblü-te" im Anwesen Marktstr. 2 (Ecke Schlossstraße), Stammhaus der Schlossbrauerei Neunkirchen. 1870/71 wurde die Gaststätte geschlossen, 1872/73 der Brauereibetrieb auf den Büchel verlegt.

Maikesselkopf We vorher Am Maykesselkopf, vorher Kuhstallerloch bzw. Kuhstallloch

Lage und Verlauf:
Die Straße Maikesselkopf ist eine als Sackgasse ausgebaute Straße, die von der Rombachstraße aus nach Norden verläuft.

Informationen zum Namen und zur Geschichte der Straße:
Die Straße hat ihren Namen von dem nordwestlich davon gelegenen Hügel Maykesselkopf (307 m). Als die ersten Häuser in der Straße entstanden, hieß sie noch Kuhstallloch oder Kuhstallerloch. Im Einwohnerbuch 1931 ist die Straße noch unter diesem Namen vermerkt. Es gab damals 5 Häuser in der Straße, die noch nicht durchnummeriert waren. Wann die Umbenennung der Straße erfolgte, ist nicht bekannt. Der Flurname „Maykessel" geht höchstwahrscheinlich auf den lateinischen

Maikesselkopf aus Richtung Rombachstraße

Begriff majus castellum zurück. Mit castellum bezeichneten die Römer in der Regel ein kleines befestigtes Lager. Und ein majus castellum war demzufolge ein großes befestigtes Lager. Solche Lager sind oftmals die Keimzelle späterer Ortschaften gewesen, die in ihren Namen oft Abwandlungen von castellum haben (Blieskastel, Altenkessel, Rheinkassel usw.).
Nach dem Wellesweiler Heimatforscher Friedrich Bach hat der Markscheider Dr. Dumm zusammen mit dem Fahrsteiger i. R. Bartsch 1950 auf dem Maykesselkopf die Überreste eines Kastells gefunden, das 1969 von Dr. Schindler als eine römerzeitliche Befestigungsanlage des 3./4. Jahrhunderts erkannt wurde[M1]. Das Kastell soll dem Schutz von Straßen gedient haben, die in diesem Bereich verliefen. So soll u. a. eine Römerstraße von Limbach über Niederbexbach am Kastell des Maykesselkopfs vorbei über den Wasserberg nach Wiebelskirchen, Stennweiler und Tholey gelaufen sein. Eine andere Römerstraße kam von Homburg über Altstadt, Kleinottweiler, Bexbach und vereinigte sich im Bereich Maykesselkopf mit der erstgenannten Straße. Vom Straßenknoten beim Maykesselkopf verlief eine weitere wichtige Abzweigung in Richtung Höcherberg, Dunzweiler zum Glan-, Nahe- und Rheintal. Das Kastell bildet auch die Grundlage für den Flurnamen „Kuhstallloch". In dem so bezeichneten Tal unterhalb der ehemaligen Befestigungsanlage wurde nach der Sage in kriegerischen Zeiten bei Gefahr das Vieh versteckt.
Die Besiedlung der Straße begann 1922 ohne Ausbau

M1 Remy: Heimatbuch We, vgl. Anm. A45, S. 15; Bach: We Auf seinen frühen Spuren, vgl. Anm. H23, S. 287; Krajewski: Plaudereien 7, vgl. Anm. A23, S. 56

und ohne Anlegung einer Straße. Am 01. 05. 1931 berichtete die Saar- und Blieszeitung, am 15. Mai solle mit dem Bau von Kleinbauwohnungen im Kuhstallloch begonnen werden. Am 25. 08. 1932 meldete das gleiche Blatt, zwischenzeitlich sei das 6. Haus fertiggestellt und mit dem Bau des 7. sei begonnen worden. Nach den vorliegenden Karten wurde die Straße zwischen 1930 und 1935 in Maikesselkopf umbenannt.

In den 1950er Jahren wurde mehrfach in Tageszeitungen über fehlende Kanalisation und mangelhaften Ausbau der Straße geklagt. Schließlich meldete die Saarbrücker Zeitung am 08. 02. 1961, derzeit werde die Straße von Grund auf ausgebaut.

Gründe für die unterschiedliche Schreibweise für den Mai(y)kesselkopf sind nicht bekannt.

Maiweg NK *früher Memelstraße, heute Fasanenweg*
Siehe Fasanenweg

Maltitzpfad Fu

Lage und Verlauf:

Der Maltitzpfad ist eine Wohnstraße, die südlich parallel zur Limbacher Straße, der Hauptdurchgangsstraße durch Furpach, verläuft, und zwar vom Tannenschlag bis zum Hasenrech.

Maltitzpfad Blickrichtung Tannenschlag

Informationen zum Namen und zur Geschichte der Straße:

Zwischen 1936 und 1938 wurde auf dem Gelände des früheren Hofgutes Furpach durch die Saarpfälzische Heimstätte GmbH eine Siedlung erstellt. Im 1. Bauabschnitt wurden der Bereich nördlich der Limbacher

Straße und westlich der nach Ludwigsthal führenden Straße und im 2. Bauabschnitt der Bereich südlich der Limbacher Straße und westlich des Hofgutes mit folgenden Straßen erschlossen: Tannenschlag, Maltitzpfad, Hirschdell, Kälberweide, Hasenrech und Kestenbaum. Dort entstanden 42 Volkswohnungen, 66 Siedlerstellen und 20 Eigenheime[M2]. Die meisten dieser Häuser sind heute durch Anbauten oder Aufstockungen durch die heutigen Besitzer in der 2. oder 3. Generation in ihrem Aussehen stark verändert. Der Straßenname geht auf den früheren Jägermeister Maltitz zurück.

Informationen zum Namensgeber:

Der frühere fürstliche Oberforstmeister und Oberjägermeister Freiherr Georg Wilhelm von Maldiß, volkstümlich Maltitz (16.12.1705 – 11.03.1760), lebte im 18. Jh. und stieß durch sein despotisches Verhalten auf tiefe Verachtung und Abneigung bei der Bevölkerung. Als er 1760 starb, wurde er der Sage nach „um Mitternacht, gleich nach zwölf Uhr" beerdigt. Seither soll Maltitz bis heute keine Ruhe finden und bei Sturm nachts, begleitet von Hundegebell, Jagdrufen und Schüssen, auf einem Eber durch die Wälder reiten. Zu seinen Lebzeiten jagte Maltitz auch in den Wäldern bei Furpach, speziell um den Erlenbrunnen.

Malvenweg We

Lage und Verlauf:

Der Malvenweg liegt in der Wohnsiedlung Winterfloß. Er zweigt dort vom Irisweg nach Westen ab und endet als Sackgasse vor dem Wald.

Informationen zum Namen und zur Geschichte der Straße:

Ab etwa 1960 befasste sich die Gemeinnützige Siedlungsgesellschaft Neunkirchen (GSG) mit Plänen für eine Bebauung des Winterfloßgebietes in Wellesweiler. Es sollte eine Wohnsiedlung mit über 700 Wohnungen für ca. 2300 Menschen in einer gemischten Bauweise werden. Es wurden ein- und zweigeschossige Ein- und Zweifamilienhäuser für Privateigentümer, achtgeschossige Häuser mit Eigentumswohnungen und acht- und vierzehngeschossige Häuser mit Mietwohnungen geplant und gebaut. Alle Häuser wurden von der franzö-

---

M2 Mons: Siedlungsgeschichte Furpach, vgl. Anm. B35, S. 17 ff

Malvenweg aus Richtung Irisweg

Mantes-la-Ville-Platz mit altem Hallenbad

sischen Firma Camus mit Fertigbetonteilen erstellt. Die im Werk nach modernen und wirtschaftlichen Methoden vorfabrizierten raumgroßen Elemente wurden auf der Baustelle montiert. Diese Großplattenbauweise lässt ein zügiges Bautempo zu. Der erste Spatenstich erfolgte am 23. 07. 1964. Der verhältnismäßig milde Winter 1964/65 ließ ein Arbeiten ohne Winterpause zu, so dass die ersten Mieter schon 1965 einziehen konnten. Im September 1968 wurde die gesamte Siedlung mit 711 Wohneinheiten und einem eigenen Blockheizkraftwerk mit einem Tag der offenen Tür vorgestellt[M3]. Die Straßen in der Siedlung erhielten alle Blumennamen. Die Durchgangsstraße ist die Rosenstraße, die Seitenstraßen haben die Namen Tulpenweg, Lilienweg, Irisweg, Malvenweg, Narzissenweg.

Mangelsgasse NK *volkstümlich für Oststraße*
Siehe Oststraße

Mantes-la-Ville-Platz NK früher Heusners Weiher, zeitweise Friedrichspark

Lage:
Der Platz liegt westlich des Übergangs von der Hohlstraße in die Zweibrücker Straße, die Teil der Hauptverkehrsachse in Nord-Süd-Richtung durch die Stadt sind.

Informationen zum Namen und zur Geschichte des Platzes:
Der heutige Parkplatz Mantes-la-ville-Platz (vorher Heusners Weiher) war bis gegen Ende des 19. Jh. ein richtiger Weiher. Als der Weiher zugeschüttet war, behielt er weiterhin die Bezeichnung Heusners Weiher zumal sich bei starkem Regen hier immer noch eine große Wasserfläche bildete. Um die Jahrhundertwende hieß die Örtlichkeit kurzzeitig Friedrichspark. Damals hieß auch die Vorgängerin der heutigen Gaststätte Olympia Gasthaus Friedrichspark. Dann wurde der Platz aber wieder Heusners Weiher genannt. Schon 1550 übergab (laut Urkunde des Staatsarchives Koblenz) eine Ella Hornicks „ihrem Dochtermann Jacoben und Walburga ihrer Dochter Haus und Hof und ein Feld im Heusners Deich"[M4]. Weiter wird im ältesten Einwohnerverzeichnis des ehemaligen Oberamtes Ottweiler 1542 bereits ein „Heusers blassin " (Blasius) genannt.

Später gehörte der Weiher den Fürsten von Nassau-Saarbrücken, die ihn in der Hauptsache als Fischweiher benutzten. Für dringliche Fälle hielt sich die Herrschaft stets eine Anzahl Fische in einem Kasten, der in der Straße „Am Fischkasten" stand.

Als in den Jahren nach der Französischen Revolution die Fürsten auch bei uns enteignet wurden, kam der Weiher zum Verkauf. Zum Preise von 11.000 Franken erwarb ihn der damalige Bürgermeister F. Couturier zusammen mit der Ruine des Jagdschlosses Jägersberg und den übrigen zum Schloss gehörenden Liegenschaften. Nicht lange danach veräußerte er ihn wieder. Während sich im Weiher zahlreiche Karpfen und Schleie tummelten, nisteten in den schilfsbewachsenen Ufern wilde Enten und Wasserhühner. Aus der Mitte des Weihers erhob sich eine kleine Insel, ein Eldorado

M3   Neunkircher Stadtanzeiger v. 18. 09. 1968

M4   Krajewski: Plaudereien 1, vgl. Anm. A50, S. 12, 21

für allerlei zahmes und wildes Geflügel. Die Anlieger Leibenguth und die Schlossbrauerei kauften ihn je zur Hälfte. Zu dieser Zeit wurde manches Eisfest auf der spiegelglatten Fläche abgehalten und schicke Schlittschuhläufer und -läuferinnen wiegten sich mehr oder minder graziös nach den Klängen einer schneidigen Kapelle. Während bis dahin das Wasser des Weihers klar und der Fischertrag ansehnlich war, trat nunmehr dadurch eine Wende ein, dass die Brauerei ihr Abwasser hinein leitete. Die Verunreinigung vergrößerte sich noch, als dann der Weiher auch als Pferdeschwemme diente.

1886 kam es am Weiher zu einem Unfall. Zwei Jungen nahmen ein unfreiwilliges Bad, das sie beinahe das Leben gekostet hätte. Das Floß, mit dem sie eine Überfahrt riskieren wollten, kippte und zappelnd und schreiend versanken sie in der Tiefe. Der gerade von der Schicht heimkehrende Bergmann Wilhelm Brabänder hörte ihre Hilferufe, eilte herbei und konnte beide vor dem nassen Tod retten. Für seine mutige Tat wurde dem Lebensretter als erstem Neunkircher die Rettungsmedaille verliehen[M5].

In den letzten Jahren seines Bestehens diente der Heusners Weiher ausschließlich der Eisgewinnung. Maurer und andere Saisonarbeiter, die den Winter über ohne Arbeit waren, brachen für die Brauerei das Eis, und die Fuhrleute, welche ebenfalls im Winter eine knappe Zeit hatten, fuhren es in die Eiskeller[M6]. Als dann die Maschinen zur Herstellung des künstlichen Eises erfunden wurden, waren die Tage des Weihers gezählt.

Im Jahre 1898 begann man ihn zuzuschütten. Der Heusners Weiher wurde Sportplatz. Die ersten Anfänge des Neunkircher Fußballsports spielten sich auf dem Platz ab und manches Fenster der 1907 eröffneten Straßenbahn ging durch einen mißlungenen Torschuss zu Bruch. Als in den nächsten Jahren König Fußball auf dem heutigen Borussia-Platz, dem Ellenfeld, eine bessere Stätte bereitet worden war, musste sich der Heusners Weiher abermals nach einer anderen Verwendungsmöglichkeit umsehen. Er wurde Festplatz. Damit hatte er wohl seine höchste Würde erreicht. Turn- und Vereinsfeste, Kirmestrubel und Zirkusse wechselten miteinander ab. 1902 hielt die Neunkircher Liedertafel ein großes Sängerfest auf dem Platz ab, der vorübergehend Friedrichspark genannt wurde[M7]. Die Kirmes gastierte auch nach dem 2. Weltkrieg noch mehrfach auf dem Heusners Weiher. Heute findet auf dem Platz noch regelmäßig das Scheiber Frühlingsfest statt. Wohnungsnot und Obdachlosigkeit waren nach dem 2. Weltkrieg für die Bevölkerung sehr bedrückend. Die Stadtverwaltung unternahm alle Anstrengungen, neue Sozialwohnungen zu bauen. Aus dieser Notlage heraus wurden Wohnblocks mit insgesamt 82 Wohnungen am Heusners Weiher geplant und in den Jahren 1951/52 gebaut[M8]. Die ersten Wohnungen konnten im Juni 1952 bezogen werden. Heute stehen die Häuser im Eigentum der Gemeinnützigen Siedlungsgesellschaft (GSG). Nach dem Bau der Wohnhäuser erhielt der Platz durch Beschluss des Stadtrates vom 10. 12. 1954 erstmals einen offiziellen Namen, er hieß jetzt Am Heusnersweiher.

Nach der Gebiets- und Verwaltungsreform wurde 1974 im Zuge einer größeren Um- und Neubenennung von Straßen im gesamten Stadtgebiet der bisherige Heusners Weiher nach der französischen Partnerstadt von Neunkirchen (seit 1970) in Mantes-la-ville-Platz umbenannt. Ab 1975 wurde der gesamte Platz zu einem großzügigen Parkplatz mit schönem Baumbestand umgebaut. Im Oktober 1980 waren diese Arbeiten abgeschlossen.

Öffentliche oder sonst bedeutsame Gebäude oder Einrichtungen am Platz:

- Ellenfeldstadion[M9]
  Die ersten Fußballer in Neunkirchen Anfang des 20. Jh. waren Schüler des Realgymnasiums, die mit Freunden zusammen am 05. 07. 1905 einen Fußballverein gründeten, der sich „Borussia" nannte. Trainingsplätze waren der Schlackenplatz an der Königstraße und das Gelände an der Lindenallee. Auf der Suche nach einem besseren Platz, kam man auf das Gelände am Heusners Weiher, das der Schloßbrauerei gehörte. Ab 1908 konnte auf dem zugeschütteten Heusners Weiher trainiert und gespielt werden. Nachdem 1911 das Gelände hinter dem Heusners Weiher erworben werden konnte, musste das teilweise versumpfte Tal trockengelegt und darüber eine

M5 Hussong: Erinnerungsschrift zur Einweihung des Scheiber Schulhauses am 13. 05. 1953

M6 Fried, Werner: Als es in Neunkirchen noch keine Kühlschränke gab, in: Hefte des HVSN, Neunkirchen 2001

M7 Saarl. Tageszeitung v. 03. 09. 1941

M8 Waller, Alwin: Modernisierungsarbeiten am Mantes-la-ville-Platz, in: Scheiber Nachrichten Nr. 42, Mai 2001

M9 Krajewski: Plaudereien 6, vgl. Anm. B36, S. 56 ff; Krajewski: Plaudereien 4, vgl. Anm. B50, S. 28

ebene Fläche geschaffen werden. Das war die Geburtsstunde des Ellenfeldsportplatzes. Die seitlichen Hänge wurden in Terrassen angelegt, die Tribüne wurden erst später gebaut. Am 07. 04. 1912 (Ostersonntag) fand das erste Spiel auf dem neuen Platz statt, der am 14. 07. 1912 offiziell eingeweiht wurde.

Als die Borussia 1964 in die Bundesliga aufstieg, war eine Erweiterung der Zuschauerränge auf eine Fassungsvermögen von 25 000 Personen erforderlich. Zu diesem Zweck wurden auf der Tribünenseite und auf der Ostseite (Spieser Kurve) mit Fertigbetonteilen neue Zuschauerränge gebaut. Diese werden heute teilweise wegen des hohen Erhaltungsaufwandes schon wieder abgebaut.

- Städtisches Hallenbad
  Am 09. 07. 1954 befasste sich der Stadtrat von Neunkirchen erstmals in einer öffentlichen Sitzung mit dem Thema Neubau eines Hallenbades. Die Planung und Baudurchführung wurde dem Architekten Stockhausen übertragen. Baubeginn für den Hallenbadbau war das Frühjahr 1955. Das Gebäude mit seinem geschwungenen Dach ist der Schwarzwaldhalle in Karlsruhe nachempfunden. Das Bad hat ein 33.33 m x 12,50 m großes Becken, einen Sprungturm mit drei Plattformen (10,00 – 7,50 – 5,00 m Sprunghöhe) und eine Tribüne mit 680 Sitzplätzen, so dass hier auch Wettkämpfe stattfinden konnten. Auf Grund der anspruchsvollen Bauweise und des schwierigen Untergrundes kostete der Bau schließlich über 500 000 Franken anstatt der ursprünglich veranschlagten 200 000 Franken. Das Bad wurde am 21. 10. 1961 eröffnet. Der Bau des Hallenbades wurde teilweise aus dem Verkaufserlös von 290 Mio. Franken (ca.3 Millionen DM) für die Kinderklinik Kohlhof an das Land finanziert[M10].

  Im Februar 2006 wurde im Rahmen einer routinemäßigen Untersuchung festgestellt, dass für die Standsicherheit des Gebäudedaches keine Gewähr mehr übernommen werden kann. Daraufhin wurde das Bad von einem Tag zum anderen geschlossen. Ein neues kombiniertes Hallen- und Freibad soll an der Zweibrücker Straße in Höhe der Lakaienschäferei entstehen.

- Städtepartnerschaftsdenkmal
  Bei dem Denkmal aus Anlass der am 03. 10.1970 geschlossenen Städtepartnerschaft mit Mantes-la-Ville handelt es sich um einen Brunnen mit zwei sitzenden Figuren, der in gleicher Ausführung auch in in der Partnerstadt steht. Der Brunnen wurde von dem Neunkircher Künstler Willi Kurz geschaffen. In Neunkirchen stand der Brunnen zunächst auf dem Rathausvorplatz bevor er 1980 aus Anlass des 10-jährigen Bestehens der Partnerschaft auf den Platz vor dem Hallenbad umgesetzt wurde.

Manteuffelstraße NK *vorher Parkstraße, heute Thomas-Mann-Straße*
Siehe Thomas-Mann-Straße

Informationen zum damaligen Namensgeber:
Edwin von Manteuffel (24. 02. 1809 – 17. 06. 1885), preußischer General, war 1866 im Krieg gegen Österreich Oberbefehlshaber im Mainfeldzug. Im Deutsch-Französischen Krieg 1870/71 hatte er verschiedene Kommandos und war dann von 1871 – 1873 Oberbefehlshaber der Okkupationsarmee in Frankreich. 1873 wurde er Generalsfeldmarschall und ab 1879 Statthalter in Elsaß-Lothringen.

Margarethenstraße Wi *heute Julius-Schwarz-Straße, volkstümlich „Kehlstorzestroß"*
Siehe Julius-Schwarz-Straße

Maria-Schnur-Straße Hei *heute Grubenstraße*
Siehe Grubenstraße

Informationen zur damaligen Namensgeberin:
Zur Begründung für die Namensgebung schreibt A. Bild in seiner Chronik von Heinitz:" Am 21. 12. 1918 wurde die Studentin Fräulein Maria Schnur, 21 Jahre alt, wohnhaft im späteren Anwesen Grubenstraße 103, auf dem Wege nach Friedrichsthal, wo sie eine Freundin besuchen wollte, von französischen Soldaten überfallen. Sie wehrte sich tapfer gegen das beabsichtigte Sittlichkeitsverbrechen und bekam dabei mehrere Bajonettstiche in den Unterleib. Nach ihrer Auffindung ist Maria Schnur am Abend des selben Tages im St. Josefskrankenhaus in Neunkirchen an ihren Verletzungen verstorben". Zum Andenken an sie, aber auch aus propagandistischen Gründen wurde 1935, nach der Machtübernahme der Nationalsozialisten im Saar-

---

M10 Neueste Nachrichten v. 29. 02. 1956

gebiet, die jetzige Grubenstraße in Maria-Schnur-Straße umbenannt.

Marienplatz NK

Lage:

Der Marienplatz liegt unmittelbar vor der Marienkirche an der Hüttenbergstraße.

Informationen zum Namen und zur Geschichte des Platzes:

In einer Stadtratssitzung am 28. 03. 1979 wurde festgelegt, dass der neu anzulegende Platz vor der Marienkirche den Namen Marienplatz erhält.

In einem Grundriss über projektierte Straßen in Neunkirchen vom 05. 12. 1864 ist auf dem heutigen Vorplatz der Marienkirche eine kath. Kapelle eingezeichnet[M11]. Die Marienkirche stand damals noch nicht. Die 1751 erbaute Kapelle an der Hüttenbergstraße war für ca. 300 Katholiken in Neunkirchen ausreichend. Ihr Hochaltar befand sich dort, wo jetzt der Turm der Marienkirche steht. Anschließend an die Kirche lag der erste katholische Friedhof von Neunkirchen. Die katholische Pfarrei war 1808 gegründet worden. Die kleine Kirche reichte Mitte des 19. Jh. für die nun auf ca. 1300 angewachsene Zahl von Gläubigen nicht mehr aus. Man versuchte nun, die drängende Raumfrage 1856 durch eine Erweiterung der Kapelle zu lösen. Als aber 30 Jahre später die Zahl der Katholiken auf 9000 angewachsen war, erwies sich auch dieser Anbau als völlig unzureichend. Zu dem angesparten Grundstock für einen Neubau stiftete auch Karl Ferdinand Stumm 30000 Mark. Die neue Marienkirche wurde von 1885 bis 1887 mit einem Kostenaufwand von 250 000 Mark im neuromanischen Stil erbaut[M12]. Die alte Kapelle wurde nach dem Bau der Marienkirche abgerissen, so dass zwischen Kirche und der Hüttenbergstraße eine freie Fläche entstand. Die Marienkirche war bis 1910 die einzige katholische Kirche für Neunkirchen, Wellesweiler, Kohlhof und Heinitz.

Ende der 1970er Jahre begann man damit, die innerstädtischen Wohnquartiere nach einem städtebaulichen und architektonischen Wettbewerb zu sanieren. Im Rahmen dieser Planungen wurde der Platz zwischen Marienkirche und Hüttenbergstraße, der bis dahin als Autoabstellplatz und Hundeklo missbraucht worden war, zu einem Ruheplatz auf halber Höhe des Hüttenberges auszubauen. Nach Fertigstellung wurde der Name des Platzes am 28. 03. 1979 vom Stadtrat beschlossen und der Platz am 30. 09. 1979 feierlich eingeweiht.

Schon 1954 war auf dem Vorplatz der Marienkirche eine 4,30 m hohe Säule mit einer Marienfigur aufgestellt worden. Die Säule mit Figur wurde von dem Neunkircher Bildhauer Hans Bogler geschaffen.

Marienstraße NK vorher teilweise Gerichtsstraße und Bergstraße, Ruhstocker Weg

Lage und Verlauf:

Die Marienstraße beginnt am Hüttenberg in Höhe der Marienkirche und verläuft von dort zunächst nach Nordosten entlang der Marienkirche und dann steil bergab nach Norden bis zur Einmündung Lutherstraße/ Hospitalstraße.

Informationen zur Geschichte und zum Namen der Straße:

In einem Grundriss über projektierte Straßen in Neunkirchen vom 05. 12. 1864 ist erstmals eine Straße eingezeichnet, die von der Hüttenbergstraße unterhalb (nördlich) der Marienkirche nach Nordosten abzweigt[M13].

Die Marienkirche stand damals noch nicht; auf dem heutigen Vorplatz der Kirche stand damals eine kath. Kapelle. Die nach Nordosten abzweigende Straße ist in dem Grundriss als Ruhstocker Weg bezeichnet. Sie verlief etwa auf der Trasse der heutigen oberen Marienstraße und dann weiter über die Trasse der heutigen Röntgenstraße. Die jetzige Röntgenstraße hieß dann später tatsächlich einmal Obere Ruhstockstraße. Die heutige Marienstraße ist wohl in der 2. Hälfte des 19. Jh. entstanden. In einem Situationsplan von Neunkirchen aus dem Jahre 1883 ist sie bereits als bewohnte Straße eingezeichnet[M14].

Ursprünglich handelte es sich bei der jetzigen Marienstraße um zwei Straßen. Das erste Stück von der Hüttenbergstraße bis zur heutigen Röntgenstraße hieß Gerichtsstraße, da sie an dem damaligen Amtsgericht vorbei führte, in dem sich heute die Volkshochschule

---

M11 StA Neunkirchen, Projekt. Straßen 1864, vgl. Anm. L11
M12 Krajewski: Stadtbuch 1955, vgl. Anm. A12, S. 185 ff

M13 StA Neunkirchen, Projekt. Straßen 1864, vgl. Anm. L11
M14 Situationsplan NK 1883, vgl. Anm. A4

Marienstraße Blickrichtung Hüttenbergstraße,
links Altes Amtsgericht und Marienkirche

und die Kulturgesellschaft befinden. Das zweite Teilstück von der Röntgenstraße bis zur Einmündung Hospitalstraße/ Lutherstraße hieß Bergstraße, da sie sehr steil Richtung Brückenstraße abfiel.

Am 13. Januar 1935 fand im damaligen Saargebiet eine Volksabstimmung statt, in der die Bevölkerung zwischen einem Anschluss an Frankreich, der Beibehaltung des Status quo oder der Rückkehr nach Deutschland entscheiden konnte. Eine überwältigende Mehrheit von 90,73 % stimmte für die Rückkehr nach Deutschland. Aus diesem Anlass beschloss der Stadtrat Ende Januar 1935 die Umbenennung einiger Straßen aus politischen Gründen.

Mit gleichem Datum wurden aber auch Straßen ohne jeden politischen Hintergrund umbenannt. Dabei wurden die bisherigen Bergstraße und die Gerichtsstraße von der Hospitalstraße durchgehend bis zur Hüttenbergstraße zur Gerichtsstraße zusammengefasst. Nach dem 2. Weltkrieg, als das Amtsgericht an eine andere Örtlichkeit verlegt worden war, erhielt die Straße durch Beschluss des Stadtrates am 23. 01. 1953 in Anlehnung an die an ihrem oberen (südwestlichen) Ende liegenden Marienkirche den Namen Marienstraße.

Öffentliche oder sonst bedeutsame Gebäude an der Straße:

- Altes Amtsgericht
  1883 erhielt Neunkirchen ein eigenes Gerichtsgebäude in der heutigen Marienstraße (siehe Amtsgericht bei Knappschaftsstraße).
  Das Gebäude, das 1896 und 1931/33 noch An-

bauten erhielt[M15], dient seit 1987 als Bürgerhaus II der Neunkircher Kulturgesellschaft und der Volkshochschule als Unterkunft. Außerdem ist in dem Gebäude die Städt. Galerie untergebracht.

- Marienkirche
  Siehe Hüttenbergstraße
- Gerichtsschule/Marienschule
  1859 wurde an der späteren Gerichtsstraße, heute Marienstraße, eine Schule gebaut und 1876 erweitert. Das Gebäude stand auf der Stelle des heutigen Durchbruchs von der Langenstrichstraße zur Marienstraße. Als nach dem 2. Weltkrieg das Amtsgericht ein neues Gebäude erhalten hatte und die Straße in Marienstraße umbenannt worden war, erhielt auch die bisherige Gerichtsschule den Namen Marienschule. Das Schulgebäude wurde im April 1979 abgerissen, um Platz für den Langenstrichdurchbruch zu schaffen.
- Kindergarten
  Gegenüber der Marienkirche, die mit einer Längsseite an der Marienstraße steht, befindet sich der kath. Kindergarten St. Marien. Dieser Kindergarten ist in den Jahren 2002/03 modernisiert worden. Er bietet heute 35 Kindergarten- und 40 Kindertagesplätze.

Marktplatz Fu

Lage:
Der Platz liegt an der Ludwigsthaler Straße vor dem Schulhaus von Furpach.

Marktplatz Furpach

M15 Wildberger: NK als Sitz öff. Behörden, in: Stadtbuch 1955, vgl. Anm. A12, S. 386

Informationen zum Namen und zur Geschichte des Platzes:

Bei der Erweiterung des Stadtteils Furpach durch die Anlage neuer Straßen und den Bau eines Schulhauses nach dem 2. Weltkrieg wurde im Straßenkarree zwischen Ludwigsthaler Straße/Sebachstraße/Zur Ewigkeit/Schulgebäude ein freier zunächst unbefestigter Platz angelegt, der als Parkplatz und gelegentlich als Marktplatz genutzt wurde.

1985 wurde der Platz im Rahmen eines Stadterneuerungsprogramms großzügig neugestaltet und am 05. 07. 1985 seiner Bestimmung übergeben. Bäume und Hecken sorgen für eine Abgrenzung zu den umliegenden Straßen und für ein freundliches Erscheinungsbild. Es finden hier regelmäßig Wochenmärkte statt.

Marktstraße NK

Lage und Verlauf:

Die Straße ist ein Teilstück der Verbindung vom Oberen Markt zur Scheib. Sie beginnt an der Kreuzung Talstraße/ Hohlstraße/Brunnenstraße, verläuft von dort nach Norden und endet am Oberen Markt.

Marktstraße Blickrichtung Oberer Markt

Informationen zum Namen und zur Geschichte der Straße:

Die Straße führt zum Oberen Markt, dem ältesten Marktplatz der Stadt, wo seit 1752 nach Bewilligung des Fürsten von Nassau-Saarbrücken 3 Märkte im Jahr abgehalten wurden. Auch die Marktstraße gehört zu Neunkirchens alten Straßen. Im Nordheimplan von 1797[M16]

und in der Tranchot-Karte von 1818[M17] ist die Straße schon mit einer dichten Bebauung eingezeichnet, hat allerdings noch keinen Namen. In einem Grundriss über projektierte Straßen im Bereich des Oberen Marktes in Neunkirchen vom 05. 12. 1864 ist die Straße ebenfalls vermerkt[M18]. Am 15. 05. 1879 schlug der Ortsbaumeister Riemann dem Bürgermeister Jongnell von Neunkirchen die Beschaffung von Namensschildern für 49 Straßen und 8 Wohnplätze vor. In dieser Aufstellung ist auch der Name Marktstraße aufgeführt. Für die Straße mussten damals 2 Straßenschilder und 31 Hausnummernschilder beschafft werden[M19]. Im Situationsplan von Neunkirchen aus dem Jahre 1883 ist die Straße mit vollständiger, beidseitiger Bebauung eingezeichnet und als Marktstraße bezeichnet[M20]. 1905 ließ ein Christian Fried sein Haus in der Marktstraße abreißen, um ein neues zu bauen. Dabei stellt sich heraus, dass das alte Haus schon 1520 erbaut worden war[M21].

Die beiden Eckhäuser an der Einmündung zum Oberen Markt waren früher Gaststätten mit eigener Brauerei. Die „Hopfenblüte" auf der westlichen Ecke war das Stammhaus der Brauerei Schmidt, die 1891 eine AG und später zur Schloßbrauerei wurde (siehe Schloßbrauerei bei Büchelstraße). Das Gebäude der Gaststätte Hopfenblüte wurde 1966 aus verkehrstechnischen Gründen abgerissen. Auch in der gegenüber liegenden Wirtschaft Schleppi wurde eine Hausbrauerei betrieben. Der erste Inhaber der Brauerei hieß Schuler und war der Schwiegervater des späteren Gastwirtes Schleppi. Nach ersterem wurde auch das Schulers Gässchen benannt, die heutige Treppe des Steinbrunnenweges, unmittelbar neben dem Gebäude.

Martin-Luther-Straße Wi unterer (südöstlicher) Teil der früheren Kirchstraße

Lage und Verlauf:

Die Straße ist heute eine Verbindungsstraße zwischen Wibilostraße und Römerstraße.

Informationen zum Namen und zur Geschichte der Straße:

Es handelt sich um eine der ältesten Straßen im Stadt-

M16 Krajewski: Stadtbuch 1955, vgl. Anm. A12, S. 91

M17 Krajewski: Stadtbuch 1955, vgl. Anm. A12, S. 113
M18 StA Neunkirchen, Projekt. Straßen 1864, vgl. Anm. A13
M19 Beschaffung von Straßenschildern, vgl. Anm. A8
M20 Situationsplan NK 1883, vgl. Anm. A4
M21 Saar- und Blieszeitung v. 07. 03. 1905

Martin-Luther-Straße aus Richtung Wibilostraße
mit Blick auf die evang. Kirche Wiebelskirchen

teil Wiebelskirchen. Um die Kirche herum hat sich der Ort entwickelt, und dort standen auch die ersten Häuser. Bis 1895 gab es in Wiebelskirchen keine Straßenbezeichnungen. Im ganzen Ort gab es Bezirke, die ohne weitere Nummerierung ein Finden von Häusern ermöglichten. So wurde der Bereich der heutigen Martin-Luther-Straße mit benachbarten Straßen „im Dorf" genannt. Da die Straße an der evangelischen Kirche vorbeiführt, wurde sie 1895 bei der Einführung von Straßennamen in Wiebelskirchen auch Kirchstraße genannt[M22].

Im Zuge einer großangelegten Neu- bzw. Umbenennung von Straße auf Initiative des Heimat- und Kulturrings Wiebelskirchen im Jahr 1954 erhielt ein Teil der bisherigen Kirchstraße den Namen des Reformators und Begründer des Protestantismus Martin Luther[M23].

M22 Bürgerbuch Wi, vgl. Anm.A1, S. 221 - 223
M23 Mathias, K.: Die 1954 eingeführten Straßennamen, in: Heimatbuch Wi, vgl. Anm. A2, S. 146

Informationen zum Namensgeber:
Siehe Lutherstraße

Öffentliche und sonst bedeutsame Gebäude in der Straße:

- Evang. Kirche
  Die evang. Kirche Wiebelskirchen kann auf eine über 500-jährige Geschichte zurückblicken. Ursprünglich war sie eine katholische Kirche. Der älteste Bauteil ist der Kirchturm, der um 1480 erbaut worden ist, er erhielt 1863 einen achteckigen Aufsatz mit einem spitzen Dach. Das Kirchenschiff hat sich jedoch durch Umbauten nach Bränden stark verändert. Nachdem das alte Kirchlein zu klein geworden war, wurde 1732 eine größere gebaut. Die Kirche in der heutigen Form wurde 1863 eingeweiht. Dabei wurde das Kirchenschiff erstmals quer zum Turm erstellt.
  Die Kirche wurde 1575 evangelisch, als die gesamte Grafschaft Nassau-Saarbrücken den lutherischen Glauben annahm.

Matzenhügel Lu

Lage und Verlauf:
Die Straße verbindet die Hauptstraße in Ludwigsthal mit dem Plantagenweg.

Matzenhügel aus Richtung Hauptstraße

Informationen zum Namen und zur Geschichte der Straße:
Der Straßenname geht auf eine Flurbezeichnung in der Nähe zurück. In Ludwigsthal gab es schon einmal eine Straße mit einem ähnlichen Namen. In einem

von Jakob Franz (1837 – 1884) gezeichneten Lageplan von Ludwigsthal heißt der von der Furpacher Straße nach Südosten Richtung Kohlhof gehende Straßenteil der heutigen Hauptstraße Mazehübelstraße[M24]. Diese Straße verlief damals an ihrem westlichen Ende auf der Trasse der heutigen Jakob-Neu-Straße.

Die heutige Straße Matzenhügel ist eine der Zufahrtsstraßen zum Neubaugebiet Im Stillen Winkel unmittelbar nördlich der Autobahn A 8. Die dort liegenden Straßen sind um die Jahrtausendwende entstanden.

Maurersgäßchen NK

Lage und Verlauf:

Das Gässchen ist eine Abkürzung von der oberen (westlichen) Heizengasse zum Oberen Markt.

Maurersgäßchen aus Richtung Oberer Markt

Informationen zum Namen und zur Geschichte der Straße:

Das Gässchen ist benannt nach einer Familie Maurer, die in einem Haus an dem Gässchen hinter der Kirche (an der Ecke Heizengasse/Oberer Markt standen nacheinander mehrere Kirchenbauten zuletzt die im 2. Weltkrieg zerstörte alte Pauluskirche) wohnte.

Es handelt sich um eine der ältesten Straßen von Neunkirchen. Um die Vorgängerin der alten Pauluskirche herum in der Nähe der beiden Schlösser (Renaissanceschloss und Barockschloss Jägersberg) liegt die Kernzelle von Neunkirchen. In der Tranchot-Karte von 1818 ist das Gässchen schon eingezeichnet[M25].

Am 15. 05. 1879 schlug der Ortsbaumeister Riemann dem Bürgermeister Jongnell von Neunkirchen die Beschaffung von Namensschildern für 49 Straßen und 8 Wohnplätze vor. In dieser Aufstellung ist auch der Name Maurersgäßchen aufgeführt. Für das Sträßchen mussten damals 2 Straßenschilder jedoch keine Hausnummernschilder beschafft werden[M26].

Auch im ersten Ortsplan von Neunkirchen aus dem Jahr 1883 ist das Gässchen mit seinem jetzigen Namen und seiner heutigen Lage bereits eingezeichnet[M27].

Informationen zum Namensgeber:

Die kleine Straße ist nicht, wie gelegentlich vermutet wird, nach dem in Neunkirchen tätig gewesenen evang. Pfarrer Johann Maurer (03.04.1799 – 30.07.1872) benannt. Sie erhielt ihren Namen nach einer Familie Maurer, deren Haus direkt hinter der Kirche stand und um 1900 abgerissen wurde. Letzter Besitzer war der Schuhmacher und Landwirt Jakob Maurer.

Öffentliche oder sonst bedeutsame Gebäude in der Straße:

- Spritzenhaus/Feuerwehrgerätehaus
  Am 28. 02. 1874 gründeten 48 Bürger, die sich unter Leitung des Bürgermeisters Jongnell getroffen hatten, die Freiwillige Feuerwehr Neunkirchen. Der Aufbewahrung und Pflege der Geräte und Ausrüstungsgegenstände dienten zwei sogenannte Spritzenhäuser. Davon stand eines an der Ecke Synagogenstraße (heute Irrgartenstraße)/Alleestraße und das andere in der früheren Viktoriastraße (heute Lutherstraße). Als die beiden Gerätehäuser zu klein geworden waren, wurde 1921 ein größeres im Maurersgäßchen gebaut[M28]. Das von der Stadt während des 2. Weltkrieges als ständige Feuerwache eingerichtete Gerätehaus im Maurersgäßchen wurde in den letzten Tagen des Krieges am 15. 03. 1945 durch Bomben total zerstört. Ein Teil der Fahrzeuge war beim Heranrücken der Alliierten in das noch nicht gefährdete Hinterland gebracht worden und konnte so gerettet werden. Das Gebäude wurde nach Kriegsende nicht wieder

M24 Jakob Franz: Skizze Ludwigsthal, vgl. Anm. E2
M25 Krajewski: Stadtbuch 1955, vgl. Anm. A12, S. 113

M26 Beschaffung von Straßenschildern, vgl. Anm. A8
M27 Situationsplan NK 1883, vgl. Anm. A4
M28 Treitz, Reinhold: Feuerlöschwesen in NK, in: Stadtbuch 1955, vgl. Anm. A12, S. 418 ff; Krajewski: Plaudereien 4, vgl. Anm. B50 S. 31 ff

aufgebaut, sondern zunächst nur behelfsmäßig wieder hergestellt.

Als Ersatz wurde 1951 ein neues modernes Gerätehaus in der Friedensstraße am Stadtpark gebaut, das am 01. 01. 1952 in Betrieb genommen wurde und auch heute noch in Betrieb ist. Das alte Gebäude im Maurersgäßchen wurde 2006 durch einen privaten Investor stilvoll renoviert.

Max-Braun-Straße NK   früher Karlstraße (auch Carlstraße)

Lage und Verlauf:
Seitenstraße des Oberen Marktes in östliche Richtung, die im weiteren Verlauf in die Willi-Graf-Straße übergeht.

Max-Braun-Straße aus Richtung Oberer Markt

Informationen zum Namen und zur Geschichte der Straße:
In einem Grundriss über projektierte Straßen in Neunkirchen vom 05. 12. 1864 wurde der Verlauf der Straße erstmals skizziert. Danach sollte die Straße eigentlich Friedrichstraße heißen. Nach diesem Plan sollte sie zunächst auch nur bis zur heutigen Johannesstraße gehen[M29]. 1880 stand in der Straße ein Haus.
Schließlich wurde die Straße nach dem Vornamen des ersten Anwohners und Hausbesitzer Karl Drunzer benannt. Im Situationsplan von Neunkirchen aus dem Jahre 1883 wurde der Straßenname allerdings noch mit „C", also Carlstraße, geschrieben[M30]. Nach dem Beschluss-

buch der Gemeinde Neunkirchen beschloss der Rat am 14. 05. 1901 die Karlstraße bis zum Jägerschulhaus (vom Oberen Markt her) zu pflastern. Schon 1905 hatte die Straße 49 Anwesen (Hausnummern), wie heute.
Die Straße wurde am 30. 04. 1948 in einem feierlichen Akt nach dem Führer der antifaschistischen Einheitsfront Saar, Max Braun, umbenannt. Gleichzeitig wurden zwei weitere Straßen auch nach den Widerstandskämpfern Willi Graf und Karl Schneider benannt[M31].

Informationen zum Namensgeber:
Max Braun (1892 – 03. 07. 1945), in Neuss geboren, kam 1923 ins Saargebiet: Hier war er sozialdemokratischer Führer der antifachistischen Einheitsfront Saar von 1934 bis 1935. Mit den Worten „Hitler bedeutet Krieg" hatte er den Kampf gegen den Nationalsozialismus proklamiert und plädierte für den Status quo. Nach der verlorenen Abstimmung emigrierte er 1935 nach Paris und von dort 1941 nach London. Dort verstarb er kurz nach der Befreiung Deutschlands. Bei der Straßenumbenennung würdigte Landrat Michely Max Braun als ein Opfer des Nationalsozialismus

Öffentliche oder sonst bedeutsame Gebäude in der Straße:
-   Geburtshaus von Erich Honecker
    Das Anwesen Nr. 26 ist das Geburtshaus von Erich Honecker (25.08.1912 – 28.05.1994), Deutscher Kommunist und Antifaschist, Generalsekretär der SED, Staatsratsvorsitzender der DDR.
    Eltern: Wilhelm Honecker (08.03.1881 – 04.12. 1969) und Caroline Catharina, geb. Weidenhof (02.06.1883 – 22.04.1963). Als Honecker ein Jahr alt war, zog seine Familie in den heutigen Stadtteil Wiebelskirchen um, wo sie im Anwesen Wilhelmstraße 64 (heute Kuchenbergstraße 88) wohnte. Er besuchte 8 Jahre die Volksschule in Wiebelskirchen, Kuchenbergstraße und Prälat-Schütz-Straße. Mit 10 Jahren wurde Honecker Mitglied im „Jung-Spartakus-Bund", mit 14 Jahren im „Kommunistischen Jugendverband". Nach einem Landjahr erlernte er den Beruf des Dachdeckers bei seinem Onkel. Parallel dazu betätigte er sich politisch, ab dem 18. Lebensjahr ausschließlich. Nach der Machtübernahme der Nationalsozialisten im Reich 1933 war er Lei-

M29 StA Neunkirchen, Projekt. Straßen 1864, vgl. Anm. L11
M30 Situationsplan NK 1883, vgl. Anm. A4

M31 Volksstimme Nr. 46 v. 04. 05. 1948

ter der illegalen Jugendarbeit der KPD. Er ging auch nach der Rückgliederung des Saargebietes nicht in die Emigration, sondern in die Illegalität, um im Untergrund für die verbotene KPD weiter zu arbeiten. Ab August 1935 arbeitete er illegal in Berlin. Dort wurde er am 04.12.1935 mit einigen anderen jungen Kommunisten verhaftet und nach 1 ½ Jahren Untersuchungshaft am 08.06. 1937 vom Volksgerichtshof wegen „Vorbereitung eines hochverräterischen Unternehmens unter erschwerten Umständen, in Tateinheit mit einem Verbrechen der Urkundenfälschung" zu 10 Jahren Zuchthaus verurteilt. Am 27.04.1945 wurde er durch die Russen aus einem KZ befreit. Am 04.05.1945 stieß er auf die „Gruppe Ulbricht", die gerade aus der UdSSR zurückgekehrt war. Vom Mai 1946 bis Mai 1955 war er Vorsitzender der „Freie Deutsche Jugend" (FDJ). Ab 1957 Mitglied des Zentralkommitee der SED, dort zuständig für den Bereich der Sicherheit (Kontrolle über Volksarmee, Volkspolizei und Staatsschutz). Honecker war beim Bau der Berliner Mauer, 13. August 1961, Chef aller Operationen. Damit wurde nach der Diktion der DDR „der Frieden gerettet und der Grundstein für das weitere Aufblühen der DDR gelegt". Am 29.10.1976 wurde Honecker Staatsratsvorsitzender und SED-Generalsekretär und Leiter des „Nationalen Verteidigungsrates" und damit formales Staatsoberhaupt der DDR. Honecker war in erster Ehe mit Edith, geb. Baumann verheiratet. Aus dieser Ehe ging, wie aus seiner zweiten Ehe mit Frau Margot eine Tochter hervor. Nach dem Zusammenbruch der DDR und Einleitung eines Ermittlungsverfahrens gegen ihn floh Honecker zunächst in die Sowjetunion und später nach Chile, wo sich seine Tochter und seine Frau schon aufhielten. Dort in Santiago starb Honecker 1994.

Maximilianstraße NK *danach Kurfürstenstraße,*
heute Hebbelstraße
Siehe Hebbelstraße

Max-Planck-Straße NK (kurzfristig einmal Zoostraße)

Lage und Verlauf:
Die Max-Planck-Straße ist als Sackgasse eine Seitenstra-

Max-Planck-Straße aus Richtung Unten am Steinwald

ße der Straße Unten am Steinwald. Sie zweigt in Höhe der Einmündung Schützenhausweg in östlicher Richtung ab und endet vor dem Steinwald. Vom Ende der Straße führt ein Fußweg mit Treppenanlage zur höher gelegenen Steinwaldschule und zum Mövenweg.

Informationen zum Namen und zur Geschichte der Straße:
Die ersten von einer Siedlungsgesellschaft erbauten Häuser (Doppelhäuser) in der Straße wurden im August 1959 bezogen. Damit begann die Besiedlung und der Ausbau der Straße.
Über den Straßennamen wurde am 26. 09. 1958 im Stadtrat abgestimmt. Dabei wurde neben dem Namen Zoostraße auch der Straßenname Zur Schneckenfarm in Vorschlag gebracht, da es in diesem Bereich früher einmal eine Schneckenfarm gegeben haben soll[M32]. Dieser Vorschlag fand jedoch keine Zustimmung, so dass es bei dem Namen Zoostraße blieb.
Dieser Straßenname führte jedoch zu Irrtümern, da die Straße gar nicht zum Zoo führt. Deshalb wurde in einer Sitzung des Stadtrates am 26. 05. 1961 über eine Namensänderung beraten und dabei der Name Max-Planck-Straße festgelegt.

Informationen zum Namensgeber:
Max Karl Ernst Ludwig Planck (23.04.1858 – 04.10.1947), deutscher Physiker und Nobelpreisträger sowie Begründer der Quantentheorie.
Planck besuchte die Universitäten München und Berlin. 1885 wurde er als Professor für Physik an die Universi-

---

M32 Topografische Karte des Deutschen Reiches, Neunkirchen Ost, 1935

tät Kiel berufen und übte das gleiche Amt von 1888 bis 1928 an der Berliner Universität aus. 1899 postulierte Planck, dass Energie in kleinen diskreten Einheiten abgestrahlt wird, die er als Quanten bezeichnete. Bei der Weiterentwicklung dieser Theorie fand er eine universelle Naturkonstante, die als Planck'sches Wirkungsquantum bekannt wurde. Ein Jahr später leitete er aus seinen Ergebnissen das Planck'sche Strahlungsgesetz ab. Plancks Entdeckungen, die später von anderen Wissenschaftlern bestätigt wurden, bildeten die Grundlage für ein völlig neues Gebiet der Physik - die so genannte Quantenmechanik. Planck empfing viele Ehrungen für seine Arbeit, darunter 1918 den Nobelpreis für Physik. 1930 wurde Planck zum Präsidenten der Kaiser-Wilhelm-Gesellschaft zur Förderung der Wissenschaften, der führenden Vereinigung deutscher Wissenschaftler, gewählt. Diese wurde später in Max-Planck-Gesellschaft zur Förderung der Wissenschaften e.V. umbenannt. Als Kritiker des nationalsozialistischen Regimes wurde Planck dazu angehalten, aus der Gesellschaft auszutreten, nahm aber nach dem 2. Weltkrieg sein Amt als Präsident wieder wahr. Darüber hinaus war er 25 Jahre lang einer der vier Sekretäre der Preußischen Akademie der Wissenschaften und Vorsitzender der Deutschen Physikalischen Gesellschaft, die zu seinem 70. Geburtstag die Max-Planck-Medaille stiftete.

Mazehübelstraße Lu heute Teil der Hauptstraße
Siehe Hauptstraße

Mecklenburger Weg Wi vorher Schlesierweg

Lage und Verlauf:
Der Mecklenburger Weg liegt im Wohngebiet Rotenberg. Er beginnt am Thüringer Weg und verläuft dann in Ost-West-Richtung parallel zur Landsweilerstraße. Zwischen den beiden Straßen liegt eine Grünfläche. Beide Straßen sind nur auf der der Grünfläche abgewandten Seite einseitig bebaut.

Informationen zum Namen und zur Geschichte der Straße:
Nach D. Forst entstand als erste planmäßige Siedlung in Wiebelskirchen nach dem 2. Weltkrieg Mitte der 1950er Jahre im Rahmen des Bergmannswohnungsbaus die Rotenbergsiedlung. Sie besteht aus den Häusern in der Rotenbergstraße und denen auf der nord-

Mecklenburger Weg aus Richtung Thüringer Weg
rechts die Landsweilerstraße

westlichen Seite der hinteren Landweilerstraße[M33]. Ab Mitte der 1960er Jahre wurde die Siedlung dann auf der südöstlichen Seite der Landsweilerstraße um den Schlesierweg, den Ostpreußenweg, den Pommernweg, den Brandenburger Weg und den Thüringer Weg erweitert und 2004 noch um den Sachsenweg.

Als es nach der Gebiets- und Verwaltungsreform 1974 zwei nach Schlesien benannte Straßen in Neunkirchen gab, wurde die in Wiebelskirchen liegende in Mecklenburger Weg umbenannt.

Die Straße ist nur auf der Südseite mit zweigeschossigen Einzel- und Doppelhäusern bebaut. Zwischen dem Mecklenburger Weg und der Landsweilerstraße befindet sich ein breiter Grünstreifen.

Mehlpfuhlstraße NK (alt), danach Roonstraße, heute Knappschaftsstraße
Siehe Knappschaftsstraße

Mehlpfuhlstraße NK (neu) vorher Bliesstraße

Lage und Verlauf:
Die Mehlpfuhlstraße ist eine kurze Verbindungsstraße zwischen Blumenstraße und Liebigstraße, die nordwestlich parallel zur Theodor-Fliedner-Straße verläuft.

Informationen zum Namen und zur Geschichte der Straße:
Der Straßenname wurde in einer Sitzung des Gemein-

M33 Forst: Entwicklung von Wi, vgl. Anm. B45

Mehlpfuhlstraße aus Richtung Liebigstraße

derates Neunkirchen am 24. 04. 1903 festgelegt[M34]. Die Straße hieß voher Bliesstraße, obwohl weit von der Blies entfernt gelegen.

Der jetzige Straßenname ist auf die Flurbezeichnung „Am Mehlpfuhl" zurückzuführen, die schon in der Ordnung der Gemeinde Neunkirchen aus dem Jahre 1731 erwähnt worden war[M35]. Nach dem Heimatforscher Werner Fried ist der Name so zu deuten, dass in Höhe der heutigen Ringstraße unterhalb des Stadtparks im 18. Jh. eine Mühle lag. Diese Mühle wurde vom Wasser des Wetzbaches angetrieben, das in einem Weiher an der Stelle des jetzigen Stadtparks gespeichert wurde. In Höhe der Ringstraße befand sich der Damm dieses Weihers. Der Wetzbach lief in einer natürlichen Rinne (Graben) entlang der heutigen Grabenstraße, seine Quelle befand sich irgendwo oberhalb des heutigen Polizeipräsidiums. Der Wetzbach ist heute verrohrt, der Graben zugeschüttet. Unterhalb des Damms lag die „Mahlmühle ober dem Mühlpfuhl". Diese Mühle wird auch in der Ordnung der Gemeinde Neunkirchen von 1731 genannt. Das Wasser des Wetzbaches aber floss, nachdem es die Mühlräder gedreht hatte, weiter das Tal hinab zur Blies, speiste aber zuvor noch einen der Blies vorgelagerten Pfuhl. Es war der Pfuhl unterhalb der Mühle, den man deshalb Mühlpfuhl nannte, aus dem dann im Laufe der Zeit der Mehlpfuhl wurde[M36]. Diese Mühle ist wohl schon im 18. Jahrhundert eingegangen.

Diese Flurbezeichnung hatte in der Vergangenheit

M34 Saar- und Blieszeitung v. 25. 04. 1903
M35 Krajeweski: Plaudereien 2, vgl. Anm. A24, S. 10
M36 Fried: Mühlen in NK, vgl. Anm. A17

auch bei der Namensgebung anderer Objekte Pate gestanden. So befand sich auf dem Gelände des früheren Knappschaftskrankenhauses (Bergmannslazarett) vor dem Bau des Krankenhauses (1884 – 1887) eine Schachtanlage, der Mehlpfuhlschacht. Vor dem Haupteingang des Krankenhauses lief in Nord-Süd-Richtung die alte Mehlpfuhlstraße, die heutige Knappschaftsstraße (sie führte in Richtung des Mühlpfuhls). Weiter östlich davon in Richtung Blies an der heutigen Taubenaustraße unterhielt die Gemeinde ab etwa 1900 das Mehlpfuhlbad, ein kleines bescheidenes Freibad, das später vom Kasbruchbad als Gemeindefreibad abgelöst wurde.

Meisenweg NK

Lage und Verlauf:

Der Meisenweg beginnt am östlichen Endpunkt der Vogelschlagstraße, an der Einmündung der Albert-Schweitzer-Straße und führt von dort nach Osten bis zum Storchenplatz.

Meisenweg Blickrichtung Storchenplatz

Informationen zum Namen und zur Geschichte der Straße:

Der Meisenweg gehört zum Straßensystem um den Storchenplatz, dessen Bebauung mit einem Bebauungsplan 1951 begann. Zu diesem Straßensystem gehören neben dem Meisenweg der Nachtigallenweg, der Amselweg, der Lerchenweg, der Finkenweg und der von Westen nach Osten verlaufende Teil des heutigen Stieglitzweges (damals Starenweg).

Am 22. 08. 1953 schrieb die Saarbrücker Zeitung: *„Für das Gelände im Steinwald haben sich Bauinteressenten von jeher interessiert. Schon in den Jahren 1920 – 1930 ent-*

stand längs der Waldstraße die heutige Steinwaldsiedlung, die nunmehr nach der neuen städtebaulichen Planung eine erhebliche Erweiterung erfahren soll. Ein neues Viertel wird nördlich der alten Siedlung entstehen, das zunächst 410 Wohnungen für ca. 1600 Menschen umfassen wird. Der Anfang zur Verwirklichung dieses Siedlungsvorhabens ist bereits getan, schon wird fleißig gebaut". Schon in der Planungsphase war der Meisenweg mit der Vogelschlagstraße als eine der Erschließungsstraßen des neuen Siedlungsgebietes um den Storchenplatz vorgesehen. Die Albert-Schweitzer-Straße gab es damals noch nicht. Die Einfamilienhäuser im Meisenweg wurden überwiegend durch einen Kettelerverein von 1951 – 53, teilweise aber auch für Bergleute mit Unterstützung der Régie des Mines de la Sarre gebaut. Die ersten Häuser wurden Anfang 1953 bezogen.

Memelweg NK *danach Maiweg, heute Fasanenweg*
Siehe Fasanenweg

Informationen zum damals namensgebenden Fluss und zur Landschaft:
Die Memel bildete vor ihrer Mündung in die Ostsee auf über 100 km die Grenze zwischen dem zum Deutschen Reich gehörenden Ostpreußen und Litauen. Als Memelgebiet wurde der nördlich der Memel liegende Teil der ehemaligen Provinz Ostpreußen genannt.
Die Burg Memel wurde 1252 durch den Deutschen Orden angelegt. Im Schutz der Burg entstand eine Stadt mit niederdeutschen Siedlern, die im 16. Jh. wichtiger Handelsplatz war. Seit 1525 war das Memelland Teil Preußens.
Nach dem verlorenen 1. Weltkrieg wurde Deutschland in den Friedensbedingungen des Vertrages von Versailles (28. 06.1919) u. a. gezwungen
- *zum Verzicht auf Teile seines Staatsgebietes (Elsaß-Lothringen an Frankreich, Westpreußen und Posen an Polen, das Hultschiner Ländchen an die Tschechoslowakei, das Memelgebiet[M37] unter Völkerbundverwaltung, Danzig unter Völkerbundverwaltung) und*
- *zur Zustimmung zu Abstimmungen in Teilen seines Staatsgebietes über den Verbleib bei Deutschland oder den Anschluss an einen anspruchsstellenden Nachbarstaat (Eupen und Malmedy zu Belgien, Nordschleswig zu Dänemark, Oberschlesien zu Polen, die Regierungsbezirke Allenstein und Mari-*

M37 Hilgemann: Atlas dt. Zeitgeschichte, vgl. Anm. D4, S. 48

enwerder in Ostpreußen zu Polen, das Saargebiet zu Frankreich)
Deutschland musste außerdem die dauerhafte Unabhängigkeit Österreichs anerkennen. Durch den Versailler Vertrag wurde das Memelgebiet nach dem 1. Weltkrieg von Deutschland abgetrennt, dem Völkerbund unterstellt und 1923 von Litauen annektiert.
1939 wurde es unter massivem Druck an Deutschland zurückgegeben. Nach dem 2. Weltkrieg kam es an die litauische Sowjetrepublik und gehört heute zu dem souveränen Staat Litauen.

Memelstraße Wi *zeitweise (1935 – 1945), davor und danach Rathenaustraße*
Siehe Rathenaustraße

Informationen zum damals namensgebenden Fluss und zur Landschaft:
Siehe Memelweg NK

Mendelssohnstraße NK *früher Moltkestraße, davor Teil der Mundorfschen Straße*

Lage und Verlauf:
Die Mendelssohnstraße beginnt an der Knappschaftsstraße, verläuft von dort parallel zur Karl-Schneider-Straße nach Südwesten, vollzieht am westlichen Ende eine Biegung nach Norden und mündet in die Karl-Schneider-Straße.

Mendelssohnstraße Blickrichtung Knappschaftsstraße

Informationen zum Namen und zur Geschichte der Straße:
Die Straße ist Ende des 19. Jh. entstanden. Auf einem Si-

tuationsplan von 1883 ist sie noch nicht vorhanden, auf dem Stadtplan von 1902 existiert sie, hat aber erst vier Häuser. Zuerst ist offenbar der dicht bei der heutigen Brückenstraße liegende Teil der Straße entstanden und wurde nach der dort liegenden Villa des Bauunternehmers Mundorf benannt.

In der zweiten Hälfte des 19. Jh. wurden Straßen in der euphorischen Stimmung nach dem gewonnenen Krieg 1870/71 oft nach Mitgliedern des Kaiserhauses, nach verdienten Heerführern oder nach Schlachtenorten benannt. Nach einem Beschluss des Gemeinderates Neunkirchen vom 24. 04. 1903 wurde ein Teil der vorherigen Mundorfschen Straße nach dem preußischen Generalfeldmarschall und Chef des Generalstabes während des Deutsch-Französischen Krieges 1870/71 Helmuth von Moltke benannt[M38]. Bis zum Ende des 2. Weltkrieges vollzog die damalige Moltkestraße die o. a. Biegung am westlichen Ende nach Norden nicht, sondern führte weiter geradeaus und mündete in die Brückenstraße. Kurz davor wurde sie von der heute nicht mehr existenten Hohenlohestraße schräg gekreuzt.

Unmittelbar nach dem 2. Weltkrieg wurden alle Straßennamen mit einem nationsozialistischen oder nationalistischen Hintergrund beseitigt. Bei dieser Gelegenheit wurde aus der bisherigen Moltkestraße die Mendelssohnstraße.

Informationen zum Namensgeber:

Felix Mendelssohn-Bartholdy (03.02.1809 – 04.11.1847), deutscher Komponist, einer der führenden Musiker der europäischen Romantik des frühen 19. Jahrhunderts. Mendelssohn-Bartholdy wurde als Enkel des jüdischen Philosophen Moses Mendelssohn geboren. Sein Vater hatte den Familiennamen Mendelssohn beim Übertritt zum Protestantismus in Mendelssohn Bartholdy geändert. Felix Mendelssohn-Bartholdy trat erstmals im Alter von neun Jahren als Pianist vor die Öffentlichkeit. Mit elf Jahren spielte er seine ersten eigenen Kompositionen. Seine meisterhafte Ouvertüre zu Shakespeares Sommernachtstraum schuf er im Alter von 17 Jahren. Der berühmte „Hochzeitsmarsch" und seine anderen Musikstücke zu diesem Bühnenwerk entstanden 17 Jahre später. Von 1833 bis 1835 war er Städtischer Musikdirektor in Düsseldorf, ab 1835 Kapellmeister des Gewandhausorchesters in Leipzig und ab 1841 Generalmusikdirektor von König Friedrich Wilhelm IV. von Preußen. 1842 wirkte er bei der Gründung des Leipziger

---

M38 Saar- und Blieszeitung v. 25. 04. 1903

Konservatoriums mit. Trotz seiner zahlreichen Aktivitäten als Pianist, Dirigent und Lehrer war Mendelssohn-Bartholdy ein überaus produktiver Komponist.

Mendelssohnstraße Wi *vorher Lenzlingstraße, jetzt Brahmsstraße*
Siehe Brahmsstraße

Informationen zum damaligen Namensgeber:
Siehe Mendelssohnstraße NK

Menschenhaus NK

Lage:
Das Hofgut Menschenhaus liegt an der L 113 , die von Neunkirchen über den Eschweilerhof nach Kirkel führt. Das Hofgut liegt auf der östlichen Straßenseite.

Hofgut Menschenhaus

Informationen zum Namen und zur Geschichte des Gutes:
Das Hofgut wurde früher auch Faulenbergerhof nach dem in der Nähe liegenden Faulenberg oder Weitmesserhof genannt. In einer im Landesarchiv Saarbrücken befindlichen Karte von 1756 wird die Örtlichkeit als Schultse Hitte bezeichnet. Bei Menschenhaus verlief bis zum Ende des 1. Weltkrieges die preußisch-pfälzische Landesgrenze. Sie ging auf die Grenzführung zweier Kleinstaaten zurück, die sich hier berührten: Nassau-Saarbrücken und Pfalz-Zweibrücken. Entlang dieser Grenze hatte der Fürst von Nassau-Saarbrücken in der Mitte des 18. Jh. einen hohen aus Eichenholz bestehenden Wildzaun errichten lassen, um das Entweichen und das willkürliche Hinüberwechseln des

Wildes zu verhindern. Am Weg von Neunkirchen nach Kirkel kurz vor dem Eschweilerhof hatte das Wildgatter ein Tor. Dieses wurde von einem Knecht bewacht, der in einem kleinen Torhaus wohnte. Die Zaunknechte mussten sich verpflichten, den Einlass zu kontrollieren, die Tore geschlossen zu halten, die Zäune täglich zu begehen, Schäden zu beheben und für die Herrschaft kleinere Botengänge durchzuführen[M39].

Um 1754 übernahm ein Johann Nikolaus Mensch diesen Posten an der Straße nach Kirkel. Er erhielt 1760 die Erlaubnis, eine größere Waldparzelle zur Anlage eines bäuerlichen Anwesens zu roden. Der Hof blieb zwar Pachthof, aber er vererbte sich in der Familie von Generation zu Generation. Nach diesem Waldhofbauern und seinen Nachkommen wurde der Hof Menschenhaus genannt. Nachdem er nach der französischen Revolution durch verschiedene private Hände gegangen war, erwarb ihn 1905 die Schloß-Brauerei, die ihn zu einem Ausflugslokal umbaute[M40].

Vor der Gebiets- und Verwaltungsreform 1974 lag der Hof auf Spieser Bann, während die Äcker und Wiesen großenteils auf Neunkircher Bann lagen. Im Zuge dieser Reform kam der gesamte Hof zum Stadtgebiet Neunkirchen. Heute wird in dem Anwesen ein Ausflugs- und Tanzlokal betrieben.

Meßstraße We

Lage und Verlauf:

Die Meßstraße zweigt von der Homburger Straße ab, verläuft nach Südwesten und endet vor der Eisenbahnlinie Neunkirchen – Homburg an der Straße Heidenhübel.

Informationen zum Namen und zur Geschichte der Straße:

Der Straßenname geht auf die Flurbezeichnung „Die Meß" zurück. Dieser Flurname reicht bis in die Rodungszeit im Frühmittelalter zurück. 1762 wird schon von der Meß und einem Meßgarten in Wellesweiler berichtet. Am südlichen Ende der Straße jenseits der Straße Heidenhübel befindet sich eine Fußgängerbrücke über die Bahnlinie hinweg. Diese Brücke (Flurbrücke) wurde 1848/50 beim Bau der Eisenbahnlinie gebaut, um den Bauern aus dem Flurweg (heute Eisenbahnstraße) we-

M39 Wagner Arnold Nikolaus: Chronik zur Waldgeschichte des saarländischen Raumes, Elm 1998, S. 53
M40 Krajewski: Plaudereien 1, vgl. Anm. A50, S. 54 ff

Meßstraße Blickrichtung Homburger Straße

nigstens einen Fußgängerübergang zur Meß und zum Heidenhübel zu geben. Am 16. 11. 1926 berichtete die Saarbrücker Zeitung, die im Sommer begonnene Kanalisierung der Meßstraße sei jetzt fertig gestellt (nur für Regenwasser) und am 02. 07. 1930, dass eine Gasleitung in der Straße verlegt werde. 1931 hatte die Straße 41 Wohnanwesen (Hausnummern).

Öffentliche oder sonstige bedeutsame Gebäude in der Straße

- Katholische Kirche St. Johannes
  Nachdem in der 2. Hälfte des 19. Jh. im Zuge der Industrialisierung der kath. Bevölkerungsanteil in Wellesweiler zugenommen hatte, entstand zunächst eine kath. Schule, dann ein kath. Teil des Friedhofes und ab 1920 wurden nach einer mehrjährigen Unterbrechung in einem Schulsaal wieder Messen gelesen. Schon 1895 war ein Kirchenbauverein gegründet worden. Schließlich wurde 1922 der Grundstein für eine kath. Kirche gelegt, die am 21. 05. 1923 eingeweiht wurde. 1937 wurde Wellesweiler selbständige Pfarrgemeinde[M41].
  Nach dem 2. Weltkrieg wuchs die katholische Gemeinde in Wellesweiler weiter stark an, so dass eine neue Kirche erforderlich wurde, da die alte aus dem Jahr 1923 nicht mehr ausreichte und eigentlich von Anfang an als Provisorium gedacht war. Als Bauplatz wurde wegen seiner erhöhten Lage der Pfarrgarten der alten Kirche zwischen Meßstraße und Homburger Straße ausgesucht. Es wurde ein sechseckiger

M41 Remy: Heimatbuch We, vgl. Anm. A45, S. 91

Zentralbau nach Plänen der Architekten Dietz und Grote aus Saarbrücken erstellt. Da die Kirche nach Johannes dem Täufer benannt wurde, sollte auch das Taufbecken an zentraler Stelle aufgestellt werden. So steht an der vom Eingang gesehenen Mittelachse am Anfang das Taufbecken und am Ende der Altar. Die Grundsteinlegung für den Bau erfolgte am 25. 10. 1958, am 23. 10. 1960 wurde die feierliche Konsekration durch Bischof Wehr vorgenommen.

Aus der alten Kirche wurde nach Abriss des Turms und einem entsprechenden Umbau das Katholische Vereinshaus Wellesweiler.

Im Frühjahr 2007 wurden am Beton des Kirchenbaus gravierende Schäden festgestellt, deren Sanierung zu aufwendig und teuer wäre. Das Gotteshaus soll deshalb abgerissen und an gleicher Stelle ein neues Gemeindezentrum gebaut werden. Dieses wird einen Gottesdienstraum, einen großen Gemeinderaum und Gruppenräume enthalten.

Michelstraße Ko

Lage und Verlauf:
Die Michelstraße beginnt an der Limbacher Straße im Ortsteil Bayer. Kohlhof der Gemeinde Kirkel. Sie verläuft von dort im Grenzbereich zum Neunkircher Stadtteil Kohlhof nach Nordosten. Nur das letzte Haus an der Nordseite der Straße steht auf Neunkircher Bann.

Informationen zum Namen und zur Geschichte der Straße:
Im Zuge der Gebiets- und Verwaltungsreform 1974 kam der Bayer. Kohlhof als Stadtteil zu Neunkirchen wurde aber 1985 auf Wunsch der Bevölkerung wieder ausgegliedert und gehört heute zum Ortsteil Limbach der Gemeinde Kirkel. Damals gehörte natürlich die gesamte Michelstraße zu Neunkirchen. Der Straßenname stammt vom ersten Anwohner in der Straße Michel Sattes.

Informationen zum Namensgeber:
Michel Sattes, weitere Informationen liegen nicht vor.

Millerstraße NK

Lage und Verlauf:
Die Millerstraße verbindet in der Innenstadt von Neun-

Millerstraße Blickrichtung Brückenstraße

kirchen die Brückenstraße mit der Pasteurstraße. Sie verläuft dabei von der Hauptpost nach Westen parallel zur Lindenallee. Dabei macht sie auf halber Strecke eine Schwenkung nach Südwesten.

Informationen zum Namen und zur Geschichte der Straße:
Der Straßenname ist von der Flurbezeichnung „Im Miller", die es in diesem Bereich gibt, abgeleitet.

Es handelt sich um eine der älteren Straßen in der Innenstadt. Die Straße erhielt ihren Namen wohl schon in der zweiten Hälfte des 19. Jh.. Denn als der Ortsbaumeister Riemann dem Bürgermeister Jongnell von Neunkirchen am 15. 05. 1879 die Beschaffung von Namensschildern für 49 Straßen und 8 Wohnplätze vorschlug, tauchte der Straßenname in dieser Aufstellung zum ersten Mal auf. Für die Straße mussten damals 1 Straßenschild und 4 Hausnummernschilder bestellt werden[M42]. Im Stadtplan von Neunkirchen aus dem Jahre 1883 ist sie dann auch als bewohnte Straße mit ihrem jetzigen Namen schon eingezeichnet und links und rechts vollständig bebaut[M43]. Die Straße reichte damals allerdings nur von der heutigen Brückenstraße bis zu der o. a. Schwenkung nach Südwesten in Höhe der damaligen Wilhelmstraße (heute Affengässchen).

Im Stadtplan von 1902 geht die Straße dann bis zur heutigen Pasteurstraße (damals Kaiserstraße). 1913 hatte die Straße bereits 13 Wohnanwesen/Hausnummern.

Im 2. Weltkrieg wurde die Wohnbebauung in der Straße durch Bombentreffer stark in Mitleidenschaft gezogen. Im Zuge des sozialen Wohnungsbaus nach dem 2.

M42 Beschaffung von Straßenschildern, vgl. Anm. A8
M43 Situationsplan NK 1883, vgl. Anm. A4

Weltkrieg wurde auf der Südseite des älteren Straßenteils ein Wohnblock der Gemeinnützigen Siedlungsgesellschaft Neunkirchen (GSG) gebaut.

Mittelbexbacher Weg We *heute Teil der Homburger Straße*
Siehe Homburger Straße

Mittlerer Ruhstock NK *von 1935 – 1945 Auf'm Ruhstock, heute Ruhstockstraße*
Siehe Ruhstockstraße

Möwenweg NK

Lage und Verlauf:
Der Möwenweg zweigt nach Norden vom Meisenweg ab, verläuft dann in einem weiten zunächst nach Westen dann nach Nordosten gehenden Bogen bis zum Nachtigallenweg.

Möwenweg aus Richtung Meisenweg

Informationen zum Namen und zur Geschichte der Straße:
Die Straße gehört zwar im weiteren Sinne zur Bebauung des Storchenplatzgebietes, ist jedoch später als die Straßen unmittelbar um den Storchenplatz entstanden. Die GSG erstellte in den Jahren 1955/56 im Drosselweg, im Möwenweg und im Zeisigweg (heute Kleiberweg) zweigeschossige Wohnhäuser als Kaufanwartschaftshäuser.
In der Stadtratssitzung vom 09. 04. 1957 erhielt die Straße wie die anderen Straßen um den Storchenplatz einen Namen nach einem Vogel.

Öffentliche oder sonst bedeutsame Einrichtungen in der Straße:
- Kindertagesstätte Villa Winzig
  In einem Grundstück zwischen den Gärten der Anwesen des Nachtigallenweges, des Kleiberweges und des Möwenweges befindet sich die von einem Verein betriebene Kindertagesstätte Villa Winzig. Der Zugang erfolgt über Fußwege einmal vom oberen Möwenweg an der Einmündung Nachtigallenweg her und einmal vom unteren Möwenweg her. Die Einrichtung bietet 15 Krippen-, 8 Hort- und 15 Kindertagesplätze.

Moltkestraße NK *davor Teil der Mundorfschen Straße, heute Teil der Mendelssohnstraße*

Lage und Verlauf:
Die Moltkestraße begann an der Brückenstraße, verlief durch das Gelände des heutigen kleinen Parks unterhalb der Hauptpost und dann auf der Trasse der heutigen Mendelssohnstraße. Weiteres siehe Mendelssohnstraße

Informationen zum damaligen Namensgeber:
Helmuth Graf von Moltke, (26. 10. 1800 – 24. 04. 1891) trat zunächst in die dänische Armee ein und besuchte die Königliche Militärakademie in Kopenhagen. 1822 verließ er die dänische Armee und ging als Leutnant in preußische Dienste. 1828 kam er in den preußischen Generalstab. Von 1857 bis 1888 war er Chef des Generalstabs der Armee. Moltke reformierte und modernisierte das preußische Heer. Ausgehend von der These, dass der Verlauf eines Krieges nicht vorhersehbar ist und deshalb lediglich die Anfangsphase eines Feldzuges im Voraus geplant werden könne, legte er das Schwergewicht der strategischen Planung für den Kriegsfall auf Mobilmachung und Aufmarsch; dabei bezog er erstmals in großem Umfang auch die Eisenbahn und die Telegraphie mit ein. Ein zweiter Schwerpunkt seiner Reformen war die Ausbildung der Offiziere zu fähigen Führungskräften, die im Kriegsfall schnell und eigenverantwortlich entscheiden und reagieren konnten. Im Deutsch-Dänischen Krieg von 1864 war Moltke erstmals an der Führung eines Feldzuges beteiligt. Im Deutsch-Französischen Krieg von 1870/71 hatte er die oberste, direkte Leitung bei allen militärischen Operationen. 1870 wurde Moltke in den Grafenstand erhoben, 1871 zum Generalfeldmarschall ernannt; 1888 nahm er seinen Abschied.

Moltkestraße Wi *früher Bahnhofstraße, heute Keplerstraße*
Siehe Keplerstraße

Informationen zum damaligen Namensgeber:
Siehe Moltkestraße NK

Moosbachweg Fu

Lage und Verlauf:
Der Moosbachweg zweigt vom Kohlhofweg, der parallel zur Limbacher Straße nach Osten verläuft, nach Süden ab und endet als Sackgasse kurz vor der Limbacher Straße. Von dort führt ein Fußweg zur Limbacher Straße.

Moosbachweg aus Richtung Kohlhofweg

Informationen zum Namen und zur Geschichte der Straße:
Der Kohlhofweg und seine Seitenstraßen – Lautzweilerweg, Moosbachweg, Erlenbrunnenweg, Remmengutweg, Tiefentalweg und Lantertalweg – entstanden in den Jahren Jahren 1962 - 64.
Die Straßennamen wurden auf Vorschlag des Heimatforschers Bernhard Krajewski am 04. 10. 1961 vom Stadtrat beschlossen. Die Gemeinnützige Siedlungsgesellschaft der Stadt Neunkirchen (GSG) und die Arbeitskammer erstellten dort insgesamt 24 eingeschossige Bungalows und 68 zweigeschossige Wohnhäuser, die anschließend an private Interessenten verkauft wurden.

Moselschachtstraße Hei vorher Brückenstraße

Lage und Verlauf:
Die Moselschachtstraße zweigt von der Grubenstraße nach Südwesten ab und geht im weiteren Verlauf in die Friedrichsthaler Straße über.

Stollenmundloch des Heinitzstollens an der Moselschachtstraße mit den Denkmälern von Heinitz (links) und Dechen (rechts)

Informationen zum Namen und zur Geschichte der Straße:
Zunächst war diese Straße nur ein Fußweg, denn in einer Grubenkarte von 1873 hieß sie Bergmannspfad nach Heinitz. Danach hieß sie Brückenstraße nach der Eisenbahnbrücke über den Bahnanschluss zum Bergwerk Heinitz, die durch den Bergfiskus 1886/87 erstellt worden war[M44]. Da es nach der Gebiets- und Verwaltungsreform 1974 in Neunkirchen mehrere Straßen dieses Namens gab, wurde auch die Brückenstraße in Heinitz zur Vermeidung von Verwechselungen umbenannt und zwar in Moselschachtstraße. Über diese Straße gelangt man zum alten Moselschacht. Der Schacht wurde in den Jahren 1886 bis 1888 im Flurstück „Auf der Mosel" als Ventilatorschacht abgeteuft. In diesem Flurstück lief auch ein Bach mit dem Namen Mosel, der jedoch im Zuge der Abteufarbeiten verschwunden ist. Nach Stilllegung der Gruben Heinitz (24. 11. 1962) und Dechen (31. 03. 1968) wurde auch die Bahnlinie von dort zum Bahnhof Neunkirchen aufgegeben. Die Brücke über diese Eisenbahnlinie war damit überflüssig. Sie wurde im Jahre 2000 beseitigt und durch einen Damm ersetzt.

M44 Müller: Festschrift 50 J. Grube Heinitz, vgl. Anm. E17

Öffentliche oder sonst bedeutsame Gebäude oder Objekte in der Straße:

- Portal des Heinitzstollens – Stollenmundloch
  Der Heinitzstollen, dessen Portal (Stollenmundloch) jetzt im Park an der Moselschachtstraße steht, war am 14. 7. 1847 jedoch an anderer Stelle im Bereich der heutigen Holzhauertalstraße angehauen worden. Nachdem das Bergwerk Heinitz am 24. 11. 1962 stillgelegt worden ist, erinnert das Stollenmundloch noch an die Bergwerkstradition des Stadtteils. In dem parkartigen Gelände vor der Portalarchitektur steht die Büste des Namensgebers des für die Entstehung und Entwicklung des Stadtteils maßgeblichen Bergwerks, des preußischen Staatsministers Freiherr Friedrich Anton von Heinitz (siehe Heinitzweg). Es handelt sich allerdings um einen Nachguss der Büste[M45]. Das Original ist heute ebenso wie die Büste des Namensgebers des Bergwerks Dechen, Heinrich von Dechen, im Treppenhaus der Grundschule Heinitz aufgestellt. 2005 wurde auch ein Nachguss des Denkmals Heinrichs von Dechen in dem kleinen Park aufgestellt[M46].
- Sportheim mit Sportplatz des SV 48 Heinitz
  Der Sportverein Heinitz wurde am 20. 06. 1948 gegründet. Der Sportplatz auf der westlichen Seite der Moselschachtstraße wurde damals durch Berglehrlinge gebaut. 1971 konnte der Verein das auf der anderen Straßenseite liegende ehemalige ASKO-Gebäude kaufen und zu einem Sportheim mit Umkleideräumen und Gaststätte umbauen.
- Städt. Freibad
  Die Grubenverwaltung der Régie des Mines de la Sarre baute 1949/50 in einer früheren Mulde seitlich der heutigen Moselschachtstraße ein Schwimmbad für die Berglehrlinge. Die notwendigen Arbeiten dazu waren überwiegend von den Lehrlingen und ihren Ausbildern geleistet worden[M47]. Nachdem die Grube geschlossen worden war, übernahm die Stadt 1961 das Bad und begann mit einem grundlegenden Umbau. Der Neunkircher Monatsspiegel vom Juli 1964 meldete, dass das Schwimmbad Heinitz am 20. 06. 1964 nach einer längeren Renovierung eingeweiht worden sei. Es handelt sich um das kleinste Schwimmbad im Stadtgebiet von Neunkirchen.
- Kindergarten
  Im Anwesen Nr. 7 befindet sich ein städtischer Kindergarten mit 45 Plätzen. Das Gebäude ist 1949 als Nachfolgeeinrichtung eines 1937 in der Friedrichsthaler Straße eingerichteten Kindergartens erbaut worden. 2004 besuchten noch 31 Kinder den Kindergarten[M48].

Mozartbrücke NK vorher Kaiser-Wilhelm-Brücke

Lage:
Die Mozartbrücke befindet sich am südlichen Ende der Mozartstraße; sie überquert dort die Blies und mündet auf die sogenannte Fünfstraßenkreuzung Ringstraße/Süduferstraße/Mozartstraße/Karl-Schneider-Straße/Knappschaftsstraße.

Mozartbrücke mit Herz-Jesu-Kirche

Informationen zum Namen und zur Geschichte der Brücke:
Bis 1909 war von der Wellesweilerstraße kommend in Richtung Bergmannslazarett (später Knappschaftskrankenhaus) nur eine einfache Holzbrücke über die Blies vorhanden[M49]. Diese ist in einem Situationsplan von Neunkirchen aus dem Jahre 1883 auch eingezeichnet. Nachdem die umliegenden Straßen ausgebaut worden waren und die Blies in diesem Bereich 1908 begradigt

---

M45 Schinkel: Heinitz, vgl. Anm. B9, S. 143
M46 Saarbrücker Zeitung v. 12. 07. 2005
M47 Schinkel: Heinitz, vgl. Anm. B9, S. 262

M48 Schinkel: Heinitz, vgl. Anm. B9, S. 230 ff
M49 StA Neunkirchen, Best. Varia Nr. 858

worden war, beschloss der Gemeinderat, an der Stelle der alten Holzbrücke eine massive Brücke zu errichten. Laut Beschlussbuch der Gemeinde Neunkirchen vom 10. 12. 1908 erhielt die Fa. Liebold aus Holzminden den Bauauftrag zu einem Preis von 54 000,- Mark. Eine Inschrift im Geländer der Brücke weist auf das Baujahr 1909 hin. Nach ihrer Erbauung wurde die Brücke zunächst nach dem damals herrschenden Kaiser Wilhelm II. benannt. Unmittelbar nach Ende des 2. Weltkrieges wurden alle patriotischen Ortsbezeichnungen abgeschafft. Bei dieser Gelegenheit erhielt die Brücke den Namen der Straße, an deren Ende sie liegt und heißt jetzt Mozartbrücke. Die Brücke genügt bis heute den Anforderungen des Verkehrs in diesem Bereich. Die fast 100 Jahre alte Brücke wurde jedoch 2006 mit einem Kostenaufwand von 860 000 € von Grund auf saniert.

Informationen zum Namensgeber:
Siehe Mozartstraße

Mozartplatz NK   vorher Kaiser-Wilhelm-Platz, volkstümlich oft Fünffinger-Kreuzung

Lage:
Der Platz liegt südlich der Blies am Ende der Mozartstraße. Außer dieser münden auf den Platz die Ringstraße, die Knappschaftsstraße, die Karl-Schneider-Straße und die Süduferstraße

Mozartplatz aus Richtung Karl-Schneider-Straße, im Hintergrund das Arbeitsamt

Informationen zum Namen und zur Geschichte des Platzes:

In der zweiten Hälfte des 19. Jh. wuchs die Stadt und die Bevölkerung auf Grund der enorm ansteigenden Industrialisierung in einem ungeheuren Tempo. Jeweils in 15 – 20 Jahren verdoppelte sich die Bevölkerung immer wieder und suchte industrienahen Wohnraum. Es entstanden ständig neue Straßen und Plätze, die in der euphorischen Stimmung nach dem gewonnenen Krieg 1870/71 oft nach Mitgliedern des Kaiserhauses, nach verdienten Heerführern oder nach Schlachtenorten benannt wurden. Der Name Kaiser-Wilhelm-Platz wurde in einer Sitzung des Gemeinderates Neunkirchen am 24. 04. 1903 festgelegt[M50]. Von dem Platz ging nach Südosten die Kaiser-Wilhelm-Straße (heute Ringstraße) ab.

Unmittelbar nach Ende des 2. Weltkrieges wurden alle patriotischen Straßennamen und Ortsbezeichnungen abgeschafft. Der Platz hatte dann zunächst keinen offiziellen Namen, im Volksmund wurde er allgemein „Fünffingerkreuzung" genannt, da fünf Straßen auf ihn münden.

Am 26. 05. 1961 beschloss dann der Stadtrat den Platz Mozartplatz zu nennen in Anlehnung an die auf ihn mündende Mozartstraße, die unmittelbar davor auch noch die Mozartbrücke überquert.

Im Jahre 2006 wurde die Kreuzung Mozartplatz zu einem Kreisverkehr umgebaut.

Informationen zum Namensgeber:
Siehe Mozartstraße

Öffentliche oder sonst bedeutsame Gebäude oder Einrichtungen am Platz:

- Kriegerehrenmal
  Am 26. 09.1955 meldete die Saarbrücker Zeitung, dass an der Kreuzung Knappschaftsstraße/Ringstraße ein neues Ehrenmal erstellt werden soll. Der Entwurf für das Denkmal stammt von dem Architekten Josef Stockhausen. Das Mahn- und Ehrenmal für die Toten des 2. Weltkrieges wurde am 17. 11. 1957, dem Volkstrauertag, eingeweiht.

Mozartstraße NK   früher Bergmannslazarettweg, Lazarettpfad

Lage und Verlauf:
Die Mozartstraße beginnt an der Wellesweilerstraße und endet an der Mozartbrücke über die Blies. Sie verläuft dabei in Nord-Süd-Richtung.

M50 Saar- und Blieszeitung v. 25. 04. 1903

Mozartstraße Blickrichtung Wellesweilerstraße

Informationen zur Straßengeschichte:

Da die Straße aus Richtung Wellesweilerstraße kommend in Richtung des 1884 – 1887 erbauten Bergmannslazaretts, des späteren Knappschaftskrankenhauses, führte, wurde sie vor ihrem regelrechten Ausbau zunächst Bergmannslazarettweg oder Lazarettpfad genannt. In einem Situationsplan von Neunkirchen aus dem Jahre 1883 ist die Straße schon eingezeichnet (damals vermutlich erst als geplante Straße), hat aber weder einen Namen noch irgendeine Bebauung[M51]. Am 24. 04. 1903 beschloss der Gemeinderat Neunkirchen, die Straße und die daran anschließende Brücke über die Blies nach dem Komponisten Wolfgang Amadeus Mozart zu benennen[M52]. Die Brücke war damals im Planungszustand, gebaut wurde sie erst 1909. Bei der Namensgebung für die Straße wurde der Grundsatz berücksichtigt, dass Straßen nördlich der Blies, die mit ihr parallel laufen, nach Dichtern und solche, die auf die Blies zulaufen, nach Musikern benannt werden sollen. Am 06. 07. 1906 beschloss der Gemeinderat, dass die Mozartstraße bei ihrem Ausbau eine Breite von 10 Metern erhalten soll.

Die schon vor 1914 geplanten beiden Bliesuferstraßen (Nord- und Südufer) entlang der zwischen Brückenstraße und Mozartstraße begradigten Blies wurden nach dem 1. Weltkrieg ausgebaut. Die Bliesregulierung, die nach 1900 begonnen und dann in Teilabschnitten durchgeführt wurde, verminderte zwar die Überschwemmungsgefahr für den Unterort, veränderte andererseits aber die Tallandschaft in erheblichem Maße.

Informationen zum Namensgeber:

Wolfgang Amadeus Mozart (27.01.1756 – 23.09.1791), österreichischer Komponist, neben Joseph Haydn und Ludwig van Beethoven die zentrale Figur der Wiener Klassik und der bedeutendste Komponist der europäischen Musiktradition. Seine Werke werden nach dem 1862 von Ritter von Köchel herausgegebenem Chronologisch-thematischen Verzeichnis sämtlicher Tonwerke Mozarts, dem so genannten Köchelverzeichnis (KV), angegeben.

Der junge Mozart erregte schon 1763 – 66 auf Kunstreisen, die sein Vater mit ihm und seiner Schwester Maria Anna unternahm, in München, Wien, Paris, London, Holland und der Schweiz Aufsehen als Musiker. 1769 wurde er Konzertmeister in Salzburg. Ab 1781 lebte er in dürftigen Umständen als Musiklehrer und Konzertgeber in Wien, dort wurde er 1787 zum Hofkompositor ernannt. 1782 heiratete Mozart Constanze Weber, die ältere Schwester seiner Jugendliebe Aloysia Weber. Schon bald nach der Hochzeit wurden aber die finanziellen Probleme der Familie offensichtlich. Geldsorgen und der Druck durch Gläubiger sollten Mozart von da an bis an sein Lebensende verfolgen. Mozart hat auf allen Gebieten der Komposition Meisterwerke geschaffen.

Öffentliche oder sonst bedeutsame Gebäude in der Straße:

- Katholische Herz-Jesu-Kirche
  Während für die evangelische Gemeinde im Unterort schon 1867/69 als Stiftung der Familie Stumm die „Untere Kirche" gebaut worden war (sie heißt seit 1931 Christuskirche), wurde für die Katholiken in der Unterstadt erst 1911 die Herz-Jesu-Pfarrei errichtet. Deren religiöser Mittelpunkt war bis 1945 die aus einem Theatersaal (Kaisersaal) in der Brückenstraße umgebaute Herz-Jesu-Kirche, die am 24. 09. 1911 benediziert worden war. Sie wurde im 2. Weltkrieg Opfer eines Bombenangriffs.
  Nach einer Zwischenlösung im Hüttenkasino wurde 1953/54 nach Plänen des Architekten J. W. Stockhausen ein von Backsteinen und Beton dominierter moderner Kirchenbau in der Mozartstraße erstellt und am 24. 10. 1954 eingeweiht[M53].

M51 Situationsplan NK 1883, vgl. Anm. 4
AM52   Saar- und Blieszeitung v. 25. 04. 1903

M53 Saarbrücker Zeitung v. 25. 10. 2004

Mozartstraße Wi vorher Teil der Bexbacher Straße, jetzt Richard-Wagner-Straße
Siehe Richard-Wagner-Straße

Informationen zum damaligen Namensgeber:
Siehe Mozartstraße NK

Mühlackerweg We vorher Am Mühlacker

Lage und Verlauf:
Die Straße liegt im Wohngebiet südlich der Bürgermeister-Regitz-Straße. Der Zugang zu dem Wohngebiet erfolgt über die Straße „Zur Römertreppe". Der Mühlackerweg zweigt von dieser Straße nach Osten ab und mündet in der Straße „Die Fels".

Mühlackerweg aus Richtung Zur Römertreppe

Informationen zum Namen und zur Geschichte der Straße:
Der Mühlackerweg liegt mit der Straße „Auf'm Mühlenberg" und anderen Straßen in einer Siedlung auf einem Hochplateau über dem Bliestal und dem Kasbruchtal. Unterhalb im Tal an der Stelle des jetzigen Wellesweiler Wasserwerkes lag früher die Wellesweiler Mahl- und Ohligmühle (1438 Lautzwyller Möhl). Offenbar im Bezug auf diese Mühle gibt es in dem Bereich die Flurbezeichnungen „Der Mühlenberg", „Das Mühlfeld", „In der Mühlwies", „Im Mühlwinkel," und davon ist auch der Straßenname abgeleitet.
Mit dem Bau der Siedlung wurde in den Jahren 1935/36 begonnen. Die Saarbrücker Zeitung vom 08. 03. 1935 berichtete, dass man mit dem Bau von 13 Doppelhäusern begonnen habe und am 04. 05. 1937, dass eine Treppe von der Eifelstraße zur Mühlenbergsiedlung ge-

baut worden sei.
Nach dem 2. Weltkrieg wurden nach und nach weitere Baustellen in der Siedlung erschlossen und Neubauten erstellt.
Am 09. 06. 1961 berichtete die Saarbrücker Zeitung, dass eine Verzögerung der Bautätigkeit am Mühlenberg durch den zuvor notwendigen Bau eines wasserdichten und druckfesten Hauptkanals durch das Wassereinzugsgebiet Kasbruchtal bis zur Blies eingetreten sei.
Am 08. 09. 1965 schließlich meldete die Saarbrücker Zeitung, dass die ersten 5 Häuser der Neusiedlergesellschaft in der Kasbruchtalstraße bezogen worden seien, die restlichen würden noch im Herbst bezogen. Diese Häuser würden zum 3. Bauabschnitt gehören. Davor seien schon der 1. und der 2. Bauabschnitt verwirklicht worden und zwar in den Jahren 1956/57 mit 5 Doppelhäusern im Felsenrech und 1959/61 mit 11 Doppelhäusern im Mühlackerweg und 9 Doppelhäusern in der Kasbruchtalstraße.

Mühlenstraße Si

Lage und Verlauf:
Die Straße verläuft vom Bahndamm in Sinnerthal bergab nach Nordosten in Richtung der Redener Straße bzw. des Sinnerbachs. Kurz vor der Redener Straße schwenkt die Straße nach Westen ab, verläuft parallel zur Redner Straße und mündet nach ca. 200 m in diese ein.

Mühlenstraße Blickrichtung Redener Straße

Informationen zum Namen und zur Geschichte der Straße:
Der Straßenname gibt Zeugnis von der 1713 erstmals erwähnten Sinnerthaler Sägemühle, die damals einem

Nikolaus Ziemann gehörte. Dann wurde sie von Christian Bingerle übernommen und 1764 ersteigerte sie ein Johann Georg John aus Leopoldsthal. Weitere Besitzer waren 1788 ein Johann Valentin Honecker und 1827 ein Philipp Hoffmann. Die Mühle wurde 1908 von der Gemeinde Neunkirchen aufgekauft und abgerissen, weil das Gelände nach der Erweiterung des Bahndamms der Sulzbachtallinie zur Verlegung einer Straße in diesem Zusammenhang benötigt wurde.

Alle übrigen Straßen im Stadtteil Sinnerthal münden in die Mühlenstraße ein, so dass über sie alle anderen Straßen zu erreichen sind.

Öffentliche oder sonst bedeutsame Einrichtungen in der Straße:

- Kindergarten
  In der Straße befindet sich ein evang. Kindergarten mit 33 Kindergarten- und 7 Kindertagesplätzen. Die Kinder werden z. Zt. von 4 Kindergärtnerinnen betreut. Der zum Kindergarten gehörende Spielplatz wurde 2002 von einem Förderverein renoviert.

Mühlenweg Wi *heute Beethovenstraße*
Siehe Beethovenstraße

Mühlweg Wi

Lage und Verlauf:
Der Mühlweg zweigt von der Römerstraße nach Norden ab und führt als Sackgasse zu der an der Blies gelegenen ehemaligen Mühle Blum.

Informationen zum Namen und zur Geschichte der Straße:
Bis 1895 gab es in Wiebelskirchen keine Straßenbezeichnungen. Im ganzen Ort gab es Bezirke, die ohne weitere Nummerierung ein Finden von Häusern ermöglichten. Der heutige Mühlweg lag mit anderen Straßen im Bezirk Im Dorf. Mit der Einführung der Straßennamen wurde auch eine straßenweise Nummerierung der Wohnanwesen vorgenommen, wobei freie Baustellen berücksichtigt wurden. Da der Mühlweg zur alten Mühle an der Blies führte, erhielt er diesen Namen[M54].

Die erste Mühle an dieser Stelle wurde schon 1537

Mühlweg aus Richtung Römerstraße

erwähnt, als der Graf von Nassau-Saarbrücken eine Fräuleinsteuer ausschrieb, die auch von dem „Miller von Wiebelskirchen" erhoben wurde. Im Gegensatz zu der an der Oster gelegenen Neumühle wurde sie Altmühle genannt. Nachdem die Mühle durch viele Hände gegangen war, wurde sie 1912 von der Familie Blum erworben, in deren Besitz sie bis in die 1980er Jahre blieb. Schon kurz nachdem die Familie Blum die Mühle erworben hatte, ließ sie die Mühlräder durch Turbinen ersetzen. 1931 wurde sie durch einen Brand zerstört, jedoch zügig wieder aufgebaut und lief 1 Jahr später wieder[M55].

Heute ist die Mühle nicht mehr in Betrieb. Seit 1985 hat sie mehrfach den Besitzer gewechselt. Das Gebäude wurde umgebaut, es befinden sich darin nur noch Wohnungen.

Mühlwies Wi *volkstümlich für Ottweilerstraße, zeitweise (1935 – 1945) Adolf-Hitler-Straße*
Siehe Ottweilerstraße

Mühlwiesenstraße NK *vorher Unterste Mühlwies*

Lage und Verlauf:
Die Straße verläuft im Wohngebiet Unten am Steinwald östlich parallel zur Fernstraße von der Bliesstraße bis zum Schützenhausweg und kreuzt dabei die Straße Unten am Steinwald. Die Jahnstraße mündet von Osten her in die Straße ein.

M54 Bürgerbuch Wi, vgl. Anm. A1, S. 221 - 223

M55 Hoppstädter: Heimatbuch Wi, vgl. Anm. A2, S. 219 ff

Mühlenwiesenstraße aus Richtung Bliesstraße

Mundorfsche Straße NK *später Hohenlohestraße bzw. Moltkestraße, heute Teil der Mendelssohnstraße*
Siehe Mendelssohnstraße

Informationen zum Namen und zur Geschichte der Straße:

Insbesondere der ursprüngliche Name ist von einer gleichlautenden Flurbezeichnung, die es in der Nähe gibt, abgeleitet. Diese Örtlichkeit war auch schon in der Ordnung der Gemeinde Neunkirchen aus dem Jahre 1731 erwähnt worden. Die Flurbezeichnung und der jetzige Straßenname weisen auf eine Mühle im Wagwiesental hin, die Ende des 17. Jh. verfallen war und 1716 von Johann Nikolaus Werner wieder aufgebaut wurde. Der Altmühlerweg, der quer durch das Wagwiesental führt, ist ebenfalls ein Hinweis auf diese frühere Mühle, denn er lief über den Damm für den Weiher dieser Mühle. Vermutlich wegen Wassermangels wurde diese Mühle im Jahre 1732 an die Blies verlegt und ist dann dort zur Bliesmühle geworden. Den Weiher im Wagwiesental konnte man dann ablassen, und so entstanden ober- und unterhalb des Weiherdammes die Oberste und die Unterste Mühlwies[M56].

Mit dem Bau der Eisenbahnersiedlung in der Jahnstraße 1908/10 hatte die Besiedlung des Wohngebietes Unten am Steinwald begonnen. Die übrigen Straßen folgten nach dem 1. Weltkrieg. In einem Stadtplan von 1926 ist die Straße Unterste Mühlwies erstmals eingezeichnet.

Unmittelbar nach Ende des 2. Weltkrieges wurden viele Straßen in Neunkirchen umbenannt, meistens aus politischen Gründen. Auch die bisherige Straße Unterste Mühlwies wurde umbenannt, seither heißt sie Mühlwiesenstraße. Ein Grund für diese Umbenennung ist nicht bekannt.

M56 Fried: Mühlen in NK, vgl. Anm. A17

Nach der neuen Schmelz Nk *heute Teil der Königsbahnstraße*
Siehe Königsbahnstraße

Nach der Schlackenmühle Wi *früher Teil der Annastraße, heute Thomasstraße*
Siehe Thomasstraße

Nachtigallenweg Wi *jetzt Elsternweg*
Siehe Elsternweg

Nachtigallenweg NK

Lage und Verlauf:
Der Nachtigallenweg beginnt am Storchenplatz, verläuft zunächst nach Norden, vollzieht dann mehrere Schwenkungen nach links wie eine Ringstraße und mündet schließlich wieder auf dem Storchenplatz.

Nachtigallenweg aus Richtung Storchenplatz)

Informationen zum Namen und zur Geschichte der Straße:
Der Nachtigallenweg gehört zum Straßensystem um den Storchenplatz, dessen Bebauung mit einem Bebauungsplan 1951 begann[N1]. Zu diesem Straßensystem gehören neben dem Nachtigallenweg der Meisenweg, der Amselweg, der Lerchenweg, der Finkenweg und der von Westen nach Osten verlaufende Teil des heutigen Stieglitzweges (damals Starenweg). Die Straße ist eine reine Wohnstraße mit Ein- und Zweifamilienhäusern. Am 29. 09. 1958 meldete die Saarbrücker Zeitung, dass

---

N1 Bebauungsplan Steinwaldsiedlung 1951, vgl. Anm. A40

der Stadtrat die Namen der Straßen am Storchenplatz beschlossen hat.

Öffentliche oder sonst bedeutsame Gebäude in der Straße:
- Steinwaldschule
   Am 22. 08. 1953 schrieb die Saarbrücker Zeitung: *„Für das Gelände im Steinwald haben sich Bauinteressenten von jeher interessiert. Schon in den Jahren 1920 – 1930 entstand längs der Waldstraße die heutige Steinwaldsiedlung, die nunmehr nach der neuen städtebaulichen Planung eine erhebliche Erweiterung erfahren soll. Ein neues Viertel wird nördlich der alten Siedlung entstehen, das zunächst 410 Wohnungen für ca. 1600 Menschen umfassen wird.*
   Der Anfang zur Verwirklichung dieses Siedlungsvorhabens ist bereits getan, schon wird fleißig gebaut. Auf der Kuppe des Steinwaldes wurde eine Baustelle für eine Volksschule und eine für eine evang. Kirche vorgehalten".
   Die Steinwaldschule wurde Ende der 1950er Jahre gebaut und ab Anfang 1961 bezogen. Gleichzeitig wurden die Schulbezirksgrenzen neu festgelegt. Mit Beginn des neuen Schuljahres an Ostern 1961 wurden viele Schüler, die vorher andere Schulen in der Stadt besucht hatten, an die neue Steinwaldschule versetzt. Zuletzt befanden sich in dem Gebäudekomplex eine Grundschule und einige Klassen der Erweiterten Realschule Wellesweiler. Ab Sommer 2005 befindet sich die Grundschule für die Oberstadt in dem Gebäudekomplex. Die Scheibschule wird aufgegeben. Die Kinder von dort sollen nach Umbauarbeiten zukünftig in die Steinwaldschule gehen.

Nachtweide Fu *vorher In der Nachtweide*

Lage und Verlauf:
Die Straße zweigt nach Norden von der Limbacher Straße ab und vollzieht dann einen weiten Bogen nach Osten. Dort geht sie in die Straße Litzelholz über.

Informationen zum Namen und zur Geschichte der Straße:
Der Straßenname geht auf die Flurbezeichnung „Nachtweyd" zurück, die es in diesem Bereich gibt. Bei der Nachtweide handelte es sich um ein Wiesengelände beim Furpacher Hof, auf dem das Rindvieh im Sommer

Nachtweide aus Richtung Limbacher Straße

Nahebahnschacht aus Richtung Kuchenbergstraße

auch nachts blieb.

Zwischen 1936 und 1938 wurde auf dem Gelände des früheren Hofgutes Furpach durch die Saarpfälzische Heimstätte GmbH eine Siedlung erstellt. Im 1. Bauabschnitt wurden im Bereich nördlich der Limbacher Straße und westlich der nach Ludwigsthal führenden Straße folgende Straßen erschlossen und mit kleinen Siedlerhäusern, Volkswohnungen und Eigenheimen bebaut: Nachtweide, Kleeweide, Buchenschlag, Lattenbüsch, Litzelholz, Geißenbrünnchen, Vor Birkum (heute Birkenweg)[N2].

Kaum eines dieser Häuser in der Nachtweide ist noch im ursprünglichen Zustand. Fast alle sind umgebaut, aufgestockt oder haben Anbauten erhalten.

Da die Siedler zur Kleinviehhaltung angehalten waren, waren die Grundstücke der Häuser ziemlich groß, so dass nach dem Krieg vielfach auch eine Abtrennung eines weiteren Baugrundstücks möglich war.

Bis 1945 hieß die Straße In der Nachtweide, sie erhielt dann im Zuge einer umfangreichen Umbenennung von Straßen ihren jetzigen Namen.

Nahebahnschacht Wi früher Am Nahebahnschacht

Lage und Verlauf:

Die Straße zweigt in Höhe der Wilhelmshöhe von der Kuchenbergstraße nach Nordwesten ab und verläuft parallel zur Rhein-Nahe-Bahn-Strecke an der früheren Schachtanlage vorbei in Richtung der alten Schlammweiher.

Informationen zum Namen und zur Geschichte der Straße:

Bis zum Jahre 1954 hatte diese Straße keinen Namen. Als auf Initiative des Kultur- und Heimatrings in diesem Jahr in Wiebelskirchen eine Reihe von Straßen neu- bzw. umbenannt wurden, erhielt die Straße zwischen Neunkircher Straße (heute Kuchenbergstraße) und den alten Schlammweihern den Namen Am Nahebahnschacht nach der dort liegenden Schachtanlage[N3]. Bei einer generellen Neu- und Umbenennung von Straßen nach der Gebiets- und Verwaltungsreform 1974 erhielt sie dann den neuen Namen.

Öffentliche oder sonst bedeutsame Anlagen an der Straße:

- Nahebahnschacht
  1867 wurde zwischen Kuchenbergstraße und Rhein-Nahebahn mit dem Abteufen eines Schachtes zur Erschließung der am Kohlwaldhang neu erschürften Flöze und zur Ausrichtung der im Ziehwald abgebauten Flöze begonnen. Der Schacht erhielt den Namen Rhein-Nahebahn-Schacht nach der unmittelbar daran vorbei laufenden Eisenbahnstrecke. Später trug er zeitweise ab 1901 zu Ehren des ersten Leiters der Berginspektion VIII den Namen Folleniusschacht. 1877 wurde der Rhein - Nahebahn-Schacht auf der ersten Sohle mit dem Kohlwaldschacht verbunden und sofort mit der Förderung aus dem Flöz Kallenberg begonnen. Der Schacht wurde

---

N2 Mons: Siedlungsgeschichte Furpach, vgl. Anm. B35, S. 17 ff

N3 Mathias: Die 1954 eingeführten Straßennamen, in: Heimatbuch Wi, vgl. Anm. A2, S. 144

1934 von der französischen Grubenverwaltung stillgelegt[N4].

Lange Jahre führte aus Richtung des Nahebahnschachtes eine lange Fußgängerbrücke in Eisenkonstruktion (sog. Hundertmeterbrücke) über den Gleisköper der Eisenbahn. Sie war in der 2. Hälfte des 19. Jh. von der Grubenverwaltung erbaut worden, um vom Nahebahnschacht gefahrlos zu Fuß in Richtung Grube Kohlwald/Bauershaus gehen zu können.

1959 wurde die Brücke demontiert[N5].

Nansenstraße NK *heute Einsteinstraße*
Siehe Einsteinstraße

Informationen zum damaligen Namensgeber:
Siehe Nansenstraße Wi

Nansenstraße Wi vorher Neustraße

Lage und Verlauf:
Die Nansenstraße ist eine Verbindungsstraße zwischen Römerstraße und Pflugstraße.

Nansenstraße aus Richtung Römerstraße

Informationen zum Namen und zur Geschichte der Straße:
Die Straße hieß ursprünglich Neustraße, weil sie zu Beginn des 20. Jh. nach der Einführung von Straßennamen in Wiebelskirchen 1895 die erste neue Straße war. Schon 1902 wurde ihr Ausbau mit Rinnen, Randsteinen

und Pflasterung begonnen[N6].

1954 wurden auf Initiative des Kultur- und Heimatrings in der damaligen Gemeinde Wiebelskirchen zahlreiche Straßen neu- bzw. umbenannt. Drei der vier parallelen Verbindungsstraßen zwischen Römerstraße und Pflugstraße wurden bei dieser Gelegenheit nach Entdeckern und Nobelpreisträgern benannt. Die bisherige Neustraße erhielt den Namen von Fridtjof Nansen[N7].

Informationen zum Namensgeber:
Fridtjof Nansen (10.10.1861 - 1930), norwegischer Forscher, Wissenschaftler, Staatsmann, Autor und Nobelpreisträger.

Er erforschte 1882 und ein weiteres Mal 1888 Grönland. Von 1893 bis 1896 war Nansen mit der Erforschung arktischer Gebiete beschäftigt und erreichte dabei mit 86°14' Nord den nördlichsten Punkt, den bis dahin je ein Mensch betreten hatte. 1905 beteiligte sich Nansen an einer Bewegung, die zur friedlichen Teilung Norwegens und Schwedens führte. Von 1910 bis 1914 unternahm er Forschungsreisen in den Nordatlantik, ins Nordpolarmeer und nach Sibirien.

Ab 1918 war er Kommissar des Völkerbundes und sorgte 1920 für die Heimführung von Kriegsgefangenen des 1. Weltkrieges. Von 1921 bis 1923 hatte er die Oberaufsicht über die Rotkreuz-Hungerhilfe an der Wolga und in der Südukraine in der UdSSR.

Für diese Arbeit erhielt er 1922 den Friedensnobelpreis. 1927 vertrat er Norwegen im Abrüstungskomitee des Völkerbundes.

Dieser ehrte ihn 1931 durch Gründung des Internationalen Nansen-Flüchtlingsbüros, das 1938 ebenfalls den Friedensnobelpreis erhielt.

Narzissenweg Wi *jetzt Dahlienweg*
Siehe Dahlienweg

Narzissenweg We

Lage und Verlauf:
Der Narzissenweg zweigt von der als Hauptdurchgangsstraße durch die Wohnsiedlung Winterfloß verlaufende Rosenstraße als Sackgasse nach Westen ab und endet am letzten Wohnhaus vor dem Wald.

N4 Slotta: Bergbau in Neunkirchen, vgl. Anm, A45, S. 33, 47
N5 Saarbrücker Zeitung v. 04. 12. 1959

N6 Bürgerbuch Wi, vgl. Anm. A1, S. 219
N7 Mathias: Die 1954 eingeführten Straßennamen, in: Heimatbuch Wi, vgl. Anm. A2, S. 146

Narzissenweg aus Richtung Rosenstraße

Informationen zum Namen und zur Geschichte der Straße:

Ab etwa 1960 befasste sich die Gemeinnützige Siedlungsgesellschaft Neunkirchen (GSG) mit Plänen für eine Bebauung des Winterfloßgebietes in Wellesweiler. Es sollte eine Wohnsiedlung mit über 700 Wohnungen für ca. 2300 Menschen in einer gemischten Bauweise werden. Es wurden ein- und zweigeschossige Ein- und Zweifamilienhäuser für Privateigentümer, achtgeschossige Häuser mit Eigentumswohnungen und acht- und vierzehngeschossige Häuser mit Mietwohnungen geplant und gebaut. Alle Häuser wurden von der französischen Firma Camus mit Fertigbetonteilen erstellt. Die im Werk nach modernen und wirtschaftlichen Methoden vorfabrizierten raumgroßen Elemente wurden auf der Baustelle montiert. Diese Großplattenbauweise lässt ein zügiges Bautempo zu. Der erste Spatenstich erfolgte am 23. 07. 1964. Der verhältnismäßig milde Winter 1964/65 ließ ein Arbeiten ohne Winterpause zu, so dass die ersten Mieter schon 1965 einziehen konnten. Im September 1968 wurde die gesamte Siedlung mit 711 Wohneinheiten und einem eigenen Blockheizkraftwerk mit einem Tag der offenen Tür vorgestellt[N8].
Die Straßen in der Siedlung erhielten alle Blumennamen. Die Durchgangsstraße ist die Rosenstraße, die Seitenstraßen haben die Namen Tulpenweg, Lilienweg, Irisweg, Malvenweg, Narzissenweg.

Nassewald Wi *volkstümlich für Dunantstraße, vorher Ziehwaldstraße, Siehe Dunantstraße*

N8   Neunkircher Stadtanzeiger v. 18. 09. 1968

Nelkenweg Wi vorher Lilienweg

Lage und Verlauf:
Der Nelkenweg gehört zum Siedlungsgebiet Steinbacher Berg in Wiebelskirchen. Dort liegt er im oberen (nördlichen) Bereich des Wohngebietes. Er beginnt an der Steinbacher Straße, verläuft von dort nach Südosten und mündet in den Fliederweg.

Nelkenweg aus Richtung Fliederweg

Informationen zum Namen und zur Geschichte der Straße:
Das Wohngebiet Steinbacher Berg entstand oberhalb (nördlich) der Straße Am Enkerberg ab 1967 in mehreren Bauabschnitten. Zunächst wurde 1967/68 im Auftrag der Gemeinnützigen Siedlungsgesellschaft Saarbrücken im Veilchenweg ein Block mit zweigeschossigen Einfamilienhäusern durch die Fa. Camus aus Fertigteilen erstellt. Danach erfolgte der Bau von Einfamilienhäusern ebenfalls aus Fertigteilen durch die Fa. Camus im Lilienweg (jetzt Nelkenweg) und im Fliederweg.
Erst später, bis Mitte der 1970er Jahre, wurden Häuser in traditioneller Bauweise im Narzissenweg (jetzt Dahlienweg), im Tulpenweg (jetzt Gladiolenweg), im Rosenweg (jetzt Hyazinthenweg), im Asternweg und auf der rechten Seite des Veilchenwegs erstellt.
Als es nach der Gebiets- und Verwaltungsreform 1974 im Stadtgebiet einen weiteren Lilienweg gab, wurde der in Wiebelskirchen liegende zur Vermeidung von Verwechselungen in Nelkenweg umbenannt.

Neuer Kirchhofsweg NK *dann Evang. Friedhofsstraße, heute Unterer Friedhofsweg*
Siehe Unterer Friedhofsweg

Neuer Markt NK

Lage:
Der Neue Markt liegt in der Nähe des Oberen Marktes und wird von der Max-Braun-Straße, der Johannesstraße und der Bürgermeister-Ludwig-Straße begrenzt.

Neuer Markt aus Richtung Bürgermeister-Ludwig-Straße

Informationen zum Namen und zur Geschichte des Platzes:

Seit dem 18. Jh. fanden in Neunkirchen Märkte auf dem Oberen Markt vor dem Renaissanceschloss statt.

Als ab 1907 die Straßenbahn den Marktplatz von der Hüttenbergstraße her in Richtung Marktstraße durchfuhr, war dies eine erhebliche Beeinträchtigung des Marktbetriebes.

Nach dem 2. Weltkrieg nahm der Kfz-Verkehr immer mehr zu. Deshalb suchte man nach einer neuen Örtlichkeit zur Durchführung der Märkte. Dieses Gelände fand man in unmittelbarer Nähe des Oberen Marktes zwischen Max-Braun-Straße und Bürgermeister-Ludwig-Straße.

An dieser Stelle, deren Bebauung im 2. Weltkrieg durch Bomben stark beschädigt worden war, wurde 1956 ein Platz geschaffen, der den Erfordernissen eines modernen Marktverkehrs gerecht wird[N9]. Nachdem in einer Stadtratssitzung am 01. 12. 1965 Klage darüber geführt worden war, dass Ortsfremde oft nicht zwischen Oberem Markt und dem tatsächlichen Marktplatz unterscheiden könnten, beschloss der Stadtrat am 16. 01. 1966 den Platz offiziell Neuer Markt zu nennen, wie er von der Bevölkerung schon seit seiner Inbetriebnahme

genannt worden war.

In den 1990er Jahren wurde der Platz asphaltiert und im Randbereich mit Bäumen bepflanzt. Mittwochs und samstags finden hier Wochenmärkte statt. Während der übrigen Zeit steht der Platz als Parkplatz zur Verfügung.

Neue Schmelze NK *auch Oberschmelz, heute Teil der Redener Straße*
Siehe Redener Straße

Neunkircher Hof NK *(Der Hof)[N10]*

Lage:
Der Neunkircher Hof war ein Wohnplatz südlich der Saarbrücker Straße (an dem Straßenteil, der heute Bildstocker Straße heißt) gegenüber der Einmündung des Sinnerthaler Weges.

Informationen zum Namen und zur Geschichte des Wohnplatzes:
Südlich des Teils der früheren Saarbrücker Straße, der heute Bildstocker Straße heißt, lag seit alter Zeit ein größeres landwirtschaftliches Hofgut, der Neunkircher Hof, dessen letztes Hofhaus 1933 bei der Gasometerexplosion zerstört worden ist. Dieser herrschaftliche Hof gehörte den Grafen von Nassau-Saarbrücken. Der Hof wurde oft auch Schweitzerhof genannt, da er von Anfang an hauptsächlich der Viehhaltung diente. Die Lage gegenüber dem heutigen Sinnerthaler Weg ist auf einer Gemarkungskarte aus dem Jahre 1848 erkennbar. Er ist ab 19. 09. 1617 durch den nassau-saarbrückischen Beamten Jost Heer aktenmäßig nachgewiesen, muss aber älter sein. Am 28. 04. 1733 sagte der damals 75-jährige Hans Jost Werner als Zeuge aus, er habe von seinen Eltern und von anderen Alten aus Neunkirchen gehört, der Neunkircher herrschaftliche Hof, welcher vor dem Dreißigjährigen Krieg unten an der Sinner Brücke gestanden habe (im Bereich der heutigen Kläranlage an der Redener Straße) und der alte Schweitzer Hof genannt worden sei, sei vor diesem Krieg weiter hinauf, wo er jetzt stände, gebaut worden.

Nach dem Dreißigjährigen Krieg lag der Hof Jahrzehnte lang wüst. Später wurde er durch die Fürsten von Nassau-Saarbrücken verpachtet, bis er nach der französischen Revolution und der Eingliederung des linksrheinischen

---

N9   Saarbrücker Zeitung v. 07. 09. 1956

N10 Krajewski: Plaudereien 6, vgl. Anm. B36, S. 33 ff; Gillenberg: NK vom Meyerhof... , vgl. Anm. H5, S. 9, 19, 23, 36

Gebietes nach Frankreich französisches Staatseigentum wurde. 1806 haben die Gebrüder Stumm mit dem Werk auch den Neunkircher Hof, der ab 1748 immer mit dem Werk verpachtet war, von den Franzosen erworben. 1849 erstellte ein Georg Bärsch eine Statistik der Bürgermeisterei Neunkirchen. Darin erwähnt er einen zu Nieder-Neunkirchen gehörenden Wohnplatz Neunkircher Hof mit 82 Bewohnern[N11].

Zu Beginn der Stummschen Zeit wurden die Felder und Wiesen des Hofes noch bewirtschaftet, bis sie nach und nach der Industrie zum Opfer fielen.

Schon 1872 nach dem Bau der ersten Hüttenkokerei war das gesamte Hofgelände zwischen Saarbrücker Straße und dem großen Hüttenweiher zu Industriegelände geworden[N12]. Die letzten Hofgebäude wurden bei der Gasometerexplosion 1933 zerstört.

Heute befindet sich in diesem Bereich der Hüttenpark II.

Neunkircher Straße Hei *heute Teil der Grubenstraße*
Siehe Grubenstraße

Neunkircher Straße Ko *heute Limbacher Straße*
Siehe Limbacher Straße

Neunkircher Straße Lu *heute Teil der Hauptstraße*
Siehe Hauptstraße

Neunkircher Straße NK *nicht mehr so genannt*
Das Hauptamt der Stadt Neunkirchen teilte am 25. 10. 1967 übrigen Ämtern und Behörden schriftlich mit, in den Stadtplänen und Straßenverzeichnissen von Neunkirchen sei ein Teil der Bundesstraße 10 zwischen der Kreuzung Spieser Höhe und Spiesen (Cafe Klemann) als Neunkircher Straße bezeichnet. Diese Bezeichnung sei mit sofortiger Wirkung aufgehoben.

Es liege kein Stadtratsbeschluss über die Benennung des Straßenteilstücks vor. Die B 10 sei künftig in diesem Teil ohne Straßennamen zu führen.

Neunkircher Straße We *heute Rombachstraße*
Siehe Rombachstraße

Neunkircher Straße Wi *heute Teil der Kuchenbergstraße*
Siehe Kuchenbergstraße

Neustraße Wi *heute Nansenstraße*
Siehe Nansenstraße.

Niederbexbacher Straße Ko *vorher Bexbacher Straße*

Lage und Verlauf:
Die Niederbexbacher Straße führt von der Limbacher Straße in Kohlhof nach Nordosten bis zur Stadtgrenze. Dabei überquert sie die Autobahn A 8 über eine Brücke und kreuzt den Torhausweg.

Niederbexbacher Straße Blickrichtung Limbacher Straße rechts das Sauerbrey-Haus

Informationen zum Namen und zur Geschichte der Straße:
Die Straße ist neben der früheren Hauptstraße (jetzt Andreas-Limbach-Straße) eine der älteren Straßen in Kohlhof.

An der Ecke Torhausweg, gegenüber dem Kriegerdenkmal stand das sog. Sauerbrey-Haus, das schon 1848 in einer Beschreibung des Regierungsbezirks Trier erwähnt worden war[N13]. 1896 stellte Bürgermeister Ludwig zur Entwicklung des Straßenwesens fest, im Berichtzeitraum sei eine Reihe von Straße ausgebaut bzw. gründlich hergestellt worden, u. a. die Straße von Kohlhof nach Niederbexbach[N14].

N11 Bärsch: Regierungsbezirk Trier, vgl. Anm. B21
N12 Gillenberg: NK vom Meyerhof..., vgl. Anm. H5, S. 9, 19, 23, 36

N13 Bärsch: Regierungsbezirk Trier, vgl. Anm. B31
N14 Verwaltungsbericht NK 1885 – 1896, vgl. Anm. K21

Gündlich hergestellt bedeutete damals in der Regel einen massiven Unterbau und eine Schotterung der Straßendecke.

Schon 1863 wurde im Gemeinderat Kohlhof darüber geklagt, dass der größte Teil des Geldes für den Wegebau u. a. der Bexbacher Straße verwendet werden müsse[N15].

Als es nach der Gebiets- und Verwaltungsreform 1974 weitere Bexbacher Straßen im neuen Stadtgebiet gab, wurde die in Kohlhof liegende zur Vermeidung von Verwechselungen nach dem ersten Ort hinter der Stadtgrenze umbenannt.

Sowohl der alte als auch der neue Name der Straße richten sich nach ihrer Zielrichtung. Sie führt über Niederbexbach nach Bexbach.

Öffentliche oder sonst bedeutsame Gebäude an der Straße:

- Grundschule

  Im Gebäude Niederbexbacher Straße 30 befindet sich die Grundschule Kohlhof. Das 1907 erbaute Gebäude war während des 2. Weltkrieges als Krankenhaus bzw. Lazarett benutzt worden. Die Räumung erfolgte erst am 01. 02. 1947, so dass die Wiedereröffnung als Schule erst am 02. 05. 1947 gefeiert werden konnte[N16]. Die Kinder waren zwischenzeitlich im Saal des Gasthauses Sorg unterrichtet worden. Mit Ablauf des Schuljahres 2004/05 wurden in der Grundschule Kohlhof keine Kinder mehr eingeschult, die Schule läuft aus. Durch eine Änderung des Schulordnungsgesetzes v. 11. 05. 2005 wurde gegen den Widerstand von Eltern und Kommune eine Zusammenlegung mit der Grundschule Furpach beschlossen.

- Kindergarten

  Unmittelbar hinter der Grundschule befindet sich im Anwesen 30 a ein städtischer Kindergarten. Das Gebäude ist 1958 erstellt worden. Die Einrichtung bietet 25 Kindergartenplätze.

- Evang. Kirche

  Die Kirche gehört zur evang. Kirchengemeinde Scheib-Furpach, sie ist am 25. 04. 1965 eingeweiht worden. Den auf der anderen Straßensei-

te in einem schmalen Grundstück zwischen den Anwesen Nr. 12 und Nr. 14 stehenden Glockenturm gibt es seit Anfang des 20. Jh[N17].

- Kriegerdenkmal

  An der Ecke Niederbexbacher Straße/Torhausweg befindet sich ein Denkmal für die Gefallenen aus Kohlhof im 1. und im 2. Weltkrieg. Das Denkmal war 1926 zunächst für die Gefallenen des 1. Weltkrieges errichtet und später auch für die Gefallenen des 2. Weltkrieges erweitert worden.

Nikolausstraße Wi *heute Dürerstraße und Grünewaldstraße, volkstümlich Judewies*
Siehe Grünewaldstraße und Dürerstraße

Informationen zum damaligen Namensgeber:
Die Straße wurde nach dem Vornamen des bei der Namensgebung in der Straße wohnenden Wirtes der damaligen Wirtschaft „Zum deutschen Kaiser" benannt.

Norduferstraße NK zeitweise (1935 – 1945) Am Nordufer

Lage und Verlauf:
Die Straße verläuft auf der nördlichen Bliesseite unmittelbar am Fluss entlang und den Bachplatz tangierend von der Brückenstraße bis zur Händelstraße. Dabei ist sie zwischen Bachplatz und Mozartstraße nur als Fußgängerweg ausgebaut.

Informationen zum Namen und zur Geschichte der Straße:
Die kurz nach 1900 begonnene und dann in Etappen weiter durchgeführte Bliesregulierung in der Innenstadt verminderte zwar die Überschwemmungsgefahr für den Unterort, veränderte andererseits aber die Tallandschaft in erheblichem Maße und verwandelte die ehemals in natürlichen Windungen dahinströmende Blies in einen gerade gestreckten Abzugsgraben für Schmutzwasser[N18]. Dieser Wasserzustand hat sich erst nach Stilllegung des Eisenwerkes gebessert.

Die schon vor 1914 geplanten beiden Bliesuferstraßen (Nord- und Südufer) entlang der begradigten Blies wurden nach dem 1. Weltkrieg ausgebaut. Die Chronik von

---

N15 StA Neunkirchen, Krajewski: Chronik Schule Kohlhof 1937 - 1970
N16 StA Neunkirchen, Krajewski: Chronik Schule Kohlhof 1937 - 1970

N17 Verwaltungsbericht NK 1895 - 1903, vgl. Anm. F3
N18 Krajewski: Plaudereien 1, vgl. Anm. A50, S. 36

Norduferstraße aus Richtung Brückenstraße,

Neunkirchen, Jg. 1913, Nr. 1 berichtete: *„Die Straße (Norduferstraße) ist erst im Entstehen begriffen und läuft der nördlichen Bliesseite entlang"*. Die Namen der beiden Straßen wurden jedoch durch den Gemeinderat Neunkirchen bereits am 24. 04. 1903 festgelegt[N19].

Die sämtlichen übrigen Straßen auf der linken Bliesseite erhielten nach dem gleichen Beschluss des Gemeinderates, soweit sie auf die Blies zulaufen, Komponistennamen. Die in der gleichen Richtung wie die Blies laufenden Straßen erhielten Dichternamen.

Als 1935 viele Straßen aus politischen Gründen umbenannt wurden, beschloss der Stadtrat Neunkirchen, einige Straßen auch ohne politische Gründe umzubenennen. So wurde aus der Norduferstraße die Straße Am Nordufer[N20].

Unmittelbar nach Kriegsende erhielt die Straße ihren alten Namen zurück.

Öffentliche oder sonst bedeutsame Einrichtungen an der Straße:

- Kindergarten
  Im Anwesen Norduferstraße 8 ist im Annaheim, einem 1928/29 als Schwesternheim mit Kindergarten erbauten Backsteinbau, der Kindergarten der kath. Herz-Jesu-Kirchengemeinde untergebracht. Die Kirche selbst liegt um die Ecke in der Mozartstraße. Der Kindergarten hat 50 Plätze. Zeitweise war in dem Gebäude auch eine Nähschule und eine ambulante Krankenpflegestation eingerichtet.

N19 Saar- und Blieszeitung v. 25. 04. 1903
N20 Saar- und Blieszeitung v. 30. 01. 1935

Oben am Godtal Mü früher Höcherbergstraße, zeitweise (1935 – 1945) Josef-Bürckel-Straße

Lage und Verlauf:
Die Straße zweigt in der Ortsmitte von Münchwies von der Turmstraße nach Osten ab, verläuft dann parallel nördlich zur Friedhofstraße und endet nach ca. 200 m als Sackgasse.

Oben am Godtal Blickrichtung Turmstraße

Informationen zum Namen und zur Geschichte der Straße:
Die Straße hieß seit ihrer Entstehung Höcherbergstraße, da sie in diese Richtung verläuft.

Nach der Volksabstimmung vom 13. Januar 1935 wurden in Neunkirchen und anderen Orten des Saargebietes Straßen nach Nazi-Größen oder –Märtyrern benannt. In Münchwies beschloss der Gemeinderat am 25. 01. 1935, also schon vor dem tatsächlichen Wiederanschluss des Saargebietes an das Deutsche Reich, der erst am 01. 03. 1935 vollzogen wurde, dem Polizeiverwalter einige Straßenumbenennungen vorzuschlagen. So wurde die bisherige Höcherbergstraße nach dem NSDAP-Gauleiter der Westmark, Josef Bürckel, benannt[O1]. Unmittelbar nach Kriegsende erhielt sie ihren alten Namen zurück.

Nach der Gebiets- und Verwaltungsreform 1974 erhielt sie zur Vermeidung von Verwechselungen, da es nun in der Stadt mehrere Höcherbergstraßen gab, ihren neuen Namen. Dieser Name geht auf eine Flurbezeichnung zurück. Das Godtal selbst ist das Tal, das sich vom

---

O1   Beschlussbuch der Gemeinde Münchwies, vgl. Anm. A18

Friedhof in Richtung Saubachtal hinzieht. Die Straße liegt oberhalb dieses Tals.

Oberbexbacher Weg We *dann Straße „Am Berg",* *zeitweise (1935 bis 1945) Litzmannstraße, heute Bergstraße*
Siehe Bergstraße

Obereck Ha

Lage und Verlauf:
Die Straße liegt am östlichen Ortsrand von Hangard, zweigt dort vor dem Friedhof von der Jean-Mathieu-Straße nach Nordosten ab und endet nach wenigen Metern als Sackgasse.

Obereck aus Richtung Jean-Mathieu-Straße

Informationen zum Namen und zur Geschichte der Straße:
Die Straße, die nur wenige Häuser hat, liegt im alten Ortszentrum von Hangard östlich der Oster. Sie ist auch die Straße mit der ältesten Bausubstanz des Ortes.

Obereck Mü *vokstümlich für Turmstraße*
Siehe Turmstraße

Obere Kirchenwies Ha früher Feldstraße

Lage und Verlauf:
Im südlichen Ortseingangsbereich Hangards von Wiebelskirchen her zweigen von der Hauptdurchgangsstraße durch den Ort, der Wiebelskircher Straße, nach Süden in Richtung der Osterniederung zwei kleine Gäss-

Obere Kirchenwies aus Richtung Wiebelskircher Straße

Oberer Friedhofsweg aus Richtung Zweibrücker Straße

chen ab, die Obere und die Untere Kirchenwies.

Informationen zum Namen und zur Geschichte der Straße:

Die Straße führt in die Felder der Osterniederung auf der westlichen Bachseite, daher auch ihr ursprünglicher Name Feldstraße. Den neuen Namen erhielt die Straße nach der Gebiets- und Verwaltungsreform 1974 zur Vermeidung von Verwechselungen, da es nun mehrere Feldstraßen im neuen Stadtgebiet gab.

Die Straßennamen gehen auf eine Gewannbezeichnung zurück. In der Flur VI von Hangard gibt es unter Ziffer 1 den Gewannnamen „In der Kirchenwies". Hier gab es früher Kirchengrundbesitz.

Oberer Friedhofsweg NK früher Kirchhofsweg, Katholischer Friedhofsweg

Lage und Verlauf:

Die Sackgasse führt von der Zweibrücker Straße in Richtung des Haupt-(Scheiber) Friedhofs, der früher aus einem katholischen oberen und einem evangelischen unteren Teil bestand.

Informationen zum Namen und zur Geschichte der Straße:

Ursprünglich befand sich der alte kath. Friedhof von Neunkirchen seit 1832 auf dem Gelände des heutigen Hauses Schlosspark an der Schloßstraße. 1882 wurde dieser Friedhof in das Gelände westlich der Zweibrücker Straße oberhalb der Ellenfelder verlegt.

Der evang. Friedhof war schon früher vom Büchel

ebenfalls nach dort verlegt worden

Nach dem Beschlussbuch der Gemeinde Neunkirchen vom 14. Februar 1883 protestierte der katholische Kirchenvorstand dagegen, dass der Zugang zu dem neuen katholischen Friedhof über den vorher schon existierenden evangelischen Friedhof erfolgen soll. Der Antrag auf einen eigenen Zugangsweg wurde vom Rat mit dem Hinweis abgelehnt, dass es in Nachbarkommunen, wie z. B. in Saarbrücken, St. Johann, Dudweiler, Friedrichsthal und Sulzbach schon gemeinschaftliche Friedhöfe gäbe.

Damit gaben sich aber die Katholiken offenbar nicht zufrieden.

Am 26. April 1884 beschloss der Gemeinderat nämlich die Anlage eines Weges zu dem projektierten katholischen Friedhof hinter dem evangelischen Friedhof auf Kosten der Pfarreien Neunkirchen, Niederneunkirchen, Kohlhof und Wellesweiler.

Im Stadtplan von Neunkirchen aus dem Jahre 1883 ist der Weg eingezeichnet, allerdings noch ohne Namen[O2]. Zu diesem Zeitpunkt stand jedoch bereits ein Haus auf der Nordseite der Straße. Nach einem Beschluss des Gemeinderates Neunkirchen vom 24. 04. 1903 erhielt die Straße den Namen Katholischer Friedhofsweg[O3].

Als während des Nazi-Regimes die Konfessionsschulen abgeschafft wurden und religiöse Überzeugungen in der Öffentlichkeit keine Rolle mehr spielen sollten, wurde der Straßenname geändert in Oberer Friedhofsweg.

O2 Situationsplan NK 1883, vgl. Anm. A4
O3 Saar- und Blieszeitung v. 25. 04. 1903

Öffentliche oder sonst bedeutsame Gebäude und Einrichtungen in der Straße:
- Hauptfriedhof Scheib
  Siehe Unterer Friedhofsweg
- Katholischer St. Vincenz-Kindergarten
  Der Kindergarten mit Zugang vom Oberen Friedhofsweg her liegt hinter dem Vincenz-Haus, das in der parallel verlaufenden Hermannstraße steht. Das Vincenz-Haus war nach seiner Erbauung 1910 als Waisenhaus betrieben worden. Nach dem 2. Weltkrieg entstand dann in Anbindung an das Haus der Kindergarten, der von den Kindern des Waisenhauses, aber auch von solchen aus den umliegenden Straßen besucht wurde. Seit 1980 wird das Vincenz-Haus nur noch als Alten- und Pflegeheim geführt, so dass auch keine Waisenhauskinder mehr in den Kindergarten kommen. Die Einrichtung bietet heute 75 Kindergartenplätze.

Oberer Langenstrich NK *früher Langenstricher*
Weg, heute Langenstrichstraße
Siehe Langenstrichstraße

Oberer Markt NK früher teilweise Ortsstraße, zeitweise (1935 und 1945) Platz der Deutschen Front, heute teilweise Synagogenplatz

Lage und Verlauf:
Der Obere Markt liegt am südlichen (oberen) Ende der Hüttenbergstraße. Von ihm gehen mehrere Straßen ab: die Langenstrichstraße und die Hüttenbergstraße nach Norden, die Max-Braun-Straße, die Bürgermeister-Ludwig-Straße, das Maurersgäßchen und die Heizengasse nach Osten, die Marktstraße nach Süden, die Schwebelstraße, die Irrgartenstraße, der Kriershof und die Schloßstraße nach Westen.

Informationen zum Namen und zur Geschichte des Platzes:
Da der frühere Marktplatz auf dem Hochplateau über der Blies in der Oberstadt liegt, wurde er Oberer Markt genannt, im Gegensatz zu dem später entstandenen Unteren Markt in der Unterstadt. In einem Situationsplan zum Neubau der evang. Kirche von 1866 wurde der Teil des jetzigen Oberen Marktes zwischen Kirche und dem heutigen Rathaus als Ortsstraße bezeichnet.
Am Oberen Markt liegt die Keimzelle der Stadt. Hier

Oberer Markt Blickrichtung Marktstraße

gründeten wohl Bauernsöhne aus dem älteren Wiebelskirchen das 1291 erstmals erwähnte Dorf Neunkirchen, und sie bauten sich auch eine erstmals 1352 erwähnte neue Kirche um die herum die ersten Straßen und Gässchen entstanden. Man ging dann in die Neue Kirche und letztlich entstand so der Name Neunkirchen.
Am Oberen Markt stand auf felsigem Grund bis in die Mitte des 18. Jh. das in der 2. Hälfte des 16. Jh. erbaute Renaissanceschloss. Auf dem Oberen Markt wurden seit 1752 nach Bewilligung des Fürsten von Nassau-Saarbrücken 3 Märkte im Jahr abgehalten[O4]. 1896 wurde auf den Resten des Schlosses eine Synagoge gebaut, die in der „Reichskristallnacht" 1938 zerstört wurde. Ebenfalls auf den Resten des Renaissanceschlosses steht der Burgkeller. Kaiser Wilhelm I. fand vor dem alten Schloss auf dem Oberen Markt 1907 als Denkmal seinen Standplatz und verlor ihn 1943 wieder.
Am 15. 05. 1879 schlug der Ortsbaumeister Riemann dem Bürgermeister Jongnell von Neunkirchen die Beschaffung von Namensschildern für 49 Straßen/Plätze und 8 Wohnplätze vor. In dieser Aufstellung ist auch der Name Oberer Marktplatz erstmals aufgeführt. Für den Platz mussten damals 3 Straßenschilder und 34 Hausnummernschilder beschafft werden[O5]. In einem Situationsplan von Neunkirchen aus dem Jahre 1883 ist der Platz ebenfalls eingezeichnet[O6].
Zwischen 1880 und 1900 veränderte der Obere Markt sein Gesicht. Aus Bauernhäusern wurden durch Um- und Neubauten Geschäftshäuser. Neben seiner Funk-

---

O4 Krajewski: Plaudereien 3, vgl. Anm. B7, S. 31
O5 Beschaff. Straßenschilder, vgl. Anm. A8
O6 Situationsplan NK 1883, vgl. Anm. A4

tion als Standort von Jahr-, Wochen- und Viehmärkten wurde der Obere Markt bis zum Bau der Straßenbahn 1907 auch als Kirmesplatz benutzt[O7].

In der Kaiserzeit fanden auf dem Oberen Markt regelmäßige Märkte und große Feiern statt, und während der Nazi-Zeit war hier der Schauplatz martialischer Aufmärsche. Erst nach dem 2. Weltkrieg wurde der Marktbetrieb auf dem Platz wegen des starken Verkehrs ganz eingestellt und auf den Neuen Markt ganz in der Nähe zwischen Max-Braun-Straße und Bürgermeister-Ludwig-Straße verlegt.

Nach der Volksabstimmung vom 13. 01. 1935 beschloss der Stadtrat am 29. 01. 1935 eine Reihe von Straßenumbenennungen, um damit nationalsozialistische Größen oder verdiente Soldaten des 1. Weltkrieges zu ehren bzw. an Schlachtenorte des 1. Weltkrieges oder an Opfer der französischen Besatzung zu erinnern. Der nach dem Wiederanschluss an das Deutsche Reich auch für das Saarland zuständige NS-Gauleiter Joseph Bürckel gab Anfang Januar 1936 die Empfehlung, dass in allen saarländischen Gemeinden aus Anlass des ersten Jahrestages der Abstimmung eine Straße Straße des 13. Januar heißen solle und in größeren Gemeinden zusätzlich ein Platz der Deutschen Front oder ein Befreiungsplatz zu benennen sei[O8]. Bei dieser Gelegenheit wurde aus dem Oberen Markt der Platz der Deutschen Front. Unmittelbar nach dem 2. Weltkrieg bekam der Platz seinen alten, über Jahrhunderte gewachsenen Namen zurück.

Im September 1994 stimmte der Ortsrat für die Innenstadt einem Vorschlag der Stadtverwaltung zu, in Erinnerung an die 1938 zerstörte Synagoge einen Teil des Oberen Marktes und zwar den neu gestalteten Platz vor der Zweigstelle der Deutschen Bank (Ecke Irrgartenstraße/Oberer Markt), wo die Synagoge früher stand, künftig Oberer Markt/ Synagogenplatz zu benennen.

Am 16. 09. 2004 wurde das seit 1951 am Oberen Markt stehende Kino Burg-Theater geschlossen.

Öffentliche oder sonst bedeutsame Gebäude und Einrichtungen am Platz:

- Renaissanceschloss
  Das in der 2. Hälfte des 16. Jh. nach Plänen von Christian Stromeyer erbaute Renaissanceschloss war ein burgartiger Viereckbau in den Ausma-

ßen von 57 X 41 m[O9], dessen Gewölbereste heute noch das Burgkellerrestaurant tragen. Es war ein Jagdschloss der Fürsten von Nassau-Saarbrücken. Als das höher gelegene Barockschloss Jägersberg 1752 fertig gestellt war, wurde das Renaissanceschloss teilweise abgetragen und sein Unterbau zu einer Kaserne mit umfangreichen Pferdestallungen umgewandelt. Diese Gebäude wurden 1905 abgerissen und auf dem Fundament des alten Schlosses entstanden das Gasthaus Burgkeller, ein Wohnhaus und die Synagoge.

Beim Abriss von Häusern in der vorderen Irrgartenstraße wurde 1989 das Fundament des südwestlichen Turms des Renaissanceschlosses und 1995 bei Ausschachtungsarbeiten für die Tiefgarage ein Stück einer alten hölzernen Wasserleitung gefunden. Dank einer privaten Initiative ist das Turmfundament hochgemauert worden und zusammen mit dem Teil der Wasserleitung in der Irrgartenstraße neben der Einfahrt zur Tiefgarage der Sparkasse zu besichtigen[O10].

- Evangelische Pauluskirche[O11]
  Auf dem Platz der im 2. Weltkrieg zerstörten Pauluskirche am Oberen Markt hatten vorher schon drei Vorgängerbauten gestanden. Die erste Kirche entstand im 12. oder frühen 13. Jh. ohne Pfarrrechte. Von ihr leitete sich der Gemeindename (Neue Kirche – Neukirch – Neunkirchen) ab. Der Standort dieser ersten Kirche ist nicht eindeutig geklärt, lag aber möglicherweise an der gleichen Stelle wie die spätere Pauluskirche. Die 1352 erstmals erwähnte neue, damals noch katholische Kirche, war der hl. Barbara geweiht. Ihre Abtrennung von der Mutterpfarrei Wiebelskirchen erreichte die Pfarrei Neunkirchen 1364. Nach den Bestimmungen des Augsburgr Religionsfriedens führten die Grafen Albrecht und Philipp in den Grafschaften Saarbrücken und Ottweiler 1574 die Reformation ein. Vom Neujahrstag 1575 an wurden in allen Kirchen evang. Gottesdienste gehalten. 1610/11 wurde dann eine Nachfolgekirche im romanischen Stil erbaut und deren Nach-

O7   StA Neunkirchen, Best. Varia Nr. 252; Krajewski: Plaudereien 5, vgl. Anm. F2, S. 41 ff

O8   Linsmayer: Der 13. Januar, vgl. Anm. H80, S. 16

O9   Krajewski: Plauereien 3, vgl. Anm. B7

O10 Saarbrücker Zeitung v. 04. 11. 1999; Neunkircher Stadt anzeiger v. 10. 11. 1999

O11 Bautz, Käthe: Geschichte der evang. Gemeinde, in: Stadtbuch 1955, vgl. Anm. A12, S. 192 ff; Krajewski: Plaudereien 5, vgl. Anm. F2, S. 7 ff

folgerin in den Jahren 1725/27, die den Turm der Vorgängerin mit den romanischen Schalllöchern übernahm.

Die Kirche aus dem Jahr 1727 war Mitte des 19. Jh. zu klein geworden, Neunkirchen zählte 1859 schon 3869 evang. Christen, so dass ein Neubau erforderlich wurde. Es entstand ein Streit über den Standort der neuen Kirche. Während eine Partei den alten Standort am Oberen Markt bevorzugte, wollten andere die Kirche in die Unterstadt bauen. Hier schaltete sich Karl Ferdinand Stumm vermittelnd ein. Eine Kirche sollte nach seinem Vorschlag an der Stelle der alten am Oberen Markt erstehen. Er und seine Familie wollten dann im Unterort eine weitere Kirche bauen. So kam es, dass die evangelische Gemeinde Neunkirchen zwei neue Kirchen zur gleichen Zeit erhielt.

Die am 16. 12. 1869 geweihte obere Kirche im neugotischen Stil, deren Turm das Stadtbild aus Richtung Bahnhof viele Jahrzehnte geprägt hatte, wurde nicht einmal 100 Jahre alt. Sie wurde bei einem Luftangriff am 30. 11. 1944 schwer beschädigt. Wenige Tage vor dem Einmarsch der Amerikaner erlitt die Stadt am 15. 03. 1945 den schwersten Angriff aus der Luft. Viele Spreng- und Brandbomben verursachten die bisher schlimmsten Schäden. Auch die Pauluskirche wurde bei diesem Angriff erneut getroffen. Das Kirchenschiff stürzte ein, der Turm mit dem rechten Flügel blieb stehen. Bald nach Kriegsende wurden die noch stehenden Mauern abgetragen, lediglich der Turm blieb bis Anfang 1953 stehen. Den ursprünglichen Plan, die Kirche an ihrem alten Standort an der Ecke Oberer Markt/Heizengasse wieder aufzubauen, hatte man zwischenzeitlich verkehrstechnischen Planungen geopfert. Die neue Pauluskirche wurde an der Schloßstraße am Standort des früheren Jägermeisterhauses erbaut.

Zum Namen der Kirche:

Nach einem ursprünglichen Beschluss sollte die obere Kirche, eingeweiht am 16. 12. 1869, „Friedenskirche" und die untere Kirche, eingeweiht am 14. 09. 1869, „Hoffnungskirche" heißen. Der Volksmund sagte jedoch schlicht und einfach „Obere Kirche" und „Untere Kirche". Da beschloss das Presbyterium am 17. 04. 1931

den beiden Kirchen würdige Namen zu geben. So wurde die untere Kirche „Christuskirche" und die obere Kirche „Pauluskirche" benannt, Namen, die allgemein angenommen wurden.

In früheren Zeiten diente der Platz vor der alten evangl. Kirche als Friedhof[O12].

- Synagoge
  Siehe Synagogenplatz
- Kaiser-Wilhelm-Denkmal
  Die Kriegervereine Neunkirchen stifteten 1907 (an den Kosten beteiligten sich weitere Spender) ein Denkmal zu Ehren des ersten Deutschen Kaisers aus dem Hause Hohenzollern und versahen es mit der Aufschrift auf dem Sockel „Wilhelm der Große"[O13]. Das Denkmal war ein Werk des Bildhauers Ferdinand von Miller. Es zeigte den Kaiser als Feldmarschall zu Fuß in Helm und Mantel und stand in einer kleinen Grünfläche, die von einem eisernen Zaun umgeben war. Das Denkmal stand knapp 40 Jahre auf dem Oberen Markt vor dem Burgkeller. Während des 2. Weltkrieges soll die Figur entfernt und im Rahmen einer Materialsammlung für Kriegszwecke eingeschmolzen worden sein.

  Näheres zu Kaiser Wilhelm siehe Kaiser-Wilhelm-Straße.

- Karcher-Tierbrunnen[O14]
  1905 schenkte der Rittmeister a. D. Paul Karcher, Besitzer des Hofgutes Furpach, der Gemeinde Neunkirchen einen sogenannten Tierbrunnen, der an der Ecke Oberer Markt/Kriershof installiert wurde. Der Brunnen bot eine dreifache Tränke. An einer ionisch gestalteten Säule war ein breites Wasserbecken auf halber Höhe befestigt. Hier konnten Pferde getränkt werden, die ihre oft schweren Wagen die Schwebelstraße oder den Hüttenberg hinaufgezogen hatten. Am oberen Ende der Säule befand sich ein kleines Becken für Vögel und am Fußende ein Becken für Hunde und Katzen.

  1936 wurde der Brunnen im Zuge einer Neuge-

O12 Bautz: Geschichte der ev. Gemeinde, vgl. Anm. O11, S. 194

O13 Krajewski: NK damals, vgl. Anm. B2, S. 32

O14 Schwenk, Horst: Auf den Spuren des Neunkircher Tierbrunnens, in: Hefte des Historischer Verein Stadt Neunkirchen, Neunkirchen 2003

Oberer Markt Rathaus

staltung des Oberen Marktes an die Ecke Zweibrücker Straße/ Scheibstraße versetzt. 1942 während des 2. Weltkrieges fiel er wie auch viele Kir-
chenglocken einer Metallsammlung zum Opfer.
2005 wurde eine Replik des Brunnens auf dem
Oberen Markt Ecke Irrgartenstraße (Synagogenplatz) aufgestellt und am 20. Juni, genau 100 Jahre nach der ersten Aufstellung, eingeweiht.

- Rathaus
  Das neue Rathaus der Stadt Neunkirchen wurde
  1961/62 errichtet. Es handelt sich um ein 9-ge-
  schossiges Gebäude mit einem 4-geschossigen
  Anbau an der Nordseite und einem 2-geschos-
  sigen Vorbau an der Ostseite des Gebäudekom-
  plexes. Das Gebäude ist 64 m lang, 19 m breit
  und 35 m hoch. Es wurde von dem Architekten
  Rudolf Schröder entworfen. Am 16. 04. 1962 zogen die ersten der vorher über die ganze Stadt
  zerstreuten Dienststellen mit ihren Beschäftigten
  ein. Der Bau des Rathauses wurde teilweise aus
  dem Verkaufserlös von 290 Mio. Franken (ca.3
  Millionen DM) für die Kinderklinik Kohlhof an
  das Land finanziert[O15].Nachdem ein Sturm Ende
  1999 das Flachdach des Gebäudes zerstört hatte,
  erhielt der Rathausbau eine sturmsichere Stahl-
  Blech-Konstruktion als Satteldach.

Obere Ruhstockstraße NK *dann Bismarckstraße,*
heute Röntgenstraße
Siehe Röntgenstraße

Oberschlesienweg NK *heute Pappelweg*
Siehe Pappelweg

Informationen zum damals namensgebenden Ge-
biet:

*Oberschlesien ist der südöstlichste Teil Schlesiens. Seit
dem 12. Jh. sind dort deutsche Siedlungen neben polnischen nachweisbar. Infolge der drei Schlesischen
Kriege (1740-1763) fiel fast ganz Schlesien von Österreich an Preußen und gehörte deshalb 1918 zum Deutschen Reich.
Nach dem verlorenen 1. Weltkrieg wurde Deutschland
in den Friedensbedingungen des Vertrages von Versailles
(28. 06.1919) u. a. gezwungen*

- *zum Verzicht auf Teile seines Staatsgebietes
  (Elsaß-Lothringen an Frankreich, Westpreußen
  und Posen an Polen, das Hultschiner Ländchen
  an die Tschechoslowakei, das Memelgebiet unter Völkerbundverwaltung, Danzig unter Völkerbundverwaltung) und*

- *zur Zustimmung zu Abstimmungen in Teilen seines Staatsgebietes über den Verbleib bei Deutschland oder den Anschluss an einen anspruchsstellenden Nachbarstaat (Eupen und Malmedy zu
  Belgien, Nordschleswig zu Dänemark, Oberschlesien zu Polen[O16], die Regierungsbezirke
  Allenstein und Marienwerder in Ostpreußen zu
  Polen, das Saargebiet zu Frankreich)*

*Obwohl bei der Volksabstimmung in Oberschlesien am
20. 03. 1921 rund 60 % für ein Verbleiben bei Deutsch-
land votierten, setzte die polnische Seite, entgegen den
Bestimmungen des Versailler Vertrages, eine Abtren-
nung von Ostoberschlesien und eine Angliederung an
Polen durch. Deutschland musste außerdem die dauer-
hafte Unabhängigkeit Österreichs anerkennen.
Nach dem 2. Weltkrieg kam auf der Grundlage des
Potsdamer Abkommens ganz Schlesien östlich der
Lausitzer Neiße (Oder-Neiße-Linie) an Polen; über drei
Millionen Deutsche wurden aus Schlesien vertrieben.
Nur der westlich der Oder-Neiße-Linie gelegene Teil
Niederschlesiens blieb bei der DDR und gehört heute
zu den Bundesländern Sachsen und Brandenburg.
Im Rahmen des Warschauer Vertrags (1970) wurde das
abgetrennte Gebiet von der Bundesrepublik Deutsch-
land offiziell als polnisches Staatsgebiet anerkannt.*

O15 Neueste Nachrichten v. 29. 02. 1956

O16 Hilgemann: Atlas dt. Zeitgeschichte, vgl. Anm. D4, S. 57

Oberschmelz Wi *auch Obere Schmelze oder Neue*
Schmelze, heute Teil der Redener Straße
Siehe Oberschmelzer Weg und Redener Straße

Oberschmelzer Weg NK *bzw. Nach der Neuen*
Schmelze, danach Teil der Landsweilerstraße, heute Teil
der Redener Straße und der Königsbahnstraße

Lage und Verlauf:
Es handelte sich um den Teil der heutigen Königsbahnstra-
ße und der Redener Straße zwischen Saarbrücker Straße
und Plättchesdohle.
Die Straße führte schon zur Oberen oder Neuen Schmel-
ze, als die nach Landsweiler führende Straße noch an der
Schlawerie den damals niedrigeren Bahndamm auf schie-
nengleicher Höhe überquerte.
Weiteres siehe Redener Straße und Königsbahnstraße.

Offermannstraße Wi *vorher Julius-Schreck-Stra-*
ße, Thomase-Betzum-Straße

Lage und Verlauf:
Die Offermannstraße biegt von der Römerstraße nach
Süden ab und endet am Übergang der Freiherr-vom-
Stein-Straße in die Straße Auf dem Breitenfeld

Offermannstraße Blickrichtung Römerstraße

Informationen zum Namen und zur Geschichte der
Straße:
Nach ihrer Fertigstellung während des 3. Reiches war
die Straße zunächst nach Julius Schreck, einem Nationalsozialisten aus dem persönlichen Umfeld von Adolf
Hitler, benannt worden. Nach 1945 erhielt sie den Namen Thomase-Betzum-Straße nach einer Flurbezeich-

nung (1739 „Thomaßen Betzum", 1767 „Bey Thomasen
Betzem", heute „Thomasebetzum") die es in diesem Bereich gibt. Bei einer allgemeinen Neu- bzw. Umbenennung von Straßen in Wiebelskirchen auf Anregung des
Kultur- und Heimatrings 1954 wurde die Straße nach
dem ersten Bürgermeister der damaligen Gemeinde
Wiebelskirchen Hermann Offermann benannt[O17].
Die Straße gehört zur Breitenfeldsiedlung, die 1938 von
der Pfälzischen Heimstätte, die besonders Bergleuten
günstigen Hauserwerb anbot, errichtet worden ist. In
dieser Siedlung stehen kleine Einfamilienhäuser, die
heute oft durch An- oder Umbauten verändert und vergrößert sind.

Informationen zum Namensgeber:
Hermann Offermann (1866 – 1935) war der erste Bürgermeister der selbständigen Bürgermeisterei Wiebelskirchen von 1895 bis 1927[O18].
Nach dem Ende der Befreiungskriege und der endgültigen Niederlage Napoleons kam unsere Heimat zu
Preußen. Die Preußen ordneten das Land neu. Teile des
heutigen östlichen Saarlandes und Teile des westlichen
Rheinland-Pfalz kamen als Kreis Ottweiler zum Regie-
rungsbezirk Trier der Preußischen Rheinprovinz. Der
Kreis Ottweiler bestand aus acht Bürgermeistereien, u.
a. der Bürgermeisterei Neunkirchen, der Bürgermeiste-
rei Ottweiler Stadt und der Bürgermeisterei Ottweiler
Land. Die Gemeinde Wiebelskirchen bildete mit den
Nachbargemeinden Hangard, Münchwies, Fürth und
Lautenbach die Bürgermeisterei Ottweiler Land. Der
Bürgermeister und die gesamte Verwaltung saßen in
Ottweiler, der Bürgermeister der Bürgermeisterei Ottweiler verwaltete die Bürgermeistereien Ottweiler
Stadt und Land in Personalunion. Ab 1875 drängten die
Wiebelskircher auf eine Verselbständigung der Bürgermeisterei mit dem Amtssitz in Wiebelskirchen, da für
jede amtliche Vorsprache eine Reise nach Ottweiler
notwendig war. Wiebelskirchen alleine hatte zu diesem Zeitpunkt fast 3500 Einwohner. Als der damalige
Ottweiler Bürgermeister Erdsieck 1894 von seinem Amt
zurücktrat, wurde der Gemeinderat Wiebelskirchen mit
der Bitte um Trennung der Bürgermeistereien Ottweiler
Stadt und Ottweiler Land vorstellig. Nach Zustimmung
zu dieser Trennung wurde die bisherige Bürgermeiste-

O17 Mathias, K.: Die 1954 eingeführten Straßennamen, in:
       Heimatbuch Wi, vgl. Anm. A2, S. 146
O18 Mohr, Herbert: Entwicklung der Selbstverwaltung, in:
       Heimatbuch Wi, vgl. Anm. A2, S. 202

rei Ottweiler Land als Bürgermeisterei Wiebelskirchen ab 11. März 1895 selbständig. Das erste Dienstgebäude war eine angemietete Etage in der Wilhelmstraße, aber schon am 1. Juli 1896 konnte die Verwaltung in das neue von der Gemeinde Wiebelskirchen erbaute Rathaus einziehen. Bürgermeister Offermann hatte in den folgenden Jahren wesentlichen Anteil an der Entwicklung der Bürgermeisterei Wiebelskirchen.

Ortsstraße NK *heute Teil des Oberen Marktes*
Siehe Oberer Markt

Ostertalstraße Ha *jetzt An der Ziegelhütte*
Siehe An der Ziegelhütte

Ostertalstraße Wi vorher Hangarder Weg

Lage und Verlauf:
Die Ostertalstraße führt in nordöstlicher Richtung aus dem Stadtteil Wiebelskirchen hinaus in Richtung Hangard im Ostertal.

Ostertalstraße Blickrichtung Wibilostraße

Informationen zum Namen und zur Geschichte der Straße:
Bis 1895 gab es in Wiebelskirchen keine Straßenbezeichnungen. Im ganzen Ort gab es Bezirke, die ohne weitere Nummerierung ein Finden von Häusern ermöglichten. Der Bereich um die heutige Ostertalstraße wurde In den Seyen genannt[O19] oder auch Hangarder Weg. Als 1907 die Straßenbahnlinie Scheib Wiebelskirchen eingeweiht wurde, befand sich die Endstation

nach den Unterlagen der Neunkircher Verkehrsgesellschaft NVG am Hangarder Weg. Mit der Einführung der offiziellen Straßennamen wurde auch eine straßenweise Nummerierung der Wohnanwesen vorgenommen, wobei freie Baustellen berücksichtigt wurden. Die Ostertalstraße erhielt bei dieser Gelegenheit ihren Namen, weil sie ins Ostertal führt.

Die im vorderen Ostertal liegenden Gemeinden waren früher Teil der Bürgermeisterei Wiebelskirchen und später des Amtes Wiebelskirchen. Heute gehören aber nur Hangard und Münchwies mit Wiebelskirchen zur Stadt Neunkirchen.

1905 wurde mit dem Ausbau der Straße mit Rinnen, Randsteinen und Pflasterung begonnen[O20]. In den Jahren 2001 – 2002 wurde die Straße von Grund auf saniert und war deshalb längere Zeit gesperrt.

Ostpreußenweg Wi zeitweise Teil des Thüringer Weges

Lage und Verlauf:
Der Ostpreußenweg liegt im westlichen Bereich des Stadtteils Wiebelskirchen im Wohngebiet Rotenberg. Er beginnt am Thüringer Weg, verläuft von dort nach Südwesten und endet in Höhe des Sachsenweges.

Ostpreußenweg aus Richtung Thüringer Weg

Informationen zum Namen und zur Geschichte der Straße:
Als erste planmäßige Siedlung in Wiebelskirchen nach dem 2. Weltkrieg entstand Mitte der 1950er Jahre im Rahmen des Bergmannswohnungsbaus die Rotenberg-

O19 Bürgerbuch Wi, vgl. Anm. A1, S. 221 - 223

O20 Bürgerbuch Wi, vgl. Anm. A1, S. 219

siedlung bestehend aus den Häusern in der Rotenberg-straße und denen auf der nordwestlichen Seite der hinteren Landweilerstraße[O21]. Ab Mitte der 1960er Jahre wurde die Siedlung dann auf der südöstlichen Seite der Landsweilerstraße um den Schlesierweg, den Ostpreu-ßenweg, den Pommernweg, den Brandenburger Weg und den Thüringer Weg und 2005 um den Sachsenweg erweitert.

Die Straße ist nach dem früher zum Deutschen Reich gehörenden Ostpreußen benannt.

Im Zuge der Um- und Neubenennung von Straßen nach der Gebiets- und Verwaltungsreform 1974 wurde die Straße zunächst in den Thüringer Weg einbezogen. Nach dem Beschluss des zuständigen Stadtratsaus-schusses am 07. 09. 1988 erhielt sie wieder ihren alten Namen.

Auf der Südseite des Ostpreußenweges stehen moderne Ein- und Zweifamilienhäuser. Nach Norden zweigen der Sachsenweg, der Pommernweg, der Brandenburger Weg und der Thüringer Weg ab.

Informationen zum namensgebenden Gebiet:

Ostpreußen, bis 1945 Provinz von Preußen und damit Teil des ehemaligen Deutschen Reiches, umfasste die Regierungsbezirke Königsberg, Gumbinnen, Allenstein und (bis 1939) Westpreußen. Die Gesamtfläche betrug 36 992 Quadratkilometer. Die Einwohnerzahl lag 1939 bei 2,5 Millionen. Das Gebiet Ostpreußen umfasst einen Teil des Norddeutschen Tieflandes zwischen Weichsel und Memel und grenzt an die Ostsee.

Der Süden Ostpreußens wird in Masuren vom Baltischen Höhenrücken durchzogen. Die Landschaft der Masuren ist waldreich und umfasst etwa 3 300 Seen (Masurische Seenplatte). Nach Süden schließen sich ausgedehnte Sandflächen an, die über weite Strecken von Kiefernwäldern oder Heidevegetation bedeckt sind. Nördlich der Masurischen Seenplatte senkt sich die Landschaft allmählich zur Ostsee ab. Nur vereinzelt ist die Küste steil ausgebildet. So fällt etwa das Samland in einer Kliffküste zum Meer ab. An der Küste sind tief eingeschnittene Buchten oft durch Landzungen, die sich im Zuge lang anhaltender Strandversetzung bildeten, vom offenen Meer abgeschnürt. Die markantesten dieser Buchten sind das Frische Haff und das Kurische Haff, die durch schmale

Nehrungen von der Ostsee getrennt sind. An der Ostseeküste wurde und wird immer noch Bernstein abgebaut.

Das Gebiet des späteren Ostpreußen wurde um 3 000 v. Chr. erstmals besiedelt. Den Goten, die hier im 3. Jahrhundert n. Chr. lebten, folgten die Preußen, nach denen das Gebiet benannt wurde. Mitte des 13. Jahrhunderts wurde es vom Deutschen Orden erobert. Das spätere Ostpreußen ging aus dem östlichen Teil dieses Deutschordenslandes hervor. Im Siebenjährigen Krieg wurde Ostpreußen von russischen Truppen besetzt.

Die 1815 gebildete Provinz Ostpreußen war von 1824 bis 1878 mit Westpreußen zur Provinz Preußen zusammengeschlossen. Hauptstadt von Ostpreußen war Königsberg. Nach dem Ende des 2. Weltkrieges kam 1945 der größere südliche Teil von Ostpreußen unter polnische, der nördliche Teil unter sowjetische Verwaltung. Aus dem sowjetischen Gebiet wurde die deutsche Bevölkerung bis 1947 vertrieben, während sie im polnischen Verwaltungsgebiet bleiben konnte. Sie ist aber heute dort nur noch eine verschwindend kleine Minderheit.

Oststraße NK früher volkstümlich Mangelsgasse

Lage und Verlauf:

Die Oststraße verläuft unterhalb (nördlich) des Amtsgerichtes und des dazu gehörenden Gefängnisses als Verbindung von der Hospitalstraße zur Knappschafts-straße.

Oststraße aus Richtung Knappschaftsstraße

O21 Forst: Entwicklung von Wi, vgl. Anm. B45

Informationen zum Namen und zur Geschichte der Straße:

Im 19. Jh. wurde die Straße volkstümlich Mangelsgasse genannt. Nach der Aussage alter Neunkircher Bürger sollen in der Straße früher viele Leute aus dem Hochwald gewohnt haben, deren ständiger Ausdruck gewesen sei: "De Mangel soll deich kriehn", d.h. es soll dir schlecht gehen[O22].

Wann die offizielle Benennung in Oststraße erfolgte, ist nicht bekannt. Im Stadtplan von 1902 ist jedenfalls schon die Oststraße vermerkt.

Die Straße wurde nach der Himmelsrichtung, in der sie verläuft, benannt. Damals reichte sie bis an die östliche Bebauungsgrenze.

Öffentliche oder sonst bedeutende Gebäude in der Straße:

- Knaben-Realgymnasium[O23]

   Bis zum Ende des 2. Weltkrieges stand auf der Südseite der Oststraße das repräsentative Gebäude des Knaben-Realgymnasiums, das 1899/1900 erbaut worden war und damit die ständige Raumnot der 1875 eingerichteten höheren Knabenschule beseitigt hatte. Beim letzten schweren Bombenangriff auf Neunkirchen am 15. 03. 1945 war das Gebäude völlig zerstört worden. Das Schulgebäude wurde nach dem Krieg nicht mehr wieder aufgebaut, sondern ein neues Knabengymnasium zwischen der Fernstraße und der Albert-Schweitzer-Straße errichtet. An der Stelle des früheren Knabengymnasiums wurde 1950/51 das neue Amtsgericht allerdings mit einem zur Knappschaftsstraße gelegenen Eingang gebaut[O24]. Entlang der Südseite der Straße steht das zum Amtsgericht gehörende Gefängnisgebäude.

Ottweilerstraße Wi früher volkstümlich Mühlwies, zeitweise (1935 – 1945) Adolf-Hitler-Straße

Lage und Verlauf:

Die Ottweilerstraße beginnt an der Enkerbrücke in

Ottweilerstraße stadtauswärts,
rechts die Einmündungen Adlersbergstraße und
Bodelschwinghstraße

Wiebelskirchen und führt nach Nordwesten aus dem Ort hinaus in Richtung Ottweiler.

Informationen zum Namen und zur Geschichte der Straße:

Bis 1895 gab es in Wiebelskirchen keine Straßenbezeichnungen. Im ganzen Ort gab es Bezirke, die ohne weitere Nummerierung ein Finden von Häusern ermöglichten. So wurde der Bereich der heutigen Ottweilerstraße und der Adlersbergstraße Mühlwies genannt[O25]. Mit der Einführung der Straßennamen wurde auch eine straßenweise Nummerierung der Wohnanwesen vorgenommen, wobei freie Baustellen berücksichtigt wurden. Die in Richtung Ottweiler laufende Straße wurde nun Ottweilerstraße genannt.

Die Straße verläuft parallel zur Blies. Der volkstümliche Name Mühlwies bzw. Miehlwies ist auf die auf der gegenüberliegenden Bliesseite viele hundert Jahre lang stehenden Mühle, die spätere Mühle Blum, zurückzuführen.

Am 13. Januar 1935 fand im damaligen Saargebiet eine Volksabstimmung statt, in der die Bevölkerung zwischen einem Anschluss an Frankreich, der Beibehaltung des Status quo oder der Rückkehr nach Deutschland entscheiden konnte. Eine überwältigende Mehrheit von 90,73 % stimmte für die Rückkehr nach Deutschland. Bereits am 17. 01. 1935 beschloss daraufhin der Rat des Völkerbundes die Wiedereinsetzung Deutschlands in die Regierung des Saarbeckens zum 1. März 1935.

O22 StA Neunkirchen, Best. Varia Nr. 862

O23 Schnur, K.: Entwicklung Realgymnasium, in: Stadtbuch 1955, vgl. Anm. A12, S. 200

O24 Wildberger: NK als Sitz öff. Behörden, in: Stadtbuch 1955, vgl. Anm. A12, S. 387

O25 Bürgerbuch Wi, vgl. Anm. A1, S. 221 - 223

Noch vor diesem Datum teilte der Bürgermeister dem Gemeinderat Wiebelskirchen in einer Sitzung am 28. 01. 1935 mit, dass er als Polizeiverwalter eine Reihe von Straßenumbenennungen vorgenommen habe. Damit sollten nationalsozialistische Größen geehrt bzw. an Gebiete erinnert werden, die nach dem verlorenen 1. Weltkrieg vom Deutschen Reich abgetrennt worden waren. Gleichzeitig wurden Straßennamen, die an politische Gegner oder an Juden erinnerten, entfernt. Die Ottweilerstraße wurde zur Adolf-Hitler-Straße[O26]. Nach Ende des 2. Weltkrieges erhielt die Straße wieder ihren alten Namen.

Als 1954 im Gemeinderat Wiebelskirchen der Beschluss gefasst wurde, Ausfallstraßen grundsätzlich nach den Orten zu benennen, nach denen sie hinführen, war eine Umbenennung der Ottweilerstraße nicht erforderlich, da sie immer schon Ottweilerstraße bzw. Ottweiler Chaussee genannt wurde. An der Straße standen früher Chausseebäume, die den Passanten Schatten spendeten.

Öffentliche oder sonst bedeutsame Gebäude oder Einrichtungen in der Straße:

- Dreschmaschine
  Seit 1918 stand in der Ottweilerstraße eine im Besitz der Gemeinde befindliche Dreschmaschine. Während der Getreideernte herrschte hier ständig Hochbetrieb. Die Führer der von Pferden oder Kühen gezogenen Wagen standen in langer Reihe und warteten, bis sie an der Reihe waren. Als die Straße 1956 ausgebaut und verbreitert wurde, wurde das Gebäude der Dreschmaschine abgerissen. Die Chausseebäume und das für die Straße charakteristische Kopfsteinpflaster verschwanden bei dieser Gelegenheit.

O26 Beschlussbuch GemeindeWiebelskirchen, vgl. Anm. A46

Pappelweg NK vorher Oberschlesienweg

Lage und Verlauf:
Der Pappelweg liegt im Steinwaldgebiet. Er ist einer von drei Verbindungswegen zwischen Fasanenweg und Waldstraße. Er verläuft dabei in Nord-Süd-Richtung.

Pappelweg aus Richtung Waldstraße

Informationen zum Namen und zur Geschichte der Straße:

Die Tochter von Karl Ferdinand Stumm, Frau Berta von Sierstorpff, setzte 1928 die Tradition, Werksangehörige beim Erwerb von Wohneigentum zu unterstützen, im Rahmen des Vaterländischen Frauenvereins vom Roten Kreuz fort. Eine von ihr ins Leben gerufene Bau- und Siedlungsgenossenschaft begann in diesem Jahr mit dem Bau der Rote-Kreuz-Siedlung im Steinwald. Diese erste Siedlung bestand aus den Häusern auf der Südseite der heutigen Koßmannstraße und aus denen auf der Nordseite der heutigen Waldstraße. Damit begann die Besiedlung des Steinwaldgebietes. Die Bautätigkeit wurde noch vor dem 2. Weltkrieg in nördlicher und östlicher Richtung fortgesetzt. Nach der Gasometerexplosion 1933 wurde nach Osten im Anschluss an die Rote-Kreuz-Siedlung, parallel zum Pappelweg der heutige Ulmenweg mit Häusern für die Opfer dieser Explosion angelegt[P1].

Der gesamte Neubaubereich wurde nun Steinwaldsiedlung genannt. Alle Straßen in der Siedlung hatten zunächst keine eigenen Namen.

Nach dem Anschluss des Saargebietes 1935 an das Deutsche Reich wurden in vielen Orten Straßen nach Nazi-Größen oder nach Städten oder Gebieten in den Grenzbereichen des Deutschen Reiches benannt, die nach dem 1. Weltkrieg von Deutschland abgetrennt worden oder die mit den jeweiligen Nachbarn umstritten waren. In Neunkirchen erhielten durch Beschluss des Stadtrates vom 29. 01. 1935 die Straßen in der neuen Siedlung im Steinwald nach solchen Gesichtspunkten ihre Namen[P2]. So wurde der heutige Pappelweg nach dem von Polen beanspruchten Oberschlesien benannt.

Unmittelbar nach dem 2. Weltkrieg, als alle nationalistisch oder revanchistisch klingenden Straßennamen abgeschafft wurden, erhielt die Straße ihren jetzigen Namen.

Parallelstraße NK vorher Kronprinzenstraße

Lage und Verlauf:
Die Parallelstraße verläuft als Verlängerung der Heizengasse ab der Weislingstraße weiter nach Nordosten bergab bis zur Bliesstraße und überquert dabei die Ringstraße. Sie verläuft exakt parallel zur Willi-Graf-Straße.

Parallelstraße Blickrichtung Bliesstraße

Informationen zum Namen und zur Geschichte der Straße:

In der zweiten Hälfte des 19. Jh. wuchs die Stadt und die Bevölkerung auf Grund der enorm ansteigenden Industrialisierung in einem ungeheuren Tempo. Jeweils in 15 – 20 Jahren verdoppelte sich die Bevölkerung immer wieder und suchte industrienahen Wohnraum.

P1   Gillenberg: NK vom Meyerhof...., vgl. Anm. H5, S. 38

P2   Saar- und Blieszeitung v. 30. 01. 1935

Es entstanden ständig neue Straßen, die in der euphorischen Stimmung nach dem gewonnenen Deutsch-Französischen Krieg 1870/71 oft nach Mitgliedern des Kaiserhauses, nach verdienten Heerführern oder nach Schlachtenorten benannt wurden.

Nach einem Beschluss des Gemeinderates Neunkirchen vom 24. 04. 1903 sollte die Verlängerung der Heizengasse nach Nordosten nach dem Thronerben als Kronprinzenstraße benannt werden[P3]. Eine Bebauung der Straße erfolgte erst später Zug um Zug.

In seiner Sitzung am 02. 08. 1929 beschloss der Stadtrat den Ausbau einiger Straßen, u. a. der Kronprinzenstraße. 1905 hatte die Straße 7 Anwesen/Hausnummern, 1931 waren es schon 77; aber nicht alle Grundstücke waren bebaut.

Unmittelbar nach Ende des 2. Weltkrieges, als alle patriotisch klingen Bezeichnungen verpönt waren, wurde die Straße in Parallelstraße umbenannt.

Öffentliche oder sonst bedeutsame Gebäude und Einrichtungen an der Straße:

- Feierabendhaus[P4]

  Der 30. März 1936, der 100. Geburtstag Karl Ferdinand Stumms, war Anlass zu zwei Stiftungen der Neunkircher Eisenwerk AG, die „die enge Verbundenheit zwischen der Hütte, der Werksbelegschaft und der Stadt" dokumentieren sollten. Eine der Stiftungen war das Denkmal des Eisengießers, das heute noch am Hüttenberg an der unteren Kirche erhalten ist.

  Die wesentlich größere Stiftung war das Feierabendhaus in der heutigen Parallelstraße. Als es am 16. 10. 1938 eingeweiht wurde, sollten das Kasino und die Hüttengaststätte geschlossen werden „und in Zukunft das Feierabendhaus Gemeinschaftshaus für den Generaldirektor wie für den jüngsten Lehrling" sein. Das Bauwerk, von dem Architekten Stockhausen geplant, stand auf dem Gelände zwischen heutiger Ring- und Gabelsbergerstraße entlang der damaligen Kronprinzenstraße auf einer Fläche von 140 x 60 Metern. Im Erdgeschoss des Hauses entstand ein großer Saal für größere Veranstaltungen. Große Glastüren führten zum Innenhof mit Grünanla-

gen, in deren Mitte auf einem Sockel die Statue eines Hüttenarbeiters stand. Im Obergeschoss waren Lese- und Spielräume untergebracht, außerdem Übungsräume für die Kapelle und den Hüttengesangsverein. Diese Räume konnten auch für private Feiern benutzt werden. Für sportliche Betätigung befanden sich im Dachgeschoss Räume für Tischtennis und Turnen. Im Kellergeschoss befanden sich eine Kegelbahn sowie Dusch- und Umkleideräume. Später sollte noch eine Schießbahn angelegt werden. Die bestimmungsgemäße Nutzung der Einrichtung währte nur kurze Zeit. Mit Beginn des Krieges kamen Einquartierungen der Wehrmacht und Einlagerungen ausgelagerter Archive. Bei mehreren Bombenangriffen ab November 1944 wurde die gesamte Anlage zerstört. Nur die Kellerräume und die Kegelbahn konnten noch einige Zeit als Notwohnungen für ausgebombte Familien benutzt werden. Die Anlage verfiel jedoch mehr und mehr und wurde schließlich abgerissen. Ende der 1990er Jahre wurden moderne Reihenhäuser auf dem Gelände gebaut.

Parkstraße NK (alt) *danach Manteuffelstraße, heute Thomas-Mann-Straße*
Siehe Thomas-Mann-Straße

Parkstraße NK (neu) vorher Prinz-Adalbert-Straße

Lage und Verlauf:

Die Parkstraße verläuft südöstlich entlang des Stadtparks von der Ringstraße bis zur Jägerstraße und überquert dabei die Blumenstraße und die Falkenstraße.

Informationen zum Namen und zur Geschichte der Straße:

In der zweiten Hälfte des 19. Jh. wuchs die Stadt und die Bevölkerung auf Grund der enorm ansteigenden Industrialisierung in einem ungeheuren Tempo. Jeweils in 15 – 20 Jahren verdoppelte sich die Bevölkerung immer wieder und suchte industrienahen Wohnraum. Neunkirchen 1850 = 3452 Einwohner, 1864 = 6770 Einwohner, 1875 = 11892 Einwohner, 1890 = 19290 Einwohner, 1900 = 27722 Einwohner, 1910 = 34532 Einwohner. Es entstanden ständig neue Straßen, die in der euphorischen Stimmung nach dem gewonnenen Deutsch-Französischen Krieg 1870/71 oft nach Mitgliedern des

---

P3   Saar- und Blieszeitung v. 25. 04. 1903
P4   Gillenberg u. Birtel: Hüttenhäuser, vgl. Anm. C1, S. 27 ff; Gillenberg, Heinz: Das Feierabendhaus, in: es Heftche, Sept. 1999

Parkstraße mit Feuerwehrgebäude (siehe Friedensstraße)

Kaiserhauses, nach verdienten Heerführern oder nach Schlachtenorten benannt wurden. Die Straße am späteren Stadtpark wurde durch Gemeinderatsbeschluss vom 24. 04. 1903 nach dem Oberbefehlshaber der kaiserlichen Marine, Prinz Adalbert von Preußen, benannt[P5].

In seiner Sitzung am 02.04. 1935 beschloss der Stadtrat die Aufnahme von Anleihen zum Ausbau einiger Straßen, darunter auch der Prinz-Adalbert-Straße.

Unmittelbar nach Ende des 2. Weltkrieges wurden alle Straßennamen mit einem nationalsozialistischen oder nationalistischen Hintergrund abgeschafft.

Die Straße erhielt nun den Namen Parkstraße, da sie unmittelbar entlang des 1932-37 gebauten Stadtparks verläuft.

Öffentliche oder sonst bedeutsame Gebäude in der Straße:

- Berufsschule
  In einem Gebäudekomplex an der Ecke Parkstraße/Ringstraße ist das sozialpflegerische Berufsbildungszentrum untergebracht. Mit dem Bau dieses Gebäudes war 1939 begonnen worden. Bei einer Begehung durch den Stadtrat im Juni 1939 war das Untergeschoss fertiggestellt. Kurz danach wurden die Bauarbeiten wegen Beginns des 2. Weltkrieges eingestellt. Bei Kriegsende stand das Gebäude noch immer im Rohbau und wurde erst in den Jahren 1949/50 als Bezirksberufsschule fertiggestellt.

Pasteurstraße NK früher Kaiserstraße, zeitweise (1936 – 1945) Julius-Schreck-Straße

Lage und Verlauf:

Die Pasteurstraße beginnt in der Stadtmitte am Stummplatz, verläuft zunächst nach Osten bis zum Hammergraben und von dort nach Südosten bis zur Lutherstraße.

Pasteurstraße Blickrichtung Stummplatz,
im Hintergrund Relikte des Eisenwerkes

Informationen zur Geschichte und zum Namen der Straße:

In der zweiten Hälfte des 19. Jh. wuchs die Stadt auf Grund der enorm ansteigenden Industrialisierung in einem ungeheuren Tempo. Jeweils in 15 – 20 Jahren verdoppelte sich die Bevölkerung fast immer wieder und suchte industrienahen Wohnraum. Es entstanden ständig neue Straßen, die in der euphorischen Stimmung nach dem gewonnenen Deutsch-Französischen Krieg 1870/71 oft nach Mitgliedern des Kaiserhauses, nach verdienten Heerführern oder nach Schlachtenorten benannt wurden. Mit dem Namen Kaiserstraße wollte man den Deutschen Kaiser ehren. Die Namensgebung soll auf Wunsch der Anlieger erfolgt sein.

In einem Situationsplan von Neunkirchen aus dem Jahre 1883 ist die Straße bereits verzeichnet[P6]. Wenige Jahre später war im März 1887 der Bau eines Gebäudes des G. Leibenguth in der Kaiserstraße von der Baupolizei eingestellt worden, weil nach einem Ortsstatut Wohngebäude nur an Straßen errichtet werden durften, die für den öffentlichen Verkehr hergestellt und freigege-

---

P5 Saar- und Blieszeitung v. 25. 04. 1903

P6 Situationsplan NK 1883, vgl. Anm. A4

ben sind[P7]. Dies war zu diesem Zeitpunkt bei der Kaiserstraße noch nicht der Fall. Der Weiterbau wurde erst 1895 durch das angerufene Oberverwaltungsgericht gestattet. Nach dem Beschlussbuch der Gemeinde Neunkirchen beschloss der Rat am 14. 12. 1893 die Kanalisierung und den Ausbau der Kaiserstraße mit einseitiger Trottoir- und Rinnenanlage. Am 14. 05. 1901 wurde beschlossen, die Kaiserstraße zu pflastern.

Nach der Machtergreifung der Nationalsozialisten auch im Saargebiet kam es in vielen Orten zu einer größeren Welle von Straßenumbenennungen. Benennungen nach unliebsamen Politikern oder Denkern wurden in der Regel getilgt. Fast in jedem Ort gab es seither eine Adolf-Hitler-Straße. Gezielt wurden Straßen auch nach Märtyrern und Blutopfern der NS-Bewegung benannt. Nach einer ersten Rate von Umbenennungen gleich nach dem Anschluss beschloss der Stadtrat am 25. 05. 1936 weitere Straßennamen zu ändern, um Nazigrößen zu ehren, so wurde die Kaiserstraße zur Julius-Schreck-Straße[P8].

Nach dem 2. Weltkrieg wurde die Straße nach dem französischen Wissenschaftler Louis Pasteur benannt. Als man Ende der 1970er Jahre damit begann, die Innenstadt wieder mehr für die Fußgänger zu erschließen, wurde 1978 ein Teil der engen Pasteurstraße mit benachbarten Straßen (Hammergraben, Teil der Hebbelstraße) zu einer Fußgängerzone umgebaut.

Informationen zum Namensgeber:

Louis Pasteur (27.12.1822 – 28.09.1895), französischer Chemiker und Biologe. Er bewies, dass manche Krankheiten durch Mikroorganismen verursacht werden, erfand den Prozess der Pasteurisierung und entwickelte mehrere Impfstoffe, darunter den gegen Tollwut.

Pasteur verbrachte einen großen Teil seines Lebens mit der Erforschung der Ursachen verschiedener Krankheiten, zu denen Septikämie, Cholera, Diphtherie, Hühnercholera, Tuberkulose und Pocken zählten und der Suche nach einem Schutz vor diesen Krankheiten durch Impfung. Besonders bekannt wurde er durch den von ihm erfundenen Impfstoff gegen Tollwut. Pasteur fand außerdem die Ursache des Milzbrandes, einer tödlichen Viehkrankheit. Er bewies, dass Milzbrand durch einen bestimmten Bacillus verursacht wird und schlug vor, das Vieh mit abgeschwächten Erregern zu impfen.

P7   Neunkircher Volkszeitung v. 02. 10. 1895

P8   Entschließung des Stadtrat 1936, vgl. Anm. A6

Pastor-Jacob-Straße Mü

Lage und Verlauf:

Die Pastor-Jacob-Straße biegt nach Nordwesten von der Turmstraße ab und mündet in die Kirchstraße. Nach Osten geht eine Reihe von Stichstraßen ab, die aber zur Pastor-Jacob-Straße zählen.

Pastor-Jacob-Straße aus Richtung Turmstraße

Informationen zum Namen und zur Geschichte der Straße:

Es handelt sich um eine neue Straße am nordöstlichen Ortsrand mit ausschließlich neuer und moderner Wohnbebauung.

Die Straße ist nach dem von 1939 bis 1969 in Münchwies tätig gewesenen katholischen Pfarrer Peter Jacob benannt.

Der Straßenname wurde auf schriftlichen Antrag der JU Münchwies in einer Sitzung des Stadtrates am 23. 10. 1985 festgelegt. Vorher war von der Verwaltung schon einmal der Straßenname Auf'm Berg ins Auge gefasst worden.

Informationen zum Namensgeber:

Pastor Peter Jacob (29.09.1894 – 11.07.1969) wirkte 30 Jahre als katholischer Pfarrer in Münchwies von 1939 bis zu seinem Tod 1969. Er liegt auf dem Münchwieser Friedhof begraben. Pastor Jacob wurde in Mondorf geboren und wurde am 13. 08. 1922 in Trier zum Priester geweiht. Er war von 1922 – 1927 in Heimersheim/Ahr und von 1927 – 1931 in Landsweiler-Reden als Kaplan und von 1931 – 1939 in Wollmerath/Eifel als Pfarrer tätig. In Münchwies erfreute er sich allgemeiner Beliebtheit und Hochachtung. Mit besonderer Tatkraft widmete er sich der Erweiterung und Renovierung der Pfarrkirche in Münchwies.

Pastor-Seibert-Straße Ha vorher Kirchstraße, Schulstraße

Lage und Verlauf:
Die Pastor-Seibert-Straße zweigt von der Jean-Mathieu-Straße parallel zu den Straßen In den Hanggärten und Zum Zimmermannsfels nach Süden ab. Nach der Kirche vollzieht sie eine Schwenkung nach Westen und führt bergab bis zur Einmündung in die Straße Zum Zimmermannsfels.

Pastor-Seibert-Straße mit der kath. Kirche Hangard

Informationen zum Namen und zur Geschichte der Straße:
Auf Grund ihres Verlaufs war die Straße zunächst teilweise Kirchstraße und teilweise Schulstraße. Nach der Gebiets- und Verwaltungsreform 1974 wurden die beiden Straßen zusammengefasst und zum Gedenken an den langjährigen beliebten Pfarrer Seibert benannt. Die alten Straßennamen wurden wegen der Gefahr von Verwechselungen mit anderen Straßen gleichen Namens im Stadtgebiet abgeschafft.

Informationen zum Namensgeber:
Jakob Seibert (1884 – 15.10.1966) Nachdem Hangard erst am 1. Oktober 1922 selbständige Pfarrei geworden war, wurde Jakob Seibert am 30. 6. 1929 der zweite Pfarrer und blieb dies 37 Jahre lang bis zum 15. 10. 1966. Er ist bis jetzt der Pfarrer mit der längsten Amtszeit in Hangard. 1964 wurde er zum Ehrenbürger von Hangard ernannt.

Öffentliche oder sonst bedeutsame Gebäude an der Straße:
- Katholische Kirche Zur Heiligen Familie
  Die Katholiken von Hangard gehörten zunächst zur Pfarrei Mittelbexbach, dann zur Pfarrei Höchen und dann zur Pfarrei Ottweiler bis sie sich eine eigene Kirche errichteten.
  Die Kirche feierte 1993 ihr 90-jähriges Jubiläum, sie ist also 1903 erbaut worden.
- Städtischer Kindergarten
  Der Städtische Kindergarten Hangard befindet sich im gleichen Gebäudekomplex wie die Grundschule Hangard. Die Einrichtung bietet 75 Kindergartenplätze.
- Grundschule
  Das neue Schulhaus für die Volksschule Hangard wurde am 01. 09. 1957 eingeweiht. Dort gab es zunächst 3 katholische und 2 evangelische Klassen, bis 1970 die Bekenntnisschule abgeschafft wurde.
  Heute ist in dem Gebäude die Grundschule Hangard untergebracht.

Pastor-Weber-Gasse NK *inoffizielle Bezeichnung*

Lage und Verlauf:
Es handelt sich um einen Fußweg vom Marienplatz südlich entlang des Pfarrhauses St. Marien zum Parkplatz beim Bürgerhaus an der Adolf-Kolping-Straße.

Informationen zum Namen und zur Geschichte der Gasse:
Der Weg ist ca. 35 m lang und mit roten Verbundsteinen gepflastert.
Anläßlich der Einweihung des Weges im Januar 2003 bezeichnete OB Friedrich Decker ihn als Pastor-Weber-Gasse, um damit das Entgegenkommen des Pfarrers von St. Marien zu würdigen. Um die Anlage des Weges zu ermöglichen, mussten 2 Garagen der Kirchengemeinde und ein weiteres Gebäude eines Anliegers abgerissen werden[P9].

Pestalozzistraße We

Lage und Verlauf:
Die Pestalozzistraße beginnt an der Homburger Straße in der Ortsmitte von Wellesweiler und verläuft von dort

---

P9   Saarbrücker Zeitung v. 03. 02. 2003

nach Südosten in Richtung des Industriegebietes Ochsenwald.

Pestalozzistraße, ehemalige Pestalozzischule

Informationen zum Namen und zur Geschichte der Straße:

Am 01. 05. 1925 berichtete die Saar- und Blieszeitung, die geplante neue Straße (die spätere Pestalozzistraße) eigne sich bliesseitig nicht zur Bebauung, weil es sich hier um einen Sumpfstrich bis hin zum Ochsenwald handele.

Die Keller lägen tiefer als der Wässerungsgraben. In diesem Graben war das Wasser der Blies, das an einem 1765 errichteten Wehr [P10] nördlich der heutigen Homburger Straße abgeleitet worden war, unter der Homburger Straße hindurch in Richtung der Wiesen und Felder zwischen Blies und Flurweg (heutige Eisenbahnstraße) geleitet worden.

Am 07. 01. 1926 berichtete das gleiche Blatt, der Fluchtlinienplan der neu zu erbauenden Straße durch die Pferdsgärten sei jetzt fertiggestellt. Im Frühjahr solle mit dem Bau der Straße begonnen werden. Ohne diese Straße, die auch eine kürzere Verbindungslinie zur Bliesmühle (Hasseler Mühle) ermöglichen solle, könne mit dem Schulhausneubau nicht begonnen werden.

Informationen zum Namensgeber:

Johann Heinrich Pestalozzi (12.01.1746 – 17.02.1827), schweizerischer Pädagoge und Reformer, dessen Theorien der späteren Volksschule den Weg bereiteten. Beeinflusst von den Gedanken des französischen Philosophen Jean-Jacques Rousseau gründete Pestalozzi 1775 eine Armenschule. Nach mehreren Zwischenstationen wurde er 1804 als Lehrer an eine Heimschule in Yverdon berufen. Diese Schule diente ihm über 20 Jahre zur Erprobung seiner pädagogischen Theorien. Pestalozzi legte großen Wert auf die Entfaltung der in jedem Menschen angelegten positiven Kräfte, als deren Grundlage er u. a. die Familie ansah. Für ihn gründet Erziehung nicht auf Wissensanhäufung, sondern auf der Entwicklung von menschlichen Fähigkeiten aus der direkten Anschauung und im praktischen Umgang (Pädagogik mit Hand, Herz und Kopf). Darüber hinaus forderte er Bildung unabhängig von Standesunterschieden. Unter seinen schon zu Lebzeiten zahlreichen Anhängern, den so genannten Pestalozzianern, sind u. a. Friedrich Fröbel und Adolph Diesterweg zu nennen.

Öffentliche oder sonst bedeutsame Gebäude und Objekte in der Straße:

- Pestalozzischule
  Die Pestalozzischule wurde in den Jahren 1926/27 gebaut und am 01. 12. 1927 eingeweiht. Der Bau der Schule war der vorher selbständigen Gemeinde Wellesweiler für den Fall zugesagt worden, dass sie sich im Rahmen der Stadtwerdung von Neunkirchen 1922 mit einer Eingemeindung einverstanden erklärt[P11]. Durch den Bau der Schule waren sonstige Schulgebäude in Wellesweiler überflüssig geworden und konnten anderen Nutzungen zugeführt werden. Neben 12 Klassenräumen hatte die Schule auch eine Turnhalle und ein Lehrschwimmbecken. Die Schule beherbergte das katholische und das evangelische Schulsystem.
  Ab 1937 wurde die Schule wie alle Schulen in Deutschland eine christliche Einheitsschule. Nach dem 2. Weltkrieg wurden auf Anordnung der Regierung des Saarlandes die Schulen wieder konfessionell getrennt, um ab 01. 08. 1970 wieder zur Gemeinschaftsschule zu werden. Nach dem Bau der neuen Grund- und Hauptschule (heutige Alex-Deutsch-Schule) nach 1961 wurde das alte Pestalozzischulgebäude zu einem Wohnhaus umgebaut, das von der GSG verwaltet wird.
- Katholischer Kindergarten, Pestalozzistraße 11. Die Einrichtung wurde 1964 in Betrieb genom-

P10 AG Wellesweiler Vereine: Festschrift 1200-Jahrfeier Wellesweiler

P11 StA Neunkirchen: Verwaltungsbericht der Stadt Neunkirchen 1927 - 1928

men, sie bietet 75 Kindergartenplätze.

- Grundschule Wellesweiler

Die Grundschule ist im gleichen Gebäudekomplex untergebracht, wie die Erweiterte Realschule.

Sie hat auch einen Zugang vom Berthold-Günther-Platz her.

- Erweiterte Realschule „Alex-Deutsch-Schule"

Die alte Pestalozzischule war am 01. 12. 1927 eingeweiht worden. 1959/61 wurde auf der Bliesseite der Straße ein neuer Schulkomplex mit Turnhalle und Lehrschwimmbecken gebaut, in dem zunächst die Volksschule und dann neben der Grundschule eine Gesamtschule und heute eine Realschule untergebracht waren bzw. sind.

Das neue Schulgebäude wurde am 05. 09. 1961 seiner Bestimmung übergeben. Jetzt sind in dem Gebäudekomplex eine Erweiterte Realschule und die Grundschule Wellesweiler untergebracht.

Die ERS wurde 2004 durch einen dreigeschossigen Anbau mit 7 Klassen- und 3 Funktionsräumen erweitert.

Dadurch konnte die Unterbringung der Schule an zwei Standorten (Wellesweiler und Steinwald) überwunden werden. An der Schule werden zur Zeit ca. 500 Schüler in 22 Klassen- und 10 Fachräumen unterrichtet.

Schon am 06. 11. 1996 hatte die Neunkircher Rundschau über den Einzug der Turner in ihr neues Heim, das an die Schulturnhalle angebaut ist, berichtet.

- Sportanlage

Die Sportanlage mit zwei Sportplätzen auf denen auch der SV Wellesweiler seine Spiele austrägt, liegt südöstlich anschließend an den Schulbereich und kann daher auch von den Schulen genutzt werden.

Der Sportplatz wurde 1950 in Betrieb genommen. 1970/71 wurde der gesamte Bereich zur Bezirkssportanlage ausgebaut und 1971 ihrer Bestimmung übergeben.

- Kläranlage

Siehe Am Ochsenwald

Pestalozzistraße Wi *früher Bismarckstraße, heute In der Ohlenbach*
Siehe In der Ohlenbach

Informationen zum damaligen Namensgeber:
Siehe Pestalozzistraße We

Petergasse NK *heute nicht mehr existent*
Verlängerung der Alleestraße über die Schloßstraße hinaus in südöstlicher Richtung, heute Parkplatz hinter dem Rathaus an der Schloßstraße.

Informationen zum Namen und zur Geschichte der Straße:
Der Straßenname soll von dem Vornamen des ersten Hausbesitzers in der Straße abgeleitet worden sein. Dies erscheint einerseits glaubhaft, da es in Neunkirchen viele Straßennamen mit einem solchen Ursprung gibt. Andererseits sind aber als erste Hausbesitzer Friedrich Anschütz, Schuhmachermeister, Johann Becker, Bergmann und Wildhelm Eisenbeis, Grubenpensionär mit Namen bekannt[P12].

Es handelte sich um eine der älteren Straßen in der Innenstadt. Die Straße erhielt ihren Namen wohl schon in der zweiten Hälfte des 19. Jh.

Denn als der Ortsbaumeister Riemann dem Bürgermeister Jongnell von Neunkirchen am 15. 05. 1879 die Beschaffung von Namensschildern für 49 Straßen und 8 Wohnplätze vorschlug, tauchte der Straßenname in dieser Aufstellung zum ersten Mal auf.

Für die kleine Straße musste damals lediglich ein Straßenschild, jedoch kein Hausnummernschild beschafft werden[P13].

Im Stadtplan von Neunkirchen aus dem Jahre 1883 ist sie dann auch als bewohnte Straße eingezeichnet[P14].

Die Gasse wurde nach der Gebiets- und Verwaltungsreform 1974 im Zuge einer größeren Umbenennungsmaßname in die Schloßstraße einbezogen. Die früher dort stehenden bis zu 8 Häuser der kleinen Sackgasse stehen heute alle nicht mehr, ebenso die an die Straße angrenzende Schloßschule.

Auf dem Gelände der früheren Straße und des Schulgeländes befindet sich heute ein Parkplatz für Rathausbeschäftigte und –besucher.

Peternus Wi *volkstümlich für Forsthausstraße*
Siehe Forsthausstraße

P12 StA Neunkirchen, Best. Varia Nr. 871
P13 Beschaffung von Straßenschildern 1879, vgl. Anm.A8
P14 Situationsplan NK 1883, vgl. Anm. a4

Peterstraße Ha volkstümlich Thulegass

Lage und Verlauf:
Die Peterstraße ist eine kurze Verbindungsstraße zwischen Wiebelskircher Straße und der Straße Im Schachen parallel zur Lindenstraße.

Peterstraße aus Richtung Im Schachen

Informationen zum Namen und zur Geschichte der Straße:
Wie in Neunkirchen und Wiebelskirchen gibt es auch in Hangard einige Straßen, die nach dem Vornamen des ersten Bewohners benannt sind, so die Peterstraße.
Der Namensgeber für die Straße hieß Peter Thul, deshalb wird die kleine Straße im Dorf von älteren Bürgern immer noch Thulegass genannt.

Informationen zum Namensgeber:
Peter Thul war vermutlich ein Anwohner, genauere Informationen liegen nicht vor

Peter-Wust-Straße NK vorher Fichtestraße, Fichtenstraße

Lage und Verlauf:
Die Peter-Wust-Straße ist eine kurze Verbindungsstraße zwischen Ziehwaldstraße und Friedrich-Ebert-Straße in der Nähe des Hauptbahnhofs.
Als Fortsetzung der Straße führt nach Süden ein Fußweg mit Treppe bis zur Einmündung Herderstr./ Geßbachstr.

Informationen zur Geschichte und zum Namen der Straße:
Im Stadtplan von 1902 ist die Straße als geplante Straße

Peter-Wust-Straße aus Richtung Ziehwaldstraße

schon eingezeichnet aber noch ohne Namen. Ausgebaut wurde sie schließlich 1927 und nach dem Philosophen Johann Gottlieb Fichte, einem der Begründer des deutschen Nationalbewusstseins, benannt. 1939 gab es 1 Gebäude in der Straße.
Als nach Ende des 2. Weltkrieges alle Straßennamen mit einem patriotischen Hintergrund abgeschafft wurden, erhielt die Straße den Namen Fichtenstraße. Im Zuge der Gebiets- und Verwaltungsreform 1974 wurde sie zur Vermeidung von Verwechselungen erneut umbenannt, da es nun mehrere Fichtenstraßen im neuen Stadtgebiet gab.
Sie erhielt jetzt erneut den Namen eines Philosophen und zwar den des aus dem Saarland stammenden Peter Wust.

Informationen zum Namensgeber:
Peter Wust (1884 – 03.04.1940), deutscher Philosoph, wurde in Rissenthal bei Merzig als ältestes von 11 Kindern geboren. Er besuchte die einklassige Volksschule, auf die er ein Loblied sang. Pfarrer Braun gab dem wissensdurstigen Jungen Lateinunterricht und ermöglichte ihm dadurch den Besuch des Friedrich-Wilhelm-Gymnasiums in Tier. Wust studierte in Berlin, Neuß und Straßburg Germanistik, Anglistik und Philosophie. Letztere wurde sein Lieblingsfach. Als Oberlehrer und Studienrat war er dann in Berlin, Neuß, Trier und Köln tätig.
1930 erfolgte seine Berufung als Professor für Philosophie an die Universität Münster. Wust war ein christlicher Philosoph. Er vertrat eine auf Augustinus zurückgehende, an den deutschen Idealismus anknüpfende katholische Weltanschauung.

Pfalzbahnstraße NK

Lage und Verlauf:
Die Pfalzbahnstraße zweigt in Höhe des Güterbahnhofs vom Biedersbergweg ab und verläuft von dort nördlich parallel zur Pfalzbahnstrecke der Deutschen Bahn zunächst abwärts in eine Senke bei der Straße Unten am Biedersberg und dann wieder aufwärts in Richtung der Tennisanlage Biedersberg. An der tiefsten Stelle der Senke führt nach Süden eine Fußgängerunterführung unter dem Bahndamm zur Wellesweilerstraße in Höhe Lämmerhof.

Pfalzbahnstraße Blickrichtung Unten am Biedersberg

Informationen zum Namen und zur Geschichte der Straße:
Der Straßenname ist von der parallel zur Straße verlaufenden Eisenbahnstrecke Richtung Bexbach-Homburg-Pfalz (der sogenannten Pfalzbahn) abgeleitet. Hier ist 1850 der erste Zug im Gebiet des heutigen Stadtgebietes zwischen Neunkirchen und Homburg gefahren. Der Straßenverlauf ist bereits im Stadtplan von 1905 eingezeichnet, damals allerdings noch ohne Namen. Der Straßenname taucht erstmals auf einem Stadtplan von 1954 auf. Das hängt sicher damit zusammen, dass es bis dahin keine Wohnbebauung an der Straße gab. An der tiefsten Stelle der Senke führte lediglich eine Zufahrt nach Norden zu einer dort liegenden Schwemmsteinfabrik.
Aus dieser früheren Werkszufahrt ist jetzt die Straße Unten am Biedersberg geworden, an der jetzt auch einige Wohnanwesen stehen.
Den Straßennamen hat der Stadtrat in einer Sitzung am 17. 04. 1953 festgelegt.

Pfarrgasse NK heute Heizengasse
Siehe Heizengasse

Pferdschenkelsgraben Wi volkstümliche Bezeichnung für Schinkelstraße
Siehe Schinkelstraße

Pflugstraße Wi volkstümlich Dahlerweg

Lage und Verlauf:
Die Pflugstraße zweigt in Höhe der Julius-Schwarz-Straße von der Römerstraße nach Nordwesten ab und verläuft parallel zur Blies in Richtung des Baltersbacherhofes. In Höhe einer Brücke über die Eisenbahnlinie geht sie dann in die Straße Am Kirchberg über, die in der gleichen Richtung weiterläuft.

Pflugstraße Blickrichtung Am Kirchberg

Informationen zum Namen und zur Geschichte der Straße:
Bis 1895 gab es in Wiebelskirchen keine Straßenbezeichnungen. Im ganzen Ort gab es Bezirke, die ohne weitere Nummerierung ein Finden von Anwesen ermöglichten. So wurde der Bereich der heutigen Pflugstraße Dahlerweg genannt[P15]. Die Herkunft dieses Namens ist nicht bekannt. Mit der Einführung der Straßennamen erhielt die Straße den Namen Pflugstraße nach dem geachteten Besitzer des Baltersbacherhofes. Mit den Straßennamen wurde auch eine straßenweise Nummerierung der Wohnanwesen vorgenommen, wobei freie Baustellen berücksichtigt wurden.

P15   Bürgerbuch Wi, vgl. Anm. A1, S. 221 - 223

Informationen zum Namensgeber:

Heinrich Pflug, Landwehr-Rittmeister, Besitzer des Hofgutes Baltersbach und zeitweise Führer der Freien Bauernschaft Saar, verkaufte 1921 das Hofgut, das größtenteils auf Wiebelskircher Bann liegt, an die Gemeinde Neunkirchen für 184 800 Goldmark. Mit diesem Geld kaufte er sich anschließend auf der Ostseeinsel Rügen ein. Vor 1918 war er langjähriges Mitglied des Kreistages.

Pfuhlwaldweg Fu

Lage und Verlauf:

Der Pfuhlwaldweg zweigt nach Norden von der Karcherstraße ab und endet nach ca. 100 m als Sackgasse vor der dort verlaufenden Autobahn A 8. Vom Ende der kleinen Straße geht nach Westen ein Fußweg bis zum Hirtzbornweg. Von Osten her stößt der Rauschenweg auf die Straße.

Pfuhlwaldweg Blickrichtung Rauschenweg

Informationen zum Namen und zur Geschichte der Straße:

Die Straße ist nach dem vorhandenen Kartenmaterial zwischen 1962 und 1965 entstanden. In dem von der Karcherstraße abgehenden Straßenteil stehen zweigeschossige Häuser, während in dem parallel zur Autobahn verlaufenden Fußwegteil Flachdachbungalows stehen. Der Straßenname wurde mit den Namen für zwei weitere Seitenstraßen im westlichen Teil der Karcherstraße (Am Kasköpfchen, Hirtzbornweg) vom Stadtrat in einer Sitzung am 25. 03. 1965 festgelegt.

Der Straßenname geht auf den Pfuhlwald zurück, der auf der gegenüber liegenden Seite der Autobahn liegt.

Dieser Wald war bereits in der Karte von Weimar von 1740 eingezeichnet[P16]. Der erste Straßenteil geht in Richtung dieses Waldes, wird allerdings durch die Autobahn unterbrochen.

Philippstraße NK früher teilweise Hohenzollernstraße dann Rathausstraße (der untere bzw. nordöstliche Teil), zeitweise Ferdinand-Wiesmann-Straße (der obere südwestliche Teil)

Lage und Verlauf:

Die Philippstraße ist eine Verbindungsstraße zwischen Johannesstraße und Falkenstraße. In ihrem Verlauf kreuzt sie die Jägerstraße und zum Schluss unterquert sie das Polizeipräsidium in einer ebenerdigen Unterführung.

Philippstraße aus Richtung Johannesstraße,
im Hintergrund querstehend das Polizeipräsidium

Informationen zum Namen und zur Geschichte der Straße:

Zunächst war nur der obere (südwestliche) Teil der heutigen Philippstraße zwischen Johannesstraße und Jägerstraße als solche benannt, während der untere zum heutigen Stadtpark zu gelegene Teil zwischen Jägerstraße und Falkenstraße damals Hohenzollernstraße und später Rathausstraße hieß. In der zweiten Hälfte des 19. Jh. wuchs die Stadt und die Bevölkerung auf Grund der enorm ansteigenden Industrialisierung in einem ungeheuren Tempo. Es entstanden ständig neue Straßen, die in der euphorischen Stimmung nach dem gewonnenen Deutsch-Französischen Krieg 1870/71 oft nach Mitglie-

---

P16 Krajewski: Stadtbuch 1955, vgl. Anm. A12, S. 62

dern des Kaiserhauses, nach verdienten Heerführern oder nach Schlachtenorten benannt wurden. In einer Sitzung des Gemeinderates Neunkirchen am 24. 04. 1903 wurde festgelegt, dass der bisherige nordöstliche Teil der Philippstraße in Hohenzollernstraße, nach dem preußischen Herrschergeschlecht, umbenannt wird[P17]. Nach der ursprünglichen Planung, die aus einem Stadtplan von 1902 zu ersehen ist, sollte die Hohenzollernstraße über die heutige Falkenstraße hinaus durch den jetzigen Stadtpark bis zur jetzigen Blumenstraße weiter geführt werden. Dazu ist es jedoch nie gekommen.

Nach dem Ende des 2. Weltkrieges erhielt dieser Straßenteil zunächst den Namen Rathausstraße. Zu diesem Zeitpunkt war die Spitze der Stadtverwaltung im dort liegenden Polizeipräsidium, einem der wenigen von den Bombenangriffen des 2. Weltkrieges verschont gebliebenen öffentlichen Gebäuden, untergebracht. Das Gebäude war also das Rathaus.

Der andere Straßenteil hat eine ganz andere Geschichte. Die Straße hieß nach ihrem ersten Anlieger Philippstraße. Nach der 1935 erfolgten Volksabstimmung und der anschließenden Rückgliederung des Saargebietes an das Deutsche Reich und damit unter die Regie der Nationalsozialisten, wurden viele Straßen umbenannt, um Nazi-Größen zu ehren. Fast in jedem Ort gab es seither eine Adolf-Hitler-Straße. Gezielt wurden Straßen auch nach Märtyrern und Blutopfern der NS-Bewegung benannt. Nach einer ersten Rate von Umbenennungen gleich nach dem Anschluss beschloss der Stadtrat am 25. 05. 1936 weitere Straßennamen zu ändern. Dabei wurde aus der Philippstraße die Ferdinand-Wiesmann-Straße, um den bei der „Befreiung der Pfalz" in Speyer in der Nacht zum 09. 01. 1924 gefallenen Nationalsozialisten Ferdinand Wiesmann zu ehren[P18].

Nach dem 2. Weltkrieg erhielt der Straßenteil seinen alten Namen zurück. Am 08. 05. 1962, nachdem die Stadtverwaltung in das neue Rathaus am Oberen Markt umgezogen war, wurde die bisherige Rathausstraße in die Philippstraße einbezogen, so dass diese nun von der Johannesstraße bis zur Falkenstraße verläuft.

Informationen zum Namensgeber:

Philipp Sattler (04.07.1834 - ...) war verheiratet mit der Sophia Dorothea Jennewein (* 28.10.1839) mit der er drei Kinder hatte.

P17   Saar- und Blieszeitung v. 25. 04. 1903
P18   Entschließung Stadtrat 1936, vgl. Anm. A6

Pittchesgass Wi *volkstümlich für Karl-Marx-Straße, früher Augustastraße*
Siehe Karl-Marx-Straße

Plättchesdohle NK *volkstümliche Bezeichnung für eine Bahnunterführung, es gibt keinen offiziellen Namen. Es handelt sich um eine Bahnunterführung unter der Sulzbachtal- und der Fischbachtalstrecke westlich des Hauptbahnhofs Neunkirchen im Zuge der Redener Straße. Die Unterführung unter mehreren Gleisen hindurch ist insgesamt ca. 140 m lang, 13,50 m breit und zw. 15 – 20 m hoch.*

Plättchesdohle südliche Einfahrt aus Richtung Lindenallee/Königsbahnstraße

Informationen zum Namen und zur Geschichte der Unterführung:

Nachdem 1850 ein erstes Gleis von Neunkirchen nach Heinitz gebaut, 1852 die Strecke Neunkirchen – Saarbrücken in Betrieb genommen und 1879 die Strecke von Neunkirchen durch das Fischbachtal fertiggestellt worden war, war der Bahndamm westlich des Bahnhofs Neunkirchen zu eng geworden.

Ab 1911 bis 1914 wurde deshalb das gesamte Bahnhofsgelände in Neunkirchen erweitert. Die Trassenführung der Sulzbachtal- und der Fischbachtalbahn wurde verbreitert, der Bahndamm erhöht. Westlich des Bahnhofs wurde eine vorher kleine Straßenunterführung unter dem vorher noch niedrigeren Bahndamm großzügig erweitert, um den Stadtteil Sinnerthal und weitere westlich gelegene Gemeinden straßenmäßig an Neunkirchen anbinden zu können. Dazu schrieb die Neunkirchener Zeitung am 28. 05. 1914: „Das mächtigste Bauwerk auf dem Westflügel des Bahnhofs dürfte unstreitig die Unterführung auf der

Oberschmelz sein. Während die alte Unterführung eine Breite von kaum 4 m hatte, ist die neue Unterführung in der stattlichen Breite von 13 ½ m hergestellt worden. Die ganze Länge der neuen Unterführung beträgt 140 m. Um eine so lange Unterführung genügend zu beleuchten, wurden die Seitenwände mit weißen Mettlacher Plättchen (Fliesen) bekleidet".

Auf diese weißen Mettlacher Plättchen ist auch der im Volksmund sofort aufkommende Name für die Unterführung Plättchesdohle zurückzuführen. Von diesen Plättchen/Fliesen sind heute kaum noch welche vorhanden. Es wird jedoch geprüft, ob im Zuge einer für die nächsten Jahre anstehenden Sanierung der Unterführung die Wände erneut gefliest werden können.

Für Helligkeit in der Unterführung wurde aber auch auf andere Weise gesorgt. Dazu heißt es im gleichen Artikel: "Auch die zwischen den Gleisen liegenden dicken Glasfenster spenden genügend Licht, um das Passieren der Unterführung bei Tage völlig sicher erscheinen zu lassen.........."

Plantagenweg Lu

Lage und Verlauf:

Der Plantagenweg ist eine neue Straße im Wohngebiet zwischen der Hauptstraße in Ludwigsthal und der Autobahn A 8.

Die Straße ist von der Hauptstraße her über die Straße Matzenhügel zu erreichen. Von dieser Straße zweigt sie nach Nordosten ab und endet vor der Hauptstraße am Ortsausgang Richtung Kohlhof. Vom Straßenende führt ein Fußweg zur Hauptstraße.

Plantagenweg Blickrichtung Hauptstraße

Informationen zum Namen und zur Geschichte der Straße:

Als der Plantagenweg in den 1990er Jahren angelegt wurde, erhielt er diesen Namen, um die Erinnerung an den alten Ortsnamen Plantage wach zu halten. Es gab dort in der Nähe auch noch einen alten Waldnamen „Alte Plantage"[P19]. Der Straßenname wurde in einer Sitzung des Stadtrates am 14. 06. 1967 festgelegt.

Vor 1817 wohnten im Bereich des heutigen Ludwigsthal vier Familien in armseligen Hütten. Das erste Haus baute Jakob Neu, dessen Vater gleichen Namens auf dem fürstlichen Furpacher Hof bedienstet war, an der Ecke der heutigen Furpacher Straße/Jakob-Neu-Straße. Der sich nach und nach bildende Wohnplatz hatte noch keinen Namen und wurde zunächst Plantage genannt. Diese Bezeichnung ist erstmals 1819 nachgewiesen. Mit diesem Namen waren die Bewohner in den 1880er Jahren nicht mehr zufrieden. Sie beantragten, den Ort nach dem regierenden bayerischen König Ludwig II. in Ludwigsthal umzubenennen. Nachdem diese Umbenennung vom König genehmigt worden war, erfolgte die feierliche Umtaufe am 14. 12. 1884.

Platt We vorher Auf der Platt

Lage und Verlauf:

Die Straße Platt liegt im Wohngebiet Auf der Platt und verläuft vom Mühlackerweg aus nach Süden in Richtung des Kasbruchtals. Am Ende mündet sie in den nach Osten gehenden Elsenweg.

Platt Blickrichtung Mühlackerweg

P19   Topografische Karte v. 1959, Bl. 6609 (Neunkirchen)

Informationen zum Namen und zur Geschichte der Straße:

Der Straßenname und der Name der ganzen Siedlung ist von dem Flurnamen „Auf der Platt" abgeleitet, den es in diesem Bereich gibt. Die Siedlung wurde in den Jahren 1937/38 gebaut. Sie besteht ausschließlich aus kleinen Siedlerhäusern, die heute aber überwiegend durch Um- und Anbauten verändert sind. Zunächst erhielten die Straßen der Siedlung eine Decke aus Teersplitt.

Am 22. 08. 1950 wurde in der Saarbrücker Zeitung über die schlechten Straßenverhältnisse und am 18. 03. 1952 über das Fehlen einer Kanalisation geklagt. In der Folgezeit wurden die Straßen geteert und später auch kanalisiert.

Plattenpfad Wi

Lage und Verlauf:

Es handelt sich um einen Fußweg von der Hügelstraße zur Beethovenstraße. Der Weg beginnt am Anwesen 3a der Hügelstraße, führt am Vorplatz der Ohlenbachhalle vorbei und endet in der Beethovenstraße.

Informationen zum Namen und zur Geschichte des Pfades:

Im Ortsplan Wiebelskirchen von 1955 ist als Verbindung zwischen Hügelstraße und Beethovenstraße ein schmaler Fußweg eingezeichnet, der als Plattenpfad bezeichnet ist.

Im Ortsplan von 1968 findet sich dieser Weg zwar auch noch eingezeichnet, dort aber ohne Namen. Die Herkunft des Namens des Weges ist nicht bekannt. Vermutlich war er einmal mit Trottoirplatten belegt. Heute ist er asphaltiert.

Platz der Deutschen Front NK *vorher und auch*

heute wieder Oberer Markt / Synagogenplatz
Siehe Oberer Markt

Pommernweg Wi

Lage und Verlauf:

Der Pommernweg liegt im westlichen Bereich des Stadtteils Wiebelskirchen im Wohngebiet Rotenberg. Er beginnt am Ostpreußenweg, verläuft von dort nach Nordwesten und endet vor den rückwärtigen Grundstücken des Mecklenburger Weges.

Pommernweg aus Richtung Ostpreußenweg

Informationen zum Namen und zur Geschichte der Straße:

Als erste planmäßige Siedlung in Wiebelskirchen nach dem 2. Weltkrieg entstand Mitte der 1950er Jahre im Rahmen des Bergmannswohnungsbaus die Rotenbergsiedlung, bestehend aus den Häusern in der Rotenbergstraße und denen auf der nordwestlichen Seite der hinteren Landweilerstraße[P20]. Ab Mitte der 1960er Jahre wurde die Siedlung dann auf der südöstlichen Seite der Landsweilerstraße um den Schlesierweg, den Ostpreußenweg, den Pommernweg, den Brandenburger Weg und den Thüringer Weg und 2005 um den Sachsenweg erweitert.

Die Straße ist nach der früher zum Deutschen Reich gehörenden preußischen Provinz Pommern benannt.

Bei den Häusern in der Straße handelt es sich um zweigeschossige Häuser, die durch die Firma Camus aus Fertigteilen erstellt worden sind.

Informationen zum namensgebenden Gebiet:

Während des Mittelalters bezeichnete man mit dem Begriff Pommern das Gebiet an der Ostseeküste zwischen Weichsel und Oder, das um 600 n. Chr. von slawischen Stämmen besiedelt worden war, die das Land Pomorje („Küstenland") nannten. Nachdem das Gebiet vom Deutschritterorden erobert worden war, verschob sich die Grenze allmählich nach Osten. Der Bereich westlich der Weichsel und nördlich der Netze, die so genannten Pomerellen, fiel an Polen. Durch den Westfälischen Frieden (1648) wurde Pommern zwischen Brandenburg und Schweden aufgeteilt. Brandenburg

---

P20 Forst: Entwicklung von Wi, vgl. Anm. B45

(nach 1701 das Königreich Preußen) fiel 1720 ein Teil des schwedischen Pommerns zu, 1772 schließlich erhielt es die Pomerellen. 1815 wurde auf dem Wiener Kongress Pommern unter preußische Verwaltung gestellt.

Als preußische Provinz an der Ostsee wurde Pommern Teil des Deutschen Reiches. Nach der Niederlage Deutschlands im 2. Weltkrieg wurde Pommern geteilt mit der Oder als Grenze zwischen Deutschland und Polen. Das Gebiet westlich der Oder (Vorpommern) wurde Teil der sowjetischen Besatzungszone, der späteren DDR 1949-1990. Seit der deutschen Wiedervereinigung im Jahre 1990 gehört dieses Gebiet zum Bundesland Mecklenburg-Vorpommern. Das Gebiet östlich der Oder, das den größten Teil Pommerns umfasst, wurde der polnischen Verwaltung unterstellt. Im Rahmen des Warschauer Vertrags (1970) wurde das Gebiet von der Bundesrepublik Deutschland offiziell als polnisches Staatsgebiet anerkannt.

Poststraße NK *nicht mehr existent*

Lage und Verlauf:
Die Poststraße war ein Verbindungsweg von der Gasstraße hinter dem alten Postgebäude Bahnhofstraße entlang der Blies bis zur Bahnhofstraße unmittelbar neben der Bliesbrücke (Kurt-Schumacher-Brücke).

Informationen zum Namen und zur Geschichte der Straße:
Die kleine Straße, die vermutlich nur angelegt war, um Postfahrzeugen aus dem hinteren Posthof einen kurzen Weg in die Bahnhofstraße zu ermöglichen, ist in den Stadtplänen von 1962 und 1974 eingezeichnet. In der Oktoberausgabe 1964 meldete der Neunkircher Monatsspiegel die Fertigstellung der Postzufahrtsstraße.
Die Straße ist nur noch als Fußweg zwischen der Bahnhofstraße und den Parkplätzen hinter der alten Post existent.

Prälat-Schütz-Straße Wi vorher Hochstraße

Lage und Verlauf:
Die Straße zweigt von der Kuchenbergstraße in östliche Richtung ab und mündet in die Dunantstraße.

Informationen zum Namen und zur Geschichte der Straße:
Wegen ihrer höheren Lage im Ort hieß die Straße frü-

Prälat-Schütz-Straße aus Richtung Kuchenbergstraße

her Hochstraße. In einer Aufstellung der Wiebelskircher Straßen von 1895 ist sie noch nicht aufgeführt, aber schon 1898 wurde mit ihrem Ausbau mit Pflasterung, Rinnen und Randsteinen begonnen[P21].

Nach dem Tod von Prälat Johann Schütz, der über 35 Jahre in Wiebelskirchen mit großem Engagement gewirkt hatte, wurde die Straße nach ihm benannt.

Informationen zum Namensgeber:
Johann Schütz (1868 - 1934), von 1898 bis 1934 kath. Pfarrer in Wiebelskirchen.

Der Wiebelskircher Heimatforscher Kurt Hoppstädter schreibt dazu:" Im vorigen (19.) Jahrhundert waren die Katholiken von Wiebelskirchen nach Ottweiler eingepfarrt. Um zu einer eigenen Kirche zu kommen, gründeten sie im Jahre 1888 einen Kirchenbauverein. Dieser Verein erbaute im Jahre 1897 ein geräumiges Pfarrhaus, dessen Erdgeschoss als Notkirche diente. Bis dahin waren die Katholiken von dem jeweiligen Kaplan der Pfarrei Ottweiler seelsorgerisch betreut worden. Der damalige Ottweiler Kaplan Johann Schütz hielt am 1. Mai 1898 die erste Messe in der Wiebelskircher Notkirche. Diese war allerdings für die rund 900 Katholiken viel zu klein, und auch ihr Anbau, den der neue Seelsorger bereits 1898 in Fachwerk dem Pfarrhaus angefügt hatte, reichte nicht aus". Als die erste Firmung stattfinden sollte, durfte der Bischof nicht mit einer Prozession in die Kirche einziehen, weil die Polizei dies nicht gestattete[P22]. Pfarrer Schütz setzte seine ganze Kraft ein, um eine geschlossene Pfarrfamilie zu bilden. Es galt für ein

P21   Bürgerbuch Wi, vgl. Anm. A1, S. 221 - 223
P22   Hoppstädter: Heimatbuch Wi, vgl. Anm. A2, S. 302

würdiges Gotteshaus zu sammeln. Dabei erwies sich Pfarrer Schütz als sehr erfindungsreich.

Neben Spenden von Pfarrkindern gingen Spenden aus ganz Deutschland ein, da man der Diasporagemeinde Wiebelskirchen helfen wollte. Vieles wurde einfacher, als Wiebelskirchen 1913 zur eigenen Pfarrei erhoben wurde und der bisherige Vikar Schütz in die staatliche Besoldung eingereiht wurde. Die bisherigen Gehaltsaufwendungen für ihn konnten nun für den Kirchenbau verwendet werden. Als der bisherige Dechant Hansen aus Illingen starb, wurde Pfarrer Schütz am 6. April 1923 sein Nachfolger für das Dekanat Ottweiler".

Dechant Schütz wirkte auch in vielfältiger anderer Weise über die Grenzen seines Dienstbereiches hinaus. So baute er ein katholisches Volkshaus, schenkte den Schwestern von Dernbach ein Kloster mit Kindergarten und Nähschule, gründete die katholische Wochenschrift „Nach der Schicht" und initiierte die Gründung der Katholischen Kolportagegesellschaft.

Schließlich wurde er zum Prälaten ernannt. Am 9. August 1934, kurz vor seinem 66. Geburtstag starb der in Wiebelskirchen unvergessene Geistliche. Später wurde die an „seiner Kirche" vorbeiführende Straße nach ihm benannt.

Öffentliche oder sonst bedeutsame Gebäude in der Straße:

- Grundschule Hochstraße
  Das Gebäude wurde in den Jahren 1904/05 an der damaligen Hochstraße gebaut (Hochstroßer Schulhaus) und wird heute als Grundschulgebäude benutzt. Das Gebäude selbst wurde schon bei seiner Erbauung mit einer Zentralheizung ausgestattet.
- Katholische Dreifaltigkeitskirche
  Nachdem die Katholiken von Wiebelskirchen schon 1888 einen Kirchenbauverein gegründet hatten, beschloss der Kirchenvorstand 1914 auf Drängen von Pfarrer Schütz den Kirchenbau im Neubarockstil. Da brach der 1. Weltkrieg aus. Viele zweifelten daran, ob der Bau nun auch ausgeführt werden könne. Pfarrer Schütz ging aber unverdrossen ans Werk. Ende September 1914 wurde der Bau nach Entwürfen der Architekten Marx und Gracher aus Trier begonnen. Im Mai 1915, also während des 1. Kriegsjahres hatte Dechant Hansen aus Illingen den Grundstein gelegt. Im Juni 1916 wurde trotz der schweren Kriegszeit der Rohbau der Dreifaltigkeitskirche vollendet.

Der Innenausbau wurde in der Folgezeit ebenfalls nach und nach fertiggestellt.

Von 1923 bis 1929 malte der „Malerpfarrer" Christian März (1867 - 1931) aus der Eifel die gesamte Kirche (Decken und Seitenwände) aus. Im Kirchengelände befindet sich eine Wallfahrtsanlage, die auf Grund eines während des 2. Weltkrieges geleisteten Gelübdes entstanden ist.

- Maximilian-Kolbe-Schule
  Die Maximilian-Kolbe-Schule ist eine katholische Privatschule in Trägerschaft des Bistums Trier. Im August 1972 wurde der erste Bauabschnitt fertiggestellt und eingeweiht. In den folgenden Jahren gab es weitere Bauabschnitte bis ein ganzer Schulkomplex entstanden war. Die Schule umfasst eine Grund- und eine Erweiterte Realschule.
- Kindergarten
  In unmittelbarer Nachbarschaft zur Maximilian-Kolbe-Schule und zur Katholischen Kirche befindet sich ein Kindergarten, dessen Bau Anfang 1968 begonnen und im Juni des gleichen Jahres schon eingeweiht wurde. Die Einrichtung bietet 67 Kindergartenplätze an.
- Kath. Volkshaus
  Es wurde 1928/29 neben der kath. Kirche als Pfarrheim erbaut. Es beherbergte eine Gaststätte mit großem Saal und Kegelbahn. Neben der Pfarrgemeinde konnten dort viele Vereine ihre Veranstaltungen durchführen[P23]. Zeitweise waren in dem Gebäude auch Verlag und Druckerei der Wochenzeitschrift „Nach der Schicht" untergebracht. 1978 wurde es abgerissen, um einer Mehrzeckhalle der Maximilian-Kolbe-Schule Platz zu machen, die der Pfarrgemeinde auch als Pfarrzentrum dient.

Prinz-Adalbert-Straße NK *heute Parkstraße*
Siehe Parkstraße

Informationen zum damaligen Namensgeber:
Adalbert, Prinz von Preußen (29.10.1811 – 06.06.1873), Neffe von König Friedrich Wilhelm III., wurde 1849 Chef der preußischen Marine, 1854 Admiral, 1867 – 1871 Oberbefehlshaber der kaiserlichen Marine, um deren Entwicklung er sich verdient gemacht hat.

P23 Hoppstädter: Heimatbuch Wi, vgl. Anm. A2, S. 303

Prinz-Friedrich-Karl-Straße NK *später Tannen-*
bergring, Rathenaustraße, heute Friedensstraße
Siehe Friedensstraße

Informationen zum damaligen Namensgeber:
Friedrich Karl, Prinz von Preußen (20.03.1828 –
15.06.1885), Neffe Kaiser Wilhelm I., nahm 1864 als kom-
mandierender General, dann als Oberbefehlshaber am
Deutsch-Dänischen Krieg teil, 1866 als Führer der I. preu-
ßischen Armee am Krieg gegen Österreich und 1870/71 als
Oberbefehlshaber der II. deutschen Armee am Deutsch-
Französischen Krieg. Er erzwang am 27. 10. 1870 die Ka-
pitulation von Metz und kämpfte dann siegreich als Gene-
ralfeldmarschall an der Loire.

Prinz-Heinrich-Straße NK *danach Heinrichstraße,*
heute Willi-Graf-Straße
Siehe Willi-Graf-Straße

Informationen zum damaligen Namensgeber:
Heinrich, Prinz von Preußen (14.08.1862 – 20. 04. 1929),
zweiter Sohn Kaiser Friedrich III.. 1897 war er Befehlshaber
eines Kreuzergeschwaders in Ostasien, 1903 Chef der Ma-
rinestation der Ostsee und 1906 Chef der aktiven Schlacht-
flotte. 1909 wurde er Großadmiral und Generalinspekteur
der Marine. Im 1. Weltkrieg war er von 1914 – 1918 Ober-
befehlshaber der Streitkräfte in der Ostsee.

Provinzialstraße NK
Provinzialstraßen in Neunkirchen waren die Saarbrücker
Straße, die Binger (spätere Bahnhof-) Straße und die Ku-
chenbergstraße. Auch die Teile der heutigen Kuchenberg-
straße auf Wiebelskircher Bann[P24] und die übrigen Straßen
in Richtung Ottweiler waren Provinzialstraßen, die von
den Gemeinden auf Kosten der Preußischen Rheinprovinz
zu unterhalten waren.
Die Unterhaltung der Saarbrücker Straße hatte die Fa.
Stumm, deren Firmengelände sie durchschnitt, übernom-
men.
Provinzialstraße war also kein offizieller Straßenname. Es
handelte sich um Teilstrecken überregionaler Straßenver-
bindungen, im konkreten Fall um einen Teil der Verbindung
von Saarbrücken über Neunkirchen, Bingen nach Koblenz
bzw. Köln als Sitz wesentlicher Behörden der preußischen
Rheinprovinz.

P24 Verwalt.-bericht NK 1886 – 1896, vgl. Anm. K21; Bürger
    buch Wi, vgl. Anm. A1, S. 220

Pustkuchenplatz Wi

Lage:
Der Platz liegt in der Ortsmitte von Wiebelskirchen an
der Ecke Wibilostraße/Römerstraße.

**Informationen zum Namen und zur Geschichte des
Platzes:**
Im Jahre 2007 wurde das an dieser Stelle stehende
Wohn- und Geschäftshaus „Klein Neckermann" abge-
rissen und die frei gewordene Fläche 2009 zu einem
Platz mit Grünflächen und Stellplätzen für PKW umge-
staltet. Auf der Grünfläche soll ein Pustkuchen-Denk-
mal aufgestellt werden.

Informationen zum Namensgeber:
Siehe Pustkuchenstraße

Pustkuchenstraße Wi

Lage und Verlauf:
Die Pustkuchenstraße biegt von der Bodelschwinghstraße, einer Parallelstraße der Ottweilerstraße, als
Sackgasse nach Norden in Richtung Steinbacher Berg
ab.

Pustkuchenstraße aus Richtung Bodelschwinghstraße

**Informationen zum Namen und zur Geschichte der
Straße:**
Die Straße erhielt den Namen nach dem zumindest
zu seiner Zeit in Literaturkreisen deutschlandweit bekannten Dichter und Schriftsteller Pustkuchen, der
auch eine Zeitlang Pfarrer in Wiebelskirchen war.

Nach einem Kanalisationsplan der Gemeinde Wiebelskirchen von 1900 war die heutige Bodelschwinghstraße von Südosten her als Abzweigung von der Steinbacher Straße gerade im Entstehen. Zu diesem Zeitpunkt standen 2 Häuser in der Straße. Nach einer weiteren Karte von 1935 ist die Bodelschwinghstraße bis zur Einmündung in die Ottweilerstraße durchgeführt und links und rechts mit Wohnhäusern bebaut.

Die heutige Pustkuchenstraße ist noch nicht vorhanden und war offenbar auch noch nicht geplant. Die Straße ist erst nach dem 2. Weltkrieg entstanden, 1955 existierte sie aber schon und führte von Anfang an diesen Namen.

Informationen zum Namensgeber:

Dr. Johann Friedrich Wilhelm Pustkuchen (04.02.1793 – 02.01.1834)[P25] wirkte von 1831 bis 1834 als 29. evangelischer Pfarrer seit der Reformation in Wiebelskirchen. Von allen Wiebelskircher Pfarrern nimmt Dr. Pustkuchen einen besonderen Platz ein. Er hatte eine theologische und eine medizinische Hochschulausbildung. Er war jedoch nicht nur als Pfarrer und Arzt bekannt, vielmehr machte er sich auch durch seine schriftstellerischen Fähigkeiten einen Namen.

Pustkuchen hatte mit seiner Frau 10 Kinder. Der während der Amtszeit an seiner ersten Pfarrstelle 1825 nach zehnmaliger Umarbeitung veröffentlichte Katechismus richtete sich offensichtlich gegen den 1811 vom damaligen Generalsuperintendenten Ferdinand Werth herausgegebenen „Leitfaden für den Religionsunterricht". Es kam zu Auseinandersetzungen mit der Kirchenleitung. Danach sicherte er den Unterhalt seiner Familie durch schriftstellerische Arbeiten.

In den Jahren nach 1820 wurde die gesamte literarische Welt Deutschlands in große Aufregung versetzt. 1821 kam der 1. Band von Goethes „Wilhelm Meisters Wanderjahre" heraus. Gleichzeitig veröffentlichte Pustkuchen im Verlag Basse in Quedlinburg ebenfalls ein Buch mit dem Titel „Wilhelm Meisters Wanderjahre". Goethe und seine Anhänger prangerten Pustkuchens Werk als krittelnde und verzerrende Nachahmung an. Dieses Urteil wird allgemein als Fehlurteil gewertet. Professor Dr. Ludwig Geiger aus Berlin erbrachte den Nachweis, dass Pustkuchen den 1. Band seiner Wanderjahre geschrieben hat, bevor er von dem Werk Goethes Kenntnis hatte. Es ist also bestimmt keine Nachah-

mung. Erst die Bände 2 bis 5 erschienen nach Kenntnis der Goethe'schen Werke. Pustkuchen wagte es mit Würde und Überzeugung dem 70jährigen Goethe gegenüber seine Gegnerschaft zu bekunden. Tatsächlich dürfte dieser literarische Streit Pustkuchens beruflicher Förderung sehr geschadet haben.

Unentwegt hatte sich Dr. Pustkuchen bemüht, eine seiner Befähigung würdige Stellung in Preußen zu erhalten. Schließlich hatte er Erfolg, es wurde ihm durch die Gunst des preußischen Kronprinzen, des späteren Königs Friedrich Wilhelm IV., eine Anstellung als Pfarrer in Wiebelskirchen angeboten. Im Juli 1831 trat er diese Stelle an. Sein Wirken hier war kurz aber segensreich. Bei einer Choleraepidemie widmete er sich auf Grund seiner medizinischen Kenntnisse der Krankenpflege. Er konnte so alle 38 Erkrankten retten, während an anderen Orten viele Todesfälle zu verzeichnen waren. Auf Grund dieser Umstände wurde ihm die Ausübung einer ärztlichen Praxis für Wiebelskirchen offiziell zugestanden. Daneben wirkte er als Pfarrer. Bei Ausübung seiner Pflichten, obwohl selbst erkrankt, erlitt er eine so starke Erkältung, dass er 1834 im Alter von 40 Jahren starb. Er ließ seine Frau und sieben Kinder in bitterster Armut zurück. Als sie seinen Tod dem König mitteilte, gewährte er ihr eine lebenslängliche Pension und ihren Kindern eine Erziehungshilfe bis zum vollendeten 16. Lebensjahr.

P25 Hoppstädter: Heimatbuch Wi, vgl. Anm. A2, S. 298

Quellenstraße NK vorher Göbenstraße

Lage und Verlauf:

Die Quellenstraße führt von der Parallelstraße zur Willi-Graf-Straße und dann als schmale Gasse, die eher als Zufahrt zu den Hinterhöfen bzw. Garagen der dortigen Anwesen anzusehen ist, weiter bis zur Friedensstraße.

Quellenstraße Blickrichtung Willi-Graf-Straße

Informationen zum Namen und zur Geschichte der Straße:

In der zweiten Hälfte des 19. Jh. wuchs die Stadt und die Bevölkerung auf Grund der enorm ansteigenden Industrialisierung in einem ungeheuren Tempo. Jeweils in 15 – 20 Jahren verdoppelte sich die Bevölkerung immer wieder und suchte industrienahen Wohnraum. Es entstanden ständig neue Straßen, die in der euphorischen Stimmung nach dem gewonnenen Krieg 1870/71 oft nach Mitgliedern des Kaiserhauses, nach verdienten Heerführern oder nach Schlachtenorten benannt wurden. Mit einem Beschluss des Gemeinderates Neunkirchen vom 24. 04. 1903 wurde die Straße zwischen heutiger Parallelstraße und heutiger Willi-Graf-Straße nach dem preußischen General August von Goeben, der im Deutsch-Französischen Krieg am 19. 01. 1871 als Oberbefehlshaber der I. Armee die französische Nordarmee geschlagen hatte, benannt[Q1].

Unmittelbar nach dem 2. Weltkrieg wurde die Straße in Quellenstraße umbenannt. Dieser Straßenname geht auf den Wasserreichtum dieses Gebietes zurück. Im Bereich Marktstraße, Heizengasse, Brunnenstraße und Haspel lag eine Reihe von Brunnen. Hier ist nämlich ein natürlicher Quellhorizont vorhanden, da der wasserspeichernde Buntsandstein in diesem Bereich auf dem Karbon aufliegt. Einige Straßennamen wie Brunnenstraße, Quellenstraße, Steinbrunnenweg und Fischkasten erinnern noch an den Wasserreichtum dieses Bezirks[Q2].

Q1   Saar- und Blieszeitung v. 25. 04. 1903

Q2   Krajewski: Plaudereien 4, vgl. Anm. B50, S. 43

Raffaelstraße Wi volkstümlich Trähmches Gass

Lage und Verlauf:
Die Raffaelstraße ist eine nach Osten gehende Seitenstraße der Kuchenbergstraße. Sie ist nur ca. 100 m lang
und endet als Sackgasse.

Raffaelstraße aus Richtung Kuchenbergstraße

Informationen zum Namen und zur Geschichte der Straße:
Bis 1895 gab es in Wiebelskirchen keine Straßenbezeichnungen. Im ganzen Ort gab es Bezirke, die ohne
weitere Straßennamen ein Finden von Wohnanwesen
ermöglichten. Die heutige Raffaelstraße gehörte zum
Bezirk Seiters und wurde Trähmches Gass genannt.
Die Raffaelstraße erhielt aber auch 1895 keinen eigenen Namen, sondern wurde als unbedeutende kleine
Seitenstraße in die Nummerierung der Wilhelmstraße
einbezogen[R1].
1954 erfolgte eine umfängliche Um- und Neubenennung von Straßen in Wiebelskirchen. Bei dieser Gelegenheit wurden bzgl. der Straßennamen ein Musiker-,
ein Maler- und ein Dichterviertel geschaffen.
Einige kleine Seitenstraßen der heutigen Kuchenbergstraße, die bis dahin ohne eigene Namen waren und
unter Hausnummern der Durchgangsstraße liefen, erhielten eigene Namen. Dabei wurden die von der Wilhelmstraße nach Osten abzweigenden Straßen nach
berühmten Malern benannt, so auch die Raffaelstraße[R2].

R1   Bürgerbuch Wi, vgl. Anm. A1, S. 221 - 223
R2   Mathias: Die 1954 eingeführten Straßennamen, in: Hei-
     matbuch Wi, vgl. Anm. A2, S. 143

Informationen zum Namensgeber:
Raffael, eigentlich Raffaello Santi oder Sanzio,
(06.04.1483 – 06.04.1520), italienischer Maler und Baumeister, war mit Michelangelo und Leonardo da Vinci
einer der bedeutendsten Repräsentanten der Hochrenaissance.
Ab 1499 wurde er in Perugia Schüler Peruginos, der ihn
mit den Spezifika des lichtdurchfluteten Raumes, einer
idealisierten Figurenzeichnung und stimmungsreichen
Hintergrunddarstellung vertraut machte. 1504 übersiedelte Raffael nach Florenz, wo er die Arbeiten bedeutender zeitgenössischer Maler wie Leonardo da Vinci,
Andrea del Sarto, Michelangelo und Fra Bartolomeo
kennen lernte. 1508 wurde er von Papst Julius II. nach
Rom berufen. Seine Werke sind ausgezeichnet durch
Heiterkeit, vollkommene Technik und Komposition.
Raffael war auch als Architekt tätig, zunächst als Nachfolger von Bramantes in der Bauleitung von St. Peter,
dann als Schöpfer von Bauplänen für Paläste.

Rathausstraße NK *früher Hohenzollernstraße, heute Teil der Philippstraße*
Siehe Philippstraße

Rathenaustraße NK *vorher Prinz-Friedrich-Karl-
Straße, später Tannenbergring, heute Teil der Friedens-
straße*
Siehe Friedensstraße

Informationen zum damaligen Namensgeber:
siehe Rathenaustraße WI

Rathenaustraße Wi zeitweise (1935 – 1945) Memelstraße

Lage und Verlauf:
Die Rathenaustraße ist eine Verbindungsstraße zwi-
schen Römerstraße und Pflugstraße, sie verläuft in
Nord-Süd-Richtung.

Informationen zum Namen und zur Geschichte der Straße:
Die Rathenaustraße entstand nach dem 1. Weltkrieg
und wurde zunächst nach dem ermordeten Politiker
Walther Rathenau benannt.
Am 13. Januar 1935 fand im damaligen Saargebiet eine
Volksabstimmung statt, in der die Bevölkerung zwi-
schen einem Anschluss an Frankreich, der Beibehaltung

Rathenaustraße aus Richtung Römerstraße

des Status quo oder der Rückkehr nach Deutschland entscheiden konnte. Eine überwältigende Mehrheit von 90,73 % stimmte für die Rückkehr nach Deutschland. Bereits am 17. 01. 1935 beschloss daraufhin der Rat des Völkerbundes die Wiedereinsetzung Deutschlands in die Regierung des Saarbeckens zum 1. März 1935. Noch vor diesem Datum teilte der Bürgermeister dem Gemeinderat Wiebelskirchen in einer Sitzung am 28. 01. 1935 mit, dass er als Polizeiverwalter eine Reihe von Straßenumbenennungen vorgenommen habe. Damit sollten nationalsozialistische Größen geehrt bzw. an Gebiete erinnert werden, die nach dem verlorenen 1. Weltkrieg vom Deutschen Reich abgetrennt worden waren. Gleichzeitig wurden Straßennamen, die an politische Gegner oder an Juden erinnerten, entfernt. Die bisherige Rathenaustraße wurde in Memelstraße umbenannt[R3].

Nach Ende des 2. Weltkrieges erhielt die Straße wieder ihren alten Namen.

Informationen zum Namensgeber:

Walther Rathenau (29.09.1867 – 24.06.1922), deutscher Industrieller und Politiker jüdischer Abstammung. Nach Ausbruch des 1. Weltkrieges initiierte er beim preußischen Kriegsministerium die Schaffung einer Kriegsrohstoffabteilung, die er bis 1915 leitete. Als Sachverständiger für wirtschaftspolitische Fragen nahm er 1919 für Deutschland an den Verhandlungen zum Versailler Vertrag teil, 1920 an der Konferenz von Spa und 1921 an der Konferenz von London. Als Wiederaufbauminister

---

R3 Beschlussbuch Gemeinde Wiebelskirchen, vgl. Anm. A46

verhandelte er 1921 mit Frankreich über die deutschen Reparationen, für die er im Januar 1922 auf der Konferenz von Cannes einen teilweisen Aufschub erwirkte. Am 1. Februar 1922 wurde Rathenau zum Außenminister ernannt und schloss im April 1922 am Rande der Reparationskonferenz von Genua mit der Sowjetunion den Rapallo-Vertrag zur gegenseitigen Anerkennung und Zusammenarbeit und zum Verzicht auf Reparationen. Wegen seiner Reparationspolitik von nationalistischen und antisemitischen Kreisen als Erfüllungspolitiker gegenüber den Siegermächten denunziert, fiel Rathenau am 24. Juni 1922 einem Attentat rechtsextremer Offiziere zum Opfer.

Rauschenweg Fu

Lage und Verlauf:

Der Rauschenweg zweigt von der Karcherstraße nach Norden ab, wendet sich vor der Autobahn nach Westen und verläuft dann parallel zur Autobahn bis zum Pfuhlwaldweg.

Rauschenweg Blickrichtung Pfuhlwaldweg

Informationen zum Namen und zur Geschichte der Straße:

Der Heimatforscher Bernhard Krajewski schlug am 27. 10. 1954 für die geplante Parallelstraße zur Karcherstraße den Namen Rauschenweg vor. Der dort stehende Buchenwald führe die Bezeichnung „In den Rauschen rechts des Forbacherwegs". Dieser Wald werde zur Erschließung des Baulandes jetzt teilweise abgeholzt. Nachdem der Bezirksvorsteher für Haus Furpach sich am 03. 11. 1954 mit diesem Namen einverstanden erklärt hatte, wurde der Straßenname nach einem Rundschreiben des Bürgermeisters vom 15. 07. 1955 im gleichen Jahr festgelegt. Der bezeichnete Wald liegt heute teilweise auch nördlich der Autobahn. Bei der Anlegung der Straße gab es die Autobahn noch nicht, so dass noch ein unmittelbarer Zugang zu dem Waldstück bestand.

Die Straße entstand ab 1955 durch den Bau von 68 Doppelhäusern und 3 Einfamilienhäusern, die durch die Interessengemeinschaft der Kriegsopfer gebaut wurden[R4].

Sie endete bis zur Jahrtausendwende an einem Fabrikgebäude am westlichen Ende. Dort besteht eine nach Süden gehende Anbindung an die Karcherstraße. Nach der Jahrtausendwende wurde die Straße parallel zur Autobahn nach Westen weitergeführt und endet nunmehr am Pfuhlwaldweg.

Die Einbeziehung dieser geplanten Verlängerung der Straße in den Rauschenweg hat der Stadtrat in seiner Sitzung am 20. 05. 1998 beschlossen.

Redener Straße (alt) Si heute Wilhelm-Jung-Straße

Siehe Wilhelm-Jung-Straße

Redener Straße (neu) Si + NK vorher Landsweilerstraße, teilweise Oberschmelz bzw. Neue Schmelze, Oberschmelzer Weg bzw. Nach der neuen Schmelze

Lage und Verlauf:

Die Redener Straße beginnt heute an der Kreuzung mit der Lindenallee/Königsbahnstraße auf der Südseite vor dem sogenannten Plättchesdohle. Sie unterquert dann zunächst die Bahnlinie Neunkirchen – Saarbrücken im Plättchesdohle und danach die Bahnlinie Neunkirchen – Schiffweiler.

Dabei verläuft sie in West-Ost-Richtung nördlich am Stadtteil Sinnerthal vorbei und endet an der Stadtgrenze zu Schiffweiler-Landsweiler.

Informationen zum Namen und zur Geschichte der Straße:

Ursprünglich hieß die Straße Landsweilerstraße, weil sie von Neunkirchen aus nach Landsweiler führte. Dabei verlief sie im Laufe der Zeit auf unterschiedlichen Trassen:

Zunächst führte die Straße, beginnend an der Saar-

brücker Straße, teilweise über die Trasse des heutigen Sinnerthaler Weges. Nach dem Bau der Eisenbahnlinie von Neunkirchen nach Saarbrücken Mitte des 19. Jh. blieb es zunächst bei dieser Streckenführung. Die Straße überquerte die Bahnlinie im Bereich Schlawerie auf schienengleicher Höhe, um dann, auch durch Sinnerthal, unmittelbar nördlich am Bahndamm entlang bis zur Stadtgrenze zu verlaufen.

Wegen des steigenden Zugverkehrs wurde der Bereich westlich des Hauptbahnhofs ab 1911 völlig umgestaltet. Der Bahndamm wurde erhöht und wesentlich verbreitert, der schienengleiche Bahnübergang für die Straße fiel weg.

Die Straße nach Landsweiler nahm nun von der Saarbrücker Straße ab die Trasse des Oberschmelzer Weges und unterquerte die Bahnlinie in einer ca. 140 m langen, 13,50 m breiten und zw. 15 – 20 m hohen Bahnunterführung[R5]. Diese Bahnunterführung hatte es auch vorher schon gegeben, sie war vor 1911 jedoch nur 4 m breit.

Nun wurde sie im Volksmund wegen ihrer Verkleidung mit weißen Fliesen gleich Plättchesdohle genannt. Nach der Unterquerung der Bahnlinie biegt die Straße nach Westen ab und unterquert nach ca. 600 m auch die Bahnlinie Neunkirchen – Schiffweiler. Dann verlief sie zunächst auf der alten Trasse entlang der Bahnlinie bis nach Landsweiler. Vor der Erweiterung der Bahnanlagen hatte man sich zeitweise mit dem Gedanken getragen, auf der alten Straße nach Landsweiler über die Schlawerie eine Straßenbahnlinie vom Stummdenkmal nach Schiffweiler über Landsweiler zu bauen. Nachdem aber der Straßenverkehr nun durch den Plättchesdohle und dann nördlich der Bahnlinie in Richtung Landsweiler lief, waren diese Pläne zunächst hinfällig. Die erwähnte Straßenbahnstrecke wurde dann 1931 doch noch gebaut. Der Straßenteil von der Saarbrücker Straße bis zum Plättchesdohle hieß weiter Oberschmelzer Weg oder Nach der neuen Schmelze. Dieser Name bezog sich auf eine 1749 von der Fa. Stockum & Söhne nördlich des heutigen Plättchesdohle am Sinnerbach errichteten Eisenschmelze.

Der Bach wurde durch den Ablauf des östlich von Sinnerthal liegenden Hasselbacher Weihers angereichert. Die Schmelze war neu im Gegensatz zu der älteren später von der Familie Stumm erworbenen, aus der sich das Neunkircher Eisenwerk entwickelte, deshalb Neue

---

R4   Mons: Siedlungsgeschichte Furpach. vgl. Anm. B35, S. 19

R5   Neunkirchener Zeitung v. 28. 05. 1914

Schmelze oder Oberschmelz, weil sie weiter oben am Sinnerbach lag als das Eisenwerk der Stumms.

An der Neuen Schmelze entstanden auch Wohnungen und Stallungen für die Arbeiter des Werkes und ihr Vieh. 1849 hat ein Georg Bärsch eine Statistik der Bürgermeisterei Neunkirchen erstellt. Darin erwähnt er einen zu Nieder-Neunkirchen gehörenden Wohnplatz Obere Schmelze (Oberschmelz) oder Neue Schmelze mit 8 Wohnhäusern und 45 katholischen und 2 evangelischen Bewohnern[R6]. Die Neue Schmelze wurde 1876 stillgelegt. 1930 gab es auf der Oberschmelz noch 9 Wohnhäuser, die alle im Eigentum des Eisenwerkes standen.

1890 waren in unmittelbarer Nähe, nördlich der Oberschmelz auf Wiebelskircher Bann, die beiden Hermine-Schächte des Bergwerks Kohlwald angehauen worden, die einerseits die Grube König mit Frischluft versorgten und andererseits zum Aufschluss der in der Flamm- und Fettkohlenpartie der Abteilung Kohlwald dienen sollten[R7]. Diese Anlage wurde um 1960 stillgelegt. Im Bergwerksgelände gab es einige Wohnhäuser für Beschäftigte, die im Eigentum des Bergfiskus standen. Nach dem Einwohnerbuch von 1931 gab es zu diesem Zeitpunkt dort noch 10 Wohnhäuser und eine bewohnte Baracke.

Während des 2. Weltkrieges waren auf der Oberschmelz vorhandene Lagerhallen einer früheren Steinfabrik vom Neunkircher Eisenwerk für die Unterbringung von Kriegsgefangenen und Zwangsarbeitern genutzt worden. Außerdem waren Baracken für den gleichen Zweck erstellt worden[R8], die nach dem Krieg auch als Notunterkünfte für Bombenopfer genutzt wurden. Die letzte Baracke wurde in den 1980er Jahren abgerissen. Als Wohnplatz ist die Oberschmelz seither nicht mehr existent.

Am 16. 03. 1928 beschloss der Stadtrat ein Anleiheprogramm zum Bau bzw. zum Ausbau verschiedener Straßen und Brücken u. a. zum Ausbau der Straße nach Landsweiler. Im Zuge dieses Ausbaus wurde eine nördliche Umgehungsstraße um Sinnerthal gebaut. Durch Beschluss des Stadtrates Neunkirchen vom 29. 01. 1935 wurde diese neue Umgehungsstraße in die Landsweilerstraße einbezogen. Das Stück der Landsweilerstraße, das bis dahin in Sinnerthal am Bahndamm vorbei

führte, wurde mit gleichem Datum zur Redener Straße. Ebenso wurde 1935 der Straßenteil Nach der neuen Schmelze in die Landsweilerstraße einbezogen, so dass diese nun von der Saarbrücker Straße bis an die Stadtgrenze Richtung Landweiler ging[R9].

Im Zuge der Gebiets- und Verwaltungsreform 1974 wurde die Landsweilerstraße zur Vermeidung von Verwechselungen in ihrer gesamten Länge in Redener Straße umbenannt, da es in Wiebelskirchen eine weitere Landsweilerstraße gab, die ihren Namen behielt. Mit Beschluss des Stadtrates vom 10. 04. 1991 wurde das Straßenstück zwischen Saarbrücker Straße und Einmündung neue Lindenallee von der Redener Straße abgetrennt und in die Königsbahnstraße einbezogen.

1994/96 wurde an der Einmündung der aus Richtung Ottweiler kommenden B 41/Redener Straße nördlich des Plättchesdohle und 2003/04 an der Einmündung der aus Richtung Spieser Höhe kommenden B 41 in die Redener Straße am östlichen Ortsausgang von Sin-

Redener Straße, Kreisverkehr nördlich des „Plättchesdohle"

nerthal zur Erleichterung des starken Fahrzeugverkehrs je ein Kreisverkehr gebaut. Dabei wurde die Redener Straße zwischen Plättchesdohle und Unterführung unter der Fischbachbahn weiter nach Norden verlegt, um einer Kläranlage Platz zu machen.

Der Kreisverkehr am Plättchesdohle hat einen Durchmesser von 100 m und 2 sogenannte Bypässe, während der bei Sinnerthal einen Durchmesser von 45 m und 3 Bypässe hat. Letzterer wurde am 25. 05. 2004 freigegeben. Zwischen den beiden Kreisverkehren ist die Redener Straße Teil der B 41.

R6   Bärsch: Regierungsbezirk Trier, vgl. Anm. B31
R7   Slotta: Bergbau in NK, vgl. Anm. A45, S. 37
R8   Gillenberg: NK vom Meyerhof .... , vgl. Anm. H5, S. 42

R9   Saar- und Blieszeitung v. 30. 01. 1935

Öffentliche oder sonst bedeutsame Gebäude an der Straße:

- Saargefei[R10]

  Es handelte sich um eine große, 60 m lange, gegliederte Werkshalle der Fa. Saargefei (Saarländische Gesellschaft für elektrotechnische Industrie), einer Tochterfirma des Eisenwerkes. Der Bauantrag für das Gebäude wurde am 18. 10. 1923 gestellt. Die Firma produzierte dort bis 1935.

  Dann stand das Gebäude längere Zeit leer. Während des 2. Weltkrieges beherbergte die Halle zeitweise Fahrzeuge und die Fernmeldewerkstatt der ausgebombten Post.

  Von 1946 bis 1949 befand sich darin die Fa. Retra (Regierungs-Transport-Gesellschaft) und von 1949 bis 1962 der Postbusbetrieb der Postdirektion.

  Am 04. 10. 1962 wurde das Gebäude baupolizeilich für die Einrichtung eines Einkaufscenters geprüft.

  Anfang 1963 wurde dann hier das erste Einkaufscenter von Neunkirchen eröffnet und einige Jahre betrieben.

  Am 30. 04. 1979 erwarb die Stadt das Gebäude, um es Ende des Jahres im Rahmen der Umgestaltung des ehemaligen Eisenwerksgeländes im November 1979 abreißen zu können.

- Kläranlage

  Bei der Anlage eines Kreisverkehrs im Zuge der B 41 nördlich des Plättchesdohle wurde 1994/96 zwischen dem Bahndamm und der neuen Trasse der B 41 eine Kläranlage für die Abwässer des Stadtteils Sinnerthal und großer Teile der Gemeinde Schiffweiler gebaut.

Reichsstraße Wi *vorher Kaiserstraße, zeitweise (1935 – 1945) Straße des 13. Januar, dann Teil der Neunkircher Straße, heute Teil der Kuchenbergstraße.*
Bei der Reichsstraße handelte es sich um den Teil der heutigen Kuchenbergstraße zwischen Seitersbrücke und Einmündung Bexbacher Straße.
Weiteres siehe Kuchenbergstraße.

R10 Spengler, Lothar: Die Saargefei in Neunkirchen, in: Hefte des Historischer Verein Stadt Neunkirchen, Neunkirchen 2005

Reiherweg Wi

Lage und Verlauf:
Am nordwestlichen Ortsrand von Wiebelskirchen zwischen Römerstraße und Blies liegt ein Wohngebiet, dessen Straßen nach Vögeln benannt sind. Der Reiherweg zweigt dabei von der Erschließungsstraße Habichtweg nach Osten ab und endet nach ca. 200 m als Sackgasse.

Reiherweg aus Richtung Habichtweg

Informationen zum Namen und zur Geschichte der Straße:
Die Straße gehört zu der zwischen 1959 und 1966 in 3 Bauabschnitten durch die Staatliche Vermögensverwaltungsgesellschaft errichteten Wohnsiedlung La-benacker. Alle Straßen in der Siedlung erhielten Vogelnamen.

Rembrandtstraße Wi früher teilweise Sedanstraße, dann Auf der Höh, zeitweise (1935 – 1945) Schlageterstraße

Lage und Verlauf:
Die Rembrandtstraße zweigt nach Osten von der Kuchenbergstraße ab, vollzieht nach ca. 100 m eine Schwenkung nach Nordosten und mündet an ihrem Ende in die Erzbergerstraße.

Informationen zum Namen und zur Geschichte der Straße:
Bis 1895 gab es in Wiebelskirchen keine Straßenbezeichnungen. Im ganzen Ort gab es Bezirke, die ohne weitere Nummerierung ein Finden von Häusern ermöglichten. Die heutige Rembrandtstraße bestand

Rembrandtstraße aus Richtung Kuchenbergstraße,
rechts Gebäude des Diakonischen Werkes

zunächst nur aus dem kurzen Stück unmittelbar an der Kuchenbergstraße. Das erste Teilstück der heutigen Rembrandtstraße wurde nun zunächst Sedanstraße genannt, weil in den dort liegenden Gemeindeobstanlagen immer das Sedansfest (siehe Sedanstraße NK) gefeiert wurde[R11]. Mit der Einführung der Straßennamen wurde auch eine straßenweise Nummerierung der Wohnanwesen vorgenommen, wobei freie Baustellen berücksichtigt wurden. Mitte der 1930er Jahre wurde die Straße weiter bis zur Einmündung in die Erzbergerstraße ausgebaut. Nach dem verlorenen 1. Weltkrieg wurde die Straße entsprechend ihrer Lage über dem Ort Auf der Höh genannt, in Anlehnung an die dort vorkommende Flurbezeichnung gleichen Namens (1589 An der Hehe, 1767 Auf der Höhe).

Am 13. Januar 1935 fand im damaligen Saargebiet eine Volksabstimmung statt, in der die Bevölkerung zwischen einem Anschluss an Frankreich, der Beibehaltung des Status quo oder der Rückkehr nach Deutschland entscheiden konnte. Eine überwältigende Mehrheit von 90,73 % stimmte für die Rückkehr nach Deutschland. Bereits am 17. 01. 1935 beschloss daraufhin der Rat des Völkerbundes die Wiedereinsetzung Deutschlands in die Regierung des Saarbeckens zum 1. März 1935. Noch vor diesem Datum teilte der Bürgermeister dem Gemeinderat Wiebelskirchen in einer Sitzung am 28. 01. 1935 mit, dass er als Polizeiverwalter eine Reihe von Straßenumbenennungen vorgenommen habe. Damit sollten nationalsozialistische Größen geehrt bzw. an Gebiete erinnert werden, die nach dem verlorenen 1.

Weltkrieg vom Deutschen Reich abgetrennt worden waren. Gleichzeitig wurden Straßennamen, die an politische Gegner oder an Juden erinnerten, entfernt. Bei dieser Gelegenheit wurde die neue Verbindungsstraße von der Straße Auf der Höh zur Erzbergerstraße in Schlageterstraße umbenannt[R12].

Albert Leo Schlageter war während des Ruhrabwehrkampfes von den Franzosen der Sabotage beschuldigt und standrechtlich erschossen worden. Nach Ende des 2. Weltkrieges erhielt die Straße wieder ihren alten Namen und zwar jetzt durchgehend bis zur Erzbergerstraße.

1954 erfolgte auf Anregung des Kultur- und Heimatrings eine umfängliche Um- und Neubenennung von Straßen in Wiebelskirchen.

Dabei erhielten mit einer Ausnahme die von der Neunkircher Straße (heute Kuchenbergstraße) nach Osten abzweigenden Straßen Namen nach berühmten Malern. Aus der Straße Auf der Höh wurde nun die Rembrandtstraße[R13].

Informationen zum Namensgeber:
Rembrandt, eigentlich Rembrandt Harmenszon van Rijn, (15.07.1606 – 08.10.1669), niederländischer Maler, Hauptmeister der holländischen Barockmalerei und eine der bedeutendsten Persönlichkeiten der Kunstgeschichte.

Von nachhaltiger Wirkung auf die Kunstwelt waren seine Porträtkunst und seine Technik der Helldunkelmalerei.

Die Heirat mit der wohlhabenden Saskia van Uylenburch 1634 begünstigte seinen beruflichen und gesellschaftlichen Aufstieg und sicherte ihm eine solvente Klientel für seine zunehmend begehrten Porträts. Mangelhafte Geschäftsführung und aufwendiger Lebensstil, vor allem seine Sammelleidenschaft, führten dennoch 1656 zum wirtschaftlichen Ruin.

Öffentliche oder sonst bedeutsame Gebäude in der Straße:
- Ehemaliges Kinderheim
  In dem heute ca. 15o m langen Komplex aus mehreren Gebäuden war 1955 nach dem damaligen Ortsplan ein Altersheim untergebracht.

R11 Bürgerbuch Wi, vgl. Anm. A1, S. 221 - 223

R12 Beschlussbuch Gemeinde Wiebelskirchen, vgl. Abm. A46
R13 Mathias: Die 1954 eingeführten Straßennamen, in: Heimatbuch Wi, vgl. Anm. A2, S. 147

1968 wurde es als evang. Kinderheim der Inneren Mission genutzt und Zug um Zug erweitert. In den 1980er Jahren waren in dem Heim Asylbewerber untergebracht.

Heute unterhält das Diakonische Werk an der Saar in dem Gebäude eine Einrichtung zur Arbeits- und Berufsförderung.

Remmengutweg Fu

Lage und Verlauf:
Der Remmengutweg zweigt vom Kohlhofweg, der parallel zur Limbacher Straße nach Osten verläuft, nach Süden ab und endet als Sackgasse kurz vor der Limbacher Straße.

Remmengutweg aus Richtung Kohlhofweg

Informationen zum Namen und zur Geschichte der Straße:
Der Kohlhofweg und seine Seitenstraßen – Lautzweilerweg, Moosbachweg, Erlenbrunnenweg, Remmengutweg, Tiefentalweg und Lantertalweg – entstanden in den Jahren Jahren 1962 - 64. Die Straßennamen wurden auf Vorschlag des Heimatforschers Bernhard Krajewski am 04. 10. 1961 vom Stadtrat beschlossen. Die Gemeinnützige Siedlungsgesellschaft der Stadt Neunkirchen GSG und die Arbeitskammer erstellten in den kurzen Seitenstraßen insgesamt 24 eingeschossige Bungalows und 68 zweigeschossige Wohnhäuser, die anschließend an private Interessenten verkauft wurden.

Remystraße NK *inoffizielle Bezeichnung*

Lage und Verlauf:
Die kleine Sackgasse zweigt im unteren (westlichen) Bereich der Schwebelstraße zwischen den Anwesen 34 und 40 nach Norden ab.

Informationen zum Namen und zur Geschichte der Straße:
In einem alphabetischen Nachweis der Straßen von Neunkirchen mit Angabe der zugehörigen Wahllokale in der Neunkirchener Zeitung vom 18. 01. 1919 ist u. a. aufgeführt:
„Wahlbezirk 16 – Schwebelstraße mit Remystraße – Wahllokal Schulhaus Schloßstraße".
Beim Bauamt der Stadt Neunkirchen fand sich ein Situationsplan der Gasse von 1879[R14]. Zwei der Anwohner der Gasse trugen den Namen Remmy. Vermutlich deshalb wurde die Gasse Remmystraße oder Remystraße genannt, ohne dass dies eine offizielle Bezeichnung wurde. Die Gasse und die dort stehenden Häuser zählten und zählen immer noch zur Schwebelstraße.

Repperthalstraße We

Lage und Verlauf:
Die Repperthalstraße zweigt in westlicher Richtung als Sackgasse von der St. –Barbara-Straße ab.

Informationen zum Namen und zur Geschichte der Straße:
Die Straße gehört zusammen mit den ebenfalls dort in gleicher Richtung abzweigenden Sackgassen Seiterswaldstraße, Kreppstraße und Auf den Hahnbuchen und mit der St.-Barbara-Straße selbst zu einer von der Grubenverwaltung erbauten Siedlung mit werksnahen Wohnungen für Bergleute.

Die Straßen und die dort stehenden Wohnhäuser wurden im zeitlichen Zusammenhang mit der Abteufung der in der Nähe auf Bexbacher Bann liegenden Grube St. Barbara und dem Bau des daneben liegenden Kohlekraftwerkes Anfang der 1950er Jahre erbaut.

Der Straßenname wurde vom Stadtrat in einer Sitzung am 10. 03. 1959 festgelegt, nachdem das Stadtbauamt

---

R14 Bauamt Neunkirchen, Situationsplan zur Verlegung eines Fußpfades in Flur I v. 24. 03. 1879

Repperthalstraße aus Richtung St.-Barbara-Straße

Rettenstraße Kettelerhäuser,
im Hintergrund das Kraftwerk Bexbach

mitgeteilt hatte, dass bereits 7 Wohnhäuser in der Straße errichtet worden seien und der Bezirksvorsteher diesen Namen vorgeschlagen habe.

Es gibt in Wellesweiler zwar die Flurbezeichnung „Im Repperthal", sie liegt jedoch zwischen Bergstraße und Homburger Straße, also nicht dort, wo jetzt die Repperthalstraße liegt. Nach dem Wellesweiler Heimatforscher Friedrich Bach wurde im Zusammenhang mit der Auffindung mehrerer Römergräber auf dem Heidenhübel auch ein römisches Einzelgrab im Reppertal gefunden.

1953 war bei der Stadtverwaltung ein Bebauungsplan erstellt worden, nach dem das gesamte Gebiet zwischen Rettenstraße/ Glockenstraße – Bergstraße – St. Barbara-Straße als Wohnsiedlung ausgebaut werden sollte. In ca. 15 Straßen sollten insgesamt über 480 Bauplätze überwiegend für Einfamilienhäuser entstehen[R15]. Der Plan wurde nie ganz verwirklicht und ist nach den heute vorhandenen Industrieansiedlungen auch nicht mehr umsetzbar.

Rettenstraße We vorher Wiebelskircher Weg

Lage und Verlauf:

Die Rettenstrasse liegt im Stadtteil Wellesweiler nördlich der Bahnlinie Neunkirchen – Homburg. Sie zweigt dort unmittelbar hinter der Bahnunterführung von der Rombachstraße ab und führt nach Nordosten in Richtung des Kraftwerks Bexbach. In seiner Verlängerung führte der Weg ursprünglich nach Wiebelskirchen.

Informationen zum Namen und zur Geschichte der Straße:

Der Straßenname ist von der Flurbezeichnung „Auf den Retten" abgeleitet. Nach dem Wellesweiler Heimatforscher Friedrich Bach handelt es sich dabei um einen alten Rodungsnamen. Der Name Retten (1439 – Auf den Rotten) kommt vom ahd. Ruitan = ausreißen; vgl. südd. = roden. Retten ist also der Name einer mittelalterlichen Rodung.

Die Rettenstraße ist ein alter Verkehrsweg von Wellesweiler in Richtung Wiebelskirchen und von dort weiter zum Oberamt in Ottweiler. Sie wurde deshalb im 18. Jh. auch Wiebelskircher Weg genannt. Er entstand auf der Grundlage der vermuteten Römerstraße, die an der römerzeitlichen Befestigungsanlage Maykesselkopf vorbei über den Wasserberg unter Umgehung des großen Bliesbogens nach Wiebelskirchen führte[R16].

1931 hatte die Straße 34 Wohnanwesen (Hausnummern).

Im oberen (nördlichen) Teil der Straße wurde 1950 mit dem Bau einer Ketteler-Siedlung begonnen. Um aus der bedrückenden Enge der Wohnungsnot nach dem 2. Weltkrieg zu kommen, hatten sich Katholiken, wie an vielen anderen Orten so auch in Wellesweiler, zu einem Wohnungsbauverein zusammengeschlossen, den sie nach dem Bischof Ketteler Kettelerverein nannten (siehe Kettelerstraße). Nach dem Motto „Einigkeit macht stark" wurde nun gemeinsam geplant, Bauland beschafft, gearbeitet und gebaut.

R15   Plan Wohnsiedlung Rettenstraße, vgl. Anm. A53

R16   Bach: We Auf seine frühen Spuren, vgl. Anm. H23, S. 285

Nach einer Meldung der Saarbrücker Zeitung vom 22. 05. 1950 wurden die ersten Baustellen vermessen, am 07. 07. 1950 wurde mit den Ausschachtungsarbeiten begonnen, und am 17. 07. 1952 war die feierliche Übergabe des ersten fertiggestellten Doppelhauses[R17]. Bis in die 1960er Jahre war die Straße nicht kanalisiert.

1953 war bei der Stadtverwaltung ein Bebauungsplan erstellt worden, nach dem das gesamte Gebiet zwischen Rettenstraße/ Glockenstraße – Bergstraße – St. Barbara-Straße als Wohnsiedlung ausgebaut werden sollte.

In ca. 15 Straßen sollten insgesamt über 480 Bauplätze überwiegend für Einfamilienhäuser entstehen[R18]. Der Plan wurde nie ganz verwirklicht und ist nach den heute vorhandenen Industrieansiedlungen auch nicht mehr umsetzbar.

Richard-Wagner-Straße Wi vorher Mozartstraße, davor Teil der Bexbacher Straße

Lage und Verlauf:

Im unteren (westlichen) Teil der Bexbacher Straße zweigen mehrere kleine Straßen (Sackgassen) nach Norden ab, die alle nach berühmten Komponisten benannt sind. Eine dieser Straßen ist die Richard-Wagner-Straße.

Nach ca. 250 m geht die Straße in einen Feldweg über, der nach Unterquerung des Rombachaufstiegs zum Wohnplatz Brandseiters führt.

Richard-Wagner-Straße aus Richtung Bexbacher Straße

R17   Saarbrücker Zeitung v. 17. 07. 1952
R18   Plan Wohnsiedlung Rettenstrasse, vgl. Anm. A53

Informationen zum Namen und zur Geschichte der Straße:

Bis 1895 gab es in Wiebelskirchen noch keine Straßenbezeichnungen. Im ganzen Ort gab es Bezirke, die ohne weitere Nummerierung ein Finden von Häusern ermöglichten. Der ortsnahe Teil der heutigen Bexbacher Straße mit seinen kleinen Seitenstraßen wurde Eck genannt[R19].

1895 wurde der Teil der heutigen Bexbacher Straße zwischen Kuchenbergstraße und Beethovenstraße zur Homburger Straße. Die Bexbacher Straße begann damals als Fortsetzung der Homburger Straße erst ab der heutigen Beethovenstraße. Die kleinen Seitensträßchen liefen überwiegend unter Hausnummern der Bexbacher Straße.

1954 regte der Heimat- und Kulturring Wiebelskirchen eine umfangreiche Neu- und Umbenennung von Straßen an.

Bei dieser Gelegenheit wurden auch Änderungen im Bereich der bisherigen Homburger und der Bexbacher Straße vorgenommen. Dem Prinzip folgend, dass Ausfallstraßen nach dem betreffenden Nachbarort zu benennen sind, wurden die Homburger Straße und ihre Verlängerung, die Bexbacher Straße, zusammengefasst und ganz als Bexbacher Straße bezeichnet. Zur leichteren Orientierung wurden im Ort ein Dichter-, ein Musiker- und ein Malerviertel geschaffen. Die kleinen Sackgassen nördlich der Bexbacher Straße wurden nach Musikern benannt, so ein bisher zur Bexbacher Straße gehörendes Seitengässchen ohne eigenen Namen und Nummerierung nach dem Komponisten Wolfgang Amadeus Mozart[R20].

Als es nach der Gebiets- und Verwaltungsreform 1974 in der Stadt mehrere Straßen mit diesem Namen gab, wurde die in Wiebelskirchen liegende Mozartstraße in Richard-Wagner-Straße umbenannt.

Informationen zum Namensgeber:

Richard Wagner (22.05.1813 – 13.02.1883), Komponist, Dichter und Schöpfer des deutschen Musikdramas. Nach dem Maiaufstand 1849, an dem er sich beteiligte, flüchtete er ins Ausland und kehrte erst 1864 auf einen Ruf von König Ludwig II. von Bayern zurück. Von 1872 – 1883 lebte und arbeitete er in Bayreuth.

Der Ruf Wagners beruht auf seinem musikalischen

R19   Bürgerbuch Wi, vgl. Anm. A1, S. 221 - 223
R20   Mathias: Die 1954 eingeführten Straßennamen, in: Heimatbuch Wi, vgl. Anm. A2, S. 143

Schaffen, das die Krönung der Ausdrucksfähigkeit der Musik der europäischen Romantik darstellt. Überdies revolutionierte er Theorie und Praxis der Opernkomposition.

In zweiter Ehe war Wagner mit Cosima, einer Tochter von Franz Liszt, verheiratet, die an der Begründung und Erhaltung der Bayreuther Festspiele großen Anteil hat.

Richthofenstraße Mü *vorher und danach Adlerstraße, heute Zum Adelsbrunnen*
Siehe Zum Adelsbrunnen

Informationen zum damaligen Namensgeber:
Siehe Richthofenstraße We

Richthofenstraße We *vorher und danach Eisenbahnstraße, früher Flurweg*
Siehe Eisenbahnstraße

Informationen zum damaligen Namensgeber:
Manfred Freiherr von Richthofen (02. 05. 1892 – 21. 04. 1918), der rote Kampfflieger, Fliegerheld im 1. Weltkrieg. Sein Ruhm ging auf Erfolge im Einzelkampf (81 Luftsiege), aber auch auf seine erfolgreiche Tätigkeit als Geschwaderführer zurück.
Die Benennung der Straße nach von Richthofen geschah wohl auch deshalb, weil sie zu dem damaligen Segelflugsportgelände von Neunkirchen führte, das im Bereich Ochsenwald lag. Nach dem 2. Weltkrieg wurde dieses Segelflugsportgelände nach Bexbach verlegt.

Riedweg Hei

Lage und Verlauf:
Der Riedweg verläuft im Stadtteil Heinitz von Nordosten nach Südwesten parallel zur Grubenstraße und ist über die Straße Im Heiligengarten und über den Weihersbachweg erreichbar.

Informationen zum Namen und zur Geschichte der Straße:
Die Straße in der Riedsiedlung ist nach dem Flurstück „Auf'm Ried" benannt.
Die Bezeichnung ist bereits im Nassauer Kartenwerk von 1750 enthalten.
Die Besiedlung des Riedweges begann 1950 mit dem Bau von Wohnhäusern durch den Siedlerverein. Ab 1954 wurde auch eine Reihe von Häusern in Privati-

Riedweg aus Richtung Im Heiligengarten

nitiative gebaut[R21]. Der Straßenname war nach einem Rundschreiben des Bürgermeisters vom 15. 07. 1955 im gleichen Jahr festgelegt worden.

Ringstraße NK *vorher Kaiser-Wilhelm-Straße*

Lage und Verlauf:
Die Ringstraße beginnt am Mozartplatz südlich der Blies, verläuft von dort in südöstliche Richtung bis zur Kreuzung Parallelstraße, wo sie in die Brunnenstraße übergeht.

Ringstraße mit Villa Seiffert

Informationen zum Namen und zur Geschichte der Straße:
In der zweiten Hälfte des 19. Jh. wuchs die Stadt und die Bevölkerung auf Grund der enorm ansteigenden

---

R21 Schinkel: Heinitz ...., vgl. Anm. B9, S. 166

Industrialisierung in einem ungeheuren Tempo. Jeweils in 15 – 20 Jahren verdoppelte sich die Bevölkerung immer wieder und suchte industrienahen Wohnraum. Es entstanden ständig neue Straßen, die in der euphorischen Stimmung nach dem gewonnenen Deutsch-Französischen Krieg 1870/71 gegen Frankreich oft nach Mitgliedern des Kaiserhauses, nach verdienten Heerführern oder nach Schlachtenorten benannt wurden.

Die Kaiser-Wilhelm-Straße war in einem Situationsplan von Neunkirchen aus dem Jahre 1902 schon eingezeichnet, hatte auch schon den vorgesehenen Namen, war jedoch noch ohne jede Bebauung.

Der Name Kaiser-Wilhelm-Straße wurde in einer Sitzung des Gemeinderates Neunkirchen am 24. 04. 1903 festgelegt[R22].

Unmittelbar nach Ende des 2. Weltkrieges wurden alle patriotischen Straßennamen abgeschafft. Bei dieser Gelegenheit erhielt die Straße den Namen Ringstraße.

In seiner Sitzung am 02. 08. 1929 beschloss der Stadtrat, dass eine Reihe von Straßen ausgebaut werden sollen, u. a. die Kaiser-Wilhelm-Straße von der Mozart- bis zur Karl-Liebknecht-Straße (heute Teil der Brunnenstraße). Bei dieser Gelegenheit wurde die Straße jedoch nur geschottert. Am 28. 11. 1930 beschloss der Stadtrat, die Kaiser-Wilhelm-Straße mit einer „Teerdecke" zu versehen.

Öffentliche oder sonst bedeutsame Gebäude in der Straße:

- Villa Seiffert

  Das Gebäude, das in den Jahren 1924/26 von dem Architekten Ernst Brück für den Chefarzt des Fliednerkrankenhauses, Dr. Leo Seiffert, als Wohnhaus erbaut wurde, steht unter Denkmalschutz. Nach dem Tod von Dr. Seiffert und seiner Frau betrieb ihre Tochter Dr. Ina Oberweg-Seiffert in dem Gebäude zunächst eine Praxis für Frauenheilkunde und ab 1959 viele Jahre eine Privatklinik für Geburtshilfe und Frauenheilkunde. Nach deren Tod wohnten ihre beiden Schwestern in dem Haus, das aber zusehends verfiel. 1991/92 erwarb die Firma Limo-Bau die Immobilie und renovierte sie von Grund auf. Dabei musste aus Denkmalschutzgründen das äußere Erscheinungsbild erhalten bleiben. Es entstanden insgesamt 12 Eigentumswohnungen[R23].

- Arbeitsamt NK

  Seit 1981 steht an der Ecke Ringstraße/Süduferstraße das neue 8-geschossige Gebäude des Arbeitsamtes. Das Amt war vorher in einem Gebäude aus den 1930er Jahren an der Ecke Falkenstraße/Parkstraße völlig unzureichend untergebracht. Am jetzigen Standplatz befanden sich früher die Möbelfabrik Kasper und eine Wäschefabrik.

- Kindergarten

  Im Anwesen 28 befindet sich ein Städtischer Kindergarten. Das Gebäude dieser Einrichtung wurde in den Jahren 1955/57 in einem parkähnlichen Gelände zwischen Ringstraße und Blumenstraße erstellt. Der Kindergarten hat 100 Plätze. Da das Gebäude marode geworden ist, wird seit Sommer 2007 in unmittelbarer Nähe ein neues Kindergartengebäude erstellt. Die Fertigstellung wird einschließlich dem Abbruch des alten Kindergartens und der Neugestaltung der Außenanlage voraussichtlich im Frühjahr 2009 erfolgen.

Ritzwiesstraße NK

Lage und Verlauf:

Die Ritzwiesstraße im Stadtzentrum verläuft als Parallelstraße zwischen Rollerstraße und Adlerstraße in Ost-West-Richtung und verbindet die König- und die höher liegende Jakobstraße miteinander.

Ritzwiesstraße aus Richtung Königstraße

R22 Saar- und Blieszeitung v. 25. 04. 1903

R23 Saarbrücker Zeitung v. 06. 08. 1992

Informationen zum Namen und zur Geschichte der Straße:

Die Straße ist wohl schon in der zweiten Hälfte des 19. Jh. entstanden, denn als der Ortsbaumeister Riemann dem Bürgermeister Jongnell von Neunkirchen am 15. 05. 1879 die Beschaffung von Namensschildern für 49 Straßen und 8 Wohnplätze vorschlug, tauchte der Name Ritzwiesstraße in dieser Aufstellung zum ersten Mal auf. Für die Straße musste damals 1 Straßenschild jedoch keine Hausnummernschilder beschafft werden[R24]. Offenbar gab es zu diesem Zeitpunkt noch keine Bebauung in der Straße.

In einem Situationsplan von Neunkirchen aus dem Jahre 1883 ist sie bereits als Wohnstraße eingezeichnet[R25].

Der Straßenname geht auf die Flurbezeichnung „Die Ritzwies" zurück, die es in diesem Bereich gibt. Schon in der Ordnung der Gemeinde Neunkirchen aus dem Jahr 1731 ist „ein Erntweg aus dem Dorf in die Ritzwies" erwähnt. Die Flurbezeichnung „In der Ritzwies" ist nach Auslegung des Heimatforschers Bernhard Krajewski vermutlich aus Risswiese entstanden, was der früheren Geländeform entsprechen würde. [R26].

Aus dem bereits erwähnten Situationsplan von Neunkirchen aus dem Jahre 1883 ist erkennbar, dass die Jakobstraße damals noch nicht von der Schwebel- bis zur Hüttenbergstraße durchging. Zu diesem Zeitpunkt gehörte der Teil der heutigen Jakobstraße zwischen Ritzwiesstraße und Hüttenbergstraße zur Ritzwiesstraße.

Schon 1905 hatte die Straße 28 Wohngebäude, 1931 im Endausbau 32.

Robert-Koch-Straße Wi

Lage und Verlauf:

Die Robert-Koch-Straße ist wie drei Parallelstraßen eine Verbindungsstraße zwischen Römerstraße und der nördlich davon verlaufenden Pflugstraße.

Informationen zum Namen und zur Geschichte der Straße:

Bis 1954 war die Robert-Koch-Straße eine kleine Seitenstraße der ehemaligen Kirchhofstraße (jetzt Römerstra-

Robert-Koch-Straße aus Richtung Pflugstraße

ße) ohne eigenen Namen. Sie lief unter den Hausnummern der Kirchhofstraße. Auf Initiative des Kultur- und Heimatrings Wiebelskirchen wurden in diesem Jahr viele Straßen umbenannt und Straßen ohne Namen mit einem Namen versehen. Drei der vier o. a. parallelen Verbindungsstraßen wurden dabei nach Entdeckern und Nobelpreisträgern benannt[R27].

Informationen zum Namensgeber:

Robert Koch (11.12.1843 – 27.05.1910), deutscher Wissenschaftler und Nobelpreisträger, der die moderne Bakteriologie gründete, mehrere krankheitserregende Bakterien (darunter den Erreger der Tuberkulose) entdeckte sowie die Überträger anderer wichtiger Krankheiten fand.

Bereits als Student verfasste Koch wissenschaftliche Beiträge. Sein erster größerer Durchbruch auf dem Gebiet der Bakteriologie fand in den siebziger Jahren des 19. Jahrhunderts statt, als er nachweisen konnte, dass sich die ansteckende Krankheit Milzbrand nur dann im Körper einer Maus entwickelte, wenn infektiöses Material in den Blutkreislauf des Tieres injiziert wurde. Kochs Entdeckung des Milzbrand-Bacillus war von ungeheurer Bedeutung, da hiermit zum ersten Mal der Verursacher einer Infektionskrankheit eindeutig nachgewiesen werden konnte.

Damit war klar, dass ansteckende Krankheiten nicht durch mysteriöse Substanzen erzeugt werden, sondern durch spezifische Mikroorganismen wie Bakterien. Im Jahr 1881 konnte er den Tuberkulose-Bazillus

R24 Beschaffung von Straßenschildern, vgl. Anm. A8
R25 Situationsplan NK 1883, vgl. Anm. A4
R26 Krajewski: Stadtbuch 1955, vgl. Anm. A12. S. 460

R27 Mathias: Die 1954 eingeführten Straßennamen, in: Heimatbuch Wi, vgl. Anm. A2, S. 147

isolieren, der die gefürchtete Krankheit verursacht. Diese Entdeckung führte zu einer entscheidenden Verbesserung in der Diagnose. Koch konzentrierte sich daraufhin auf die Cholera, deren Verbreitung in Indien 1883 epidemische Ausmaße angenommen hatte. In Indien entdeckte er das Bakterium, das die Krankheit verursacht. Koch reiste später nach Afrika, wo er die Ursachen von Krankheiten erforschte, die wie die Malaria durch Insekten übertragen werden. Im Jahr 1891 wurde Koch Direktor des Instituts für Infektionskrankheiten in Berlin (das Institut trägt heute seinen Namen), das auf spezielle medizinische Forschungsarbeiten ausgerichtet war. Im Jahr 1905 erhielt Koch den Nobelpreis.

Rodenheimweg NK

Lage und Verlauf:
Der Rodenheimweg zweigt von der Spieser Straße nach Süden ab und stellt eine Verbindung zu der parallel zur Spieser Straße verlaufenden Straße Im Altseiterstal her. Sie ist die Hauptzugangsstraße aus Richtung Stadtmitte zum Wohngebiet Altseiterstal.

Rodenheimweg aus Richtung Spieser Straße

Informationen zum Namen und zur Geschichte der Straße:
Der Straßenname ist von den Flurbezeichnungen „Vorn auf Rodenheim" und „Hinten auf Rodenheim", die es in diesem Bereich gibt, abgeleitet. Die Straße entstand Mitte der 1960er Jahre. Den Straßennamen legte der Stadtrat in einer Sitzung am 14. 06. 1967 fest.
Im 19. Jh. gab es in Neunkirchen mehrere Schulgärten; dies waren gemeindeeigene Anlagen, in denen

Obstbäume für den gemeindlichen und auch für den privaten Bedarf herangezogen wurden. Einer dieser Schulgärten lag an der Spieser Straße in der Flur „Hinten auf Rodenheim". 1880 stimmte der Gemeinderat der Verpachtung dieses Geländes an das Landwirtschaftliche Kasino, den späteren Landwirtschaftlichen Verein, zu. Laut Pachtvertrag wurde die Nutzung überlassen mit der Verpflichtung, „den in der Baumschule vorhandenen Muttergarten in gutem Zustand zu halten und den übrigen Grund mit Wildlingen zu bepflanzen". Diese Wildlinge sollten zur Erlernung der Veredelung nicht nur Vereinsmitgliedern zur Verfügung stehen[R28].
Nach dem 2. Weltkrieg wurde die Anlage durch Verkauf des Geländes an Baulustige aufgelöst. Einzelne alte Obstbäume in den Gärten und im Gelände erinnern noch an diese Anlage. Heute stehen in der Straße und ihren kleinen Seitengässchen ohne eigene Namen moderne Wohngebäude, die am Ende des 20. Jh. entstanden sind.

Rödelsgasse NK vorher Burggasse

Lage und Verlauf:
Die Rödelsgasse ist eine Sackgasse, die im Bereich des Oberen Marktes von der Schwebelstraße nach Westen abzweigt und dann nach links in das Gelände hinter dem frühere Renaissanceschloss abbiegt.

Rödelsgasse aus Richtung Oberer Markt

Informationen zum Namen und zur Geschichte der Straße:
Die kleine Gasse war bereits im Plan des Geometers

R28 Krajewski: Plaudereien 3, vgl. Anm. B7, S. 38

Nordheim aus dem Jahre 1797 als bebauter Weg verzeichnet, jedoch ohne Namen[R29]. Damals zweigte sie noch direkt vom Oberen Markt ab. In der ersten Hälfte des 19. Jh. wurde sie dann Burggasse genannt. In einem Grundriss über projektierte Straßen im Bereich des Oberen Marktes vom 05. 12. 1864 ist sie mit ihrem jetzigen Namen eingezeichnet[R30].

Während die Schwebelstraße nach Westen bergab führt, bleibt die Rödelsgasse, nach Südwesten ausgerichtet, auf dem Plateau des Oberen Marktes. Sie führt an der Nordwestseite des alten Renaissanceschlosses vorbei und ist wohl wie die Irrgartenstraße erst nach der Aufgabe dieses Schlosses entstanden.

Die Häuserreihe des Oberen Marktes zwischen Rödelsgasse und Irrgartenstraße steht auf den Grundmauern des Schlosses. Daher auch der Name des dortigen Restaurants „Burgkeller".

Als der Ortsbaumeister Riemann dem Bürgermeister Jongnell von Neunkirchen am 15. 05. 1879 die Beschaffung von Namensschildern für 49 Straßen und 8 Wohnplätze vorschlug, tauchte der Straßenname in dieser Aufstellung ebenfalls auf.

Für die kleine Straße mussten damals 1 Straßenschild und 15 Hausnummernschilder beschafft werden[R31]. Im Stadtplan von Neunkirchen aus dem Jahre 1883 ist sie ebenfalls als bewohnte Straße mit ihrem jetzigen Namen schon eingezeichnet[R32].

1931 wurde die Rödelsgasse in einem Zeitungsartikel so beschrieben: *„Auch hier ein kleines Stück aus Alt-Neunkirchen, das sein Aussehen nicht gewandelt hat. Bescheidene Wohnhäuser stehen an der Gasse durch deren Mitte früher eine Regenrinne lief".* Die Bebauung ist seither fast unverändert geblieben.

Informationen zum Namensgeber:

Johann Georg Rödel ist für 1765 als Anwohner nachweisbar. Er war nach den Nachforschungen des Genealogen Klaus Dufner aus Bayern zugezogen und in Neunkirchen als Metzgermeister tätig. Er war verheiratet mit Maria Magdalena Arnold, die vor 1759 verstorben ist und mit der er 5 Kinder hatte. In zweiter Ehe war er mit Maria Catharina Rebenack (06.10.1724 – 12. 02.1775, geb. in Neunkirchen), verheiratet; mit der er weitere 5 Kinder hatte.

R29 Krajewski: Stadtbuch 1955, vgl. Anm. A12, S. 91
R30 Projektierte Straßen 1864, vgl. Anm. A13
R31 Beschaffung von Straßenschildern, vgl. Anm. A8
R32 Situationsplan NK 1883, vgl. Anm. A4

Römerstraße Wi sie ist zusammengesetzt aus einem Teil der früheren Viktoriastraße, einem Teil der früheren Kirchstraße, der früheren Kirchhofstraße und der früheren Schützenstraße.

Lage und Verlauf:

Die Römerstraße beginnt in der Ortsmitte als Seitenstraße der Wibilostraße und verläuft nach Nordwesten in Richtung des Stülzehofs zwischen Schiffweiler und Ottweiler.

Römerstraße aus Richtung Wibilostraße

Informationen zum Namen und zur Geschichte der Straße:

Bis zum Jahre 1895 gab es in Wiebelskirchen keine Straßennamen. Der Ort war in Bezirke aufgeteilt, die ein Finden von Anwesen auch ohne Straßenbezeichnungen ermöglichten.

So gehörten die spätere Kirchstraße und die Viktoriastraße zum Bezirk Im Dorf, ein Teil der Kirchhofstraße zum Bezirk Im Oberdorf und der obere Teil der Kirchhofstraße zum Bezirk Auf den Lissen[R33].

Die Schützenstraße gab es damals noch nicht. Als sie entstand, führte sie zu dem Schützenhaus am Ende der jetzigen Römerstraße. 1954 wurden auf Anregung des Heimat- und Kulturrings in Wiebelskirchen viele Straßen um- oder neubenannt.

Dabei wurde auch der Bereich um die evangel. Kirche straßenmäßig neu geordnet. Aus dem bisherigen unteren Teil der Viktoriastraße, dem Teil der Kirchstraße zwischen evangel. Kirche und Margaretenstraße (heute Julius-Schwarz-Straße), der ganzen Kirchhofstraße und der Schützenhausstraße wurde auf der gesamten Länge

R33 Bürgerbuch Wi, vgl.Anm. A1, S. 221 - 223

die Römerstraße[R34]. Die Straße verläuft auch tatsächlich überwiegend auf der Trasse einer alten Römerstraße, die aus Richtung Bexbach/ Wellesweiler über den Wasserberg kommend in Wiebelskirchen das Bliestal an der Stelle überquerte, wo es bei geringer Breite hohe Ufer hat. Ansonsten verlief diese Römerstraße ausschließlich über höher gelegenes und festes Terrain und deshalb vom Bliestal in Wiebelskirchen wieder bergauf in Richtung des Stülzehofs[R35]. Es soll sich um ein Teilstück der Römerstraße von Straßburg nach Trier gehandelt haben. Aus der Forschung ist bekannt, dass die Römer eine Trassierung ihrer Straßen über lang gestreckte Höhenzüge bevorzugten. Der Ausbau der Straße war schon Anfang des 20. Jh. begonnen worden, als u. a. die Kirchhof- und die Kirchstraße zur Befestigung geschottert wurden. Der untere (südöstliche) Teil der Römerstraße (damals Teil der Viktoriastraße) wurde 1900 mit Rinnen, Randsteinen und Pflasterung ausgebaut[R36]. Am 18. 10. 1955 meldete die Saarbrücker Zeitung, dass der obere Teil der Straße in zwei Bauabschnitten ausgebaut wird.

Informationen über die namensgebende Einrichtung:

Römerstraßen, das war ein rationelles Netz von Verkehrswegen, das das ganze Römische Reich umspannte. Sie wurden zunächst aus politischen und militärischen Gründen geschaffen, um Provinzen und andere dem Reich angegliederte Gebiete schnell und leicht erreichbar zu machen. Der Ausbau des Straßennetzes, das gleichzeitig Handelszwecken diente, verlief parallel zum Wachstum des Reiches. Bis gegen Ende des 4. Jahrhunderts v. Chr. bestanden die meisten Römerstraßen aus nicht befestigten Wegen, die von Rom aus in die verschiedenen Städte Latiums führten. Erst später begann man, sie planmäßig anzulegen und zu befestigen, da sie als Heereswege die Voraussetzung für die militärische Expansion des Römischen Reiches bildeten. Beim Straßenbau wurde über den gestampften Boden zunächst ein festes Steinfundament aus groben Steinen mit einer abschließenden Querschicht gelegt. Darüber kamen mehrere Schichten aus kleineren Stei-

nen in gröberer und feinerer Schüttung. In einigen Fällen, insbesondere auf den wichtigsten Strecken, wurde dieses Fundament mit einer Schicht aus Kopfsteinpflaster oder Steinplatten abgeschlossen. Die Straßen waren mit einem wirkungsvollen Entwässerungssystem in Form seitlich angebrachter Regenrinnen ausgestattet. Entlang der gesamten Strecke waren Meilensteine aufgestellt, die u. a. die Entfernung zur nächsten Stadt oder Provinzgrenze anzeigten.

Öffentliche Einrichtung in der Straße:

-   Friedhof Wiebelskirchen
    Siehe Straße Am Friedhof

Röntgenstraße NK vorher Obere Ruhstockstraße, Untere Langenstrichstraße, Bismarckstraße

Lage und Verlauf:

Die Röntgenstraße beginnt an der Marienstraße und verläuft von dort nach Osten bis zur Kreuzung mit der Langenstrichstraße/Thomas-Mann-Straße/Knappschaftsstraße/Blumenstraße.

Röntgenstraße aus Richtung Marienstraße

Informationen zum Namen und zur Geschichte der Straße:

Der ursprüngliche Straßenname geht auf die Flurbezeichnung „Auf'm Ruhstock" zurück, die es in diesem Bereich gibt. Mitte des 19. Jh. gab es drei Straßen, die nach dieser Flurbezeichnung benannt waren:

-   Unterer Ruhstock – heute Hospitalstraße
-   Mittlerer Ruhstock – heute Ruhstockstraße
-   Oberer Ruhstock – heute Röntgenstraße

Der Flurname ist darauf zurückzuführen, dass an dieser

R34 Mathias: Die 1954 eingeführten Straßennamen, in: Heimatbuch Wi, vgl. Anm. A2, S. 147

R35 Hoppstädter: Heimatbuch Wi, vgl. Anm. A2, S. 78; Glaser, Michael: Überreste der Römerzeit in NK, in: Stadtbuch 2005, vgl. Anm. B7, S. 38

R36 Bürgerbuch Wi, vgl. Anm. A1, S. 219

Stelle wahrscheinlich in früheren Jahrhunderten ein steinerner Ruhstock stand für Menschen mit Rückenlasten, die bergauf gingen[R37]. In einem Grundriss über projektierte Straßen in Neunkirchen vom 05. 12. 1864 ist erstmals eine Straße eingezeichnet, die von der Hüttenbergstraße unterhalb (nördlich) der Marienkirche nach Nordosten abzweigt[R38]. Die Marienkirche stand damals noch nicht; vielmehr stand auf dem heutigen Vorplatz der Kirche damals eine kath. Kapelle. Die nach Nordosten abzweigende Straße ist in dem Grundriss als Ruhstocker Weg bezeichnet. Sie verlief etwa auf der Trasse der heutigen oberen Marienstraße und dann weiter über die Trasse der heutigen Röntgenstraße. Die jetzige Röntgenstraße hieß dann später tatsächlich einmal Obere Ruhstockstraße.

Danach wurde die Straße zeitweise Untere Langenstrichstraße, im Gegensatz zu der südöstlich parallel dazu verlaufenden Oberen Langenstrichstraße (heute Langenstrichstraße), genannt. Den Namen Untere Langenstrichstraße erhielt die Straße wohl schon in der zweiten Hälfte des 19. Jh., denn als der Ortsbaumeister Riemann dem Bürgermeister Jongnell von Neunkirchen am 15. 05. 1879 die Beschaffung von Namensschildern für 49 Straßen und 8 Wohnplätze vorschlug, tauchte dieser Straßenname in der Aufstellung zum ersten Mal auf. Für die Straße mussten damals 2 Straßenschilder bestellt werden[R39].

Im Stadtplan von Neunkirchen aus dem Jahre 1883 ist die Straße dann als Bismarckstraße bezeichnet[R40]. Die Straße hatte also in einem relativ kurzen Zeitraum schon den dritten Namen.

Die Bezeichnung Bismarckstraße behielt die Straße bis zum Ende des 2. Weltkrieges. Im Zuge der Abschaffung aller patriotisch oder nationalistisch klingenden Straßennamen wurde sie dann in Röntgenstraße umbenannt.

Informationen zum Namensgeber:
Wilhelm Conrad Röntgen (27.03.1845 – 10.02.1923), deutscher Physiker, erster Nobelpreisträger der Physik. Röntgen wurde 1876 Professor in Straßburg, 1879 in Gießen, 1888 in Würzburg und 1899 bis 1920 in München, wo er auch starb. Im November 1895 hielt er vor der physikalisch-medizinischen Gesellschaft von Würz-

burg einen Vortrag, bei dem er über seine Entdeckung der kurzwelligen Strahlen berichtete, die er X-Strahlen nannte. Später nannte man sie Röntgenstrahlen. Diese Entdeckung revolutionierte die Physik und die Medizin. Viele Untersuchungen auch in der Chemie, Biologie, Mineralogie und Archäologie benutzen Röntgenstrahlen. Unter den vielen Auszeichnungen, die Röntgen erhielt, sind die Rumford-Medaille der Royal Society of London (1896) und der 1901 erstmalig vergebene Nobelpreis für Physik.

Röntgenstraße Wi *vorher Teil der Kirchhofstraße, jetzt Alexander-Fleming-Straße*
Siehe Alexander-Fleming-Straße

Informationen zum vormaligen Namensgeber:
Siehe Röntgenstraße NK

Rohnstraße Ha

Lage und Verlauf:
Sie ist eine Straße, die von der durch den Ort laufenden Hauptdurchgangsstraße An der Ziegelhütte nach Westen in Richtung Steinbacher Berg abzweigt.

Rohnstraße aus Richtung An der Ziegelhütte

Informationen zum Namen und zur Geschichte der Straße:
Der Name geht auf eine Flurbezeichnung zurück. In diesem Bereich von Hangard gibt es die Gewannbezeichnung „Auf'm Rohn links". Nach dem Hangarder Heimatbuch von 1985 wurde diese Örtlichkeit um 1500 „Am ron" und 1739 „Am Rohn" genannt.
Die Straße führt in ihrer Verlängerung als Feldweg zum

R37 Krajewski: Stadtbuch 1955, vgl. Anm. A12, S. 461
R38 Projektierte Straßen 1864, vgl. Anm. A13
R39 Beschaffung von Straßenschildern, vgl. Anm. A8
R40 Situationsplan NK 1883, vgl. Anm. A4

390 m hohen Rohngipfel, einer Erhebung nordwestlich von Hangard.

Rollerstraße NK vorher Schmaler Weg

Lage und Verlauf:
Die Rollerstraße verläuft südwestlich parallel zur Hüttenbergstraße und verbindet die Königstraße mit der Jakobstraße.

Rollerstraße Blickrichtung Jakobstraße,
im Hintergrund Relikte des Eisenwerkes

Informationen zum Namen und zur Geschichte der Straße:
Die Straße ist schon im 18. Jh. entstanden, denn sie ist im Nordheimplan von 1797 bereits eingezeichnet, damals jedoch noch ohne Namen[R41]. Auch in der Tranchot-Karte von 1818 ist die Straße mit beidseitiger Bebauung eingezeichnet[R42], ebenso im Ortsplan von Neunkirchen aus dem Jahre 1867[R43].

In diesen beiden Karten gibt es jedoch keine Straßennamen.

Die Straße wurde einfach Schmaler Weg genannt. Als der Ortsbaumeister Riemann dem Bürgermeister Jongnell von Neunkirchen am 15. 05. 1879 die Beschaffung von Namensschildern für 49 Straßen und 8 Wohnplätze vorschlug, tauchte auch der Name Schmaler Weg in dieser Aufstellung zum ersten Mal auf.

Für die Straße mussten damals schon 2 Straßenschilder

und 23 Hausnummernschilder beschafft werden[R44].

In der zeitlichen Abfolge das nächste Dokument ist ein Situationsplan von Neunkirchen aus dem Jahre 1883[R45] zu erwähnen. In diesem ist die Straße als Schmaler Weg bezeichnet. Nach dem Beschlussbuch der Gemeinde Neunkirchen stimmte der Rat am 18. 10. 1909 auf Antrag der Anwohner einer Umbenennung des Schmalen Weges in Rollerstraße zu.

Damit wurde die Straße nach dem Erfinder eines Stenografiesystems benannt. Initiator für die Umbenennung war der in der Straße wohnenden Vorsitzende des Stenografenvereins, Karl Steigerwald, der nach dem System von Roller lehrte. Ein ortsgeschichtlicher Bezug ist bzgl. dieses Namens nicht vorhanden.

1910 hatte die Straße schon 46 Hausnummern (Wohnanwesen).

Informationen zum Namensgeber
Heinrich Roller (10.03.1839 – 09.09.1916) lebte in Berlin. Er war früher Tischler, betätigte sich aber ab 1863 als praktischer Stenograph und Schriftsteller. 1875 veröffentlichte er ein eigenes Kurzschriftsystem und brachte dazu ein Lehrbuch heraus. Das Roller'sche Kurzschriftsystem war jedenfalls um diese Zeit weit verbreitet, es bestanden 1905 schon 162 Vereine, die dieses System förderten, darunter einer in Neunkirchen.

Rombachaufstieg We vorher Rombachstraße

Lage und Verlauf:
Der Rombachaufstieg ist eine neue Straße, die aus Richtung Wellesweiler im östlichen Stadtbereich durch einen Geländeeinschnitt zwischen Wasserberg und Eberstein ins Ostertal führt. Die Straße hat über die Bexbacher Straße und die Ostertalstraße je eine Anbindung an den Stadtteil Wiebelskirchen. Sie beginnt südlich als Fortsetzung der Rombachstraße in Höhe des Kissel und mündet im Norden in die ins Ostertal führende Wiebelskircher Straße.

Informationen zum Namen und zur Geschichte der Straße:
Der Straßenname ist von der Flurbezeichnung „In der Rombach" abgeleitet. Es handelt sich um einen alten Rodungsnamen, nach der in diesem Bereich früher gelegenen Siedlung Rodenbach, die allerdings schon

R41 Krajewski: Stadtbuch 1955, vgl. Anm. A12, S. 91
R42 Krajewski: Stadtbuch 1955, vgl. Anm. A12, S. 113
R43 Wildbergert: NK als Sitz öff. Behörden, in: Stadtbuch 1955, vgl. Anm. A12, S. 381

R44 Beschaffung von Straßenschildern, vgl. Anm. A8
R45 Situationsplan NK 1883, vgl. Anm. A4

Rombachaufstieg Blickrichtung Ostertal

vor dem Dreißigjährigen Krieg untergegangen ist. Die Siedlung stand auf dem Gelände des benachbarten heutigen Kissel.

Sie wurde in einem 1. Bauabschnitt von Wellesweiler bis zur Bexbacher Straße als Neubau erstellt. Auch vor dem Bau der neuen Straße gab es auf dieser Trasse schon eine, wenn auch wenig ausgebaute Straße, die von Wellesweiler nach Wiebelskirchen führte. Auch sie war nach der gleichen Flur bezeichnet als Rombachstraße.

Am 04. 02. 1976 meldete der Neunkircher Stadtanzeiger, dass der 1. Bauabschnitt des Rombachaufstiegs fertiggestellt sei und dass mit dem 2. Bauabschnitt über den Rombachabstieg bis zum Industriegebiet Vogelsang noch im gleichen Jahr begonnen werde. Der 2. Bauabschnitt von der Höhe ins Ostertal wurde 1983 fertiggestellt und am 18. 11. 1983 als Teil der L 287 in Betrieb genommen[R46]. Die L 287 führt nun als Teil einer schnellen Verbindung aus dem Stadtteil Wiebelskirchen und dem Ostertal durch Wellesweiler zur Autobahnauffahrt zwischen Furpach und Kohlhof.

Rombachstraße We vorher Neunkircher Straße, volkstümlich Chaussée

Lage und Verlauf:

Die Rombachstraße verläuft in Wellesweiler, ausgehend von der Homburger Straße, nördlich des Bliesbogens nach Westen bis zum Kreisverkehr an der Kreuzung Krummeg/Wellesweiler Straße und von dort

weiter nach Nordwesten in Richtung des Rombachaufstiegs. Wo die Zollhausstraße in Höhe des Kissel abzweigt, geht die Rombachstraße in den Rombachaufstieg über.

Rombachstraße aus Richtung Homburger Straße

Informationen zum Namen und zur Geschichte der Straße:

Der Straßenname ist von der Flurbezeichnung „In der Rombach" abgeleitet. Es handelt sich um einen alten Rodungsnamen, nach der in diesem Bereich früher gelegenen Siedlung Rodenbach, die allerdings schon vor dem Dreißigjährigen Krieg untergegangen ist. Die Siedlung stand auf dem Gelände des benachbarten heutigen Kissel. Die Straße führt aus der Ortsmitte von Wellesweiler in Richtung dieser Flur.

Da es früher (bis 1935) südlich des Bliesbogens keine Straßenverbindung von Wellesweiler zur Neunkircher Unterstadt gab, war die heutige Rombachstraße die Verbindung von Wellesweiler in Richtung Neunkircher Eisenwerk und zum späteren Geschäftszentrum und hieß deshalb damals folgerichtig Neunkircher Straße. Im Volksmund hieß diese lange Zeit wichtigste Verkehrsverbindung nach Neunkirchen einfach „es Schossee". Diese Bezeichnung stammt von noch älteren Namen ab. Vor 1740 wurde sie zuerst „Chaussée zur Eisenschmelz", später „Neunkircher Chaussée" genannt. Diese Namen hatte die Straße damals bis zur Banngrenze Richtung Neunkirchen, also bis in die heutige Wellesweilerstraße etwa in Höhe des ehemaligen Zollgebäudes. Die Straße war vor dem Eisenbahnbau auch eine wichtige Verbindung zum Abtransport von Eisenwaren des Neunkircher Eisenwerkes in Richtung Pfalz und, da sie auch an der Wellesweiler Grube vor-

R46 Saarbrücker Zeitung v. 21. 11. 1983

beilief, zum Abtransport der Kohlen.

Am 26. 08. 1938 meldete die Saar- und Blieszeitung, dass die Neunkircher Straße und im weiteren Verlauf auch die Homburger Straße bis nach Bexbach durchgehend asphaltiert seien.

Für den Kohlentransport hatte dies allerdings keine Bedeutung mehr, da die Wellesweiler Grube schon 1935 aufgegeben worden war.

Erst im Mai 1975 erhielt die Straße im Zuge von Straßenneubenennungen bzw. –umbenennungen nach der Gebiets- und Verwaltungsreform von 1974 den Namen Rombachstraße.

1995 wurde die Kreuzung Rombachstraße/Krummeg/ Wellesweilerstraße zu einem Kreisverkehr umgebaut.

Öffentliche oder sonst bedeutsame Objekte in der Straße:

- Palmbaumstollen

  Im Neunkircher Stadtbuch von 1955 schreibt Dr. Guthörl zur Geologie des Stadtgebietes von Neunkirchen:

  „Im Jahre 1816 wurde in der Grube Wellesweiler beim Anfahren eines Tagesstollens ein verhältnismäßig großer versteinerter Baumstamm, aufrecht im Gebirge stehend, freigelegt". Wissenschaftler waren zunächst der Meinung, es handele sich bei den im Steinkohlengebirge aufrecht stehenden Baumstämmen um Palmen. Der Tagesstollen erhielt daher den Namen Palmbaumstollen. Heute ist man der Meinung, dass es sich um sogenannte Steinkerne von Siegelbäumen handelt, die 20 bis 30 m hoch wurden und nur in der Steinkohlenzeit existierten. Ein Steinkern ist eine unechte Versteinerung; d. h. die Holzsubstanz eines Baumstammes verweste und vermoderte. Es entstand ein Hohlraum, der nachträglich mit Schlamm- und Sandmassen vollgespült wurde. Diese Massen versteinerten im Laufe von Jahrmillionen. Steinkerne können daher die Struktur des ursprünglichen Baumstammes nicht zeigen. Der Palmbaum steht ca. 110 m vom Stollenmundloch entfernt im Berg.

  Der Stolleneingang wurde nach der Saarbrücker Zeitung vom 09. 10. 1990 im Jahre 1989 wieder freigelegt und rekonstruiert. Er liegt ca. 100 m östlich des Kreisverkehrs der Kreuzung Rombachstraße/Wellesweilerstraße/ Krummeg auf der nördlichen Straßenseite. Der Stollen ist nicht zugänglich, der Eingang zugemauert. Auf eine

Freilegung des Siegelbaums wurde aus Sicherheits- (Grubengase) und Finanzgründen verzichtet.

- Schule und Brunnen

  Gegenüber der Barockkirche auf der Ostseite der Straße befand sich die erste Schule des Ortes, die schon vor 1740 bestand und 1864 völlig umgebaut und vergrößert wurde. 1908 musste sie im Zuge des Bahnhofs- und des Brücken- und Straßenbaus verändert werden.

  Dort vor dem Haus gab es auch einen Laufbrunnen, der ehemals für die Wasserversorgung des Ortes von großer Bedeutung war[R47].

  Gutes und reichliches Trinkwasser war in alter Zeit Voraussetzung für die Entstehung von Siedlungen.

  In Wellesweiler gab es neben Hauspumpen und Ziehbrunnen früher zwei Laufbrunnen, die für alle Bewohner zugänglich waren. Sie waren bis zur Einführung der zentralen Wasserversorgung Treffpunkt der Wasserholer der Familien und damit auch Mittelpunkt des dörflichen Lebens. Einer dieser Laufbrunnen war der o. a. gegenüber der Stengelkirche vor dem Schulhaus und der andere, der Kothenbrunnen, lag auf der westlichen Bliesseite.

Roonstraße NK *vorher Mehlpfuhlstraße, heute Knappschaftsstraße*
Siehe Knappschaftsstraße

Informationen über den Namensgeber:
Albrecht von Roon (30.04.1803 – 23.02.1879), preußischer General und Kriegsminister. Von Roon war von 1859 bis 1873 preußischer Kriegsminister, der sich um die Neuorganisation der preußischen Armee verdient gemacht hat. 1873 wurde er Generalfeldmarschall und im gleichen Jahr war er kurzfristig von Januar bis Dezember preußischer Ministerpräsident.

Roonstraße Wi *danach Goethestraße, heute Eichendorffstraße*
Siehe Eichendorffstraße

Informationen zum Namensgeber:
Siehe Roonstraße NK

R47 Remy: Heimatbuch We, vgl. Anm. A45, S. 103

Rosenweg Wi *heute Hyazinthenweg*
Siehe Hyazinthenweg

Rosenstraße We

Lage und Verlauf:
Die Rosenstraße ist die Haupterschließungsstraße des Wohngebietes Winterfloß. Sie beginnt nördlich an der Fabrikstraße und endet südlich an der Bürgermeister-Regitz-Straße. Von ihr gehen links und rechts mehrere als Sackgasse endende Wohnstraßen ab. Außerdem hat sie über die schon ältere Straße Winterfloß eine weitere Anbindung an die Bürgermeister-Regitz-Straße.

Rosenstraße Blickrichtung Bürgermeister-Regitz-Straße

Informationen zum Namen und zur Geschichte der Straße:
Ab etwa 1961 befasste sich die Gemeinnützige Siedlungsgesellschaft Neunkirchen (GSG) mit Plänen für eine Bebauung des Winterfloßgebietes in Wellesweiler. Es sollte eine Wohnsiedlung mit über 700 Wohnungen für ca. 2300 Menschen in einer gemischten Bauweise werden.
Es wurden ein- und zweigeschossige Ein- und Zweifamilienhäuser für Privateigentümer, achtgeschossige Häuser mit Eigentumswohnungen und acht- und vierzehngeschossige Häuser mit Mietwohnungen geplant und gebaut. Alle Häuser wurden von der französischen Firma Camus mit Fertigbetonteilen erstellt. Die im Werk nach modernen und wirtschaftlichen Methoden vorfabrizierten raumgroßen Elemente wurden auf der Baustelle montiert. Diese Großplattenbauweise lässt ein zügiges Bautempo zu.
Der erste Spatenstich erfolgte am 23. 07. 1964. Der ver-

hältnismäßig milde Winter 1964/65 ließ ein Arbeiten ohne Winterpause zu, so dass die ersten Mieter schon 1965 einziehen konnten. Im September 1968 wurde die gesamte Siedlung mit 711 Wohneinheiten und einem eigenen Blockheizkraftwerk mit einem Tag der offenen Tür vorgestellt[R48].
Die Straßen in der Siedlung erhielten alle Blumennamen.
Die Durchgangsstraße ist die Rosenstraße, die Seitenstraßen haben die Namen Tulpenweg, Lilienweg, Irisweg, Malvenweg, Narzissenweg.

Öffentliche oder sonst bedeutsame Gebäude in der Straße:
-   Kindergarten
    Im Anwesen 12 wird von der kath. Kirche ein Kindergarten betrieben, der am 01. 03. 1970 seiner Bestimmung übergeben worden ist. Die Einrichtung bietet 40 Kindergartenplätze und 10 Plätze in einer Kindertagesstätte. Die Einrichtung hat im Außengelände auch einen überdachten Spielbereich und ein kleines Biotop.

Rotenbergstraße Wi

Lage und Verlauf:
Die Straße liegt im südwestlichen Bereich des Stadtteils Wiebelskirchen im Wohngebiet Rotenberg. Sie zweigt dort nach Nordwesten von der Landsweilerstraße ab, verläuft dann nach einer Schwenkung nach Westen parallel zur Landsweilerstraße und mündet nach einer weiteren Schwenkung auch wieder in diese.

Informationen zum Namen und zur Geschichte der Straße:
Als erste planmäßige Siedlung in Wiebelskirchen nach dem 2. Weltkrieg entstand Mitte der 1950er Jahre im Rahmen des Bergmannswohnungsbaus die Rotenbergsiedlung, bestehend aus den Häusern in der Rotenbergstraße und denen auf der nordwestlichen Seite der hinteren Landweilerstraße[R49]. Hier neben dem alten Annaschacht stellte die Grubenverwaltung Land zur Verfügung, so dass preiswertes Wohneigentum erstellt werden konnte.
Ab Mitte der 1960er Jahre wurde die Siedlung dann auf der südöstlichen Seite der Landsweilerstraße um den

R48 Neunkircher Stadtanzeiger v. 18. 09. 1968
R49 Forst: Entwicklung von Wi, vgl. Anm. B45

Rotenbergstraße Blickrichtung nach Westen

Schlesierweg, den Ostpreußenweg, den Pommernweg, den Brandenburger Weg, den Thüringer Weg und
2005 um den Sachsenweg erweitert.

In der Rotenbergstraße stehen zweigeschossige Doppelhäuser, die zwischenzeitlich alle in Privateigentum
stehen.

Das Gebiet, in dem die Straße liegt, hat den Flurnamen
„Rotenberg". Nach dieser Flurbezeichnung ist auch die
gesamte Siedlung benannt.

Rotkreuzsiedlung NK *heute Koßmannstraße/Wald-*
straße/ Stieglitzweg

Es handelte sich um eine Sammelbezeichnung für die er-
sten Straßen und Häuser in der Steinwaldsiedlung, die
heute unter den Straßennamen Koßmannstraße, Wald-
straße und Stieglitzweg verzeichnet sind.

Die Bezeichnung bezieht sich auf die Tatsache, dass die
Tochter von Karl Ferdinand von Stumm-Halberg, Frau
Berta von Sierstorpff, 1927 die Tradition, Werksangehöri-
ge beim Erwerb von Wohneigentum zu unterstützen, im
Rahmen des Vaterländischen Frauenvereins vom Roten
Kreuz fortsetzte.

Eine von ihr ins Leben gerufene Bau- und Siedlungsgenos-
senschaft begann in diesem Jahr mit dem Bau der Siedlung
im Steinwald, die dann den Namen der Gründerorganisa-
tion erhielt. Damit begann die Besiedlung des Steinwald-
gebietes.

Informationen zu den Namen und zur Geschichte der
Straßen:

Siehe Koßmannstraße, Waldstraße, Kiefernweg, Rüben-
köpfchen, Stieglitzweg, Pappelweg, Weidenweg

Rubensstraße Wi vorher Teil der Wilhelmstraße Wi

Lage und Verlauf:

Die Rubensstraße zweigt nach Osten von der Kuchenbergstraße ab und endet nach ca. 100 m als Sackgasse.

Rubensstraße aus Richtung Kuchenbergstraße

Informationen zum Namen und zur Geschichte der Straße:

Bis 1895 gab es in Wiebelskirchen keine Straßenbezeichnungen. Im ganzen Ort gab es Bezirke, die ohne
weitere Straßennamen ein Finden von Wohnanwesen
ermöglichten. Die heutige Raffaelstraße gehörte zum
Bezirk Seiters. Sie erhielt aber auch 1895 keinen eigenen Namen, sondern wurde als unbedeutende kleine
Seitenstraße in die Nummerierung der Wilhelmstraße,
von der sie abzweigte, einbezogen[R50]. Da die damalige
Wilhelmstraße während des 3. Reiches (1935 – 1945)
Wilhelmhagener Straße hieß, war die jetzige Rubensstraße auch Teil davon.

1954 erfolgte auf Anregung des Kultur- und Heimatrings
eine umfängliche Um- und Neubenennung von Straßen in Wiebelskirchen. Dabei erhielten einige kleine
Seitenstraßen der heutigen Kuchenbergstraße, die bis
dahin ohne eigene Namen waren und unter Hausnummern der Durchgangsstraße liefen oder nicht mehr aktuelle Namen hatten, eigene bzw. andere Namen. Die
nach Osten von der Hauptstraße abzweigenden Straßen erhielten Namen nach berühmten Malern, so auch
die Rubensstraße[R51].

R50 Bürgerbuch Wi, vgl. Anm. A1, S. 221 - 223
R51 Mathias: Die 1954 eingeführten Straßennamen, in: Hei-
     matbuch Wi, vgl. Anm. A2, S. 143 ff

Die Hauptstraße selbst, deren Teilstücke vorher unterschiedliche Namen hatten (Reichsstraße, Wilhelmstraße, Friedrichstraße, Neunkircher Straße), wurde von der Seitersbrücke bis zur Gemeindegrenze nach Neunkirchen zur Neunkircher Straße und nach der Gebiets- und Verwaltungsreform 1974 Teil der Kuchenbergstraße.

Informationen zum Namensgeber:

Peter Paul Rubens (29.06.1577 – 30.05.1640), flämischer Maler, bedeutendster Repräsentant des flämischen Barock.

Rubens wurde von den Manieristen Tobias Verhaecht, Adam van Noort und Otto van Veen ausgebildet und 1598 Freimeister der Antwerpener Malergilde. Nach 8-jährigem Aufenthalt in Italien, besonders beim Herzog von Mantua, war er ab 1608 wieder in Antwerpen. Ab 1622 war er für Maria von Medici in Paris und danach für König Karl I von England tätig. Seine Kunst umfasste alle Gebiete und Formen der Malerei, das reichbewegte Historienbild, Landschaften, Tiere und Portraits. Rubens' kunsthistorische Bedeutung resultiert in erster Linie aus seiner Auffassung des weiblichen Schönheitsideals, das er mit plastischer Körperlichkeit in einer bislang nicht gekannten Sinnlichkeit darstellte. Über 1200 Werke, zum großen Teil mit Hilfe vieler Schüler angefertigt, sind bekannt.

Rübenköpfchen NK vorher Eupenweg

Lage und Verlauf:

Die Straße verläuft parallel zum Kiefernweg und zum Fasanenweg in Ost-West-Richtung vom Weidenweg bis zum Pappelweg.

Informationen zum Namen und zur Geschichte der Straße:

Die Tochter von Karl Ferdinand Stumm, Frau Berta von Sierstorpff, setzte 1927 die Tradition, Werksangehörige beim Erwerb von Wohneigentum zu unterstützen, im Rahmen des Vaterländischen Frauervereins vom Roten Kreuz fort. Eine von ihr ins Leben gerufene Bau- und Siedlungsgenossenschaft begann in diesem Jahr mit dem Bau der Rote-Kreuz-Siedlung im Steinwald. Diese erste Siedlung bestand aus den Häuser auf der Südseite der heutigen Koßmannstraße und aus denen auf der Nordseite der heutigen Waldstraße. Damit begann die Besiedlung des Steinwaldgebietes. Noch vor Beginn des 2. Weltkrieges wurde der Bau der Steinwaldsied-

Rübenköpfchen aus Richtung Pappelweg

lung nach Osten fortgesetzt und dabei u. a. Wohnraum für die Opfer der Gasometerexplosion von 1933 geschaffen.

Durch Beschluss des Stadtrates Neunkirchen vom 29. 01. 1935 wurden die Straßen in der Steinwaldsiedlung, die bis dahin ohne eigene Namen waren, nach Städten oder Gebieten in den Grenzbereichen des Deutschen Reiches benannt, die nach dem 1. Weltkrieg von Deutschland abgetrennt wurden oder die mit den jeweiligen Nachbarn umstritten waren. So wurde die jetzige Straße Rübenköpfchen nach dem von Belgien beanspruchten Eupen (und Malmedy) benannt[R52].

Unmittelbar nach Ende des 2. Weltkrieges erhielt die Straße ihren jetzigen Namen und zwar nach dem dort relativ weit abliegenden Ausläufer des Steinberges, dem Rübenkopf, der zwischen dem Neunkircher Zoo und dem Wellesweiler Ortsteil Winterfloß liegt.

Ruhstockstraße NK vorher Mittlerer Ruhstock, zeitweise (1935 – 1945) Auf'm Ruhstock, teilweise Gymnasiumstraße

Lage und Verlauf:

Die Ruhstockstraße ist eine nach Osten verlaufende Seitenstraße der Marienstraße, die an ihrem Ende eine Schwenkung nach Norden macht und dann in die Oststraße mündet, die ebenfalls in östlicher Richtung verläuft.

Informationen zum Namen und zur Geschichte der Straße:

R52 Saar- und Blieszeitung v. 30. 01. 1935

Ruhstockstraße aus Richtung Marienstraße

Der Straßenname ist von der Flurbezeichnung „Auf'm Ruhstock" abgeleitet, den es in diesem Bereich gibt. Diese Örtlichkeit ist schon in der Ordnung der Gemeinde Neunkirchen aus dem Jahre 1731 erwähnt worden[R53]. In den 1880er Jahren gab es drei Straßen, die nach dieser Flurbezeichnung benannt waren:

- Unterer Ruhstock – heute Hospitalstraße
- Mittlerer Ruhstock – heute Ruhstockstraße
- Oberer Ruhstock – heute Röntgenstraße.

Der Flurname ist darauf zurückzuführen, dass in diesem Bereich wahrscheinlich in früheren Jahrhunderten ein steinerner Ruhstock für bergauf gehende Menschen mit Traglasten stand. Es handelte sich dabei um eine erhöhte Steinbank zum Abstellen der Traglasten. Dadurch konnten es sich die Träger ersparen, nach dem Ausruhen die Last vom Boden hochzuheben. Neben diesen Ruhstöcken befanden sich rechts und links meistens niedrigere steinerne Sitzbänke zum Ausruhen.

Die Straße ist wohl in der 2. Hälfte des 19. Jh. angelegt worden.

In einem Situationsplan von Neunkirchen aus dem Jahre 1883 ist sie bereits als Wohnstraße eingezeichnet. Hier wurde nun schon nach Hospitalstraße, Ruhstockstraße und Bismarckstraße (heute Röntgenstraße) unterschieden[R54].

Am 29. 01. 1935 wurde die Straße in einer umfangreichen Um- und Neubenennungsaktion für Straßen in Auf"m Ruhstock umbenannt. Zum gleichen Zeitpunkt wurde beschlossen, dass die Gymnasiumstrasse (heute ein kleines nach Norden verlaufendes Teilstück der Straße) in die Straße Auf'm Ruhstock einbezogen wird[R55]. Obwohl die damalige Umbenennung sicherlich keinen nationalsozialistischen Hintergrund hatte, wie bei vielen anderen damaligen Umbenennungen, erhielt die Straße nach 1945 wieder ihren alten Namen Ruhstockstraße zurück.

Der o. a. Straßenteil, der nach Norden geht, war ursprünglich eine eigenständige Straße unter dem Namen Gymnasiumstraße, da hier das erste Neunkircher Knabengymnasium stand.. Nach einer in der Saar- und Blieszeitung vom 25. 04. 1903 unter der Überschrift „Situationsplan betreff neue Straßen und Straßenumbenennungen" erschienenen Artikel soll die bisherige Gymnasiumstraße in Kirchbachstraße umbenannt worden sein. Dieser Name taucht allerdings weder im Stadtplan von 1905 noch in späteren Stadtplänen auf, so dass bezweifelt werden muss, dass diese Umbenennung wirksam geworden ist. In der schon erwähnten Stadtratssitzung am 29. 01. 1935 wurde beschlossen, das kurze Straßenstück in die Ruhstockstraße (damals Auf'm Ruhstock) einzubeziehen. Der Name Gymnasiumstraße fiel damit ersatzlos weg

Ruhwaldstraße NK *vorher Karolinenstraße, Friedrich-Ebert-Straße, zeitweise Hermann-Göring-Straße (zw. 1935 und 1945), heute wieder Friedrich-Ebert-Straße*
Siehe Friedrich-Ebert-Straße
Die Straße ist nicht identisch mit der Straße Zum Ruhwald.

R53 Krajewski: Plaudereien 2, vgl. Anm. A24, S. 9
R54 Situationsplan NK 1883, vgl. Anm. 4

R55 Saar- und Blieszeitung v. 30. 01. 1935

Saarbrücker Straße NK volkstümlich teilweise Spatzenhübel, teilweise Der Hof (Neunkircher Hof).

Lage und Verlauf:

Die Saarbrücker Straße begann ursprünglich an der Kreuzung Stummdenkmal, verlief von dort nach Westen bis zur Frankenfeldstraße und ging dort in die L 125 nach Bildstock über.

Heute ist die frühere Saarbrücker Straße zweigeteilt. Der stadtnahe Teil zwischen Gustav-Regler-Straße und Königsbahnstraße heißt vor wie nach Saarbrücker Straße, ab der Königsbahnstraße in Richtung Bildstock heißt die Straße jetzt Bildstocker Straße.

Saarbrücker Straße Blickrichtung Gustav-Regler-Straße

Informationen zum Namen und zur Geschichte der Straße:

Die Straße hatte den Namen, weil sie in ihrer Fortsetzung über Bildstock hinaus nach Saarbrücken führte. Als Niederneunkirchen noch eine selbständige Gemeinde innerhalb der Bürgermeisterei Neunkirchen war, wurden Teile der späteren Saarbrücker Straße „Spatzenhübel" und „Der Hof" genannt.

Die Anwohner der oberen Saarbrücker Straße waren auch noch lange danach „die Hofer". Die Bezeichnung bezog sich auf den Neunkircher Hof, der südlich der Straße im Bereich des heutigen Hüttenparks II lag.

Die andere volkstümliche Bezeichnung hat einen anderen Hintergrund. Jahre nach der Anlegung des Stummschen Parks war zwischen Park und dem zur Schlawerie ansteigenden Gelände ein kleiner Wald entstanden, in dem durch den Bau von Volieren und Futterstellen viele Vögel angesiedelt worden waren. Deshalb wurde der untere Teil der Saarbrücker Straße von den Neun-

kirchern „Spatzehiwwel" genannt[S1].

Die Saarbrücker Straße hatte ihren offiziellen Namen wohl schon früh im 19. Jh. erhalten, denn als der Ortsbaumeister Riemann dem Bürgermeister Jongnell von Neunkirchen am 15. 05. 1879 die Beschaffung von Namensschildern für 49 Straßen und 8 Wohnplätze vorschlug, tauchte der Name Saarbrücker Straße in dieser Aufstellung ebenfalls auf. Für die Straße musste damals 1 Straßenschild jedoch kein Hausnummernschild beschafft werden[S2]. Eine Wohnbebauung gab es an der durch das Eisenwerksgelände führenden Straße außer den Wohnhäusern der Familie Stumm offenbar noch nicht.

Im Situationsplan von Neunkirchen aus dem Jahre 1883 ist die Straße ebenfalls schon mit ihrem Namen eingezeichnet[S3].

Während der preußischen Zeit (1816 bis 1918) war die Saarbrücker Straße mit der Binger Straße (später Bahnhofstraße) und der Kuchenbergstraße zusammen Provinzialstraße, d. h. für ihre Unterhaltung war die Rheinprovinz zuständig. Es handelte sich um einen Teil der Hauptverbindungsstraße von Saarbrücken über Neunkirchen zu den Verwaltungsstädten Ottweiler, Koblenz und Köln. Während jedoch die Unterhaltung der Binger Straße und der Kuchenbergstraße von der Gemeinde Neunkirchen gegen eine Kostenpauschale übernommen worden war[S4], wurde die Saarbrücker Straße durch die Fa. Stumm, deren Firmengelände sie durchschnitt, in Stand gehalten.

Nach der Ablösung der Preußen teilte die staatliche Straßenbauverwaltung der Stadt Neunkirchen am 08. 04. 1927 mit, dass sie beabsichtige, die Saarbrücker Straße mit einer staubfreien Decke zu belegen, wenn die Stadt vorher auf beiden Seiten die Bürgersteige herstelle, was auch so beschlossen wurde. Am 16. 03. 1928 beschloss der Stadtrat ein Anleiheprogramm zum Ausbau einer Reihe von Straßen, u. a. der Saarbrücker Straße.

1910 hatte die Straße 100 Hausnummern, 1931 deren schon 183[S5]. Soweit es sich dabei nicht um Gebäude des Eisenwerks handelte, waren es Werkswohnungen für Hüttenbeschäftigte, die in der 2. Hälfte des 19. Jh.

S1   Gillenberg: NK vom Meyerhof ... , vgl. Anm. H5, S. 14
S2   Beschaffung von Straßenschildern, vgl. Anm. A8
S3   Situationsplan NK 1883, vgl. Anm. A4
S4   Verwalt.-bericht. NK 1885 – 1896, vgl. Anm. K21
S5   Einwohnerbuch der Städte Neunkirchen und Ottweiler sowie der Gemeinde Wiebelskirchen 1931

vom Eisenwerk erbaut worden waren[S6].

Am 10. 02. 1933 wurde ein großer Teil dieser im oberen westlichen Teil der Straße stehenden Wohnhäuser durch eine Explosion des im Bereich der Einmündung des Heinitzweges (heute Grubenstraße) stehenden Gasometers zerstört.

Seit einem teilweisen Abriss des Neunkircher Eisenwerkes Mitte der 1980er Jahre und dem Bau des Saarparkcenters beginnt die Saarbrücker Straße im Stadtzentrum erst an der Gustav-Regler-Straße. Mit Beschluss des Stadtrates vom 10. 04. 1991 wurde die Straße geteilt. Aus Richtung Stadtmitte endet die Saarbrücker Straße nunmehr an der Königsbahnstraße. Die Straße dient jetzt von der Königsbahnstraße her in Richtung Stadtmitte nur noch der inneren Erschließung des Gebietes um die Stummsche Reithalle und den Wasserturm. Von dort gibt es jetzt eine fußläufige Verbindung zur Gustav-Regler-Straße und zum Saarparkcenter.

Die stadtauswärts führende Reststrecke der ehemaligen Saarbrücker Straße wurde 1991 in Bildstocker Straße umbenannt.

Öffentliche oder sonst bedeutsame Gebäude und Objekte in der Straße:

- Stummsches Herrenhaus[S7]

  Der Wohnsitz der Familie Stumm in Neunkirchen lag in einer S-Kurve zu Beginn der Saarbrücker Straße nahe des Stadtzentrums. Das Haus lag dicht beim Werk, nur ca. 100 m entfernt stand eine Hochofenanlage. Der breitgelagerte Bau mit dem Park war 1835/40 von Karl Friedrich Stumm, dem Vater des späteren Freiherrn, erbaut worden.

  Das Haus mit seinem Walmdach machte einen solch stattlichen Eindruck, dass der Volksmund nur vom Herrenhaus oder gar von „Stumms Schleßje" sprach. Dazu gehörte auch ein großer Park zwischen Saarbrücker Straße und Bahndamm[S8].

  Das Gebäude wurde 1944 durch Bombenangriffe völlig zerstört. Eine bescheidene Gusstafel erinnerte an seinen Standort. Die Tafel ist aller-

dings schon seit den 1970er Jahren verschwunden.

Gegenüber dem Herrenhaus stand noch ein weiteres Haus der Familie Stumm, der „Strantze Hof". In diesem Haus wohnte der spätere Freiherr von Stumm-Halberg auch in den ersten beiden Jahrzehnten seiner Ehe mit Ida Böcking.

- Gasometer

  Am 10. 02. 1933, wenige Minuten nach 18.00 Uhr, explodierte in Neunkirchen der unmittelbar an der Saarbrücker Straße (der Straßenteil, der heute Bildstocker Straße heißt) stehende Gasometer nach Reparaturarbeiten. Der Trockengasbehälter war 72 m hoch und hatte ein Fassungsvermögen von 120 000 Kubikmeter, war aber zum Unglückszeitpunkt „nur" zu 13 % gefüllt.

  An der Saarbrücker Straße standen viele Wohnhäuser. Diese Straße, aber auch das in der Nähe liegende Wohngebiet Schlawerie, bot nach der Explosion ein Bild der Verwüstung. Viel schlimmer aber: 68 Menschen waren tot, 150 – 160 schwerverletzt und ca. 400 leichtverletzt, 700 Menschen obdachlos[S9].

  Am 14. 02. 1933 fand die Beerdigung von 65 Toten auf dem Friedhof Scheib unter großer Anteilnahme der Bevölkerung und zahlreicher Persönlichkeiten der Regierungskommission Saar, sowie deutscher und französischer Repräsentanten statt.

  Unter Vorsitz von Minister Koßmann wurde ein Hilfswerk gebildet. Eine neue Wohnsiedlung im Anschluss an die Rote-Kreuz-Siedlung wurde auf Initiative der Gräfin von Sierstorpff, Tochter des Karl Ferdinand Freiherr von Stumm-Halberg, im Steinwald gebaut.

- Neunkircher Hof

  Siehe Neunkircher Hof

- Torhaus

  Zu Beginn des 19. Jh. lag an der Saarbrücker Straße (der Straßenteil, der heute Bildstocker Straße heißt), in Höhe der heutigen Frankenfeldstraße ein Torhaus[S10]. Die Lage des Torhauses ist auch auf einer Gemarkungskarte aus dem Jahre 1848 erkennbar. 1849 bestand dieser Wohnplatz aus

S6   Gillenberg u. Birtel: Hüttenhäuser, vgl. Anm. C1, S. 39 ff

S7   Krajewski: Plaudereien 7, vgl. Anm. A23, S. 23 ff; Trepesch, Christof: Die Bau-, Stil- und Wohngeschichte des Herrenhauses der Familie Stumm, in: Stadtbuch 2005, vgl. Anm. B7, S. 503 ff

S8   Gillenberg: NK vom Meyerhof … , vgl. Anm. H5, S. 13

S9   Melnyk, Wolfgang: Vor 70 Jahren – Gasometerexplosion in Neunkirchen, in: Hefte des Historischen Vereins Stadt Neunkirchen, Neunkirchen 2003

S10   Krajewski: Plaudereien 1, vgl. Anm. A50, S. 30

einem Wohnhaus mit 9 Einwohnern[S11].

- Kokerei
1870 beschloss die Fa. Stumm den Bau einer eigenen Kokerei. Die Anlage entstand an der Saarbrücker Straße (an dem Straßenteil, der heute Bildstocker Straße heißt) unterhalb der Gebäude des Neunkircher Hofes, von denen sie durch eine Stützmauer getrennt war, und wurde 1873 in Betrieb genommen[S12]. Hier wurde Koks für die Hochöfen aus Kohle der nahe gelegenen Grube König hergestellt. Bei der Gasometerexplosion am 10.02.1933 wurden auch die Kokereianlagen erheblich beschädigt. An gleicher Stelle wurde kurz danach eine neue Kokerei erstellt. Nach Stilllegung des Eisenwerks und der Kokerei (31. 07. 1982) und deren Demontage in den 1980er Jahren gab es Pläne, hier eine Kohlehydrieranlage entstehen zu lassen[S13]. Mit diesem Kohleveredlungsprogramm (Kohlevergasung und Kohleverflüssigung) sollten einerseits ein Beitrag zur Energieversorgung in der BRD geleistet, andererseits aber auch Arbeitsplätze im saarländischen Bergbau gesichert bzw. in der neuen Anlage neu geschaffen werden. Dazu ist es jedoch nicht gekommen.
- Dienstgebäude des Landkreises
Seit den 1980er Jahren befindet sich die Straßenverkehrsbehörde des Kreises Neunkirchen in einer alten Villa in der Saarbrücker Straße.
Von 2001 bis 2004 wurde an diese Villa ein modernes Dienstgebäude für das Kreisjugendamt und die Ausländerbehörde angebaut. Dieses Gebäude wurde im Juni 2004 eingeweiht.
- Stummsche Reithalle
Siehe Gustav-Regler-Straße

Sachsenweg Wi

Lage und Verlauf:

Bei der Straße handelt es sich um eine westlich parallel zum Pommernweg verlaufende Verbindungsstraße zwischen Landsweilerstraße und Ostpreußenweg.

Informationen zum Namen und zur Geschichte der Straße:

Als erste planmäßige Siedlung in Wiebelskirchen nach dem 2. Weltkrieg entstand Mitte der 1950er Jahre im Rahmen des Bergmannswohnungsbaus die Rotenbergsiedlung, bestehend aus den Häusern in der Rotenbergstraße und denen auf der nordwestlichen Seite der

Sachsenweg aus Richtung Ostpreußenweg

hinteren Landweilerstraße[S14].

Ab Mitte der 1960er Jahre wurde die Siedlung dann auf der südöstlichen Seite der Landsweilerstraße um den Schlesierweg, den Ostpreußenweg, den Pommernweg, den Brandenburger Weg, den Thüringer Weg und 2005 um den Sachsenweg erweitert. Im Jahre 2004 entstanden konkrete Pläne, das Siedlungsgebiet Rotenberg in Wiebelskirchen nach Westen zu erweitern und dort neue Baustellen für private Wohnungsbauten zu erschließen. In seiner Sitzung am 12. 01. 2005 beschloss der Ortsrat Wiebelskirchen-Hangard-Münchwies die neu entstehende Straße in Ergänzung der dort bereits seit Jahrzehnten vorhandenen Straßennamen nach ost- und mitteldeutschen Gebieten Sachsenweg zu nennen. Mit der Bebauung der in der Straße vorhandenen 12 Baustellen ist 2005 begonnen worden.

Sämannstraße NK vorher Sedanstraße

Lage und Verlauf:

Die Sämannstraße verläuft nördlich (am Berg unterhalb) parallel zur Spielmannstraße als Verbindung zwischen Zweibrücker Straße und Georgstraße.

S11   Bärsch: Regierungsbezirk Trier, vgl. Anm.B31
S12   Gillenberg: NK vom Meyerhof ... , vgl. Anm. H5, S. 27
S13   Decker und Meiser: NK = NE, vgl. Anm. G39, S. 39 ff.

S14   Forst: Entwicklung von Wi, vgl. Anm. 99

Informationen zum Namen und zur Geschichte der Straße:

Die heutige Sämannstraße wurde Ende des 19. Jh. geplant und gebaut. Im Situationsplan von Neunkirchen

Sämannstraße aus Richtung Zweibrücker Straße

aus dem Jahre 1883 ist sie allerdings noch nicht eingezeichnet. Im Situationsplan von Neunkirchen aus dem Jahre 1902 existiert sie dann schon, ist aber noch nicht bebaut.

In der zweiten Hälfte des 19. Jh. und der ersten Hälfte des 20. Jh. wuchsen die Stadt und die Bevölkerung auf Grund der enorm ansteigenden Industrialisierung in einem ungeheuren Tempo.

Jeweils in 15 – 20 Jahren verdoppelte sich die Bevölkerung immer wieder und suchte industrienahen Wohnraum. Es entstanden ständig neue Straßen, die in der euphorischen Stimmung nach dem gegen Frankreich gewonnenen Deutsch-Französischen Krieg 1870/71 oft nach Mitgliedern des Kaiserhauses, nach verdienten Heerführern oder nach Schlachtenorten benannt wurden.

Die heutige Sämannstraße wurde auf Beschluss des Gemeinderates Neunkirchen vom 24. 04. 1903 nach der kriegsentscheidenden Schlacht des Deutsch-Französischen Krieges am 01. 09. 1870 bei Sedan benannt[S15].

Unmittelbar nach Ende des 2. Weltkrieges, als alle patriotisch klingenden Straßennamen abgeschafft wurden, wurde die Straße im Zuge einer umfangreichen Neu- und Umbenennung von Straßen in Sämannstraße umbenannt.

S15   Saar- und Blieszeitung v. 25. 04. 1903

Sandhügelstraße We dann Teilstück der Steinwaldstraße, der Mackensenstraße, heute der Bürgermeister-Regitz-Straße, volkstümlich Sandhiwwel
Siehe Bürgermeister-Regitz-Straße

Saubach Ha volkstümlich für Karlstraße
Siehe Karlstraße

Schachenweg Ha

Lage und Verlauf:
Die Straße zweigt am südlichen Ortseingang Hangards von der Wiebelskircher Straße nach Nordwesten in Richtung Steinbacher Berg ab.

Schachenweg aus Richtung Wiebelskircher Straße

Informationen zum Namen und zur Geschichte der Straße:

Der Straßenname geht auf eine Gewannbezeichnung zurück. In der Flur VII von Hangard gibt es unter Ziffer 1 die Gewannbezeichnung „Am Schachen Weg rechts". In Richtung dieser Örtlichkeit führt die Straße.

Die Straße erhielt den Namen in einer Sitzung des Stadtrates am 02. 11. 1977, auf Antrag der dort ansässigen Baustofffirma Wagner.

Schaumbergring NK volkstümlich Flak

Lage und Verlauf:
Der Schaumbergring zweigt im oberen südwestlichen Teil der Hermannstraße nach Nordwesten ab und führt in einer Schleife auch wieder auf die Hermannstraße.

Schaumbergring aus Richtung Hermannstraße

Informationen zum Namen und zur Geschichte der Straße:

Der Name der Straße ist vermutlich darauf zurückzuführen, dass man von diesem, einem der höchstgelegenen bewohnten Punkte der Stadt bei guter Witterung den Schaumberg, eine der höchsten Erhebungen im Saarland, sehen kann.

Während des 1. Weltkrieges waren an dieser Stelle Flakgeschütze zur Abwehr feindlicher Flugzeuge, die das Eisenwerk und die Bahnanlagen angriffen, aufgestellt. In der Bevölkerung hat sich daher bis heute der Name die Flak für die Örtlichkeit gehalten.

Nach dem 1. Weltkrieg wurden die dort zurückgebliebenen Gebäude der Flakstellung von Privatleuten bewohnt.

Nach dem Einwohnerbuch von 1931 gab es dort insgesamt 33 bewohnte Objekte, die damals aber zur Hermannstraße gerechnet wurden.

Nach dem 2. Weltkrieg hat die Stadt zur Beseitigung der Wohnungsnot dreigeschossige Wohnblocks hier erstellen lassen, die zwischenzeitlich in das Eigentum der Gemeinnützigen Siedlungsgesellschaft (GSG) übergegangen sind.

Der Straßenname wurde in einer Sitzung des Stadtrates am 10. 12. 1954 festgelegt.

Scheffelstraße NK

Lage und Verlauf:

Die Scheffelstraße verläuft in der Innenstadt östlich der Brückenstraße und verbindet die Kleiststraße mit der Norduferstraße.

Informationen zum Namen und zur Geschichte der Straße:

Die schon vor 1914 geplanten beiden Bliesuferstraßen (Nord- und Südufer) entlang der begradigten Blies wurden nach dem 1. Weltkrieg ausgebaut. Die Bliesregulierung war kurz nach 1900 begonnen und dann in Teilabschnitten durchgeführt worden.

Scheffelstraße Blickrichtung Kleiststraße

Nach einem Grundsatzbeschluss des Gemeinderates Neunkirchen sollten die in dem durch die Flussbegradigung neu gewonnenen Gelände nördlich der Blies entstehenden Straßen, soweit sie auf die Blies zulaufen, Komponistennamen und, soweit sie in der gleichen Richtung wie die Blies verlaufen, Dichternamen erhalten. Im vorliegenden Fall wurde von diesem Prinzip abgewichen. Die Straße wurde, obwohl sie auf die Blies zuläuft, vom Gemeinderat am 24. 04. 1903 nach einem Dichter, Josef Viktor von Scheffel, benannt[S16].

Die Tochter des Erbauers der Wilhelmstraße, Wilhelm Leidener (1804 – 1877), Frau Toni Hegemann schrieb über ihren Vater: *"Mein Vater Wilhelm Leidner hat in Neunkirchen die Wilhelmstraße, die nach ihm benannt ist, die Brückenstraße, die Scheffelstraße und die Schillerstraße (heute Kleiststraße) angelegt und damals zur Entwicklung Unterneunkirchens viel beigetragen.*

Die zweite Bliesbrücke in der Brückenstraße wurde auf seine Anregung hin gebaut. An den Kosten beteiligte er sich mit 10 000 Mark"[S17].

Die Bebauung der Scheffelstraße begann 1910 mit einem Haus, 1931 hatte die kleine Straße 8 Gebäude.

S16   Saar- und Blieszeitung v. 25. 04. 1903
S17   Krajewski: Plaudereien 1, vgl. Anm. A50, S.26

Informationen zum Namensgeber:
Josef Viktor von Scheffel (16.02.1826 – 09.04.1886). Der Dichter wurde besonders bekannt durch die Verserzählung Der Trompeter von Säckingen, den kulturgeschichtlichen Roman Ekkehard und durch burschikose Gedichte und humorvolle Lieder (Gaudeamus).

Scheiber Atzeleck NK

Lage und Verlauf:
Es handelt sich um einen kleinen Platz an der Einmündung der Georgstraße in die Friedrichstraße.

Informationen zum Namen und zur Geschichte des Platzes:
Der Scheiber Bürgerverein suchte auf Anregung von Frau Türk-Schneider während des Scheiber Frühlingsfestes 2002 für das Straßendreieck Friedrichstraße/Georgstraße mit dem dortigen Spielplatz einen eigenen Namen. Bei einer Abstimmung entschied sich die Bevölkerung für den Namen Scheiber Atzeleck. Diesem Vorschlag kam die Stadt nach. Die offizielle Namensgebung fand am 18. 10. 2002 statt[S18]. Die Namensgebung erinnert daran, dass die Scheiber Bürger früher als „Scheiber Atzele" bezeichnet wurden.
An der Örtlichkeit gibt es einen Minikreisverkehr, der zur Verkehrsberuhigung beitragen soll, und einen Kinderspielplatz.

Scheibenweg NK *heute Scheibstraße, volkstümlich Kappesgasse*
Siehe Scheibstraße

Scheibstraße NK *früher Scheibenweg, volkstümlich Kappesgass*

Lage und Verlauf:
Die Straße zweigt im Stadteingangsbereich von Furpach kommend von der Zweibrücker Straße nach Norden ab und mündet in die Steinwaldstraße.

Informationen zum Namen und zur Geschichte der Straße:
Der Straßenname ist von der Flurbezeichnung „Auf der Scheib" abgeleitet, die nicht nur der Straße, sondern

Scheibstraße aus Richtung Zweibrücker Straße

einem ganzen Stadtviertel den Namen gab. Die Örtlichkeit ist bereits in der Ordnung der Gemeinde Neunkirchen aus dem Jahre 1731 erwähnt worden[S19]. Der Heimatforscher Bernhard Krajewski deutet den Namen Scheib als runde Fläche auf einer Erhebung. Die Scheib ist mit der Spieser Höhe der Ausläufer eines Höhenrückens, der sich von der Göttelborner Höhe bis nach Wellesweiler erstreckt und der sowohl für die Sulzbachbahn als auch die Fischbachbahn Tunnelbauten erforderlich machte. Dieser Höhenrücken ist auch die Ursache dafür, dass die Blies in der Stadtmitte von Neunkirchen aus der Nord-Süd-Richtung kommend nicht nach Süden weiterfließen kann, sondern kurz vor der Kurt-Schumacher-Brücke nach Osten abbiegt und bei Wellesweiler das Ende dieses Höhenrückens umfließt.
Die Scheibstraße ist unter dem Namen Scheibenweg wohl schon in der 2. Hälfte des 19. Jh. entstanden, denn als der Ortsbaumeister Riemann dem Bürgermeister Jongnell von Neunkirchen am 15. 05. 1879 die Beschaffung von Namensschildern für 49 Straßen und 8 Wohnplätze vorschlug, gab es in der beigefügten Aufstellung den Straßennamen Scheibenweg. Für die Straße mussten damals 2 Straßenschilder und 5 Hausnummernschilder beschafft werden[S20]. Es gab also schon eine Wohnbebauung.
Im Situationsplan von Neunkirchen aus dem Jahre 1883 ist der Scheibenweg mit diesem Namen ebenfalls verzeichnet[S21].

S18   Saarbrücker Zeitung v. 21. 10. 2002

S19   Krajewski: Plaudereien 2, vgl. Anm. A24, S. 9
S20   Beschaffung von Straßenschildern, vgl. Anm. A8
S21   Situationsplan NK 1883, vgl. Anm. A4

Der ursprüngliche Straßenname Scheibenweg wurde durch Beschluss des Gemeinderates Neunkirchen vom 24. 04. 1903 in Scheibstraße umgewandelt[S22]. Nach der Saar- und Blieszeitung vom 20. 06. 1939 erhielt die Scheibstraße erstmals Bürgersteige.

Von älteren Mitbürgern wird die Straße auch heute noch als Kappesgass bezeichnet. Früher redeten sich die Leute untereinander oft mit Spitznamen an z. B. Kruwel, Knautz oder Kappes. Letzterer soll an der Scheibstraße mehrere Äcker besessen haben, deshalb die volkstümliche Bezeichnung Kappesgass.

1910 erwarb die Gemeinde Neunkirchen (Beschlussbuch der Gemeinde vom 18. 11. 1910) die Teile der Scheibstraße, die sich noch im Besitz der nach Amerika ausgewanderten Familie Schmidt befanden. Bis dahin verlief die Straße offenbar teilweise noch über private Grundstücke.

Schiffweilerstraße Si *heute Kurze Straße*
Siehe Kurze Straße

Schiffweilerstraße Wi vorher Teil der Annastraße

Lage und Verlauf:

Die Schiffweilerstraße beginnt im westlichen Ortsbereich von Wiebelskirchen an der Landsweilerstraße in Höhe August-Bebel-Straße und führt nach Westen in Richtung Schiffweiler.

Schiffweilerstraße Blickrichtung Ortsmitte

Informationen zum Namen und zur Geschichte der Straße:

Die Schiffweilerstraße ist Teil der früheren Annastraße. Dies war die Straße, die aus Richtung Ortsmitte von Wiebelskirchen nach den Annaschächten führte. Die Schächte und die Straße führten den Vornamen der Frau des damaligen Vorsitzenden der Bergwerksdirektion, von Velsen.

Als 1954 auf Anregung des Kultur- und Heimatrings Wiebelskirchen eine Reihe von Straßen neue Namen erhielten, wurde die bisherige Annastraße geteilt. Der ortsnahe Abschnitt wurde Teil der Landsweilerstraße, während der nach Westen führende Abschnitt zur Schiffweilerstraße wurde[S23].

Die Straße führte entlang der verschiedenen Annaschächte der Grube Kohlwald. Auf der Südseite der Straße gegenüber dem Bergwerk erstellte die preußische Bergverwaltung im 19. Jh. ein Doppelhaus für Bergbeamte, die französische Grubenverwaltung zwischen 1920 und 1935 ein Beamtendoppelhaus und die Saarbergwerke 1950 und 1958 mehrere Bergarbeiter-Mehrfamilienhäuser[S24]. Diese Häuser sind ab 1972 nach und nach in Privatbesitz übergegangen.

Z. Zt. wird das Gelände der ehemaligen Grube Kohlwald teilweise als Gewerbegebiet und teilweise als Bauland für Privathäuser hergerichtet.

Öffentliche oder sonst bedeutsame Gebäude oder Objekte in der Straße:
-   Grube Kohlwald
    Auf der Nordseite der Schiffweilerstraße liegt das Gelände der früheren Grube Kohlwald. Bereits im 15. Jh. hat man im Kohlenwald bei Wiebelskirchen nach Kohlen gegraben. Die Kohlengewinnung bestand jedoch in planlosen Grabereien am Ausgehenden der Flöze. 1751 ließ der Fürst von Nassau-Saarbrücken die Steinkohlengruben einziehen und zukünftig unter fürstlicher Kontrolle betreiben. Die bisherigen Kohlengräber wurden teilweise für ihren Verlust entschädigt. Die Gruben wurden verpachtet. Aus den Unternehmern („Beständern"), die anfänglich noch als Kohlengräber mitarbeiteten, bildeten sich ab 1760 mehr

S22   Saar- und Blieszeitung v. 25. 04. 1903

S23   Mathias: Die 1954 eingeführten Straßennamen, in: Heimatbuch Wi, vgl. Anm. A2, S. 148
S24   Slotta: Bergbau in NK, vgl. Anm. A45, S. 83

und mehr Aufsichtsbeamte heraus, die der Fürst als Steiger in Eid und Pflicht nahm. 1764 wurde ein Georg Nikolaus Köhler aus Griesborn als Steiger für die Gruben im Kohlwald bestellt. Um 1820 standen 3 Flöze im Abbau durch Stollen. 1821 wurde der Stollenbetrieb eingestellt.

Nachdem das Kohlwaldfeld in den folgenden Jahrzehnten von verschiedenen anderen Schächten aus (Rhein-Nahe-Bahn-Schacht, Hermine-Schächte) angegangen worden war, wurde 1891 der Anna-Schacht I angehauen, was jedoch unergiebig war. 1911 wurde dann der Anna-Schacht II angehauen und 1915 die Förderung dort aufgenommen und nach dem 2. Weltkrieg noch im Annaschacht IV[S25]. 1917 baute man einen Bahnanschluss von der Nahebahnstrecke her zur Grube Kohlwald. Diese Bahntrasse verlief ab der Landsweilerstraße ein ganzes Stück südwestlich parallel zur jetzigen Schiffweilerstraße und unterquerte diese in Höhe der Einmündung Tränkenweg. Die Grube Kohlwald war lange Jahre der größte Arbeitgeber in Wiebelskirchen. Nachdem sie am 31. 03. 1966 stillgelegt worden war, wurde am 06. 06. 1966 auch die Bahntrasse geschlossen. Nur wenige Jahre vor der Stilllegung war noch ein weiterer Schacht abgetäuft worden. Weiter westlich, in der Nähe der B 41, liegt eine kegelförmige Bergehalde der Grube Kohlwald, die von den Einheimischen liebevoll „Monte Schlacko" genannt wird.

Schillerstraße NK vorher verlängerte Wilhelmstraße, heute Kleiststraße
Siehe Kleiststraße

Informationen zum damaligen Namensgeber:
Siehe Schillerstraße Wi

Schillerstraße Wi vorher Luisenstraße, teilweise Gasstraße, letztere zeitweise Am Güterbahnhof, volkstümlich Erlick

Lage und Verlauf:
Die Schillerstraße zweigt von der Kuchenbergstraße nach Südwesten ab, vollzieht am Ende eine Schwenkung nach Südosten und mündet dann in die Lessingstraße.

S25 Slotta: Bergbau in NK, vgl. Anm. A45, S. 37 + 47

Schillerstraße Blickrichtung Kuchenbergstraße

Informationen zum Namen und zur Geschichte der Straße:

Bis 1895 gab es in Wiebelskirchen keine Straßenbezeichnungen. Im ganzen Ort gab es Bezirke, die ohne weitere Nummerierung ein Finden von Häusern ermöglichten. So wurde der Bereich der heutigen Schillerstraße Erlick oder Im Erlick genannt[S26]. Diese Bezeichnung hat sich aus dem Ausdruck Erleneck heraus entwickelt. Mit der Einführung der Straßennamen wurde auch eine straßenweise Nummerierung der Wohnanwesen vorgenommen, wobei freie Baustellen berücksichtigt wurden. Der bisherige Bezirk Erlick wurde nun zu Ehren der früheren preuß. Königin Luise (1776 – 1810) zunächst Luisenstraße genannt.

In den Jahren 1899 – 1902 wurde die Straße mit Pflasterung, Rinnen und Randsteinen ausgebaut[S27]. Dies hing zusammen mit dem Bau einer Anschlussbahn für den Güterverkehr vom Bahnhof Neunkirchen her auf Rechnung der Gemeinde Wiebelskirchen[S28]. Dieses Gleis ging bis in Höhe des heutigen Einkaufsmarktes Aldi.

Damit entstand in Wiebelskirchen ein Güterbahnhof lange vor dem Bau eines Haltepunktes für den Personenverkehr, der erst 1928 eingerichtet wurde.

Ebenfalls 1902 wurde am westlichen Ende der Luisenstraße eine Gasanstalt gebaut und dann die Verlängerung der Luisenstraße nach Südwesten Gasstraße genannt.

1954 machte der Kultur- und Heimatring Wiebelskir-

S26 Bürgerbuch Wi, vgl. Anm. A1, S. 221 - 223
S27 Bürgerbuch Wi: vgl. Anm. A1, S. 219
S28 Omlor u. Brill: Geschichte des Neunkircher Bahnhofs, vgl. Anm. B6, S. 43

chen den Vorschlag, einige Straße neu- bzw. umzubenennen. Die auf der westlichen Seite der Kuchenbergstraße liegenden Seitenstraßen sollten nach Dichtern benannt werden.

Dabei wurde der zwischen der heutigen Kuchenbergstraße und dem Güterbahnhof gelegene Teil zur Schillerstraße. Die bisherige Gasstraße wurde zur Straße Am Güterbahnhof, da die Gasanstalt zu diesem Zeitpunkt schon lange nicht mehr bestand.

Als es nach der Gebiets- und Verwaltungsreform 1974 in der Stadt zwei Straßen mit dem Namen Am Güterbahnhof gab, wurde die in Wiebelskirchen gelegene in die Schillerstraße einbezogen, so dass diese nun durchgehend von der Kuchenbergstraße bis zur Lessingstraße Schillerstraße heißt.

Informationen zum Namensgeber:

Johann Christoph Friedrich von Schiller (10.11.1759 – 09.05.1805), Dichter. Neben Johann Wolfgang von Goethe, mit dem er den Stil der Weimarer Klassik begründete, ist er eine der zentralen Gestalten der deutschen Literaturgeschichte. Neue Maßstäbe setzte er vor allem für die weitere Entwicklung des deutschsprachigen Dramas.

Sein Vater war Militärchirurg und auch der Sohn studierte auf der Karlsschule Medizin und wurde Regimentsmedicus. Schon 1777 begann er sein erstes Drama „Die Räuber".

Unzufrieden mit seiner Lage verließ er 1782 Stuttgart heimlich, lebte bei Meiningen und dichtete das Drama „Kabale und Liebe".

Daraufhin ging er als Theaterdichter nach Mannheim, von dort nach Leipzig und schließlich zu seinem Freund Körner nach Dresden.

1789 wurde er zum Professor der Geschichte in Jena ernannt. Angeregt durch seine Kontakte zu Goethe wandte er sich ab 1795 wieder der Poesie zu. Er verfasste u. a. „Das Lied von der Glocke", „Maria Stuart", „Wallenstein", „Jungfrau von Orleans", „Wilhelm Tell".

1799 siedelte er nach Weimar über und wurde 1802 geadelt. 1805 starb er in Weimar.

Zahlreiche Auszeichnungen tragen Schillers Namen, so etwa der von der Schweizer Schillerstiftung verliehene Große Schiller-Preis, der Schiller-Gedächtnispreis des Landes Baden-Württemberg sowie die Schillerpreise von Mannheim und Marbach am Neckar.

Im Schiller-Nationalmuseum in Marbach werden zahlreiche seiner Werke im Original aufbewahrt.

Öffentliche und sonst bedeutsame Gebäude in der Straße:

- Gasanstalt
  1902 wurde am südwestlichen Ende der damaligen Luisenstraße eine Gasanstalt zur Versorgung von Wiebelskirchen mit Haushaltsgas gebaut. Noch im gleichen Jahr wurde mit der Produktion begonnen und ein Teil des Leitungsnetzes in Betrieb genommen. Ebenfalls im gleichen Jahr wurden 97 Gaslaternen in den Straßen aufgestellt und 335 Häuser bekamen einen Gasanschluss. 1908 wurde die Kapazität der Anstalt durch Neu- und Umbauten erweitert. Die Verlängerung der Luisenstraße wurde dann auch Gasstraße genannt. 1938 konnte man das Gaswerk stilllegen, ab diesem Zeitpunkt wurde das Gas für die Gemeinde von der Saarferngas AG bezogen[S29]. Heute wird das Gebiet der ehemaligen Gemeinde Wiebelskirchen von der KEW Neunkirchen mit Gas versorgt.

- Evangelischer Kindergarten
  Der Kindergarten hinter dem evang. Pfarrhaus, dem Anwesen 35 a, wurde 1956 eröffnet. Er bietet 75 Kindergartenplätze. Zu der Einrichtung gehören eine Mehrzweckhalle und schönes Außengelände.

- Schillerschule
  1965 wurde an der Stelle, an der die 1872/76 erbaute Schule Wilhelmstraße stand, ein neues Schulgebäude für eine Katholische Volksschule erstellt. Das Gebäude wurde ab den 1970er Jahren als Hauptschule für Kinder aus Wiebelskirchen, Hangard und Münchwies genutzt. Heute ist in dem Gebäude nur noch eine der beiden Grundschulen in Wiebelskirchen untergebracht.

- Königreichssaal
  1992 erbaute die Religionsgemeinschaft der Zeugen Jehovas am südlichen Ende der Schillerstraße kurz vor der Einmündung in die Lessingstraße einen neuen Königreichssaal. Bis zu diesem Zeitpunkt befand sich das Versammlungs- und Gebetshaus der als Körperschaft des öffentlichen Rechts ausgewiesenen Glaubensgemeinschaft in der Heizengasse in Neunkirchen[S30].

S29 Hoppstädter: Heimatbuch Wi, vgl. Anm. A2, S. 265
S30 Wochenspiegel Neunkirchen vom 05. 04. 2006

Schinkelstraße Wi vorher Teil der Ziehwaldstraße, volkstümlich Pferdschenkelsgraben

Lage und Verlauf:
Die Schinkelstraße ist eine kleine Seitenstraße der Dunantstraße (früher Ziehwaldstraße), die als Sackgasse nach Osten in Richtung Ziehwald abzweigt. In der Straße stehen nur einige ältere Häuser.

Schinkelstraße Blickrichtung Bahnhof

Informationen zum Namen und zur Geschichte der Straße:
Vor 1954 hatte die kleine Sackgasse keinen eigenen Namen, sondern zählte zur Ziehwaldstraße. Im Zuge einer umfangreichen Neu- und Umbenennung von Straßen in Wiebelskirchen auf Anregung des Kultur- und Heimatrings erhielten zu diesem Zeitpunkt viele kleine bisher unbenamte Straßen einen Namen, so auch die jetzige Schinkelstraße[S31]. Sie wurde nach einem berühmten deutschen Baumeister benannt.
Volkstümlich wurde die kleine Straße Pferdschenkelsgraben genannt. Dies beruht auf einer Flurbezeichnung (1550 = „fertschinkel", 1739 = „Pferdtsschenkel", 1767 = „Auf dem Pferdsschinkel"), die es in diesem Bereich gibt.

Informationen zum Namensgeber:
Karl Friedrich Schinkel (13.03.1781 – 09.10.1841), deutscher Architekt und Maler, der fast ausschließlich in Preußen baute. Nach seinem Studium bereiste er von 1803 bis 1805 Deutschland, Italien und Frankreich. Ab 1810 arbeitete er bei der Preußischen Baubehörde, 1815

wurde er Geheimer Oberbaurat und in den dreißiger Jahren Oberbaudirektor. In dieser Funktion hatte er großen Einfluss auf das gesamte Bauwesen in Preußen. Seine Bauten prägten durch ihre Klarheit und Formenstrenge die damalige Baukunst in Deutschland. Schinkels Hauptwerke entstanden zwischen 1816 und 1830. Die frühen Bauten, wie die Neue Wache (1816-1818), das Schauspielhaus (1818-1821) und das Alte Museum in Berlin (1822-1830) sind im Stil des Klassizismus ausgeführt. Schinkel baute auch im zeitgenössischen Stil der Neugotik, z. B. die Werdersche Kirche (1825-1828). Zu seinen späten Werken zählt die Nikolaikirche in Potsdam (1830-1837). Alle Berliner Werke Schinkels wurden im 2. Weltkrieg schwer beschädigt oder zerstört.
Auch einige Bauwerke in unserem Raum gehen auf Schinkel zurück, z. B. die Kirche in Bischmisheim oder die Kapelle auf dem Felsen bei Serrig.

Schlackenplatz NK *heute zur Königstraße*
Siehe Königstraße

Schlägelswinkel We

Lage und Verlauf:
Die Straße Schlägelswinkel liegt im Wohngebiet Auf der Platt und zwar am südlichen Ende unmittelbar am Kasbruchtal.

Schlägelswinkel Blickrichtung Felsenrech

Informationen zum Namen und zur Geschichte der Straße:
Der Straßenname ist von einer Flurbezeichnung abgeleitet. Schlägelswinkel ist, wie viele Wellesweiler Flurnamen ein Rodungsname. Die Flur „Schlägelswinkel"

S31 Mathias: Die 1954 eingeführten Straßennamen, in: Heimatbuch Wi, vgl. Anm. A2, S. 148

liegt, anders als die Straße, nicht auf der Platt, sondern vor der Fels, zwischen Mühlwies und In der Forells.

Die ganze Siedlung auf der Platt wurde in den Jahren 1937/38 gebaut. Die Straßen erhielten eine Decke aus Teersplitt.

Am 22. 08. 1950 wurde in der Saarbrücker Zeitung über die schlechten Straßenverhältnisse und am 18. 03. 1952 über das Fehlen einer Kanalisation geklagt. In der Folgezeit wurden die Straßen geteert und später auch kanalisiert.

Schlafhausstraße Hei *ab 1935 bis 1945 Teil der Maria-Schnur-Straße, heute Teil der Grubenstraße*
Siehe Grubenstraße

Schlageterstraße Lu *heute Furpacher Straße*
Siehe Furpacher Straße

Informationen zum damaligen Namensgeber:
Albert Leo Schlageter (12.08.1894 – 26.05.1923); Kriegsfreiwilliger im 1. Weltkrieg, dann Offizier. Er wurde während des Ruhrabwehrkampfes von den Franzosen der Sabotage beschuldigt und standrechtlich erschossen.
Als Deutschland die im Versailler Vertrag festgelegten Reparationszahlungen nicht mehr hatte leisten können, hatten französische und belgische Truppen am 11. 01. 1923 das Ruhrgebiet besetzt.
Die Reichsregierung forderte die Bevölkerung daraufhin zum passiven Widerstand auf. Unabhängig davon gab es aktivistische Handlungen durch Einzelne oder Gruppen (Werkssabotage, Sprengungen usw.). Von den Nationalsozialisten wurde Schlageter als Märtyrer für die Freiheit Deutschlands gefeiert.

Schlageterstraße Wi *vorher teilweise Sedanstraße, Auf der Höh, heute Rembrandtstraße*
Siehe Rembrandtstraße

Informationen zum damaligen Namensgeber:
Siehe Schlageterstraße Lu

Schlawerie NK *oder Schlaverie, heute Sinnerthaler Weg*
Siehe Sinnerthaler Weg

Schlesierweg Wi *heute Mecklenburger Weg*
Lage – siehe Mecklenburger Weg

Schlesierweg NK vorher Am Ehrenfriedhof

Lage und Verlauf:
Die Straße zweigt kurz vor der Spieser Höhe von der Spieser Straße nach Westen als Sackgasse ab. Am Ende vollzieht sie eine Schwenkung nach Norden.

Schlesierweg mit Hochhaus am Straßenende

Informationen zum Namen und zur Geschichte der Straße:
Am Ende des heutigen Schlesierweges befand sich früher ein Ehrenfriedhof, der während des 2. Weltkrieges angelegt worden war. Deshalb hieß der dorthin führende schmale Weg früher auch Am Ehrenfriedhof. Dieser Straßenname war nach einem Rundschreiben des Bürgermeisters vom 15. 07. 1955 im gleichen Jahr festgelegt worden.

Nachdem der Ehrenfriedhof Ende der 1950er Jahre aufgelöst worden war, konnte eine Bebauung der Straße mit Ein- und Zweifamilienhäusern beginnen. Lediglich am Ende der Straße wurde ein mehrgeschossiger Wohnblock erstellt.

Nach Auflösung des Ehrenfriedhofs beschloss der Stadtrat in einer Sitzung am 04. 03. 1960, auch die Straße in Schlesierweg umzubenennen.

Dabei wurde weiter festgelegt, dass weitere Straßen, die in diesem Bereich entstehen würden, ebenfalls nach ehemals deutschen Landschaften im Osten benannt werden sollen.

Informationen zum namensgebenden Gebiet:
Schlesien, historische Landschaft im östlichen Mitteleuropa, im Einzugsgebiet der oberen und mittleren Oder. Namensgebend für die Region waren wahrscheinlich

die Silingen, ein Teilstamm der Wandalen, der vom 3. Jahrhundert v. Chr. bis ins 4. Jahrhundert n. Chr. an der Oder siedelte.

Infolge der drei Schlesischen Kriege (1740-1763) fiel fast ganz Schlesien von Österreich an Preußen und kam damit später zu Deutschland.

Nach dem 2. Weltkrieg kam auf der Grundlage des Potsdamer Abkommens ganz Schlesien östlich der Lausitzer Neiße (Oder-Neiße-Linie) an Polen; über drei Millionen Deutsche wurden aus Schlesien vertrieben. Nur der westlich der Oder-Neiße-Linie gelegene Teil Niederschlesiens blieb bei der DDR und gehört heute zu den Bundesländern Sachsen und Brandenburg.

Öffentliche oder sonst bedeutsame Einrichtungen an der Straße:

- Ehrenfriedhof
  Um 1940 war in der Nähe der Spieser Höhe, etwa an der Stelle an der heute das Hochhaus im Schlesierweg steht, ein Ehrenfriedhof für ca. 450 gefallene deutsche Soldaten angelegt worden. Ursprünglich war beabsichtigt, an dieser Stelle einen neuen Hauptfriedhof für die Stadt anzulegen.
  Diese Planung wurde jedoch durch den beginnenden Krieg hinfällig.
  1959 wurden ca. 350 Kriegstote vom Ehrenfriedhof Neunkirchen auf den zentralen Soldatenfriedhof bei Besch umgebettet. Die sterblichen Überreste anderer Soldaten wurden auf Friedhöfe ihrer Heimatgemeinden überführt und wieder andere auf dem Neunkircher Hauptfriedhof auf der Scheib beerdigt und der Ehrenfriedhof dann 1959 aufgehoben[S32].

Schloßgartenweg NK *nicht mehr existent*

Lage und Verlauf:

Der Schloßgartenweg führte von der Ecke Oberer Markt/ Kriershof zur Alleestraße.

Der Weg lief zunächst ansteigend in südlicher Richtung parallel zum Oberen Markt, zu dem hin er mit einer Stützmauer abgegrenzt war, bog dann nach Westen ab und führte quer durch das heutige Rathausgelände zur Alleestraße.

S32 Ulrich u. Meiser: NK anno dazumal, vgl. Anm. F9, S. 159

Informationen zum Namen und zur Geschichte der Straße:

Das Gelände war früher Teil des Schlossgartens. In einem Grundriss über projektierte Straßen im Bereich des Oberen Marktes in Neunkirchen vom 05. 12. 1864 ist die Trasse des Schloßgartenweges noch nicht eingezeichnet[S33]. Der Weg wurde erst nach Parzellierung des Schlossgeländes angelegt und die dort stehenden Häuser ab 1873 gebaut.

Als der Ortsbaumeister Riemann dem Bürgermeister Jongnell von Neunkirchen am 15. 05. 1879 die Beschaffung von Namensschildern für 49 Straßen und 8 Wohnplätze vorschlug, tauchte auch der Name Schloßgartenweg in dieser Aufstellung zum ersten Mal auf. Für die Straße mussten damals schon 2 Straßenschilder jedoch keine Hausnummernschilder beschafft werden[S34]. Offenbar gab es zu diesem Zeitpunkt noch keine Häuser an der Straße. In einem Ortsplan von Neunkirchen aus dem Jahre 1883 ist der Weg dann eingezeichnet und als Schloßgartenweg bezeichnet[S35].

Für den Bau des neuen Rathauses Anfang der 1960er Jahre wurde der Weg mit den dort stehenden Gebäuden beseitigt.

Schloßparkanlage NK *früher Alter Kath. Friedhof, zeitweise (1936 – 1945) Horst-Wessel-Park, heute als Park nicht mehr existent*

Lage:

Die Anlage lag an der Südseite der Schloßstraße zwischen Knappenstraße und Brauereistraße.

Informationen zum Namen und zur Geschichte des Parks:

Den Namen hat man gewählt, weil der Park an der Schloßstraße liegt und als Hinweis darauf, dass hier in unmittelbarer Nähe einmal das Barockschloss Jägersberg stand.

Ursprünglich befand sich seit 1832 auf dem Gelände des späteren Parks der alte kath. Friedhof von Neunkirchen. Dieser Friedhof war 1831 angelegt worden, als auf Anordnung des Kgl. Landrats von Ottweiler alle Kirchhöfe zur Vermeidung von Ansteckungsgefahr durch Cholera außerhalb der bebauten Ortslage verlegt werden mussten[S36].

S33 Projektierte Straßen 1864, vgl. Anm. A13
S34 Beschaffung von Straßenschildern 1879, vgl. Anm. A8
S35 Situationsplan NK 1883, vgl. Anm. A4
S36 Krajewski Bernhard: Von den alten Friedhöfen in Neunkirchen, in Neunkircher Hefte Nr. 4, Verkehrsverein Neunkirchen, Neunkirchen 1977

Davor hatte der kath. Kirchhof hinter der alten Marienkirche gelegen. 1882 wurde der Friedhof an der Schloßstrasse zugunsten des neuen kath. Friedhofs am Oberen Friedhofsweg aufgegeben.

Als der alte Friedhof 1936 abgeräumt wurde, fanden sich dabei die Grabstätten einiger Bürger, die für die geschichtliche Entwicklung der Stadt von Bedeutung waren: Maire Couturier, Oberförster Friedrich Wilhelm Utsch, Karl Drunzer, Wilhelm Leidner[S37].

Der Park auf dem früheren Friedhofsgelände wurde 1935/36 angelegt und bereits am 29. 01. 1935 Horst-Wessel-Park genannt[S38]. Zeitweise war der Park auch Standort des heute auf dem Unteren Markt stehenden Kriegerdenkmals für die Gefallenen des Krieges 1870/71.

Nach dem 2. Weltkrieg wurde das Gelände als Parkplatz benutzt. In den 1960er Jahren bis 1979 stand auf dem Gelände das Haus Schloßpark, ein Hotel – und Gaststättenbetrieb mit großem Veranstaltungssaal, der im Volksmund „das Kolpinghaus der SPD" genannt wurde. Das Haus Schloßpark wurde 1979 zum Teil abgebrochen. Nach einem Umbau des Restes, sind in dem Gebäude nun verschiedene Firmen untergebracht.

In dem an die Brauereistraße angrenzenden Teil des Geländes befinden sich heute eine Rollschuhbahn und ein Spielplatz.

Schloßstraße NK zeitweise (Mitte des 19. Jh.) Teil des Schloßweges

Lage und Verlauf:

Die Schloßstraße führt vom Oberen Markt, gegenüber der Einmündung Heizengasse, entlang des Rathauses Neunkirchen in südlicher Richtung bis zur Einmündung der Talstraße in die Spieser Straße. Dabei ist das erste Teilstück zwischen Oberer Markt und Einmündung Alleestraße Fußweg bzw. eine schmale Zufahrt zum Innenhof des Rathauses.

Informationen zum Namen und zur Geschichte der Straße:

Die Straße hat ihren Namen von dem ehemals an der westlichen Seite der heutigen Straße stehenden Barockschloss Jägersberg.

Die Tranchot-Karte von 1818 zeigt, dass die Straße damals zwar schon angelegt, aber noch völlig unbebaut

Schloßstraße Blickrichtung Alleestraße, im Hintergrund das Rathaus

war[S39]. In einem Grundriss über projektierte Straßen im Bereich westlich des Oberen Marktes in Neunkirchen vom 05. 12. 1864 sind der heutige vordere Teil der Irrgartenstraße, die Alleestraße und die Schloßstraße durchgehend als Schloßweg bezeichnet[S40].

Als der Ortsbaumeister Riemann dem Bürgermeister Jongnell von Neunkirchen am 15. 05. 1879 die Beschaffung von Namensschildern für 49 Straßen und 8 Wohnplätze vorschlug, tauchte der Straßenname in dieser Aufstellung ebenfalls auf. Für die Straße mussten damals schon 3 Straßenschilder und 49 Hausnummernschilder beschafft werden[S41].

In der zeitlichen Abfolge ist die nächste erhaltene Karte ein Situationsplan von Neunkirchen aus dem Jahre 1883. In diesem sind die Straße und der Straßenname in ihrer jetzigen Form zum ersten Mal auf einer Karte nachweisbar[S42].

Über das Gelände des heute als Fußweg ausgebauten Teils der Schloßstraße zwischen der Einmündung Alleestraße und der Einmündung Oberer Markt/Marktstraße führte auch früher schon ein Fußpfad. Dieser sollte 1855 als befahrbarer Weg ausgebaut werden. Darüber gab es Streit mit einzelnen Grundeigentümern, die letztlich 1865 enteignet wurden, so dass der Weg in einer Breite von 18 Fuß (5,63 m) gebaut werden konnte[S43].

Als die neue Pauluskirche nach dem 2. Weltkrieg und

S37   Neunkircher Zeitung v. 31. 12. 1936
S38   Saar- und Blieszeitung v. 30. 01. 1935

S39   Krajewski: Stadtbuch 1955, vgl. Anm. A12, S. 113
S40   Projektierte Straßen 1864, vgl. Anm. A13
S41   Beschaffung von Straßenschildern 1879, vgl. Anm. A8
S42   Situationsplan NK 1883, vgl. Anm. A4
S43   StA Neunkirchen, Best. Varia Nr. 373

das neue Rathaus 1962 gebaut waren, wurde dieser Teil der Straße erneut Fußweg.

Nach einem Eintrag im Beschlussbuch der Gemeinde Neunkirchen vom 13. 08. 1884 begann der Ausbau der Schloßstraße mit der Pflasterung von Rinnen.

Öffentliche oder sonst bedeutsame Gebäude an der Straße:

- Barockschloss Jägersberg

  Fürst Wilhelm Heinrich von Nassau-Saarbrücken hatte dieses repräsentative Schloss zwischen 1753 und 1765 durch seinen Baumeister Friedrich Joachim Stengel erbauen lassen. Das Schloss diente dem Saarbrücker Hofstaat oft zu Jagdaufenthalten weshalb ihm Fürst Ludwig (der Sohn und Nachfolger von Wilhelm Heinrich) am 23. August 1777 offiziell den Namen „Jägersberg" gab[S44]. Im Gegensatz zum Saarbrücker Schloss, dem Schloss Karlsberg in Homburg und anderen Schlössern in unserem Raum ging das Schloss Jägersberg 1793 bei der Besetzung durch französische Revolutionstruppen nicht in Flammen auf, sondern wurde „nur" ausgeplündert. Das Schlossgebäude mit allen Liegenschaften ging in französisches Staatseigentum über. Der englische Adelige Lord Thornton, der das Schloss 1802 erwerben und restaurieren wollte, erhielt jedoch keinen Zuschlag. Eigentümer des Schlosses und des dazugehörigen Landbesitzes wurde vielmehr im Juli 1803 zum Preis von 11 000 Franken der in der napoleonischen Zeit aus Saargemünd als Maire nach Neunkirchen gekommene Franz Couturier, der auch nach 1816 als Bürgermeister unter den Preußen in Neunkirchen blieb. Das Schloss verfiel und wurde von der infolge der rasanten Industrialisierung rasch wachsenden Bevölkerung, die Wohnraum brauchte, als Steinbruch und Materialquelle benutzt und bis zum letzten Brett demontiert. Übrig blieben nur einige Mauerreste. Wer heute durch die Schloßstraße geht, kann nicht erkennen, dass hier einmal ein Schloss gestanden hat. Vom Schloss selbst gibt es keine authentischen Zeichnungen oder Pläne mehr, lediglich eine zeichnerische Rekonstruktion von Prof. Dieter Heinz, Saarbrücken. Nach allen vorliegenden Erkenntnissen handelte

es sich bei dem Schloss Jägersberg um ein sehr repräsentatives und prachtvolles Gebäude.

Zum exakten Standort des Schlosses werden in der Literatur zwei Ansichten vertreten. Während Heinz die Ansicht vertritt, der Mittelrisalit des Schlosses habe genau über dem Kellergewölbe des heutigen Anwesens Schlossstrasse 22 gestanden[S45], verlegt Reinhard Schneider den Standort auf Grund von Messungen des Leiters der Außenstelle Neunkirchen des Landesamtes für Kataster-, Vermessungs- und Kartenwesens, Hans Werner Dußing, den Standort ca. 9 – 11 m weiter nach Nordwesten und damit in den Hofbereich der heutigen Häuser der Schloßstrasse[S46].

Goethe, der Neunkirchen im Sommer 1770 einen Besuch für eine Nacht abstattete und dabei längere Zeit im Dunkeln auf der Terrasse des Schlosses saß, schilderte seine Empfindungen bei diesem Besuch im 10. Buch von Dichtung und Wahrheit:

„ungeachtet aller Mannigfaltigkeit und Unruhe des Tages konnte ich hier noch keine Rast finden. Ich überließ meinen Freund einem glücklichen Schlafe und suchte das höher gelegene Jagdschloß. Es blickt weit über Berg und Wälder hin, deren Umrisse nur an dem heiteren Nachthimmel zu erkennen, deren Seiten und Tiefen aber meinem Blick undurchdringlich waren. So leer als einsam stand das wohlerhaltene Gebäude; kein Kastellan, kein Jäger war zu finden. Ich saß vor den großen Glasthüren auf den Stufen, die um die ganze Terrasse hergehn. Hier, mitten im Gebirg, über einer waldbewachsenen finstern Erde, die gegen den heitern Horizont einer Sommernacht nur noch finsterer erschien, das brennende Sternengewölbe über mir, saß ich an der verlassenen Stätte lange mit mir selbst und glaubte niemals eine solche Einsamkeit empfunden zu haben".

Außerdem gibt es eine Beschreibung des Schlosses durch den Freiherrn von Knigge in seinen „Briefen auf einer Reise von Lothringen nach Niedersachsen" in denen er etwa 1786 schrieb:

S44 LHA Koblenz, Best. N-S 22/4350

S45 Heinz, Dieter: Die Rekonstruktion des Neunkircher Barockschlosses, in: Festschrift für Karl Lohmeyer, Saarbrücken 1954, S. 176 - 186

S46 Schneider, Reinhard: Ein saarländisches Sanssouci. Das untergegangene Neue Schloss in Neunkirchen, in: Stadtbuch 2005, vgl. Anm. B7, S. 425 - 448

"Das massive Gebäude ist in der Form eines halben Mondes gebaut, hat auf beyden Flügeln nur ein Erdgeschoss, dahingegen in der Mitte noch eine Etage aufgesetzt".

Der bereits erwähnte Lord Thornton bezeichnete 1802 in einem Brief an den Earl of Darlington das Neunkircher Stengel-Schloss als *„eines der schönsten modernen Bauwerke, das man sich vorstellen kann".*

Im Haus Nr. 22 befand sich lange eine Gaststätte, die auch den Namen Schloß Jägersberg führte, später erhielt sie den Namen Seemannsheim.

- Schloßschule

Bis in die 2. Hälfte des 20. Jh. stand an der Südseite der Straße schräg gegenüber der Einmündung der Alleestraße die Schloßschule. Während Bernhard Krajewski den Bau der Schule auf das Jahr 1853 datiert, ist sie nach Theo Schwinn 1822 erbaut und 1853, 1868 und 1872 erweitert worden. Viele Generationen haben hier ihre Volksschulbildung erhalten. Nach dem 2. Weltkrieg diente die Schloßschule fünf Jahre der „Oberschule für Jungen" als Schulgebäude.

1971 wurde das baufällig gewordene Gebäude abgerissen. Am früheren Standplatz der Schule befindet sich heute ein Parkplatz für Rathausbesucher und -bedienstete.

- Jägermeisterhaus

Etwa 1746 oder 1747, als die Pläne für das neue Schloss Jägersberg schon weit fortgeschritten waren, entstand auch der Plan, für den Jägermeister in der Nähe des Schlosses ein repräsentatives Haus zu bauen. Der Plan für das Haus stammt, wie der Plan für das Schloss, von Friedrich Joachim Stengel. Das Gebäude war zweigeschossig und hatte ein Walmdach. Es diente nach seiner Fertigstellung zu Jagdzeiten dem fürstlichen Oberforstmeister Georg Wilhelm von Maldiß (Maltitz) und seinen Nachfolgern als Dienstsitz und Wohnung. Später diente das Haus als evangelisches Pfarrhaus der Pauluskirchengemeinde. Im Volksmund wurde das Gebäude wegen seiner Schönheit allgemein als das Schlöss'chen bezeichnet. In den 1940er Jahren befand sich im Jägermeisterhaus die Kreisleitung der NSDAP[S47]. Es wurde 1945 durch Bomben stark beschädigt,

die Ruine später leider abgerissen. Es war das einzige repräsentative Gebäude der Stadt, das aus der Fürstenzeit bis kurz vor Kriegsende unverändert erhalten geblieben war. An der Stelle des Jägermeisterhauses steht heute die 1955 erbaute neue Pauluskirche.

- Evangel. Pauluskirche

Die früher an der Ecke Oberer Markt/Heizengasse stehende Pauluskirche wurde im 2. Weltkrieg durch Bomben zerstört. Als Ersatz wurde 1953/55 auf dem Platz, auf dem zuvor das Jägermeisterhaus gestanden hatte, eine neue Pauluskirche erbaut. Entwurf und Ausführung lagen in den Händen von Architekt Prof. Krüger. Das neue Gotteshaus hat 350 Sitzplätze. Es wurde am 06. 11. 1955 eingeweiht[S48].

- Kindergarten

Bei der evang. Kirche befindet sich im Anwesen Schloßstraße 1 ein evang. Kindergarten, der 40 Kindergartenplätze bietet.

- DRK-Heim

Seit 1978 befindet sich in den Anwesen 50 und 52, zwei eingeschossigen Häusern, das DRK-Heim des Ortsvereins Neunkirchen. Vor 1945 wurde in den Gebäuden die Hitlerjugend geschult und nach dem Krieg betrieb die Régie des Mines de la Sarre hier eine Bergvorschule. Etwa 1970 richteten Eltern hier eine Werkstatt für ihre geistig behinderten Kinder ein, die die Lebenshilfe übernahm. Ab 1978 mietete das Rote Kreuz den Komplex und erwarb ihn 1980 käuflich.

- Haus Schlosspark/ehem. katholischer Friedhof
Siehe Schloßparkanlage

Schloßweg NK *heute Teil der Schloßstrasse, der Alleestraße und der Irrgartenstraße*

Lage und Verlauf:

In einem Grundriss über projektierte Straßen im Bereich westlich des Oberen Markte in Neunkirchen vom 05. 12. 1864 sind der heutige vordere Teil der Irrgartenstraße, die Alleestraße und die Schloßstraße durchgehend als Schloßweg bezeichnet[S49].

15 Jahre später, als der Ortsbaumeister Riemann dem Bürgermeister Jongnell von Neunkirchen am 15. 05. 1879 die

---

S47 Saarländische Tageszeitung v. 04. 10. 1941

S48 Saarbrücker Zeitung v. 05. 11. 1955
S49 Projektierte Straßen 1864, vgl. Anm. A13

Beschaffung von Namensschildern für 49 Straßen und 8 Wohnplätze vorschlug, gab es in dieser Aufstellung den Schloßweg nicht mehr, jedoch die Schloßstraße, die Alleestraße und die Irrgartenstraße[S50].

Schmaler Weg NK *heute Rollerstraße*
Siehe Rollerstraße

Schmidt'scher Weg *heute Teil der Hospitalstraße*
Siehe Hospitalstraße

Schnokedell Lu *volkstümlich für Wetzelstraße, zeitweise Friedrich-Schwitzgebel-Straße*
Siehe Wetzelstraße

Schubertstraße NK *existiert nicht mehr*

Lage und Verlauf:
Die Schubertstraße verband in Höhe des heutigen NVG-Geländes die Wellesweilerstraße mit der Norduferstraße.

Informationen zum Namen und zur Geschichte der Straße:
Nach den Stadtplänen von 1902 und 1905 sollten die Goethestraße und die heutige Kleiststraße (damals Schillerstraße) nach Osten über die Mozartstraße hinaus als parallele Straßen zwischen Wellesweilerstraße und Norduferstraße fortgesetzt werden. Dabei sollte die Verlängerung der Goethestraße ab Haydnstraße Körnerstraße und die Verlängerung der Schillerstraße ab Haydnstraße Arndtstraße heißen. Nach der heute tatsächlich vorhandenen Händelstraße sollte es in östlicher Richtung weitere Querstraßen von der Wellesweilerstraße zur Norduferstraße geben und zwar Schubertstraße, Lortzingstraße, Schumannstraße, Meyerbeerstraße, Weberstraße und Flotowstraße. Diese Straßennamen wurden in einer Sitzung des Stadtrates am 24. 04. 1903 schon festgelegt, obwohl die Straßen erst geplant waren[S51]. Außer der auch heute noch existenten Flotowstraße wurde von diesen östlich der Haydnstraße geplanten Straßen lediglich noch die Schubertstraße gebaut. In den Stadtplänen von 1926 bis 1974 ist die Straße auch eingezeichnet. Dann wurde sie aufgegeben. Heute bildet sie nur noch die Einfahrt zum Gelände der NVG von der Wellesweilerstraße her.

Informationen zum Namensgeber:
Siehe Schubertstraße Wi

Schubertstraße Wi *vorher Georgstraße, davor Branntweingasse*

Lage und Verlauf:
Im unteren (westlichen) Teil der Bexbacher Straße zweigen mehrere kleine Straßen (Sackgassen) nach Norden ab, die alle nach berühmten Komponisten benannt sind. Die Schubertstraße ist nur ca. 200 m lang.

Schubertstraße aus Richtung Bexbacher Straße

Informationen zum Namen und zur Geschichte der Straße:
Bis 1895 gab es in Wiebelskirchen keine Straßenbezeichnungen. Im ganzen Ort gab es Bezirke, die ohne weitere Nummerierung ein Finden von Häusern ermöglichten. So wurde der Bereich der heutigen Brucknerstraße zusammen mit der heutigen Schubertstraße Branntweingasse genannt[S52].

Diese volkstümliche Bezeichnung ist nach Meinung des Wiebelskircher Heimatforschers Kurt Hoppstädter auf frühere trinkfeste Bewohner dieser Straßen zurückzuführen. Danach sei der Konsum geistiger Getränke in dieser Straße überdurchschnittlich gewesen[S53].

Mit der Einführung der Straßennamen erhielten die beiden Sträßchen eigene Namen, nämlich Jakobstraße und Georgstraße nach den Vornamen früherer Bewohner. Mit den neuen Straßennamen wurde auch eine straßenweise Nummerierung der Wohnanwesen

S50 Beschaffung von Straßenschildern 1879, vgl. Anm. A8
S51 Saar- und Blieszeitung v. 25. 04. 1903

S52 Bürgerbuch Wi, vgl. Anm. A1, S. 221 - 223
S53 Hoppstädter: Heimatbuch Wi, vgl. Anm. A2, S. 141

vorgenommen, wobei freie Baustellen berücksichtigt wurden.

Auf Initiative des Kultur- und Heimatrings Wiebelskirchen wurden 1954 eine Reihe von Straßen neu- bzw. umbenannt. Zur leichteren Orientierung wurden ein Dichter-, ein Musiker- und ein Malerviertel geschaffen. Die Straßen nördlich der Bexbacher Straße wurden nach Musikern benannt, so die bisherige Georgstraße nach dem Komponisten Franz Schubert[S54].

Informationen zum Namensgeber:

Franz Schubert (31.01.1797 – 19.11.1828), österreichischer Komponist. Er ist der Schöpfer vieler Lieder, ist aber auch berühmt als Instrumentalkomponist. Sein Schaffen markiert den Übergang zwischen Klassik und Romantik, seine Lieder zählen zu den wichtigsten Werken dieser Gattung. Er hinterließ ca. 2000 Instrumental- und Gesangswerke. Er starb 32-jährig in Wien an Typhus. Obwohl Schuberts Werk in zeitlicher Nähe zu den Meistern der Wiener Klassik Wolfgang Amadeus Mozart und Joseph Haydn steht, an die seine frühen Werke anknüpfen, stellt es doch den entscheidenden Durchbruch zum romantischen Kunstverständnis des 19. Jahrhunderts dar. Während seine Opern und Singspiele heute fast vergessen sind, hatten vor allem seine Lieder großen Einfluss auf die Komponisten des 19. Jahrhunderts, z. B. auf Robert Schumann, Johannes Brahms und Hugo Wolf.

Schützenhausweg NK vorher An der Altmühl, Am Schützenhaus

Lage und Verlauf:

Die Straße zweigt in der Nähe der Fernstraße von der Straße Unten am Steinwald nach Osten ab, verläuft dann großenteils parallel zur Straße Unten am Steinwald und mündet am östlichen Ende in die Zoostraße.

Informationen zum Namen und zur Geschichte der Straße:

Mit der Erschließung des Siedlungsgebietes östlich der heutigen Fernstraße unterhalb des Steinwaldes war 1905 mit dem Bau einer Eisenbahnersiedlung in der Jahnstraße begonnen worden.

Die übrigen Straßen in diesem Bereich wurden alle erst nach dem 1. Weltkrieg angelegt. Der heutige Schüt-

Schützenhausweg Blickrichtung Zoostraße

zenhausweg ist erst Ende der 1920er Jahre entstanden. Am 16. 03. 1928 beschloss der Stadtrat ein Anleiheprogramm zum Ausbau mehrerer Straßen u. a. der Straße An der Altmühl.

Die Straße erhielt zunächst ihren ersten Namen in Anlehnung an die dort liegende Flurbezeichnung „Bei der Altmühl". Die Flurbezeichnung orientiert sich an einer alten Mühle, die im unteren Teil des Wagwiesentals stand. Durch den Park Wagwiesenthal führt der Altmühlerweg über einen andeutungsweise noch vorhandenen, quer durch das Tal verlaufenden Damm, durch den früher das Wasser des Krebsbachs für die unterhalb liegende Mühle gestaut war[S55]. Die Straße An der Altmühl war die Fortsetzung des Altmühlerweges nach Osten.

Nach der Übernahme der Macht durch die Nationalsozialisten 1935 im Saargebiet wurde eine Reihe von Straßen umbenannt, überwiegend aus politischen Gründen, zum kleineren Teil ohne solche Motive. Bei dieser Gelegenheit wurde die bisherige Straße An der Altmühl in Am Schützenhaus umbenannt[S56].

Unmittelbar nach Ende des 2. Weltkrieges wurde die Straße erneut umbenannt. Sie erhielt jetzt den Namen Schützenhausweg und behielt diesen Namen auch bis zum heutigen Tag. Das Schützenhaus, auf das sich der Straßenname bezieht, stand an der Ecke Schützenhausweg und heutige Max-Planck-Straße. 1904 hatte der Eckersberger Schützenverein, der seinen Schießstand vorher im Bereich Kohlwald hatte, dieses Schützenhaus mit Schießstand am Steinwald gebaut. Durch den 1.

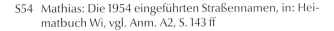

S54 Mathias: Die 1954 eingeführten Straßennamen, in: Heimatbuch Wi, vgl. Anm. A2, S. 143 ff

S55 Fried, Werner: Mühlen in NK, vgl. Anm. A17
S56 Saar- und Blieszeitung v. 30. 01. 1935

Weltkrieg war der Sportbetrieb unterbrochen worden und nach dem Krieg kam er auch nicht mehr zustande. 1927 wurde der Verein förmlich aufgelöst. Das alte Schützenhaus stand als Privatgebäude noch bis 1978. Es wurde dann abgerissen. An dieser Stelle stehen heute Reihenhäuser, die zur Max-Planck-Straße zählen.

1959 wurde die Schützengilde Neunkirchen gegründet, die sich der Tradition des ehemaligen Eckersberger Schützenvereins verpflichtet fühlt und sich deshalb Eckersberger Schützengilde nennt. Ihr Schützenhaus befindet sich jetzt in Wellesweiler[S57].

Im 19. Jh. gab es in Neunkirchen mehrere Schulgärten; dies waren gemeindeeigene Anlagen, in denen auch Obstbäume für den gemeindlichen und auch für den privaten Bedarf herangezogen wurden. Einer dieser Schulgärten mit ca. 200 Obstbäumen lag zwischen dem heutigen Schützenhausweg und der Straße Unten am Steinwald. Der Ertrag dieser Bäume wurde im Herbst an Neunkircher Bürger „auf dem Baum" versteigert[S58]. Infolge der Baulanderschließung für den Wohnungsbau verschwand diese Anlage völlig.

Schützenstraße Wi heute Teil der Römerstraße
Siehe Römerstraße

Schulers Gasse NK auch Schulers Treppchen, davor Brunnenpfad, heute derTreppenteil des Steinbrunnenwegs
Siehe Steinbrunnenweg

Schulstraße Ha heute Pastor-Seibert-Straße
Siehe Pastor-Seibert-Straße

Schulstraße Hei heute Stollenweg
Siehe Stollenweg

Schulstraße Lu heute Eduard-Didion-Straße
Siehe Eduard-Didion-Straße

Schulstraße Mü, zeitweise (1935 – 1945) Hindenburgstraße, volkstümlich Hahnen

Lage und Verlauf:
Die Schulstraße beginnt in der Ortsmitte am Übergang

S57 Krajewski: Plaudereien 4, vgl. Anm. B50, S. 9 ff
S58 Krajewski: Plaudereien 3, vgl. Anm. B7, S. 37

der Kirchstraße in die Friedhofstraße, verläuft von dort ständig bergab in westlicher Richtung bis zum Ortsausgang und geht dort in einen Feldweg über.

Schulstraße aus Richtung Friedhostraße

Informationen zum Namen und zur Geschichte der Straße:

Die Straße hat ihren Namen von der an ihr liegenden Grundschule des Ortes.

In der Saarbrücker Zeitung vom 22. 09. 1955 schrieb der Münchwieser Heimatforscher Georg Moritz: *„An der Schwelle des 19. Jahrhunderts hatte Münchwies vier Hauptstraßen:*

- *Nach Norden führte die Straße „Hintereck" bis zum Matzenberg (das ist die heutige Kirchstraße),*
- *die nach Süden führende Straße hieß „Godthal" und führte zum Kirchhof (das ist die heutige Friedhofstraße),*
- *die Straße, die nach Osten führte, hieß „Obereck" (das ist die heutige Turmstraße) und*
- *jene nach Westen „Hahnen" (das ist die heutige Schulstraße)."*

Diese alten Bezeichnungen, die noch keine offiziellen Straßennamen waren, findet man auch im Münchwieser Flurnamenverzeichnis.

Nach der Volksabstimmung vom 13. Januar 1935 und dem Wiederanschluss des Saargebietes an das Deutsche Reich wurden in Neunkirchen und anderen Orten des Saargebietes Straßen nach Nazi-Größen oder –Märtyrern oder nach dem Abstimmungsdatum benannt. In Münchwies beschloss der Gemeinderat am 25. 01. 1935, also schon lange vor der tatsächlichen Rückgliederung am 01. 03. 1935, dem Polizeiverwalter einige Straßenumbenennungen vorzuschlagen. So wurde die

bisherige Schulstraße nach dem vorherigen Reichspräsidenten und General des 1. Weltkrieges, Paul von Hindenburg, benannt[S59].
Unmittelbar nach Kriegsende erhielt sie ihren alten Namen zurück.

Öffentliche oder sonst bedeutsame Gebäude in der Straße:

- Schulgebäude
  Nach der Saar- und BliESzeitung vom 25. 04. 1903 beschloss die Gemeindevertretung von Münchwies in einer Sitzung im April 1903 die Errichtung eines einklassigen Schulhauses mit Wohnung für einen verheirateten und einen unverheirateten Lehrer. Die Gemeinde stellte das entsprechende Grundstück und den Gemeindesteinbruch zur Gewinnung der Bruchsteine zur Verfügung. In der Schule wurden die Kinder bis zur 8. Klasse unterrichtet.
  1955/56 wurde das alte Gebäude abgerissen und durch ein neues Schulhaus ersetzt. Zuletzt befand sich in dem Gebäude bis 2005 die Grundschule Münchwies.
  Durch eine Änderung des Schulordnungsgesetzes v. 11. 05. 2005 wurde gegen den Widerstand von Eltern und Kommune mit Ablauf des Schuljahres 2004/05 die Grundschule in Münchwies geschlossen. Seither gehen die Grundschüler nach Frankenholz in der Nachbargemeinde Bexbach in die Schule.
- Mehrzweckhalle
  Die Mehrzweckhalle unmittelbar bei der Schule wurde am 07. 02. 2003 nach nur 10-monatiger Bauzeit ihrer Bestimmung übergeben. Die 27 X 15 große Halle kostete 1,75 Millionen Euro. Nutznießer sollten in erster Linie die örtlichen Vereine und die damals daneben liegende Grundschule Münchwies sein.

Schulstraße NK *heute Am steilen Berg*
Siehe Am steilen Berg

Schulstraße We *dann In der Forrels, heute Ernst-Blum-Straße*
Siehe Ernst-Blum-Straße

S59 Beschlussbuch Gemeinde Münchwies, vgl. Anm. A18

Schumannstraße Wi

Lage und Verlauf:
Es handelt sich um eine nur ca. 150 m lange neue Sackgasse, die nach Süden von der Bexbacher Straße abzweigt.

Schumannstraße aus Richtung Bexbacher Straße

Informationen zum Namen und zur Geschichte der Straße:
Die Straße ist erst Ende der 1970er Jahre entstanden.
Auf Beschluss des Stadtrates vom 24. 09. 1980 erhielt die neue Straße entsprechend der übrigen dort liegenden Straßen mit Musikernamen den Namen Schumannstraße. Als Alternative war damals von der Verwaltung auch der Name Am Kröppchen entsprechend einer dort vorhandenen Flurbezeichnung in Vorschlag gebracht worden.

Informationen zum Namensgeber:
Schumann Robert (1810 – 1856), deutscher Komponist. Schumann war ab 1843 Lehrer am Leipziger Konservatorium, ab 1847 Dirigent in Dresden und ab 1850 städtischer Musikdirektor in Düsseldorf. Nach einem Selbstmordversuch 1854 lebte er in einer Heilanstalt. Er war mit der Pianistin und Komponistin Clara Wieck (1819 – 1896) verheiratet. Schumann war ein Meister der Hochromantik. Er komponierte Sinfonien, Klavierkonzerte, Kammermusik, Chorwerke und Liedzyklen.

Schwalbenweg NK

Lage und Verlauf:
Der Schwalbenweg beginnt am Weidenweg in unmit-

telbarer Nähe des Storchenplatzes, führt von dort ca. 100 m nach Westen und biegt dann nach Norden ab, um nach weiteren ca. 20 m in den Stieglitzweg zu münden.

Schwalbenweg Blickrichtung Stieglitzweg

Informationen zum Namen und zur Geschichte der Straße:

Der Schwalbenweg gehört zum Straßensystem um den Storchenplatz, dessen Bebauung mit einem Bebauungsplan 1951 begann.

Zu diesem Straßensystem gehören neben dem Schwalbenweg, der Nachtigallenweg, der Meisenweg, der Amselweg, der Lerchenweg, der Finkenweg und der von Westen nach Osten verlaufende Teil des heutigen Stieglitzweges (damals Starenweg).

Damit haben alle auf den Storchenplatz mündenden Straßen und ihre Seitenstraßen Namen nach einheimischen Vögeln.

Am 29. 09. 1958 meldete die Saarbrücker Zeitung, dass der Stadtrat den Namen Schwalbenweg für die Straße beschlossen hat.

Im Schwalbenweg stehen nur drei Wohnhäuser, alle auf der Südseite der Straße.

Schwebelstraße NK vorher Schwebler Weg, zeitweise (1935 – 1945) Im Schwebel, früher teilweise Kohlenweg

Lage und Verlauf:

Die Straße beginnt am Oberen Markt verläuft von dort bergab nach Westen und mündet am Übergang der Königstraße in die Westsprange.

Informationen zum Namen und zur Geschichte der Straße:

Schwebelstraße Blickrichtung Oberer Markt

Der Straßenname ist von der Flurbezeichnung „Im Schwebel" abgeleitet. Eine eindeutige Erklärung dieser Flurbezeichnung ist laut dem Heimatforscher Bernhard Krajewski nicht möglich.

Die Straße ist eine der ältesten Straßen von Neunkirchen. In der Gemeindeordnung von 1731 ist die Straße als Erndtweg aus dem Dorf in den Schwebel, auf den Bocksberg, in die Sauerwies erwähnt.

Im Nordheimplan von 1797 ist die Straße als Schwebeler Weg eingezeichnet[S60]. Sie verlief auf diesem Plan entlang des nördlichen (unteren) Endes des zum Barockschloss Jägersberg gehörenden Schlossparks und war damals noch nicht bebaut. Auch in der Tranchot-Karte von 1818 ist sie als noch unbebaute Straße verzeichnet[S61].

Der Situationsplan von Neunkirchen aus dem Jahre 1883 zeigt schon einige Häuser in der Schwebelstraße[S62]. Die Straße teilte sich am unteren (westlichen) Ende in die Josephstraße und den Kohlenweg. Die Josephstraße mündete gegenüber dem Boxbergweg in die Königstraße, während der Kohlenweg nach Süden in Richtung der Königsgrube abbog und weiter südwestlich in die Königstraße mündete.

Die Josephstraße ist heute weggefallen. Der Kohlenweg, der in keiner anderen Karte oder Straßenliste auftaucht, ist heute der untere Teil der Schwebelstraße.

S60 Krajewski: Stadtbuch 1955, vgl. Anm. A12, S. 91
S61 Krajewski: Stadtbuch 1955. vgl. Anm. A12, S. 113
S62 Situationsplan NK 1883, vgl. Anm. A4

Die Besiedlung der Straße erfolgte vom Oberen Markt her. Das älteste Haus war das Spenglersche Anwesen, Haus-Nr. 1, das der Zechenschmied Peter Drunzer wahrscheinlich in den 30er Jahren des 19. Jh. gebaut hat. Er war der Vater des Karl Drunzer, nach dem die Karlstraße(heute Max-Braun-Straße) ihren Namen hatte[S63].

Die Straße erhielt den Namen Schwebelstraße wohl schon in der zweiten Hälfte des 19. Jh. Denn als der Ortsbaumeister Riemann dem Bürgermeister Jongnell von Neunkirchen am 15. 05. 1879 die Beschaffung von Namensschildern für 49 Straßen und 8 Wohnplätze vorschlug, tauchte der jetzige Straßenname in dieser Aufstellung zum ersten Mal auf. Für die Straße mussten damals 2 Straßenschilder und 39 Hausnummernschilder beschafft werden[S64].

Nach der Inbetriebnahme der Königsgrube und nach dem Eisenbahnbau nahm der Verkehr in der Schwebelstraße zu. Die Kohlen von der Königsgrube und die Güter vom Bahnhof zum Oberen Markt wurden über die Schwebelstraße transportiert, denn der Hüttenberg war zu steil, um ihn mit beladenen Pferdefuhrwerken zu bezwingen. Am Oberen Markt konnten dann die Pferde an dem 1905 errichteten Karcher-Tierbrunnen getränkt werden[S65].

An der Ecke Schwebelstraße/Rödelsgasse, im früheren Lang'schen Haus, war Ende des 19. Jh. der Polizeigewahrsam, den mancher nächtliche Radaubruder kennen lernte[S66].

Nach der Volksabstimmung am 13. 01. 1935 erhielten viele Straße neue Namen, überwiegend aus politischen Gründen.

Zum gleichen Zeitpunkt wurden weitere Straßen ohne jeden politischen Hintergrund umbenannt, damals wurde aus der Schwebelstraße die Straße Im Schwebel. Ein Grund für diese Umbenennung ist nicht erkennbar. Nach Kriegsende erhielt die Straße wieder ihren alten Namen.

Schwebeler Weg NK *später Im Schwebel, heute*
Schwebelstraße
Siehe Schwebelstraße

S63 Saarländische Tageszeitung v. 28. 06. 1941

S64 Beschaffung von Straßenschildern 1879, vgl. Anm. A8

S65 Schwenk, Horst: Auf den Spuren des Neunkircher Tierbrunnens, in: Hefte des HVSN, Neunkirchen 2003

S66 Saarländische Tageszeitung v. 28. 06. 1941

Sebachstraße Fu

Lage und Verlauf:
Die Sebachstraße zweigt am Marktplatz Furpach von der Ludwigsthaler Straße, der Hauptgeschäftsstraße in Furpach, nach Osten ab, überquert am östlichen Ende des Stadtteils die Autobahn A 8 und mündet dann in den Torhausweg.

Sebachstraße Blickrichtung Ludwigsthaler Straße, links Grundschule Furpach, rechts evang. Gemeindezentrum

Informationen zum Namen und zur Geschichte der Straße:
Zwischen 1936 und 1938 wurde auf dem Gelände des früheren Hofgutes Furpach durch die Saarpfälzische Heimstätte GmbH eine Siedlung erstellt. Im 1. Bauabschnitt wurde das Gelände nördlich der Limbacher Straße und westlich der nach Ludwigsthal führenden Straße erschlossen. Im 2. Bauabschnitt wurden in dem Bereich südlich der Limbacher Straße und westlich des Hofgutes Straßen angelegt und wie im 1. Bauabschnitt Siedlerhäuser gebaut.

Ein geplanter 3. Bauabschnitt östlich der heutigen Ludwigsthaler Straße kam vor dem 2. Weltkrieg nicht mehr zustande. Die Erschließung dieses Geländes begann 1958 mit der Anlegung der Straße zur Ewigkeit und der Sebachstraße[S67] und wurde ab 1960 mit den Straßen Bei der alten Furt und Zum Pfaffental und ihren Seitenstraßen fortgesetzt.

In den Jahren 1958 – 1963 begann die Bebauung der Straße Zur Ewigkeit und des vorderen Bereichs der Sebachstraße mit einer Reihe von Doppelhäusern

S67 Mons: Siedlungsgeschichte Furpach, vgl. Anm. B35, S. 19

durch die Bauinteressengemeinschaft der Grube König. Am 20. 08. 1960 meldete die Neunkircher Zeitung, die Häuser seien zum Teil schon fertiggestellt.
Auf Vorschlag des Heimatforschers Bernhard Krajewski legte der Stadtrat in seiner Sitzung am 22. 01. 1960
den Straßennamen zusammen mit weiteren Straßennamen in diesem Baugebiet fest. Krajewski führte
dazu aus: *„Sebacherhof ist der ältere Flurname für die
Kleine Ewigkeit. Letzterer Name entstand erst im 19. Jh.
In einer Karte des Stadtvermessungsamtes vom August
1925 ist der Flurteil noch als Sebacherhof eingetragen".*
Die weitere Bebauung der Sebachstraße nach Osten
auf der Südseite bis zur Einmündung der Straße Zur
Ewigkeit erfolgte später mit zweigeschossigen Doppelhäusern durch die Gemeinnützige Siedlungsgesellschaft der Stadt Neunkirchen GSG. Von 1962 bis
1964 entstanden der Kreuzbergring und 5 Stichstraßen, die nach Norden von der Sebachstraße abzweigen und die eigene Namen erhielten. Am östlichen
Ende der Sebachstraße entstanden ab 1967 vier nach
Süden verlaufende kurze Sackgassen mit eingeschossigen Reihenbungalows, die zur Sebachstraße gehören. Bei dieser Gelegenheit wurde die Sebachstraße
bis zur Torhausstraße verlängert. In einer Sitzung des
Stadtrates am 14. 06. 1967 wurde beschlossen, dass
diese Verlängerung in die Sebachstraße einbezogen
wird.

Öffentliche oder sonst bedeutsame Gebäude an der Straße:

-   Grundschule Furpach
    Das Schulhaus Furpach wurde 1949/50 erbaut
    und am 21. 10. 1950 offiziell als katholische und
    evangelische Volksschule in Betrieb genom-
    men[S68].
    Vorher waren die Furpacher Kinder seit dem Bau
    des Stadtteils 1936/37 in vier Baracken unterrich-
    tet worden. Zwei dieser Baracken hatten auf
    dem Gelände gestanden, auf dem sich jetzt die
    katholische Kirche befindet, die beiden anderen
    an der Straße Hirschdell.
    Wegen der ständig steigenden Bevölkerungs-
    zahl, und auch der damit verbunden steigenden
    Kinderzahl, war Anfang der 1960er Jahre eine Er-
    weiterung der Schule erforderlich geworden. Ein
    Erweiterungsbau wurde 1963/64 erstellt. Fortan

benutzte das kath. System den Altbau und das
evang. System den Neubau der Schule. Heute
befindet sich in dem Gebäude die Grundschule
Furpach, in die seit Mitte der 1970er Jahre auch
die Kinder aus Ludwigsthal und seit Beginn des
Schuljahres 2005/06 auch die Kinder aus Kohl-
hof gehen.
-   Kindertagesstätte
    Im Schulgebäude ist eine städtische Kinderta-
    gesstätte mit 20 Krippenplätzen, 60 Hortplätzen
    und 52 Kindertagesplätzen eingerichtet.
-   Martin-Luther-Haus
    Das Martin-Luther-Haus wurde von 1954 bis
    1957 als evangelisches Gemeindezentrum mit
    Kirchsaal im Obergeschoss, Kindergarten und
    Mehrzweckraum erbaut und am 27. 01. 1957 ein-
    geweiht[S69]. Der erst 1966 erbaute Glockenturm
    wurde am 27. 11. 1966 eingeweiht.
-   Evang. Kindergarten
    Im Martin-Luther-Haus ist ein Kindergarten mit
    50 Plätzen eingerichtet, der von der evang. Kir-
    che unterhalten wird.
-   Hirschberghalle
    1975/76 wurde am östlichen Ende der Sebach-
    straße die Mehrzweckhalle Hirschberghalle
    erstellt und am 23. 01. 1976 eingeweiht. Sie hat
    eine Größe von 18 X 36 m. Daneben erstellte der
    Tennisverein Neunkirchen Südost 1977 eine Ten-
    nisanlage mit mehreren Plätzen und später auch
    eine Tennishalle.

Sedanstraße NK *heute Sämannstraße*
Siehe Sämannstraße

Informationen zur damals namensgebenden Schlacht und Stadt:

*Sedan, Stadt im französischen Departement Ardennes an
der Maas nahe der belgischen Grenze, war am 01. 09.
1870 Schauplatz der Schlacht von Sedan, bei der die französische Armee im Deutsch-Franzöz. Krieg eine entscheidende Niederlage erlitt. Frankreich verlor einen großen
Teil seiner Armee. Kaiser Napoleon III. wurde gefangen
genommen. Am 04. September wurde daraufhin in Paris
die Regentschaft gestürzt und eine Regierung der nationalen Verteidigung, die sich der Fortsetzung des Krieges*

S68 StA Neunkirchen, Krajewski: Chronik Schule Kohlhof
       1937 - 1970

S69 StA Neunkirchen, Krajewski: Chronik Schule Kohlhof
       1937 - 1970

verschrieben hatte, übernahm die Macht. Der Widerstand war aber nach der Niederlage von Sedan ebenso bemerkenswert wie sinnlos. Am 28. 01. 1871 kam es zum Waffenstillstand und im anschließenden Frieden von Frankfurt musste Frankreich Elsaß-Lothringen an Deutschland abtreten und eine erhebliche Wiedergutmachung zahlen. Zu Beginn des 1. Weltkrieges wurde Sedan 1914 von deutschen Truppen eingenommen. US-amerikanische Truppen eroberten die Stadt im November 1918 zurück.

Auch im 2. Weltkrieg gab es bei Sedan eine entscheidende Schlacht des Frankreichfeldzuges. Im Mai 1940 schlugen Panzerdivisionen der deutschen Wehrmacht hier die französische 9. Armee, womit die deutsche Invasion in Frankreichs begann.

Sedanstraße Wi *danach Auf der Höh, zeitweise (1935 – 1945) Schlageterstraße, heute Rembrandtstraße*
Siehe Rembrandtstraße

Informationen zur namensgebenden Schlacht und Stadt:
Siehe Sedanstraße NK

Seilergasse NK

Lage und Verlauf:
Die Seilergasse zweigt von der Schloßstraße nach Nordwesten ab, biegt dann nach wenigen Metern in einem 90°-Winkel nach Südwesten ab, verläuft dann hinter den Häusern der Schloßstraße und endet schließlich als Sackgasse.

Seilergasse Blickrichtung nach Südwesten

Informationen zum Namen und zur Geschichte der Straße:
Die kleine Gasse ist nach Peter Seiler benannt, der als erster hier ein Wohnhaus errichtete.

Der von der Schloßstraße abzweigende Teil der Seilergasse verläuft etwa auf dem Fundament des Ostflügels des früheren Schlosses Jägersberg. Der nach Südwesten verlaufende Straßenteil liegt auf dem Bereich auf dem die Terrasse des Schlosses lag. Bemerkungswert ist die Tatsache, dass bei der Anlage der Seilergasse im 19. Jh. noch der Grundriss des verschwundenen Barockschlosses nachwirkte. Das Schloss lag mit seinem halbkreisförmig gebogenen Flügelbauten genau zwischen der Seilergasse und der Kochgasse, während sich der zweigeschossige Mittelteil über den Grundmauern der heutigen Häuser Schloßstraße 20 und 22 erhoben haben soll.

In einem Situationsplan von Neunkirchen aus dem Jahre 1883 ist die Straße noch nicht eingezeichnet, also wohl auch noch nicht existent[S70]. Möglicherweise standen zu diesem Zeitpunkt dort nur einzelne Häuser, wie das des Peter Seiler. Diese Einzelhäuser wurden vermutlich der Schloßstraße zu gezählt.

Informationen zum Namensgeber:
Peter Seiler (07.11.1802 – 1879, in Lautzkirchen geboren), kam durch Heirat nach Neunkirchen, wo er 1879 als Landmesser und Geometer starb. Dieser Peter Seiler war der Urgroßvater mütterlicherseits des 1976 in Furpach verstorbenen Kunstmalers Karl Hock, auf den diese Angaben zurückgehen. Der Straßenname hat also nichts mit dem Beruf des Seilers zu tun, wie einmal angenommen worden war.

Seitersbrücke Wi zeitweise (1933 – 1945) Hindenburgbrücke

Lage:
Die Seitersbrücke ist die erste Bliesbrücke in Wiebelskirchen aus Richtung Neunkirchen am Übergang der Kuchenbergstraße in die Wibilostraße.

Informationen zum Namen und zur Geschichte der Brücke:
An der Stelle der heutigen Seitersbrücke überquerte schon eine Römerstraße die Blies, so dass es dort schon

S70 Situationsplan NK 1883, vgl. Anm. A4

Seitersbrücke Blickrichtung flussabwärts

Seiterswaldstraße aus Richtung St.-Barbara-Straße

seit vielen Jahrhunderten Brücken gegeben haben muss. Diese früheren Brücken waren aber vermutlich Holzbrücken. 1550 wird in einer Urkunde dann ein dem Grafen von Saarbrücken gehörendes Feld „bey seiters-brück" genannt. Auch in der Tilemann-Stella-Karte von 1564 ist die Brücke bereits eingezeichnet. Beim Neubau der Brücke 1930 wurden Überreste einer steinernen Brücke aus dem Jahre 1550 gefunden. Dabei hatte es sich um eine dreibogige Sandsteinbrücke mit einer lichten Weite von 5 m gehandelt. Dazwischen wurde 1878 eine Brücke in Eisenkonstruktion neu erbaut.

Als diese den Verkehr nicht mehr bewältigen konnte, sie war durch die Straßenbahn (ab 1907) besonders belastet worden, wurde sie 1930 durch eine Betonbrücke ersetzt[S71].

Seiterswaldstraße We

Lage und Verlauf:
Die Seiterswaldstraße zweigt nach Westen als Sackgasse von der St.-Barbara-Straße ab.

Informationen zum Namen und zur Geschichte der Straße:
Der Name Seiterswaldstraße ist von der Flurbezeichnung „Das Seiterswäldchen" abgeleitet, die es in diesem Bereich gibt. Der Straßenname war nach einem Rundschreiben des Bürgermeisters vom 15. 07. 1955 im gleichen Jahr vom Stadtrat festgelegt worden.

Die Straße gehört zusammen mit den ebenfalls dort in gleicher Richtung abzweigenden Sackgassen Rep-

perthalstraße, Krepstraße und Auf den Hahnbuchen und mit der St.-Barbara-Straße selbst zu einer von der Grubenverwaltung erbauten Siedlung mit werksnahen Wohnungen für Bergleute. Die Straßen und die dort stehenden Wohnhäuser wurden im zeitlichen Zusammenhang mit der Abteufung der in unmittelbarer Nähe auf Bexbacher Bann liegenden Grube St. Barbara und dem Bau des daneben liegenden Kohlekraftwerkes Anfang der 1950er Jahre erbaut.

1953 war bei der Stadtverwaltung ein Bebauungsplan erstellt worden, nach dem das gesamte Gebiet zwischen Rettenstraße/ Glockenstraße – Bergstraße – St.-Barbara-Straße als Wohnsiedlung ausgebaut werden sollte. In ca. 15 Straßen sollten insgesamt über 480 Bauplätze, überwiegend für Einfamilienhäuser, entstehen[S72]. Der Plan ist wegen des Baus des Kraftwerkes Bexbach und der damit verbundenen Belastung dieses Bereichs durch Abgase und sonstige Emissionen gescheitert und ist nach den heute vorhandenen Industrieansiedlungen auch nicht mehr umsetzbar.

Semmelweisstraße Wi

Lage und Verlauf:
Es handelt sich um eine Verbindungstrasse zwischen Römerstraße und der Straße Am Kirchberg in Richtung des Freibades Wiebelskirchen.

Informationen zum Namen und zur Geschichte der Straße:
Die vorher unbenamte Straße wurde 1974 im Rahmen

S71 Hoppstädter: Heimatbuch Wi, vgl. Anm. A2, S. 253

S72 Plan Wohnsiedlung Rettenstrasse, vgl. Anm. A53

Semmelweisstraße aus Richtung Römerstraße

einer umfangreichen Um- bzw. Neubenennung von Straßen im Zuge der Gebiets- und Verwaltungsreform nach dem bekannten Arzt Ignaz Semmelweis benannt. In der Straße gibt es bis heute keine Bebauung, sie dient im Wesentlichen als Zufahrt zum Schwimmbad.

Informationen zum Namensgeber:
Ignaz Phillip Semmelweis (01.07.1818 – 13.08.1865), Gynäkologe, wurde in Ofen/Ungarn geboren. Er entdeckte den ansteckenden septischen Charakter des Kindbettfiebers und seine Übertragung durch Berührung und schrieb darüber die Abhandlung „Die Ätiologie des Kindbettfiebers". Semmelweis starb in einer Irrenanstalt.

Seufzerallee NK *heute Teil der Lindenallee, volkstümlich für Canalstraße*
Siehe Lindenallee

Siebenbürgenweg NK *heute Buchenweg*
Siehe Buchenweg

Informationen zur damals namensgebenden Landschaft:
Siebenbürgen ist eine in Rumänien liegende Landschaft, die seit dem 12. Jh. von ins Land gerufenen Deutschen besiedelt und entwickelt worden war. Bis zum Ende des 1. Weltkrieges gehörte es zu Österreich-Ungarn.
Nach dem verlorenen 1. Weltkrieg wurde Deutschland in den Friedensbedingungen des Vertrages von Versailles (28. 06.1919) u. a. gezwungen
- *zum Verzicht auf Teile seines Staatsgebietes (z.B.*

Elsaß-Lothringen an Frankreich) und
- *zur Zustimmung zu Abstimmungen in Teilen seines Staatsgebietes über den Verbleib bei Deutschland oder den Anschluss an einen anspruchsstellenden Nachbarstaat (z.B. das Saargebiet zu Frankreich).*
Deutschland musste außerdem die dauerhafte Unabhängigkeit Österreichs anerkennen. Versuche der neugebildeten Republik Österreich, sich Deutschland anzuschließen, wurden im November 1918 und im Februar 1919 durch die Alliierten abgewiesen[S73].
Österreich wurde im Vertrag von St. Germain (10.09.1919) zum Verzicht auf
- *Südtirol an Italien, Triest und Istrien an Italien, Dalmatien an Jugoslawien, Teile der Steiermark, von Kärnten und Krain (slowen. = Kranjska) an Jugoslawien, die Bukowina, ein Teil des Banats, das Kreischgebiet und Siebenbürgen an Rumänien und*
- *die sich durch die Anerkennung der neuen Staaten Polen, Tschechoslowakei, Ungarn und Jugoslawien ergebenden Abtretungen*
gezwungen. Nach dem 2. Weltkrieg wurden dann die meisten deutschstämmigen Bewohner aus Siebenbürgen vertrieben oder flüchteten in die Bundesrepublik.

Siegenthalstrasse We

Lage und Verlauf:
Die Siegenthalstraße biegt als Sackgasse nach Westen

Siegenthalstraße aus Richtung Eifelstraße

S73 Hilgemann: Atlas z. dt. Zeitgeschichte, vgl. Anm. D4, S. 56

von der Eifelstraße in Wellesweiler ab und zwar dort, wo die Eifelstraße in Richtung Wasserwerk zum Mühlenberg hin ansteigt. Die kurze Straße verläuft durch eine kleine Talsenke. Am Straßenende gibt es eine fußläufige Verbindung zum Birnbaumweg.

Informationen zum Namen und zur Geschichte der Straße:

Der Straßenname ist von der Flurbezeichnung „Im Siegenthal" abgeleitet, die es in diesem Bereich gibt. Dieser Flurname hat seinen Ursprung nach dem Heimatforscher G. Remy in dem mittelhochdeutschen Wort sigen = sich senken, auch tropfen, fließen, so dass es übersetzt heißt: Talsenke, durch die ein Wasser fließt. Das kann man sich nach der Topografie an dieser Stelle auch gut vorstellen.

Das schmale Gässchen war 1931 schon dicht bebaut.

Silcherstraße Wi vorher Karlstraße, volkstümlich Lattengasse

Lage und Verlauf:

Im unteren (westlichen) Teil der Bexbacher Straße zweigen mehrere kleine Straßen (Sackgassen) nach Norden ab, die alle nach berühmten Komponisten benannt sind.

Silcherstraße aus Richtung Bexbacher Straße

Informationen zum Namen und zur Geschichte der Straße:

Bis 1895 gab es in Wiebelskirchen keine Straßenbezeichnungen. Im ganzen Ort gab es Bezirke, die ohne weitere Nummerierung ein Finden von Anwesen ermöglichten. So wurde der Bereich der heutigen Sil-

cherstraße Lattengasse genannt. Mit der Einführung der Straßennamen wurde auch eine straßenweise Nummerierung der Wohnanwesen vorgenommen, wobei freie Baustellen berücksichtigt wurden. Die heutige Silcherstraße wurde 1895 nach einem der ersten Bewohner Karlstraße genannt[S74]. Auf Initiative des Kultur- und Heimatrings Wiebelskirchen wurde 1954 eine Reihe von Straßen neu- bzw. umbenannt. Da die bisherige Karlstraße in dem nun neugeschaffenen Musikerviertel lag, erhielt sie auf Vorschlag einiger Wiebelskircher Sänger den Namen Silcherstraße[S75].

Informationen zum Namensgeber:

Friedrich Philipp Silcher (27.06.1789 – 26.08.1860), deutscher Liederkomponist. Er war Musikdirektor in Tübingen, wo er auch gestorben ist. Viele zu Volksliedern gewordene Lieder stammen aus seiner Feder z. B. „Ännchen von Tharau, Ich weiß nicht, was soll es bedeuten, Morgen muss ich fort von hier".

Sinnersbäumerstraße NK vorher An den Sinnersbäumen

Lage und Verlauf:

Es handelt sich um eine zwischen der Steinwaldstraße und der Vogelschlagstraße liegende Verbindungsstraße zwischen Steinstraße und Hardenbergstraße.

Sinnersbäumerstraße, Häuser auf der Nordseite der Straße

S74 Bürgerbuch Wi, vgl. Anm. A1, S. 221 - 223

S75 Mathias: Die 1954 eingeführten Straßennamen, in: Heimatbuch Wi, vgl. Anm. A2, S. 143 ff

Informationen zum Namen und zur Geschichte der Straße:

Am 13. 11. 1913 fasste der Gemeinderat Neunkirchen (Beschlussbuch der Gemeinde Neunkirchen) den Beschluss: „Die neuen Straßen nördlich der Steinwaldstraße werden wie folgt benannt:

Die erste Straße beim Haus Kliver – Steinstraße,
die zweite Querstraße – Hardenbergstraße,
die dritte Querstraße – Scharnhorststraße,
die zweite Parallelstraße zur Steinwaldstraße – Yorkstraße,
während die erste Parallelstraße zwecks Erhaltung der alten Flurbezeichnung den Namen An den Sinnersbäumen erhält".

Die Scharnhorststraße wurde allerdings nie gebaut. Sie hätte etwa in Höhe der heutigen Piuskirche die Steinwaldstraße mit der Yorkstraße verbunden.

Schon in der Ordnung der Gemeinde Neunkirchen aus dem Jahre 1731 war ein Erntweg und Steinfahrt auf den Krebsberg, „oben bey den Sinnersbäumen" erwähnt worden.

Aus der Gemarkungskarte Neunkirchen von 1848 sind in der Flur V – „Kriebsbach" vier Gewanne zu erkennen. Die Gewann 41 heißt „An den Sinnersbäumen". Nach ihr ist auch die Straße benannt worden. Wenn man der Bedeutung dieser Flurbezeichnung nachgeht, so muss man wohl der Begründung des Heimatforschers Werner Fried folgen, der der Meinung ist, dass es sich hier nicht um ganz besondere Bäume handelt, sondern wohl einfach um Buchen- oder Eichenbäume. Sie müssten allerdings viel richtiger und besser Sennersbäume heißen, abgeleitet von dem Wort Senne, das soviel wie Weide bedeutet. Dort oberhalb der Wiesen am Krebsberg auf oder bei der Weide standen Bäume, die diesen Namen erhielten, weil sie im Sommer, wenn große Hitze herrschte, den Hirten mit ihrer Herde kühlen Schatten boten.

Die durch den 1. Weltkrieg unterbrochene Bebauung der Straße war bis 1927 abgeschlossen. Mit einer Ausnahme stehen nur 1½-geschossige Wohnhäuser auf der Nordseite der Straße.

Sinnerthaler Weg NK vorher Schlawerie oder Schlaverie

Lage und Verlauf:

Der Sinnerthaler Weg zweigt von der Bildstocker Straße nach Nordwesten ab. Die Straße vollzieht dann eine

Sinnerthaler Weg aus Richtung Bildstocker Straße

Schwenkung nach Westen und endet an der Einmündung in die Straße Beim alten Hof. Dabei durchquert die Straße das Wohngebiet Schlawerie.

Informationen zum Namen und zur Geschichte der Straße:

Die alte Bebauung des heutigen Sinnerthaler Weges ist der Rest einer früheren Exklave, die teilweise auf dem Gelände lag, auf dem heute der Bahndamm verläuft, teilweise auch nördlich jenseits des heutigen Bahndamms. Der Ortsteil ist wohl in der 1. Hälfte des 18. Jh. als ärmliche Unterkunft für Hüttenarbeiter entstanden. Die Herkunft des Namens Schlawerie ist nicht eindeutig geklärt[S76]. Nach einer Statistik der Bürgermeisterei Neunkirchen von 1849 gab es in dem zu Neunkirchen gehörenden Wohnplatz Schlawerie in 15 Wohnhäusern 99 katholische und 20 evangelische Bewohner[S77]. 1931 hatte die Schlawerie Weg 16 nummerierte Wohnhäuser und 6 Neubauten ohne Hausnummern. Außerdem gab es auf der Schlawerie ein Schulhaus, in das auch die Kinder aus der Saarbrücker Straße gingen.

Durch die Errichtung des ersten Bahndamms 1848-1852 im Zuge des Baus der Bahnlinie zur Grube Heinitz bzw. des anschließenden Baus der Sulzbachtalstrecke war der Ortsteil in zwei Teile zerschnitten worden. Die Straße von Neunkirchen über Sinnerthal nach Landsweiler verlief aber weiter durch den Ortsteil Schlawerie und

S76 Gillenberg: NK vom Meyerhof ... , vgl. Anm. H5, S. 11; Petto Walter: Zur Entstehung des Neunkircher Ortsteils „Schlawerie" und zur Deutung des Namens, in: Hefte des Historischen Vereins Stadt Neunkirchen, Neunkirchen 2002,

S77 Bärsch: Regierungsbezirk Trier, vgl. Anm. B31

überquerte dabei die Eisenbahnlinie in der Siedlung auf schienengleicher Höhe. Bei der Erhöhung und Verbreiterung des Bahndamms und dem Bau eines Rangierbahnhofs im Bereich der Schlawerie ab 1911 mussten Häuser in dem Wohngebiet weichen. Von nun an wurde der Verkehr in Richtung Landsweiler durch den erheblich erweiterten Plättchesdohle und dann nördlich unmittelbar entlang des Bahndamms geleitet.

Am 10. 02. 1933 war die Schlawerie im Zusammenhang mit der Gasometerexplosion in die Schlagzeilen geraten. Neben vielen Wohngebäuden war auch das Schulhaus Schlawerie erheblich beschädigt worden. Unter den insgesamt 58 Toten waren auch zwei Schulkinder und die Frau eines Lehrers von der Schlawerie[S78].

In einer Sitzung am 29. 01. 1935 beschloss der Stadtrat Neunkirchen, die Straße Sinnerthaler Weg zu nennen. Ein Grund dafür ist nicht bekannt. Der Name Schlawerie ist seither nur noch bei älteren Bürgern geläufig. Im 2. Weltkrieg wurde der Stadtteil bei einem Bombenangriff am 27. 05. 1944, der eigentlich den Gleisanlagen galt, schwer getroffen, nachdem auch frühere Bombenangriffe schon Schäden angerichtet hatten. Heute ist von der alten Bausubstanz kaum noch etwas vorhanden.

Bis zum Bau der Straße Beim alten Hof in den 1990er Jahren ging der Sinnerthaler Weg bis zur Eisenbahnbrücke beim Stadtteil Sinnerthal. Seither endet er an der Einmündung in die Straße Beim alten Hof.

Öffentliche oder sonst bedeutsame Einrichtungen in der Straße:

- Stummsche Erbbegräbnisstätte[S79]
  Die Eigentümerin des Neunkircher Eisenwerks, die Familie Stumm, schuf für sich und ihre Angehörigen etwa 1848 auf ihrem Gelände einen eigenen Friedhof. Diese in einem kleinen Hain seitlich des Sinnerthaler Weges gelegene Begräbnisstätte mit einem gusseisernen neugotischen Denkmal steht unter Denkmalschutz. Auf dem Denkmal findet man die Inschrift: „Gefertigt auf dem Neunkircher Eisenwerk 1843". Drei der hier beerdigten Familienmitglieder sind allerdings schon früher (1835 und 1839) verstorben. Das

bekannteste Familienmitglied, Karl Ferdinand von Stumm-Halberg ist hier nicht bestattet; er liegt in einem Grab am Halberg in Saarbrücken. Dort hat er für sich und seine engsten Angehörigen einen weiteren Familienfriedhof anlegen lassen. Die letzte Beerdigung auf dem Friedhof in Neunkirchen, der 1990 in den Besitz der Stadt übergegangen ist, fand 1993 statt.

- Wohnanlagen für Schwerstbehinderte
  Nachdem bereits Anfang des Jahrtausends an der Ecke Sinnerthaler Weg/Bildstocker Straße ein Behindertenheim mit Werkstätten von der Fa. Reha erstellt worden ist, wurde 2004/2005 im Sinnerthaler Weg, gegenüber der Erbbegräbnisstätte der Familie Stumm, auf einer Fläche von 5400 qm ein weiteres Heim für 24 Schwerstbehinderte durch die Fa. Reha erstellt[S80]. Auf diesem Gelände hatte früher die Schule Schlawerie und nach dem 2. Weltkrieg das THW-Heim gestanden.
  Das erstgenannte Heim firmiert unter der Bezeichnung Wohnanlage „Am Hüttenpark" und das zuletzt erbaute Heim unter dem Namen Wohnanlage „Im Sinnerthal".

Sophienstraße Wi zeitweise (1935 – 1945) Josef-Bürckel-Straße, ab 1955 Albert-Schweitzer-Straße, heute Bodelschwinghstraße
Siehe Bodelschwinghstraße

Spatzenhübel NK volkstümliche Bezeichnung für einen Teil der Saarbrückerstraße
Siehe Saarbrücker Straße

Sperberweg NK vorher Eulenweg

Lage und Verlauf:
Es handelt sich um eine kleine Sackgasse, die im östlichen Teil der Vogelschlagstraße nach Südwesten abzweigt und auf einen kleinen Hügel führt.

Informationen zum Namen und zur Geschichte der Straße:
Die Straße gehört zwar im weiteren Sinne zur Bebauung des Storchenplatzbereiches, ist jedoch später als

S78 Melnyk, Wolfgang: Vor 70 Jahren – Gasometerexplosion in Neunkirchen, in: Hefte des Historischen Vereins Stadt Neunkirchen, Neunkirchen 2003

S79 Gillenberg: NK vom Meyerhof ... , vgl. Anm. H5, S. 17; Ratgeber für den Trauerfall, vgl. Anm. A28, S. 23

S80 Saarbrücker Zeitung v. 11. 06. 2004 und v. 16. 09. 2005

Sperberweg aus Richtung Vogelschlagstraße

der Storchenplatz und seine Seitenstraßen erst Ende der 1950er Jahre entstanden. Am 29. 09. 1958 meldete die Saarbrücker Zeitung, der Stadtrat habe am 26. 09. 1958 beschlossen, die Sackgasse an der Vogelschlagstraße Eulenweg zu nennen.

Als es nach der Gebiets- und Verwaltungsreform 1974 noch einen Eulenweg im Stadtgebiet gab, wurde der in Neunkirchen liegende in Sperberweg umbenannt.

Es stehen dort nur 3 Doppelhäuser auf der Nordseite der Straße. Auf der anderen Seite grenzt das Gelände des Palotti-Hauses an die Straße.

Spichernstraße NK *vorher Teil der Elisabethstraße,*
heute Spielmannstraße
Siehe Spielmannstraße

Informationen zum damals namensgebenden Ort und der Schlacht:

Spichern (franz. Spicheren) ist ein kleiner Ort in Lothringen südlich von Saarbrücken unmittelbar hinter der deutsch-fanzösischen Grenze.

Im Deutsch-Französischen Krieg 1870/71 fand am 06. 08. 1870 an den Spicherer Höhen eine der kriegsentscheidenden Schlachten statt. Teile der I. deutschen Armee unter General von Steinmetz und Teile der II. deutschen Armee unter Prinz Friedrich Karl von Preußen griffen am 06. 08. 1870 französische Truppen an, die die Spicherer Höhen südlich von Saarbrücken auf französischem Territorium besetzt hatten.

Nach einer verlustreichen Schlacht erstürmten die Deutschen die Höhen und schlugen die Franzosen in die Flucht. Danach war der Weg für die deutschen Truppen ins französische Hinterland frei.

Spielmannsgaß Wi *volkstümlich für Tunnelstraße*
Siehe Tunnelstraße

Spielmannstraße NK vorher Teil der Elisabethstraße, dann Spichernstraße

Lage und Verlauf:
Die Spielmannstraße ist eine Verbindungsstraße zwischen Zweibrücker Straße und der parallel dazu verlaufenden Georgstraße mit reiner Wohnbebauung. Ihre Fortsetzung in östlicher Richtung ist die Elisabethstraße.

Spielmannstraße aus Richtung Zweibrücker Straße

Informationen zum Namen und zur Geschichte der Straße:
Die Straße wurde Anfang des 20. Jh. geplant und gebaut, die 16 Baustellen wurden nach und nach belegt. Im Situationsplan von Neunkirchen aus dem Jahre 1883 ist die Straße noch nicht eingezeichnet. Nach ihrem Bau war sie zunächst ein Teil der Elisabethstraße.

In der zweiten Hälfte des 19. Jh. wuchsen die Stadt und die Bevölkerung auf Grund der enorm ansteigenden Industrialisierung in einem ungeheuren Tempo. Jeweils in 15 – 20 Jahren verdoppelte sich die Bevölkerung immer wieder. Es entstanden ständig neue Straßen, die in der euphorischen Stimmung nach dem gewonnenen Deutsch-Franz. Krieg 1870/71 oft nach Mitgliedern des Kaiserhauses, nach verdienten Heerführern oder nach Schlachtenorten benannt wurden. Aber auch bereits bestehende Straßen wurden nach diesen Gesichtspunkten umbenannt.

Im Zuge einer umfangreichen Neu- und Umbenennung von Straßen erhielt der zwischen Georgstraße und Zweibrücker Straße liegende Teil der Elisabethstraße nach einem Beschluss des Gemeinderates Neunkirchen vom 24. 04. 1903 den Namen Spichernstraße zur Erinnerung an eine der kriegsentscheidenden Schlachten des Deutsch-Französischen Krieges, die in der Nähe unserer Heimat stattfand[S81].

Nach dem 2. Weltkrieg, als alle nationalistisch oder revanchistisch klingenden Straßennamen abgeschafft wurden, erhielt die Straße den neuen Namen Spielmannstraße.

Spieser Straße Hei *zeitweise (1935 bis 1945) Teil der Maria-Schnur-Straße, heute Teil der Grubenstraße*
Siehe Grubenstraße

Spieser Straße NK

Lage und Verlauf:

Die Spieser Straße in Neunkirchen beginnt an der Straßeneinmündung Schloßstraße/Talstraße und verläuft von dort in südwestlicher Richtung ständig ansteigend bis zur Stadtgrenze auf der Spieser Höhe.

Spieser Straße Blickrichtung Spieser Höhe

Informationen zum Namen und zur Geschichte der Straße:

Die Straße hat den Namen Spieser Straße, da sie in ihrer Fortsetzung über die Stadtgrenze hinaus in Richtung des früher zur Bürgermeisterei Neunkirchen gehörenden Ortes Spiesen führt.

Sie ist eine der ältesten Straßen in Neunkirchen. Schon

in der Ordnung der Gemeinde Neunkirchen aus dem Jahre 1731 werden ein Erntweg aus der Spieserstraß auf den Rodenumb, ein Erntweg aus der Spieserstraß in die obere Allseiters, ein Erntweg aus der Spieserstraß an den Bocksberg und ein Erntweg aus der Spieserstraß über die Anwand auf den Hühnerrech erwähnt.

Im Nordheimplan von 1797 ist eine Straße nach Spiesen eingezeichnet. Dabei handelt es sich allerdings um die heutige Talstraße, deren Fortsetzung in südwestlicher Richtung ab der Einmündung Schloßstraße erst Spieser Straße heißt.

Im Situationsplan von Neunkirchen aus dem Jahre 1883 ist die Straße ebenfalls eingezeichnet, allerdings mit Ausnahme der Ziegelei noch ohne Bebauung[S82]. Auch hier wird sie noch als Straße nach Spiesen bezeichnet. Der Name Spieser Straße taucht dann erstmals in einem Situationsplan von Neunkirchen aus dem Jahre 1902 auf. 1905 hatte die Straße 19 Wohnanwesen/ Hausnummern, 1931 deren 39 und heute hat das letzte Haus vor der Spieser Höhe, das Forsthaus, die Hausnummer 122.

In einer Sitzung am 30. 09. 1935 beschloss der Stadtrat die Aufnahme einer Anleihe zum Ausbau einiger Straßen, u. a. der Spieser Straße.

Öffentliche oder sonst bedeutsame Gebäude in der Straße:

- Forsthaus Spieser Höhe[S83]
  Erbaut wurde das Haus nach Angaben des früheren Försters Werner Honczek 1889 durch den königl. preußischen Forstfiskus. 1905 hatte dort der Förster Heinrich Roeder seinen Dienst- und Wohnsitz, danach bis 1935 der Förster Rudolf Kötz aus Bärenbach bei Simmern, der in Ottweiler an einem Schlaganfall verstorben ist. 1936 – 1957 Hans Morbé, 1957 – 1962 Ernst Schulz, 1963 – 1967 Paul Schikorr und seit 1973 Jens Gollarz. Nach Angaben von Gollarz hat der Förster Roer im 1. Weltkrieg im beim Haus befindlichen Brunnen seinen Sohn versteckt, um ihm vor der Einziehung zum Militärdienst zu schützen.
  Gollarz selbst wohnt und arbeitet seit 1973 im Forsthaus Spieser Höhe. Er betreut von dort aus ein Waldgebiet von 1200 Hektar Größe. Am Haus befindet sich immer noch das alte Haus-

S81   Saar- und Blieszeitung v. 25. 04. 1903

S82   Situationsplan NK 1883, vgl. Anm. A4
S83   Schmidt, Uwe Eduard: Forst- und Jagdgeschichte NK, in Stadtbuch 2005, vgl. Anm. B7, S. 86

nummernschild 16 aus der preußischen Zeit, als das Haus weit außerhalb der bebauten Ortslage stand. Heute hat das Haus die Nummer 122[S84].

- Ziegelwerk

  1931 wurde an der Spieser Straße das Saar-Ziegelwerk gegründet. Später wurde das Werk nach seinem Geschäftsführer Josef Koeppel benannt. 1979 schließlich erfolgte eine Umbenennung in Ziegelwerk Neunkirchen. Inzwischen ist der Betrieb eingestellt. Die Ziegelei hat über viele Jahrzehnte die Tonschichten im Gelände zwischen heutiger Westspange, Spieser Straße und dem Schlesierweg ausgebeutet. Dieses Areal sieht deshalb heute wie eine Mondlandschaft aus. Die Tongrube ist heute Station des Neunkircher Grubenweges 2. Zeitweise hat das Werk dort auch die anstehenden Kohlenflöze abgebaut und so die eigenen Energiekosten reduziert[S85]. Die Ziegeleigebäude wurden 2005/06 abgerissen.
  Das Gelände wurden zwischenzeitlich neu bebaut (Siehe alte Ziegelei)

Stadtpark NK zeitweise (1935 - 1945) Hindenburgpark

Lage:

Der Stadtpark liegt in der Mittelstadt im Straßenkarree Falkenstraße/Grabenstraße/Blumenstraße/Parkstraße.

Informationen zum Namen und zur Geschichte des Parks:

Nachdem bereits 1912 erstmals Überlegungen zur Anlegung eines Stadtparks angestellt worden waren, beschloss der Stadtrat von Neunkirchen am 23. 09. 1927 den Erwerb von Grundstücken für eine Grünanlage zwischen Grabenstraße und Prinz-Adalbert-Straße (heute Parkstraße). In den Jahren 1932/33 wurde mit der Planung des Parks begonnen.
Er entstand teilweise auf einer vorher dort befindlichen Müllkippe[S86].
Ursprünglich befand sich zwischen Grabenstraße und Parkstraße ein Taleinschnitt, durch den der Wetzbach floss, der in Höhe der Ringstraße zum sogenannten Wetzbachweiher aufgestaut war. Unterhalb dieses

Stadtpark mit Polizeipräsidium im Hintergrund

Weihers stand eine 1731 genannte Mühle, die Johannes-Platten-Mühle. Bevor der Wetzbach endlich die Blies erreichte, füllte er unterhalb der Mühle noch einen Pfuhl, den sogenannten Mühlpfuhl, aus dem schließlich der Mehlpfuhl wurde[S87].
Der Wetzbachgraben, der auch der Grabenstraße ihren Namen gab, ist dann wohl ab den 1920er Jahren nach und nach als Müllkippe (als „Äscheschutt", denn Müll in unserem heutigen Sinn gab es damals noch nicht) aufgefüllt worden. 1937 war das Gelände dann soweit planiert, dass mit der Anlage des Parkes begonnen werden konnte.
Am 06. 03. 1937 meldete die Saar- und Blieszeitung, dass die Planierungsarbeiten für den Park bis April beendet seien. Der Park ist ca. 22000 qm groß, er fällt in 2 Terrassen in Richtung Blumenstraße ab. Nach einer Meldung in der Saar- und Blieszeitung vom 20. 06. 1939 war vorgesehen, die Parkanlage über die Blumenstraße hinaus bis zur Ringstraße zu erweitern. Dazu ist es jedoch wegen des Ausbruchs des 2. Weltkrieges nicht mehr gekommen.
An der Südwestseite des Parks verläuft die Falkenstraße. Dort steht das den Park überragende, fast 100 m lange Gebäude des Polizeipräsidiums (siehe Falkenstraße).
Am 13. Januar 1935 fand im damaligen Saargebiet eine Volksabstimmung statt, in der die Bevölkerung zwischen einem Anschluss an Frankreich, der Beibehaltung des status quo oder der Rückkehr nach Deutschland entscheiden konnte. Eine überwältigende Mehrheit von 90,73 % stimmte für die Rückkehr nach Deutschland. Bereits am 17. 01. 1935 beschloss daraufhin der Rat des

---

S84 Saarbrücker Zeitung v. 05. 03. 2003
S85 Slotta: Bergbau in NK, vgl. Anm. A45, S. 69
S86 Krajewski: Plaudereien 5, vgl. Anm. F2, S. 33

S87 Fried, Werner: Mühlen in NK, vgl. Anm. A17

Völkerbundes die Wiedereinsetzung Deutschlands in die Regierung des Saarbeckens zum 1. März 1935. Noch vor diesem Datum beschloss der Stadtrat von Neunkirchen am 29. 01.1935 die Änderung von Straßennamen zum 1. Februar 1935, um damit nationalsozialistische Größen oder verdiente Soldaten des 1. Weltkrieges zu ehren bzw. an Schlachtenorte des 1. Weltkrieges zu erinnern. Dabei wurde beschlossen, dass der im Bau befindliche Park in der Stadtmitte Hindenburgpark heißen soll[S88].

Nach dem 2. Weltkrieg wurde der Park Stadtpark genannt. 1955 schuf der Neunkircher Bildhauer Hans Bogler eine Mutter-Kind-Gruppe, die am Eingang des Parks von der Falkenstraße her am oberen Ende der Treppe aufgestellt wurde.

2003/04 wurde im oberen Bereich des Parks vor dem Polizeipräsidium ein Rosengarten angelegt.

Stangenpfad Lu vorher Waldstraße

Lage und Verlauf:
Der Stangenpfad ist eine von der Furpacher Straße nach Südwesten abzweigende Sackgasse.

Stangenpfad aus Richtung Furpacher Straße

Informationen zum Namen und zur Geschichte der Straße:
Als die Straße entstand, gehörte der heutige Neunkircher Stadtteil Ludwigsthal noch zu Bexbach. Da die Straße zu einem Waldstück nördlich der Autobahn A 8 führt, erhielt sie ursprünglich den Namen Waldstraße. Nach der Eingemeindung Ludwigsthals nach Neun-

kirchen im Zuge der Gebiets- und Verwaltungsreform 1974 gab es im Stadtgebiet mehrere Waldstraßen, deshalb wurde die in Ludwigstahl liegende in Stangenpfad umbenannt. Dieser Name soll darauf zurückgehen, dass in dem angrenzenden Wald überwiegend dünne Bäume standen, die von Gartenbesitzern als Bohnenstangen bevorzugt wurden.

In der Straße stehen nur einige wenige Einfamilienhäuser im Bungalowstil.

Starenweg NK vorher Steiermarkweg, Tannenweg, heute Stieglitzweg
Siehe Stieglitzweg

Starenweg Wi

Lage und Verlauf:
Am nordwestlichen Ortsrand von Wiebelskirchen zwischen Römerstraße und Blies liegt ein Wohngebiet, dessen Straßen nach Vögeln benannt sind. Der Starenweg zweigt dabei von der Erschließungsstraße Habichtweg nach Westen ab und mündet nach einer Biegung am Ende nach Süden in die Römerstraße.

Starenweg Blickrichtung Habichtweg

Informationen zum Namen und zur Geschichte der Straße:
Die Straße gehört zu der zwischen 1959 und 1966 in 3 Bauabschnitten durch die Staatliche Vermögensverwaltungsgesellschaft errichteten Wohnsiedlung Labenacker. In der Straße stehen ausschließlich Ein- und Zweifamilienhäuser.

S88 Saar- und Blieszeitung v. 30. 01. 1935

St.-Barbara-Straße We

Lage und Verlauf:

Die St.-Barbara-Straße verläuft an der östlichen Banngrenze zwischen Neunkirchen und Bexbach noch auf Neunkircher Gebiet als Verlängerung des Industrierings nach Nordwesten von der Bergstraße bis vor den Kohlengrubenwald.

Von dort führt sie als Waldweg weiter bis zum Rombachaufstieg. Von der Straße zweigen nach Westen mehrere Sackgassen ab.

St.-Barbara-Straße aus Richtung Industriering

Informationen zum Namen und zur Geschichte der Straße:

Die Straße ist nach der Schutzpatronin der Bergleute, der heiligen Barbara, benannt.

In den Seitenstraßen der St.-Barbara-Straße (Seiterswaldstraße, Kreppstraße, Auf den Hahnbuchen und Repperthalstraße) stehen, wie in der St.-Barbara-Straße selbst, hauptsächlich von der Grubenverwaltung erstellte zweigeschossige Doppelhäuser. Die Straßen und die dort stehenden Wohnhäuser wurden im zeitlichen Zusammenhang mit der Abteufung der in unmittelbarer Nähe auf Bexbacher Bann liegenden Grube St. Barbara und dem Bau des daneben liegenden Kohlekraftwerkes Anfang der 1950er Jahre erbaut. Die Wohnhäuser wurden als werksnahe Wohnungen für Bergleute erstellt. Den Namen hat die Straße durch Stadtratsbeschluss vom 17. 04. 1953 erhalten.

Das Bergwerk ist schon nach wenigen Jahren wieder stillgelegt worden.

1953 war bei der Stadtverwaltung ein Bebauungsplan erstellt worden, nach dem das gesamte Gebiet zwi-schen Rettenstraße/ Glockenstraße – Begstraße – St.-Barbara-Straße als Wohnsiedlung ausgebaut werden sollte. In ca. 15 Straßen sollten insgesamt über 480 Bauplätze überwiegend für Einfamilienhäuser entstehen. Der Plan ist wegen des Baus des Kraftwerkes Bexbach und der damit verbundenen Belastung dieses Bereichs durch Abgase und sonstige Emissionen gescheitert und ist nach den heute vorhandenen Industrieansiedlungen auch nicht mehr umsetzbar[S89].

Steiermarkweg NK *danach Tannenweg, Starenweg, heute Stieglitzweg*
Siehe Stieglitzweg

Informationen zum namensgebenden Gebiet:

Die Steiermark ist ein österreichisches Bundesland, das im Süden eine lange Außengrenze zu Slowenien (bis 1991 Republik in Jugoslawien) hat. Das Land ist seit dem 13. Jh. habsburgisch. Im Grenzbereich wohnen auch auf österreichischer Seite viele Slowenen. Im Rahmen des Minderheitenschutzes sind in diesen Orten Verkehrsschilder und sonstige öffentliche Einrichtungen zweisprachig.

Nach dem verlorenen 1. Weltkrieg wurde Deutschland in den Friedensbedingungen des Vertrages von Versailles (28. 06.1919) u. a. gezwungen

- *zum Verzicht auf Teile seines Staatsgebietes (z.B. Elsaß-Lothringen an Frankreich) und*
- *zur Zustimmung zu Abstimmungen in Teilen seines Staatsgebietes über den Verbleib bei Deutschland oder den Anschluss an einen anspruchsstellenden Nachbarstaat (z.B. das Saargebiet zu Frankreich).*

Deutschland musste außerdem die dauerhafte Unabhängigkeit Österreichs anerkennen. Versuche der neugebildeten Republik Österreich, sich Deutschland anzuschließen, wurden im November 1918 und im Februar 1919 durch die Alliierten abgewiesen[S90]. Österreich wurde im Vertrag von St. Germain (10.09.1919) zum Verzicht auf

- *Südtirol an Italien, Triest und Istrien an Italien, Dalmatien an Jugoslawien, Teile der Steiermark, von Kärnten und Krain (slowen. = Kranjska) an Jugoslawien, die Bukowina, ein Teil des Banats, das Kreischgebiet und Siebenbürgen an Rumänien und*
- *die sich durch die Anerkennung der neuen Staaten*

S89 Plan Wohnsiedlung Rettenstraße , vgl. Anm. A53
S90 Hilgemann: Atlas z dt. Zeitgeschichte, vgl. Anm. D4, S. 56

Polen, Tschechoslowakei, Ungarn und Jugoslawien ergebenden Abtretungen
gezwungen. Nach dem 2. Weltkrieg wurden dann die meisten deutschstämmigen Bewohner aus Siebenbürgen vertrieben oder flüchteten in die Bundesrepublik.

Steigerstraße NK vorher Steinmetzstraße

Lage und Verlauf:
Die Steigerstraße beginnt an der Thomas-Mann-Straße und mündet genau gegenüber des Haupteingangs des Fliedner-Krankenhauses in die Theodor-Fliedner-Straße.

Steigerstraße aus Richtung Fliedner-Krankenhaus

Informationen zum Namen und zur Geschichte der Straße:
In der zweiten Hälfte des 19. Jh. wuchsen die Stadt und die Bevölkerung auf Grund der enorm ansteigenden Industrialisierung in einem ungeheuren Tempo. Jeweils in 15 – 20 Jahren verdoppelte sich die Bevölkerung immer wieder.

Es entstanden ständig neue Straßen, die in der euphorischen Stimmung nach dem gewonnenen Deutsch-Französischen Krieg 1870/71 oft nach Mitgliedern des Kaiserhauses, nach verdienten Heerführern oder nach Schlachtenorten benannt wurden. Aber auch bereits bestehende Straßen wurden nach diesen Gesichtspunkten umbenannt. Die jetzige Steigerstraße wurde am 24. 04. 1903 nach General von Steinmetz benannt, dem Kommandeur der I. deutschen Armee, die am Sturm auf die Spicherer Höhen, einer der kriegsent-

scheidenden Schlachten, beteiligt war[S91].

Unmittelbar nach Ende des 2. Weltkrieges, als alle nationalistisch oder revanchistisch klingenden Straßennamen abgeschafft wurden, wurde die Straße in Steigerstraße umbenannt.

Bei der Umbenennung hat die Erinnerung an den in unmittelbarer Nähe gelegenen früheren Mehlpfuhlschacht und das in der Straße noch vorhandene Gebäude der Schichtmeisterei dieses Schachtes eine wesentliche Rolle gespielt.

Steinbacher Berg Wi

Lage und Verlauf:
Bei dem Steinbacher Berg handelt es sich um ein großes Areal im Norden des Stadtteils Wiebelskirchen, nicht um eine einzelne Straße.

Informationen zum Namen und zur Geschichte des Gebietes:
Im Norden des Gebietes liegt die Banngrenze zum Ottweiler Stadtteil Steinbach, daher der Name.

Über das gesamte Gelände sind Wochenendgrundstücke zerstreut. Viele der dort stehenden ursprünglichen Wochenendhäuser sind im Laufe der Jahre, großenteils ohne Genehmigung, zu Wohnhäusern um- bzw. ausgebaut worden.

Insofern muss das Gebiet auch als Wohnplatz angesehen werden.

Steinbacher Straße Wi

Lage und Verlauf:
Die Steinbacher Straße zweigt in der Nähe der Enkerbrücke von der Ottweilerstraße nach Norden ab.

Informationen zum Namen und zur Geschichte der Straße:
Bis 1895 gab es in Wiebelskirchen keine Straßenbezeichnungen. Im ganzen Ort gab es Bezirke, die ohne weitere Nummerierung ein Finden von Häusern ermöglichten. So wurde der Bereich um die heutige Ottweilerstraße Mühlwies genannt.

Mit der Einführung der Straßennamen wurde auch eine straßenweise Nummerierung der Wohnanwesen vorgenommen, wobei freie Baustellen berücksichtigt

---

S91 Saar- und Blieszeitung v. 25. 04. 1903

Steinbacher Straße aus Richtung Ottweilerstraße

Steinbrunnenweg aus Richtung Marktstraße

wurden. Die Steinbacher Straße erhielt bei dieser Gelegenheit ihren Namen, weil sie in Richtung Steinbach führt[S92].

Sie ist auch Erschließungsstraße für das ab 1967/68 am Steinbacher Berg entstandene Neubaugebiet, dessen Straßen nach Blumen benannt sind.

Nach einem Kanalisationsplan der Gemeinde Wiebelskirchen von 1900 war die Straße zu diesem Zeitpunkt schon teilweise ausgebaut, und es standen schon mehrere Häuser in der Straße[S93].

Steinbrunnenweg NK früher teilweise Schulers Treppchen (auch Gasse oder Gässchen), Brunnenpfad

Lage und Verlauf:

Der Steinbrunnenweg ist eine Straße im ältesten Kern von Neunkirchen. Sie hat eine Anbindung an mehrere Straßen. Beginnend an der Brunnenstraße verzweigt sich die Straße nach ca. 50 m. Geradeaus nach Nordwesten führt eine Treppe mit 53 Stufen hoch zum Oberen Markt/Heizengasse (früher Schulers Treppe bzw. Gasse). Nach links (nach Südwesten) führt eine straßenmäßige Anbindung zur Marktstraße und nach rechts (nach Nordosten) eine Anbindung zur Heizengasse, die sich vor der Einmündung in die Heizengasse aber wieder in zwei Arme verzweigt.

Informationen zum Namen und zur Geschichte der Straße:

Im Gebiet zwischen Oberem Markt/Heizengasse und

Haspel lag eine Reihe von Brunnen. Entlang der Brunnenstraße ist nämlich ein natürlicher Quellhorizont vorhanden, da hier der wasserspeichernde Buntsandstein auf dem Karbon aufliegt. Einige Straßennamen wie Brunnenstraße, Quellenstraße, Steinbrunnenweg und Fischkasten erinnern noch an den Wasserreichtum dieses Bezirks[S94].

Der Steinbrunnen liegt mitten in der Straße von der Brunnenstraße her an der Abzweigung nach rechts zur Heizengasse[S95]. Er ist heute abgedeckt. Der Brunnen lieferte vorzügliches Wasser, das wegen seiner Härte nicht zum Waschen taugte, aber gern zum Kochen benutzt wurde und auch als Viehtrank geschätzt war. Als im 2. Weltkrieg durch Bombenangriffe neben vielen Wohnhäusern auch Wasserleitungen in der Stadt zerstört waren, besann man sich auf den Steinbrunnen. Nach der Entfernung einiger Platten konnte die Quelle wieder freigelegt werden.

So konnten die Anwohner aus den umliegenden Straßen mit Eimern und anderen Gefäßen von dort ihr Wasser nach Hause holen.

Da die sogenannten „27 Treppchen" (heute 53 Stufen) des Steinbrunnenweges aus Richtung Oberer Markt zu einem Brunnen führten, hieß dieses Wegstück damals auch Brunnenpfad. Über diese Treppe gingen Jahrhunderte lang täglich die Wasserholer der Familien vom Oberen Markt, um das lebensnotwendige Wasser in die Häuser zu tragen.

Im Nordheimplan von 1797 ist der Steinbrunnenweg eingezeichnet, jedoch ohne Namen, es stehen aber

S92 Bürgerbuch Wi, vgl. Anm. A1, S. 221 - 223
S93 StA Neunkirchen, Best. Karten und Pläne Nr. C/7

S94 Krajewski: Plaudereien 4, vgl. Anm. B50, S. 43
S95 Saarländische Tageszeitung v. 23. 04. 1941

schon drei Gebäude dort[S96]. 20 Jahre später in der Tranchot-Karte von 1818 ist schon eine relativ dichte Bebauung erkennbar[S97].

Als der Ortsbaumeister Riemann dem Bürgermeister Jongnell von Neunkirchen am 15. 05. 1879 die Beschaffung von Namensschildern für 49 Straßen und 8 Wohnplätze vorschlug, tauchte der Straßenname in dieser Aufstellung ebenfalls auf. Für die kleine Straße mussten damals 2 Straßenschilder und 13 Hausnummernschilder beschafft werden[S98].

In den Stadtplänen von 1883 bis 1928 ist der heutige Treppenteil des Weges als Schulers Gasse oder Schulergasse bezeichnet. Sie war nach einem in diesem Bereich tätigen und wohnhaften Bierbrauer benannt. Der Bierbrauer Schuler, der Schwiegervater des dort später tätigen Gastwirtes Karl Schleppi (Schleppis Wirtschaft), betrieb in dem Gebäude an der Ecke Schulergasse/Marktstraße eine Brauerei mit Gaststätte. Später wurde die Treppe in den Steinbrunnenweg einbezogen. Das Gebäude, in dem sich die Gaststätte befand, wurde in den 1970er Jahren mit daneben liegenden weiteren Gebäuden abgerissen. Dort entstand ein modernes Wohn- und Geschäftshaus durch die Volksbank Neunkirchen.

Nach dem Beschlussbuch der Gemeinde Neunkirchen wurde am 27. 03. 1890 beschlossen, den sogenannten Brunnenpfad (Schulers Gässchen) wegen des eingelegten Widerspruchs nicht zu schließen, aber nun durch Tonrohre zu entwässern.. Vermutlich war das steile Wegstück durch Regenbäche ausgespült und für Fußgänger zu gefährlich.

Weiter beschloss der Rat der Gemeinde Neunkirchen am 17. 11. 1891 den Erwerb von Boden zur Verbreiterung des Fußweges im Steinbrunnen zu einem Fahrweg. Offensichtlich hat diese geplante Maßnahme nicht zum Erfolg geführt, da erst am 22. 05. 1906 eine Landenteignung „zur Schaffung geordneter Verhältnisse im Steinbrunnenweg" in die Wege geleitet wurde. Der Steinbrunnenweg wurde nach Durchführung dieser Maßnahme mit einer Schotterdecke befestigt, in der Mitte der Straße befand sich eine gepflasterte Rinne.

Der idyllische Steinbrunnenweg ist bis heute eines der reizvollsten Motive für Maler- und Fotografen Neunkirches.

S96 Krajewski: Stadtbuch 1955, vgl. Anm. A12, S. 91
S97 Krajewski: Stadtbuch 1955, vgl. Anm. A12, S. 113
S98 Beschaffung von Straßenschildern 1879, vgl. Anm. A8

Steinmetzstraße NK *heute Steigerstraße*

Siehe Steigerstraße

Informationen zum damaligen Namensgeber:

Karl Friedrich von Steinmetz (27.12.1796 – 02.08.1877), preußischer Generalfeldmarschall. Er kämpfte schon in den Befreiungskriegen 1813 – 1815 mit. Später war er preußischer Heerführer im Deutsch-Dänischen Krieg (1864), im Krieg gegen Österreich (1866 - Königsgrätz) und im Deutsch-Französischen Krieg 1870/71. Hier war er Oberbefehlshaber der I. Armee, die bei Spichern und Gravelotte entscheidende Schlachten gewann. Ab September 1870 war er Generalgouverneur von Posen/Westpreußen.

Steinstraße NK

Lage und Verlauf:

Die Steinstraße ist eine Verbindungsstraße zwischen Steinwaldstraße und Vogelschlagstraße (früher Yorkstraße).

Steinstraße aus Richtung Steinwaldstraße

Informationen zum Namen und zur Geschichte der Straße:

Am 13. 11. 1913 fasste der Gemeinderat Neunkirchen (Beschlussbuch der Gemeinde Neunkirchen) den Beschluss:

„Die neuen Straßen nördlich der Steinwaldstraße werden wie folgt benannt:

Die erste Straße beim Haus Kliver – Steinstraße

Die zweite Querstraße – Hardenbergstraße

Die dritte Querstraße – Scharnhorststraße

Die zweite Parallelstraße zur Steinwaldstraße – Yorkstraße

Während die erste Parallelstraße zwecks Erhaltung der alten Flurbezeichung den Namen An den Sinnersbäumen erhält"

Die Scharnhorststraße wurde allerdings nie gebaut. Sie hätte etwa in Höhe der heutigen Piuskirche die Steinwaldstraße mit der Yorkstraße verbunden.

Mit Beschluss vom 25. 01. 1915 wurden für diese Straßen Fluchtlinienpläne festgelegt. 1931 hatte die Steinstraße 17 Wohnanwesen (Hausnummern).

Informationen zum Namensgeber:

Heinrich Friedrich Karl Reichsfreiherr vom und zum Stein (26.10.1757 – 29.07.1831), preußischer Politiker und Reformer. Er studierte Rechtswissenschaften an der Universität Göttingen und trat 1780 in den preußischen Staatsdienst ein. 1804 wurde er zum Preußischen Minister für Wirtschaft und Finanzen ernannt. Stein suchte mit einigem Erfolg durch Wirtschafts- und Finanzreformen den preußischen Staat materiell für die Auseinandersetzung mit Napoleon zu rüsten. Im September 1807 wurde er zum leitenden Minister berufen, und zwar auf Empfehlung Napoleons und des Freiherrn von Hardenberg. In der Zwischenzeit hatte er seine Nassauer Denkschrift zur Reform der Verwaltung verfasst. Wichtigster Punkt seines Reformenkatalogs war seine Forderung nach mehr Selbstverwaltung der Gemeinden und Provinzen und somit die Beteiligung aller Bürger am Staatswesen. Stein begann sogleich mit der Durchführung grundlegender Reformen: Im Oktober 1807 wurde die bäuerliche Erbuntertänigkeit in ganz Preußen abgeschafft, und ständische Beschränkungen wurden aufgehoben. Im November 1808 erhielten die Städte die Selbstverwaltung, und die Kabinettsregierung wurde durch eine Ministerialregierung ersetzt. Am 24. November 1808 wurde Stein auf eigenen Wunsch entlassen; seine antifranzösische Einstellung hatte ihn in Konflikt mit Napoleon, der Preußen besetzt hielt, gebracht.

Stein ging zunächst nach Österreich ins Exil. 1812 holte ihn Zar Alexander I. als Berater nach Russland. Nach Napoleons Niederlage in Russland 1812 veranlasste er den Zaren zur Gegenoffensive. Anfang 1813 überredete er in russischem Auftrag die ostpreußischen Stände zur Erhebung gegen Napoleon, und anschließend vermittelte er ein preußisch-russisches Bündnis gegen Frankreich (Konvention von Tauroggen). 1814 nahm Stein ohne offiziellen Auftrag als Berater des Zaren am Wiener Kongress teil; hier setzte er sich ohne Erfolg für einen starken deutschen Bundesstaat und gegen die

Restauration der alten politischen Verhältnisse ein. 1819 initiierte Stein die Gründung der Gesellschaft für ältere deutsche Geschichtskunde, die die Monumenta Germaniae Historica herauszugeben begann, die bedeutendste Sammlung mittelalterlicher Quellen zur deutschen Geschichte.

Steinwaldstraße NK früher Wellesweiler Weg, teilweise Friedrichstraße

Lage und Verlauf:

Die Steinwaldstraße verläuft über einen Höhenrücken von der Scheibkreuzung nach Osten über die Kreuzung Scheiber Hof in Richtung Wellesweiler und mündet in Höhe der Einmündung Stieglitzweg in die Waldstraße.

Steinwaldstraße aus Richtung Scheib

Informationen zum Namen und zur Geschichte der Straße:

Der Straßenname deutet auf die Zielrichtung der Straße, die von der Scheib in den Steinwald führt. Der Bergrücken, über den die Straße verläuft, heißt Steinberg und der auf ihm stehende Wald war der Steinbergwald. Nach Ausklammerung von „berg" bildete sich der Name Steinwald. Während in alten Karten (Tranchot 1818) noch die Bezeichnung Steinberg steht, findet man in neueren Karten nur noch die Bezeichnung Steinwald.

Die Besiedlung der Scheib hatte um 1875 begonnen. Am Anfang der jetzigen Steinwaldstraße von der Scheib her bauten Fritz Schmidt (Eckwirtschaft), Fritz Bund und Fritz Kellermann ihre Häuser. Deshalb erhielt die Straße damals von der Scheibkreuzung bis zum heutigen Scheiber Hof den Namen Friedrichstraße, während die heutige Friedrichstraße vom Heusnersweiher (heute Mantes-la-Ville-Platz) bis zum Scheiberhof ein Teilstück der in Richtung Wellesweiler führenden Steinwaldstraße war. In ihrem östlichen Abschnitt zwischen Scheiber Hof und damaliger Waldgrenze Richtung Wellesweiler hieß sie zunächst Wellesweiler Weg. Später wurde dieser Teilabschnitt in die Steinwaldstraße einbezogen.

Am 15. 05. 1879 hatte der Ortsbaumeister Riemann dem Bürgermeister Jongnell von Neunkirchen die Beschaffung von Namensschildern für 49 Straßen und 8 Wohnplätze vorgeschlagen. In dieser Aufstellung tauchen die Namen Friedrichstraße und Steinwaldstraße zum ersten Mal schriftlich auf. In der gleichen Aufstellung sind für die heutige Steinwaldstraße schon 6 Wohnanwesen aufgeführt, für die Hausnummernschilder beschafft werden mussten[S99].

Im Ortsplan von Neunkirchen aus dem Jahre 1883 sind die Friedrichstraße und die Steinwaldstraße in der damaligen Lage und mit diesen Namen verzeichnet[S100].

Die Straßen waren damals allgemein noch nicht ausgebaut, bestenfalls bekamen sie eine Schotterdecke.

Im Verwaltungsbericht von 1896 führte Bürgermeister Ludwig zur Entwicklung des Straßenwesens aus, im Berichtszeitraum sei eine Reihe von Straßen ausgebaut bzw. gründlich hergestellt worden, u. a. die Straße von Wellesweiler über den Sandhügel nach Neunkirchen und weiter nach Spiesen und damit auch die Steinwaldstraße[S101].

Per Stadtratsbeschluss vom 01. 02. 1935 erfolgte für die beiden Straßenteile ein Namenstausch. Die Steinwaldstraße reicht seither von der Scheibkreuzung bis zum Steinwald, und ihr vorheriges Teilstück zwischen Heusnersweiher und Scheiberhof wurde zur Friedrichstraße[S102].

Auf der Gegenseite in Wellesweiler gab es aber ebenfalls eine Steinwaldstraße, die durch den Steinwald in Richtung Scheib führte. An beiden Straßen stehen zahlreiche Wohnhäuser, was vor allem bei Postzustellungen ständig zu Irrtümern und damit verbundenen Klagen führte. Daraufhin schlug der Bezirksvorsteher von Wellesweiler am 18. 09. 1963 vor, die Steinwaldstraße in Wellesweiler in Sandhügelstraße umzubenennen. Das lehnte der Hauptausschuss jedoch ab. Daraufhin schlug die Stadtverwaltung vor,

die Waldstraße in die beiden Steinwaldstraßen einzubeziehen und den gesamten Straßenzug durchgehend von der Scheib bis nach Wellesweiler Steinwaldstraße zu benennen oder

- die Steinwaldstraße in Neunkirchen in die Waldstraße einzubeziehen oder

- die Steinwaldstraße in Neunkirchen Obere Steinwaldstraße und die in Wellesweiler Untere Steinwaldstraße zu

benennen.

Alle diese Vorschläge wurde vom Hauptausschuss abgelehnt, so dass es zunächst bei der alten Regelung blieb, bis die Steinwaldstraße in Wellesweiler im Mai 1975 nach dem verstorbenen Oberbürgermeister Regitz umbenannt wurde.

Die Versorgung der Wohnhäuser in Neunkirchen mit Wasseranschlüssen begann nach der Inbetriebnahme des Wasserwerkes in Wellesweiler und des auch heute noch genutzten Hochbehälters im Steinwald im Jahre 1877. Die Wasserversorgung in die Häuser erfolgte aber nur Zug um Zug. Als erste profitierten davon natürlich die Bürger auf der Scheib, da die Wasserleitung in die Stadt auch durch die heutige Steinwaldstraße und über die Scheib verlegt werden musste. Aber erst im Frühjahr 1892 wurden auch die letzten Häuser der Zweibrücker Straße an die Wasserleitung angeschlossen. Bis dahin befand sich für die Scheiber Bürger der nächste Laufbrunnen an der heutigen Ecke Hohlstraße/Friedrichstraße vor der Metzgerei Fried, der im Volksmund allgemein „Trips" genannt wurde, was auf einen mäßigen Wasserzulauf schließen lässt[S103].

Das Wasser am Brunnen zu holen war damals in der Regel für die Schuljugend tägliche Plicht.

1930 wurde die Straßenbahnlinie, die seit 1907 zunächst aus der Stadt nur bis zur Scheibkreuzung ging, durch die Steinwaldstraße bis in Höhe der Einmündung des heutigen Stieglitzweges eingleisig verlängert, während die Strecke aus der Stadt bis auf die Scheib zweigleisig war. Diese Verlängerung wurde am 07.12.1930 in Betrieb genommen. Die letzte Straßenbahn in die Stadt fuhr am 10. 06. 1978. Danach wurden die Straßenbahnschienen nach und nach aus dem Straßenkörper entfernt.

1992 gestaltete man die Steinwaldstraße zwischen Scheiberhof und Hardenbergstraße neu. Auf der nördlichen Straßenseite wurden Parkbuchten angelegt und auf der gleichen Seite wurden Bäume angepflanzt.

S99 Beschaffung von Straßenschildern 1879, vgl. Anm. A8
S100 Situationsplan NK 1883, vgl. Anm. A4
S101 Verwalt.-ber. NK 1885 – 1896, vgl. Anm. K21
S102 Saar- und Blieszeitung v. 30. 01. 1935

S103 Saarländische Tageszeitung v. 16. 10. 1940

2002 wurde die Kreuzung Steinwaldstraße/Fernstraße durch den Bau eines Verkehrskreisels umgestaltet und so der Verkehrsfluss wesentlich erleichtert.

Öffentliche oder sonst bedeutsame Gebäude in der Straße:

- Scheibschule

Anfang des 20. Jh. waren die Schülerzahlen auf der Scheib innerhalb zweier Jahrzehnte von 192 auf 635 angewachsen. Deshalb war die Schule Ecke Zweibrücker Straße/Unterer Friedhofsweg trotz Anbauten zu klein geworden. Es wurde mit einem Neubau an der damaligen Friedrichstraße (heute vordere Steinwaldstraße) Ecke Beerwaldweg begonnen. Diese Schule, die Scheibschule, wurde am 01. 07. 1907 von 8 Klassen bezogen. Die Schule stand mit dem Eingang zur Friedrichstraße (Steinwaldstraße). 1909 wurde mit 703 Schülern die höchste Schülerzahl erreicht. Während des 3. Reiches wurde die Scheibschule in Adolf-Hitler-Schule umbenannt. Am 15. März 1945 bei dem letzten schweren Bombenangriff auf Neunkirchen, wenige Tage vor dem Einmarsch der Amerikaner, wurde die Schule völlig zerstört. Schon am 04. 02. 1949 wurde wegen des Schulraummangels beschlossen, die Scheibschule wieder aufzubauen. Im November 1950 begannen die Bauarbeiten, und nach den Osterferien 1952 konnte ein erster Bauabschnitt bezogen werden. Am 15. 05. 1953 wurde die Schule feierlich eingeweiht. Das Schulhaus hat 12 Säle, 2 Werkräume und Verwaltungsräume[S104].

In einem 3. Bauabschnitt wurden 1957 eine Schulturnhalle, ein Schülerbad, eine öffentliche Badeanstalt und die Wohnung des Hausmeisters erstellt.

- Katholische Piuskirche

Die Piuskirche wurde in den Jahren 1958/60 nach Plänen des Architekten Böhr aus Mayen als Katholische Pfarrkirche für die Kirchengemeinde St. Vincenz/St. Pius in der Oberstadt gebaut. Am 11. 12. 1960 wurde die Kirche eingeweiht und gleichzeitig das 50-jährige Jubiläum der Kirche St. Vincenz in der Hermannstraße gefeiert. Bis zu diesem Zeitpunkt war die Kirche St. Vincenz

im 1909/10 erbauten Vincenz-Altenheim in der Hermannstraße die kath. Pfarrkirche für die Oberstadt. Die Piuskirche ist aus rotem Sandstein erbaut, der 43 m hohe Kirchturm aus Beton steht einige Meter neben der Kirche unmittelbar an der Steinwaldstraße[S105].

Steinwaldstraße We *jetzt Bürgermeister-Regitz-Straße, von 1935 bis 1945 Mackensenstraße*
Siehe Bürgermeister-Regitz-Straße

Stengelplatz We

Lage:
Der Stengelplatz liegt an der Ecke Homburger Straße/ Rombachstraße.

Stengelplatz mit Stengelkirche

Informationen zum Namen und zur Geschichte des Platzes:
Die Stengelkirche[S106] ist eine der wenigen saarländischen Dorfkirchen im Barockstil. Sie wurde von der evang. Gemeinde und den seit 1755 mit ihr verbundenen Lutheranern der drei Bexbachorte im Jahre 1758 auf dem Platz einer früheren Kapelle (schon 1448 als Filiale der Kirche von Mittelbexbach erwähnt) in der Dorfmitte errichtet. Das am 09.12.1758 eingeweihte Gotteshaus trägt unverkennbare Züge der Stengelschule. Für das unter der Kontrolle von Friedrich Joachim Stengel geplante Gotteshaus musste die Gemeinde

S104 Schwinn, Theo: Geschichte des Volksschulwesens, in: Stadtbuch 1955, vgl. Anm. A12, S. 216

S105 Saarbrücker Zeitung v. 01. 10. 2005
S106 Remy: Heimatbuch We, vgl. Anm. A45, S. 83; Krajewski: Plaudereien 6, vgl. Anm. B36, S. 41

1540 Gulden bezahlen. Die Maurerarbeiten waren von dem Meister Garros aus Ottweiler ausgeführt. Empore, Dach und Glockenstuhl sind das Werk der Zimmerermeisters Balthasar Büntzel aus Ottweiler und Wilhelm Stahl aus Niederlinxweiler. Die Kanzel und das Gestühl stammen aus der Werkstatt des Schreinermeisters Anschütz aus Neunkirchen.

1885 wurde Wellesweiler eine eigene Kirchengemeinde.

Nach dem 2. Weltkrieg war die Kirche für die stark angewachsene Gemeinde zu klein geworden, so dass 1957/60 ein neues Gotteshaus in der heutigen Ernst-Blum-Straße gebaut wurde.

Bis 2006 waren an die Kirche an der Stirnseite und an eine Seitenwand Wohnhäuser angebaut. Diese Häuser wurden nun von der Stadt erworben und abgerissen. Das neu gewonnene Umfeld der Kirche soll parkartig gestaltet werden. Der Ortsrat Wellesweiler beschloss daraufhin im Juni 2007, die Örtlichkeit Stengelplatz zu nennen[S107].

Informationen zum Namensgeber:
Siehe Stengelstraße

Stengelstraße Wi früher Friedhofsweg

Lage und Verlauf:
Die Stengelstraße zweigt in Wiebelskirchen von der Römerstraße nach Süden in Richtung Friedhof ab, wo sie als Sackgasse endet.

Stengelstraße aus Richtung Römerstraße

Informationen zum Namen und zur Geschichte der Straße:
Ihrer Funktion entsprechend, sie führt zu einem der Eingänge des Friedhofs in Wiebelskirchen, wurde die kleine Straße ursprünglich Friedhofsweg genannt. Als es 1954 auf Anregung des Kultur- und Heimatrings Wiebelskirchen eine Reihe von Neu- oder Umbenennungen von Straßen in Wiebelskirchen gab, wurde sie nach dem berühmten nassau-saarbrückischen Baumeister Friedrich Joachim Stengel benannt[S108] und behielt diesen Namen auch nach der Gebiets- und Verwaltungsreform 1974. Dies zur Vermeidung von Verwechselungen, weil es auch noch eine Friedhofsstraße (heute Am Friedhof) gab.

Die Straße ist nur einseitig bebaut, auf der anderen Seite befindet sich die Friedhofsmauer.

Informationen zum Namensgeber:
Friedrich Joachim Stengel (29.09.1694 - 1787), Generalbaudirektor, war einer der Hauptmeister des rheinisch-fränkischen Spätbarocks. Der berühmte Baumeister des Fürsten Wilhelm Heinrich von Nassau-Saarbrücken hatte neben dem Saarbrücker Schloss und der Ludwigskirche in Saarbrücken u. a. zwischen 1753 und 1765 das repräsentative Barockschloss Jägersberg in Neunkirchen, die Bliesbrücke (Vorgängerin der heutigen Kurt-Schumacher-Brücke) und die alte evang. Kirche in Wellesweiler erbaut. Das Schloss diente dem Saarbrücken Hofstaat oft zu Jagdaufenthalten, weshalb ihm Fürst Ludwig (der Sohn und Nachfolger von Wilhelm Heinrich) am 23. August 1777 offiziell den Namen Jägersberg gab.

1793 wurde das Schloss von französischen Revolutionstruppen geplündert, später von Baumaterial suchenden Neusiedlern nach und nach abgerissen und ist heute völlig aus dem Stadtbild verschwunden (siehe Schloßstraße).

Die Stengel-Kirche in Wellesweiler ist erhalten (siehe Stengelplatz).

Stieglitzweg NK früher teilweise Steiermarkweg bzw. Tannenweg, dann Starenweg

Lage und Verlauf:
Der Stieglitzweg zweigt in Höhe der Pius-Kirche nach

S107 Saarbrücker Zeitung v. 14. 06. 2007

S108 Mathias: Die 1954 eingeführten Straßennamen, in: Heimatbuch Wi, vgl. Anm. A2, S. 148

Stieglitzweg aus Richtung Storchenplatz

Norden von der Steinwaldstraße ab. Nach ca. 100 m schwenkt er nach Nordosten und endet nach ca. weiteren 400 m am Storchenplatz.

Informationen zum Namen und zur Geschichte der Straße:

Die Tochter von Karl Ferdinand von Stumm-Halberg, Frau Berta von Sierstorpff, setzte 1927 die Tradition, Werksangehörige beim Erwerb von Wohneigentum zu unterstützen, im Rahmen des Vaterländischen Frauenvereins vom Roten Kreuz fort. Eine von ihr ins Leben gerufene Bau- und Siedlungsgenossenschaft begann in diesem Jahr mit dem Bau der Rote-Kreuz-Siedlung im Steinwald. Damit begann die Besiedlung des Steinwaldgebietes[S109].

Nördlich der damaligen Straße Im Steinwald und östlich des Wasserhochbehälters wurden in zwei Straßen (heute Steinwaldstraße und Koßmannstraße) die ersten Einfamilienhäuser der Rote-Kreuz-Siedlung gebaut. Am westlichen Ende in Höhe des Wasserhochbehälters wurde eine Erschließungsstraße von der Straße Im Steinwald her angelegt. Noch vor Beginn des 2. Weltkrieges wurde die Siedlung Im Steinwald nach Osten entlang der heutigen Waldstraße fortgesetzt, dabei entstanden in Richtung Wellesweiler weitere Straßen der Siedlung mit Einfamilienhäusern. Damit wurde u. a. Wohnraum für die Opfer der Gasometerexplosion von 1933 geschaffen. Die Straßen in der gesamten Siedlung hatten zunächst keine Namen.

Nach dem Wiederanschluss des Saargebietes 1935 an das Deutsche Reich wurden in Neunkirchen durch

Beschluss des Stadtrates vom 29. 01. 1935, wie auch in anderen Orten, Straßen nach Städten oder Gebieten in den Grenzbereichen des Deutschen Reiches benannt, die nach dem 1. Weltkrieg von Deutschland oder Österreich abgetrennt worden oder mit den jeweiligen Nachbarn umstritten waren. Nach diesen Gesichtspunkten wurden die ersten Namen für die Straßen in der Siedlung festgelegt. Die am westlichen Ende des neuen Siedlungsgebietes in Höhe des Wasserhochbehälters gelegene Verbindungsstraße zwischen der Straße Im Steinwald und der heutigen Koßmannstraße erhielt den Namen Steiermarkweg. Sie war damals eine schmale Straße wie heute Weidenweg, Pappelweg und Ulmenweg.

Unmittelbar nach dem 2. Weltkrieg wurde sie in Tannenweg umbenannt. In den 1950er Jahren wurde die Straße im Zuge der Erschließung des Storchenplatzgebietes nach Nordosten in Richtung Storchenplatz fortgesetzt. Dieser neue Straßenteil wurde nun Starenweg genannt. Dazu schrieb die Saarbrücker Zeitung am 22. 08. 1953: *„Für das Gelände im Steinwald haben sich Bauinteressenten von jeher interessiert. Schon in den Jahren 1920 – 1930 entstand längs der Waldstraße die heutige Steinwaldsiedlung, die nunmehr nach der neuen städtebaulichen Planung eine erhebliche Erweiterung erfahren soll. Ein neues Viertel wird nördlich der alten Siedlung entstehen, das zunächst 410 Wohnungen für ca. 1600 Menschen umfassen wird. Der Anfang zur Verwirklichung dieses Siedlungsvorhabens ist bereits getan, schon wird fleißig gebaut. Der Tannenweg, die westlichste Straße der alten Siedlung, wird um 3 m verbreitert und geht in den Starenweg über, der auf den Storchenplatz mündet."* Auf Antrag des Stadtverordneten Petri wurde der erste Teil der Straße, der bisherige Tannenweg, in einer Stadtratssitzung am 26. 09. 1958 in die Straßenbezeichnung Starenweg einbezogen. Die Straßenbezeichnung Tannenweg fiel weg.

Als es nach der Gebiets- und Verwaltungsreform 1974 im neuen Stadtgebiet mehrere Straßen mit dem Namen Starenweg gab, wurde die in Neunkirchen liegende in Stieglitzweg umbenannt.

Öffentliche oder sonst bedeutsame Einrichtungen in der Straße:

-   Wasserhochbehälter
    Die Versorgung der Wohnhäuser in Neunkirchen mit Wasseranschlüssen begann nach der Inbetriebnahme des Wasserwerkes in Wellesweiler und des auch heute noch genutzten

---

S109 Gillenberg u. Birtel: Hüttenhäuser, vgl. Anm. C1

Hochbehälters im Steinwald am 01. 04. 1877[S110]. Der Hochbehälter lag 238 m über Normalnull und fasste 600 qm Wasser[S111]. Die Wasserversorgung in die Häuser erfolgte aber nur Zug um Zug. Als erste profitierten davon natürlich die Bürger auf der Scheib, da die Wasserleitung in die Stadt auch über die Scheib verlegt werden musste. Aber erst im Frühjahr 1892 wurden auch die letzten Häuser der Zweibrücker Straße an die Wasserleitung angeschlossen. Den Anliegern der Georgstraße dagegen wurde dies 1893 vom Gemeinderat noch verweigert. 1910 wurde in der damaligen Scheibschule eine Pumpstation installiert, um Wasser vom Hochbehälter im Steinwald zu einem neuen Hochbehälter in der oberen Hermannstraße pumpen zu können. Von diesem neuen Hochbehälter wurden dann die Häuser in der Hermannstraße mit Wasser versorgt.

Stollenweg Hei   früher Schulstraße, Schulgasse oder Schulweg

Lage und Verlauf:
Der Stollenweg ist eine kleine Stichstraße, die zunächst einen Abhang hinunter in nordwestlicher Richtung von der Grubenstraße abzweigt und dann nach Südwesten parallel zur Grubenstraße verläuft.

Stollenweg aus Richtung Grubenstraße

S110 KEW Neunkirchen: Festschrift 100 Jahre Wasserwerk Neunkirchen-Wellesweiler, Neunkirchen 1976
S111 Krämer, Hans-Henning: Vom Dorfbrunnen zum Wasserwerk, vgl. Anm. E7

Informationen zum Namen und zur Geschichte der Straße:
Der Weg führte zu einem der zahlreichen Stolleneingänge im Bereich des Ausgehenden der Flöze nördlich der Grubenstraße, in denen vor dem Abtäufen der Schächte Kohlen gegraben wurden. Damals gab es jedoch noch keine Straßennamen. Nach Einführung der Straßennamen hieß der Weg zunächst Schulstraße. Dieser Name ging auf den Umstand zurück, dass ein altes Schlafhaus (erbaut 1866) an dieser Stelle zu einem Schulhaus umfunktioniert worden war. In dem Haus befanden sich ein Schulsaal und eine Lehrerwohnung. 1893 wurden alle restlichen Räume zu Arbeiterwohnungen umgewandelt, bis das Haus 1972 abgebrochen wurde. Es blieb nur das ehemalige Haus des Schlafhausmeisters aus dem Jahre 1867, jetzt Nr. 2, stehen. Es ist heute das nachweislich älteste noch erhaltene Wohnhaus in Heinitz. Das Haus Nr. 3 war 1894 vom Consumverein für seinen Bäckermeister erbaut worden[S112]. Als es nach der Gebiets- und Verwaltungsreform 1974 mehrere Schulstraßen im Stadtgebiet gab, wurde die in Heinitz liegende in Erinnerung an ihre frühere Bedeutung umbenannt.

Storchenplatz NK

Lage:
Der Storchenplatz liegt im Mittelpunkt einer Siedlung nördlich der Waldstraße im Steinwaldgebiet. Er ist gleichzeitig Namensgeber für dieses Wohngebiet.

Storchenplatz Blickrichtung Nachtigallenweg

S112 Schinkel: Heinitz, vgl. Anm. B9, S. 165

Informationen zum Namen und zur Geschichte des Platzes:

Die Erschließung des Bereichs um den Storchenplatz begann mit einem Bebauungsplan 1951. Zu dem Straßensystem um den Platz gehörten zunächst der Nachtigallenweg, der Meisenweg, der Amselweg, der Lerchenweg, der Finkenweg und der von Westen nach Osten verlaufende Teil des heutigen Stieglitzweges (damals Starenweg).

Am 22. 08. 1953 schrieb die Saarbrücker Zeitung: *„Für das Gelände im Steinwald haben sich Bauinteressenten von jeher interessiert. Schon in den Jahren 1920 – 1930 entstand längs der Waldstraße die heutige Steinwaldsiedlung, die nunmehr nach der neuen städtebaulichen Planung eine erhebliche Erweiterung erfahren soll. Ein neues Viertel wird nördlich der alten Siedlung entstehen, das zunächst 410 Wohnungen für ca. 1600 Menschen umfassen wird. Mittelpunkt der neuen Siedlung ist der Storchenplatz. Hier entsteht das Geschäftszentrum, das auch architektonisch hervorgehoben werden soll und zwar durch zweigeschossige Bauweise.*

Der Anfang zur Verwirklichung dieses Siedlungsvorhabens ist bereits getan, schon wird fleißig gebaut. Anlässlich des Richtfestes, das der Bauherr Peter Hans aus Wiebelskirchen gab, der am Storchenplatz ein Wohn- und Geschäftshaus erstellt, waren weitere Einzelheiten über den Ausbau der neuen Siedlung zu hören. Ehe wir darüber berichten, sei jedoch kurz eingegangen auf Gerüchte in der hinteren Steinwaldsiedlung, die insbesondere die Anwohner der Tiergartenstraße (heute Ulmenweg), Pappelweg und Weidenweg betreffen. Hier befürchtet man, dass diese schmalen Zugangsstraßen zu Hauptverkehrsstraßen werden. Hieran ist jedoch in keiner Weise gedacht. Die neue Siedlung ist als aufgelockerte Eigenheimsiedlung gedacht mit neuen Zufahrtsstraßen einmal von der Waldstraße her (heute Stieglitzweg), weiter von der Vogelschlagstraße her (heute Meisenweg) erhalten soll, und eine weitere neue Verbindungsstraße ist zur Unterstadt vorgesehen (heute Albert-Schweitzer-Straße). Die o. a. schmalen Straßen sind für den Zubringerverkehr in keiner Weise geeignet. Mittelpunkt der neuen Siedlung ist der Storchenplatz. Die Bürgersteige werden 2,00 m und die Fahrbahnen der Straßen 7,50 m breit sein. Auf der Kuppe des Steinwaldes wurde eine Baustelle für eine Volksschule und eine für eine evang. Kirche vorgehalten".

Am Storchenplatz waren eine Gaststätte, eine Bäckerei, eine Metzgerei, Lebensmittelgeschäfte und weitere Geschäfte zur Nahversorgung entstanden. In den späten 1950er Jahren wurde die Siedlung um den Drosselweg, den Möwenweg, den Zeisigweg (heute Kleiberweg) und den Eulenweg (heute Sperberweg) erweitert.

Anfang der 1980er Jahre wurde der Storchenplatz durch die Anlage zweier Verkehrsinseln, die Schaffung von Parkflächen und die Anpflanzung von Bäumen umgestaltet.

Als Geschäftszentrum ist der Platz heute nicht mehr zu bezeichnen. Viele vorher hier vorhandenen Geschäfte wurden von den Betreibern aufgegeben.

Straße am Berg We später Litzmannstraße, heute Bergstraße
Siehe Bergstraße

Straße des 13. Januar Ha vorher und nachher Lindenstraße
Siehe Lindenstraße

Straße des 13. Januar Mü vorher und nachher Friedhofstraße
Siehe Friedhofstraße

Straße des 13. Januar NK vorher und nachher Hüttenbergstraße
Siehe Hüttenbergstraße

Straße des 13. Januar Wi vorher und nachher Reichsstraße, dann Teil der Neunkircher Straße, heute Teil der Kuchenbergstraße.
Siehe Kuchenbergstraße.

Stummplatz NK früher Teil der Bahnhofstraße

Lage:

Der Stummplatz ist heute der zentrale Platz in der Stadtmitte. Entlang seiner Nordseite verläuft die Lindenallee. Nach Süden geht die Stummstraße ab und nach Osten die Pasteurstraße.

Informationen zum Namen und zur Geschichte des Platzes:

An der Stelle des heutigen Stummplatzes, der nur noch Fußgängerzone ist, befand sich bis in die 1980er Jahre die für Neunkirchen wichtigste innerstädtische Straßenkreuzung. Hier trafen sich Bahnhofstraße, Saarbrü-

Stummplatz aus Richtung Lindenallee

kker Straße, Stummstraße, Lindenallee und Pasteurstraße. Die Bahnhofstraße reichte bis zur Einmündung der heutigen Pasteurstraße bzw. Saarbrücker Straße, während sie heute nur noch bis zur Lindenallee geht. Über diese Straßenkreuzung verlief die Straßenbahnlinie Steinwald – Bahnhof – Wiebelskirchen, und von hier zweigten eine Linie nach Spiesen, die die Saarbrücker Straße hinaufführte, und eine Linie nach Heiligenwald ab. Ab 1953 befuhr ein Trolley-Bus die Linie von Wiebelskirchen über die Stummkreuzung nach Heiligenwald. Im Bereich dieser Kreuzung in der Innenstadt am Anfang der Saarbrücker Straße lagen auch die Tore 3 und 4 des Neunkircher Eisenwerkes.

Im Zusammenhang mit dem Abriss des Südwerks des Eisenwerkes, dem Bau des Saarparkcenters und der Verlängerung der Lindenallee über das frühere Eisenwerksgelände bis zum Plättchesdohle erfolgte nach und nach eine völlige Umgestaltung des alten Knotenpunktes zum heutigen Stummplatz als Fußgängerzone. Auf den Platz münden die ebenfalls zu Fußgängerbereichen umgestalteten Stummstraße und Pasteurstraße.

Der Platz wurde am 16. 11. 1989 eingeweiht. Den Namen Stummplatz hatte der neugestaltete Platz schon am 14. 12. 1988 durch Beschluss des zuständigen Stadtratsausschusses unter Bezug auf das Denkmal erhalten, das hier schon seit 1902 zum Gedenken an den Freiherrn Carl Ferdinand von Stumm-Halberg steht, der das Eisenwerk zur Blüte gebracht und neben den Bergwerken wesentlich dazu beigetragen hat, dass Neunkirchen zur Industriestadt wurde. Das Denkmal steht seit dem Umbau des Platzes am Übergang vom Stummplatz in die Stummstraße.

Öffentliche oder sonst bedeutsame Gebäude und Einrichtungen an der Straße:

- Stummdenkmal

   Am 08. 03. 1901 starb der Freiherr Carl Ferdinand von Stumm-Halberg. Er hatte, nachdem seine Vorfahren das Eisenwerk übernommen und aufgebaut hatten, den Ruhm und das allgemeine Renommee der Industriellendynastie der Stumms in Deutschland und darüber hinaus begründet. Sein industrielles und politisches Wirken ist gemeint, wenn von der Aera Stumm gesprochen wird. Überregional wurde er gelegentlich als König von Saarabien tituliert, während die Hüttenleute ihn durchaus respektvoll Schlackekarl nannten. Er war 1888 in den erblichen Adelsstand erhoben worden.

   Nur eineinhalb Jahre nach seinem Tod wurde dem Freiherrn am 30. 11. 1902 am Tor 3 des Neunkircher Eisenwerks ein Denkmal gesetzt. Der Künstler, Prof. Schaper, stellte Stumm in Alltagskleidung auf einen Stock gestützt dar. Daneben stellte er eine Kokille zum Guß von Walzblöcken und eine Zange als Symbole des Werkes[S113].

   An seinem ursprünglichen Standort blieb das Denkmal bis 1965 und musste dann dem Straßenverkehr weichen; doch der neue Standort war nur wenige Meter entfernt und auch nur vorübergehend.

   Seinen jetzigen festen Platz fand das Denkmal endlich bei der Neugestaltung des Stummplatzes 1989. Es steht renoviert heute in der Einmündung der Stummstraße in den Stummplatz.

- Saarpark-Center

   Nachdem in Neunkirchen fast 400 Jahre lang Eisen geschmolzen worden war, wurden am 29. 07. 1982 die beiden letzten Hochöfen Nr. 6 und Nr. 2 abgeschaltet.

   Nach dem Erwerb eines Großteils des Eisenwerksgeländes durch die Stadt und Abriss der meisten Gebäude und Einrichtungen des Eisenwerkes Mitte der 1980er Jahre, wurde eine begrenzte Stadtkernerweiterung nach Westen ins Auge gefasst. Nachdem ein Angebot der Stadtverwaltung an die Neunkircher Geschäftswelt, sich zur Nutzung des stadtnahen Teils der

S113 Trepesch: Denkmäler in NK, in: Stadtbuch 2005, vgl. Anm. B7, S. 586

freien Fläche durch Bau eines Einkaufszentrums zusammenzutun, keinen Anklang fand, musste man sich anderweitig umsehen. Es wurde ein Investor in der ECE-Projektmanagement Hamburg gefunden.

Die Bauarbeiten am Saarparkcenter begannen im Oktober 1987, am 30. und 31. August 1989 wurde das Gebäude mit einer Verkaufsfläche von 28 000 qm eingeweiht[S114].

Nach einem Erweiterungsbau, der im Oktober 1999 in Betrieb genommen werden konnte, hat der Gebäudekomplex jetzt 125 Einzelhandelsgeschäfte auf 33500 qm.

Informationen zum Namensgeber:
Siehe Stummstraße

Stumm`scher Park NK *heute nicht mehr existent*

Lage:
Der Park lag im Bereich zwischen Saarbrücker Straße und Bahndamm, bzw. zwischen Herrenhaus und Stummscher Kapelle, ein Rest davon ist der heute noch vorhandene Hammerweiher, der neben der verlängerten Lindenallee liegt.

Informationen zum Namen und zur Geschichte des Parks:
Hinter dem von 1834 bis 1837 zwischen den Werksanlagen erbauten Herrenhaus wurde als Erholungsort für die Mitglieder der Familie Stumm und zu Repräsentationszwecken um den alten Hammerweiher ein wunderschöner Park angelegt[S115].
Zu Stumms Zeiten fanden hier an Sonntagnachmittagen öffentliche Konzerte statt, zu denen jedermann Zutritt hatte. Diese Tradition wurde bis in die 1920er Jahre beibehalten.
Im Park stand auch die Privatkapelle der Familie Stumm, deren Ruine heute noch am Bahndamm steht[S116].
Durch das ehemalige Parkgelände führt heute die verlängerte Lindenallee vom Stummplatz zum „Plättchesdohle".

Informationen zum Namensgeber:
Siehe Stummstraße

S114 Decker u. Meiser: NK = NE, vgl. Anm. G39, S. 73 ff
S115 Trepesch: Landschaftsgarten des Stumm'schen Herrenhauses, in: Stadtbuch 2005, vgl. Anm. B7, S. 527
S116 Krajewski: Plaudereien 3, vgl. Anm. B7, S. 52

Stummstraße NK *früher ein Teil der Hüttenbergstraße*

Lage und Verlauf:
Die Stummstraße beginnt am Stummplatz in der Stadtmitte, verläuft von dort ansteigend nach Süden und geht in Höhe Königstraße in die Hüttenbergstraße über.

Stummstraße Blickrichtung Stummplatz

Informationen zum Namen und zur Geschichte der Straße:
Die Straße war früher Teil der Hüttenbergstraße und so Teil der Hauptverkehrsachse vom Hauptbahnhof über die Kreuzung Stummdenkmal und über die Hüttenbergstraße zur Scheib. Auf dieser Strecke fuhr auch bis in die 1970er Jahre die Straßenbahn, deren Linienendpunkte in der Steinwaldstraße und in Wiebelskirchen lagen.

Vom Stummdenkmal bis zur Königstraße erhielt sie ihren jetzigen Namen anläßlich der Enthüllung des Denkmals für den Freiherrn Carl Ferdinand von Stumm-Halberg am 30. 11. 1902.

Der Ausbau der Straße begann schon Anfang des 20. Jh. Nach dem Beschlussbuch der Gemeinde Neunkirchen beschloss der Rat am 09. 07. 1907, die Bahnhofstraße und die Stummstraße mit einem Trottoir zu versehen.

Im Zusammenhang mit dem Bau des Stummplatzes wurde die Stummstraße zu einer Fußgängerstraße ausgebaut.

Informationen zum Namensgeber:
Carl Ferdinand von Stumm-Halberg (30.03.1836 – 08.03.1901) wurde in Saarbrücken als ältestes von 8 Kindern geboren. Als er zwölf Jahre alt war, beging sein Vater Selbstmord. Die Leitung des der Familie seit vier

Generationen gehörenden Eisenwerks in Neunkirchen und die Vormundschaft über die Kinder übernahm der Bruder der Mutter, Karl August Böcking. Carl Ferdinand besuchte Schulen in Mainz und Siegen. Daran anschließend absolvierte er von 1852 – 1854 eine Lehrzeit im Neunkircher Hüttenwerk. Von 1854 – 1858 studierte er in Bonn Rechts- und Staatswissenschaften und Eisenhüttenkunde. Am 31.05.1860 heiratete er Ida Böcking; aus der Ehe gingen vier Töchter und ein Sohn hervor, der jedoch nur wenige Monate alt wurde. Ab 01.04.1858 übernahm Carl Ferdinand Stumm 22-jährig die Werksleitung in Neunkirchen. Er führte von Anfang an ein strenges Regime im Werk.

Mit der Fertigstellung der Rhein-Nahe-Bahn 1860 ergab sich eine günstige Situation für das Werk in Neunkirchen, da nun die Wege zu den Erzlagern an der Lahn und zu den Kunden zeitlich erheblich verkürzt wurden. Stumm erkannte dies sofort und nutzte die Chance. Nachdem 1863 eine erste Frachtverschickung mit der Bahn gelungen war, konnte 1867 ein eigener Bahnanschluss für das Neunkircher Eisenwerk in Betrieb genommen werden.

Nach dem siegreichen Deutsch-Französischen Krieg 1870/71 und dem Anschluss Elsaß-Lothringens an das Deutsche Reich, waren auch die Wege hierhin leichter geworden. Carl Ferdinand Stumm führte das Werk zu großer Blüte, indem er viele technische Neuerungen einführte. Gleichzeitig führte er die Belegschaft mit harter Hand, zeigte sich seinen Arbeitern gegenüber aber bei entsprechender Leistung und Führung auch sehr sozial eingestellt. Der Stummsche Arbeiter war nicht nur der wirtschaftlich bestgestellte im Saarrevier, er war auch ganz allgemein eine angesehene Persönlichkeit. Stumm hat nicht nur das ererbte Eisenwerk zur Blüte gebracht, sondern neben den Gruben wesentlich dazu beigetragen, dass Neunkirchen zu einer prosperierenden Industriestadt wurde. Dazu trug auch bei, dass Stumm sich jahrzehntelang auf der kommunalpolitischen Ebene engagierte und durch Schenkungen den Bau vieler für die Gemeinde wichtiger Gebäude und Einrichtungen förderte.

1866 hatte Stumm eine erste Begegnung mit Bismarck. Ab 1867 war er Abgeordneter im Parlament des Norddeutschen Bundes für den Wahlkreis Ottweiler/St. Wendel/Meisenheim und ab 1882 Mitglied des preußischen Abgeordnetenhauses. Auf die Tätigkeit im preußischen Abgeordnetenhaus verzichtete er nach der Reichsgründung, um sich ganz der Arbeit im Reichs-

tag widmen zu können. Auf Bismarcks Vorschlag wurde Stumm nach seinem Verzicht auf ein Reichstagsmandat 1882 in das Preußische Herrenhaus berufen.

1888 wurde er von Wilhelm I., dem er freundschaftlich verbunden war und der ihn später 1892 in Saarbrücken und Neunkirchen auch einmal besuchte[S117], in den erblichen Freiherrenstand erhoben, nachdem er noch 1868 eine solche Standeserhöhung abgelehnt hatte. Als der Freiherr von Stumm-Halberg am 8. März 1901 an einem Krebsleiden verstarb, schrieb die ihm nahestehende Berliner Tageszeitung Die Post: *"Freiherr von Stumm-Halberg war eine von denjenigen Persönlichkeiten, die eigentlich nie jung gewesen sind."* In der Saarwirtschaft war er im letzten Drittel des 19. Jh. der führende Kopf, was wegen seiner sozialkonservativen Machtstellung bei den Gegnern die Bezeichnung „König von Saarabien" oder das „Königreich Stumm" eintrug.

Informationen über öffentliche oder sonst bedeutsame Gebäude in der Straße:

- Kaufhaus Kaufhof, früher Kaufhaus Levy, Neunkircher Kaufhaus

  Das ehemalige Kaufhaus Joseph Levy Wwe, das 1897 eröffnet worden war[S118], überstand als eines von wenigen Gebäude in der Innenstadt alle Bombenangriffe während des 2. Weltkrieges fast unversehrt. Als die Amerikaner am 21. 03. 1945 Neunkirchen besetzt hatten, öffneten sie verständlicherweise alle Kriegsgefangenen- und Zwangsarbeiterlager. Noch am gleichen Tag zündeten plündernde russische Kriegsgefangene das nun Neunkircher Kaufhaus genannte Gebäude an, das bis auf die Grundmauern niederbrannte. Zwei der Plünderer fanden dabei selbst den Tod. Ihre Leichen wurden erst Jahre später beim Ausräumen der Trümmer gefunden. Nach dem Krieg wurde das Kaufhaus in verschiedenen Notgebäuden betrieben. Im Oktober 1960 wurde der Neubau mit einer Zahl von anfänglich 350 Beschäftigten wiedereröffnet. Seit der Eröffnung des Saarparkcenters 1989 ist das Kaufhofgebäude mit dem Center durch eine überdachte Fußgängerbrücke verbunden.

S117 Gillenberg, Heinz: Karl-Ferdinand von Stumm-Halberg Ein Industriellenleben, Neunkircher Hefte Nr. 15, Verkehrsverein Neunkirchen, Neunkirchen 2003, S. 105
S118 Saarbrücker Zeitung v. 26. 04. 2002

Südring NK

Lage und Verlauf:

Es handelt sich um eine nur ca. 200 m lange Verbindungsstraße zwischen Spieser Straße und Westspange ohne jede Bebauung.

Südring Blickrichtung Westspange.
im Hintergrund ehem. Grube König,
jetzt Müllverbrennungsanlage

Informationen zum Namen und zur Geschichte der Straße:

Die Straße wurde Anfang der 1980er Jahre als Verbindung von der Spieser Straße zu der im Entstehen begriffenen Westspange gebaut. Der Straßenname wurde in einer Sitzung des zuständigen Stadtratsausschusses am 25. 04. 1985 festgelegt.

1975 war ursprünglich geplant, die Straße nach Süden über die Spieser Straße hinaus am Südrand des Ellenfeldstadions vorbei und nach Überquerung der Zweibrücker Straße durch die Friedrichstraße in Richtung Scheiber Hof fortzusetzen und damit tatsächlich einen Teilring zum Süden der Stadt herzustellen[S119]. Dann wäre auch der Straßenname Südring berechtigt gewesen. Diese Pläne hat man zwischenzeitlich fallen lassen und von dem geplanten Ring ist nur dieses kurze Straßenstück übriggeblieben.

In der Straße gibt es keinerlei Bebauung. Es befinden sich hier lediglich der Eingang zu der Gartenanlage des Kleingartenvereins Scheib und eine Zufahrt zum Gelände der früheren Ziegelei Köppel (siehe Alte Ziegelei).

Süduferstraße NK zeitweise (1935 – 1945) Am Südufer, heute teilweise Karl-Schneider-Straße

Lage und Verlauf:

Die Straße verläuft auf der südlichen Bliesseite unmittelbar am Fluss entlang zwischen Mozartplatz und Willi-Graf-Straße.

Süduferstraße aus Richtung Mozartplatz.

Informationen zum Namen und zur Geschichte der Straße:

Die kurz nach 1900 begonnene und dann abschnittsweise weiter durchgeführte Bliesregulierung (Begradigung) in der Innenstadt verminderte zwar die Überschwemmungsgefahr für den Unterort, veränderte andererseits aber die Tallandschaft in erheblichem Maße und verwandelte die ehemals in natürlichen Windungen dahinströmende Blies in einen gerade gestreckten Abzugsgraben für Schmutzwasser[S120]. Dieser Wasserzustand hat sich erst nach Stilllegung des Eisenwerkes und nach der Inbetriebnahme von Kläranlagen flussaufwärts gebessert.

Die entlang der begradigten Blies auf dem aufgefüllten Gelände schon vor 1914 geplanten beiden Bliesuferstraßen (Nord- und Südufer) wurden nach dem 1. Weltkrieg ausgebaut. Die Namen der beiden Straßen waren jedoch durch den Gemeinderat Neunkirchen bereits am 24. 04. 1903 festgelegt worden[S121].

Zunächst führte die Süduferstraße von der Brückenstraße bis in Höhe der heutigen Mühlwiesenstraße. Nach dem weiteren Ausbau der Straße in Richtung Welles-

---

S119 Kreuz u. Borgards: Gutachten zur Stadtsanierung 1975,
vgl. Anm. F8, S. 60, 207

S120 Krajewski: Plaudereien 1, vgl. Anm. A50, S. 36
S121 Saar- und Blieszeitung v. 25. 04. 1903

weiler 1935 erhielt der östliche Teil ab der heutigen Willi-Graf-Straße den Namen Bliesstraße. Heute heißt nur noch der Straßenteil zwischen Mozartbrücke und Willi-Graf-Straße Süduferstraße. Der stadtnahe Straßenteil zwischen Brückenstraße und Mozartbrücke heißt jetzt Karl-Schneider-Straße.

Am 29. 01. 1935 beschloss der Stadtrat eine Reihe von Straßenumbenennungen aus politischen Gründen. Gleichzeitig wurden auch Straßen ohne politische Gründe umbenannt, so wurde aus der Süduferstraße die Straße Am Südufer[S122].

Unmittelbar nach Kriegsende erhielt die Straße ihren alten Namen zurück.

Am 16. 03. 1928 beschloss der Stadtrat Neunkirchen ein Anleiheprogramm zum Ausbau mehrerer Straßen, so auch zum Ausbau der Süduferstraße. Da dies bis dahin nicht geschehen war, wurde am 01. 04. 1937 erneut die Aufnahme von Darlehen zum Ausbau mehrerer Straßen u. a. der Süduferstraße zwischen Brücken- und Mozartstraße beschlossen. Am 26. 02. 1959 meldete die Saarbrücker Zeitung, ein langgehegter Wunsch der Anwohner der Süduferstraße gehe in Erfüllung. Seit Anfang der Woche würden die Bürgersteige mit Bordsteinen und Asphaltdecke ausgebaut.

Die Straße ist heute Teil der stark belasteten Verkehrsader in West-Ost-Richtung durch die Innenstadt.

Süßbachweg Ha

Lage und Verlauf:

Die Straße liegt im westlich der Hauptdurchgangsstraße durch Hangard gelegenen Neubaugebiet. Sie biegt in nordöstlicher Richtung von der Rohnstraße ab und endet als Sackgasse.

Informationen zum Namen und zur Geschichte der Straße:

Der Straßenname geht auf eine Flurbezeichnung zurück. Die Flur IX in Hangard heißt „Süßbach" und darin gibt es unter Ziffer 6 die Gewannbezeichnung „In der hintersten Süßbach". Darüber hinaus gibt es in der Flur VII die Gewannbezeichnungen „Auf der vordersten Süßbach" und „In der vordersten Süßbach".

Anfang der 1980er Jahre wurde in Hangard rechts der Oster ein Neubaugebiet unter der Bezeichnung In der Süßbach erschlossen, zu dem die Straßen Süßbachweg

Süßbachweg aus Richtung Rohnstraße.

und Hofplatzweg gehören. Die beiden Straßennamen wurden in einer Stadtratssitzung am 24. 09. 1980 festgelegt.

In der Straße stehen ausschließlich Wohnhausneubauten, die in freier Bauweise erstellt worden sind.

Synagogenplatz NK vorher Teil des Oberen Marktes

Lage:

Es handelt sich um den Teil des Oberen Marktes zwischen Rödelsgasse und Irrgartenstraße, der unmittelbar vor dem Standplatz der früheren Synagoge von Neunkirchen an der Ecke Oberer Markt/Irrgartenstraße liegt. Der vordere hier in den Oberen Markt einmündende Teil der heutigen Irrgartenstraße hieß früher Synagogenstraße.

Synagogenplatz mit Karcher-Tierbrunnen

S122 Saar- und Blieszeitung v. 30. 01. 1935

Informationen zum Namen und zur Geschichte des Platzes:

Der Platz wurde 1994 neu gestaltet und erhielt am 21. 09. 1994 durch Beschluss des Stadtrates zum Gedenken an die einstige Synagoge den Namen Synagogenplatz. Diese Namensgebung geht auf einen Vorschlag des Synodalreferenten im evang. Kirchenkreis Ottweiler von 1988 und auf eine erneute Initiative des evang. Jugendreferates im Kirchenkreis Ottweiler aus dem Jahre 1994 zurück.
Weiteres siehe Oberer Markt

Informationen zur namensgebenden Einrichtung:

Bei einer Synagoge handelt es sich um ein jüdisches Gemeinde-, Gebets- und Versammlungshaus, das auch zum Studium der Thora dient. Es gibt zwar keine einheitlichen architektonischen Vorschriften für den Bau von Synagogen, jedoch weist jede Synagoge bestimmte Elemente auf. Der Thoraschrein, in dem die Thorarollen aufbewahrt werden (die fünf Bücher Mose, die in hebräischer Sprache in alten Schriftzeichen auf Pergament geschrieben sind), befindet sich an der Ostwand, die nach Jerusalem gerichtet ist.

Die Tradition schreibt zwar vor, dass Männer und Frauen voneinander getrennt sitzen sollen, jedoch wird dieser Brauch in reformierten Synagogen nicht streng eingehalten. In orthodoxen Synagogen gibt es zu diesem Zweck eine Empore oder aber einen durch Gitter bzw. Vorhänge abgetrennten Raum. Neben zahlreichen Vorhängen, rituellen Möbeln (Beschneidungsstuhl) und Kultgegenständen gehört zur Ausstattung ferner ein siebenarmiger Leuchter, die Menora. In der Zeit des Nationalsozialismus wurden in Deutschland fast alle Synagogen zerstört.

Die Synagoge in Neunkirchen war 1863/65 mit einer finanziellen Unterstützung der Gemeinde Neunkirchen in Höhe von 500 Talern an der Stelle einer bereits 1847 erbauten jüdischen Schule errichtet worden. Die Einweihung fand am 01. 12. 1865 unter reger Beteiligung der Neunkircher Bevölkerung statt[S123]. Am Tag nach der sogenannten „Reichskristallnacht", am 10. 11. 1938 wurde sie in Brand gesetzt und ist damals ausgebrannt. Der Rest wurde dann im 2. Weltkrieg durch Bomben völlig zerstört. Nach dem Krieg wurde von der Familie Sentler auf dem Grundstück ein Wohn- und Geschäftshaus errichtet, das seit 1978 eine Gedenktafel an die Synagoge an der zur Irrgartenstraße liegenden Gebäudeseite trägt.

Synagogenstraße NK *heute vorderer Teil der Irrgartenstraße zwischen Oberer Markt und Alleestraße*
Siehe Irrgartenstraße

Informationen zur namensgebenden Einrichtung:
Siehe Synagogenplatz

S123 Wolfanger, Dieter: Jüdisches Leben in Neunkirchen, in: Stadtbuch 2005, vgl. Anm. B7, S. 401 ff

Täufergarten Ko

Lage und Verlauf:
Die Straße ist eine Verbindungsstraße zwischen dem Torhausweg und der Straße Am Hirschberg. Dabei verläuft sie südöstlich parallel zur Niederbexbacher Straße.

Täufergarten Blickrichtung Torhausweg

Informationen zum Namen und zur Geschichte der Straße:
Der Straßenname war in einer Sitzung des Stadtrates am 30. 05. 1979 festgelegt worden, als der Ausbau der Straße von der Straße Am Hirschberg aus begonnen hatte. Der Straßenname ist von der Flurbezeichnung „Im Täufergarten" (in einer Flurkarte von 1764 auch „Däfergarten") abgeleitet, die sich wiederum auf Wiedertäufer bezieht, die in Furpach/Kohlhof früher den Lützelholzer Hof bewirtschaftet haben. Davor hieß das Flurstück „Im Kohlbruch", worauf sich ein weiterer Straßenname in unmittelbarer Nähe bezieht[T1]. Die Straße Täufergarten führte zunächst nur von der Straße Am Hirschberg bis zum Friedhof Kohlhof, der weitere Ausbau nach Südwesten vom Friedhof bis zum Torhausweg erfolgte erst ab 1999.

In der Straße stehen ausschließlich Ein- und Zweifamilienhäuser der gehobenen Wohnklasse.

Informationen zu den Namensgebern:
1763 pachteten die beiden Wiedertäufer Daniel und Jakob Moser den neu angelegten Kohlhof, auch Lützelholzerhof genannt. Auf dem in der Nähe liegenden

Furpacher Hof saßen nach 1765 ebenfalls Wiedertäufer (Ulrich Schrag und Ulrich Siegel) als Pächter. Sie hatten wohl im Bereich der jetzigen Straße ihre Gärten, woraus sich dann die Flurbezeichnung ableitete.

Bei den Erwähnten handelte es sich allerdings um Mennoniten, die damals irrtümlich als Wiedertäufer bezeichnet wurden. Die Mennoniten waren Täufer, die nur die Erwachsenentaufe anerkannten. Die Wiedertäufer dagegen waren eine protestantische Sekte des Reformationszeitalters. Sie wurden so genannt, weil sie die ihnen Beitretenden nochmals tauften, da ihnen die Taufe ohne bewussten Glauben als unwirksam galt. Deshalb lehnten sie die Kindertaufe auch ab. Die Wiedertäufer strebten die unmittelbare Verwirklichung des Reiches Gottes auf Erden an. Dies führte zur religiöser und politischer Schwärmerei und revolutionären Bestrebungen und veranlasste ihre gewaltsame Unterdrückung. 1534 war in Münster/Westfalen ein eigenes Reich der Wiedertäufer entstanden, das jedoch grausam zerschlagen wurde.

Talstraße NK anfänglich Thalstraße

Lage und Verlauf:
Die Talstraße beginnt an der Kreuzung Marktstraße/Brunnenstraße/Hohlstraße, verläuft von dort nach Südwesten und mündet in die Schloßstraße/Spieser Straße ein.

Talstraße aus Richtung Spieser Straße

Informationen zum Namen und zur Geschichte der Straße:
Da die Straße zwischen zwei Erhebungen verläuft, einerseits die Höhe auf der das Barockschloss

T1   Krajewski: Plaudereien 2, vgl. Anm. A23, S. 24

Jägersberg stand, andererseits der Büchel, auf dem die Gebäude der ehemaligen Schloß-Brauerei stehen, hat sie wohl den Namen Talstraße erhalten. Daher stammt sicher auch die dortige Flurbezeichnung „Auf'm Thal". Die Örtlichkeit ist auch in der Ordnung der Gemeinde Neunkirchen aus dem Jahre 1731 mehrfach genannt[T2].

Die Talstraße ist eine der ältesten Straßen in Neunkirchen. Schon im Nordheimplan von 1797 ist eine Straße nach Spiesen eingezeichnet[T3]. Es handelt sich dort allerdings um die heutige Talstraße, die heute erst in ihrer Verlängerung in Richtung Spieser Höhe ab der Einmündung Schloßstraße Spieser Straße genannt wird. In diesem Plan sind auch schon erste Häuser in der Straße eingezeichnet. In der Tranchot-Karte von 1818 ist die Straße schon mit einer dichten Bebauung eingezeichnet, hat allerdings noch keinen Namen[T4]. Nach dieser Karte reicht die Bebauung schon bis in Höhe der heutigen Knappenstraße.

Am 15. 05. 1879 schlug der Ortsbaumeister Riemann dem Bürgermeister Jongnell von Neunkirchen die Beschaffung von Namensschildern für 49 Straßen und 8 Wohnplätze vor. In dieser Aufstellung ist auch der Name Thalstraße aufgeführt. Für die Straße mussten damals 2 Straßenschilder und 46 Hausnummernschilder beschafft werden[T5].

Im Ortsplan von Neunkirchen aus dem Jahre 1883 ist die Talstraße erstmals in ihrer jetzigen Lage mit vollständiger, beidseitiger Bebauung vermerkt, allerdings noch mit der Schreibweise Th[T6].

1905 schließlich hatte die Straße 48 Wohnanwesen/Hausnummern und war damit dicht bebaut.

Öffentliche oder sonst bedeutsame Einrichtungen in der Straße:

- Kindergarten
  Der städtische Kindergarten ist in einem ehemals der Grubenverwaltung gehörenden Bergarbeiter-Doppelhaus (Nr. 45) mit markanten Fachwerkfassadenelementen untergebracht. Dieses Haus ist eine der Stationen des Neunkircher Grubenwegs 2. 1993 konnte der Kindergarten schon seinen 100-jährigen Geburtstag feiern. Er hat 30 Kindergarten- und 20 Kindertagesplätze.

T2   Krajewski: Plaudereien 2, vgl. Anm. A23, S. 10
T3   Krajewski: Stadtbuch 1955, vgl. Anm. A12, S. 91
T4   Krajewski: Stadtbuch 1955, vgl. Anm. A12, S. 113
T5   Beschaff. Straßenschilder, vgl. Anm. A8
T6   Situat.-plan NK 1883, vgl. Anm. A4

Talstraße Wi *jetzt Elsa-Brandström-Straße*
Siehe Elsa-Brandström-Straße

Talweg Ha *jetzt Untere Kirchwies*
Siehe Untere Kirchwies

Tannenbergring (1935 – 1945) NK *davor Rathenaustraße, Erzbergerstraße und Friedensstraße, heute nur Friedensstraße*
Siehe Friedensstraße

Informationen zum damals namensgebenden Ort:
Tannenberg liegt im westlichen Masuren im früheren Regierungsbezirk Allenstein in Ostpreußen (heute polnisch). Tannenberg ist als Schauplatz zweier großer Schlachten berühmt.
Am 15. Juli 1410 erlitt der Deutschritterorden eine vernichtende Niederlage gegen ein polnisch-litauisches Heer, die den Verfall des Ordens einleitete.
Diese Schlacht wird in der polnischen Geschichtsschreibung nach einem Nachbardorf (zu dem Tannenberg heute gehört) auch Schlacht von Grunwald genannt. Sie gehört zu den größten kriegerischen Auseinandersetzungen des Mittelalters.
Im 1. Weltkrieg war Tannenberg Schauplatz eines deutschen Sieges über die russische Armee (23.-31. August 1914). Zu Beginn des Krieges fielen russische Truppen in Ostpreußen ein, um die Deutschen von ihrer Offensive gegen Frankreich abzulenken. Nachdem sie einen Großteil der Truppen, die sich dem russischen Gegner nördlich der Masurischen Seenplatte widersetzt hatten, abgezogen hatten, konzentrierten Paul von Hindenburg und sein Stabschef Erich Ludendorff das Gros ihrer Kräfte in einem Angriff gegen General Alexander Samsonow bei Tannenberg, wodurch die russische Invasion gestoppt wurde. Das im Jahr 1927 errichtete Tannenberg-Denkmal wurde 1945 unmittelbar vor dem Anrücken der sowjetischen Armee gesprengt.

Tannenschlag Fu *zeitweise (1936 – 1945) Im Tannenschlag*

Lage und Verlauf:
Die Straße zweigt gleich am Ortseingang Furpach, von Neunkirchen kommend, nach Süden von der Limbacher Straße ab und mündet in die Straße Hirschdell.

Tannenschlag aus Richtung Limbacher Straße

Informationen zum Namen und zur Geschichte der Straße:

Die Straße befindet sich am Rand des früheren Hofgutgeländes. In diesem Bereich standen vor der Rodung für die Siedlung zahlreiche Tannen/Fichten.

Zwischen 1936 und 1938 wurde auf dem Gelände des früheren Hofgutes Furpach durch die Saarpfälzische Heimstätte GmbH eine Siedlung erstellt. Im 1. Bauabschnitt wurden der Bereich nördlich der Limbacher Straße und westlich der nach Ludwigsthal führenden Straße und im 2. Bauabschnitt der Bereich südlich der Limbacher Straße und westlich des Hofgutes mit folgende Straßen erschlossen: Tannenschlag, Maltitzpfad, Hirschdell, Kälberweide, Hasenrech und Kestenbaum. Dort entstanden 42 Volkswohnungen, 66 Siedlerstellen und 20 Eigenheime[T7]. Kaum eines dieser Siedlungshäuschen ist noch im ursprünglichen Zustand. Fast alle sind umgebaut, aufgestockt oder angebaut. Da die Siedler zur Kleinviehhaltung angehalten waren, waren deren Grundstücke ziemlich groß, um diese Tiere aus dem Land ernähren zu können.

Die Grundstücke waren so groß, dass nach Kriegsende vielfach auch eine Abtrennung eines weiteren Baugrundstücks möglich war. So entstand nach dem 2. Weltkrieg durch Teilung der Grundstücke auf der Ostseite der Straße der Eichenweg.

In den ersten Jahren hieß die Straße Im Tannenschlag. Als unmittelbar nach Kriegsende viele Straßennamen umgeändert wurden, erhielt die Straße ihren jetzigen Namen.

T7 Mons: Siedlungsgeschichte Furpach, vgl. Anm. B35, S. 17 ff

Öffentliche oder sonst bedeutsame Gebäude und Einrichtungen in der Straße:

- Robinsondorf
  1966 entstand am südlichen Ende der Straße auf einem 10000 qm großen Grundstück als internationales Jugendfreizeitzentrum der Stadt Neunkirchen das Robinsondorf, das 1968 noch erweitert wurde. Die erweiterte Anlage wurde am 20. 06. 1968 offiziell übergeben. Sie bestand aus 10 kleinen Holzhäusern, in denen die Jugendlichen übernachten können und einem Versorgungsbau mit Sanitäranlagen, Küche und Speisesaal. Letzterer kann auch als Aufenthalts-, Spiel- und Hobbyraum genutzt werden. Insgesamt bietet die Anlage 85 Übernachtungsmöglichkeiten. Der Wirbelsturm Wibke zerstörte 1990 eine der Hütten, die aber wieder aufgebaut wurde.
  Die Hütten verfügen inzwischen über Nasszellen, es gibt im Versorgungsbau eine moderne Küche und zwei Werkstatträume für Bastler und Bäcker. Die Einrichtung wird in erster Linie von Schulklassen und von Vereinen für ihre Jugendabteilungen genutzt.

Tannenweg NK *vorher Steiermarkweg, danach Starenweg, heute Teil des Stieglitzweges*
Siehe Stieglitzweg

Tannenweg Wi

Lage und Verlauf:

Der Tannenweg zweigt im nordöstlichen Bereich des

Tannenweg aus Richtung Zedernweg

Stadtteils Wiebelskirchen als eine von drei Sackgassen nach Südosten vom Zedernweg ab und endet nach knapp 100 m vor dem Ziehwald.

Informationen zum Namen und zur Geschichte der Straße:

Das Gelände zwischen Bexbacher Straße und Forsthausstraße, die Flur Auf Stählingswies, wurde von der damaligen Gemeinde Wiebelskirchen erworben und dann wurden nach Anlegung der Straßen einzelne Grundstücke an Bauwillige vergeben. 1971 waren bereits 40 von 73 Baustellen mit verschiedenen individuellen Hausformen bebaut, vorwiegend eingeschossig, die man als Bungalows bezeichnen kann.

Alle neuen Straßen südöstlich der Bexbacher Straße sind nach heimischen Baumarten benannt.

Taubenaustraße NK früher Gneisenaustraße

Lage und Verlauf:

Die Taubenaustraße verbindet die Ringstraße mit der Süduferstraße und verläuft dabei in Ost-West-Richtung.

Taubenaustraße aus Richtung Ringstraße

Informationen zum Namen und zur Geschichte der Straße:

Der Straßenname ist von der Flurbezeichnung „In der Taubenau" abgeleitet. Nach der Gemarkungskarte Neunkirchen von 1848 liegt diese Gewann allerdings jenseits, also nördlich der Blies in der Flussniederung. Die Straße führt jedenfalls in diese Richtung, endet aber vor der Blies.

Der Heimatforscher Bernhard Krajewski deutet die Flur-

bezeichnung so: Aue = feuchte Wiese, Land am Wasser; taub = wenig fruchtbar im Gegensatz zu benachbarten besseren Wiesen[T8]. In der zweiten Hälfte des 19. Jh. wuchs die Stadt und die Bevölkerung auf Grund der enorm ansteigenden Industrialisierung in einem ungeheuren Tempo. Jeweils in 15 – 20 Jahren verdoppelte sich die Bevölkerung immer wieder und suchte industrienahen Wohnraum. Es entstanden ständig neue Straßen, die in der euphorischen Stimmung nach dem gewonnenen Deutsch-Französischen Krieg 1870/71 oft nach Mitgliedern des Kaiserhauses, nach verdienten Heerführern (auch der Befreiungskriege) oder nach Schlachtenorten benannt wurden. So erfolgte auch im vorliegenden Fall die Benennung nach dem preußischen General der Befreiungskriege August Graf Neidhardt von Gneisenau. Der Straßenname wurde in einer Sitzung des Gemeinderates Neunkirchen am 24. 04. 1903 festgelegt[T9]. Nach den damaligen Plänen sollte auf der Kreuzung Gneisenaustraße/Kaiser-Wilhelm-Straße (heute Ringstraße) ein größerer Platz entstehen, der ebenfalls nach Gneisenau benannt werden sollte[T10]. Der Platz wurde aber nie gebaut. Den jetzigen Straßennamen erhielt die Straße unmittelbar nach Kriegsende, als alle patriotisch oder nationalistisch klingenden Straßennamen abgeschafft wurden.

Öffentliche oder sonst bedeutsame Einrichtungen an der Straße:

- Mehlpfuhlbad
  1896 berichtete Bürgermeister Ludwig zur Entwicklung des Tiefbauwesens in der Gemeinde 1894 sei *„auf einem bergfiskalischen Grundstück am Mehlpfuhlschacht ein Schwimmbehälter errichtet worden, in welchem 1895 schon 28385 Bäder genommen wurden"*[T11]. 1903 hieß es dann, das Bad sei durch ein zweites Becken und die Errichtung von 7 verschließbaren Badezellen erheblich vergrößert worden[T12].
  Hinter einem hohen Bretterzaun, der jeden Einblick verhinderte, lagen nun zwei gemauerte Becken, eines für Schwimmer und eines für Nichtschwimmer. Außerdem war ein Vorwärmbecken vorhanden für das aus dem Fischkasten durch

T8   Krajewski: Stadtbuch 1955, vgl. Anm. A12, S. 461
T9   Saar- und Blieszeitung v. 25. 04. 1903
T10 Situationsplan NK 1902
T11 Verwalt.-bericht NK 1885 – 1896, vgl. Anm. K21
T12 Verwalt.-bericht NK 1896 - 1903, vgl. Anm. F3

eine Leitung einfließende Brunnenwasser.

Das sehr bescheidene Bad, das damals Badean-stalt genannt wurde, diente den Neunkircher Schwimmern und Schulen bis das Kasbruchbad gebaut worden war. Das Bad war nach den Anga-ben einer Zeitzeugin mindestens bis 1944 in Be-trieb[T13]. Heute ist nichts mehr von ihm zu sehen, selbst der Name Mehlpfuhl ist an dieser Stelle verschwunden. Zweigeschossige Wohnhäuser stehen heute dort an der Taubenaustraße, wo einst Schwimmsport betrieben wurde[T14].

Theodor-Fliedner-Straße NK früher Magdale-nenstraße

Lage und Verlauf:

Die Theodor-Fliedner-Straße beginnt vor dem Flied-nerkrankenhaus, verläuft von dort nach Südwesten, kreuzt die Blumenstraße und endet an der Einmündung Liebigstraße, wo sie in die Grabenstraße übergeht.

Theodor-Fliedner-Straße aus Richtung Ringstraße
mit Fliedner-Krankenhaus

Informationen zur Geschichte und zum Namen der Straße:

Die Straße wurde nach dem Vornamen der Ehefrau des Besitzers der Schloßbrauerei Friedrich Schmidt zunächst Magdalenenstraße genannt, da dieser das Grundstück für den Bau des Krankenhauses und der Straße gestiftet und diesen Namen gewünscht hatte.

Am 25. 05. 1936 beschloss der Stadtrat, eine Reihe von

Straßennamen aus politischen Gründen zu ändern, u. a. um Nazigrößen zu ehren. Es wurden bei dieser Ge-legenheit aber auch Straßennamen ohne politischen Hintergrund geändert, so z. B. die Magdalenenstraße in Theodor-Fliedner-Straße[T15]. Im Gegensatz zu vielen an-deren Namensänderungen blieb diese nach Ende der 2. Weltkrieges auch bestehen.

Früher ging die Straße nordöstlich bis an die Kreuzung Ringstraße/Thomas-Mann-Straße/Taubenaustraße. Seit einer Neuordnung des Geländes und dem Bau eines Parkplatzes vor dem Fliedner-Krankenhauses en-det bzw. beginnt die Straße vor dem Krankenhausein-gang.

Informationen zum Namensgeber:

Theodor Fliedner (21.01.1800 – 04.10.1864), protestan-tischer Theologe, wurde in Eppstein/Nassau geboren. Als Pfarrer in Kaiserswerth gründete er 1836 den Evan-gel. Verein für christliche Krankenpflege und die erste evangelische Diakonissenanstalt.

Öffentliche oder sonst bedeutsame Gebäude in der Straße:

- Fliedner-Krankenhaus[T16]

 Das Fliednerkrankenhaus, seit 01. 01. 2001 Saar-land Klinik Fliedner Neunkirchen, war am 02. 12.1900 an der damaligen Magdalenenstraße eröffnet worden und hieß zunächst aus den o. a. Gründen auch Magdalenenkrankenhaus. An der Finanzierung beteiligte sich auch die Fami-lie Stumm mit einem Betrag von 10 000,- Mark. Bereits drei Jahre später wurde das Haus zum er-sten Mal erweitert. 1912 erhielt das Krankenhaus seinen ersten Chefarzt in der Person von Dr. L Seiffert (siehe Villa Seiffert bei Ringstraße) Während des gesamten 1. und des 2. Weltkrieges war das Haus Militärlazarett. Obwohl es auf dem Dach als Krankenhaus gekennzeichnet war, wur-de es bei zwei Bombenangriffen am 05. 10. 1944 und am 06. 11. 1944 schwer beschädigt und nach dem Krieg bis 1949 unter großen Opfern wieder aufgebaut[T17].

 Das Krankenhaus gehört seit dem Zusammen-schluss mit dem Evang. Krankenhaus Saarbrü-

---

T13 StA Neunkirchen, Best. Varia 437
T14 Krajewski: Plaudereien 1, vgl. Anm. A50, S. 45

T15 Entschließung des Stadtrates 1936, vgl. Anm. A6
T16 Krajewski: Plaudereien 7, vgl. Anm. A23, S. 21
T17 Wildberger: Soziale Einrichtungen, in: Stadtbuch 1955, vgl. Anm. A12, S. 404

cken im Jahre 2001 zum Konzern der Bad Kreuznacher Diakonie. Von Beginn an bis zum Oktober 1955 hatten die Kaiserswerther Diakonissen aufopfernd im Haus gearbeitet. Dann stellten sie ihre Arbeit aus Nachwuchsmangel in Neunkirchen ein.

Das Haus erlebte im Laufe der Zeit mehrere Um- und Anbauten, zuletzt wurde in den 1990er Jahren ein parallel zur Ringstraße stehender Flügel angebaut und am 30. 05. 1996 seiner Bestimmung übergeben, in dem sich u. a. die gemeindenahe Psychiatrie Neunkirchen befindet. Die Klinik verfügt heute über insgesamt 160 Betten. Sie betreibt in zwei älteren Gebäuden in der gleichen Straße auch ein Schulungszentrum und eine Tagesklinik.

Theodor-Heuss-Brücke NK

Lage:
Straßenbrücke über die Blies im Zuge der Fernstraße über die der Verkehr vom Stadtteil Scheib zur Wellesweilerstraße läuft.

Informationen zum Namen und zur Geschichte der Straße:
Die massive Eisenbetonbrücke wurde 1937 im Zuge der Arbeiten für den Bau der Fernstraße erbaut. Die Überbrückung der Blies in einem etwa 30 m großen Bogen erfolgte zusammen mit der Bliesbegradigung und der Bliestieferlegung von der Mozartstraße bis zur Banngrenze Wellesweiler. Sie dient auch als Ersatz für die vorher im Zuge der Bliesbegradigung abgerissenen Flotowbrücke, deren Nachfolgerin ca. 150 m weiter östlich nur noch für Fußgängerverkehr zugelassen ist (siehe Hermann-Hallauer-Brücke). Die Brücke wurde von der Fa. Saarbau Saarbrücken mit einer Verkehrsbreite von 16 m, wovon 11 m auf die Fahrbahn und je 2,50 m auf die beiden Bürgersteige entfallen, gebaut. Die Herstellungskosten beliefen sich auf 100 000,- RM. Mit der Brücke wurde die von der Stadt angestrebten Entwicklung in östlicher Richtung vorangetrieben.
Die Namensgebung erfolgte durch Beschluss des Stadtrates am 19. 07. 1967 zusammen mit der Benennung der Bahnhofsbrücke nach dem früheren Bundeskanzler Adenauer und der Bliesbrücke in Zuge der Bahnhofstraße nach dem früheren Vorsitzenden der SPD Kurt Schumacher.

Theodor-Heuss-Brücke Blickrichtung Bliesstraße

Informationen zum Namensgeber:
Theodor Heuss (31.01.1884 – 12.12.1963) war von 1949 bis 1959 erster Bundespräsident der Bundesrepublik Deutschland. Vorher war er 1945/46 Kultusminister in Württemberg-Baden. Als 1. Vorsitzender der FDP kam er in den Parlamentarischen Rat, wo er entscheidenden Einfluss auf die Abfassung des Grundgesetzes hatte. 1949 wurde er gegen Kurt Schumacher zum Bundespräsidenten gewählt und 1954 ohne Gegenkandidat für weitere fünf Jahre bestätigt.

Thomase-Betzum-Straße **Wi** *später zeitweise (1935 – 1945) Julius-Schreck-Straße, heute Offermannstraße*
Siehe Offermannstraße

Thomas-Mann-Straße NK früher Parkstraße (alt), Manteuffelstraße

Lage und Verlauf:
Die Straße beginnt an der Kreuzung Langenstrichstraße/Röntgenstraße/Knappschaftsstraße und führt von dort nach Nordosten bis zur Einmündung in die Ringstraße.

Informationen zum Namen und zur Geschichte der Straße:
Die Straße verlief, als sie entstand, entlang des parkartigen Geländes des 1885/86 erbauten Knappschaftskrankenhauses und wurde deshalb zunächst wohl Parkstraße genannt. Der Eingang zu dem Krankenhausgelände befand sich allerdings in der Knappschaftsstraße.

Thomas-Mann-Straße aus Richtung Knappschaftsstraße

In der zweiten Hälfte des 19. Jh. wuchsen die Stadt und die Bevölkerung auf Grund der enorm ansteigenden Industrialisierung in einem ungeheuren Tempo. Es entstanden ständig neue Straßen, die in der euphorischen Stimmung nach dem gewonnenen Deutsch-Französischen Krieg 1870/71 oft nach Mitgliedern des Kaiserhauses, nach verdienten Heerführern oder nach Schlachtenorten benannt wurden. Es wurden auch Straßen, die schon einen Namen hatten, nach solchen Gesichtspunkten umbenannt. In einer Sitzung des Gemeinderates Neunkirchen vom 24. 04. 1903 wurde deshalb die bisherige Parkstraße nach dem preußischen General Edwin von Manteuffel umbenannt[T18]. Unmittelbar nach Ende des 2. Weltkrieges erfolgte schließlich die Umbenennung in Thomas-Mann-Straße.

Heute wird das Gelände des ehemaligen Knappschaftskrankenhauses von der Thomas-Mann-Straße aus erschlossen. In dem Gelände befinden sich einige 4-geschossige Wohnblocks und ein Altenheim, die nach einem Beschluss des Stadtrates vom 25. 04. 1985 alle zur Thomas-Mann-Straße zählen.

Informationen zum Namensgeber:

Thomas Mann (06.06.1875 – 12.08.1955), deutscher Schriftsteller, Kritiker und Literaturnobelpreisträger, wurde als Spross einer alteingesessenen, wohlhabenden Lübecker Kaufmannsfamilie geboren. Er war einer der herausragendsten Vertreter der deutschen Literatur des 20. Jahrhunderts. Der ältere Bruder Heinrich Mann, mit dem er in einem zuweilen problema-

tischen Verhältnis stand, wurde ebenfalls ein geachteter Schriftsteller.

Wegen seiner Ablehnung des Nationalsozialismus folgte er 1939 einem Ruf an die Universität Princeton (New Jersey) und lebte 1942 bis 1952 im kalifornischen Pacific Palisades (ab 1944 als amerikanischer Staatsbürger). Ab 1952 lebte er in der Schweiz, wo er in Kilchberg bei Zürich starb.

Romane: Buddenbrooks (1929 – dafür Nobelpreis), Der Zauberberg, Lotte in Weimar, Doktor Faustus, Bekenntnisse des Hochstaplers Felix Krull. Außerdem schrieb Mann Novellen und Tagebücher.

1995 wurde ein Thomas-Mann-Museum im renovierten "Buddenbrook-Haus" in der Lübecker Mengstraße eingerichtet.

Öffentliche oder sonst bedeutsame Gebäude in der Straße:

- Altenheim

  Im Gelände des früheren Knappschaftskrankenhauses befindet sich u. a. das Alten- und Pflegeheim Caroline-Fliedner-Haus der Bad Kreuznacher Diakonie.

  Das Haus wurde in den Jahren 1992/94 erbaut. Am 24. 05. 1994 fand die offizielle Einweihung statt.

  Das neue Haus ist eine Nachfolgeeinrichtung für das vorher von der gleichen Gesellschaft in der Vogelstraße im ehemaligen evang. Gemeindehaus betriebene Altenheim. Das neue Haus bietet 81 Plätze in Einzelzimmern. In unmittelbarer Nähe wurden Seniorenwohnungen gebaut, deren Bewohner den Service des Altenheims nach eigenen Wünschen in Anspruch nehmen können.

- Mehlpfuhlschacht

  Der Mehpfuhlschacht gehörte zur Grube König. 1856 waren Untersuchungen angestellt worden, wie sich die Fettkohlenflöze nach Osten hin verhalten. Schürfarbeiten im Flurdistrikt „Am Mehlpfuhl" zeigten so gute Ergebnisse, dass man sich entschloss, die Flöze durch eine besondere Schachtanlage abzubauen.

  1867 erfolgte der Anhieb des Mehlpfuhlschachtes. Der Schacht war unterirdisch mit der Muttergrube König verbunden. Die anfallenden Berge schüttete man östlich des Schachtes an. Diese bildeten den Untergrund für das Berg-

---

T18   Saar- und Bliesezeitung v. 25. 04. 1903

mannslazarett und heute für das dort stehende Altenheim und die Wohngebäude. 1889 waren die Flöze abgebaut, und der Schacht wurde später abgerissen[T19].

Thomasstraße Wi früher Teil der Annastraße, Nach der Schlackenmühle

Lage und Verlauf:
Die Thomasstraße zweigt in Höhe der Käthe-Kollwitz-Straße von der Landsweilerstraße nach Süden ab, verläuft ein Stück parallel zu den Gleisen der Nahebahnstrecke und endet nach ca. 150 m als Sackgasse bzw. geht in einen Feldweg über.

Thomasstraße aus Richtung Landsweilerstraße

Informationen zum Namen und zur Geschichte der Straße:
Die kleine Straße hatte früher keinen eigenen Namen, sie war Teil der Annastraße (heutige Landweilerstraße). In einem Kanalisationsplan von 1900 ist die Straße schon mit einem Wohnhaus aber ohne eigenen Namen eingezeichnet[T20].
Die Straße führte in Richtung einer zum Neunkircher Eisenwerk gehörenden Schlackenmühle, in der die Schlacke zu Thomasmehl, einem phosphorsäurehaltigen Düngemittel, gemahlen wurde. Deshalb wurde sie nun Nach der Schlackenmühle genannt. Die erste Schlackenmühle war 1886 im Eisenwerksgelände in Betrieb genommen worden. Als diese sich nicht bewährt hatte, weil der Staubausstoß zu großwar, wurde sie still-

gelegt. Erst 1912, als man Kugelmühlen entwickelt hatte, wurde die außerhalb des Werksgeländes liegende Anlage bei Wiebelskirchen errichtet. Sie existiert jedoch heute nicht mehr.
Im Zuge einer allgemeinen Neu- und Umbenennung von Straßen 1954 auf Anregung des Kultur- und Heimatrings Wiebelskirchen erhielten viele kleine, bisher unbenamte Straßen und Gassen eigene oder neue Namen; so auch die Thomasstraße nach dem Entdecker des Thomasverfahrens zur Verhüttung phosphorhaltigen Eisenerzes und der anschließenden nutzbringenden Verwendung der Schlacke[T21].

Informationen zum Namensgeber:
Sydney Thomas (1850 – 1885), einer der beiden Entdecker des Thomasverfahrens, nach dem man auch stark phosphorhaltiges Eisen (wie die lothringische Minette) mit Erfolg verhütten kann. Die bei diesem Verfahren abfallende Schlacke ist in gemahlenem Zustand (Thomasmehl) ein wertvolles Düngemittel.

Thüringer Weg Wi

Lage und Verlauf:
Der Thüringer Weg liegt im westlichen Bereich des Stadtteils Wiebelskirchen im Wohngebiet Rotenberg, dessen Straßen südlich der Landsweilerstraße alle nach mittel- und ostdeutschen Landschaften benannt sind. Er beginnt an der Landsweilerstraße und verläuft von dort nach Süden, wo er als Sackgasse endet.

Informationen zum Namen und zur Geschichte der Straße:
Als erste planmäßige Siedlung in Wiebelskirchen nach dem 2. Weltkrieg entstand Mitte der 1950er Jahre im Rahmen des Bergmannswohnungsbaus die Rotenbergsiedlung, zunächst bestehend aus den Häusern in der Rotenbergstraße und denen auf der nordwestlichen Seite der hinteren Landweilerstraße[T22]. Ab Mitte der 1960er Jahre wurde die Siedlung dann auf der südöstlichen Seite der Landsweilerstraße um den Schlesierweg, den Ostpreußenweg, den Pommernweg, den Brandenburger Weg und den Thüringer Weg und 2005 um den Sachsenweg erweitert.

T19 Krajewski: Plaudereien 1, vgl. Anm. A50, S. 44
T20 StA Neunkirchen, Best. Karten und Pläne, Nr. C/5

T21 Mathias: Die 1954 eingeführten Straßennamen, in: Heimatbuch Wiebelskirchen, vgl. Anm. A2, S. 148
T22 Forst: Entwicklung von Wiebelskirchen, vgl. Anm. B45

Thüringer Weg aus Richtung Landsweilerstraße

Ursprünglich hieß nur die nach Süden von der Lands-weilerstraße abzweigende Straße Thüringer Weg. Im Zuge der Um- und Neubenennung von Straßen nach der Gebiets- und Verwaltungsreform 1974 wurde der Ostpreußenweg zunächst in den Thüringer Weg einbezogen.

Als der ursprüngliche Thüringer Weg Mitte der 1980er Jahre nach Süden verlängert wurde, machte der Stadtrat mit Beschluss vom 07. 09. 1988 die Einbeziehung des Ostpreußenweges von 1974 wieder rückgängig, so dass es jetzt wieder einen Thüringer Weg und einen Ostpreußenweg gibt.

Informationen zum namensgebenden Gebiet:

Thüringen ist eines der neuen Bundesländer mit 2,5 Millionen Einwohnern auf 16172 qkm. Es grenzt im Westen an Hessen, im Nordwesten an Niedersachsen, im Norden an Sachsen-Anhalt, im Nordosten und Osten an Sachsen und im Süden an Bayern. Hauptstadt des Bundeslandes ist Erfurt. Weitere große Städte sind Gera, Jena, Weimar, Suhl und Eisenach.

Thüringen wurde im 6. Jh. fränkische Provinz und im 8. Jh. von Bonifazius christianisiert. Bis zum 1. Weltkrieg lagen im Gebiet des heutigen Bundeslandes das Großherzogtum Sachsen-Weimar-Eisenach sowie mehrere Herzogtümer und Fürstentümer. Diese schlossen sich 1920 zum Land Thüringen zusammen. 1952 wurde Thüringen in der DDR als Land aufgehoben und in die Bezirke Gera, Erfurt und Suhl aufgeteilt. Nach der Wende 1990 wurde das Land wiederhergestellt und nahm die Bezeichnung Freistaat Thüringen an. Im Land gibt es eine traditionelle Glas-, Porzellan-, Spielwaren- und optische Industrie.

Ein großer Teil des Landes wird vom Thüringer Wald, einem Mittelgebirge, bedeckt. Ein bekanntes Wintersportzentrum ist hier das circa zehn Kilometer nördlich von Suhl gelegene Oberhof.

Thulegass Ha *volkstümlich für Peterstraße*
Siehe Peterstraße

Tiefentalweg Fu

Lage und Verlauf:

Der Tiefentalweg zweigt vom Kohlhofweg, der parallel zur Limbacher Straße nach Osten verläuft, nach Süden ab und endet als Sackgasse kurz vor der Limbacher Straße.

Tiefentalweg aus Richtung Kohlhofweg

Informationen zum Namen und zur Geschichte der Straße:

Der Kohlhofweg und seine Seitenstraßen – Lautzweilerweg, Moosbachweg, Erlenbrunnenweg, Remmengutweg, Tiefentalweg und Lantertalweg – entstanden in den Jahren 1962 - 64. Die Straßennamen wurden auf Vorschlag des Heimatforschers Bernhard Krajewski am 04. 10. 1961 vom Stadtrat beschlossen. Die Örtlichkeiten für diese Straßennamen hat er aus alten Karten entnommen.

Die Gemeinnützige Siedlungsgesellschaft der Stadt Neunkirchen (GSG) und die Arbeitskammer erstellten dort insgesamt 24 eingeschossige Bungalows und 68 zweigeschossige Kaufanwartschafts-Wohnhäuser.

Tiergartenweg *vorher Flensburgweg, heute Ulmenweg*
Siehe Ulmenweg

Tirolstraße Wi

Lage und Verlauf:
Die Straße zweigt an der höchsten Stelle der Kuchenbergstraße nach Südwesten ab und mündet nach ca. 100 m in die Wilhelm-Heinrich-Straße.

Tirolstraße aus Richtung Kuchengbergstraße

Informationen zum Namen und zur Geschichte der Straße:
Die kleine Straße ist nach der Flurbezeichnung „In Tirol", die seit dem 18 Jh. nachzuweisen ist (1739 „Im/ Hinter Tirol", 1762 „Hinter Tirohl"), benannt. Mit dem österreichischen Bundesland Tirol hat der Straßenname nichts zu tun.
Bis zum Jahre 1895 war das Dorf Wiebelskirchen ohne jede Straßenbezeichnung. Der Ort war in Bezirke eingeteilt, die ein Finden von Wohnanwesen ermöglichten. Die kleinen nach Westen abzweigenden Nebenstraßen der Neunkircher Straße (heute Teil der Kuchenbergstraße) lagen im Bezirk Tyrol. 1895 erhielt die Straße dann ihren jetzigen Namen[T23].
In einem Kanalisationsplan von Wiebelskirchen aus dem Jahre 1900 ist die Straße bereits mit mehreren Wohnanwesen eingezeichnet[T24].

Tizianstraße Wi
vorher Teil der Wilhelmstraße bzw. der Wilhelmshagener Straße (die heute Teil der Kuchenbergstraße ist)

Lage und Verlauf:
Die kleine Straße beginnt an der Kuchenbergstraße, verläuft nach Osten und endet nach wenigen Metern als Sackgasse.

Tizianstraße aus Richtung Kuchenbergstraße

Informationen zum Namen und zur Geschichte der Straße:
Die kleine Straße hatte ursprünglich keinen eigenen Namen. Sie war Teil der Wilhelmstraße, von der sie abzweigte. Da die damalige Wilhelmstraße während der Nazizeit (1935 – 1945) Wilhelmhagener Straße hieß, war die jetzige Tizianstraße auch Teil davon.
1954 erfolgte auf Anregung des Kultur- und Heimatrings eine umfängliche Um- und Neubenennung von Straßen in Wiebelskirchen. Dabei erhielten einige kleine Seitenstraßen der heutigen Kuchenbergstraße, die bisher ohne eigene Namen waren und unter Hausnummern der Durchgangsstraße liefen oder nicht mehr aktuelle Namen hatten, eigene bzw. andere Namen. Dabei erhielten die von der jetzigen Kuchenbergstraße nach Osten abzweigenden Straßen Namen nach berühmten Malern, so auch die Tizianstraße[T25]. Die Hauptstraße selbst, deren Teilstrecken vorher mehrere Namen hatten, wurde mit anderen Straßen zur Neunkircher Straße (heute Kuchenbergstraße) zusammengelegt.

T23 Bürgerbuch Wi, vgl. Anm. A1, S. 221 – 223
T24 StA Neunkirchen, Best. Karten und Pläne, Nr. C/4

T25 Mathias, K.: Die 1954 eingeführten Straßennamen, in: Heimatbuch Wi, vgl. Anm. A2, S. 149

Informationen zum Namensgeber:

Tizian, eigentlich Tiziano Vecellio, (um 1488 – 27.08.1576), italienischer Maler, einer der bedeutendsten Vertreter der Hochrenaissance venezianischer Prägung. Nach heutiger Auffassung wurde Tizian um 1488 in Pieve di Cadore bei Venedig geboren und in der Werkstatt Giovanni Bellinis ausgebildet. Tizian brachte sinnliches Kolorit und ausladende Figurenbewegungen zu voller Entfaltung. In seiner Spätphase schuf er hervorragende Bildnisse und konzentrierte sich auf die Darstellung seelischer Geschehnisse z.B. Himmelfahrt Maria, Venus von Urbio, Reiterbildnis Karls V., Dornenkrönung. Sein Werk hat die Entwicklung der europäischen Malerei entscheidend beeinflusst.

Torhausweg Ko vorher teilweise Goldene Bremm, Am Torhaus

Lage und Verlauf:

Der Torhausweg beginnt im Stadtteil Kohlhof in Höhe des Autobahnzubringers aus Richtung Wellesweiler. Er verläuft dann in südöstlicher Richtung parallel zur Autobahn A 8, kreuzt die Niederbexbacher Straße und mündet kurz vor dem bayerischen Kohlhof in die Limbacher Straße.

Torhausweg aus Richtung Niederbexbacher Straße

Informationen zum Namen und zur Geschichte der Straße:

Bis in die 1930er Jahre war der Weg vom Denkmal an der heutigen Niederbexbacher Straße bis zur Goldenen Bremm an der Stadtgrenze zum bayerischen Kohlhof (Gemeinde Kirkel) ohne Namen. Nachdem die ersten Häuser gebaut waren, ergab sich die Notwendigkeit

einer Namensgebung. Als der Stadtrat Neunkirchen in seiner Sitzung vom 29. 01. 1935 die Neu- und Umbenennung einer Reihe von Straßen beschloss, erhielt die Straße erstmals einen Namen, sie wurde Am Torhaus genannt[T26]. Nach Ende des 2. Weltkrieges wurde die Straße in Torhausweg umbenannt. Sie endete damals an der Stadtgrenze zum damaligen Limbacher Ortsteil Bayer. Kohlhof.

Die Straße ist ein Teil des alten Weges von Wellesweiler über Ludwigsthal, Kohlhof nach Limbach, der ursprünglich vom Kriegerdenkmal an der Niederbexbacher Straße als Feldweg weiter führte bis zum einstigen Torhaus. Das Torhaus war eine Einrichtung aus der nassauischen Zeit vor der französischen Revolution. Zwischen Kohlhof und Limbach verlief damals die Grenze zwischen Nassau-Saarbrücken und Zweibrücken-Pfalz und dann ab 1816 bis zum Ende des 1. Weltkrieges die preußisch-bayerische (pfälzische) Landesgrenze. Entlang dieser Grenze hatten die Fürsten von Nassau-Saarbrücken in der Mitte des 18. Jh. einen hohen aus Eichenholz bestehenden Wildzaun errichten lassen, um das Entweichen und willkürliche Hinüberwechseln des Wildes zu verhindern.

Am Weg von Neunkirchen nach Limbach, kurz vor dem heutigen bayerischen Kohlhof, hatte das Wildgatter ein Tor, das 1757 errichtet worden war. Bei dem Zaundurchlass war ein Torhaus errichtet worden, das von 2 Faltersknechten (Falltorsknechten) bewohnt wurde. Die Zaunknechte mussten sich verpflichten, den Einlass zu kontrollieren, die Tore geschlossen zu halten, die Zäune täglich zu begehen, Schäden zu beheben und für die Herrschaft kleinere Botengänge durchzuführen[T27].

In einer Karte des Feldmessers Schwarz von 1764 wird als zum Kohlhof gehörig genannt *„das Thorhaus, auch Rathshütte genannt, nebst Gärten, Wiesen und Ackerland am alten Zollstock, genießt der herrschaftliche Zaunknecht"*.

In der preußischen Zeit wurde die Örtlichkeit unmittelbar vor der Grenze Goldene Bremm genannt. Es handelte sich um ein einzelnes Gebäude in dem im Jahre 1843 insgesamt 8 Menschen wohnten.

Seit der Gebiets- und Verwaltungsreform 1974 endet der Torhausweg an der Einmündung in die Limbacher Straße, ca. 200 m vor der Stadtgrenze. Die Örtlichkeit,

T26 Saar- und Blieszeitung v. 30. 01. 1935
T27 Krajewski: Plaudereien 2, vgl. Anm. 24, S. 30; Wagner: Chronik der saarl. Waldgeschichte, vgl. Anm. M39, S. 53

die früher Goldene Bremm genannt wurde, gehört jetzt zur Limbacher Straße.

Trähmches Gass Wi *volkstümliche Bezeichnung für*
Raffaelstraße
Siehe Raffaelstraße

Tränkenweg Wi

Lage und Verlauf:
Der Tränkenweg liegt an der nordöstlichen Stadtgrenze im Stadtteil Wiebelskirchen. Er verbindet dort die Römerstraße mit der weiter südlich verlaufenden Schiffweilerstraße.
Dabei verläuft die Straße durch eine Senke, in der sich früher sicher eine Viehtränke befand.

Tränkenweg aus Richtung Schiffweilerstraße

Informationen zum Namen und zur Geschichte der Straße:
Der Straßenname geht auf die Flurbezeichnung In den Tränken, die es in diesem Bereich gibt, zurück. Die Straße durchquert eine Senke durch die ein Bach lief, an dem sich früher vermutlich eine Viehtränke befand.
Die Straße liegt östlich der 1938 entstandenen Breitenfeldsiedlung. Der Tränkenweg ist jedoch wesentlich jünger. In der Straße stehen auschließlich Ein- und Zweifamilienwohnhäuser.

Tulpenweg Wi *jetzt Gladiolenweg*
Siehe Gladiolenweg

Tulpenweg We

Lage und Verlauf:
Der Tulpenweg zweigt von der als Hauptdurchgangsstraße durch die Wohnsiedlung Winterfloß verlaufenden Rosenstraße als Sackgasse nach Osten ab. Er ist eine reine Wohnstraße.

Tulpenweg aus Richtung Rosenstraße

Informationen zum Namen und zur Geschichte der Straße:
Ab etwa 1960 befasste sich die Gemeinnützige Siedlungsgesellschaft Neunkirchen (GSG) mit Plänen für eine Bebauung des Winterfloßgebietes in Wellesweiler. Es sollte eine Wohnsiedlung mit über 700 Wohnungen für ca. 2300 Menschen in einer gemischten Bauweise werden. Es wurden ein- und zweigeschossige Ein- und Zweifamilienhäuser für Privateigentümer, achtgeschossige Häuser mit Eigentumswohnungen und acht- und vierzehngeschossige Häuser mit Mietwohnungen geplant und gebaut. Alle Häuser wurden von der französischen Firma Camus mit Fertigbetonteilen erstellt. Die im Werk nach modernen und wirtschaftlichen Methoden vorfabrizierten raumgroßen Elemente wurden auf der Baustelle montiert. Diese Großplattenbauweise lässt ein zügiges Bautempo zu.
Der erste Spatenstich erfolgte am 23. 07. 1964. Der verhältnismäßig milde Winter 1964/65 ließ ein Arbeiten ohne Winterpause zu, so dass die ersten Mieter schon 1965 einziehen konnten. Im September 1968 wurde die gesamte Siedlung mit 711 Wohneinheiten und einem eigenen Blockheizkraftwerk mit einem Tag der offenen

Tür vorgestellt[T28].

Die Straßen in der Siedlung erhielten alle Blumennamen. Die Durchgangsstraße ist die Rosenstraße, die Seitenstraßen haben die Namen Tulpenweg, Lilienweg, Irisweg, Malvenweg, Narzissenweg

Tunnelstraße Wi volkstümlich Spielmannsgass

Lage und Verlauf:

Die Tunnelstraße stellt einen Verbindung zwischen der Römerstraße und der Landsweilerstraße dar. Dabei verläuft sie von Nordosten nach Südwesten.

Tunnelstraße aus Richtung Römerstraße

Informationen zum Namen und zur Geschichte der Straße:

Am südwestlichen Ende befindet sich seitlich der Straße die südliche Einfahrt in den Tunnel der Rhein-Nahe-Bahn. Davon ist der Straßenname abgeleitet.

Bis zum Jahre 1895 war das Dorf Wiebelskirchen ohne jede Straßenbezeichnung. Der Ort war in Bezirke eingeteilt, die ein Finden von Wohnanwesen ermöglichten. Am 13. 09. 1895 beschloss der Gemeinderat Straßennamen einzuführen und die Grundstücke straßenweise zu nummerieren. Die bisher im Volksmund Spielmannsgasse genannte kleine Straße erhielt nun den offiziellen Namen Tunnelstraße[T29].

Auf einem Kanalisationsplan aus dem Jahre 1900 ist erkennbar, dass die Tunnelstraße damals lediglich eine

Sackgasse von der heutigen Römerstraße her war[T30]. Der durchgehende Ausbau zur Landsweilerstraße ist erst wesentlich später erfolgt.

Der Ausbau der ehemaligen Sackgasse mit Rinnen, Randsteinen und Pflaster begann ab 1901[T31].

Turmstraße Mü volkstümlich Obereck

Lage und Verlauf:

Die Turmstraße beginnt in der Ortsmitte am Übergang der Lautenbacher Straße in die Friedhofstraße und verläuft von dort nach Osten bis zur Stadtgrenze.

Turmstraße aus Richtung Friedhofstraße

Informationen zum Namen und zur Geschichte der Straße:

Die Straße trägt diesen Namen, weil sie in ihrer Fortsetzung über die Stadtgrenze hinaus zum Höcherbergturm führt.

In der Saarbrücker Zeitung vom 22. 09. 1955 schrieb der Münchwieser Heimatforscher Georg Moritz: *„An der Schwelle des 19. Jahrhunderts hatte Münchwies vier Hauptstraßen:*

- *Nach Norden führte die Straße „Hintereck" bis zum Matzenberg (das ist die heutige Kirchstraße),*
- *die nach Süden führende Straße hieß „Godthal" und führte zum Kirchhof (das ist die heutige Friedhofstraße),*
- *die Straße, die nach Osten führte, hieß „Obereck" (das ist die heutige Turmstraße) und*

T28 Neunkircher Stadtanzeiger v. 18. 09. 1968
T29 Bürgerbuch Wi, vgl. Anm. A1, S. 221 - 223

T30 StA Neunkirchen, Best. Karten und Pläne, Nr. C/5
T31 Bürgerbuch Wi, vgl. Anm. A1, S. 219

- *jene nach Westen „Hahnen" (das ist die heutige Schulstraße)."*

Diese alten Bezeichnungen, die noch keine offiziellen Straßennamen waren, findet man teilweise auch im Münchwieser Flurnamenverzeichnis.

Öffentliche oder sonst bedeutsame Gebäude an der Straße:

- Sanatorium / Reha-Zentrum[T32]

  Die Psychosomatische Fachklinik Münchwies liegt am Ende der Turmstraße auf der Höhe etwas außerhalb des Ortes. Die Klinik wurde 1976/77 erbaut und hat 235 Therapieplätze. Betreiber ist die Gesellschaft AHG mit Sitz in Düsseldorf.

  Im Haus gibt es eine Suchtabteilung (z. B. Alkohol- und Medikamentenabhängigkeit, Essstörungen, Spielsucht – keine illegalen Drogen) mit 144 Betten und eine psychosomatische Abteilung mit 72 Betten.

Turnerstraße NK *davor Jahnstraße, heute erneut Jahnstraße*
Siehe Jahnstraße

T32 Liebermeister, Hermann: Wohlfahrts- und Gesundheitswesen, in: Stadtbuch 2005, vgl. Anm. B7, S. 269

Uhlandstraße NK

Lage und Verlauf:
Die Uhlandstraße verläuft entlang der Westseite des Bachplatzes und verbindet dabei die Kleiststraße mit der Norduferstraße.

Uhlandstraße Finanzamt

Informationen zum Namen und zur Geschichte der Straße:
1963 beantragte der Leiter des Finanzamtes Neunkirchen, der Straße vor dem Amt einen Namen zu geben, da die Postanschrift Schillerstraße für das Amt falsch sei. Das Gebäude habe in der Schillerstraße (heute Kleiststraße) keinen Eingang, so dass Ortsfremde oft vergeblich nach dem Eingang suchten. Der Stadtrat hat daraufhin in einer Sitzung am 04. 12. 1963 die Straße Uhlandstraße benannt.
Damit ist er allerdings von einem 1903 aufgestellten Grundsatz, alle Straße in diesem Gebiet, die auf die Blies zulaufen, nach Musikern zu benennen[U1], abgewichen.

Informationen zum Namensgeber:
Ludwig Uhland (26.04.1787-1862), Schriftsteller und Germanist. Er entstammte einer renommierten Gelehrtenfamilie und begann ein Studium der Rechtswissenschaft und Philologie, wobei er gegen Ende 1810/11 nach Paris ging, um Handschriftenkunde zu betreiben. Danach war er als Rechtsanwalt, Sekretär im Justizministerium in Stuttgart (1812-1814) und liberaler Abgeord-

---

U1   Saar- und Blieszeitung v. 25. 04. 1903

neter (1833-1838) tätig. Zwischen 1830 und 1833 lehrte Uhland als Professor für deutsche Sprache und Literatur in Tübingen. In den Jahren 1848 und 1849 war er Abgeordneter der Frankfurter Nationalversammlung.
Uhland war einer der Hauptrepräsentanten des schwäbischen Dichterkreises. Bekannt wurde er durch volkstümliche Lyrik und Balladen z. B. Des Sängers Fluch, Frühlingsglaube, Einkehr, Schäfers Sonntagslied, Der gute Kamerad. Viele Gedichte Uhlands regten Komponisten wie Franz Schubert, Franz Liszt, Robert Schumann und Johannes Brahms zu Vertonungen an.

Öffentliche oder sonst bedeutsame Gebäude am Platz:
- Finanzamt NK
  Nach dem überwältigenden Ergebnis der Volksabstimmung vom 13. Januar 1935 im Saargebiet wurde das Abstimmungsgebiet schon am 01. März 1935 in das Deutsche Reich zurückgegliedert. Sofort kam es in der gesamten Region zu einer durch die Reichsregierung geförderten regen Bautätigkeit im Bereich öffentlicher Bauten. In Neunkirchen, der zweitgrößten Stadt des Landes, wurden ein neues Finanzamt, ein neues Arbeitsamt und ein neues Polizeipräsidium gebaut. Das neue Gebäude des Finanzamtes wurde am 01. 07. 1940 bezogen. Bis zu diesem Zeitpunkt war das Finanzamt in Neunkirchen stets in verschiedenen Gebäuden zerstreut untergebracht. Im 2. Weltkrieg, zuletzt am 15.03. 1945, wurde das Gebäude bei Bombenangriffen stark beschädigt. Der nach dem Krieg begonnene Wiederaufbau konnte erst am 01.12. 1951 völlig abgeschlossen werden.

Uhlenweg Wi

Lage und Verlauf:
Es handelt sich um einen Verbindungsweg von der Kuchenbergstraße zur Ebersteinstraße entlang des früheren Sportplatzes Auf den Uhlen (jetzt Försterweg).

Informationen zum Namen und zur Geschichte der Straße:
Der vorher namenlose Weg erhielt den Namen 1974 im Rahmen einer umfangreichen Neu- bzw. Umbenennung von Straßen im Zuge der Gebiets- und Verwaltungsreform.

Uhlenweg Einmündung in die Kuchenbergstraße

Es handelt sich um einen Straßennamen, der an der Flurbezeichnung „Auf den Uhlen" orientiert ist, die seit 1550 in diesem Bereich nachweisbar ist.

Der schmale Weg ist nur in seinem unteren Teil nahe der Kuchenbergstraße geteert, da er dort seit 2003 als Zufahrt zu einem Neubaugebiet (Auf den Wilhelmshöhen und Auf den Uhlen) dient. Auf der restlichen Strecke ist der Weg unbefestigt.

Ulmenweg NK früher Flensburgweg, Tiergartenweg

Lage und Verlauf:

Der Ulmenweg ist eine schmale Verbindungsstraße zwischen Waldstraße und Fasanenweg.

Ulmenweg aus Richtung Waldstraße

Informationen zum Namen und zur Geschichte der Straße:

Die Tochter von Karl Ferdinand Stumm, Frau Berta von Sierstorpff, setzte 1927 die Tradition, Werksangehörige beim Erwerb von Wohneigentum zu unterstützen, im Rahmen des Vaterländischen Frauenvereins vom Roten Kreuz fort. Eine von ihr ins Leben gerufene Bau- und Siedlungsgenossenschaft begann in diesem Jahr mit dem Bau der Rote-Kreuz-Siedlung im Steinwald. Diese erste Siedlung bestand aus den Häusern in der heutigen Koßmannstraße und in der heutigen Waldstraße. Damit begann die Besiedlung des Steinwaldgebietes, die in den Folgejahren Zug um Zug fortgesetzt wurde.

Nach der Gasometerexplosion 1933 wurde nach Osten im Anschluss an die Rote-Kreuz-Siedlung, parallel zum Pappelweg, der heutige Ulmenweg mit Häusern für die Opfer dieser Explosion angelegt[U2]. Weil diese Häuser alle einen roten Anstrich erhielten, wurde die Straße im Volksmund (neben der Bloo- (Blau-) und der Gääl- (Gelb-)Siedlung) die „Rot-Siedlung" genannt.

Die Straßen in der ganzen Siedlung hatten jedoch zunächst keine offiziellen Namen.

Nach dem Wiederanschluss des Saargebietes 1935 an das Deutsche Reich wurden in vielen Orten Straßen nach Nazi-Größen oder nach Städten oder Gebieten in den Grenzbereichen des Deutschen Reiches benannt, die nach dem 1. Weltkrieg von Deutschland abgetrennt worden oder die mit den jeweiligen Nachbarn umstritten waren. In Neunkirchen erhielten durch Beschluss des Stadtrates vom 29. 01. 1935 die Straßen in der neuen Siedlung im Steinwald nach solchen Gesichtspunkten ihre Namen. So wurde der heutige Ulmenweg damals nach Flensburg benannt, das in dem von Dänemark beanspruchten Süd-Schleswig liegt (siehe Flensburgweg). Unmittelbar nach Ende des 2. Weltkrieges wurde der Flensburgweg in Tiergartenweg umbenannt. Diese Namensgebung ist wohl auf den in der Nähe liegenden Zoo (Tiergarten) zurückzuführen.

Am 08. 05. 1962 wurde im Stadtrat vorgetragen, im Rahmen der Erschließung des Siedlungsgebietes Holzgehege sei geplant, den Weg, der von der Flotowstraße zum Tiergarten führt, auszubauen. Der Ausbau des ersten Abschnittes sei bereits für das laufende Jahr vorgesehen, so dass die Straße benannt werden müsse. Es wurde dann beschlossen, die Straße, die im Endausbau von der Flotowstraße bis zur Waldstraße reicht und

---

U2   Gillenberg: NK vom Meyerhof ... , vgl. Anm. H5, S. 38

dabei den Zooeingang tangiert, Zoostraße zu nennen. Nun bestand die Situation, dass von der Waldstraße her nur wenige Meter voneinander entfernt zwei Straßen mit Namen, die sich auf den Zoo bezogen, nach Norden abgingen.

Deshalb war eine Umbenennung des Tiergartenweges erforderlich. Er wurde in der gleichen Stadtratssitzung in Ulmenweg umbenannt.

Ulmenweg Wi *jetzt Ahornweg*
Siehe Ahornweg

Unten am Biedersberg NK

Lage und Verlauf:
Die Straße zweigt von der Pfalzbahnstraße, die nördlich parallel zur Eisenbahnlinie Neunkirchen – Homburg verläuft, nach Norden ab und endet nach knapp 200 m als Sackgasse.

Unten am Biedersberg aus Richtung Pfalzbahnstraße

Informationen zum Namen und zur Geschichte der Straße:
Die Straße führt in eine tiefe Senke unterhalb des Biedersberges, daher auch dieser Name.

Mit dem Fahrzeug ist nur eine Zufahrt über die Pfalzbahnstraße möglich. Man kommt jedoch auch zu Fuß dorthin durch eine lange Bahnunterführung unter der Pfalzbahnstrecke, die in der Wellesweilerstraße in Höhe Lämmerhof beginnt.

Durch diese Bahnunterführung und über die noch nicht befestigte Trasse der jetzigen Pfalzbahnstraße sind im 19. Jh. auch die Pferdefuhrwerke zum Ziehwaldstollen

gefahren, um dort Kohlen abzufahren[U3].

Bevor die Straße für eine Wohnbebauung erschlossen wurde, befand sich am Eingang eine Schwemmsteinfabrik. Auch die Zufahrt dorthin erfolgte über die noch nicht befestigte Pfalzbahnstraße.

Der Straßenname wurde in einer Sitzung des Stadtrates am 10. 12. 1954 festgelegt.

Unten am Steinwald NK

Lage und Verlauf:
Die Straße zweigt im unteren (nördlichen) Bereich von der Fernstraße nach Osten ab und mündet in die Zoostraße.

Unten am Steinwald Blickrichtung Zoostraße

Informationen zum Namen und zur Geschichte der Straße:
Der oberhalb der Straße an einem Hang liegende Steinwald war Namensgeber nicht nur für die Straße, sondern für das gesamte Wohnviertel. Die Besiedlung des Viertels begann mit dem Bau einer Eisenbahnersiedlung in der Jahnstraße. Die Saar- und Blieszeitung hatte am 23. 08. 1905 dazu gemeldet: "Der hiesige Bauverein EG hat im Distrikt Waldwiese von den Firmen Neunkircher Tonwerke und Mundorfwerke größere Ländereien käuflich erworben, um darauf eine Villenkolonie für die hiesigen Eisenbahnbeamten zu errichten. Die freie Lage des Terrains sowie die unmittelbar dahinter aufsteigenden herrlichen Bestände des Steinwaldes lassen die Wahl als eine sehr glückliche erscheinen".

U3 Fried, Werner: Rund um die Geßbach in NK, in: Hefte des HVSN, Neunirchen 2004

Nach dem Beschlussbuch der Gemeinde Neunkirchen, legte der Rat am 10. 04. 1907 den Namen der damals einzigen Straße im späteren Siedlungsgebiet Unten am Steinwald fest, sie wurde Jahnstraße genannt.

Die Straße Unten am Steinwald wurde nach dem 1. Weltkrieg in den 1920er Jahren gebaut.

Vor dem Bau der Siedlung gab es an der Blies seit 1733 die Bliesmühle. Der einzige Weg von dem um den Oberen Markt liegenden Dorf Neunkirchen zur Bliesmühle war damals die Route durch die Heizengasse, quer durch das Wagwiesental und dann etwa auf der Trasse der heutigen Straße Unten am Steinwald

Im 19. Jh. gab es in Neunkirchen mehrere Schulgärten; dies waren gemeindeeigene Anlagen, in denen Obstbäume für den gemeindlichen und auch für den privaten Bedarf herangezogen wurden.

Einer dieser Schulgärten mit ca. 200 Obstbäumen lag zwischen dem heutigen Schützenhausweg und der Straße Unten am Steinwald. Der Ertrag dieser Bäume wurde im Herbst an Neunkircher Bürger „auf dem Baum" versteigert[U4].

Infolge der Baulanderschließung für den Wohnungsbau verschwand diese Anlage völlig.

In der Sitzung vom 30. 09. 1935 beschloss der Stadtrat die Aufnahme einer Anleihe zum Ausbau mehrerer Straßen, u. a. der Straße Unten am Steinwald.

Mit Ausnahme der in der Straße stehenden Berufsschule handelt es sich um eine reine Wohnstraße.

Öffentliche oder sonst bedeutsame Gebäude in der Straße:

- Berufsschule
  In den Jahren 1954/56 wurde in der Straße ein neuer Gebäudekomplex als Bezirksberufsschule und Staatliche Handelsschule errichtet. In dem Komplex befindet sich heute das Kaufmännische Berufsbildungszentrum.
  Es handelt sich um eine Berufsschule für kaufmännische Berufe und für medizinische Fachangestellte. Außerdem gehört zu dem Zentrum eine Handelsschule, eine Fachoberschule für Wirtschaftsberufe und eine höhere Berufsfachschule für Fremsprachen in Wirtschaft und Verwaltung. Zur Zeit werden ca. 1000 Schüler von 50 Lehrern unterrichtet[U5].

U4 Krajewski: Plaudereien 3, vgl. Anm. A7, S. 37
U5 Wochenspiegel Neunkirchen v. 10. 05. 2006

Untere Bliesstraße We vorher Teil der Bliesstraße, 1935 –1945 Teil der Josef-Bürckel-Straße

Lage und Verlauf:

Die Untere Bliesstraße verläuft südlich der Blies als Verlängerung der Bliesstraße nach Osten bis zur Bliesbrücke im Stadtteil Wellesweiler. Der Übergang von der Bliesstraße in die Untere Bliesstraße befindet sich zwischen dem Baumarkt Hela und der Fa. Dechent an der alten Banngrenze zwischen Neunkirchen und Wellesweiler.

Untere Bliesstraße aus Richtung Bliesbrücke

Informationen zum Namen und zur Geschichte der Straße:

Bis Mitte der 1930er Jahre gab es südlich der Blies keine Verbindung zwischen der Unterstadt und Wellesweiler. Der gesamte Verkehr auf dieser Strecke musste nördlich der Blies über die Wellesweilerstraße und die heutige Rombachstraße abgewickelt werden.

In seiner Sitzung am 29. 01. 1935 beschloss der Stadtrat die Offenlegung des Fluchtlinienplanes für die Verlängerung der Josef-Bürckel-Straße (heute Bliesstraße) von der Kreuzung Flotowstraße durch den Ernstwald bis zur Bliesbrücke in Wellesweiler und in der Sitzung am 02.04. 1935 die Aufnahme von Anleihen zum Ausbau u. a.

- der Verbindungsstraße nach Wellesweiler (heute Bliesstraße und Untere Bliesstraße) und
- der Verbindungsstraße Scheib – Schlachthof (heute Fernstraße)[U6].

In ihrer Ausgabe vom 06. 03. 1937 meldete die Saar-

U6 Beschlussbuch NK, vgl. Anm. A6

und Blieszeitung, dass die Straße im Bau ist. Nach ihrer Fertigstellung wurde sie durchgehend nach dem damaligen Gauleiter der NSDAP Josef Bürckel benannt.

Die Josef-Bürckel-Straße verlief am Südufer der Blies ab der Prinz-Heinrich-Straße (heute Willi-Graf-Straße) bis zur Bliesmühle und später nach Fertigstellung der Straße bis zu der Bliesbrücke in Wellesweiler. Nach dem 2. Weltkrieg erhielt die bisherige Josef-Bürckel-Straße zunächst in ihrer gesamten Länge den Namen Bliesstraße, bis sie später mit Beschluss des Stadtrates vom 10. 12. 1954 ab der Banngrenze Wellesweiler in Untere Bliesstraße umbenannt wurde. Das Hauptamt hatte in diesem Zusammenhang alternativ die Namen Nauwieserstraße oder Nauwiesstraße nach einer alten Flurbezeichnung vorgeschlagen[U7].

Am Ende der Straße kurz vor der Bliesbrücke in Wellesweiler stand zwischen der Straße und der Blies lange Zeit die Ziegelei Müller (Vorgänger: Maas und Lehmann)[U8]. Diese Ziegelei bezog ihren Grundstoff aus einer inzwischen aufgelassenen Tongrube auf der anderen Straßenseite. Der Ton wurde durch eine Unterführung unter der Straße zur Ziegelei geschafft. Das Gelände der Tongrube ist heute ein geschütztes Biotop. An der Stelle der Ziegelei befindet sich heute ein Einkaufsmarkt, der 1972 eröffnet worden ist. Dort befand sich seit 1952 auch das frühere Verwaltungsgebäude der ASKO-Zentrale. Letzteres wurde Anfang 2003 teilweise abgerissen, um einem weiteren Einkaufsmarkt Platz zu machen.

Nach dem 2. Weltkrieg wurde in einem Gelände südlich der Straße, in Höhe der heutigen Schlosserei Schwindling, die Privatgrube Krämer betrieben, die zur Versorgung der Bevölkerung in dieser Zeit von großer Bedeutung war[U9].

Untere Kirchenwies Ha vorher Talweg

Lage und Verlauf:

Im Ortseingangsbereich von Hangard aus Richtung Wiebelskirchen zweigen nach Süden zwei kleine Gässchen von der Hauptdurchgangsstraße durch den Ort, der Wiebelskircher Straße, in Richtung der Osterniede-

---

U7 Stadt Neunkirchen Hauptamt, Akte Benennung von Straßen, Az. 62-32-10

U8 Remy: Heimatbuch We, vgl. Anm. A45, S. 149

U9 Slotta: Bergbau in NK, vgl. Anm. A45, S. 67 ff; Groß, Otto: Die Kohlengruben, in: Stadtbuch 1955, vgl. Anm. 1, S. 323; Remy: Heimatbuch We, vgl. Anm. A45, S. 150

rung ab, die Obere und die Untere Kirchenwies.

Untere Kirchenwies aus Richtung Wiebelskircher Straße

Informationen zum Namen und zur Geschichte der Straße:

Der ursprüngliche Straßenname war auf der Tatsache begründet, dass die Straße in die Osterniederung führt. Als es nach der Gebiets- und Verwaltungsreform 1974 weitere Talwege bzw. Talstraßen im Stadtgebiet gab, wurde der in Hangard liegende zur Vermeidung von Verwechselungen umbenannt.

Der neue Straßenname geht auf eine Flurbezeichnung zurück. In der Flur VI von Hangard gibt es unter Ziffer 1 den Gewannnamen „In der Kirchenwies". Die Flurbezeichnung geht darauf zurück, dass es hier früher Kirchengrundbesitz gab.

Untere Langenstrichstraße NK dann Obere Ruhstockstraße, Bismarckstraße, heute Röntgenstraße
Siehe Röntgenstraße

Untere Mühlwies NK heute Mühlwiesenstraße
Siehe Mühlwiesenstraße

Unterer Friedhofsweg NK vorher Evang. Friedhofsstraße, Neuer Kirchhofsweg

Lage und Verlauf:

Der Weg führt von der Zweibrücker Straße nach Westen in Richtung des Haupt-(Scheiber) Friedhofs, der früher aus einem katholischen oberen und einem evangelischen unteren Teil bestand.

Informationen zum Namen und zur Geschichte der Straße:

Unterer Friedhofsweg Blickrichtung Zweibrücker Straße

Der Gemeinderatsbeschluss zur Anlage eines neuen evangelischen Friedhofs oberhalb der Ellenfelder wurde am 30. 04. 1873 gefasst. Der dorthin führende Weg wurde Neuer Kirchofsweg genannt, so ist er auch im Situationsplan von Neunkirchen aus dem Jahre 1883 vermerkt[U10]. Damals stand schon das Schulgebäude in der Straße, die aber sonst ohne Bebauung war.

1882 war die Erweiterung um einen katholischen Friedhofsteil beschlossen worden. Nach dem Beschlussbuch der Gemeinde Neunkirchen vom 14. Februar 1883 protestierte der katholische Kirchenvorstand dagegen, dass der Zugang zu dem neuen katholischen Friedhof über den evangelischen Friedhof erfolgen solle. Der Antrag auf einen eigenen Zugangsweg wurde vom Rat mit dem Hinweis abgelehnt, dass es in Nachbarkommunen, wie z. B. in Saarbrücken, St. Johann, Dudweiler, Friedrichsthal und Sulzbach schon gemeinschaftliche Friedhöfe gäbe.

Damit gaben sich die katholischen Gemeindeväter aber offenbar nicht zufrieden.

Am 26. April 1884 beschloss der Gemeinderat nämlich, die Anlage eines Weges zu dem projektierten katholischen Friedhof hinter dem evangelischen Friedhof auf Kosten der Pfarreien Neunkirchen, Niederneunkirchen, Kohlhof und Welleseiler. Dieser Weg erhielt den Namen Kath. Friedhofsweg. Nach einem Beschluss des Gemeinderates Neunkirchen vom 24. 04. 1903 wurde der bisherige Neue Friedhofsweg in Evangelischer Friedhofsweg umbenannt[U11].

Als während des Nazi-Regimes die Konfessionsschulen abgeschafft wurden und religiöse Überzeugungen in der Öffentlichkeit keine Rolle mehr spielen sollten, wurde die Evangelische Friedhofstraße in Unterer Friedhofsweg und der Katholische Friedhofsweg in Oberer Friedhofsweg umbenannt.

Öffentliche Gebäude und Einrichtungen in der Straße:

- Volksschule Zweibrücker Straße
  Die Schule wurde 1881 erbaut und am 25. 04. 1882 bezogen. Obwohl die Schule eigentlich im Neuen Kirchhofsweg stand, firmierte sie als Schule Zweibrücker Straße[U12]. Vorher waren die Kinder von der Scheib in die Schloßschule gegangen. Anfangs hatte das neue Haus nur 5 Säle, in denen 3 evangelische und 2 katholische Klassen unterrichtet wurden. Bereits nach fünf Jahren war die Schülerzahl von 192 auf 254 gestiegen. Da die Schule zu klein war, wurde der Saal der Wirtschaft Bach auf der Scheib angemietet und als Klassenraum hergerichtet. Da die Schülerzahl weiter stieg, wurden zunächst 4 Klassensäle an die Schule angebaut, als aber die Zahl der Kinder auf 635 angewachsen war, wurde mit einem Neubau an der damaligen Schule Friedrichstraße (heute vordere Steinwaldstraße) Ecke Beerwaldweg begonnen. Die Schule Zweibrücker Straße hieß vom 01. 09. 1936 bis Kriegsende Horst-Wessel-Schule. Nach dem Krieg fand wegen Raummangels, viele Schulen waren zerstört, Unterricht in Schichten statt. Ende des Schuljahres 1969/70 wurde das Schulsystem aufgelöst. Es fanden dann in dem Gebäude noch Eingliederungslehrgänge der Berufsbildungsstätte statt, und zeitweise waren ausgelagerte Klassen der Realschule hier untergebracht.
  1991 wurde das Grundstück der GSG überschrieben, die in den beiden Schulgebäuden insgesamt 16 Sozialwohnungen ausbaute. Diese Wohnungen wurden am 15. 09. 1993 an die Mieter übergeben. Gleichzeitig fand der 1. Spatenstich für ein weiteres Wohngebäude auf dem ehemaligen Schulhof statt.

U10 Situat.-splan NK 1883, vgl. Anm. A4

U11 Saar- und Blieszeitung v. 25. 04. 1903

U12 Schwinn, Theo: Geschichte des Volksschulwesens, in: Stadtbuch 1955, vgl. Anm. A12, S. 211

- Hauptfriedhof Scheib

Der Gemeinderatsbeschluss zur Anlage eines neuen evangelischen Friedhofs „oberhalb der Ellenfelder" wurde am 30. 04. 1873 gefasst, am 09. 05. 1875 wurde der Friedhof dann eingeweiht. 1882 wurde die Erweiterung um einen katholischen Friedhofsteil beschlossen und dieser 1883 in Betrieb genommen[U13].

Nach dem Beginn der Belegung wurden die alten Friedhöfe auf dem Büchel (evang.) und an der Schloßstraße (kath.) aufgegeben. Die heute denkmalgeschützte Leichenhalle war 1894 errichtet worden.

Auf dem Friedhof gibt es einen Ehrenfriedhof für die Gefallenen des 1. und des 2. Weltkrieges und besondere Grabfelder für die Opfer der Gasometerexplosion vom Februar 1933, die Opfer der Bombenangriffe auf Neunkirchen im 2. Weltkrieg, sowie für russische Kriegstote.

Die allgemeine Belegung auf dem Friedhof Scheib wurde im Dezember 1962 mit Beginn der Belegung des neuen Friedhofs in Furpach eingestellt. Auf dem Friedhof Scheib wurden bis 1996 nur noch Beisetzungen in Familiengrabstätten bei bestehenden Nutzungsrechten durchgeführt[U14].

Heute ist der frühere Hauptfriedhof Scheib eine Attraktion in der Oberstadt. Er ist ein Ort der Ruhe.

Die Stadt ist bemüht, ihn nach und nach zu einer parkähnlichen Grünanlage umzugestalten[U15]. Der alte Baumbestand mit Alleecharakter vermittelt Ruhe und Erhabenheit. Die neu entstandenen Rasenflächen, von Baumgruppen oder alten mit Efeu bewachsenen Mauern unterbrochen, geben dem Gelände einen völlig neuen Sinn. Dabei bleibt die Würde der früheren Bestimmung erhalten. Es ist gelungen, erhaltenswerte Grabdenkmäler in die sich entwickelnde Parkanlage zu integrieren. Die neue Parkanlage ist besonders an warmen Tagen hervorragend für schöne Spaziergänge geeignet.

U13 Krajewski: Alte Friedhöfe in NK, in: Neunkircher Hefte 4, Verkehrsverein Neunkirchen

U14 Ratgeber für den Trauerfall, vgl. Anm. A28, S. 15

U15 Neuber Peter, Rein Friedrich u. Wahl Karl Josef: Der Hauptfriedhof Scheib, in Neunkircher Hefte 4 des Verkehrsvereins Neunkirchen

Unterer Markt NK auch Unterer Marktplatz, zeitweise (1935 – 1945) Adolf-Hitler-Platz

Lage:

Der Untere Markt liegt unmittelbar hinter der Christuskirche. Vorne stößt er rechts und links der Kirche an die Hüttenbergstraße. Nach hinten (Nordosten) geht von dem Platz die Lutherstraße ab und nach Norden die Hebbelstraße. Nach Süden gelangt man über eine Treppenanlage in die höher liegende Vogelstraße.

Unterer Markt mit Karl-Ferdinand-Haus

Informationen zum Namen und zur Geschichte des Platzes:

Seit 1752 fanden in Neunkirchen auf dem vor dem Renaissanceschloss gelegenen Platz drei Mal im Jahr Märkte statt. Da dieser Platz in der Oberstadt liegt, wurde er Oberer Markt genannt. Dort fanden später bis nach dem 2. Weltkrieg auch Wochenmärkte statt.

Nach dem Anwachsen der Bevölkerung durch die Industrialisierung forderte man auch für die Unterstadt einen Wochenmarkt. Laut Beschlussbuch der Gemeinde Neunkirchen vom 25. Juli 1871 erklärte sich der Bergmann Christian Sattler bereit, zur Anlegung eines Platzes und einer Straße hinter der unteren evangelischen Kirche seine dortige Wiese zu verkaufen. Auf diesem neuen Platz hinter der evang. Christuskirche, der wegen seiner Lage Unterer Markt genannt wurde, wurden dann Wochenmärkte abgehalten.

Als der Ortsbaumeister Riemann dem Bürgermeister Jongnell von Neunkirchen am 15. 05. 1879 die Beschaffung von Namensschildern für 49 Straßen und 8 Wohnplätze vorschlug, tauchte der Name Unterer Marktplatz in dieser Aufstellung zum ersten Mal auf. Für den Platz mussten damals schon 1 Straßenschild und 13 Hausnummernschilder beschafft werden[U16]. Es gab also offenbar auch schon einige Bebauung oder sie war geplant.

Am 1. Juli 1875 hatte der Rat den Erben Peter Dispont die Anlage einer Straße nördlich der unteren Kirche auf eigene Kosten genehmigt, die dann aber in Gemeindebesitz zu überführen sei. Am 12. 9. 1883 beantragte Theodor Dispont, die 1875 projektierte und nun wohl fertige Straßenanlage zwischen der unteren Kirche und seinem Grundstück an die Gemeinde abtreten zu dürfen.

Nachdem der Platz früher als Marktplatz genutzt worden war, ist er nunmehr schon seit vielen Jahren als Parkplatz ausgebaut und wird fast ausschließlich als solcher genutzt.

Die oben erwähnte Treppenanlage zur Vogelstraße mit Spielplatz wurde 1979 auf einem Trümmergrundstück gebaut und am 01. 07. 1979 eingeweiht.

Öffentliche oder sonst bedeutsame Gebäude und Einrichtungen am Platz:

- an der Westseite die evangelische Christuskirche
  siehe Hüttenbergstraße
- an der Südseite das Altenheim Karl-Ferdinand-Haus
  Anläßlich der Enthüllung des Stumm-Denkmals 1902 stiftete die Familie Stumm zur Verbesserung der Hüttenpensionen das Karl-Ferdinand-Haus, das 1904 erbaut wurde. Die Saar- und Blies-Zeitung hatte bereits am 22. 03. 1901 gemeldet, dass der Freiherr schon vor seinem Ableben für die in einigen Jahren anstehende 100-Jahr-Feier des Betriebes eine Stiftung beabsichtige, welche alle Wohltätigkeitsanstalten der Firma für die Zukunft sichern solle. In diesem Sinne wurde das Karl-Ferdinand-Haus als Waisenhaus, Kindergarten und Entbindungsheim mit einer Station zur ärztlichen Betreuung kranker Säuglinge errichtet. Im Laufe der Zeit diente es auch als Alten- und Pflegeheim.
  Während des 2. Weltkrieges wurde das Haus, als Werkskindergarten, Kinderheim[U17]. Ab 1960 waren Verwaltungsstellen und der werksärztliche Dienst des Eisenwerkes in dem Haus untergebracht und ab 1972 Einrichtungen der Berufsbildung.
  Mitte der 1980er Jahre übernahmen die Diakonie-Anstalten Bad Kreuznach das Gebäude und begannen mit der vollständigen stilgerechten Renovierung. Im Innern wurde das Haus für die zukünftige Nutzung als Alten- und Pflegeheim umgestaltet. Im August 1986 zogen die ersten Bewohner ein. Seit 1994 gehört das Haus zum Fliedner-Senioren-Zentrum Neunkirchen, dessen Träger die Diakonie-Anstalten sind. Dort werden durchschnittlich ca. 60 Frauen und Männer betreut[U18].
  Zwischen dem Karl-Ferdinand-Haus und der Viktoriaschule (heute Lutherschule) stand das Pfarrhaus der Christuskirchengemeinde.
- an der Südostecke die Lutherschule (Erweiterte Realschule Stadtmitte)
  siehe Lutherstraße
- an der Nordostecke steht heute die Hauptgeschäftsstelle der Volksbank Neunkirchen und zwar an der Stelle, an der über Jahrzehnte hinweg die Saar- und Blies-Zeitung ihren Sitz hatte. In deren Gebäude war nach dem 2. Weltkrieg auch die Entbindungsklinik Dr. Dalchaus untergebracht.
- in der Mitte Kriegerdenkmal
  In der Mitte des Platzes steht ein Denkmal in der Form eines Obelisk, der an die Gefallenen des Deutsch-Französischen Krieges von 1870/ 71 erinnern soll. Das Denkmal, das von 1898 bis 1938 schon einmal an dieser Stelle stand, hatte schon insgesamt 5 Standorte in Neunkirchen und hat hier hoffentlich (seit 25. 11. 1983) seinen endgültigen Platz gefunden.

Untere Ruhstockstraße NK *jetzt Hospitalstraße*
Siehe Hospitalstraße

Untergasse Lu *volkstümlich für Jakob-Neu-Straße, offiziell zeitweise Jakobstraße, Dr.-Joseph-Goebbels-Straße*
Siehe Jakob-Neu-Straße

Unterste Mühlwies NK *heute Mühlwiesenstraße*
Siehe Mühlwiesenstraße

U16 Beschaff. Straßenschilder, vgl. Anm. A8
U17 Gillenberg u. Birtel: Hüttenhäuser, vgl. Anm. C1, S. 23

U18 Saarbrücker Zeitung v. 10. 10. 1996

Utschstraße NK *von 1935 – 1945 Jakob-Johannes-Straße, jetzt Teil der Johannesstraße*

Siehe Johannesstraße

Informationen zum Namensgeber:
Das Haus des Oberförsters Friedrich Wilhelm Utsch[U19] lag an der Ecke Oberer Markt/Ludwigstraße (heutiges Cafe Sick/Fix). Utsch war 1820/21 im Zuge einer Umorganisation der Forstmeisterstellen im Regierungsbezirk Trier nach Neunkirchen gekommen. Vorher war er als Forstsekretär in Kreuznach und bei der Bezirksregierung in Trier beschäftigt. Er stammte aus einem alten Förstergeschlecht im Soonwald.

Nach seiner Pensionierung zog er nach Trier, wo er 1877 starb. Er wurde aber nach Neunkirchen überführt und auf dem alten kath. Friedhof an der Schloßstraße in Neunkirchen beigesetzt.

U19 Krajewski: Plaudereien 3, vgl. Anm. B7, S. 35; Schmidt, Uwe Eduard: Forst- und Jagdgeschichte NK, in: Stadtbuch 2005, vgl. Anm. B7, S.83 ff; Hanke, Eckard: Heimat-Jahrbuch 2000 des Kreises Altenkirchen/Westerwald, S. 263

Veilchenweg Wi

Lage und Verlauf:

Der Veilchenweg gehört zum Siedlungsgebiet Steinbacher Berg in Wiebelskirchen. Der Veilchenweg liegt im oberen (nördlichen) Bereich des Wohngebietes. Er beginnt am Nelkenweg, verläuft von dort nach Süden parallel zur Steinbacher Straße, vollzieht dann eine Schwenkung nach Südosten und mündet in den Fliederweg.

Veilchenweg aus Richtung Nelkenweg

Informationen zum Namen und zur Geschichte der Straße:

Dieses Wohngebiet entstand oberhalb (nördlich) der Straße Am Enkerberg ab 1967 in mehreren Bauabschnitten. Zunächst wurde 1967/68 von der Gemeinnützigen Siedlungsgesellschaft Saarbrücken im Veilchenweg ein Block mit zweigeschossigen Einfamilienreihenhäuser durch die Fa. Camus aus Fertigteilen erstellt. Danach erfolgte der Bau von Einfamilienhäusern ebenfalls aus Fertigteilen durch die Fa. Camus im Lilienweg (jetzt Nelkenweg) und im Fliederweg. Erst später, bis Mitte der 1970er Jahre, wurden Häuser in traditioneller Bauweise im Narzissenweg (jetzt Dahlienweg), im Tulpenweg (jetzt Gladiolenweg), im Rosenweg (jetzt Hyazinthenweg), im Asternweg und auf der rechten Seite des Veilchenwegs erstellt.

Verdistraße Wi

Lage und Verlauf:

Im unteren (westlichen) Teil der Bexbacher Straße zwei-

gen mehrere kleine Straßen (Sackgassen) nach Norden ab, die alle nach berühmten Komponisten benannt sind. Die östlichste davon ist die Verdistraße.

Verdistraße aus Richtung Bexbacher Straße

Informationen zum Namen und zur Geschichte der Straße:

Die kleine Straße hatte ursprünglich keinen eigenen Namen. Sie war Teil der Bexbacher Straße von der sie abzweigt.

1954 erfolgte auf Anregung des Kultur- und Heimatrings eine umfängliche Um- und Neubenennung von Straßen in Wiebelskirchen. Dabei erhielten einige kleine Seitenstraßen der heutigen Bexbacher Straße, die bis dahin ohne eigene Namen waren und unter Hausnummern der Durchgangsstraße liefen oder nicht mehr aktuelle Namen hatten, eigene bzw. andere Namen. Die von der Bexbacher Straße nach Norden abzweigenden Straßen wurden nach berühmten Musikern benannt, so auch die Verdistraße[VI].

Informationen zum Namensgeber:

Giuseppe Fortunino Francesco Verdi (10.10.1813 – 27.01.1901), italienischer Komponist. Nachdem er 1832 vom Mailänder Konservatorium abgewiesen worden war, wurde er durch die Unterstützung des Kaufmanns Antonio Barezzi Privatschüler des Mailänder Komponisten Vincenzo Lavigna. 1836 wurde er Musikdirektor in Busseto und heiratete Barezzis Tochter Margherita. Ab 1839 lebte er in Mailand, später auf seinem Landgut bei Busseto. Er war ein Komponist, der die Opernkunst

VI   Mathias: Die 1954 eingeführten Straßennamen, in: Heimatbuch Wi, vgl. Anm. A2, S. 149

des 19. Jh. auf einen Höhepunkt führte. Er komponierte u. a. die Opern Nabucco, Rigoletto, Der Troubadour, La Traviata, Ein Maskenball, Don Carlos, Aida und Othello sowie ein Requiem.

Viktoriastraße NK *heute Lutherstraße*
Siehe Lutherstraße

Informationen zur damaligen Namensgeberin:
Viktoria, Deutsche Kaiserin (21.11.1849 – 05.08.1901), älteste Tochter der Königin Viktoria von Großbritannien, vermählt mit dem späteren Kaiser Friedrich III.

Viktoriastraße Wi *heute gehört ein Teil zur Römerstraße und der andere Teil zur Straße Im Stauch*
Die Viktoriastraße begann an der Brückenstraße (heute Wibilostraße) und bog in Höhe der evang. Kirche nach Westen in Richtung Eisenbahnlinie ab. In Höhe der Einmündung Margaretenstraße (heute Julius-Schwarz-Straße) ging sie in die Eisenbahnstraße (heute Im Stauch) über.

Informationen zum Namen und zur Geschichte der Straße:
Der erste Teil der Straße ist heute Teil der Römerstraße, während der nach Westen verlaufende Straßenteil der Straße Im Stauch zugeschlagen wurde. Weitere Informationen siehe Römerstraße.

Informationen zur damaligen Namensgeberin:
Siehe Viktoriastraße NK

Vogelschlagstraße NK *früher Yorkstraße*

Lage und Verlauf:
Die Vogelschlagstraße beginnt in der Nähe des Scheiber Hofs an der Fernstraße, verläuft von dort nach Nordosten und geht an der Einmündung der Albert-Schweitzer-Straße in den Meisenweg über, der zum Storchenplatz führt.

Informationen zum Namen und zur Geschichte der Straße:
In der zweiten Hälfte des 19. Jh. und Anfang des 20. Jh. wuchsen die Stadt und die Bevölkerung auf Grund der enorm ansteigenden Industrialisierung in einem ungeheuren Tempo. Jeweils in 15 – 20 Jahren verdoppelte sich die Bevölkerung immer wieder und suchte industrienahen Wohnraum. Es entstanden ständig neue

Vogelschlagstraße aus Richtung Fernstraße

Straßen, die in der euphorischen Stimmung nach dem gewonnenen Deutsch-Französischen Krieg 1870/71 oft nach Mitgliedern des Kaiserhauses, nach verdienten Heerführern (auch der Befreiungskriege) oder nach Schlachtenorten benannt wurden.

Am 13. 11. 1913 fasste der Gemeinderat Neunkirchen (Beschlussbuch der Gemeinde Neunkirchen) den Beschluss:

„Die neuen Straßen nördlich der Steinwaldstraße werden wie folgt benannt:
- Die erste Straße beim Haus Kliver – Steinstraße
- Die zweite Querstraße – Hardenbergstraße
- Die dritte Querstraße – Scharnhorststraße
- Die zweite Parallelstraße zur Steinwaldstraße – Yorkstraße (siehe Yorkstraße)

Während die erste Parallelstraße zwecks Erhaltung der alten Flurbezeichnung den Namen An den Sinnersbäumen erhält".

Nach einem Beschluss vom 25. 01. 1915 wurden für diese Straßen Fluchtlinienpläne erstellt. Die Scharnhorststraße wurde allerdings nie gebaut. Sie hätte etwa in Höhe der heutigen Piuskirche die Steinwaldstraße mit der Yorkstraße verbunden.

Am 13. 01. 1922 beschloss der Rat, dass neben der Yorkstraße (heute Vogelschlagstraße) auch „das Stück vom Oberort zum Unterort, das zwischen Steinwaldstraße und Yorkstraße liegt" (erster Teil der späteren Fernstraße) mit Notstandsarbeiten ausgebaut werden soll.

1931 hatte die Straße 67 Wohnanwesen (Hausnummern). Als unmittelbar nach dem 2. Weltkrieg alle patriotisch oder nationalistisch klingenden Straßennamen abgeschafft wurden, wurde die Straße in Vogelschlagstraße umbenannt.

Vogelstraße NK

Lage und Verlauf:

Die Vogelstraße ist eine Verbindungsstraße von der Hüttenbergstraße zur östlich parallel verlaufenden Marienstraße (frühere Bergstraße).

Vogelstraße aus Richtung Hüttenbergstraße
rechts das ehem. Ev. Gemeindehaus

Informationen zum Namen und zur Geschichte der Straße:

Die Vogelstraße durchschneidet die frühere Vogelwiese, in der sich der Vogelbrunnen befand. Dieser Brunnen ist schon in der Ordnung der Gemeinde Neunkirchen aus dem Jahre 1731 erwähnt worden[V2]. Der Vogelbrunnen selbst lag unterhalb der heutigen Straßenführung zwischen Vogelstraße und Lutherstraße. Man darf sich unter diesem Brunnen keine gefasste Quelle vorstellen. Das Wasser rieselte vielmehr eine Felswand herunter, und man musste es mühsam auffangen, um es zu trinken oder gar in einem Behältnis zu sammeln, das Wasser schmeckte lehmig[V3]. Vögel aber waren dort Stammgäste.

Die Straße ist wohl schon in der zweiten Hälfte des 19. Jh. entstanden, denn als der Ortsbaumeister Riemann dem Bürgermeister Jongnell von Neunkirchen am 15. 05. 1879 die Beschaffung von Namensschildern für 49 Straßen und 8 Wohnplätze vorschlug, tauchte der Straßenname in dieser Aufstellung zum ersten Mal auf. Für die Straße musste damals 1 Straßenschild, jedoch keine

Hausnummernschilder beschafft werden[V4]. Es gab zu diesem Zeitpunkt kaum Bebauung in der Straße. Nach einer Karte von 1883 war die Straße auch noch nicht durchgehend hergestellt[V5]. Nach dem Beschlussbuch der Gemeinde Neunkirchen hat die Fa. Gebr. Stumm am 28. 04. 1890 zur Fortsetzung der Vogelstraße (vermutlich in Richtung Bergstraße –heute Marienstraße-) das erforderliche Terrain und am 25. 02. 1904 zum Wegebau weiteres Gelände abgetreten. 1905 hatte die Straße dann schon 28 Wohnanwesen (Hausnummern). Am 01. 07. 1979 wurde auf einem früheren Trümmergrundstück zwischen der Vogelstraße und dem unterhalb liegenden Unteren Markt eine Treppenanlage mit angrenzendem Spielplatz und Park eingeweiht.

Öffentliche oder sonst bedeutsame Gebäude in der Straße:

- Evangelisches Gemeindehaus
  1911/13 erstellte die evang. Kirchengemeinde auf der Südseite der Vogelstraße ein Gemeindehaus. Das Gebäude hatte einen großen Saal und viele andere Räumlichkeiten für die Gemeindearbeit (Kindergarten, Schwesternstation, Gemeindeamt und Wohnungen für Pfarrer). Nach erheblicher Beschädigung im 2. Weltkrieg wurde das Gebäude 1953/54 wieder aufgebaut. Da seit dem Krieg sonst alle größeren Säle in Neunkirchen zerstört oder beschädigt waren, fanden in dem Gebäude auch Festlichkeiten und vor der Volksabstimmung 1955 einige über die Grenzen des Saarlandes hinaus Aufmerksamkeit erregende Wahlveranstaltungen statt[V6]. Später wurde das Haus bis in die 1990er Jahre als Altersheim genutzt. Dann hat es in den 1990er Jahren ein privater Investor restauriert. Heute befinden sich einige Eigentumswohnungen in dem Gebäude, und es wird von verschiedenen Firmen gewerblich genutzt.
- Städtischer Saalbau[V7]
  Das Gebäude, das sowohl kulturellen wie auch sportlichen Zwecken diente, wurde 1913/14 zwischen Vogelstraße und Viktoriastraße (heute

V2   Krajewski: Plaudereien 2, vgl. Anm. A24, S. 9
V3   Saarl. Tageszeitung v. 16. 10. 1940; Krajewski: Plaudereien 4, vgl. Anm. B50, S. 45

V4   Beschaff. Straßenschilder, vgl. Anm. A8
V5   Situat.-plan NK 1883, vgl. Anm. A4
V6   Schlicker, Armin: Der Abstimmungskampf 1955 und die Rolle der Polizei Neunkirchen, in: Hefte des HVSN, Neunkirchen 2002
V7   Krajewski: NK damals, vgl. Anm. B2, S. 52

Lutherstraße) errichtet. Von der Vogelstraße aus gelangte man in den großen Saal, der festlichen Veranstaltungen wie Theater, Konzerten, Vorträgen und Ausstellungen einen idealen Rahmen bot. Von der Viktoriastraße aus gelangte man in eine Turnhalle für Hallensportarten im Untergeschoss des Gebäudes.

Der Städtische Saalbau wurde im 2. Weltkrieg bei einem Bombenangriff auf Neunkirchen zerstört, die Ruine 1956 abgerissen. Heute befindet sich an seiner Stelle ein großes Wohngebäude der GSG.

- Neben dem Saalbau stand die 1909 errichtete Gemeindekasse und spätere Stadtkasse, die wie der Saalbau am 15. 03. 1945 bei einem Angriff amerikanischer Bomber zerstört wurde.

- Gemeindeamt der evang. Kirchengemeinde Neunkirchen. Das Amt befand sich 1939 im Anwesen Nr. 4 mit den Pfarrämtern
  Pfarramt 1 – Pfarrer Teske
  Pfarramt 2 – Pfarrer Kuby
  Pfarramt 3 – Pfarrer Bick
  Pfarramt 4 – Pfarrer Wein
  Wellesweiler – Pfarrer Schmidt.

- Kinderkrippe
  Im Anwesen 2 an der Ecke Hüttenbergstraße befindet sich das Familiennachbarschafts-Zentrum FNZ. Diese private Einrichtung betreibt eine Kinderkrippe mit 20 Plätzen.

Volkerstal Fu

Lage und Verlauf:

Die Straße zweigt von der Ludwigsthaler Straße nach Westen ab und endet nach ca 500 Metern als Sackgasse. Dabei verläuft sie parallel zwischen den Straßen Litzelholz und Geißenbrünnchen. Etwa in der Hälfte der Straße besteht eine Verbindung zur Straße Geißenbrünnchen. Außerdem gibt es am Ende der Straße einen Fußweg zur Straße Geißenbrünnchen.

Informationen zum Namen und zur Geschichte der Straße:

Der Straßenname ist von der Flurbezeichnung „Im Volkers Kircher Thal", die es in diesem Bereich gibt, abgeleitet. Er wurde in einer Stadtratssitzung am 16. 10. 1963 festgelegt.

Die umliegenden Straßen gehören zu einer Heimstät-

Volkerstal aus Richtung Ludwigsthaler Straße

tensiedlung, die in den späten 1930er Jahren entstanden ist. Die damaligen Wohnhäuser hatten alle einen sehr großen Garten, weil die Siedler zur Viehhaltung angehalten waren und diese Tiere auch ernähren mussten. Diese großen Grundstücke wurden nach dem 2. Weltkrieg oft geteilt, so dass weiteres Bauland bzw. weitere Straßen entstanden, so auch die Straße Volkerstal durch Teilung der Grundstücke auf der Nordseite der Straße Geißenbrünnchen und auf der Südseite der Straße Litzelholz.

Die Straße ist Anfang der 1960er Jahre entstanden, es handelt sich um eine reine Wohnstraße.

Öffentliche oder sonst bedeutsame Gebäude in der Straße:

- Feuerwehrgerätehaus
  Es handelt sich um das Feuerwehrgerätehaus des 1947 gegründeten Löschbezirks Furpach/Kohlhof. Das Gebäude steht gegenüber der Verbindungsstraße zum Geißenbrünnchen. 1969 war mit dem Bau begonnen worden. 1973 konnte das Gerätehaus seiner Bestimmung übergeben werden.

- DRK-Heim
  An das Feuerwehrgerätehaus ist das Heim des DRK angebaut.

Volkspark Wellesweiler We

Lage:

Der Park liegt zwischen Blies und Pestalozzistraße und wird westlich vom Komplex Schule/Sporthalle und östlich von der Kläranlage begrennzt.

Information zur Anlage des Parks:
Der Volkspark liegt am Ortsrand in der Nähe der Kleingartenanlage. Er ist über 70 000 qm groß und ist eine ideale Naherholungsstätte, in die zwei Sportplätze und ein großer Angelweiher integriert sind. Das weitläufige Wegenetz umfasst auch einen Weg um den Fischweiher.

Von-Roenne-Straße Hei

Lage und Verlauf:
Die Von-Roenne-Straße verläuft als Verlängerung des Riedweges nach Südwesten parallel zur Grubenstraße und endet als Sackgasse. Sie ist über die Straße Im Heiligengarten von der Grubenstraße her erreichbar.

Von-Roenne-Straße aus Richtung Im Heiligengarten

Informationen zum Namen und zur Geschichte der Straße:
Die Straße ist nach dem ersten Werksdirektor (damals Werksdirigent genannt) und eigentlichen Gründer der Grube Heinitz, Otto von Roenne, benannt.
Nach den Feststellungen des Heinitzer Heimatforschers Helmut Schinkel stellte 1956 ein Bauinteressenverein von 20 Mitgliedern einen Antrag auf Überlassung des Baugeländes. Eigentümer waren Forst- und Grubenverwaltung. Es kam erst 1959 zum Abschluss eines Vertrages. Gegen die ersten Baugenehmigungen 1960 erhob die Bergbehörde Einspruch wegen des nicht genau bekannten Verlaufs des Riedstollens, des ehemaligen Erzstollens „Ferdinand am Ried" des Neunkircher Eisenwerkes. Es wurden Bohrungen zur Auflage gemacht, deren Kosten die Stadt aber nicht übernehmen wollte. Einige Bauinteressenten brachten ein Gesenk

nieder und trafen auf den Stollen. Nachdem die Grube eine Bewetterung eingeführt hatte, um das dort stehende Kohlensäuregas zu entfernen, konnte der Stollenverlauf durch die Markscheiderei ermittelt werden. Im Dezember 1960 wurde daraufhin der Bebauungsplan geändert. Die Änderung hatte zur Folge, dass die Häuser der östlichen (unteren) Straßenseite zurückversetzt werden mussten[V8]. 1962 waren 15 Wohnungen fertiggestellt und im Oktober 1964 auch der Straßenausbau. Ende 1964 waren alle Häuser bezogen, mit Ausnahme des Hauses Nr. 1, das erst 1966 fertig wurde.
Die Straße erhielt ihren Namen mit Stadtratsbeschluss vom 13. 05. 1960.

Informationen zum Namensgeber:
Otto von Roenne (1829 – 1895) war erster Werksdirektor (Werksdirigent) und eigentlicher Gründer der Grube Heinitz, sowie Leiter der Berginspektion VII von 1861 bis 1872. Außerdem war er Begründer der Kolonie Elversberg. Nach seiner Zeit in Heinitz war von Roenne ab 01. 10. 1872 Geheimer Oberbergrat am Oberbergamt in Dortmund[V9].

Vor Birkum Fu *heute Birkenweg*
Siehe Birkenweg

Vor dem Heidenkopf Fu

Lage und Verlauf:
Zwischen den Straßen Zum Pfaffental und Bei der alten Furt gibt es insgesamt 6 kurze Verbindungswege, an denen jeweils mehrere zweigeschossige Reihenhäuser mit kleinem Grundstück stehen.

Informationen zum Namen und zur Geschichte der Straße:
Die Gemeinnützige Siedlungsgesellschaft der Stadt Neunkirchen (GSG) erbaute von 1960 – 1963 Reihen- und Doppelhäuser in der Straße Bei der alten Furt und den kleinen Verbindungsstraßen zur Straße Zum Pfaffental. In diesen kleinen Verbindungsstraßen stehen zwischen 3 und 5 Zweifamilienreihenhäuser. Die Straßen sind nur einseitig bebaut. Die Häuser wurden anschließend an Interessenten verkauft. Auf Vorschlag des Heimatforschers Bernhard Krajewski legte der Stadtrat

---

V8   Schinkel: Heinitz, vgl. Anm. B9, S. 168
V9   Müller: Festschrift 50 J. Grube Heinitz, vgl. Anm. E17

Vor dem Heidenkopf aus Richtung Bei der alten Furt

Vor dem Schwarzenkopf aus Richtung Bei der alten Furt

in seiner Sitzung am 22. 01. 1960 die Namen für die 6 kurzen Straßen fest, die an Flurbezeichnungen oder an Örtlichkeiten im Bereich Furpach orientiert sind:

- Vor dem Schwarzenkopf
- Vor dem Heidenkopf
- Im Hanfgarten
- Gutsweiherweg
- Brückweiherweg
- Kohlweiherweg.

Der Heidenkopf ist eine kleine Erhebung südlich des Zentralfriedhofs Furpach. Dort gibt es auch die Flurbezeichnung „Am Heydenkopf".

Die von der GSG in diesen kleinen Verbindungsstraßen von 1960 bis 1963 erbauten Zweifamilienreihenhäuser wurden anschließend an Interessenten verkauft.

Vor dem Schwarzenkopf Fu

Lage und Verlauf:
Zwischen den Straßen Zum Pfaffental und Bei der alten Furt gibt es insgesamt 6 kurze Verbindungswege, an denen jeweils mehrere zweigeschossige Reihenhäuser mit kleinem Grundstück stehen.

Informationen zum Namen und zur Geschichte der Straße:
Die Gemeinnützige Siedlungsgesellschaft der Stadt Neunkirchen (GSG) erbaute von 1960 – 1963 Reihen- und Doppelhäuser in der Straße Bei der alten Furt und den kleinen Verbindungsstraßen zur Straße Zum Pfaffental. In diesen kleinen Verbindungsstraßen stehen zwischen 3 und 5 Zweifamilienreihenhäuser. Die Straßen sind nur einseitig bebaut. Die Häuser wurden an-

schließend an Interessenten verkauft.
Auf Vorschlag des Heimatforschers Bernhard Krajewski legte der Stadtrat in seiner Sitzung am 22. 01. 1960 die Namen für die 6 kurzen Straßen fest, die an Flurbezeichnungen oder an Örtlichkeiten im Bereich Furpach orientiert sind:

- Vor dem Schwarzenkopf
- Vor dem Heidenkopf
- Im Hanfgarten
- Gutsweiherweg
- Brückweiherweg
- Kohlweiherweg.

Der Schwarzenkopf ist eine kleine Erhebung südlich der Kinderklinik

Die von der GSG in diesen kleinen Verbindungsstraßen von 1960 bis 1963 erbauten Zweifamilienreihenhäuser wurden anschließend an Interessenten verkauft.

Vor Els We heute Elsenweg
Siehe Elsenweg

Vor Seiters Wi

Lage und Verlauf:
Es handelt sich um eine Wohnstraße zwischen Bexbacher Straße, Dunantstraße, Prälat-Schütz-Straße und Karl-Marx-Straße mit einer Anbindung an die beiden letztgenannten Straßen.

Informationen zum Namen und zur Geschichte der Straße:
Der Straßenname ist von einer Flurbezeichnung, die es

Vor Seiters aus Richtung Prälat-Schütz-Straße

in diesem Bereich gibt, abgeleitet. Die Flurbezeichnung ist seit Jahrhunderten nachweisbar (1550 „Sitters", 1598 „Seiters", 1719 „Seyters", 1739 „Seyders", 1767 „in/vor der Seiters") Ebenfalls von dieser Flurbezeichnung ist der Name der in der Nähe liegenden ersten, aus Richtung Neunkirchen kommenden, Bliesbrücke (Seitersbrücke) abgeleitet. Darüber hinaus wird der gesamte Ortsteil rechts (östlich) der Blies Seiters genannt.

Die Straße wurde in den 1970er Jahren neu erschlossen. Den Straßennamen hat der Stadtrat in der Sitzung am 24. 09. 1980 festgelegt.

In der Straße stehen ausschließlich moderne Ein- und Zweifamilienhäuser.

Wagwiesental Park NK

Lage:

Der Grünzug Wagwiesental wird östlich von der Fernstraße, westlich von der Brunnen- und der Parallelstraße sowie an den Ausgängen nördlich (unten) von der Bliesstraße und südlich von der Hohlstraße begrenzt.

Wagwiesental Blickrichtung Bliesstraße

Informationen zum Namen und zur Geschichte des Parkes:

Der Name des Parks ist von der Flurbezeichnung „Wagwiesen" abgeleitet, die erstmals in einer Urkunde 1550 erwähnt wurde. Das Wort Wag ist eine mundartliche Ableitung von dem Wort Woog, das kleiner See oder Weiher bedeutet [W1]. Dieses Wort wird in der Tilemann-Stella-Karte aus dem Jahre 1564 im Raum Neunkirchen mehrfach für die Bezeichnung von Weihern verwandt. Die Wagwiesen lagen unterhalb des Heusnersweihers. Sie wurden vom Krebsbach (heute verrohrt) durchflossen, der vorher den Heusnersweiher gespeist hatte. Heute wird das ganze Tal unterhalb des Heusnersweihers bis zur Blies Wagwiesental genannt. Bis 1732 hatte es in der Hälfte des Tals einen weiteren aufgestauten Weiher gegeben, dessen Wasser eine Mühle antrieb [W2]. Nach 1732 war das gesamte Tal trocken gelegt und dann bis in die 1970er Jahre landwirtschaftlich bzw. gärtnerisch genutzt worden.

Nach dem 2. Weltkrieg planten französische Stadtplaner den Bau von Hochhäusern in dem Tal. Nachdem diese Pläne nicht verwirklicht worden waren, tauchte 1975 die Idee einer Überbrückung des Wagwiesentals zur Entlastung der Zweibrücker Straße auf. Eine Brücke sollte von der Fernstraße zur Kreuzung Brunnenstraße/Parallelstraße das Tal überspannen [W3]. Letztlich setzte sich aber doch die Forderung nach Erhaltung des Wagwiesentals als großräumige Grünfläche in der Stadt durch.

Später wurde das Tal vom Eigentümer, der Schloß-Brauerei, der Stadt zu einem symbolischen Pachtpreis zur Anlage einer Grünanlage überlassen. Die Talsohle wurde zum Park ausgebaut. Das Wagwiesental hat eine Länge von 1400 Metern und eine Gesamtfläche von ca. 128 000 qm.

Zeitweise trug man sich sogar mit dem Gedanken, hier ein Freibad zu bauen. Im Park befinden sich heute mehrere Kinderspielplätze, Bolzplätze, eine Skateranlage, ein Basketballplatz und im Winter Schlittenbahnen vom Krebsberg zum Talgrund hinunter.

Waldhaus Ha

Lage:

Der Wohnplatz liegt am östlichen Ortsrand von Hangard im Zuge der verlängerten Höcherbergstraße.

Informationen zum Namen und zur Geschichte des Wohnplatzes:

Bei der Namensgebung für den Wohnplatz 1974 hat man sich wohl daran orientiert, dass hier ein Haus am Wald = Waldhaus steht.

Waldmühlenstraße NK

Lage und Verlauf:

Die Waldmühlenstraße zweigt nach Südosten von der Andreasstraße ab, vollzieht eine Schwenkung nach Osten und mündet nach einer weiteren Schwenkung nach Norden wieder in die Andreasstraße.

Informationen zum Namen und zur Geschichte der Straße:

Da zu diesem Zeitpunkt bereits die Kanalbaumaßnahmen und die Ausschachtungsarbeiten für die Wohnhäuser begonnen hatten, legte der Stadtrat in einer Sitzung am 18. 07. 1962 den Straßennamen fest.

W1 Krajewski: Plaudereien 1, vgl. Anm. A50, S. 12, 22
W2 Fried: Mühlen in NK, vgl. Anm. A17

W3 Krenz u. Borgards: Gutachten Stadtsanierung 1975, vgl. Anm. F8, S. 59, 66, 207

Waldmühlenstraße Blickrichtung nach Osten

Der Straßenname geht auf die Flurbezeichnung „Bei der Waldmühle" zurück. Nach den Recherchen des Neunkircher Heimatforschers Bernhard Krajewski geht aus einer Einnahme-Rechnung des Klosters Wadgassen aus dem Jahre 1569 hervor, dass es hier 1563 schon eine Erbbestandsmühle, eine Walkmühle, gegeben hat. Diese Mühle ist wahrscheinlich im Dreißigjährigen Krieg zerstört worden, oder –wie auch die Mühlen am Wetzbachweiher und die weiter unten im Wagwiesenthal – danach einfach verfallen, da sie niemand mehr betreiben und erhalten konnte. Die Erinnerung an die Walkmühle verblasste, und so ist aus dieser Walkmühle nach und nach eine Waldmühle geworden. In Karten aus dem 19. Jh., so z. B. in die Flur- und Gewannkarte von 1848, wurde dann die Gewannbezeichnung Bei der Waldmühle eingetragen[W4].

Die Straße ist in den Jahren 1962/64 entstanden. Auf der südlichen Straßenseite stehen etwas erhöht Bungalows, nach Norden zweigen Fußwege ab, an denen je 3 oder 4 Einfamilienreihenhäuser stehen. Diese Häuser sind 1964 bezogen worden. Oberhalb verläuft die Fernstraße zu der ein schmaler Fußpfad hinaufführt. Dort stand bis 22. 10. 1968 der Scheiber Wasserturm wie ein Wahrzeichen über der Waldmühlenstraße und dem ganzen Stadtteil Scheib.

Waldstraße Ko (bayr.) *danach Zur Harrau*
Siehe Zur Harrau

Waldstraße Lu *heute Stangenpfad*
Siehe Stangenpfad

W4 Krajewski: Plaudereien 1, vgl. Anm. A50, S. 16

Waldstraße NK vorher teilweise Im Steinwald

Lage und Verlauf:
Die Waldstraße ist ein Teilstück der Straßenverbindung von der Scheib nach Wellesweiler. Sie schließt sich in ihrem Verlauf von West nach Ost in Höhe der Einmündung Stieglitzweg an die Steinwaldstraße an und mündet vor dem ersten rechts stehenden Wohnhaus von Wellesweiler an der alten Banngrenze in die Bürgermeister-Regitz-Straße ein.

Waldstraße aus Richtung Wellesweiler

Informationen zum Namen und zur Geschichte der Straße:
Der Name der Straße ist darauf zurückzuführen, dass sie früher durch ein zusammenhängendes Waldgebiet führte und auch heute die gesamte Südseite der Straße an ein großes Waldgelände (Kasbruch) angrenzt. Am 01. 02. 1935 beschloss der Stadtrat, die von der Scheib in Richtung Wellesweiler laufende Straße ab dem Wasserhochbehälter (heute Stieglitzweg) nach Osten Im Steinwald zu nennen. Diesen Namen behielt die Straße entlang der Rote-Kreuz-Siedlung bis zum Ende des 2. Weltkrieges, wurde aber unmittelbar nach Kriegsende im Zuge einer großangelegten Umbenennungsaktion in Waldstraße umbenannt.

Die Straße ist Teil einer alten Verbindung von Wellesweiler zur Scheib und zum damaligen Dorfmittelpunkt um den Oberen Markt. Sie verlief über den völlig bewaldeten Höhenrücken des Steinbergs, von dem auch der Stein(berg)wald seinen Namen hat. Nach einem Bericht des Bürgermeisters Ludwig zur Entwicklung des Straßenwesens von 1896 wurde eine Reihe von Straßen ausgebaut bzw. gründlich hergestellt, u. a. die Straße von Wellesweiler über den Sandhügel nach Neunkirchen und weiter nach Spiesen[W5]. Die heutige Waldstraße ist ein Teil dieser Strecke. Gründlich hergestellt bedeutete damals bestenfalls eine Schotterung der Straßendecke. Eine solche geschotterte Straße voller Schlaglöcher war die Verbindung von Wellesweiler zur Scheib bis nach dem 2. Weltkrieg.

Die Tochter von Karl Ferdinand Stumm, Frau Berta von Sierstorpff, setzte 1927 die Tradition, Werksangehörige beim Erwerb von Wohneigentum zu unterstützen, im Rahmen des Vaterländischen Frauervereins vom Roten Kreuz, fort. Eine von ihr ins Leben gerufene Bau- und Siedlungsgenossenschaft begann in diesem Jahr mit dem Bau der Rote-Kreuz-Siedlung[W6]. Diese erste Siedlung bestand aus den Häusern auf der Südseite der heutigen Koßmannstraße und aus denen auf der Nordseite der heutigen Waldstraße.

Damit begann die Besiedlung des Steinwaldgebietes. Die Planungen dazu hatten schon kurz nach Ende des 1. Weltkrieges begonnen. In einen Situationsplan von Neunkirchen aus dem Jahr 1922 ist das Planungsvorhaben in den beiden Straßen nachträglich eingezeichnet. Laut Saarbrücker Zeitung vom 08. 05. 1950 waren in der Woche zuvor zwischen Rote-Kreuz-Siedlung und Wellesweiler mehrere Baustellen vermessen worden. Mit dem Bau von 5 – 6 Wohnhäusern (auf der Nordseite der Waldstraße) werde in Kürze begonnen.

Die Südseite der Straße darf nicht bebaut werden, weil von dort der Hang zum Wasserschutzgebiet im Kasbruchtal abfällt.

Waldwiesenstraße NK vorher In den Waldwiesen, teilweise Bliesmühle

Lage und Verlauf:
Die Waldwiesenstraße verläuft ab der Zoostraße, quasi als Verlängerung der Jahnstraße, parallel zur Bliesstraße nach Osten in Richtung der einstigen Bliesmühle.

Informationen zum Namen und zur Geschichte der Straße:
Der Straßenname geht auf die Flurbezeichnung „In den Waldwiesen" zurück. Man hat also die Straße unterhalb des Steinwaldes in die Wiesen gebaut, die bis hinunter

zu der damals noch nicht begradigten Blies reichten. Auf diese Umstände ist wohl auch die Flurbezeichnung zurückzuführen.

Die Besiedlung des Viertels unterhalb des Steinwaldes hatte 1905 mit dem Bau einer Eisenbahnersiedlung in der Jahnstraße begonnen. Die Saar- und Blieszeitung hatte am 23. 08. 1905 dazu gemeldet: *"Der hiesige Bau-*

Waldwiesenstraße aus Richtung Zoostraße)

verein EG hat im Distrikt Waldwiese von den Firmen Neunkircher Tonwerke und Mundorfwerke größere Ländereien käuflich erworben, um darauf eine Villenkolonie für die hiesigen Eisenbahnbeamten zu errichten. Die freie Lage des Terrains sowie die unmittelbar dahinter aufsteigenden herrlichen Bestände des Steinwaldes lassen die Wahl als eine sehr glückliche erscheinen".

Nach dem 1. Weltkrieg ging die Besiedlung des Wohnviertels unterhalb des Steinwaldes weiter. Am 16. 03. 1928 beschloss der Stadtrat ein Anleiheprogramm zum Ausbau einer Reihe von Straßen, so auch der Straße In den Waldwiesen, und zum Bau der Bliesbrücke im Zuge der Flotowstraße (heute teilweise Zoostraße)[W7]. 1928 wurde die Errichtung von 2 Wohnblocks mit insgesamt 22 Wohnungen durch die Regierungskommission des Saargebietes und die Fertigstellung der Kanalisierung in der Straße gemeldet[W8].

1939 gab es in der Straße 39 Anwesen/Hausnummern. Heute wird das Straßenbild von großen Wohnblocks links und rechts bestimmt.

Unmittelbar nach Kriegsende, als viele Straßen aus politischen Gründen neue Namen erhielten, wurde auch

W5   Verwalt.-bericht. NK 1885 – 1896, vgl. Anm. K21
W6   Gillenberg u. Birtel: Hüttenhäuser, vgl. Anm. C1, S. 11

W7   Beschlussbuch Neunkirchen, vgl. Anm. A6
W8   Verwalt.-bericht NK 1927 - 1928, vgl. Anm. P11

die bisherige Straße In den Waldwiesen zur Waldwiesenstraße, hier jedoch ohne politischen Hintergrund. Am östlichen Ende der Straße biegt ein schmaler Straßenteil in Richtung der ehemaligen Bliesmühle ab, der vorher auch unter dieser Bezeichnung firmierte. Er ist jedoch zwischenzeitlich in die Waldwiesenstraße einbezogen.

Weddigenstraße We *früher Friedrichstraße, später Hirschbergstraße, heute Zur Römertreppe*
Siehe Zur Römertreppe

Informationen zum damaligen Namensgeber:
Otto von Weddigen (15. 09. 1882 – 18. 03. 1915) Kommandant des U-Bootes U 9 im 1. Weltkrieg. Er versenkte am 22. 09. 1914 mit seinem Boot 3 englische Kriegsschiffe und am 25. 10. 1914 den englischen Panzerkreuzer Hawk. Deshalb galt er seither als Seekriegsheld. Am 18. März 1915 wurde sein neues Boot U 29 beim Versuch, den englischen Kriegshafen Scapa Flow auf den Orkney Inseln, in dem mehrere Kriegsschiffe lagen, anzugreifen, von dem englischen Panzerkreuzer Dreadnought gerammt und versenkt. Die gesamte Besatzung fand dabei den Tod[W9].

Weidenweg NK früher Westpreußenweg

Lage und Verlauf:
Der Weidenweg verläuft vom Storchenplatz aus nach Süden bis zur Waldstraße und kreuzt dabei den Straßenzug Koßmannstraße-Kiefernweg. Es handelt sich um eine schmale Straße mit wenig Wohnbebauung.

Informationen zum Namen und zur Geschichte der Straße:
Die Tochter von Karl Ferdinand Stumm, Frau Berta von Sierstorpff, setzte 1927 die Tradition, Werksangehörige beim Erwerb von Wohneigentum zu unterstützen, im Rahmen des Vaterländischen Frauervereins vom Roten Kreuz, fort. Eine von ihr ins Leben gerufene Bau- und Siedlungsgenossenschaft begann in diesem Jahr mit dem Bau der Rote-Kreuz-Siedlung im Steinwald[W10]. Diese erste Siedlung bestand aus den Häusern auf der Südseite der heutigen Koßmannstraße und aus denen auf der Nordseite der heutigen Waldstraße. Damit begann die Besiedlung des Steinwaldgebietes. Noch vor

Weidenweg aus Richtung Storchenplatz

Beginn des 2. Weltkrieges wurde der Bau der Siedlung Im Steinwald nach Osten fortgesetzt und dabei u. a. Wohnraum für die Opfer der Gasometerexplosion von 1933 geschaffen. Die Straßen der neuen Wohnsiedlung hatten zunächst keine eigenen Namen.
Durch Beschluss des Stadtrates Neunkirchen vom 29. 01. 1935 wurden die Straßen in der Steinwaldsiedlung, die bis dahin ohne eigene Namen waren, nach Städten oder Gebieten in den Grenzbereichen des Deutschen Reiches benannt, die nach dem 1. Weltkrieg von Deutschland abgetrennt worden oder die mit den jeweiligen Nachbarn umstritten waren. So wurde der jetzige Weidenweg nach dem von Polen beanspruchten Westpreußen benannt.
Unmittelbar nach Ende des 2. Weltkrieges, als alle nationalistisch oder revanchistisch klingenden Straßennamen abgeschafft wurden, erhielt die Straße ihren jetzigen Namen.

Weierswies NK

Lage und Verlauf:
Die Straße ist eine Seitenstraße der Straße Im Altseitertal. Sie beginnt gegenüber dem Rodenheimweg, verläuft von dort zunächst nach Südosten und biegt dann nach wenigen Metern nach Südwesten ab. Sie mündet in die Straße Im Sand.

Informationen zum Namen und zur Geschichte der Straße:
Der Straßenname geht auf eine gleichlautende Flurbezeichnung, die es in diesem Bereich gibt, zurück. Die Gewann Weierswies bezeichnete eine Wiese, die

W9 Würzburger General-Anzeiger v. 18. 03. 1935
W10 Gillenberg u. Birtel: Hüttenhäuser, vgl. Anm. C1, S. 11

Weierswies Blickrichtung Im Altseiterstal

Weihersbachweg aus Richtung Im Heiligengarten

bergab zum Heusnersweiher führte. Der Straßenname wurde wie die der benachbarten Straßen Auf Maien und Im Sand in einer Stadtratssitzung am 20. 04. 1994 festgelegt.

Die Straße ist, wie eine Reihe weiterer Straßen im Wohngebiet Altseiterstal, erst in den 1990er Jahren entstanden.

Es handelt sich um eine Wohnstraße mit Einfamilienhäusern; im südöstlichen Bereich stehen ein paar Gebäude der Lebenshilfe Neunkirchen.

Weihersbachweg Hei

Lage und Verlauf:

Der Weihersbachweg verläuft südöstlich parallel zur Grubenstraße und zum Riedweg von Nordosten nach Südwesten.

Er hat südlich eine Anbindung an die Straße Im Heiligengarten und mündet nördlich in die Grubenstraße. Der Weg gehört zur Riedsiedlung.

Informationen zum Namen und zur Geschichte der Straße:

Die Straße müsste eigentlich richtig Weilerbachweg heißen. Das Tal ist für die Heinitzer seit eh und je das Weilerbachtal.

Schon der erste bzw. später der mittlere der drei Heinitzer Weiher wurde 1896 in einer Grubenkarte als Weilerbachweiher bezeichnet.

Auch in einer offiziellen Karte von 1911 ist Weilerbacher Weiher zu lesen, aber 1936 heißt es in einer topografischen Karte des Deutschen Reiches plötzlich Wei-

hersbacher Weiher[W11].

Ursprünglich waren die Heinitzer Weiher zur Wasserversorgung der ehemaligen Kohleaufbereitung des Bergwerks Heinitz angelegt worden. Nachdem das Baden in den Weihern zunächst verboten war, baute die Stadt Neunkirchen in den 1920er Jahren an einem der Weiher eine Badeanstalt. In den Weihern konnte nicht nur die Bevölkerung von Heinitz, sondern auch die von Spiesen, Elversberg und Neunkirchen, jahrzehntelang schwimmen; es wurden dort auch Feste gefeiert. Nach dem 2. Weltkrieg war die Badeanstalt zerfallen, und das Baden wurde verboten.

Mit der Bebauung der Straße wurde 1954 – 1957 begonnen. Nach Verlängerung des Weges (von 1999 bis 2001) bis zur Grubenstraße im nordöstlichen Teil wurden dort einige Neubauten erstellt. Der Straßenname wurde in einer Sitzung des Stadtrates am 09. 04. 1957 nach der neueren Bezeichnung des Weihers festgelegt.

Weißlingstraße NK

Lage und Verlauf:

Die Weißlingstraße beginnt am Übergang der Max-Braun-Straße in die Willi-Graf-Straße und führt in südwestlicher Richtung zu dem Punkt, wo die Heizengasse in die Parallelstraße übergeht.

Informationen zum Namen und zur Geschichte der Straße:

Während die Straße im Situationsplan Neunkirchen von 1883 noch nicht eingezeichnet ist, findet man sie

W11 Schinkel: Heinitz......, vgl. Anm. B9, S. 166

Weißlingstraße aus Richtung Parallelstraße

Wellesweiler Straße aus Richtung Bahnhofstraße

erstmals im Plan von 1902 schon mit ihrem jetzigen Namen.

Der Straßenname wurde in einer Sitzung des Gemeinderates Neunkirchen am 24. 04. 1903 festgelegt[W12]. Er ist von der Flurbezeichnung „Auf Weisling" abgeleitet. Die Straße ist nur auf der nordöstlichen Seite mit Wohnhäusern bebaut.

Wellesweilerstraße Lu *heute Furpacher Straße*
Siehe Furpacher Straße

Wellesweilerstraße NK/We

Lage und Verlauf:
Die Wellesweilerstraße ist eine der längsten Straßen in Neunkirchen. Sie beginnt im Westen an der Gustav-Regler-Straße, kreuzt die Bahnhofstraße und führt dann nach Osten, wo sie am anderen Ende die Pfalzbahnlinie unterquert und am Kreisel an der Kreuzung Krummeg/Rombachstraße endet.

Informationen zum Namen und zur Geschichte der Straße:
Der Name der Straße ist von ihrer Zielrichtung abgeleitet, sie führt aus der Stadtmitte nach Wellesweiler.
Die heutige Wellesweilerstraße ist bereits in der Tranchot-Karte von Neunkirchen aus dem Jahre 1818 eingezeichnet, damals jedoch ohne jede Bebauung[W13]. Es handelte sich zu diesem Zeitpunkt um eine Landstraße zwischen den kleinen Orten Neunkirchen und Welles-

weiler.
Als der Ortsbaumeister Riemann dem Bürgermeister Jongnell von Neunkirchen am 15. 05. 1879 die Beschaffung von Namensschildern für 49 Straßen und 8 Wohnplätze vorschlug, tauchte der Name Wellesweilerstraße in dieser Aufstellung ebenfalls auf. Für die Straße mussten damals schon 1 Straßenschild und 38 Hausnummernschilder beschafft werden[W14]. Es gab also schon einige Bebauung.
Das nächste erhaltene Dokument ist ein Situationsplan von Neunkirchen aus dem Jahre 1883. In diesem ist die Straße als dicht bebaute Straße eingezeichnet[W15].
Vor dem Bau der Bliesstraße auf der südlichen Bliesseite (1936) war die Wellesweilerstraße die einzige Straßenverbindung aus der Unterstadt nach Wellesweiler. Über diese Straße wurde auch der Güterverkehr in Richtung Wellesweiler/Bexbach/Pfalz abgewickelt. Sie war die Hauptverkehrsader in Richtung Pfalz. Deshalb beschloss die Gemeinde schon am 15. April 1914, die Straße von der Wirtschaft Riedl bis zur Mundorf'schen Ziegelei mit Großpflaster zu versehen. Dazu kam es dann jedoch vermutlich wegen Ausbruchs des 1. Weltkrieges nicht mehr.
In seiner Sitzung am 02. 08. 1929 beschloss der Stadtrat, dass mehrere Straßen u. a. die Wellesweilerstraße von Schubert- bis Flotowstraße ausgebaut werden sollen. Dabei wurde die Straße gepflastert. Dieses Pflaster lag bis nach dem 2. Weltkrieg. Am 18. 10. 1955 meldete die Saarbrücker Zeitung, dass das holprige Pflaster in der Wellesweilerstraße durch eine Asphaltdecke er-

W12 Saar- und Blieszeitung v. 25. 04. 1903
W13 Krajewski: Stadtbuch 1955, vgl. Anm.A12, S. 113

W14 Beschaffung von Straßenschildern 1879, vgl. Anm. A8
W15 Situationsplan NK 1883, vgl. Anm. A4

setzt werde.

Die Straße hatte schon 1931 insgesamt 214 Hausnummern/Grundstücke.

Sie begann früher an der Bahnhofstraße in der Innenstadt und verlief dann nördlich der Blies bis in Höhe des Zollgebäudes an der Banngrenze zum Stadtteil Wellesweiler. Als Mitte der 1980er Jahre bei der Neuordnung des Südwerkgeländes des Eisenwerkes die Gustav-Regler-Straße neu angelegt wurde, wurde die Wellesweilerstraße durch Beschluss des Stadtrates vom 14. 12. 1988 an ihrem westlichen Ende über die Bahnhofstraße hinaus bis zur Gustav-Regler-Straße unmittelbar am Bahndamm verlängert. Schon nach der Gebiets- und Verwaltungsreform 1974 war die Straße an ihrem östlichen Ende bis zur Kreuzung Rombachstraße/Krummeg (heute Kreisverkehr) verlängert worden[W16].

Öffentliche oder sonst bedeutsame Gebäude oder Objekte in der Straße:

- Zollschlagbaum

  Am Anfang der Wellesweilerstraße von der Bahnhofstraße her stand bis 1866 ein Schlagbaum, an dem das „Chausséegeld" erhoben und bestimmte ins „Ausland" (d.h. in die nahe bayerische Pfalz) gehende bzw. von dort kommende Waren verzollt wurden. Die Zollschranke hatte man eigenartigerweise nicht an die ehemalige preußisch-pfälzische Grenze gelegt, sondern unmittelbar an den damaligen Eingang des Dorfes Neunkirchen[W17].

  Nach dem Beschlussbuch der Gemeinde Neunkirchen vom 10. 11. 1831 gab es zwischen der Gemeinde und dem Kgl. Preuß. Innenministerium eine Meinungsverschiedenheit darüber, dass das Ministerium die Unterhaltskosten für die Kohlenstraße nach Wellesweiler übernimmt. Von dort wollte man sich nur mit 50 Talern jährl. beteiligen. Dagegen argumentierte der Rat, dass die Straße schon früher auf Staatskosten gebaut und unterhalten worden sei und dass die Straße nur von pfälzischen Frachtfuhren befahren werde, weshalb sich ja dort auch eine Zollstelle befände. Es handele sich also um eine Zollstraße. Wie der Streit ausgegangen ist, ist nicht bekannt.

- Knappschaftskrankenhaus

  Um unfallverletzten Bergleuten schnell helfen zu können, hat die Knappschaftskasse schon 1850 in Neunkirchen ein erstes Krankenhaus für ihre Mitglieder eingerichtet und zwar in einem großen ehemaligen Schlafhaus in der Wellesweilerstraße. Dass gerade Neunkirchen als Standort für ein Knappschaftskrankenhaus ausgesucht wurde, hing mit dem Ring von Gruben in und um Neunkirchen und mit der verkehrsgünstigen Lage nach dem Bau der Eisenbahnlinien zwischen 1850 und 1860 zusammen. Das Haus wurde bis zum Bau des neuen Knappschaftskrankenhauses (Bergmannslazarett) im Bereich des ehemaligen Mehlpfuhlschachtes, das am 16. 12. 1886 eröffnet wurde, betrieben.

- Bürgermeisteramt

  Nachdem die Kommunalverwaltung bis dahin in unterschiedlichen, meist angemieteten Räumen untergebracht war, bot sich 1888 eine günstige Gelegenheit, das alte Knappschaftskrankenhaus an der Wellesweilerstraße zu erwerben. Die Knappschaft hatte von 1884 bis 1887 einen Krankenhausneubau auf dem Gelände des stillgelegten Mehlpfuhlschachtes errichtet. Die Bürgermeisterei, zu der die Gemeinden Neunkirchen, Niederneunkirchen, Wellesweiler, Kohlhof, Spiesen und Elversberg gehörten, erwarb nun für 120 000 Mark das alte Lazarett mit dazugehörendem Park und baute es großzügig zu einem Bürgermeisteramt aus. In dem Gebäude war bis zum Bau des Polizeipräsidiums 1938 auch die kommunale Polizei (Polizeiamt) untergebracht. Mit der Stadtwerdung 1922 wurde das Gebäude Rathaus. 1945 fiel es einem Bombenangriff zum Opfer[W18]. Nach Ende des 2. Weltkrieges wurden Wohnhäuser der GSG auf dem Gelände erstellt. Die Verwaltung war bis zum Bau des neuen Rathauses am Oberen Markt 1962 in angemieteten Gebäuden untergebracht, zum Teil auch im unversehrt gebliebenen Polizeipräsidium am Stadtpark.

- Schule

  An der Ecke Wellesweilerstraße/Am Steilen Berg (damals Schulstraße) gab es eine Volksschule. Das 1887 erbaute Gebäude wurde bei einem

---

W16 Beschlussbuch Neunkirchen, vgl. Anm. A6

W17 Krajewski: Plaudereien 3, vgl. Anm. B7, S. 43; Fried, Werner: Ein Schlagbaum mitten in Neunkirchen, in Hefte des HVSN, Neunkirchen 2003

W18 Krajewski: Plaudereien 1, vgl. Anm. A50, S. 35

Bombenangriff 1945 völlig zerstört und nach dem Krieg nicht wieder aufgebaut[W19]. Die Schule hatte 1893 insgesamt 347 Schüler in 5 Klassen (Klassendurchschnitt 69,4 Schüler).

- Schlachthof

  1892/94 wurde zwischen der Wellesweilerstraße und der Pfalzbahnlinie der Städtische Schlachthof erbaut. Für die Wahl dieser Örtlichkeit war die Möglichkeit eines Bahnanschlusses ausschlaggebend. 1931 war Dr. Alois Schirber Direktor des Schlachthofs. In den 1980er Jahren wurde der Schlachthof stillgelegt.

- Verwaltung und Werkstatt der Neunkircher Verkehrs AG (NVG)[W20]

  Am 13. 09. 1907 fuhr die erste Straßenbahn in Neunkirchen auf der Linie Scheib -Wiebelskirchen. Gleich zu Beginn wurde von der Abzweigung Bahnhofstraße/Wellesweilerstraße her eine Betriebsstrecke zur Wagenhalle an der Schubertstraße gebaut.

  Voraussetzung für den Betrieb einer Straßenbahn war ein Elektrizitätswerk, das am Standort des heutigen Geländes der NVG schon 1906 gebaut worden war[W21]. Dort befinden sich noch heute das Verwaltungsgebäude und die Wagenhalle mit Werkstatt der Neunkircher Verkehrsgesellschaft NVG.

  Die Linie Scheib – Wiebelskirchen wurde 1927 bis zum östlichen Ende der Steinwaldstraße verlängert.

  Die letzte Straßenbahn von der Steinwaldstraße zum Hauptbahnhof fuhr am 10. 06. 1978. Zeitweise (1927 – 1965) betrieb die NVG eine Straßenbahnlinie vom Schlachthof nach Spiesen/Butterberg über Heinitz und eine Straßenbahnlinie nach Heiligenwald (1931 – 1953).

  Die Straßenbahnlinien nach Heiligenwald und nach Wiebelskirchen wurden später durch eine Trolleybuslinie (1953 – 1964) ersetzt.

  Inzwischen werden alle Linien nur noch mit Omnibussen bedient.

- Fa. Menesa/Eberspächer

  1924 zog das im Jahr davor in Wiebelskirchen gegründete Saarländische Aluminiumwerk auf das industriegünstige Gelände des Bliestals an der Wellesweilerstraße. Hier entwickelt sich das Werk zur bedeutenden Metallindustrie Neunkirchen Saar (abgekürzt: Me – Ne – Sa = Menesa)[W22].

  Die Fa. Eberspächer hat 1960 die damalige Firma Menesa als Zweigbetrieb übernommen und hat hier ihren Geschäftsbereich Abgastechnik (Auspuffanlagen für Kfz) angesiedelt.

  Das Werk hat sich zwischenzeitlich ausgedehnt und hat neue Werkhallen im Stadtteil Wellesweiler gebaut. Beschäftigt werden z. Zt. ca. 1900 Mitarbeiter, und die Firma ist damit der größte Arbeitgeber in Neunkirchen.

- Wasserentnahmestation

  Das neue Kohlekraftwerk Bexbach benötigt größere Mengen Kühlwasser, das der Blies entnommen wird. Da die Wassermenge der Blies, vor allem bei Niedrigwasser im Sommer, ungenügend ist, hat man eine Vermehrung der Wassermenge mit Primswasser aus dem Stausee Nonnweiler bei Bedarf vorgesehen.

  Das Wasser wird aus dem Stausee durch eine Rohrleitung von 80 cm Durchmesser in die Blies bei Oberthal geleitet. Im offenen Flusslauf fließt das Wasser dann bis Neunkirchen. Hier wird es in Höhe des früheren Zollamtes an der alten Banngrenze zwischen Neunkirchen und Wellesweiler aus dem Fluss entnommen und von dort erneut über eine Rohrleitung ins Kraftwerk gepumpt.

- Zollamt

  Bis Anfang November 2002 befand sich in der Wellesweilerstraße in Höhe der ehemaligen Banngrenze zwischen Neunkirchen und Wellesweiler ein für den Raum Neunkirchen zuständiges Zollamt.

  Das Amt wurde im Zuge von Rationalisierungsmaßnahmen geschlossen bzw. mit dem Zollamt Homburg am dortigen Standort zusammengelegt.

Wellesweiler Weg NK *Teil der heutigen Steinwaldstraße bzw. der Friedrichstraße*
Siehe Steinwaldstraße

W19 Schwinn: Geschichte des Volksschulwesen, in: Stadt buch 1955, vgl. Anm. A12, S. 211

W20 Krajewski: Stadtbuch 1955, vgl. Anm. A12, S. 360 ff

W21 Krajewski: NK damals, vgl. Anm. B2, S. 85

W22 Josten, Karl: Sonstige Industrie in NK, in: Stadtbuch 1955, vgl. Anm. A12, S. 327

Werderstraße NK *davor Bongartstraße, heute Liebigstraße*
Siehe Liebigstraße

Informationen zum Namensgeber:
August Graf von Werder (12.09.1808 – 12.09.1887), preußischer General. Im Krieg 1866 gegen Österreich war er Divisionskommandeur.
Im Deutsch-Französischen Krieg 1870/71 befehligte er das Belagerungskorps vor Straßburg. Vom 15. – 17. 01. 1871 leistete er mit dem 14. Armeekorps heldenmütigen Widerstand vor Belfort.

Werner-Scherer-Platz NK

Lage:
Der Werner-Scherer-Platz liegt an der Marienstraße vor dem Haupteingang des Bürgerhauses. Der Platz wird außerdem begrenzt von der Marienkirche und vom alten Amtsgericht.

Werner-Scherer-Platz aus Richtung Marienstraße,
im Hintergrund das Bürgerhaus

Informationen zum Namen und zur Geschichte des Platzes:
Im Juli 1996 wurde das Wirken der Landes- und Kommunalpolitiker Werner Scherer und Berthold Günther posthum mit der Benennung von Plätzen nach ihnen gewürdigt.
Der vorher namenlose Platz hinter der Marienkirche wurde nach Werner Scherer benannt[W23].

Informationen zum Namensgeber:
Werner Scherer (1928 – 10. 1985) war gelernter Journalist. Er war von 1956 bis 1965 Stadtratsmitglied für die CVP und die CDU.
Von 1955 bis 1985 war er Mitglied des Landtages, von 1965 bis 1977 Kultusminister und 1984 Minister des Innern. Als Nachfolger von FJ Röder war er Landesvorsitzender der CDU.

Wernerseck NK

Lage und Verlauf:
Die kleine Sackgasse zweigt im südlichen Bereich von der Marktstraße nach Westen ab und endet nach wenigen Metern.

Wernerseck aus Richtung Marktstraße

Informationen zum Namen und zur Geschichte der Straße:
Nach dem Heimatforscher Bernhard Krajewski begegnet uns in diesem Straßennamen eine der ältesten Neunkircher Familien, die seit vielen Generationen bis heute in Neunkirchen ansässig ist. Das kleine Gässchen hat nur 4 Wohnanwesen.
Die Häuser des Gässchens zählten früher zur Marktstraße. Im Situationsplan von Neunkirchen aus dem Jahre 1883 ist die kleine Gasse mit Bebauung eingezeichnet, hat aber noch keinen eigenen Namen.
In einer Sitzung am 24. 04. 1903 bestimmte der Gemeinderat Neunkirchen den Straßennamen nach dem ersten Anwohner[W24].

W23 Neunkircher Stadtrundschau v. 31. 07. 1996

W24 Saar- und Blieszeitung v. 25. 04. 1903

Informationen zum Namensgeber:

Bereits in einer Urkunde von 1594 werden Stophel (= Christoph) Werner, Jäger und Förster, seit 18 Jahren zu Neunkirchen und Barbara, seine Hausfrau, genannt. Seinem Sohn Johann, Jäger zu Neunkirchen, schenkte Graf Albrecht ein ihm gehöriges „Hauß zu Neunkirchen negst an der Kirche gelegen", wegen geleisteter treuer Dienste.

Nach den Nachforschungen des Familienkundlers Klaus Dufner ist der o. a. Christoff Werner 1550 geboren und war mit der 1580 geborenen Barbara verheiratet. Ihr Sohn Johann Jost Werner wurde 1610 geboren und ist am 06.01.1679 verstorben.

Westpreußenweg NK *heute Weidenweg*
Siehe Weidenweg

Informationen zur damals namensgebenden Landschaft:

Westpreußen ist eine ehemalige preußische Provinz beiderseits der unteren Weichsel mit Elbling und Marienburg sowie Pomerellen und dem Kulmerland. Durch die polnische Teilung fiel Westpreußen 1772 an Preußen. Es wurde 1824 mit Ostpreußen zur Provinz Preußen vereinigt. 1878 wurde es eine eigene Provinz mit dem Regierungssitz Danzig.

Nach dem verlorenen 1. Weltkrieg wurde Deutschland in den Friedensbedingungen des Vertrages von Versailles (28. 06.1919) u. a. gezwungen

- *zum Verzicht auf Teile seines Staatsgebietes (Elsaß-Lothringen an Frankreich, Westpreußen und Posen an Polen[W25], das Hultschiner Ländchen an die Tschechoslowakei, das Memelgebiet unter Völkerbundverwaltung, Danzig unter Völkerbundverwaltung) und*
- *zur Zustimmung zu Abstimmungen in Teilen seines Staatsgebietes über den Verbleib bei Deutschland oder den Anschluss an einen anspruchsstellenden Nachbarstaat (Eupen und Malmedy zu Belgien, Nordschleswig zu Dänemark, Oberschlesien zu Polen, die Regierungsbezirke Allenstein und Marienwerder in Ostpreußen zu Polen, das Saargebiet zu Frankreich)*

Deutschland musste außerdem die dauerhafte Unabhängigkeit Österreichs anerkennen.

Versuche der neugebildeten Republik Österreich, sich Deutschland anzuschließen, wurden im November 1918

und im Februar 1919 durch die Alliierten abgewiesen.

Nach dem Anschluß des Saargebietes 1935 an das Deutsche Reich wurden in Neunkirchen und anderen Orten Straßen nach Städten oder Gebieten in den Grenzbereichen des Deutschen Reiches benannt, die nach dem 1. Weltkrieg von Deutschland abgetrennt worden waren oder die mit den jeweiligen Nachbarn umstritten waren.

1939 wurde nach der Eroberung Polens der Reichsgau Danzig-Westpreußen gebildet. Nach dem 2. Weltkrieg kam auf der Grundlage des Potsdamer Abkommens ganz Westpreußen mit der Region Posen an Polen; Deutsche wurden aus dem Gebiet Westpreußen-Posen vertrieben. Im Rahmen des Warschauer Vertrags (1970) wurde das Gebiet von der Bundesrepublik Deutschland offiziell als polnisches Staatsgebiet anerkannt.

Westspange NK

Lage und Verlauf:

Die Straße beginnt am südlichen Ende der Königstraße in Höhe der Schwebelstraße und führt von dort bergauf weiter nach Südwesten bis zur Einmündung in die B 41.

Westspange Blickrichtung stadteinwärts

Informationen zum Namen und zur Geschichte der Straße:

In einem Gutachten zur Stadtsanierung Neunkirchen vom Juli 1975 wurde erstmals der Bau einer vierspurigen Westspange zur Entlastung der innerstädtischen Verkehrssituation gefordert. 1976 beschloss der Stadtrat den Bau dieser neuen Entlastungsstraße für den Innenstadtverkehr[W26].

W25 Hilgemann: Atlas dt. Zeitgeschichte, vgl. Anm. B4, S. 48

W26 Decker u. Meiser: NK = NE, vgl. Anm. G39, S. 36

Die Straße wurde 1979/80 als neues Einfallstor in die Stadt von Südwesten her, aus Richtung Spieser Höhe, durch das Gelände der früheren Grube König gebaut. Heute ist sie eine der wichtigsten Zufahrtsstraßen zur Innenstadt aus Richtung Autobahn und aus Richtung Spiesen-Elversberg.

Der Straßenname wurde in einer Sitzung des Stadtrates am 25. 04. 1985 festgelegt.

An der unfallträchtigen Einmündung der Westspange in die B 41 wurde 2005 eine Ampelanlage eingerichtet.

Wetzelstraße Lu zeitweise Friedrich-Schwitzgebel-Straße, volkstümlich Schnokedell

Lage und Verlauf:
Die Wetzelstraße ist eine Abkürzung von der Hauptstraße in der Ortsmitte von Ludwigsthal zur Furpacher Straße Richtung Wellesweiler.

Wetzelstraße aus Richtung Furpacher Straße

Informationen zum Namen und zur Geschichte der Straße:
Nach einem Grundbucheintrag hat ein aus Steinbach bei Ottweiler stammender Jakob Neu, der auf dem Forbacher Hof (Hofgut Furpach) bedienstet war, 1760 Land hinter dem Hirschweiher erworben. Er gilt als der Gründer des Ortes Ludwigsthal. Sein Sohn kaufte 1804 von einem Freifräulein Esenbeck weitere Grundstücke und 1817 erneut Land für sich und seine Familie. Bis dahin wohnten im Bereich Ludwigsthal vier Familien in armseligen Hütten. Das erste Haus baute Jakob Neu an der Ecke der heutigen Furpacher Straße/Jakob-Neu-Straße. Zwischen 1810 und 1820 kauften Jakob und Andreas Neu sowie Elias Wetzel weiteres

Land und haben dann auch weitere Häuser gebaut. Johann Elias Wetzel baute sein Haus im Bereich der heutigen Furpacher Straße ,hart an der Grenze zwischen dem damals bayerischen (pfälzischen) Ludwigsthal und dem preußischen Wellesweiler auf Bexbacher Bann[W27].

Das Anwesen wurde im Beschlussbuch des Gemeinderates Neunkirchen am 21. 08. 1907 als altes Haus nebst Land und Wiesen im gesamten Umfange von 2 ha, 27 ar und 20 qm beschrieben[W28].Dieses Wetzelhaus ging nach seinem Tod an Andreas Leibenguth, dessen Erben es an die Witwe Johann Nikolaus Neufang verkauften. Zuletzt war das Haus im Besitz einer Familie Trautmann, und weil es im Bereich des Wasserschutzgebietes des Neunkircher Wasserwerkes lag, wurde es laut Beschlussbuch am 21. 08. 1927 von der Stadt Neunkirchen zum Preis von 15500,- Mark erworben und dann abgerissen.

Nach dem Elias Wetzel bzw. nach dem Wetzelhaus ist die Wetzelstraße benannt worden. Schon in einer von Jakob Franz (1837 – 1884) gefertigten Skizze von Ludwigsthal trug die Straße diesen Namen[W29]. Sie war die Straße, die von der Ortsmitte von Ludwigsthal am Wetzelhaus vorbei nach Wellesweiler führte.

Als 1935 mit dem Wiederanschluss des Saargebietes an das Deutsche Reich die Nationalsozialisten die Macht hier übernahmen, wurden in den meisten Orten Straßen nach Nazi-Größen oder –Märtyrern umbenannt. So wurde die bisherige Wetzelstraße nach Friedrich Schwitzgebel, einem zum Kreis um den neuen Gauleiter Bürckel gehörigen führenden SA-Mann, der ab 1937 auch Oberbürgermeister von Saarbrücken wurde, benannt.

Unmittelbar nach dem 2. Weltkrieg erhielt die Straße ihren alten Namen zurück.

Die volkstümliche Bezeichnung Schnokedell ist ein Beleg dafür, dass es in diesem Bereich zumindest früher oft eine Schnakenplage gegeben hat.

Informationen zum Namensgeber:
Johann Elias Wetzel

W27 Klein: Bliesrevier u. d. Preußenadler, vgl. Anm. F33, S. 53

W28 Fried, Werner: Die Geschichte der Wellesweiler Mahl- und Ohligmühle, in Hefte des HVSN, Neunkirchen 2002

W29 Jakob, Franz: Skizze Lu, in: Ludwigsthal, vgl. Anm. E2

Wibilostraße Wi früher Brückenstraße, zeitweise (1935 – 1945) Hindenburgstraße

Lage und Verlauf:
Es handelt sich um ein Teilstück der zentralen Haupt- und Geschäftsstraße im Stadtteil Wiebelskirchen. Sie beginnt an der Seitersbrücke, wo die Kuchenbergstraße aus Richtung Neunkirchen kommend endet, verläuft von dort zunächst in nordwestlicher dann nach einer Schwenkung in nördlicher Richtung und endet an der Enkerbrücke an der Einmündung Ostertalstraße/Ottweilerstraße.

Wibilostraße aus Richtung Seitersbrücke

Informationen zum Namen und zur Geschichte der Straße:
Bis 1895 gab es in Wiebelskirchen keine Straßenbezeichnungen. Im ganzen Ort gab es Bezirke, die ohne weitere Nummerierung ein Finden von Häusern ermöglichten. Der Bereich um die evang. Kirche und die heutige Wibilostraße wurde Im Dorf genannt. Mit der Einführung der Straßennamen wurde auch eine straßenweise Nummerierung der Wohnanwesen vorgenommen, wobei freie Baustellen berücksichtigt wurden.
Die jetzige Wibilostraße wurde nun zunächst Brückenstraße genannt, weil sich sowohl an ihrem Anfang wie am Ende je eine Bliesbrücke (Seitersbrücke und Enkerbrücke) befindet[W30].
Während der Nazi-Zeit von 1935 bis 1945 war die Straße nach dem früheren Reichspräsidenten Hindenburg benannt, erhielt aber unmittelbar nach Kriegsende ihren alten Namen zurück. Nach der Gebiets- und Verwal-

tungsreform 1974 erhielt die Straße zur Vermeidung von Verwechselungen den Namen Wibilostraße, weil es den Namen Brückenstraße nun mehrfach im Stadtgebiet gegeben hatte. Der Name Wibilostraße ist von den Bewohnern des Stadtteils auch allgemein akzeptiert, wohl auch deshalb, weil es sich bei Wibilo um den Begründer und Namensgeber des Ortes handelt.

Informationen zum Namensgeber:
Der Ort Wiebelskirchen ist älter als Neunkirchen und vermutlich zur Zeit der fränkischen Landnahme entstanden. Die älteste Nachricht über Wiebelskirchen ist eine in Worms ausgestellte Schenkungsurkunde vom 11. Mai 765, mit der ein Aggioldi (Eggioldt) dem Kloster Fulda zum Seelenheil eines Verwandten zwei Höfe in den Orten Asce und Wibilischircha schenkte. Obwohl es auch schon andere Auslegungen gab, sind sich Historiker heute einig, dass es sich bei Wibilischircha um unser heutiges Wiebelskirchen handelt. Zum Ursprung des Namens wird vermutet, dass der Ort sich wohl um die „Kirche des Wibilo" gebildet hat[W31]. Da der Ortsname 765 schon feststand, muss unterstellt werden, dass die Kirche damals schon länger stand. Sie müsste auf dem Grund eines Herrenhofes gestanden haben. Zu ihr kamen auch die in der Nachbarschaft wohnenden Bauern.
Die Kirche stand wohl im Bezirk Pfarrkirchen, etwa dort wo heute das Freibad liegt. Um diese Kirche herum hat sich dann das alte Wiebelskirchen entwickelt. Erst im 15. Jh. wurde dann eine neue Kirche an der Stelle erbaut, an der auch jetzt noch die evang. Kirche steht.

Öffentliche oder sonst bedeutsame Gebäude in der Straße:
- Rathaus/Sparkasse
  Das frühere Wiebelskircher Rathaus an der heutigen Wibilostraße wurde 1896 nach mehreren vorübergehenden Provisorien von der Gemeindeverwaltung bezogen[W32]. 1974 wurde es nach der Gebiets- und Verwaltungsreform für städt. Verwaltungszwecke nicht mehr benötigt. Heute befinden sich in dem Gebäude eine Sparkassenfiliale und Arztpraxen.
- Schule/Wibilohaus
  Das Gebäude wurde 1893/94 im Dorfzentrum als Schule erbaut, zuletzt war dort ein Teil der

---

W30 Bürgerbuch Wi, vgl. Anm. A1, S. 221 - 223

W31 Hoppstädter: Heimatbuch Wi, vgl. Anm. A2, S. 83
W32 Mohr: Entwicklung der Selbstverwaltung, in :Heimatbuch Wi, vgl. Anm. A2, S. 202

Grundschule untergebracht. Während des 1. Weltkrieges beherbergte das Gebäude ein Feldlazarett.

Heute wird das Haus unter dem Namen Wibilohaus für zentrale Versorgungen von der Stadt genutzt (Büro des Ortsvorstehers, Außenstelle der Stadtbibliothek, seit Anfang 2004 Heimatmuseum Wiebelskirchen).

- Kriegerdenkmal und Brunnen

  1935 wurde an der heutigen Wibilostraße zwischen dem ehemaligen Rathaus und der Bliesbrücke ein Kriegerdenkmal für die Gefallenen des 1. Weltkrieges eingeweiht. Nach dem 2. Weltkrieg wurde das Denkmal auch für die Toten des 2. Weltkrieges erweitert.

  Vor dem Ehrenmal für die Gefallenen der beiden Weltkriege wurde 1965 aus Anlass der 1200-Jahrfeier der Gemeinde Wiebelskirchen ein Brunnen errichtet.

- Feuerwehrgerätehaus

  1893 wurde in Wiebelskirchen eine Freiwillige Feuerwehr gegründet. Sie bestand zunächst aus 30 Mann. Bis 1895 wuchs ihre Stärke auf 64 Mann, meist Gewerbetreibende, die im Brandfall im Ort auch anwesend waren.

  Um die Unterbringung der Geräte sicherzustellen, baute die Gemeinde 1896 hinter dem Rathaus ein Spritzenhaus, auf das 1909 noch ein Schlauchturm aufgesetzt wurde[W33]. 1957 wurde das Feuerwehrgerätehaus in die jetzige Eichendorffstraße verlegt.

  Seit der Gebiets- und Verwaltungsreform 1974 ist der Löschbezirk Wiebelskirchen Teil der Feuerwehr Neunkirchen.

  1993 konnte der Löschbezirk sein 100-jähriges Bestehen feiern.

Wiebelskircher Straße Ha

Lage und Verlauf:

Die Wiebelskircher Straße beginnt in Hangard an der Kreuzung Rohnstraße/Lindenstraße und verläuft dann als Teil der Hauptverkehrsstraße durch Hangard in Richtung Wiebelskirchen bis zum Ortsausgang.

W33 Hoffmann: Feuerschutzwesen, in: Heimatbuch Wi, vgl. Anm. A2, S. 271 ff

Wiebelskircher Straße aus Richtung An der Ziegelhütte

Informationen zum Namen und zur Geschichte der Straße:

Der Straßenname bezieht sich auf die Richtung, in die die Straße verläuft. Sie führt als ein Teil der Durchgangsstraße durch Hangard in Richtung Wiebelskirchen. Schon seit Gründung des Ortes Hangard Ende des 17. Jh. bildet sie die Straßenverbindung nach Wiebelskirchen.

Wiebelskircher Weg We heute *Rettenstrasse*
Siehe Rettenstrasse.

Wildnisgasse NK

Lage und Verlauf:

Die Wildnisgasse ist eine nur wenige Meter lange Sackgasse, die von der Schloßstraße nach Nordwesten abbiegt.

Informationen zum Namen und zur Geschichte der Straße:

1803 hatte der damalige Maire der Mairie Neunkirchen, der aus Saargemünd stammende Franz Couturier, von der französischen Administration die Reste des Barockschlosses Jägersberg in Neunkirchen mit den Nebengebäuden , den umfangreichen Gärten und Ländereien zum Preis von 11 000 Franken erworben.

Den zu seinem Besitz gehörenden Schlossgarten ließ er zu einer trockenen Wiese verfallen und dann verwildern. Dadurch entstand im Volksmund die Flurbezeichnung Wildnis, von dem die in diesem Bereich lie-

Wildnisgasse aus Richtung Schloßstraße

gende kleine Straße ihren Namen hat[W34].

Nach einer anderen Theorie gehörte zu einem Schloss-park nach französischer Art auch ein Stück Wildnis. Es stellte eine Konzession an unverfälschte Natur dar. Die Gasse geht von der Schloßstrasse aus in Richtung dieses Parkteils[W35].

Die kleine Straße wurde wohl schon in der zweiten Hälfte des 19. Jh. so genannt, denn als der Ortsbaumeister Riemann dem Bürgermeister Jongnell von Neunkirchen am 15. 05. 1879 die Beschaffung von Namensschildern für 49 Straßen und 8 Wohnplätze vorschlug, tauchte der Straßenname in dieser Aufstellung zum ersten Mal auf[W36].

Im Stadtplan von Neunkirchen aus dem Jahre 1883 ist sie dann auch als bewohnte Straße mit ihrem jetzigen Namen schon eingezeichnet[W37].

Offiziell erhielt sie ihren Namen jedoch erst durch Beschluss des Gemeinderates Neunkirchen vom 24. 04. 1903[W38].

In der Straße stehen nur 2 Wohnhäuser.

Wilhelm-Gustloff-Straße NK *davor und jetzt erneut Wilhelmstraße*
Siehe Wilhelmstraße

W34 Krajewski: Stadtbuch 1955, vgl. Anm. A12, S. 98; Krajewski: Plaudereien 5, vgl. Anm. F2, S. 49
W35 StA Neunkirchen, Best. Varia Nr. 873
W36 Beschaffung von Straßenschildern 1879, vgl. Anm. A8
W37 Situationsplan NK 1883, vgl. Anm. A4
W38 Saar- und Blieszeitung v. 25. 04. 1903

Informationen zum damaligen Namensgeber:
Wilhelm Gustloff (30. 01. 1895 – 04. 02. 1936), Landesgruppenleiter der NSDAP in der Schweiz[W39].

Gustloff war als Lungenkranker am 17. 04. 1917 in den bekannten schweizerischen Luftkurort Davos gekommen. Wie viele seiner Landsleute blieb er aus gesundheitlichen Gründen in Davos und arbeitete von 1919 – 1934 im meteorologisch-physikalischen Institut.

1927 trat er der NSDAP bei. In der deutschen Kolonie in Davos baute er sich eine starke Position auf. Es gelang Gustloff in allen deutschen Einrichtungen in Davos nationalsozialistisch gesinnte Mitarbeiter in Position zu bringen. Er erzwang eine Gleichschaltung der deutschen Mitbürger in der Stadt. Schließlich wurde die ganze Davoser Bevölkerung in dieses System einbezogen. Wer nicht deutschfreundlich war, musste damit rechnen, von der kaufkräftigen deutschen Kolonie und den Kurgästen boykottiert zu werden.

Die Davoser Gesellschaft war schließlich in ein pro- und ein antideutsches Lager gespalten.

Am 04. 02. 1936 ermordete der jugoslawische Student David Frankfurter, Sohn eines jüdischen Rabbiners, Wilhelm Gustloff. Eine seiner Begründungen lautete, die Schweiz als demokratisches und tolerantes Land sei viel zu schade, denselben Weg zu gehen wie Deutschland.

Der Tote wurde unverzüglich als Blutzeuge von der Reichspropaganda vereinnahmt und mit einem Staatsbegräbnis in seiner Heimatstadt Schwerin geehrt, zu dem auch Hitler persönlich erschien und eine Rede hielt.

Ein KdF-Dampfer (KdF = Kraft durch Freude), viele Brücken und unzählige Straßen wurden in Deutschland nach Gustloff benannt. Das nach Gustloff benannte Schiff wurde am 30. 01. 1945 während einer Evakuierungsfahrt mit tausenden Zivilisten an Bord von einem russischen U-Boot in der Ostsee versenkt.

Von 6000 Flüchtlingen aus Ostpreußen an Bord konnten nur ca. 600 aus der eiskalten Ostsee gerettet werden.

Wilhelm-Heinrich-Straße Wi vorher Am Kuchenberg und Bergstraße

Lage und Verlauf:
Die Wilhelm-Heinrich-Straße zweigt von der Kuchenbergstraße an ihrer höchsten Stelle nach Westen ab, vollzieht nach ca. 200 m einen 90°-Bogen nach Norden und endet dann nach weiteren ca. 150 m als Sackgasse.

W39 Davoser Revue v. 03. 09. 2002

Wilhelm-Heinrich-Straße aus Richtung Kuchenbergstraße

Informationen zum Namen und zur Geschichte der Straße:

Bis zum Jahre 1895 war das Dorf Wiebelskirchen ohne jede Straßenbezeichnung. Der Ort war in Bezirke eingeteilt, die ein Finden von Wohnanwesen ermöglichten. Die kleinen nach Westen abzweigenden Nebenstraßen an der höchsten Stelle der Neunkircher Straße (heute Teil der Kuchenbergstraße) lagen im Bezirk Tyrol[W40].

1895 erhielten die Straßen dann ihre ersten beiden Namen. Der von der Neunkircher Straße (heutige Kuchenbergstraße) nach Westen abgehende Teil der heutigen Wilhelm-Heinrich-Straße erhielt den Namen Bergstraße. Der anschließend nach Norden abbiegende Teil erhielt den Namen Am Kuchenberg. Die Bergstraße hatte diesen Namen nach ihrer Lage an der höchsten Stelle der Neunkircher Straße erhalten. Der Name Am Kuchenberg war von einer dort vorhandenen Flurbezeichnung (1500 Gurenberg, 1550 Kuchenberg) abgeleitet.

Da es nach der Gebiets- und Verwaltungsreform 1974 in der Stadt den Namen Bergstraße mehrfach gab, wurde die in Wiebelskirchen gelegene Bergstraße zusammen mit der Straße Am Kuchenberg nach Fürst Wilhelm Heinrich von Nassau-Saarbrücken umbenannt.

Informationen zum Namensgeber:

Fürst Wilhelm Heinrich von Naussau-Saarbrücken (06.03.1718 – 24.07.1768) wurde in Usingen/Hintertaunus geboren. Erst als 1723 der kinderlose Graf Ludwig von Nassau-Saarbrücken verstarb und die Grafschaft an den schon betagten söhnelosen Grafen Friedrich Ludwig von Nassau-Ottweiler fiel, ergaben sich für ihn Erbaussichten. Er wurde als zukünftiger Herrscher erzogen und verbrachte auch einige Zeit am Hofe Ludwigs XV. in Frankreich. Am 1. März 1741 trat er sein Erbe, die Grafschaften Saarbrücken und Saarwerden, die anteiligen Herrschaften Ottweiler und Homburg und die Ämter Jugenheim und Wöllstein an.

Fürst Wilhelm Heinrich von Nassau-Saarbrücken ist eine der wenigen Regentengestalten, die im Gedächtnis der einheimischen Bevölkerung einen gewissen Stellenwert hat. Er gilt mit Recht als der tüchtigste aller Saarbrücker Nassauer. So führte er Reformen in der Justiz, der Landesverwaltung, der Landwirtschaft, der Industrie und im Handel mit dem Ziel durch, den Ertrag bzw. die Produktion zu erhöhen[W41]. Er hinterließ mindestens 500 Verordnungen, die sich mit den verschiedensten Sachgebieten befassten. Er sorgte sehr, wenn auch nicht uneigennützig, für die Industrie des Landes. So förderte er den Steinkohlenbergbau und die Eisenindustrie, die gerade im Entstehen waren.

Er bestimmte jedoch nur die große Linie, während er das Regieren seinem ersten Minister überließ. Er widmete sich der Repräsentation, der Jagd, raffiniertem Amüsement und der Pflege der Künste, insbesondere dem Ausbau der Residenz, wobei er den begnadeten Architekten Friedrich Joachim Stengel an seiner Seite hatte.

In Neunkirchen baute er das prunkvolle Barockschloss Jägersberg (siehe unter Schloßstraße), das ihm als Jagdschloss diente.

1742 ehelichte Wilhelm Heinrich die erst 16-jährige Gräfin Sophie von Erbach. Im März 1742 zog das junge Paar unter großer Prachtentfaltung in der Grafschaft ein. Aus der Ehe gingen drei Kinder (Ludwig – 1745, Anna Carolina – 1751 und Wilhelma Henrietta – 1752) hervor.

1744/45 stellte Wilhelm Heinrich drei Regimenter (Nassau-Saarbruck-Cavallerie, Nassau-Saarbruck-Infanterie und Volontaires Royaux de Nassau-Saarbruck) auf und in den Dienst der französischen Krone.

Er betrieb jedoch auch die Aufnahme des Hauses in den deutschen Reichsfürstenrat, wenn auch vergeblich. Wilhelm Heinrich war kein Tyrann, sondern lebenslustig, eine Frohnatur, gelegentlich konnte er aber auch herrisch und ungerecht sein.

W40 Bürgerbuch Wi, vgl. Anm. A1, S. 221 - 223

W41 Führer durch Neunkirchen und Umgebung, Neunkirchen 1911, S. 27 ff

Wilhelm-Jung-Straße Si früher zunächst Landsweilerstraße dann Redener Straße

Lage und Verlauf:
Die Straße bildet die südliche Begrenzung des Stadtteils Sinnerthal und verläuft in West-Ost-Richtung unmittelbar entlang des Bahndamms der Strecke Neunkirchen – Landsweiler bis zur Stadtgrenze nach Landsweiler.

Wilhelm-Jung-Straße aus Richtung Neunkirchen

Informationen zum Namen und zur Geschichte der Straße:
Zunächst war die Straße ein Teilstück der von Neunkirchen durch Sinnerthal nach Landweiler verlaufenden Landsweilerstraße. Durch Beschluss des Stadtrates Neunkirchen vom 29. 01. 1935 wurde dieser Straßenteil zur Redener Straße, während gleichzeitig die neue nördlich um den Stadtteil herumlaufende Durchgangsstraße den Namen Landsweilerstraße (heute Redener Straße) erhielt.
Mit Beschluss des Stadtrates vom 23. 01. 1953 wurde die Straße zur Erinnerung an den im KZ umgebrachten Sinnerthaler Bürger Wilhelm Jung umbenannt[W42].

Informationen zum Namensgeber:
Wilhelm Jung (08.12.1881 - 05.10.1942) war Gastwirt in Sinnerthal, SPD-Mitglied und Regimekritiker. Wegen einer wohlwollenden Äußerung über das Sprengstoffattentat Georg Elsers auf Hitler am 11.11.1939 wurde er von der Gestapo festgenommen und 1940 von einem Saarbrücker Sondergericht wegen eines „Heimtückevergehens" zu einer zweieinhalbjährigen Haftstrafe verurteil, die er in Frankfurt-Preungesheim verbüßte. Nach Ablauf der Haft wurde er ins KZ Sachsenhausen überführt und von dort später ins KZ Auschwitz, wo er 1942 in der Gaskammer ermordet wurde[W43].

Wilhelmshagener Straße Wi *(von 1935 – 1945) davor und danach Wilhelmstraße, dann Teil der Neunkircher Straße, heute Teil der Kuchenbergstraße.*
Es handelte sich um den Teil der heutigen Kuchenbergstraße zwischen Einmündung Rembrandtstraße und Einmündung Bexbacher Straße.
Weitere Informationen siehe Kuchenbergstraße.

Informationen zum damals namensgebenden Ort:
Wilhelmshagen ist ein Stadtteil von Berlin (PLZ 12589). Am 20. 02. 1936 fasste der damalige Bürgermeister von Wiebelskirchen, J. Bromen, nach Beratung mit den Gemeinderäten den Beschluss, die Wilhelmstraße in Wilhelmshagener Straße umzubenennen. In der Saar- und Blieszeitung vom 19. 03. 1936 wurde dies „Mit sofortiger Wirkung wird die Wilhelmstraße in Wilhelmshagener Straße umbenannt" bekannt gegeben.
Nach der Rückgliederung des Saargebietes in das Deutsche Reich am 01. 03. 1935 hatte es verschiedenenorts Bestrebungen von Amts wegen gegeben, das Saargebiet als reichszugehörig besonders herauszustellen z. B. durch Patenschaften. Zur gleichen Zeit war auch in Berlin-Wilhelmshagen eine Straße nach Wiebelskirchen benannt worden. Diesen Wiebelskircher Weg in Berlin, Bezirk Treptow-Köpenick (Rahnsdorf), gibt es auch heute noch. Aus den gleichen Gründen gibt es im Bezirk Spandau in Berlin auch einen Neunkircher Steig[W44], und es gibt weitere nach saarländischen Städten benannte Straßen in Berlin.

Wilhelmshöhe Wi vorher Auf der Wilhelmshöhe

Lage und Verlauf:
Die Straße verläuft östlich parallel zur Kuchenbergstraße von der Feldstraße bis zum Uhlenweg.

Informationen zum Namen und zur Geschichte der Straße:
Ein früher dort stehendes Gasthaus nannte sich nach Kaiser Wilhelm II. Wilhelmshöhe. Davon leitet sich der heutige Straßenname ab.

W42 ABl. des Saarlandes v. 16. 02. 1953

W43 Ebenau: Freiheit für das Volk, vgl. Anm. J22, S. 125, 338
W44 Lais, Sylvia und Mende, HansJürgen: Lexikon Berliner Straßennamen, Berlin 2004

An der schmalen Seitenstraße steht ein Wohnblock des sozialen Wohnungsbaus. Ansonsten ist sie Zufahrtsstraße für die Gartengrundstücke und die Garagen der an der Kuchenbergstraße gelegenen Wohnhäuser.

Wilhelmstraße NK (alt) *volkstümlich Affengässchen*

Siehe Affengässchen
Heute als Straße nicht mehr existent

Wilhelmstraße NK (neu) früher Leidnerstraße, zeitweise (1935 – 1945) Wilhelm-Gustloff-Straße

Lage und Verlauf:
Die Wilhelmstraße ist eine Verbindungsstraße in der Innenstadt von der Bahnhofstraße zur Brückenstraße.

Wilhelmstraße aus Richtung Bahnhofstraße

Informationen zum Namen und zur Geschichte der Straße:
Die Straße wurde von Wilhelm Leidner (1804 – 1877) angelegt und später auch nach diesem benannt. Nach der Saarl. Tageszeitung vom 14. 11. 1940 soll in einem Situationsplan vom November 1888 die Straße den Namen Leidnerstraße geführt haben. Erst später sei sie nur nach dem Vornamen Leidners benannt worden.
Dies kann nicht zutreffen, denn als der Ortsbaumeister Riemann dem Bürgermeister Jongnell von Neunkirchen am 15. 05. 1879 die Beschaffung von Namensschildern für 49 Straßen und 8 Wohnplätze vorschlug, tauchte der Name Wilhelmstraße in dieser Aufstellung zum ersten Mal auf. Für die Straße musste damals schon 1 Straßenschild jedoch keine Hausnummernschilder be-

schafft werden[W45]. Eine Bebauung gab es demzufolge damals in der Straße noch nicht. In einem Situationsplan von Neunkirchen aus dem Jahre 1883 ist die Straße ohne Namen eingezeichnet[W46]. In den 1880er Jahren lag der Rummelplatz des Dorfes im vorderen Teil der Wilhelmstraße. Schausteller, Budenbesitzer und Zirkusleute waren hier von Zeit zu Zeit anzutreffen, bis der Festplatz in die Lindenallee verlegt wurde[W47].
Nach dem Beschlussbuch der Gemeinde Neunkirchen beschloss der Rat am 14. 05. 1901 die Wilhelmstraße zu pflastern. Schon 1905 hatte die Straße, wie auch heute, 28 Wohnanwesen (Hausnummern).
Nach der Volksabstimmung 1935 und der Machtergreifung der Nationalsozialisten auch im Saargebiet kam es in vielen Orten zu einer größeren Welle von Straßenumbenennungen. Namen nach unliebsamen Politikern oder Denkern wurden in der Regel getilgt. Fast in jedem Ort gab es seither eine Adolf-Hitler-Straße. Gezielt wurden Straßen auch nach „Märtyrern" und „Blutopfern" der NS-Bewegung benannt. Nach einer ersten Rate von Umbenennungen gleich nach der Abstimmung beschloss der Stadtrat am 25. 05. 1936 weitere Straßennamen zu ändern. So wurde aus der Wilhelmstraße die Wilhelm-Gustloff-Straße[W48].
Nach dem 2. Weltkrieg erhielt die Straße ihren alten Namen zurück.
Heute handelt es sich bei der Wilhelmstraße um eine enge Straße mit drei- bis viergeschossigen Häusern. In vielen dieser Häuser befinden sich Arzt- oder Rechtsanwaltpraxen oder kleine Geschäfte.

Informationen zum Namensgeber:
Wilhelm Leidner (1804 – 1877) entstammte einer alteingesessenen Neunkircher Bauernfamilie mit beachtlichem Grundbesitz, vor allem im Unterort. Von 1826 – 1851 war Wilhelm Leidner als Lehrer an der kath. Volksschule in Neunkirchen tätig, ließ sich aber mit 47 Jahren in den Ruhestand versetzen, um sich seinen vielfältigen unternehmerischen Tätigkeiten widmen zu können (Landwirtschaft, Posthalter, Gastwirt, Fabrikant, Ziegeleibesitzer und Bauunternehmer). Als Wilhelm Leidner 1877 starb, hinterließ er seinen Kindern ein großes Vermögen. Die Ziegelei stand in der Brückenstraße auf

---

W45 Beschaffung von Straßenschildern 1879, vgl. Anm. A8
W46 Situationsplan NK 1883, vgl. Anm. A4
W47 StA Neunkirchen, Best. Varia 288; Krajewski: Plaudereien 1, vgl. Anm. A50, S. 33
W48 Entschließung Stadtrat 1936, vgl. Anm. A6

dem Gelände zwischen der heutigen Bliesbrücke und der Wilhelmstraße. Sie war von 1833 bis 1900 in Betrieb. Seine Tochter Frau Toni Hegemann schrieb über ihren Vater:*"Mein Vater Wilhelm Leidner hat in Neunkirchen die Wilhelmstraße, die nach ihm benannt ist, die Brückenstraße, die Scheffelstraße und die Schillerstraße (heute Kleiststraße) angelegt und damals zur Entwicklung Unterneunkirchens viel beigetragen. Die zweite Bliesbrücke in der Brückenstraße wurde auf seine Anregung hin gebaut. An den Kosten beteiligte er sich mit 10 000 Mark. Nachdem die Wilhelmstraße langsam zugebaut war, riss er die Ziegelei ab und baute auf dem Platz eine Gebäude für die Deutsche Bank, um das ganze noch in der Entwicklung stehende Gelände wertmäßig zu heben"[W49]*. Dieses markante, leider nicht mehr vorhandene Gebäude stand an der Ecke Brückenstraße/heutige Bliespromenade, wo sich heute eine Apotheke befindet. Weiter hatte Wilhelm Leidner in der Wilhelmstraße ein Gebäude für eine Reichsbankfiliale gebaut, in dem später die Stadtsparkasse untergebracht war. Nach dem Krieg war in diesem Gebäude zeitweise das Jugendzentrum der Stadt eingerichtet. Heute befinden sich Arztpraxen in dem Gebäude.

Öffentliche oder sonst bedeutsame Gebäude in der Straße:

- Hüttencasino
  Das Hüttenkasino war um die Jahrhundertwende gebaut worden. Es war nur für die Beamten (leitende Angestellte) des Eisenwerkes und Gäste des Eisenwerkes zugänglich. Am 15. 03. 1945 wurde das Casino durch Bomben schwer beschädigt. Beim gleichen Angriff wurde die daneben in der Brückenstraße liegende kath. Herz-Jesu-Kirche total zerstört. Das beschädigte Casino wurde 1946 von der Kirchengemeinde Herz-Jesu erworben und zu einer Notkirche umgestaltet. 1955, nach Vollendung der neuen Herz-Jesu-Kirche in der Mozartstraße, ging es wieder in Werksbesitz über und wurde nach Renovierung als Hüttengaststätte benutzt[W50]. Am 01. 04.1977 wurde aus dem Haus ein öffentliches Restaurant. Später stand es Jahre lang leer und verfiel. Nach Erwerb des Hauses und Abriss durch die GSG steht heute an dieser Stelle ein modernes viergeschossiges Mehrfamilienhaus der GSG.

W49 Krajewski: Plaudereien 1, vgl. Anm. A50, S. 26
W50 Saarbrücker Zeitung v. 10. 04. 1977

Wilhelmstraße Wi *danach zeitweise (1935 – 1945) Wilhelmshagener Straße, später Teil der Neunkircher Straße, heute Teil der Kuchenbergstraße.*
Es handelte sich um den Teil der heutigen Kuchenbergstraße zwischen Einmündung der Rembrandtstraße und der Einmündung Bexbacher Straße.
Weitere Informationen siehe Kuchenbergstraße

Willi-Graf-Straße NK früher Prinz-Heinrich-Straße, Heinrichstraße

Lage und Verlauf:
Die Willi-Graf-Straße ist eine Verlängerung der Max-Braun-Straße nach Nordosten von der Weißlingstraße bis zur Bliesstraße. In ihrem Verlauf kreuzt sie die Quellenstraße, die Ringstraße und die Gabelsbergerstraße.

Willi-Graf-Straße aus Richtung Max-Braun-Straße, Blick auf die sogen. Emrich-Häuser

Informationen zum Namen und zur Geschichte der Straße:
In der zweiten Hälfte des 19. Jh. wuchsen die Stadt und die Bevölkerung auf Grund der enorm ansteigenden Industrialisierung in einem ungeheuren Tempo. Jeweils in 15 – 20 Jahren verdoppelte sich die Bevölkerung immer wieder und suchte industrienahen Wohnraum. Es entstanden ständig neue Straßen, die in der euphorischen Stimmung nach dem gewonnenen Deutsch-Französischen Krieg 1870/71 oft nach Mitgliedern des Kaiserhauses, nach verdienten Heerführern oder nach Schlachtenorten benannt wurden. Mit einem Beschluss des Gemeinderates Neunkirchen vom 24. 04. 1903 wurde die Verlängerung der Karlstraße (heute Max-

Braun-Straße) nach Nordosten nach dem Prinzen Heinrich von Preußen benannt[W51].

Im Stadtplan von 1902 ist die Straße erstmals eingezeichnet, jedoch noch ohne jede Bebauung. 1905 hatte die Straße 16, 1910 schon 70 und 1931 dann 88 Wohnanwesen (Hausnummern).

In seiner Sitzung am 02. 08. 1929 beschloss der Stadtrat den Ausbau einer Reihe von Straßen, dabei auch den Ausbau der Prinz-Heinrich-Straße (heute Willi-Graf-Straße) von der Weißling- bis zur Bebelstraße (heute Ringstraße).

Unmittelbar nach Ende des 2. Weltkrieges wurde die Straße in Heinrichstraße umbenannt.

Am 30. 04. 1948 gab es eine erneute Umbenennung. Die Straße wurde in einem feierlichen Akt nach dem Widerstandskämpfer Willi Graf umbenannt. Gleichzeitig wurden zwei weitere Straßen nach Regimekritikern umbenannt, und zwar nach dem Führer der antifaschistischen Einheitsfront Saar Max Braun und nach dem im KZ ermordeten Neunkircher Augenarzt Karl Schneider[W52].

1990 wurde die Straße zwischen Ringstraße und Weißlingstraße verkehrsberuhigt ausgebaut. Bei dem niveaugleichen Ausbau wurde die Fahrbahn auf eine Breite von 4,60 m verringert und links und rechts wurden Parkstreifen angelegt.

Informationen über den Namensgeber:

Willi Graf (1918 – 1943), Feldunterarzt, NS-Gegner (Mitglied der Weißen Rose). Die Weiße Rose war ein studentischer Freundeskreis in München, der 1942/43 durch Flugblätter unter dem Symbol der Weißen Rose zum ethisch und christlich begründeten Widerstand gegen das nationalsozialistische Regime aufrief. Die aktiven Kräfte (Hans und Sophie Scholl, Willi Graf, Christoph Probst, Alexander Schmorell, Prof. Kurt Huber) wurden 1943 vom Volkgerichtshof zum Tode verurteilt und durch das Fallbeil hingerichtet.

Öffentliche oder sonst bedeutsame Einrichtungen in der Straße:

-   Gotteshaus der evang. Freikirche
    Im Anwesen 12 befindet sich das Haus der evang. Freikirche der Siebenten-Tags-Adventisten. Hier werden 25 erwachsene Gemeindemitglieder und 10 Kinder betreut. Diese Kirche ist 1863

in den USA entstanden, seit 1875 gibt es sie in Deutschland. Die Adventistenkirche erkennt wie alle Protestanten nur die Heilige Schrift als Grundlage für ihren Glauben an[W53].

Winterfloß We früher Andreasstraße und Im Winterfloß

Lage und Verlauf:

Die Straße Winterfloß ist eine ältere Straße im Stadtteil Wellesweiler, die von der Bürgermeister-Regitz-Straße als Sackgasse nach Westen abzweigt. Sie ist eine von drei Zufahrtsstraßen zur Wohnsiedlung Winterfloß und mündet dort in die Rosenstraße.

Winterfloß aus Richtung Bürgermeister-Regitz-Straße

Informationen zum Namen und zur Geschichte der Straße:

Die Straße hatte ihren ersten Namen nach dem Vornamen des ersten Anwohners Andreas Kling. Der heutige Name ist von einer Flurbezeichnung abgeleitet. Die Umbenennung in Im Winterfloß wurde 1935 vorgenommen, weil es im Stadtgebiet eine weitere Andreasstraße gibt[W54].

1931 gab es in der Straße 20 Wohnhäuser/Hausnummern.

Die Straße war ein mit Schotter befestigter Weg bis in die Höhe des Anwesens Dr. Schmidt und führte dann als Feld- und Waldweg weiter bis zum Jedermannsbrunnen/Zoo. In den Jahren 1959/60 gab es in der Saarbrücker Zeitung mehrfach Klagen über den

---

W51 Saar- und Blieszeitung v. 25. 04. 1903
W52 Volksstimme Nr. 46 v. 04. 05. 1948

W53 Wochenspiegel Neunkirchen v. 26. 04. 2006
W54 Saar- und Blieszeitung v. 30. 01. 1935

schlechten Straßenzustand, bis sie mit einer Teerdecke versehen wurde.

Ab etwa 1961 befasste sich die Gemeinnützige Siedlungsgesellschaft Neunkirchen (GSG) mit Plänen für eine Bebauung des Winfloßgebietes. Es sollte eine Wohnsiedlung mit über 700 Wohnungen für ca. 2300 Menschen in einer gemischten Bauweise werden. Am 04. 05. 1962 berichtete die SZ über den Abriss des Eckhauses Winterfloß/ Steinwaldstraße (jetzt Bürgermeister-Regitz-Str.). Dadurch sollte die Zufahrt zu dem Neubaugebiet auch für Lkw erleichtert werden. Am 23. 07. 1964 war der erste Spatenstich für die Winterfloß-Siedlung. Es wurden ein- und zweigeschossige Ein- und Zweifamilienhäuser für Privateigentümer, achtgeschossige Häuser mit Eigentumswohnungen und acht- und vierzehngeschossige Häuser mit Mietwohnungen geplant und gebaut. Alle Häuser wurden von der französischen Firma Camus mit Fertigbetonteilen erstellt. Die im Werk nach modernen und wirtschaftlichen Methoden vorfabrizierten raumgroßen Elemente wurden mit Tiefladern zur Baustelle gefahren und hier montiert. Mit dieser Großplattenbauweise kann ein zügiges Bautempo erreicht werden.

Der verhältnismäßig milde Winter 1964/65 ließ ein Arbeiten ohne Winterpause zu, so dass die ersten Mieter schon 1965 einziehen konnten. Im September 1968 wurde die gesamte Siedlung mit 711 Wohneinheiten und einem eigenen Blockheizkraftwerk mit einem Tag der offenen Tür vorgestellt[W55].

Die Straßen in der Siedlung erhielten alle Blumennamen. Die Durchgangsstraße ist die Rosenstraße, die Seitenstraßen haben die Namen Tulpenweg, Lilienweg, Irisweg, Malvenweg, Narzissenweg.

Wolfsweg NK

Lage und Verlauf:
Der Wolfsweg liegt in einem Wohngebiet nordwestlich des Zoos. Er beginnt an der Zoostraße, verläuft von dort nach Norden und mündet in den Hirschgartenweg.

Informationen zum Namen und zur Geschichte der Straße:
Ende der 1950er Jahre wurde das Gelände zwischen Zoo und Burrwiesenweg (damals Holzgehege) als Wohngebiet erschlossen. In mehreren Straßen wurden

Wolfsweg aus Richtung Zoostraße

städtische Häuser für wenig begüterte Familien gebaut. Die Straßen wurden alle nach Wildtieren benannt, die man im nahegelegenen Zoo findet (Biberweg, Wolfsweg, Bärenweg, Iltisweg). Am 26. 09. 1958 stimmte der Stadtrat über die Namensgebung ab[W56].

Mitte der 1970er Jahre wurde die Möglichkeit geschaffen, dass die bisherigen Mieter die Häuser günstig erwerben konnten. Die neuen Besitzer gingen nun sofort daran, ihre Häuser zu verschönern und das Umfeld freundlicher zu gestalten.

W55 Neunkircher Stadtanzeiger v. 18. 09. 1968

W56 Saarbrücker Zeitung v. 29. 09. 1958

Yorkstraße NK *heute Vogelschlagstraße*
Siehe Vogelschlagstraße

Informationen zum damaligen Namensgeber:

Johann David Ludwig Graf York (teilweise Yorck geschrieben) von Wartenburg (26. 09. 1759 – 04. 10. 1830) wurde in Potsdam geboren. Obwohl er der Führer des preußischen Hilfskorps in der napoleonischen Armee war, verpflichtete er sich im Dezember 1812 aus eigenem Entschluss und auf eigene Verantwortung in der Konvention von Tauroggen dem russischen General Diebitsch (der von dem in russischen Diensten stehenden Clausewitz beraten wurde) gegenüber zur Neutralität für den Fall eines Einmarsches der Russen in Ostpreußen. Gleichzeitig rief er die Preußen zur Erhebung gegen Napoleon auf und leitete damit die Befreiungskriege ein. Der König in Potsdam, noch unter Aufsicht der französischen Besatzungstruppen, musste den Schritt des eigenwilligen Generals verurteilen. Im März 1813 erklärte Friedrich Wilhelm III. jedoch, durch preußische Patrioten (Scharnhorst, Hardenberg) bedrängt, Frankreich den Krieg.

York von Wartenburg war im Januar 1814 als Korpsführer an der Verfolgung des Marschalls Marmont beteiligt und mit Blücher in St. Wendel und Ottweiler (siehe Am Blücherflöz).

Zedernweg Wi

Lage und Verlauf:

Der Zedernweg ist eine Verbindungsstraße zwischen Bexbacher Straße und Forsthausstraße.

Zedernweg Blickrichtung Bexbacher Straße

Informationen zum Namen und zur Geschichte der Straße:

Das Gelände zwischen Bexbacher Straße und Forsthausstraße, die Flur Auf Stählingswies, wurde von der Gemeinde Wiebelskirchen erworben, und dann wurden nach Anlegung der Straßen einzelne Grundstücke an Bauwillige vergeben. 1971 waren bereits 40 von 73 Baustellen mit verschiedenen individuellen Hausformen bebaut, vorwiegend eingeschossig, die man als Bungalows bezeichnen kann.

Von dem kurzen Zedernweg gehen nach Osten drei Sackgassen ab, die alle nach wenigen Metern vor dem Ziehwald enden, neben dem Eibenweg noch der Fichten- und der Tannenweg. Alle Straßen im Wohngebiet sind nach heimischen Baumarten benannt.

Zeisigweg NK heute Kleiberweg
Siehe Kleiberweg

Zeisigweg Wi

Lage und Verlauf:

Am nordwestlichen Ortsrand von Wiebelskirchen, zwischen Römerstraße und der Straße Am Kirchberg, liegt ein Wohngebiet, dessen Straßen nach Vögeln benannt sind. Der Zeisigweg zweigt dabei von der Erschlie-

ßungsstraße Habichtweg nach Westen ab und mündet in den Elsternweg.

Zeisigweg aus Richtung Elsternweg

Informationen zum Namen und zur Geschichte der Straße:

Die Straße gehört zu der zwischen 1959 und 1966 in 3 Bauabschnitten durch die Staatliche Vermögensverwaltungsgesellschaft errichteten Wohnsiedlung Labenacker, in der ausschließlich Ein- und Zweifamilienhäuser stehen.

Ziehwaldstraße Ha jetzt Zum Zimmermannsfels
Siehe Zum Zimmermannsfels

Ziehwaldstraße Wi jetzt Dunantstraße
Siehe Dunantstraße

Ziehwaldstraße NK

Lage und Verlauf:

Die Ziehwaldstraße zweigt von der Kuchenbergstraße aus Richtung Hauptbahnhof kommend nach rechts (nach Nordosten) in Richtung des Ziehwaldes ab und endet vor dem Wald bzw. geht dort in einen Waldweg, die Ebersteinstraße, über.

Informationen zum Namen und zur Geschichte der Straße:

Die Straße führt in Richtung des Ziehwaldes, eines Waldgebietes vor der Bergkuppe Eberstein. Darauf bezieht sich der Straßenname.

Die Straße ist wohl in der 2. Hälfte des 19. Jh. angelegt

Ziehwaldstraße Blickrichtung Kuchenbergstraße

Zollhausstraße aus Richtung Rombachstraße

worden, denn als der Ortsbaumeister Riemann dem Bürgermeister Jongnell von Neunkirchen am 15. 05. 1879 die Beschaffung von Namensschildern für 49 Straßen und 8 Wohnplätze vorschlug, tauchte der Name Ziehwaldstraße in dieser Aufstellung ebenfalls auf. Für die Straße mussten damals schon 1 Straßenschild und 8 Hausnummernschilder beschafft werden[Z1]. Es gab also schon einige Bebauung.

In der zeitlichen Abfolge das nächste Dokument ist ein Situationsplan von Neunkirchen aus dem Jahre 1883[Z2]. In diesem ist die Straße als dicht bebaute Wohnstraße bereits eingezeichnet.

Ebenfalls früh begann nach dem Beschlussbuch der Gemeinde Neunkirchen vom 13. August 1884 der Ausbau der Straße mit der Pflasterung von Rinnen.

Zollhausstraße We

Lage und Verlauf:

Die Zollhausstraße zweigt von der Rombachstraße nach Westen ab und endet nach ca. 600 m in Höhe der Kohlenentladestation für das Kraftwerk Bexbach. Von dort führt ein zum Teil befestigter Waldweg weiter in westlicher Richtung zunächst als Zufahrt zu zwei Firmen In den Hilswiesen und dann weiter bis zur Wohnsiedlung Biedersberg.

Informationen zum Namen und zur Geschichte der Straße:

Die Straße ist als Zufahrt zur Kohlenentladestation im Zusammenhang mit dem Bau des Kraftwerks Bexbach gebaut worden. Gleichzeitig wurde die Zufahrt zum Wohnplatz Zum Kissel, die von der Zollhausstraße nach Nordwesten abzweigt, neu gebaut. Beide Straßen erhielten in einer Sitzung des Stadtrates am 24. 01. 1986 ihre Namen.

Der Straßenname hat einen historischen Bezug. Im 18. Jh. mussten die „ausländischen" (pfälzischen) Fuhrleute, die die Kohlen an der damaligen Grube Wellesweiler abholten, ihren Kohlenzoll in einem zu diesem Zweck zwischen 1740 und 1768 errichteten herrschaftlichen Zollhaus in der Nähe der Grube entrichten[Z3].

Dieses Zollhaus stand nach dem Tractus 10 des Bannbuches II von 1822 „neben der Rohmbach unten am Kissel", das ist etwa an der heutigen Abzweigung der Straße Zum Kissel von der Zollhausstraße, und ist folgendermaßen beschrieben: „Das Herrschaftliche Zollhaus, Stallungen und Hofgering bey der Kohlengruben, einseits das Chaussée (nach Neunkirchen) andererseits der Wiebelskircher Weeg (über den Kissel), vorne die Schleckwies".

Auf dieses frühere hier stehende fürstliche Zollhaus bezieht sich der Straßenname. Dort lag nach der Tranchotkarte von 1818 auch die Wohnung des Berggeschworenen.

Das im 20. Jh. gegenüber dem Bahndamm an der Wellesweilerstraße liegende Zollamt, das im November 2002 geschlossen und mit dem Zollamt in Homburg zusammengelegt worden ist, hat mit dem Straßennamen nichts zu tun, obwohl es in Luftlinie nur etwa 200

Z1   Beschaffung von Straßenschildern 1879, vgl. Anm. A8

Z2   Situationsplan NK 1883, vgl. Anm. A4

Z3   Bach: We Dorf zwischen den Grenzen, vgl. Anm. B21, S. 318

m entfernt lag. Beim Zollamt Neunkirchen waren bis zu seiner Schließung überwiegend Lkw aus osteuropäischen Staaten abgefertigt worden.

In diesem Bereich der Tagesanlagen der ehemaligen Grube Wellesweiler führte nach dem 2. Weltkrieg die Privatgrube Ranker Kohlenabbau an alten Flözresten durch. Dieser und andere Kleinbetriebe waren in der damaligen Zeit für die Versorgung der Bevölkerung sehr wichtig[Z4].

Die Zollhausstraße hat auf ihrer gesamten Länge keinerlei Bebauung. Auf ihrer Südseite verläuft unmittelbar parallel zur Straße die Pfalzbahnstrecke der Deutschen Bahn.

Öffentliche oder sonst bedeutsame Einrichtungen an der Straße:

- Kohlenentladestation
  Es handelt sich um ein langgestrecktes Gebäude unmittelbar an der Pfalzbahnstrecke, in dem mehrere Bahngüterwagen gleichzeitig gedreht und so entladen werden können. Die entladene Kohle wird von dort auf einer Bandstrecke in einem unterirdischen Stollen zum Kraftwerk Bexbach transportiert. Die gesamte Anlage wurde 1981 gebaut.

Zoostraße NK früher teilweise Zum Jedermannsbrunnen

Lage und Verlauf:

Die Zoostraße zweigt nach Norden von der Waldstraße ab, verläuft dann in nordwestlicher Richtung abwärts am Zoo vorbei und letztlich wieder nach Norden bis zur Bliesstraße.

Informationen zum Namen und zur Geschichte der Straße:

Der Straßenname Zum Jedermannsbrunnen war von einer Flurbezeichnung, die es in diesem Gebiet gibt, abgeleitet. Es handelte sich dabei um einen schmalen wenig ausgebauten Weg von der Waldstraße zum Zoo.

Am 08. 05. 1962 wurde im Stadtrat vorgetragen, im Rahmen der Erschließung des Siedlungsgebietes Holzgehege sei geplant, den Weg, der von der Flotowstraße

Zoostraße Blickrichtung Bliesstraße

zum Tiergarten führt, auszubauen. Der Ausbau des ersten Abschnittes sei bereits für das laufende Jahr vorgesehen, so dass die Straße benannt werden müsse. Es wurde dann am gleichen Tag beschlossen, die Straße Zoostraße zu nennen.

Die neue Straße ging zunächst nur von der Waldstraße bis zur Einmündung der Straße Unten am Steinwald. Von dort bis zur Bliesstraße war die Straße damals Teil der Flotowstraße.

Im Zuge der Gebiets- und Verwaltungsreform 1974 wurde dann das Straßenstück der Flotowstraße zwischen Einmündung Unten am Steinwald und Bliesstraße in die Zoostraße einbezogen, so dass diese nun von der Waldstraße bis zur Bliesstraße geht. Dies ermöglicht von der Bliesstraße her auch ein leichteres Finden des Zoos.

Öffentliche oder sonst bedeutsame Gebäude und Einrichtungen an der Straße:

- Zoo
  1926 wurde dem Aquarien- und Terrarienverein Neunkirchen durch die Stadt ein ca. 50 Ar großes Gelände am Jedermannsbrunnen zur Pacht überlassen.
  Mit einem Entenweiher, einem Steingarten und einem Aquarienhaus begannen die zoologischen Aktivitäten des Vereins.
  Aus diesen Anfängen entwickelte sich bis heute ein Zoo von überregionaler Bedeutung mit insgesamt 23 Mitarbeitern und 180 Tierarten, von Elefanten, über Bären, Affen, Giraffen bis zu Fischen und Schlangen.
  Der Zoo zieht heute jährlich über 200 000 Be-

Z4   Slotta: Bergbau in NK, vgl. Anm. A45, S. 67 ff; Groß, Otto: Die Kohlenguben, in: Stadtbuch 1955, vgl. Anm. A12, S. 323; Remy: Heimatbuch We, vgl. Anm. A45, S. 151

sucher an[Z5].

Neu aufgebaut bzw. eingerichtet wurde eine Falknerei mit täglichen Vorführungen.

Zu den Grenzsteinen Ko

Lage und Verlauf:

Die Straße beginnt am östlichen Ortsausgang von Kohlhof an der Limbacher Straße, verläuft von dort zunächst nach Südwesten, macht dann eine Schwenkung nach Westen und endet vor dem Gelände der Kinderklinik Kohlhof.

Zu den Grenzsteinen Blickrichtung Haberdell

Informationen zum Namen und zur Geschichte der Straße:

Die Straße entstand Mitte der 1970er Jahre im Zuge der Erschließung des Neubaugebietes Haberdell. Der Straßenname wurde in einer Stadtratssitzung am 03. 11. 1976 festgelegt. Er geht auf den Umstand zurück, dass südlich in der Nähe der Straße im Wald noch eine Reihe von Grenzsteinen aus fürstlicher Zeit steht, die seit 1756 die Grenze zwischen nassauischem und pfalzzweibrückischem Gebiet markierten. Entlang dieser Grenze war damals von den Nassauern streckenweise auch ein Wildzaun errichtet worden, um ein Entweichen des Wildes zu verhindern. Diese Grenze war bis zur Gebiets- und Verwaltungsreform 1974 auch die südliche Stadtgrenze. Erst seit dieser Zeit liegt die Stadtgrenze an der Bundesautobahn. Durch einen weiteren Beschluss des Stadtrates vom 20. 05. 1998 wurde ein

Teilstück des Klinikweges in die Straße zu den Grenzsteinen einbezogen.

Bei der Straße handelt es sich um eine reine Wohnstraße.

Zum Adelsbrunnen Mü früher Adlerstraße, zeitweise (1935 – 1945) Richthofenstraße

Lage und Verlauf:

Die Straße zweigt als Sackgasse in südöstlicher Richtung von der Kirchstraße ab und endet nach ca. 200 m als Sackgasse.

Zum Adelsbrunnen aus Richtung Kirchstraße

Informationen zum Namen und zur Geschichte der Straße:

Ursprünglich hieß die Straße seit ihrem Bestehen Adlerstraße.

Nach der Volksabstimmung vom 13. Januar 1935 wurden in Neunkirchen und anderen Orten Straßen nach Nazi-Größen oder –Märtyrern oder nach Helden des 1. Weltkrieges benannt. In Münchwies beschloss der Gemeinderat am 25. 01. 1935, also schon lange vor dem tatsächlichen Wiederanschluss des Saargebietes an das Deutsche Reich, der erst am 01. 03. 1935 vollzogen wurde, dem Polizeiverwalter einige Straßenumbenennungen vorzuschlagen[Z6]. So wurde die bisherige Adlerstraße nach dem berühmtesten Jagdflieger des 1. Weltkrieges Manfred Freiherr von Richthofen, dem „roten Kampfflieger" benannt.

Unmittelbar nach Ende des 2. Weltkrieges erhielt sie ihren alten Namen zurück.

Z5   Backes, Dirk: 75 Jahre Zoo Neunkirchen, in Hefte des HVSN, Neunkirchen 2002

Z6   Beschlussbuch Gemeinde Münchwies, vgl. Anm. A18

Als es nach der Gebiets- und Verwaltungsreform 1974 weitere Adlerstraßen im Stadtgebiet gab, wurde die in Münchwies gelegene nach dem dort befindlichen Brunnen benannt.

Der heutige Straßenname geht auf die Flurbezeichnung „Am Adelsbrunnen" zurück, die es in diesem Bereich gibt. Nach der Deutung des Münchwieser Heimatforschers Kurt Schulz heißt adel hier edel, was besagt, dass es hier einen edlen, ganzjährig wasserführenden Brunnen gab. Die Tatsache, dass es sich von jeher um eine starke Quelle handelte, die zur Wasserversorgung des Ortes herangezogen wurde, bestätigt dies. Das Brunnenbächlein fließt durch die Brechkaul zum Schönbach.

Zum Bremmenfeld Fu

Lage und Verlauf:
Die Straße ist eine nach Norden von der Sebachstraße abbiegende Sackgasse.

Zum Bremmenfeld aus Richtung Sebachstraße

Informationen zum Namen und zur Geschichte der Straße:
Alle Seitenstraßen der Sebachstraße sind Anfang der 1960er Jahre gebaut und bebaut worden. Auf Vorschlag des Heimatforschers Bernhard Krajewski legte der Stadtrat in seiner Sitzung am 22. 01. 1960 den Straßennamen zusammen mit weiteren Straßennamen in diesem Baugebiet fest. Es handelt sich um ein Areal auf dem früher Ginster (Bremmen) gewachsen ist.

Alle diese von der Sebachstraße nach Norden gehenden Seitenstraßen sind mit einer Ausnahme (Kreuzbergring) Sackgassen. In den Straßen stehen links und rechts zweigeschossige Doppelhäuser in Privatbesitz und am Ende der Gasse jeweils viergeschossige Mehrfamilienhäuser der Gemeinnützigen Siedlungsgesellschaft der Stadt Neunkirchen GSG. Diese Wohnblocks am Ende der Sackgassen, aber auch die erwähnten Doppelhäuser, sind 1961 von der GSG gebaut worden. Während die Doppelhäuser an private Interessenten verkauft wurden, werden die Wohnblocks noch heute von der GSG bewirtschaftet.

Zum Galgenberg Ko

Lage und Verlauf:
Die Straße zweigt von der Straße Täufergarten nach Osten ab und mündet in die Straße Am Hirschberg.

Zum Galgenberg Blickrichtung Täufergarten

Informationen zum Namen und zur Geschichte der Straße:
Die Straße wurde nach 1991 im Zuge des Ausbaus eines neuen Wohngebietes südöstlich der Straße Täufergarten im Stadtteil Kohlhof erbaut. In ihr stehen nur moderne Ein- und Zweifamilienhäuser, die in freier Bauweise erstellt worden sind.

Der Straßenname und die Namen weiterer Straßen in unmittelbarer Nähe waren bereits in einer Sitzung des Stadtrates am 30. 05. 1979 festgelegt worden. Eine Begründung für diesen Namen wurde dabei nicht gegeben

Zum Hirschweiher Lu

Lage und Verlauf:
Die Straße zweigt von der Hauptstraße in Ludwigsthal nach Nordosten ab und endet nach ca. 200 m als Sack-

Zum Hirschweiher aus Richtung Hauptstraße

Zum Hirtzwald aus Richtung Eduard-Didion-Straße

gasse vor dem durch das Mutterbachtal laufenden Autobahnzubringer.

Informationen zum Namen und zur Geschichte der Straße:

Der Name für die neue Straße wurde in einer Sitzung des zuständigen Stadtratsausschusses am 20. 08. 1986 in Anlehnung an die in der Nähe vorhandene Flurbezeichnung „Im Oberen Hirschweiher" festgelegt.

Jenseits des nördlich von der Straße verlaufenden Autobahnzubringers liegt der Große Hirschberg. Auf der Tilemann-Stella-Karte von 1564 sind vor dem Hirschberg drei Weiher eingezeichnet, der untere Hirtzwag, der Mittelste und der Alte Wag. Da die Weiher vor dem Hirschberg lagen, wurden sie wohl auch Hirschweiher genannt. Diese drei Weiher sind heute allerdings nicht mehr vorhanden. Sie wurden 1738 von dem damaligen Hofbeständer des Forbacher Hofes (Gutshof Furpach) in Wiesenland umgewandelt. In der kurzen Straße stehen ausschließlich neue Wohnhäuser.

Zum Hirtzwald Lu

Lage und Verlauf:

Die Straße zweigt von der Hauptstraße in Ludwigsthal nach Nordosten ab, überquert auf einer Brücke den Autobahnzubringer und endet vor dem Wald am Großen Hirschberg.

Informationen zum Namen und zur Geschichte der Straße:

Der Straßenname wurde in einer Sitzung des zuständigen Stadtratsausschusses am 22. 10. 1980 auf Vor-

schlag des Heimatforschers Bernhard Krajewski festgelegt.

Jenseits des nördlich von der Straße verlaufenden Autobahnzubringers liegt der Große Hirschberg. Auf der Tilemann-Stella-Karte von 1564 heißt der Wald noch Hirtzwald. Der Name „Hirtz" bedeutet in der Volkssprache sowohl Hirschkäfer wie auch Hirsch, so dass es sich also um den Hirschwald oder den Wald auf dem Hirschberg handelte. In der Ludwigsthaler Bevölkerung ist dieser Straßenname nicht unumstritten. Opponenten behaupteten, der Name Hirtzwald für den Hirschberg sei in Ludwigsthal absolut unüblich. Als Alternative war der Straßenname Zum Felsenbrunnen vorgeschlagen jedoch nicht berücksichtigt worden. Bei der Straße handelt es sich um eine reine Wohnstraße.

Zum Kasbruchtal We vorher Kasbruchtalstraße

Lage und Verlauf:

Die Straße liegt im Wohngebiet Mühlenberg südlich der Bürgermeister-Regitz-Straße. Sie zweigt dort nach Südosten vom Mühlackerweg in Richtung des Kasbruchtals ab und führt dann ringförmig als Straße Auf'm Mühlenberg wieder zum Mühlackerweg zurück.

Informationen zum Namen und zur Geschichte der Straße:

Die Straße Zum Kasbruchtal liegt mit dem Mühlackerweg und anderen Straßen in einer Siedlung auf einem Hochplateau über dem Bliestal und dem Kasbruchtal. Unterhalb im Tal, an der Stelle des jetzigen Wellesweiler Wasserwerkes, lag früher die Wellesweiler Mahl- und Ohligmühle (1438 Lautzwyller Möhl).

Zum Kasbruchtal Blickrichtung Mühlackerweg

Im Bezug auf diese Mühle heißt das Wohngebiet Mühlenberg.

Mit dem Bau der Siedlung wurde in den Jahren 1935/36 im Mühlackerweg, in der Straße Auf'm Mühlenberg und in der Straße Die Fels begonnen. Die Saarbrücker Zeitung vom 08. 03. 1935 berichtete, dass man mit dem Bau von 13 Doppelhäusern begonnen habe, und am 04. 05. 1937, dass eine Treppe von der Eifelstraße zur Mühlenbergsiedlung gebaut wurde.

Nach dem 2. Weltkrieg wurden nach und nach weitere Straßen in der Siedlung erschlossen und Neubauten erstellt, so auch die Kasbruchtalstraße.

Am 09. 06. 1961 berichtete die Saarbrücker Zeitung, dass eine Verzögerung der Bautätigkeit am Mühlenberg durch den zuvor notwendigen Bau eines wasserdichten und druckfesten Hauptkanals durch das Wassereinzugsgebiet Kasbruchtal bis zur Blies eingetreten sei.

Am 08. 09. 1965 schließlich meldete die Saarbrücker Zeitung, dass die ersten 5 Häuser der Neusiedlergesellschaft in der Kasbruchtalstraße bezogen worden seien, die restlichen würden noch im Herbst bezogen. Diese Häuser würden zum 3. Bauabschnitt des Wohngebietes Mühlenberg gehören. Davor seien schon der 1. und der 2. Bauabschnitt verwirklicht worden und zwar in den Jahren 1956/57 mit 5 Doppelhäusern im Felsenrech und 1959/61 mit 11 Doppelhäusern im Mühlackerweg und 9 Doppelhäusern in der Kasbruchtalstraße.

Auf Vorschlag des Bezirksvorstehers von Wellesweiler wurde die Straße im Juni 1961 durch den Stadtrat Zum Kasbruchtal genannt[Z7].

Z7   Saarbrücker Zeitung v. 30. 06. 1961

Zum Kissel We vorher Kissel

Lage und Verlauf:

Es handelt sich um eine Straße, die von der Zollhausstraße zunächst nach Westen abzweigt und dann nach Nordwesten als Sackgasse in Richtung Ziehwald schwenkt.

Zum Kissel aus Richtung Zollhausstraße

Informationen zum Namen und zur Geschichte der Straße:

Im Zusammenhang mit dem Bau des Kraftwerks Bexbach wurde Mitte der 1980er Jahre als Zufahrt zur Kohlenentladestation an der Pfalzbahnstrecke von der Rombachstraße her eine Straße gebaut, die Zollhausstraße. Gleichzeitig wurde die Zufahrt zum Wohnplatz Zum Kissel neu gebaut. Beide Straßen erhielten in einer Sitzung des Stadtrates am 24. 01. 1986 ihre Namen. Alternativ waren damals von dem Wellesweiler Heimatforscher Friedrich Bach auch die Straßennamen Rodenbachstraße, Hammelsdellstraße und Kohlengrubenstraße zur Abstimmung vorgeschlagen worden.

An der Stelle liegt ein Gebiet, das Auf'm Kissel genannt wird. In der Flurkarte ist das Gebiet als „Am Kissel" eingetragen (1739 „kisselborn", 1767 „Beym Kisselbrunnen", „Am Kisselfeld").

Im Bereich des heutigen Kissel lag im Mittelalter die bereits vor dem Dreißigjährigen Krieg untergegangene Siedlung Rodenbach. Von diesem alten Rodungsnamen ist durch sprachliche Dissimilation der Flurname Rombach bzw. In der Rombach entstanden. Auf die Flurbezeichnung wiederum beziehen sich die heutigen Straßennamen Rombachstraße und Rombachaufstieg.

Nach dem 2. Weltkrieg betrieb eine Veru-Schacht-

Gesellschaft hier eine kleine Privatgrube, die unter der Oberfläche anstehende Kohlenreste der alten Grube Wellesweiler abbaute[Z8]. Solche kleinen Gruben waren damals für die Versorgung der Bevölkerung von großer Bedeutung.

Zum Kuhfeld Fu

Lage und Verlauf:
Die Straße ist eine nach Norden von der Sebachstraße abbiegende Sackgasse.

Zum Kuhfeld aus Richtung Sebachstraße

Informationen zum Namen und zur Geschichte der Straße:
Der Straßenname ist auf die Flurbezeichnung „Kuhfeld" zurückzuführen, die davor In den Sangen (sengen = abgesengter Wald) hieß und danach sicher ein Weidefeld für Kühe war. Auf Vorschlag des Heimatforschers Bernhard Krajewski legte der Stadtrat in seiner Sitzung am 22. 01. 1960 den Straßennamen zusammen mit weiteren Straßennamen in diesem Baugebiet fest.

Alle Seitenstraßen der Sebachstraße sind Anfang der 1960er Jahre gebaut und bebaut worden. Alle diese nach Norden gehenden Seitenstraßen sind mit einer Ausnahme (Kreuzbergring) Sackgassen. In den Straßen stehen links und rechts zweigeschossige Doppelhäuser in Privatbesitz und am Ende der Straßen jeweils viergeschossige Mehrfamilienhäuser der Gemeinnützigen

---

Z8   Groß, Otto: Die Kohlengruben, in: Stadtbuch 1955, vgl. Anm. A12, S. 323; Remy: Heimatbuch We, vgl. Anm. A45, S. 150

Siedlungsgesellschaft der Stadt Neunkirchen (GSG). Diese Wohnblocks am Ende der von der Sebachstraße abgehenden Sackgassen aber auch die erwähnten Doppelhäuser sind 1961 von der GSG gebaut worden. Während die Doppelhäuser an private Interessenten verkauft wurden, werden die Wohnblocks von der GSG bewirtschaftet.

Zum Lamersthal Ha

Lage und Verlauf:
Die Straße zweigt am südlichen Ortseingang von Hangard von der Wiebelskircher Straße, einem Teilstück der Hauptdurchgangsstraße durch den Ort, nach Süden in Richtung der Oster ab und endet nach wenigen Metern als Sackgasse.

Zum Lamersthal aus Richtung Wiebelskircher Straße

Informationen zum Namen und zur Geschichte der Straße:
Der Straßenname geht auf eine Flurbezeichnung zurück. Die Flur VI in Hangard hat den Namen „Lamersthal". In der Straße stehen nur einige wenige Wohnhäuser.

Zum Mutterbachtal Lu früher Hirschbergstraße und Josef-Bürckel-Straße

Lage und Verlauf:
Die Straße zweigt von der Hauptstraße in Ludwigsthal nach Nordosten ab und endet nach ca. 300 m als Sackgasse vor dem durch das Mutterbachtal laufenden Autobahnzubringer.

Zum Mutterbachtal aus Richtung Hauptstraße

Informationen zum Namen und zur Geschichte der Straße:

Die Straße hieß ursprünglich Hirschbergstraße. Diesen Namen führte die Straße, da sie in Richtung des nördlich davon liegenden Großen Hirschbergs führt.

Durch das Mutterbachtal, das zwischen Ludwigsthal und dem Großen Hirschberg liegt, verläuft von Wellesweiler kommend ein Autobahnzubringer zur A 8 bei Kohlhof.

Auf der Tilemann-Stella-Karte von 1564 sind in dem Tal vor dem Hirschberg drei Weiher eingezeichnet, der untere Hirtzwag, der Mittelste und der Alte Wag, die vom Mutterbach gespeist wurden.

Diese drei Weiher sind heute allerdings nicht mehr vorhanden. Sie wurden 1738 von dem damaligen Hofbeständer des Forbacher Hofes (Gutshof Furpach) in Wiesenland umgewandelt.

Während der nationalsozialistischen Herrschaft von 1935 bis 1945 führte die Straße den Namen des für unseren Bereich zuständigen Gauleiters der Westmark, Josef Bürckel, erhielt ihren alten Namen aber unmittelbar nach Ende des 2. Weltkrieges zurück.

Zur Vermeidung von Verwechselungen wurde die Straße nach der Gebiets- und Verwaltungsreform 1974 und der damit auch erfolgten Eingemeindung von Ludwigsthal nach Neunkirchen umbenannt, da es im neuen Stadtgebiet weitere Straßen mit einem Bezug zum Hirschberg im Namen gab.

Zum Ochsenwald We *heute Berthold-Günther-Platz*
Siehe Berthold-Günther-Platz

Zum Pfaffental Fu

Lage und Verlauf:
Die Straße zweigt von der Ludwigsthaler Straße im Stadtteil Furpach nach Osten ab und mündet in die Straße Bei der alten Furt.

Zum Pfaffental aus Richtung Bei der alten Furt

Informationen zum Namen und zur Geschichte der Straße:

Zwischen 1936 und 1938 wurde auf dem Gelände des früheren Hofgutes Furpach durch die Saarpfälzische Heimstätte GmbH eine Siedlung erstellt. Im 1. Bauabschnitt wurde das Gelände nördlich der Limbacher Straße und westlich der nach Ludwigsthal führenden Straße erschlossen. Im 2. Bauabschnitt wurden in dem Bereich südlich der Limbacher Straße und westlich des Hofgutes Straßen angelegt und wie im 1. Bauabschnitt Siedlerhäuser gebaut.

Ein geplanter 3. Bauabschnitt östlich der heutigen Ludwigsthaler Straße kam vor dem 2. Weltkrieg nicht mehr zustande. Die Erschließung dieses Geländes begann 1958 mit der Anlegung der Straße zur Ewigkeit und der Sebachstraße und wurde ab 1960 mit den Straßen Bei der alten Furt und Zum Pfaffental und ihren Seitenstraßen fortgesetzt[Z9].

Auf Vorschlag des Heimatforschers Bernhard Krajewski legte der Stadtrat in seiner Sitzung am 22. 01. 1960 den Straßennamen zusammen mit weiteren Straßennamen in diesem Stadtteil fest. Er erinnert an kirchlichen Landbesitz des untergegangenen Pfarrdorfes Forbach.

Z9 Mons: Entwicklungsgeschichte Furpach, vgl. Anm. B35, S. 20

In den Jahren 1962 – 1964 entstanden in der Straße eine Reihe von Einfamilienhäusern in Privatinitiative, die ausschließlich auf der Nordseite stehen.

Zum Ruhwald NK

Lage und Verlauf:
Die Straße stellt im Wohnbereich Biedersberg eine Verbindung zwischen dem Biedersbergweg und der Pfalzbahnstraße dar. Sie verläuft dabei in Nord-Süd-Richtung.

Zum Ruhwald aus Richtung Biedersbergweg

Informationen zum Namen und zur Geschichte der Straße:
Das gesamte Biedersberg-Wohngebiet ist erst nach dem 2. Weltkrieg erschlossen worden. Die Straße Zum Ruhwald ist nur ca. 200 m lang. Auf der Westseite stehen Einfamilienhäuser. Diese Häuser wurden 1952 erbaut. Auf der östlichen Straßenseite befindet sich das Gelände eines Tennisclubs.
Der Straßenname ist von der Flurbezeichnung Ruhwald abgeleitet, die es in diesem Bereich gibt. Es handelt sich dabei um ein Waldstück unmittelbar nördlich der Straße. Der Straßenname wurde vom Stadtrat in einer Sitzung am 17. 04. 1953 mit den Namen mehrerer in der Nähe liegender Straßen festgelegt.
Kurz nach dem 2. Weltkrieg hatte es schon einmal eine nach diesem Waldstück benannte Straße gegeben. Die frühere Friedrich-Ebert-Straße war während der Nazizeit zur Hermann-Göring-Straße geworden. Im Gegensatz zu anderen Straßen, die nach dem Krieg ihre alten Namen zurückerhalten hatten, wurde sie 1945 zur Ruhwaldstraße. Die jetzige Straße Zum Ruhwald gab es

damals noch nicht. Die Friedrich-Ebert-Straße erhielt ihren alten Namen erst am 23. 01. 1953 zurück.

Öffentliche oder sonst bedeutsame Einrichtungen in der Straße:
- Tennisclub
  Im Juni 1939 war durch den Postsportverein die Planierung des Geländes am Biedersberg zum Bau eines Sportplatzes in Eigenleistung begonnen worden. In dem Gelände waren neben einem Spielfeld mit Laufbahn auch ein Schießstand sowie Umkleide- und Waschräume geplant[Z10]. Nach dem 2. Weltkrieg übernahm der heute zum TUS 1860 gehörende Tennisclub das Gelände, das durch die Straße Zum Ruhwald, die Pfalzbahnstraße und den Biedersbergweg begrenzt wird, und baute es zu einem Tennisgelände mit Clubheim, mehreren Tennisplätzen und einer Tennishalle aus. Die Tennishalle wurde im November 1966 eingeweiht[Z11].

Zum Schotterwerk NK

Lage und Verlauf:
Bei der Straße handelt es sich um eine ca. 500 m lange südliche Parallelstraße zur Bildstocker Straße, die etwa in ihrer Mitte eine straßenmäßige Anbindung an die Bildstocker Straße hat. Nach Osten und nach Westen ist die Straße jeweils eine Sackgasse.

Zum Schotterwerk Blick in Richtung Bildstock

Z10 Saar- und Blieszeitung v. 17. 06. 1939
Z11 Saarbrücker Zeitung v. 01. 12. 1966

Informationen zum Namen und zur Geschichte der Straße:

Bis zum Jahr 2002 handelte es sich bei der Straße um eine namenlose Zufahrt zu einer Reihe von Baufirmen. Beim teilweisen Ausbau der Bildstocker Straße wurde die neue Anbindung zu dieser Zufahrt gebaut, und die Straße erhielt am 23. 11. 1994 durch Beschluss des Stadtrates erstmals einen Namen. Die vorher am östlichen Ende gelegene Anbindung an die Bildstocker Straße wurde geschlossen. Der Straßenname ist auf das früher in diesem Bereich gelegene Schotterwerk zurückzuführen. Hier war aus Hochofenschlacke Schotter hergestellt worden.

Am westlichen Ende der Straße befindet sich eine kommunale Kompostieranlage und eine Bauschuttsammelstelle.

Zum Zimmermannsfels Ha früher Ziehwaldstraße

Lage und Verlauf:

Die Straße Zum Zimmermannsfels führt von der Straße An der Oster nach Süden parallel zur Oster und mündet in die Straße Im Dietzloch.

Zum Zimmermannsfels aus Richtung An der Oster

Informationen zum Namen und zur Geschichte der Straße:

Während der kommunalen Selbständigkeit von Hangard hieß die Straße immer Ziehwaldstraße, da sie in Richtung dieses zwischen Neunkirchen und Hangard liegenden Waldgebietes führt.

Im Zuge der Gebiets- und Verwaltungsreform 1974 wurde die Straße umbenannt, da es nun im Stadtgebiet

weitere Straßen mit dem Namen Ziehwaldstraße gab.

Bei dem Zimmermannsfels, auch Zimmermannskanzel bzw. Dietzlochfels genannt, handelt es sich um ein Naturdenkmal im Süden des Stadtteils Hangard. Es handelt sich um ein Felsmassiv des Holzer Konglomerats im Dietzloch, das sowohl in landschaftlicher, wie auch in geologischer Hinsicht bemerkenswert ist. Die Bezeichnung Zimmermannskanzel erhielt der am Hang eines Tälchens wie eine Kanzel vorspringende Felsen, weil der von 1834 bis 1877 in Wiebelskirchen tätig gewesene evangelische Pfarrer Karl Zimmermann bei Waldgottesdiensten von diesem Felsen herunter gepredigt haben soll[Z12].

Zur Ewigkeit Fu

Lage und Verlauf:

Die Straße zweigt in Höhe des Marktplatzes von der Geschäftsstraße in Furpach, der Ludwigsthaler Straße, nach Osten ab, vollzieht am Ende eine Biegung nach Nordosten und mündet dann in die Sebachstraße.

Zur Ewigkeit aus Richtung Ludwigsthaler Straße

Informationen zum Namen und zur Geschichte der Straße:

Zwischen 1936 und 1938 wurde auf dem Gelände des früheren Hofgutes Furpach durch die Saarpfälzische Heimstätte GmbH eine Siedlung erstellt. Im 1. Bauabschnitt wurde das Gelände nördlich der Limbacher Straße und westlich der nach Ludwigsthal führenden

Z12 Hell, Karl: Naturdenkmäler u. Landschaftsschutzgebiete, in: Heimatbuch Wi, vgl. Anm. A2, S. 51, 67; Krajewski: Plaudereien 3, vgl. Anm. B7, S. 32

Straße erschlossen. Im 2. Bauabschnitt wurden in dem Bereich südlich der Limbacher Straße und westlich des Hofgutes Straßen angelegt und wie im 1. Bauabschnitt Siedlerhäuser gebaut.

Ein geplanter 3. Bauabschnitt östlich der heutigen Ludwigsthaler Straße kam vor dem 2. Weltkrieg nicht mehr zustande. Die Erschließung dieses Geländes begann 1958 mit der Anlegung der Straße zur Ewigkeit und der Sebachstraße und wurde ab 1960 mit den Straßen Bei der alten Furt und Zum Pfaffental und ihren Seitenstraßen fortgesetzt.

An der Stelle der heutigen Bebauung der Straße Zur Ewigkeit und der Sebachstraße befand sich früher ein sehr langer Acker bis zum Kuhfeld. Dieser Acker wurde vor dem 2. Weltkrieg noch bewirtschaftet. Der damals 73-jährige Friedrich Müller aus Ludwigsthal schilderte 1981 in einer Gedächtnisniederschrift: "Der Pächter des Ackers gab mir den Auftrag, dort mit den Ochsen zu eggen. Ochsen gehen ja bekanntlich sehr langsam. Ich kam um 8 Uhr hinaus und bin bis Mittag nur dreizehnmal hin- und hergefahren. Es dauerte, wie man hierzulande sagt, eine Ewigkeit bis man einmal hin- und hergefahren war. Daher hatte der Acker den Namen Ewigkeit"[Z13].

In den Jahren 1958 – 1963 begann die Bebauung der Straße Zur Ewigkeit und des vorderen Bereichs der Sebachstraße mit einer Reihe von Doppelhäusern durch die Bauinteressengemeinschaft der Grube König[Z14]. Am 07. 12. 1958 wurde Richtfest gefeiert. In ihrer Ausgabe vom 20. 08. 1960 meldete dann die Neunkircher Zeitung, die Häuser seien zum Teil schon fertiggestellt und könnten bezogen werden. Die weitere Bebauung der Straße nach Osten erfolgte später.

Auf Vorschlag des Heimatforschers Bernhard Krajewski legte der Stadtrat in seiner Sitzung am 22. 01. 1960 den Straßennamen zusammen mit weiteren Straßennamen in diesem Baugebiet fest.

Zur Harrau Ko (bayr.) *vorher Waldstraße*

Lage und Verlauf:
Bei der Straße handelt es sich um eine kleine Sackgasse, die am Ortseingang von Neunkirchen her im damaligen Stadtteil Bayer. Kohlhof von der Limbacher Straße nach

Westen abzweigt, und nach ca. 200 m vor der Autobahn A 8 endet bzw. dort in einen Waldweg übergeht.

Informationen zum Namen und zur Geschichte der Straße:
Im Zuge der Gebiets- und Verwaltungsreform 1974 kam der Bayer. Kohlhof als Stadtteil zu Neunkirchen, wurde aber im April 1985 auf Wunsch der Bevölkerung wieder ausgegliedert und gehört heute wieder zum Ortsteil Limbach der Gemeinde Kirkel.
Auch nach der Rückgliederung nach Limbach behielt die Straße den Namen Zur Harrau.

Zur Römertreppe We früher Friedrichstraße, Weddigenstraße und Hirschbergstraße

Lage und Verlauf:
Die Straße verläuft von der Bürgermeister-Regitz-Straße ausgehend nach Süden bis zum Mühlackerweg und ist der Hauptzugang zu den Siedlungen Auf der Platt und Mühlenberg, die am Rande des Kasbruchtals liegen.

Zur Römertreppe Blickrichtung Bürgermeister-Regitz-Straße

Informationen zum Namen und zur Geschichte der Straße:
Nach der Aussage einer Anwohnerin soll die Straße ursprünglich nach dem Vornamen des ersten Ansiedlers, einem Friedrich Honecker, genannt worden sein.

Nach der Rückgliederung des Saargebietes in das Deutsche Reich 1935 und der damit verbundenen Übernahme der staatlichen Macht durch die Nationalsozialisten kam es in vielen Orten unserer Heimat zu einer größeren Welle von Straßenumbenennungen. Fast in jedem Ort gab es seither eine Adolf-Hitler-Straße. Gezielt wur-

Z13 Krajewski: Plaudereien 5, vgl. Anm. F2, S. 26
Z14 Mons: Entwicklungsgeschichte Furpach, vgl. Anm. B35, S. 19

den Straßen nach „Märtyrern" und „Blutopfern der NS-Bewegung" oder nach Helden bzw. Schlachtenorten des 1. Weltkrieges benannt. Die bisherige Friedrichstraße wurde so am 29. 01. 1935 in Weddigenstraße umbenannt, nach einem Kriegshelden des 1. Weltkrieges[Z15].

Als nach dem 2. Weltkrieg der frühere Straßenname wegen Doppelverwendung nicht mehr in Betracht kam, denn es gab eine weitere Friedrichstraße im Stadtgebiet, erhielt die Straße zunächst den Namen Hirschbergstraße.

Am 08. 05. 1962 beschloss der Stadtrat die Straße nach der in der Nähe im Kasbruchtal liegenden zwölfstufigen Treppe zu benennen, um eine Verwechselung mit der ebenfalls im Stadtteil Wellesweiler liegenden Hirschbergsiedlung zu vermeiden.

Informationen zur namensgebenden Örtlichkeit:

Im Kasbruchtal gibt es eine Reihe von Funden, die auf eine Besiedlung schon durch Kelten und Römer schließen lassen. Unter anderem gibt es ein auffallendes Gebilde, das früher oft Jungferntreppe oder Jungfernstiege genannt wurde, heute aber überwiegend als Römertreppe bezeichnet wird. Es handelt sich um 12 in einen gewachsenen Sandsteinfelsen gehauene Stufen, die auf eine kleine Felsplattform führen. Sie liegt am Eingang eines kleinen nach Süden führenden Seitentals des Kasbruchs. Ob diese Treppe zu einer Kultstätte führte, ist keineswegs bewiesen. Nach dem Wellesweiler Heimatforscher Friedrich Bach stammt die Treppe aus vorrömischer Zeit und damit wohl von den im Kasbruchtal ebenfalls nachgewiesenen Kelten[Z16].

Zweibrücker Straße NK früher teilweise Forbacher Weg

Lage und Verlauf:

Die Straße führt, beginnend am Mantes-la-ville-Platz, über die Anhöhe der Scheib in Richtung Zweibrücken bis zum Ortseingang des Stadtteils Furpach.

Informationen zum Namen und zur Geschichte der Straße:

Die Straße führt den Namen Zweibrücker Straße, da sie in ihrer Fortsetzung über die Stadtgrenze hinaus in Richtung dieser pfälzischen Nachbarstadt führt. Sie ist

Zweibrücker Straße Blickrichtung stadteinwärts, im Hintergrund das alte Hallenbad und Gebäude der ehem. Schloß-Brauerei

eine der ältesten Straßen in Neunkirchen.

Schon in der „Ordnung der Gemeinde Neunkirchen" aus dem Jahre 1731 wird ein „Erntweg aus der Zweybrückerstraß auf das Ellenfeld...... und ein Erntweg aus der Zweybrückerstraß auf den Teich über Nickel Werners Feld" erwähnt. Damit war wohl der stadtnahe Teil der Straße gemeint.

Der Straßenteil zwischen der Scheib und dem heutigen Stadtteil Furpach wird in einer Karte des Kasbruchgebietes von Weimar aus dem Jahr 1740 als Forbacher Weg bezeichnet[Z17]. Erst am 05. 03. 1899 war der Forbacher Hof in Haus Furpach umbenannt worden. Der Hofbesitzer Karcher wollte damit eine Verwechselung mit dem lothringischen Forbach bei Saarbrücken vermeiden, das damals zum Deutschen Reich gehörte.

Auch im Nordheimplan von 1797 ist eine Zweibrücker Straße eingezeichnet. Es handelt sich dabei allerdings um die heutige Hohlstraße, deren Verlängerung in Richtung Scheib – Furpach heute erst ab dem Mantes-la-ville-Platz Zweibrücker Straße heißt.

Aus der Tranchot-Karte von 1818[Z18] ist der Beginn der Bebauung der Zweibrücker Straße erkennbar. Oberhalb der Einmündung der heutigen Friedrichstraße steht ein erstes Haus.

1875 war die Zweibrücker Straße erst bis zur halben Höhe in Richtung Scheib bebaut. Die letzten Häuser waren die Anwesen Brenner und Jennewein unterhalb der katholischen Schule an der Ecke Unterer Friedhofsweg.

Z15 Saar- und Blieszeitung v. 30. 01. 1935
Z16 Krajewski: Plaudereien 1, vgl. Anm. A50, S. 8; Bach: We
 - Auf seinen frühen Spuren, vgl. Anm. H23, S. 288

Z17 Krajewski: Stadtbuch 1955, vgl. Anm. A12, S. 62
Z18 Krajewski: Stadtbuch 1955, vgl. Anm. A12, S. 113

Am 15. 05. 1879 schlug der Ortsbaumeister Riemann dem Bürgermeister Jongnell von Neunkirchen die Beschaffung von Namensschildern für 49 Straßen und 8 Wohnplätze vor. In dieser Aufstellung ist auch der Name „2-Brücker Straße" aufgeführt. Für die Straße mussten damals 2 Straßenschilder und 22 Hausnummernschilder beschafft werden[Z19]. Es gab also schon einige Wohnbebauung.

Im Situationsplan von Neunkirchen aus dem Jahre 1883 ist die Zweibrücker Straße mit diesem Namen erstmals auf einer Karte verzeichnet[Z20].

Die Versorgung der Wohnhäuser in Neunkirchen mit Wasseranschlüssen begann nach der Inbetriebnahme des Wasserwerkes in Wellesweiler und des auch heute noch genutzten Hochbehälters im Steinwald im Jahre 1877. Die Wasserversorgung erfolgte aber nur Zug um Zug in die Häuser. Als erste profitierten davon natürlich die Bürger auf der Scheib, da die Wasserleitung in die Stadt auch über die Scheib verlegt werden musste. Aber erst im Frühjahr 1892 wurden auch die letzten Häuser der Zweibrücker Straße an die Wasserleitung angeschlossen. Bis dahin befand sich für die Scheiber Bürger der nächste Laufbrunnen an der heutigen Ecke Hohlstraße/Friedrichstraße vor der Metzgerei Fried, der im Volksmund allgemein „Trips" genannt wurde, was auf einen mäßigen Wasserzulauf schließen lässt[Z21]. Das Wasser am Brunnen zu holen war damals in der Regel für die Schuljugend tägliche Pflicht.

Am 18. 02. 1921 lehnte der Gemeinderat Neunkirchen laut Beschlussbuch eine elektrische Beleuchtung für die Hohl- und die Zweibrücker Straße ab, weil diese Neueinrichtung zu teuer sei. Stattdessen würden die vorhandenen Gaslampen mit hochkerzigen Lampen versehen werden.

Am 21. 05. 1931 wurde im Stadtrat bekannt gegeben, dass die Straße nach Kohlhof (südlicher Teil der Zweibrücker Straße) vom Kreis bis nach Haus Furpach ausgebaut werde. Die Straßen waren damals allgemein noch nicht geteert, in der Regel bekamen sie eine Schotterdecke oder Pflasterung.

Bei dieser Gelegenheit beantragte ein Stadtverordneter, die Zweibrücker Straße mit einer Teerdecke zu versehen, da die Anwohner dort unter einer Staubplage litten.

1905 gab es in der Straße schon 85 Anwesen (Hausnummern).

Seit August 2007 werden die Einmündungen der Fernstraße und der Autobahnabfahrt je zu einem Kreisverkehr umgebaut. Der Doppelkreisel soll zu einer erheblichen Erleichterung des Straßenverkehrs in diesem Bereich führen.

Informationen zu öffentlichen oder sonst bedeutsamen Objekten:

-   Freibad Kasbruch

    1925 wurde mit den Vorarbeiten zur Errichtung einer Badeanstalt im Kasbruch begonnen und das Wasser versuchsweise gestaut[Z22]. An der Stelle hat es früher schon ein Gewässer gegeben, den Bürgenweyer, der in der schon erwähnten Karte des Kasbruchs von Weimar aus dem Jahre 1740 eingezeichnet war. Das Bad wurde 1927 als Waldfreibad Kasbruch in Betrieb genommen. Der Eintritt in das Bad war zunächst noch frei.

    Erst ab 1930, nachdem das Bad fertig ausgebaut worden war, musste ein Benutzerentgelt bezahlt werden. Im Winter konnte man das Eis auf dem großen Becken zum Eislaufen nutzen. In den folgenden Jahren wurde das Bad immer wieder aus- und umgebaut. 1969/70 wurde ein neues Schwimmbecken mit den Ausmaßen 50 x 21 m gebaut und 1975 neue Umkleidekabinen. Zwischenzeitlich steht den Badegästen eine schöne Anlage mit Schwimmer-, Mehrzweck- und Planschbecken und eine insgesamt 12 250 qm große Liegewiese mit Sonnen- und Schattenplätzen zur Verfügung.

    Das Bad hat jedoch aus heutiger Sicht nur noch eine begrenzte Lebensdauer. Nachdem im Februar 2006 das Hallenbad am Mantes-la-ville-Platz geschlossen werden musste, beschloss der Stadtrat, ein neues kombinierte Hallen-und Freibad an der Zweibrücker Straße in Höhe der Lakaienschäferei zu bauen und dafür den dortigen Hartplatz zu opfern. Baubeginn war das Frühjahr 2008. Nach Fertigstellung soll das Freibad Kasbruch geschlossen werden

-   Sport- und Freizeitanlage Lakaienschäferei
    Siehe Lakaienschäferei
-   Forsthaus Landerthal[Z23]

Z19 Beschaffung von Straßenschildern 1879, vgl. Anm. A8
Z20 Situationsplan NK 1883, vgl. Anm. A4
Z21 Saarländische Tageszeitung v. 16. 10. 1940

Z22 StA Neunkirchen, Verwalt.-ber. 1924 – 1925,
Z23 Schmidt, Uwe Eduard: Forst- und Jagdgeschichte NK,

Das Haus wurde 1843 als Forstdienstgehöft Landerthal erbaut, zunächst einstöckig. 1912 musste es wegen des Kinderreichtums des damaligen Försters aufgestockt werden. Seitdem diente es als Revierförstergehöft und Dienstwohnung des Revierförsters von Landerthal/Furpach. 1910 befand sich hier die Königlich Preußische Forstverwaltung.

Acht Förster wohnten und arbeiteten im Forsthaus Landerthal, darunter Peter Altmeier (1843 - 1883), Werner Honczek (1952 – 1990), Winfried Lappel (1990 – 1996).

1997 erwarb die Steinmetzmeisterin Michaele Groß das Anwesen bei einer Versteigerung. Sie baute es mit ihrem Mann zu einem Wohnhaus für ihre Familie unter Wahrung des Forsthauscharakters aus. Aus den Tierställen und der Scheune wurde ein Steinmetzatelier.

in: Stadtbuch 2005, vgl. Anm. B7, S. 85

Literatur- und Quellenverzeichnis

Arend, Werner: Historische Beiträge aus der Arbeit der Dudweiler Geschichtswerkstatt, Band 3, 1994

Bach, Friedrich: Wellesweiler – vom Bauerndorf zum Industriestadtteil, Neunkirchen 1983

Bärsch, Georg: Beschreibung des Regierungsbezirks Trier, darin: Statistik der Bürgermeisterei Neunkirchen nach dem Stand von 1843, Trier 1849

Bibliograph. Institut Leipzig: Schlag nach! Leipzig 1938

Bild, Alois: Chronik Heinitz, unveröffentlicht

Bollier, Peter: Wilhelm Gustloff, in: Davoser Revue, 77. Jahrgang, Nr. 3, September 2002

Brockhaus: Handbuch des Wissens in vier Bänden, Leipzig 1926

Bürgerbuch Wiebelskirchen 1911

Chronik von Neunkirchen, 5. Jahrgang 1913, Nr. 1

Conze, Werner u. Hentschel, Volker: Ploetz, deutsche Geschichte, Würzburg 1996

Decker, Friedrich u. Meiser, Gerd: NK = NE Auflösung einer Gleichung, Neunkirchen o.J. (1992)

Deutscher Städtetag: Das Recht der öffentlich-rechtlichen Namen und Bezeichnungen – insbesondere der Gemeinden, Straßen und Schulen, Heft Nr. 51

Dittscheid, Hans-Christoph u. Güthlein, Klaus: Die Architektenfamilie Stengel, Petersberg 2005

Dülmen, Richard van, u. Klimmt, Reinhard: Saarländische Geschichte, St. Ingbert 1995

Ebenau, Michael: Freiheit für das Volk, Ottweiler 1990

Einwohnerbuch der Städte Neunkirchen und Ottweiler sowie der Gemeinde Wiebelskirchen, Neunkirchen 1931

Festschrift zur Einweihung der neuen Pauluskirche am 06. 11. 1955

Festschrift Städt. Schlacht- und Viehhof

Festschrift zum 100-jährigen Bestehen des Gymnasiums am Krebsberg, Neunkirchen 1975

Festschrift 25 Jahre Winterfloß

Flender, Armin: Öffentliche Erinnerungskultur im Saarland nach dem Zweiten Weltkrieg, Baden-Baden 1998

Forst, D.: Wiebelskirchen; Die Entwicklung der Siedlung unter dem Einfluss von Bergbau und Industrie, 1974

Gillenberg, Heinz: Neunkirchen – vom Meyerhof zur Stadtkern-Erweiterung, Neunkirchen 1989

Ders.: Neunkirchen – Berufe im Wandel der Zeit, Neunkirchen o.J.

Heimat- und Kulturverein Wiebelskirchen, Wiebelskirchen in Bildern, Schiffweiler 1980

Heimatverein Haus Furpach (Hg.): Haus Furpach Stadtteil im Grünen, Neunkirchen o.J. (1971)

Heimatverein Furpach (Hg.): Furpach Bilder zur Geschichte und Entwicklung, Neunkirchen 1977

Heinz, Dieter: Festschrift für Karl Lohmeyer, Saarbrücken 1954

Hell, Norbert: Die Zuflüsse von Blies und Oster auf Wiebelskircher Bann, in: Die Historischen Geheimnisse Wiebelskirchens, Neunkirchen 1995

Hilgemann, Werner: Atlas zur deutschen Zeitgeschichte 1918 – 1968, München 1986

Historischer Verein Stadt Neunkirchen (Hg.): Hefte
- Fried, Werner: Als es in Neunkirchen noch keine Kühlschränke gab, Neunkirchen 2001
- Ders.: Die Mühlen im einstigen Dorfe Neunkirchen, Neunkirchen 2002
- Ders.: Ein Schlagbaum mitten in Neunkirchen, Neunkirchen 2003
- Ders.: Rund um die Geßbach in Neunkirchen, Neunkirchen 2004
- Schlicker, Armin: Der Abstimmungskampf 1955 und die Rolle der Polizei Neunkirchen, Neunkirchen 2002
- Schwenk, Horst: Auf den Spuren des Neunkircher Tierbrunnens, Neunkirchen 2003
- Melnyk, Wolfgang: Vor 70 Jahren – Gasometerexplosion in Neunkirchen, Neunkirchen 2003

- Spengler, Lothar: Die Saargefei in Neunkirchen, Neunkirchen 2005

Holmes, Richard: Landschlachten der Weltgeschichte, Hamburg 1976

Hoppstädter, Kurt: Wiebelskirchen Ein Heimatbuch, Wiebelskirchen 1955

Ders.: Die Siedlungsnamen der Landkreise Ottweiler und St. Wendel, Saarbrücken 1970

Interessengemeinschaft 300-Jahrfeier Hangard 1685 – 1985: Hangard – eine Perle im Tal der Oster, Neunkirchen 1985

Karbach, Jürgen: Bevölkerungszahlen des Saarlandes 1800 – 1910, in: Zeitschrift für die Geschichte der Saargegend 1986/87, Saarbrücken 1987

Kern, Manfred: Als Ludwigsthal noch „Plantage" hieß, Neunkirchen 1997

KEW Neunkirchen: Festschrift 100 Jahre Wasserwerk Neunkirchen-Wellesweiler, Neunkirchen 1976

Kirsch, Hans: Sicherheit und Ordnung betreffend – Geschichte der Polizei in Kaiserslautern und in der Pfalz, Kaiserslautern 2007

Klein, Hanns: Das Bliesrevier unter dem Preußenadler. Saarbrücken 2001

Knauf, Rainer u. Trepesch, Christof (Hg.): Neunkircher Stadtbuch, Ottweiler 2005

Knaurs Konversationslexikon, Berlin 1936

Krämer, Hans-Henning: Vom Dorfbrunnen zum Wasserwerk – Geschichte der Trinkwasserversorgung an der Saar, Blieskastel

Krämer, Hans-Hennig u. Plettenberg, Inge: Feind schafft mit, Ottweiler 1992

Krajewski, Bernhard: Neunkirchen (Saar) Stadt des Eisens und der Kohle, Neunkirchen 1955

Ders.: Heimatkundliche Plaudereien Nr. 1 – 7, Neunkirchen 1975 – 1982

Ders.: 700 Jahre Neunkirchen, Neunkirchen 1981

Ders.: Neunkirchen und die Sagen von Maltitz, dem Wilden Jäger, in: Saarheimat 2.1 1958

Ders.: Neunkirchen damals, Neunkirchen 1983

Krenz u. Borgards: Gutachten zur Stadtsanierung Neunkirchen, Neunkirchen 1975

Lais, Sylvia u. Mende, Hans-Jürgen: Lexikon Berliner Straßennamen, Berlin 2004

Landkreis Neunkirchen, Landschaft und Leute im Wandel der Zeit, Ottweiler o.J. (1984)

Linsmayer, Ludwig: Der 13. Januar – Die Saar im Brennpunkt der Geschichte, Saarbrücken 2005

Meier, J. P.: Über Erhaltung alter Straßennamen, ein vergessenes Gebiet der Denkmalpflege, Karlsruhe 1903

Müller, Otto: Festschrift zum 50-jährigen Jubiläum der Grube Heinitz, Saarbrücken 1897

Remy, Gustav: Heimatbuch von Wellesweiler, Neunkirchen 1951

Schild, Jürgen: Erinnerungsschrift an die Wiedererrichtung des Kothenbrunnens in Wellesweiler, Neunkirchen 1996

Schinkel, Helmut: Heinitz – Von der Kohlengrube zum Neunkircher Stadtteil im Grünen, Neunkirchen 2004

Schneider, Heinrich: Das Wunder an der Saar, Stuttgart 1974

Schulz, Kurt: Münchwies – Werden und Wandel eines Dorfes, Neunkirchen 1992

Spiesen-Elversberger Heimatkalender 1983, 1989, 2002, 2003

Stadt Neunkirchen: Ratgeber für den Trauerfall, Neunkirchen 2004

Trösken, R.: Zahlen aus der Geschichte Neunkirchens, des Blies- und Saargaues, 1909

Ulrich, Alfred u. Meiser, Gerd: Neunkirchen anno dazumal, Neunkirchen 1994

Verkehrsverein Neunkirchen (Hg.): Neunkircher Hefte:
- Nr. 3 Krajewski, Bernhard: Das Renaissanceschloß am Oberen Markt und seine Darstellungen, Neunkirchen 1974
- Nr. 4 Mörscher, Franz: Dokumentation Hauptfriedhof, Neunkirchen 1977
- Nr. 8 Gillenberg, Heinz u. Birtel, Rudolf: Neunkircher Hüttenhäuser, Neunkirchen o.J.
- Nr. 9 Omlor, Siegfried u. Brill, Günter: Die Geschichte des Neunkircher Bahnhofs, Neunkirchen o.J.
- Nr.12 Neis, Susanne: Neunkirchen im Zweiten Weltkrieg, Neunkirchen 1996

- Nr.13 Slotta, Delf: Bergbau in Neunkirchen, Neunkirchen 1998
- Nr. 15 Gillenberg, Heinz: Karl-Ferdinand von Stumm-Halberg, Neunkirchen 2003

Wagner, Arnold Nikolaus: Chronik zur Waldgeschichte des saarländischen Raumes, Elm 1998

Wilhelm, Horst: Die Region Neunkirchen im Luftkrieg, Merchweiler 1998

Wistrich, Robert: Wer war wer im Dritten Reich? Frankfurt 1987

Scheiber Nachrichten 47/03

Es Heftche 12/03

Stadtarchiv Neunkirchen

Saarbrücker Zeitung: Jahrgänge 1935, 1950, 1953, 1954, 1955, 1956, 1957, 1958, 1959, 1960, 1961, 1963, 1965, 1966, 1979. 1983, 1988, 1989, 1992, 1993, 1994, 1996, 2001, 2002, 2004

Neunkirchener Zeitung: Jahrgänge 1914, 1919, 1936

Neunkircher Stadtanzeiger: Jahrgänge 1975, 1976, 2003

Neunkircher Volkszeitung: Jahrgang 1925

Saarländische Tageszeitung: Jahrgänge 1940, 1941

Saar- und Blieszeitung: Jahrgänge 1903, 1905, 1932, 1935, 1936, 1937,

NSZ Westmark: Jahrgang 1942

Monatsspiegel Stadt Neunkirchen: Bände 1964 – 1966

Bestand Varia: Nr. 156, 244, 246, 252, 288, 314, 315, 316, 317, 318, 319, 373, 374, 398, 435, 437, 584, 697, 701, 760, 858, 862, 863, 869, 873, 875,

Bestand Karten und Pläne: Nr. 60, 61, 62, 71, 75, 82, 102, 191, 205, Nr. Sig. 308, 309, 357, 395, 498, 518, 628

Bestand Karten und Pläne der BM Wiebelskirchen: A/1, A/12, A/13, A/17, A/21, A/22, A/26, A/29, A/31, A/33, C/1, C/3, C/4, C/5, C/6, C/7, C/22,

Bestand Altakten A I

Chronik Schule Kohlhof 1937 – 1970

Verwaltungsbericht der Bürgermeisterei Neunkirchen für 1885/86 – 1895/96

Verwaltungsbericht der Bürgermeisterei Neunkirchen für 1895 – 1903

Verwaltungsbericht der Stadt Neunkirchen für 1923/24

Verwaltungsbericht der Stadt Neunkirchen für 1924/25

Verwaltungsbericht der Stadt Neunkirchen für 1927/28

Beschlussbuch der Gemeinde Neunkirchen

Beschlussbuch der Stadt Neunkirchen

Beschlussbuch der Gemeinde Wiebelskirchen

Beschlussbuch der Gemeinde Münchwies

Beschlussbuch der Gemeinde Hangard

Hauptamt der Stadt Neunkirchen

Akte Benennung von Straßen und Plätzen, Az. 62-32-10

Landesarchiv Saarbrücken:

Bestand Dep. Amt Illingen, Nr. 1057 und 1058

Bestand MdI, Nr. 897

Ausgewertete Karten und Pläne

Nr.:	Jahrgang	Bezeichnung der Karte/des Plans	Maßstab
1	1564	Tilemann-Stella-Karte	
2	1740	Karte des Kasbruchgebietes von Weimar	
3	1797	Sogen. Nordheimplan, Geometrischer Grundriss Tractus I des Neunkircher Bannes durch Heinrich Nordheim auf Grundlage der Generalrenovatur von 1770	
4	ca.1818	Sogen. Tranchotkarte, Kartenaufnahme der Rheinlande durch Tranchot und von Müffling, Bl. 258: Neunkirchen	1 : 25 000
5	1822	Renovierte nassau-saarbrückische Katasterkarte, Neunkircher Bann, Tractus 1 A	
6	1848	Gemarkungskarte von Neunkirchen	1 : 10 000
7	1850	Ortsplan von Wiebelskirchen	
8	1864	Grundriss über projektierte Straßen Bereich Unterstadt	
9	1864	Grundriss über projektierte Straßen Bereich Oberer Markt	
10	1867	Ortsplan Neunkirchen	
11	1878	Situationsplan Bereich Königstraße/Josefstraße	
12	1883	Ortsplan Neunkirchen v. Debusmann	1 : 4000
13	1900	Kanalis.-plan Wiebelsk. Bereich Neunkircher Straße	
14	1900	Kanalis.-plan Wiebelsk. Bereich Friedrichstr./Wilhelmstr.	
15	1900	Kanalis.-plan Wiebelsk. Bereich Annastr./Kirchhofstr.	
16	1900	Kanalis.-plan Wiebelsk. Bereich Bexbacher Str.	
17	1900	Kanalis.-plan Wiebelsk. Bereich Dorf + Ottweiler Str.	
18	1902	Situationsplan von Neunkirchen	
19	1905	Plan von Neunkirchen	1 : 10 000
20	1922	Übersichtsplan von Neunkirchen	1 : 5000
21	ca.1926	Pharusplan Neunkirchen	
22	1928	Stadtplan von Neunkirchen	
23	1932	Stadtentwicklungsplan Neunkirchen	

24	1935	Stadtplan Neunkirchen	1 : 5000
25	ca.1945	Stadtplan Neunkirchen	1 : 5000
26	1949	Stadtplan Neunkirchen	
27	1954	Plan der Stadt Neunkirchen	1 : 7500
28	1955	Ortsplan Wiebelskirchen	
29	1964	Stadtplan von Neunkirchen	1 : 12 500
30	1968	Ortsplan Wiebelskirchen	
31	1981	Stadtplan Neunkirchen	
32	1987	Saarland Stadtatlas	1 : 20 000
33	1991	Stadtplan Neunkirchen	1 : 15 000
34	1992	Saarland Stadtatlas	1 : 20 000
35	2002	Stadtplan Kreisstadt Neunkirchen	

Bedeutender Wirtschaftsfaktor in der Region

✓ Spenden-Sponsoring und Förderung von Wirtschafts- und Strukturmaßnahmen ... 750 TEUR

✓ Bedeutender Steuerzahler ... 3,8 Mio. EUR

✓ Lohnsteuer der Beschäftigten ... 3,5 Mio. EUR

✓ Auftragsvolumen an Unternehmen im Landkreis ... 11,0 Mio. EUR

✓ Kreditvolumen an die heimische Wirtschaft ... 330 Mio. EUR

✓ Wichtiger Arbeitgeber und Ausbilder in der Region

Beschäftigte ... 400
davon Auszubildende ... 32
Praktikanten ... 26

✓ Investitionen in Aus- und Weiterbildungsmaßnahmen ... 261 TEUR

GEMEINNÜTZIGE
SIEDLUNGS-
GESELLSCHAFT MBH
NEUNKIRCHEN

Oberer Markt 12
66538 Neunkirchen
Tel. 06821/92380
eMail: info@gsg-nk.de
www.gsg-nk.de

PLANEN
BAUEN
VERWALTEN

GSG IHR PARTNER FÜRS WOHNEN